Noe 인적자원개발

Eighth Edition

EMPLOYEE TRAINING & DEVELOPMENT

8판

Noe 인적자원개발

Raymond A. Noe 지음

윤동열 감수

김우철, 조세형, 조윤형, 최우재, 한승현 옮김

McGraw Hill

교문사

Employee Training & Development, 8th Edition

1 2 3 4 5 6 7 8 9 10 GMP 20 22

Original: Employee Training & Development, 8th Edition © 2020
By Raymond Noe
ISBN 978-1-260-04374-7

This authorized Korean translation edition is jointly published by McGraw-Hill Education Korea, Ltd. and GYOMOON Publisher. This edition is authorized for sale in the Republic of Korea.

This book is exclusively distributed by GYOMOON Publisher.

When ordering this title, please use ISBN 978-89-363-2307-3 (93320)

Printed in Korea

역자 서문

이 책은 미국 McGraw-Hill 출판사에서 발간된 Noe 교수의 《Employee Training and Development(8E)》를 번역한 것이다. 이 책의 저자인 Raymond A. Noe는 오하이오 주립대학교 경영대학 교수로서 훈련과 개발 분야에서 일류 학술 권위자 중 한 명이다. 그는 전략적 인적자원관리 및 인적자원개발, 학습과 훈련, 종업원 개발, 조직행동 등 다양한 영역에서 저술 및 학술 활동을 수행해오고 있다. 또한 미국 주요 대기업 및 정부, 공공기관 등의 컨설팅과 자문을 통해 기업 현장 사례 개발에 직접 참여하고 있으며, 이러한 풍부한 경험을 토대로 집필된 이 책은 기업 및 공공부문의 근로자를 대상으로 하는 체계적인 훈련과 개발에 관심이 있는 학생과 기업 인사담당자들의 이해를 돕는다.

이 책의 원서는 오래전부터 국내 학부 및 대학원, 민간기업과 공공기관에서 인적자원개발에 대한 이론과 사례를 학습하기 위해 활용되어왔다. 그러나 원서에 익숙하지 않은 독자의 경우 내용을 충분히 이해하고 탐독하는 데 한계가 있을 것으로 판단되어 2018년 6판을 최초로 번역하였다. 여전히 인적자원개발(Human Resource Development) 분야의 전문서적과 역서들이 시판되고 있으나, 다수가 교육학적 관점에서 접근하고 있으며 이를 기업과 조직의 관점에서 적용하는 데 한계가 있다는 것을 확인하고 이를 해소하고자 8판 번역을 다시 수행하게 되었다. 특히 이 번역서는 제시된 이론과 기업 사례를 조직의 관점에서 보다 성실하게 번역하려고 노력하였다.

이 책은 모두 네 개의 파트로 구성되어 있다. Part 1에서는 훈련 및 개발 환경과 관련된 이슈에 초점을 맞추고 훈련에 대한 폭넓은 관점을 제시하며 오늘날 기업이 경쟁우위를 확보하기 위해 이를 어떻게 활용하고 있는가에 대한 답을 얻을 수 있다. 훈련이란 무엇인가? 왜 중요한가? 누가 훈련을 받는가? 얼마나 많은 비용을 훈련에 투자하는가? 훈련은 어떻게 설계되어야 하는가? 또한 2장에서는 회사의 사업 전략이 훈련 관행 및 훈련 부서에 어떻게 영향을 미치는지를 살펴본다.

Part 2는 3장부터 6장까지 구성되어 있으며, 훈련 설계의 기본 사항에 대해 논의하고 ISD 모델의 다양한 측면, 즉 훈련 개발을 제시하기 위해 사용되는 모델에 대해 다룬다. 3장에서는 훈련 요구를 결정하는 방법을 다루며, 4장에서는 학습의 중요한 문제, 특히 학습의 중요성과 훈련 전이에 대해 논의한다. 이 장에서는 우리가 학습하는 내용, 학습 방법 및 훈련 세션에서 학습에 도움이 되는 환경을 만드는 방법을 강조하고 있다. 또한 훈련 전이에 대해 고려해야 할 사항, 즉 훈련에서 강조된 기술이 직업에 사용되도록 하는 방법에 대해서도 논의한다. 5장에서는 학습과 전이의 용이성을 위한 훈련 프로그램 설계에 대해 논의한다. 이 장에서는 학습 공간 디자인의 중요성, 학습 목표, 강사 선정 및 준비, 학습을 위한 강의 계획, 관리자, 강사, 학습자 및 지식관리가 학습 전이를 용이하게 하는 방법에 대해 다룬다. 6장에서는 훈련 프로그램을 평가하는 방법을 설명한다.

Part 3는 훈련 및 개발 방법에 중점을 둔다. 7장에서는 강의, 행동 모델링 시뮬레이션 및 역할극과 같은 기존의 교육 방법에 대해 살펴본다. 8장에서는 웹 기반 교육, 가상현실, 모바일 학습 및 사회적 협업과 같은 디지털 신기술의 응용 프로그램에서 개발된 온라인 학습 방법에 대해 알아본다. 9장은 직원 개발과 경력 관리의 중요한 문제를 다룬다. 직원 평가, 과제, 관계, 강의 및 공식적인 프로그램을 개발하는 데 사용되는 네 가지 접근법에 대해 설명한다.

Part 4는 사회적 책임에서 훈련의 역할과 훈련 및 개발의 미래에 대해 다룬다. 10장은 법적 문제와 다양성을 다루며, 주제로는 윤리 및 법적 문제, 다양성 관리, 다문화 교육, 경력 단절 및 유리천장 해소와 같은 특정 그룹과 관련된 문제가 있다. 11장에서는 디지털 신기술이 교육에 어떻게 영향을 미치는지, 그리고 앞으로 그 기술이 어떻게 진화할지에 대해 논의한다.

원서가 담고 있는 방대한 양의 내용을 자세하게 번역하기 위해서 6명의 경영학(인사조직) 및 인적자원개발 분야 국내외 석학 및 분야별 최고 전문가들이 함께 공동작업을 수행하였다. 최초 번역에 앞서 역자들 간의 용어 번역을 통일하였으며, 대표역자는 번역본 전체를 재검토하면서 전체적인 용어 및 내용의 통일성과 일관성을 유지하고자 노력하였다. 많은 시간과 노력을 투입하여 번역하였으나 번역체가 갖는 한계를 완전히 극복하지 못하였으리라 생각된다. 끝으로 이 책이 출간되기까지 지원을 아끼지 않은 교문사 류원식 대표님과 박현수 부장님 등 직원분들의 인내심과 노고에 깊은 감사의 말씀을 드린다.

2022년 3월

역자를 대표하여

윤동열

저자 서문

전통적으로 훈련과 개발은 기업이 '가치'를 창출하고 경쟁력 있는 도전을 성공적으로 해결하는 데 도움이 될 수 있는 활동으로 간주되지는 않았으나, 현재 그 관점은 변화하고 있다. 혁신적인 훈련과 개발을 하는 기업은 그렇지 않은 경쟁기업보다 더 나은 재무성과를 보고하고 있다. 또한 훈련과 개발은 기업이 경쟁적 도전과제에 대처하는 데 필요한 인적 자본을 개발할 수 있도록 지원한다. 많은 기업은 훈련, 개발 및 지식관리를 통한 학습을 통해 직원이 신제품을 개선하거나 새로운 제품을 창출하고 혁신적이고 새로운 아이디어를 창출하며 높은 품질의 고객서비스를 제공할 수 있도록 기술을 강화하거나 향상할 수 있다는 사실을 인식하고 있다. 또한 모든 수준 및 직무에서 유능한 직원을 유인하고 동기를 부여하고 유지하려면 지속적인 개발활동과 경력관리가 필요하다. 훈련, 개발 및 지식관리를 통한 학습에 대한 강조는 더 이상 '하면 좋은 것'이 아닌, 기업이 경쟁우위를 확보하고 직원의 기대를 충족하기 위해 '반드시 해야' 하는 것이다.

오늘날의 기업은 글로벌 시장에서 경쟁해야 하며 인력의 다양성은 계속 증가하고 있다. 결과적으로 기업은 미국과 해외에서 서로 다른 문화권의 사람들과 일하도록 직원을 교육해야 한다. 종업원을 교육훈련 장소에 집합시키는 것에 반해 시간과 장소의 제한을 극복하고 학습할 수 있기 때문에 소셜 미디어 및 아이패드와 같은 태블릿 컴퓨터 같은 기술은 직원을 교육하는 데 드는 비용을 줄여줄 수 있다. 비즈니스 속도와 종업원의 빈번한 과중한 작업량을 감안할 때, 긴 교육 세션은 더 이상 바람직하지 않다. 필요에 따라 접근할 수 있는 짧은 모듈로 교육훈련을 제공하려는 움직임이 활발해지고 있다.

기업은 혼합학습 접근 방식을 통해 훈련생들 간의 대인관계 및 온라인에서 학습한 것을 집체교육이나 능동적 학습과 같은 직장에서 직면한 이슈와 문제에 적용할 수 있는 개인, 자기 주도형, 필요에 따른 주문형 기술 기반 교육 및 방법 사이에서 최상의 균형을 모색하고 있다. Z세대와 밀레니얼 세대의 직원들은 특히 페이스북이나 트위터와 같은 소셜 미디어에 의해 촉진된 협업을 통한 비공식 학습에 정통하다. 또한 이들의 게임 경험은 학습 경험이 재미있고 다차원적이며 도전적이고 즉각적인 피드백과 보상을 제공할 것으로 기대하게 이끈다.

교육훈련의 역할은 훈련 프로그램 설계를 넘어 확대되었다. 효과적인 교수 설계는 여전히 중요하지만 훈련 관리자, 인적자원 전문가 및 강사는 프로그램에서뿐만 아니라 비공식적으로 직원이 학습하도록 동기를 부여하는 시스템을 만들도록 요구받고 있다. 지식을 창조하고, 그 지식을 회사의 다른 직원들과 공유해야 한다. 훈련은 일회성 이벤트에 중점을 두지 않고 협업, 온라인 학습, 전통적 강의실 훈련 또는 이러한 방법의 조합으로 새로운 교육방식을 만들어낼 수 있게 되었다. 공식적인 훈련 과정의 경계를 벗어나 비공식적으로 학습이 진행된다는 인식이 높아졌다. 인공 지능(AI)의 발전과 훈련 및 개발을 위한 증강 현실 응용 프로그램이 이를 가능하게 하고 있다.

급변하는 비즈니스 환경과 경쟁으로 인해 신속하게 수익이 줄어들고 기술 변화가 요구되기 때문에 회사는 직원들에게 직업 안정성을 제공하기를 꺼린다. 동시에 많은 직원들이 직업시장에서 자신의 기술에 대해 얻을 수 있는 가치를 극대화하면서도, 어떤 회사와도 오랜 기간 계약을 하지 않고 있다. 결과적으로 직원과 기업 모두 미래 기술 개발 및 경력관리에 관심을 갖고 있다. 기업은 동기부여되고 생산적인 노동력을 원하며 최신 기술을 보유하고 변화하는 고객 및 시장 요구에 맞는 새로운 기술을 신속하게 습득할 수 있다. 다른 경력으로의 이동에도 불구하고 기업은 재능 있는 직원을 고용주가 선택할 수 있는 업무 환경과 훈련 및 개발 기회를 제공하기를 원한다. 직원들은 현재의 직업에 유용할 뿐만 아니라 개인의 관심사 및 가치와 일치하는 기술을 개발하려고 한다. 시간이 갈수록 증가하는 작업 수요를 고려해볼 때, 직원은 업무와 비업무 분야 간의 균형을 유지하는 데도 관심이 있다.

이 책은 직원 훈련 및 개발에서 조직의 훈련 및 개발의 전통적 역할뿐만 아니라 광범위한 역할을 반영한다. 1장 "직원 훈련 및 개발 소개"에서는 기업에서의 훈련 및 개발의 역할에 대해 다룬다. 2장 "전략적 훈련"에서는 훈련 관행과 훈련 기능의 조직이 비즈니스 목표를 어떻게 지원할 수 있는지에 대해 설명한다. 기업은 비용절감에 관심이 있으므로 교육에 할당된 자원의 양은 훈련과 개발 활동이 회사가 비즈니스 목표를 달성하는 데 도움이 되는 정도에 따라 결정된다. 훈련 프로그램 설계와 관련된 주제는 3장부터 6장까지 다룬다. 3장 "요구 조사"에서는 교육이 적절한 시기를 식별하는 방법에 대해 설명한다. 4장 "학습과 훈련 전이"에서는 학습환경의 특성과 학습과정을 다룬다. 이 장은 또한 훈련 설계 및 작업환경에서 훈련이 그 일에 사용되도록 보장되어야 한다고 강조한다. 5장 "프로그램 설계"에서는 훈련 전, 도중, 강의나 프로그램 후에 학습을 촉진하고 전이하기 위해 할 수 있는 일에 대해 실질적인 제안을 제공한다. 학습의 촉진과 훈련의 전이에서 지식관리의 역할에 대해서도 논의한다. 6장 "훈련평가"에서는 교육 프로그램을 평가하는 방법에 대해 설명한다. 여기에서는 비용효율적인 교육을 식별하고 교육 및 학습에 대한 투자 수익을 평가하며 학습, 행동 또는 성과와 관련된 교육 결과에 도달했는지 결정하는 개념을 소개한다. 학습과 비즈니스 결과 간의 관계를 보여주기 위한 빅데이터 및 분석의 새로운 활용에 대해서도 논의한다. 7장과 8장에서는 교육 방법을 다룬다. 7장 "전통적 훈련 방법"에서는 강의와 같은 프레젠테이션 방법, 현장직무훈련, 행동 모델링 등 실제 방법, 모험학습 등 그룹 방법에 대해 설명한다. 8장 "테크놀로지 기반 훈련 방법"에서는 교육에 사용되는 새로운 기술을 소개한다. 이러한 기술 기반 훈련 방법에는 이러닝, 모바일 학습, 소셜 미디어, 시뮬레이션, 기능성 게임(serious game), 대규모 공개 온라인 강좌(MOOC), 가상 현실(VR), 증강 현실(AR), 인공 지능(AI) 및 블렌디드 학습이 있다. 7장과 8장 모두 비용, 편익, 학습 특성을 토대로 교육 방법을 비교하고 있다.

9장 "직원 역량 개발과 경력 관리"에서는 개발 방법(평가, 관계, 직업 경험 및 공식적인 강의)을 소개한다. 또한 직원들이 자기주도적이거나 변화무쌍한 경력에서 성공할 수 있도록 개발계획을 활용한다. 후계자 계획 및 신입직원 적응과 같은 주제가 논의된다. 10장 "사회적 책임: 법적 문제, 다양성 관리와 경력 도전"은 경력 문제에 대한 개인적인 특성에 관계없이 모든 직원의 성장과 발전을 도우면서 기업이 인력의 기술 수준을 높이고 일자리를 제공하고 취업을 통해 지역사회를 개선할 수 있도록 교육이 수행하는 역할을 강조한다. 또한 훈련 및 개발에 영향을 미치는 법률 준수, 파트너십 훈련, 다양성 관리, 문화 간 준비 및 기업이 직원의 일과 삶의 균형을 조정할 수 있는 방법에 대해 논의한다. 마지막으로, 11장 "훈련과 개발의 미래"는 훈련과 개발이 5~10년 후에 어떻게 변화될 것인지에 대해 알아본다.

이 책은 졸업생 및 학부생들에게 30년 넘게 교육 및 개발 과정을 가르쳤던 경험을 기반으로 저술하였다. 이 경험을 통해 교육, 심리학, 비즈니스 및 산업 관계를 포함한 다양한 분야에서 일하는 경영자, 컨설턴트, 강사 및 교수진이 훈련 및 개발의 연구와 실행에 기여했다는 것을 깨달았다. 결과적으로, 이 책은 실무적인 관점을 제공하면서 여러 분야에서 수행된 연구를 기반으로 하였다. 실무 과정에 있는 학생들, 학문의 다양한 학부 및 석사 수준의 교육 과정에 모두 적합하다.

간략한 차례

Part 1 훈련 및 개발 환경

1 직원 훈련 및 개발 소개 2

2 전략적 훈련 53

Part 2 훈련 설계

3 요구 조사 108

4 학습과 훈련 전이 147

5 프로그램 설계 191

6 훈련평가 240

Part 3 훈련 및 개발 방법

7 전통적 훈련 방법 288

8 테크놀로지 기반 훈련 방법 322

9 직원 역량 개발과 경력 관리 380

Part 4 사회적 책임과 미래

10 사회적 책임: 법적 문제, 다양성 관리와 경력 도전 438

11 훈련과 개발의 미래 485

차례

역자 서문 v
저자 서문 vii

Part 1 훈련 및 개발 환경

Chapter 1 직원 훈련 및 개발 소개 2

서론 4
훈련 및 개발: 학습의 핵심 구성 5
효과적인 훈련 실계 8
　ISD 모델의 단점 극복 9
일과 학습에 영향을 미치는 요소 10
　경기순환 11
　세계화 12
　무형사산과 인석자본의 가지 16
　사업 전략과의 연계 19
　인구통계적 변화와 인력의 다양성 19
　인재경영 24
　고객서비스와 품질 강조 28
　새로운 테크놀로지 31
　고성과 업무 시스템 36
훈련 실무에 대한 단면 38
　훈련에 관한 사실과 수치 38
　훈련에 투자하는 리더 41
　훈련 전문가의 역할, 역량, 그리고 위치 42
　누가 훈련을 제공하는가? 43
　누가 훈련을 전담하는가? 43
　훈련에서 일하기 위한 준비 46
핵심 용어 48 | 토의 문제 48 | 적용 과제 49
사례 자포스: 경쟁적 도전에 직면하기 51

Chapter 2 전략적 훈련 53

서론 55
　훈련의 진화: 사건에서 학습으로 57
전략적 초점으로서의 학습 57
　학습조직 57
　인적자본 개발을 위한 학습의 시사점 60
전략적 훈련과 개발 프로세스 61
　사업 전략 수립과 확인 62
　전략을 뒷받침하는 전략적 훈련과 개발 계획 파악 64
　전략적 훈련 및 개발 계획과 연결된 훈련과 개발 활동의 제공 69
　훈련 성공을 보여주는 지표의 확인과 수집 69
　전략적 훈련과 개발 프로세스의 예시 71
훈련에 영향을 미치는 조직적 특성 74
　기업 규모 74
　직원과 관리자의 역할 75
　최고경영층의 지원 76
　사업 부문의 통합 77
　글로벌 위상 77
　비즈니스 환경 78
　다른 인적자원관리 관행 79
　직무와 직원의 독특성에 대한 전략적 가치 80
　노동조합 형성 정도 82
　훈련과 개발에 대한 스태프의 개입 82
서로 다른 전략에서의 훈련 요구 83
훈련 부서 조직에 관한 모델 85
　기업대학(기업훈련대학) 86
　기업대학 설립 90
　비즈니스 내재 학습 기능 91
　변화모델 관점의 학습, 훈련, 개발 93
마케팅 훈련과 브랜드 창출 96
훈련 아웃소싱 98
요약 100
핵심 용어 101 | 토의 문제 101 | 적용 과제 102
사례 히타치 데이터 시스템즈 글로벌 학습팀 104
실습 사례 1 다우 케미컬, 낯선 환경에서 일하게 함으로써 리더를 개발하다 105

Part 2
훈련 설계

Chapter 3 요구 조사 108

서론 109
요구 조사는 왜 필요한가? 109
누가 요구 조사에 참여해야 하는가? 111
요구 조사에 사용되는 방법 114
요구 조사 과정 118
  조직 분석 118
  개인 분석 120
  개인 분석 과정 121
  과업 분석 131
역량 모델 135
요구 조사의 범위 139
  요구 조사의 실제 140
요약 141
핵심 용어 143 | 토의 문제 143 | 적용 과제 144
사례 EY의 가상 브레인스토밍을 통한 훈련 요구사항 파악하기 146

Chapter 4 학습과 훈련 전이 147

서론 148
학습이란 무엇인가? 학습한다는 것은 어떤 의미인가? 150
학습 이론 151
  강화 이론 151
  사회적 학습 이론 152
  목표 이론 154
  욕구 이론 155
  기대 이론 156
  성인 학습 이론 157
  정보 처리 이론 159
훈련 전이 이론 160
  동일 요소 이론 161
  자극 일반화의 접근 162
  전이의 인지 이론 163
교육의 과정 163
  정신과 신체적인 과정 163
  학습 주기 165
  학습 과정의 영향과 지도를 위한 훈련 전이 166
학습 결과를 위한 교육적 강조점 183
요약 185
핵심 용어 186 | 토의 문제 186 | 적용 과제 187
사례 안전이 최우선이다 190

Chapter 5 프로그램 설계 191

서론 192
효과적인 프로그램 설계를 위한 고려사항 194
  훈련장 선택과 준비 194
  교수자 선택 197
  공부하고 싶어지는 훈련장과 강의 만드는 법 199
교육과정·수업·학습 설계 211
  교육과정 로드맵 212
내용 정리: 훈련 내용의 업데이트, 조직화 그리고 접근성 유지 218
  훈련 서비스 전문업체 또는 컨설턴트 선택 방법 219
  훈련 전이를 위한 프로그램 설계 시사점 221
학습과 훈련 전이를 위해 지식경영 사용하기 229
  효과적인 지식경영을 위한 핵심요소 231
요약 233
핵심 용어 235 | 토의 문제 235 | 적용 과제 236
사례 네이션와이드 뮤추얼 보험회사의 콜센터 직원을 위한 효과적인 훈련 설계 239

Chapter 6 훈련평가 240

서론 241
훈련평가의 이유 242
  형성평가 243
  총괄평가 244
평가과정의 개요 244
훈련 프로그램 평가에 활용되는 결과물 246
  반응의 결과물 247
  학습 또는 인지 결과물 249
  행동과 기술중심 결과물 250
  정서적 결과물 251
  결과 252
  투자수익률 252
결과물이 적절한지 여부 결정하기 253
  관련성 253
  신뢰도 254
  판별성 255
  실용성 255
평가제도 255
  어떤 훈련 결과물이 수집되어야 하는가? 256

평가 설계 258
타당성에 대한 위협: 평가결과에 대한 대안적 설명 258
평가 설계 유형 261
평가 설계 선택에서 고려사항 265
투자수익률의 결정 268
비용 결정하기 269
이익 결정하기 270
손익분석에 관한 사례 271
손익분석을 위한 다른 방법 273
ROI 검증을 위한 실용적인 고려사항 273
성공사례와 기대수익 274
인적자본과 훈련활동 측정 275
빅데이터와 인적자원분석 275
요약 278
핵심 용어 280 | 토의 문제 280 | 적용 과제 281
사례 PG&E의 엔지니어 훈련 방법 284
실습 사례 2 CA 테크놀로지스에서는 모두 리더가 될 수 있다 285

Part 3 훈련 및 개발 방법

Chapter 7 전통적 훈련 방법 288

서론 289
프레젠테이션 방법 292
강의 292
오디오비주얼 기법 294
핸즈온 방법 294
현장직무훈련 294
자기주도학습 297
어프렌티스십 298
시뮬레이션 300
사례연구 301
비즈니스 게임 303
역할극 304
행동모델링 304
그룹빌딩 방법 307
모험학습 308
팀 훈련 309
액션러닝 312
트레이닝 방법 선택 313
요약 316
핵심 용어 317 | 토의 문제 317 | 적용 과제 317
사례 은행원을 위한 훈련 방법 321

Chapter 8 테크놀로지 기반 훈련 방법 322

서론 323
훈련과 학습에 대한 테크놀로지의 영향 325
테크놀로지를 통한 협업 촉진 327
역동적 학습환경을 만드는 테크놀로지 327
학습자가 스스로 통제하도록 지원하는 테크놀로지 329
컴퓨터 기반 훈련, 온라인 학습, 웹기반 훈련, 이러닝 331
온라인 학습의 잠재적 특징 332
온라인 학습의 장점 334
온라인 학습의 효과성 336
효과적인 온라인 학습 개발 338
요구 조사 338
긍정적인 온라인 학습 경험 창조 340
학습자 통제 342
온라인 학습을 위한 시간과 장소 제공 343
협력과 연결을 위한 테크놀로지 344
대규모 공개 온라인 과정 344
소셜미디어: 위키, 블로그, 마이크로블로그, 소셜 네트워크 346
블렌디드 학습 350
시뮬레이션과 게임 352
증강 현실 357
모바일 테크놀로지와 학습 359
적응형 훈련 361
원격학습 362
훈련을 지원하는 테크놀로지: 인공지능, 전문가 시스템, 성과 지원 365
인공지능 366
전문가 시스템 367
전자 성과 지원 시스템 368
학습 관리 시스템: 훈련의 전달, 지원, 운영을 위한 시스템 369
새로운 테크놀로지 훈련 방법 선택 371
요약 374
핵심 용어 376 | 토의 문제 376 | 적용 과제 377
사례 신제품에 대한 지피 루브 서비스 기술자 훈련 379

Chapter **9** 직원 역량 개발과 경력 관리 380

서론 381
개발, 훈련, 그리고 경력의 관계 382
　개발과 훈련 382
　개발과 경력 383
개발 계획 시스템 386
　자기평가 386
　현실 확인 387
　목표 설정 388
　실행 계획 389
　경력 개발 시스템 사례 389
직원 역량 개발 접근방법 391
　공식교육 393
　평가 396
　직무 경험 403
　대인관계 412
　직원 개발에 관한 특별 주제: 승계 계획, 문제 관리자 개발, 온보딩 419
요약 429
핵심 용어 431 | 토의 문제 431 | 적용 과제 432
사례 Vi의 리더 개발하기 434
실습 사례 3 블루밍데일즈의 패션과 안전 435

Part **4**
사회적 책임과 미래

Chapter **10** 사회적 책임: 법적 문제, 다양성 관리와 경력 도전 438

서론 439
　훈련 파트너십 440
　노사공동 프로그램 443
국내외 다양한 인력의 관리와 법적 문제 444
　법적 문제 444
　인력 다양성과 포용성 관리 450
　유리천장 깨기 456
이문화 준비 458
　이문화 준비 단계 458
다세대 인력이 직면한 경력 문제 462
　일과 삶의 균형 463
경력 경로와 이중 경력 경로 467
　이중 경력 경로 468
경력 재순환 470
　잡호핑 471
경력 단절 대처 472
실직 대처 473
고령자 직원의 요구 충족 475
　퇴직전 사회화 476
　퇴직 478
　조기퇴직 프로그램 479
요약 479
핵심 용어 481 | 토의 문제 481 | 적용 과제 482
사례 언어와 문화적 이해로 글로벌 성공의 토대를 마련하다 484

Chapter **11** 훈련과 개발의 미래 485

서론 486
　작업 자동화 486
훈련 실시를 위한 새로운 기술 사용의 증가 488
학습에 관한 신경과학의 혁신 491
훈련 설계의 신속성, 내용에 대한 초점, 다중 전달방법 사용에 대한 강조 증가 492
적기학습 및 성과 지원의 활용 증가 494
학습이 비즈니스에 어떻게 도움이 되는지 보여주기 위한 빅데이터 사용에 대한 강조 증가 495
기술 격차를 좁히기 위한 훈련 투자 497
　훈련강사의 기능과 역량에 대한 미래 동향의 함의 498
요약 499
핵심 용어 500 | 토의 문제 500 | 적용 과제 500
사례 다이내믹 그룹에서 로봇과 협력하기 502
실습 사례 4 나이키는 다양성 경쟁에서 지고 있다! 503

용어 해설 504
찾아보기 513

Part 1

훈련 및 개발 환경

Part 1에서는 훈련 및 개발 환경과 관련된 이슈에 초점을 맞춘다. 1장 "직원 훈련 및 개발 소개"에서는 오늘날 기업이 경쟁우위를 확보하기 위한 사업 전략 가운데 직원 훈련 및 교육이 중요한 이유를 논의한다. 또한 실무적 접근 방법, 훈련 전문가의 역할, 효과적인 교육 설계 방법(Part 2 "훈련 설계"의 주제)에 대한 개관을 제공한다. 2장 "전략적 훈련"은 전략적 훈련과 개발 과정, 훈련에 영향을 미치는 구조적 특성, 훈련 부서를 구성하는 다양한 모델, 훈련을 브랜드화하고 다른 회사에 홍보하는 방법, 훈련을 아웃소싱하는 것의 장단점에 대해 논의한다.

훈련을 통해 경쟁적 도전에 대처하고, 사업 목표에 도달하며, 훈련장과 회의실을 넘어 학습을 확장하는 다우 케미컬의 사례로 Part 1을 마무리한다.

Chapter 1 직원 훈련 및 개발 소개

Chapter 2 전략적 훈련

Chapter 1

직원 훈련 및 개발 소개

학습목표

1. 직장과 학습에 영향을 미치는 요인을 논의하고, 기업이 이러한 요인을 다루도록 도와줄 훈련의 역할을 설명한다.
2. 사업 성공에 기여하는 훈련, 개발, 무형식 학습과 지식경영을 설명하고 그림 또는 도표를 그린다.
3. 훈련 설계 프로세스의 다양한 측면을 논의한다.
4. 미국 기업에서 일어나는 훈련의 양과 종류를 서술한다.
5. 훈련 전문가의 핵심 역할에 관하여 논의한다.
6. 훈련에 관한 연구와 실행 사례에 관한 적절한 자료(예: 저널, 웹사이트)를 확인한다.

기업의 성공을 위한 핵심요소인 일터 학습에 영향을 미치는 요인

고객서비스, 직원 유지 및 성장, 경제, 다양한 세대를 아우르는 인력구조, 신기술의 사용, 교실을 뛰어넘는 확장된 교육은 모든 산업과 규모의 회사에 영향을 미치고 교육과 개발 실무에 영향을 미치는 요소의 일부이다. 베스트바이(Best Buy), 밸보라인(Valvoline), 소닉 오토모티브(Sonic Automotive), 다우 애그로사이언스(Dow AgroSciences) 등 네 회사는 이러한 우려가 여러 사업 부문의 기업에 어떤 영향을 미쳤으며, 훈련과 개발이 기업의 성공에 어떤 도움을 주었는지 보여준다.

공식적인 대면 학습이 불가피해지자 많은 기업은 기술을 활용하여 다른 장소에서 근무하는 직원들이 협업은 물론 공식적인 과정을 통해 지식을 배우고 공유할 수 있도록 하고 있다. 예를 들어 전자 소매업체인 베스트바이는 그래비티(Gravity)라는 새로운 앱을 제공하여 밀레니얼 세대 직원이 교육 자료에 접근하고 학습할 수 있도록 장려하고 있다. 직원들은 스마트폰이나 태블릿 컴퓨터 등의 스마트 기기에 이 앱을 설치한 후 제품의 UPC 및 QR 코드를 스캔하여 짧은 교육용 비디오 또는 주요 제품 정보를 얻을 수 있다. 고객과 만나지 않는 시간에는 매장을 다니며 제품을 직접 스캔하여 스스로 개인 학습도 가능하다. 또한 직원들은 이 앱을 활용하여 이미 친숙한 제품에 대한 지식을 확장할 뿐만 아니라 신제품에 대해서도 배울 수 있으며 고객의 질문에 신속하게 답변할 수 있게 되었다. 베스트바이 직원들의 앱 사용률은 놀라운 속도로 확대되었으며 아울러 긍정적 성과를 거두고 있다. 1년이 안 되는 기간 동안 직원들은 이 앱을 100만 번 이상 사용했으며, 사용할 때마다 주요 정보를 평균 3페이지 정도 조회했다. 이 앱에서 정보를 제공하는 제품의 판매율은 앱이 출시되기 전 대비 평균 23% 증가한 것으로 나타났다.

다음에 운전을 하다가 오일 교환 매장을 지나쳐 가거나 자동차 오일을 교환하게 된다면 차량 서비스를 제공하는 직원이 받은 교육이 어떤지 살펴보자. 오일 교환 서비스를 제공하는 밸보라인은 기술 평가 및 테스트와 함께 온라인 과정, 관리자 주도 및 강사 주도의 교육 프로그램을 제공하고 있다. 신입사원은 입사하고 60일 이내에 270시간의 교육을 이수하여 자동차의 상층부(자동차 바닥)와 하층부(자동차 아래), 고객 응대, 10가지 추가 서비스에 대한 자격증을 취득할 수 있다.

100개 이상의 자동차 대리점을 보유한 소닉 오토모티브는 고객과 가장 가까이에서 근무했던 서비스 및 부품 분야 리더들의 이직률을 낮추고 리더십 기술을 개발하는 방법에서 어려움을 겪고 있었다. 이에 리더가 업무를 효과적으로 수행하는 데 필요한 경영 및 리더십 기술에 더 능숙해지고, 새로운 역할에 좌절감을 느끼지 않도록 하기 위해 새로운 프로그램을 개발했다. 소닉의 픽스드 운영 아카데미(Fixed Operations Academy)는 강사 주도의 일주일 교육 세션과 훈련 중인 리더들이 새로운 기술을 시도하며 경험을 공유하는 웨비나(webinar) 브리핑의 두 가지 양방향 방식과 리더십 기술 평가로 구성되어 있다. 이 프로그램을 통해 각 리더는 매장에서 발생하는 문제를 개선할 수 있는 방법을 파악하고, 이를 위한 실행 계획을 완료하고 구현한다.

다우 애그로사이언스는 전 세계에 공급될 식품을 생산하는 데 도움이 되는 제품과 서비스뿐만 아니라 종자, 해충 및 잡초 방지 제품, 목초지 관리와 같은 서비스를 제공한다. 이 회사의 영업 전문가들은 까다로운 고객, 빈번한 신제품 출시 및 프로세스 혁신 등으로 인해 점점 더 경쟁이 치열해지는 비즈니스 환경에서 근무한다. 따라서 새로운 영업 전문가가 이러한 환경에서 성공적으로 근무할 수 있도록 실전 영업 시나리오, 역할극, 동료 및 강사 피드백, 관련 학습 자료 등을 제공하고, 교육생들은 영업 현장에 배치되기 전 8개월 동안 프로젝트를 진행한다.

몇몇 회사는 밀레니얼 세대의 성장과 발전 기회에 대한 요구사항을 충족하기 위해 노력하고 있다. 아마존(Amazon)은 근무시간과 장소의 제약을 없애서 밀레니얼 세대가 스스로 주도적으로 일할 수 있도록 하고 있으며, 전 직원이 성장 기회에 대해 질문하도록 하고, 이런 의사를 전달할 수 있도록 1:1 대화의 장을 마련해주기도 한다. 타코벨(Taco Bell)의 레스토랑 지원센터에서는 밀레니얼 세대가 비즈니스 과제를 해결하기 위해 1~2개월 동안 여러 분야의 일을 하는 팀에서 근무할 수 있도록 했다. 이를 통해 밀레니얼 세대 직원들은 창의적으로 일할 수 있고, 문제를 해결하기 위한 책임감을 갖게 되며, 다른 사람들과 인맥을 형성할 수 있는 기회도 얻는다. 밀레니얼 세대를 포함한 모든 직원이 직면한 과제 중 하나는 즉시 승진으로 이어지지 않는 또 다른 성장 기회와 업무의 가치를 인식하는 것이다. 링컨 파이낸셜 그룹(Lincoln Financial Group)은 밀레니얼 세대의 성공적인 경력 개발을 위해서 특정 진로를 따라 승진에만 집중하기보다 다양한 포트폴리오 경험을 쌓아야 한다고 강조한다.

자료: "Outstanding Training Initiatives, Best Buy: Gravity," *training* (January/February 2017), p. 100; M. Weinstein, "Sonic Automotive Revs Its Leadership Engine," *training* (January/February 2017), pp. 46–50; P. Harris, "The Relentless Pursuit of

Better," *TD* (October 2017), pp. 28–30; "Training Top 125 2018 Rankings 36–45, Valvoline Instant Oil Change," *training* (January/February 2018), pp. 58–59; "Training Top 125 2018 Rankings 116–120, Dow AgroSciences LLC," *training* (January/February 2018), pp. 82–83; J. Ramirez, "Generation D," Human Resource Executive (October 2, 2017), pp. 10–12를 기반으로 함.

서론

앞선 예시는 어떻게 직원 훈련이 기업의 경쟁력에 공헌하는지를 보여준다. **경쟁력**(competitiveness)이란 산업 내 시장을 점유하고 영향력을 가지는 능력을 일컫는다. 다른 유형의 사업이라 할지라도 앞선 예시의 네 기업은 시장 내 **경쟁우위**(competitive advantage)를 위한 직원 교육, 훈련 프로그램을 가지고 있는 것을 보았다. 즉 훈련은 조직이 성장하도록 도울 뿐만 아니라 성공하기 위해 갖추어야 할 지식과 기술을 제공함으로써 고객서비스를 향상하도록 돕는다.

요즈음 들어 기업은 새로운 테크놀로지, 지식의 빠른 성장, 사업의 세계화, 전자상거래 등의 큰 변화를 경험하고 있다. 또한 기업은 시장 내 우수인력을 확보하고 이들을 개발해야 한다. 이러한 내용의 훈련은 사치가 아니라 고객에게 최상의 제품과 서비스를 제공하기 위한 필수조건이다. 훈련을 통해서 기업은 새로운 테크놀로지를 받아들이고, 가상조직과 같은 새로운 조직구조 및 다양한 문화 배경을 지닌 직원 간의 협업을 증진하도록 준비된다.

인적자원관리(human resource management)는 직원의 행동과 태도, 성과에 영향을 미치는 다양한 정책, 실무, 시스템을 일컫는다. 이러한 실무는 필요한 인력을 고용하고, 동기부여나 보상, 유지하는 데 핵심적인 역할을 한다. 나아가 직원 선발부터 업무 설계, 노사 관리 등에도 중요한 역할을 한다. 2장 "전략적 훈련"에서는 인사관리제도상에서 훈련의 상대적 중요성을 비교하여 설명한다. 효과적인 훈련은 기업의 사업 목적을 달성하기 위해서 지원하는 전략적 역할을 해야 한다.

인적자원관리는 재무회계, 생산관리, 연구개발, 마케팅 등과 함께 대부분의 기업에서 중요한 지원 역할을 하고 있다. 기업의 경쟁력을 위해서 직원 훈련을 포함한 인적자원관리가 핵심적인 역할을 하지만, 기업은 고객에게 가치 있는 서비스와 제화를 제공하는 것이 필수적이다. 이러한 기업의 필수 활동을 위한 재무적·물질적 자원의 지원 없이는 궁극적인 기업의 목적을 달성하기 어렵다.

이번 장에서는 훈련과 개발에 대해서 정의하고, 어떻게 이러한 훈련 기능이 진화해왔는지 살펴본다. 그리고 인적자원과 학습을 형성하는 요소를 다룬다. 이러한 요소는 성공적으로 충족할 수 있는 능력에 영향을 준다. 기업의 **이해관계자**(stakeholder)란 주주, 지역사회, 고객, 직원 등 기업의 사업 성공을 위해 얽힌 모든 관계자를 통칭한다. 기술, 세계화, 인재 유치 등 오늘날 급변하는 업무 환경하에 기업이 경쟁우위를 확보할 수 있도록 지원하는 교육의 역할을 강조한다.

이어서 현재 기업에서 시행되고 있는 훈련의 기조에 대해서 살펴본다. 학습 훈련자(trainer)의 역할과 기업 내 훈련 기능이 어떻게 조직화되었는지 파악하고 실제 현장에서 실행되고 있는 훈련, 수행 업무, 성공적인 훈련을 위한 훈련자의 역량에 대해서 알아본다. 이 책에서 다루는 주제들을 개관하면서 이 장을 마무리한다.

훈련 및 개발: 학습의 핵심 구성

이 책의 주요 목적은 오늘날 조직 내에서 훈련과 개발의 역할을 알고 그것을 이해하도록 돕는 것이다. 이를 위해서는 더 광범위한 비즈니스 환경에서의 훈련과 개발의 의미를 파악하는 것이 중요하다. 그림 1.1은 이러한 역할을 도시한 것이다. 궁극적으로 훈련과 개발의 목적은 기업 내 학습이다. **학습**(learning)이란 직원이 습득하는 지식, 기술, 역량, 태도 혹은 행동을 의미한다. 그러나 훈련과 개발의 초점은 단순히 직원의 학습 그 자체에 있지 않다. 저간에 들어서는 경영진의 지원 아래 일반적인 교육 프로그램을 제공하는 것만으로는 교육 및 개발 기능의 신뢰성을 확보하기에 충분하지 않다. 기업의 경쟁력 제고를 위해서 전략에 이바지하고 직원의 성과를 향상해야 한다. 이는 제품과 서비스의 품질 향상, 생산성 향상, 새 제품의 개발, 핵심 직원 보유 등을 수반한다. 기업의 입장에서는 직원이 학습한 내용이 무형자산이나 인적자본을 개발하는 데 공헌하는 것이다. **인적자본**(human capital)이란 지식(무엇인지 아는 것), 숙련기술(어떻게 하는지 아는 것), 시스템적 사고와 창의성(왜 그런지 아는 것), 최고의 제품과 서비스를 향한 동기(왜 그런지 관심을 갖는 것)이다.[1*] 그러므로 무형의 인적자본은 유형의 자산(장비, 땅, 빌딩)이나 금전적 자산(현금, 유가증권)보다 기업의 경쟁력 개념에서 더욱 중요하다. 왜냐하면 이러한 무형의 자산은 다른 기업이 모방할 수 없는 기업 본연의 경쟁력이기 때문이다.

사내에서 발생하는 학습에는 그림 1.1에서 묘사한 내용 이외에도 여러 가지 유형이 있다.

그림 1.1
직원 훈련과 개발의 사업적 역할

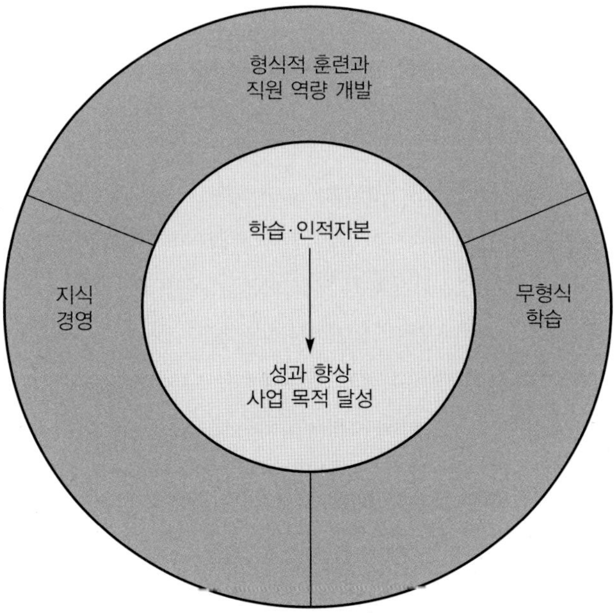

* 참고문헌 번호로 해당 자료는 교문사 홈페이지(gyomoon.com) 커뮤니티 자료실에서 확인할 수 있습니다.

훈련(training)이란 기업이 직무 관련 역량, 지식, 기술, 행동 등을 촉진하고 향상하기 위해 만든, 계획된 일련의 활동이라 할 수 있다. 또한 훈련의 목표는 직원이 지식, 기술, 행동 등을 습득하는 데 있다. 본래 기업은 프로그램이나 기타 사건을 통해서 정형화된 학습 형태에 의존했다. 개발은 훈련과 비슷하지만 보다 미래지향적이라는 특징을 가지고 있다. 그러므로 **개발**(development)이란 훈련을 포함하여 형식적 교육, 직무 경험, 관계, 성격 진단, 기술, 능력 등을 배움으로써 미래의 직무와 직위를 준비하는 것을 돕는 학습을 말한다. 자세한 내용은 9장 "직원 역량 개발과 경력 관리"에서 논의한다. **형식적 훈련과 개발**(formal training and development)은 기업에 의해 개발되고 조직된 정형화된 프로그램, 과정, 사건 등을 학습하는 것을 말한다. 전형적으로 직원들은 이러한 프로그램에 참석하도록 요구되고 대면방식의 훈련 프로그램이나 온라인 프로그램을 통해서 전달된다. 뒤에서 보듯이 미국의 많은 기업이 매년 수십억 달러에 이르는 돈을 이러한 형식적 훈련에 투자하고 있다.

인적자본의 개발을 촉진하는 데는 무형식 학습 또한 매우 중요하다.[2] **무형식 학습**(informal learning)이란 학습자가 학습을 주도하고, 일상적인 활동에서 발생하는 학습과 이를 실행하는 과정에서 동기화 혹은 성찰되는 학습 형태를 말한다.[3] 무형식 학습은 동료와의 소통, 이메일, 비공식 멘토링 또는 기업이 개발하거나 공적으로 이용 가능한 트위터(Twitter), 페이스북(Facebook) 같은 소셜 네트워크 웹사이트 등 매우 다양한 형태로 발생한다. 학습 전략으로의 소셜미디어의 활용과 웹 2.0(Web 2.0) 테크놀로지(소셜 네트워크, 마이크로블로그, 위키 등)의 이용 가능성은 직원들의 사회적 학습 또는 동료뿐 아니라 다른 많은 사람들과 지식을 공유하고 협업을 통한 학습을 가능하게 하였다.[4] 이러한 무형식 학습은 조직 내 학습의 약 75%를 차지하고 있다.

이러한 무형식 학습이 특별히 중요한 이유는 이를 통해서 형식지와 대비되는 암묵지의 효과적인 개발이 가능한 데 있다.[5] **형식지**(explicit knowledge)는 문서와 같이 쉽게 만들어질 수 있고 다른 사람에게 전달이 비교적 쉬운 형태의 지식을 말한다. 대표적으로 문서화된 프로세스, 체크리스트, 플로차트, 공식, 정의 등이 있다. 이러한 형식지가 일반적으로 형식적 훈련의 주된 초점이 된다. **암묵지**(tacit knowledge)란 개인의 경험을 통해서 타인이 쉽게 모방할 수 없는 본연의 지식을 말한다. 일반적인 형식적 훈련은 이러한 암묵지의 생산과 전달이 용이하지 않다. 그러므로 무형식 학습이 이러한 암묵지 개발의 중심이 된다. 왜냐하면 직원 간, 동료 간, 혹은 전문가와의 상호관계를 통해서 암묵지가 전달될 수 있기 때문이다. 그러나 무형식 학습이 형식적 학습을 대체할 수 없음을 주지해야 한다. 무형식 학습은 형식적 훈련이 제공할 수 없는 암묵지의 습득을 도움으로써 훈련을 보충할 수 있다. 사실 많은 연구를 통해서 형식적 훈련의 기회 제공이 일터에서 일어나는 무형식 학습으로 이어진다는 게 밝혀졌다.[6]

지식경영(knowledge management)이란 지식의 생산, 공유, 사용을 촉진하기 위한 조직의 문화와 구조, 시스템 등을 설계하고 실행함으로써 기업의 성과를 향상하는 과정을 의미한다.[7] 지식경영은 무형식 학습에 도움이 된다. 세계적인 보안 솔루션 업체인 G4S 시큐어 솔루션즈(G4S Secure Solutions)가 좋은 예이다.[8] 직원들은 현장 사무실과 고객사에 분산 위치하며, 대부분의 보안 담당자들은 컴퓨터 접속이 불가능하거나 클라이언트 방화벽에 의해 네트워크 이용이 제한된다. 하지만 고객사의 지적재산 보호를 위해 다양한 정보와 지식 공유가 필요하다. 이를 보완하기 위해 회사의 자료나 공지사항, 절차, 교육 매뉴얼, 운영 및 지원 도구, 모범 사례 포럼 등에 접근할 수 있도록 인터넷 및 소셜 네트워킹 솔루션을 개발하였다. 언제 어디서나 목적에 따라 접근할 수 있도록 설계하여 직원들이 사무실, 위치 또는 업무 팀 내에서뿐만 아니라 포괄적인 질문을 할 수 있도록 구현하였다. 이 기능에는 페이스북과 유사한 소셜 네트워킹 기능이 포함되어 있다. 직원들은 자신의 지식, 기술, 관심사, 성과, 프로젝트 및 연락처 정보를 포함한 프로필을 생성할 수 있고 다양한 토론에도 참여할 수 있다. 태그(tag)를 사용하여 동일한 주제에 대한 유사한 내용을 검색할 수 있도록 하였다. 캐터필러(Caterpillar)는 지식경영의 도움으로 계속학습 조직으로 탈바꿈할 수 있었다.[9] 30년 전 이 기업은 플랜트와 장비에 주력하던 기업이었다. 오늘날 이 기업의 가치는 이 기업만이 가지고 있는 무형자산, 즉 지식과 경험을 내포하고 있다. 지식 네트워크(knowledge network)라고 불리는 웹기반의 지식경영 시스템은 수천 개의 학습공동체(community of practices)를 보유하고 있다. 전 세계적으로 작은 팀 단위부터 수백 명에 이르는 대규모 그룹까지 그 크기는 다양하다. 이 학습공동체는 형식지뿐만 아니라 암묵지를 얻는 데 유용하다. 이들은 정보 재생산, 질의 응답의 축적, 다른 참고자료의 첨부 등을 통해서 그 활용을 넓히고 있다. 이를 통해서 발전된 의사결정, 향상된 협업과 팀워크, 더 나은 제품 설계와 개발을 이루었다. 예를 들어, 볼티드 조인트 및 고정 장치 커뮤니티(Bolted Joints and Fastener community)와 딜러 서비스 교육 커뮤니티(Dealer Service Training community)의 회원들은 온라인 토론으로 150만 달러 이상의 비용을 절약하였다.

학습의 가치를 인정하는 많은 기업이 형식적 훈련과 사업 전략과 사업 목표의 연계를 강조하기 위해서 효과적인 훈련 설계 및 개발을 위해 다른 사업이나 기업의 좋은 사례를 벤치마킹하고 발전시키기 위해 노력하고 있다.[10]

웨스턴 유니온(Western Union)의 학습의 예를 살펴보자.[11] 미국의 금융회사인 웨스턴 유니온은 기업의 주요 상품인 송금서비스를 위한 기술적 개발과 보다 나은 고객서비스를 위해서 해당 금융 법률의 이해와 경쟁 사이에서 고군분투하고 있다. 일례로 웨스턴 유니온은 매초 31건의 송금을 처리하고 있다. 경쟁에서 살아남기 위해 웨스턴 유니온은 보다 나은 성과를 지향하는 문화와 이를 위한 인적자원관리 모델을 계획하고 있다. LIA(Leadership In Action)라 불리는 리더십 프로그램은 이러한 목표로 기획된 경영진 교육 프로그램이다. 기업 경영진은 매달 관리자들과 만나서 임파워먼트(권한이양), 피드백 기반 성과 향상, 보상 등에 관한 이야기를 나눈다. 이러한 대면 학습은 다양한 학습 프로그램(이러닝, 역할극, 기능성 게임, 소셜미디어 등)을 통해서 보강된다.

이러한 논의는 전통적 훈련의 중요성을 간과하자는 것이 아니라 훈련의 진화, 즉 기술 전수 중심의 학습에서 계속학습과 지식 공유를 통한 학습을 강조하는 것이다. 2장에서 학습의 발전에 대해 자세히 알아본다.

효과적인 훈련 설계

훈련 설계 프로세스(training design process)는 훈련 프로그램을 개발하기 위한 조직적인 접근을 말한다. 그림 1.2는 이 프로세스의 7단계를 나타낸다. 단계 1은 요구 조사, 즉 훈련의 필요성을 파악하는 단계이다. 단계 2는 훈련 내용을 익히기 위해 필요한 기본적인 기술이나 동기를 가지고 있는지 확신하는 단계이다. 단계 3은 학습 발생을 위해 필요한 학습 환경을 조성하는 것이다. 단계 4는 훈련을 통해서 본 직무에 적용 가능한지 확신하는 단계이다. 여기서는 얼마나 기술 증진을 잘 관리하는지 검토함과 동시에 이를 위해 조직으로부터 지원받는 것도 필요하다.

단계 5는 평가계획을 개발하는 것이다. 이는 우선 훈련의 기대되는 결과, 이러한 결과에 영향을 미치는 평가 설계, 그리고 궁극적으로 어떻게 훈련이 사업 결과에 영향을 미치는지를 계획하는 것이다. 단계 6에서는 학습 목표와 환경에 기초한 훈련 방법을 결정하는 것이다. 이는 전통적 방법의 대면 관계가 중심이 될지 웹기반 훈련 등과 같은 이러닝(e-learning)이 중심이 될지 결정하는 단계이다. 단계 7은 프로그램을 평가하고 보다 효과적인 프로그램 개발을 위한 개선을 논의하는 단계이다.

그림 1.2의 훈련 설계 프로세스는 교수 시스템 설계 원리에 기반함을 보여준다. **교수 시스템 설계**(Instructional System Design, ISD)란 간단히 말해서 훈련 프로그램을 설계하고 개발하는 프로세스를 의미한다. 일반적으로 널리 통용되는 모델은 없지만, 훈련 설계 프로세스에서는 분석(analysis), 설계(design), 개발(development), 실행(implementation), 평가(evaluation)를 포함한 ADDIE 모델을 의미한다.[12] 그림 1.2에서는 요구 조사(단계 1), 훈련 준비도(단계 2)가 첫 번째 분석 단계에 해당한다. 다음 세 단계, 예컨대 학습 환경 조성(단계 3), 훈련 전이 확보(단계 4), 평가계획 개발(단계 5) 등은 설계 과정에, 그리고 단계 6 훈련 방법 선택은 실행에 해당한다. 마지막으로 프로그램 평가 및 감시는 마지막 단계인 평가에 속한다. 특정 교수 설계 전략과 관계없이 다음과 같은 일반적인 가정은 공통된 것이다.[13]

그림 1.2
훈련 설계 프로세스

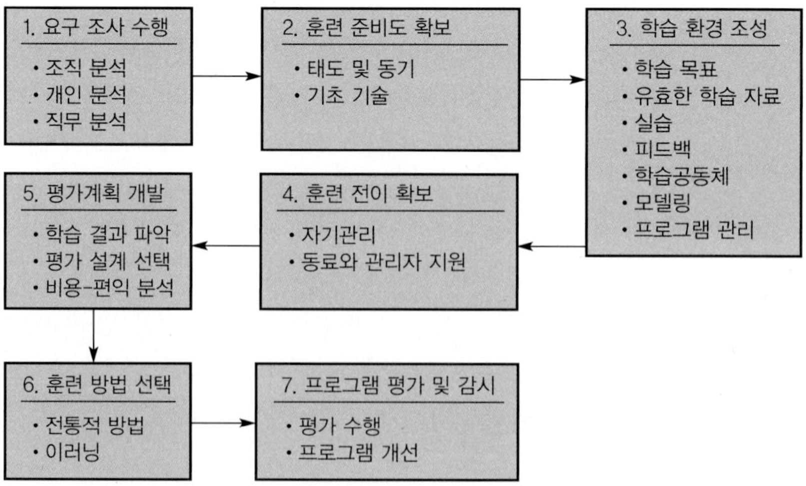

- 훈련은 직원의 교수 또는 훈련 목표와 목적 달성을 위해 효과적으로 설계된다.
- 측정 가능한 학습 목표는 반드시 훈련이 시작되기 전에 파악된다.
- 평가는 계획, 훈련 방법 선택, 프로그램 감시, 훈련 설계 프로세스 제안에 중요한 역할을 한다.

산업용 세탁기 제조회사인 ITU 어브졸브테크(ITU AbsorbTech)의 사내대학인 AbsorbU의 교수자는 ADDIE 모델을 활용하여 코스를 개발한다.[14] AbsorbU 과정은 고객서비스, 생산, 리더십, 판매 등과 관련된 내용에 초점을 맞춘다. 각 프로그램은 ADDIE 모델을 활용하여 학습 요구와 기대되는 결과, 그리고 지식의 전이와 행동의 변화를 목표로 한다. 또한 콘텐츠가 지속적으로 유용하도록 평가하며 ADDIE 모델에 기반하여 재점검한다.

ISD 모델의 단점 극복

일부 훈련 전문가들은 ISD 모델에 몇 가지 보완해야 될 단점이 있다고 주장한다.[15] 첫째, 실제 조직의 훈련 설계 프로세스에서 그림 1.2에 도시된 흐름과 같은 잘 정렬된 단계별 접근은 보기 힘들다. 둘째, 훈련에 사용된 ISD 모델을 자체적으로 표준화하는 과정에서 일부 조직은 훈련자에게 각 단계별로 구체적인 문서화를 요구한다. 이러한 과정은 훈련에 더욱 많은 시간과 돈을 쏟게 만들었다. 셋째, ISD 모델은 평가라는 마침점을 가지고 있다. 그러나 좋은 교수설계는 각 단계의 반복적 순환과 학습 환경과 훈련 전이 등 다른 프로세스를 추가적으로 요구한다. 넷째, 많은 기업이 ISD 모델의 과정을 요구하기는 하지만 그 적용에서 실제로는 많은 부분이 생략된다.[16] 여기에는 (1) 미흡한 성과에 관한 원인을 면밀히 검토하지 않고 단순히 훈련만이 최선책이라고 가정하거나, (2) 훈련 목표와 결과를 식별하는 데 실패하거나, (3) 훈련 방법에만 너무 집중하여 업무 환경의 요인을 무시하는 것 등이 원인이 될 수 있다. 즉 훈련이 직무나 사업의 성과에 미치는 영향을 측정하기보다는 훈련 프로그램에 관한 훈련 대상자의 만족도나 선호도에 대한 평가에만 집중하기 때문이다. 그러나 이러한 비판에도 불구하고, ISD 모델의 사용은 훈련과 개발의 가장 효과적인 접근을 보장해왔다.

훈련 설계 프로세스는 체계적이어야 하는 동시에 사업 요구에 능동적이어야 한다. 각각의 단계는 동시에 마칠 수도 있다. 예를 들어, 서포크 건설(Suffolk Construction)은 사업이 성장함에 따라 직원 교육에 대한 필요성을 인식하였다.[17] 훈련의 개발과 수정에 일반적으로 사용되는 시간을 줄이기 위해 훈련을 전담하는 교육 부서가 필요했다. 결과적으로 교육 팀은 ADDIE 모델에 기반하여 세 가지 '린(lean)' 원칙(자원 효율성보다 흐름 효율성, 능동적 시각화, 지속적인 개선)을 포함하였다. 린 원칙을 사용함으로써 서포크 건설은 학습 콘텐츠를 개발하고 설계하는 데 드는 시간과 비용을 추정하여 이를 내부 관계자에게 제공할 수 있었다. 또한 이들에게 훈련 프로그램 생성 과정에 관한 시각적 모델(visual model)을 제공하여 더 잘 이해할 수 있도록 하였다. 명심해야 할 것은 비체계적인 훈련 설계가 훈련의 결과에 부정적인 영향을 미친다는 것이다. 예를 들어, 훈련 요구를 결정하기 전에 훈련 방법을 결정하는 것과 같은 비체계적인 설계는 훈련 요구를 만족하기 어려울 수 있다. 또한 이러한 설계는 돈과 시간의 낭비를 초래할 수도 있다. 직원들은 지식, 기술, 행동을 갖출 수는 있겠지만, 이를 사용하는 데 동기를 부여하지는 않는다.

모바일 학습과 같은 새로운 테크놀로지의 등장은 전통적인 방법에서 학습자의 독립적이고 장소에 얽매이지 않는 새로운 형태로 기업에서의 학습을 가능하게 하였다. 그러나 좋은 훈련 설계는 학습자의 요구와 가능한 자원의 분석, 그리고 학습에 필요한 학습 도구와 자료를 제공하는 데 있음을 명심해야 한다.[18]

학습 관리자 중심 웹기반의 훈련 프로그램 개발은 교수 설계 과정과 사업 전략 연계의 좋은 예이다. 학습 관리자는 학습자의 직무에서의 기술 공백을 파악하고, 이들을 훈련 설계에 반영하도록 함으로써 훈련 목적에 더욱 부합하는 결과를 만들 수 있다. 이러한 요구 조사 과정이 가장 적합한 훈련 방법을 선택하는 데 도움이 된다.

컴퓨터 기술의 발달로 지역적으로 떨어져 있는 관리자의 훈련 과정 전반의 개입이 가능하게 되었기 때문에 자기주도형 프로그램을 통해 각 직무 스케줄을 고려한 훈련과 웹기반의 훈련 등과 같은 학습자에게 적합한 훈련 방법을 제공할 수 있게 되었다. 웹을 통해서 진행되는 훈련은 설계자로 하여금 웹의 접근성과 해당 테크놀로지로의 능숙성을 전제한다. 그렇기 때문에 관리자의 훈련을 위한 준비도(readiness)와 관련이 깊다.

웹을 통한 긍정적인 학습 환경 조성 또한 중요하다. 설계자는 프로그램 목적이 분명하고 이를 통해서 제공되는 피드백을 보장해야 한다. 예를 들어, 학습자는 효과적 미팅을 위한 단계별 아웃라인을 준비해야 하고, 설계자는 프로그램 개발에서 학습자의 피드백을 반영한 훈련 프로그램을 설계해야 한다. 설계자는 또한 프로그램을 통한 피드백 제공을 보장해야 하고, 테스트 결과를 바탕으로 프로그램을 진행해야 한다. 평가는 각 데이터뱅크에 저장되고 기업은 이를 직원을 평가하는 도구로 사용할 수 있다.

일과 학습에 영향을 미치는 요소

표 1.1은 일과 학습에 영향을 미치는 다양한 요소를 도시하고 있다. 사업의 세계화, 인구통계적 변화, 새로운 테크놀로지, 경제변화 등 우리 삶뿐만 아니라 학습 전반에도 큰 영향을 미쳤다. 이는 개인뿐만 아니라 지역사회, 사업체, 그리고 사회 단위까지도 확대된다.[19] 기업이 시

표 1.1
일과 학습에 영향을 미치는 요소

경기순환
세계화
인적자본과 무형자산 가치의 강조
사업 전략과의 연계 중심
인구통계적 변화와 인력의 다양성
인재경영
고객서비스와 품질 강조
새로운 테크놀로지
고성과 작업 시스템

장에서 살아남기 위해서는 반드시 이러한 외부적 영향에 대해서 인지하고 대비해야만 한다.

경기순환

오늘날 미국 경제에 관한 많은 긍정적인 시그널들이 있다.[20] 주식시장은 초호황을 누리고 있고(2018년 다우존스 산업 평균 20,000 초과), 매년 경제성장률은 3%를 기록하며 많은 기업이 고용과 소비를 통해 경제적 선순환에 기여하고 있다. 고용지표는 거의 완전고용 상태를 보여주고 4% 아래의 유례없이 낮은 실업률을 기록하고 있다. 이에 따라 임금의 구조 또한 개선되고 기업은 노동 부족현상까지 겪고 있는 실정이다. IT 분야나 첨단산업 같은 경우 고숙련 노동자를 고용하기 위해 경쟁하고 있다. 이러한 임금 인상과 비교하여 물가는 완만하게 상향하고 있어 미국 경제는 대단히 안정적인 상태를 보여주고 있다. 이러한 경제적 성과의 이면에는 기업 성과를 증진하기 위한 훈련과 교육이 중요한 기여를 했다는 것을 알아야 한다. 일례로 2009년 경기침체기 때보다 과감하게 직업훈련과 교육에 투자한 기업들은 이후 경쟁자들보다 훨씬 빠르게 시장에서 회복하며 보다 나은 성과를 보여주었다.[21]

그러나 이러한 경제적 성장에도 몇 가지 위험요소가 존재한다.[22] 연방준비은행은 인플레이션이나 경기침체를 대비하여 금리를 얼마나 인상하나 고민하고 있는데, 금리인상은 실업률과 경제성장에 중요한 영향을 미칠 수 있다. 2016년 트럼프 대통령은 5,020억 달러에 달하는 미·중 간 무역 불균형을 해소하기 위해 중국의 수출품에 막대한 관세를 부과하였고, 북미자유무역협정(NAFTA) 국가들과 재협상을 통해 미국 이익의 극대화를 추구하고 있다. 미국의 막대한 무역적자는 미국에서 수출하는 상품에 비해 미국으로 수입하는 상품이 지나치게 많아서 발생하는데, 이를 미국에서의 제조업 생산으로 유도함으로써 노동계층의 지지를 받고 있다. 그러나 사실 미국의 무역적자는 미국의 경제성장과 밀접하게 관련되어 있는 것보다 산업의 현 상태와 각국과의 이해관계에 더욱 영향을 받는다는 사실을 간과해서는 안 된다. 예를 들어 미국의 존 디어(John Deere)나 보잉(Boeing) 같은 제조업 회사는 타국으로부터 알루미늄과 철 등의 원자재를 수입하여 제품을 만들고 더 많은 부가가치를 생산하여 경제에 기여하는데, 산업을 미국의 제조업으로 한정하게 되면 원가가 상승하고 이로 인한 실적 악화는 실업으로 이어질 수 있기 때문이다. 또한 미국 제품에 관한 관세는 애플(Apple)과 같은 테크놀로지 기업에 악영향을 미칠 수도 있다.

낮은 실업률을 보여주고 있는 현 경제상황에서 기업들은 숙련공을 확보하기 더욱 힘들고, 기업을 확장하고 은퇴한 근로자를 대체할 인력을 확보하는 데 어려움을 느끼고 있다.[23] 또한 고성과자의 경우 더 많은 기회와 보상을 제공하는 기업으로 이직하는 경우를 많이 보여주고 있다.

결과적으로 다양한 산업의 기업들이 적절한 인력을 확보하는 데 어려움을 겪고 있다. 이러한 인력 부족의 해결책이 직원훈련과 교육이다. 특히 관광업과 소매업은[24] 약 70%의 이직률을 매년 보이고 있으며, 이직의 주된 이유로 더 많은 보수와 기회를 꼽는다. 이를 위해 기업은 학비 보조금과 같은 혜택을 통해 직원들을 유지하고 있는 실정이다. 예를 들어 호텔업 조합에 따르면 10개 이상의 호텔 체인이 2년 전문대 학비의 대부분을 보조하는 프로그램을 지원하고 있다고 밝히고 있다. 미국숙박업협회(American Hotel & Lodging Association)와 피어슨PLC(Pearson PLC)는 2년 온라인 준학사 학위 비용과 학사 학위 비용의 상당 부분을 지원하는 새로운 직원 지원 프로그램을 시행하고 있다. 대표적으로, 레드 루프 인(Red Roof Inns), 윈덤 호텔 앤드 리조트(Wyndham Hotels and Resorts) 등 10개 기업에서 총 5만 명의 직원이 이 프로그램에 참여하고 있다.

소매업의 경우 낮은 임금의 고용으로 심각한 인력난을 겪고 있다. 월마트(Walmart)의 경우 근로자의 임금 인상을 위해 사내에서 27억 달러에 달하는 투자를 하였으며 부가적인 교육 기회도 제공하고 있다. 이러한 예로 월마트는 고객 응대, 리더십, 머천다이징 등 100개가 넘는 강좌 프로그램을 보유하고 있으며, 근로자의 관심과 경력에 따라서 이를 제공하고 있다. 이를 효율적으로 활용하기 위해 매장 뒤편에 학습장을 만들어 교육받고 실제 매장에서 실습하는 형태로 진행하고 있다. 이러한 교육 프로그램의 목적은 직원 만족도를 높이고, 기술을 향상해 보다 나은 고객서비스를 제공하는 것이다.

몇몇 기업은 현재 인력을 넘어 미래를 대비한 훈련 프로그램을 운용하고 있다.[25] 버몬트 소재의 GW 플라스틱스(GW Plastics)는 고등학교 졸업생들에게 학점 인증 교육 프로그램을 제공한다. 또한 인턴십이나 학비 보조 등 지역 전문대학들과 연계하여 프로그램을 개설하고 지원하고 있다. 로봇 제조회사인 APT 매뉴팩처링 솔루션즈(APT Manufacturing Solutions)는 고등학생들에게 대학 학점을 먼저 이수할 수 있는 과정을 사내 교육 센터에 개설하고, 견습 프로그램도 시행하고 있다. 회사는 직원들이 주당 40시간 일하면서 학교에 다닐 수 있는 견습생 프로그램을 지원한다. 캔자스주 위치타에는 여러 항공기 제조 회사가 있다. 전반적으로 항공기 제조 산업의 일자리 수는 감소하였고, 이전 세대의 퇴직과 새로운 제조 기술의 사용으로 인한 기술 격차와 노동력 부족은 심각한 문제로 발전하였다. 이를 위해 텍스트론(Textron) 같은 회사는 지역 기술 대학과 협력하여 현재 및 예비 직원이 제조 작업에 필요한 교육을 받을 수 있도록 지원하고 있다. 또한 위치타 기술 전문학교(Wichita Area Technical College)는 지역 회사의 재정 지원을 받아 판금 조립 및 복합 기술 과정을 포함한 프로그램을 무료로 제공하고 있다.

세계화

많은 기업이 해외로 제품을 수출하고, 다른 나라에 제조시설이나 서비스센터를 짓고, 외국 기업과 제휴를 맺거나 전자상거래를 하는 등 글로벌 시장에 관여하고 있다. 주목할 점은 개발도상국과 BRIC 국가(브라질, 러시아, 인도, 중국)등의 신흥 시장이 세계 경제의 19%를 차지한다는 것이다.[26] 증가하는 중산층, 강력한 인프라, 기업 친화적인 규제, 안정적인 정부 등을 갖춘 인도네시아, 말레이시아, 케냐, 콜롬비아, 폴란드 등이 새로운 신흥 시장으로 떠오르고 있다. 세계화의 중요성은 최근 아시아를 중심으로 해외 인력을 늘리고 있는 미국 다국적 대기업들의 채용 패턴에서 알 수 있다.[27] 독일 브랜드인 아우디, BMW, 메르세데스 벤츠는 중국에서 가장 많이 팔리는 최고의 브랜드이지만, 미국 자동차 회사들은 시장점유율을 장악하려고 하고 있다.[28] 포드 자동차(Ford Motor)의 링컨 브랜드는 2014년 중국에 세 개의 매장을 열었고, 2016년 말까지 60개를 목표로 하고 있다. 링컨은 중국 시장에서 고객에게 중점을 두지 않았던 점을 발견하고, 만다린 오리엔탈(Mandarin Oriental) 직원을 고용하여 전시장 영업사원을 대상으로 고객서비스 교육을 실시했다. 글로벌 기업인 얌! 브랜즈(Yum! Brands)는 2016년에 2,000개 이상의 레스토랑을 열었는데, 중국의 600개 레스토랑이 회사 수익의 50% 이상을 기여했다. 글로벌 기업은 특히 신흥 시장에서 우수한 인력을 발굴해 보유하는 데 어려움을 겪고 있다. 기업이 중국, 인도, 동유럽, 중동, 동남아, 중남미 등으로 진출하고 있지만 우수한 인재를 찾는 수요는 공급을 초과한다. 또한 기업은 종종 성공적인 미국 매니저들을 해외 사업 책임자로 배치하지만, 이러한 매니저는 재능 있는 직원을 유치하고, 동기부여하고, 유지하는 데 필요한 문화적 이해가 부족하다. 이러한 문제를 해결하기 위해 기업은 매니저와 그들의 가족이 해외 근무를 더 잘 준비할 수 있고, 글로벌 직원들이 훈련 기회를 얻을 수 있는 방법을 모색하고 있다. 이문화 교육은 직원과 가족들이 그들이 근무하는 나라의 문화와 규범을 이해하고 해외 근무 종료 후 자국에 적응할 수 있도록 도와준다. 이문화 교육은 10장에서 논의한다. 예를 들어, 맥도날드(McDonald's)는 시베리아 마을에 12개 이상의 레스토랑이 있는 러시아를 고성장 시장으로 지정했으며 더 많은 레스토랑을 열 계획을 세웠다.[29] (시베리아의 오래된 도시인)톰스크에 새로운 맥도날드 매장을 열었을 때, 영업 첫날 6,000명의 고객에게 서비스를 제공했다. 맥도날드는 성공적인 글로벌 확장에 필요한 매장 운영, 리더십 및 직원 관리 기술을 미래 관리자에게 교육하기 위해 미국 일리노이주의 오크브룩, 시드니, 뮌헨, 런던, 도쿄, 상파울루, 상하이 등 해외 일곱 곳에 햄버거 대학교(Hamburger University)를 운영하고 있다. 모든 교육 자료와 도구는 다른 언어와 문화로 제공한다. 인도 시장의 경쟁자인 올라(Ola)와 성공적으로 경쟁하기 위해 우버(Uber)는 대부분의 사람들이 운전을 하거나 차를 소유하지 않고, 영어나 앱을 사용하는 잠재적 운전자들이 거의 없는 인도에서 100만 명의 새로운 운전자를 모집하고 훈련하는 데 어려움을 겪고 있다.[30] 인도의 인구가 12억 명이므로 시장 규모를 감안할 때 그 범위가 크다. 우버는 회사와 가족을 위해 일하는 개인 운전자와 이전에 운전을 해본 적이 없는 인도인을 택시, 버스, 인력거 운전자로 채용했다. 우버는 인도 시장에서 성공하기 위해 새로운 운전자에게 공손하게 말하는 법과 옷을 잘 입는 법, 교통 규칙을 가르쳐야 한다. 신입사원이 필요한 면허증 등을 소지하고 있는지 확인하고, 우버 앱 사용법을 가르쳐야 하며, 온라인뱅킹 사용법을 가르쳐야 급여가 지급됐는지도 알 수 있다. 우버는 또한 운전자들이 자동차를 리스하는 것을 지원했다. 우버는 현재 40만 명의 운전기사를 보유하고 있지만, 앞으로 2년 안에 100만 명을 더 추가하고자 한다.

(M&M이나 스키틀즈로 유명한) 글로벌 캔디 기업 마스(Mars)는 관심 있는 직원들이 전 세계 파트너십을 통해 역량을 키울 수 있도록 지원한다. 마스 앰버서더 프로그램(Mars Ambassador Program)은 열대우림동맹(Rainforest Alliance)이나 세계야생동물연맹(World Wildlife Federation)과 같은 조직이 관리하거나 지역사회와 협력하는 프로젝트를 지원하는 데 최대 6주를 투자함으로써 직원들에게 전문지식을 공유하고 기술을 개발할 수 있는 기회를 제공한다.[31] 예를 들어, 어떤 마스 앰버서더 팀은 푸에르토리코에서 동물보호소를 재건하

면서 일주일을 보냈다. 지역사회는 동물들에게 더 나은 돌봄과 삶의 질을 제공할 수 있게 됨으로써 혜택을 받았다. 직원들은 어려운 상황에서 팀으로 일하는 법을 배웠다. 또 다른 팀은 루마니아 부쿠레슈티의 학생들과 협력하여 학교를 위한 에너지 감사를 설계하고 시행하여 비용을 절감하고 에너지를 절약하는 결과를 이루었다.

세계화는 또한 각국에서 온 다양한 배경의 인력이 미국에서 일하는 것을 의미하기도 한다. 이러한 이민자는 미국 인력의 또 다른 수십만의 인구를 이룬다. 이들은 과학자부터 저임금 노동자까지 다양하며 이 영향은 실로 막대하다. 이민자와 관련한 이슈는 테러리즘에서부터 불법 이민, 미국인을 위한 일자리 감소에 이르기까지 정부를 중심으로 지속적인 논쟁이 이어져 오고 있다. 미국에 거주하고 있는 약 4,000만 명 이상의 사람들이 다른 나라에서 태어났고, 이와 비슷한 규모가 외국에서 태어난 부모를 두고 있다. 매년 100만 명 이상의 이민자가 미국으로 오며, 10명 중 4명은 미국 시민을 친척으로 둔 경우이다.[32] 멕시코, 중국, 쿠바 출신의 이민자가 대표적인 합법적인 영주권자 또는 '그린카드' 수령자로서 미국 어디에서든 일할 수 있는 권리를 부여받는다. 전체 외국인의 약 12%는 취업 관련 비자로 발급되며, 그중 일부는 과학, 비즈니스 또는 예술 분야에서 뛰어난 자격을 갖춘 근로자이다. 미국 이민국은 또한 제한된 수의 고학력 근로자에게 임시 비자를 제공하여 일정 기간 미국에서 일할 수 있는 권리를 부여하고 있다.

그럼에도 불구하고, 많은 기업이 더 이상 이민자들에게 의존하지 않을 수 없다면 심각한 어려움에 직면하게 될 것이다. 낮은 실업률은 많은 고용주가 정규직과 계절별 숙련 및 비숙련 일자리를 모두 채우기 위해 고군분투하고 있다는 것을 의미한다.[33] 예를 들어, 킹 오브 텍사스 루핑 컴퍼니(King of Texas Roofing Company)는 주로 멕시코에서 오는 지붕 작업자를 충분하게 고용할 수 없기 때문에 수백만 달러 상당의 프로젝트를 거절했다. 플로리다에서 감귤을 수확하고, 샌프란시스코의 타코리셔스(Tacoliscious)와 같은 레스토랑에서 일하고, 콜로라도에서 조경을 하려면 수천 명의 멕시코 노동자와 기타 이민자가 필요하다. 애플, 구글(Google) 및 기타 첨단기술 회사는 미국 비자 프로그램에 의존하여 외국인 직원에게 소프트웨어와 신제품을 설계하는 데 필요한 전문기술과 미국 근로자에게 부족한 기술을 제공한다.

자료에 따르면, 이민자 중 일부는 불법 체류자이며, 노동시장에서 추가적으로 100만 명을 차지할 것으로 추정된다.[34] 이민자들은 과학적 재능을 제공하고 저임금 일자리를 채운다. 이민의 영향은 신규 인력의 70%가 이민자인 태평양 연안의 주를 포함한 미국의 특정 지역에서 특히 크다.[35] 미국 대학은 엔지니어 수요를 따라갈 수 없다. 엔지니어를 찾기 위해 기업은 해외에서 중국, 일본, 한국, 인도로 눈을 돌려 그들을 고용해야 한다.[36] H-1B 비자 프로그램은 고등교육을 이수해야 하는 고도로 숙련되고 기술적인 직업을 가진 사람들을 위한 것이다. 신규 비자는 연간 6만 5,000건으로 제한되며, 그중 2만 건은 미국 석사 학위를 소지한 직원을 위한 것이다. 2016년에는 약 4만 개 기업이 지원서를 제출했으며, 정부, 대학 및 기타 비영리 기관에서 일하는 직원들을 위한 H-1B 비자의 제한은 없다. 가장 많은 H1-B 비자가 발급되는 분야는 컴퓨터 관련 직종(43%)이다. H-1B 비자의 최고 기업은 코그니잔트 테크놀로지 솔루션(Cognizant Technology Solutions), IBM, 그리고 마이크로소프트(Microsoft)이다.[37]

타타 컨설턴시(Tata Consultancy)와 와이프로(Wipro)와 같은 인도 소유 회사는 가장 많은 H-1B 비자 승인을 받았다. 다른 비자 프로그램도 공급이 부족한 저숙련 임시직이나 계절 근로자(H2-A, H2-B)를 위해 제공된다. 이 이민자들 중 대부분은 미국 문화를 이해하기 위해 훈련을 받아야 한다. 마찬가지로, 미국 직원은 다른 문화의 직원과 의사소통하는 능력을 향상하는 기술이 필요하다.

세계화는 주재업무와 해외 공급자를 위한 비용-편익 계산을 고려해보아야 한다. **해외업무위탁**(offshoring)은 미국 내 직무를 해외로 옮기는 것을 의미한다. 이것의 장점은 저임금의 노동을 통해 이익을 극대화할 수 있다는 것이다. 인도, 캐나다, 중국, 러시아, 아일랜드, 멕시코, 브라질 및 필리핀은 해외 일자리 국가 중 일부이다. 일자리가 해외로 옮겨지는 이유는 무엇인가?[38] 공장 및 기타 일자리를 해외로 옮기는 이유는 종종 낮은 인건비와 강한 직업윤리를 지닌 숙련된 인력의 가용성에 있다. 예를 들어, 렉스놀드 코퍼레이션(Rexnord Corporation)은 연간 3,000만 달러를 절약하기 위해 인디애나에 있는 산업용 베어링 공장을 폐쇄하고, 멕시코로 일자리를 이전할 계획이다.[39] 렉스놀드는 아직도 회사 인력의 절반 이상을 미국 내에서 고용하고 있으며 유럽, 아시아, 아프리카에서 사업장을 운영하고 있다. 그러나 위탁 작업보다 재위탁 작업 또는 제품을 미국으로 다시 보내는 작업이 보편화되고 있다. 여기에는 더 높은 물류비, 자연재해 및 정치적 불안정에 따른 공급망 차질에 대한 우려, 품질 문제, 부정적인 평판, 미국산 제품에 대한 고객 선호도 등 여러 가지 이유가 있다.[40] 또한 중국과 같은 일부 국가에서 인건비 상승은 미국과 더 비슷해지고 있다. 마지막으로, 일부 국가의 안전, 건강 및 작업 조건에 대한 현지 기준이 미국보다 상당히 낮을 수 있으며, 이는 부정적인 평판과 잠재 고객을 차단한다. 예를 들어, 헤인즈브랜즈(Hanesbrands)는 노스캐롤라이나에 있는 공장에 직원을 추가하고,[41] 그곳에서 만든 양말을 재봉, 염색 및 포장하는 엘살바도르의 공장으로 보낸다. 엘살바도르가 인건비 면에서 유리하지만, 노스캐롤라이나의 전기료는 훨씬 저렴하다. 또한 두 곳에 공장을 두어 한 곳에 문제가 발생할 경우를 대비했다. 페즈 레그웨어(Peds Legwear)도 노스캐롤라이나에서 양말을 생산하여 회사가 수입 관세를 피하고, 운송비를 절감하며 수요 변화에 더 빠르게 대응할 수 있도록 했다. 게다가 미국산 양말을 파는 것이 월마트가 그 회사와 계약한 주요한 이유였다.

애플은 아이폰(iPhone), 맥 에어(Mac Air) 컴퓨터, 아이패드(iPad)와 같은 혁신적이고 기능적인 제품을 출시하는 것으로 유명하다.[42] 애플은 자사 제품을 생산하기 위해 아시아의 제조 협력업체에 의존하고 있으며, 직원들을 대하는 방식에 이의를 제기해온 노동단체로부터 비난을 받아왔다. 애플은 이러한 비판을 심각하게 받아들였으며, 자사 제품을 조립하거나 자재를 제공하는 근로자에 대한 불법적이고 열악한 대우를 없애지는 못하더라도 줄이기 위한 조치를 취하기 위해 공급업체와 제조시설을 감사하고 있다. 애플 공급업체의 행동강령은 협력업체가 미성년자를 고용하지 않고, 적절한 교육과 안전한 근무 조건을 제공하며, 공정한 임금을 지급하는 데 초점을 맞추고 있다. 2017년에는 300만 명이 이러한 노동력 보호 교육을 받았다.

무형자산과 인적자본의 가치

훈련과 개발은 무형자산의 기여를 통한 기업의 경쟁력 제고에 직접적인 영향을 줄 수 있다. 기업의 가치는 크게 세 가지 자산을 포함하고 있다. 우선, 현금·유가증권 같은 재무자산, 동산·부동산 같은 유형자산, 그리고 무형자산이다. 표 1.2는 인적자본, 고객자본, 사회자본, 지적자본으로 구성된 무형자산의 예시를 보여준다. 인적자본은 직원들이 자신의 일에 투자하는 속성, 삶의 경험, 지식, 창의성, 에너지, 열의의 합을 말한다.[43] **지적자본**(intellectual capital)이란 기업 내 존재하고 있는 정형화된 지식을 말한다. **사회자본**(social capital)이란 기업에서 직원들 간 관계를 말한다. **고객자본**(customer capital)이란 기업과 관련된 기업 외부의 관계로, 예를 들어 하청업체, 고객, 정부기관 등과의 관계를 말한다. 무형자산은 나머지 두 자산의 가치와 동일하게 중요하다.

무형자산은 기업의 경쟁력과 직접적으로 관련이 있다. 여러 실증적 연구가 지원의 훈련 및 개발에 대한 투자는 재무 성과, 생산성 및 혁신의 증가로 이어진다고 밝히고 있다.[44] 미국교육훈련협회[American Society for Training and Development(ASTD), 현 Association for Talent Development(ATD)]의 연구 결과에 의하면, 직원의 교육훈련에 투자를 가장 많이 한 기업은 86% 이상의 주가 대비 순익을 가져왔고, 이는 시장 평균보다 46% 이상 높았다.[45] 이를 통해서 직원교육과 훈련이 기업의 순익에 얼마나 직접적으로 영향을 미치는지 실질적인 결과를 보여주고 있다. 교육개발은 또한 고객을 더욱 잘 만족시키며 고객 및 사회자본에도 간접적인 영향을 미친다.

이 장의 앞부분에서 언급했듯이 인적자본과 같은 무형자산은 경쟁기업이 모방하기 어렵기 때문에 기업의 경쟁우위에 기여한다.[46] 예를 들어, 고객에게 신선한 재료와 요리 지침을 제공

표 1.2
무형자산의 예

인적자본
• 암묵지
• 교육
• 일 관련 노하우
• 일 관련 역량
고객자본
• 고객 관계
• 브랜드
• 고객 충성도
• 유통경로
사회자본
• 기업문화
• 경영철학
• 경영방식
• 무형식 네트워크 시스템
• 코칭/멘토링 관계
지적자본
• 특허권
• 저작권
• 영업 비밀
• 지적자산

자료: L. Weatherly, *Human Capital-The Elusive Asset* (Alexandria, VA: SHRM Research *Quarterly*, 2003); E. Holton and S. Naquin, "New Metrics for Employee Development," *Performance Improvement Quarterly* 17 (2004), pp. 56–80; M. Huselid, B. Becker, and R. Beatty, *The Workforce Scorecard* (Boston, MA: Harvard University Press, 2005)를 기반으로 함.

하는 회사인 블루에이프런(Blue Apron)은 고객의 식사를 준비하기 위해 인적자본, 사회자본 및 고객자본 개발에 많은 노력을 기울이고 있다.[47] 이 회사는 고객과 관계를 쌓고 네트워킹을 구축하여 와인 해피아워를 갖기도 한다. 이는 식사 배달 구독의 일환으로 제공된다. 정규직 직원은 연례 캠핑 여행에 참석하며, 종종 농장을 방문하여 신선한 재료가 재배되는 곳을 확인한다. 블루에이프런은 회사 내 모든 직급의 관리자를 대상으로 리더십 교육 프로그램을 제공한다. 교육 프로그램은 관리자가 리더로 발전하기를 원하는 방식, 직원의 발전을 도울 수 있는 방법, 조직 전체를 이끄는 방법에 중점을 두고 있다.

7, 8, 9장에서는 인적자본과 사회자본 개발에 기여하는 훈련과 개발 프로그램에 대해서 자세히 알아볼 것이다. 6장 "훈련평가"에서는 인적자본을 측정하는 방법을 설명한다. 무형자산과 인적자본은 중요한 세 가지 적용점을 가지고 있다.

1. 지식노동자의 강조
2. 직원몰입
3. 변화와 계속학습 강조

지식노동자의 강조

기업이 무형자산, 특히 인적자본을 늘릴 수 있는 한 가지 방법은 지식노동자의 채용과 개발을 통해 이들을 유지하는 것이다. **지식노동자**(knowledge worker)란 직원이 알고 있는 지식이나 기술, 경험 등을 통해 기업에 공헌하는 직원을 일컫는다. 단순히 직무를 통해서가 아니라 지식을 공유하고 협력하여 솔루션을 개발한다. 지식노동자는 남들이 가지고 있지 않은 특별한 지식과 정보를 공유하면서 공헌한다. 이들은 직업 선택에 관한 많은 기회가 있고, 이들을 위한 수요가 넘치므로 수시로 그들의 선택에 의해 자신의 지식과 경험을 가지고 경쟁업체에게 갈 수도 있다.

직원몰입

직원의 지식을 충분히 활용하기 위해서 기업과 관리자의 노력은 직원의 몰입을 이끄는 데 있다. **직원몰입**(employee engagement)이란 직원이 그들의 직무에 몰입하며 그들의 헌신이 기업에 있는 정도를 말한다.[48] 직무에 충분히 몰입된 직원은 경쟁력을 가져오고, 높은 생산성과 나은 고객서비스 등 긍정적인 사업 효과를 가져온다.

아마도 직원몰입을 이해하기 위한 최고의 방법은 어떻게 이를 측정하느냐의 문제일 것이다. 기업은 이를 위해 태도를 설문하거나 견해를 설문할 수 있다. 기업마다 이를 위한 질문지가 다를 것이지만 연구에 의하면 일반적으로 기업에 대한 자긍심, 직무 만족도, 기업의 미래 성장능력, 도전적인 업무를 수행할 기회 등을 포함하고 있다.[49] 직원의 몰입을 어떻게 알 수 있을까? 이는 직원이 자신의 일에 열정을 갖고 회사의 목표에 전념하며 기여하는지를 통해 알 수 있다. 참여 설문조사 결과에 따르면 미국 직원의 33%만이 직무에 몰입하고 있으며, 51%는 몰입하지 않으며, 16%는 적극적으로 몰입하고 있지 않다.[50] 적극적으로 몰입하지 않는 직원으로 인해 매년 수십억 달러의 생산성 손실을 초래하는 것으로 추정된다.

에코 글로벌 로지스틱스(Echo Global Logistics), 어도비(Adobe), 홀푸즈(Whole Foods), 팀버레인(Timberlane)이 직원 참여를 어떻게 지원하는지 살펴보자.[51] 에코 글로벌 로지스틱스는 페이스북과 유사한 애플리케이션을 사용하여 직원이 다른 직원에게 긍정적인 피드백과 배지를 제공할 수 있도록 하고 있다. 이 응용 프로그램은 직원들이 최선의 노력을 기울이는 직원을 의미하는 "Bring Your Own"과 같이 회사의 가치를 반영하는 말을 서로 피드백에 사용할 수 있도록 한다. 이 말을 직원들끼리 서로 피드백하는 방식으로 사용함으로써 직원으로 하여금 회사의 가치에 대해 관심을 갖도록 유도하였다. 이 프로그램에는 직원몰입을 측정하고 개선사항을 추적하는 데 사용할 수 있도록 하는 설문조사 기능도 포함되어 있다. 설문조사는 매주 또는 매일 실시되며 회사에서 필요한 개선사항을 구현하기 위해 빠른 조치를 취할 수 있도록 고안되었다. 설문조사에서는 직원들을 대상으로 "내 성과와 총보상 사이의 연관성이 보인다.", "회사는 강력한 가치와 윤리에 따라 운영된다.", "부서 간에 좋은 팀워크가 있다."와 같은 내용을 알아본다. 어도비 시스템즈의 몰입 설문조사에서는 직업 만족도, 승진 기회, 보상 및 혜택을 평가하도록 요구한다. 회사는 직원들이 직장에서 자기주도적으로 일하는지, 창의적으로 일하는지, 상관과 경력 개발에 관한 대화를 나누는지 알아본다. 설문조사는 또한 유급 육아 휴직(반 년), 시간제 근무, 안식년 휴가 등 어도비가 제공하는 직원 혜택이 높은 수준의 직무몰입과 관련이 있는지를 연구하고 있다. 홀푸즈는 임시 직원이 수습 기간이 끝나면 해당 직원을 정직원으로 고용해야 하는지 여부에 대해 추천하도록 하여 몰입을 지원한다. 팀버레인은 직원의 선호도 테스트 결과를 사용하여 직원이 가장 관심 있고 편안하게 수행할 수 있는 작업과 연계시킨다.

변화와 계속학습 강조

지식노동자의 유치와 유지는 기업에게 변화에 적응할 수 있는 능력을 준다. **변화**(change)란 기업이 새로운 아이디어나 행동을 채택하는 것을 말한다. 테크놀로지 발전, 법규 및 노동인구의 변화, 세계화, 신규경쟁자 등 기업은 다양한 변화를 접하게 된다. 변화는 피할 수 없는 사업 주기 순환의 요소일 뿐이다.[52] 예를 들어, 힐튼(Hilton Worldwide)은 운영 효율성을 높이기 위해 호텔 투숙객이 숙박을 예약할 때부터 체크아웃할 때까지 필요한 사업 기술을 개발해야 하는 과제에 당면해 있다.[53] 훈련은 힐튼의 사업 결정을 지원하는 데 핵심적인 역할을 하고 시장점유율을 높이는 데 도움이 된다. 4,400개 호텔의 8만여 명 이상의 프런트 데스크 직원과 관리자는 고객이 모바일 휴대 장치로 예약하고, 객실을 선택하고, 체크인하는 데 사용할 수 있는 앱인 디지털 체크인 시스템에 능숙해야 한다. 힐튼은 컴퓨터나 스마트폰을 사용하여 사용할 수 있는 짧은 게임, 작업 지원 및 빠른 참조 가이드가 포함된 혼합 교육 방식을 사용하고 있다. 프런트 데스크 직원과 관리자는 이를 완료하기 위해 100% 점수를 달성해야 한다. 지금까지 6만 7,000명 이상의 직원이 교육을 이수하였다. 이를 위해 교육 전달 및 교육을 위한 기술 사용은 혁신적인 디지털 체크인 앱 사용과 잘 맞도록 개발되었다. 효과적인 변화 과정의 특징은 2장 "전략적 훈련"에서 논의한다.

변화 환경은 모든 직원이 반드시 학습 철학으로 받아들여야 하는 내용이다. **학습조직**(learning organization)은 계속학습의 문화, 그리하여 직원들이 끊임없이 학습을 통해 지식을 얻고 공유하는 과정이다. 제품과 서비스의 개선은 정규적인 훈련이 끝났다고 마치는 것이 아니다.[54] 직원은 지식을 늘리는 데 사용할 수 있는 재정, 시간 및 콘텐츠 리소스(예: 과정, 경험 및 개발 기회)가 있어야 한다. 관리자는 교육 수요를 식별하고 직원이 업무에 교육을 사용하도록 적극적인 지원 역할을 한다. 또한 직원들은 이메일과 인터넷을 활용하여 회사 전체의 동료 및 기타 작업 그룹과 지식을 공유하도록 적극 권장된다.[55] 글로벌 제약 회사인 루핀(Lupine Limited)은 회사 인트라넷을 통해 모든 직원이 정보를 사용할 수 있도록 하고 있다.[56] 이는 지속적인 학습, 지식 공유 및 조직 전체의 지식 기반 개발을 강조하는 회사 문화를 만드는 데 도움이 된다. 사내 모든 정보는 키워드로 검색하거나 프로젝트 목록을 검토하여 검색할 수 있다. 5장 "프로그램 설계"에서 구체적으로 이를 위한 훈련 프로그램을 어떻게 설계하며 학습조직과 지식경영을 하는지 자세히 알아본다. 성공적인 학습조직을 위해서는 고객의 요구를 충족하기 위한 직원 간의 협력이 무엇보다 중요하다. 관리자들은 각 직원에게 지식 공유의 권한을 할양하고, 문제를 파악하고 해결하며 의사결정을 함으로써 끊임없이 개선하도록 주문해야 한다.

사회적 협력과 소셜 네트워킹 테크놀로지는 직원들이 보다 원활하게 지식을 공유하고 학습조직을 개발할 수 있도록 돕는다.[57] 케어소스(CareSource)는 사용자가 만드는 콘텐츠가 있는 웹사이트 위키(wiki)와 토론 게시판을 사용하여 직원들이 교육 프로그램에서 습득한 기술을 직무에 적용하는 방법에 대한 아이디어를 공유함으로써 서로에게서 배울 수 있도록 하고 있다. 콜드웰 뱅커(Coldwell Banker)는 부동산 전문가들에게 비디오 공유를 통해 최고의 테크닉을 전수하고 공유하는 비디오 포털을 제공한다. 또한 학습공동체를 통해서 서로 경험을 공유하고 아이디어를 주고받음으로써 개선을 꾀한다. 인벤티브 헬스[Inventive Health, 합병 후 현재 시네오스 헬스(Syneos Health)]는 페이스북을 통해서 영업직 직원들이 정보를 공유하고 배운 내용을 전파한다.

사업 전략과의 연계

기업의 무형자산과 인적자본이 기업의 경쟁력과 직결된다는 것을 감안할 때 관리자들은 훈련이 기업의 사업 전략을 지원하는 중요한 수단임을 깨닫게 되었다. 즉 이러한 계획은 제품의 질, 시장점유율, 수익성과 같은 목표에 연계되어야 했다. 관리자들은 훈련 전문가가 설계하고 개발한 기업 내 학습이 기업 전략을 성공적으로 수행하고 사업 목표에 도달하는 데 중요한 역할을 하기를 기대한다. 전략적 훈련은 2장에서 자세히 논의할 것이다.

인구통계적 변화와 인력의 다양성

미 노동부 산하 노동통계국(BLS)이 미국 노동력 구성의 변화를 추적하고, 추세를 예측하고 있다. 인력의 다양성과 인구의 변화로 인해 기업은 새로운 도전에 직면하게 되었다. 인구는 노동 인력에 단일 단위로 가장 큰 영향을 미치는 요인이다. 민간 분야의 노동력은 2016년

1,150만 명에서 2026년 1억 6,800만 명까지 성장할 것으로 보고 있다.[58] 지난 40년과 비교해 고령노동자와 문화적 다양성이라는 인력의 변화를 말해주고 있다.

인종 다양성의 증가

2026년까지 미국 노동인구는 이민자의 증가로 인한 인종의 다양성을 더해가고 있다. 특히 히스패닉 인구증가율(2.7%)과 아시아인(2.5%)의 유입은 기존 흑인과 다른 그룹의 성장세보다 빠르다.[59] 2026년까지 예측하건대 76%가 백인, 12%가 흑인, 7%가 아시아인이라 생각된다. 여성 노동인력의 유입은 모든 연령대에서 증가하고 있으며, 공정한 일터를 강조하고 있다. 이들은 반드시 훈련 프로그램을 통해서 서비스 시장에서의 고객서비스 기술이나 기술적 지식을 갖추도록 도움을 받아야 한다.

고령노동자

그림 1.3은 2016년과 2026년의 예상 근로자 연령 분포를 비교한 것이다. 2018년에는 베이비붐 세대가 57~70세가 될 것이며, 이 연령대는 2026년까지 크게 증가할 것이다. 노동력은 계속해서 고령화될 것이다. 55세 이상 연령층은 2016~2026년 사이에 8% 증가를 나타내며, 2026년에 약 600만 명에서 4,200만 명으로 증가할 것으로 예상된다. 2026년 노동력의 중위연령인 42.3세가 역대 최고치가 될 것이다.[60] 2026년까지 베이비붐 세대는 62~80세가 될 것이고, 그 결과 이들 중 상당수가 노동시장에서 이탈할 것이다. 고령노동자는 점점 건강해지고 장수한다. 과거보다 일할 기회가 더 많은 것이다. 게다가 높은 비용의 건강보험과 건강 혜택의 감소는 이러한 고령노동자의 시장 유입을 가속화하고 있다. 또한 연금계획 트렌드는 고령노동자가 더욱 오래 일하도록 인센티브를 부여하고 있다.

그림 1.3
2016년과 2026년 노동인구 연령의 비교

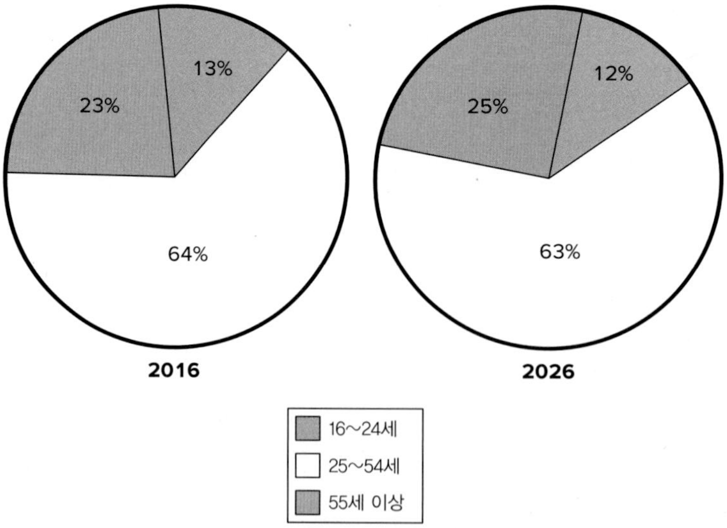

자료: Bureau of Labor Statistics, U.S. Department of Labor, Employment Projections: 2016–2026, News Release, October 24th, 2017, from www.bls.gov/emp, accessed March 23, 2018을 기반으로 함.

인구의 고령화는 기업의 인력 구조가 갈수록 고령화된다는 것을 의미하기도 한다. 이들은 일하길 원하고 이들 중 많은 이들이 은퇴를 계획하고 있다. 이러한 역설의 뒷면은 성과와 학습이 연령에 구애하지 않는다는 것을 의미한다.[61] 고령노동자는 더욱 새로운 테크놀로지를 배우는 데 적극적이기도 하다. 많은 은퇴자들이 파트타임 근무나 단기 근무의 형태로 전환하는 방법으로 계속 일하길 원한다. 그러므로 기업과 직원은 은퇴의 정의를 파트타임, 임시직뿐만 아니라 두 번째 커리어를 포함하도록 새롭게 해야 한다.

세대 차이

총 5세대가 노동시장에 있고 이들은 각자 독특한 특징이 있다(표 1.3).[62] 예를 들어, 1995년 이후에 태어난 Z세대 구성원은 대학을 졸업하여 노동시장에 진입하고 이다. 그들은 태어나면서부터 디지털 기기에 익숙한 세대이고, 다른 사람과 사회적 연결을 중요시하여 휴대전화와 태블릿에 더 애착을 가지고 있는 세대이다. Z세대는 보다 기업가적이며 돈보다 의미 있는 일에 더 관심을 가지고 있다. 그러나 이들은 10대 시절 경기 침체기를 경험하며 일자리를 구하지 못했기 때문에 기본적인 직무 능력이 부족한 것으로 파악되고 있다. 베이비붐 세대가 대거 은퇴하면서 Z세대에게 더 많은 기회가 주어질 것으로 기대된다. Z세대 근로자는 즉각적인 의사소통이 가능한 작업 환경을 선호한다.

밀레니얼 세대는 다양한 교육환경에서 성장했으며, 부모 세대인 베이비부머의 성취보다 참여에 의미를 두는 것, 코칭과 격려를 통해 성장하였다. 이들은 낙천적이고, 일하며 배우는 데 익숙하고, 행복을 추구하고, 자립심이 강하고, 보다 포괄적인 인식을 하고, 다양성과 팀워크를 선호하는 특징이 있다. 또한 높은 수준의 자존감을 가지고 있는 것이 특징이다. 밀레니얼 세대는 교육을 많이 받았고 '나에게 의미가 있는 것이 무엇'인지 찾는 사고방식으로 직무에 접근하곤 한다. 이들은 직업을 바꾸고 새로운 기회를 찾는 데 두려움이 없는 세대이다. 밀레니얼 세대는 자신이 직업, 팀, 회사에 어떻게 적응하는지 이해하고자 한다. 이들은 목적의식을 북돋우고 자신이 중요하다고 느끼게 만드는 일을 찾으며, 자신의 직업에 이익 활동을 연결하지 않는다.

그러므로 밀레니얼 세대에게 배우고 성장할 수 있는 기회는 매우 중요하다. 어떤 이들은 부모가 실직하고 퇴직금마저 잃는 불황을 겪었기 때문에 무엇보다 자신의 능력을 향상하고 외부 경제상황과 상관없이 본인의 고용가능성을 높이는 자기계발 기회에 더욱 관심이 있다.[63] 갤럽(Gallup) 설문조사에 따르면 밀레니얼 세대의 87%는 직업 또는 경력 성장 및 개발 기회를 직업에서 중요하게 여긴다고 한다(이 장 도입부의 아마존, 타코벨, 링컨 파이낸셜의

표 1.3
세대 간 노동인구

출생연도	세대	나이
1925~45	전통주의자/침묵세대	73세 이상
1946~64	베이비부머	54~72세
1965~80	X세대	38~53세
1981~95	밀레니얼 세대/Y세대/에코부머	23~37세
1996~	Z세대/디지털 네이티브	22세 이하

세 기업이 밀레니얼 세대에게 경력 개발을 제공한 사례 참고). 밀레니얼 세대의 1/3 이상이 직장에서 가장 최근에 배운 학습 기회가 시간을 할애할 가치가 없다고 보고했으며, 60%는 새로운 직업을 고려해볼 의향이 있다고 말한다.[64]

X세대는 이혼율이 배로 증가하고, 여성의 일 참여율이 높아지고, 개인용 컴퓨터가 개발되는 시대에 자랐다. 이들은 비교적 삶의 회의감이 높으며, 격식을 따지지 않고 실용적이며, 일과 삶의 균형을 중요시한다. 또한 다소 냉소적이기도 하고 일에 대한 조바심이 강하다. 삶에서 많은 변화를 겪은 세대이다.

베이비부머, 'Me' 세대는 베트남 종전과 평등의 개념을 '설립'한 세대이다. 사회적인 양심과 삶의 독립을 강조한다. 경쟁적이고 열심히 일하고 모든 직원의 공정한 대우에 관심이 있다. 이들은 종종 일 중독으로 묘사될 정도로 일에 집착하며, 규칙을 준수하는 데 엄격한 특징이 있다.

전통주의자는 대공황시기와 2차 세계대전을 겪었다. 그들은 절약의 가치를 역설하고, 사회적 규칙에 적응하고, 고용주에 대한 충성심이 강하며 책임감, 공공을 위한 희생을 강조한다.

비록 세대 차이가 존재하긴 하지만, 같은 세대의 구성원들은 같은 성별이나 인종의 구성원과 다를 바 없음을 유념해야 한다. 연구는 세대 간 차이점만큼 동질성도 갖고 있음을 밝히고 있다.[65] 베이비붐 세대, X세대, 밀레니얼 세대 간에 직업 윤리의 인식 차이는 있을 수 있지만, 밀레니얼 세대 직원은 직업 신념, 직업의 가치 및 성별에 관한 이해 면에서 상호 더욱 유사한 특징을 가지고 있다. 대부분의 직원은 업무를 자신의 기술과 능력을 최대한 활용하고, 관심사를 충족하며, 바람직한 생활 방식을 살기 위한 수단으로 간주한다. 그들은 또한 일과 삶의 균형을 중시한다. 즉 이들을 위해서는 근무 장소와 시간의 자유가 보장되는 유연한 근무 정책이 유리하다.

그럼에도 불구하고 세대별로 서로 간에 선입견이 있어서 직장 내 긴장과 오해를 일으키기도 한다.[66] 예를 들어 밀레니얼 세대는 X세대 매니저가 사납고, 지치게 하고 불쾌하다 여긴다. 반대로 X세대 매니저는 밀레니얼 세대를 주의력이 부족하고 요구만 많고 지나치게 자기 확신이 넘친다고 생각한다. 또 베이비부머는 지나치게 엄격하고 기업의 법규를 너무 엄수한다고 본다. 새로운 테크놀로지와 소셜미디어의 사용에 느리고 적응을 못하며, 베이비붐 세대와 이전 세대는 밀레니얼 세대가 엄격한 일 윤리가 없고 일과 삶의 균형만 강조한다고 생각한다. 이러한 잠재적인 문제는 4장과 5장에서 자세히 다룬다.

전략적 인적자원관리협회(SHRM)의 경쟁력 제고를 위한 다양한 인력구성에 관한 연구에 따르면, 미국 기업 중 68%가 다양성의 긍정적인 효과성을 강조한다고 한다. 이러한 다양성으로부터 기대되는 중요한 결과는 공공 이미지의 개선과 재무적 결실, 불만을 줄이고, 다양한 인력의 유치와 유지에 있다.[67]

다른 사람에 관한 포용성에 관한 훈련을 통해서 성공적인 다양성을 다룰 수 있고, 관리자는 새로운 유형의 기술을 다음과 같이 훈련해야 한다.

1. 다양한 배경을 가진 구성원과 효과적으로 의사소통하기

2. 다양한 연령, 교육 배경, 인종, 신체능력을 가진 구성원을 훈련, 개발, 코칭
3. 선입견과 가치의 다양화를 위한 성과 피드백 제공
4. 세대 간 차이점에 관한 훈련 인식
5. 다양성을 포용하며 혁신하기 위한 업무 환경 조성[68]

몇몇 기업에서는 고령노동자들의 기술을 자본화하고 그들의 필요를 충족하기 위해 개발 프로그램을 제공하고 있고, 훈련과 개발 기회를 제공하여 다양한 근로자에게 어필하고 세대 차를 다루고자 한다.[69] 이러한 노력은 다양성을 관리하려는 기업의 노력의 일환이다. 이는 10장에서 자세히 알아본다.

CVS/파머시(CVS/pharmacy)는 미국의 모든 기후와 지역에 매장이 있다. CVS는 고령노동자를 위한 스노버즈 프로그램(Snowbirds Program)을 통해 이들이 각자의 선호도에 따라 지역을 이동할 수 있게 한다. 겨울에는 따뜻한 남쪽 주에서, 여름에는 북쪽 주에서 일할 수 있도록 하고 있다. 약사, 관리자, 영업직원 등 1,000명이 넘는 근로자가 이 프로그램에 참여하고 있다. 스크립스 헬스(Scripps Health)는 모든 직원, 특히 고령노동자가 환자를 침대에서 휠체어로 옮기고 앉는 것을 돕고, 침대에서 자세를 바꿀 수 있도록 리프트가 있는 병실을 갖추고 있다. 미국국립보건원(National Institutes of Health, NIH)은 근로시간 단축을 통해 단계적으로 퇴직으로 전환하거나, 퇴직자가 퇴직할 준비가 안 됐다고 판단될 경우 퇴직 후 1년 내에 복직할 수 있는 시범 평가 프로그램 등의 2단계 프로그램을 제공했다. 이는 업무와 직장에서 쉽게 전환되도록 할 뿐만 아니라, 그들의 지식을 공유하고 다른 직원이 그들의 업무를 수행할 수 있도록 교육할 수 있는 시간을 확보할 수 있게 한다.

다양성에 관한 마이크로소프트의 예를 보면, 조직의 구성원뿐 아니라 문화, 공급업체, 고객 등 다양한 대상을 상대로 폭넓게 접근하는 것을 볼 수 있다.[70] 가장 유망한 직원을 뽑기 위해 마이크로소프트는 대학, 학회, 흑인 MBA 협회, 히스패닉 MBA 협회, 군인 엑스포 등 다양한 행사에 참여하여 직원 선발을 진행하고 있다. 대학이나 고등학교의 IT를 지원하고, 여성이나 취약계층을 대상으로 파트너십을 구성하기도 하며, 다양한 인종에게 기회를 제공하고 있다. 또한 다양한 고등학교 프로그램, 예를 들어 디지걸즈(DigiGirlz) 프로그램과 마이크로소프트 소수인종학생의 날(Blacks at Microsoft Minority Student Day)을 통해서 흑인들에게 다양한 IT 기술을 소개하고 있다. 다양한 문화에 관한 존중과 배려 역시 마이크로 소프트의 또 다른 가치이다. 아시안, 흑인, 히스패닉, 여성, LGBTQ 등 다양한 집단이 마이크로소프트를 구성하고 있다. 이를 위해 다양성을 위한 학습 프로그램이나 포괄적 문화 구축, 차별에 관한 적극적인 대처를 포함하고 있다. 또한 일과 삶을 위한 유연한 업무 정책을 통해 직원들의 삶의 가치를 배려하고 여러 지원을 제공하고 있다. 여기에는 보다 유연한 출산 및 육아 휴직 정책이나 알선 서비스 등이 포함된다. 고객 편에서는 장애인, 재향군인, 여성, 취약계층 등이 소유한 공급업체에게 연간 20억 달러의 지원을 하고 있다. 또한 언어적 장벽을 없애기 위한 Kinect Sign Language Translator와 같은 기술을 선보이고 있다.

회계 컨설팅 회사인 언스트앤드영(Ernst and Young, 현 EY)은 지속적인 기술 지원 학습,

직업 유연성, 높은 수준의 피드백, 기술 개발의 기회에 대한 밀레니얼 세대와 Z세대 직원의 요구를 충족하기 위하여 다양한 접근을 제공하고 있다.[71] 예를 들어, EY의 성과 평가 시스템은 관리자와 팀이 매일 디지털 대화를 나눌 수 있는 기회를 제공하며, EY 배지 프로그램에서 직원은 인공지능 및 로봇 공학과 같은 첨단 기술의 습득을 인증하기 위한 자격증을 취득하도록 장려된다. 배지는 연구 논문을 발표하거나, 동료를 돕거나, 지역사회에서 자원봉사를 통하여 얻을 수도 있다. EY 직원은 획득한 배지를 페이스북이나 링크드인(LinkedIn) 페이지에 게시하여 사회적 인지를 위한 자신의 성과를 공개적으로 보여줄 수도 있다.

인재경영

인재경영(talent management)은 고급 인재(high talented people)를 확보하고 개발하고 유지하기 위해 성과관리, 학습, 보상 등을 포함한 체계적이고 계획된 전략 기반의 인적자원관리 경영방식을 말한다. 미래 인력 수요를 파악해 인재 풀을 만들고 사업 전략의 성공을 위해 필요한 조직 및 인적자원 역량을 개발하고 준비하는 것을 핵심으로 한다. 조직은 경력 개발, 학습, 성과 관리 등을 통해 조직원의 몰입과 충성을 꾀한다. 특정 직무에 대한 수요, 새로운 업무 스킬, 베이비부머 세대의 은퇴 등 다양한 사업 환경의 변화에 대비한 인재경영의 중요성은 날로 증가하고 있다. 또한 설문조사 결과 현 밀레니얼 세대들의 직무 몰입과 충성을 이끌기 위해서는 경력 개발의 가능성, 그리고 성과 향상을 위한 기회가 중요한 요소로 지적되고 있다.[72]

BNSF 철도(BNSF Railway)는 북미 최대의 화물기차 기업으로서 복잡한 사업 환경에서 성장을 이끄는 중요 요소가 인재를 확보하고 개발하는 데 있다고 주장한다. 이를 위해서 인재에 투자하는 강한 기업 문화와 지원이 특징이다.[73] BNSF 철도는 내부 인재를 개발하는 절차로 대학생 인턴십을 유치하고 다양한 학습 기회를 제공함으로써 기업 내 성장할 수 있는 경력 개발 프로그램을 지원한다. 기업의 핵심인재의 38%가 경력 개발 기회와 승진을 제공받았고, 500개 주요 포지션의 96%를 내부 인재로 채우고 있다. 밀레니얼 세대를 위해서는 보다 특별한 유인책이 필요하다. 마이애미 아동 보건 시스템(Miami Children Health System)은 밀레니얼 세대와 경영진의 접촉 기회를 중요시한다.[74] 임상 관련 학습을 위한 개발 팀과 협력하여 수술 절차를 보여주는 짧은 비디오를 만드는 것도 이 일련의 프로젝트 중 하나이다. 직원들은 그들의 일에 대한 금전적 보상을 받고 내부 뉴스레터에서 공개적으로 인정을 받는다. 밀레니얼 세대는 또한 최고 운영 책임자, 부사장 및 기타 고위 리더와 직접 상호작용할 수 있는 타운 홀 회의 및 소규모 토론 그룹에 참석할 수 있다.

직업에 관한 요구의 변화

미국 노동통계청에 따르면 현재 미국 내 노동시장은 3/4에 달하는 인력이 교체될 것으로 예상되며 4,650만 개의 신규 일자리가 생길 것으로 예상하고 있다.[75] 이러한 일자리는 2016년부터 향후 10년간 서비스 직종에 발생할 것이며 보건의료 관련 직종의 빠른 성장세도 주목할 만하다. 반면에, 제조, 농업, 산림업 등의 산업은 감소하는 추세이다. 컴퓨터 칩, 건강보험 등

표 1.4 빠르게 성장하고 있는 직업군의 예시

직업	2016～2026년 사이 고용 변화			
	수	비율(%)	의무교육	연봉 중간값(2016년 5월 기준)
태양광전지 설치기사	12	105	고졸 이상	$39,240
풍력터빈 서비스 기술자	6	96	비학위 고등교육/단기 직무교육	$52,260
가정건강 도우미	431	47	고졸 이상/단기 직무교육	$22,600
개인돌봄 도우미	778	39	고졸 이상/단기 직무교육	$21,920
보조의사	40	37	석사 이상	$101,480
임상간호사	56	36	석사 이상	$100,910
통계분석가	13	34	석사 이상	$80,500
물리치료사	27	31	전문대 이상	$56,610
소프트웨어 개발자	255	31	학사 이상	$100,080
수학자	1	30	석사 이상	$105,810

자료: Bureau of Labor Statistics, U.S. Department of Labor, "Employment Projections: 2016－2026," News Release, October 24, 2017, from www.bls.gov/emp, accessed April 7, 2018을 기반으로 함.

의 특별한 기술을 요하는 분야는 확장하고 그러한 인력이 가능한 주거지역과 도시 사이에서 성장세를 넓혀가고 있다.

표 1.4는 2016~2026년 사이 30개의 가장 빠르게 성장하고 있는 직업 중 10개를 보여주고 있다. 가장 빠르게 성장하는 30개 직업 중 16개는 건강관리 및 관련 직업(예: 가정건강 도우미, 개인돌봄 도우미, 보조의사, 임상간호사)이다. 상위 30위 안에 드는 다른 직종은 에너지 관련 또는 컴퓨터 및 정보 기술 직종이다. 가장 빠르게 성장하는 30개 직업 중 18개는 일종의 고등교육이 필요하다. 건강관리의 성장은 미국 인구 고령화에 필요한 입원 및 외래 환자 의료를 반영한다. 컴퓨터 직업은 인공지능, 로봇 및 기타 기술에 대한 수요가 증가함에 따라 일자리가 증가할 것으로 예상된다. 예상되는 에너지 가격 인상은 에너지 직업, 특히 석유 및 가스 추출 및 태양광 발전과 관련된 직업의 성장을 주도할 것이다.

베이비부머의 은퇴

향후 몇 년 동안 베이비부머 세대의 은퇴는 노동력에 엄청난 영향을 줄 수 있다.[76] 많은 인재가 곧 은퇴하고 그들의 지식은 잊힐 것이다. 특히 생산성 혁신에 기인하지 않는 직능의 직업군, 예를 들어 의료나 교육 서비스에서는 대체 인력을 찾기가 쉽지 않다. 심지어 기술적 혁신이 강조되는 직업군에서는 상대적으로 많은 생산성을 보여줄 수 있다. 새로운 인력은 베이비부머의 은퇴 전까지 필요한 기술을 능숙하게 다루려면 가파른 학습곡선과 높은 학습효과성이 요구된다.

기업으로서는 이들이 가지고 있는 가치 있는 지식을 잡는 것이 중요하다.[77] 아이산 페인트(Aisan Paints)와 코노코필립스(ConocoPhilips)가 대표적인 예이다.[78] 인도의 페인트 회사 아이산 페인트는 그들의 사회적 관계망을 통해서 지식과 경험을 공유하고 딜러를 지원하기 위한 더 많은 좋은 사례를 발굴하고자 노력한다. 영업 팀은 이러한 사례정보를 참고하여 현재 직면한 과제에 적용하기도 한다. 능숙한 영업사원이 회사를 떠날 때 가능한 모든 정보망들이 유지되도록 조직을 정비하였다. 코노코필립스는 다국적 석유회사이다. 은퇴자들은 은퇴 후에도 언제든지 회사에 돌아와 자신의 경험을 공유하고 성과에 기여할 수 있도록 파트타임으로 고용된다. 그들의 경험은 '어떻게', '무엇을', '왜'로 정리되어 위키트리에 저장된다. 또한 직원 간 수직적 지식 공유가 활성화될 수 있도록 모니터링 프로그램을 사용하고 있다.

기술 요구

실업률이 떨어지고 사업 성장이 이어짐에 따라, 미국의 많은 산업계, 특히 건설업, 제조업, 그리고 소기업에서 인력난이 더해지고 있다. 특별한 기술이 없는 조립라인의 생산직 근로자들은 자동화공정의 기술 발전에 따라 빠르게 대체되고 있다. 오늘날 많은 직업, 특히 서비스 직군에서, 근무자들이 자동화 시스템에 의해서 대체되고 있다. 오하이오에 소재하고 있는 교세라 SGS(Kyocera SGS Precision Tools)는 20년 전에 인력을 절반으로 감축하였으나 컴퓨터 기반 제조공정과 고도로 숙련된 직원으로 생산량은 두 배로 늘었다.[79] 이 회사는 장비를 계속 가동하는 데 필요한 전기 및 기계 기술을 갖춘 정비 기술자를 찾기 위해 고군분투하고 있다. 특히 STEM 분야에서의 인력난이 심각하다. STEM 기술(STEM skills)은 과학, 기술, 엔지니어링, 수학에서의 기술을 말한다. 많은 근로자들이 인지 기술과 대인관계 기술 등을 통해 고객을 상대하는 '소프트 스킬(soft skills)'이 부족하다.[80] 이러한 기술은 서비스 중심의 시장에서 매우 중요한 역할을 하며 기업의 최종 제품과 서비스를 책임지는 일이기도 하다. 다양성과 특별 주문은 창의적인 문제 풀이를 요구하고 있다. 또한 지속적인 개선은 학습하는 능력을 요구하고 있다.

미국 기업들이 겪고 있는 기술 부족에 관한 연구를 보면,[81] 절반 이상의 CEO들이 심각한 기술 공백이 이익 감소, 신규 제품과 서비스의 지연을 가져온다고 믿는다. 매뉴팩처링 인스티튜트(The Manufacturing Institute)는 80%의 제조업에서 심각한 기술 부족과 고기술군의 조절효과를 경험하고 있다고 밝히고 있다. 또한 60%의 고용주들이 직원을 채우기 위해 필요한 검증된 직원을 찾기가 어렵다고 말하고 있다. OECD는 미국이 전 세계 선진국 23개국 중에 수학에서 21위, 문제해결능력에서는 17위 정도 된다고 밝히고 있다. 그러나 기술 결손은 비단 미국 기업만의 문제가 아니다. 예를 들어 이탈리아와 스페인의 경우 성인 인구의 1/3이 문해력이나 산수능력에서 평균치를 밑도는 심각한 지경에 이르고 있다. 교육수준과 관련 없이 입사하는 신입사원의 반 이상이 직무수행능력에서 기대치에 못 미치는 것으로 나타나고 있다. 또한 많은 고용주가 이들에게 직무윤리나 팀워크, 커뮤니케이션 등 업무 수행에 필수적인 소프트 스킬 등을 기대하는 것이 매우 어렵다고 느낀다.

적격의 노동력이 부족하다는 것은 고용주가 원하는 종업원을 직무를 위해 채우는 데 어렵다는 것을 말한다. 일부 기업이 이러한 적격 수준의 노동력을 확보하기 위해, 혹은 회사가 기대하고 있는 성과를 달성하기 위해 직원 훈련과 스킬 프로그램을 사용하는 것을 살펴보자.[82] 인도의 경우 기술 및 직업 학교 졸업생들이 수천 명에 이르지만 보잉이나 에어버스(Airbus Group), 알스톰(Alstom) 그룹과 같은 항공제조업체에 부품을 납품하는 회사의 경우 이를 위한 충분한 기술 노동력을 확보하는 데 어려움이 있다. 결과적으로 인도의 타타 어드밴스드

시스템즈(Tata Advanced Systems)와 같은 기업은 이들을 훈련하고 교육하기 위해 외국으로 파견하는 투자를 한다.

기업에서 요구하는 기술 수준을 충족하기 위해서 제조업체는 연방정부나 주정부의 지원을 받은 기관과의 훈련 파트너십에 참여한다. 예를 들어 켄터키아나 워크스(Kentukiana Works)는 교육과 훈련 과정을 제공하고 학생 취업을 돕는 지역인 켄터키 루이빌의 취업 서비스 제공업체이다.[83] 이 기업은 지역의 카디널 알루미늄(Caridnal Aluminum), 포드 자동차, 켈로그(Kellogg) 등의 회사들과 기업 특화형 훈련을 설계하고 있다. 이 교육 프로그램의 수료율은 반 이상이고 졸업 후 취업이 단기간에 이뤄진다.

몇몇 기업은 재소자 등과 같은, 고용에 어려운 사람들을 대상으로 훈련 프로그램을 제공하기도 한다. 메릴랜드의 코곡(Kogok Corporation)은 최근 살인죄로 17년간 복역했던 죄수를 고용한 것으로 유명세를 탔다.[84] 지역 소매업에 취직하였지만 범죄 기록으로 인해 곧 직장을 잃었다. 그는 볼티모어의 교정 프로그램(Jump Start)에서 제공하는 지역 건설 훈련 프로그램에 참여하여 교육을 받고 취직할 수 있었다.

리더십 개발

기업은 그들이 직면한 가장 중요한 인재경영 현안은 관리 재능이 있는 인재를 찾아 훈련하고 개발하는 일이라고 보고한다.[85] 이는 인구의 고령화, 세계화, 직원몰입에 기여할 관리자에 대한 요구에서 기인한다. 특히 최고경영진, 임원진, 관리직의 이직률은 사망 또는 은퇴로 인해 최고를 찍고 있다.[86] 또한 많은 기업이 세계 경제를 이해하고 이를 다루기 위한 역량을 갖춘 직원을 두고 있지 않다.[87] 이를 위해서 국제팀을 별도로 구성하여 글로벌 경영 및 마케팅 관행을 만들고 다양한 문화적 배경을 가진 직원들과 교류하는 것이 필수적이다.

많은 설문조사가 밀레니얼 세대는 리더와 관리자가 되는 것을 포함하여 경력 개발의 기회에 많은 관심을 보이며 다른 세대보다 리더십 개발 기회를 더욱 요구한다고 제안한다.[88] 모든 세대의 근로자가 관리기술에 강점과 약점을 가진다. 밀레니얼 세대는 고객 지향성 사고와 적응적인 특성을 보인다. X세대와 비슷하게 리더십과 대인관계를 중요한 역량으로 인식하고 있다. 효과적인 관리자와 리더가 되기 위하여 그들은 의사결정 능력과 조직 및 기획 능력, 그리고 직무기준 등을 세우는 방법을 배우는 데 집중하는 경향이 있다.

결과적으로 제너럴 일렉트릭(General Electric)이나 셔윈-윌리엄즈(Sherwin-Williams)를 포함한 많은 기업이 능력 있는 밀레니얼 세대를 보유하고, 이들의 리더십 기술을 개발하는 데 노력하고 있다.[89] 예를 들어 GE의 경우 매니저들의 보직순환 제도를 두고 있고, 이들이 경영진과 다양한 경험을 할 수 있도록 돕고 있다. 이는 밀레니얼 세대가 요구하는 성장 경험과 네트워크 기회에 부합한다. 비슷하게, 페인트를 제조하여 소매점을 통해 판매하는 기업인 셔윈-윌리엄즈의 경우 높은 비율로 관리자 훈련생을 잃고 있었다. 설문조사와 인터뷰를 통하여 그들은 조직을 떠나는 훈련생들이 몰입감과 소속감을 느끼고 있지 않다는 사실을 발견했다. 그리하여 성과 검토를 통해 연 단위 상담이 아니라 이를 반년 단위로 진행하여 보다 실질적인 피드백을 제공하고 다양한 경력 기회를 제공하고자 노력하였다. 지역 매니저는 장기적 관점으로 본인의 경력 상담을 진행하고, 조직 충성도가 높아지도록 유도하였다. 신입사원의 경우 첫 2년 동안 여러 지점에서 다양한 보직에서 경험을 쌓도록 도와주고 있다.

고객서비스와 품질 강조

기업의 고객은 제품의 질과 성과를 통해서 판단한다. 결과적으로 고객 우수성은 제품과 서비스의 특징뿐만 아니라 고객과의 관계 또한 중요시 여긴다. 고객 주도 우수성은 고객의 요구를 파악하고, 미래의 요구를 예상하며, 결함과 실수와 불만을 줄이는 일을 말한다. 어떻게 기업이 결함과 실수로부터 회복되는가는 고객을 끌어들이고 유지하는 데도 중요하다.

지식과 경쟁의 이용 가능성의 증가로 인해서, 이미 충분한 정보를 가진 고객은 최고의 서비스를 요구한다. 이는 고객과 상호작용하는 직원의 어려움을 나타낸다. 이러한 일선에서의 고객과의 교감은 기업의 명성과 재무적 성과를 가져온다. 직원들은 제품 지식과 서비스 스킬 그리고 고객을 다룰 때 결정의 종류에 관한 명확한 판단이 있어야 한다. 전략적 훈련과 개발 계획단계의 고객서비스는 2장에서 논의한다.

오늘날 경제의 경쟁에서 기업은 제품과 서비스의 질을 높여야만 한다. 만약 기업이 이러한 높은 수준의 품질 수준을 유지하지 못하면 그들의 제품 파는 능력은 제한적일 것이다. 몇몇 국가는 이에 대한 품질 기준을 가지고 있다. **전사적 품질 경영**(Total Quality Management, TQM)은 기업 전반의 지속적인 품질 경영을 강조하며 사람, 기계, 시스템 등의 개선을 위한 노력이다.[90] 몇 가지 핵심가치는 아래와 같다.[91]

- 방법과 절차는 내·외부 고객의 요구에 맞춰 설계된다.
- 모든 직원은 품질에 관한 훈련을 받는다.
- 품질은 제품과 서비스에 있고, 이를 위해서 결함과 오류의 최소화를 위해 노력한다.
- 기업은 각 벤더와 공급자, 고객과의 협력을 통해 품질향상과 원가절감을 위해 노력한다.
- 관리자는 데이터를 기반으로 한 피드백을 통해서 개선한다.

품질에 관한 일반적 정의는 없다. 다른 여러 정의 가운데 공통된 하나는 그 고객, 제품, 제조 과정의 강조이다. 예를 들어, 에드워드 데밍(Edward Deming)은 어떻게 제품과 서비스가 고객의 요구를 잘 맞추는지를 강조하였고, 필립 크로스비(Phillip Crosby)의 접근은 서비스나 제조과정이 엔지니어의 기준에 맞는지에 초점을 두고 있다.

품질 강조는 **맬컴 볼드리지 국가품질상**(Malcolm Baldrige National Quality Award)과 **ISO 9000:2000** 품질기준 확립에서 볼 수 있다. 볼드리지 상은 미국 기업이 받을 수 있는 가장 권위 있는 상이다. 매년 주어지고, 이를 위해서 기업은 반드시 상세한 지원서를 제출하며 기본적인 기업의 정보뿐만 아니라 품질향상을 위한 기업의 개선 노력을 상세하게 설명하는 프레젠테이션을 첨부해야 한다. 표 1.5는 자세한 심사기준을 포함하고 있다. 이는 특정 제품이나 서비스를 심사하는 것이 아니라 제조, 서비스, 스몰 비즈니스, 교육, 건강, 비영리 부분 등의 각 조직을 심사하는 것이다. 별도 독립적인 기구의 약 400여 명의 심사위원에 의해서

표 1.5
맬컴 볼드리지 국가품질상 심사 범위와 점수

범주	점수
리더십 최고경영진이 비전, 가치, 사명을 창조하고 유지하는 방법 법적·윤리적 행동 촉진 지속성장 가능성 직장 내 소통과 참여	120
측정, 분석, 지식경영 데이터, 정보, 지식자산을 선택, 수집, 분석, 관리, 활용하는 방법	90
전략적 계획 기업 전략적 방향 수립, 실행 계획 결정, 필요한 경우 전략과 행동 계획 변경, 성과 측정	85
인력 중심 성과 증진을 위한 인력 개발 및 활용 기업 목표 달성을 위한 직원의 잠재력 개발, 관리, 참여	85
운영 중심 고객 가치 전달과 기업 성공과 지속가능성을 위한 업무 체계 및 프로세스의 설계, 관리, 향상	85
성과 주요 사업 영역(제품, 서비스, 공급의 질, 생산성, 운영 효과성, 재무 지표 관련)에서 수행과 향상	450
고객중심 고객에 대한 이해도, 서비스 체계, 현재 및 잠재 고객 관심, 고객 만족과 참여	85
총점	**1,000**

자료: National Institute of Standards and Technology(NIST), "2017~2018 Criteria for Performance Excellence and point values Baldrige Excellence Framework" from the website for the National Institute of Standards and Technology (January 2017). www.nist/gov/baldrige를 기반으로 함.

감사가 이뤄진다.

볼드리지 수상 기업들의 특징은 훈련과 개발을 포함하여 인사관행이 탁월하다는 것이다. 2016년 수상자인 돈 차머스 포드(Don Chalmers Ford)와 2017년 수상자인 브리스톨 테네시 에센셜 서비스(Bristol Tennessee Essential Services, BTES)가 좋은 예이다.[92] 돈 차머스 포드는 뉴멕시코주 리오 란초에 직원 182명을 둔 독립 포드 자동차 딜러이다. 돈 차머스는 지난 17년 동안 고객 만족도와 시장점유율로 포드 자동차로부터 전국 단위에서 13번이나 인정받았다. 이는 미국 포드 딜러의 4%만이 달성한 높은 성과이다. 지난 4년 동안 대리점 수익은 13% 증가하여 포드의 전국 대리점 기준을 8% 이상 초과했으며 더욱 나은 개선을 인지하기 위해 매일, 매주 및 매월 서비스 및 판매 프로세스를 분석하고, HR 인사팀은 서비스 품질에 관한 대리점의 약속을 지원한다. 유능한 영업 컨설턴트를 유지하기 위해 신입 직원은 고위 리더의 멘토링을 받아 사업 전략을 이해하고 자신의 역할이 회사의 핵심 가치와 일치하는지 확인한다. 그 결과 2015년 직원 유지율이 71%로 나타났다. 이는 포드의 비럭셔리 브랜드 대리점의 전국 평균보다 약 45% 높은 수치이다. 다양한 인력의 요구사항을 충족하기 위해 돈 차머스는 직원과 그 가족을 위해 개업 간호사가 상주하는 무료 현장 웰니스 클리닉을 제공하고 있다. 직원의 적극적 참여를 위해 돈 차머스 경영진은 직원들에게 운영 및 사업 계획에 대한 월별 상태 보고서를 제공하고, 고위 경영진은 정기적으로 고객 만족도에 대해 논의하고 성과 피드백을 제공하고 있다. 직원들이 개선을 위한 아이디어를 제출하도록 권장하며, 고위 리더는 이를 검토, 토론 및 구현하고 있다. 68명의 직원으로 3만 3,000명의 고객에게 서비스를 제공하는 전기 및 광섬유 서비스 유틸리티 회사인 BTES는 중소기업 부문에서 2017년 상을 받았다. BTES는 온라인 교육 포털을 사용하여 프로세스 표준, 운영 절차, 프로세스 변경 및 개선 사항을 공유하고 있다. 직원은 분기마다 할당된 모든 모듈을 완료해야 하며 BTES의 모든 직원은 매년 개발 기회에 참여해야 한다.

ISO(International Organization for Standardization)는 160개국을 포함하여 스위스 제네바에 본부를 둔 가장 큰 국제 표준화 기구이다.[93] 이들은 교육, 음악, 선박 등 다양한 영역에서 국제 표준을 제공하며, 이것은 시장에서 경쟁하기 위해 갖춰야 할 요건이다. ISO는 교육, 음악, 선박, 심지어 어린이 보호를 포함하여 다양한 영역을 포함하고 있으며, 관리와 관련된 일련의 표준을 개발하고 있다. ISO 표준은 자발적이지만 국가는 규정을 통하여 ISO 표준을 기준으로 채택할 수 있으며, 이 경우 시장에서 경쟁하기 위한 요구사항으로 제시할 수 있다. ISO 9000은 품질에 관련한 국제표준(ISO 9000, ISO 9001, ISO 9004, ISO 19011)의 집합이다. 제품의 생산 및 유통과정 전반에 걸쳐 국제규격을 제정한 소비자 중심의 품질보증이다. 특히 ISO 9000은 전 세계 100여 개국에서 채택된 품질 기준으로 기업은 반드시 이러한 기준에 맞춰 사업을 해야 한다. 고객중심, 리더십, 프로세스 접근, 몰입, 경영에 관한 시스템적 접근, 지속적 개선, 사실에 근거한 의사결정, 공급자와의 상호유익관계 등 8가지 기본적인 원칙을 제시하고 있다. ISO 9001:2008 인증은 품질 경영에 관한 가장 포괄적인 표준기준으로 전 세계 176개국에서 100만 개 이상 조직이 참여하고 있다. ISO 9000:2015(2015가 가장 최근 버전)가 거의 170여 개 국가에서 품질 표준으로 채택되어, 기업이 해당 국가에서 사업을 수행하기 위해서는 표준을 따라야 한다. ISO 9001:2015는 전 세계 100만 개 이상의 조직에서 구현되었다. ISO 9004는 개선하고자 하는 기업을 위한 가이드를 제공한다.

왜 이러한 표준이 유용할까? 고객은 제품을 판단할 때 그 제품이 목적에 맞는지를 우선 확인한다. 가장 효율적인 방법은 제품이 국제기준에 의해서 제조되었는지 확인하는 것이다. 즉 공급자와 고객은 같은 입장에 놓여 있다. 비록 그들이 다른 나라이긴 하지만, 같은 기준으로 바라보기 때문에 비교하여 표준화하기 쉽다. 오늘날 많은 제품이 안전기준과 관련하여 많은 테스트를 요구하고 있다. 심지어 간단한 제품도 제품 테스트 데이터를 포함한 기술 설명서를 제공해야 한다. 국경을 넘는 거래가 매우 많이 이뤄지기 때문에 이러한 활동은 공급업체와 고객이 아니라 전문화된 제3자가 수행하는 것이 더 바람직하다. 또한 국가는 법률 제정을 통하여 관련 제품이 건강 또는 환경에 영향을 미치는 경우를 감독하고 독립 기관을 통해서 이러한 테스트를 수행하도록 요구할 수 있다. ISO 기준의 한 가지 예가 이 책 뒤표지에 있다. 이 ISBN(International Standard Book Number)을 통해서 책을 분류하고 정렬할 수 있다. 이는 ISO 기준에 의거해 만들어진 것이다.

품질을 추구하기 위한 노력의 일환으로 많은 회사에서 식스 시그마 프로세스를 사용하고 있다. **식스 시그마 과정**(Six Sigma process)이란 모든 품질수준을 정량적으로 평가하고, 문제해결 과정과 전문가 양성 등의 효율적인 품질문화를 조성하며, 품질혁신과 고객만족을 달성하기 위해 전사적으로 실행하는 내용을 말한다. 예를 들어, 제너럴 일렉트릭(General Electric, GE)에서 식스 시그마 품질 이니셔티브를 도입한다는 것은 작업 100만 건당 약 3만 5,000개의 결함을 발생시키던 기존 프로세스에서 100만 건당 4개 미만으로 결함을 낮추는 획기적인 개선을 의미한다. 기업은 기관차 부품 제조에서 신용 카드 계정 서비스, 모기지 신청 처리, 전화 응답에 이르는 작업을 수행한다.[94] 품질관리 교육은 이 프로세스의 가장 중요한 구성요소이다. 이러한 과정에서 품질 관련 교육과 훈련은 챔피언(Champion), 마스터 블랙 벨트(Master Black Belts), 블랙 벨트(Black Belts), 그린 벨트(Green Belts) 등 각 단계별로 품질관리 프로젝트에 집중하여 중요한 역할을 담당한다. 식스 시그마 품질 관리는 GE에게 연간 20억 달러 이상의 이익을 가져다주었다.

교육은 직원들에게 '린 사고'라는 개념을 통하여 품질 개선에 큰 도움을 주었다. **린 사고**(lean thinking)는 적은 노력, 장비, 공간 및 시간으로 더 많은 일을 하면서도 고객이 필요로 하고 원하는 것을 제공하는 방법을 일컫는다. 린 사고의 일부에는 직원에게 새로운 기술을 교육하거나 기존 기술을 새로운 방식으로 적용하는 방법을 가르치는 것이 포함된다. 베일러 헬스케어 시스템(Baylor Health Care System)은 일부 병원에서 린 사고 및 프로세스 개선을 구현하여 낭비를 줄이고 환자 만족도와 결과를 개선하기를 원했다.[95] 이를 위해서 작업 프로세스를 변경하는 방법에 대한 직원 교육을 실시하였으며, 교육을 통해 지원되는 린 사고 및 프로세스 개선은 상당한 가치를 제공하고 있다. 예를 들어, 기업 공급 관리(Corporate Supply Management) 팀은 계약 완료에 필요한 시간의 2/3를 줄이고 다양한 유형의 프로젝트에 대한 의사결정 트리를 개발했으며 오류를 줄여 1,000만 달러 이상을 절약하였다. 병원 재입원 팀은 환자가 30일 이내에 돌아올 가능성을 줄이기 위해 퇴원 절차를 재설계하였다. 이들은 6개월 동안 재입원이 44% 감소하여 환자의 삶의 질을 높이고, 정부로부터 지원받는 메디케어/메디케이드(Medicare/Medicaid) 수급을 원활하게 받을 수 있도록 시스템을 향상했다.

훈련에 관련한 품질기준으로 **ISO 10015**를 들 수 있다. ISO 10015는 두 가지 특징을 갖는다.[96] 첫째, 기업은 훈련을 통한 기업의 성과를 계산한 투자수익률(ROI)을 결정해야 한다. 둘째, ISO 10015는 효과적인 학습 프로세스를 위한 훈련 설계를 요구한다. ISO 10015는 훈련 설계를 분석, 계획, 실행, 평가 네 가지로 정의한다.

새로운 테크놀로지

테크놀로지는 우리의 삶과 업무를 계획, 수행, 소통하는 방식을 바꾸어놓았다. 많은 기업은 고객이 온라인으로 상품이나 서비스를 구입할 수 있도록 해주는 전자상거래를 사업 모델로 포함시키고 있다. 인터넷은 사용자들이 데이터와 정보를 교환할 수 있도록 해주는, 세계적으로 연결된 컴퓨터 네트워크이다. 미국 가정의 약 84%가 데스크톱, 랩톱, 태블릿 또는 스마트폰을 가지고 있고 75%가 인터넷에 액세스할 수 있는 것으로 파악되고 있다. 미국인의 60%는 매주 구글 사이트에 방문하고, 43%는 페이스북 페이지가 있다고 응답했다.[97] 페이스북, 트위터, 링크드인, 그리고 다른 소셜 네트워킹 도구가 스마트폰이나 PC에서 제공하는 인터넷을 통해 접근이 가능해지면서, 기업 관리자들은 직원들과, 직원들은 그들의 친구, 가족, 동료들과 소통이 가능해졌다.

훈련에 미치는 영향

절감된 비용과 함께 더욱 정교해진 테크놀로지의 발전은 훈련의 전달 방법을 바꾸고 있으며, 훈련을 더욱 현실성 있게 만들어주고 있을 뿐만 아니라, 직원에게 언제 어디서 업무를 할 것인가에 대한 선택권을 제공해주고 있다. 새로운 테크놀로지는 훈련이 언제 어디서든 일어날 수 있도록 해주었다.[98]

전자 및 의사소통 소프트웨어의 기술적 발전은 개인 휴대 정보 단말기(personal digital assistants, PDAs), 아이패드(iPad), 아이팟(iPod)과 같은 모바일 테크놀로지를 탄생시켰고, 인터넷을 통해서 소셜 네트워킹 기반을 개발하였다. 표 1.6에서는 어떻게 소셜 네트워크가 훈련 및 개발을 위해 사용되는지 제시하고 있다.[99]

일반적으로 소셜 네트워킹은 의사소통, 분권화된 의사결정, 협력을 촉진한다. 소셜 네트워킹은 직접 만나서 상호작용할 시간이 부족한 바쁜 직원들이 지식과 아이디어를 동료들과 공유하는 데 유용하다. 특히 밀레니얼 세대 혹은 Y세대와 같이 젊은 직원들은 자신의 일생 생활에서 이미 페이스북과 같은 소셜 네트워킹 도구를 사용해왔다. 그리하여 그들은 자신의 삶과 일에서 이러한 소셜 네트워킹 도구가 제공하는 가치를 잘 이해하고 있다.

이러한 잠재적인 장점에도 불구하고, 많은 기업은 이러한 네트워킹 도구를 포용해야 할지에 대해서 여전히 고민하고 있다.[100] 아마도 그들은 소셜 네트워킹이 직원들의 시간을 낭비시키거나 혹은 동료들을 괴롭히거나 불쾌하게 만드는 데 이용되지 않을까 걱정하고 있기 때문일 것이다. 하지만 업무시간에 직원들이 소셜 네트워크에 접속할 수 있는 권한을 제공해준 일부 기업들은 인적자원 업무에 소셜 네트워킹을 사용하여 얻을 수 있는 혜택이 감수해야 하는 위험 요소보다 더 크다고 믿고 있다. 이러한 기업은 직원들이 소셜 네트워킹을 생산적으로 사용할 것이라 믿고 있고, 사적인 용도로 사용하는 것에 관한 정책을 주도적으로 개발하고 있으며, 직원들에게 사생활 설정 및 소셜 네트워크 예의 범절에 대한 훈련을 제공하고 있

표 1.6 훈련과 개발을 위한 소셜 네트워킹 사용의 잠재성

이슈	사 용
은퇴로 인한 전문가 지식의 상실	지식 공유, 획득 및 저장
직원몰입도	직원들의 의견 수집
직원 전문성 확인 및 촉진	온라인 전문가 공동체 설립
혁신과 창의성 촉진	온라인 토론 참여 장려
학습 강화	학술지 및 온라인 회의(웨비나)를 통한 모범 사례, 적용, 학습, 포인트의 공유
직원의 요구 코칭 및 멘토링	멘토와 코칭 동료와의 상호작용

자료: P. Brotherson, "Social Networks Enhance Employee Learning," *T+D* (April 2011), pp. 18–19; T. Bingham and M. Connor, *The New Social Learning* (Alexandria, VA: American Society for Training & Development, 2010); M. Weinstein, "Are You Linked In?" *training* (September/October 2010), pp. 30–33; S. Gilbert and A. Silvers, "Learning Communities With Purpose," *TD* (January 2015), pp. 48–51을 기반으로 함.

다. 그들은 직원들이 트위터, 페이스북, 링크드인에 접속할 가능성이 높음을 알고 있으나, 그들의 생산성이 떨어지지 않는 선 안에서는 이러한 사실을 무시하는 것이다. 어떤 면에서 소셜 네트워킹은 업무 도중에 공상에 잠기거나 휴게실에서 동료들과 어울리는 것을 대체하고 있다고 볼 수 있다.

테크놀로지는 여행 경비의 절감, 훈련에 대한 높은 접근성, 일관성 있는 훈련 전달, 타인과 학습 공유, 전문가에 대한 접근 능력, 그리고 피드백, 자기 조절 및 연습 등과 같은 긍정적인 특성을 가진 학습 공간을 창조할 수 있는 가능성 등과 같은 많은 혜택을 제공하고 있다. 강사 주도식 집체 훈련이 여전히 가장 인기 있는 훈련 전달법이기는 하지만, 기업들은 인트라넷 그리고 아이팟 등과 같은 학습 테크놀로지를 통한 훈련의 비중을 높이려고 계획 중이라고 보고했다. 예를 들어, 랙스페이스(Rackspace)에서 직원은 자신의 기기를 사용하여 급여명세서, 보너스 및 근무 기록 카드를 확인하고 여러 가지 지식과 경험을 공유할 수 있다.[101] 바이오젠(Biogen)에서는 영업사원이 태블릿에서 이러닝 모듈에 액세스할 수 있다. 펩시(PepsiCo)는 모바일 접속이 가능한 채용 사이트를 가지고 있다.

인공지능, 로봇 공학, 컴퓨터 지원 설계, 전파 식별, 나노 기술은 직장을 변화시켰다.[102] 테크놀로지는 환경 조건을 더 쉽게 모니터링할 수 있게 해주었으며, 장비를 더 쉽게 작동할 수 있도록 해주었다. 인공지능은 동적 컴퓨팅 환경에 내장된 알고리즘을 기반으로 인간의 지능을 모방하는 기술을 말한다. 시간이 지남에 따라 축적된 데이터에서 학습할 수 있는 내용을 바탕으로 작동하므로 향후 검색 및 제안에 영향을 미치는 추세와 패턴을 생성할 수 있다. 인공지능은 주로 가정과 직장에서 사용될 수 있다.[103] 예를 들어 애플의 시리(Siri)나 아마존의 알렉사(Alexa)와 같은 개인 도우미 서비스를 제공하며 쇼핑이나 음악 재생과 같은 명령을 내릴 수 있다. IBM은 고객이 세금 신고서를 준비하고 세금 보고를 용이하게 할 수 있도록 회계 전문 서비스 업체인 H&R블록(H&R Block)과 공동으로 자사의 인공지능, 왓슨(Watson) 팀을 구성하였다. 또한 인공지능 슈퍼컴퓨터 왓슨은 의료서비스업계에서 암을 진단하는 데 활용되고 있고, 법률 서비스나 고객 대응 서비스에서 인공지능으로 답변하는 데 사용되고 있다.

로봇은 제조 서비스에서 사용되고 있다.[104] 로봇 히지(Heasy)는 시각 기능을 갖추고 있어 호텔이나 리조트에서 길을 찾는 데 도움을 주고 있다. 공항 안내 로봇은 영어, 중국어, 일본어 및 한국어로 승객의 질문에 답변할 수 있다. 가전업체 월풀(Whirlpool)의 건조기 공장에서는 로봇이 제조 결함을 스캔하기 위해 사진을 찍고 있다. BMW의 자동차 공장에서 로봇은 문과 앞 유리 설치를 돕고 있다. 작업 현장에서 로봇은 직원과 함께 일하며 반복적이고 힘이 드는 노동 작업을 돕고 있다. 인간이 보다 중요하고 지식 집약적인 작업을 수행할 수 있도록 작업 환경이 변하였다. 로봇은 더 효율적으로 작업하고 인건비를 낮출 수 있기 때문에 기업이 비용을 절감하는 데 도움이 될 수 있지만 여전히 많은 중요하고 핵심적인 작업을 수행하는 데에는 한계가 있다. 예를 들어 로봇은 사람과 달리 천의 종류와 무게, 불규칙한 옷 사이즈를 구분하지 못해 옷을 깔끔하게 접을 수 없었다.

웨어러블은 최근 개발된 기술이며 교육 및 성과 지원 솔루션에 사용되고 있다. 웨어러블 인텔리전스(Wearable Intelligence)는 스마트안경 기술과 카메라 기술을 제공하여 직원들에게 핸즈프리, 음성 인식 절차 및 체크리스트에 대한 접근을 허용하고 태블릿을 사용하여 전문가와 실시간으로 의사소통할 수 있도록 한다. 이러한 기술은 데이터 및 라이브 비디오 공유, 복잡한 절차 및 작업 수행 전 또는 수행 중에 모범 사례를 검토할 수 있는 기회, 실시간 알림 및 경고를 보내는 데 활용되고 있다.[105] 예를 들어, 원격 석유 굴착 장치에서 작업하는 작업자는 전문가와 라이브 화상을 공유하며 작업에 집중할 수 있으며, 멸균 수술실의 외과 의사의 경우는 환자에 집중하면서 수술 진행과정을 성공적으로 완수하는 데 필요한 조언을 얻을 수 있다.

업무 수행의 장소 및 시간에 대한 유연성

기업 환경의 글로벌화와 전자상거래의 발달로 주 40시간 노동이라는 개념은 새롭게 해석되어야 한다. 한 설문조사 결과에 따르면 직원의 46%가 주 45시간 이상을 일하고 있다고 밝히고 있다.[106] 결과적으로 기업은 사업을 위해 하루 24시간, 주 7일 운영되어야 한다. 제조업이나 서비스 콜센터의 직원은 하루 8시간에서 12시간으로 초과근무하거나 오후 또는 자정에 근무하는 환경으로 변하고 있다. 마찬가지로 전문 직원은 개인의 삶까지 영향을 미치는 장시간 근무와 업무에 직면하고 있다. 노트북, 스마트폰 및 스마트 워치와 같은 전자기기는 시간과 상관없이 직원들에게 업무 진행 사항을 요구하고 있다. 차 안이나, 휴가 중 비행기 안, 심지어 화장실에서도 직원들은 업무에 관련된 사항으로 방해를 받을 수 있다. 일이 많아지면 직원 스트레스가 커지고 직원 만족도가 낮아지고 생산성이 떨어지며 이직률이 높아지는 것이 현실이다. 이 모든 것은 회사에 비용으로 귀결될 가능성이 있다. 한 연구에 따르면 직원의 75%는 업무 요구로 인해 자녀를 위한 시간을 충분히 사용하지 못하고 있다고 밝혔고, 응답자의 61%는 남편이나 아내를 위한 시간이 충분하지 않다고 보고하고 있다. 미국에서 일하는 근로자의 절반만이 직장과 개인 또는 가족 생활을 성공적으로 관리하는 데 필요한 일과 삶 간의 유연성이 있다는 데 동의하고 있다.[107] 많은 기업에서 일과 삶 간의 유연성이 회사와 직원 모두에게 이익이라는 사실을 인식하고 있다. 근무 일정, 재택근무의 허용, 직원의 사생활 보호, 근무 시간을 보다 생산적으로 사용할 수 있도록 업무시간의 유연성을 부여하는 것은 핵심 인력을 유지하고 끌어들일 수 있는 강력한 동기가 된다. 또한 업무 스트레스를 줄여 보다 건강한 삶을 유지하도록 도와줄 수 있으며 업무 능력의 극대화를 기대할 수 있다. 전체 근로자의 약 43%가 대부분의 또는 모든 작업을 집에서 수행하는 것으로 추정하고 있으며, 이는 동료와 떨어져 있어도 일을 위한 시간을 함께 보낸다는 것을 의미한다.[108] 대개 관리, 경영, 재무 운영 및 전문 직종에 종사하는 이들이 이에 해당되며, 집에서 부분적 혹은 전반적인 업무처리를 할 가능성이 높다.

예를 들어, 오토매틱(Automattic)은 거의 모든 작업을 원격으로 수행하고 있다.[109] 웹사이트에서 사용되는 콘텐츠 관리 시스템을 제공하고 있는 오토매틱은 50개 이상의 국가에서 500명 이상의 직원이 원격으로 근무하고 있다. 최근에는 캘리포니아 샌프란시스코에서 일하는 직원이 거의 없는 관계로 샌프란시스코 사무실을 매각하였다. 대신 직원들은 작업 문서 관리, 토론 및 화상회의를 위해 슬랙(Slack), 줌(Zoom) 및 자체 내부 토론 게시판을 비롯한 여러 작업 도구에 의존하여 일을 하고 있다. 이러한 도구를 사용하면 모든 사람이 내부 커뮤니케이션에 접근하여 필요한 정보를 검색하고 일을 하므로 작업의 투명성과 포용성을 확보할 수 있다. 델(Dell) 직원의 58%는 특히 HR, 법률, 데이터 과학 및 마케팅과 같은 경영 지원의 작업을 대부분 원격으로 진행하고 있다.

비전통 방식 고용의 증가

많은 기업이 전통적 방식의 고용에서 벗어나고 있다. 이러한 **비전통 방식의 고용**(non-traditional employment)은 알선인, 프리랜서, 단기 계약직, 혹은 계약직 고용 형태 등을 포함하고 있다. 미국 노동통계청에 따르면 전체 인력시장의 20~35% 정도가 이러한 형식의 고용이라 추정되고 있다. 이러한 고용 형태는 **긱 경제**(gig economy),[110] 즉 임시직 계약 형태의 경제구조를 말한다. 물론 많은 기업이 전통 방식의 고용을 고수하고 있지만, 전체 기업의 40% 정도는 향후 10년 안에 비전통 방식의 고용으로의 전환을 계획하고 있다. 이러한 형태의 계약에서 종업원들은 회사를 위해서 일하지 않고 본인의 경제적 수입을 위해서 일한다. 이들은 고용보험이나 의료보험, 즉 국가가 장려하거나 요구하는 여러 형태의 노동계약 조건을 충족하지 않아도 된다. 이러한 방식의 고용계약은 물론 장단이 있다. 긱 경제에 의존하는 기업의 예로는 운송 서비스 업체인 우버와 리프트(Lyft), 음식 배달 서비스 업체인 캐비아(Caviar)가 있다. 비전통 방식의 고용은 개인과 고용주 모두에게 이익과 불이익이 있다.[111]

이러한 고용 형태는 고용인과 피고용인 모두에게 이익이 있을 수 있다. 피고용인은 자유롭게 언제 어디서 일할지를 정할 수 있고, 덜 일하며 가족과 시간을 더 보낼 수 있다. 또한 개인은 단기적 고용 목적으로 임시직을 선택할 수도 있다.

고용인의 관점에서 보면, 노동시장에서 보다 유연하게 고용 및 해고에 대처할 수 있다. 이러한 계약직 직원들은 현 직원들에게 다양한 기술을 제공할 수도 있고, 경제적 보상 역시 정규직에 비해서 적을 수 있다. 또한 정규직 채용 전까지 회사 문화나 성과 기대에 따라서 인턴 형태의 임시직으로 고용될 수 있다. 인턴 등 시간제 근로자를 채용함으로써 근로자가 성과 요건을 충족하고, 회사 문화에 부합하는지 여부를 판단할 수 있다. 만약 그렇다면 회사는 직원에게 정규직을 제공할지를 결정할 수 있다. 예를 들어, 허니웰(Honeywell)과 같은 일부 기술 회사는 문제를 해결하거나 앱을 만들거나 코드를 작성하는 등, 자사의 직원들에게 부족한 기술을 갖고 있는 과학자와 소프트웨어 엔지니어를 찾기 위해 탑코더(Topcoder)와 아마존의 메커니컬 터크(Mechanical Turk)와 같은 서비스를 사용하는 등 크라우드소싱(crowdsourcing)에 의존해왔다.[112] 구글의 모회사 알파벳(Alphabet)의 경우 정규직과 계약직의 비율이 거의 비슷하다. 이러한 고용 방식은 물론 기업에게 불리한 면도 있다. 예를 들어서 업무의 질이 저하되거나 회사 문화의 저해 혹은 팀워크 등의 방해이다.[113] 비전통적인 작업 고용 및 재택근무 방식에 기인한 디자이너, 예술가, 프리랜서, 컨설턴트 및 기타 독립적인 계약근로자와 같은 다양한 형태의 근로가 매일 또는 매월 지불하는 계약직 공유 오피스 시스템과 더불어 활성화되고 있다.[114] 이러한 공유 오피스 시스템은 책상과 인터넷, 회의실 등을 구비하고 있고, 재택근무나 출장 등 자유롭게 업무를 할 수 있는 환경을 제공하고 있다. 이와 더불어 일부는 휴식을 취할 수 있는 소파와 무료 커피와 음료를 제공하고 있다. 공유 오피스 시스템은 재택근무, 출장 등으로 인해 고립감을 느낄 수 있는 독립적인 계약 근로자들을 지원하며 협업 및 상호작용이 가능한 환경을 제공함으로써 커피숍보다 더 전문적인 근무 분위기를 제공하고 있으며 이로 인해 교통 혼잡과 공해를 줄이는 데 기여하고 있다.

이러한 비전통 방식 고용의 가장 중요한 이슈는 피고용인에게 보다 구체적이고 수요 맞춤형, 그리고 직무에 적합한 훈련을 제공해야 한다는 점이다.[115] 예를 들어, 훈련 계약직은 기업이 요구하는 수준의 직무 숙련을 위해 노력해야 하고, 장래에 다시 일하고 싶은 기업이 되도록 훈련과정을 도와야 한다. 이러한 내용을 바탕으로 훈련의 종류와 길이가 충분하도록 보장해야 하고 정규직에 준하는 수준의 숙련이 되도록 도와야 한다.

고성과 업무 시스템

새로운 테크놀로지는 요구되는 능력과 업무 역할의 변화를 초래하였으며, 대개 작업 구조 재설계를 야기한다(예: 작업 팀의 사용).[116] 컴퓨터 통합 제조업에서 로봇과 컴퓨터를 사용하여 생산 구조를 자동화한 것을 그 예로 들 수 있다. 컴퓨터는 여러 가지 다른 상품들의 제조를 단순히 컴퓨터를 재프로그래밍하여 가능하게 할 수 있다. 그 결과, 인부, 재료 처리자, 운영자 및 조립 기술자, 정비원들의 업무가 하나의 일자리로 통합되었다. 컴퓨터 통합 제조업에서는 직원들이 장비를 모니터링하고 정교한 장비에 문제가 발생했을 때 이를 해결하고, 다른 직원들과 정보를 공유하며, 제조업 전체 과정에서 각 요소들 간의 관계를 이해하기를 요구하고 있다.[117]

테크놀로지를 통해서 직원들이 고객서비스 및 품질을 높이기 위해서 필요한 정보를 더 쉽게 접근할 수 있게 되었다. 즉 직원들은 고객을 만족시키는 데 더 많은 책임감을 가지게 된다는 것을 의미하며, 어떻게 그들의 직무를 수행할지에 대해 스스로 결정해야 하는 경우가 더 많아졌다는 것을 의미한다. 직원들의 책임 및 통제를 높이기 위해서 사용되는 가장 널리 알려진 방법 중 하나로 **작업 팀**(work team)을 들 수 있다. 작업 팀은 다양한 능력을 보유한 직원들이 함께 상호작용하면서 상품을 조립하거나 서비스를 제공하는 것을 의미한다. 작업 팀은 새로운 팀 구성원의 선발, 업무 스케줄 조정, 고객과 다른 사내 부서들 간의 업무 조정 등과 같이 일반적으로 관리자들이 관리하는 활동을 맡게 된다. 팀의 유연성을 최대화하기 위해서 팀 구성원들 간의 교차훈련을 제공한다. **교차훈련**(cross training)은 직원이 다양한 직무에 관한 지식 및 기술을 습득하게 하여 그들이 팀에서 필요로 하는 그 어떤 역할도 수행할 수 있도록 해주는 훈련을 의미한다.

힌들파워(HindlePower)의 고성능 업무 시스템을 예로 들어 보자.[118] 힌들파워는 배터리 충전기 제조업체로 75명의 직원 대부분이 공장에서 조립자로 일을 한다. 이 공장의 특징은 공장 내 시계가 없다는 점이다. 직원들은 공장 출퇴근을 기록할 필요가 없으며 휴가에 대한 규칙도 없다. 물론 직원 모두 인사정책을 남용하지 않는다. 정규직 근로자의 공장 근무 시간은 97~100%에 이른다. 힌들파워는 보다 효율적인 조립 프로세스 설계에 직원 참여와 교육을 결합한 '전문 제조 팀(Professional Manufacturing Team)'이라는 직원 훈련 프로그램을 가지고 있다. 이 프로그램은 각 생산 라인에 알맞은 25~30개의 조립 과정을 포함하고 있다. 모든 직원은 주어진 과정을 이수해야 하며, 이 과정을 완료하면 제조 전문가로 지정된다. 직원들은 단순히 훈련에 참여할 뿐만 아니라 의사결정과정에도 참여하고 있다. 예를 들어 직원들은 생산 라인을 다시 설계하여 주당 15만 개를 추가로 생산하는 능력을 길렀다.

새로운 테크놀로지와 작업 팀과 같은 새로운 작업 설계에는 아래와 같은 특정 인적자원관리 실무의 지원이 요구된다.[119]

- 직원들은 새로운 직원 혹은 팀 구성원을 선택 혹은 선발한다.
- 직원들은 형식적 성과 피드백을 제공받으며 성과 향상 과정에 참여한다.
- 지속적인 훈련이 강조되고 이에 대한 보상을 받는다.
- 포상은 기업 성과와 연결되어 있다.
- 장비와 업무처리 과정은 유연성 및 직원들 간 상호작용의 극대화를 촉진한다.
- 업무 장비, 배치, 그리고 방법의 변화를 계획할 때 직원들이 함께 참여한다.
- 직원들은 그들의 업무가 어떻게 완성품 혹은 서비스에 공헌하는지 이해하고 있다.

훈련은 어떠한 역할을 하는가? 새로운 테크놀로지에 의해서 개발된 시설을 사용하여 업무를 하기 위해서, 직원들은 특정 직무 관련 지식과 기본 기술을 필요로 한다. 흔히 테크놀로지는 상품의 다양화와 맞춤화를 위한 하나의 수단으로 사용되므로, 직원들은 반드시 고객과 의사소통하고 그들의 요구를 경청할 수 있는 능력이 필요하다. 협상, 갈등 관리, 문제해결 능력 등과 같은 대인관계 기술이 체력, 조직화, 그리고 미세 운동 능력과 같이 과거 많은 제조업과 서비스 직업에서 요구되는 기술보다 더 중요해졌다. 비록 테크놀로지의 발전이 직원들이 상품과 서비스를 향상할 수 있도록 해주었지만, 관리자들은 반드시 직원들이 이러한 변화를 만들어낼 수 있도록 권한을 위임해야 한다.

기업에서 상품이 제작되는 방법 혹은 서비스가 제공되는 방법의 변화 외에도, 테크놀로지는 기업이 여러 다른 기업들과 협력 관계를 구축할 수 있도록 해주었다. **가상 팀**(virtual team)은 시간, 지리적 공간, 문화, 그리고 조직의 경계에서 벗어나 상호작용 및 프로젝트 완성을 대부분 테크놀로지(이메일, 인터넷, 화상회의)에 의존하는 팀을 의미한다. 가상 팀은 한 기업 내에서 형성되며, 그들이 사용하는 시설은 전국 혹은 세계적으로 널리 퍼져 있다. 또한 기업은 가상 팀을 통해 공급업체 혹은 경쟁사와 함께 협업 관계를 구축하여 진행할 수 있는데, 이를 통해 프로젝트를 완성하는 데 필요한 인재들의 힘을 합치거나, 혹은 빠르게 상품을 시장에 선보일 수 있다. 성공적인 가상 팀을 위해서는 팀의 명확한 사명, 뛰어난 의사소통 능력, 마감날에 맞추어 업무를 마무리할 수 있다는 구성원들 간의 믿음, 그리고 서로 다른 문화에 대한 이해(만약 팀이 글로벌 구성원을 포함하고 있을 경우)가 필요하다.

예를 들어 아트앤드로직(Art & Logic) 소프트웨어 개발회사는 캐나다와 미국을 포함한 전 지역에서 원격 업무, 오피스 공유, 임대 등을 통해서 사업을 진행하고 있다.[120] 이 기업의 고객은 다양한 산업군을 포함하는데, 각 프로젝트는 타 기업에서 해결하기 어려운 아주 어려운 과제를 수행하고 있다. 아트앤드로직은 각 개발자에게 고유의 스케줄과 업무방식을 요구하고 있고, 이는 협업을 전제로 프로젝트를 진행한다. 모든 프로젝트는 프로젝트 매니저와 최대 5~7명의 개발자로 구성된다. 팀은 구글 앱을 통해서 문서를 공유하고 의사소통한다.

훈련 실무에 대한 단면

훈련은 기업이 경쟁우위를 점할 수 있고 경쟁적인 도전을 성공적으로 해결할 수 있도록 도와주는 핵심적인 역할을 한다. 기업이 그들의 사업 목표에 도달할 수 있도록 어떻게 훈련이 사용되는지 배우기에 앞서, 그리고 훈련 설계, 훈련 방법, 그리고 이 책에서 언급할 다른 주제에 대해서 이해하기에 앞서, 미국에서 일어나고 있는 훈련의 수와 종류에 대해 먼저 알고 있어야 한다. 또한 전문가(훈련자)가 무엇을 하는지 이해해야 한다. 다음 절은 훈련 실무에 관한 자료(예: 기업이 얼마나 많은 비용을 훈련에 사용하는가, 어떤 종류의 훈련이 일어나고 있는가, 누가 훈련을 받는가)뿐만 아니라, 훈련자가 되기 위해서 필요한 기술과 역량에 대해서 논의한다.

훈련에 관한 사실과 수치

이 절에서 제공되는 훈련 실무에 관한 스냅숏은 《training》과 ATD에서 진행된 조사와 같은 여러 출처를 통해 수집된 데이터를 바탕으로 한다.[121] 여러 가지 근거를 바탕으로 보았을 때, 이 데이터는 실무 관련 사실이 아닌, 타당한 추정치로 봐야 할 것이다. 조사를 위해 사용된 표본은 모든 규모 및 모든 종류의 기업을 대표하기에는 무리가 있다. 예를 들어, 《training》에서 실시한 조사는 잡지를 구독하고 있는 연구 기관만을 대상으로 하였고, 온라인 조사에 참여하도록 권유하는 이메일을 보낸 뒤에 이에 참여한 기업들만을 대상으로 표본을 구성하였다. 대기업의 31%, 중소기업의 29%만이 본 조사에 참여하였다. ATD에서 매년 진행하는 《State of the Industry Report》는 몇백 개의 기업을 대상으로 하는데, 이들은 두 개의 주요 범주인 ATD BEST Award와 같은 훈련 관련 상을 수상하였거나 벤치마킹한 기업으로 분류되었다.

지금 아마도 당신 스스로에게 다음과 같은 질문을 할 수도 있을 것이다. "얼마나 많은 시간과 돈을 기업이 훈련에 투자하는가?" 혹은 "단순히 훈련자가 훈련을 전달하는가?" 표 1.7은 직장 학습의 동향을 간략하게 보여준다.

표 1.7에서는 미국 기업들이 지속적으로 학습계획에 많은 양의 돈을 투자하고 있음을 보여준다. 이러한 투자에서 핵심 동향의 개요는 아래와 같다.

- 2016년 906억 달러로 거의 33% 증가한 총 교육 지출은 2017년 876억 달러로 감소
- 직원 1인당 평균 교육 비용은 지난 몇 년 동안 점진적으로 증가
- 2012년부터 매년 증가해온 직원 1인당 평균 학습시간은 2016년과 2017년에 유지

표 1.7 훈련 실무에 관한 질문과 답변

투자와 지출의 분산
Q: 미국 기업이 얼마나 많은 비용을 직원들의 학습과 개발에 투자하고 있는가?
A: 대략 876억 달러
Q: 직원 1인당 얼마나 많은 비용을 투자하고 있는가?
A: 1,296달러
Q: 급여 지불 총액 대비 몇 퍼센트 비율을 훈련과 개발에 투자하는가?
A: 3.3%
Q: 수익 대비 몇 퍼센트 비율을 훈련과 개발에 투자하는가?
A: 8.4%
Q: 직원들이 얼마나 많은 시간을 형식적 훈련에 매년 사용하는가?
A: 34.1시간
Q: 누가 가장 많은 훈련을 받는가?
A: 훈련 예산의 39%가 모든 직원에게 제공되고 있으며, 27%는 선발된 직원들, 24%는 관리자, 10%는 임원진에게 제공된다.
Q: 교육에 가장 많이 지출하는 산업은? 가장 적게 지출하는 산업은?
A: 직원 1인당 2,136달러를 투자하는 경영 컨설팅 분야가 가장 높고, 614달러를 투자하는 제조업이 가장 낮다.
효율성
Q: 지출 비용 중 얼마만큼을 학자금 지원으로 사용하고 있는가?
A: 8%
Q: 각각의 직원들을 위해서 얼마나 많은 직원이 훈련 직무를 맡고 있는가?
A: 한 명의 훈련 직원이 392명 직원에게 훈련을 제공하는 비율
Q: 직원 한 명에게 1시간의 학습 시간을 제공하는 데 지출되는 평균 비용은 얼마인가?
A: 77달러
Q: 1시간의 형식 훈련을 생산하는 데 필요한 평균 비용은 얼마인가?
A: 1,896달러
Q: 사용 가능한 학습 시간 대비 실제 학습 시간의 비율은?
A: 54:1
전달 방법
Q: 훈련이 어떻게 전달되는가?
A: 36%는 교실에서 강사를 통해서, 69%는 대면 및 테크놀로지를 사용한 전달법을 융합한 블렌디드 학습을 통해서, 26%는 온라인을 통해서, 2%는 모바일 도구를 통해서 전달된다.
Q: 직접적인 학습 지출 비용 중 외부 제공자(아웃소싱)에게 할당되는 비율은 얼마인가?
A: 26%

자료: M. Ho, "2018 State of the Industry" (Alexandria, VA: Association for Talent Development, 2018); "2018 Industry Report," *training* (November/December 2018), pp. 18–31.

- 관리자 대상 혹은 산업별 콘텐츠를 포함하는 전문 학습에 대한 수요 증가
- 기술 기반 학습 전달의 사용 빈도가 2010년 29%에서 2017년 42%로 증가
- 가장 많이 사용되는 기술 기반 학습 유형은 자기주도형 온라인 학습
- 기술 기반 학습은 재사용률에서 볼 수 있듯이 학습 효율성을 향상하는 데 도움이 됨. '재이용 비율'은 회사가 직원에게 교육을 얼마나 효율적으로 제공하고 있는지를 측정함. 2017년 재사용률은 54시간이며 이는 1시간의 학습 콘텐츠를 약 54명의 직원이 받은 것을 나타냄
- 전통적인 강사 주도의 집체 교육이 여전히 가장 인기 있는 방법이나 그 사용은 지속적으로 감소세(2010년 61% 대 2017년 54%)를 보임

훈련에 사용된 876억 달러 중에서 68%는 훈련 업무 담당 직원의 급여 및 강의 개발 등과 같은 내부 비용으로 사용되었으며, 27%는 컨설턴트, 워크숍, 혹은 교육 프로그램 등과 같은 기업 밖에서 외부 제공자들에 의해서 제공되는 서비스에 사용된다. 직접 경비에 대한 수익 비율은 작년에 비교(2009년 10.9%)했을 때, 5.3%로 줄어들었다. 이는 경제 불황으로 인한 소규모 기업들의 수익과 총체적인 학습 비용의 감소 때문일 것이다.

그림 1.4에서는 기업에서 제공하는 여러 가지 훈련 유형을 제시하고 있다. 관리자 관련 및 실무 훈련, 규율 준수를 위한 훈련이 학습 내용의 36%를 차지하고 있다. 학습 내용에서 가장 적은 비율을 차지하는 것이 기본 기술이다. 온라인 교육은 콘텐츠 영역에 따라 다르게 활용될 수 있다.[122] 필수 과정, 즉 규율 준수 교육, 영업직 교육 및 정보기술 교육 등은 온라인으로 제공될 수 있다. 그러나 임원 개발 및 신입사원 오리엔테이션과 같은 온보딩 교육에는 활용도가 가장 적다.

그림 1.4 기업에서 제공하는 여러 가지 다양한 훈련

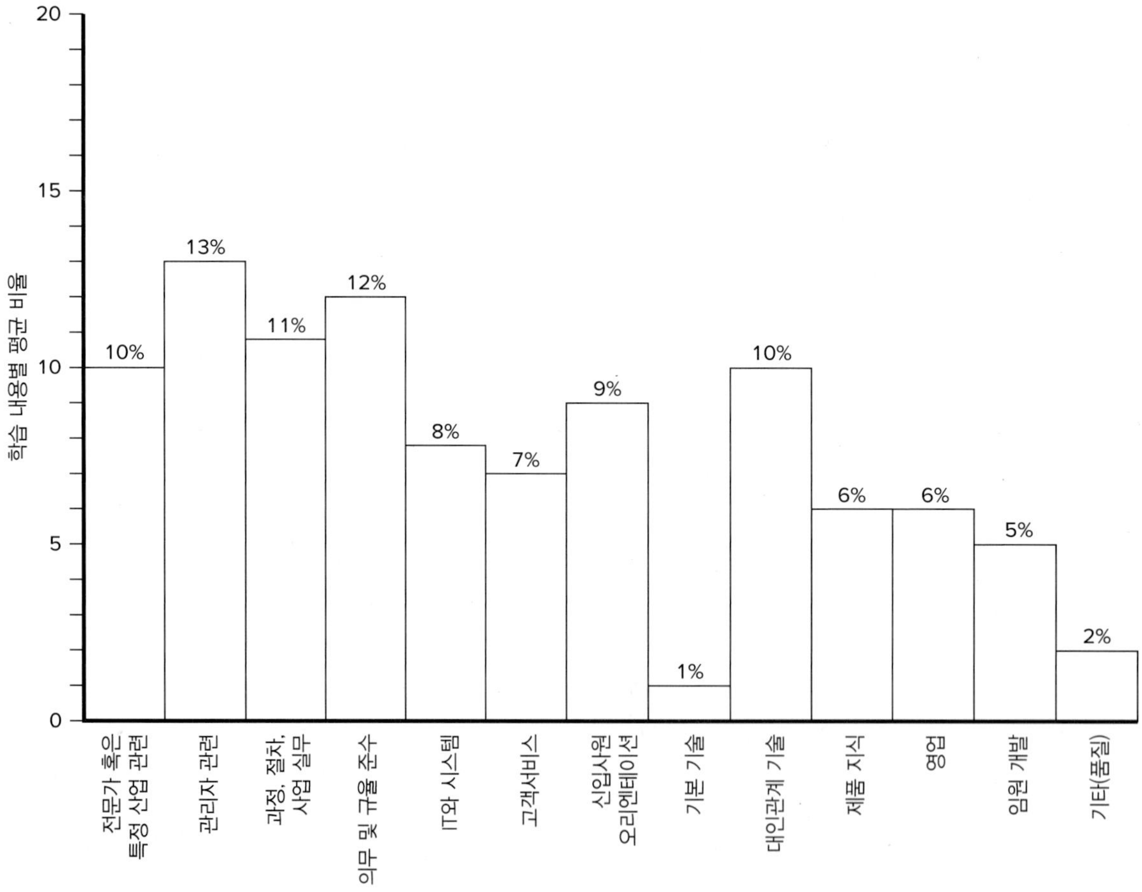

주: 통합된 응답으로부터 얻은 데이터(ASTD의 벤치마킹 프로그램의 일부분으로서 연간 데이터로 제출된 기업들)

자료: M. Ho, "2018 State of the Industry" (Alexandria, VA: Association for Talent Development, 2018)를 기반으로 함.

훈련에 투자하는 리더

이 장의 시작 부분에 소개된 짧은 사례를 통해서 기업의 경쟁우위를 점하기 위해서 훈련을 어떻게 사용할 수 있는지 보여주었다. 미국 기업들의 훈련에 대한 투자는 팀, 직원 주식 소유권 제도, 수익에 따른 성과 보상 시스템, 개인 개발 계획, 그리고 사업 경영 결정에 직원 투입 등과 같은 혁신적인 훈련 실무와 높은 성과를 보인 업무 실무의 사용과 관련이 있다. 이러한 지출(높은 성과를 보인 업무 실무의 적용과 함께)은 생산성의 향상, 고객 및 직원의 만족도 향상, 그리고 직원들의 기업 존속의 향상을 가지고 왔다. 예를 들어, 위프로 테크놀로지(Wipro Technologies), 밸보라인 인스턴트 오일 체인지(Valvoline Instant Oil Change), IBM, 버라이즌(Verizon)은 훈련이 그들의 경쟁력에 기여한다는 것을 인식했다. 그들은 훈련에 상당한 수준의 재정적 투자를 하고, 이를 생산성, 고객서비스, 그리고 다른 중요한 사업 결과의 동력으로 사용하고 있다. 2장에서 기업의 사업 목표를 달성하는 데 훈련이 어떻게 도움을 줄 수 있는지 논의한다.

경쟁우위를 점하는 데 중요하다고 인식되는 기업 훈련 실무가 기업마다 어떻게 다른가? ATD의 《State of the Industry Report, 2017》은 ATD의 벤치마킹 프로그램의 일부로 ATD BEST Award(학습과 결과물의 명확한 관련성을 보인 기업에게 수여하는 상)를 받은 기업들과 함께 그들의 훈련 실무들을 비교해보았다.[123] 벤치마킹 프로그램에 참여한 기업들은 ATD에게 그들의 훈련 실무의 표준으로 정해진 정보(예: 훈련에 사용한 시간)를 제공해주었다. 참여한 기업은 총 399개였으며, 이들의 평균 직원 수는 1만 2,422명이었다. 표 1.8은 Best Award 수상 기업의 특성을 보여준다. 2장에서도 논의되겠지만, BEST Award 수상 기업들은 기업의 전략을 지원하고 훈련 및 개발을 측정 가능한 결과로 제공하는 전략적 훈련 및 개발에 집중하고 있었다. Best Award 수상 대상에는 45개 기업이 포함되었다. 표 1.9에서 Best Award 수상 기업들과 벤치마킹 기업들을 비교하고 있다. 또한 Best Award 수상 기업이 다른 기업보다 얼마나 효율적으로 훈련을 전달하는지를 보여주고 있다(저비용, 높은 재사용률). 또한 BEST Award를 수상한 기업의 직원들은 평균적으로 다른 기업의 직원들보다 더 많은 학습 시간에 참여했다.

표 1.8 BEST Award 수상 기업의 특성

지지(Alignment)	사업 전략을 지지하는 훈련 및 개발
가치(Learning is valued)	리더로부터의 뚜렷한 지원
효과성 & 효율성(Effectiveness and efficiency)	학습의 측정
투자(Investment)	훈련과 개발에 대한 투자
기회 제공(Different learning opportunities)	다양한 학습 기회 제공
평가(Measurement)	훈련 및 개발 활동에 대한 효율성 및 효과성의 측정
교육 외 접근(Nontraining solutions)	조직개발과 절차 향상과 같은 훈련 접근법 외의 방법으로 성과 향상 꾀함

자료: M. Ho, "2018 State of the Industry" (Alexandria, VA: Association for Talent Development, 2018); L. Miller, "2014 State of the Industry" (Alexandria, VA: Association for Talent Development, 2014)를 기반으로 함.

표 1.9 BEST Award 수상 기업과 벤치마킹 기업 간의 비교

구 분	비교대상 기업	BEST Award 수상 기업
한 직원당 받은 훈련 시간	34시간	48시간
이용 가능한 학습 시간당 평균비용	1,896달러	1,548달러
한 직원당 사용한 훈련비용	1,296달러	1,057달러
이용 가능한 학습 시간 대비 실제 학습 시간 비율	53.8%	108.9%

자료: M. Ho, "2018 State of the Industry" (Alexandria, VA: Association for Talent Development, 2018).

표 1.10 훈련 및 개발 역할

학습 전략가(Learning Strategist)	일터 학습이 회사의 사업 전략에 맞도록 어떻게 사용될지 결정
사업 파트너(Business Partner)	산업 지식을 활용하여 성과 향상을 위한 훈련 개설에 기여
프로젝트 관리자(Project Manager)	사업을 지원하기 위한 학습/성과 솔루션의 전달을 계획, 검토, 감시
전문가(Professional Specialist)	학습/성과 솔루션의 설계, 개발, 전달, 평가

자료: M. Allen and J. Naughton, "Social Learning: A Call to Action for Learning Professionals," *T+D* (August 2011), pp. 50–55를 기반으로 함.

훈련 전문가의 역할, 역량, 그리고 위치

일반적으로 훈련자는 교수 설계자, 기술 훈련자, 혹은 요구 분석자와 같은 많은 직무를 가지고 있다. 각 직무는 특정 역할 혹은 기능을 한다. 표 1.10은 훈련 전문가가 직무에서 수행할 수 있는 역할의 예를 제공한다. 이 역할은 훈련 강사, 온라인 강사, 학습 기술자, 교수 설계자, 콘텐츠 큐레이터, 학습 컨설턴트, 교육 관리자 등과 같은 직업에 포함된다.[124] 교육 부서 관리자는 프로젝트 관리 역할에 관여할 수 있지만 다른 책임 때문에 다른 업무를 수행하는 전문가보다 덜 관여할 수 있다. 인사 담당자는 부서 또는 회사의 인적자원 기능(예: 인력 배치, 채용, 보상 및 복리후생)을 감독하는 것에 주요 책임이 있지만, 교육 역할 중 많은 부분을 완료해야 할 수도 있다. 각 직무를 성공적으로 수행하기 위해 구체적 지식, 기술, 혹은 행동(역량이라고도 불린다)이 요구된다.

ATD에 의해서 실시된 연구가 가장 포괄적인 훈련 전문가에 대한 연구이다.[125] 그림 1.5에서 ATD 역량 모델을 제시하고 있다. 이 모델은 훈련 및 개발 분야에서 성공하기 위해서 어떠한 것이 필요한지 설명해주고 있다. 여기에는 특정 전문 분야와 기본 역량이 포함된다. 전문 분야에는 다양한 역할(예: 변화 관리, 학습 테크놀로지 및 교육 전달)에 필요한 지식과 행동이 포함되어 있다. 교육 전문가는 학습 설계(수업 설계), 교육 제공, 학습 프로그램 관리, 학습 기술 식별, 선택 및 사용, 코칭(직원 개발을 위해 일대일로 수행)에 대부분의 시간을 할애하고 있다. 이 모델은 성과 개선(성과 격차를 줄이기 위한 솔루션 설계 및 개발), 인재관리(인재 확보, 개발 및 유지 포함), 지식 관리가 또 다른 중요한 영역임을 말해주고 있다.

기초적인 역량은 역량 모델을 기반으로 하고 있다. 대인관계 기술, 사업 기술, 개인 기술, 글로벌 사고방식, 산업 지식, 테크놀로지 문해 등이 기초 역량을 구성하고 있다. 기초적인 역량은 훈련자의 전문 분야 혹은 역할과 무관하게 중요하지만, 각각의 역할 혹은 전문 분야에

그림 1.5
ATD 역량 모델

훈련/개발 직군 ATD 역량	
훈련/개발 전문 분야	**기본 역량**
성과 향상 교수 설계 훈련 전달 학습 테크놀로지 학습평가 경영학습 프로그램 인재경영 코칭 지식경영 변화경영	사업 기술 글로벌 사고방식 산업 지식 대인관계 기술 개인 기술 테크놀로지 문해

따라서 사용되는 정도는 다르다.

한 전문 분야(예: 교수 설계자와 테크니컬 라이터)에 초점을 맞추던 전통적인 훈련 부서의 직무는 변화하고 있다. 훈련 및 개발이 기업에 공헌하기 위해서 다양한 전문 분야 지식 및 기술을 갖추기를 요구하고 있다. 프로젝트 관리는 새로운 훈련 테크놀로지에 대한 지식(예: 웹으로 전달되는 학습, 모바일 학습, 지식 관리 시스템)과 관리자, 엔지니어, 과학자, 그리고 훈련자보다 더 많은 경험, 지식, 기술적인 지식을 가진 사람들을 관리할 수 있는 능력 또한 요구하고 있다.

훈련 전문가들의 직무에서 요구되는 다양한 책임 및 전문 지식이 어떤 것인지 알려주기 위해서, ATD 웹사이트에 게시되었던 교수, 시스템 설계자 직무의 예시를 표 1.11에 제시하였다.

표 1.12는 훈련 전문가 급여의 중간값을 보여주고 있다. 훈련자 역할에서 요구되는 역량을 개발하지 않고서는 그 누구도 높은 급여를 받는 직책(훈련 관리자, 임원 수준의 관리자)을 맡을 수 없다는 것을 명심하기 바란다.

누가 훈련을 제공하는가?

대부분의 기업에서 훈련 및 개발 활동은 훈련자, 관리자, 내부 컨설턴트, 그리고 전문가 직원에 의해 제공된다. 하지만 훈련 실무 스냅숏에서 보여주었다시피, 훈련 및 개발 활동은 아웃소싱되기도 한다. **아웃소싱**(outsourcing)은 훈련 및 개발 관련 활동을 기업 외부에 위탁하거나 외부로부터 습득하는 행위를 의미한다. 기업 외부 훈련 제공자로는 전문대학 및 대학교, 기술 및 직업 기관, 상품 제공자, 컨설턴트 및 컨설팅, 기업, 조합, 무역 및 전문 기업, 그리고 정부 조직이 있다. 아웃소싱은 2장에서 자세히 논의할 것이다.

누가 훈련을 전담하는가?

인적자원, 인적자원개발, 혹은 조직개발의 전문가들이 훈련 및 개발의 책임을 맡을 수 있다.[126] 기업은 훈련과 개발을 제공하는 인적자원, 인적자원개발, 인재관리/인재개발, 혹은 조직개발이라는 이름을 가진 부서 혹은 기능을 가지고 있을 것이다.

작은 규모의 기업인 경우, 훈련은 설립자와 전 직원의 책임이다. 기업이 100명의 직원을

표 1.11 ATD 웹사이트에 게시된 직무의 예시

교수 설계자
역할 개요: 지원자는 우리의 학습개발팀에 합류할 것이다. 직원 경험에 대한 열정을 가지고, 사람들이 배우고 성장할 수 있도록 돕고, 영업 팀의 학습 여정을 정의하는 등 성인 학습 및 개발에 대한 깊은 지식을 갖추고 있다. 핵심 책임에는 훈련 목표와 프로그램 구축, 내용전문가 참여와 콘텐츠 촉진, 전달 방법에 대한 권고사항 제공 등이 있다.
책무
• 관리자 및 내용전문가와 긴밀히 협력하고, 사업 요구를 분석하고, 학습 경험을 설계 및 제작하며, 성과 목표를 정의하기 • 조직 전체의 다른 사람들과 상의하여 근본 문제와 최적의 학습 솔루션 옵션을 파악하도록 도와주기 • 강사주도 훈련(ILT) 설계, 쌍방향 이러닝 모듈, 비디오, 직무 지원, 촉진자 안내, 자료를 포함한 학습 경험의 범위 개발하기 • 행동과 사업 영향을 평가하는 훈련평가 도구 개발하기 • 지식을 효과적인 학습 경험으로 바꾸는 것을 도와주기 위해 내부 전문가와 협력하기 • 모든 프로젝트, 콘텐츠, 우리의 학습 관리 시스템 전체에 걸쳐 표준화를 보장 및 추진하기 • 이해관계자들과 긴밀한 관계를 구축하여 기대치를 설정 및 관리하고, 프로젝트 계획을 수립하며, 프로젝트 업데이트 및 상태를 정기적으로 소통하기 • 강의실 또는 가상 훈련을 촉진하는 능력 • 자료를 전달할 때 테크놀로지를 효과적으로 사용하는 방법에 대해 교수자 훈련하기
요구되는 자격 및 경험
• 학습 설계 또는 관련 분야의 학사 학위 • 가급적 영업 환경에 적합한 고도의 대화형 학습 솔루션을 설계하는 3년 이상의 교수 설계 경험
지식, 기술, 능력
• 학습 형식 옵션 및 상보관계(tradeoff)에 대한 지식 • 이러닝 개발 도구 경험 • 기술적 내용을 효과적인 학습 솔루션으로 변환하는 능력 • 선호하는 코너스톤 온디맨드(Cornerstone On Demand)에 대한 숙련도 • 선호하는 영업 팀과의 작업 경험 • 교실 훈련을 촉진하는 경험 • 조직 전체에 걸쳐 다른 사람들과 생각을 단순하고 명확하게 소통하는 능력 • 세부사항에 대한 고도의 집중력 • 목표에 충실하면서 협업하고 피드백을 추구하는 자기주도성 • 적절한 때에 독립적으로 일하는 능력 • 우수한 프로젝트 관리와 조직 기술 • 강력한 관계 관리 기술

자료: From ATD Job Bank http://jobs.td.org/jobs/, accessed April 7, 2018.

가진 규모로 성장했을 때, 일반적으로 누군가가 그 직원의 전담 업무 혹은 일부 업무로 기업의 인적자원 업무를 맡게 된다. 이 시점에서 훈련이 인적자원 업무를 맡고 있는 직원의 책임 중 하나가 된다. 중간 규모의 기업에서는 훈련이 인적자원 전문가들의 책임이 되거나, 인적자원개발, 인재관리, 인재개발, 인재학습 혹은 조직개발 등으로 알려진 별개의 기능으로 설정되기도 한다.

인적자원개발(human resource development)은 개개인, 그룹, 그리고 조직의 효율성을 높이기 위한 훈련과 개발, 조직개발, 그리고 경력 개발의 통합적인 사용을 의미한다. 인적자원개발 전문가는 직무 혹은 과업 분석, 교수 시스템 설계, 현장직무훈련, 개인 성과 향상에 개입할 것이다. 조직개발 전문가는 훈련뿐만 아니라 팀 빌딩, 갈등 회피, 직원 개발, 그리고

표 1.12 훈련 전문가들의 평균 급여

임원 수준의 훈련/인적자원개발 관리자	$138,859
IT 훈련 관리자	$100,335
훈련 개발 관리자(1~5명의 부하직원을 두고 있음)	$91,422
훈련 개발 관리자(5명 이상의 부하직원을 두고 있음)	$104,257
한 명만 존재하는 훈련 부서	$75,581
교실 강사/훈련자	$73,265
교수 설계자	$76,023
CBT/웹/멀티미디어 프로그래머 설계자/관리자	$84,484
관리/경력/조직개발 스페셜리스트	$89,693
인적자원관리자/스페셜리스트	$73,495

자료: "Learning Earnings?" *training* (November/December 2018), pp. 32-37.

경영 변화에 집중할 것이다. 인재관리 전문가는 사내 핵심 인재를 찾아내고 이들이 승진 혹은 새로운 직책을 준비하기 위해서 필요한 훈련 및 개발을 받고 있는지 확인하는 업무를 할 것이다. 학습 전문가는 공식 훈련 및 개발 활동에 집중할 뿐만 아니라 무형식 학습 및 지식 공유가 소셜 네트워킹 도구를 사용하여 발생하고 있는지 확인하는 것에 집중할 것이다. 이러한 설명을 통해서 알 수 있듯이, 훈련 및 개발 활동은 인적자원관리, 인적자원개발, 그리고 조직개발 전문가 혹은 부서에서 책임지게 된다. 어떤 개개인, 부서, 기능에서 이를 책임지고 있느냐에 관계없이, 훈련 및 개발이 성공하기 위해서는 직원, 관리자, 훈련 전문가, 그리고 최고경영자가 모두 이에 대한 소유권을 가지고 있어야 한다. 훈련이 누군가의 직무의 형식적 책임이기는 하나, 성공적인 훈련을 위해서는 전 조직원이 중요한 역할을 한다는 것을 이 책을 통해서 계속적으로 제시할 것이다. 또한 어떠한 부서 혹은 기능에서 훈련 및 개발에 책임을 지고 있는가에 상관없이 사업 전략과 반드시 연계되어야 하며, 사업적 요구를 반드시 지지해야 한다. 훈련 및 개발에 책임을 지고 있는 전문가는 경영 변화를 위한 조직개발 전문가와 같은 자신만의 전문 분야를 가지고 있겠지만, 그들은 또한 훈련과 개발에 대한 책임을 가져야 한다. 그림 1.5와 같이, 성공적으로 일터 학습 및 성과를 수행하기 위해서 전문가는 반드시 사업에 대해서 이해해야 하며, 전문 분야와 역량을 마스터해야 한다.

기업이 성장하고 사업 성공을 위해 훈련의 중요한 역할을 인식하게 되면서, 기업에서는 훈련 혹은 학습 기능을 구성하고 있다(어떻게 훈련의 기능이 조직화될 수 있는지는 2장에서 논의한다). 훈련 기능에는 교수 설계자, 강의자, 기술 훈련자, 그리고 교수 테크놀로지 전문가가 포함된다.

보고된 인적자원관리와 훈련 기능 간의 관계는 기업마다 다양하다.[127] 어떤 기업은 다른 부서와 전략적인 협력 관계를 구축하고 기업 전체에 일관성 있는 훈련을 제공하기 위해 훈련을 인적자원 기능의 한 부분으로 포함시키기도 한다. 예를 들어, 노인요양시설을 제공하는 테네시주를 기반으로 한 라이프 케어 센터스 오브 아메리카(Life Care Centers of America)는 훈련 커리큘럼 제작과 학습 평가 등과 같은 능력은 인적자원 전문 분야 중 하나라고 믿는 기업의 신념 때문에 훈련을 인적자원 부서에 포함시켰다. 중앙집권화된 인적자원 부서는 자원의 최대한 활용을 가능하게 하였고, 공동 관리 문화를 소통하는 것을 돕고 있다.

훈련 기능을 분산화하여, 각 사업 부서에서 필요로 하는 다양한 훈련 요구에 맞출 수 있기 때문에 일부 기업에서는 인적자원 기능과 훈련을 분리하고 있다. A. G. 에드워즈(A. G. Edwards)에서 훈련 및 개발 부서는 학습 센터를 가지고 있으며, 금융 컨설턴트와 직원들을 위한 훈련 프로그램을 개발한다.[128] 훈련 부서의 대표자들은 정기적으로 기업 본사에 있는 기업 경영 위원회를 만나서 회의를 할 뿐만 아니라, 지역 사무실과 지점 관리자들을 만나 사업 목표를 달성하는 데 훈련이 어떻게 지원할 수 있는지 이해할 수 있도록 하고 있다. 지점 관리자들을 개입시켜 기술의 차이를 찾아내고 그들의 제안을 바탕으로 제작한 새로운 지점 관리자 자격증 프로그램은 성공적이었다. 지점 관리자들은 이 프로그램에 소유권을 가지고 프로그램 제안서 개발을 돕고, 지원금과 프로그램 허가를 받기 위해 기업 관리자들에게 이 제안을 발표하였다. 훈련 기능에 사용할지에 대한 조직의 허가와 상관없이, 이는 기업의 훈련 요구를 충족하는 데 도움을 주었음에 틀림없다.

훈련에서 일하기 위한 준비

어떤 면에서는 모든 사람을 자신의 삶의 훈련자로 정의할 수 있다. 동료, 가족, 배우자, 친구, 혹은 당신의 상사에게 어떤 기술을 가르쳐주었던 때를 생각해보라. 비록 어떤 사람들은 실수를 통해서 훈련시키는 방법을 배우겠지만, 훈련 및 개발 관련 혹은 다른 훈련 관련 전공을 선택하여 강의를 듣는 것이 가장 최상의 방법이다. 예를 들어, 훈련 및 개발 관련 수업은 대개 대학 내의 교육대학, 경영대학, 그리고 심리학과에서 제공된다. 경영대학은 아마도 훈련 및 개발, 인재관리, 그리고 조직개발 관련 수업을 제공하는 인적자원관리 관련 학사 및 석사 프로그램을 제공할 것이다. 교육대학에서는 아마도 인적자원개발과 학습에 관한 학사 및 석사 프로그램을 제공하고 있을 것이다. 이러한 프로그램에서 제공되는 수업들은 교수 설계, 커리큘럼 개발, 성인 학습, 평가, 현장직무훈련 등으로 구성되어 있다. 심리학과에서도 훈련 및 개발 관련 수업을 제공한다. 이 과정은 커리큘럼상 산업 및 조직심리학 학위 프로그램의 일부가 될 수 있다. 만약 당신이 큰 규모의 대학에 들어갈 수 있는 기회를 부여 받는다면, 아마도 교육대학, 경영대학, 그리고 심리학과에서 제공하는 훈련 및 개발 관련 수업을 모두 들을 수 있을 것이다. 또한 본인이 중점을 두고자 하는 역량(예: 경력 및 ATD 자격증 등)을 고려하고 이를 어떻게 숙지할지 고민해야 한다.

성공적인 훈련 전문가가 되기 위해서는 훈련 관련 연구 및 실무에 대한 최신 동향을 파악하고 있어야 한다. 훈련 및 개발에 관심이 있는 사람들에게 적합한 주요 전문가 조직으로는 ATD, AHRD(Academy Human Resource Development), SHRM, SIOP(Society for Industrial and Organizational Psychology), AOM(Academy of Management), ISPI(International Society for Performance Improvement)를 들 수 있다. 훈련 실무 관련 논문은 다음의 학술지에서 볼 수 있다. 《training》, 《T+D》, 《Training and Development》, 《Chief Learning Officer》, 《Workforce Management》, 《HR Magazine》, 《Academy of

Management Executive》, 《Academy of Management Learning and Education》. 훈련 및 개발 연구는 다음의 학술지에서 찾을 수 있다. 《Human Resource Development Quarterly》, 《Human Resource Development Review》, 《Performance Improvement》, 《Personnel Psychology》, 《Journal of Applied Psychology》, 《Academy of Management Journal》, 《Human Resource Management》.

핵심 용어

가상 팀
개발
경쟁력
경쟁우위
고객자본
교수 시스템 설계(ISD)
교차훈련
긱 경제
린 사고
맬컴 볼드리지 국가품질상
무형식 학습
변화
비전통 방식의 고용
사회자본
식스 시그마 과정
아웃소싱
암묵지
이해관계자
인재경영
인적자본
인적자원개발
인적자원관리
작업 팀
전사적 품질 경영(TQM)
지식경영
지식노동자
지적자본
직원몰입
학습
학습조직
해외업무위탁
형식적 훈련과 개발
형식지
훈련
훈련 설계 프로세스
ISO 10015
ISO 9000:2000

토의 문제

1. 일터와 학습에 영향을 미치는 요소에 대해서 설명하시오. 훈련이 어떻게 기업이 이러한 요소를 처리하는 데 도움을 줄 수 있는가?
2. 공식 훈련 및 개발, 무형식 학습, 그리고 지식경영 간의 관계에 대해서 논의하시오. 이들이 학습과 어떤 관계가 있으며, 학습조직을 창조하는 데 어떤 연관성이 있는가?
3. 훈련 설계 모델에 어떠한 단계가 있는가? 어떠한 단계가 가장 중요하다고 생각하는가? 왜 그렇게 생각하는가?
4. 무엇이 무형자산인가? 어떻게 이들을 훈련 및 개발에 연결시킬 수 있는가?
5. 경제적으로 힘든 시기에 훈련을 어떻게 사용해야 기업에 혜택을 줄 수 있는가?
6. 훈련 전문가들은 지속적으로 ISD 모형에 결함이 있는지 논의하고 있다. 일부는 ISD는 훈련 프로그램을 제작하기 위한 단계법이 아닌 프로젝트 관리 접근법으로 보아야 한다고 주장하고 있다. 다른 이들은 ISD가 너무 일직선적이고 융통성 없는 절차(훈련이 비싼 주요 원인이자 개발에 너무 많은 시간을 소요하게 만듦)라고 제안하고 있다. ISD는 투입물에 집중하고 경영자들은 결과물에 집중하게 된다. 기업은 설계 테크놀로지를 사용하지 않고, 결과를 보기를 원한다. 당신이 보았을 때에는 ISD가 유용한 절차인가? 그 이유는 무엇인가? 훈련을 설계하기 위한 이 방법이 더(혹은 덜) 효과적인 상황이 있는가?
7. 훈련 전문가의 어떠한 역할이 가장 학습하기 어려운가? 어떤 역할이 가장 쉬운가?
8. 테크놀로지가 어떻게 훈련 전문가 역할의 중요성에 영향을 미쳤는가? 테크놀로지가 이러한 역할의 중요성을 감소시킬 것인가? 추가적인 역할을 만들어낼 것인가?

9. 당신이 들었던 훈련 수업을 설명하시오. 당신에게 어떻게 도움이 되었는가? 수업을 향상하기 위한 추천사항을 제공하시오.
10. BEST Award를 수상한 기업과 그렇지 않은 기업을 비교했을 때, 훈련이 어떻게 다른가?
11. 노동인구의 세대 차이가 주는 영향은 무엇인가? 세대 차이를 극복하고 이 차이가 기업에 긍정적으로 작용하기 위해서 기업이 어떠한 전략을 훈련 및 개발적 시각에서 고려해야 하는가?
12. 어떻게 새로운 테크놀로지가 훈련과 개발을 향상했는가? 스마트폰과 노트북을 훈련에 사용할 때 나타나는 한계점은 무엇인가?
13. 어떻게 훈련이 신입직원의 유치, 직원 존속, 그리고 동기와 관련이 있는가?
14. 인재관리와 직원몰입 간의 관계는 무엇인가? 경제적으로 어려운 시기에 직원들이 높은 몰입도를 유지하기 위해서 훈련 및 개발 실무가 어떠한 역할을 맡을 수 있는가?
15. 트위터와 페이스북과 같이 사회적 협력 도구의 사용은 훈련, 무형식 학습, 그리고 지식경영에 어떠한 혜택을 주는가? 사회적 협력 도구를 찾아내고 사용 시 가질 수 있는 잠재적인 혜택에 대해서 논의하시오.

적용 과제

1. ATD(Association for Talent Development)의 웹사이트 www.td.org에 접속하자. "Featured Jobs" 아래에 있는 직업을 검토해보자. 관심이 가는 직업 하나를 선정하고 선정 이유를 설명하시오. 이 장에 제시된 ATD 역량 모델을 바탕으로 해당 직업에서 필요로 하는 역할, 전문 분야, 그리고 역량에 대해서 논의하시오.
2. NIST(National Institute of Standard and Technology)의 웹사이트 www.quality.nist.gov에 접속하자. NIST의 "Malcolm Baldrige Quality Award"를 검토하시오. "How Baldrige Works and Self-Assessing"을 클릭하여 정보를 검토하시오. 기업은 볼드리지 품질상 수상으로 어떻게 혜택을 보는가? 수상에 실패한 경우라도 기업은 어떤 가치를 얻을 수 있는가?
3. 미국의 기술 부족(skill shortage)에 관한 유튜브 영상(https://www.youtube.com/watch?v=lmBgb1AJSeQ)을 시청하자. 기업의 기술 부족을 메우기 위하여 직원 훈련이 도움이 되는가? 어떠한 유형의 훈련이 기업과 종업원에게 가장 큰 영향을 미치는가?
4. 비행 시뮬레이션에 관한 영상(https://www.youtube.com/watch?v=fujLrWsAp8c)을 시청하자. 파일럿에게 안전한 비행을 교육하기 위해 어떠한 특징이 부각되는가? 이러한 훈련이 충분하다고 생각하는가?
5. 관리자 혹은 훈련 관리자들과 전화 혹은 대면 인터뷰를 시도해보자. 해당 인터뷰 참여자에게 그들의 기업에서 훈련이 어떠한 역할을 하는지 설명해달라고 요청하자. 그리고 만약 존재한다면, 지난 5년간 훈련에서 어떠한 변화가 있었는지 물어보자. 그리고 앞으로 훈련이

어떻게 변화할 거라 믿는지 질문해보자.

6. 2018년 1월 《training》에서 훈련 부문에서 뛰어난 상위 125개 기업을 선정했다. 1위에서 10위까지 선정된 기업은 아래와 같다.

    1. Leading RE(Leading Real Estate Companies of the World)
    2. 뉴욕 커뮤니티 뱅코프(New York Community Bancorp)
    3. 소닉 오토모티브(Sonic Automotive)
    4. BNSF 철도회사(BNSF Railway Company)
    5. 달러 제너럴 코퍼레이션(Dollar General Corporation)
    6. PG&E(Pacific Gas & Electric)
    7. 네이션와이드 뮤추얼 보험회사(Nationwide Mutual Insurance Company)
    8. 유나이티드 쇼어 컴퍼니(United Shore Company)
    9. 마스텍(Mastec, 공익사업 서비스)
    10. 베스트바이(Best Buy)

    한 개의 기업을 선정하여 연구해보자. 해당 기업의 웹사이트에 방문하고, 웹 검색 엔진을 사용하거나 《training》, 《T+D》, 《Workforce》, 《HR Magazine》에서 해당 기업에 대해서 언급한 출판물이 있는지 찾아보자. 당신의 연구를 바탕으로 (a) 왜 해당 기업이 상위 10개 기업에 들어간 것인지 당신이 생각하는 이유를 서술하고, (b) 훈련과 기업의 경쟁력, 사업 목표, 그리고 목적의 관계에 대해서 설명한 3페이지가 넘지 않는 보고서를 준비하시오. 당신의 강사/교수가 전자적으로 제출해야 하는 혹은 직접 출력하여 제출해야 하는지 설명해 줄 것이다(힌트: 기업이 순위에 오를 수 있게 된 이유에는 기업에서 훈련에 투자한 돈의 규모, 직원들이 훈련에 연관된 정도, 그리고 사용한 훈련의 유형이 포함되어 있다).

사례 자포스: 경쟁적 도전에 직면하기

자포스(Zappos)는 라스베이거스를 기반으로 한 온라인 소매업체이다. 해당 기업의 초기 목적은 다양한 종류의 신발 브랜드, 스타일, 색상, 사이즈, 폭의 신발을 제공하여, 신발을 구입할 수 있는 최고의 웹사이트가 되는 것이었다. 자포스닷컴 브랜드는 신발, 핸드백, 안경류, 시계, 그리고 액세서리 온라인 구매가 가능한 기업으로 성장했다. 자포스는 고객을 끌어들이고 다른 상품까지 판매할 수 있도록 확장하여 온라인 서비스의 리더가 될 수 있을 것이라고 믿고 있다. 자포스는 고객이 온라인 구매 상품을 받는 속도가 그들이 미래에 해당 사이트에서 다시 온라인 쇼핑을 할지 결정하는 데 중요한 영향을 미친다고 믿고 있다. 그래서 자포스는 상품이 최대한 빠르게 고객에게 전달될 수 있도록 하고 있다. 자포스는 그들의 일터 문화와 실무로 《Fortune》에서 선정한 Best Company to Work For 리스트에 6년간 오르는 등 많은 상을 받았다.

자포스의 CEO 토니 셰이(Tony Hsieh)는 아래 10개의 핵심 가치를 바탕으로 기업의 문화, 브랜드, 그리고 기업 전략을 만들었다.

1. 서비스를 통해 WOW('우와')를 전달하기
2. 변화를 포용하고 주도하기
3. 즐거움과 조금의 특이함을 창조하기
4. 모험적이고 창의적이며 열린 마음 가지기
5. 성장과 학습을 추구하기
6. 의사소통과 함께 열린 그리고 솔직한 관계를 구축하기
7. 긍정적인 팀과 가족 정신을 설립하기
8. 더 적은 노력으로 많은 것을 해내기
9. 열정적이고 단호하기
10. 겸손하기

서비스를 통해서 WOW('우와')를 전달하기의 의미는 콜센터 직원들이 뛰어난 고객서비스를 제공해야 한다는 것을 의미한다. 배송비와 반송비가 무료이기 때문에, 콜센터 직원들은 전화한 고객들에게 한 개 이상의 사이즈 혹은 색상을 주문하기를 장려하고 있다. 그들은 또한 고객들의 요구를 충족시켜 주기 위해서 그들의 상상력을 사용하기를 권장받고 있다.

자포스의 인적자원 업무는 단순한 규칙을 집행하는 것 이외의 많은 역할을 수행한다. HR의 임무는 기업 문화를 유지하고 직원을 교육하는 것이다. 또한 관리자 및 직원과의 상호작용에 중점을 두어 HR 부서에서 필요한 업무를 이해한다(HR은 심지어 작업 팀의 행복한 시간에 참석하도록 초대받기도 한다). 자포스의 고용 관행은 회사 문화를 영속하는 데 도움이 된다. 지원자 100명 중 약 1명만이 직무 기술과 자포스의 문화에서 일할 수 있는 잠재력에 동등한 가중치를 둔 채용 프로세스를 통과한다. 자포스의 일부 관리자는 취업을 원한다면 '나(I)'가 아닌 '우리(We)'에 초점을 맞추고, '겸손'이 가장 중요하다고 믿는다. 구직자들은 문화적 적합성과 변화하고 배우려는 의지에 대해 면접을 본다. 예를 들어, HR팀에서는 창조적이고 강한 정체성을 가진 직원들을 찾아내기 위해서 "당신이 얼마나 특이하다고 생각하나요?" 그리고 "당신의 주제곡은 무엇인가요?"와 같은 특이한 인터뷰 질문을 사용한다.

자포스는 무료 점심 식사(편육)뿐만 아니라 풀타임 인생 코치(직원들은 빨간 벨벳의 왕좌에 앉아서 불평을 해야 한다)를 제공한다. 관리자들은 직원들과 기업 밖에서 더 많은 시간을 보내기를 장려받으며, 직원들 중 누구나 다른 직원들이 좋은 성과를 냈을 경우 그들에게 50달러의 보너스를 제공해줄 수 있다. 자포스의 대부분의 직원은 시간제 직원들이다. 신입사원들은 2주간 전화로 진행되는 것을 포함하여 4주의 훈련을 마쳐야 한다. 새로이 고용된 직원들이 훈련 도중에 그만둬야 할 경우 2,000달러를 제공받는다(기업에서 일하는 것을 행복해하지 않은 직원들을 제거하기 위한 특이한 실무). 10개의 핵심 가치의 중요성을 강화하기 위해서 자포스의 성과 관리 시스템은 관리자들에게 겸손하게 행동하기 혹은 자신의 성향을 표현하기 등과 같이 직원의 행동이 얼마나 핵심 가치를 보여주고 있는지 평가하도록 요청한다. 직무 성과를 평가하기 위해서 관리자는 직원들에게 얼마나 많은 시간을 고객과 통화하는 데 보냈는가 등과 같은 정기적인 현황 보고서를 제공해야 한다. 현황 보고서와 핵심 가치 평가는 정보 혹은 훈련 요구를 찾아내는 데 사용된다.

또한 자포스는 다른 사람들에게 무엇이 기업의 문화를 고무하는지 이해할 수 있도록 도와주어야 한다고 믿고 있다. 기업은 고객서비스에 대한 열정 창조, 상품, 그리고 지역사회에 대한 책을 수집하여 제공하는 Zappos.com 도서관을 개발하였다. 이러한 책은 자포스 사무실 로비 앞에서 찾을 수 있고, 직원들 사이에서 많이 읽히고 활발한 논의가 일어난다. 기업 문화는 가치관, 그 이상이며 인간 상호작용의 복잡한 관계에 의해 유지된다. 자포스는 블로그와 트위터를 포함한 소셜미디어를 자유롭게 사용하여 직원들 간, 기업과 고객을 연결하는 네트워크를 촉진한다. 자포스는 행복도 설문조사를 통해 매월 조직과 문화의 건강상태를 측정한다. 직원들은 회사가 이윤보다 더 높은 목적을 가지고 있다고 믿는지, 자신의 역할이 의미가 있는지, 자신의 진로를 통제하고 있다고 느끼는지, 동료를 가족이나 친구처럼 여기는지, 직장에서 행복하다고 느끼는지 등의 예상 밖의 질문에 답한다. 설문 결과를 부서별로 세분화하여 개발 기회를 파악하고 조치한다. 예를 들어, 설문조사를 통해 한 부서가 방향을 벗어나 조직의 다른 부서로부터 고립되어 있다고 느끼는 것이 분명할 때, 해당 그룹의 개개인이 자신의 업무가 얼마나 필수적인지 배울 수 있는 프로그램을 도입했다.

회사를 활기차게 유지하기 위해 CEO 토니 셰이는 자포스닷컴(Zappos.com)의 새 본사가 있는 라스베이거스 다운타운 지역을 개발하는 데 3억 5,000만 달러를 지출했다. 셰이는 직원들에게 일하고 생활하며 어울릴 수 있는 좋은 장소를 제공하고자 한다. 최근에 자포스는 직원들에게 업무 수행 방법을 결정할 자유와 책임을 부여

하고 인력 담당자를 없애는 경영철학인 홀라크라시(holacracy)를 채택했다. 셰이의 의도는 직원들이 보다 기업가처럼 행동하고, 새로운 아이디어를 자극하고, 업무에 전념하고, 돈을 버는 것 이상의 목적을 가질 수 있도록 하는 것이다. 이 모든 것이 비즈니스에 도움이 될 거라고 믿는다. 직원은 개인이 아닌 팀 또는 '서클(circles)'로 일하며 팀 구성원은 변경될 수 있다. 또한 직원들은 새로운 경영 시스템이 혼란스럽고, 회의에 더 많은 시간을 할애해야 한다는 것을 알고 있다. 또한 그들은 관리직 없이 어떻게 승진하고 경력을 발전시킬 수 있을지 궁금했다. 210명의 직원이 새로운 철학에 불만을 품고 3개월치의 퇴직금을 받고 퇴사했다. 자포스는 신입사원이 홀라크라시의 자기관리 방식에 익숙해질 수 있도록 채용 절차를 바꾸고 있다. 이러한 좌절에도 불구하고 다른 회사들은 자포스의 관행에서 배우려고 노력하고 있다. 자포스 인사이트(Zappos Insights)는 자포스 문화를 다른 회사와 공유하기 위해 만든 자포스 내의 부서이다. 자포스 인사이트는 문화 구축(3일 문화 캠프), 와우 서비스 철학(WOW 스쿨), 코칭 기반 문화의 힘(코칭 이벤트), HR 기능이 문화를 어떻게 보호하고, 지원하는지(피플 아카데미)의 맞춤형 프로그램을 제공한다. 이 프로그램에 참석하는 데 드는 비용은 참석자 한 명당 2,000~6,000달러이다.

웹사이트 www.zapposinsights.com에 방문해보자. "About"으로 가서 회사, 회사 문화, 핵심 가치, 교육 및 교육 현황표에 대해 제공된 정보를 검토하자. 또한 홀라크라시의 경영철학과 그것이 어떻게 작동하는지에 대한 정보를 검토하자. www.businessinsider.com/tony-hsieh-zappos-holacracy-management-experiment-2015-5에서 영상 "자포스가 직함 없이 실행되는 방법"과 비즈니스 인사이더(Business Insider) 기사를 시청하자.

자포스가 직면한 어떠한 도전이 이들이 최고의 온라인 소매업체가 되는 것을 무산시킬 것인가? 훈련과 개발이 어떻게 자포스가 직면한 도전을 극복할 수 있도록 도와줄 수 있는가? 자포스의 직원들이 높은 수준의 몰입도를 가지고 있다고 생각하는가? 왜 그렇게 생각하는가? 자포스의 10개의 핵심 가치 중 어떤 것이 훈련과 개발에 가장 중요한 영향을 미친다고 생각하는가? 가장 적은 영향을 미치는 것은 무엇인가? 왜 그렇게 생각하는가? 자포스가 전통적인 계층 구조에서 홀라크라시로 전환하기 위해 훈련이 필요한가? 그 이유와 필요한 훈련 유형을 설명하시오.

자료: www.zappos.com, accessed February 17, 2017; E. Bernstein, J. Bunch, N. Canner, and M. Lee, "Beyond the Holocracy Hype," *Harvard Business Review* (July/August 2016), pp. 38–49; J. Reingold, "The Zappos Experiment," *Fortune* (March 15, 2016), pp. 206–14; *The Columbus Dispatch* (April 6, 2015), p. C3; "Zappos Insights," www.zapposinsights.com, accessed March 1, 2017; D. Richard, "At Zappos, Culture Pays," *Strategy + Business* (August 2010), p. 60; www.strategybusiness.com, accessed March 25, 2013; K. Gurchick, "Delivering HR at Zappos," *HR Magazine* (June 2011); R. Pyrillis, "The Reviews Are In," *Workforce Management* (May 2011), pp. 20–25; J. O'Brien, "Zappos Knows How to Kick It," *Fortune* (February 2, 2009), pp. 55–66; R. Silverman, "Going Bossless Backfires at Zappos," *Wall Street Journal* (May 21, 2015), pp. A1, A10.

Chapter 2

전략적 훈련

학습목표

1. 사업 전략이 어떻게 기업 내 훈련의 유형과 양에 영향을 주는지 논의한다.
2. 전략적 훈련과 개발 프로세스를 설명한다.
3. 기업의 인력 채용과 인적자원 계획 전략이 어떻게 훈련에 영향을 주는지 논의한다.
4. 집중화, 내적 성장, 외적 성장, 투자회수 사업 전략에 의해 야기되는 훈련 요구를 설명한다.
5. 훈련 기능 집중화의 장점과 단점에 대해 논의한다.
6. 기업대학과 그 이점에 대해 설명한다.
7. 비즈니스가 내재된 훈련 기능의 강점에 대해 논의한다.
8. 학습 또는 훈련 브랜드의 창출 방법과 그것이 왜 중요한지 논의한다.
9. 훈련 과정 또는 훈련 프로그램을 위한 마케팅 캠페인을 개발한다.

켈러 윌리엄스의 훈련에 대한 투자가 부동산 기업의 선택이 되다

북미지역에서 가장 큰 부동산 프랜차이즈 기업인 켈러 윌리엄스(Keller Williams)의 비전은 대리인, 가맹점, 고객이 선택하는 부동산 기업이 되는 것이다. 켈러 윌리엄스는 전 세계 어느 기업보다 우수한 대리인 훈련을 제공하여 고객을 기쁘게 하고, 자사의 비즈니스를 구축하며, 재정적 성공을 거두고 있다. 위치가 주택 또는 상업용 부동산 구매자를 유치하는 핵심요소인 것처럼, 훈련은 매년 대리인 수, 매출 및 수익성 증가를 기반으로 하는 사업 목표를 달성하려는 켈러 윌리엄스의 핵심요소이다. 켈러 윌리엄스의 CEO는 훈련이 신규 대리인 유치에 중요하고, 대리인의 생산성을 높이며, 그 결과 매출 및 커미션 증가에 도움이 된다고 믿고 있다. 현재 대리인의 도전과제는 생산성 향상을 위한 훈련을 제공하는 것이다. 켈러 윌리엄스에서 훈련이 차지하는 중요성을 강화하기 위해 모든 최고경영진은 다양한 현장에서 훈련을 수행한다. 《training》 매거진이 선정한 'Top 125'에서 연속 1위를 차지함으로써 훈련이 켈러 윌리엄스의 몰입과 비즈니스 성공에 중요한 역할을 한다는 것을 인정받았다. 이 기업은 2015년과 2017년도에 1위에 오르는 영예를 안았다.

켈러 윌리엄스는 대리인과 비즈니스를 지원하는 몇 가지 다른 훈련 프로그램을 가지고 있다. 훈련은 강사와의 상호작용과 코칭을 통해 학습이 이루어지는 온라인 및 강의장 교육이며, 대리인들은 지식과 실무를 공유하여 서로 학습할 수 있다. 예를 들어, KW 커넥트(KW Connect)를 사용하면 언제 어디서나 훈련에 접근할 수 있다. 여기에는 비디오, 오디오 파일 및 링크를 포함하여 15만 명 이상의 직원이 만든 사용자 생성 콘텐츠도 포함되어 있다. KW

커넥트에는 대리인이 질문하고 답변을 받고, 답변의 유용성을 평가할 수 있는 질의 응답 포럼, 강사 주도형 강의 등록을 위한 검색 가능한 달력, 직원이 임원을 비롯한 다른 사람을 팔로우하고 새 콘텐츠가 게시될 때 알림을 받을 수 있는 기능이 있다. 관리자는 신규 대리인 또는 다른 직원들을 위한 맞춤형 훈련 프로그램을 만들 수 있다. KW 커넥트에서 제공하는 훈련 동영상은 기업의 최고매출을 기록한 대리인들끼리 서로 경쟁하도록 한다. 각 대리인은 부동산 문제에 대한 접근방식을 설명하는 짧은 비디오를 만들어 업로드하고, 다른 동료들은 비디오를 보고 평가한다. 가장 높은 평가를 받은 대리인은 새로운 부동산 도전상황에서 다른 대리인들과 경쟁하기 위해 움직이게 된다. KW 커넥트에서는 직원들이 하루 평균 624시간 이상의 훈련 영상을 시청한다. BOLD(Business Objective: A Life By Design)는 대리인들에게 마음가짐(mindset) 연습, 언어 기술, 주도적 활동 참여방법 등을 교육하는 7주간의 훈련 프로그램이다. 이 과정은 사업 능력뿐만 아니라 개인의 안녕(well-being)에 초점을 둔다. 프로그램의 일부 수업에서 대리인들은 안내 및 지원을 제공하는 강사와 함께 고객에게 전화를 걸어 '실습(real play)'에 참여한다. 이를 통해 대리인이 학습하는 동안 비즈니스가 창출될 수 있다. BOLD를 이수한 대리인은 프로그램을 미이수한 대리인에 비해 매출은 80%, 마감매출은 86%, 수수료는 118%가 증가하였다. MAE(Mega Agent Expansion)는 고성과 대리인이 새로운 시장으로 확장하는 방법과 시기를 파악하는 데 도움이 된다. MAE에는 강사 주도 교육과정, 웨비나, 전문가 인터뷰, 생산성 자원과 코칭이 포함된다. 이 프로그램은 참가자들이 신규고객 발굴 및 행정업무를 집중화하고 실행 가능한 사업계획을 수립하는 방법 등 사업확장을 위한 모든 측면을 이해할 수 있도록 도와준다. 참가자들은 학습과 공유를 위한 소셜미디어 네트워크에 접속할 수 있을 뿐만 아니라 켈러 윌리엄스의 고성과 대리인들에게 매월 질문을 할 수 있는 기회를 얻는다. GI(Growth Initiative)는 관리자를 대상으로 대리인들을 효과적으로 채용하고 유지하는 방법을 교육하는 원격학습 및 컨설팅 프로그램이다. 이 프로그램은 매주 1시간씩 진행되는 세미나를 포함하며 관리자가 매일, 즉 일주일에 5일 동안 두 번의 모집 약속을 잡고 온라인 커뮤니티와 전용 페이스북 홈페이지를 통해 모범 사례를 공유할 수 있도록 돕는다. 켈러 윌리엄스는 훈련 프로그램 외에도 텍사스 오스틴에 있는 본사에 훈련 및 교육센터를 건립하는 데 투자했다. 센터는 학습의 모든 측면을 관리하고, 새로운 훈련과정, 학습 도구, 동영상을 개발한다.

켈러 윌리엄스는 훈련에 시간과 돈만 투자하는 것이 아니라 효과성을 보장하기 위한 조치도 취한다. 높은 훈련기준을 유지하고 학습을 개선하기 위해 강사들은 여러 '강사 훈련' 과정을 이수해야 강의할 수 있다. 고성과 대리인이 무엇을, 어떻게 하고 있는지 분석한 다음 이를 훈련 프로그램에 통합하여 모든 직원이 혜택을 받을 수 있도록 한다. 모든 훈련에서는 직원들이 업무에서 배운 것을 어떻게 사용할 것인지를 명시한 실행 계획을 수립할 수 있는 전용 시간이 제공된다. 모든 대리인은 켈러 윌리엄스가 제공하는 코칭 프로그램에 참여하여, 생산성 향상을 위해 배운 내용을 실천할 수 있도록 격려받는다. 또한 그들은 매주 최고경영진이 주도하는 코칭 콜(coaching call)에 참여할 수 있는 기회를 갖는다. 다양한 유형의 평가 자료가 수집되고 대리인 및 관리자와 공유된다. 모든 훈련은 자발적이기 때문에 그 가치를 가늠

할 수 있는 하나의 척도는 참여이다. 여기에는 직원이 교육에 소비하는 시간(공식적, 계획된 교육의 경우 1인당 평균 82시간)과 강사 주도(10만 명) 및 온라인(2만 6,000명) 과정에서 매년 교육받는 직원 및 대리점 인원을 추적하는 작업도 포함되어 있다. 여러 과목의 투자수익률(ROI)이 계산된다. 예를 들어, BOLD는 학생 1인당 799달러이지만 과정에 참여하는 대리인은 한 해 동안 평균 5만 5,000달러를 추가적으로 받는다. 켈러 윌리엄스는 부동산이 시중에 출시되는 평균 일수와 같은 지표를 추적한다. 켈러 윌리엄스의 평균 출시일수는 경쟁사보다 낮으며, 대리인들이 더 빨리 계약을 체결하고 더 나은 서비스를 제공하는 것은 결국 훈련이 도움이 된다는 증거이다.

기업은 빠른 속도로 계속 성장할 것으로 예상하지만 부동산은 대리인과 그들의 관계를 기반으로 하는 지역 비즈니스로 인식된다. 켈러 윌리엄스는 훈련을 비즈니스, 동료 및 고객을 위한 가치 창출의 핵심으로 보고 있다. 2013년 이후로 켈러 윌리엄스는 대리인과 함께 구매하거나 판매한 주택의 수가 두 배가 되었다. 이는 대리인과 기업 모두에게 재정적 성공을 의미하는데, 예를 들어 대리인의 수수료는 150%가 증가하였다.

자료: L. Freifeld, "Keller Williams Realty's View from the Top," *training* (January/February 2017), pp. 26–32; "Top 125 2018 Top 10 Hall of Fame, Keller Williams Realty, Inc.," *training* (January/February 2018), p. 47; L. Freifeld, "Keller Williams Is at Home at No. 1," *training* (January/February 2015), pp. 28–34; L. Freifeld, "Keller Williams Is On the Move," *training* (January/February 2014), pp. 40–42를 기반으로 함.

서론

이 장을 여는 짧은 사례가 보여주듯, 켈러 윌리엄스의 훈련 프로그램은 사업 전략을 지원한다. 학습이 모든 직원의 책임 중 하나라는 것을 인식하고 있다. 훈련 전문가를 비롯하여 관리자와 동료 모두 다른 직원들이 새로운 기술과 관점을 얻도록 도움을 주는 것에 적극적으로 참여하고 있다. 이는 비즈니스에서 학습의 가치와 중요성을 강화하는 데 도움이 된다. 켈러 윌리엄스는 시장에서 우위를 점하기 위해서 훈련과 개발을 통한 학습이 중요하다는 것을 인식하고 있다.

왜 전략적 훈련의 중요성을 강조하는가? 기업은 이익창출을 위해 비즈니스를 수행하며, 모든 비즈니스상 기능은 비즈니스 성공에 기여하는 방식을 증명해야 하므로 이를 보여주지 못한다면 지출 감소, 심지어는 아웃소싱에 직면하게 된다. 기업의 성공을 위해서 훈련 활동은 기업이 사업 전략을 성취할 수 있도록 도와야 한다. **사업 전략**(business strategy)은 기업의 목표, 정책, 시행(action)을 통합하는 계획이다.[1] 전략은 기업이 물적자본(기술, 장비 등), 금융자본(자산, 현금보유액)과 인적자본(직원)을 어떻게 활용하는지에 영향을 준다. 사업 전략은 기업의 구체적인 목표를 달성하기 위한 활동(생산, 재무, 마케팅, 인적자원관리)에 도움을 준다. 목표는 기업이 중·장기적으로 성취하고자 하는 것이고, 모든 기업의 목표는 재정적인 목표, 예를 들어 주주의 수익을 극대화하는 것을 포함한다. 그러나 기업은 직원 만족도, 산업 내에서의 위치, 지역사회 공헌 등과 같은 다른 목표도 갖는다.

훈련과 사업 전략 그리고 목표는 직간접적으로 연계되어 있다. 훈련은 직무 수행에 필요한 기술 개발에 도움이 된다는 측면에서 보면 사업 전략에 직접적으로 영향을 준다. 직원에게 학습과 발전의 기회를 줌으로써 긍정적인 업무 환경을 조성하고, 우수한 직원을 유치하며, 현재 직원을 동기부여 및 유지함으로써 사업 전략을 뒷받침한다.

어떻게 에어로스페이스(Aerospace Corporation)에서 훈련을 통해 긴급성(urgency)과 가용자원을 고려한 비즈니스를 지원하는지 살펴보도록 하자.[2] 미국 정부의 국방 및 정보 프로그램을 지원하는 비영리기업인 에어로스페이스는 3,500명 이상의 직원을 두고 있으며, 이들 대부분은 우주 및 지상 지원 시스템 작업에 필요한 과학자이거나 기술 분야 종사자들이다. 에어로스페이스의 비전은 국가의 가장 복잡한 도전 문제에 대한 엔지니어링 해결책을 제공하는 것이다. 이러한 비전은 미션 성공을 위한 헌신, 기술적 우수성, 인력, 진실성(integrity), 객관성에 대한 몰입 등의 가치를 통해 뒷받침된다. 에어로스페이스는 비전과 가치를 지원하기 위해 직원 1명당 매년 40시간의 학습을 제공한다. 지속적인 학습에 대한 강조는 훈련이 전달되는 방식을 통해 뒷받침된다. 에어로스페이스는 40여 곳에서 인력을 운영하고 정부의 지원비용을 신중히 고려해야 하므로 대면 강의, 학습 관리 시스템, 셰어포인트(Sharepoint)와 같은 협업 툴 등을 50-50으로 혼합해 사용한다. 이를 통해 직원들은 훈련 프로그램에 참석하기 위한 여행 및 숙박비용을 낮게 유지하면서도 어디에서든 훈련에 접근할 수 있다.

사업 전략은 훈련의 유형과 양, 그리고 훈련에 필요한 자원(비용, 강사의 시간, 프로그램 개발)에 영향을 미친다. 또한 전략은 기업에서 필요로 하는 기술의 유형, 수준, 조합(mix)에 영향을 미친다. 특히 전략은 다음 사항을 결정하는 데 강하게 영향을 미친다.

1. 현재 또는 미래의 직무 기술에 기여하는 훈련의 양
2. 훈련이 직원의 특정 요구에 맞춤화되거나 또는 팀, 유닛(unit), 부서(division)의 요구에 근거하여 개발되는 정도
3. 훈련이 특정 직원 그룹(관리 능력이 있는 것으로 확인된 사람들)에만 제한되는지 또는 모든 직원에게 개방되는지 여부
4. 훈련이 계획되고 체계적으로 운영되는 것인지, 문제가 발생했을 때만 제공되는 것인지, 아니면 경쟁자가 하는 것에 대한 반응으로서 자연스럽게 개발되는 것인지 여부
5. 선발과 보상(selection and compensation)과 같은 다른 인적자원관리(HRM) 관행과 비교하여 훈련의 중요성[3]

이 장은 훈련이 어떻게 진화하는지에 관한 설명으로 시작한다. 전통적으로 훈련은 하나의 사건 또는 구체적이고 분명한 지식과 기술을 개발하기 위해 설계된 프로그램으로 여겨져 왔다. 그러나 관리자, 강사와 인적자원관리 전문가들은 훈련 프로그램에서 강의자료로 활용될 수 있는 경험에 기초한 지식을 축적하려는 사업 목표의 잠재적 중요성을 깨닫기 시작했고, 지식을 창출하고 공유하는 방법을 설계하는 것으로까지 훈련의 역할을 확장하였다. 이 장에서는 전략적 훈련과 개발 과정을 설명하며, 여기에는 사업 전략에 대한 확인과 전략적 훈련과 발전 계획에 대한 선택이 포함된다. 또한 훈련과 개발 활동을 제공하고 훈련의 가치를 설명하는 지표를 확인하고 선정한다. 다음 장에서는 사업 전략과 관련된 훈련에 영향을 주는

조직적인 요소에 대해 설명한다. 각 요소는 직원과 관리자의 역할, 훈련을 지원하는 최고경영층, 비즈니스 구성단위의 통합, 인력 배치와 인적자원 계획전략, 노조 조직률 정도, 훈련에 개입하는 관리자, 강사, 직원 등을 포함한다.

이 장에서는 전략적인 유형과 각 유형의 훈련에 대한 의미를 설명한다. 또한 전략적 학습, 훈련과 개발의 적용, 수용 및 관리자와 직원의 활용, 그리고 변화 모델과 마케팅 측면에서의 중요성을 강조한다. 기업이 훈련 활동과 사업 목표를 정렬시킨 비즈니스 내재 모델과 기업대학 모델이 인기를 얻고 있다는 점을 강조하면서 훈련 기능을 구성하는 몇 가지 다른 방법에 대해 설명하는 것으로 이 장을 마무리한다.

훈련의 진화: 사건에서 학습으로

켈러 윌리엄스와 같이 보다 많은 기업이 비즈니스상의 도전에 대응하고 경쟁우위를 제공하는 학습의 중요성을 인식하면서 기업에서 훈련의 역할을 변화시키고 있다.

1장 "직원 훈련 및 개발 소개"에서의 논의를 떠올려보면, 학습은 다양한 방법으로 기업에서 나타난다. 학습은 훈련, 개발, 무형식 학습과 지식경영을 통해 이루어진다. 기업에 의해 조직화되고 창출되는 훈련 및 개발 프로그램(예: 공식적 훈련과 개발 프로그램)은 직원들의 학습을 보장하는 하나의 방법이다. 조금 더 전략적으로 접근해보면, 훈련은 직원의 참여가 요구되는 일련의 프로그램이나 사건을 포함한다. 교육 프로그램 참여 후 직원은 교육 과정에서 배운 내용을 업무에 활용할 책임이 있으며, 지원 여부는 관리자의 재량에 따라 결정된다. 또한 훈련은 직원이 훈련 내용과 업무 능력, 개발 목표, 사업 목표 사이의 관계를 이해할 수 있도록 돕는다. 이러한 훈련 유형은 보통 업무 성과 향상과 사업 요구에 부응하는 데 실패한다. 프로그램 또는 사건으로서의 훈련은 미래에도 지속되어야 하는데, 직원이 항상 특정한 지식과 기술을 배워야 할 필요가 있기 때문이다. 이러한 접근방식은 비즈니스 상황을 예측할 수 있고, 기업에 의해 통제될 수 있으며, 직원들이 미래에 필요로 할 지식과 기술을 기업이 통제하고 예상할 수 있음을 가정하고 있다. 의사소통, 갈등 해결과 같은 특정한 기술에서 이러한 가정은 옳다. 훈련 사건 혹은 프로그램은 업무 능력 향상과 최고경영층의 지원을 받을 수 있는 사업 요구와 더욱 밀착될 필요가 있다. 1장에 소개된 훈련 설계 모델과 3장과 8장에서 제시될 다른 모델은 훈련 프로그램이 어떻게 설계되어 직원의 업무 능력을 향상하고 사업 요구를 충족하는지에 관한 이해도를 제고한다.

전략적 초점으로서의 학습

학습조직

학습의 전략적 중요성을 인식한 많은 기업은 학습조직이 되기 위해 노력하고 있다. **학습조직**(learning organization)이란 학습하고, 적응하고, 변화하는 데 강화된 능력을 가진 기업을 의미한다.[4] 학습조직의 직원들은 개인 및 조직 성과를 향상하기 위해 새로운 지식과 기술을 찾고, 공유하며 이를 적용한다. 학습은 조직 가치의 일부분이다. 훈련 프로세스는 세심하게 검토되고 기업 목표에 맞게 조정된다. 학습조직에서 훈련은 인적자본을 창출하기 위해 설계된 시스템의 일부분으로 간주된다. 한 가지 추정은 전체 기업의 약 1/3이 광범위한 학습조직의 특성을 갖고, 대다수는 일부 특성을 갖는다는 것이다. 학습이 전략적 초점으로서 '최종결론(bottom line)'에 영향을 미치는가? 그래 보인다. 고성과 기업은 실적이 낮은 기업보다 학습문화가 강할 가능성이 5배 더 높다.

시어스 홀딩(Sears Holding Corporation)에는 소매업체 시어스(Sears)가 포함되어 있다.[5] 시어스와 같은 오프라인 소매업체는 이베이(eBay), 아마존과 같은 온라인 소매업체와 코스트코(Costco), 샘즈클럽(Sam's Club)과 같은 할인업체와 경쟁하기 위해 고군분투하고 있다. 시어스 홀딩은 매장 폐쇄와 매출 총이익률 개선 등의 비용 절감을 통해 살아남기 위해 노력하고 있다. 그러나 시어스가 스스로를 혁신하고 수익을 올리려면 직원들이 뛰어난 서비스를 제공함으로써 변화를 만들어야 한다. 지속적인 학습은 긍정적인 직원 경험과 훌륭한 고객서비스가 연계되어 있다는 측면에서 중요하다. 시어스의 학습철학은 기업의 경쟁우위를 확보하고, 직원에게 미래에 도움이 될 수 있는 기술을 제공하며, 기존의 방식을 사용하지 않고 문제를 해결하는 데 초점이 맞춰져 있다. 혁신에 대한 추진은 시어스의 학습개발팀까지 확장되어 있는데 시어스의 학습개발팀은 항상 해왔던 방식보다 어떻게 해야 할지를 생각하는 학습해결책에서 혁신적이기 위해 노력한다. 이러한 혁신적인 사고의 한 예는 세뇨(Segno)로 알려진 시어스의 학습 관리 시스템이다. 세뇨는 기업의 비즈니스 지표를 지원하면서도 지속적인 학습문화를 촉진하기 위해 개발되었다. 다른 기존 시스템과 마찬가지로 시어스의 학습 관리 시스템은 온라인 학습과 강의장 훈련을 제공하고 그 이력을 추적할 수 있다. 또한 책을 읽거나, 관리자와 코칭 대화를 통해 발생하는 무형식 학습도 추적할 수 있다. 시어스는 직원들이 자신의 지식을 얼마나 잘 적용하고 있는지를 알려준다. 예를 들어, 학습에 참여하고 있지만 고객서비스가 제대로 이루어지지 않는 경우에 개선을 위해 사용할 수 있는 과정이나 기타 활동을 추천하는 것이다. 또한 기업이 생성하는 자료를 학습활동과 연결한다.

학습조직의 핵심적 특징이 표 2.1에 나타나 있다. 여기서 학습조직은 (우리가 전통적으로 학습에 대해서 생각하는 것처럼) 학습이 개인차원에서 이루어지는 것일 뿐만 아니라 집단과 조직차원에서도 이루어지는 것을 강조한다는 점에 주목해야 한다. 학습조직에서 고위급 리더들이 자문위원을 통해 훈련 및 개발 기능에 대한 지침을 제공하고 훈련 및 개발 프로그램에 강사 또는 연사로 참여하는 경우가 많다. 즉, 학습조직은 지식경영을 강조하는 것이다.

학습조직의 중요한 측면 중 하나는 직원들이 실수와 성공으로부터 배울 수 있도록 하는 능력이다. 다시 말해, 학습의 내용은 '왜 이와 같은 것이 발생했는지', '왜 특정 선택이 어떠한 결론을 도출하는지'에 대한 이해를 포함한다는 것이다.[6] 성공과 실패 모두 직원이 가정과 모델, 이론을 수정할 수 있도록 도와주는 연구의 계기(trigger)가 된다. 예를 들어, 애플의 뉴턴(Newton) 태블릿이 1990년에 처음 선보였을 때 참담할 정도로 실패했었다. 그러나 이 실패는 애플로 하여금 무엇이 성공적인 제품을 만들어내는지에 대한 자사의 이론을 재검토하도록 만들었다. 결과적으로 애플은 스마트폰 시장이 존재하고 있기 때문에 터치폰이 고객에게

표 2.1 학습조직의 핵심적 특징

지원적 학습 환경
• 직원이 업무에 대한 자신의 생각을 표현하고, 질문하고, 관리자에 동의하지 않으며, 실수를 인정하는 데에 안전함을 느낀다.
• 다양한 기능적·문화적 관점이 인정된다.
• 직원은 새로운 프로세스를 시도하고 새로운 제품과 서비스를 개발하는 것과 같이 위험을 감수하고, 혁신하며 시험되지 않고 알려지지 않은 것을 탐색하도록 권장된다.
• 기업의 프로세스에 대한 진지한 비판이 장려된다.
학습 과정과 실천
• 지식을 만들어내고, 보급하고, 공유하고, 적용하는 것이 실행된다.
• 지식을 창출, 포착, 공유하기 위한 시스템이 개발되어 있다.
• 모든 직원은 개발 계획을 가지고 있으며 계획에 포함된 학습을 완료할 책임이 있다.
관리자의 학습 강화
• 관리자가 적극적으로 직원에게 질문하고 경청하며, 대화와 토론을 장려한다.
• 관리자가 대안적 관점을 검토하는 것을 꺼리지 않는다.
• 문제 인식, 학습 과정과 실천, 사후 수행 평가에 시간을 할애한다.
• 학습이 보상되며, 장려되고, 지원된다.

자료: M. Ho and M. Jones (eds.), "Building a Culture of Learning" (Alexandria, VA: The Association for Talent Development, 2016); A. Edmonson, "Strategies for Learning from Failure," *Harvard Business Review* (April 2011), pp. 48–55; F. Gino and G. Pisano, "Why Leaders Don't Learn From Success," *Harvard Business Review* (April 2011), pp. 68–74; D. Garvin, A. Edmondson, and F. Gino, "Is Yours a Learning Organization?" *Harvard Business Review* (March 2008), pp. 109–116을 기반으로 함.

보다 쉽게 받아들여질 것이라는 점을 깨달았다. 이후에 아이폰을 통해 축적한 지식의 활용은 보다 성공적인 태블릿, 즉 아이패드를 개발하는 데 도움이 되었다. 성공적이며 극찬을 받은 애니메이션 영화를 만들어낸 픽사(Pixar)는 계속해서 각각의 영화를 만들어내는 데 사용된 프로세스를 재검토한다. 이를테면, 픽사는 직원들에게 '다시 해야 할 것'과 '다시 하지 말아야 할 것' 5개에 대한 순위를 묻는다. 이는 성공적인 성과 저변에 깔린 기제를 보다 잘 이해하는 데에 중요하며, 직원은 다른 동료들과 공유할 수 있다. 성공과 실패로부터 배우는 것은 공학과 과학 연구에서 이루어지는 것처럼 제품과 서비스를 실험할 수 있는 기회를 직원에게 제공하는 것을 필요로 한다. 성공적인 시도가 이루어지는 데 필수적인 몇 가지 조건은 진정한 의미에서 불확실성이 받아들여지며, 실패의 대가가 적거나 제한적이고, 실패에 따른 위험성이 이해되거나 가능하다면 존재하지 않고, 실패는 중요한 정보를 가져다준다는 인식이 존재하며, 성공은 명확히 규정되고, 기회는 중요한 것 등을 포함하고 있다.

최근 10년에 걸쳐 월트디즈니컴퍼니(Walt Disney Company)에서 훈련은 유연한 학습 전달, 맞춤화된 학습 경험, 그리고 내부 훈련 고객과의 협동 개발 등을 포함하는 방향으로 진화되었다.[7] 디즈니는 강사 주도 훈련접근법에서부터 온라인 강의(게임 시뮬레이션, 이러닝)와 결합된 대면 강의(강의실에서든 현장직무에서든) 방식을 활용해왔다. 이것은 참여자가 고객이든 직원(비용이 들어가는 구성원)이든 상관없이, 참여자에게 적합한 기술과 수단을 매칭하는 것을 언제나 강조해오던 디즈니의 경영 전략과도 잘 맞아떨어진다.

형식지란 이미 널리 알려져 있으며, 이를 가르치기 위해 설계된 프로그램도 쉽게 개발되고 모방될 수 있으므로, 일회성 훈련 또는 프로그램으로는 기업에 경쟁우위를 가져다주기 어렵다. 디즈니의 자회사인 픽사는 "도리를 찾아서"(Finding Dory, 블루탱 물고기인 도리는 우리가 가족의 의미를 배우는 데 도움을 준다), "인사이드 아웃"(Inside Out, 감정, 변화, 성장에 대한 이야기)을 포함한 컴퓨터 애니메이션 영화로 큰 성공을 거두었다. 다른 영화에서도 서로 다른 건물에서 일하며, 서로 다른 우선사항을 가지고, 서로 다른 기술적 언어로 이야기하는 능력 있는 감독과 작가, 프로듀서, 테크놀로지 아티스트로 꾸려진 팀의 협업이 필요했다.[8] 픽사는 세 가지 경영 원칙을 따른다. (1) 모든 직원은 직책이나 부서와 상관없이 다른 직원들과 자유롭게 의사소통해야 한다. (2) 아이디어를 제시하는 것에 모두가 안전해야 한다. (3) 기업은 학계에서 이루어지는 혁신에 대해 지속적으로 주의를 기울이고 있어야 한다. 픽사유니버시티(Pixar University)는 직원들에게 그들의 전문영역 내에서의 훈련과 교차훈련(cross-training)을 위한 여러 사내 훈련 과정을 제공한다. 더불어 서로 다른 분야에 있는 직원들이 만나서 함께 배울 수 있는 기회를 제공하는 선택수업도 제공하고 있다. 시나리오 집필, 드로잉, 조각 과정은 비즈니스와 직접적인 관련을 맺고 있는 반면에, 필라테스와 요가 수업은 그렇지 않다. 이러한 과정에는 초급자부터 전문가에 이르기까지 모든 전문성 수준을 망라한 직원들이 참여하며, 모든 직원이 학습하고 있고 함께 학습하는 것이 즐거운 일이라는 생각을 강화해준다.

인적자본 개발을 위한 학습의 시사점

학습에 대한 강조에는 여러 시사점이 있다. 첫째, 효율적이기 위해서 학습은 직원의 성과 향상을 돕는 것과 기업이 사업 목표를 성취하는 것과 관련이 있어야만 한다는 인식이 존재한다. 이와 같은 관련성은 직원들로 하여금 학습에 대한 동기가 부여되도록 하며, 학습을 위해 한정된 자원(시간과 돈)을 비즈니스 성공에 직접적으로 도움이 되는 영역에 집중하도록 만들어준다. 둘째, 기업이 운영되는 비즈니스 환경에서의 예측불가능성은 계속해서 표준이 될 것이다. 앞으로 닥칠 문제를 예측할 수 없으므로 필요에 따라 학습이 이루어져야 한다. 기업은 강의장을 넘어서야 하며, 대신 직무 경험과 온라인 학습, 모바일 학습을 활용하여 직원이 비즈니스 문제에 집중하는 동안 지식과 기술을 획득할 수 있도록 도와야 한다. 셋째, 암묵지는 훈련 프로그램을 통해 획득하기 어려우므로, 기업은 멘토링과 SNS, 직무 경험 등을 통해 이루어지는 무형식 학습을 지원할 필요가 있다. 넷째, 학습은 물리적·기술적 자원을 통해서뿐만 아니라 심리적으로도 지원되어야 한다. 기업의 업무 환경은 학습을 뒷받침해야 하며, 관리자와 동료는 학습을 장려하고 직원이 직무로부터 학습할 수 있는 기회를 얻기 위한 방안을 모색하는 것을 도울 필요가 있다. 아울러, 관리자는 직원이 기업의 다른 직책에서 성공할 수 있도록 또는 그들의 현재 직무의 확대에 대응하고 준비할 수 있으며 적절한 개발 활동의 탐색에 도움이 되도록 직원의 관심사와 경력 목표(career goal)를 알아야 한다. 5장 "프로그램 설계"에서 훈련과 학습을 뒷받침해주는 업무 환경을 만드는 법을 보다 자세히 논의한다.

지식을 창출하고 공유하는 것은 기업의 인적자본 개발과 관련이 있다. 1장에서 논한 것처럼, 인적자본은 인지적 차원의 지식(무엇인지 아는 것)과, 숙련기술(어떻게 하는지 아는 것), 시스템에 대한 이해와 창의성(왜 그런지 아는 것), 스스로 동기를 부여하는 창의성(왜 그런지 관심을 갖는 것)을 포함한다.[9] 전통적으로, 훈련은 인지와 숙련기술에 초점을 맞추어왔다. 그러나 비즈니스에서의 가장 큰 가치는 어쩌면 직원으로 하여금 제조 혹은 서비스 프로세스와 더불어 부서(department)와 사업부(division) 사이의 상호관계에 대해서 이해하게끔 하는 것(시스템에 대한 이해)과 높은 수준의 제품과 서비스 제공을 위해 동기부여하는 것(왜 그런지 관심을 갖는 것)을 통해 창출되는 것일 수 있다. 지식을 창출하고 공유하기 위해서 기업은 직원들이 협력과 지식 공유를 하도록 장려하기 위한 물리적 공간과 기술(이메일, 웹사이트, SNS)을 제공해야 한다. 포드는 기능별로 조직된 실무 커뮤니티를 두고 있다.[10] 이를테면, 전 세계의 모든 포드 공장의 모든 도장공은 동일한 커뮤니티에 속해 있다. 각 공장에서 도장공 중 한 사람이 '중심점(focal point)' 역할을 한다. 만약 한 지역 도장공이 도색작업에 포함된 60개 단계 중 하나를 향상하는 더 나은 방법을 발견한다면, 중심점이 되는 사람이 향상법과 그 이점을 자세히 보여주는 템플릿을 완성한다. 그 이후 템플릿은 포드 본사에 있는 내용전문가에게 컴퓨터로 제출되며, 전문가는 이 방식을 검토하고 다른 조립 공장에 공유할 가치가 있는지를 판단한다. 만약 가치가 있는 것으로 판단된다면, 승인된 이후 다른 조립 공장에 온라인으로 전해진다. 포드의 예상가치는 13억 달러이며, 실무진은 8억 달러 이상의 실질가치를 달성하였다.

기업이 훈련과 개발의 가치를 인식하고 이를 광의의 학습 전략의 한 부분으로 간주하기 시작하면서 7개의 핵심 역량이 요구되고 있다.[11] 이러한 역량은 다음과 같다.

1. 학습 목표를 사업 목표에 정렬
2. 학습 기능이 전반적인 비즈니스에 미치는 영향 측정
3. 고객, 판매업체, 공급업체를 포함한 기업 외부로의 학습 이행
4. 중요 핵심직무를 위한 역량 개발에 초점
5. 지식 관리, 성과 지원, 핵심인재 관리와 같은 다른 인적자원 기능과 학습의 통합
6. 강의장 훈련뿐만 아니라 이러닝에서의 교육 전달방식
7. 리더십 개발 과정의 설계와 전달

이와 같은 역량은 전략적 훈련과 개발 프로세스의 일부로, 다음에서 본격적으로 논의한다.

전략적 훈련과 개발 프로세스

지금까지 어떻게 기업에서 훈련이 진화해왔으며, 어떻게 사업 전략이라는 개념이 도입되어 왔고, 어떻게 훈련이 사업 전략을 뒷받침할 수 있는지에 대해서 살펴보았다. 이제부터 전략적 훈련과 개발의 프로세스에 대해 살펴본다. 그림 2.1은 전략적 계획과 훈련 활동, 지표에 관한 예시와 함께 전략적 훈련과 개발 프로세스 모델을 보여준다.

이 모델은 전략적 훈련과 개발 프로세스가 사업 전략을 확인하는 것으로부터 시작된다는 것을 보여준다. 다음으로 전략을 뒷받침하는 전략적 훈련과 개발 계획이 채택된다. 다음 단

그림 2.1
전략적 훈련과 개발 프로세스

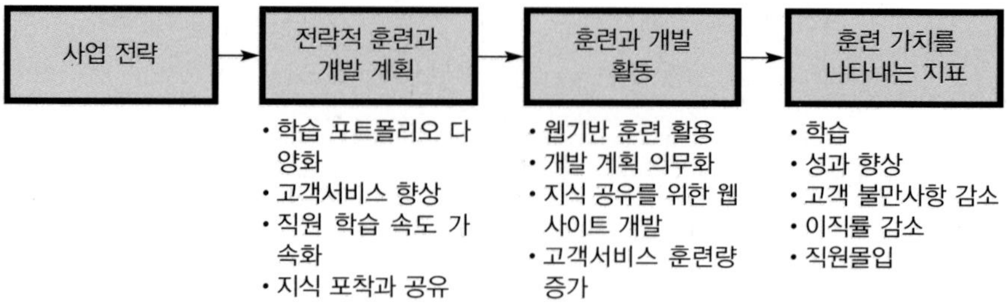

계는 전략적 훈련과 개발 계획을 구체적인 훈련과 개발 활동으로 전환하는 것이다. 마지막 단계는 기준이나 지표를 규정하는 것이 포함된다. 이 지표들은 훈련이 사업 전략과 관련된 목표달성 기여에 도움이 되는지의 여부를 결정하는 데 사용된다. 다음 절에서 프로세스의 각 단계별로 상세하게 설명하겠다.

사업 전략 수립과 확인

새로운 사업 전략을 수립하거나 이미 존재하고 있는 것을 바꾸는 것에는 5개의 주요 구성요소가 있다.[12] 그림 2.2는 이러한 구성요소들을 보여준다. 첫 번째 구성요소는 기업의 **미션**(mission)으로, 기업의 존재 이유에 대한 선언이다. 기업의 미션은 다양하지만, 전형적으로 상대하는 고객에 대한 정보와, 왜 이 기업이 존재하며, 이 기업은 무엇을 하고, 고객에 의해 받아들여지는 가치는 무엇이며, 어떤 기술이 사용되는지와 같은 정보가 포함된다. 미션선언

그림 2.2
사업 전략 수립

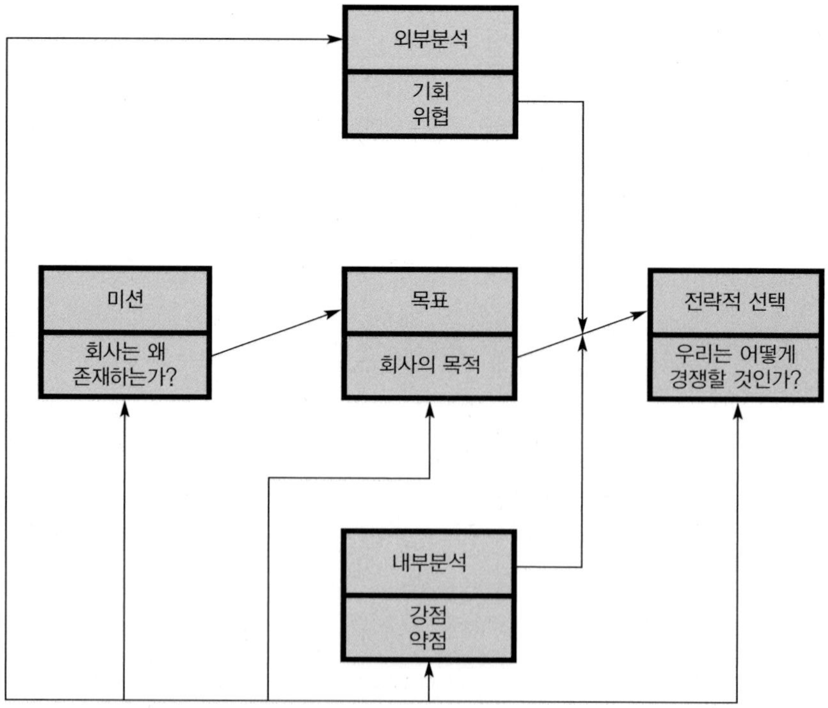

문은 자주 기업의 비전이나 가치에 대한 선언을 동반한다. **비전**(vision)은 기업이 성취하고자 하는 미래상이며, **가치**(values)는 기업을 대표하는 것(stand for)이다. 두 번째 구성요소는 기업의 **목표**(goals)인데, 기업이 중·장기적으로 성취하길 원하는 것을 의미한다. 아울러 목표는 미션이 어떻게 수행될 것인지를 반영한다. 훈련은 표 2.2에서 확인할 수 있듯이, 다수의 서로 다른 사업 목표에 기여할 수 있다. 영리기업과 비영리기업 모두 이해관계자를 만족시키기 위한 것과 관련된 목표를 가지고 있다. **이해관계자**(stakeholders)라는 용어는 (만약 이 기업이 공개적으로 거래되며, 영리를 추구하는 것이라면) 주주, 지역사회, 고객, 직원을 비롯하여 기업이 성공을 이루는 것에 대해 이해관계를 갖는 모든 집단을 가리킨다.

세 번째와 네 번째 구성요소인 외부와 내부분석은 SWOT 분석이라는 형식과 결합된다. **SWOT 분석**(SWOT analysis)은 강점과 약점에 대한 내부분석, 그리고 현재 존재하고 있거나 예상되는 기업에 대한 위협이나 기회에 대한 외부분석으로 이루어진다. **외부분석**(external analysis)은 위협과 기회를 확인하기 위한 경영 환경 검토를 포함한다. 1장에서 확인하였던 사업상 해결 과제들이 기업에 대한 기회(혹은 위협)의 전형이 될 수 있다. 예컨대, 기회에는 사업 대상이 아닌 고객과 글로벌 시장, 기업에 도움이 될 수 있는 기술, 재능이 있는 직원이 가진 활용되지 않거나 충분히 활용되지 않은 잠재력이 포함된다. 위협에는 경제 변화, 재능과 리더십 부족, 새로운 경쟁자, 기업에 불리한 영향을 미칠 법률적 변화와 같은 것이 포함될 수 있다. **내부분석**(internal analysis)은 기업의 강점과 약점을 확인하기 위한 시도이다. 이것은 재정적, 물리적, 인적자본 차원에서 활용 가능한 규모와 질을 검토하는 데 초점이 맞춰져 있다. 사업 전략 설정의 마지막 구성요소는 전략적 선택이다. SWOT 분석을 거친 후, 기업(보통 전략적 계획을 담당하는 관리자들)은 어떻게 경쟁하고, 여러 대안적 사업 전략을 만들어낸 이후 전략적 선택을 할 것인지 고려하기 위해 필요한 모든 정보를 수집한다. 어떻게 경쟁할 것인지에 관하여 기업이 내려야 하는 의사결정은 표 2.3에서 확인할 수 있다. 가능한 대안 전략이 기업의 목표를 성취하기 위한 능력에 근거하여 서로 비교된다. **전략적 선택**(strategic choice)은 기업의 목표를 성취하는 데 최고의 선택이라고 여겨지는 전략에 해당한다.

텍사스헬스리소스(Texas Health Resources)의 최고경영자는 기업의 경쟁우위를 높이기

표 2.2 훈련에 의해 영향을 받을 수 있는 사업 목표

- 생산성
- 폐기물과 재작업의 감소
- 고객 만족도 상승
- 직원 부주의로 인한 운영상의 위험과 사고의 감소
- 직원 만족도 상승과 이직률 감소
- 가치를 창출하는 시간과 재화의 증가(예: 프로젝트 비용을 청구할 수 있는 시간 증가)
- 보다 나은 관리상의 의사결정
- 인적자본 개발의 증가
- 경쟁우위와 성장을 위해 요구되는 승계 계획

자료: R. Rivera, "How to Demonstrate Value: Key Measures Every Learning Professional Should Know," in *WLP Scorecard: Why Learning Matters* (Alexandria: VA: ASTD Press 2007), pp. 17–24를 기반으로 함.

표 2.3 어떻게 경쟁해서 기업 목표를 달성할 것인가에 대한 기업의 의사결정

1. 어디에서 경쟁할 것인가? 어느 시장(산업, 제품 등)에서 경쟁할 것인가?
2. 어떻게 경쟁할 것인가? 어떠한 성과로 혹은 어떠한 차별적 특징으로 경쟁할 것인가? 가격? 품질? 신뢰성? 배송? 혁신성?
3. 무엇으로 경쟁할 것인가? 어떠한 자원이 경쟁자를 이길 수 있도록 만들어줄 것인가? 경쟁하기 위한 자원을 어떻게 획득, 개발하고 효율적으로 사용할 것인가?

자료: R. Noe, J. Hollenbeck, B. Gerhart, and P. Wright, "Strategy – Decisions About Competition," in *Human Resource Management: Gaining a Competitive Advantage*, 9th ed. (Burr Ridge, IL: Irwin/McGraw-Hill, 2013), p. 77.

위해 모든 기업 리더에게 도전하였다. 그는 SWOT 분석을 바탕으로 리더들에게 자사의 기능이 보다 저렴하고 혁신적이며 고객에게 일관된 의료 서비스를 제공하는 데 기여해야 한다고 강조하였다.[13] 최고학습임원은 기업의 경쟁력에 기여하기 위해 중복되고 출석률이 낮은 과정과 프로그램을 제거하여 직원 훈련비용을 절감했다. 훈련을 더욱 혁신적으로 만들기 위해 그는 웹기반 훈련을 도입하고 기술을 사용하여 훈련에 접근하기 쉽지만 비용이 적게 드는 방법을 권장하는 장기계획을 개발했다. 학습과 개발은 오류를 줄이고 프로세스를 표준화하는 데 초점을 맞춘 과정을 만들어 제공함으로써 헬스케어의 일관성을 높이는 데 기여했다.

이러한 의사결정도 중요하지만, 기업은 종종 "우리는 무엇으로 경쟁할 것인가?"라는 문제에 관심을 덜 기울여서 목표에 도달하지 못하는 결과가 초래된다. 의사결정에는 인적, 물적, 재정적 자본이 어떻게 사용될 것인지에 대한 이해가 포함된다. 인적자본을 활용하여 경쟁우위를 확보하려면 기업의 인적자원관리 관행(예: 훈련 및 개발)을 사업 전략과 연결해야 한다.

전략을 뒷받침하는 전략적 훈련과 개발 계획 파악

전략적 훈련과 개발 계획(strategic training and development initiatives)은 기업이 자사의 사업 전략을 성취하기 위하여 도움을 받아야 할 학습과 관련된 활동이다.[14] 전략적 훈련과 개발 계획은 기업의 산업, 목표, 자원, 역량 등에 따라서 다양하다. 계획은 비즈니스 환경, 기업의 목표와 자원에 대한 이해와 가능한 훈련과 개발 선택지와 관련한 통찰에 근거하고 있다. 이러한 요소는 특정한 훈련과 개발 활동을 이끌기 위한 로드맵을 기업에 제공해준다. 또한 훈련 기능이 어떻게 기업이 목표에 도달할 수 있도록 도움을 주는지를 보여준다(그리고 이를 수행함으로써 어떻게 훈련 기능이 가치를 더할 수 있을지를 보여줌).

전략과 전략 실행 간의 불일치가 발생하는 경향이 있다. 이것을 피하기 위해서 학습 전문가는 전략적 훈련 계획과 훈련 활동이 사업 전략과 정렬되도록 하며, 훈련 활동 수행에 필요한 재정적 자원과 지원을 확보하기 위하여 관리자와 접촉할 필요가 있다.[15]

기업의 사업 전략에 기여하기 위해서는 훈련 기능이 이를 잘 이해하고 뒷받침하며, 고객에게 가치를 제공하는 것이 중요하다. 비즈니스 계획은 기업의 우선사항(방침이나 계획)을 설명하며, 훈련과 개발에 관련한 것을 비롯한 계획의 성공 가능성을 높이기 위해 누가 포함될 것인지에 대한 서술 및 맥락, 그것이 어떻게 계획에 영향을 미칠 것인지, 어떻게 계획이 수행

될 것인지(운영), 어떤 결정들이 내려질 것인지 등을 포함하므로 훈련 계획과 비즈니스 계획을 연결시키는 것은 중요하다. ICICI 롬바드 제너럴 보험회사(ICICI Lombard General Insurance Company Ltd.)에서 학습과 개발 기능은 관리자 및 경영진과 협력하여 연간 교육계획을 수립하고 이를 비즈니스 기능, 팀 및 직원과 공유한다. 사업 전략을 기반으로 한 기업의 학습 및 개발 기능은 필요한 비즈니스 역량과 이를 어떻게 지원해야 하는지를 결정한다. 모든 직원은 개발 목표를 작성하고 현장 경험 및 프로젝트, 형식적 훈련, 무형식 학습 등 개발 목표를 달성하는 데 필요한 조치를 확인한다.[16] 건강 제품 및 처방 의약품 전문회사인 옵텀알엑스(OptumRx)의 학습팀은 기업의 5가지 사업 목표인 성장 및 유지, 혁신, 운영 우수성, 품질 및 규정 준수, 리더십 및 인력을 지원하는 전략적 훈련 및 개발 계획을 수립한다.[17] 예를 들어, 성장과 유지라는 기업의 목표를 달성하기 위해, 학습팀은 인력이 두 배가 되는 합병 이후 컴퓨터 시스템과 비즈니스 프로세스에 대한 교차훈련을 제공하였다. 또한 품질 및 규정 준수 목표를 달성하기 위해서 학습팀은 품질 데이터 및 오류 보고서를 모니터링하였다. 그 결과, 환자에게 사례의 긴급성을 올바르게 우선순위화하는 방법에 대해 훈련할 필요성을 바탕으로 이러닝 과정을 개발하였다.

표 2.4는 전략적 훈련과 개발 계획과 더불어 이들이 훈련 관행에 가지는 시사점을 보여준다. **학습 포트폴리오의 다양화**(diversify the learning portfolio)는 기업이 단지 전통적인 훈련 프로그램에 머무르는 것이 아니라 학습 기회를 보다 많이 제공할 필요가 있을지도 모른다는 점을 의미한다. 이러한 학습 기회에는 직무에서 동료들 간의 상호작용을 통해 발생하는 무형식 학습이 포함된다. 나아가 새로운 직무 경험, 직원의 필요에 맞춤화되어 멘토나 코치, 피드백 등을 활용하는 개별화된 학습 기회, 기술의 활용(웹기반 훈련 포함)과 같은 것이 포함된다. 이러한 훈련은 자기 진도에 맞추어 학습할 수 있으며, 형식적인(formal) 강의실 환경 밖에서도 활용이 가능하다(이러한 학습 기회에 대해서는 7장, 8장, 9장에서 논의한다).

N2 출판사(N2 Publishing)는 지역사회, 지역 기업 및 지역 문제에 대한 이야기에 초점을 맞춘 지역사회 뉴스 출판물을 만든다. 이 기업에서는 신입 영업직원을 위한 훈련이 온라인으로 제공된다. 신입 영업직원에게는 각각 지역 영업리더가 배정되어 훈련생에게 연락하여 궁금한 사항이 있으면 답변하고 비즈니스를 구축하는 데 도움을 준다.[18] 지속적인 학습을 촉진하기 위해 IT 소프트웨어 기업인 퍼시스턴트 시스템즈(Persistent Systems Ltd.)는 온라인 학습, 블렌디드 학습, 모바일 학습 등 직원들이 언제 어디서나 학습에 접근할 수 있는 다양한 방법을 제공한다. 또한, 직원들이 지식을 공유하고 습득하기 위해 무형식 학습에 참여하도록 장려하고 있다. 온라인 평가 도구는 직원들의 기술인증 취득을 위해 사용된다.[19]

훈련대상자의 확대(expand who is trained)는 직원들이 일반적으로 고객과 접촉하는 주된 지점이기 때문에, 관리직보다 더 많은 훈련을 받지는 않아도 적어도 그만큼의 훈련을 받을 필요가 있다는 인식을 가리킨다. 제조업 기업인 쇼 인더스트리즈(Shaw Industries)는 기계공, 마케터, 과학자, 영업담당자, 디자이너, 데이터 과학자, 간호사 및 관리자 등 직원들에게 매년 100만 시간 이상의 훈련시간을 제공한다.[20] 이는 직원들이 혁신적인 신제품을 고안하고, 창의적 사고를 장려하며, 품질에 대한 의지를 북돋우도록 동기부여하기 위한 것이다.

표 2.4 전략적 훈련과 개발 계획 및 시사점

전략적 훈련과 개발 계획	시사점
학습 포트폴리오의 다양화	• 훈련을 위해 인터넷과 같은 기술 사용 • 무형식 학습 촉진 • 보다 개인화된 학습 기회 제공
훈련대상자의 확대	• 고객, 공급자, 직원 훈련 • 비관리직 직원에게 보다 많은 학습 기회 제공
직원 학습 속도의 가속화	• 니즈를 재빠르게 파악하고 고품질의 학습 솔루션 제공 • 훈련 프로그램 개발에 드는 시간 단축 • 필요시 학습 자원에 접근하는 것을 촉진
고객서비스 개선	• 직원이 반드시 제품과 서비스에 대한 지식을 갖도록 보장 • 직원이 고객과 상호작용하는 데 필요한 능력을 반드시 갖추도록 보장 • 직원이 자신의 역할과 결정권을 확실히 이해하도록 보장
직원에게 개발 기회 제공 및 소통	• 직원이 개발 기회를 가질 수 있도록 보장 • 직원이 경력상 기회와 개인적 성장 기회에 대해 이해하도록 보장 • 훈련과 개발이 성장 기회일 뿐만 아니라 현재 직무에서 직원이 필요로 하는 것을 다룬다는 점을 보장
지식의 포착과 공유	• 지식을 많이 보유한 직원으로부터 통찰력과 정보 포착 • 정보를 논리적으로 체계화하고 저장 • 정보를 활용할 수 있게끔 하는 수단 제공(예: 리소스 가이드, 웹사이트)
기업의 지향점과 훈련 및 개발의 정렬	• 필요한 지식이나 기술, 능력, 역량 등을 확인 • 현재의 훈련과 개발 프로그램이 기업의 전략적 필요를 지원하도록 보장
업무 환경이 학습과 훈련 전이를 지원하도록 보장	• 시간, 자원, 장비의 부족과 같은 학습을 제약하는 것을 제거 • 팀워크, 협동, 창조, 지식 공유를 장려하기 위한 물리적 공간 마련 • 직원이 학습의 중요성을 이해하도록 보장 • 관리자와 동료가 훈련과 개발, 학습에 협력적인 분위기 조성

자료: A. Landers, "Do You Know How to Create an Actionable Learning Strategy?" *Chief Learning Officer* (April 2017), pp. 45–47, 57; S. Tannenbaum, "A Strategic View of Organizational Training and Learning," in *Creating, Implementing, and Managing Effective Training and Development*, ed. K. Kraiger (San Francisco: Jossey-Bass, 2002), pp. 10–52를 기반으로 함.

아울러, 공급업체와 소매업체, 소비자에게 더 나은 고객서비스를 제공하기 위해서 기업은 그들이 제공하는 제품과 서비스를 어떻게 이용하는지에 대한 정보를 제공할 필요가 있다. 기업은 공급업체가 제공하는 부품이 자사 소비자들의 품질 기준을 충족할 수 있도록 하기 위해 공급업체를 훈련하고 있다. 기업은 성공하기 위해서 기술과 소비자의 요구, 글로벌 시장에서의 변화에 대처할 수 있어야 한다. 훈련은 신속하고 효과적인 훈련으로 제공되어야 한다. 즉, 기업은 **직원 학습 속도의 가속화**(accelerate the pace of employee learning)를 이룰 필요가 있다는 것이다. 또한, 기업은 직원들에게 정보와 조언, 지침에 즉각적인 접근성을 제공하는 성과 지원 시스템에 의존하고 있다(성과지원 시스템은 5장에서 보다 자세히 다룬다). 성과 지원 시스템은 필요할 때마다 언제든 개인용 컴퓨터, 태블릿 또는 휴대전화로 접속할 수 있다. 페이코(Paycor)는 신규 고객서비스 직원이 자신의 위치를 학습하는 데 걸리는 시간을 줄이기 위해 대면에서 블렌디드 학습으로 훈련 프로그램을 재설계하였다.[21] 8주간의 교육에는 강사 주도 교육, 멘토링, 이러닝 및 가이드 실습이 포함된다. 블렌디드 학습 접근방식은 신입 직원이 프로그램이 끝날 때까지 기다릴 필요 없이 프로그램 5주 차부터 업무를 시작할 수 있음을 의미한다. 그들의 멘토는 신입직원이 일하는 동안 지원하며, 프로그램의 마지막 3주 동안 새로운 기술을 계속 배운다. 앤섬(Anthem, Inc.)의 학습개발팀은 협력사의 의견을 토대로 직원들이 참여하는 훈련을 설계하였는데 직원의 참여를 통제하며, 효율적이고 비용 효과적이었다.[22] 앤섬은 대면 훈련에서 스스로 학습하는 온라인 학습과 강사가 진행하는 세션을 포함하는 플립드(flipped) 교육으로 전환했다. 그 결과 수료율은 19% 증가하고, 수업시간이 2만2,000시간 단축되어 비용은 절감됐지만 효과는 이전 훈련 프로그램과 비슷하였다.

직원은 **고객서비스 개선**(improve customer service)의 준비가 되어 있어야 한다. 직원은 제품이나 서비스에 대해 지식이 있어야 하고 고객서비스 기술이 있어야 한다. 미시건주의 블루크로스블루쉴드(Blue Cross Blue Shield of Michigan, BCBSM), 위프로(Wipro Limited), UHS(University Health Systems)는 훈련을 통해 고객서비스를 개선하고 있다.[23] BCBSM은 다른 건강보험 공급자와 차별화되는 것은 직원과 고객에 대한 일관된 초점이라고 믿고 있다. 서비스 담당자가 더 공감하고 유연하게 고객에게 응답할 수 있도록 새로운 훈련 프로그램을 설계하였는데 그 결과 고객중심 및 서비스 담당자의 참여를 평가하는 데 사용하는 지표가 5년 동안 개선되었다. 위프로의 CEO는 통합, 제거, 자동화에 초점을 맞춰 인재육성 전략의 현대화, 미래를 주도한다는 두 가지 사업 전략을 가지고 있다. 위프로의 핵심인재 육성계획 중 하나는 디지털화로 인해 비즈니스 중단에 직면한 고객에게 더 나은 서비스를 제공하는 것이다. 이러한 고객에게 서비스를 제공하려면 직원이 새로운 기술에 대한 지식을 갖추어야 한다. 학습개발팀은 직원이 배우고 싶은 기술을 선택하고 다양한 기술 수준과 기술 유형을 달성하면 포인트를 얻을 수 있는 게임을 개발하였다. 환자 경험, 품질, 효율성 및 접근성 개선을 위한 UHS의 전략은 학습을 촉진한다. 예를 들어, 학습팀은 공감함양(Cultivating Compassion)에 대한 지원을 제공하였다. 학습지원팀은 공감함양 교육 외에도 환자 만족 데이터를 읽고 해석하는 방법에 대한 훈련과 고객서비스 훈련을 강화하였다.

개발 기회 제공(providing development opportunities)과 이것에 대해 직원들과 의사소통하는 것은 직원들이 성장하고 새로운 기술을 배울 수 있는 기회를 갖고 있다고 믿게끔 하는 데 중요하다. 이러한 개발 기회는 유능한 인재를 끌어들이고 계속해서 유지하는 데 중요하다. 싱글포인트 GI(Single-Point GI INC.)는 다른 경력 기회에 관심이 있는 고성과 영업 담당자를 개발 프로그램에 참석하도록 하였다.[24] 프로그램 참가자들은 자신의 직업적 관심사에 맞는 특정 훈련 과정을 선택한다. 또한 원하는 위치에 대한 책임과 도전, 개발해야 하는 기술과 경험을 이해하고 있다. **지식의 포착과 공유**(capturing and sharing knowledge)는 직원이 퇴사하더라도 고객, 제품 또는 프로세스에 대한 중요한 지식이 손실되지 않는 것이다. 또한 다른 직원이 가지고 있는 지식에 접근할 수 있도록 하면 고객에 대한 응답시간이 단축되고 제품 및 서비스 품질이 향상될 수 있다. 예를 들어, 서비스 담당자는 '바퀴의 재창조(reinventing the wheel, 이미 있는 것을 다시 만드느라 쓸데없이 시간을 낭비하는 것)' 대신 문제를 검색하고 다른 서비스 담당자가 개발한 솔루션을 식별할 수 있는 데이터베이스를 이용할 수 있다. 서너(Cerner)는 고객에게 의료 정보 기술을 제공한다.[25] 서너는 직원들이 기술, 안전, 데이터 및 안전 도구의 최신 발전을 인지할 수 있도록 소셜 학습 플랫폼인 uCern을 사용하여 관계자, 고객 및 파트너가 문서, 블로그, 비디오, 메시지 및 위키 페이지를 포함한 콘텐츠를 토론하고 공유할 수 있도록 지원한다. uCern이 출시되기 6주 전에 비해 지금은 기술 업데이트가 몇 시간밖에 걸리지 않는다.

기업의 전략 지향점과 훈련 및 개발의 정렬(aligning training and development with the company's strategic direction)은 비즈니스상의 요구에 훈련이 기여할 수 있도록 보장한다는 점에서 중요하다. 기업은 어떠한 직원 역량(예: 지식, 기술)이 필요한지와 훈련 프로그램과 서비스가 이 역량을 향상하는 데 도움이 되는지를 확인할 필요가 있다. 최고경영자(CEO)는 학습의 가치를 높이 평가하지만 교육이 관련성이 있고, 시간이 적게 걸리며, 직원들이 새로운 기술과 지식을 신속하게 업무에 사용할 수 있기를 원한다.

리코 USA(Ricoh USA) 및 아이프로스펙트(iProspect)에서 교육 및 개발이 전략적 방향과 어떻게 정렬되어 있는지를 고려해보자.[26] 리코 USA의 학습 기능은 기업이 영업에서 서비스 제공으로 비즈니스가 계속 이동함에 따라 변화를 추진하는 데 도움이 될 것으로 예상된다. 학습 기능은 영업 부문의 서비스 중심 비즈니스 판매, 운영 효율성 제고, 고객과의 원활한 업무 수행을 위해 관리형 서비스 교차훈련 등 다양한 훈련 프로그램을 제공하였다. 디지털 미디어 마케팅 기업인 아이프로스펙트는 매출 성장을 사업 목표로 하고 있다. 목표 달성을 지원하기 위해 기업의 학습개발팀은 컨설팅 기술을 개발하는 6개월 기간의 블렌디드 학습 프로그램을 만들었다. 이 프로그램에는 비즈니스 성장 목표 수립, 목표 달성에 필요한 행동 파악 및 목표 달성을 측정하는 데 사용되는 직접 및 온라인 훈련, 웨비나, 코칭, 모바일 학습 및 실행 계획이 포함되어 있다.

마지막으로, **지원적 업무 환경**(supportive work environment)은 직원으로 하여금 훈련과 학습 활동에 참여하고, 직무에서 그들이 배운 바를 활용하게 하며, 그들의 지식을 다른 사람들과 공유하도록 동기를 부여한다는 점에서 필수적이다. 가시적 지원은 직원들이 만나서 아이디어를 논의하도록 촉진하는 업무 구역뿐만 아니라, 훈련과 학습을 위해 필요한 시간과 비용을 포함한다. 훈련과 학습을 위한 관리자와 동료로부터의 심리적 지원도 중요하다. 훈련을 위한 가시적이고 심리적인 지원 유형에 대해서는 5장에서 다룬다. U.S. 시큐리티 어소시에이츠(U.S. Security Associates, Inc.) 직원들은 대인관계 기술과 직무별 역량을 개발하기 위해 3년간의 훈련 프로그램을 이수한다.[27] 관리자는 직원들이 업무에 필요한 역량을 습득하도록 코치한다.

어떻게 기업은 훈련과 개발 계획이 자사의 사업 전략과 연결된다고 확신할 수 있을까? 표 2.5는 기업이 자사의 전략적 훈련과 개발 계획을 확정하고 개발하기 위하여 답해야 할 질문을 보여준다. 이 질문에 답하는 데 도움이 되도록, 훈련자는 기업의 연간 보고서, 전략적 계획, 수익 발표, 분석가의 보고서를 읽을 필요가 있다. 사업 전략과 훈련에 관한 그 시사점을 이해하도록 하기 위해서는, 관리자를 훈련과 개발 스태프 회의에 참석하도록 초대하고, 기업의 사업 전략에 관한 정보를 제공하는 것이 유용할 것이다. 아울러, 다양한 부서가 있는 기업에서는 어떻게 효율성이 측정되며, 어떻게 성과를 모니터링하고 보고하는지, 이를테면 공급망 관리, 신제품 개발, 경쟁력, 서비스 보증서 발행 등과 같이 기업이 어떠한 문제에 직면해 있는지를 포함한 각 비즈니스에 대한 이해가 중요하다.

표 2.5 전략적 훈련과 개발 계획을 개발하기 위한 질문

1. 기업의 비전과 미션은 무엇인가? 사업 전략의 전략적 동인이 무엇인지 확인하라.
2. 사업 전략과 비즈니스 환경의 도전과제로부터 기업이 어떠한 역량을 필요로 하는가?
3. 어떠한 유형의 훈련과 개발이 성공에 필요한 핵심인재들을 끌어당기고, 유지하며 개발하는 데 최적인가?
4. 어떠한 개인 역량이 기업의 성공과 사업 전략을 위해 중요한 역할을 수행하는가?
5. 기업은 훈련과 개발을 경영진과 관리자, 직원이나 고객에 의해 이해되는 사업 전략과 연결시켜 주는 계획을 가지고 있는가?
6. 고위 관리팀이 공적으로 훈련과 개발을 지지하고 옹호하는가?
7. 기업이 개인과 팀에 훈련과 개발의 기회를 제공하는가?

자료: R. Hughes and K. Beatty, "Five Steps to Leading Strategically," *T+D* (December 2005), pp.46-48을 기반으로 함.

전략적 훈련 및 개발 계획과 연결된 훈련과 개발 활동의 제공

기업이 자사의 사업 전략과 관련된 전략적 훈련과 개발 계획을 선택한 후에는, 계획을 성취할 수 있게끔 해주는 특정한 훈련과 개발 활동을 확정하게 된다. 이러한 활동은 새로운 기술을 사용하는 것과 관련된 계획을 개발하는 것, 특정 직원 집단의 훈련 프로그램에 대한 접근성을 증가시키는 것, 개발 시간을 단축하는 것, 새롭거나 확장된 과정을 개발하는 것을 포함한다. 예를 들면, 버라이즌의 전략적 우선순위에는 우수한 고객 경험 제공, 비즈니스 성장 및 수익성 제공, 팀 문화 구축 등이 포함된다.[28] 이러한 우선순위를 지원하기 위해 버라이즌의 교육개발팀은 학습 아키텍처 정의, 학습 프로그램 개발, 학습 제공, 학습이 사업 목표 달성에 어떻게 도움이 되는지에 대한 측정 등 전략적 훈련 및 개발 계획을 수립 및 실행하고 있다. 훈련 및 개발은 직원, 계약자 및 재판매업자가 전략적 우선순위를 달성하는 데 필요한 지식과 기술을 갖추도록 하였다. 예를 들어, 버라이즌은 고객 경험을 개선하기 위해 긍정적인 고객 경험으로 이어지는 행동 개선에 초점을 맞춘 소매점 직원 훈련을 개발하였으며 직원이 배우고 있는 행동을 코치하고 강화할 수 있도록 매장 관리자를 위한 과정도 개발하였다. 이러한 훈련은 매장의 매출과 고객 만족도의 증가를 가져왔다.

훈련 성공을 보여주는 지표의 확인과 수집

기업은 어떻게 훈련과 개발 활동이 실제로 사업 전략과 목표에 기여하는지를 결정하는가? 이 결정은 훈련이나 학습 계획의 전반적인 가치를 측정하기 위해 선택된 비즈니스 차원의 결과물인 **지표**(metrics)를 확정하고 수집하는 것을 포함한다. 지표의 예로는 직원 유지, 직원 몰입, 고객서비스, 생산성, 품질과 같은 기준이 포함된다. 훈련 프로그램 결과와 비즈니스 지표와의 차이를 인식하는 것은 중요하다. 전형적으로, 훈련 프로그램 평가는 학습자의 프로그램에 대한 만족도 측정이나 학습자의 지식, 기술, 능력의 향상을 측정하는 것, 또는 생산성과 같은 비즈니스 결과에 훈련 프로그램이 영향을 미쳤는지 여부를 확인하는 것 등이 포함된다. 훈련 과정이나 프로그램의 효과성을 결정하기 위해 사용되는 훈련평가는 6장 "훈련평가"에서 상세하게 논의한다. 훈련평가 산출물(outcome)과 비교하면, 지표는 다른 산출물들보다는 결과(results)에 초점을 맞춘다. 지표는 전략적 차원의 비즈니스 관련 기준이다. 다시 말해, 하나의 과정이나 프로그램과 연관되는 것이 아니라, 여러 프로그램이나 학습 계획에 대해 기

대된 가치를 나타내기 위하여 선택하는 것이다.

지표는 사업 전략과 목표에 직접적으로 연결되어 있어야 한다. 예를 들면, 지표는 고객서비스, 직원 만족도나 몰입도, 직원의 이직률, 제품 결함 횟수, 제품 개발에 드는 시간, 특허권의 수, 혹은 관리직을 채우는 데 소모된 시간 등을 평가할 수 있어야 한다. 예를 들어, 비즈니스 서비스 제공기업인 젠팩트(Genpact)에서는 훈련 및 개발이 기업의 성장, 이익률, 역량 구축 및 혁신 목표에 어떻게 기여하는지를 보여주는 지표를 사용한다.[29] 젠팩트는 훈련 및 학습 계획을 통해 34%의 서비스 예약 증가와 채용하기 어려운 직책에 대한 현직원의 기술 개발을 통해 900만 달러를 절감할 수 있었다. 금융 및 은행 기업인 유나이티드 쇼어(United Shore)는 사업 성과를 개선하기 위해 교육과 코칭을 활용한다.[30] 팀 구성원 스킬 코칭 및 개발 프로그램과 기업 리더의 교육 스킬을 개발하기 위한 인증 프로그램을 구현하였다. 이 프로그램은 리더가 단순히 팀원들을 감독하는 것이 아니라 함께 일하면서 시간을 보내고 그들의 질문에 답할 수 있도록 하는 것을 강조한다. 유나이티드 쇼어는 자사의 훈련 프로그램이 70억 달러의 대출 증가에 기여했다고 믿고 있다. 뉴욕 커뮤니티 뱅코프에서는 다양한 영업교육 프로그램을 실시한 결과, 고객 예치금이 9,800만 달러 증가하였고, 대출금은 350억 달러 증가하였다.[31]

일부 기업은 비즈니스의 모든 측면을 평가하기 위한 프로세스로서 균형성과표를 활용한다. **균형성과표**(balanced scorecard)란 관리자에게 내·외부의 고객, 직원, 주주의 관점에서 전반적인 기업의 성과나 부서, 기능(훈련과 같은)상의 성과를 전반적으로 살펴볼 수 있는 기회를 제공하는 성과측정 도구를 의미한다.[32] 균형성과표는 고객 관점, 내부 관점, 혁신과 학습 관점, 재정적 관점의 네 가지 서로 다른 관점을 고려한다. 각 관점을 측정하는 데 사용되는 지표에 대한 강조는 기업의 사업 전략과 목표에 근거한다. 네 가지 관점과 예시된 지표는 다음을 측정하기 위해 사용된다.

- 고객(시간, 품질, 성능, 서비스, 비용)
- 내부(고객 만족도에 영향을 미치는 프로세스)
- 혁신과 학습(경영 효율성, 직원 만족도, 지속적인 혁신)
- 재정(수익성, 성장, 주주 가치)

균형성과표에 대한 훈련의 기여도를 측정하기 위하여 사용되는 지표는 훈련된 직원 수(훈련된 직원 수는 전체 직원 수로 나뉜다), 훈련비용(총 훈련비용은 훈련된 직원 수에 의해 나뉜다), 시간당 훈련비용(총 훈련비용을 전체 훈련시간으로 나눈다)을 포함한다. 예를 들면, 기술기업인 EMC는 학습을 추적하고 측정하기 위하여 균형성과표를 활용한다.[33] 사업제휴(business alignment), 직원의 준비도, 신제품 출시 속도, 글로벌화, 효율성을 측정하는 지표를 매 분기별로 기업 성과로 추적하는 것이다. 또한 현재와 미래의 사업 요구와 직접적으로 연결되어 있는 성과지표들을 활용해오고 있다. 직원들에게는 직무분석을 기반으로 개인별 개발 계획이 부여된다. 잉가솔랜드(Ingersoll Rand)는 사업부로 하여금 새로운 지출에 대한 강력한 비즈니스 사례를 만들 것을 요구한다.[34] IRU(Ingersoll Rand University)는 기대효과, 일회성 비용 대 지속적인 비용, 학습 제품의 유효기간, 직원의 프로그램 참여율과 같은 지표를 활용하여 학습이 차이를 만들며 사업 전략에 기여한다는 점을 보여준다. IRU는 매년 성취도, 과제, 전략적 지침, 운영상의 효율성에 관한 연간 보고서를 기업에 제공한다. 예를 들어, IRU는 비즈니스상 우선사항인 린 식스 시그마(Lean Six Sigma, 품질 독창성)와 관련된 프로세스 향상 워크숍을 제공해왔다. IRU는 자사의 워크숍이 소매업체로의 배송비를 76% 절감하여 기업이 수십만 달러를 절약하였다는 것을 증명해왔다. 지표를 확정하고 수집하는 과정은 훈련평가, 즉 1장 그림 1.2에서의 마지막 단계와 관련된다. 6장에서는 훈련 프로그램의 지표를 평가하는 데 사용되는 다양한 종류의 산출물에 관해서 보다 상세히 논의한다. 훈련이 기업의 '최종결론'(예: 서비스, 세일즈, 제품 질 향상)과 직접적으로 관련된다는 것을 보여주는 것이 훈련의 가치를 가장 확실하게 보여주는 증거이다.

전략적 훈련과 개발 프로세스의 예시

매우 상이한 두 기업, 달러 제너럴과 마이크스 카워시(Mike's Carwash)의 전략적 훈련과 개발 프로세스를 살펴보자. 달러 제너럴의 매장은 식품, 건강 및 미용 보조 기구, 청소용품, 의류, 가정용품 등을 저렴하게 판매하는 것으로 유명하다.[35]

달러 제너럴의 미션인 'Serving Others(사람들을 섬김)'는 달러 제너럴의 고객, 직원 및 달러 제너럴이 운영하는 커뮤니티에 영향을 미친다. 달러 제너럴은 고객을 위해서 모든 종합매장을 통한 가치와 편리함을 전달하려고 매일 노력하고 있다. 이 수치는 직원들에 대한 존경과 경력을 성장하고 발전시킬 기회를 의미한다. 지역사회에서 사람들을 섬긴다는 것은 그들을 지원한다는 것을 의미한다. 달러 제너럴의 성공 비결은 기업의 미션을 희생하지 않고 비즈니스를 성장시키는 것이다. 2017년에는 유통센터 2곳과 점포 1,300곳(하루 3곳)을 새로 열 계획이다. 이 수치는 기업 역사상 1년 동안 가장 많이 증가한 직원 수이다. 달러 제너럴이 사업 성장을 지원하는 교육의 중요성을 보여주는 한 가지 징후는 직원들이 150만 시간 이상을 할애할 것으로 예상한다는 점이다.

달러 제너럴의 훈련개발팀은 비즈니스 성장을 지원하기 위해 몇 가지 전략적 훈련 및 개발 계획을 실시하였는데 직원들의 학습 속도를 가속화하는 것과 관련된 것이 전략적 훈련 계획 중 하나이다. 훈련개발팀은 신입직원들을 궤도에 안착시키기 위한 프로세스를 개선하기 위해 매장운영 부사장과 협력하였다. 이를 위해, 그들은 공인된 매장 교육 관리자가 되고자 고성과 매장관리자를 평가, 선정 및 준비하였다. 여기에는 관리자가 효과적인 강사가 될 수 있도록 하는 일련의 강사모듈 설계를 포함한 훈련 활동이 포함되어 있다. 직원몰입과 유지의 개선은 강사 프로그램의 효과를 평가하는 데 사용되는 핵심 지표이다.

또 다른 전략적 훈련 계획으로서 학습 포트폴리오를 다양화하고, 개발 기회를 제공하며, 훈련이 지원되도록 하는 데 초점을 두고 있다. 훈련팀은 온라인 시뮬레이션 가상매장에서 실습할 수 있는 기회를 가질 수 있도록 신규 매장관리자 훈련을 설계하였다. 인증된 매장 교육 관리자는 매주 새로운 관리자와 만나 무엇을 배웠고 어떻게 도움을 줄 수 있는지 논의한다.

신규 매장관리자들도 3일간의 강의실 훈련에 참석하여 리더십을 향상한다. 신규 매장관리자는 자신의 기술을 적용할 수 있는 실행 계획을 완성하게 된다. 기업은 이러한 계획의 핵심 지표로 매장관리자 유지를 분석하였다. 프로그램을 이용할 수 없었던 전년도에 비해 유지율이 개선돼 채용비용 절감과 생산성 향상에 따른 절감효과를 얻을 수 있었다. 또한 직원들의 학습 속도를 높이고, 성장 기회를 제공함으로써 달러 제너럴의 미션인 'Serving Others'를 촉진하는 데 도움을 주었다. 계획에 대한 성과 정도를 평가하는 데 사용되는 핵심 지표는 내부 승진 및 배치 비율이다. 달러 제너럴은 50%가 넘는 내부 승진과 배치 비율을 자랑스럽게 여긴다. 이는 달러 제너럴의 공석 중 절반 이상이 이미 달러 제너럴에서 근무하고 있는 직원들로 채워졌다는 것을 의미한다.

추가적으로 달러 제너럴은 현재 및 계획된 미래 성장을 지원하기 위해 새로운 채용 관리 시스템에 투자하였다. 훈련개발팀은 우수인력 유치를 위한 기업의 노력을 지원하기 위해 채용제도를 이용하는 모든 그룹을 대상으로 컴퓨터 기반 학습 과정과 참고가이드를 개발하였다. 이 그룹에는 달러 제너럴 홈페이지의 경력 페이지에 접속하는 인적자원 부서, 매장관리자, 지역관리자, 구직자 등이 포함된다. 새로운 시스템에 대한 교육 지원 제공으로 시스템의 효율성을 보장할 수 있었다. 새 제도가 시행된 후 구직자들의 지원 건수가 두 배로 늘었고 지원서 작성 시간도 60% 단축됐다.

인디애나주 인디애나폴리스에 기반을 두고 있는 마이크스 카워시는 인디애나주, 오하이오주, 켄터키주 등 41개 지역에서 개인이 운영하는 세차 체인점이다.[36] 1948년에 창립하였고, 처음에는 초기에 사용된 장비의 형태를 따서 '마이크스 미니트 맨 카워시(Mike's Minit Man Carwash)'로 불렸다. 이후에는 가족 승계 계획의 일환으로 크루 카워시(Crew Carwash)와 마이크스 카워시라는 두 개의 다른 기업으로 재편성되었다. 마이크스 카워시의 미션과 비전, 가치관의 예는 표 2.6에 나와 있다. 그림 2.3은 마이크스 카워시가 자사의 사업 전략을 교육 및 개발과 연결하는 방법을 보여준다.

마이크스 카워시의 미션은 참여와 가치를 지닌 팀원들을 통해 고객에게 깨끗하고 빠르고 친근한 경험을 전달함으로써 평생 고객을 창출하는 것이다. 마이크스 카워시의 사업 전략은 일관되고 신속한 서비스, 고객 응대, 매년 비즈니스 성장이라는 미션을 지원한다. 마이크스 카워시는 자동화된 세차 서비스를 제공하며 소속된 직원들이 개발한 장비, 시스템 및 기술을 갖추고 있다. 마이크스 카워시의 성공은 담(Dahm) 집안의 경영능력과 지식을 통해 이루어

표 2.6
마이크스 카워시의 비전, 미션과 가치

비전
"우리는 혁신을 수용하고 팀원들이 최대 잠재력을 발휘할 수 있는 기회를 제공하는 동시에 수익성 있는 성장을 보장함으로써 서비스 리더가 될 것이다."

미션
"항상 웃는 얼굴로 깨끗하고 빠른 세차를 통해 보스인 고객에게 최고의 가치를 전달한다."

가치
안전, 진실성, 팀워크, 재미, 책무성, 수익성

자료: From www.mikescarwash.com, accessed March 30, 2018.

그림 2.3 마이크스 카워시가 훈련과 개발을 사업 전략에 연결시키는 법

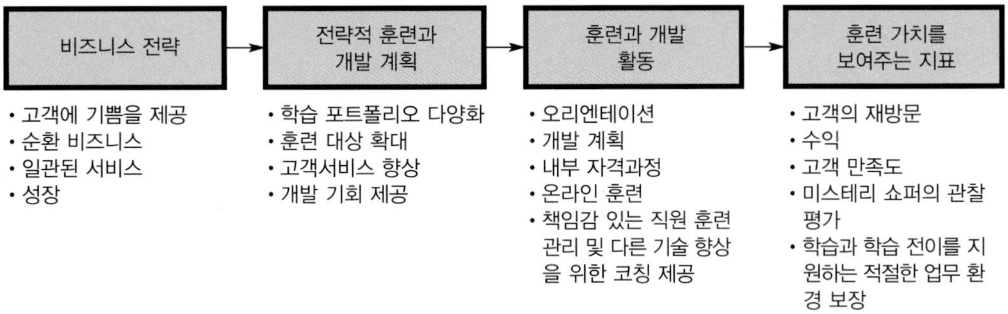

졌다고 하지만, 실제로는 직원들과 그들에 대한 채용 및 훈련을 통해 성공을 이룰 수 있었다고 판단한다. 마이크스 카워시의 초대 창업자인 조(Joe)와 에드 담(Ed Dahm)은 직원들에게 이 기업은 전적으로 사람들의 일상에 관한 비즈니스를 하는 것이고, 시작은 단순히 세차를 하는 것에서 비롯되었다고 말한 것으로 알려져 있다. 이 기업의 미션은 보스(즉, 고객)에게 좋은 가격에 친근하고 빠른 서비스를 제공하는 것이다.

고객이 다시 찾아오도록 하는 고객서비스 제공을 통한 순환 비즈니스 강조와 더불어, 마이크스 카워시는 고객 만족도를 매우 중요하게 여긴다. 마이크스 카워시가 직면하고 있는 가장 큰 도전과제는 고객에게 지속적으로 즐거움과 만족을 제공하는 것이다. 마이크스 카워시는 혁신과 새로운 아이디어를 통하여 고객 경험을 향상하고자 노력해오고 있다. 마이크스 카워시는 일관된 고객 경험을 제공하는 유일한 방법은 훌륭한 직원을 구하는 것뿐만 아니라, 그들을 훈련하고 개발하는 것을 통해서라는 신념을 가지고 있다. 기업의 웹사이트에서는 채용에 관해서 "악명 높을 정도로 까다롭다"고 설명하고 있다. 마이크스 카워시에서는 50:1의 경쟁률로 채용이 이루어진다. 마이크스 카워시는 직원들이 업무에 몰입할 수 있도록 하기 위해 훈련과 개발을 활용한다. 직원 개인은 각자 개발 계획을 가지고 있으며 매년 두 차례 성과평가를 받는다. 신입직원 훈련에는 최선의 업무 수행방식에 익숙해지게 하는 훈련과 그들이 세차장에서 만나게 될 다양한 상황에 처한 고객들을 도와주는 방법이 포함되어 있다. 직원은 첫 고객을 상대하기 전에, 이틀간의 오리엔테이션을 받으며 어떻게 고객을 대하며, 어떻게 서비스 오류와 실수를 만회하고, 어떻게 까다로운 손님에 대처할 것인지와 같은 고객서비스에 초점이 맞춰진 워크숍에 참여하게 된다. 또한 마이크스 카워시는 직원들의 승진을 돕기 위한 훈련을 제공한다. 시간제 직원부터 감독관, 교대조 관리인, 대리에 이르기까지 경력 경로가 적절하게 규정되어 있다. 기업 내 경력 경로 변경은 훌륭한 성과와 함께 12주 이상의 훈련과 최소 80점의 성적을 요구하는 세 개의 시험을 포함한 내부 자격과정을 이수하는 것을 통해 가능하다. 직원의 몰입과 만족도는 반년마다 이루어지는 조사를 통해서뿐만 아니라, 마이크스 카워시를 떠난 직원들로부터 얻는 정보를 통해서도 측정된다. 직원은 훈련과 개발 활동을 선택하고 설계하는 데 중요한 역할을 수행한다. 지점 관리자로부터 추천된 직원 15~20명으로 이루어진 팀이 기존의 훈련 프로그램을 새롭게 개발하고 수정하는 것을 돕기 위한 내용전문가(subject matter experts)로서의 역할을 1년간 수행한다. 아울러 팀원들은 이 새로

운 프로그램의 첫 훈련생이 되며, 수정되어야 할 것과 프로그램의 효율성에 대한 피드백을 제공한다.

마이크스 카워시는 신입직원을 위한 정규 훈련 프로그램과 발전을 위한 자격 프로그램과 더불어, 새로이 등장하는 사업 요구에 발맞추기 위한 프로그램도 개발해왔다. 최근의 경기침체는 마이크스 카워시를 찾는 고객의 수뿐만 아니라 수익 감소로 이어졌다. 결과적으로 마이크스 카워시는 자동차 하단부 청소와 타이어 관리, 투명 코팅 입히기 등과 같은 가치부가 서비스를 고객이 인식하도록 하여 고객이 지불하는 비용을 증가시킬 필요가 있다고 파악하였다. 이를 위하여, 마이크스 카워시는 온라인 훈련 모듈을 통해 관리직들에게 매월 직원회의에서 직원들이 훈련을 완수하고 판매기술을 활용하여 업무를 수행하도록 격려하라고 가르쳤다.

마이크스 카워시는 직원들의 학습을 돕는 관리자의 역할에 대한 중요성을 인식하였다. 마이크스 카워시의 관리자들은 적극적으로 직원의 훈련을 뒷받침하고 훈련이 이루어지는 것을 도와야 한다. 그들은 직원이 발전하고 성공하기 위한 훈련과 개발에 대한 책임이 있다. 훈련 프로그램을 통해 관리자는 직원의 서비스 추천 기술상의 약점을 확인하고, 이를 강화하기 위한 주간 코칭 활동을 활용하는 법을 배웠다. 또한 직원이 고객에게 서비스를 추천하는 것을 관찰하고 기록하며, 그들에게 피드백을 제공하도록 독려된다. 프로그램의 결과는 긍정적이었다. 전반적인 수익과 고객당 수익, 고객 만족도, '미스테리 쇼퍼(mystery shopper)' 점수가 모두 상승한 것이다.

훈련에 영향을 미치는 조직적 특성

훈련의 양과 종류뿐만 아니라 기업에서의 훈련 기능 조직은 직원과 관리자의 역할과 훈련을 지원하는 최고경영진, 기업의 비즈니스 부문의 통합 정도, 국제적 위상, 비즈니스 상황, 직원 채용 전략과 인적자원 계획을 포함한 인적자원관리 관행, 기업의 노조가입 범위와 관리자, 직원, 인적자원관리 담당자의 훈련과 개발 참여 정도 등에 의하여 영향을 받는다.[37]

기업 규모

훈련은 중소기업과 대기업 사이에 차이가 있다.[38] 대부분의 소규모 기업에서의 훈련은 무형식 학습과 현장직무훈련이다. 기업소유주(owner), 관리자 또는 더 많은 경험이 있는 직원이 훈련에 대한 책임을 진다. 직원들은 기업의 소유주가 선호하는 방식으로 일을 할 수 있도록 훈련받는다. 훈련은 직원이 현재 직업에 필요한 지식과 기술에 초점을 맞추는 경향이 있고, 미래 직책에 필요한 기술을 개발하는 데 초점을 맞추는 경향도 있다. 어떤 형태의 정식교육 및 개발이 진행되는 경우 무역협회, 단기과정, 소유주와 관리자가 제공하는 과정을 통해 이뤄진다. 이러한 문제는 여러 가지 이유로 발생한다. 소규모 기업(250명 이하로 간주됨)에서는 강사나 교육관리자가 아닌 소유주가 교육 결정을 내릴 가능성이 높다. 사업 운영에 집중하고 효과적인 과정과 프로그램을 설계하는 데 필요한 돈과 기술이 부족할 수 있기 때문에 교육 및 개발은 소유주의 주요 우선순위 중 하나가 아닐 수 있다. 소유주는 직원 훈련에 투자하면 그가 다른 기업에 입사하기 위해 퇴사할 수도 있다고 우려한다. 무형식 및 현장직무훈련의 이점 중 하나는 중소기업이 사업 요구의 변화와 새로운 도전과 문제가 발생했을 때 직원에게 제공되는 교육 유형을 보다 유연하게 조정할 수 있다는 것이다. 기업의 규모가 커짐에 따라 현재 직원을 내부 승진 기회를 얻도록 준비시키고 유지하기 위해서 보다 공식적인 훈련 및 개발의 필요성이 커지고 있다. 또한 공식적인 훈련과 개발은 신입직원을 유치하는 데 도움이 된다.

직원과 관리자의 역할

직원과 관리자가 한 기업에서 갖는 역할은 훈련과 개발, 학습 활동의 초점에 영향을 미친다. 전통적으로, 직원의 역할은 관리자의 지시에 따라 그들의 직무를 수행하는 것이었다. 직원은 제품이나 서비스의 품질을 향상하는 일과 무관했었다. 그러나 지적자본의 창출에 대한 강조와 팀을 활용한 고성과 작업 시스템(high-performance work systems)의 이행과 함께, 오늘날의 직원들은 한때 관리직에만 한정되었던 많은 역할(예: 고용, 작업일정 조정, 고객, 소매업자 및 공급자와의 상호작용 등)을 수행하고 있다.[39] 만약 기업이 상품을 제조하고 서비스를 제공하기 위하여 팀을 활용하고 있다면, 팀 구성원들은 대인관계상의 문제해결과 팀 기술(예: 갈등을 해결하고 피드백을 하는 방식)에 관한 훈련이 필요하다. 만약 직원이 제품과 서비스 품질에 책임을 지닌다면, 그들은 판단을 내리기 위해 자료를 활용하는 법을 훈련받아야 하는데 이는 통계적 프로세스 관리 기술에 관한 훈련에 포함되어 있다. 1장에서 논의했듯이, 팀 구성원들은 그들이 수행하는 특정한 직무를 위한 것뿐만 아니라, 팀에 속한 모든 위치에서 요구되는 기술을 훈련(교차훈련)받아야 할 수도 있다. 교차훈련을 장려하기 위하여 현재 업무에 사용되는 기술보다는 필요한 기술의 수에 기반한 기술기반 임금 시스템을 채택할 수 있다.

연구자들은 오늘날 관리자가 해야 할 업무를 다음과 같이 제안하고 있다.[40]

- '개인과 팀 성과를 관리하라.' 직원에게 성과를 변화시키고, 성과에 대한 피드백을 제공하며, 훈련 활동을 모니터링하도록 동기부여하라. 개인과 팀 목표를 명확히 하고 기업의 목표와 정렬시켜라.
- '직원을 개발하고 지속적인 학습을 격려하라.' 업무 과제에 대해 설명하고 기술 전문성을 제공하라. 학습을 장려하는 환경을 만들라.
- '자원에 관하여 계획을 세우고 할당하라.' 전략적 계획을 업무 과제의 형태로 옮기고 프로젝트를 위한 목표 날짜를 설정하라.
- '활동과 상호의존적인 팀을 조직화하라.' 다른 단위가 업무 그룹에 의해 요구되는 제품이나 자원을 제공하도록 설득하고, 다른 단위의 목표와 계획을 이해하도록 하라. 팀은 내부와 외부 고객의 필요가 만나는 장소가 되도록 하라.
- '집단의 성과를 관리하라.' 책임 영역을 규정하고, 다른 관리자들과 그들의 그룹의 업무 단

위에서의 변화가 가져오는 효과에 대해 논의하기 위하여 만나고, 변화가 이루어지기 쉽게 하며, 사업 전략을 시행하라.
- '의사결정 과정을 촉진하라.' 팀과 개별적 의사결정을 용이하게 하라. 분쟁 조정, 통계적 프로세스 관리와 같은 효과적인 의사결정 프로세스를 활용하도록 장려하라.
- '신뢰를 만들고 유지하라.' 각 팀의 구성원들이 자신의 업무량과 고객에 대해 책임을 가지도록 하라. 모든 팀 구성원을 존중하라. 팀 아이디어를 경청하고 정직하게 응답하라.
- '자신의 업무 단위를 대변하라.' 다른 관리자들과의 관계를 발전시키고, 다른 부문에 대한 업무 집단의 요구를 소통하며, 다른 집단에게 업무 집단의 상태에 관한 정보를 제공하라.

기업에서의 지위(예: 선임관리자)와 상관없이, 모든 관리자는 다른 업무 단위와 관리자, 소매업체에 대한 대변인으로서, 즉 그 업무 단위의 대변자로서 활약해주도록 기대된다. 물론 역할의 일부에 관리자가 쏟아붓는 시간의 양은 그들의 지위에 의해 영향을 받는다. 현장관리자(line manager)는 중간관리자나 경영진보다 보다 많은 시간을 개인별 성과를 관리하고 직원을 개발하는 데 사용한다. 중간관리자와 경영진의 가장 중요한 역할은 계획을 세우고 자원을 분배하며, 상호의존적인 집단을 조직화하고, 집단의 성과를 관리하는 것(특히 변화를 관리하는 것)에 있다. 아울러 경영진은 시장 트렌드 분석, 고객과의 관계 발전, 영업과 마케팅 활동에 대한 감독 등을 통해 비즈니스 환경을 모니터링하는 데에 시간을 할애한다.

팀 환경을 성공적으로 관리하기 위해서 관리자는 협상, 세심함, 분쟁 조정, 의사소통 기술 등을 포함한 '대인관계 기술'을 훈련받을 필요가 있다. 대인관계 기술의 부족은 관리자의 경력상 진전(advance)의 실패로 이어진다.[41]

최고경영층의 지원

기업의 최고관리자인 CEO는 기업의 훈련과 학습의 중요성을 결정하는 데에 핵심적인 역할을 수행한다. CEO는 다음 사항에 대해 책임이 있다.[42]

- 학습을 위한 명확한 지향점 설정 (비전)
- 전략적 학습을 위한 격려, 자원 지원, 몰입 (스폰서)
- 목표와 목적을 검토하고 어떻게 훈련 효과성을 측정할 것인지에 대한 통찰을 제공하는 것을 포함하여 학습을 주관하는 데 적극적인 역할 수행 (관리자)
- 기업을 위한 새로운 학습 프로그램 개발 (내용전문가)
- 프로그램을 가르치거나 온라인 자원을 제공 (교육 담당자)
- 기업 전체를 위한 학습의 역할모델이 되며 지속적인 학습에 대한 의지를 입증 (학습자)
- 연설, 연간 보고서, 인터뷰, 다른 공적인 관계 도구에서 훈련을 옹호하여 기업의 학습에 대한 몰입을 촉진 (마케팅 담당자)

자료: J. Meister, "The CEO-Driven Learning Culture," *Training and Development* (June 2000), pp. 52–70.

LeadingRE, 뉴욕 커뮤니티 뱅코프와 시그니처 컨설턴트(Signature Consultant)의 CEO와 임원진들이 훈련을 어떻게 장려하고 지원하는지 생각해보자.[43] LeadingRE에서는 최고경영진이 훈련과 학습을 책임진다. CEO의 비전은 기업의 온라인 학습 플랫폼 이면에 있는 동기부여 역할을 한다. 또한 CEO는 기업의 학습팀과 정기적으로 만나 현재 진행 중인 훈련 과정과 새로운 과정에 대한 아이디어에 대해 피드백을 제공한다. 최고운영임원(chief operating officer, COO)은 학습팀이 고품질의 교육자료, 동영상 및 워크숍을 제작하는 데 필요한 자체 제작 자원을 확보하도록 지원한다. 최고재무임원(chief financial officer, CFO)은 교육 예산을 모니터링하고, 학습팀이 프로그램의 재무가치를 결정할 수 있도록 지원하며, 재무결과를 보고한다. 뉴욕 커뮤니티 뱅코프에서는 경영진들이 기업의 교육 계획이 기업의 전략을 뒷받침할 수 있도록 지원한다. 직원 개발 및 교육 담당 책임자는 최고운영임원 및 최고행정임원(chief administrative officer, CAO)과 함께 주요 교육 목표와 교육 목표 달성을 위한 진행상황을 검토한다. 시그니처 컨설턴트의 설립자이자 CEO는 교육 및 개발 전략에 대한 피드백을 제공하고 학습의 중요성을 강조하는 데 도움을 준다. 교육개발팀 관리자는 비즈니스의 운영 부문에서 일했는데, 이는 훈련이 비즈니스와 연결되고 신뢰할 수 있고 필요한 것으로 간주되도록 도움을 준다.

사업 부문의 통합

사업 부문이나 비즈니스가 통합되어 있는 정도는 실시되는 훈련의 종류에 영향을 미친다. 고도로 통합되어 있는 비즈니스에서는 기업의 다른 단위, 서비스 및 제품에 대한 직원의 이해가 필요하다. 훈련은 다른 비즈니스상의 직무를 직원들이 순환하도록 하여, 비즈니스 전체를 이해할 수 있도록 하는 것을 포함하는 경우가 많다.

글로벌 위상

1장에서 언급했듯이, 글로벌 제품과 서비스 시장의 발전은 미국의 기업들에게 중요한 도전과제가 되었다. 글로벌 경영을 하는 기업에게 훈련은 직원의 일시적 또는 장기적인 해외파견 준비에 활용된다. 또한 직원이 미국 이외의 여러 지역에 지리적으로 분산되어 있으므로 훈련을 미국의 본부에서 편성하고 수행할지 또는 해외 시설 가까운 곳에 위치한 위성시설에 맡길지를 결정해야 한다. 주요 도전과제는 직원들이 말하는 언어나 문화적 배경에 상관없이 학습이 모든 직원에게 효과적이어야 한다는 것이다.

글로벌화가 필립스(Philips), 텔러스(TELUS) 및 에티하드항공(Etihad Airways)의 훈련 관행에 어떤 영향을 미쳤는지 생각해보자.[44] 네덜란드 기술 기업인 필립스는 헬스케어, 조명, 소비자 라이프스타일 제품에 초점을 맞추고 있다. 필립스의 학습 기능은 100여 개국에 있는 직원들에게 서비스를 제공해야 한다. 그 결과, 기업은 지역적으로 적합한 표준 글로벌 학습 접근방식을 개발하였다. 필립스는 학습의 질을 높이기 위해 글로벌 표준을 마련하고 있지만 각 사업부에서 해당 지역의 학습자 요구에 맞게 학습을 맞춤화할 수 있도록 장려하고 있다. 예를 들어, 인도와 중국에서는 직원들이 일대일 코칭을 사용하여 학습하도록 권장되지만, 유럽에서는 온라인으로 제공되는 학습을 잘 수용하고 있다.

캐나다 통신 기업인 텔러스는 중앙아메리카에 위치한 컨택트센터 아웃소싱 계열사에 학습과 개발을 제공한다. 수강생들에게 영어와 직업 기술을 가르치는 프로그램을 제공하는데, 수강생들은 취업 기회가 적은 농촌에서 모집된다. 그들은 훈련하는 동안 임금을 받으며 프로그램을 마치면 기업에서 일자리를 얻는다. 또한 텔러스는 동기부여되고 숙련된 인력을 확보함으로써 이점을 얻고 있다. 모든 프로그램 참가자는 텔러스 인터내셔널(TELUS International)에 남아서 경력을 쌓기를 원하며, 기업 내 고성과 직원 그룹에 속해 있다.

페르시아만 항공사인 에티하드항공은 거의 모든 직원을 위해 제2의 언어인 영어로 운영되고 있다. 그 결과, 113개국에서 온 직원들을 위해 더 많은 시각적 학습을 포함하여 교육 프로그램을 수정하였다. 양방향 컴퓨터 프로그램(interactive computer programs)은 승무원들이 지시사항을 읽는 대신 사진을 클릭하고, 이를 끌어다 항공사의 비즈니스 클래스 저녁 테이블 기준에 맞추는 방법을 알려주고 있다. 또한 승무원을 위한 풀모션(full-motion) 시뮬레이터에 수백만 달러를 투자하였다. 시뮬레이터는 난기류를 일으키고, 실내에 연기를 쏟아붓고, 저장 공간이나 머리 위 쓰레기통에 불을 붙일 수 있다. 훈련생들은 앞바퀴가 무너지거나 비행기가 옆으로 착륙할 때 발생할 상황을 대비해 모의착륙을 통해 비행기를 대피시키고 객실 문을 여는 방법을 배워야 한다.

비즈니스 환경

실업률이 낮거나 비즈니스가 고도의 성장을 하고 있어서 새로운 직원을 필요로 할 때, 혹은 둘 다일 경우, 기업은 종종 새로운 직원을 끌어들이고, 필요한 기술을 갖춘 직원을 찾아내고, 현재의 직원을 유지하는 데에 어려움을 겪는다.[45] 기업은 직무에 적합한 자질을 갖추지 못한 직원을 채용하는 상황에 처하게 될 수도 있다. 아울러, 이러한 비즈니스 환경 속에서 기업은 유능한 직원을 유지해야 할 필요가 있다. 지식기반 경제(정보기술과 제약 분야 포함)에서 제품 개발은 직원의 특화된 기술에 달려 있다. 핵심직원을 잃는 것은 프로젝트의 지연을 야기하거나 기업이 새로운 프로젝트를 맡지 못하게 할 수 있다. 훈련은 직원이 생산성을 높일 수 있도록 준비시키는 것뿐만 아니라, 그들에게 동기를 부여하고 현재의 직원을 유지하는 데 결정적인 역할을 한다. 무엇이 직원 유지에 영향을 미치는지에 대한 연구들은 직원이 좋은 동료들과 일하는 것, 도전의식을 북돋우는 직무 배정을 받는 것, 경력 개발과 성장을 위한 기회가 주어지는 것을 기업에 남아 있게 하는 최고의 이유로 꼽고 있다. 하이테크 산업에서 소매업에 이르기까지 모든 산업을 아울러서, 기업은 새로운 직원을 유치하고 현재의 직원을 유지하기 위하여 점점 더 훈련에 의존하는 추세이다. 예를 들어, 북미지역 알리안츠 생명보험(Allianz Life Insurance Company)은 인적자원운영팀과 협력하여 기업 콜센터의 이직률을 줄이기 위해 설계된 신규 채용훈련 프로그램을 개발하였다.[46] 새로운 훈련 프로그램은 120일에 걸쳐 이루어진다. 이를 통해 콜센터 직원은 기술을 배우고, 고객 상담에 적용하며, 다시 교육에 복귀하여 새로운 기술을 배울 수 있다. 장기간에 걸쳐 훈련일정을 분산하면 콜센터 직원들의 불안감을 줄이고 대고객 전화응대 능력을 높일 수 있다. 새 프로그램의 결과로 신입직원의 이직률이 20% 감소하였다.

불안정한 비즈니스 환경(비즈니스 합병, 인수 또는 투자회수로 특징지어지는)에 처한 기업의 경우 훈련을 포기하거나 관리자의 재량에 맡길 수 있으며, 좀 더 단기적으로 훈련 과정을 제공할 수 있다(예: 새로운 업무를 위한 인력 준비보다는 기술 부족을 해결하기 위한 훈련 과정 제공). 이 프로그램들은 기업의 구조에 관계없이 필요한 기술과 특성(예: 변화에 대처하는 방법)의 개발을 강조한다. 계획된 노력의 결과로서 훈련이 이루어지지 않을 수도 있다. 합병, 인수 또는 투자회수 후에도 기업에 남아 있는 직원은 일반적으로 자신의 직무가 다른 책임과 새로운 기술을 필요로 한다는 것을 알게 된다. 성장을 경험하는 기업(즉, 제품과 서비스에 대한 수요 증가)의 경우는 영업, 마케팅 및 생산운영의 확대 또는 새로운 사업부의 창업으로 인해 수평적(lateral) 직무이동 및 승진에서 새로운 기회가 많이 생길 수 있다. 이러한 직원들은 새로운 직책이 종종 더 높은 급여와 더 도전적인 업무를 필요로 하므로 개발 활동에 참여하는 것을 좋아한다.

기업이 자신의 비즈니스를 재활성화 및 재설정하려는 동안에는 수익이 정체되어 있는 경우가 많다. 그 결과 승진과 임금 인상과 같은 훈련 참여 장려책이 감소하게 된다. 많은 경우 기업은 비용절감의 일환으로서 인력을 감축한다. 이러한 환경에서 훈련 활동은 퇴직자나 이직자로 인해 공석이 된 직책을 기존 직원들이 채울 수 있도록 준비시키는 데 초점을 두고 있다. 또한 훈련은 직원의 기술 노후화를 막는 데 도움이 된다(직원의 기술 노후화를 막기 위한 지원 전략은 10장에서 다룬다).

다른 인적자원관리 관행

인적자원관리 관행[human resource management (HRM) practices]은 직원 채용(얼마나 많은 직원이 필요한지, 어떻게 모집하고 뽑을 것인지를 결정), 성과관리, 훈련, 보상과 복리후생과 관련한 투자(시간, 노력, 비용)에 관한 관리활동으로 구성된다. 사업 전략에 기여하는 최신의 HRM 실행방식을 채택하고 있는 기업은 그렇지 않은 기업보다 더 높은 성과를 보여주고 있다.[47] HRM 관행은 인적자본(사람들이 내포하는 지식, 기술, 능력)의 유인, 동기부여, 유지에 기여하며, 이는 기업의 경쟁우위에 도움이 될 수 있다. 훈련은 선발과 성과관리, 보상과 더불어서 인적자본의 유인, 동기부여, 유지에 영향을 미친다. 훈련은 생산성에 기여하며 궁극적으로는 기업 성과에 기여하는 특화된 기술을 개발하는 것을 돕는다. 또한 훈련은 직원들이 기업의 새로운 직무로 이동할 때 필요한 기술을 제공하는 데 도움이 되며, 직원의 만족도와 몰입을 증가시켜 준다. 훈련과 훈련에 투입되는 자원의 유형은 직원 채용 전략과 직무와 직원의 독특성에서 오는 전략적 가치, 인적자원 계획에 의하여 영향을 받는다.

채용 전략

채용 전략(staffing strategy)은 어디서 직원을 찾을 것인지, 어떻게 뽑을 것인지, 원하는 직원의 기술과 지위(임시직, 정규직 등)를 아우르는 기업의 결정을 가리킨다. 노동시장이나 직원 채용 전략, 직무나 지위의 전략적 가치와 독특성에 대한 기업의 평가가 서로 다르기 때문에, 기업에 따라서 훈련과 개발, 학습 기회가 다양하다는 것을 인식하는 것은 매우 중요하다. 예를 들어, 어떤 기업이 내린 직원 채용 결정 중 하나는 공석을 채우기 위하여 얼마나 내부노동시장(기업 안) 혹은 외부노동시장(기업 밖)에 의존할지에 대한 것이다. 기업의 직원 채용 전략의 두 가지 측면인 승진과 업무 배정 결정을 내리는 데 사용되는 기준(업무 배정 흐름)과 공석을 채우기 위해 인적자원 확보를 선호하는 장소(공급 흐름)는 훈련에 영향을 미친다.[48]

개인의 성과나 집단 혹은 비즈니스 단위에 기반한 기업의 승진과 업무 배정 의사결정은 다양하다. 또한 직원 채용을 현재의 직원(내부노동시장) 또는 경쟁사 출신의 직원과 대학 졸업자들과 같이 노동시장에 막 유입된 사람들(외부노동시장) 중 어느 범위에서 할지도 다양하다. 그림 2.4는 직원 채용 전략의 두 가지 차원을 보여준다. 이러한 업무 배정 흐름과 공급흐름 차원의 상호작용은 요새형(fortresses), 야구팀형(baseball teams), 클럽형(clubs), 아카데미형(academies) 등 네 가지 유형으로 구분된다. 각 유형은 훈련 활동에서 서로 다른 강조점을 두고 있다. 예를 들면, 일부 기업(의학연구기업)은 혁신과 창조성을 강조한다. 이러한 유형의 기업들은 '야구팀형'으로 분류된다. 혁신과 창조성과 관련한 기술은 훈련하기가 어려운 편이므로, 이들은 경쟁사의 직원을 유치하거나 특화된 기술을 갖춘 졸업생을 채용하는 것을 통해 직원 채용 필요에 대응하는 경향이 있다. '아카데미형'은 산업이나 시장지배력이 높은 P&G와 같은 기업들인데 이들은 새로운 직책과 관리자 역할을 채우기 위하여 주로 기존 직원들(즉, 내부노동시장)을 훈련시키고 개발하는 데 의존한다. '클럽형'은 에너지나 건강관리와 같이 고도로 규제되는 산업에 속한 기업들인데, 마찬가지로 자신의 내부노동시장으로부터의 인재개발에 의존하는 편이지만, 승진을 결정하기 위하여 팀 혹은 부서의 성과에 의존하거나 중요한 개발 활동이나 과제를 얻기 위한 기회에 의존한다. '요새형'은 상당한 변화를 겪고 있고 생존을 위해 투쟁하고 있는 산업에 속한 기업들이 포함된다. '요새형'에서 재정 및 다른 자원을 개발에 사용할 수 없기 때문에 '필요할' 때마다 바깥, 즉 외부노동시장으로부터 인재를 채용하는 것에 의존하는 경향이 있다. 그림 2.4는 특정한 직원 채용 전략을 지원하는 개발 활동을 규정하는 데 활용될 수 있다. 예를 들어, 만약 어떤 한 기업이 개별 직원에게 보상을 주고 내부에서 승진을 시키길 원한다면(그림 2.4의 오른쪽 밑면), 직원 채용 전략을 뒷받침하기 위해서 내부의 옆쪽, 위쪽, 아래쪽의 움직임과 대각선 기능을 활용할 필요가 있다.

직무와 직원의 독특성에 대한 전략적 가치

기업이 훈련과 개발 자원을 어떻게 투자하는지에 영향을 미치는 또 다른 전략적 고려사항은 서로 다른 직원의 유형에 근거한다. 일부 기업이 보이는 한 가지 차이는 관리자와 개인 기여자를 위한 훈련과 개발 활동에서 나타난다. 관리자에게는 개인 기여자에게 주어지지 않는 직무 경험과 국제적 업무와 같은 개발의 기회가 주어지기도 한다. 이들이 기업에서 리더십 직책을 위해 준비되어 있고, 이를 기준으로 평가받기 때문이다.[49] **독특성**(uniqueness)은 어떤 직원이 드물고, 전문화되어 있으며, 노동시장에서 쉽게 얻지 못하는 정도를 의미한다. **전략적 가치**(strategic value)는 기업의 효과성과 효율성을 향상해줄 직원의 잠재력을 가리킨다. 이 두 개념은 네 가지의 직원 유형을 만들게 되는데 지식기반 직원(높은 가치와 높은 독특

그림 2.4
훈련에 대한 직원 채용 전략의 영향

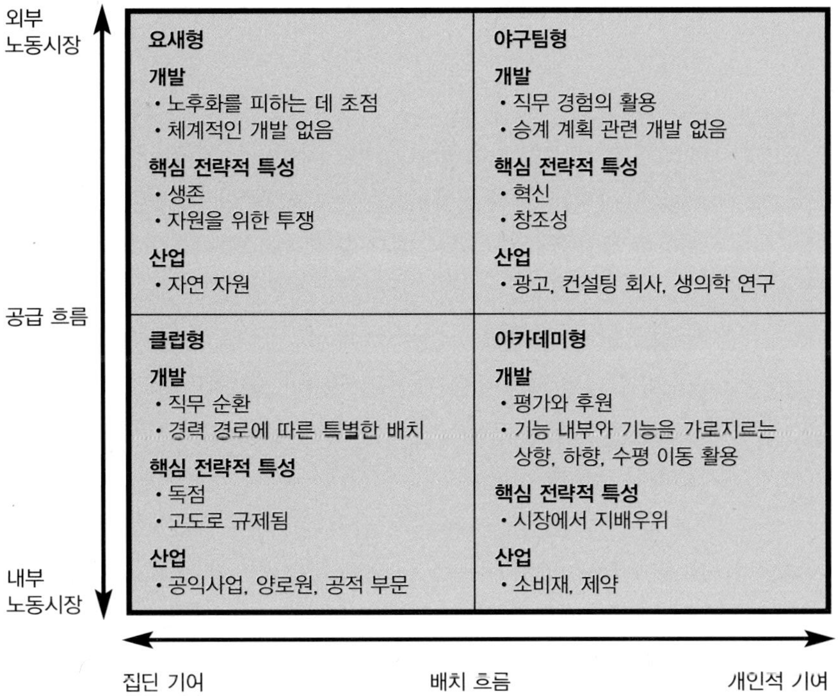

자료: J. A. Sonnenfeld and M. A. Peiperl, "Staffing policy as a strategic response: A typology of career systems," *Academy of Management Review* 13 (1988), pp. 588–600을 적용함.

성), 직무기반 직원(높은 가치와 낮은 독특성), 계약직 직원(낮은 가치와 낮은 독특성), 제휴/파트너십(낮은 가치와 높은 독특성)이다.

제약기업을 고려해보면 과학자(지식기반 직원), 연구실 기술자(직무기반 직원), 비서직과 행정직 직원(계약직 직원), 법률 고문(제휴/파트너십)을 포함하여 서로 다른 직원 집단으로 구성되어 있다. 지식기반 직원은 가치 있고 독특한 기술을 보유하고 있기 때문에, 기업은 그들을 훈련하고 개발하는 것, 특히 기업이 특별히 필요로 하는 기술을 개발하는 것에 큰 비중을 두고 투자할 것으로 예상된다. 직무기반 직원은 지식기반 직원보다 훈련을 덜 받을 가능성이 높은데, 비록 그들이 기업을 위하여 가치를 창출하더라도 독특한 존재는 아니기 때문이다. 만약 그들이 훈련을 받는다면, 직무를 수행하는 데 필요한 기술에 초점이 맞춰지는 경향이 있다. 개발 기회는 그들이 뛰어난 고성과자임이 확인되지 않는 한 제한될 것이다. 계약직 직원을 위한 훈련은 기업의 정책과 법규를 준수하도록 하거나 산업에 근거한 면허와 자격상의 필요요건들에 한정될 가능성이 높다. 제휴/파트너십 직원은 기업의 정규직(full-time) 직원이 아니지만 가치 있는 서비스를 제공하므로, 이들을 위한 훈련은 지식을 공유하도록 격려하고, 직무기반 및 지식기반 직원들과의 신뢰와 관계를 발전시키기 위해 설계된 팀 훈련과 체험훈련(experiential exercises)에 초점이 맞춰지는 경향이 있다.

인적자원계획

인적자원계획(human resource planning)은 기업이 변화하는 비즈니스 환경에 대응하기 위하여 인적자원 부문에서 요구되는 변화를 확인하고, 분석하고, 예상하며, 계획하는 것을 포함한다.[50] 인적자원계획은 이직이나 인사이동, 은퇴, 승진 등의 이유로 기업 내에서 인적자원의 움직임을 예상할 수 있도록 해준다. 인적자원계획은 어떤 종류의 능력을 가진 직원들이 기업의 어느 부분에서 필요한지를 확인하는 데 도움을 줄 수 있다. 훈련은 인적자원계획에 의해 예상되는 현재 직무나 승진, 수평적 이동과 인사이동, 하향이동이나 좌천에서 직원의 책무성 증가를 준비시키는 데 사용될 수도 있다.

노동조합 형성 정도

노동조합의 훈련에 대한 관심은 직원이 새로운 직무를 준비할 수 있도록 돕기 위하여 설계된 노조-경영진 합동 프로그램의 형태로 나타난다. 기업이 노동조합의 개입 없이 재훈련과 생산성 향상 노력을 시작한다면, 쉽사리 실패하게 된다. 노동조합은 프로그램을 생산성 향상으로 증가된 이익을 공유하지 않고 단지 직원들을 더 열심히 일하게 만들기 위한 또 하나의 시도로 간주할 수 있기 때문이다. 노조-경영진 합동 프로그램(10장에서 상세히 다룸)은 모든 집단(노동조합, 경영진, 직원)이 개발의 목표를 이해하도록 하며, 기업에게는 수익의 창출, 직원에게는 고용 유지와 증가된 수익 공유와 같이 모두를 위해 필요한 변화를 이루어내는 데 몰입하도록 만든다.

훈련과 개발에 대한 스태프의 개입

기업의 훈련 프로그램이 얼마나 자주, 그리고 얼마나 잘 활용되는지는 관리자와 직원, 전문화된 개발 스태프가 관여하는 정도에 따라 영향을 받는다. 만약 관리자가 훈련 프로세스(예: 훈련 요구사항 확정, 훈련자로서 역할)에 관여하지 않는다면, 훈련은 사업 요구와 무관해질 수 있다. 또한 관리자는 훈련의 효과성을 보장(예: 훈련생에게 직무에 대한 피드백을 주는 것)하는 데에 전념하지 않을 수도 있다. 그 결과 관리자는 훈련을 사업 목표를 성취하는 데 도움을 주는 수단이라기보다는 훈련 부서에 의해 강요된 '필요악'으로서 느끼게 될 수도 있다는 점에서 기업이 목표에 도달하도록 돕는다는 훈련의 잠재적 효과가 제한될 수 있다. 만약 현장관리자가 공석인 직책을 채우는 데 걸리는 시간을 줄이는 것과 같이 개발 활동으로 성취할 수 있다는 것을 인식하게 되면 그들은 보다 기꺼이 관여하게 될 것이다. 또한 그들은 참여에 대한 보상이 주어진다면 훈련 프로그램에 참여하게 될 것이다.

마운틴 아메리카 크레디트 유니온(Mountain America Credit Union)의 직원 학습 및 개발에 대한 몰입은 준비가 잘되어 있고 자격을 갖춘 직원을 확보하는 것을 목표로 한다.[51] 학습개발팀은 다른 비즈니스 리더들에 의해 전략적 파트너로 간주되며, 다른 비즈니스 리더들의 교육 요구에 대한 이해를 필요로 하고 있다. 그 결과, 마운틴 아메리카 크레디트 유니온의 최고학습책임자 및 인재개발 수석부사장은 다른 비즈니스 리더와의 전략적 계획 논의에 참여하여 그들의 학습 니즈를 이해하고 있다. 각 비즈니스 리더는 그들이 달성하려는 사업 성과, 개선이 필요한 중요 영역, 학습 및 개발로 이루기 원하는 사업 성과의 개선과 달성에 도움이 되는 방법을 파악해야 한다. 마운틴 아메리카 크레디트 유니온은 기업의 성공에 기여하는 다양한 학습 기회를 제공한다. 여기에는 고위관리자들의 기업 내 이력 및 경험을 공유하는 신입직원 오리엔테이션, 기업 업무 절차, 가상입출금자 교육, 웨비나 등에 대한 정보를 제공하는 온라인 지식센터 등이 포함된다. 직원 개인에 대한 개발 계획은 직원이 현재 위치와 원하는 미래의 역할 모두에 필요한 기술을 습득하는 데 활용된다. 사업 성과에 대한 학습 기회의 기여도는 포커스 그룹 인터뷰, 직원 설문조사, 직무 성과 및 유지 자료 등 여러 가지 방법으로 평가된다. 예를 들어, 신규 금융서비스 담당자가 교육을 받은 지 90일이 지난 후 대출 채무불이행을 피하려는 마운틴 아메리카 크레디트 유니온의 목표는 20% 초과 달성한 것으로 나타났다. 이로 인해 기업은 3억 6,000만 달러 이상을 절감하였다.

오늘날 기업은 직원들이 훈련 프로세스를 시작하길 기대한다.[52] 지속적인 학습철학을 훌륭히 수용하는 기업은 더 많은 개발 계획을 필요로 한다. 기업은 훈련과 개발 활동(수업료 환불, 수업과정과 세미나, 워크숍 제공 등)을 지원할 뿐만 아니라 직원들에게 개발을 계획하는 책임을 부과한다. 이는 훈련과 개발 계획의 필요성을 확인하고, 기대되는 결과를 선택하는 것(예: 행동상의 변화, 발전된 지식), 취해져야 할 행동을 확인하는 것, 어떻게 목표한 성과로의 진전도가 측정될 것인지를 결정하는 것, 향상을 위한 시간표를 만드는 것을 포함한다. 강점과 약점, 훈련의 요구를 확인하기 위해서 직원은 자신이 무엇을 원하고, 무엇을 할 수 있고, 또한 다른 사람들이 자신을 어떻게 인식하고, 무엇을 기대하는지를 분석할 필요가 있다. 이러한 요구는 현재의 역량과 흥미 및 직원들이 미래에 하기 원하는 업무나 직책의 유형의 간격에서 비롯된 것일 수도 있다. 요구에 대한 평가 과정은 3장 "요구 조사"에서 보다 자세히 논의한다.

서로 다른 전략에서의 훈련 요구

표 2.7은 집중화, 내적 성장, 외적 성장, 투자회수로 이루어진 네 개의 사업 전략을 제시하며, 각각의 전략에서 훈련 실행을 강조하고 있다.[53] 각 전략은 사업 목표에 따라 서로 다르다. **집중화 전략**(concentration strategy)은 시장점유율의 증가나 비용 감소 또는 제품과 서비스를 위한 틈새시장을 만들어내고 유지하는 것에 초점을 둔다. 사우스웨스트항공(Southwest Airlines)은 수년간 집중화 전략을 취해왔다. 주로 단거리, 낮은 요금, 빈번한 항공운송에 중점을 두고 있는데, 한 종류의 항공기(보잉 737)를 이용하며 예약된 좌석이 없고, 식사도 제공하지 않는다. 이러한 집중화 전략을 통해 사우스웨스트항공은 비용을 낮게 유지하고 수익을 높일 수 있었다. **내적 성장 전략**(internal growth strategy)은 새로운 시장과 제품의 개발, 혁신, 합작 사업에 초점을 맞춘다. 예를 들어, 콘티넨털항공(Continental Airlines)과 유나이티드항공(United Airlines)의 합병은 세계에서 가장 큰 항공사를 만들어냈다. **외적 성장 전략**(external growth strategy)은 소매업체와 공급업체의 인수 또는 기업이 새로운 시장으로 확장할 수 있게 해주는 사업체를 인수하는 것을 강조한다. 예를 들어, 전자상거래 기업인 아마존은 유기농 식료품 체인점인 홀푸즈(Whole Foods)를 인수하였다. **투자회수 전략**

표 2.7 훈련에 미치는 사업 전략의 영향

전략	강조	성취 방법	핵심 이슈	훈련에의 영향
집중화	• 시장점유율 증가 • 운영비용 감소 • 틈새시장의 창조 또는 유지	• 제품 품질 향상 • 생산성 향상 혹은 기술적 프로세스 혁신 • 맞춤형 제품 또는 서비스	• 기술 보급 • 기존 인력 개발	• 팀 빌딩 • 교차훈련 • 전문화된 프로그램 • 상호 간 기술 훈련 • 현장직무훈련
내적 성장	• 시장 개발 • 제품 개발 • 혁신 • 합작 사업 • 합병 • 글로벌화	• 기존 제품의 판매/유통경로 추가 • 글로벌 시장 확대 • 기존 제품 수정 • 신제품 또는 다른 제품 창조 • 공동소유를 통한 확장 • 관리자 물색 및 개발	• 새로운 직무와 과제 창출 • 혁신 • 인재 관리	• 제품 가치에 관한 고품질의 소통 • 문화 훈련 • 창조적 사고와 분석을 높이 평가하는 조직문화 개발 • 직무의 기술적 역량 • 피드백과 의사소통에 관한 관리자 훈련 • 갈등 조정 기술
외적 성장 (인수)	• 수평적 통합 • 수직적 통합 • 집중적 다각화	• 제품시장 내 동종업계 기업 인수 (새로운 시장 접근) • 제품을 공급하거나 구매할 수 있는 비즈니스 인수 • 인수하는 기업과 공통점이 없는 기업 인수	• 합병 • 정리해고 • 구조조정	• 인수한 기업의 직원 역량 측정 • 훈련 시스템의 통합 • 통합기업의 방식과 절차 • 팀 빌딩 • 공유된 문화의 개발
투자회수	• 경비 절감 • 부실 기업 회생 • 자기업 매각 • 해산	• 비용 절감 • 자산 축소 • 수익 창출 • 목표 재설정 • 모든 자산 매각	• 효율성	• 동기부여, 목표 설정, 시간 관리, 스트레스 관리, 교차훈련 • 리더십 훈련 • 상호 간 소통 • 재취업 지원 • 구직 기술 훈련

(disinvestment strategy)은 비즈니스의 해산과 매각에 강조점을 둔다. 예를 들어, GE는 신임 최고경영자(CEO)가 전략적 방향을 재정비하면서 운송 및 의료 정보기술(IT) 사업을 분사하는 방안을 검토 중이다.

연구 결과들은 사업 전략과 훈련의 양과 종류 사이에 연관성이 있다고 설명하고 있다.[54] 표 2.7은 훈련 주제가 전략에 따라 상당히 달라질 수 있음을 보여준다. 사업철수를 하는 기업은 직원들에게 구직 기술을 훈련하고, 직무상 책임이 확대되도록 남아 있는 직원들에게 이문화 훈련을 하는 것에 초점을 맞춰야 한다. 틈새시장에 초점을 맞춘(집중화 전략) 기업은 기술 보급과 그들의 기존 노동력을 개발하는 것을 강조할 필요가 있다. 합병이나 인수를 통해 형성된 신생 기업들은 직원들이 기업의 새로운 전략적 목표에 도달하게끔 돕는 데 필요한 능력을 갖추도록 할 필요가 있다. 아울러 합병과 인수가 성공적이기 위해서는 직원들이 새롭게 합병된 조직과 문화에 대해서 배워야 하는데[55] 직원들에게 전화, 이메일, 기업 인트라넷이 어떻게 작동하는지를 설명하는 시스템에 대한 훈련을 제공해야 한다. 관리자에게는 성공적인 합병을 위한 방안(예: 변화에 대한 저항에 대처하는 법)에 대한 교육이 필요하다. 어센드 페더럴 크레디트 유니언(Ascend Federal Credit Union)의 비즈니스 성장은 기업이 관리직에 오를 직원을 파악하고 개발해야 한다는 것을 의미한다.[56] 어센드는 직원들의 현재 실력과 경험을 발전의 출발점으로 삼아 리더십 개발 프로그램을 설계하였다. 이 프로그램에는 직원들이 다양한 관리자 역할에 대한 경험을 쌓을 수 있는 직무 순환이 포함되어 있다. 향후 리더가 될 직원들은 워크숍에 참석하여 인력 문제를 효과적으로 관리하고 기업의 전략적 방향을 이해할 수 있도록 준비한다. 프로그램 참여자가 관리직으로 승진하는 비율은 42%에 달하고 있다.

내적 성장 전략의 기업은 인재를 발굴하고 개발해야 하는 과제에 직면해 있다. IT 컨설팅 기업인 HCL 테크놀로지스(HCL Technologies)는 비즈니스를 성장시켰고 그 결과 신규직원이 추가되었다.[57] 성공을 위해서는 HCL 직원이 새로운 툴과 모바일 및 웹 기술에 대한 최신 정보를 확보해야 한다. HCL은 직원들의 실력이 최신이 되도록 온라인 학습, 강의실 강의, 현장 체험, 멘토링 등을 제공하는 기술 아카데미를 개발하였다. 지속적인 개선을 위해 직원들은 실제 기술 환경을 시뮬레이션하는 가상 온라인 랩에서 강좌를 수강하고 학습하여 기술 인증을 받도록 독려된다. 학습 프로그램의 90%는 내부적으로 개발된다. HCL은 학습에 수백만 달러를 투자했지만, 이번 투자를 통해 경쟁에서 앞서나가 비즈니스를 성장시킬 수 있다고 믿고 있다. HCL은 인증 프로그램을 마친 직원들이 비용청구 시간을 더 많이 창출하고, 기업에 더 오래 근무하며, 만족도가 더 높은 것으로 나타났다.

토요타 자동차(Toyota Motor Corporation)는 자동차와 트럭 수요 감소에 직면하여 직원들을 유지하고 직무 기술을 향상하기 위해 설계된 훈련 프로그램에 참여시켜 효과적이고 효율적인 자동차 조립방법을 모색하도록 장려하는 것으로 알려져 있다.[58] 토요타는 직원들의 품질관리 및 생산성 향상을 위해 휴식시간(downtime)을 활용하며, 정규직 비노조 직원을 절대 해고하지 않겠다는 약속을 잘 지키고 있다. 토요타의 훈련은 지속적인 개선을 가져왔다. 예를 들어, 테플론(Teflon) 링은 자동차 문 가장자리에 전기 스위치를 설치할 때 발생되는 페인트 손상을 예방하는 데 도움을 주는데, 생산조립 라인 직원이 설계한 것이다.

투자회수 전략은 에드워즈 라이프사이언스(Edwards Lifesciences)가 다른 기업으로부터 분리되는 결과를 야기했다.[59] 새로운 기업의 관리팀은 판매 성장, 신제품 개발, 고객 충성도, 직원의 몰입과 만족도에 대한 목표와 관련해서 새로운 전략적 계획을 개발하였다. 기업은 전략적 목표에 부응하는 데 도움을 줄 수 있도록 리더를 준비시켜야 한다는 것을 깨달았다. 리더십 핵심인재에 대한 리뷰를 통해 리더십 개발이 필요하다는 것을 알게 되었으며 이를 통해 리더십 프로그램이 만들어졌다. 이 프로그램은 서로 다른 기능과 지역 출신인 20명의 참여자를 포함하였다. 일주일간 진행되는 프로그램의 일부는 관리자팀이 자신들의 비즈니스를 운영하고, 마케팅, 생산, 재정에 관한 책임을 맡는 시뮬레이션에 할애되었다. 이 과정에서는 기업의 경영진들이 강의하는 수업이 포함되기도 했는데, 경영진들은 기업의 사업 전략과 같은 중요한 주제에 관하여 설명하였다.

훈련 부서 조직에 관한 모델

대부분의 기업은 학습 또는 훈련 기능이 기능적 영역, 지역, 사업단위 또는 사업부에 관계없이 모든 직원에게 교육과정과 프로그램을 제공하기를 원한다. 이러한 과정 및 프로그램은 본사 또는 기업대학에서 근무하는 학습담당 직원이 개발(교육 공급업체에서 개발하거나 구매)하고 제공한다. 동시에 기업은 학습 기능이 사업부나 제품군 고유의 교육 요구에 맞는 학습을 제공하기를 원한다.

기업이 교육 부서(또는 학습 기능)를 구성하는 방법을 선택할 때 고려해야 하는 중요한 결정사항 중 하나는 교육과 학습의 집중화된(centralized) 정도이다. 일반적으로 기업은 교육 및 학습을 완전히 집중화하거나 분산화하지 않는다. 오히려 사업 전략을 가장 잘 지원하고 요구를 충족할 수 있도록 교육 부서나 학습 기능을 조직화한다. 여기에는 일반적으로 기업의 학습 기능 또는 기업대학에서 일부 학습을 제공하고, 다른 학습은 기능, 제품군 또는 지역(비즈니스 내재화)에 맞게 맞춤화되어 개발하고 제공하는 접근방식이 포함된다. **집중화된 훈련**(centralized training)은 교육 및 개발 프로그램, 자원 및 전문가를 한곳에 배치하고 교육 투자, 프로그램 및 제공 방법에 대한 결정은 해당 부서에서 이루어지는 것을 의미한다.

집중화된 교육 기능의 장점은 다음과 같다. 사업 전략과 더욱 긴밀하게 연계할 수 있도록 도와준다. 품질 및 제공 속도를 측정하고 보고하는 공통지표 또는 스코어카드를 개발할 수 있다. 프로세스를 간소화하는 데 도움이 된다. 또한 공급업체 및 소비자로부터 교육을 구입하는 데 비용우위를 확보할 수 있다. 참여하게 될 훈련생 수를 고려하면 공급업체 또는 컨설턴트로부터 교육과정을 구매할 때 비용상 이점이 있다. 집중화된 교육 기능은 기업의 변화시기에 교육 및 학습과 함께 리더양성 및 인재관리를 위한 프로그램을 보다 효과적으로 통합할 수 있도록 도와준다. 예를 들어, SAP에서는 학습에 필요한 자금이 사업부 전체에서 중요한 전략적 프로그램에 집중되어 있다.[60] SAP의 개별 학습 그룹은 하나의 브랜드, 로고, 학습 기술 및 교육 설계 철학으로 통합된다. 학습 기능은 다양한 사업 영역과 직원의 학습 및 개발 요구에 지속적으로 대응하고 있다. 전기톱, 송풍기, 트리머(trimmer) 등을 생산하는 실외전력장비 생산업체인 STIHL은 직원, 도매업체, 소매업체 등 세 개의 이해관계자에게 부합하는 학습이 이루어진다.[61] ToolingU를 통해 온라인 기술 교육을 제공하고, 원격학습 프로그램인 iCademy를 통해 대리점의 비즈니스와 교육 요구를 지원한다. 전문 강의 프로그램은 조경, 수목 서비스, 공익시설 등을 대상으로 직원들이 장비를 잘 활용하고 사고를 피할 수 있도록 설계되었다.

기업대학(기업훈련대학)

집중화된 훈련의 이점을 얻기 위해, 많은 기업이 그림 2.5와 같이 기업대학을 활용하고 있다. **기업대학**(corporate university)은 고객 집단이 직원과 관리자에게 한정되는 것이 아니라, 전문대학, 일반대학, 고등학교, 초등학교를 포함한 기업 외부의 이해당사자들도 포함한다는 점에서 다른 모델들과 차이가 있다. 기업대학은 훈련 부서를 괴롭혀왔던 많은 문제를 극복하는 데 도움을 주며, 학습을 위한 기업의 노력에 대해서도 상당한 이점을 제공할 수 있다(그림 2.5의 왼쪽 편을 보라). 기업대학은 학습에 대한 명확한 미션과 비전을 제공하고 이것을 사업 요구와 일치시킴으로써 학습을 보다 전략적으로 만드는 데 도움을 줄 수 있다. 또한 강력한 비즈니스 문화와 가치를 가진 기업이 학습 커리큘럼을 강조하고 있다는 것을 부각

그림 2.5 기업대학 모델

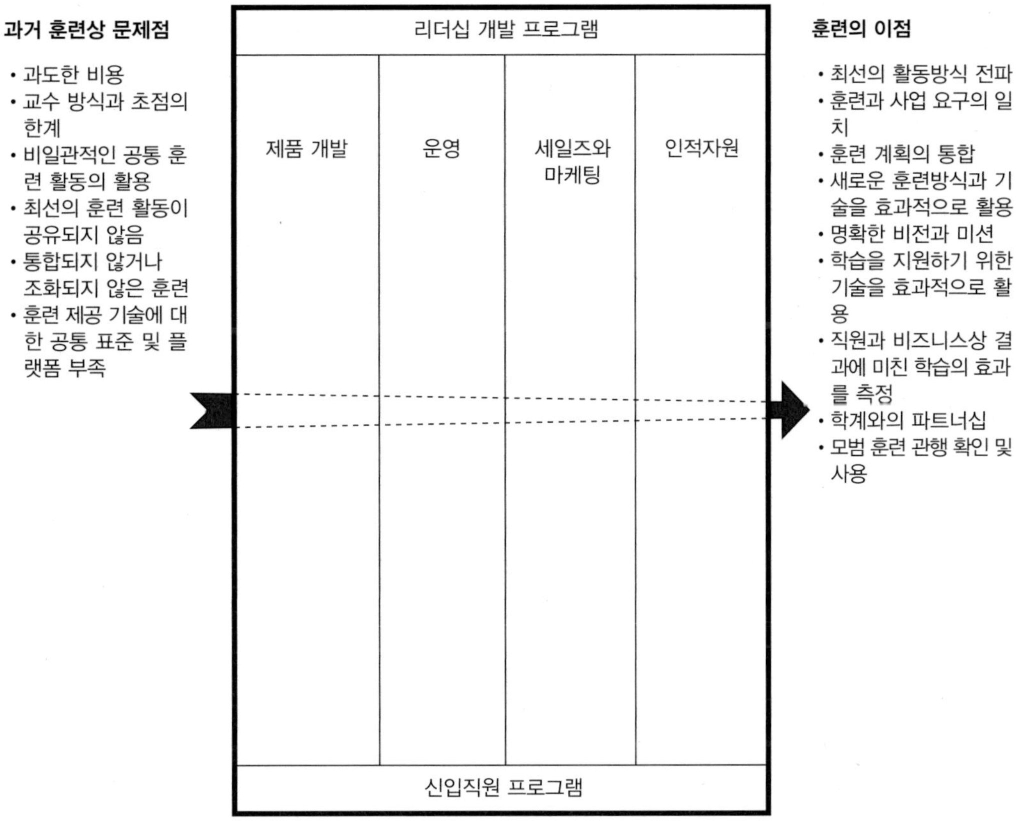

하는 데 도움을 준다. 아울러, 기업대학은 비용을 통제하고 학습의 혜택을 극대화할 수 있다. 일관된 훈련 활동을 제공하며, 최고의 학습 실행방식을 기업 전체에 전파하고, 학습을 지원하기 위한 기술을 효과적으로 활용하며, 직원과 비즈니스상의 결과에 미치는 학습의 영향을 측정하고, 맞춤화된 훈련과 학위 프로그램을 개발하기 위하여 학계와 다른 기업 이해관계자들(지역사회)과 협력관계를 구축하는 것이 가능하다.[62] 예를 들어, 보험기업의 기업대학인 애트나 대학교(Aetna University)는 효과적인 리더를 양성하는 데 초점을 맞추고 있다. 이 대학의 프로그램은 다른 기업의 최고 비즈니스 리더와 하버드대학교와 같은 명문대학의 가상 교육 프로그램을 포함한 블렌디드 학습방식을 사용한다. 또한 애트나 대학교는 리더십의 핵심사항, 고객서비스 및 영업기술, 마이크로소프트 및 어도비 애플리케이션 등의 주제를 다루는 자율학습 과정도 제공한다.[63] 이어지는 논의에서는 여러 다른 기업들이 어떻게 자사의 기업대학을 활용하여 비즈니스에 기여했는지에 대해 생각해보자.[64]

아카데미 프로그램(Academy Program)은 다비타 대학교(DaVita University)가 제공하는 가장 중요한 프로그램일 것이다. 이 프로그램을 통해 직원들은 다비타의 문화에 대해 배우게 된다. 다비타의 직원들은 전 세계에서 보건 및 의료 서비스를 제공하고 있으며 매년 9,000명 이상이 프로그램에 참여한다. 프로그램에 참여하는 직원들은 참여하지 않는 직원들에 비해 이직률이 12% 낮기 때문에 이직비용이 연간 1,200만 달러 절감된다.

제품 테스트 및 인증 업체인 UL(Underwriters Laboratories)의 ULU(Underwriters Laboratories University)에서는 교육 프로그램을 개발하고, 인재양성 및 고객서비스 홍보를 위한 조직개발 전문지식을 제공하며, 지속적인 개선을 지원하는 린 식스 시그마도 제공한다. 또한 문제를 진단하고 해결책을 제안하는 데 도움을 준다. 예를 들어, ULU는 예일대학교와 제휴하여 경영자들이 비즈니스 아이디어를 파악하고 이를 도입할 계획을 세우는 액션러닝(action learning) 프로그램을 만들었다. 유니랩(United Laboratories)의 아시아 사업부는 ULU가 밀레니얼 직원들에게 어필할 수 있는 방식으로 학습 전달을 개선하도록 도움을 요청하였다. 대학은 소셜미디어 기술을 활용한 학습과 학습 전이(transfer)를 강화하기 위해 아시아 비즈니스 리더들과 파트너십을 맺었다. 교육을 마친 참가자들은 조별로 활동하며 자신이 배운 기술을 어떻게 응용했는지 보여주는 영상을 만들도록 권유받았다. 동영상은 ULU로 전송되며, ULU는 해당 동영상이 조회된 후 콘텐츠와 애플리케이션을 기반으로 하여 투표가 가능한 셰어포인트 사이트에 게시하고, 이후 가장 선호된 동영상이 수상을 하게 된다.

자동차 윤활유 전문기업 지피 루브(Jiffy Lube)는 서비스센터 기술자 2만여 명에게 이러닝, 강사 주도 교육, 가상의(virtual) 강사 주도 교육을 제공하기 위해 지피 루브 대학교(Jiffy Lube University)를 만들었다. 이곳의 교육은 고객 만족도, 교육 이수율, 직원 유지율 등 핵심성과 지표를 토대로 평가된다. 지피 루브 대학교는 서비스센터 직원들에게도 진로 목표에 따라 개인의 발전 기회를 제공하는 개발 로드맵을 제공한다. 예를 들어, 직원들의 경력 향상을 돕기 위해 무역전문학교와 전문대학에서 최대 25시간의 대학 학점을 취득할 수 있는 서비스 센터직원 과정을 제공한다.

딜로이트 LLP(Deloitte LLP)는 3억 달러를 투자하여 텍사스 웨스트레이크 지역에 기업대학을 설립하였다.[65] 이 기업대학은 최신 학습기술과 800개의 수면실, 심지어는 무도회장까지 갖추고 있다. 이와 같은 투자는 물리적인 훈련장소로 이동할 필요 없이 오로지 학습자가 개인 컴퓨터나 스마트폰, 태블릿에 접속하기만 하면 되는 모바일 학습과 가상 현실, 이러닝과 같은 교육상의 해결책으로부터 비롯되는 비용 절감과 효율성과는 반대되는 것이다. 딜로이트 LLP는 물리적 캠퍼스인 기업대학에 투자하기 전에 광범위한 연구를 수행하였다. 그 결과는 파트너들이 이를 지지하는 태도를 취하고 있는데 Y세대 직원들은 서로 만나 대면학습을 할 수 있는 물리적인 장소를 원한다는 것을 제시하고 있다. 또한 CEO는 학습이 핵심인재를 채용하는 것을 도우며 딜로이트 LLP가 비즈니스 세계의 빠른 변화에 대처할 수 있도록 도와준다는 점에서 경쟁우위를 제공할 수 있는 중요한 투자라고 믿고 있다.

기업대학은 직원들을 위한 딜로이트 LLP의 개인적·전문적 개발 문화를 뒷받침한다. 딜로이트 대학교(Deloitte University)는 기술적, 전문적, 산업, 리더십 기술 부문을 포함한 훈련을 제공한다. 소규모로 된 강사-학생 비율(학생 5명당 1명의 강사)을 필요로 하는 사례토론과 시뮬레이션을 포함하여, 쌍방향 교육기술이 활용될 예정이다. 딜로이트의 소셜 네트워킹 시스템인 D Street는 수업에 참석하기 전후로 그들이 배운 것을 논의하고, 가능한 적용방식을 탐색하며 기업 전체에 걸쳐 전문가를 찾아내기 위하여 직원들이 상호작용하는 데에 활용된다.

맥도날드의 기업대학인 햄버거 대학교는 창립자인 레이 크록(Ray Kroc)이 성공을 위한 네 가지 열쇠라고 믿었던 품질, 서비스, 청결함, 가치라는 핵심 가치를 계속해서 가르치는 역할을 맡고 있다.[66] 햄버거 대학교는 가장 오래되고 가장 효과적인 기업대학 중 하나이다. 1961년에 설립된 이래로 매년 미국에 있는 햄버거 대학교에 약 5,000명의 직원들이 다니고 있으며 9만 명 이상의 관리자와 자영업자들이 이곳을 졸업하였다. 햄버거 대학교는 맥도날드의 운영교육과 리더십 개발을 하는 글로벌 센터이다. 또한 이곳은 직원들에게 대학 학위를 딸 수 있는 기회를 준다. 맥도날드는 일리노이 오크브룩뿐만 아니라 해외에 6개, 지역에 22개의 훈련 센터를 보유하고 있다. 학습을 장려하기 위하여 햄버거 대학교에서 제공되는 편의시설과 프로그램은 리뷰를 받고 수정된다. 결과적으로 햄버거 대학교는 강의 형태의 교육과정으로부터 더 작은 크기의 그룹 세션과 25~35명의 학습자로 이루어진 강의를 통해 상호학습이 이루어지고 있으며, 토론과 실습활동을 위해 작은 그룹으로 나뉘는 쪽으로 나아가고 있다. 맥도날드는 자사의 학습 형태를 대부분의 훈련생(Y세대라고 간주될 수 있는)의 학습방식에 맞추는 쪽으로 변화시켰다. 서비스 일선에 있는 직원들의 전형적인 교육 수준을 고려하여 보다 쉽게 수업활동을 이해할 수 있도록 하는 훈련 개발 방식으로 커리큘럼을 설계하고 있다. 이러닝은 레스토랑 운영이나 관리 훈련의 기초를 수업하기 위해 활용되며, 강의실 교육과 시뮬레이션은 학습자가 직무에 기초적인 것을 적용할 수 있도록 돕는 데 활용된다. 큰 강의실 공간은 협력과 상호작용을 촉진할 수 있는 보다 작은 공간으로 개조되었다. 가상강의실은 강사들이 전 세계 맥도날드 직원들과 연결될 수 있도록 구축되었다. 학습자는 수업 동안 자신의 모국어로 교육을 제공하는 번역가를 연결시켜 주는 헤드폰을 제공받는다. 맥도날드는 수업 중에 모바일 장치나 소셜 네트워킹을 활용한 학습이 이루어지는 방식을 추가할 계획이다.

강의실 교육과 별개로 햄버거 대학교에는 주방과 드라이브스루(drive-through)가 구축된 시뮬레이션이 있다. 카운터 뒤에서 이루어지는 운영에 대해 이미 익숙한 학습자들이 있음에도 불구하고, 모두가 이 시뮬레이션에 참가하여 실제 맥도날드 매장처럼 실제로 음식을 만들고 주문에 응한다. 학습자들에게는 충족해야 할 성과 목표가 있으며, 그들은 동료 학습자와 훈련생으로부터 피드백을 받는다. 관리자는 학습자의 지식과 행동에 대한 테스트 점수를 보여주는 온라인 과정 완료 보고서에 접속하여 직원 개발을 지원하고 추적할 수 있다. 모든 맥도날드 매장관리와 중간관리자 과정은 인정을 받고 있는데, 이는 훈련 참여자들이 대학 학점을 받을 수 있다는 것을 의미한다. 이 과정의 학점은 2년제 대학의 준석사 학위를 받는 데 필요한 학점과 일반대학의 경영학사 학위를 받기 위해 필요한 많은 양의 학점의 절반을 채우는 데 이용될 수 있다. 부서관리자를 위한 커리큘럼에서는 그들이 알고 있는 내용으로 시험을 치를 수 있으며, 훈련 시간은 1년 반에서 2년이었던 것이 4~6개월 정도로 줄어들었다.

기업대학이 효과적인가? CUX(Corporate University Xchange)가 170개의 서로 다른 기업대학들을 조사하였다.[67] 기업대학의 상위 5개 목표는 고객서비스와 유지 향상, 생산성 향상, 비용 절감, 유능한 직원 유지와 수익 증가였다. 이 조사는 비즈니스상의 영향력을 측정하는 것이 최고 우선순위임을 발견하였다. 기업의 70%가 제품과 서비스 품질, 고객서비스를 통해 비즈니스 영향력을 측정하며, 50% 이상은 운영비용의 감소와 수익 증가를 측정하고 있다.

예를 들어, 리츠칼튼 호텔 컴퍼니(Ritz-Carlton Hotels Company)는 전 세계적으로 고급 호텔을 경영하고 있다.[68] 리츠칼튼 호텔과 리조트는 고객에게 만족감을 가져다주는 호화로움으로 명성이 높다. 아름다운 환경과 수상 경력이 있는 아주 유명한(legendry) 서비스가 모든 고객에게 제공된다. 리츠칼튼 리더십센터는 기업의 제품과 서비스의 성장과 확장을 지원하기 위하여 설계되었다. 리더십센터는 시간제 직원들을 위한 모든 훈련과 개발을 담당하는 우수 업무수행학과(School of Performance Excellence)를 포함하며, 리더를 훈련시키는 우수 리더십과 비즈니스학과(School of Leadership and Business Excellence), 수준 높은 고객서비스가 이루어지도록 돕는 우수서비스학과(School of Service Excellence)가 포함된다. 우수서비스학과의 프로그램은 다른 기업에게 제공되며, 이는 리츠칼튼에 매년 100만 달러 이상의 수익을 가져다준다. 이 수익은 직원들을 위한 훈련과 개발 비용을 상쇄하는 데 도움이 된다. 예를 들어, 시설관리 담당자를 위한 새로운 맞춤화된 훈련자격 시스템은 시디롬과 웹에 기반한 훈련을 활용한다. 이 훈련은 당일과 그 주, 그해의 결점을 집중 확인하는 룸 검사 결과로 이어진다. 적시(just-in-time) 훈련은 리츠칼튼의 고객 만족도 점수를 증가시키는 데 도움이 되어왔다. 한 호텔은 청결함 면에서 6개월 사이에 만족도 점수를 82%에서 92%까지 끌어올렸다.

기업대학 설립

기업대학의 설립은 여러 단계를 거친다.[69] 첫째, 선임 관리자들과 비즈니스 관리자들이 대학을 위한 비전 개발의 책임을 지는 본부를 구성한다. ("대학의 정책과 시스템, 절차는 무엇인가"와 "훈련 과정이 개발되어야 할 핵심적 기능 분야는 무엇인가?"와 같은 질문에 답한다.) 둘째, 비전이 구체화된 비전문은 사업 전략과 연결된다. 예를 들어, 잉가솔랜드는 새로운 제품 혁신으로부터 수익의 38%를 얻어낸다는 사업 목표를 세웠다.[70] 결과적으로, 잉가솔랜드 대학교가 제공하는 프로그램과 과정 대부분은 어떻게 고객과 혁신, 전략적 마케팅에 가까이 다가설 수 있는지를 다룬다. 프로그램은 실제 사업 사안을 다루는 팀을 위하여 설계되었다. 내용전문가들과 관리자들이 프로그램을 가르쳤고, 핵심 제품 발매 날짜에 기반하여 일정이 결정되었다. 셋째, 기업은 어떻게 대학을 위한 자금을 마련할 것인지를 결정한다. 대학은 비즈니스 부문에 비용을 부과하는 것이나 기업 예산에 직접 할당된 자금으로부터, 혹은 둘 모두로부터 자금을 마련할 수 있다. 넷째, 기업은 모든 훈련이 집중화되는 정도를 결정한다. 많은 대학이 학습철학, 핵심 커리큘럼 설계, 등록, 행정, 평가, 마케팅, 원격학습에 관한 정책과 절차를 집중적으로 처리하고 있다. 지역 현장에서 진행되는 과정과 전문화된 비즈니스 부문 커리큘럼은 비즈니스 부문에 의해서 개발된다. 다섯째, 직원, 관리자, 공급자, 외부 고객을 포함한 대학의 '고객'의 요구를 확인하는 것이 중요하다. 여섯째, 제품과 서비스가 개발된다. 뱅크오브몬트리올(Bank of Montreal)은 고객관계 관리자와 내용전문가, 학습관리자를 포함한 서비스팀을 활용하고 있다. 고객관계 관리자는 그들의 요구를 확인하기 위하여 비즈니스 부문과 함께 일한다. 내용전문가는 요구에 부응하기 위한 필요기술을 확인한다. 학습관리자는 강의장 훈련과 웹이나 시디롬 등에 기반한 훈련을 포함하여 최적의 혼합된 학습을 추천한다. 일곱째, 기업은 공급자와 컨설턴트, 단과대학과 교육에 전문화된 기업들을 아울러서 학습 파트너를 고른다. 여덟째, 기업은 더 많은 직원에 대해 더 빈번하게, 강사 주도의 훈련보다 비용 효율적으로 훈련이 이루어지도록 하기 위하여 기술 활용에 관한 전략을 개발한다. 아홉째, 기업대학의 결과로서 이루어지는 학습은 성과 향상과 연결된다. 이것은 어떻게 성과가 측정될 것인가(테스트, 매출자료 등)를 확정하는 것을 포함한다. 예를 들어, 스프린트(Sprint)의 기업대학인 엑설런스 대학교(University of Excellence)는 내부 비즈니스 부문에 포함된 고객을 위한 평가도구인 표준훈련등가(Standard Traning Equivalent, STE) 유닛을 개발했다.[71] STE 유닛은 중심 위치에서 한 직원 집단에게 강의를 실행하기 위해 필요했던 전통적인 강사 주도의 1시간 수업과 맞먹는 것이다. 기업 인트라넷을 통한 1시간 과정으로 구성된 한 개의 STE 유닛이 같은 시간을 강의장에서 보내는 것보다 훨씬 더 가치가 있다. STE 프로그램은 엑설런스 대학교가 대학의 운영자금을 마련한 스프린트의 비즈니스 부문에 자사의 가치를 보여주는 데에 도움을 준다. 마지막으로, 기업대학의 가치는 잠재적 '고객'과 소통한다. 제공되는 프로그램 유형과 어떻게 학습이 이루어지는지, 어떻게 직원들이 등록하는지에 대한 질문을 다룬다.

비즈니스 내재 학습 기능

많은 기업이 학습 기능을 통해 훈련비용을 보다 잘 통제하고 훈련이 사업 전략과 정렬되도록 할 뿐만 아니라, 동시에 고객의 요구에 빠르게 응답하고 높은 품질의 서비스를 제공하고 있다.[72] **비즈니스 내재 학습 기능**[business-embedded (BE) learning function]은 전략적 방향, 제품 디자인, 구조적 다재다능, 제품 제공방식, 결과에 대한 책임이라는 5가지 역량으로 특징지어진다. 전략적 방향은 부서에 명확히 명시된 목표와 지향점을 포함할 뿐만 아니라, 고객의 요구와 지속적으로 발전하는 프로그램에 부응하기 위해 맞춤화된 훈련을 포함한 고객 초점도 포함한다. 비즈니스 내재 학습 기능은 훈련생을 고객으로 볼 뿐만 아니라, 관리자의 경우 훈련에 직원을 보내는 결정을 내리는 고객으로, 그리고 최고경영층은 훈련을 위해 비용을 할당하는 고객으로서 본다. 표 2.8은 비즈니스 내재 학습 기능의 특징을 보여준다. 비즈니스 내재 학습 기능은 고객에 초점이 맞춰져 있다. 이는 학습과 훈련 효과성에 대한 평가에 보다 책임성을 두며, 고객의 필요에 근거하여 맞춤화된 훈련 솔루션을 제공하고, 언제 그리고 어떻게 훈련을 수행할 것인지를 결정한다. 법인세 자문기업인 라이언 LLC(Ryan LLC)에서는 학습 컨설턴트가 실무 관리자의 의견을 토대로 직급별 과정, 커리큘럼, 학습 계획을 개발하여 세무 실무 영역을 지원하고 있다.[73] 학습 컨설턴트도 새로운 사업 전략 개발 및 구현과 관련된 위원회의 일원이다. 이를 통해 학습 컨설턴트는 직원들이 사업 전략을 실행하는 데 필요한 지식과 기술을 갖추도록 학습 솔루션을 제공할 수 있다.

비즈니스 내재 학습 기능의 가장 눈에 띄는 특징은 구조이다.[74] 비즈니스 내재 학습 기능에서는 교육 과정에 참여하는 모든 사람이 소통하고 자원을 공유한다. 교육자료 개발, 지침 전달 및 교육생 지원을 담당하는 강사는 학습이 이루어지도록 협력한다. 예를 들어, 개발자는 프로젝트 관리자 및 내용전문가에 대해 접근할 수 있으며 이들과 일반적으로 접촉하지 않는

표 2.8
비즈니스 내재 학습 기능의 특징

전략적 방향
명확하게 명시된 미션의 광범위한 전파
고객 기반이 분할되어 있다는 점을 인식
고객의 요구에 따른 맞춤화된 솔루션 제공
제품 수명주기에 대한 이해
역량에 따라 제공하는 내용 조직화
내부 고객을 위한 경쟁
제품 디자인
벤치마킹이나 다른 혁신적 디자인 활용
제품을 빠르게 개발하기 위한 전략 시행
공급자를 전략적으로 참여시킴
구조적 다재다능
제품과 교실 강사, 관리자, 내부 고문 역할을 할 수 있는 전문가 고용
많은 분야의 자원 활용
해당 부서가 제공하는 것과 내용의 방향을 결정하기 위하여 라인 관리자를 참여시킴
제품 제공방식
학습 선택지에 관한 메뉴 제공
업무 공간에서의 훈련 제공
결과에 대한 책임
개별 직원이 자신의 개인적 성장에 책임감을 가져야 한다고 믿음
학습이 이루어지도록 보장하기 위해 직무에 대한 후속조치 제공
관리자가 학습을 지원하는 데 핵심적 역할을 수행하는 것으로 간주
훈련의 전략적 효과와 그것의 최종 결과물에 대한 평가
훈련이 성과를 향상할 것이라는 보장

자료: M. Bolch, "Training Gets Down to Business," *training* (March/April 2010), pp. 31–33; M. Weinstein, "Look Ahead:Long-Range Learning Plans," *training* (November/December 2010), pp. 38–41. S. S. McIntosh, "Envisioning Virtual Training Organization," *Training and Development* (May 1995), p. 47.

강사에게도 제공된다. 비즈니스 내재 학습 기능의 강사 수는 제품 및 서비스 수요에 따라 다르다. 강사는 전문역량(예: 교육 설계)뿐만 아니라 내부 컨설턴트 역할도 할 수 있으며 광범위한 서비스(예: 요구 조사, 콘텐츠 개선, 프로그램 맞춤화, 결과 측정)를 제공할 수 있다.

오늘날의 실행방식: 집중화된 훈련이 포함된 비즈니스 내재 모델

많은 기업이 사업 전략에 기여하는 훈련의 중요한 역할을 인식하고 있기 때문에, 많은 경우 기업대학을 포함한 집중화된 훈련을 비즈니스 내재 모델과 혼합하고 있다. 특히 조직화된 훈련 기능은 일부 비즈니스 분야를 분리한 기업을 중심으로 하나의 트렌드로 부상하고 있다. 이러한 접근은 기업이 집중화된 훈련을 통해 이익을 창출할 수 있도록 할 뿐만 아니라, 동시에 훈련이 특정한 비즈니스 필요에 부응하는 프로그램, 콘텐츠, 훈련 전달방식을 제공하도록 한다.

맥킨지앤드컴퍼니(McKinsey & Company)와 머크(Merck)의 집중화된 훈련이 포함된 비즈니스 내재 모델을 고려해보자.[75] 뉴욕에 본사를 둔 매니지먼트 컨설팅 업체 맥킨지앤드컴퍼니는 학습 기능으로 우수센터(centers of excellence, CoE)를 만들었다. CoE는 설계 및 개발, 디지털화 학습 및 콘텐츠 전달에 초점을 맞춘다. 각 CoE에는 내부 비즈니스 고문 및 외부 전문가와 협력하는 팀이 포함된다. CoE는 맥킨지의 컨설턴트가 모바일 기기를 사용하여 접근할 수 있는 짧은 디지털 비디오 및 미니 강좌 카탈로그를 개발하는 등 여러 프로젝트를 수행하였다. 짧은 훈련 과정은 컨설턴트가 새 클라이언트 또는 프로젝트를 지정받으면 자동으로 할당된다. 맥킨지의 학습개발팀 직원들은 실무리더 및 고객들과 그들의 니즈에 대해 자주 대화함으로써 비즈니스팀과 학습팀 간의 관계를 강화하기 위해 끊임없이 노력하고 있다. 짧은 동영상과 짧은 훈련 과정은 이러한 대화를 바탕으로 개발되었으며, 이를 통해 컨설턴트가 고객의 요구를 더 잘 충족하기 위해 빠르고 지속적으로 기술을 업데이트해야 한다는 것을 알게 하였다.

머크의 학습 기능은 효율성을 위해 일부 학습 프로세스는 집중화하고 다른 학습 프로세스는 효율성과 적응성을 위해 분산시키고 있다. 학습 기능은 두 팀으로 구성되어 있다. '프런트 오피스(front office)' 팀에는 성과 컨설팅, 교육과정 개발, 연간 학습 계획 관리 등 운영의 전략적 측면을 담당하는 학습전문가가 포함된다. 프런트 오피스 학습팀 직원은 기업의 각 비즈니스 라인과 협력하여 학습 우선순위 및 관련 계획을 파악하고 관리한다. '백 오피스(back office)' 팀은 교육 솔루션을 제공하는 업체인 GP 스트레티지(GP Strategies) 소속 직원과 머크 직원으로 구성되어 있는데 콘텐츠 개발, 가상학습 지원, 평가 등에 주력하고 있다. 이와 같은 방식으로 학습 기능을 구성함으로써 운영비용을 절감하고 효율성을 개선할 수 있었다.

변화모델 관점의 학습, 훈련, 개발

1장에서 논의한 것처럼, 변화에는 기업에 의한 새로운 행동이나 아이디어의 채택이 포함된다. 새로운 기술의 등장, 직원의 기술상의 강점을 보다 잘 받아들이고 다양한 인력활용의 필요성 또는 글로벌 시장에 진입하고자 하는 욕구를 포함하여 기업이 변화하게 만드는 이유는 많은 것이 있다. 훈련과 개발 프로그램 및 학습 계획이 사업 전략에 기여하기 위해서는 고객(관리자, 경영자, 직원 포함)에 의해서 성공적으로 실행되고, 받아들여지며, 활용되어야 한다.

변화가 일어나기 위해서는 네 가지 조건이 필수적이다. (1) 직원들이 반드시 변화의 이유에 대해서 이해하고 그 이유에 동의해야 한다. (2) 직원들이 반드시 변화가 시행되는 데 필요한 기술을 가지고 있어야 한다. (3) 직원들이 반드시 변화를 지원하는 강력한 지위에 있는 관리자들과 다른 직원들을 알 수 있어야 한다. (4) 보상과 성과 관리 시스템과 같은 조직적 구조가 반드시 변화를 뒷받침해야 한다.[76] 관리자나 직원에게 변화는 쉽지 않다. 직원들이 어떤 실행방식이나 프로그램이 더 나을 수 있다는 점을 이해할 때조차, 그 방식의 미흡함에 적응하는 방법을 배웠기 때문이다. 그러므로 새로운 훈련과 개발 실행방식에 대한 저항이 일어나기 쉽다. 새로운 훈련이나 개발 실행방식을 실행하기에 앞서, 훈련담당자는 어떻게 하면 수용가능성을 향상할 수 있을지 고려해야 한다.

그림 2.6은 변화모델을 제시한다. 변화과정은 업무, 직원, 공식적인 조직 배치(구조, 프로세스, 시스템), 비공식 조직(커뮤니케이션 패턴, 가치, 규범)이라는 조직의 네 가지 구성요소들 간의 상호작용에 근거한 것이다.[77] 그림에 제시되어 있듯이, 변화에 의해 영향을 받는 조직의 구성요소에 따라서 서로 다른 종류의 변화 관련 문제가 발생한다. 예를 들어, 훈련을 위

그림 2.6 변화모델

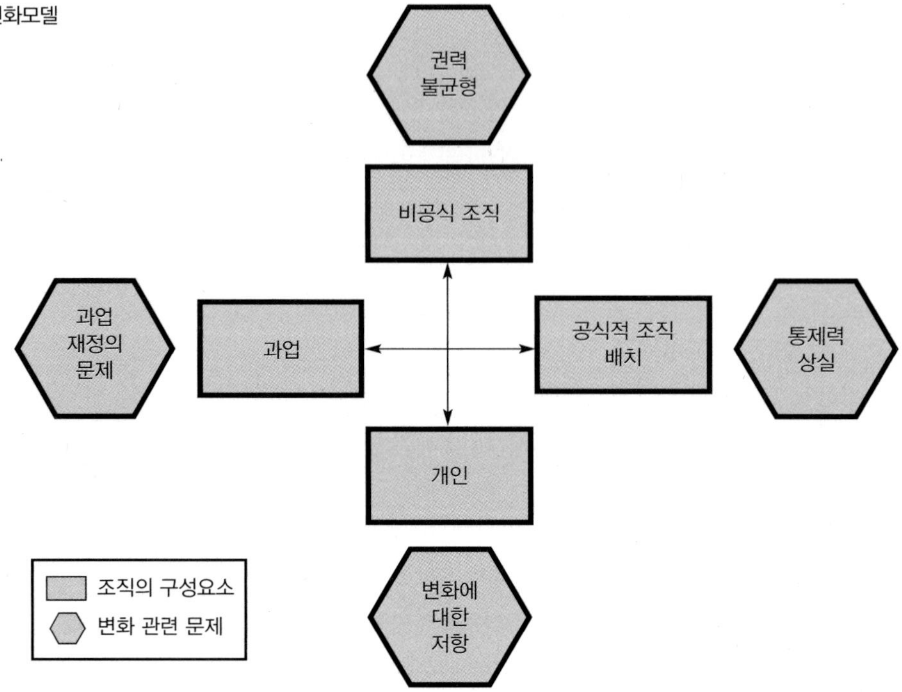

자료: David A. Nadler and Michael L. Tushman, "A Congruence Model for Diagnosing Organizational Behavior." In *Organizational Psychology: A Book of Readings*, ed. D. Rabin and J. McIntyre (Englewood Cliffs, NJ: Prentice Hall, 1979), as reprinted in David A. Nadler, "Concepts for the Management of Organizatioanl Change," in *Readings in the Management of Innovation*, 2d ed., ed. M. L. Tushman and N. Moore (Cambridge, MA: Ballinger Publishing Co., 1988), p. 722.

하여 새로운 기술을 기업에 도입하는 것(인터넷을 활용한 멀티미디어 훈련과 같은)은 조직의 권력 구조상의 변화를 야기할 수 있다. 새로운 기술의 도입과 함께, 관리자들은 그들이 전통적인 훈련방식에서 가졌던 것보다 더 작은 훈련 프로그램에 대한 접근상의 통제권을 갖게 될지도 모른다. 그 결과 새로운 시스템에 의하여 야기된 권력 불균형에 따른 긴장이 발생한다. 만약 이 문제를 제대로 대처하지 않는다면, 관리자들은 새로운 기술을 받아들이고 훈련방식이 실행되도록 지원하지 않을 수도 있다.

새로운 훈련방식이 실행되기 전에 다뤄야 하는 네 개의 변화 관련 문제는 변화에 대한 저항, 통제력 상실, 권력 불균형(imbalance), 과업 재정의이다. **변화에 대한 저항**(resistance to change)은 관리자와 직원들이 변화에 대해 내키지 않는 것을 가리킨다. 관리자와 직원은 변화에 대해 불안감을 느끼거나, 대처하지 못할 것이라고 느끼거나, 기존 훈련방식이 가치 있다고 여기거나 또는 새로운 실행방식이 지닌 가치를 이해하지 못할 수도 있다. **통제력**(control)은 데이터나 정보, 돈과 같은 가치 있는 자원을 얻고 분배하는 관리자와 직원의 능력에서의 변화와 관련된다. 변화는 관리자와 직원의 자원에 대한 통제력 감소를 야기할 수 있다. 또한 변화는 관리자와 직원들이 이전에 관여하지 않았던(예: 참여할 훈련 프로그램 선택) 프로세스에 대한 통제력을 부여할 수도 있다. **권력**(power)은 다른 이들에게 영향을 미치는 능력을 가리킨다. 관리자는 직원들이 데이터베이스 및 다른 정보에 대한 접근권을 얻고, 제품과 서비스를 전달하는 데 보다 자율성을 갖게 됨에 따라, 직원들에게 영향을 미칠 수 있는 능력을 상실하게 될 수도 있다. 직원들은 자발적인 훈련이라는 형태로 학습에 대한 책임성을 가질 수 있다. **과업 재정의**(task redefinition)와 같은 웹에 기반한 훈련방식은 관리자와 직원의 역할과 직무 책임성에 변화를 만들어낸다. 직원들은 훈련에 참여할 뿐만 아니라, 그 품질을 어떻게 향상할 수 있을지를 생각하도록 요구받을 수도 있다. 관리자는 조력자이자 코치가 되도록 요구받을 수 있다.

고위관리자들은 변화를 실행하려는 노력에서 세 가지 중요한 실수를 자주 범하며, 이것은 원하는 결과를 만들어내는 데 실패라는 결과를 야기할 수 있다.[78] 직원들의 변화가 개인에게 주는 영향과 원하는 결과를 성취하기 위해서 어떻게 관리되어야 할지를 이해할 만큼 기업에 대해 충분히 알고 있다고 믿고, 변화 계획의 속도를 늦추거나 실패를 야기할 수도 있는 장애에 대한 충분한 심사숙고를 무시하거나 그럴 기회를 부여하지 않으면서 변화에 '동참'하라고 직원들에게 말하거나 발표하는 의사소통 방식을 포함한다. 훈련 부서는 그들이 직면하고 있는 문제와 해결 과제, 필요에 대하여 비즈니스 리더들 및 직원들로부터 이야기를 들을 기회가 있고 그들과 소통하기 때문에(특히 그들이 기업에서 전략적 역할을 수행한다면) 기업의 고위직들이 변화를 시행하는 데 도움을 줄 수 있는 최적의 위치에 있는 경우가 많다. 타 기업의 웹, 모바일 애플리케이션 개발 지원을 전문으로 300명의 직원이 있는 기술 기업인 멘딕스(Mendix)가 어떻게 새로운 학습시스템을 도입했는지 고려해보자.[79] 비즈니스의 급속한 성장으로 신규 영업담당자를 채용하여 교육할 필요가 생겼으며, 기존 영업담당자의 영업시간을 단축하고 영업 기회를 늘릴 필요가 있었다. 이를 위해 멘딕스는 영업관리자와 영업담당자를 위한 자율 학습 모듈을 만들어 배포할 수 있는 새로운 학습시스템을 개발하였다. 경험이 많은 영업팀의 일부 직원들은 새로운 고객을 식별하고 기존 고객에게 판매하는 주요 책임에서 시간이 걸릴 것이라고 생각했기 때문에 새로운 학습시스템에 저항하였다. 멘딕스는 영업팀이 새로운 학습시스템을 받아들일 수 있도록 4단계 접근방식을 취하였다. 첫째, 상위실적 영업담당자들에게 학습시스템을 도입하였다. 교육은 이 직원들이 매출이 높이는 데 도움을 주었다. 그 후, 기업 연례영업회의에서 새로운 학습시스템을 소개하고 프로그램을 이미 완료한 영업인력의 성과를 공유하였다. 둘째, 나머지 영업인력에게 학습 플랫폼을 구축하였다. 새 시스템을 사용하여 교육을 완료한 영업인력(챔피언)은 새 시스템의 가치를 보증하고 다른 사람의 시스템 사용을 도와달라는 요청을 받았다. 셋째, CEO는 새로운 시스템에 대한 저항을 줄이기 위해 모든 영업담당자가 새로운 시스템을 사용하여 교육 모듈을 이수하도록 의무화하고 이를 공개적으로 승인했으며, 보상모델을 변경하여 새로운 시스템을 사용하여 학습 모듈을 수료한 영업담당자에게 분기별 보너스를 제공하였다. 경영진은 직급과 기업 위치에 따라 상위실적을 집중 조명하여 영업담당자들 간의 우호적인 경쟁을 유도하였다. 넷째, 기업은 학습 모듈을 완료한 최초의 영업담당자를 공개적으로 인정하였다. 변화에 대한 저항을 극복하기 위한 멘딕스의 4단계 접근은 성공적이었다. 새로운 학습시스템이 영업인력 전체에 도입된 지 8주 만에 87%가 필요한 교육 모듈을 수료한 것으로 나타났다. 시스템 가치 및 사용 현황을 조사한 결과, 보다 경험이 많은 영업담당자들이 새로운 비즈니스 관계를 창출하고 판매를 성사시킬 수 있는 새로운 기술을 습득하는 데 도움이 되었다고 보고하였다.

표 2.9 변화 프로세스의 단계

1. **변화에 대한 요청을 명확히 하라.** 언급된 변화의 이유가 중요한 사안인가? 변화가 어떻게 기업의 사업 전략에 적합한가? 왜 당신은 변화를 만들어내는가? 얼마나 많은 사람들이 이것에 영향을 받고 그것은 어떻게 그들에게 영향을 미치는가? 변화의 결과는 무엇인가?
2. **비전을 명확하게 만들라.** 변화의 이유와 무엇이 성취될 것인지, 어떻게 변화가 성취될 것인지를 규정하라.
3. **해결책을 고안하라.** 무엇이 성과 측정 및 피드백, 지원 도구, 학습 계획, 공식 훈련과 직무 프로세스에서 최고의 조합인가? 다른 접근방법이 가지는 잠재적인 위험과 이득을 검토하라.
4. **소통하고 동참을 요청하라.** 내부 마케팅 계획의 개발과 변화가 미칠 영향을 고려하기 위하여 커뮤니케이션, 재정, 경영 그룹을 포함한 다른 관련 그룹과 접촉하라. 직원들은 무엇이 일어나는지 알 필요가 있다. 브리핑, 뉴스레터, 토론게시판, 웹사이트, 정보를 위한 회의를 활용하라. 고위관리자들이 자리에 나와야 하며 변화에 대한 대화에 참여해야 한다.
5. **가능한 빨리 행동을 선택하고 발표하라.** 변화에 의해 영향을 받는 직원들은 가능한 빨리 이에 대한 이야기를 들어야 한다. 직원들은 왜 그리고 어떻게 그 최종 행동방안이 선택되었는지, 어떻게 프로세스가 진행되고 다음 날과 그 이후에 어떤 일이 일어날 것인지에 대해서 알 필요가 있다. 직원들에게 간단한 프리뷰를 제공하여 그들이 변화가 다가오고 있음을 알 수 있도록 하라.
6. **단기적 성공을 일구고 성취해내라.** 성공은 관리상의 주의와 이를 바로 실행하고자 하는 욕망을 필요로 한다. 관리자와 변화를 이끄는 리더는 새로운 행동의 모범이 되어야 하며, 그 과정을 위한 열정적인 지원자가 되어야 한다. 리더는 직원들을 참여시켜야 하고, 그들에게 필요한 훈련과 자원을 제공해야 한다. 만약 예비시험이나 베타 프로그램이 활용되었다면, 직원들은 그 프로세스에 대한 정보를 부여받아야 하며 그들의 의견이 요청되어야 한다. 학습은 실수에서도 이루어져야 한다.
7. **후속 조치를 하고, 재평가하고, 수정하라.** 유연해지고, 변화가 필요하다면 변화를 만들라. 실책이나 안건에 대한 정보를 공유하고 그것을 개선하는 데 영향을 미치는 직원들과 함께 일하라.

자료: C. McAllaster, "Leading Change by Effectively Utilizing Leverage Points Within an Organization," *Organizational Dynamics* 33 (2004), p. 318; L. Freifeld, "Changes with Penguins," *Training* (June 2008), pp. 24-28; N. Miller, "Brave New World," *T+D* (June 2010), pp. 54-58을 기반으로 함.

표 2.9는 훈련 전문가가 고위관리자의 변화 계획을 효과적으로 관리하는 것을 돕는 7가지 핵심 단계를 보여준다.

마케팅 훈련과 브랜드 창출

사업 목표를 성취하는 데 훈련과 학습의 중요성에 대한 인식이 증가하고 있음에도 불구하고, 많은 관리자와 직원들은 훈련의 가치를 인식하지 못하고 있기도 하다. 인터넷 마케팅은 직원과 관리자가 훈련과 학습에 대하여 고무되도록 만드는 것을 포함한다. 인터넷 마케팅은 비즈니스 부문에서 내부 컨설턴트로 활동하는 훈련담당자에게 특히 중요하다. 내부 컨설턴트가 살아남기 위해서 그들은 자신의 서비스에 대한 비용을 받아야 한다. 전체는 아니더라도 그들 중 일부는 그들의 서비스에 대해 지불된 요금으로부터 오는 비용을 관리하고 있다. 마케팅 또한 변화에 대한 저항을 극복하는 데 도움을 주면서, 특히 훈련의 가치에 대한 오해를 극복하는 데 도움을 주는 것으로 새로운 훈련 프로그램의 성공적인 도입에 중요하다. 성공적인 내부 마케팅 전략으로는 다음과 같은 것이 있다.[80]

- 목표 대상을 훈련이나 학습 활동 개발에 참여시켜라.

- 어떻게 훈련과 개발 프로그램이 특정한 사업 요구를 해결하는 데 활용될 수 있는지를 보여줘라.
- 어떻게 훈련이 특정한 사업 요구를 해결하는 데 기업에서 활용되어왔는지를 보여주는 예시를 소개하라.
- 적극적으로 훈련을 지원하는 '챔피언'(예: 최고위관리자)을 확인하라.
- 고객과 관리자, 직원으로부터 받은 피드백을 경청하고 행동으로 옮겨라.
- 이메일, 기업 웹사이트, 직원의 휴식 장소를 이용하여 광고하라.
- 훈련 고안자나 팀과 비즈니스 부문, 즉 소비자 사이를 중재할 책임담당자로서 훈련 기능 중에서 누군가를 임명하라.
- 경영에서 자산수익률이나 현금 유동성, 순이익이나 손실과 같은 재정적 수치에서 어떤 것을 최고위경영진이 우려하고 있는지를 결정하고, 훈련과 개발이 어떻게 이 수치들을 개선하는 데 도움을 주는지를 보여줘라.
- 직원과 관리자가 이해할 수 있는 말로 이야기하라. 전문용어를 사용하지 말라.
- 지역 또는 국가 훈련산업부문상을 수상하거나 인정을 받아라.
- 뉴스레터나 웹사이트를 사용하여 학습자 또는 관리자 성공 사례를 홍보하거나 자격증이나 학위를 취득한 사람을 소개하라.

훈련 브랜드를 개발하고 소통하는 것 또한 중요하다. **브랜드**(brand)는 고객의 기대를 유도하는 데 이용되는 훈련 기능의 외관과 느낌을 포함한다.[81] 브랜드는 고객을 유치하고 유지하는 데 활용된다. 훈련 브랜드를 형성하기 위해서는 표 2.10에서 제시하는 제안을 따르라. 훈련 기능 또한 자신의 전략을 개발하고 자신의 고객과 소통하기 위하여 필요하다.[82] 전략에는 어떠한 제품과 서비스를 제공할 계획인지, 훈련에 대한 요청이 어떻게 대응되고 누구에 의해서 이루어질 것인지, 기업의 다른 부서들과 비즈니스 부문과의 파트너십을 어떻게 보여줄 것인지, 고객에게 제공하고자 하는 서비스의 수준은 어떤지를 포함해야 한다. 훈련이나 개발, 혹은 다른 학습 계획 이전과 도중, 이후의 서비스가 고려될 필요가 있다. 훈련 기능 전략은

표 2.10 훈련 브랜드를 형성하는 법

- 훈련을 구매하거나 요청하는 관리자와 훈련에 참여하는 직원을 포함한 훈련의 현재 '고객'에게 이 브랜드에 대한 그들의 인식은 어떠한가를 질문하라. 예를 들어, 그들이 훈련 브랜드에 대해서 어떻게 느끼는지를 어떤 감정을 통해 묘사하는가? 그들의 느낌이 어떤 단어로 요약되는가? 당신과 함께 비즈니스를 하는 것에 대해서 그들이 내린 결론은 무엇인가? 이러한 질문에 대한 대답은 훈련 브랜드에 대한 강점과 긍정적으로 인식되는지, 혹은 의도대로 인식되는지에 관한 정보를 제공해준다.
- 현재와 미래의 고객에게 어떻게 인식되기를 원하는지 규정하라.
- 고객의 훈련 기능에 대한 인식에 영향을 미치는 요인을 확인하라.
- 의도한 바대로 고객에게 이 브랜드가 뒷받침이 되어주며 소통하는지 여부를 결정하는 각 요인을 검토하라.
- 각 요인이 브랜드를 지지할 수 있도록 변화를 일으켜라.
- 프로세스(브랜드 규정, 요인 확인, 변화 제안 등)의 각 단계에 대한 피드백을 고객으로부터 얻어라.
- 고객과 상호작용할 때, 브랜드를 뒷받침하고 확고하게 해주는 경험을 만들어내라.

자료: M. Smith and M. Chilcote, "Take the Mystery Out of Marketing Your Learning Function", (March/April 2018), pp. 14–15; A. Hand, "How to Enhance Your Training Brand," *T+D* (February 2011), pp. 76–77을 기반으로 함.

사업 전략과 일치하도록 조정되고 사업 전략에 기여해야 한다.

투자 관리 및 보험 기업인 링컨 파이낸셜 그룹의 학습개발팀은 새로운 프로그램인 리더십 인 액션(Leadership in Action)을 홍보하기 위한 마케팅 계획을 개발하였다.[83] 이 프로그램은 6개 지점에서 근무하는 직원들이 교육과 경력관리에 쉽게 접근할 수 있도록 개발되었다. 웨비나, 동영상, 기사 및 직원들이 온 디맨드(on demand) 방식으로 접근할 수 있는 기타 온라인 콘텐츠가 포함되어 있다. 프로그램 출시 전 마케팅을 위해 학습개발팀은 직원들에게 보내는 기업 소식지, 인트라넷 공지, 이메일 등을 통해 프로그램을 홍보하였다. 프로그램이 시작되자 학습개발팀은 새로운 콘텐츠 추가를 홍보하기 위해 알림 메모와 프로모션을 보냈다.

훈련 기능은 다른 기업에 훈련 과정이나 훈련석을 판매하는 것으로 수익을 내는 센터가 되어가고 있다.[84] 기업은 여러 이유로 훈련 서비스를 판매한다. 어떤 비즈니스는 다른 기업들이 그들의 전문가를 요청할 정도로 경영의 특정한 부분에서 뛰어나다. 다른 기업은 자신의 고객이나 딜러를 훈련하는 것을 겨냥하고 있다. 일부 사례에서, 훈련 부서는 훈련 프로그램이나 이러닝 강좌에서 사용되지 않는 연수석을 판매한다. 예를 들어, 월트디즈니 컴퍼니는 플로리다에 있는 디즈니 인스티튜트(Disney Institute)에서 고객서비스와 조직의 창조성에 관한 강좌를 판매하고 있다. 디즈니 인스티튜트는 타 기업의 직원들에게 리더십 개발, 서비스, 고객 충성도, 팀 빌딩에 대한 내용을 포함하여 어떻게 디즈니가 비즈니스상의 강점을 개발하였는지를 이해할 수 있는 기회를 제공한다. 자포스 인사이트(Zappos Insights)는 자포스 내 부서로, 자포스 문화를 다른 기업과 공유하기 위해 만들었다.[85] 자포스는 WOW 고객서비스 철학으로 잘 알려져 있다(1장의 사례 참조). 자포스 인사이트는 문화 구축(3일 문화캠프), WOW 서비스 철학(WOW 스쿨), 코칭 기반 문화의 힘(코칭 이벤트), 인사 기능이 어떻게 문화를 보호하고 프로그램이 어떻게 지원하는지(피플 아카데미), 맞춤형 프로그램을 제공한다. 이 프로그램에 참석하는 비용은 각 참가자당 2,000~6,000달러이다.

훈련 아웃소싱

아웃소싱(outsourcing)은 어떤 훈련이나 개발 활동에 대하여 완전히 책임과 통제력을 위임받거나, 행정, 디자인, 훈련 전달, 개발을 포함하는 기업의 훈련의 전부 또는 대부분에 외부 기업(외부 서비스 기업)을 활용하는 것을 말한다.[86] **비즈니스 프로세스 아웃소싱**(business process outsourcing)은 인적자원관리나 생산, 또는 훈련과 같은 비즈니스 프로세스의 아웃소싱을 가리킨다.[87] 설문조사 결과 전체 기업 중 절반 이상이 점차적으로 교육을 아웃소싱하는 것으로 나타났다. 절반 이상이 맞춤화된 훈련 내용과 과정을 개발하는 책무의 일부 혹은 전부를 아웃소싱하고 있다. 왜 기업은 훈련을 아웃소싱할까? 몇 가지 이유는 비용 절감과 기업이 사업 전략에 집중할 수 있게 해주는 시간 절약, 연방 혹은 주, 지역 차원의 규칙으로서(예: 안전 훈련) 훈련상에서 따르도록 지시된 준수사항과 정확도 측면을 향상하는 것, 학습 수요에 부응하기에는 기업 내 역량의 부족, 최상의 훈련 실행방식에 접근하고 싶은 욕구 등이다. 일부 기업은 모든 훈련 활동을 아웃소싱하는 포괄적인 접근법을 선택한다. 어센추어 러닝 비즈니스 프로세스 아웃소싱(Accenture Learning Business Process Outsourcing)이라는 아웃소싱 제공자를 살펴보자.[88] 어센추어 러닝은 커뮤니케이션 시스템, 애플리케이션, 서비스 분야에서 세계적인 선두주자인 어바이어(Avaya)를 위한 어바이어 대학교(Avaya University)를 운영한다.[89] 어센추어는 호주의 선두적인 전기 통신과 정보서비스 기업인 텔스트라(Telstra)가 개인의 진도에 맞출 수 있는 이러닝뿐만 아니라 가상의 강사 주도형 학습과 팟캐스팅(podcasting)을 통해 지리적으로 다양한 곳에 있는 직원들에게 학습 기회를 제공하도록 돕고 있다.

비록 일부 기업이 아웃소싱을 시작하고 있고 이 트렌드가 점차 성장하는 것으로 보이지만, 대부분의 기업은 훈련과 개발 기능 전체가 아닌 소규모의 프로젝트만을 아웃소싱한다. 기업이 훈련을 아웃소싱하지 않는 두 가지 이유 중 하나는 아웃소싱 제공자가 기업의 필요에 부응할 수 없기 때문이며, 다른 하나는 훈련과 개발의 모든 양상에 대해, 특히 훈련 전달방식과 학습 내용에 대하여 기업이 통제력을 유지하길 원하기 때문이다. 표 2.11은 기업이 아웃소싱을 할지 안 할지를 결정하는 데 고려해야 하는 사항 중 일부를 보여준다. 훈련을 아웃소싱하는 결정은 복잡하다. 기업에 어떠한 가치도 더해주지 않는 훈련 기능은 아웃소싱의 후보가 될 가능성이 높다(표 2.11의 질문 1~4와 9를 보라). 많은 기업이 비즈니스에 가치를 더해주는 훈련 기능을 보유하고 있으나 여전히 모든 훈련상의 요구를 충족하지 못했을 수도 있다. 가령, 매우 숙련된 훈련 기술을 가졌으며 훈련에 가치를 두고 이를 사업 전략에 중요한 것으로서 바라보는 기업은 아마도 자사의 훈련 기능 전체를 아웃소싱할 필요가 없을 것이다. 하지만 그 기업도 담당자의 역량을 벗어나는 특별한 훈련에 대한 요구나 빠르게 변화하는 내용에 대한 특정 훈련을 위하여 아웃소싱 제공자를 찾을 수도 있다. 고객에게 증거기반 임상 의사결정 지원 시스템을 판매하는 의료서비스 기업인 매케슨(McKesson)의 사례를 생각해보자.[90] 매케슨은 시스템 판매 외에도 고객에게 해당 위치에서 지원 시스템을 사용하는 방법에 대한 강의식 대면훈련을 제공한다. 고객은 시스템에 대한 다년간의 훈련을 계약할 수 있다.

표 2.11 아웃소싱을 고려할 때 검토해야 할 사항

1. 당신의 내부 훈련 기능의 역량은 어떠한가? 담당자는 당신이 필요로 하는 훈련 기술을 성장시킬 수 있을 만큼 충분한 지식을 갖추고 있는가, 혹은 외부로부터 훈련 기술을 차용할 필요가 있는가?
2. 당신의 내부 훈련 기능이 추가적인 훈련 책무를 맡을 수 있는가?
3. 훈련이 당신 기업의 전략상 핵심인가? 그것은 독점적인 것인가?
4. 당신의 기업은 훈련 조직을 가치 있게 생각하는가?
5. 훈련 내용이 빠르게 변화하는 것인가?
6. 아웃소싱을 맡긴 훈련가들이 전문가로 보이는가, 아니면 이 부분에서 냉소적으로 보게 되는가?
7. 당신의 기존 훈련 프로그램의 강점과 약점을 이해하고 있는가?
8. 훈련 기능 전체를 아웃소싱하기를 원하는가?
9. 경영진은 기업에 대한 훈련의 효과를 최소화하려고 하고 있는가? 기업은 기술과 재능 형성에 대한 책임을 받아들이는가?
10. 내부와 외부 훈련의 조합이 최상의 해결책인가?

자료: G. Johnson, "To Outsource or Not to Outsource... That is the Question," *Training* (August 2004), pp. 24–29; K. Tyler, "Carve Out Training?" *HR Magazine* (February 2004), pp. 52–57. N. Srivastava, "Want to Stay Competitive and Cut Costs? Consider Outsourced Training," *Workforce* (January 2015), p. 47을 기반으로 함.

매케슨은 대면훈련이 고객의 업무 중단을 초래하고, 훈련에 참석할 경우 생산성이 떨어진다는 사실을 알게 되었다. 또한 훈련에서도 일관성이 없었다. 예를 들어, 어떤 훈련 주제에서는 주어진 시간과 중요도가 강사마다 달랐다. 훈련 개선을 위해 매케슨은 교육 솔루션을 제공하는 기업인 애프태라(Aptara)와 계약을 맺고 가상 또는 현장 강사 주도 강의장 훈련과 결합된 자기주도형 웹기반 훈련을 포함하는 블렌디드 학습 접근방식을 개발하였다. 새로운 훈련 프로그램은 훈련받은 고객의 수를 늘리고, 고객 만족도를 높이며, 훈련 계약에 대한 고객 구매 증가 등의 결과를 가져왔다. 연구 결과에 따르면, 훈련 및 개발 아웃소싱에 대한 기업의 만족도는 기업-공급자 신뢰(예: 기업과 아웃소싱 제공자가 서로에게 충성하고 서로의 이익을 배려)와 계약의 특수성(예: 계약서에 책임이 명확하게 명시되어 있는지 여부)에 따라 달라진다고 한다.[91]

요약

훈련이 기업의 경쟁우위 획득에 도움이 되기 위해서는, 반드시 기업이 사업 목표와 목적에 도달하는 것을 뒷받침해야 한다. 이 장은 업무 역할과 조직적 요인, 훈련 역할의 변화가 어떻게 훈련의 양과 형태뿐만 아니라 훈련 기능의 조직에도 영향을 미치는지를 강조하였다. 전략적 훈련과 개발 프로세스가 논의되었고, 어떻게 서로 다른 전략(집중화, 내적 성장, 외적 성장, 투자회수)이 사업의 목표에 영향을 미치고 서로 다른 훈련 요구를 만들어내는지를 설명하였다. 이 장은 훈련 기능의 서로 다른 모델에 대한 논의를 담고 있다. 훈련이 사업 전략과 목표의 성취에 상당한 기여를 하기 때문에 비즈니스 내재 모델과 기업대학 모델이 점점 더 우세해질 것이다. 학습과 훈련, 개발은 변화를 수반하기 때문에, 이 장에서는 관리자와 직원이 수용해야 하는 조건과 새로운 프로그램에서 기인하는 이점에 대하여 논의하였다. 훈련 기능의 마케팅과 아웃소싱에 대한 정보로 장을 마무리하였다.

핵심 용어

가치
과업 재정의
권력
균형성과표
기업대학
내부분석
내적 성장 전략
독특성
목표
미션
변화에 대한 저항
브랜드
비전
비즈니스 내재 학습 기능
비즈니스 프로세스 아웃소싱
사업 전략
아웃소싱
외부분석
외적 성장 전략
인적자원계획
인적자원관리 관행
전략적 가치
전략적 선택
전략적 훈련과 개발 계획
지표
집중화된 전략
집중화 전략
채용 전략
통제력
투자회수 전략
학습조직
SWOT 분석

토의 문제

1. 제품 시장에서 지배적인 기업의 훈련 활동이 연구와 개발을 강조하는 기업의 훈련 활동과 어떻게 다를 것이라 기대되는가?
2. 훈련에 영향을 미치는 가장 중요한 조직적 특성은 무엇이라고 생각하는가? 그 이유는?
3. 왜 비즈니스 내재 모델이 훈련 기능을 조직하는 최상의 방법으로 간주되는가?
4. 쉐링프라우 헬스케어 프로덕트(Schering-Plough HealthCare Products Inc.)는 몇 년 전에 기존에 눌러 짜내는 플라스틱 병에 담긴 로션 형태로만 나오던 코퍼톤(Coppertone) 자외선 차단제를 포켓사이즈 스틱과 스프레이 형태로 개발하여 자사의 제품라인을 확장하기로 결정하였다. 기업은 이 제품을 위한 시장 개발에 전략적 강조점을 두었다. 기업은 시장조사를 통하여 코퍼톤 고객들이 이미 해변에서 원래의 짜서 쓰는 방식의 용기에 담긴 제품을 사용하고 있다는 것을 알았다. 과도한 피부 노출의 위험에 대한 인식의 증가로 인하여, 이전에는 해변에 있을 때만 자외선 차단제를 사용하던 소비자들이 일상용 자외선 차단제 제품을 찾고 있었다. 기업 관리자들은 제품이 소비자들의 주머니와 지갑, 운동용 가방에 편리하게 들어갈 수 있도록 재포장한다면 그들의 시장이 상당한 정도로 확장될 수 있으리라고 추론하였다. 사업 전략을 확인하시오. 전략의 결과로서 어떠한 훈련이 필요한가? 이러한 결정이 제조의 측면과 세일즈 역량의 측면에서 어떠한 훈련 시사점을 가지는가?
5. 모든 기업이 경제적 상황과 무관하게 지원해야 한다고 생각하는 전략적 훈련과 개발 계획은 무엇인가? 왜 그러한가?
6. 전략적 훈련과 개발 계획이 소규모 비즈니스에서 더 중요한가? 이유를 설명하시오.
7. 훈련 기능이 어떻게 사업 전략을 지원하는가?
8. 직무와 그것의 독특성이 가지는 전략적 가치가 어떻게 훈련과 학습 자원이 투자되는 것에

영향을 미치는가?

9. 인적자본이란 무엇인가? 어떻게 인적자본이 기술과 지식 획득으로부터 지식 창조와 공유로서의 훈련 역할 변화에 영향을 미치고 있는가?
10. 어떻게 SWOT 분석이 사업 전략과 목표와 훈련 활동이 일치하도록 조정하는 데에 활용될 수 있는가?
11. 제품을 제조하거나 서비스를 제공하는 데에 팀을 활용하는 것이 증가하는 것은 어떠한 훈련상의 시사점이 있는가?
12. 당신이라면 기업대학을 어떻게 디자인하겠는가? 당신이 취할 각 단계를 설명하시오.
13. 집중화된 훈련 기능의 장단점은 무엇인가?
14. 기업이 자사의 훈련 기능 전체를 아웃소싱할 것인지 여부를 결정할 때 고려해야 하는 사항은 무엇인가? 만약 기업이 한 훈련 프로그램을 아웃소싱하기를 원한다면 고려해야 할 사항이 달라지는가? 이유를 설명하라.
15. 훈련 '브랜드'란 무엇인가? 왜 이것이 중요한가? 이것이 어떻게 훈련 마케팅이나 조직의 학습 기능과 관련이 있는가?
16. '변화'가 훈련 및 학습과 어떠한 연관이 있는가? 새로운 훈련 프로그램이 직원들에게 수용되기 위하여 다루어야 할 변화 관련 네 가지 문제점은 무엇인가?

적용 과제

1. 웹사이트 www.mcdonalds.com을 방문하자. "About US"에서 "Our History"와 "Values in Action"을 검토하라. "Career"에서 교육 기회에 대해 제공된 정보를 검토하시오. 햄버거 대학교에 대한 유튜브 동영상(https://www.youtube.com/watch?v=sICEmBpAPq0.)을 시청하시오.
   a. 햄버거 대학교는 기업의 비즈니스를 지원하는가? 왜 그런지 이유를 설명하시오. 맥도날드의 교육 및 개발 노력, 직원 유치, 직원 유지, 고객서비스 사이에 관련성이 있는가?
   b. 햄버거 대학교에서 이용가능한 학습 자원과 그것이 어떻게 사업 전략에 기여하는지를 확인하시오.
2. 인터넷을 활용하거나 도서관을 방문하여 한 기업의 연간 보고서를 찾아보자. 그 연간 보고서를 활용하여 다음을 수행하시오.
   a. 기업의 미션과 가치, 목표를 확인하시오.
   b. 보고서가 제공하고 있는 기업의 훈련 실행방식과 그것이 어떻게 목표와 전략과 연관되어 있는지에 관한 정보를 찾아보자. 수업에서 당신이 조사한 바를 짧게 발표할 수 있도록 준비하시오.
3. 세계 최고의 해충과 흰개미 방제업체인 오킨(Orkin)의 웹사이트 www.orkin.com을 방문하자. 페이지 하단에 있는 "Careers"를 클릭한 다음 "Who We Are", "Benefits",

"Opportunities", "Community Involvement"를 차례로 클릭하여 이 기업을 조사하시오. "Orkin Training"을 클릭하시오. 오킨이 직원들에게 제공하는 훈련의 종류는 무엇인가? 훈련이 전략적인가? 왜 그러한가? 오킨이 어떻게 훈련을 활용하여 기업 경쟁우위에 기여하도록 하는가?

4. 딜로이트는 딜로이트 대학교 설립에 수백만 달러를 투자했다. https://www.youtube.com/watch?v=VnEGnK0lGEE에서 딜로이트 대학교를 강조하는 동영상을 보자. 딜로이트 대학교와 딜로이트에서 일어나는 활동이 딜로이트의 비즈니스를 강화하는 데 어떻게 도움이 되는가? 딜로이트의 비즈니스에 대한 자세한 내용은 https://www2.deloitte.com/us/en.html을 참조하시오.
5. 교육 아웃소싱 제공업체 RPS(Raytheon Professional Services)의 웹사이트 https://www.raytheon.com/ourcompany/rps-tailored-corporate-training-solutions를 방문하자. RPS의 전문적 서비스는 어떤 것인가? RPS의 전문적 서비스 교육을 아웃소싱할 경우 발생할 수 있는 장점과 단점은 무엇인가?
6. 《training》 매거진의 Top 10 명예의 전당 회원인 매카시 빌딩 시스템즈(McCarthy Building Systems)에 대한 유튜브 동영상(www.youtube.com/watch?v=m0AEJQKRQuo)을 시청하자. 매카시 빌딩 시스템즈의 전략적 초점은 무엇인가? 매카시의 교육 및 개발 계획과 활동, 교육의 가치를 보여주는 지표를 확인하시오.
7. IBM의 학습 관리에 관한 유튜브 동영상(www.youtube.com?watch?v=lefBrIBEYSC)을 시청하자. 학습 관리에는 무엇이 포함되는가? IBM이 학습 관리를 제공함으로써 얻을 수 있는 이점은 무엇인가?

사례 히타치 데이터 시스템즈 글로벌 학습팀

히타치 데이터 시스템즈(Hitachi Data Systems)는 고객에게 IT(정보기술) 인프라, 분석, 콘텐츠 및 클라우드 솔루션과 서비스를 제공한다. 주요 제품에는 저장 시스템, 네트워킹 솔루션 및 소프트웨어 제품이 포함된다. 글로벌 학습팀의 미션 선언문에는 직원뿐만 아니라 파트너, 공급업체 및 고객의 기술, 지식 및 태도의 개발도 포함되어 있다. 히타치 데이터 시스템즈의 학습팀에는 제품 마케팅 관리자, 엔지니어 및 영업 전문가가 협력하여 각 영역의 전략적 방향을 이해하는 BI(business interlock) 전문가가 포함되어 있다. BI 전문가는 고객, 공급업체 및 고객과 협력하여 히타치 데이터 시스템즈 직원들이 설명해야 하는 지식과 기술을 이해하고, 적절하고 효과적인 제품 및 솔루션을 제공한다. 학습팀은 여러 프로그램을 담당하고 있다. 기업의 첫 번째 교육 프로그램은 영업 및 솔루션 컨설팅 신입 직원을 위한 글로벌 세일즈 부트 캠프(Global Sales Boot Camp)이다. 프로그램을 통해 신입직원들은 히타치의 제품과 솔루션을 이해하게 된다. 또 다른 교육 프로그램은 영업 엔지니어에게 제품 교육을 제공하여 고객에게 IT 아키텍처에 대한 제품 시연과 제안을 할 수 있는 지식을 제공한다. 현장 엔지니어를 위한 세 번째 프로그램은 소프트웨어 설치, 케이블 연결, 서버 설치, 히타치 제품 설치 및 실행을 위해 고객을 방문하는 데 필요한 지식과 기술을 제공한다. 히타치의 직원들은 100개 이상의 다른 기업에서 일하기 때문에 제품 지식과 솔루션에 대한 최신 정보를 유지하는 것은 어렵다. 이러한 과제를 해결하기 위해 학습팀은 가상교육 프로그램 및 제품 학습 공간에 대한 온라인 접근이 가능하도록 하였다.

파트너, 고객 및 공급업체를 교육에 참여시키는 것이 전략적인가? 그 이유를 설명하시오. 히타치 데이터 시스템즈는 어떤 모델을 사용하여 훈련 기능을 구성하는가? 답변을 뒷받침할 수 있는 예를 제시하시오.

자료: "Building Talent: The Very Best of 2017, Hitachi Data Systems", *TD* (October 2017), p. 35; "Company Overview of Hitachi Data Systems Corporation" from www.bloomberg.com, accessed February 19, 2018을 기반으로 함.

실습 사례 1

다우 케미컬, 낯선 환경에서 일하게 함으로써 리더를 개발하다

다우 케미컬(Dow Chemical)의 미션은 '화학, 생물학, 물리학의 교차점에 있는 이해관계자들을 위해 열정적으로 혁신을 창조하는 것'이다. 세계에서 가장 가치 있고 존경받는 과학기업으로 장기적으로는 주당 가치를 극대화한다는 것이다. 주주와 고객에게 가치를 창출하는 우수하고 기술력 있는 사업 포트폴리오에 투자하겠다는 전략이다.

다우 케미컬은 글로벌 입지를 넓히면서 지역 상권 및 정부 지도자와 네트워크 및 관계 발전 능력을 갖춘 인력이 필요하다. 다우 케미컬은 글로벌 리더를 육성하기 위해 미시건주 미들랜드 본사에서 일주일간의 리더십 개발 교육에 잠재력이 높은 직원을 파견하고 있다. 교육을 마친 직원들은 중국 상하이, 브라질 상파울루, 아랍에미리트 두바이와 같은 국제지사 중 한 곳에서 한 주간을 보낸다. 각 지역에는 다우 케미컬의 지역 본사가 있는데 직원들 입장에서 보면 지역 본사는 기업 본사에서 경험했던 것과 비슷한 업무 환경을 갖추고 있다.

다우 케미컬 글로벌 리더십 개발 담당자와 인사 담당부사장 모두 이 프로그램이 큰 약점을 안고 있다는 점을 인지하고 있다. 이 프로그램에는 참가자들에게 문화적 맥락을 이해하는 방법을 가르쳐주는 실제 체험이 빠져 있었다. 참가자를 서로 다른 문화적 맥락의 문제에 노출시키는 것은 학습자가 불확실성과 변화에 대처하는 방법을 스스로 반성하고 생각하게 하는 데 도움이 된다. 또한 새로운 문화 속에서 사업을 할 때 무엇을 해야 하는지 이해할 수 있는 리더를 개발할 수 있도록 도와준다. 따라서 다우 케미컬은 새로운 시장에서 사업을 하는 데 필요한 겸손함과 성실함은 물론 리더십 기술 개발의 학습 경험을 만들기 위해 프로그램을 바꾸고자 하였다.

다우 케미컬은 최근 사무실을 연 가나의 아크라 지역에 첫 지점을 두고 새로운 리더십 개발 프로그램인 리더십 인 액션(Leadership in Action)을 개발하였다. 이 프로그램은 특히 다우 케미컬 사업 성장 분야에서 지속가능한 개발 프로젝트에 대한 지원이 필요한 조직과 직원을 일치시켜 전 세계의 기본적인 요구를 충족하기 위한 다우 케미컬 접근방식의 일환이다. 서아프리카의 수도 아크라가 선정된 이유는 잠재적 리더들이 새로운 사업영역을 이해하고 새로운 시장을 개척하며, 지역사회에서 관계를 구축할 수 있는 길을 제공할 수 있기 때문이다. 1차수에 높은 잠재력을 지닌 36명의 직원들이 7개 팀을 구성하였다. 각 팀에는 지역사회가 필요로 하는 프로젝트를 돕기 위해 비정부기구와 함께 일하도록 배정되었다. 말라리아 치료제를 제공할 수 있는 식물의 재배처를 정하고 무역전문학교와 협력해 과학, 기술, 공학, 수학 등 교육과정을 개발하는 사업도 포함되었다. 프로그램 참가자들은 재택근무를 하며 가상(virtual)으로 사업을 계획하고 협업하는 데 5개월을 보냈다. 이는 컨설팅 기술을 개발하고 갑작스런 전기 손실이나 전화 서비스 손실과 같은 예상치 못한 사건에 적응하는 데 도움을 주었다. 5개월 동안 가상으로 업무를 수행한 이후 완성된 프로젝트를 검토하기 위해 아프리카로 갔다.

2차수 참가자들은 다우 케미컬이 사무실 개설을 고려하고 있던 에티오피아의 아디스아바바에서 일했다. 이들 중 한 팀은 IBM 직원팀과 협력하여 위생 및 방역 관행을 촉진하는 마케팅을 개발하였다. 참가자들은 인도주의단체 및 기업 파트너와 협력하는 데 귀중한 기술을 습득하였다. 가나와 에티오피아에서 일하는 팀들은 익숙한 것과 매우 다른 문화와 공동체의 문제를 해결하는 방법을 배워야 했다. 그들은 의미 있고, 받아들여지고, 유용한 해결책을 만들기 위해 공동체 사람들의 사회구조와 가치를 이해하는 데 집중해야 했다. 두 지역에서 일하는 그룹 모두 뉴스 인터뷰에서도 다우 케미컬을 대표했으며, 이는 미디어 관계 기술과 기업을 가장 잘 대표하는 방법에 대한 이해를 향상했다. 프로그램 완료 후 설문조사에서는 참가자들이 새로운 시각을 갖고 있다고 느낀다는 것을 보여주고 있다. 거의 모든 참가자는 아프리카에서 다우 케미컬의 성장을 위해 어떤 방식으로든 계속 관여하기를 원하고 있다.

다우 케미컬 직원들은 에티오피아에서 고형 및 액체 폐기물을 비료로 전환하는 지속가능한 관행을 파악하고, 현지 농업 스타트업 기업들이 시장에 접근할 수 있도록 돕는 등 여러 프로젝트를 수행해왔다. 이 프로젝트에는 프리사이스 컨설트 인터내셔널(Precise Consult International) 및 PSI(Population Services International)와 같은 파트너와 일반대학 및 전문대학이 포함되어 있다. 이후 다우 케미컬은 2015년 인도네시아, 2016년 필리핀에 리더십 인 액션 프로그램을 개설하였다. 2017년에는 베트남 하노이와 하이퐁에 직원 43명을 파견하였다. 연구팀은 수질오염과 홍수피해 방지를 위해 서호(West Lake)의 생태계 복원 및 보호, 수자원 모니터링의 중요성을 지역주민들이 이해할 수 있도록 돕는 등의 사업을 진행하였다.

질문

1. 다우 케미컬이 리더십 인 액션을 개발하게 된 동기는 무엇인가?
2. 리더십 인 액션 프로그램이 다우 케미컬의 사업 전략과 목표에 기여한다고 생각하는가? 이를 설명하라.
3. 리더십 인 액션 프로그램이 효과적이었는지를 어떻게 판단하겠는가? 어떤 지표 또는 결과를 모을 것인가? 그 이유는 무엇인가?
4. 리더십 인 액션이 공식적인 과정(예: MBA 프로그램)이나 직무에 대한 책임감 강화와 같은 전통적인 리더 교육방식과 비교했을 때 장단점은 무엇인가?

자료: K. Everson, "Dow Chemical's New Formula for Global Leaders," *Chief Learning Officer* (April 2015), pp. 42-43, 49; "Mission & Vision," from www.dow.com, accessed April 10, 2018; "Leadership in Action: Ethiopia," from www.dow.com/en-us/careers/working-at-dow/learning-and-development, accessed April 10, 2018; "Vietnam 2017" from www.dow.com/en-us/science-and-sustainability/global-citizenship/dowcorps/leadership-in-action/vietnam, accessed April 10, 2018을 기반으로 함.

Part 2

훈련 설계

Part 2에서는 효과적인 훈련을 체계적으로 설계하는 방법에 초점을 맞춘다. 3장 "요구 조사"에서는 훈련이 필요한지 여부를 결정하는 데 사용되는 프로세스에 대해 논의하며 조직, 인력 및 관련 업무를 분석하는 것이 포함된다. 4장 "학습과 훈련 전이"에서는 학습과 훈련 전이에 대한 이론과 학습자가 훈련을 통해 원하는 결과물을 학습하고 그것을 실제 업무에 활용할 수 있도록 돕는 환경 조성에 대하여 알아본다. 5장 "프로그램 설계"에서는 훈련 프로그램 설계 및 훈련 과정과 프로그램을 개선할 때 중요하게 다뤄지는 이슈를 살펴본다. 즉 컨설턴트나 교육업체, 훈련 장소를 어떻게 선택하고 준비해야 하는지, 관리자와 동료의 지원을 포함하여 업무 환경을 조성할 때 학습과 훈련 전이를 극대화하려면 어떻게 해야 하는지에 대하여 알아본다. 또한 훈련 전이에서의 지식경영에 대해서도 논의한다. 6장 "훈련평가"에서는 평가 방법과 평가 유형에 대한 개요를 제공한다.
Part 2는 CA 테크놀로지스의 리더십 프로그램 사례로 마무리한다.

Chapter 3 요구 조사
Chapter 4 학습과 훈련 전이
Chapter 5 프로그램 설계
Chapter 6 훈련평가

Chapter 3

요구 조사

학습목표

1. 요구 조사에서 조직 분석, 개인 분석, 과업 분석이 가지는 역할에 대해 논의한다.
2. 요구 조사에서 사용되는 다양한 방법을 알고, 각 기법의 장단점을 파악한다.
3. 요구 조사에서 고위관계자, 중간관리자, 훈련자가 가지는 어려움에 대해 논의한다.
4. 개인의 특성 및 투입요소, 산출요소, 결과와 피드백이 성과 및 학습에 끼치는 영향을 설명한다.
5. 직원이 훈련을 잘 받을 수 있는 상황을 조성한다.
6. 과업 분석을 실시하는 데 포함되는 단계에 대해 논의한다.
7. 과업 분석 결과를 분석하여 훈련이 필요한 사람을 결정한다.
8. 역량 모델과 역량 모델 발달 과정을 설명한다.

맥도날드, ADP, 하이어라이트의 요구 조사

요구 조사는 기존 교육과정을 수정하거나 새로운 교육과정을 설계하는 데 핵심적인 첫 단계이다. 맥도날드, ADP, 하이어라이트에서 요구 조사가 어떻게 이용되었는지 살펴보자.

맥도날드는 자사의 전략적 목표 달성을 위해 학습의 관점에서 회사가 가야 할 곳을 검토하고자 요구 조사를 실시했다. 최고학습책임자(chief learning officer)와 그의 팀은 학습자에 대한 이해를 높이기 위해 교육 수준, 성별, 언어, 나이, 세대 등 직원들의 배경을 조사했다. 이들은 직원들이 온라인 교육 콘텐츠를 얼마나 자주 사용하고 쉽게 접근할 수 있는지에 대한 데이터를 수집하고, 직무별 책임, 과업, 리더십 스킬을 조사하여 훈련과 교육과정을 지원받도록 하였다. 요구 조사 결과, 밀레니얼 및 Z세대의 직원이 많음에도 불구하고, 교육 전달방식은 그들의 필요나 기대에 부합하지 못한 것으로 나타났다. 이에 스마트폰, 컴퓨터, 태블릿을 이용해 보다 쉽게 접근할 수 있는 짧은 교육과정을 개설했다.

인적자원관리 소프트웨어 및 서비스 공급업체인 ADP는 17주 과정의 신규 채용 훈련 프로그램을 개정할 필요를 발견했다. 해당 프로그램이 새로 고용된 서비스 관계자의 역할을 수행하기 위한 훈련 과정으로는 너무 긴 시간이 요구되었기 때문이다. 짧지만 효과적인 교육 프로그램으로 재설계하기 위해 ADP는 요구 조사를 실시했다. 학습개발팀 팀원들은 실적이 우수한 영업사원을 인터뷰하고, 고객 통화(client call)를 관찰하고, 300만 건 이상의 고객 통화 데이터를 분석하여 통화의 원인과 해결방법을 파악했다.

평판조회(background screening) 업체인 하이어라이트(HireRight)는 전 직원을 대상으로 가장 몰입도가 높은 작업 환경 유형 조사를 통한 요구 조사를 실시했다. 이를 위해 하이어라이트는 기업 리더 및 고성과자 대상 인터뷰, 그들의 기술 요구사항 조사, 벤치마킹 데이터 검토, 중요한 회사 실적 데이터 분석을 실시했다. 요구 조사 자료는 새로운 리더십 개발 프로그램 및 성과관리 시스템을 구축하고 직원몰입계획(employee engagement initiative)을 시작하는 데 사용되었다.

자료: A. Kuzel, "How to Conduct a Learning Audit", *Chief Learning Officer* (November/December 2016), pp. 23–25, 66; "Outstanding Training Initiatives: ADP, LLC: Major Accounts (MAS) Fast Path", *training* (January/February 2017), p. 100; www.adp.com, accessed March 14, 2018; "Building Talent: The Very BEST of 2017, HireRight, LLC", *TD* (October 2017), p. 81을 기반으로 함.

서론

1장 "직원 훈련 및 개발 소개"에서 논의되었듯이, 효율적인 훈련은 설계 과정을 포함한다. 이러한 설계 과정은 바로 요구 조사에서 시작된다. 이후의 과정으로는 직원들이 교육에 참여할 수 있는 동기와 기본 능력을 갖추고 있는지 확인하는 것과 긍정적인 교육 환경 조성, 교육에서 배운 것을 실제 업무에 적용하고 있는지 확인, 훈련 방법의 선택, 훈련의 결과가 기대했던 것에 부응하였는지 확인하는 것이 포함된다. 앞선 사례에서 보았듯이, 훈련 방법을 정하기 전에는 필요한 훈련의 종류와 어떠한 방법으로 실시할 것인지에 대한 결정이 중요하다. **요구 조사**(needs assessment)란 훈련의 필요성을 판단할 수 있는 일련의 과정을 의미한다.

요구 조사는 보통 조직 분석, 개인 분석, 과업 분석을 포함한다.[1] **조직 분석**(organizational analysis)은 훈련이 이루어질 배경에 대한 검토로서, 회사의 사업 전략, 회사가 갖추고 있는 자원, 그리고 훈련 활동을 위한 관리자와 동료들의 지원 등을 고려하여 훈련의 적합성을 판단하는 것을 말한다. 앞서 2장 "전략적 훈련"에서 훈련의 빈도 및 유형을 결정하는 데 회사의 사업 전략의 역할에 대해 살펴보았으므로, 조직 분석의 한 가지 측면에 대해서는 이미 잘 알고 있을 것이다.

개인 분석(person analysis)은 훈련이 필요한 사람이 누구인지 확인하는 것이다. 개인 분석을 통해 (1) 성과 부진의 원인이 지식이나 기술 또는 능력(훈련상 문제)의 부족, 혹은 동기부여나 업무 설계상의 문제인지 확인하고, (2) 훈련이 필요한 사람이 누구인지 분석하고, (3) 직원들이 훈련에 임할 준비가 되었는지를 파악할 수 있다. **과업 분석**(task analysis)을 통해서는 훈련에서 직원들의 업무를 완료하기 위해 강조되어야 할 중요한 과업과 지식, 기술, 행동 등을 파악할 수 있다.

요구 조사는 왜 필요한가?

요구 조사가 중요한 이유는 (지식과 기술의 부족으로 생기는 기술적 격차를 좁히는 것을 목표로 하는) 훈련을 요구하는 관리자나 고객이 실제로는 다른 것, 예를 들어 직원의 동기와 관점·태도 등의 변화, 혹은 작업 흐름의 재설계 등을 요구하는 것일 수도 있기 때문이다.[2] 만약 관리자가 성과 관련 문제에 대한 교육을 요청한다면, 훈련이 포함된(혹은 포함되지 않은) 문제에 대한 해결책을 바라는 것일 수 있다. 요구 조사를 통해 훈련이 과연 적절한 해결책이 될 수 있는지 결정하는 것이 당신의 역할이라 할 수 있다.

요구 조사는 교수 설계(instructional design) 과정의 첫 단계인데, 이 과정이 제대로 이루어지지 않을 경우 아래와 같은 문제가 발생할 수 있다.

- 성과 문제에 대한 해결책으로 훈련이 부적절하게 사용될 수 있다(특히 해결책이 직원의 동기, 직무 설계, 성과 기대치에 대한 의사소통 관련 문제에 집중되어야 하는 경우).
- 훈련 과정의 내용이나 목적, 또는 방법이 잘못될 수 있다.
- 직원들이 훈련에 필요한 기본 능력과 전제 능력 및 학습에 대한 자신감이 없는 상태에서 무작정 훈련을 받게 될 수 있다.
- 학습 성취 태도 변화 또는 경제적 결과가 회사의 기대에 미치지 못할 수 있다.
- 회사의 사업 전략과 부합하지 않는 훈련 과정으로 불필요한 비용 지출이 발생할 수 있다.

그림 3.1은 요구 조사와 관련된 세 가지 유형의 분석과 그 결과 발생하는 원인과 결과를 보여준다. 훈련을 필요로 하는 다양한 이유와 '압박 지점(pressure points)'이 존재한다. '압박 지점'은 성과 문제, 새로운 기술, 내·외부 고객의 훈련에 대한 요구, 직무 재설계, 새로운 법률, 고객 선호도 변화, 신제품 또는 서비스의 도입 또는 기존 제품의 변경, 직원의 기초 기술의 부족 등을 포함한다. 훈련이 필요하다고 제안한 압박 지점을 BNSF 철도와 버라이즌 사례를 통해 살펴보자.[3] BNSF 철도는 브레이크 시스템의 안전 기준에 대한 새로운 연방 규정이 도입됨에 따라 직원들이 브레이크 검사에 능숙할 수 있도록 새로운 교육을 설계해야 했다. 이에 따라, BNSF 철도는 직원들이 철도 차량의 브레이크 검사 시뮬레이션을 수행할 수 있는 가상 현실 훈련을 개발했다. 신규 소비자와 새로운 비즈니스 가격 책정 계획의 도입은 버라이즌의 학습개발팀이 단 6일 만에 수천 명의 고객서비스 담당자를 훈련시켜야 함을 의미했다. 이를 위해, 학습개발팀은 아이패드를 활용한 웹캐스트 및 비디오, 교육자 및 매장 관리자

그림 3.1 요구 조사의 원인과 결과

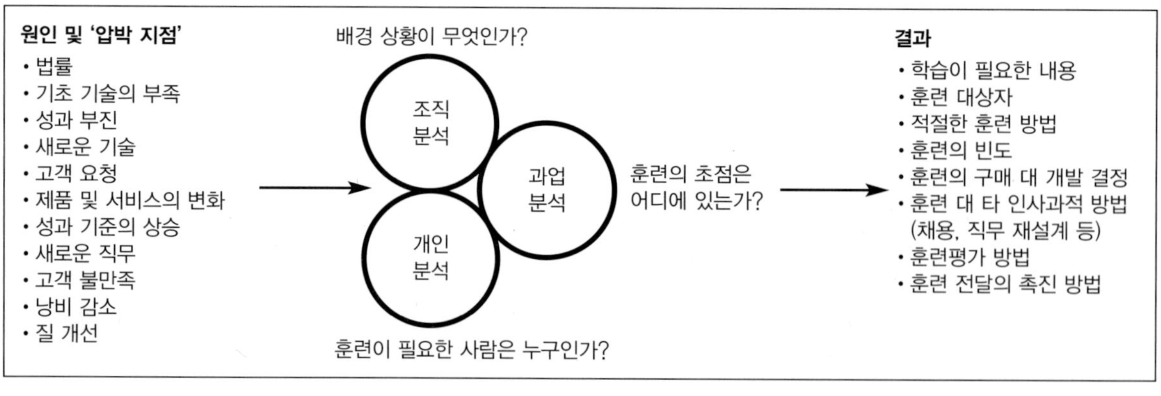

가 실시하는 대면 기술 반복 훈련(skill drill training)을 제공했다.

이러한 압박 지점에 대한 해결책이 모두 훈련이 아니라는 것을 주목해야 한다. 예를 들어, 의료시설로 마취제 가스를 배달하는 트럭 운전수를 생각해보자. 기사가 실수로 마취제를 병원의 산소 공급관에 연결해서 병원의 산소 공급관을 오염시켰다. 이 운전수는 왜 이런 명백한 실수를 저질렀을까? 마취제 연결에 대한 기본 지식이 부족하여 발생하게 된 실수일 수도 있고, 최근 관리자가 임금 인상에 대한 요청을 거부한 것에 대한 앙금 때문일 수도 있고, 아니면 가스 연결 밸브에 표기가 잘못되어 그런 것일 수도 있다. 세 가지 이유 중 운전수의 기본 지식 부족에 의한 업무 과실만이 훈련으로 해결될 수 있다. 나머지 이유에 대해서는 검토가 필요하고 운전수의 분노에서 비롯된 행동에 대한 결정(해고 결정)을 내리거나 운전수나 감독관이 모든 작업장에서 연결 밸브 및 관의 표기를 제대로 확인할 수 있는 작업 환경의 조성 등이 필요하다.

요구 조사를 통해 어떤 결과를 얻을 수 있는가? 요구 조사는 나머지 교수 설계 과정에 중요한 정보를 제공한다. 그림 3.1에서 보았듯이, 요구 조사를 통해 훈련이 필요한 사람이 누구인지, 무엇을 배워야 하는지, 훈련되어야 할 과업, 지식, 기술, 행동, 혹은 다른 직무 요구가 무엇인지 알 수 있다. 요구 조사는 또한 회사가 외부업체를 통해 훈련을 제공받거나 상담받을 것인지, 내부자원을 이용해서 개발할 것인지 결정하는 데 도움이 된다. 직원이 정확히 어떤 것을 배워야 하는지를 결정하는 것은 교육과정 설계의 다음 단계인 훈련 성과 및 목표를 정하는 데 핵심적이다. 4장 "학습과 훈련 전이"에서는 훈련 성과와 학습 목표를 파악하고, 교육이 제대로 이루어지고 실제 업무에 적용될 수 있도록 하는 훈련 환경을 만드는 것에 대해 이야기한다. 요구 조사는 교육 목표와 훈련에 사용될 수 있는 자원을 파악하는 것을 통해서 회사가 적절한 훈련 및 개발 방법을 선택할 수 있게 도와준다(이 책의 Part 3에서 자세히 기술한다). 요구 조사는 나아가 훈련의 효율성을 평가하는 데 필요한 교육 결과에 대한 정보를 제공한다. 훈련평가에 대한 것은 6장 "훈련평가"에서 논의된다.

누가 요구 조사에 참여해야 하는가?

요구 조사의 목표는 훈련에 대한 요구의 존재 여부, 누구를 위한 훈련인지, 어떤 과업에 필요한지를 결정하는 것이기 때문에 요구 조사에 모든 이해관계자를 포함시키는 것이 중요하다. **이해관계자**(stakeholders)에는 훈련과 개발에 관심이 있고, 훈련의 성공(또는 실패)을 결정하는 데 중요한 지원을 받는 조직 내의 사람이 포함된다. 또한, 상위관리자와 최고 수준의 관리자, 중간관리자, 교육자 및 학습의 최종 사용자인 직원이 포함된다. 요구 조사에 이해관계자들이 참여하도록 보장하는 몇 가지 방법이 있다. 한 가지 방법은 학습 문제를 논의하기 위해 정기적으로 만나는 공식 자문단을 만드는 것이고, 또 다른 방법은 인터뷰, 포커스 그룹(focus groups), 크라우드소싱(crowdsourcing) 및 요구 조사에 사용되는 설문조사와 관련 이해관계자를 포함시키는 것이다. 기존에는 교육자만 요구 조사에 관심을 보였으나, 2장에

표 3.1 요구 조사에서 상위관리자, 중간관리자, 훈련 전문가, 직원의 주요 관심사

구분	상위관리자	중간관리자	훈련 전문가	직원
조직 분석	• 사업 목표를 달성하는 데 훈련이 중요한가? • 훈련이 어떻게 사업 전략을 지지할 수 있는가? • 회사의 인재기반에 위협이 되는 요소는 무엇인가?	• 훈련에 지출을 할 의향이 있는가? • 얼마만큼 지출할 것인가? • 훈련과 개발을 통해 사업 목표를 이루는 데 어떤 도움을 받을 수 있는가?	• 훈련 서비스를 살 만한 예산이 있는가? • 관리자들이 훈련을 지원해 줄 것인가?	• 학습에 대한 보상이 있는가? • 경력을 발전시킬 수 있는가? 상사는 내가 훈련에 참석할 수 있도록 격려하고 허락하는가? • 훈련에 접근할 수 있는가?
개인 분석	• 훈련을 필요로 하는 특정 부서나 직무를 수행하는 직원이 있는가? • 사업 목표 달성을 위해 직원들이 이루어야 하는 성과로 어떤 것이 있는가?	• 누가 훈련을 받아야 하는가? 관리자? 전문가? 핵심 직원?	• 어떤 직원이 훈련을 필요로 하는지 어떻게 파악할 수 있는가?	• 나는 학습을 원하는가? • 나는 훈련 내용을 학습할 수 있는가? • 훈련 내용이 나에게 가치 있는가?
과업 분석	• 시장에서 경쟁할 수 있는 지식, 기술, 능력 또는 역량을 가진 직원이 있는가?	• 제품이나 서비스의 질 향상을 위해 어떤 직종의 훈련이 가장 필요한가?	• 어떤 과업에 대한 직원 교육이 이루어져야 하는가? • 필요한 지식, 기술, 능력이나 다른 특성에는 어떤 것이 있는가?	• 현 직업에 필요한 지식, 기술, 과업, 또는 역량은 무엇인가? • 앞으로의 직업에는? • 나의 경력에는?

서 살펴본 것과 같이, 회사의 전략적 목표를 달성하기 위한 방안으로 훈련이 더 많이 활용되기 시작하면서 상위관리자와 중간관리자까지 요구 조사 과정의 일원이 되었다.

표 3.1은 상위관리자, 중간관리자, 교육자, 그리고 직원들이 각 조직 분석, 개인 분석, 과업 분석에 답을 얻고 싶어 하는 질문을 보여준다. 상위관리자는 회장, 최고경영자, 그리고 부회장 등까지를 포함한다. 상위관리자는 특정 직군에 초점을 맞추기보다, 넓게 회사 전체를 바라볼 수 있는 관점으로 요구 조사 과정에 접근한다. 상위 관리자들은 요구 조사 과정을 통해 훈련이 회사의 기존 인사부 업무에서 어떤 역할을 가질 수 있는지 파악하고자 한다(예: 직원 채용이나 보수에 관한 문제), 즉 상위관리자들은 니즈를 예측하고 사업이 나아가는 방향과 부합한 훈련을 원한다. 훈련 및 개발은 사업 전략을 지원하는 방식으로 직원의 성과를 개선해야 한다. 학습 노력(훈련, 개발, 지식 관리)은 일련의 단편적인 과정이나 프로그램으로 구성하기보다는 통합적이고 전체적인 접근 방식을 취하여 회사에 가치를 더해야 한다. 또한 상위관리자는 어느 특정 부서나 직무에서 훈련이 필요한지 파악하고(개인 분석), 회사가 사업 전략을 달성하고 시장에서 경쟁하기 위해 필요한 지식, 기술, 능력을 지닌 인력을 보유했는지 여부를 확인하는 데 관여한다.

중간관리자들은 자신들이 관리하는 특정 부서의 경제적 목표치 도달에 훈련이 어떤 영향을 주는지 파악하는 것에 더 관심이 많다. 그 결과 중간관리자들은 조직 분석에서 (1) 훈련에 예산의 얼마만큼을 할애할 수 있는지, (2) 어떤 부류의 직원들이 훈련을 받아야 하는지(예: 엔지니어 또는 제품이나 서비스 생산에 직접적으로 관여하는 핵심 직원 등), (3) 제품이나 고객 서비스의 질을 향상하기 위해 어떤 직군에게 훈련이 가장 필요한지를 파악하는 데 초점을 두고 있다.

예시로, 플로리다주의 베이케어(BayCare) 병원 시스템에서는 병원 규모별 상위관리자로

구성된 자문위원회를 구성했다.[4] 위원회의 목적은 계획된 인재관리 프로그램에 대한 조언과 아이디어를 제공하는 것이다. 예를 들면, 자문위원회는 훈련을 어떻게 실시해야 하는지, 누가 포함되어야 하는지, 훈련의 효과를 어떻게 결정해야 하는지에 대한 조언을 제공한다.

시카고에 본사를 둔 인사 관리 및 인력 채용 회사인 라샐 네트워크(LaSalle Network)는 150명의 전 직원에게 개선하고자 하는 약점과 배우고 싶은 기술이 무엇인지 정기적으로 조사하는데, 이는 CEO, 인사 담당자, 관리자, 멘토, 교육 관계자 등 모두를 대상으로 한다. 훈련 프로그램, 교육과정 및 직원 개발 활동은 파악된 약점과 기술을 해결하기 위한 것으로 선택된다.[5] 카맥스(CarMax)에서는 우수한 성과를 내는 행동을 식별하기 위해 최고의 성과를 낸 직원을 관찰하고 인터뷰를 실시했다.[6] 이러한 행동은 모든 직원에게 도움이 되도록 훈련 과정에서 강조된다. 또한 고성과자에게는 교육 내용에 대한 의견 제시 요청 또는 훈련 영상에 출연 요청을 하기도 한다. 학습팀은 상위관리자 및 HR과 협력하여 교육의 효과성을 평가하기 위한 계획을 수립한다.

2장에서 논의되었듯이, 훈련 전문가(훈련담당 관리자나 훈련 설계자)는 훈련이 회사의 계획과 방향이 일치하는지 알아야 한다. 하지만 훈련 전문가는 훈련 과정의 운영·발전·지원을 위해 필요한 정보를 얻기 위한 요구 조사에 주로 관심이 있다. 이 정보는 훈련 과정을 외부에서 구입해야 하는지, 자체적으로 개발할 필요가 있는지에 대해 결정하는 것과 훈련이 필요한 직무 파악, 또는 상위관리자나 중간관리자들의 관심도나 지원에 대한 정보를 말한다.

직원들은 요구 조사에 다양한 관심을 가지고 있다. 조직적 관점에서 이들은 회사가 학습의 가치를 어떻게 평가하는지를 고려한다. 학습에 대한 보상이 있는가? 학습이 성과 향상 또는 경력 목표를 달성하는 데 도움이 되는가? 공식 및 비공식 학습 기회에 쉽게 접근할 수 있는가? 또한 관리자가 교육과정 및 프로그램을 수강하거나 비공식적으로 배우도록 권장하는지, 학습한 내용을 적용하는 데 지원받을 수 있는지 알고 싶어 한다. 직원은 학습 동기부여 여부와 현재 직업이나 경력에 필요한 과업, 지식, 기술, 또는 역량을 결정해야 한다.

상위관리자의 역할은 주로 훈련이 회사의 계획에 부응하고 있는지 관찰하고 이에 필요한 경제적 자원을 제공하는 것이다. 보통 상위관리자들은 어떤 직원이 훈련을 필요로 하는지 파악하거나 훈련이 필요한 과업 분석, 그런 직무를 수행하는 데 필요한 지식, 기술, 능력이나 다른 특성에는 어떤 것이 있는지 결정하는 것에는 관여하지 않는다. 이러한 역할은 내용전문가의 역할이다. **내용전문가**(subject-matter experts, SMEs)란 직원, 학자, 관리자, 기술전문가, 교육자나 심지어 고객이나 공급자 중 (1) 훈련이 필요한 직무를 포함한 훈련 주제, (2) 성공적인 직무 수행에 필요한 지식, 기술, 능력, (3) 필요한 도구 및 장비, (4) 직무 수행에 앞서 충족되어야 하는 조건에 대한 지식이 해박한 사람을 말한다. 내용전문가는 훈련이 담당해야 하는 내용에 대해 충분한 지식을 가지고 있어야 하며, 주어진 시간 안에 반드시 다루어야 하는 내용을 우선시할 수 있는 현실성을 갖추어야 한다. 또한 사업 관련 정보를 가지고 있어야 하며 회사의 언어, 도구, 상품에 대한 이해도 필요하다. 요구 조사를 수행하는 데 얼마나 다양한 직군의 직원이 필요한지에 대한 규율은 없다. 하지만 업무에 관해 가장 잘 알고 있는 **직무 현업전문가**(job incumbent: 현재 해당 업무에 종사하는 직원)들이 요구 조사 과정에서 제외되면 전체적인 과정에 방해물이 될 수 있기 때문에 이들의 참여가 중요하다.

송·배전, 석유 및 천연가스 파이프라인, 통신사 등을 설계·조달·구축·유지 관리하는 건설회사 마스텍(MasTec)은 직원들이 교육 및 개발 과정에 접근할 수 있는 온라인 학습 관리 시스템을 개발하고자 했다.[7] 마스텍은 신규 훈련 프로그램을 지원하고 직원의 고유한 요구사항을 식별하는 데 필요한 기술과 기능을 결정하기 위해 요구 조사를 실시했다. 개발팀은 이해관계자를 분석하는 것으로 시작하였으며, 이는 요구 조사 프로세스에 누가 관여할 것인지를 결정하고, 파트너와 협력하는 방법을 이해하며, 어떤 유형의 정보를 제공할 수 있는지 결정하는 작업을 포함한다. 여기에는 안전팀장, 훈련 담당자 및 건설요원과의 면담, 직원들의 직무 수행 관찰, 기존 교육 수업 참여 등이 포함되었다. 개발팀은 요구 조사 프로세스 전반에 걸쳐 이루어진 모든 요구와 요청을 기록하였고, 분석 결과 학습 관리 시스템의 네 가지 목표를 도출했다. 이러한 목표에는 (1) 교육 콘텐츠의 접근성 강화, (2) 교육 전달 및 완료 방법의 유연성 및 다양성 증대, (3) 직원의 훈련 등록 프로세스 개선, (4) 훈련 요건, 참여 및 수료 결과를 가시화(visible)하여 보여줄 수 있는 보고 도구(reporting tools) 개발이 포함된다.

파키스탄의 파티마 비료회사(Fatima Fertilizer Company)에서는 훈련 코디네이터가 된 엔지니어 또는 기술자가 직원 및 관리자와 협력하여 성과를 측정하고 각 부서에 수립된 지식 및 역량 목표를 바탕으로 훈련 요구사항을 판단한다. 각 부서는 매월 교육보고서를 작성하여 교육개발팀에 제출한다. 실행 및 부서 위원회는 분기별로 교육개발팀과 함께 지식 및 역량 목표 달성을 위한 진행사항을 검토하고 교육 계획을 조정한다.[8]

요구 조사에 사용되는 방법

요구 조사 방법으로 업무를 수행 중인 직원들을 관찰하는 방법, 내용전문가와 면담, 내용전문가를 대상으로 직무에 필요한 과업과 지식, 기술, 능력 및 기타 특성을 파악하기 위해 설계된 설문조사 실시, 내용전문가와 포커스 그룹 실시, 기술 매뉴얼 및 기타 문서 읽기, 테크놀로지 사용, 과거 데이터 사용 등 다양한 방법을 사용하고 있다. 표 3.2는 각 방법의 장점과 단점을 보여준다.

대면 및 전화 인터뷰는 시간이 많이 소요되지만 훈련 요구사항에 대해 보다 자세한 정보를 수집할 수 있다. 누안스 커뮤니케이션스(Nuance Communications)가 요구 조사를 위해 사용한 방법을 살펴보고자 한다. 누안스 커뮤니케이션스는 매사추세츠에 본사를 둔 글로벌 기업으로, 새로운 기술을 활용해 기계와 교류하고 소통할 수 있도록 지원하는 음성통신에 주력하고 있다.[9] 누안스의 CEO는 학습개발팀이 기술자의 유지 및 경력 발전을 개선하는 데 기여하길 원했다. 학습개발팀은 상위관리자와 대화하여 그들의 우려사항과 기대치를 이해하고, 그들의 의견을 바탕으로 초기 훈련 방안을 제공하고 피드백을 요청했다. 또한, 기술자들과 인터뷰를 통해 회사의 전략적 방향성에 대한 의견을 듣고 평균 및 고성과자의 특성과 행동을 파악했다. 상위관리자와 기술자와의 인터뷰는 회사의 요구사항을 충족하는 세 가지 훈련 프

표 3.2 요구 조사 기법의 장단점

기법	장점	단점
관찰	• 업무 환경과 관련된 데이터 생성 • 업무 방해 최소화	• 숙련된 관찰자가 필요 • 관찰되는 것이기 때문에 직원들의 행동이 변화할 가능성 있음
설문조사	• 비용 절감 • 다수의 인원에게서 정보 수집 가능 • 데이터 요약의 용이성	• 시간이 오래 걸림 • 낮은 회수율, 부적절한 답변의 가능성 • 구체적인 정보의 부족 • 적힌 질문에 한정된 정보만 수집
인터뷰	• 훈련 필요성의 구체적인 요소나 문제의 원인 및 해결책 규명에 유용 • 예상 밖의 문제 조사 기회 • 질문 변동의 유연성	• 시간이 오래 걸림 • 분석이 어려움 • 숙련된 면담자 필요 • 내용전문가에게 위협적일 수 있음 • 면담시간 조율이 어려움 • 내용전문가가 질문자의 의도에 따른 정해진 답만 줄 가능성 있음
포커스 그룹, 크라우드 소싱	• 개인이 조사하는 것이 불가능하거나 곤란한, 복잡하거나 논란이 되는 주제에 대해 접근 가능 • 질문 변동이 유연하여 예상치 못한 문제에 대한 조사 가능 • 이해관계자가 요구 조사 기반의 훈련을 기부할 위험성 감소	• 구성하는 시간이 오래 걸림 • 구성원들이 질문자의 의도에 따른 정해진 답만 줄 가능성 있음
문서화 (기술 설명서, 기록, 조사 연구)	• 절차 관련 정보 제공 • 객관적 • 새로 만들어지거나 만들어지는 과정의 직무에 관한 과업 정보 제공	• 기술적 용어의 이해가 어려움 • 오래되어 쓸모없는 자료일 가능성 있음
테크놀로지	• 객관적 • 업무 방해 최소화 • 최소 인력 활용 • 데이터의 빠른 요약과 보고	• 직원들에게 위협적일 수 있음 • 관리자가 훈련이 아닌 처벌의 목적으로 정보를 활용할 수 있음
과거 데이터 검토	• 성과와 업적에 관한 정보 제공	• 부정확하고, 미흡하거나 성과를 온전히 반영하지 못하는 정보일 수 있음

자료: A. Kuzel, "How to Conduct a Learning Audit", *Chief Learning Officer* (November/December 2016), pp. 23–25, 66; S. V. Steadham, "Learning to Select a Needs Assessment Strategy," *Training and Development Journal* (January 1980), pp. 56–61; R. J. Mirabile, "Everything You Wanted to Know About Competency Modeling," *Training and Development* (August 1997), p. 74; K. Gupta, *A Practical Guide to Needs Assessment* (San Francisco: Jossey-Bass, 1999); M. Casey and D. Doverspike, "Training Needs Analysis and Evaluation for New Technologies Through the Use of Problem-Based Inquiry," *Performance Improvement Quarterly* 18, 1 (2005), pp. 110–124를 기반으로 함.

로그램을 설계하는 데 매우 중요한 요소였다. 이러한 훈련 프로그램에는 내부 전문가가 자신의 지식과 경험을 공유하는 프로그램, 기술자가 회사에 대해 더 잘 이해할 수 있도록 돕는 프로그램, 기술자가 자신이 속한 산업 또는 기술에 대한 특정 지식을 습득할 수 있도록 돕는 프로그램이 포함된다.

설문조사의 장점은 많은 사람으로부터 정보를 수집할 수 있다는 것이다. 또한, 설문조사를 통해 많은 직원이 요구 조사 과정에 참여할 수 있다. 그러나 설문조사를 이용할 때는 훈련 요구사항에 대한 자세한 정보를 수집하기는 어렵다. **포커스 그룹**(focus group)은 내용전문가 인터뷰의 한 유형으로, 특정 훈련 요구사항과 관련된 질문을 받는 이해관계자 또는 내용전문가 그룹과의 대면 회의를 포함한다. 예를 들어, 카투스(Cartus)의 학습팀은 훈련이 개발되고 있는 부서의 관리자와 직원으로 구성된 포커스 그룹을 사용한다.[10] 이 포커스 그룹은 부서의 사업 목표와 목표 달성을 위해 좁힐 필요가 있는 차이(gap)에 대해 논의한다. 또한 포커스 그룹은 훈련 요구사항을 파악하고 우선순위를 결정하는 데 도움이 된다. 크라우드소싱 또한 요구 조사에 사용될 수 있다. 요구 조사에서의 **크라우드소싱**(crowdsourcing)은 이해관계자에게 요구 조사를 위한 정보 제공을 요청하는 것을 의미한다. 컴퓨터 서비스 코퍼레이션(Computer Services Corporations)은 인터넷 기반 협력·크라우드소싱 도구인 '관념화(ideation)'를 이용하여 훈련 요구사항을 파악한다.[11] 이 과정에서 검토담당팀은 가장 우수한 아이디어를 거르고 분류하고 응용한다. 이로써 교육 부서는 요구 조사를 할 때 내용전문가와의 면담에만 의존하는 것이 아니라, 더 많은 직원들이 참여할 수 있게 한다. 직원과 관리자들이 말하는 것과 실제로 하는 것의 차이가 있을 수 있으므로, 면담과 관찰의 결과물을 확인하는 것은 중요하다.

새롭게 만들어진 직무에 대해서는 훈련 전문가들이 믿고 정보를 얻을 수 있는 재임자가 없는 경우가 많다. 대신 기술도표, 조사 연구, 시뮬레이션, 그리고 도구 설계자들이 훈련 요구사항이나 과업, 혹은 업무 환경 등에 대한 정보를 제공할 수 있다. 이러한 정보는 특히 훈련 전문가가 관찰, 설문조사, 인터뷰 또는 포커스 그룹 참여 요청을 할 수 있는 재직자가 없는 새로 만들어진 직무에 유용하다. LeadingRE는 컨설팅 회사에서 구매한 연구 결과를 요구 조사의 일부로 사용했다.[12] 조사 연구에서는 주거용 부동산 고객의 관심사, 욕구, 감정, 태도 및 라이프스타일을 파악했다. LeadingRE는 이러한 정보를 사용하여 상담원에게 고객의 선호도를 더 잘 이해하고 더 강력한 관계를 형성하며, 판매를 증진하기 위한 질문 유형을 교육하는 훈련을 설계했다.

직원의 행동과 성과를 모니터링하는 기술도 요구 조사에 사용할 수 있다. 구글 글라스와 같은 소프트웨어 및 웨어러블을 사용하여 직원의 행동 및 성과에 대한 데이터를 수집할 수 있다. 예를 들어, H&H 캐스팅즈(H&H Castings)의 주물용해 부서(melt department) 직원은 주조 금형에 뜨거운 알루미늄을 주입해야 하는 까다롭고 잠재적으로 위험한 작업을 수행한다.[13] 이에 사고위험을 줄이고 신입사원 훈련을 개선하기 위해 주물용해 부서 직원의 직무를 분석하고 이를 완료하는 데 필요한 절차를 파악했다. 과업과 절차를 파악하기 위해 직원들은 근무할 때 시선 추적 안경(eye-tracking glasses)을 착용했다. 안경에 연결된 컴퓨터는 직원들이 일하는 동안 무엇을 보고 있는지 기록하고, 직원들이 어떻게 업무를 완수했는지 상세하고 정확하게 파악했다. 결과적으로 해당 부서 직원이 수행하는 작업이 높은 수준의 집중력을 필요로 한다는 것을 알 수 있었다. 시선 추적 안경에서 얻은 정보는 신입사원 훈련과 금형주입 공정을 보다 안전하고 효율적으로 만들기 위한 변화를 파악하기 위한 영상을 개발하는 데 사용되었다. 나아가 이러한 정보는 훈련 요구사항을 파악하고 직원에게 자신의 기술 강점과 약점에 대한 피드백을 제공하는 데 유용하다. 콜센터를 예로 살펴보면, 직원의 성과를 실시간 확인할 수 있는 기술이 있다.[14] 만약 한 직원이 해결되지 않은 문제에 관한 회신을 5회 이상 받는 등 명시된 기준을 충족하지 못해서 온라인 시스템에 감지되면, 담당 업무 보조 혹은 훈련으로 보내진다. 표 3.2에서 볼 수 있듯이 온라인 기술은 몇 가지 장점을 가진다.

태도에 대한 객관적인 보고를 해주고, 수집된 데이터가 빠르게 요약되어 보고되고, 관찰할 내용전문가나 직원 면담도 필요가 없고 업무 방해도 최소화된다. 하지만 온라인 기술이 효율적이기 위해서는 관리자들이 수집된 정보가 직원을 처벌하기 위해서가 아닌 훈련만을 위한 것임을 보장해야 한다. 그렇지 않으면 직원들은 항상 위협을 받는 기분일 것이고 불만족도와 이직률이 높아질 것이다.

과거 데이터 검토는 훈련 요구사항을 결정하는 데 유용한 정보를 제공할 수 있다. 여기에는 전자 또는 종이 기록에서 성과 데이터를 수집하는 작업이 포함된다. 이로부터 현재 성과 수준에 대한 정보를 얻어서 실제 성과와 기대치 사이의 격차 또한 알 수 있다. 예를 들어, 병원에서 방사선 진단(예: X레이)에서 높은 오류율의 원인을 알기 위해 실시한 요구 조사는 과거의 잘못된 검사 지시, 환자의 검사 부위 오류, 잘못된 진단 코드의 사용, 중복 지시 등의 정보를 모으는 방법으로 이루어졌다.[15] 이렇게 모은 정보를 토대로 반구조화된 인터뷰 및 관찰 등을 통해 실수의 원인을 찾고 추후에 이런 실수를 줄일 수 있는 중재 방법을 구했다. 새로운 기술을 도입한 회사를 위한 과거 데이터의 또 다른 정보원은 훈련, 문서, 소프트웨어, 체계의 부족이나 전반적인 문제에 대한 문의를 받기 위해 만든 헬프데스크(help desk)가 있다.[16] 헬프데스크 관리 소프트웨어로 문의나 전화 등을 애플리케이션, 발신자, 또는 공급업체별로 분류하고 추적할 수 있다. 소프트웨어에 탑재된 보고 능력은 사용자가 겪은 문제점 등을 쉽게 문서화할 수 있고, 전화의 주제를 파악할 수 있게 한다. 이러한 문의 전화를 분석하는 것은 훈련의 격차를 파악하는 데 도움이 된다. 예컨대, 공통적인 문의 전화를 통해 문제가 불충분한 교육 범위 때문인지 교육자가 사용하는 문서나 업무 보조 등이 부족해서인지 분석할 수 있다.

요구 조사의 방법 중 어느 하나만 특출한 것은 없기 때문에 여러 가지가 동시에 쓰이는 편이다. 방법은 정보의 유형뿐만 아니라 정보의 세부 내용 수준도 다양하다. 예를 들어, 브라운 포맨(Brown Forman)의 잭다니엘 테네시 위스키(Jack Daniel's Tennessee Whiskey)와 같은 음료와 주류 브랜드의 생산자이자 마케팅 담당자는 직원 개발과 성과 관리 데이터, 주류 산업의 트렌드, 그리고 회사의 훈련 재정 지원을 담당하는 운영 그룹에서 지적한 문제에 대한 감독 등 다양한 방법으로 요구를 분석한다.[17] 또 다른 예로, 초이스 호텔(Choice Hotel)은 신규 관리자를 위한 리더십 기초 프로그램 개발을 위해 숙련된 관리자와 함께 포커스 그룹을 구성하여 어떠한 주제가 포함되어야 하는지를 도출했다.[18] 또한 인재 평가 데이터를 검토하여 회사의 최고경영진은 과정 기술서를 개발하면서 동시에 올바른 기술에 초점을 두고 있는지 검토했다.

많은 기업이 훈련의 종류, 수준, 빈도 등을 정하는 데 도움을 받기 위해 다른 기업들의 훈련 정보를 이용한다[이러한 방법을 **벤치마킹**(benchmarking)이라고 한다].[19] 예를 들어, 보잉, UPS, 월마트, 존슨빌 소시지(Johnsonville Sausage) 등 50개 기업은 인적자원개발협회인 ATD(Association for Talent Development) 포럼의 일원이다.[20] 각 기업은 공통 설문조사를 완성시킨다. 설문조사는 훈련에 드는 비용, 직원 규모, 관리, 설계, 과정 개발 및 실천 등을 포함한다. 이 정보는 요약되어 참여 기업 간에 공유된다.

요구 조사 과정

이 절에서는 요구 조사의 세 가지 요소인 조직 분석, 개인 분석, 과업 분석을 검토한다. 그림 3.2는 요구 조사 과정의 흐름을 보여준다. 각 분석마다 훈련의 필요성을 시사할 수 있으나 기업은 훈련에 시간과 비용을 투자하기 전에 반드시 세 가지 분석으로부터 정보를 얻는 것이 필요하다. 실제로는 조직 분석, 개인 분석, 과업 분석은 순서대로 진행되지는 않는다. 그러나 조직 분석이 기업의 전략적 목표에 훈련이 적합한지, 회사가 훈련에 필요한 예산, 시간, 그리고 전문성을 갖추었는지(훈련의 배경) 알아보는 것이기 때문에 보통 가장 먼저 시행된다. 개인 및 과업 분석은 보통 동시에 이루어지는데, 직무나 업무 환경에 대한 이해 없이는 개인의 성과 부진이 훈련의 필요성 때문인지 파악하기 힘들기 때문이다. 초기에 조직 분석부터 실시하는 것은 회사가 훈련에 금전적 자원을 소비하고 싶지 않은 것을 암시하는 것일 수 있다. 그러나 개인 분석 결과, 다수의 직원이 기업의 사업 목표(고객서비스 등)에 필요한 기술이 부족한 것으로 나타날 경우, 상위관리자는 훈련을 위해 재정을 재분배할 것이다.

조직 분석

조직 분석은 훈련이 기업의 전략적인 방향과 맞는지, 관리자, 동료, 직원이 훈련을 지지하는지, 그리고 어떤 자원이 있는지를 조사하는 것이다. 표 3.3은 교수자가 조직 분석에서 확인해야 하는 질문을 담고 있다. 질문에 답하기 위해서는 관리자, 교육 관계자, 그리고 직원을 대상으로 한 문서, 인터뷰, 포커스 그룹 또는 설문조사를 조합하여 사용해야 한다.

그림 3.2 요구 조사 과정의 흐름

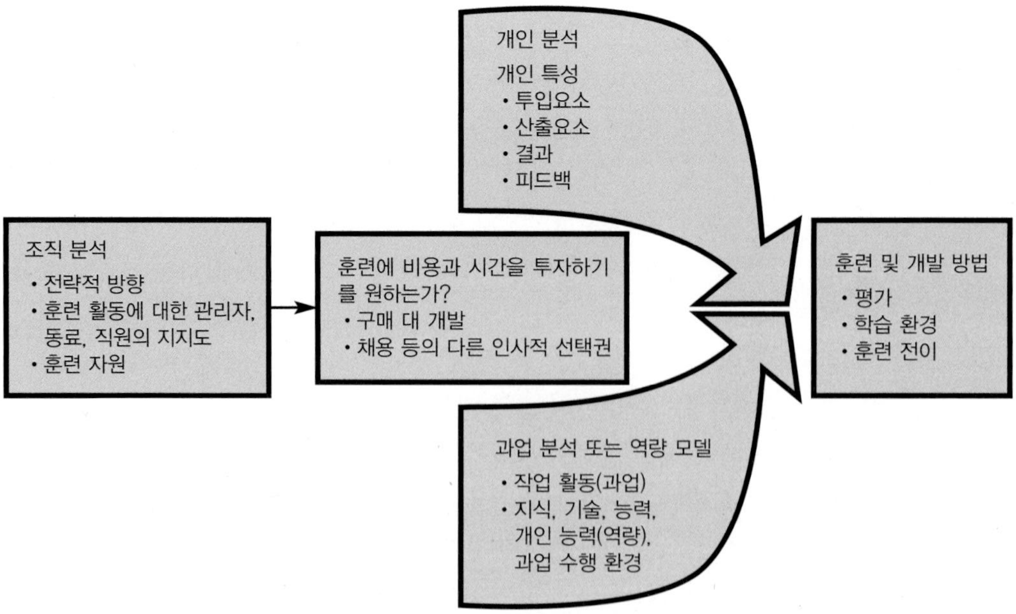

표 3.3 조직 분석에서의 질문

- 훈련 내용이 어떻게 직원과 고객 간의 관계에 영향을 줄 것인가?
- 공급자, 고객, 혹은 동업자는 훈련 과정에 대해 어떤 것을 알 필요가 있는가?
- 훈련 과정이 회사의 전략적 요구에 부합하는가?
- 교육 및 개발의 고객이 원하는 사업 및 성과는 무엇인가?
- 기업의 자원이 이 과정을 지원해야 하는가?
- 훈련의 성공을 위해 관리자와 동료로부터 필요한 것은 무엇인가?
- 업무 환경 중 훈련에 방해가 될 만한 것이 있는가? (예: 장비의 부족, 새로운 기술을 사용할 시간 부족)
- 과정의 내용 개발에 도움을 주고 개발하는 중에 사업적 요구의 이해를 확실히 해주는 전문가가 있는가?
- 직원의 관점에서 훈련은 하나의 기회, 보상, 처벌, 혹은 시간의 낭비 중 어떤 것이 될 것인가?
- 어떠한 개인 또는 집단(예: 직원, 관리자, 공급자, 과정 개발자 등)이 훈련의 성공에 관심을 갖는가? 성공적인 훈련을 위해 누구의 도움을 필요로 하는가?

자료: D. Robinson, "Transitioning from Order-Taker to Impact-Maker", *TD* (January 2018), pp. 42–46; F. Nickols, "Why a Stakeholder Approach to Evaluating Training?" *Advances in Developing Human Resources* (February 2005), pp. 121–134; S. Tannenbaum, "A Strategic View of Organizational Training and Learning," in *Creating, Implementing, and Managing Effective Training and Development*, ed. K. Kraiger (San Francisco: Jossey-Bass, 2002), pp. 10–52를 기반으로 함.

기업의 전략적 방향

기업의 사업 전략이 어떻게 훈련에 영향을 주는지는 2장에서 논의되었다. 훈련의 전략적 역할은 훈련의 종류와 빈도, 그리고 그 역할이 회사 내에서 어떻게 구성되는지를 결정한다. 훈련이 회사의 사업 전략과 목표를 이루는 데 기여할 것이라 예상되는 기업에서는 전략 없이 엉터리로 훈련을 하는 기업에 비해 훈련에 더 많은 돈과 시간을 투자할 것이다. 예를 들어, 훈련이 회사의 경쟁력에 도움이 될 것이라고 믿거나 고성능 업무 체계(팀이나 부서)를 가진 회사들의 경우 훈련 예산이 더 많고, 더 자주 시행될 것이다. 사업 전략은 훈련의 종류 또한 결정하게 된다. 예를 들어, 2장에서 보았듯이 투자회수의 전략을 선택한 기업에서는 다른 전략을 가진 기업과는 다르게 재취업주선(outplacement)을 돕거나 구직 기술 교육에 집중할 확률이 높다. 마지막으로 훈련이 더 큰 전략적 역할을 가질수록 훈련 구성을 사업 중심이나 기업대학 모델 중심으로 꾸릴 가능성이 높다. 두 모델 모두 훈련이 사업적 문제를 해결하는 데 쓰인다는 것을 강조한다.

예를 들어, IBM은 경쟁력 유지를 위해 최신 기술과 비즈니스 동향에 대한 최신 정보를 확보하고,[21] 고객의 요구를 충족할 수 있도록 끊임없이 색다른 모습을 보여주어야만 했다. 이는 직원들이 새로운 지식과 기술을 지속적으로 개발해야 함을 의미한다. 학습 관점에서 IBM은 대면 및 온라인 과정의 학습 내용이 직원에게 최신 지식과 기술을 제공하는지 확인해야 한다. 이를 위해 직원이 얼마나 자주 학습 내용을 활용하는지뿐만 아니라, 직원들의 평가를 통해 해당 내용이 얼마나 도움이 되는지 지속적으로 추적했다. 2013년 말에는 유용하지 않거나 사용하는 직원이 거의 없는 학습 내용의 39%를 제거했으며, 이는 자그마치 7,600개의 과정이었다.

훈련에 대한 관리자, 동료, 직원의 지지도

몇몇 연구에 따르면 동료와 관리자들이 훈련을 지지하는 것과 직원이 훈련에 임하는 열정과 참여도 또한 매우 중요하다. 훈련에 참여하는 동료, 관리자, 직원의 긍정적인 태도, 관리자와 동료들이 훈련 수강생에게 배운 지식, 기술, 혹은 태도 등을 활용하여 실제로 더 효율적인 업무를 할 수 있도록 정보를 제공하고자 하는 마음, 그리고 수강생이 훈련에서 배운 내용을 적용할 수 있는 기회 등이 성공을 결정하는 핵심적인 요소이다.[22] 동료와 관리자의 지지도가 낮으면 훈련에서 배운 내용을 업무에 실제로 활용할 확률은 적다.

훈련 자원

기업이 훈련에 할애할 시간, 예산, 그리고 전문성을 갖추었는지 아는 것이 중요하다. 과연 기업이 가진 자원(돈, 시간, 전문성)으로 자체적으로 훈련 과정을 개발할 수 있는지, 아니면 외부 업체나 고문 회사에 외주를 맡겨야 할지 알아야 한다. 이를 '구매 대 개발(buy vs build) 선택'이라고 한다. 예를 들어, 어느 회사가 컴퓨터 기반 제조 장비를 설치하기 위해 컴퓨터 언어를 구사하는 직원이 필요한데, 이를 해결할 세 가지 전략이 있다. 첫 번째는, 직원들의 전문성과 예산이 허락한다면, 내부 컨설턴트(consultant)를 통해 관련된 직원을 모두 교육하는 방법이 있다. 두 번째로, 시험이나 업무 샘플을 통해 컴퓨터에 능숙한 직원을 색출하는 보다 비용 효율적인 방법이 있다. 시험에서 떨어지거나 기준에 도달하지 못한 직원들에 한해서는 다른 업무를 부여하면 된다. 이 전략을 사용하는 것은 회사가 훈련 대신 직원 고용 및 배치를 선택한 것을 말한다. 세 번째로는, 시간이나 전문성이 부족하여 고문 회사로부터 훈련 과정을 사는 전략이 있다. 5장 "프로그램 설계"에서 고품질의 훈련 제공 회사와 고문 회사 등을 선택하는 법에 대해 논의할 것이다.

훈련 자원을 파악할 수 있는 방법은 전 세계적으로 비슷한 일이나 부서를 가진 회사들이 서로 경험을 공유하는 것이다. 캘리포니아에 본사를 둔 의료기업 카이저 퍼머넌트(Kaiser Permanente)는 지역 사업부별로 조직되어 있다.[23] 카이저 퍼머넌트는 각 지역마다 병원, 외래 환자 서비스 및 보험사 등 다양한 의료 서비스를 통합한다. 기업의 우려사항 중 하나는 전 지역의 직원들에게 일관되고 수준 높은 학습 및 개발 기회를 어떻게 제공할 것인가였다. 이를 위해, 학습 및 개발 담당 부사장은 계정 관리, 영업, 규정 준수, 품질 개선 및 환자 안전 분야의 관리자들을 포함하는 국제학습관리자(National Learning Leaders)라는 그룹을 구성했다. 국제학습관리자는 매년 3회, 전체 회원이 모이는 일정이 없는 달에 소규모 작업그룹(working group)을 실시했다. 그들은 사업 전반에 걸쳐 실시할 수 있는 학습 솔루션을 개발하는 방법과 각 지역의 학습조직에서 어떤 종류의 서비스를 제공해야 할지에 대해 논의한다. 이러한 결과, 지역 전반에 걸쳐 일관되고 직원 참여를 향상하는 방식의 학습 계획이 개발되었다. 예시로 국제학습관리자의 의견을 바탕으로 환자 안전에 대한 온라인 및 하이브리드 교육과정이 개발되었다. 지금까지 1만 9,000여 명의 직원이 이 과정을 수료한 데 비해 강의실 기반 교육을 수료한 직원은 50명에 불과했다.

개인 분석

개인 분석은 훈련 부족 또는 이전 훈련이 부실하여 교육이 필요한 직원을 파악하는 데 도움을 준다. 이를 보통 갭 분석이라고 한다. **갭 분석**(gap analysis)은 직원의 현재 성과와 기대

성과 간의 차이에 대한 원인이 무엇인지 파악한다. 훈련의 필요성은 그림 3.1에서 봤던 성과 문제, 업무의 변화, 혹은 새로운 기술의 도입 등의 압박 지점에 의해 생긴 것일 수 있다. 또한 개인 분석은 직원이 훈련을 받을 준비가 되었는지에 대한 정보도 준다. **훈련 준비성**(readiness for training)이란 (1) 직원이 훈련 내용을 배우고 실제 업무에 적용할 때 필요한 개인 특성(능력, 태도, 믿음, 의지)이 있는가, (2) 업무 환경이 학습을 도와주고 성과에 방해가 되지 않는가를 말한다. 개인 분석 과정은 개인 특성, 투입요소, 산출요소, 결과와 피드백에 대한 검토를 포함한다.[24]

훈련의 필요성을 자극하는 중요한 압박 지점 중 하나는 기준 미달 혹은 나쁜 성과이다. 성과 부진은 고객의 항의, 낮은 성과평가, 그리고 업무 중 사고나 위험한 행동 등의 사건을 통해 시사된다. 또 직원들의 전반적인 기술 향상을 요하거나 직원들이 새로운 직무를 수행해야 하는 업무상의 변화는 훈련 필요성의 중요한 지표가 될 수 있다.

개인 분석 과정

그림 3.3은 성과와 교육에 영향을 주는 요인을 분석하는 과정을 보여준다. **개인 특성**(person characteristics)은 직원의 지식, 능력, 기술, 태도 등을 말한다. **투입요소**(input)는 직원들에게 무엇을, 어떻게, 언제 직무를 수행할지에 대해서 지시해주는 것과 연관된다. 또한 투입요

그림 3.3
직원 성과와 교육에 영향을 주는 요인을 분석하는 과정

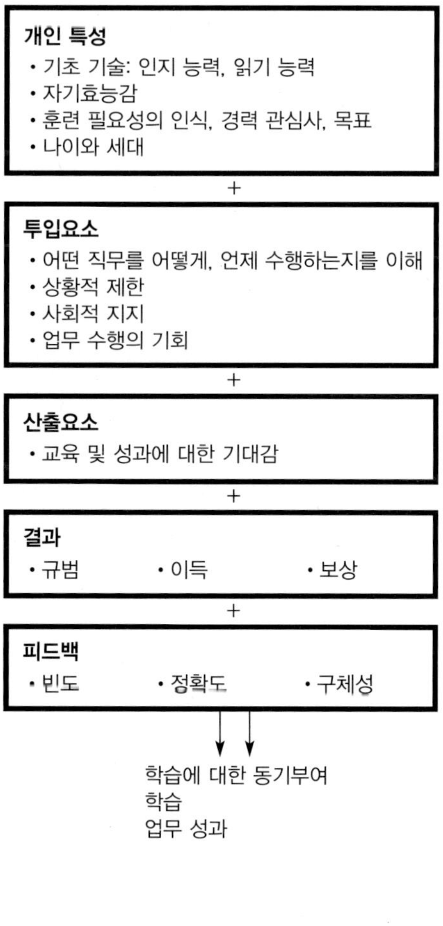

자료: R. Jaenke, "Identify the Real Reasons Behind Performance Gaps", *T+D* (August 2013), pp. 76–77.; C. Reinhart, "How to Leap over Barriers to Performance," *Training and Development* (January 2000), pp. 20–24; G. Rummler and K. Morrill, "The Results Chain," *T+D* (February 2005), pp. 27–35.

소는 직원이 직무 수행을 하는 데 주어진 자원을 말하기도 한다. 이는 장비, 시간, 혹은 예산을 포함할 수 있다. **산출요소**(output)는 직무 수행의 성과와 기준을 말한다. **결과**(consequences)는 직무를 잘 수행했을 때 받는 보상의 종류를 말한다. **피드백**(feedback)은 직무 수행 중에 직원들이 받는 정보를 말한다.

개인 특성, 투입요소, 산출요소, 그리고 결과와 피드백을 측정하기 위해 면담이나 설문지를 이용한다. 예를 들어, 택배 배달업체에서는 리더 기사들이 신입직원들에게 현장직무훈련(OJT)을 해주는 것을 중요하게 생각했다.[25] 회사에는 110명의 리더 기사들이 재직 중이었는데 이들은 운전, 배달, 부기 등의 업무를 맡고 있었다. 리더 기사들은 새로운 직원들에게 훈련을 해주는 것이 흥미롭기 때문에 이득이라 할 수 있고, 회사의 입장에서는 일터에서의 훈련이 상대적으로 값싸고 효율적이라서 이득이었다. 리더 기사들은 보통 신입직원들의 실수 등을 바로 알아채고 고쳐주었고, 배달 업무의 기술적 측면도 꽤 잘 이해하고 있었다. 많은 리더 기사들이 좋은 코치이자 교수자였지만, 회사는 이들이 제대로 가르치는 법을 배우길 원했다. 회사는 면담을 통해 훈련을 해주는 데 필요한 능력이 무엇인지 파악했다. 14명의 리더 기사, 6명의 감독관, 2명의 지역 부사장과 면담이 이루어졌다.

리더 기사들과의 면담에는 다음과 같은 질문이 포함되었다.

- 어떤 상황에서 당신의 지도가 필요한가?
- 좋은 교육자가 되는 것을 방해하는 업무 요인은 무엇인가?
- 어떻게 다른 리더 기사들을 격려하거나 동기부여할 수 있는가? 보상이나 보수를 이용하는가? 칭찬이나 개인적인 관심 표현 등의 다른 방법을 시도해본 적이 있는가?
- 신입직원들이 일을 하는 데 공통적으로 많이 하는 실수는 무엇인가?
- 새로운 지도자와 교육자로서 맞닥친 가장 큰 문제는 무엇이었나? 어떤 실수를 했는가? 지나고는 어떤 교훈을 얻을 수 있었는가?
- 성공적이었던 지도 경험과 성공적이지 못했던 지도 경험을 말해보라.

면담에서 반복해서 나오는 데이터는 기록되어 분류되었다. 예를 들어, 지도에 방해가 되는 요인은 세 가지 주제로 나뉘었다. 지도할 시간 부족, 물리적 개인 공간의 부족, 동료를 지도하는 것에 대한 부담감. 이 세 가지 주제는 지도자 교육에 포함되었다.

개인 특성, 투입요소, 산출요소, 그리고 결과와 피드백은 학습 동기에 영향을 준다. **학습 동기**(motivation to learn)는 훈련 과정의 내용을 배우고자 하는 학습자의 욕구이다.[26] 개인의 특성과 환경이 어떻게 학습 동기에 영향을 주는지 생각해보라. 이 책의 내용을 이해하고 받아들이는 데 아무 문제가 없을 수도 있다. 하지만 수업에 대한 태도로 인해 학습에 방해를 받을 수 있다. 다시 말하자면, 이 과목이 미래 경력을 쌓는 데 중요하지 않다고 생각할 수 있고, 시간표에 적합하거나 졸업하는 데 필수 이수 과목이라서 수강을 하고 있을 수 있다. 환경 또한 배움에 방해가 될 수 있다. 예를 들면, 당신은 학습을 하고 싶지만, 학습 환경이 이를 하지 못하게 할 수 있다. 수업에서 필기한 내용이나 교과서를 읽을 준비를 할 때마다 룸메이트가 파티를 열어 방해할 수 있다. 파티에 참여하진 않더라도 틀어놓은 음악 소리 때문에 집중하지 못해 공부를 할 수 없게 될 수 있다.

호텔 및 레스토랑 그룹인 메리어트 인터내셔널(Marriott International)은 직원 개인의 특성이 회사의 복지노동 정책의 성공률에 막대한 영향을 끼친다는 것을 알아냈다.[27] 복지노동 정책은 복지 수혜자를 훈련하여 회사의 호텔과 식당에 고용하는 것을 포함한다(비슷한 프로그램에 대한 자세한 이야기는 10장 "사회적 책임: 법적 문제, 다양성 관리와 경력 도전"에서 다룰 것이다). 많은 복지 수혜자들이 과정을 끝마치는 데 어려움을 겪었는데, 불안정한 육아, 마약 중독 문제, 혹은 가정 폭력 등이 원인이 됐다. 그 결과로 메리어트는 고용 훈련을 받을 복지 수혜자를 엄격히 선별하게 됐다. 그 기준은 복지 수혜자들 중 안정된 육아 상황, 교통수단 확보, 주거지 마련 등이었다. 여기에 더해서 메리어트에서는 수혜자들이 훈련 중 마약 검사를 받을 것을 요구했다.

몇몇 연구 결과에 따르면 학습 동기는 얻은 지식, 태도의 변화, 혹은 훈련의 결과로 습득한 기술 등과 관계된다.[28] 관리자는 개인 특성, 투입요소, 산출요소, 그리고 결과와 피드백 등을 고려해서 성과 부진의 해결책으로 훈련이 가장 적합한지 판단하는 것 외에도, 이를 통해 누가 훈련을 받을 것인지 결정해야 한다는 것을 명심해야 한다. 이러한 요소는 직원들의 학습 동기와도 관련이 있다. 이어지는 절에서는 각각의 요소와 이들이 업무 성과와 배움에서 가지는 관계를 이야기한다.

개인 특성

개인 특성에는 직원이 직무를 수행하거나 훈련 및 개발 프로그램에서 효과적으로 배우는 데 필요한 기초 기술, 인지 능력, 언어 기술 및 기타 특성이 포함된다. 직원의 나이나 세대가 선호하는 학습에 영향을 주기 때문에 이 또한 개인 특성에 포함된다. 1장에서 언급했듯이, 최근 직장에서의 능력 수준의 예상치와 설문조사 결과를 토대로 볼 때 기업이 능력의 격차 문제를 겪고 있는 것으로 나타났다. 즉, 기업은 공석을 채우거나 업무에 대비할 수 있는 훈련을 성공적으로 마치는 데 필요한 지식, 기술, 또는 능력을 가진 직원을 찾기가 어렵다.

기초 기술 **기초 기술**(basic skills)이란 직원들이 업무를 수행하거나 훈련 과정의 내용을 성공적으로 배우는 데 필요한 기술을 말한다. 예를 들어 가정해보면, 교수님이 당신에게 이 수업의 교과서 및 비디오, 유인물, 강의자료 등 다른 학습 자료를 이해할 수 있을 정도의 읽기 능력이 필요하다고 했다. 만약 당신이 필요한 읽기 능력 수준에 못 미친다면, 이 수업에서 훈련에 관한 것은 많이 배우지 못할 것이다. 1장에서 말했듯이, 앞으로의 미국의 직장 환경에서의 기술 수준을 예상해보면 관리자들이 기초 기술이 없는 직원들과 함께 일을 해야 할 확률이 높다. 직원들의 기초 기술을 판단하기 위해 글을 읽고 쓰는 능력에 대한 검사를 이용할 수 있다. 표 3.4는 이런 검사를 위해 시행하는 활동을 보여준다.

고등학교 졸업장이나 학사 학위를 가지는 것이 반드시 그 직원의 기본 능력을 보장해주는 것은 아니라는 것을 알아야 한다. 훈련에 참가한 사람들이 이해에 핵심적인 읽기, 쓰기, 그리

표 3.4 언어 능력 검사 단계

1단계:	성공적인 업무를 위해 필요한 기초 기술을 가지고 있는지 직원들을 관찰한다. 업무에서의 자료 사용, 수행한 직무, 그리고 읽기, 쓰기, 계산 등의 활용을 중점적으로 본다.
2단계:	업무에서 읽거나 쓴 자료를 수집하고 필요한 수리 계산 등을 파악하여 필요한 기초 기술 수준을 결정한다. 자료로는 계산서, 메모한 내용, 혹은 재고조사표나 요청서 등의 문서가 포함된다.
3단계:	업무에 필요한 기초 기술이 무엇이라고 생각하는지 직원의 의견을 묻는다. 스스로도 필요한 기술이 무엇인지 생각해본다.
4단계:	직원이 업무를 하는 데에 필요한 기술을 가지고 있는지 판단한다. 위 단계에서 관찰과 질의 응답으로 수집한 정보와 업무에 사용된 자료의 분석을 통한 정보를 통합한다. 각각 업무의 높은 성과에 필요한 읽기, 쓰기, 수리 계산 기술에 대해 기술한다.
5단계:	직원의 업무에 관해 구체적으로 물어볼 수 있는 질문을 개발하거나 구매해서 직원을 평가한다.
6단계:	5단계의 결과와 4단계에서 판단된 필요 기술을 비교해본다. 직원의 읽기, 쓰기, 계산 능력 수준이 직무에 필요한 기초 기술과 일치하지 않을 경우 기초 기술의 문제가 존재하는 것으로 본다.

자료: U.S. Department of Education, U.S. Department of Labor, *The Bottom Line: Basic Skills in the Workplace* (Washington, DC: 1988), pp. 14–15.

고 수학적 기술이 부족하다면 배울 수 없을 것이고, 훈련을 업무에 적용하지도 못할 것이며 (**전이**라고 알려진 과정으로 4장에서 다룰 내용이다), 회사는 이러한 효과 없는 훈련에 돈을 허비한 것이 될 것이다. 훈련 전문가들은 훈련 프로그램을 설계하기 전에 학습자의 강점과 약점을 평가하는 것이 필요하다. 이로 인해 밝혀진 기술적 약점은 훈련 과정을 수강하기 전 꼭 갖추어야 하는 전제 조건으로 명시될 수 있다. 훈련 전문가는 어떻게 기술적 격차를 알아차릴 수 있을까?[29] 첫 번째로 훈련 전문가는 직위에 맞춰진 훈련 내용과 사무 분장에 대한 전반적인 정보를 수집한다. 필요한 기술과 익숙해지기 위해 업무를 관찰하는 것도 이루어진다. 다음으로 훈련 전문가는 내용전문가, 직원, 관리자, 엔지니어, 그리고 직업과 관련된 다수의 사람들과 만나본다. 내용전문가의 도움을 받아서 훈련 전문가는 주기적으로 수행하는 활동의 목록을 만들고 목록의 내용을 중요도 순으로 정렬한다. 마지막으로 훈련 전문가는 업무의 전반적 활동과 직무 수행에 필요한 기술과 그 수준을 파악한다. 예를 들어, 간호사는 환자의 상태, 반응, 그리고 안정 상태 등을 관찰하며 지켜볼 수 있는 수준의 능력을 갖추어야 하고 환자의 세부정보를 파악하고 기억해야 한다. 이러한 활동은 뛰어난 관찰 능력을 필요로 하고 훈련 전문가는 능력 수준을 평가할 수 있는 시험을 찾거나 만들 수 있어야 한다. 능력 분석이 완료되면, 훈련 전문가는 기초(혹은 훈련 전) 기술 평가를 해서 직원들을 훈련에 참여시키기 전에 고쳐야 할 기술 격차가 있는지 알아보아야 한다.

인지 능력 조사에 따르면 인지 능력은 업무 성과와 학습에 영향을 준다. **인지 능력**(cognitive ability)에는 세 가지 차원이 있다. 언어이해능력, 수리능력, 그리고 추론능력이다.[30] **언어이해능력**(verbal comprehension)이란 말이나 글로 표현된 언어를 이해할 수 있는 개인의 역량을 말한다. **수리능력**(quantitative ability)은 주어진 수리적 문제를 신속하고 정확하게 해결하는 능력을 말한다. **추론능력**(reasoning ability)은 문제에 해결책을 제시하는 능력이다. 조사한 바에 따르면, 인지 능력은 모든 직업에서 성공을 좌우한다.[31] 업무의 성공에서 인지 능력의 중요성은 직업이 복잡해질수록 강조된다.

예를 들어, 슈퍼마켓 계산원은 성공적으로 일을 하기 위해 인지 능력의 세 가지 차원 모두가 적당히 필요하다. 계산원은 화폐의 단위를 잘 알고 있어야 손님에게 잔돈을 정확히 맞춰서 줄 수 있으며, 고객이 가격표가 붙어 있지 않은 상품을 구매하고자 하는 경우 등에 문제해결능력을 발휘해야 한다. 고객의 말을 이해하고 대화하는 데 언어능력이 필요하다. 반면, 응급실 의사는 계산원보다 더 높은 수준의 언어이해능력, 수리능력 및 추론능력이 필요하다. 예를 들면, 신생아가 발작을 일으키는 응급상황에 대처해야 할 때 신생아의 몸무게를 고려해서 성인 기준의 투약 용량을 다시 알맞게 계산해야 하며, 상황을 신속히 파악하여 어떤 조치(혈액검사, X레이, 호흡기 치료 등)가 필요한지를 결정할 수 있어야 한다. 또한 환자의 보호자에게 치료와 회복의 상황에 대해 정확히 전달할 수 있어야 한다.

훈련 수강생의 인지 능력은 과정을 얼마나 잘 이수할 수 있는지를 결정한다.[32] 낮은 인지 능력을 가진 학습자의 경우 과정을 끝내지 못할 확률이 높고, 과정 끝에 배운 것을 점검할 경우 성적이 좋지 못할 것이다.

성공적인 업무와 교육 수료에 필요한 인지 능력이 부족한 직원이 누구인지 파악하기 위해서 회사에서 인지 능력 지필 시험을 시행하기도 한다. 미연방항공국(Federal Aviation Administration, FAA)에서 성공적으로 교육을 마칠 수 있을 만한 항공교통 관제사를 가려낼 때 사용하는 방법을 살펴보자.[33] 관제사는 신속한 분석적 사고능력과 높은 의사소통능력이 요구되는 직업이다. 이러한 능력은 항공교통 관제사 교육에서 강조되어 개발된다. 강의실의 이론 강의 외에도 관제사들은 공항 간의 항공기 교통을 관리하는 컴퓨터 기반 공항 관제탑 시뮬레이션 교육도 받는다. 과거 미연방항공국은 교육 대상자 선정에 실패하여 교육비용이 1,000만 달러 정도 더 들어서 두 배 정도의 손실이 있었다. 교육에 사용되는 비용을 줄이고 더 많은 관제사들의 성공적인 교육 완수를 위해서 미연방항공국은 지원자들이 관제사 업무에 필요한 공간지각능력, 단기 및 장기 기억력, 그리고 압박적인 상황에서의 업무능력 등을 평가할 수 있는 8시간에 거친 인지 능력 시험을 시행한다. 업무에 필요한 인지 능력을 갖추었는지 판단하는 것은 이 장의 뒷부분에서 이야기될 과업 분석의 일부분이다.

읽기 능력 **가독성**(readability)이란 글의 난이도를 말한다.[34] 읽기 능력이 부족할 경우, 훈련의 성공에 방해가 된다. 훈련에 쓰이는 교육자료에 적힌 글의 수준이 업무에 필요한 수준을 넘지 않는지 확인하는 것도 중요하다. 가독성의 평가는 주로 문장의 길이나 어휘의 난이도 등에 중점을 둔다.

훈련 자료에 요구되는 난이도에 훈련 학습자의 읽기 능력이 못 미친다면, 네 가지의 선택권이 있다. 첫 번째로, 훈련 전문가는 학습 자료의 글 난도를 낮추거나, 영상 자료의 이용, 혹은 작업 현장에서 직접 관찰하면서 배우는 등의 방식으로 대체할 수 있는지 고려해볼 수 있다. 두 번째로, 직원들의 읽기 능력 평가를 통해 훈련에 필요한 수준이 되지 못하는 직원들의 경우 좀 더 적합한 직책으로 재배치를 고려할 수 있다. 세 번째로, 똑같이 평가를 통해서 가려낸 직원들에게 보충교육을 제공할 수 있다. 마지막 네 번째로는 직원들의 읽기 능력에 맞추어서 업무 자체의 재설계가 이루어질 수 있는지 고려할 수 있다. 네 번째 선택의 경우가 가장 비싸고 제일 비효율적인 방법일 것이다. 따라서 대체할 만한 훈련 방법을 강구하거나 관리자들이 훈련 외적인 방법을 선택해야 한다. 훈련 외적인 방법이란, 애초에 읽기, 계산, 쓰기, 그리고 다른 기본적인 기술을 갖춘 직원을 고용하는 것을 말한다.

기초 기술을 개발하고 기술의 격차를 줄이고자 많은 회사가 기술 평가나 훈련, 또는 둘 다 선택하여 적용하고 있다. 그들은 단독으로 격차를 파악하고 좁히기도 하고 주정부 기관과 함께 협력하기도 한다.[35] 예를 들어, 제지업체인 조지아퍼시픽(Georgia-Pacific)에서는 직원들이 필요한 기초 기술을 갖추고 있는 것을 확실히 하기 위해서 기술 평가와 함께 훈련 과정을 운영했다. 훈련 과정에 참가하는 자격은 읽기 및 수리능력시험을 통해 고등학교 1학년 수준 이상임을 증명해야 한다. 해당 기준 미만인 자는 기초 기술 훈련을 받도록 했다. 이는 읽기 능력 부족으로 인한 실직에 대한 두려움을 없애고, 기초 기술 훈련에 참여하도록 동기부여하는 데 필요한 신뢰를 얻기 위해 실시되었다. 조지아퍼시픽 공장 주변의 한 전문대학에서 기본 훈련 장소를 제공해주어서 직원들이 더 쉽게 근무 전후에 강의를 들을 수 있었다. 이러한 평가와 훈련의 결과로, 현재 근로자들의 기초 기술 수준이 회사에서 설정한 표준에 맞춰졌다. 또 신입직원 채용 시 필수요건을 정하여 기초 기술 표준에 부합하는 수준을 갖출 수 있도록 했다. 신입 지원자들은 지역 전문대학의 특정 18개월 과정 교육을 완료하거나 그에 맞는 수준을 갖추어야 했다. 미시시피주에 위치한 소규모 제조업체 델타 와이어(Delta Wire)에서는 직원들이 통계적 관리도표를 작성하고, 분석하고, 이해할 수 있도록 도와줄 수 있는 훈련 프로그램을 개발했다. 이 훈련은 상품 결함을 7%에서 2% 수준으로 줄이는 데 기여했다.

오하이오주에 본사를 둔 자동화 제어업체인 PK 컨트롤즈(PK Controls)는 사업은 호황이었으나, 필요한 기술자를 찾는 데 어려움을 겪고 있었다.[36] 이에 자체적으로 기술자를 개발하기 위한 훈련을 일부 실시하고, 또한 콜럼버스 커뮤니티 칼리지(Columbus State Community College)와 협력 관계를 맺었다. 혼다(Honda)와 워딩턴 인더스트리(Worthington Industries)를 포함한 다른 오하이오 내 기업과 함께 PK 컨트롤즈는 콜럼버스 커뮤니티 칼리지의 전자공학 관련 학위를 부여하는 현대 제조업(modern manufacturing) 과정에 참여하고 있으며, 이 과정을 수강하는 학생들은 일주일에 2일은 수업을 듣고, 3일은 현장에서 일을 한다. 현장직무훈련(OJT)은 첨단 공학을 포함한 3학기 수업을 이수한 후 참여할 수 있다. 본 과정의 졸업생들은 5만~6만 달러 수준 급여의 일자리를 얻게 되며, PK 컨트롤즈를 포함한 해당 과정에 참여한 기업들은 필요한 기술을 갖춘 직원을 얻게 된다.

자기효능감 **자기효능감**(self-efficacy)이란 자신의 업무를 성공적으로 수행하고 훈련을 무사히 완료할 수 있다는 믿음을 말한다. 과거에 저조한 성과를 가졌던 직원들의 대다수는 업무 환경에서 두려움을 느낀다. 예를 들어서 10장에서 다룰 내용처럼, 복지 수혜자들이 취업을 할 수 있도록 도와주는 정책인 복지 노동정책의 일환으로 고용된 사람들의 경우 자기효능감이 떨어질 수 있다. 이전에 훈련이나 정식 교육을 받은 지 오래되고, 훈련 프로그램의 내용 자체에 경험이 부족한 이들도 훈련 과정에서 두려움을 느낀다. 예로서, 컴퓨터 사용과 필요한 기술 습득에 자신이 없고 신기술에 겁을 먹고 있는 직원들에게 컴퓨터 기반 제조 장비를 사용하도록 교육하는 것은 그들에게 잠재적 두려움으로 다가올 수 있다. 조사한 바에 따르면, 자기효능감은 훈련 프로그램에서의 성과와 관련이 높다.[37] 직원의 자기효능감이 증가될 수 있는 방법은 다음과 같다.

1. 훈련이 직원의 무능력한 부분을 색출하기 위한 것이 아니라 성과 향상을 위한 것임을 알려주기
2. 실제 훈련이 이루어지기 전, 직원에게 훈련의 목적이나 내용에 관한 충분한 정보를 제공하기
3. 비슷한 업무를 하는 동료들의 훈련 성공 사례에 대해 알려주기
4. 직원이 스스로 훈련에 대한 통제권을 가지고 있고 교육 이수에서 마주하는 어려움을 해결할 수 있는 능력과 책임 또한 자신이 갖고 있다는 것을 알려주기

훈련 필요성, 직업의 관심 분야, 목표에 대한 인식 훈련에서 배우고자 하는 의지가 생기려면, 직원들 스스로의 업무상 강점과 약점 등을 파악할 수 있고 훈련으로부터 자신의 약점이 개선될 수 있다는 연결고리를 찾는 것이 필요하다.[38] 관리자는 직원이 훈련을 권유받은 이유를 설명하고, 직원의 약점과 부족한 지식이 훈련을 통해 개선될 수 있다는 것을 연결 지어주어야 한다. 이는 직원들끼리 성과에 대한 피드백을 공유하고, 커리어 개발에 관해 상담하고, 직원들 스스로 강점과 약점, 경력 개발상 관심 분야 및 목표 등을 질문하는 자기 평가를 통해 이루어질 수 있다. 예를 들어, 뉴욕생명보험(New York Life Insurance)은 직원이 경력 개발 계획을 수립할 수 있도록 온라인 도구를 제공한다.[39] 이 도구는 직원들이 경험, 관계, 훈련, 및 정규 교육을 통한 학습이 경력 목표의 달성에 어떤 도움을 주는지 파악하도록 돕는다.

가능하다면 직원들 스스로 어떤 훈련에 참여할 것인지 선택할 수 있게 하고, 실제 훈련 직무의 구성을 알게 하는 것은 직원들의 동기부여를 극대화할 수 있다. 몇몇 연구 결과로도, 직원이 스스로 훈련 과정을 선택하고 그 선택을 존중해주는 것이 동기부여를 최대화할 수 있다는 것을 알 수 있다. 직원에게 선택권을 주고도 수렴해주지 않는 것은 동기를 저하시켰다.[40]

연령과 세대 생물학적으로 20대에서 70대까지 연령이 늘어날수록 특정 정신적 능력이 저하된다는 증거가 있다.[41] 단기 기억력과 정보 처리 속도 등은 나이가 들수록 감퇴한다. 하지만 나이는 곧 경력이므로 기억력과 정신적 민첩성의 감소를 보상할 수 있다. 정신적 민첩성과 기억력은 일정하게 감소하지만, 나이가 들수록 정신적 자원이 부족하게 되어 기억력 감퇴에 가속도가 붙게 된다.

1장에서 세대 차이가 나는 직원들 사이의 차이점(그리고 공통점)이 논의되었다. Z세대는 1995년 이후에 태어난 사람들을 일컫는 말이다. 이들은 디지털 네이티브(digital native)이며, 아마 다른 세대보다 더 기업가적이며, 돈보다는 의미 있는 일에 더 관심이 많을 것이다. **밀레니얼 세대**와 **Y세대**는 1980년 이후에 태어난 사람들을 가리키는데, 이들은 긍정적이고 업무와 배움에 대한 의지가 있으며 기술에 능하고, 다양성을 이해한다. **X세대**라는 용어는 1965년

과 1980년 사이에 태어난 사람들을 말한다. 이들은 피드백과 융통성이 필요하고 가까이에서 감시당하는 것을 싫어하며, 일생 동안 부모, 가정, 그리고 도시의 변화를 겪으며 살았다. 이들은 일과 비업무 생활의 균형을 중요시한다. **베이비붐 세대**는 1946년과 1964년 사이에 태어난 사람들을 말한다. 이들은 경쟁적이고, 부지런하며 모든 직원에 대한 차별 없는 대우를 원한다. **전통주의자**는 1925년과 1945년 사이에 태어난 사람들로, 애국심이 강하고 의리를 중시하며 각종 기구와 회사에 대해 많은 지식과 역사를 알고 있다. 각 세대의 사람들은 교육환경, 교육의 종류, 그리고 교육 내용에 대해 특정하게 선호하는 것이 다를 수 있다.[42] 예를 들어, 전통주의자들은 안정되고 체계적인 훈련 환경을 원하고 교육자에게 일정 수준 이상의 전문성을 요구한다. 하지만 X세대는 스스로 실험하고 피드백을 받으며 주도할 수 있는 훈련 환경을 선호한다. 따라서 개인 분석의 일환으로 학습자의 나이와 세대를 고려하는 것이 중요하다. 선호도와 이들이 훈련 설계에 관련해서 암시하는 것에 대한 내용은 5장에서 논의할 것이다.

투입요소

직장 환경에서 두 가지 특징적인 관점인 '상황 제약'과 '사회적 지지'가 성과와 학습에 대한 의지에 결정적인 요인이다. **상황 제약**(situational constraints)이란 적절한 도구나 장비의 부족, 자료와 저장품의 부족, 재정적 지원이나 시간의 부족 등을 말한다. **사회적 지지**(social support)란 관리자나 동료의 피드백과 격려를 말한다.[43] 직원이 업무를 수행하기에 충분한 지식과 기술, 태도, 그리고 행실이 갖추어져 있는데도 불구하고 제대로 된 도구와 장비가 주어지지 못하면 성과는 낮을 것이다.

직원이 훈련을 받기 위한 동기를 부여하는 업무 환경이 될 수 있도록 관리자가 확립해야 할 단계는 다음과 같다.

1. 직원이 새로운 기술이나 태도 등을 배우기 위해 필요한 자료, 시간, 업무 관련 정보, 다른 지원을 적절하게 제공한다.
2. 직원에게 훈련에 대해 긍정적으로 이야기해준다.
3. 직원이 실제 업무에 훈련 내용을 적용할 때는 반드시 칭찬해서 장려한다.
4. 작업을 같이 하는 동료 사이에서 훈련에서 배운 것을 적용한 경험과 그로 인해 좋았던 결과에 대해 이야기하고 서로 피드백을 주고받을 수 있도록 장려해서 모두가 훈련 내용을 업무에 적용해볼 수 있도록 도와준다.
5. 직원에게 새로운 기술이나 태도를 적용해보고 적응할 수 있도록 기회와 시간을 준다.

산출요소

직원이 업무에서 자신이 수행해야 할 기대치를 가늠하지 못해서 기준에 미달하는 부진한 성과를 얻는 경우가 있다. 예를 들어, 기대되는 개인 맞춤형 서비스의 수준과 성과 속도가 어느 정도인지 모를 수 있다. 성과 기준을 알지 못하여 지식, 기술, 태도에 부족함이 없음에도 부진한 성적을 낼 수 있는 것이다. 이러한 문제는 의사소통의 문제에서 비롯된 것인데, 훈련으로는 '해결'될 수 없는 부분이다.

성과를 내는 것에 대한 필요성을 이해하는 것은 학습에서 중요하다. 훈련에 참가하는 직원들이 자신이 과정을 이수하면서 습득해야 하는 것이 무엇인지 알고 있어야 한다. 참가한 직원들이 적절한 수준 이상의 훈련 수행 성과를 얻으려면 성과의 기대치부터 알아야 한다. 예를 들어, 업무 숙련도는 직원이 업무를 얼마나 잘 수행했는가와 관련이 있으며, 지식의 경우에는 필기시험 점수와 관련이 있을 수 있다. 기준 또는 성과 수준은 학습 목표의 일부이다(4장에서 논의).

결과

직원이 느끼기에 업무 성과에 대한 보상이나 보수가 적다면 지식, 행동, 기술, 그리고 태도 등 필요한 모든 것을 갖추었더라도 기준에 못 미치는 업무 성과를 낼 것이다. 또한 업무 팀 내의 규범으로 인해 직원이 기준에 미치지 못하는 업무 성과를 낼 수도 있다. **규범**(norm)이라는 것은 업무 구성원 간에 인정된 행위의 평가 기준이다. 예를 들어, 노스웨스트항공(Northwest Airlines)에서는 수하물 담당자들이 노사계약 협상기간 동안 항공기에서 수하물을 내리고 싣는 작업을 느리게 수행해서 많은 여객 항공편의 이착륙을 지연시켰다. 수하물 담당자들은 더 신속히 수하물을 처리하는 데 필요한 지식, 기술, 요건을 갖추었지만 경영진에게 자신들의 노사협상조건을 받아들여야만 항공사의 효율적인 운영에 차질이 없을 것이라는 의견을 피력하고자 일부러 작업 속도를 늦춘 것이다.

결과는 역시 훈련 과정의 학습에서도 영향을 미친다. 직원들의 출석률과 과정 수료에 대한 동기부여를 위해 음식, 의류, 혹은 영화표로 교환되는 상품권을 주거나, 혹은 추후 과정의 수강료로 사용될 수 있는 포인트를 적립해주는 등 일종의 보상시스템이 도움이 된다(5장에서 논의).[44] 하지만 직원들 스스로에게 훈련이 가지는 개인적 가치가 무엇인지 깨우쳐주는 것이 가장 강력한 동기부여 방법이다. 직원 개인의 기술이나 경력의 향상, 혹은 업무상의 어려움 해결 등의 가치를 예로 들 수 있다. 이때 관리자가 현실적으로 가능한 잠재적 혜택만을 이야기하는 것이 중요한데, 높은 기대치가 무너지게 되면 배우려는 동기가 저하될 수 있다.[45]

피드백

직원의 업무 성과가 기준치에 비해 어느 정도인지 피드백을 받지 못하는 것이 부진한 업무 수행의 원인이 될 수 있다. 직원이 자신에게 주어진 업무를 알고 있지만(산출요소), 그 성과가 기준치에 비할 때 어땠는지 이해하지 못해 생기는 문제점 역시 훈련이 적합한 해결책이 되지 못한다. 직원에게는 효율적이거나 비효율적이었던 성과에 대한 자세하고 구체적인 피드백이 필요하다. 기준에 부합하는 성과를 기대한다면, 직원 피드백은 성과 평가로 1년에 한 번이 아니고 수시로 자주 이루어져야 한다.

4장에서는 교육에서 피드백의 역할에 대해 자세히 기술한다. 직원의 행동과 기술 등을 결정짓는 데 피드백이 핵심적인 역할을 한다는 것을 명심해야 한다.

훈련이 최상의 해결책인지 판단하기

근본 원인 분석은 훈련이 최상의 해결책인지 여부를 판단하기 위해 사용된다. **근본 원인 분석**(root cause analysis)은 훈련이 성과 문제나 갭에 대한 최상의 해결책인지 아니면 해결 가능성이 높은 방안인지 결정하는 과정이다. 근본 원인 분석을 수행하는 데 유용한 네 가지 방법이 있다.[46] 첫 번째는 다음의 7가지 질문을 고려하는 것이다.

1. 발생한 업무 성과 문제가 심각한가? 이 문제로 인해 줄어들 생산성이나 고객으로 인해 회사에 뚜렷한 금전적 손실이 일어날 가능성이 있는가?
2. 직원이 효율적으로 업무를 수행할 수 있는가? 직원에게 과거의 훈련 경험이 없거나 받은 훈련이 효과적이지 않았을 수 있다(이 경우 문제는 개인의 특성에 있다).
3. 직원은 올바른 지식이나 행동을 보여줄 수 있는가? 훈련을 받았지만 그 내용(지식, 업무 기술 등)을 드물게 혹은 아예 업무에 적용하지 않았을 수 있다(이는 투입요소의 문제이다).
4. 성과 기대치가 명료하게 제시되었는가(투입요소)? 업무를 하는 데 고장 난 도구나 장비와 같은 장애물이 있었는가?
5. 좋은 성과에 대한 긍정적인 결과가 주어졌는가? 좋은 성과에 대한 보상이 지급되었는가? 예를 들어, 직원이 보수에 대해 불만이 있다면 동료에게 혹은 노동조합 내에서 업무의 진행을 늦추라는 조언을 해줬을 수 있다(이는 결과에 관한 문제이다).
6. 업무에 대해 적절하고 정확하며 체계적이고 구체적인 피드백을 제시간에 받을 수 있었는가(피드백의 문제)?
7. 시행된 다른 해결책(업무 재설계나 타 부서로의 직원 이동 등)이 너무 비싸거나 비현실적이었는가?

만약 직원이 지식과 기술의 부족 외에 다른 조건에 대해서 만족스럽게 여기는 경우에는 훈련이 필요하다. 하지만 직원의 지식과 기술은 갖추어져 있지만 투입요소, 산출요소, 결과, 그리고 피드백이 문제라면, 훈련이 적합한 해결책이 아니다. 예를 들어, 성과 부진이 고장 난 장비에서 비롯한 것이라면, 훈련이 필요한 것이 아니라 장비 수리가 필요하다. 피드백의 부족이 원인이라면 직원이 아닌 관리자가 성과 피드백을 제공해주는 방법에 관해서 훈련을 받아야 한다.

두 번째로, 또 다른 질문 방법인 5 Why 분석을 사용하여 문제의 근본 원인을 파악할 수 있다. 질문의 예시로는 "직원의 실적은 왜 부진한가?" 또는 "고객이 매장에 들어올 때 직원은 왜 인사하지 않는가?" 등이 있다. 이러한 질문을 통해 향후 조치를 취할 수 있는 원인을 파악할 수 있다. 각 원인에 대해서는 훈련의 영향을 받을 수 있는 지식, 기술 또는 행동의 부족으로 인해 이러한 현상이 발생하는지 또는 다른 요인이 원인인지 살펴봐야 한다. 세 번째로, 어골도(Fishbone diagram)를 사용하는 방법이 있다. 어골도는 문제의 원인을 확인, 탐색 및 시각적으로 표현하기 위한 구조화된 브레인스토밍 기법으로, 기계, 방법, 재료, 측정, 환경 및 사람이 문제에 어떻게 기여하는가를 평가한다. 네 번째 방법으로는 정사격형법(Square

표 3.5 핵심 업무 문제, 핵심 과정 문제, 핵심 사업 문제 간 관계의 예시

구분	핵심 업무 문제	핵심 과정 문제	핵심 사업 문제
기대 결과	완전한 판매주문서 100% 정확한 주문	주문 주기 시간: 3일	시장점유율 60%
실제 결과	10% 불완전한 판매주문서 83%의 정확한 주문	주문 주기 시간: 30일	시장점유율 48%

자료: G. A. Rummler and K. Morrill, "The Results Chain," *T+D* (February 2005), pp. 27–35를 기반으로 함.

method)이 있는데, 이는 동기부여, 자원, 부적합한 직무 적합성 등 네 가지 주제로 정사각형을 그리는 기법이다. 문제를 야기하는 것으로 간주되는 요인을 해당 주제에 나열한다. 정사격형법은 단순 훈련상의 문제인지 아니면 동기, 자원 및/또는 부적합한 직무 적합성도 관련되어 있는지 구분하는 데 유용하다. 예를 들어, 직원이 어떻게 해야 잘 수행하는지를 알고 있지만 그렇게 하려는 동기가 부족하다면, 이는 훈련 부족이 문제의 원인이라고 할 수 없다. 하지만 직원이 수행 방법을 모른다면 이는 훈련 부족이 문제의 원인일 가능성이 높다.

핵심 업무 문제(사내에서 업무 성공을 좌우하는 핵심적인 문제나 기회), 핵심 과정 문제(성공적 사업 과정에 영향을 주는 핵심적인 문제나 기회), 핵심 사업 문제(회사 사업의 성공을 좌우하는 핵심적인 문제나 기회) 등의 관계에 대해 생각해보는 것도 중요하다.[47] 핵심 업무 문제, 핵심 과정 문제, 핵심 사업 문제 세 가지가 관련된 문제라면 사업 결과에 더 큰 효과를 가지고 경영진의 적극적인 지원을 기대할 수 있으므로 훈련이 해결책으로서 최우선적으로 고려되어야 한다. 표 3.5는 영업사원의 입장에서 세 가지 문제 사이의 관계를 보여준다. 이것은 불완전한 판매주문서가 제출되고 있어서 영업사원에게 훈련이 더 필요하다는 최고관리자의 판단하에 분석이 이루어진 결과이다.

유아나 청소년층을 위한 캐주얼하고 스포티한 최신 유행의 옷을 제작하는 전 세계적인 소매업체가 성과 문제 해결에 훈련이나 다른 해결책이 필요한지 결정하는 방법에 대해 생각해보자. 그림 3.4는 이 소매업체가 요구의 종류, 영향을 받는 사람들, 그리고 알맞은 전략을 어떻게 판단하는지를 보여준다. 여기에서 볼 수 있듯이, 훈련 및 개발은 지식에서 격차, 지식과 기술의 공유, 비형식적 학습, 그리고 관리자와 상사의 지지와 구체적으로 관련된 문제를 해결하는 방법 중 하나일 뿐임을 알 수 있다.

과업 분석

과업 분석을 통해서 직원들의 업무 수행과 그에 필요한 지식, 기술, 그리고 능력에 관한 정보를 얻을 수 있다. **직무**(job)란 특정 직위에서 요구하는 업무를 말한다. (표 3.6에서는 전기수리공의 일을 예시로 들었다.) **과업**(task)이란 한 직원이 특정 직무에서 해야 하는 작업 활동을 말한다. 표 3.6은 전기수리공이 해야 하는 과업 몇 가지를 보여준다. 과업에는 전구·콘센트·스위치 교체 등이 포함된다.

이러한 과업을 완수하기 위해 직원은 구체적인 수준의 지식, 기술, 능력, 그리고 다른 고려사항(knowledge, skills, abilities, and others, KSAOs)이 필요하다. **지식**(knowledge)은

그림 3.4 성과 문제의 해결책을 찾는 방법

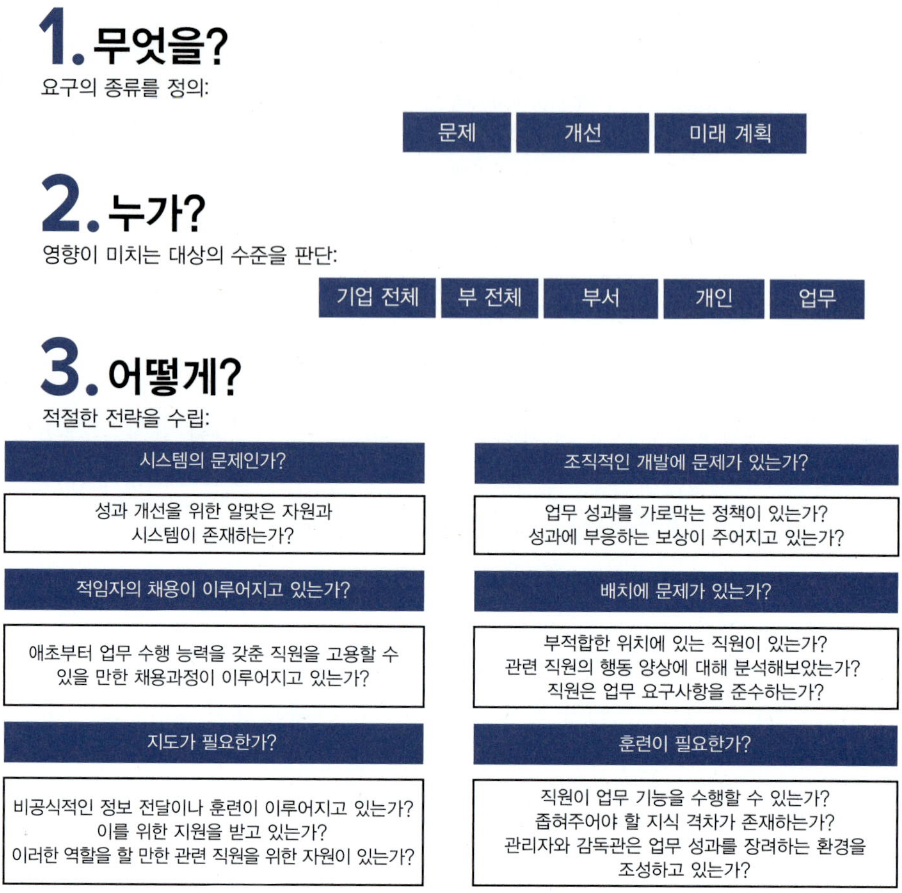

금의 화학적 성질 등과 같이 사실이나 절차를 포함한다. **기술**(skill)은 과업 수행의 능숙함을 말한다(예: 다른 사람이 특정 행동을 하도록 유도하고 설득하는 기술). **능력**(ability)이란 직무 수행에 필요한 육체적·정신적 능력을 포함한다(예: 공간지각능력은 사물이 물리적 공간 내에서 가지는 관계에 대한 이해를 말한다). **다른 고려사항**(others)은 직무 수행을 하는 조건을 말한다. 직원들이 일하는 환경이나 사용하는 장비(예: 산소마스크 착용의 필요성, 고열환경의 작업 등), 시간적 제약(마감기한), 안전수칙, 혹은 성과기준 등의 파악이 다른 고려사항의 예일 수 있다.

과업 분석은 조직 분석을 통해 기업이 훈련에 돈과 시간을 투자하기로 결정한 후에 이루어질 수 있다. 그 이유는 과업 분석이 방대한 양의 데이터를 수집하고 요약하는 데 기업의 시간과 관리자부터 평사원, 그리고 교수자까지 포함하는 인력을 요구하는 더디고 단조로운 과정이기 때문이다.

과업 분석의 단계

과업 분석은 네 단계로 이루어진다.[48]

표 3.6 전기수리공의 과업 분석 질문지 예시 항목

직무: 전기수리공				
직무 순번	직무 내용	과업 성과 평가		
		수행 빈도	중요도	난이도
199 – 264	전구 교체	0 1 2 3 4 5	0 1 2 3 4 5	0 1 2 3 4 5
199 – 265	콘센트 교체	0 1 2 3 4 5	0 1 2 3 4 5	0 1 2 3 4 5
199 – 266	조명기구 설치	0 1 2 3 4 5	0 1 2 3 4 5	0 1 2 3 4 5
199 – 267	조명 스위치 교체	0 1 2 3 4 5	0 1 2 3 4 5	0 1 2 3 4 5
199 – 268	차단기 설치	0 1 2 3 4 5	0 1 2 3 4 5	0 1 2 3 4 5
		수행 빈도	중요도	난이도
		0 = 수행한 적 없음 5 = 자주	1 = 별로 안 중요함 5 = 매우 중요	1 = 가장 쉬움 5 = 가장 어려움

자료: E. F. Holton III and C. Bailey, "Top to Bottom Curriculum Redesign," *Training and Development* (March 1995), pp. 40 – 44.

1. 분석하고자 하는 직무 또는 업종을 선택한다.
2. 직무에 포함된 과업에 대한 예비 목록을 작성한다. 방법으로서 (1) 우수 직원이나 그들의 관리자를 관찰하거나 면담할 수 있고, (2) 과업 분석 경험자에게 자문을 구한다.
3. 예비 목록을 검증한다. 이 단계는 내용전문가(재직 중인 직원, 관리자 등)와의 회의나 직무에 관한 설문조사 등을 시행하는 것을 포함한다. 다음과 같은 질문을 할 수 있다. 과업은 얼마나 자주 실행되는가? 각 과업을 수행하는 데 드는 시간은? 직무의 성공에 과업의 중요도는 얼마나 되는가? 과업을 배우기에 난도가 높은가? 신입사원 수준에서 할 수 있는 과업인가?

   표 3.7은 과업 분석 질문지의 예시이다. 여기서 수집된 정보는 훈련 과정에서 어떤 과업이 집중적으로 다루어질 것인지 결정하는 데 유용하다. 요구 조사를 하는 주체자나 주체위원은 모든 차원에서 등급의 수준을 정해서 어떤 과업을 훈련에 포함시킬 것인지 정해야 한다. 중요하거나 자주 시행되는 직무, 중등도 이상의 난도를 가진 과업을 훈련에서 다루어야 하며, 이와 반대되는 과업의 경우 훈련에서 제외되어야 한다. 관리자나 교육자의 입장에서 중요하지만, 잘 시행되지 않고 별로 어렵지 않은 과업에 대해서 훈련이 필요할지를 결정하는 것은 어려울 수 있다. 관리자와 교육자는 난이도나 수행 빈도에 상관없이 중요한 과업이 반드시 훈련 과정에 포함되어야 하는지를 결정해야 한다.
4. 과업이 파악된 후에는, 의사결정이나 문제해결 과업 등과 같이 학습하기 어렵거나 실수가 발생하기 쉬운 과업에 필요한 지식, 기술 및 능력을 파악해야 한다. 이를 위해서는 전문가의 사고 과정이 초보자의 사고 과정과 어떻게 다른지를 알아야 하며, 이를 통해 초보자가 배울 수 있는 적절한 실무와 피드백을 포함하는 훈련을 설계할 수 있다. 이러한 정보는 인터뷰와 설문조사를 통해 수집할 수 있다. 이 장에서 논의됐던 능력이 교육에 어떤 영향을 미치는지에 대해 다시 생각해보자. 기초 기술과 인지 능력 요건에 대한 정보는 훈련(혹은 업무)에 대한 일정 수준의 지식, 기술, 그리고 능력이 전제조건이 되는지, 혹은 기본적인 기술 능력에 대한 추가 훈련이 필요한지 등을 정하는 데 핵심적이다. 지식, 기술, 혹은 능

표 3.7 과업 기술서 질문지 예시

이름　　　　　　　　　　　　　　　　　　　　　　날짜

직책

각 과업 기술서를 세 가지 기준하에 등급을 매기시오. (1) 효율적인 업무를 위한 과업의 중요도, (2) 과업의 수행 빈도, (3) 과업을 능숙하게 수행할 수 있게 되는 데 요구되는 난이도. 등급을 매기는 데 다음의 기준을 적용하시오.

중요도	**수행 빈도**
4 = 효율적인 업무를 위해 핵심적이다.	4 = 하루 한 번은 시행
3 = 핵심적이지는 않지만 중요하다.	3 = 일주일에 한 번은 시행
2 = 어느 정도 중요하다.	2 = 수개월에 한 번씩 시행
1 = 별로 중요하지 않다.	1 = 1년에 한두 번 시행
0 = 수행되지 않는다.	0 = 수행되지 않음

난이도

4 = 과업 수행에는 충분한 경험과 철저한 교육이 필요하다(최소 12~18개월 이상의 수련기간).
3 = 과업 수행에는 적당한 경험과 최소한의 교육이 필요하다(최소 6~12개월 이상의 수련기간).
2 = 과업 수행에는 약간의 경험과 간단한 교육이 필요하다(최소 1~6개월 이상의 수련기간).
1 = 과업 수행에는 특정 경험이나 교육이 필요하지 않다.
0 = 과업이 수행되지 않는다.

직무	**중요도**	**수행 빈도**	**난이도**
1. 장비 및 도구와 안전장치의 점검			
2. 직원 성과 관찰			
3. 직원 스케줄 관리			
4. 컴퓨터 통계 소프트웨어 사용			
5. 통계적 방법 사용 중 과정상 변화 감독			

표 3.8 과업 분석 시 주의사항

- 과업 분석은 직원이 해야만 하는 일과 실제 이루어지는 일 모두를 파악해야 한다.
- 과업 분석은 직무 중 임무와 과업으로 세분화하는 것에서 시작된다.
- 과업에 대한 정보를 수집할 때 두 가지 이상의 방법을 사용해서 분석의 신뢰도를 높인다.
- 재직 중인 직원, 관리자, 그리고 직무를 잘 아는 직원을 포함한 내용전문가에게서 정보를 얻어야 과업 분석의 활용도가 좋아진다.
- 과업에 대한 평가를 하고자 할 때, 기업의 목표와 목적 달성을 위해 필요한 과업을 중점적으로 해야 한다. 이러한 과업은 난도가 가장 높거나 시간이 많이 걸리는 과업이 아닐 수도 있다.

자료: A. P. Carnevale, L. J. Gainer, and A. S. Meltzer, *Workplace Basics Training Manual* (San Francisco: Jossey-Bass, 1990); E. A. Surface, "Training Need Assessment: Aligning Learning and Capability with Performance Requirements and Organizational Objectives," in *The Handbook of Work Analysis: Methods, Systems, Applications and Science of Work Measurement in Organizations*, 1st ed., eds. M. A. Wilson, W. Bennett, S. G. Gibson, and M. Alliger (Routledge Academic, 2012), pp. 437 – 462를 기반으로 함.

력을 배워서 익히는 것의 난이도는 훈련 과정에서 중요하다. 이에 못지않게 중요한 것은 직원이 필요한 지식, 기술, 혹은 능력을 이미 채용 전에 갖추고 있어야 하는지 여부이다.[49]

표 3.8은 과업 분석 시 기억해야 할 주의사항을 요약해준다.

과업 분석의 예

한 공공기업의 예로 과업 분석의 네 가지 단계를 볼 수 있다. 교육자에게 6개월의 기간 동안 훈련 과정을 개발하라는 임무가 주어졌다.[50] 훈련 과정의 목표와 강의 계획의 기반이 될 과업의 선정과 KSAOs(지식, 기술, 능력, 그 외 다른 것들)를 파악하는 것이 주 임무였다.

임무의 첫 번째 단계는 전기유지 분야의 각 업무에 포함된 잠재적 과업을 파악하는 것이었다. 업무 절차, 장비 목록, 그리고 내용전문가에게 수집한 정보를 토대로 과업을 생성했다. 내용전문가에는 관리자, 교육자, 그리고 수석 기술자가 포함된다. 모아진 정보를 모두 포함한 설문지를 전기유지 부서의 모든 기술자에게 배포했다. 이 설문지에는 550개의 과업이 포함된다. 표 3.6은 전기수리공의 직무에 관한 질문 중 일부를 보여준다. 기술자가 각 과업에 대해 중요도, 난이도, 수행 빈도에 따라 등급을 매기도록 했다. 수행 빈도의 등급을 매기는 데에는 영(0)도 포함됐다. 여기서의 등급 0은 기술자가 단 한 번도 해당 과업을 수행하지 않았음을 나타낸다. 수행 빈도에 0을 매긴 기술자들은 중요도와 난이도의 등급을 매기지 않도록 했다.

설문지상의 등급 결과를 분석하기 위해 맞춤 소프트웨어가 이용되었다. 특정 과업에 대한 훈련이 필요한지를 결정하는 데 최우선적으로 고려된 사항은 중요도 등급이었다. '매우 중요'하게 평가된 직무는 난이도와 수행 빈도에 상관없이 훈련에 포함되었다. 중간 정도의 중요도를 가졌지만 난이도가 높은 직무도 훈련에 포함됐다. 중요하지 않고, 어렵지도 않으며, 자주 시행되지도 않는 직무는 훈련에서 제외됐다.

내용전문가들은 훈련 대상으로 선정된 과업이 직무에 걸맞게 잘 서술되었는지 검토했다. 그 결과, 총 487개의 과업이 선정됐다. 모든 과업을 대상으로 각각 하나의 과업에 대해서 두 명의 내용전문가가 필요한 KSAOs를 파악하게 했다. 작업 환경, 과업의 시작과 종료를 알리는 신호, 성과 기준, 안전 수칙, 그리고 필요한 도구 및 장비 등에 대한 내용을 포함했다. 전체적인 데이터는 공장 기술자들과 교육 부서 담당자가 같이 검토했다. 1만 4,000개 이상의 KSAOs가 공통그룹으로 분류되고 식별 코드를 부여받았다. 분류된 그룹은 다시 자격 구분으로 묶였다. 즉, 직원이 해당 업무를 수행하려면, 한 묶음에 연관된 모든 과업에 대해서 자격을 인증받아야 한다. 이러한 묶음은 훈련 강의계획과 과정 목표를 설정하는 기반이 되었다. 교수자들은 각 묶음을 검토해서 묶음 내 과업을 수행하는 데 필요한 전제조건이 있는지 파악했다.

역량 모델

현대의 글로벌하고 경쟁적인 기업 환경 내에서 직원들이 성공에 필수적인 능력을 갖추었는지 파악하는 것은 다수의 기업에게 큰 과제이다. 한 사업 부문에서 필요로 하는 능력은 다른 부문에서의 것과 상이할 수 있고, 심지어는 같은 부문 내에 있더라도 역할에 따라 달라진다. 따라서 많은 기업은 역량 모델을 토대로 높은 업무 성과를 위해 필요한 지식, 기술, 개인 특성(태도 및 성격)을 파악하고 있다. 역량 모델은 해당 지식, 기술, 개인 특성에 대한 훈련의 기여도를 측정하는 데도 유용한 도구이다.

전통적으로는 요구 조사는 지식, 기술, 그리고 과업을 분석하는 것에 그쳤다. 하지만 요즘에는 훈련을 위한 요구 조사의 초점이 역량에 맞춰져 있고, 관리직의 경우 특히 더욱 그러하다. **역량**(competency)이란 업무 수행에 필요한 기술, 지식, 능력, 그리고 개인 특성의 모음이다.[51]

역량 모델(competency model)은 각 직무에서 요구되는 역량을 파악한 것이다. 역량 모델은 특정 직업, 조직, 직업군, 혹은 구체적 업무 전체에 대해 공통적인 역량을 서술한다. 이러한 역량 모델은 성과 관리에 적용된다. 하지만 역량 모델은 특히 인사부 소관 업무인 신규 채용, 선발, 훈련, 그리고 개발 등에 유용하게 이용된다는 점이 하나의 장점이다. 역량 모델은 공석을 채울 최적임자 선별에 도움이 되고, 또 직원과 관리자로 하여금 특정 강점이나 개발 분야를 겨냥할 수 있게 하여 개발 계획의 기반이 된다. 역량 모델에 포함되는 역량은 기업의 사업 전략 및 목표에 따라 달라질 수 있다. 영업, 지도력, 대인관계, 기술 외에 다른 역량을 포함한다. 역량 모델에는 보통 각 역량의 명칭, 역량 내의 능숙함을 나타내는 행동의 서술, 그리고 숙련도를 시사하는 점이 포함된다. 표 3.9는 시스템 엔지니어의 역량 모델 중 기술적 역량 묶음을 보여준다. 표의 좌측은 기술 묶음의 기술적 역량 목록이다(여기에는 시스템 구조, 데이터 이동, 문서 작성이 포함된다). 표의 우측에는 각 역량에서 시스템 엔지니어의 능숙함이 시사되는 행동에 대한 설명이 나열되어 있다.

역량 모델을 이해하는 한 방법으로는 역량을 직무 분석과 비교하는 것이다. 이미 알고 있듯이, **직무 분석**(job analysis)이란 직원이 반드시 수행해야 하는 직무에 대한 설명(과업, 임무 및 책임)과 구체적인 요구사항(지식, 기술 및 능력)을 확립하는 과정을 말한다. 이런 직무 분석과 역량 모델을 비교해보면, 직무 분석은 업무나 과업(어떤 성과가 있었는지)에 더 집중되어 있는 반면, 역량 모델은 직원에 초점을 맞춘다(어떻게 목표 달성을 했는지, 혹은 업무

표 3.9 역량 모델의 역량들

기술 묶음	숙련도 등급
시스템 구조 복잡한 소프트웨어 애플리케이션 설계 능력, 프로토콜 확립, 프로토타입 제조 능력	0 – 기본적인 업무 수행 불가 1 – 기본원리는 이해. 보조나 지시하에 업무 수행 가능 2 – 정해진 순서의 일 안정적으로 수행. 감독이 거의 필요 없음 3 – 복잡하고 다양한 업무 수행. 다른 직원들 지도나 교육 가능 4 – 직무 수행에 전문가로 꼽힘. 설명, 교육 및 안내 가능
데이터 이동 데이터 전송 작업을 구상하고 효율적으로 수행하는 데 필요한 소프트웨어 프로그램 기반을 설립하는 능력	0 – 기본적인 업무 수행 불가 1 – 기본원리는 이해. 보조나 지시하에 업무 수행 가능 2 – 정해진 순서의 일 안정적으로 수행. 감독이 거의 필요 없음 3 – 복잡하고 다양한 업무 수행. 다른 직원들 지도나 교육 가능 4 – 직무 수행에 전문가로 꼽힘. 설명, 교육 및 안내 가능
문서 작성 명세서, 흐름도, 과정 통제, 그리고 재정에 대한 정보를 포함한 종합적이고 완전한 문서 작성 준비 능력	0 – 기본적인 업무 수행 불가 1 – 기본원리는 이해. 보조나 지시하에 업무 수행 가능 2 – 정해진 순서의 일 안정적으로 수행. 감독이 거의 필요 없음 3 – 복잡하고 다양한 업무 수행. 다른 직원들 지도나 교육 가능 4 – 식무 수행에 전문가로 꼽힘. 설명, 교육 및 안내 가능

자료: R. J. Mirabile, "Everything You Wanted to Know About Competency Modeling," *Training and Development* (August 1997), pp. 73–77.

수행이 어떻게 이루어졌는지). '어떻게'와 '무엇을' 사이의 차이에 집중하는 것으로부터 훈련 및 개발에 유용한 정보를 얻을 수 있다. 최근 한 연구에서 역량 모델 전문가들(자문위원, 인사부 담당자, 교수, 그리고 산업심리학자)에게 직무 분석과 역량 모델의 비교를 의뢰했다.[52] 그 결과, 그 둘 사이의 몇몇 차이를 발견할 수 있었다. 역량 모델에서는 역량과 기업의 사업 목표 사이의 연관성을 찾았다. 역량 모델은 직종, 직무 수준, 그리고 한 조직 전체에 대해 공통적으로 나타나는 역량을 서술하는 반면, 직무 분석에서는 특정 직무와 관련한 구체적 지식, 기술, 능력을 분석해서 채용 시 필요한 구체적인 요구사항을 확립한다. 역량 모델에서 확립된 역량들은 좀 더 보편적이어서 채용, 훈련, 직원 개발, 그리고 성과 관리 등 더 넓은 적용 범위를 가진다.

역량 모델에 대해 살펴보는 또 하나의 방법으로는 성과 관리를 고려하는 것이다.[53] 불행히도 많은 성과 관리 시스템은 성과를 평가하는 데 쓰일 수 있는 결과가 무엇인지 의견이 일치되지 않았다. 관리자와 직원 간의 논의에서 말하는 성과 부족은 구체적이지 못하다. 역량 모델은 훌륭한 성과를 위해 필요한 개인 능력 분야를 파악하는 것을 통해 실제 업무의 내용과 방법을 구분 지을 수 있다. 성과에 대한 피드백은 명확하고 구체적인 행동을 예시로 들어 유도할 수 있다. 또한 좋은 성과를 위해 필요한 지식, 기술, 능력, 그리고 다른 특성들도 명료하게 제시된다.

역량은 어떻게 감별되며 역량 모델은 어떻게 만들어지는가? 그림 3.5에서 역량 모델의 개발이 이루어지는 과정을 보여준다. 첫 번째로 사업 전략을 확인한다. 2장에서 사업 전략 중 훈련의 필요성을 시사하는 것이 논의되었다. 사업 전략은 어떤 종류의 역량이 사업 목표 달성과 사업 전략을 지지하는 데 필요한지 파악할 수 있게 한다. 사업 전략의 변화는 새로운 역량을 필요로 하거나 기존 역량의 수정을 요한다. 두 번째로는 분석이 필요한 직무나 직위를 파악한다. 세 번째로, 효율적 혹은 비효율적 직원을 색출한다. 네 번째로, 성과의 효율성을 좌우하는 역량을 파악한다. 역량을 파악하는 데는 여러 가지 방법이 있다. 여기에는 한 명 혹은 여러 명의 '우수' 성과자를 분석하고, 내용전문가들과의 면담, 그리고 다른 회사의 우수 직원을 분석하여 벤치마킹하는 데이터 조사가 포함된다.[54] 다섯 번째로, 만들어진 모형을 증명하기 위해 모형에 포함된 역량이 실제 성과와 관련이 있는지를 판단한다. 표 3.9에 제시된 시스템 엔지니어의 기술적 역량의 예에서 중요한 것은 (1) 세 가지 역량이 좋은 업무 성과와 관련이 있는지를 규명하는 것과 (2) 역량에서의 능숙함 수준이 적당한지를 규명하는 것이다.

그림 3.5의 개발 과정을 따른다면 타당한 역량과 역량 모델을 장담할 수 있을 것이다. 하지만 교육자, 직원, 관리자, 그리고 다른 전문가들은 반드시 역량 등급을 정확하게 매기는 방

그림 3.5 역량 모델 개발 과정

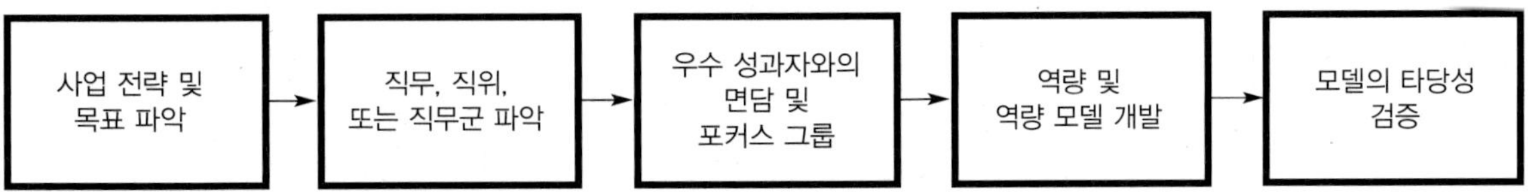

법에 대한 교육이 필요하다(특히 등급을 처음 매겨보는 사람일 경우). 평가자들은 각 역량 항목을 이해하고 있어야 하며, 서로 다른 역량의 차이점을 구분하여 능숙도의 상·중·하를 가릴 수 있어야 한다.[55]

역량 모델은 훈련 및 개발에서 여러 가지 이유로 유용하다.[56]

- 효율적인 직무 수행에 필요한 행동을 식별할 수 있다. 개발 프로그램의 일환으로 직원에게 피드백(다면평가제 등)을 주도록 되어 있기 때문에, 개인 및 조직의 성공에 구체적으로 연관된 피드백을 받을 수 있다.
- 당장 업무에 필요한 기술이나 추후에 기업에서 필요한 기술이 무엇인지 결정하는 도구가 된다. 기업의 현재 훈련 과정과 현재 요구되는 사항들 간의 관계를 평가할 수 있어서 기업의 교육 개발 활동이 사업 목표에 맞춰질 수 있도록 한다. 제공되는 과정이 미래에 기대되는 기술적 요구와 얼마나 잘 연관되는지 평가하는 데 사용할 수 있다.
- 경력에 따라, 위치가 달라짐에 따라 어떤 기술이 필요한지를 결정할 수 있다.
- 지속적인 코칭과 피드백의 기반이 되어 직원의 현재와 미래의 역할을 발전시키는 데 기여할 수 있다. 직원이 현재 가지고 있는 개인 역량과 업무에 필요한 역량을 비교할 수 있기 때문에, 앞으로 발전시킬 역량이 무엇이고 어떤 조치를 취해야 하는지를 파악할 수 있게 도와준다. 조치라 함은 교육과정, 실무 경험, 그리고 다른 종류의 개발 활동을 말한다. (9장 "직원 역량 개발과 경력 관리"에서 개발 방법에 대해 자세히 이야기한다.)
- 관리직 후보자가 될 수 있는 직원을 선별하고 개발할 수 있는 '지침서(road-map)'가 될 수 있다(승계 계획).
- 적절한 직원 개발 교육과 훈련 과정을 개발하고 그에 대한 피드백 및 보상체계를 확립하는 데 공통된 기준을 제시하는 역할을 한다. 이는 회사의 HR 체계와 실무를 통합하고 일치시키는 데 도움이 된다.

예를 들어, 아메리칸 익스프레스(American Express)에서는 관리자가 팀원들이 스스로의 강점을 활용하고 약점을 보완할 수 있게끔 이끌어주기 위해서 역량 모델을 이용한다.[57] 기업 수준에서는 역량을 토대로 회사 전체의 능력, 강점, 기회 등을 포함하는 재능 수준을 평가할 수 있다. 이런 정보는 관리자에게 제공되어 직원들의 현재 및 미래의 역량 개발에 반드시 필요한 것을 파악하고 행동 계획을 세울 수 있도록 한다.

표 3.10에서는 렌즈크래프터(LensCrafters), 선글래스헛(Sunglass Hut), 펄 비전(Pearle

표 3.10 룩소티카의 역량 모델

리더십 및 관리 역량	기능적인 역량	기본적인 역량
다른 사람들 지도 및 개발	세계적 관점	관계 형성 및 대인관계 기술
팀워크 조성	사업 수완	고객 중심
전략적 사고	사업의 핵심 성과 지표	진실된 행동

자료: C. Spicer, "Building a Competency Model," *HR Magazine* (April 2009), pp. 34–36.

Vision) 등에서 판매되는 고급 스포츠 안경류 공급업체인 룩소티카(Luxortica Retail)에서 현장 제휴사와 지부 점포 내 일자리를 위해 개발한 역량 모델을 보여준다.[58] 이 역량 모델에는 리더십과 관리 역량, 기능적 역량, 그리고 기본적인 역량이 포함되어 있다. 이는 관리자가 채용, 성과 관리, 훈련에 사용할 수 있는 역량을 파악하고 정의하려는 목적으로 개발되었다. 또 이 역량들은 관련 직원들이 다양한 업무에 적용할 수 있는 역량을 알고 좀 더 발달시키는 데 도움이 된다. 성과 관리를 위해 역량 모델을 효과적으로 이용하기 위해서는 역량 모델이 회사 모든 부서에 대한 최신 정보를 반영하고 있고, 사업 성과를 향상할 수 있고, 업무와 연관성이 높으며(유효성), 관련성(목적에 맞춤)이 있어야 하는 것은 물론이고 직원 성과에 대한 정확한 평가를 해줄 수 있어야 한다. 룩소티카에서는 사업 경영자들과의 만남을 시작으로 현재와 미래의 사업 전략에 대해 이해하여 역량 개발을 할 수 있었다. 사업 동인을 파악하였고, 설문조사, 포커스 그룹, 그리고 관리자와 관련 직원들과의 면담을 통해 중요한 역량을 규명하고 각각에 관련된 행동 예시를 알 수 있었다. 타당성을 유지하기 위해 역량은 4~5년에 한 번씩, 주요 사업 전략이 수정되거나 업무 변경이 있을 때마다 검토되었다. 또한, 성과 관리 측면에서 각 역량 묶음에 부여된 중요성 또한 검토되어 적절한지 확인되었다(예: 기능적 역량의 중요도는 몇인가?). 특정 업무와의 연관성에 따라 다양한 조합의 역량을 이용하여 관련 직원의 성과 평가가 이루어진다. 각 역량에 대해 직원들은 1~5 사이의 등급을 받게 되는데, 5는 '기대 이상으로 우수함'을 뜻한다. 인사부, 교육개발 부서, 운영팀이 합동으로 각 역량에 대한 등급을 정의했다. 즉, 직원의 등급이 '기대에 부합함'일 때와 '기대 이하'일 때의 역량은 어느 정도인지, 그 의미는 무엇인지를 정의한다. 이런 과정은 관리자가 관련 직원 평가에 유사한 기준 틀을 사용하도록 하는 데 필요했다.

요구 조사의 범위

지금까지 이 장에서는 요구 조사에서의 조직 분석, 개인 분석, 과업 분석 등 다양한 측면에 대해 논의했다. 이러한 과정은 직원 면담, 관찰 및 설문조사 등을 포함하기도 한다. 지금쯤 '이 과정들이 좋은 건 알겠지만 매우 복잡하고 시간이 많이 드는 과정처럼 보인다.'라는 생각을 할 수도 있을 것이다. 스스로 "만약 정밀한 요구 조사를 할 시간이 없으면 어떻게 하나, 과정 전체를 포기해야 하나?"라는 질문도 할 수 있다.

요구 조사는 종종 생략되기도 하는데 주로 다음과 같은 이유에서 그렇다. 훈련은 항상 문제가 되거나 필수적인 것이다, 너무 비싸다, 너무 오래 걸린다, 너무 복잡하다, 관리자들도 이런 요구 조사 과정에 대해 비협조적일 수 있다. 이런 제한 속에서도 요구 조사는 문제의 실체를 파악하고 훈련 등의 최적의 해결책을 찾는 데 반드시 필요하다.

만약 관리자가 당장 훈련 과정 실행을 강요하는 상황이더라도 요구 조사는 필요하다. 이런 경우에 신속하게 요구 조사를 할 수 있는 방법이 몇 가지 있다. **신속 요구 조사**(rapid needs assessment)는 과정의 질이나 결과에 지장 없이 신속하고 정확하게 이루어지는 요구 조사를 말한다.[59] 신속 요구 조사의 핵심은 최소한의 자원(시간, 돈, 내용전문가)을 활용하여 가장 신뢰도 높은 결과를 얻을 수 있는 방법을 선택하는 것이다. 여기에는 몇 가지 방법이 존재한다. 첫 번째로, 요구 조사의 범위는 가능성 있는 문제의 원인의 규모에 비례한다는 점을 이용할 수 있다. 만약 문제가 국한적이고, 사업에 큰 지장을 주지 않을 정도의 원인 때문이라면, 요구 조사의 정보 수집 단계는 소수의 관리자와 재직자와의 면담에 그칠 수 있다. 반대로 문제가 사업에 큰 지장을 미치는 원인 때문이라면 정보 수집이 더 많이 필요하다. 내용전문가와 재직자들의 면담을 반복하는 과정에서 업무에 관련한 새로운 정보가 없다고 느낀다면 면담은 멈추어도 된다. 두 번째로 다른 목적으로 수집된 정보를 이용하는 방법이 있다. 예를 들어, 오류 데이터, 영업 데이터, 고객 불만, 그리고 퇴직자 면담 등은 성과 관련이나 설문 관련 문제의 원인을 파악하는 데 중요한 단서를 제공할 수 있다. 제트블루(JetBlue)는 현장 성과 데이터와 사업 결과 자료를 사용하여 훈련 요구사항을 파악한다.[60] 예컨대, 항공기의 정기적인 운행을 통해 수집된 자료를 사용하여 항공기의 외관 손상이 증가했음을 발견했다. 이에 따라 학습팀은 시간이 지남에 따라 손상률을 증가시킬 수 있는 잠재적인 학습 요구를 파악하기 위해 보다 심도 있는 평가를 실시했다. 미국 교통부(Transportation Department)가 파악한 고객 불만사항에 따르면, 제트블루의 장애인 승객들이 겪는 문제가 증가한 것으로 나타났다. 이러한 자료를 바탕으로 훈련을 수정 및 확대시킨 결과, 불만사항이 감소하였다. 다른 지역에 위치한 내용전문가들과의 면담 및 설문은 인터넷을 통해 신속하게 이루어질 수 있다. 마지막으로 기업이 마주하는 사업 문제, 기술 개발 혹은 다른 문제에 익숙해진 상태라면 훈련 요구를 예측할 수 있을 것이다. 예를 들어, 외국에 영업 지부를 세울 때는 다문화 훈련이 필요할 것이고, 제조공장에 새로운 기술을 도입할 계획이 있다면 당연히 기술 관련 직원 훈련이 필요할 것이다. 사업에 대한 이해를 하는 것으로 준비된 사람이 될 수 있다.

요구 조사의 실제

KLA텐코(KLA-Tencor)는 반도체 산업에 공정 제어와 장비를 공급한다.[61] KLA텐코의 서비스 엔지니어는 첨단 레이저, 광학 및 로봇 기술을 사용하는 복잡한 기계를 진단하고 수리한다. 이들은 회사 장비에 사용되는 신기술에 발맞추기 위해 현재 기술에 대한 숙련도를 유지하면서 동시에 새로운 기술을 사용해야 했다. 이는 장비 문제를 신속하게 해결하는 데 매우 중요하며, 해결되지 않을 경우 고객의 수백만 달러의 매출 손실이 발생할 수 있다. 기존 고객을 유지하고 새로운 사업을 개발하기 위해서는 효과적인 서비스를 제공하는 것이 중요하다. 실제로 회사의 가치 중 하나는 '없어서는 안 되는(indispensable)'이다. [다른 가치는 '인내(perseverance)', '더 나아지기 위한 추진력(drive to be better)', '고성과 팀(high performance teams)', '정직, 곧음, 일관적인(honest, forthright and consistent)'이 있다.]

KLA텐코는 기술 관리 프로세스(적합한 인력, 적합한 지식 프로세스)를 사용하여 인력의 기술을 모니터링하고 이 정보를 사용하여 훈련 프로그램을 변경한다. 이 과정에서는 과업 목록 개발, 과업에 대한 훈련, 자격증 취득을 위한 현장직무훈련(OJT), 연간 기술 평가가 이루어진다. 기술 평가를 위해 1,000명 이상의 서비스 엔지니어에게 설문조사를 실시했다. 각 과업에 대해 엔지니어들은 자신의 수행능력을 '어떻게 하는지 모르겠다'부터 '다른 사람을 가르칠 수 있다' 등의 척도로, 또한 수행 빈도에 따라 '한 번도 수행한 적 없음'부터 '연간 2회 이상 수행' 등의 척도로 평가하도록 했다. 그들의 응답에 따라 훈련 과제가 할당되었다. 엔지니어를 훈련하기 위해 200개 이상의 과정이 만들어졌으며, 훈련 수료에 대한 책임은 엔지니어와 관리자 모두 지도록 했다. 이를 통해 훈련 배정 후 1년 만에 95%의 완료율을 달성할 수 있었다. 기술 평가 자료는 현재 훈련의 격차를 파악하는 데에도 사용되었으며, 그 결과 2,000개 이상의 과정과 인증 프로그램이 변경되었다. 서비스 엔지니어가 신기술과 신제품을 최신 상태로 유지할 수 있도록 기술 평가는 매년 수행된다.

이와 같은 사례를 통해, 요구 조사 과정의 여러 가지 방면을 볼 수 있다. 첫 번째로, 훈련이 회사의 전략 목표를 이루는 데 핵심적인 역할을 할 것이라 보여졌다. 그 결과로, 훈련과 요구 조사에 일정 시간과 자원이 배정되었다. 두 번째로, 요구 조사는 훈련이 필요한 사람이 누구인지, 또한 학습이 필요한 과업은 무엇인지를 결정하기 위한 과업 또는 기술 평가를 포함한다. 세 번째로, 요구 조사 결과 부족하다고 판단된 기술의 향상을 위해 필요한 훈련 과정이 개발 또는 개선되었다.

요약

성공적인 훈련을 위해서 가장 먼저 필요한 것은 요구 조사 과정을 통해 훈련의 필요성을 파악하는 것이다. 요구 조사는 조직 분석, 개인 분석, 과업 분석의 세 단계를 가진다. 요구 조사를 하는 데는 관찰, 인터뷰, 설문이나 질의 응납 등 다양한 방법이 포함된다. 각각의 방법은 장단점을 지닌다. 조직 분석은 (1) 기업의 사업 전략과 자원에 훈련이 알맞은지와 (2) 관리자와 동료들이 훈련을 받는 직원에게 훈련 이수와 실제 업무에 훈련 내용을 적용하는 데 필요한 지지를 해줄 것인지 파악하는 것을 포함한다.

개인 분석은 훈련이 과연 최적의 해결책인지 판단하기 위해서 훈련의 대상이 누구인지, 그리고 직원이 훈련 내용을 따라가는 데 필요한 기술 조건, 태도, 그리고 훈련 내용을 완전히 이해할 수 있다는 믿음을 가지고 있는지에 주목한다. 업무 성과 문제는 회사가 직원들을 위한 훈련 개발을 고려하는 데 가장 주요한 문제 중 하나이므로 개인 특성, 투입요소, 산출요소, 결과, 그리고 피드백이 어떻게 성과와 훈련에 연관되는지 파악하는 것이 중요하다. 관리자와 훈련 전문가들은 직원의 기초 기술 수준, 태도, 나이 및 세대, 그리고 업무 환경에 대해 고려한 후 업무 성과 문제가 훈련으로 해결될 수 있는지 결론지어야 하고 어떻게 훈련이 설계되어야 하는지 판단해야 한다.

직원이 업무 수행의 방법을 알지 못할 경우에는 훈련이 가장 효과적일 수 있다. 그러나 만약 직원이 자신의 업무에 관한 피드백을 받지 못하거나, 작업에 필요한 장비가 부족한 상황이거나, 성공적인 업적에 부합하는 보상을 얻지 못했거나, 혹은 성과 기대치 수준이 어느 정도인지 모르는 문제에 대해서는 훈련이 적절한 해결책이 아닐 수 있다.

훈련 과정에서 직원들의 의지를 최대화하려면 직원들에게 훈련을 제공하기 전에 관리자들과 훈련 전문가들이 이러한 사항을 이해하는 것이 필요하다. 예를 들어, 직원이 기초 기술이나 읽기 능력이 부족한 경우, 업무와 훈련 두 부문에서 모두 어려움을 겪을 수 있다.

과업 분석은 과업 및 훈련에 필요한 직원의 지식, 기술, 그리고 능력을 파악하는 것이다. 역량 모델의 개발은 요구 조사의 새로운 접근 방법으로서 개인의 능력, 지식, 기술, 태도, 가치 및 개인 특성 등의 역량에 중점을 둔다.

핵심 용어

가독성
개인 분석
개인 특성
갭 분석
결과
과업
과업 분석
규범
근본 원인 분석
기술
기초 기술
내용전문가
능력
다른 고려사항
벤치마킹
사회적 지지
산출요소
상황 제약
신속 요구 조사
역량
역량 모델
요구 조사
이해관계자
인지 능력
자기효능감
조직 분석
지식
직무
직무 분석
직무 현업전문가
크라우드소싱
투입요소
포커스 그룹
피드백
학습 동기
훈련 준비성

토의 문제

1. 업무 성과와 훈련에 영향을 주는 요소 중 어떤 것이 가장 중요한가? 어떤 것이 가장 덜 중요한가?
2. 만약 새로운 공장에서 새로운 업무에 대한 요구 조사를 실행한다면, 당신이 사용할 방법에 대해 설명하시오.
3. 만약 인터넷 기반 의류회사의 고객서비스 대표자들을 위한 훈련 요구를 확인하기 위해 어떠한 인터넷 기술을 사용한다면, 기술에 대한 직원들의 두려움을 덜어주기 위해 어떤 단계를 거칠 것인가?
4. 요구 조사는 조직, 사람, 그리고 과업 분석을 포함한다. 당신은 이 중 어떠한 분석이 가장 중요하다고 생각하는가? 어떤 것이 가장 덜 중요한가? 그 이유는?
5. 요구 조사 과정에 상위관리자들이 왜 반드시 포함되어야 하는가?
6. 직원들이 훈련 프로그램에서 성공하기 위해 필요한 독해 수준을 어떻게 알아낼 것인지 설명하시오. 만약 인터넷 기반 훈련 프로그램을 사용하기 위해 필요한 직원의 컴퓨터 사용 기술을 확인하여야 한다면 어떻게 할 것인가?
7. 외부 제조업체의 훈련 프로그램을 사야 할 때 어떤 조건을 고려할 것인가? 내부에서 자체적으로 프로그램을 개발한다면, 어떤 조건을 고려할 것인가?
8. 인터넷 사용 방법에 대한 훈련을 제공하기 전에 컴퓨터 사용 경험이 적은 노인이 수업에 참여할 수 있도록 준비시켜야 한다고 가정하자. 당신은 그들이 훈련에 준비가 되었음을 어떻게 보장할 것인가? 훈련에 대한 그들의 준비성을 어떻게 확인할 것인가?
9. 성과 문제의 근본 원인 분석을 실시하기 위해 어떤 과정을 거쳐야 하는지 설명하시오.

10. 전자기술직의 과업 및 과업별 등급 예시를 살펴보았을 때, 어떤 과업이 훈련 과정에서 강조되어야 한다고 생각하는가? 그 이유는?

업무	중요도	수행 빈도	학습 난이도
1. 부품 교체	1	2	1
2. 장비 수리	2	5	5
3. 장비 설명 해석	1	4	5
4. 작은 도구 사용	2	5	1

*등급에 대한 설명:
수행 빈도 1 = 매우 가끔 ~ 5 = 매우 자주
중요도 1 = 매우 중요 ~ 5 = 매우 중요하지 않음
학습 난이도 1 = 쉬움 ~ 5 = 매우 어려움

11. 왜 우리는 나이와 세대 차이를 요구 조사의 일부분으로 고려하는가? 이것이 중요한가? 이에 대하여 설명해보시오. 당신이 요구 조사에 적절하지 않게 사용되었는지 확인하기 위해 사용할 증거의 종류에 대해 논의하시오.
12. 역량 모델 개발은 전통적인 요구 조사와 어떻게 비슷한가? 어떻게 다른가?
13. 신속 요구 조사는 무엇인가? 요구를 가치 있고 정확하게 분석하기 위해 신속 요구 조사를 어떻게 실행할 것인가?

적용 과제

1. 친구, 배우자, 또는 룸메이트(자신이 아닌 다른 사람)의 직업을 위한 역량 모델을 개발하시오. 모델을 개발하기 위해 이 장에서 논의되었던 과정을 사용하시오. 모델 개발 중 가장 어려웠던 점을 표시하시오. 모델이 어떻게 사용될 것인가?
2. 사회복지부서는 당신이 거주하는 주의 예산과 직원 수의 큰 부분을 차지한다. 자격 기술자의 직무는 공공 지원(예: 식량 배급, 부양할 아이들이 있는 가족 지원)의 모든 고객 접촉, 정책 해석, 재무 결정에 대한 책임을 지는 것이다. 자격 기술자는 새로운 것이나 개정된 정책에 대한 많은 양의 메모와 공고를 꼭 읽어두어야 한다. 그들은 이러한 서신을 읽고 회신하는 것에 불만을 제기하였다. 해당 자치주에서는 한 사람당 500달러가 드는 속독 프로그램을 직원들에게 지원해주기로 하였다. 해당 자치주에는 200명의 자격 기술자가 있다.

   속독 프로그램의 예비 평가에서 훈련생들은 좋아했다. 훈련이 실행된 지 두 달 후, 기술자들은 관리자에게 그들은 속독 프로그램을 업무에는 사용하지 않고 있고, 집에서 여가 시간에 독서할 때나 사용한다고 말해주었다. 관리자가 그들에게 왜 업무에는 사용하지 않느냐고 물었을 때 대표적인 대답은 "저는 어차피 그런 메모나 정책 공고는 읽지 않아요."였다.
   a. 속독 읽기가 꼭 필요한지 확인하기 위해 사용된 요구 조사 과정을 분석하시오. 어떤 점이 장점인가? 어디에 결함이 있는가?
   b. 당신은 어떻게 요구 조사를 실행할 것인가? 현실적으로 대답하시오.
3. 앞서 본문에서 보았던 리더 기사들과의 면담 질문들을 고려해보자. 6명의 리더 기사 관리

자와 2명의 지역 부회장의 면담에 사용될 질문을 적어보시오. 이러한 질문은 리더 기사의 것과 비교해 어떻게 다른가? 어떤 게 비슷한가?

4. 몇몇 회사들은 경영 성공과 직원들의 만족을 이끄는 방법으로 그들의 미션, 가치 및 인사 과정을 연계하는 것으로 유명하다. 이러한 회사로는 사우스웨스트항공(www.iflyswa.com), 시스코 시스템(Cysco System, www.cisco.com), SAS 인스티튜트(SAS Institute, www.sas.com), 맨스웨어하우스(Men's Wearhouse, www.menswearhouse.com), 컨테이너스토어(Container Store, www.containerstore.com), 구글(www.google.com), 스틸케이스(Steelcase, www.steelcase.com), 홀푸즈(www.wholefoods.com), 텔러스(http://www.telus.com/en/about?linktype=footer)가 있다. 조직 요구 조사를 위해 이 회사들의 웹사이트 중 하나를 골라 www.glassdoor.com에서 회사의 가치와 비전, 훈련과 개인 개발의 중요성에 대한 문장을 살펴보시오. 회사에서 훈련은 중요한가? 그렇게 생각한 이유는 무엇인가? 뒷받침할 수 있는 근거를 함께 제시하시오.
5. 구직자, 학생, 사업, 그리고 경력 전문가들을 돕기 위해 미국의 노동부, 고용부, 행정부의 지원을 받는 커리어원스톱(CareerOneStop)의 웹사이트인 www.careeronestop.org/CompetencyModel로 가시오. 산업 역량 모델 중 하나를 선택하여 검토하시오. 당신이 선택한 산업 안에서 이러한 산업 역량 모델이 어떻게 훈련과 개발에 유용할 수 있는가? 직원에게는? 학생 또는 산업 분야에 관심이 있는 구직자와 같은 개인에게는?
6. 코노코필립스(ConocoPhillips)는 석유와 천연가스를 생산한다. 회사 웹사이트(www.conoco phillips.com)에서 "Careers"를 클릭하고, "Career Development"에서 "Leadership Competencies"를 클릭하여 역량을 살펴보시오. 이러한 역량은 신입 또는 승진을 원하는 리더와 관리자의 학습 및 개발에 어떻게 사용될 수 있는가?

사례 EY의 가상 브레인스토밍을 통한 훈련 요구사항 파악하기

회계 컨설팅 기업인 언스트앤드영은 EY로 알려진 세계적인 전문 서비스 회사로 탈바꿈했다. 세계적인 전문 서비스 조직이 되기 위해 EY의 고객을 상대하는 직원은 자신의 지식, 기술 및 행동을 활용하여 수익을 높이고 양질의 고객서비스를 어떻게 제공할 수 있는지에 대해 이해해야 했다. 기존의 훈련 과정은 이러한 영역을 다루고는 있었으나, 미국 및 세계 각 지역별로 훈련 과정에서 강조하는 부분이 상이했다. 이에 EY는 모든 직원을 대상으로 수익과 양질의 고객서비스를 일관되게 이해할 수 있는 하나의 훈련 과정을 개발하기로 결정했다. 새로운 과정에 포함할 지식, 기술 및 행동을 파악하기 위해 EY는 가상 브레인스토밍(virtual brainstorming)을 실시했다. 가상 브레인스토밍에는 상위관리자 및 사업 관계자를 포함한 모든 서비스, 지역 및 직위를 대표하는 우수한 성과를 보인 300명의 직원이 참여했다.

이들은 수익 및 고객 만족도의 향상을 위해 어떻게 일하는지, 이를 위해 사용하는 지식과 기술은 무엇인지, 수익 부진으로 이어지는 문제점 등을 공유하여, 수집된 정보를 기반으로 멀티플레이어 시뮬레이션을 개발했다. 멀티플레이어 시뮬레이션은 지식을 전하고, 시뮬레이션된 고객과 학습한 지식을 적용할 수 있는 연습 기회를 제공한다. 사업 관계자와 상위관리자는 학습자가 현업에 복귀하면 학습한 지식을 활용할 수 있도록 격려하고, 코칭을 통해 새로운 기술을 개발하고 활용할 수 있도록 지원한다.

가상 브레인스토밍 외에 EY가 요구 조사를 위해 사용할 수 있는 다른 방법은 무엇이 있는가? 방법과 그 방법을 제안하는 이유, 또 누가 참여하는지를 설명하시오. 가상 브레인스토밍 외에 다른 방법을 사용하거나 대체하는 것을 권장하는가?

자료: "Training Top 10 Hall of Fame Outstanding Training Initiatives, EY: Economics@EY Challenge", *training* (January/February 2018), pp. 96-97을 기반으로 함.

Chapter 4

학습과 훈련 전이

학습목표

1. 학습 조건 다섯 가지를 논의한다.
2. 학습 이론이 교육 설계에 대해 갖는 의미를 설명한다.
3. 성인 학습 이론을 훈련 프로그램 설계에 통합한다.
4. 학습자가 어떻게 정보를 습득, 처리, 저장, 검색하고, 정보에 따라 행동하는지 설명한다.
5. 학습자가 각 유형의 역량을 배우는 데 필요한 내부 상황(학습자 내적)과 외부 상황(교육 환경)을 논의한다.
6. 훈련 프로그램 설계에서 개방 기술과 폐쇄 기술, 그리고 근거리와 원거리 전이가 갖는 의미를 논의한다.
7. 학습과 훈련 전이에서 꼭 필요한 교육과 작업 환경의 특징을 설명한다.

활기찬 훈련은 더 나은 학습과 훈련 전이를 의미한다

지루한 수업, 이러닝의 부실한 콘텐츠, 직원들이 실습 후 피드백을 받을 기회가 없는 교육, 완료하기까지 너무 오래 걸리는 교육 – 이 모든 학습 방법은 직원의 의욕을 떨어뜨리고, 일하면서 배우거나 그렇게 배운 것을 사용하는 것을 어렵게 만든다. 그러나 많은 기업은 직원들이 좀 더 흥미를 느끼며 교육을 받고, 배운 것을 일에 적용할 수 있도록 혁신적인 학습법을 사용하고 있다.

보험회사 뱅커스라이프(Bankers Life)는 밀레니얼 세대가 원하는 새로운 기술의 학습 및 사용 방식에 어필하기 위해 신규 영업 대리인을 위한 훈련 프로그램을 수정했다. 학습 과정을 서로를 지탱하는 작은 모듈로 분할했다. 각 모듈에는 온라인 교과 과정, 브리핑, 역할극, 현장 교육이 포함된다.

비즈니스 서비스 회사인 인터미디어(Intermedia)는 동영상, 이러닝, 연구실(lab) 활동, 역할극을 포함한 강사주도의 가상교육을 사용하여 대리인을 교육한다. 현장에 복귀한 뒤에도 모든 훈련 내용에 접근할 수 있어서 배운 내용을 검토하고 최신 상태의 기술을 유지할 수 있다.

직원이 기술적인 설치와 유지 관리 역할을 수행할 수 있게 하기 위해 버라이즌은 전기 회로와 관련 장비가 있는 훈련 연구실과 전신주(telephone poles)가 있는 실습장을 사용한다. 직원의 학습을 유지 및 최신화하기 위해, 작은 덩어리의 학습 내용과 질문이 학습자의 컴퓨터 또는 스마트폰으로 전송된다. 정답을 맞히는 경우 강화되고, 오답일 경우 학습 내용을 재검토해야 한다. 직원은 소셜미디어 플랫폼을 사용하여 학습 내용을 공유 및 질문하고, 다른 학습자와 연결되고, 자원을 사용할 수 있다.

슈퍼마켓 체인인 슈퍼밸류(SuperValu)는 직원들이 쉽게 기억할 수 있는 작은 정보 덩어리로 훈련 내용을 나누거나 마이크로러닝(microlearning)을 강조하는 웹기반 교육을 사용한다. 훈련에는 직원이 각자 속도에 맞춰 진행할 수 있는 짧은 동영상 또는 간단한 온라인 교육 모듈이 포함될 수 있다.

자료: "Top 125 2018 Rankings 46–55, Bankers Life," *training* (January/February 2018), pp. 60–61; "Training Top 125 2018 Rankings 111–115, Intermedia Inc.," *training* (January/February 2018), pp. 80–81; "Verizon: Emergency Work Assignment Training," *training* (January/February 2016), p. 56; A. Paul, "Microlearning 101," *HR Magazine* (May 2016), pp. 36–42를 기반으로 함.

서론

앞서 다룬 네 곳의 회사는 모두 다른 방법을 사용하고 있지만, 각 회사의 교육 목적은 바로 직원들이 일을 성공적으로 할 수 있도록 도와주는 것이었다. 교육 방법에 상관없이 교육이 실행되고 직원들이 배운 것을 일에 적용할 수 있도록 하려면 특정 조건이 꼭 명시되어야 한다. 특정 조건은 다음과 같다. (1) 교육생에게 실습하고 평가받을 수 있는 기회를 제공, 즉 교육생이 교육 목적을 얼마나 잘 달성하고 있는가에 대한 정보를 제공할 것, (2) 의미 있는 교육 내용을 제공할 것, (3) 교육생이 학습을 성공적으로 마치기 위해 어떤 전제조건들이 있는지 식별 및 확인할 것, (4) 교육생이 관찰과 경험을 통해 학습할 수 있도록 할 것, (5) 관리자 및 동료를 포함한 작업 환경에서 학습과 업무에 대해 학습한 기술을 사용할 수 있도록 지원할 것. 예를 들어, 뱅커스라이프와 인터미디어에서는 역할극 중 강사가 피드백을 제공하며, 버라이즌의 경우 학습자가 현장에서 쓰는 장비와 동일한 것을 사용하게 함으로써 학습의 의미를 높였다. 뱅커스라이프와 슈퍼밸류는 학습자가 선호하는 학습 방법에 맞는 훈련을 제공한다.

이번 장에서는 학습이 일어나기 위해 훈련 중 어떤 일이 일어나는지에 대한 것뿐만 아니라 훈련생이 훈련과정에서 배운 것을 업무에 실제로 적용하는지를 어떻게 확인할 것인가를 주로 다룬다. 다시 말해 학습과 훈련 전이 모두를 논의할 것이다. **학습**(learning)은 지식, 기술, 태도, 행동, 그리고 단순한 성장과정의 결과가 아닌 학습된 역량을 포함하는 인간 능력의 비교적 영구적인 변화를 뜻한다.[1] 학습에서 가장 중요한 부분은 훈련생이 배운 것을 잘 기억하는지, 또 그것을 다시 사용할 수 있을지 보는 것이다. **훈련 전이**(transfer of training)는 훈련생이 훈련에서 배운 것을 효과적이고 지속적으로 실제 업무에 적용하는 것을 뜻한다.[2] 앞서 다룬 각 회사의 사례에서 살펴봤듯이 훈련생의 특성, 교육 프로그램의 계획(또는 교육 중 일어날 수 있는 상황), 그리고 근무 환경은 훈련생이 배우고, 배운 것을 적용하는 것에 영향을 준다. 그림 4.1은 학습과 훈련 전이 모델을 보여준다. 그림 4.1이 보여주듯이 훈련 전이는 업무에 교육을 일반화하는 것과 교육 자료에 대한 유지를 포함한다. **일반화**(generalization)는 훈련생이 교육, 즉 훈련 과정에서 배운 것을 비슷하지만 똑같지는 않은 업무 문제나 상황에 적용할 수 있는 능력을 말한다. **유지**(maintenance)는 시간이 지나면서 훈련생이 배운 것을 어떻게 지속적으로 사용하는지에 대한 과정을 뜻한다.

효과적인 교육을 위해서 학습과 훈련 전이가 꼭 필요하다는 것을 아는 것은 중요하다. 훈

그림 4.1
학습과 훈련 전이 모델

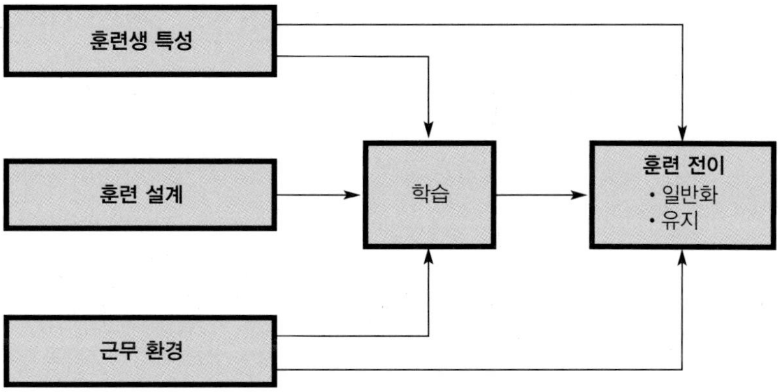

련 자체가 배우는 데 별로 도움이 되지 않았거나, 근무 환경이 훈련 내용을 적용하기 어렵거나 올바르게 사용하도록 지원이 되지 않았을 수도 있고, 또는 이 모든 것이 동시에 일어날 수도 있으므로 훈련생은 실수할 수도 있고 훈련 내용을 잘못 적용할 수도 있다. 만약 훈련 전이를 훈련이 끝난 후 생각해도 되는 문제로 생각한다면 실수를 하고 있는 것이다. 왜냐하면 훈련 전이는 훈련 때 배운 내용을 그대로 업무에 적용하는 것이기 때문이다. 훈련 전이는 훈련을 설계하거나 구매하는 단계에 고려되어야 한다. 만약 훈련이 다 끝난 후 훈련 전이를 고려하기 시작한다면 이미 늦은 것이다. 업무 환경이 훈련을 얼마나 지지해주는지에 대한 훈련생의 인식은 그들의 동기부여와 학습 내용에 큰 영향을 줄 수 있다(3장 "요구 조사"에서 논의한 학습에 대한 동기부여를 기억해보라).

이번 장은 그림 4.1에서 보여준 모델에 대해 다룰 것이다. 첫째로, 학습을 논의할 것이다. 우리는 무엇을 학습할 것인가, 즉 학습의 결과에 대해 확인하는 것으로 시작할 것이다. 학습의 결과는 업무를 성공적으로 수행하기 위해 요구되는 것과 연결되어야 한다. 이 장의 서론에서 말했듯이, 이것은 상품을 판매하는 일, 서비스를 제공하는 일, 시스템을 작동시키는 일, 소프트웨어를 개발하고 고치는 일까지 포함한다. 학생으로서 당신은 한 가지 학습의 결과인 지적 능력만 친숙하게 느낄 것이다. 또한 교육생의 학습 방식이 그들이 선호하는 교육 방법에 어떤 영향을 주는가에 대해 논의할 것이다. 3장에서는 기초 기술, 인지능력, 자기효능감, 나이와 세대, 흥미 등 훈련생 특성이 배우고자 하는 의지에 어떤 영향을 주는지 살펴보았다.

다음으로 훈련 설계에 대해 고려할 것이다. 훈련 설계는 훈련생이 학습의 결과를 습득하도록 돕기 위해 어떤 학습 환경을 설계해야 하는지에 대한 고려도 포함한다. 우리는 다양한 학습과 훈련 전이 이론에 대해 논의할 것이다. 마지막으로 훈련생이 원하는 결과를 얻고 그것을 업무에 적용하도록 돕기 위해 교육 환경과 우호적인 업무 환경 설계를 위해 이러한 이론이 어떻게 사용되는지 살펴볼 것이다.

학습이란 무엇인가? 학습한다는 것은 어떤 의미인가?

학습의 결과를 이해하는 것은 결정적인 요소이다. 왜냐하면 그것은 학습이 실현되기 위해 필요한 학습 환경에 영향을 주기 때문이다. 예를 들면, 훈련생이 기둥을 올라가기 위한 운동 기능을 숙달하기 위해서는, 운동 기능을 실습하고 그에 대한 피드백을 받아볼 기회를 가져야 한다. 학습 조건은 표 4.1에서 볼 수 있다.

언어 정보(verbal information)는 이름 또는 라벨(label), 사실, 그리고 지식 전체를 포함하는 것으로 직원들이 업무를 할 때 필요한 전문화된 지식을 말한다. 예를 들면, 관리자는 다른 종류의 장비 이름과 전사적 품질 경영(Total Quality Management, TQM)에 대한 지식을 꼭 알고 있어야 한다.

지적 기능(intellectual skills)은 문제를 해결하고 고객을 응대하며, 상품을 생산하는 데 중요한 개념과 규칙을 포함한다. 예를 들면, 관리자는 직원을 평가하기 위해 성과평가 과정의 모든 단계(예: 자료 수집, 자료 요약, 또는 평가를 위한 직원 면담)를 반드시 알고 있어야 한다.

운동 기능(motor skills)은 신체 움직임과의 조화를 포함한다. 예를 들면, 전화 수리공은 사다리나 전신주를 올라탈 수 있는 신체적 능력과 수완이 꼭 필요하다.

태도(attitudes)는 한 사람이 어떠한 방식으로 행동하게 하는 신념과 감정이다. 태도는 인지 요소(믿음), 감정(기분), 의도적 요소(태도에 집중하기 위해 한 사람이 의도적인 방법으로 행동하는 법)를 포함한다. 업무와 연관 있는 중요한 태도로는 업무 성취감, 조직에 대한 헌신, 업무 참여도가 있다. 직원이 '긍정적인 태도(positive attitude)'를 가지고 있다고 가정해 보자. 이는 자신의 직무를 좋아하는 사람임을 의미한다(감정적 요소). 그녀는 도전적이고 사람들을 만날 기회가 있는 자신의 일을 좋아할 수 있다(인지적 요소). 그녀는 자신의 일을 좋아하기 때문에, 최선을 다해 업무를 수행하고 회사에 남아 있을 작정이다(의도적 요소). 훈련 프로그램은 태도를 발전 또는 변화시키기 위해 사용될 수 있다. 왜냐하면 태도는 업무, 매출,

표 4.1 학습 조건

학습 조건 유형	능력 설명	예시
언어 정보	이전에 습득한 정보 서술하기, 말하기, 또는 설명하기	회사의 안전수칙을 따라야 하는 세 가지 이유를 서술하시오.
지적 기능	문제해결과 참신한 상품 개발을 위해 일반화 가능한 개념과 규칙 적용	고객의 요구사항에 적합한 컴퓨터 프로그램을 설계하고 코드화하시오.
운동 기능	정확성과 시간을 지켜 신체적 행동 실행하기	지속적으로 움직이는 작은 목표물을 총으로 쏘시오.
태도	개인의 행동방침 선택하기	24시간 안에 수신하는 모든 이메일을 선택하여 답장하시오.
인지 전략	교육 과정과 자신의 생각 관리하기	엔진 결함을 진단하기 위해 세 가지 다른 전략을 선별적으로 사용하시오.

자료: R. Gagne and K. Medsker, *The Conditions of Learning* (New York: Harcourt-Brace, 1996); K. Kapp, "Matching the Right Design Strategy to the Right Content," *T+D* (July 2011), pp. 48–52를 기반으로 함.

그리고 회사의 복지에 영향을 주는 행동(예: 신입사원을 도와주는 일)으로부터 신체적이거나 정신적인 철회를 하는 데 영향을 줄 수도 있다고 보이기 때문이다.

학습의 전 과정은 **인지 전략**(cognitive strategies)에 의해 조정된다. 이는 학습자가 어떤 정보에 집중할지, 어떻게 기억할지, 그리고 어떻게 문제를 해결할지에 대한 결정을 내리는 것과 연관되어 있다. 예를 들면, 어떤 물리학자는 빛의 파형의 색을 생각해낼 때 'Roy G. Biv'(red, orange, yellow, green, blue, indigo, violet: 빨강, 주황, 노랑, 초록, 파랑, 남색, 보라)라는 단어로 기억한다.

이번 장에서 강조하듯, 학습이 일어나기 위해서 각 교육 결과는 각기 다른 조건이 필요하다. 먼저 사람들이 어떻게 배우는지에 대한 설명을 도와주는 이론들을 살펴보며 학습 과정을 자세히 조사한다.

학습 이론

각 이론은 학습 과정의 다른 양상에 따라 사람들이 어떻게 학습하는지를 다룬다. 3장에서 이야기했듯이, 많은 이론은 배우고자 하는 훈련생의 의지와 연관이 있다. 이 장의 끝부분과 5장 "프로그램 설계"에서는 이러한 이론이 프로그램 설계와 설명에 어떻게 적용되는지 논의할 것이다.

강화 이론

강화 이론(reinforcement theory)이란 사람은 과거에 했던 행동으로 인해 얻은 결과 때문에 어떠한 행동을 반드시 하게 되거나 피하게 된다는 것이다.[3] 강화 이론에는 여러 가지 과정이 있다. **정적 강화**(positive reinforcement)는 행동에서 초래된 긍정적인 결과를 가져온다. **부적 강화**(negative reinforcement)는 긍정적이지 않은 결과를 제거하는 것이다. 예를 들어, 조작하는 사람이 레버를 정해진 자세로 잡지 않으면 기계 긁히는 소리와 분쇄하는 소리를 낸다고 가정해보자. 그렇다면 조작하는 사람은 정해진 자세로 레버를 잡아야만 소음을 방지할 수 있다고 배울 것이다. 행동을 제거하기 위해 정적 또는 부적 강화를 제거하는 과정을 **소멸**(extinction)이라고 한다. **처벌**(punishment)이란 행동을 감소시키기 위해 행동의 결과로 부정적인 자극을 주는 것이다. 예를 들면, 만약 직원이 지각을 해서 관리자가 그에게 소리를 지른다면, 직원은 소리 지르는 것을 당하지 않기 위해 정해진 시간에 올 것이다(하지만 자신이 늦은 것을 들키지 않기 위해 아프다거나, 그만두거나, 상사를 속일 수도 있다).

훈련의 관점에서 볼 때, 강화 이론은 훈련생에게서 지식의 습득, 행동의 변화, 또는 기술의 변경을 이끌어내려면 강사는 훈련생이 어떤 결과를 가장 긍정적(그리고 부정적)으로 보는지 확인해두어야 한다고 제안한다. 그러고 나서 훈련생이 습득한 지식이나 능력, 또는 변화된 행동에 이러한 결과를 연결시켜야 한다. 3장에서 명시했듯, 훈련생은 교육 프로그램에 참가하면서 여러 종류의 이득을 얻을 수 있다. 이러한 이득에는 업무를 좀 더 쉽거나 흥미 있는 방법으로 수행할 수 있는 방법(업무 관련), 문제가 생겼을 때 조언해줄 수 있는 동료를 만날 수 있는 방법(개인적), 그리고 회사에서 새로운 직위를 가질 기회를 높이는 것(경력 관련)이 있다. 강화 이론에 의하면, 강사는 훈련을 이수한 사람에게 이러한 이득을 주지 않거나 줄 수 있다. 학습의 효과는 이러한 강화물과 이득이 어떻게, 얼마나 제공되는지에 달려 있다. 이와 유사하게 관리자도 훈련 전이를 돕기 위해 이러한 이득을 제공할 수 있다.

행동 수정은 주로 강화 이론에 기반을 둔 훈련 방법이다. 예를 들면, 빵집에서의 훈련 프로그램은 컨베이어 벨트 위로 올라타거나(주변을 걷지 않고) 기계의 전원이 꺼지지 않은 상태에서 장비에 손을 넣는 등의 안전하지 않은 행동을 제거하는 데 집중하고 있다.[4] 직원에게 안전한 행동과 안전하지 않은 행동이 묘사된 슬라이드를 보여준다. 그 후, 지난 몇 주간 관찰된 안전한 행동에 대한 그래프를 보여준다. 직원들은 그들의 업무에서 보인 안전한 행동을 적극적으로 늘리려고 하였다. 그들이 이러한 행동을 하는 바탕에는 여러 가지 이유가 있다. 자신의 안전을 위해, 회사의 손실을 막기 위해, 회사 공장의 안전 등급상 꼴등에서 벗어나기 위해서였다. 훈련 직후, 안전 수칙을 상기시키는 것이 직원들의 업무 공간에 붙여졌다. 직원들의 안전한 행동에 대한 자료는 계속 수집되었고 지속적으로 다음 훈련에서 소개되었다. 상사들도 직원들이 안전한 행동을 하는 모습을 볼 때마다 알아봐주고 인정해주도록 지시받았다. 이 사례에서는 안전 행동에 대한 자료가 계속 소개되는 것과 안전 행동에 대한 상사의 인정이 정적 강화를 보여주고 있다.

사회적 학습 이론

사회적 학습 이론(social learning theory)에서는 사람들은 자신이 인정하고 똑똑하다고 생각하는 사람의 행동을 관찰하며 배운다고 강조한다.[5] 또한 사회적 학습 이론은 강화되고 보상받은 행동은 반복해서 나타나는 경향이 있다고 말한다. 사람들은 모델의 보상받은 행동이나 능력을 관찰한다. 사회적 학습 이론에 의하면, 새로운 능력이나 행동은 (1) 그 행동이나 능력을 직접적으로 경험해본 후 얻게 된 결과 또는 (2) 다른 사람들의 행동을 통해 그들이 얻게 된 결과를 관찰하는 과정을 통해 배우게 된다.[6]

또한 훈련은 자기효능감의 영향을 받는다. **자기효능감**(self-efficacy)은 성공적으로 지식이나 능력을 배울 수 있도록 하는 스스로의 판단이다. 3장에서는 자기효능감이 요구 조사의 개인 분석 단계에서 고려해야 하는 중요한 요인이라고 하였다. 자기효능감은 학습 준비성의 한 요소이기 때문이다. 높은 자기효능감을 가진 훈련생은 교육에 도움이 되지 않는 환경(예: 소란스러운 훈련장)에서도 집요하게 배우려고 노력할 확률이 크다. 반대로, 자기효능감이 낮은 사람은 자기 자신이 훈련을 제대로 이수하지 못할 것이라는 자기 의심을 하며 정신적으로나 신체적으로(넋 놓고 있거나 프로그램에 참여하지 못함) 포기하게 될 확률이 크다. 이런 사람들은 그들이 배우는 것은 불가능하다고 믿고, 그들이 얼마나 노력하든 그들은 배울 수 없게 될 것이다.

자기효능감은 여러 방법을 통해 향상될 수 있다. 구두 설득, 논리적 검증, 상호 관찰(모델링), 그리고 과거 업적 등의 방법이 있다.[7] **구두 설득**(verbal persuasion)은 다른 사람들이 배울 수 있다고 격려하고 설득하는 것이다. **논리적 검증**(logical verification)은 새로운 업무와 이미 숙달한 업무를 연결시킨다. 교육 중 어려운 부분을 마주했을 때, 교육 담당자와 관리자는 직원이 과거 비슷한 업무를 성공적으로 배운 경험이 있는지를 상기시킬 수 있다. **모델링**(modeling)은 이미 훈련의 결과를 숙달한 직원이 훈련생에게 증거를 들어가며 보여주는 것이다. 결과적으로, 직원은 자신감과 동료 중 성공했다는 점에서 동기부여가 된다. **과거 업적**(past accomplishment)은 직원들에게 과거 그들이 성공적으로 업적을 끝낸 역사를 세울 수 있게 하는 것을 의미한다. 관리자는 직원을 성공할 확률이 높은 자리에 배치하고, 그들이 무엇을 하고 어떻게 할지 알도록 적합한 교육을 제공할 수 있다.

사회적 학습 이론은 학습이 다음과 같은 네 가지 과정을 포함한다고 말한다: 주의 과정, 파지 과정, 운동재생 과정, 동기 과정(그림 4.2 참고).

주의(attention)는 모델이 되는 타인의 수행에서 중요한 요소를 익히 알고 있지 않은 이상 관찰만으로는 배울 수 없다는 것을 제시한다. 주의는 모델과 학습자의 성향에 따라 영향을 받는다. 학습자는 자신이 관찰해야 하는 능력과 행동에 대해 꼭 익히 알고 있어야 하며, 모델은 분명히 확인되고 믿을 수 있어야 한다. 학습자는 모델을 관찰하기 위해 물리적 능력(감각 능력)을 가지고 있어야 한다. 또한 모델 관찰을 통해 능력과 행동을 배운 학습자는 모델에게 집중할 확률이 더 높다.

학습자는 자신이 관찰한 능력과 행동을 꼭 기억해야 한다. 이는 **파지**(retention)의 역할이다. 학습자는 관찰한 행동과 기술을 기억 속에 조직화하여 입력시키고, 적절한 상황에서 기억을 회상하여 정보를 사용한다. 행동이나 능력은 시각 영상(상징)이나 구술로써 부호화되어 입력될 수 있다.

운동재생(motor reproduction)은 모델과 똑같은 강화를 받았을 때, 그 결과로 관찰된 행동을 시도해보는 것을 포함한다. 행동이나 능력을 재생하는 능력은 학습자가 능력이나 행동을 어느 정도 다시 사용할 수 있는지에 달려 있다. 학습자는 행동을 실시하고 기술을 사용하기 위해 신체적 능력 또한 반드시 가지고 있어야 한다. 예를 들면, 소방관은 위험한 상황에서 한 사람을 구해내는 데 필요한 행동을 배우더라도 상체 힘이 부족하다면 이 행동을 실행에 옮길 수 없을 것이다. 처음 행동을 실시할 때에는 완벽할 수 없다는 점은 알아두어야 한다. 학습자는 모델 행동과 비슷하도록 행동을 수정할 수 있게 실습과 피드백을 받을 기회를 반드시 가져야 한다.

그림 4.2 사회적 학습 이론의 과정

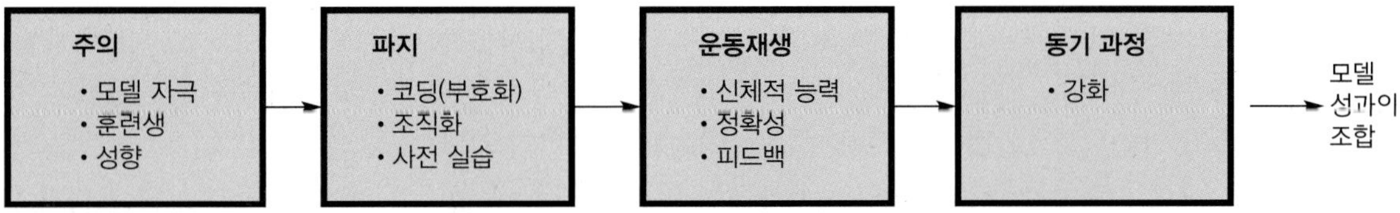

자료: A. Bandura, *Social Foundations of Thoughts and Actions* (Englewood Cliffs, NJ: Prentice Hall, 1986); P. Taylor, D. Russ-Eft, and D. Chan, "A Meta-Analytic Review of Behavior Modeling Training," *Journal of Applied Psychology*, 90 (2005), pp. 692–709를 기반으로 함.

학습자는 긍정적 결과를 가진 모델 행동을 받아들일 확률이 더 크다. 사회적 학습 이론은 강화된[**동기 과정**(motivational process)] 행동이 미래에 반복될 것이라고 강조하고 있다. 예를 들면, 관리자의 스트레스와 문제의 주된 원인이 인사고과 면담으로 이어지는 경우가 종종 있다. 성공적인 관리자를 관찰한 결과, 관리자는 더 많은 직원이 인사고과 면담에 참여하도록 하는 행동을 배워야 한다는 것을 알 수 있었다(예: 직원들이 그들의 걱정을 말할 수 있게 한다). 만약 관리자가 이 행동을 인사고과 면담에 사용하고 그 행동이 직원에 의해 보상(예: "우리가 가졌던 피드백 미팅 중 최고였습니다."라는 후기를 남기는 것)을 받거나 새로운 행동으로 인해 직원과의 갈등(부적 강화)이 줄어든다면, 관리자는 이 행동을 후속 평가면담에서 사용할 가능성이 높다.

7장과 8장에서 훈련 방법에 대해 또 논의하겠지만, 사회적 학습 이론은 행동 모델 훈련의 일차 기준이 되어 대면, 온라인, 또는 모바일 훈련 프로그램의 일부가 될 수 있는 비디오에서 모델이 어떻게 사용되는지에 대해 영향을 준다. 예를 들면, 버라이즌은 고객을 상대하는 직원에게 신규 요금제를 교육하기 위해 고객과 대화하는 가장 좋은 방법을 보여주는 영상을 사용했다.[8]

목표 이론

목표 설정 이론

목표 설정 이론(goal setting theory)은 행동은 한 사람의 의식적인 목표와 의도에서부터 나타난다고 가정하였다.[9] 목표는 에너지와 집중의 방향을 결정하고, 노력을 오래 유지시키고, 목표 달성을 위해 동기를 부여함으로써 한 사람의 행동에 직접적인 영향을 준다.[10] 조사에 의하면 불확실하고 모험적이지 않은 목표보다 자세하고 도전적인 목표가 더 나은 실적을 보여준다고 한다.[11] 더 높은 성과를 위해서는 사람들이 목표에 헌신적으로 집중해야 하며, 직원들이 목표가 너무 어렵다고 믿는 순간 목표에 덜 헌신적인 것으로 나타났다.

목표 설정 이론이 교육 방식에 어떤 영향을 주는지에 대한 예는 피자 배달부의 운전 실습을 향상하기 위한 프로그램 설계에서 볼 수 있다.[12] 대부분의 피자 배달부는 그들이 몇 개의 피자를 배달할 수 있는지로 보상받는 어리고(18~24세) 경험 없는 배달부이다. 이는 배달부들이 위험하게 운전하며 더 빠르게 배달하기만 하려는 상황을 초래했다. 예로, 안전벨트 미착용, 방향 지시등 미사용, 교차로에서의 미정지가 있다. 이로 인해 높은 교통사고 건수를 기록하고 있다.

목표를 설정하기 전, 관리자는 피자 배달부가 배달을 떠나는 순간부터 돌아오는 순간까지 모든 과정을 관찰했다. 관리자는 일주일 동안 교차로에서 몇 번 정지하였는지 관찰하고 있었다. 훈련 시간 동안, 관리자와 강사는 논의를 위해 피자 배달부들에게 다음과 같은 여러 질문을 제시하였다. 어떤 상황에서 완전히 정지해야 합니까? 완전히 정지하는 데에는 어떠한 이유가 있습니까? 완전히 정지하지 않는 이유는 무엇인가요?

논의 후, 피자 배달부들은 교차로에서 반드시 완전히 정지를 해야 한다는 점에 동의하였다. 배달부들의 합의에 따라, 관리자들도 그들이 교차로에서 몇 번이나 완전히 정지하는지에 대해서 지난 몇 주간 수집했던 자료를 제공하기로 하였다(완전한 정지는 55%만 시행되었었다). 강사는 피자 배달부들에게 다음 한 달 동안 완전한 정지를 몇 번 할 것인지에 대한 목표를 세울 것을 요청하였다. 그들은 75%의 완전한 정지를 목표로 결정하였다.

목표 설정 시간 후, 각 가게의 관리자들은 교차로 정차 구간에서 배달원들을 지속적으로 관찰하였다. 작업 영역에서 돌아오는 한 달 동안, 4일 간격으로 완전한 정지를 백분율로 보여주는 포스터가 게시되었다. 최근의 완전한 정지를 보여주는 백분율 또한 게시되었다.

목표 설정 이론은 또한 훈련 프로그램 설계에 사용된다. 목표 설정 이론은 훈련생에게 구체적이고 도전적인 목표와 목적을 제공하면 그들의 훈련을 촉진할 수 있다고 제안하고 있다. 구체적으로, 목표 설정 이론의 영향은 수업 계획을 보면 알 수 있다. 수업 계획은 학습자에게 기대하는 행동에 대한 입증, 어떠한 훈련이 실행될 것인지에 대한 조건, 판단에 허용될 수행 단계에 따라 정보를 제공하는 구체적인 목표로 시작된다. 목표는 또한 훈련 전이를 동기부여하기 위한 실행 계획이나 적용 과제의 일부가 될 수 있다.

목표 지향

목표 지향(goal orientation)은 훈련 상황에서 훈련생이 가지는 목표를 뜻하는 것이다. 목표 지향은 학습 지향 또는 성과 지향을 포함할 수 있다. **학습 지향**(learning orientation)은 업무 능력이나 능숙도를 높이도록 노력하는 것과 관련되어 있다. 학습 지향적인 사람들은 훈련의 성공이 향상과 진전을 보이는 것, 훈련생의 수행보다 학습에 더 관심이 많은 강사를 선호하는 것, 그리고 실수나 오류를 교육의 과정으로 보는 것으로 정의된다고 믿는다. **성과 지향**(performance orientation)은 업무 성과와 그들이 어떻게 다른 사람들과 비교되는지에 집중하는 학습자를 뜻한다. 성과 지향적인 사람들은 다른 사람들에 비해 높은 수행 능력, 교육보다 능력에 더 높은 가치를 두는 것, 그리고 실수와 오류가 불안을 가져옴을 알고 그것을 피하고 싶어 하는 것으로 성공을 정의한다.

목표 지향은 훈련생들이 교육에서 쏟는 노력의 양(배우려는 동기)에 영향을 준다고 여겨진다. 성과 지향형에 반대했던 학습자와 같이, 높은 학습 지향형을 가진 학습자는 배움을 위해 학습과 업무에 최고의 집중력을 보일 것이다. 높은 성과 지향형을 가진 학습자는 배움에 덜 노력하고 잘 실천하는 것에 더 많이 집중할 것이다. 조사에 따르면 학습 지향형 훈련생들은 성과 지향형 훈련생들보다 배우기 위해 더 많은 노력을 쏟고, 좀 더 복잡한 학습 방식을 사용하는 것을 보여주었다.[13] 훈련생을 학습 지향형으로 만드는 여러 가지 방법이 있다.[14] 교육 목표를 설정할 때 훈련된 업무의 성과에 대한 강조보다는 훈련생에게 새로운 방법으로 훈련된 업무를 경험해보게 하는 것, 훈련생들 간의 경쟁을 덜 중요시하는 것, 학습공동체를 만드는 것(이 장 마지막에 논의함), 훈련생에게 실수를 경험하게 하고 교육 중 얻은 새로운 지식, 능력, 행동을 시도하게 하는 것이 있다.

욕구 이론

욕구 이론(need theories)은 한 사람이 어떠한 결과에 어떠한 가치를 가지고 있는가에 대한 설명이다. **욕구**(need)는 어떤 상황에서 한 사람이 결핍을 느낄 때 경험하는 것이다. 욕구는 한 사람이 결핍을 충족하기 위해 어떠한 행동을 하도록 동기를 부여한다. 에이브러햄 매슬로(Abraham Maslow)와 클레이튼 알더퍼(Clayton Alderfer)의 욕구 이론은 생리적 욕구(physiological need), 관계 욕구(relatedness need, 다른 사람과 소통해야 하는 욕구), 성장 욕구(growth need, 자부심과 자아실현)에 중점을 두고 있다.[15] 매슬로와 알더퍼에 의하면 사람들은 가장 낮은 수준의 욕구를 충족하는 것으로 시작하며, 하위 수준의 욕구가 충족되어야만 상위 수준의 욕구로 진행한다고 믿었다. 즉, 한 사람의 생리적 욕구가 채워지지 않는다면, 관계나 성장 욕구에 집중하기 전에 이 욕구부터 채우려고 할 것이다. 욕구 위계에서 알더퍼와 매슬로의 가장 큰 차이점은 알더퍼는 높은 계층의 욕구가 충족되지 않았을 경우 다시 낮은 계급의 욕구부터 충족하려 할 가능성이 있다고 주장한 것이다.

데이비드 맥크릴랜드(David McClelland)의 욕구 이론은 우선적으로 성취, 소속, 그리고 권력의 욕구에 대해 집중한다.[16] 맥크릴랜드에 의하면, 이러한 욕구는 학습될 수 있다. 성취 욕구(need for achievement)는 자신이 정해놓은 탁월함의 기준을 유지하고 이루기 위한 관심이다. 소속 욕구(need for affiliation)는 다른 사람과의 관계 발전과 유지 그리고 다른 사람에게 인정받으려는 것이다. 권력 욕구(need for power)는 책임감, 영향, 그리고 명성에 대한 관심이다.

욕구 이론은 훈련에 동기를 부여하기 위해서는 강사가 훈련 프로그램 콘텐츠가 이러한 욕구를 충족할 수 있을지 훈련생들과 대화를 하고 그들의 욕구를 확인하여야 한다고 제시하고 있다. 또한 만약 훈련생의 기본적인 욕구(예: 생리적 욕구와 안전 욕구)가 충족되지 않는다면 그들의 훈련에 대한 동기를 가질 수 없을 것이다. 예를 들면, 인원을 감축한 회사에서 비서들을 위한 문서작성 수업이 있다고 가정해보자. 아무리 최고로 설계된 훈련 수업을 듣더라도 직원들은 회사의 인원 감축 방침에 대해 그들의 직업 안전이 위협(안전 욕구 미충족)받고 있다고 믿을 것이다. 또한, 비서들은 그들의 현재 직장 또는 회사 내부(또는 외부)에서 다른 직업을 찾을 가능성을 높이는 시점에서 프로그램의 문서 작성 능력이 중요하지 않다고 믿을 것이며, 이는 그들의 배우고자 하는 동기를 떨어뜨릴 것이다.

욕구 이론은 또한 직원들에게 훈련 프로그램에 참여할지에 대한 선택권을 제공하는 것을 시사한다. 3장에서 논의하였듯, 직원들에게 어떤 훈련 프로그램에 참여할지에 대한 선택권을 주었을 때, 훈련에 참여하고자 하는 동기가 높아지는 것을 알 수 있었다. 이는 훈련생들이 그들의 욕구에 가장 잘 맞는 프로그램을 선택할 수 있기 때문이다.

기대 이론

기대 이론(expectancy theory)은 사람은 기대, 수단, 유의성의 세 가지 요인을 기반으로 행동한다고 제안한다.[17] 어떤 행동을 수행하려고 시도하는 것과 실제로 수행을 잘하는 것 사이의 연결고리에 대한 믿음을 **기대**(expectancy)라고 한다. 기대는 자기효능감과 비슷하다. 주어진 행동(교육 프로그램에 참여)이 특정한 결과(더 나은 업무 수행)와 연관되어 있다는 믿음을 **수단**(instrumentality)이라고 한다. **유의성**(valence)은 한 사람이 결과에 부여하는 가치

그림 4.3 기대 이론의 동기부여

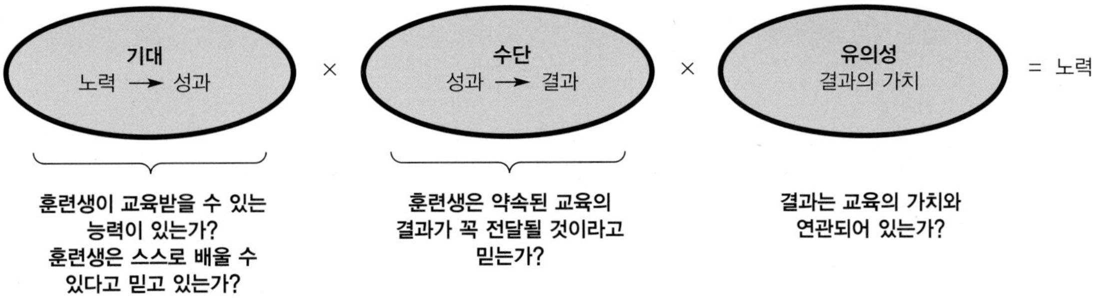

이다(예: 업무를 더 잘 수행하는 것의 중요성).

기대 이론에 의하면, 여러 종류의 행동은 그들의 기대, 수단, 유의성에 의해 평가된다고 한다. 그림 4.3에서는 기대, 수단, 유의성의 수학적 산출물로서 어떻게 행동이 결정되는지 보여주고 있다. 사람들은 가장 높은 가치를 기준으로 행동을 선택한다.

교육의 관점에서 볼 때, 기대 이론은 직원들이 교육 콘텐츠를 배울 수 있다고 믿는다면 학습이 일어날 가능성이 크다(기대)고 제안한다. 또한, 교육과 훈련 전이는 그들의 결과가 더 나은 업무 수행, 임금 인상, 또는 동료의 인정(수단), 그리고 직원들이 그 결과에 높은 가치를 (유의성) 둘 때 증대된다.

성인 학습 이론

성인 학습 이론(adult learning theory)은 성인이 어떻게 학습하는지에 대한 구체적인 이론의 필요성을 바탕으로 발전하게 되었다. 공식적인 교육 기관을 포함한 대부분의 교육 이론은 아이들이나 어린 세대들에게 최적화되어 개발되어왔다. 페다고지(pedagogy, 아이들을 위한 교육의 예술과 과학)는 교육 이론을 지배해왔다. 페다고지는 교수자에게 교육 콘텐츠, 방법, 평가를 결정하는 중대한 책임을 부여한다. 학생들은 일반적으로 (1) 방식과 내용에 대한 수동적인 수혜자, (2) 교육 환경에 도움이 될 수도 있는 경험의 부족이라는 특성을 가진다.[18]

교육심리학자들은 이전의 교육 이론들의 한계를 확인하고, 성인 교육의 이론인 **성인교육학**(andragogy)을 개발하였다. 맬컴 놀스(Malcolm Knowles)의 이론은 성인 학습 이론에 가장 자주 등장한다. 놀스의 모델은 다음과 같은 가정에 기반을 둔다.[19]

1. 성인은 왜 그들이 학습하는지에 대해 꼭 알아야 할 필요성이 있다.
2. 성인은 자발적일 필요가 있다.
3. 성인은 업무와 좀 더 관련된 경험을 학습 상황에 가져온다.
4. 성인은 문제 중심의 접근을 교육 경험과 함께 학습에 접목한다.
5. 성인은 외적이고 내적인 동기 요인으로부터 동기부여되어 학습한다.

성인 학습 이론은 특히 교육 프로그램을 개발하는 데 중요하다. 왜냐하면 프로그램에 참여

표 4.3 훈련에서 성인 학습 이론의 영향

설계 이슈	영향(결과)
자아개념(self-concept)	상호적 계획과 지도의 공동 작업
경험(experience)	학습자의 경험을 예시 또는 지원서의 기본으로 사용
준비성(readiness)	학습자의 주요 흥미와 핵심역량을 기준으로 교습서 개발
시간 조망(time perspective)	콘텐츠의 즉각적인 지원
학습의 방향(orientation to learning)	주체 중심(subject-centered) 대신 문제 중심(problem-centered)

하는 교육 대상자는 대부분 정규 교육 환경에 많은 시간을 보내지 않았던 성인들이기 때문이다. 표 4.2는 교육에서 성인 학습 이론의 영향을 보여주고 있다.

성인 학습 이론이 교육 프로그램에 어떻게 적용되었을지를 고려해보자.[20] 뉴욕생명보험의 초기 경력 제품 컨설턴트(전화로 영업 대리인을 지원하는 직원)가 지원 역할에서 영업 역할로 전환하도록 프레젠테이션 기술을 향상하기 위한 목적으로, 회사의 학습 개발팀은 5개월의 강의실 교육과 5개월의 실습, 피드백 및 코칭을 결합하고 행동 학습 프로젝트를 포함한 1년 과정의 훈련 과정을 설계했다. 행동 학습 프로젝트에서는 경력 제품 컨설턴트 그룹에 중요한 사업 문제를 제시하고, 각 그룹은 해결 방안을 판단하여 회사의 고위 간부에게 발표한다.[21] 야피베크레디은행(Yapi ve Kredi Bank)의 훈련 프로그램은 교수자가 강사 코칭의 일상적인 상황을 연구한 사례를 보여주고, 온라인 자료와 비디오를 제공함으로써 관리자가 직원을 코칭하고 동기부여하는 능력을 발전시키도록 도와주었다. 고위 간부들이 코칭과 개발 기술을 검토하고, 프로그램 참가자에게는 그들의 동료를 코칭하는 과제가 주어졌다. B&W판텍스(B&W Pantex)의 현장 매니저를 위한 강좌는 인사 정책, 규율, 비디오 상영과 역할극을 이용한 교수자 주도 학습에 대한 감독뿐만 아니라 소프트 스킬(soft skills)에 집중했다. 이 강좌는 공장 안에서 실제로 일어난 상황을 기반으로 한 실제 각본을 포함하고 있다. 또한 이 프로그램은 숙련되고 적합한 내용전문가(SME)들이 업무와 단계를 가르치는 실제 업무 훈련 프로그램도 포함한다. 세계에서 가장 큰 글로벌 와인과 주정공업 회사 중 하나인 브라운포맨(상품으로 잭다니엘 테네시 위스키, 서던 컴포트, 핀란디아 보드카, 에라두라 데킬라가 있음)은 회사 홍보 전문가들이 브랜드를 발전시킬 수 있도록 도와주는 이틀 반 과정의 훈련 프로그램을 설계하였다. 회사의 최고 마케팅 경영자는 왜 이 훈련이 개발되었는지와 콘텐츠의 중요성을 설명하기 위해 수업에 방문한다. 강습에서 참가자들은 브랜드 표본의 브랜드 캠페인을 발전시키기 위해 팀으로 일하게 된다. 이것은 프레젠테이션을 하는 것과 실제로 실행을 완료하는 것을 포함한다. 브라운포맨 크리에이티브 에이전시의 대표는 구매자들의 음주 성향과 선호도를 확인하며 교류하기 위해 이 프로그램에 참여한다. 프로그램의 마지막 단계에서 참가자들로 구성된 팀은 그들의 마지막 프로젝트를 심사하게 될 최고 마케팅 경영자들 앞에서 발표하게 된다.

정보 처리 이론

다른 교육 이론들에 비교하자면, 정보 처리 이론(information processing theory)은 교육 콘텐츠가 학습되고 보유될 때 일어나는 내부 과정을 더 강조한다. 그림 4.4에서 정보 처리 모델을 보여주고 있다. 정보 처리 이론은 학습자들이 습득한 정보나 메시지가 사람의 뇌를 거치며 여러 가지 형태의 변화를 겪게 된다고 제시하고 있다.[22] 정보 처리는 수용기(즉 귀, 코, 피부, 눈)를 통해 어떠한 환경에서 메시지나 자극제(소리, 냄새, 촉감, 영상)를 받았을 때 시작된다. 메시지는 감각에 등록된 후 단기 기억으로 저장된다. 그러고 나서 변환 또는 부호화되어 장기 기억에 저장된다. 검색 과정은 메시지나 자극제가 조직되었을 때 반응하여 기억 속에서 찾게 된다. 반응 발생기는 학습자의 반응에 의해 조직되고 실행기(근육)에게 무엇을 할 것인지 알려주게 된다. '무엇을 할지'의 지시는 5가지 교육 결과인 언어 정보, 인지 기술, 운동 기능, 지적 기능, 태도 중 하나와 연관되어 있다. 모델의 마지막 연결고리는 환경으로부터 피드백을 받는 것이다. 이 피드백은 학습자들이 주어진 반응에 대한 평가를 할 수 있도록 제공한다. 이 정보는 다른 사람 또는 학습자의 행동의 결과를 관찰한 후 얻을 수 있다. 반응의 긍정적 평가는, 그 행동은 가치가 있으며, 비슷한 상황에서 꺼내 쓰기 위해 장기 기억에 저장해야 한다는 강화를 제공한다.

메시지 수집, 저장, 검색, 그리고 반응하는 데 필요한 내부 과정을 강조하는 것 외에, 정보 처리 모델은 외부 사건이 교육에 어떻게 영향을 줄 수 있는지 강조하고 있다. 외부 사건이 포함하는 것은 다음과 같다.[23]

1. 주의집중에 영향을 주는 자극제의 강도와 빈도 변화
2. 기대를 형성하기 위해 학습자에게 목표 알림
3. 자료(자극제)의 지각 자질 향상, 학습자의 주의를 주요 자질에 집중시키기
4. 구술 지시, 사진, 도표, 지도 등 교육 콘텐츠를 기억에 저장될 수 있는 형태로 변형
5. 부호화를 촉진하는 단서를 가진 의미 있는 학습 맥락(예: 당면한 문제들)
6. 학습자가 적합한 반응을 선택하고, 반응을 준비하도록 도와주는 시범이나 설명

그림 4.4 정보 처리 과정 모델

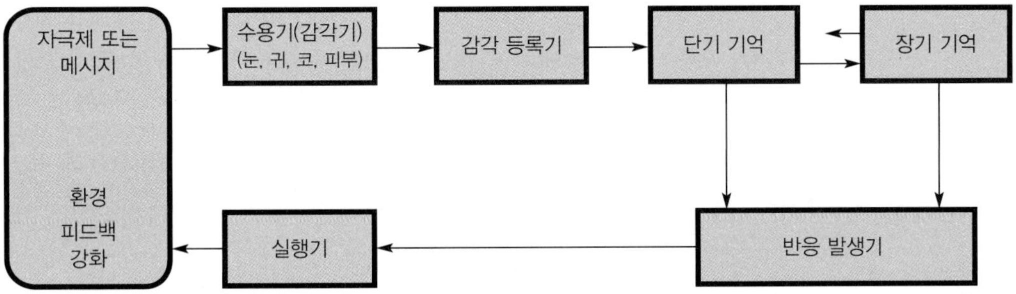

자료: R. Gagne, "Learning Processes and Instruction," *Training Research Journal*, 1 (1995/96), pp. 17–28; D. Rock, "Your Brain on Learning," *Chief Learning Officer* (May 2015), pp. 30–48을 기반으로 함.

훈련 전이 이론

훈련 전이는 교육생이 훈련 중(예: 지식, 장비, 과정)과 매우 유사한 환경에서 일할 때 발생할 가능성이 높다[**근전이**(near transfer)]. 반대로 줄이 매우 긴 계산대에서 매우 화가 난 고객을 응대하는 상황 등 훈련생이 훈련 중 처했던 환경과 근무환경이 다를 경우[**원전이**(far transfer)], 훈련 전이가 발현되기 어렵다. 훈련 중 훈련생이 받는 교육은 훈련의 목적과 관계가 있다.

폐쇄 기술(closed skills)은 교육생이 차후 현장에서 동일하게 사용될 구체적인 세부 기술을 배우는 데에 훈련 목적을 두고 있으며, 이러한 기술이 필요한 경우 작업을 올바르게 완료하는 방법은 하나이다. 반대로, **개방 기술**(open skills)은 좀 더 보편적으로 적용되는 교육 원리에 치중한다. 고객을 응대하는 기술은 개방 기술의 좋은 예이다. 고객을 응대하는 데 정확히 정해진 기술이나 원리는 없다. 판매 점원이 화가 난 고객을 응대하는 방법과 기술을 배웠을지라도, 고객의 의도와 반응을 정확히 예측할 수 없으므로 어떤 방법을 사용하여 그 고객을 응대할지는 점원의 선택에 달려 있다.[24] 개방 기술은 폐쇄 기술보다 훈련하기 힘든데, 이는 훈련 내용의 포괄적인 원리 원칙을 상기해야 할 뿐만 아니라 다양한 상황에 접목시키기 위해 두루 생각하여야 하고, 훈련 중 모든 상황에 대처하는 방법을 다 배우기 어렵기 때문이다. 또한, 관리자와 동료의 도움과 관심이 매우 중요한데, 이는 직장 선배들의 상황 대처 능력을 배울 수 있고, 그들로부터 피드백을 받을 수 있기 때문이다. 이번 장 후반에, 개방 기술 훈련 설계 시 교육 이론의 결과가 어떻게 나타나는지 살펴볼 것이며, 5장에서는 어떠한 훈련 프로그램 설계가 교육, 폐쇄 및 개방 기술을 실전에서 촉진할 수 있는지 알아볼 것이다.

훈련 전이를 콘티넨털항공에 적용해보자. 현재 이 회사는 신기종 787 드림라이너 항공기에 새로운 기장의 배치를 준비하고 있는 상황이다. 이들의 준비 상황을 들여다보자.[25] 첫째로, 콘티넨털항공은 항공기를 미주 국내 노선에 배치하여 기장과 지상 근무 직원들이 787 기종과 좀 더 친숙해지도록 할 것이다. 둘째로, 한 대의 항공기마다 24명의 기장을 훈련 및 교육시킬 것이다. 787 기종은 현재 콘티넨털항공에서 운행 중인 777기의 조종실과 비슷하나 똑같지는 않다. 훈련은 787 기종의 모의 비행장치 사용과 컴퓨터 기반 항로를 비행하는 것을 포함한다. 훈련 중 기장에게 가장 어려운 사항은 그들의 전방에 위치하고 있는 디스플레이와 친숙해지는 것인데, 이 디스플레이의 목적은 비행 환경이 좋지 않을 때 파일럿의 시야를 넓혀주고 비행의 중요한 정보를 보여주는 것이다. 기장들은 신기술인 디스플레이가 매우 유용하다고 평가하였으나, 디스플레이의 정보를 보다 정확히 인식하는 훈련을 위해 시간이 필요하다고 하였다.

훈련 설계(교육 환경)에 영향을 미치는 세 가지 훈련 전이 이론이 있다. 동일 요소 이론, 자극 일반화의 접근, 전이의 인지 이론이다.[26] 표 4.3은 각 이론의 강조점과 고려하기 적합한 조건을 보여준다.

표 4.3 훈련 전이 이론

이론	강조점	적합한 조건	전이의 종류
동일 요소	교육 환경은 업무 환경과 똑같아야 한다.	폐쇄 기술에 집중하는 훈련, 예측 가능하고 안정적인 업무 환경 요소 예: 장비를 사용하는 훈련	근거리
자극 일반화	일반 원칙은 다양한 다른 업무 환경에 적합해야 한다.	개방 기술에 집중하는 훈련, 아주 다양하고 예측 불가능한 업무 환경 예: 대인관계 기술 훈련	원거리
인지 이론	의미 있는 자료와 코드 체계는 훈련 콘텐츠의 저장과 복원을 향상한다.	모든 종류의 훈련과 환경	근거리와 원거리

동일 요소 이론

동일 요소 이론(theory of identical elements)은 훈련 또는 교육 중 배운 것이 실무에서 똑같이 적용될 때 훈련 전이가 일어난다고 주장한다.[27] 학습 환경에서 교육생이 경험하는 업무, 요소, 장비 그리고 다른 특징들이 실무 상황과 똑같을 때 훈련 전이는 극대화될 수 있다고 말한다.

동일 요소 이론은 볼티모어 경찰국(Baltimore Police Department)에서 인질 구출 훈련을 할 때 사용되었다. 볼티모어 경찰국은 인질의 목숨이 매우 위험한 상황을 가정한다. 예를 들어, 남편이 아내와 아이들을 인질로 삼고 협상 요구를 할 때를 가정하여 경찰요원을 교육시킨다. 인질을 구출할 때 처음 1시간이 매우 중요한데, 이때 경찰요원은 자신이 가지고 있는 자원과 방법을 파악하여 인질에게 아무 피해가 가지 않는 상태로 구출해야 한다. 이때 인질극과 동일한 상황을 연출하여 경찰요원을 훈련시키는 이유는 이러한 상황이 실제 상황과 거의 똑같지만 인질을 향한 위협은 존재하지 않기 때문이다. 다양한 시나리오를 적용하여 경찰요원이 실제 현장에 투입되었을 때 그들이 배운 기술을 정확히 재연하는 데 초점을 둔다.

이러한 훈련은 교육생에게 인질 상황에 대해 브리핑을 해주는 것으로부터 시작한다. 그 이후, 주어진 상황과 비슷한 경험을 한 선임들을 교수자로 지정하여, 교육생으로 하여금 어떠한 행동을 취해야 하는지 알려준다. 교육생 한 명당, 쉬운 인질극 상황과 어려운 인질극 상황을 부여한다. 이러한 상황은 시간이 매우 촉박하고 중요한 상태에서 교육생이 정확한 사고와 신속한 의사결정 능력을 배양하는 데 도움을 준다. 훈련 상황에서 가장 중요한 것은 인질의 피해를 최소화하고 인질범을 인질로부터 격리시키는 것을 최우선으로 하는 교범을 따른 것이다. 훈련 상황은 실제 인질극에서 일어났던 요소를 기반으로 제작하며, 이는 인질범의 무기 소지, 강제 진압 등의 상황을 접목한 것이다. 교육생들이 이러한 훈련을 하는 동안 지도자는 이들의 행동 하나하나를 평가하며 교육생에게 피드백을 주거나 실수를 교정해준다.

가상 훈련 상황은 경찰관들이 실제 상황에서 마주하는 인질극 상황을 반영하고 있다. 또한, 길거리에서 실제로 일어나는 인질극에서의 활동과 행동을 명시한 점검표와 똑같은 것을 훈련 중 제공받는다. 가상 훈련 상황 중 강조되었던 기술을 은행 인질극 상황에서 성공적으로 사용한 경사에게 일반화의 증거를 제공한다. 또한 볼티모어 경찰국은 학습 내용을 유지하는 것에 대해 염려한다. 가상 훈련 상황의 결과로, 경찰관들은 인질을 어떻게 성공적으로 구해줄 것인가에 대해 보여줄 수 있다. 하지만 경찰관들이 인질극에 대한 상황을 맡아서 해결하는 업무는 실질적으로 처리하는 업무에 비해 발생할 확률이 낮다(예: 교통범칙금 발행, 강도 조사). 결과적으로, 경찰국에서는 경찰관들이 교육에서 배운 것을 잊어버리고 실제 상황에서 어려움을 맞닥뜨리게 될 것에 대한 염려가 있다. 교육 부서에서는 주기적으로 모의 인질극을 계획하여 경찰관에게 자주 사용하진 않지만 중요한 기술을 잊어버리지 않을 것이라는 안심을 주어야 한다.[28]

동일 요소 이론의 또 다른 접근법은 비행조종사들에게 모의 실험 장치를 사용하는 훈련에서 찾아볼 수 있다. 조종사들은 사업용 항공기의 조종석과 똑같이 생긴 모의 실험 장치에서 훈련을 받는다. 모의 실험 장치에 있는 조종석의 요소(예: 측정기, 문자판, 조명)는 실제 항공기와 똑같다. 심리학적인 용어로 교육 환경은 업무 환경을 그대로 '재생'하였다. **정확도**(fidelity)는 교육 환경이 업무 환경에 비슷한 정도를 뜻한다. 만약 비행, 이륙, 착륙, 그리고 비상 상황 처리에 필요한 기술을 교육에서 배웠다면, 실제 업무 상황(상업용 항공기)에도 전이할 수 있을 것이다.

동일 요소 이론은 직업의 유사성을 측정하기 위한 장비를 개발하는 것에도 사용되어왔다.[29] 직업 유사성은 직원들이 다른 직업을 가질 때 준비하기 위해서 어느 정도의 지식과 기술의 교육이 필요한지를 측정할 때 사용할 수 있다.

동일 요소 이론은 많은 훈련 프로그램에 적용되어왔는데, 특히 새로운 장비를 사용하거나 특정한 단계를 반드시 학습해야 하는 프로그램에 많이 적용되었다. 동일 요소 이론은 특히 근전이가 실행되도록 하는 것과 관련이 있다. **근전이**(near transfer)는 훈련생이 배운 능력을 작업 환경에 정확히 전달 및 적용하는 것을 뜻한다.

동일 요소 이론은 학습 환경과 훈련 환경이 꼭 똑같지 않아도 될 때에는 전이를 추구하지 않는다. 이 상황은 특히 대인관계 기술 훈련에서 발생한다. 예를 들면, 한 사람이 갈등 상황에서 보이는 행동은 쉽게 예측되지 않는다. 그러므로 훈련생들은 환경이 지시하는 다양한 상황에 적용할 수 있는 일반적인 갈등 해결 원칙을 꼭 배워두어야 한다(예: 짜증 나는 손님 대 상품 지식이 부족한 손님).

자극 일반화의 접근

자극 일반화의 접근(stimulus generalization approach)은 대부분의 중요한 요소나 일반적인 원칙이 교육 설계에 강조되도록 훈련 전이 주제를 이해하는 방법을 제시하고 있다. 일반적 원칙이 적용될 수 있는 업무 범위를 확인하는 것 또한 중요하다. 자극 일반화의 접근은 원전이를 강조하고 있다. **원전이**(far transfer)는 훈련생들이 업무 환경(장비, 문제, 업무)이 그들이 훈련시간에 배운 것과 같지 않아도 배운 능력을 업무 환경에 적용할 수 있는 능력을 뜻한다.

자극 일반화의 접근은 사회적 학습 이론에 기반을 둔 기술 훈련 프로그램을 설계하는 곳에서 볼 수 있다. 훈련에서 모델링, 실습, 피드백, 강화가 중요한 역할을 했던 사회적 학습 이론을 떠올려보자. 효과적인 대인관계 기술 훈련 프로그램을 개발하는 한 단계는 어떠한 상황에서 성공적이기 위해 꼭 필요한 핵심 행동을 확인하는 것이다. **핵심 행동**(key behaviors)은 다양한 상황에서 성공적으로 사용될 수 있는 행동을 말한다. 모델은 이러한 핵심 행동을 영상을 통해 보여주고, 훈련생은 실습할 기회를 가진다. 핵심 행동은 다양한 상황에 적용될 수 있다고 믿어지고 있다. 실제로, 훈련 실습시간에 훈련생은 똑같지 않은 상황에서 핵심 행동을 사용해보는 것을 필수로 한다.

전이의 인지 이론

전이의 인지 이론은 학습의 정보 처리 이론에 기반을 두고 있다. 정보 처리 이론의 핵심 내용은 정보의 저장과 회수임을 상기해보라. **전이의 인지 이론**(cognitive theory of transfer)에 따르면, 전이의 가능성은 학습된 역량을 회수하는 능력에 달려 있다. 이 이론에 따르면 전이의 가능성을 높여주기 위해 훈련생에게 의미 있는 자료를 제공해야 하는데, 이 자료란 그들이 학습한 역량과 실제 업무 환경에서 마주치는 것을 연결할 수 있는 기회를 확대시켜 주는 것이다. 또한 훈련생에게 학습한 역량을 기억 속에 부호화하는 인지 전략을 가르쳐줘서 그들이 쉽게 회수할 수 있도록 하는 것이 중요하다.

인지 이론은 훈련생을 프로그램의 일부로 생각하고, 업무 상황에서의 적용 가능성을 고려한 교육을 설계하는 데 영향을 주었다. 많은 훈련 프로그램이 훈련생에게 업무 상황이나 문제를 확인하고 교육 내용을 어떻게 적용할 것인지에 대해 토론해보게 한다.

교육의 과정

지금까지 교육과 훈련 전이 이론에 대해 배워왔기 때문에, 이 질문에 답할 수 있을 것이다. 어떤 정신과 신체적인 과정이 훈련에 포함되어 있는가? 훈련과 전이는 어떻게 실행되는가? 훈련생들은 다른 학습 방식을 가지고 있는가?

정신과 신체적인 과정

표 4.4에서는 기대, 인식, 작업 기억 영역, 의미적 부호화, 장기 기억 영역, 회수, 일반화, 만족감에 대한 학습 과정을 보여주고 있다.[30] 표 4.4는 무엇을 학습할 것인가(교육 콘텐츠), 심적 표상으로 훈련 콘텐츠 조직화, 그리고 장기 기억에 존재하는 기존의 지식과 훈련 콘텐츠 연결을 포함한 학습자의 인지 과정에 의한 훈련을 강조한다.[31] 앞서 살펴본 바와 같이, 기대는 수업 과정에서 학습자의 정신적 상태를 뜻한다. 이는 수업의 목적에 대한 이해와 함께 교육에 대한 준비성(배우고자 하는 의지, 기초 기술)과 교육과 배운 능력을 업무에 사용할 때 얻을 수 있는 이득에 대한 요소를 포함한다. **지각**(perception)은 실행되고 행동하는 데 기반이 될 수 있는 환경으로부터 얻는 정보를 조직화하는 능력을 뜻한다. 작업 기억 영역과 의미

표 4.4 학습 과정, 교수 상황, 교수 형식의 관계

학습 과정	외부적 교수 상황	교수 형식
기대	학습자에게 교육 목표 전달	• 예상되는 수행 시연 • 대답할 구술 질문의 종류 명시
인식	구별되는 특징과 함께 자극 제시	• 인지할 주제의 특징 강조 • 강조할 내용에 형식 설정 및 문자와 그림 사용
작업 기억 영역	학습량 제한하기	• 너무 긴 자료는 덩어리로 묶어서 제시 • 교육을 위해 시각 영상 자료 제공 • 자동화를 위해 실습과 과잉학습 제공
의미적 부호화	학습 방향 지도	• 적절한 순서 결합을 위한 언어 단서 제공 • 더 큰 의미의 문단에 언어 링크 제공 • 개념 간의 관계를 보여주기 위해 도표와 모델 사용
장기 기억 영역	학습량에 대한 설명	• 자료 회상과 표현을 위해 다양한 맥락과 배경 제시 • 이전에 배운 정보와 새로 배운 정보 연결 • 실습 때 다양한 맥락과 상황 제공
회수	상기할 때 사용하는 단서 제공	• 자료 복원을 끌어내는 단서 제시 • 친숙한 소리 또는 운율을 단서로 사용
일반화	훈련 전이와 유지 장려	• 학습에 적용할 수 있는 교육 상황 설계 • 추가적인 정보를 위해 언어 링크 제공
만족감	수행 정확성에 대한 피드백 제공	• 수행에 걸린 시간과 정확성의 정도에 따른 피드백 제공 • 본래의 기대치에 미쳤는지 확인

자료: M. Cole, *The Science of Learning* (Alexandria: VA: Association for Talent Development, 2017); R. Gagne, "Learning Processes and Instruction," *Training Research Journal*, 1 (1995/96), pp. 17–28; D. Rock, "Your Brain on Learning," *Chief Learning Officer* (May 2015), pp. 30–48; A. Beninghof, "Pathways to Retention," *T+D* (June 2015), pp. 21–22; M. Torrance, "Nine Moments of Learning," *T+D* (September 2014), pp. 76–77을 기반으로 함.

적 부호화는 단기 기억과 연관이 있다. **작업 기억 영역**(working storage)에서는 자료들이 기억에 인식될 수 있도록 정보의 시연과 반복이 실행된다. 작업 기억 영역은 한 번에 실행될 수 있는 자료의 양이 제한되어 있다. 연구는 한 번에 5개 이하의 메시지만 처리될 수 있다고 제시한다.

의미적 부호화(semantic encoding)는 입력되는 메시지의 실질적인 인식 과정을 뜻한다. 학습 전략에 따라 어떻게 훈련 내용이 부호화되는지가 달라진다. 학습 전략에는 사전 실습, 조직화, 훈련 정교성 등이 포함되어 있다.[32] **사전 실습**(rehearsal)은 가장 간단한 교육 전략으로, 반복(암기)을 통한 학습에 집중하고 있다. **조직화**(organizing)는 교육 자료에서 주제와 공통점을 찾는 것을 요구한다. **훈련 정교성**(elaboration)은 훈련생에게 교육 자료를 좀 더 친숙한 지식, 기술, 또는 행동에 연결하도록 요구한다. 훈련생은 이러한 교육의 전략을 조합하여 사용한다. '최고의' 전략은 교육의 결과에 달려 있다. 지식을 쌓기 위해서는 사전 실습과 조직화가 가장 적합하다. 스킬을 적용하는 것은 정교함이 꼭 필요하다. 메시지가 집중되고, 시연되고, 부호화되면 장기 기억에 저장될 준비가 된 것이다.

학습했던 자료(예: 인지 기술 또는 언어 정보)를 사용하기 위해서는 꼭 회수되어야 한다. **회수**(retrieval)는 장기 기억 안에서 학습했던 자료를 찾아내는 것과 그것을 성과에 영향을 주도록 사용하는 것을 포함한다. 학습 과정에서는 배운 것을 정확히 재생하는 것도 중요하지

만 똑같진 않아도 비슷한 상황에서 배운 것을 적용할 수 있는 것도 중요한 부분이다. 이것은 **일반화**(generalizing)로 알려져 있다. 마지막으로, **만족한 결과**(gratifying)는 학습자가 훈련 콘텐츠를 사용한 결과로 받은 피드백을 뜻한다. 피드백은 학습자가 좀 더 정확한 반응을 조정하기 위해 꼭 필요한 것이다. 피드백은 또한 수행의 결과로 주어지는 장려책과 강화 인자에 대한 정보를 제공한다.

학습 주기

교육은 구체적 경험, 반성적 관찰, 추상적 개념화, 적극적 실험의 네 가지 단계를 포함하는 동적 순환(dynamic cycle)으로 간주될 수 있다.[33] 첫째, 훈련생은 구체적 경험을 마주하게 된다(예: 업무 문제). 이것은 문제에 대한 고민(반성적 관찰)으로 시작하여, 어떻게 문제를 풀어갈 것인지에 대한 아이디어 발상으로 이어지며(추상적 개념화), 마지막으로 문제와 직접 연결된 생각의 구현으로 마무리된다(적극적 실험). 생각의 구현은 학습자가 결과를 보고 학습 과정을 다시 시작할 수 있도록 효과적인 피드백을 제공한다. 훈련생은 지속적으로 개념을 개발하고, 자신의 생각으로 전환한 후 실행하고, 자신의 개인적인 경험을 통한 관찰을 결과로 조정한다.

연구자들은 학습 주기에서 교육생의 약점과 강점을 측정하기 위해 설문지를 개발하였다. 어떤 사람들은 학습 주기의 특정 단계를 피하거나, 학습 주기의 한 단계를 지나치게 강조하거나 충분히 강조하지 않는 성향을 가지고 있다. 효율적인 훈련을 위해서는 각각의 네 단계에서 능숙해야 한다. 네 가지 근본적인 학습 양식은 존재한다. 이러한 학습 양식은 학습 주기의 네 단계의 요소를 결합한 것이다.

표 4.5에서는 개인의 성격과 지배적인 학습 단계에 따라 학습 양식을 분산자(Divergers), 융합자(Assimilators), 수렴자(Convergers), 적응자(Accommodator)의 네 가지로 분류했다.[34] 연구자들은 우리에게 학습 양식과 선호하는 점이 있다는 것에는 동의하지만 그것을 어떻게 측정할 것인가에 대해서는 의견 차이가 있다.[35]

학습 선호 유형에 따라 교수를 설계하기 위해 무엇을 가르칠 것인지 또는 학습의 결과가

표 4.5 학습 양식

학습 양식	지배적 학습 능력	학습 특성
분산자	• 구체적 경험 • 반성적 관찰	• 아이디어 발상, 다양한 관점에서의 상황 관찰, 의미와 가치 인지 • 사람, 문화, 예술에 흥미를 가짐
융합자	• 추상적 개념화 • 반성적 관찰	• 귀납적 추리, 이론적 모델 구축, 이질적 관찰을 통합 설명으로 결합하는 데 능함 • 추상적 개념이나 생각보다 사람에게 덜 관심을 가짐
수렴자	• 추상적 개념화 • 적극적 실험	• 결정성, 실용적인 생각의 적용, 가설 연역 추리에 능함 • 대인관계 해결보다 기술적 과제 선호
적응자	• 구체적 경험 • 적극적 실험	• 결정 구현, 계획 실현, 새로운 경험 참여에 능함 • 참을성이 없고 강요하려 들게 보일 수도 있지만 사람들과 잘 지냄

자료: D. Kolb, *Learning Style Inventory, Version 3.1* (Boston, MA: Hay/McBer Training Resources Group, 2005)을 기반으로 함.

무엇인지에 따라 교수 전략이 결정되어야 한다. 그 후, 교수 전략에 맞는 학습 양식을 고려해야 한다.[36]

예를 들면, 텍사스 포트워스에 위치한 금융회사인 아메리크레디트(AmeriCredit)는 직원들의 학습 양식에 좀 더 잘 맞추기 위해 훈련을 수정하도록 노력하고 있다.[37] 회사는 직원들의 학습 양식을 놓치지 않고 확인하기 위해 데이터베이스를 설계하였다. 또한 수업 설계에 직원들의 학습 양식을 고려하고 있다. 새로운 이러닝 수업에서는 행동을 통해 학습하는 것을 선호하는 직원들이 배울 수 있도록 활동 위주의 학습을 끝낼 수 있도록 하였다. 사고하고 추리하는 학습 양식을 선호하는 직원들은 더 많은 개념적 자료를 수업에서 받을 것이고, 좀 더 적은 경험에 참여하게 된다. 학습 양식에 대한 적응이 훈련생의 만족도와 학습에 차이점을 두는지 결정할 수 있도록 회사는 학습 양식을 고려하는 새로운 이러닝 수업과 그렇지 않은 수업을 비교할 계획을 세웠다.

학습 과정의 영향과 지도를 위한 훈련 전이

교수(instruction)는 훈련생이 배우는 것을 돕기 위해 강사가 환경을 조정하는 것을 뜻한다.[38] 표 4.4의 오른쪽 부분은 훈련에 도움이 되는 교수의 형식을 보여주고 있다. 훈련생들에게 최상의 교육 기회를 제공하기 위해, 이러한 교수 형식이 교육에 포함되어 있다는 것에 확신을 주는 것이 중요하다. 표 4.6에서는 교육 과정을 촉진하는 좋은 교수의 특성을 요약하고 있다. 긍정적 교육 환경과 훈련 전이의 특성은 교육 과정, 프로그램, 또는 구체적인 교육 방법이 수업의 형식, 이러닝, 또는 업무 훈련에서 사용될 수도 있도록 설계되어야 한다. 이번 장 뒷부분에서는 이러한 특성에 대해 논의할 것이다.

직원은 목표를 알아야 한다

직원은 훈련 프로그램의 목표를 이해했을 때 가장 잘 학습한다. **목표**(objective)는 훈련 활동의 목적과 예상하는 결과를 뜻한다. 각각의 훈련 시간마다 목표가 있을 수 있고, 전체적인 프로그램의 목표가 있을 수 있다. 훈련 목표는 사업 목표로 시작하는 과정의 마지막 단계이다.[39] 사업 목표는 역할이나 직책의 예상 성과에 영향을 미치고, 결과적으로 완료해야 하는 과업에 영향을 준다. 한편, 훈련 목표는 과업을 완료하는 데 필요한 행동, 지식, 또는 기술에 초점을 둔다.

표 4.6
학습과 훈련 전이를 촉진하는 교수와 업무 환경의 특성

- 목표
- 의미 있는 콘텐츠
- 실습 기회
- 교육 콘텐츠를 기억하는 데 집중할 수 있는 방법
- 피드백
- 관찰, 경험, 사회적 상호 관계
- 교육 프로그램의 적절한 조합과 배치
- 교육생의 책임감과 자기관리 격려
- 근무 환경에서 교육과 전이 지원 보장

이 장의 처음 부분에서 논의된 목표 설정 이론을 생각해보자. 훈련생은 목표를 이해하고, 받아들이며, 훈련 목표를 성취하는 데 집중해야 한다. 훈련 목표는 직원이 왜 훈련이 필요하고 무엇을 배워야 하는지 이해하도록 도와주는 요구 분석을 기반으로 한다. 목표는 또한 훈련 프로그램의 효율성 평가를 위해 측정되는 훈련 결과의 종류를 확인하는 것에도 유용하다.

훈련 목표에는 세 가지 요소가 있다.[40]

1. 직원이 무엇을 할 것으로 기대하는지에 대한 설명(수행 또는 결과)
2. 수행의 받아들여질 수 있는 질 또는 수준에 대한 설명[기준(criterion)]
3. 훈련생이 정해진 결과를 보여줄 것이라고 기대하는 상태에 대한 설명[조건(condition)]

목표는 '이해한다' 또는 '안다'와 같이 관찰할 수 없는 성과로 표현해서는 안 된다. 표 4.7에서는 인지적, 정서적, 그리고 정신운동(신체적 능력이나 기술) 결과로서 사용할 수 있는 동사를 보여주고 있다. 예를 들면, 소매 판매원의 고객서비스 훈련 프로그램의 훈련 목표는 "훈련 후, 직원은 고객이 얼마나 화를 내든 간에[조건] 고객이 말하는 것을 멈춘 후에 전문가다운 태도로[기준] 짧은 사과(10단어 이하)로 모두 격분한 고객에게 걱정을 표현[수행]할 수 있다. 표 4.8에서는 좋은 훈련 목표의 특징을 보여주고 있다.

가장 흔한 문제는 불확실하고, 불완전하고, 구체적이지 않은 목표이다.[41] 표 4.9에서는 훈련 목표에 대한 예시를 제공하고 있다. 각각의 목표를 검토할 때, 각 세 개의 요소(수행, 기준, 조건)가 포함되는지 확인해야 한다. 이들은 좋은 목표인가? 어떻게 발전할 수 있는가?

표 4.7 목표의 수행 또는 결과 예시

범위	수행
지식(knowledge: 정보 복원)	처리하다, 정의하다, 구분하다, 열거하다, 복원하다, 반복하다
이해력(comprehension: 자신의 단어 해석)	분류하다, 논의하다, 설명하다, 검토하다, 번역하다
적용, 응용력(application: 새로운 상황에 접목)	적용하다, 선택하다, 시연하다, 묘사하다, 준비하다
분석(analysis: 세분화 및 관계 증명)	분석하다, 분류하다, 비교하다, 도표화하다, 테스트하다
통합(synthesis: 전체 형성을 위한 수집)	정리하다, 수집하다, 조합하다, 제안하다, 수립하다
평가(evaluation: 기준에 맞는 심사)	평가하다, 공격하다, 논쟁하다, 선택하다, 비교하다
수신(receiving: 집중)	듣다, 인지하다, 경계하다
반응(responding: 최소의 참여)	답장하다, 대답하다, 허용하다, 복종하다
가치(valuing: 선호)	보유하다, 추정하다, 지지하다, 참여하다
조직(organization: 가치의 발전)	판단하다, 결정하다, 확인하다, 선택하다
성격묘사(characterization: 인생의 전체 철학)	믿다, 실습하다, 수행하다
반사작용(reflexes: 비자발적 움직임)	축소하다, 확장하다, 풀다
기본 동작 능력(fundamental movements: 단순 동작)	기다, 걷다, 달리다, 닿다
통찰력(perception: 자극제에 대한 반응)	돌다, 구부리다, 균형을 잡다, 기다
신체적 기능(physical ability: 정신운동의 움직임)	무거운 물건을 옮기다, 빠른 행동을 만들다
숙련운동기능(skilled movement: 이미 배운 움직임)	악기를 연주하다, 손 도구를 사용하다

자료: H. Sredl and W. Rothwell, "Setting Instructional Objectives," in *The ASTD Reference Guide to Professional Training Roles and Competencies, Vol. II* (New York: Random House, 1987), Chapter 16; R. Mager, *Preparing Instructional Objectives*, 3d ed. (Atlanta: Center for Effective Performance, 1997)를 기반으로 함.

표 4.8 좋은 훈련 목표의 특징

• 훈련이 끝날 때쯤 훈련생이 무엇을 하도록 기대하는지에 대한 명확한 제공 • 측정 또는 평가될 수 있는 성과의 기준 포함 • 훈련생이 구체적인 행동이나 태도를 수행하는 데 필요한 구체적 자료 명시(예: 도구나 장비) • 목표에서 어떤 행동을 어떤 조건 아래에서 실행해야 하는지 설명(예: 야간 또는 높은 온도와 같은 근육노동 환경, 화난 고객과 같은 정신적 스트레스, 컴퓨터 장비의 고장과 같은 불량 장비)

표 4.9 훈련 목표의 예시

• 성과 향상을 위한 결과를 도출할 수 있도록 도전적인 환경에서 경쟁할 수 있는 다양한 다기능 팀 개발하기 • 갈등이 생겼을 때 갈등 관리 능력 사용하기 • 손님이 격분하지 않은 이상, 아무리 피곤해도 모든 손님에게 웃어 보이기 • 상품 불량률을 10%에서 7%로 줄이기 • 참조 설명서를 보지 않고 DC-3 멀티스위치의 모든 노드를 열거하기 • 참조 설명서를 주어진 빠른 시간 동안 보고, 소프트웨어를 100% 정확하게 사용하기

직원은 의미 있는 훈련 콘텐츠가 필요하다

직원은 현재 업무 경험이나 일에 훈련이 연관되어 있으면 학습할 확률이 높다. 즉, 그들에게 의미 있을 때이다.[42] 훈련 콘텐츠의 의미를 향상하기 위해, 훈련생에게 친숙한 개념, 용어, 예시가 메시지에 제시되어야 한다. 또한 훈련의 맥락은 업무 환경에 반영되어야 한다. **훈련 상황**(training context)은 훈련이 실행되는 물리적·지적·감정적 환경을 뜻한다. 예를 들면, 소매 판매상을 대상으로 하는 고객서비스 훈련 프로그램에서는, 가게에서 불만족스러운 손님과 실질적으로 마주쳤을 때의 시나리오를 사용한다면 자료가 더 의미 있을 것이다. 훈련생에게 훈련 프로그램의 내용이 의미 있다는 것을 설득하기 위한 몇 가지 유용한 기술이 있다.[43]

- 다른 사람, 특히 이전 훈련생들의 훈련 내용을 사용해서 성공한 이야기를 말해준다.
- 훈련 콘텐츠를 훈련생이 이미 업무에 대해 알고 있는 것에 연결한다.
- 회사의 목표와 전략에 훈련이 어떻게 연결되는지 보여준다.
- 훈련생이 훈련 콘텐츠 개념을 업무에 어떻게 사용할 수 있는지 보여준다.
- 훈련생이 보았던 좋거나 나쁜 업무를 상기시키기 위해 예시나 사례를 논의한다.
- 다른 상황에서 개념의 적용이나 응용을 반복한다.
- 훈련에서 배울 것이 실제 직원들이 업무에 많이 사용하는 것이라는 증거를 제시한다.
- 훈련생이 훈련 중 접하는 조건이 실제 업무에서의 조건과 비슷하다는 것을 보여준다.
- 업무에서 사용할 수 있는 실습이나 응용 활동을 제공한다.
- 훈련생이 복사본이나 전자 경로를 통해 정리된 자료를 업무에서 다시 사용하거나 다른 사람들을 가르칠 때 사용할 수 있도록 제공한다.
- 훈련생에게 실습 전략과 교육 콘텐츠가 어떻게 제시되었으면 하는지(예: 구두, 시각, 문제 중심, 또는 접근법의 조합)에 대한 선택권을 준다.

직원은 실습할 기회가 필요하다

실습(practice)은 능숙한 업무 수행과 지식의 표현을 위한 과업, 지식, 또는 스킬의 신체적이거나 정신적인 시연을 뜻한다. 실습은 조건과 목표에 의해 구체화된 성과의 기준을 기반으로 하는 교육 목표하에 직원이 배운 능력(예: 인지 전략, 언어 정보)을 표현해야 한다. 효율적인 실습을 위해서는 과잉학습(반복된 실습), 적당한 시간 사용, 적당한 학습단위를 포함(자료의 양)하는 것에 훈련생이 열정적으로 참여해야 한다. 실습은 또한 교육 목표와 관련되어 있다. 실습만 하는 것보다 예시와 실습을 함께 포함하는 것이 좋다.[44] 이것은 훈련생이 훈련 실행에 필요한 인지적 과정(내용의 선택, 조직화, 통합)에 참여할 수 있도록 그들의 기억력이 과부화되는 것을 방지한다. 예시를 보여주는 것은 학습자가 실습에 사용할 수 있는 새로운 정신적 모델의 기술을 개발하도록 도와준다. 몇몇 실습 방법에 대한 예시는 사례연구, 모의실험, 역할극, 게임, 구술과 필기 문제를 포함한다.

실습 전 조건 강사는 훈련 콘텐츠뿐만 아니라 훈련생의 학습을 촉진하는 정보를 처리하는 과정과 업무에서 훈련을 사용하는 것에도 집중하여야 한다. 강사가 실습 이전 훈련생에게 배우고자 하는 동기부여를 증진하고 훈련 콘텐츠의 보유를 촉진하는 몇몇 단계가 있다. 실습 시작 전 강사는,[45]

1. 최상의 훈련 결과를 가져올 과정이나 전략에 대한 정보를 제공할 수 있다. 예를 들면, 고객서비스 수업의 훈련생들은 그들이 어떤 종류의 전화를 받게 되고(격분한 고객, 상품 정보에 대한 요청, 요금에 대한 이의 제기), 그런 전화를 어떻게 확인하고, 전화 통화를 어떻게 마치는지를 알려준다.
2. 훈련생들이 그들만의 학습 과정에 반영할 수 있는 전략을 개발(초인지)할 수 있도록 장려할 수 있다. **초인지**(metacognition)는 개인이 한 사람의 생각을 조종하는 것을 뜻한다. 개인이 초인지에 참여하는 데는 관찰과 조종의 두 가지 방법이 있다.[46] 조사에서 보여주듯, 초인지는 자기제어성과 훈련을 촉진하는 것을 포함한다.[47] **자기규제**(self-regulation)는 학습자의 훈련 자료와 훈련 과정에 대한 평가의 참여도를 뜻한다. 자기규제를 잘하는 학습자는 더욱더 효과적으로 학습할 수 있다. 왜냐하면 그들은 과정을 관찰하고, 발전이 필요한 부분을 확인하고, 그들의 학습을 조절할 수 있기 때문이다. 자기규제는 학습자가 수업을 그만두거나 얼마만큼의 노력을 쏟을 것인지, 또는 있는 힘을 다해 교육 콘텐츠를 배울 것인지를 통제할 수 있기 때문에 특히 온라인 교육 수업에서 중요하다. 표 4.10은 강사가 훈련생에게 답하도록 유도할 수 있는 질문의 예시로, 이러한 질문을 통해 훈련생의 초인지와 자기규제를 장려할 수 있다. 강사(및 온라인 학습 설계자)는 다음과 같은 방법을 통해 훈련생의 초인지를 도울 수 있다. 훈련 주제별로 완료된 후 훈련생에게 핵심 내용을 요약하도록 요청하고, 학습 내용의 적용을 저해할 수 있는 요인에 대한 대처 방법을 고려하고, 질문 및 답변을 개발하고 다른 교육생에게 답변을 요청한다.[48]
3. **선행 조직자**(advance organizer)를 제공할 수 있다. 이는 훈련생들이 보여지고 실습하게

표 4.10 자기규제를 장려하는 질문의 예시

- 나는 지금 훈련 자료에 집중하고 있는가?
- 나는 주요 항목을 이해하고 있는가?
- 나는 수업이 끝난 후 기억할 수 있도록 도와줄 목적을 세우고 있는가?
- 훈련 자료를 배우는 데 효과적인 공부 기술을 사용하고 있는가?
- 더 공부한다면 시험을 더 잘 볼 수 있을 것인가?
- 수업이 끝난 후 정보를 기억하기 위해 복습에 충분한 시간을 사용하고 있는가?
- 나에게 추가적으로 필요한 도움과 자원은 무엇인가?
- 나는 무엇을 기억해야 하는가? 어떻게 기억할 것인가?

자료: P. Shank, "Self-Sufficient Learners Make Successful Workers," *TD* (April 2017), pp. 43–46; T. Sitzmann, "Self-Regulating Online Course Engagement," *T+D* (March 2010), p. 26.

될 정보를 정리하도록 도와주는 개요, 문단, 도표, 그래프이다.

4. 훈련생들이 도전적인 숙달이나 훈련 목표를 정하도록 도와줄 수 있다.
5. 훈련에서 무엇이 일어날 것인지에 대한 대화를 통해 훈련생들이 현실적인 기대치를 만들 수 있다.
6. 직원들을 팀으로 훈련할 때는 성과 기대치에 대해 소통하고 팀원들의 책임감과 역할을 분류할 수 있다.

실습은 경험을 포함한다 직원들이 그들이 이루어야 하는 것을 이야기하는 것만으로는 학습이 일어나지 않는다. 예를 들면, 이전에 논의하였던 고객서비스 시간에서 목표를 사용하는 것에서, 실습은 (불친절, 충분하지 않은 상품, 또는 만족스럽지 않은 환불규정에) 만족하지 못한 고객과의 역할극 참여를 포함해야 한다. 훈련은 훈련생의 효과적인 성과를 위해 규정, 원칙, 전략을 분석하고, 경험할 수 있는 활동적인 교육 전략을 포함해야 한다.[49] 훈련생들은 목표를 몇 번 실행해볼 수 있었더라도 지속적인 실습을 해야 한다. 이것은 흔히 **과잉학습**(overlearning)으로 알려져 있다. 과잉학습은 훈련생이 새로운 지식과 기술에 좀 더 친숙해지고 지식, 능력, 또는 행동을 보유할 수 있는 시간을 늘리는 데 도움을 준다. 예를 들어, 버라이즌의 고객서비스 담당자는 영상 훈련 프로그램을 통해 고객과의 다양한 상호작용 시나리오를 시청하고, 스마트폰이나 웹캠을 사용하여 각자 답변을 녹화하여 배정된 감독관에게 해당 영상을 제출하도록 했다. 감독관은 각 답변의 장단점에 대한 피드백을 제공하였으며, 담당자들은 피드백을 받은 후 다시 녹화했다. 버라이즌은 녹화와 피드백의 과정을 통해 직원들이 여러 번 실습할 수 있다는 사실을 발견했다. 이러한 반복적인 실습을 통해 고객서비스 기술이 향상되었다.[50]

사회적 통념은 우리가 오류를 통해 배운다는 것이다. 그러나 대부분의 사람들은 오류에 불안감과 분노, 실망을 느낀다. 교육적 관점에서 오류는 유용할 수 있다는 것이 연구를 통해 밝혀졌다.[51] **오류관리훈련**(error management training)은 훈련생에게 훈련 중 오류를 만드는 기회를 주는 것을 뜻한다. 오류관리훈련에서는 오류가 교육에 도움을 준다고 지도를 받고, 오류를 만들도록 장려한 후, 그 오류를 통해 배우게 한다. 훈련생은 실제로 더 많은 오류를 범하고, 훈련을 끝내는 데에 좀 더 많은 시간이 필요할지도 모른다. 하지만 오류관리훈련은 직원들이 학습한 내용을 업무에서 적용하는 '훈련 전이'에 도움이 된다.

오류관리훈련은 초인지(즉, 교육 콘텐츠를 어떻게 사용할 것인지, 교육 콘텐츠 사용 관찰, 교육 콘텐츠가 어떻게 사용되었는지에 대한 평가)에 포함되어 훈련생에게 기회를 제공하기 때문에 효과적이다. 이는 더 높은 단계의 인지 과정, 더 나은 기억력과 인출 능력을 가져온다. 강사는 훈련생이 홀로 어려운 문제나 업무를 수행하는 과정에서 오류를 범할 기회를 주고 그 오류를 배울 수 있는 기회로 만들도록 장려함으로써 전통적인 전략과 함께 오류관리훈련을 사용하는 것을 고려해야 한다.

훈련생에게 단순히 오류를 만드는 것만 지도하는 것은 교육에 도움이 되지 않는다는 것을 알아야 한다. 오류가 교육에 긍정적인 효과를 가져오기 위해서는 훈련생들이 오류를 배울 수 있는 기회로 사용해야 한다. 오류관리훈련은 교육시간 동안 정해진 교육 콘텐츠에 대한 학습을 끝내지 못하였을 때 특히 더 유용하다. 결과적으로, 훈련생은 새로운 업무나 문제에 직면하였을 때 자신만의 방법을 발견하여야 한다.

집중 학습 대 분산 학습 훈련되어야 할 과업의 종류에 따라, 실습의 빈도수가 학습에 영향을 준다는 것이 드러났다.[52] **집중 학습**(massed practice) 조건은 개인이 쉬지 않고 지속적으로 업무 실습을 하는 것이다. 집중 학습은 또한 훈련생이 실습을 분산하기보다 한 번의 수업에서 끝내는 것을 포함하고 있다. **분산 학습**(spaced practice) 조건에서는 개인에게 실습시간 동안 휴식 간격이 제공된다. 분산 학습은 보편적으로 집중 학습보다 우수하다. 하지만 업무의 성향에 따라 집중 학습 대 분산 학습의 효율성에서는 차이를 보이고 있다. 업무 성향은 전반적인 업무 복잡성, 정신적 요건과 신체적 요건을 포함한다. **전반적인 업무의 복잡성**(overall task complexity)은 업무에서 필요한 몇몇의 특정 행동, 업무 수행을 위해 포함되어야 하는 선택권, 그리고 업무 수행에서의 불확실성의 정도를 포함하고 있다. **정신적 요건**(mental requirement)은 업무가 업무 수행 대상에게 요구하는 정신적 능력, 인지 능력, 또는 업무 수행 능력의 정도를 뜻한다. **신체적 요건**(physical requirement)은 업무에서 한 사람에게 요구하는 업무 수행과 완료를 위한 신체적 기술 및 능력의 정도를 뜻한다. 표 4.11에서는 업무가 어떻게 다를 수 있는지 보여주고 있다.

좀 더 복잡한 업무(인터넷 기반 강의, 수업, 원거리 교육과 같은 교육 상황 포함)는 업무 교육에서 긴 휴식시간이 있을 때 좀 더 효과적인 것으로 나타났다. 실습 후, 훈련생은 교육의 효과를 보기 위해 구체적인 피드백이 필요하다. 이것은 업무나 일, 강사, 관리자, 동료로부터의 피드백을 포함한다.

전습법 대 부분 실습 마지막 주제는 한 번에 얼마나 많은 실습이 필요한가와 관련 있다. 한 가지 선택은 모든 업무나 목표가 한 번의 실습에 포함되는 것이다[**전습법**(whole practice)]. 다른 선택은 목표나 업무가 훈련 프로그램 중에 각각 소개된 직후 개개인이 실습하는 것이다[**부분 실습**(part practice)]. 훈련 세션에서 전습법과 부분 실습을 둘 다 포함하는 것이 가장 좋을 것이다. 훈련생은 개개인의 기술이나 행동을 실습할 기회를 가질 것이다. 만약 훈련 중

표 4.11 정신적 요건, 신체적 요건, 전반적인 업무의 복잡성

정신적 요건	전반적인 복잡성	신체적 요건
낮음	낮음	높음
업무 예시: 윤전기 돌리기, 타이핑, 공 던지기, 사다리 타기, 못 빼기, 양측 이전, 크랭크 돌리기		
높음	평균	낮음
업무 예시: 무료 복원 업무, 비디오게임, 외국어, 슬라이드 바 작업, 목소리 인식, 교실 수업, 음원 측정, 문서 작성, 구부정한 자세의 업무, 구술 설명, 미로 학습, 숫자 연결, 알파벳 역방향 인쇄, 원격학습, 인터넷 훈련		
낮음	높음	높음
업무 예시: 체조 기술, 균형 업무		
높음	높음	높음
업무 예시: 항공 교통 관제사 시뮬레이션, 우유 짜기 시뮬레이션, 항공기 제어 시뮬레이션, 손 움직임 기억력, 퍼즐박스 업무, 음악 기억력과 연주		

자료: J. Donovan and D. Radosevich, "A Meta-Analytic Review of the Distribution of Practice Effect: Now You See It, Now You Don't," *Journal of Applied Psychology*, 84 (1999), pp. 795–805.

소개되었던 기술이나 행동이 서로 연관되어 있다면, 훈련생은 그들이 각자 실습한 후 그것을 모두 실습 시간에 보여주어야 한다. 훈련생을 다양한 교육 내용에 노출시키기 위해 세션 전반에 걸쳐 주제를 전환하며 실습 활동을 실시해야 한다. 이는 교육 내용을 훈련생의 장기 기억에 유지되게 하므로 학습을 촉진하는 데 도움이 된다. 또한 훈련생이 일하는 것과 동일한 방식으로 기술과 지식을 회상하고 적용하도록(즉, 다른 업무와 문제 사이에서 초점을 이동하면서 서로 다른 지식과 기술을 사용) 요구하기 때문에 훈련 전이도 향상된다.

효과적인 실습 조건 실습이 훈련의 목적과 관련이 있기 위해서는 몇 가지 조건이 맞아야 한다.[53] 훈련 목표에서 강조되었던 행동, 훈련 목표에서 구체적으로 제시되었던 조건 수행, 주어진 조건 또는 기준에 맞게 훈련생이 실행할 수 있도록 하는 도움, 훈련생이 기준을 충족하는지 평가하기 위한 수단 제공, 훈련생이 자신의 실수를 고칠 수 있도록 하는 실습이 포함되어야 한다.

실습은 반드시 훈련 목표와 연관되어 있어야 한다. 강사는 훈련생이 목표를 실습하기 위해 무엇을 하는지(수행), 그 목표를 달성하기 위한 기준, 어떤 조건을 기반으로 보여주어야 하는지를 명시해주어야 한다. 이러한 조건은 실습시간에 보여주어야 한다. 실습 활동은 가능한 한 현실적이어야 한다. 즉, 훈련생은 훈련 내용을 실무에 활용하는 방법을 반영한 실습에 참여해야 한다. 다음으로, 강사는 훈련생 수행의 적절성을 고려할 필요가 있다. 즉 훈련생이 자신의 수행이 기준에 도달했다는 것을 어떻게 알게 할 것인가? 그들은 원하던 수행의 모델을 볼 것인가? 그들은 희망하는 수행에 대한 점검표 또는 설명서를 제공받을 것인가? 훈련생은 그들의 수행이 기준에 적합한지 결정할 수 있는가? 혹은 강사나 장비의 한 부분이 그들의 수행을 기준과 비교할 것인가?

마지막으로, 만약 훈련생의 수행이 기준에 맞지 않는다면 강사는 훈련생이 무엇이 잘못되었고 어떻게 고칠 것인가를 알고 있는지에 대한 판단을 꼭 내려야 한다. 강사는 훈련생이 그

들의 수행을 진단하고 올바른 행동을 취할 것인지, 아니면 강사나 선배 훈련생의 도움이 필요한지를 판단할 필요가 있다.

직원은 훈련 콘텐츠를 기억할 필요가 있다

기억은 우리의 감각을 통해 받아들인 자극제를 단기 기억으로 처리하는 과정으로 이루어진다. 만약 정보가 '중요'하다고 판단되면, 신경 세포 또는 전자적 연결을 통해 만들어지는 새로운 상호 접속이 생기면서 장기 기억으로 옮겨지게 된다. 직원이 지식, 기술, 행동, 그리고 다른 훈련을 장기 기억 속에 저장하는 것을 도와주는 몇 가지 방법이 있다(표 4.12 참고).[54]

한 가지 방법으로는 훈련생들이 그들이 어떻게 만들고, 실행하며, 기억에 접근하는지에 대해 알게 하는 것이다. 훈련생들이 그들이 어떻게 배우는지에 대해 이해하는 것은 중요하다. (이 장의 처음에서 논의한) 학습 양식을 보여주는 것은 훈련생들이 선호하는 교육 방식을 선택하는 데 유용하게 사용될 수 있다.

훈련생이 중요한 내용을 기억하도록, 인지적 자원을 최대한 활용할 수 있게 중요한 요점은 강조 표시하고, 관련 없는 내용은 제거해야 한다. 특별히, 그래프와 비디오 같은 시각 자료는 학습자에게 관련되고 중요한 내용을 제공하는 데 유용할 수 있다.

장기 기억을 만들기 위해 훈련 프로그램은 콘텐츠가 명백하여야 하고 세부사항에 정교해야 한다. 한 가지 접근법으로 강사가 개념들 간의 관계를 보여주기 위한 개념지도(concept map)를 만들어서 사용하는 접근이 있다. 다른 접근법은 다양한 방법으로 기억에 접근하기 위해 쓰기, 그리기, 그리고 역할극을 포함한 다수의 리뷰 형식을 사용하는 것이다. 훈련생이 정보를 인출하기 위해 사용할 수 있는 다른 방법은 주요 단어, 과정 또는 순서를 가르쳐주거나, 시각 영상을 보여주는 것이다. 새로운 지식을 가르칠 때 훈련생에게 그들이 이미 알고 있는 지식, 행동, 스킬을 상기시키는 것은 장기 기억화되는 데 도움이 된다. 인출을 위한 외부 단서 또한 유용할 수 있다. 열쇠 또는 지갑을 잃어버렸을 때를 생각해보자. 기억하기 위해 우

표 4.12 훈련생이 훈련 내용을 기억하도록 돕는 방법

- 어떻게 학습하는지를 이해하도록 도와준다.
- 중요한 항목을 강조하고, 관련 없는 내용은 제거한다.
- 개념지도를 사용하여 아이디어 간의 관계를 보여준다.
- 핵심 단어를 가르치고, 절차, 연속적인 사건, 또는 시각적 이미지를 제공한다.
- 훈련생이 기록하고 성찰에 참여하도록 장려한다.
- 훈련생이 과잉학습을 하도록 한다.
- 훈련 중에 휴식시간을 제공한다.
- 퀴즈 또는 증폭제를 사용한다.
- 과정을 모듈화하거나 마이크로러닝을 사용하여 학습 과정을 작은 덩어리로 나눈다.
- 훈련생이 사전 훈련 작업을 완료하도록 한다.

자료: K. Kraiger and V. Mattingly, "Cognitive and Neural Foundations of Learning," in *The Cambridge Handbook of Workplace Training and Employee Development*, K. Brown, ed (New York: Cambridge University Press, 2018); "The Art & Science of Learning That Sticks," from www.grovo.com, accessed February 9, 2018; D. Rock, "Your Brain on Learning," *Chief Learning Officer* (May 2015), pp. 30–48; A. Beninghof, "Pathways to Retention," *TD* (June 2015), pp. 21–22; R. Weiss, "Memory and Learning," *Training and Development*; (October 2000), pp. 46–50; R. Zemke, "Toward a Science of Training," *training* (July 1999), pp. 32–36을 기반으로 함.

리는 보통 상황이 일어났던 가장 가까운 때나 잃어버렸을 당시를 기억하기 위한 정보를 검토한다. 우리는 종종 그 물건을 마지막으로 보았던 장소로 다시 가보는데, 그 이유는 환경이 기억을 되살릴 수 있는 단서로 제공될 수 있기 때문이다.

미식축구리그(National Football League)의 다른 팀과 마찬가지로 클리블랜드 브라운스(Cleveland Browns) 선수들도 노트북을 사용하여 경기와 계획(schemes)을 학습하고, 상대팀의 영상 시청과 메모를 통해 경기를 준비한다.[55] 그러나 브라운스의 코치들은 선수들이 단순히 영상을 시청하는 것으로 끝나는 게 아니라, 적극적으로 배울 필요가 있다고 생각한다. 이에 코치들은 선수들에게 단순히 노트북에 타이핑하는 것뿐만 아니라 연필과 종이를 사용하여 기록할 것을 권장한다. 이러한 계획은 선수들이 학습해야 할 것을 정신적으로 처리하도록 하는 것인데, 이는 학습 내용을 기억하게 하는 데 도움이 된다. 타이핑이 아닌 글로 메모를 하는 것은 학습자가 생각을 자신의 단어로 바꾸어 표현하게 하므로, 뇌의 더 깊은 수준에서 정보를 처리해야 함을 의미한다. 직원들이 배운 내용이 기억에 남도록 돕는 또 다른 방법으로 성찰이 있다. **성찰**(reflection)은 훈련생이 대략 15분 정도의 짧은 시간 동안 무엇을 배웠고, 어떻게 수행했는지 복습하고 쓰도록 하는 것이다.[56] 훈련생이 훈련 내용에 대한 집중력과 주의력을 최적화할 수 있도록 휴식시간을 제공하는 것이 필요하다. 휴식을 취하지 않으면 기억이 과부화되어 장기 기억에 내용을 유지하기가 어렵다. 마지막으로 퀴즈와 시험은 훈련생이 기억에서 정보를 검색함으로써 학습 효과를 향상한다. 이를 통해 훈련 내용의 유지 기간을 연장시킬 수 있다.

단일 시행 학습(one-trial learning)만으로는 장기 기억화되기 힘들다. 단일 시행 학습이란 훈련생이 처음으로 행동이나 기술을 올바르게 나타내거나 지식을 올바르게 회상하는 것을 말한다. 훈련생은 종종 이 시점에서 자신이 행동, 지식, 기술을 학습했다고 추정하지만, 이것이 항상 사실은 아니다. 지식, 기술, 행동 또는 기타 훈련 내용을 유지하려면 훈련생은 과잉학습에 참여해야 한다. 앞서 살펴본 바와 같이, 과잉학습은 훈련 내용이 장기 기억에 저장되도록 하기 위해 여러 번 복습하고 실습하는 것을 의미한다. 과잉학습은 또한 업무의 자동화를 돕는다. **자동화**(automatization)는 업무 시행, 지식 회상, 기능 실행을 자동적으로 만들어 아주 적은 생각이나 주의만 필요로 하는 것을 뜻한다. 자동화는 기억 수요를 줄이는 데 도움을 준다. 자동화가 더 많이 실행될수록 다른 학습이나 생각에 집중할 수 있는 공간이 생긴다. 훈련생이 시연이나 실습을 더 많이 할수록 장기 기억에 보유되는 정보는 더 많아질 것이고, 시간이 지날수록 더 적은 양의 기억이 쇠퇴되는 일이 일어날 것이다. 예를 들어, 학습자가 학습한 내용을 회수할 수 있는 기회도 보유를 증가시킬 수 있다.[57] **증폭제**(boosters)는 학습자의 뇌가 훈련 정보를 중요한 것으로 간주하고 보유하는 데 도움이 될 수 있는 회수 기회를 말한다. 증폭제는 짧은 객관식 문제, 단답형 퀴즈 또는 장기 기억에서 학습한 내용을 회수해야 하는 기타 활동 등이 될 수 있다.

연구에 의하면 4~5개 이하의 정보만 한 번에 처리할 수 있다. 만약 긴 과정이나 절차를 가르쳐야 한다면, 기억 한계를 넘지 않기 위해 설명서는 되도록 작은 덩어리나 짧은 수업으로 나눠져서 전달되어야 한다.[58] 직원에게 도움이 되지 않거나 필요하지 않은 정보를 포함하는 전체 과정을 완료하는 데 시간을 들이는 것 대신에, 훈련 과정을 모듈화하거나 작은 학습 덩어리로 세분화해야 한다.[59] 학습자는 관심 없는 내용을 건너뛰거나 테스트를 완료하여 내용의 완전한 학습을 입증할 수 있다. 훈련 과정이 작은 덩어리로 세분화된 과정은 직원이 자신에게 필요하거나 배우고 싶은 주제에 집중하게 함으로써 시간과 돈을 절약할 수 있다.

마이크로러닝(microlearning)은 훈련생의 참여를 유도하고, 학습 동기를 부여하며, 보유를 촉진하도록 설계된 작은 조각 또는 덩어리로 제공되는 교육을 말한다.[60] 학습 덩어리는 일반적으로 5~8분 길이의 영상이나 게임의 형태로 제공된다. 마이크로러닝은 더 긴 훈련 과정을 하나 또는 여러 개의 단기 과정으로 대체할 경우에 사용된다. 또한 정규 훈련(formal training)을 강화하거나 보완하고(예: 훈련 후 퀴즈, 프로그램 전 짧은 훈련 콘텐츠 공유를 통한 흥미 유발), 적시(just-in-time) 학습 콘텐츠를 만드는 데도 활용되고 있다. 인재 전문가의 설문조사 결과는 마이크로러닝 사용에 대한 중요한 통찰력을 제공한다.[61] 마이크로러닝은 영상, 자기 진도형 이러닝 또는 파워포인트 슬라이드나 인포그래픽(infographics)과 같은 시각 자료를 가장 많이 사용하며, 퀴즈, 시나리오에 응답하기, 시뮬레이션, 실습 활동 또는 게임도 자주 사용된다. 마이크로러닝은 기술적인 내용을 포함하거나, 성과 지원 또는 신입직원 교육에 초점을 맞추거나, 규정 준수 기준을 충족하기 위해 반드시 완료해야 하는 긴 과정을 대체하는 데 사용되고 있다. 인재 전문가들은 학습자에게 마이크로러닝의 주요 이점이 시간이라고 말한다. 즉, 학습자가 편리한 시간대에 학습할 수 있고, 많은 시간이 소요되지 않으며, 그들이 필요할 때 현장에서 학습을 진행할 수 있다는 것이다. 또한, 훈련생의 게임이나 시뮬레이션 진행 상황을 추적 및 보고할 수 있고, 주제나 기술을 기반으로 마이크로러닝 콘텐츠를 연계할 수 있다. 그러나 효과적인 마이크로러닝의 주요 장벽은 훈련생이 학습에 대한 책임을 지지 않는다는 것이다.

다양한 회사에서 마이크로러닝을 어떻게 사용하고 있는지 살펴보자.[62] 경영 컨설팅 회사인 에이브네이드(Avenade)의 훈련생은 디자인 씽킹(Design Thinking), 자기주도 등의 주제가 포함된 단기 강좌를 수강할 수 있다. 교육 과정은 점진적으로 진행하는 방법 또는 관련 내용의 과정을 임의의 순서로 수강할 수 있는 방법으로 구성된다. 모든 단기 강좌는 학습자 가이드, 활동, 즉각적인 성찰, 대화형 토론 게시판을 포함한다. 단기 강좌에 대한 훈련생들의 반응은 긍정적이었다. 바쁜 일정 가운데 학습 가능한 시간을 조정할 수 있었기 때문이다. 자동차 딜러에게 컴퓨팅 서비스를 제공하는 CDK글로벌(CDK Global)은 마이크로러닝을 사용하여 영업팀의 성과를 지원한다. 영업팀 구성원은 운전하는 동안 짧은 팟캐스트(podcast, 인터넷망을 통해 다양한 콘텐츠를 제공하는 서비스)에 접속하여, 고객 방문 시 마주하게 될 문제와 상황을 중심으로 자신만의 재생 목록을 구성할 수 있다. 팝헬스케어(PopHealthCare)는 전자 의료 기록 훈련을 위한 전제 조건으로 마이크로러닝을 사용한다. 아메리칸 데어리퀸(American Dairy Queen)은 새로운 상품을 소개하고 조리법의 재료와 단계를 보여주기 위해 마이크로러닝을 사용한다. 훈련생은 마이크로러닝을 완료한 후, 요리를 연습하기 전 한 번 더 복습할 수 있다.

새로운 교육 과정 또는 프로그램을 설계하거나 혹은 기존 교육 과정을 수정하는 과정에서 마이크로러닝의 모든 원칙을 적용할 시간 혹은 활용 가능한 자원이 없는 경우에는, 온라인으로 완료하거나 통합 문서를 사용하여 완료할 수 있는 사전 교육 작업을 활용할 수 있다.[63] 예컨대, 훈련생은 원칙이 적용되는 방식(예: 화난 고객에 대처하기) 또는 프로세스 작동 방식(예: 혈액 샘플의 병원체 검사, 자동차 워터 펌프 교체)을 훈련받기 전에, 구성 요소의 이름, 정의, 원리 및 특성과 같은 '기초(basics)' 수준의 정보에 익숙해질 수 있다. 이를 통해 인지 자원을 확보하여 훈련 중에 다루는 내용에 집중하고, 학습한 내용을 유지할 수 있다.

직원은 피드백이 필요하다

피드백(feedback)은 사람들이 훈련 목표를 얼마만큼 잘 성취하는지에 대한 정보이다. 피드백이 효과적이기 위해서는 구체적인 행동에 집중하고 훈련생의 행동 직후 최대한 빠른 시간 안에 제공되어야 한다.[64] 또한 훈련생의 긍정적 행동은 구두로 칭찬하거나 강화되어야 한다. 비디오테이프는 피드백을 주기에 강력한 도구이다. 강사는 훈련생들과 비디오테이프를 같이 보며, 행동이 어떻게 수정되어야 하는지에 대한 정보를 제공하고, 목표를 달성한 훈련생의 행동은 칭찬해주어야 한다. 피드백은 또한 시험이나 퀴즈, 실무 관찰, 수행 자료, 멘토 또는 코치, 문서, 또는 대인관계 교류를 통해 제공되기도 한다.

훈련생이 무엇이 나쁜 성과와 좋은 성과로 이끄는지 이해하게 하려면 훈련생에게 제공되는 피드백 단계의 특수성이 다양할 필요가 있다.[65] 예를 들면, 직원들은 작동이 잘되거나 부작용이 있는 장비에 어떻게 대응해야 하는지에 대해 배울 필요가 있다. 그러므로 직원들이 정상적으로 작용하는 장비에 대한 지식만 가지게 하려면 피드백을 그렇게 구체적으로 제공하지 않아도 된다. 좀 덜 구체적인 피드백은 훈련생들이 장비 문제로 이어질 수 있는 오류를 만들게 하며, 훈련생들에게 어떠한 행동이 장비 문제를 가져오고 그러한 문제를 어떻게 해결할 것인지에 대해 배울 수 있는 기회를 제공한다. 피드백의 빈도수가 줄거나 오류의 결과로 실습 중 마주하게 되는 어려움은 훈련생들이 올바른 반응을 알아채기 위한 정보 처리 과정이나 관찰에 집중하도록 도와준다.

직원은 관찰, 경험, 그리고 교류(상호작용)를 통해 배운다

이 장의 앞부분에서 명시되었듯이, 직원들이 배울 수 있는 한 가지 방법은 모델을 관찰하고 모방하는 것을 통해서이다. 효과적인 모델을 위해서 바람직한 행동이나 기술이 정확히 명시되어야 하고 대상자들의 성향과 비슷한 성향을 모델이 가지고 있어야 한다(예: 나이 또는 지위).[66] 모델을 관찰한 후, 훈련생들은 모델이 보여주었던 행동이나 기술을 재생해볼 수 있는 실습 시간의 기회를 가져야 한다. 성인 학습 이론에 의하면, 직원들은 직접 해봄으로써 배우고(learn-by-doing),[67] 직접 경험하고, 경험이 많은 직원들과 함께 일하도록 하고, 그들의 지식 차이를 관리할 수 있는 도구나 자료를 제공하였을 때 가장 잘 배우는 것으로 나타났다. 행동이나 기술을 모델링하는 한 가지 방법은 학습자에게 유튜브 동영상을 사용하여 무엇을 해야 하는지 보여주는 것이다. 예를 들어, 치즈케이크팩토리(Cheesecake Factory)의 비디오카페(Video Café)에서 사용할 수 있는 우수한 서버의 영상이 있다.[68]

표 4.13 교육적인 상호작용의 세 가지 종류

종류	사용해야 할 때
학습자-학습 내용	혼자 끝낸 업무를 숙지하는 것이 필요. 정보를 공부하고 그에 따라 행동하는 과정을 배움
학습자-학습자	그룹으로 끝낸 업무를 숙지하는 것이 필요. 학습자는 새로운 지식 또는 동료와 콘텐츠에 대한 논의를 통해 이해를 입증
학습자-교수자	깊은 주제 탐색 그리고 비판적인 분석과 사고를 개발하기에 좋음. 논의는 짧은 시간 동안 많은 양의 자료가 제시되어야 할 때 제한적일 수 있음

자료: H. Nuriddin, "Building the Right Interaction," *T+D* (March 2010), pp. 32–35; D. Leonard and W. Swap, "Deep Smarts," *Harvard Business Review* (September 2004), pp. 88–97을 기반으로 함.

직원들은 또한 훈련 콘텐츠, 다른 학습자, 그리고 강사나 지도자와의 교류(상호작용)를 통해 가장 잘 배운다.[69] 표 4.13에서는 직원들이 교류(상호작용)를 통해 배우는 것과 그것을 언제 사용하는지에 대한 세 가지 방법을 보여주고 있다. **학습자–학습 내용 접촉(상호작용)**(learner-content interaction)은 학습자들이 훈련 콘텐츠와 교류(상호작용)하는 것을 뜻한다. 학습자–학습 내용 접촉(상호작용)은 책이나 인터넷에서의 본문 읽기, 멀티미디어 모듈(multimedia module) 듣기, 도구나 물건 조작을 필요로 하는 행동 실행(예: 쓰기), 학습지나 사례연구 완료, 또는 배운 정보를 통한 새로운 콘텐츠 개발을 포함하고 있다. 전통적으로는 직원들이 필요로 하는 모든 교육 내용은 공식적으로 예정된 과정 동안 강사와 훈련개발 부서에서 제공해왔으나, 오늘날 트렌드 중의 하나는 훈련 내용에 학습자가 만든 콘텐츠를 포함시키고, 훈련생이 필요할 때 사용할 수 있도록 하는 것이다.[70] 학습자가 만든 콘텐츠의 한 예로 동료와 공유할 수 있는 스마트폰에 저장된 업무의 관행 및 절차 영상이 있다.

학습자–교수자 접촉(상호작용)(learner-instructor interaction)은 학습자와 전문가(강사) 간의 상호작용을 뜻한다. 강사는 보여주기, 입증하기, 콘텐츠 강화하기를 통해 교육을 향상할 수 있다. 또한 강사는 학습자가 가장 가치를 두는 지지, 용기, 피드백을 제공한다. 학습자-교수자 논의는 학습자가 콘텐츠, 자기 인식과 자기평가 향상, 다른 의견에 대한 공감, 업무에서 의견 제안을 이해하는 데 유용할 수 있다. 학습자의 비판적인 사고나 분석 기술을 극대화하기 위해 논의는 지도자가 물어보고 학습자가 대답하는 형태를 넘어서야 한다.

학습자–학습자 접촉(상호작용)(learner-learner interaction)은 지도자가 있을 때나 없을 때나 일어나는 학습자들 사이의 상호작용을 뜻한다. 동료 간 관찰과 경험 교류를 포함한 학습자–학습자 접촉(상호작용)은 특별히 대인관계 기술 훈련(예: 대화), 경험에 따른 개인의 지식 습득(예: 어떻게 판매를 마치고 갈등을 해결하는지에 대한 암묵적 지식), 상황에 알맞은 지식(예: 국제적인 위치에서 관리 능력), 새로운 상황이나 불확실성에 대처하는 것을 배우는 것(예: 새로운 상품 또는 서비스 홍보)이 유용할 수 있다.[71]

파머스 인슈어런스(Farmers Insurance) 및 제너럴 모터스(General Motors)에서의 훈련이 어떻게 학습자를 적극적으로 참여시키고, 훈련 전이를 확보하는지 살펴보자.[72] 파머스의 'CE-It's Up to Me' 훈련에는 직원이 실제 고객과 소통하는 것을 관찰하고, 상호작용에 미치는 영향을 식별하여 경험을 개선할 방법을 판단할 수 있도록 지원하는 연습문제(worksheet)

가 포함된 4개의 온라인 교육 모듈과 2분 길이의 짧은 동영상이 포함되어 있다. 관리자는 훈련생이 온라인 모듈과 동영상을 모두 마친 후, 훈련에 대해 논의하기 위한 팀 회의를 연다. 제너럴 모터스의 지역 관리자 훈련은 대면 교육, 중개인 운영, 고객 콜센터 및 사후서비스 센터에서의 경험, 자기주도적 훈련, 경험이 많은 지역 관리자의 멘토링, 학습한 내용을 다른 훈련생들과 공유하는 시간 등으로 구성된다.

학습공동체(communities of practice, COPs)는 같이 일하고, 서로에게 배우며, 업무 수행을 어떻게 할지에 대한 공통 이해를 발전시키는 직원들의 커뮤니티를 뜻한다.[73] 학습공동체(COPs)는 대면 교류와 전자기기를 통한 교류를 포함할 수 있다. 학습공동체(COPs)의 개념은 사회적 상호작용의 결과로 교육이 일어난다는 것을 제시하고 있다. 모든 회사에서는 직원들이 업무를 완수하기 위해 관계를 맺도록 하는 업무 환경 설계로 인해 자연스럽게 학습공동체(COPs)가 만들어진다. LeadingRE는 서로 경쟁하지 않는 부동산 회사의 대표 및 중개인 단체인 'CEO Exchange Group'을 운영한다.[74] 그들은 직면하고 있는 문제나 기회에 대해 논의하고 우수 사례를 공유하기 위해 매년 수차례에 걸쳐 만나거나 전화 회의를 한다.

학습공동체(COPs)는 직원들이 전자상으로 대화할 수 있는 소셜 네트워크, 토론 게시판, 리스트 서버(list server), 또는 컴퓨터 매개 의사소통 형태를 가진다. 이것을 통해, 각 직원들의 지식은 대체적으로 빠른 방식으로 접근할 수 있게 되었다. 이것은 직원들이 전문가 그룹과 함께 대화를 나누는 것과 같다. 와이어스 제약(Wyeth Pharmaceutical)은 작업 현장을 최상으로 유지하기 위해 11개의 학습공동체(COPs)를 유지하는 데 집중하고 있다.[75] 학습공동체(COPs)는 직원들끼리 가장 좋은 실행 방법을 공유하고, 서로에게 배우고, 업무 과정을 쉽게 발전시키도록 했다. 새로운 기술과 유지 과정에 대한 600시간 이상의 훈련은 학습공동체(COPs)의 유지 기능을 사용하여 전달하도록 했다. 결과적으로 생산 과정에서 장비 사용량을 72%에서 92%로 늘리는 등, 믿을 만한 장비와 높은 생산성을 달성했다.

학습공동체(COPs)가 엔지니어링 또는 품질과 같은 회사의 핵심 운영 과정에 기여한다고 직원과 관리자들이 믿을 때, 학습공동체는 교육이나 업무 성과 향상에 효과적인 것으로 나타났다.[76] 의사소통 향상이라는 이점에도 불구하고, 이러한 공동체의 단점은 자발적인 참여로만 자주 이루어져서, 조직의 문화가 참여를 동조하지 않으면 몇몇 직원들은 그들의 지식을 공유하지 않는다는 것이다. 그것은 직원들이 인센티브 또는 그들의 지식을 다른 사람과 공유했을 때 그들의 임금이나 진급 결정에 작용할 수 있는 자신의 장점을 다른 사람에게 주는 것이라는 두려움 때문일 수도 있다.[77] 다른 유력한 단점은 정보의 과부하이다. 직원들이 학습공동체(COPs)에서 나오게 되는 것은, 그들이 수행하지 못할 정도로 너무 많은 양의 정보를 받게 되어서다.

직원은 훈련 프로그램이 제대로 개발되고 조직되는 것을 필요로 한다

훈련 조정은 훈련 관리의 여러 가지 요소 중 하나이다. **훈련 행정**(training administration)은 프로그램의 이전, 중간, 그리고 종료 후 활동을 조직하는 것을 뜻한다.[78] 훈련 행정에 포함되는 것은 다음과 같다.

1. 수업과 프로그램에 대해 직원들과 소통
2. 수업과 프로그램에 직원 등록
3. 읽을거리 또는 테스트 같은 사전 자료 준비 및 시행
4. 지도할 때 사용할 자료 준비(예: 경비 자료, 사례들)
5. 훈련 장소나 방 준비
6. 지도에서 사용할 장비 시험
7. 장비 고장에 대비한 예비 장비 준비(예: 복사본이나 슬라이드 또는 오버헤드 프로젝터 전구 여분)
8. 지도 중 도움 제공
9. 평가 자료 배분(예: 시험, 반응 측정, 설문지)
10. 훈련 중이나 종료 후 강사와 훈련생 간의 대화 활성화(예: 이메일 주소 교환 조정)
11. 개인 파일 또는 훈련생의 훈련 기록에 수업 수료 기록

좋은 훈련 관리는 훈련을 방해할 수 있는 상황(불편한 교실이나 난잡하게 조직된 자료)으로부터 훈련생들이 방해받지 않도록 하는 것이다. 프로그램 시작 전 활동에는 훈련생들과 프로그램의 목적, 장소, 질문이 있을 경우 연락할 사람의 연락처, 그리고 사전 적응을 위해 끝내야 하는 일에 대해 소통한다. 책, 연설자, 유인물, 비디오테이프가 준비되어 있어야 한다. 장소와 장비(예: DVD 플레이어) 확보를 위해 필요한 준비가 완료되어야 한다. 훈련 장소의 물리적 배열은 훈련에 적합해야 한다. 예를 들면, 만약 그룹 활동을 위해 자리를 옮길 수 없다면 팀 빌딩(team building) 시간이 효과적이기 어렵다고 볼 수 있다. 만약 영상 자료가 사용될 예정이라면, 모든 훈련생이 볼 수 있어야 한다. 장소는 꼭 적당한 조명과 환기시설을 갖춘 신체적으로 편안한 곳이어야 한다. 훈련생에게 시작과 마치는 시간, 쉬는 시간, 그리고 화장실 위치를 알려주어야 한다. 휴대전화 문자와 같은 방해 요소를 최소화한다. 훈련생들에게 호출기나 휴대전화의 전원을 끌 것을 요청한다. 만약 훈련생들이 프로그램 평가 또는 그들이 무엇을 배웠는지를 결정하기 위한 시험을 보게 된다면, 이 활동을 위해 프로그램의 마지막 시간을 할애한다. 프로그램이 끝나면, 수료한 훈련생의 이름이 있는 증명서를 주고, 유인물과 다른 훈련 자료는 담당자(consultant)에게 돌려주어야 한다. 또한 프로그램이 끝났을 때는 만약 다시 훈련이 제공된다면 어떻게 발전할 수 있을지에 대한 고민을 하기에 좋은 시간이다. 훈련 장소를 고르고 준비하는 것과 프로그램을 설계하는 것에 대한 현실적인 주제에 대한 좀 더 자세한 논의는 5장에서 하게 된다.

훈련생의 책임감과 자기관리 장려

훈련생은 훈련 준비, 훈련 중 참여, 업무에서 학습한 내용 적용과 같은 학습과 훈련 전이[79]에 대한 책임감을 가질 필요가 있다. 훈련 전, 훈련생들은 그들이 왜 훈련에 참여하는지, 활동 계획을 완성하는 것의 의미는 무엇인지 알고, 구체적인 교육 목표를 세울(혼자서 또는 가급적이면 관리자와의 논의를 통해) 필요가 있다(5장에서 좀 더 구체적인 활동 계획에 대해 논

의한다). 또한, 훈련생들은 사전 적응을 위한 어떠한 과제도 완료하여야 한다. 훈련 동안에는 훈련생들이 꼭 참여해야 하는데 이렇게 참여하고, 토론하는 과정을 통해 경험을 공유하고, 실습하고, 궁금한 것이 있으면 질문해야 한다. 훈련이 끝난 후, 훈련생들은 그들의 활동 계획에서 세웠던 목표에 도달하기 위해 일하고 검토해야 한다. 그들은 변화(예: 새로운 행동 시도 또는 새로운 지식 적용)를 두려워하지 않고 필요하다면 상사나 관리자에게 도움을 요청하도록 해야 한다.

자기관리(self-management)는 한 사람이 의사결정이나 행동의 특정 측면을 통제하려고 시도하는 것을 뜻한다. 훈련 프로그램은 직원들이 자기관리를 통해 그들의 새로운 기술과 행동을 업무에 사용할 수 있도록 준비시켜 주어야 한다. 자기관리에는 다음이 포함된다.

1. 새로 습득한 능력을 사용하는 데 업무 환경에서의 지지도와 부정적 결과 결정
2. 배운 능력을 사용하는 데 목적 설정
3. 업무에 배운 능력 적용
4. 배운 능력을 사용한 업무 검토
5. 자기강화 참여[80]

연구에서는 자기관리 전략을 제공받은 훈련생은 그렇지 않은 훈련생보다 행동과 기술의 전이가 더 잘 나타난다고 제시한다.[81]

반드시 업무 환경이 학습과 전이를 지원하게 한다

훈련 전이가 실현되는 것을 보장하기 위한 마법의 '공식(formula)'은 없다. 훈련 전이를 위한 효과적인 전략에는 훈련생들의 동기부여와 관리자 그리고 동료들이 학습과 전이를 지원하는 것에 대한 보장을 포함한다.[82] 이러한 전략은 특히 개방 기술에 대한 훈련, 즉 훈련생들이 훈련받은 원리의 무엇을, 어떻게 적용할지에 대한 선택지가 많은 훈련일 때 중요하다. 폐쇄 기술은 관리자, 동료 그리고 업무 환경에 가장 덜 영향을 받은 규정된 행동을 포함한다. 또한 지식 습득과 자기효능감을 높이기 위한 훈련을 설계하는 것은 훈련 전이에 도움이 된다.

표 4.14에서는 업무 환경에서 교육과 훈련 전이를 저해할 수 있는 장애물 목록을 보여주고 있다. 여기에는 (1) 상사와 관리자의 부족한 지지와 (2) 업무와 관련된 직접적인 요소(예: 시간적 압박)가 포함되어 있다.

예를 들어, 새로운 기술을 통해 직원은 인터넷이나 노트북 컴퓨터를 사용하여 자원 및 상품 시안에 접근할 수 있다. 그러나 최첨단 기술 활용을 위한 훈련을 받는 동안에는 작업 현장에서 이와 같은 기술을 사용할 수 없기 때문에 종종 불만을 표현하기도 하며, 직원의 컴퓨터가 학습한 내용을 사용하기에 메모리가 불충분하거나 인터넷 연결이 약할 수도 있다.

이러한 장애물은 잘못된 결과의 원인이 되기 때문에 전이를 방해한다. **과오**(lapses)는 훈련생들이 훈련 프로그램에서 강조되었던 능력을 적용하는 대신에 이전에 배운 덜 효과적인 능력을 사용할 때 일어난다. 오래된 행동과 기술로 과오에 빠지는 것은 흔히 있는 일이다. 훈

표 4.14 업무 환경에서 교육과 훈련 전이를 저해할 수 있는 장애물의 예

방해되는 업무 조건	영향에 대한 설명
• 시간적 압박 • 불충분한 설비 • 기술을 사용할 기회 부족 • 불충분한 예산	훈련생들은 새로운 지식, 기술 또는 행동을 사용하는 데 어려움을 겪음
동료 지원 부족	
• 동료가 새로운 지식과 기술을 업무에 사용하는 것을 막음 • 동료가 피드백을 제공하기 싫어함 • 동료가 훈련을 시간낭비로 봄	동료는 새로운 지식, 기술 또는 행동을 사용하는 것을 지지하지 않음
관리 지원 부족	
• 경영진이 교육에서 배웠던 아이디어나 제안을 받아들이지 않음 • 경영진이 학습의 기회에 대해 논의하지 않음 • 경영진이 훈련에서 배운 능력을 사용하는 것에 반대함 • 경영진이 훈련이 시간낭비라고 소통함 • 경영진이 훈련 콘텐츠 사용에 필요한 강화, 피드백, 격려를 제공하기 싫어함	관리자는 훈련을 강화하거나 새로운 지식, 기술 또는 행동을 사용할 기회를 제공하지 않음

자료: J. Tracey and M. Tews, "Construct Validity of a General Training Climate Scale," *Organizational Research Methods*, 8 (2005), pp. 353–374; R. D. Marx, "Self-Managed Skill Retention," *Training and Development Journal* (January 1986), pp. 54–57을 기반으로 함.

련생들은 뒤로 후퇴하는 지속적인 방식 또는 오래된, 비효과적이라고 배운 능력(예: 지식, 기술, 행동, 전략)을 사용하는 것을 피하도록 노력해야 한다. 또한, 실수하는 것에 준비되지 않은 훈련생은 새로운 기술을 시도하는 것을 포기할 가능성이 있다. 특히 낮은 자기효능감과 자신감을 가진 훈련생은 더 그러하다.

학습과 훈련 전이의 실행을 보장하는 한 가지 방법은 전이가 긍정적인 분위기를 가지고 있다는 것을 보장하는 것이다. **전이 풍토**(climate for transfer)는 훈련생들이 교육받은 기술이나 행동의 사용을 촉진 또는 저해하는 넓고 다양한 업무 환경의 특징에 대한 인식을 뜻한다. 이러한 특징은 관리자와 상사의 지지, 기술을 사용할 수 있는 기회, 배운 능력을 사용했을 때 오는 결과를 포함한다.[83] 표 4.15는 긍정적인 전이 풍토에 대한 특징을 보여주고 있다. 전이 풍토는 교육 후에 관리자의 관리나 대인관계 행동에서의 긍정적인 변화와 밀접하게 관련이 있다는 게 연구에서 밝혀졌다. 사우스웨스트항공(Southwest Airlines)에서는 주요 경영 지표를 강조하는 재무 교육의 전이를 위해, 어떻게 직원들이 기업의 순익에 기여할 수 있는지를 나타내는 원가 점검표를 회사 전체에 나눠주었다.[84] 관리자-직원 질문응답시간에 보여주었던 주요 플립차트(flip chart)는 업무 공간에서 볼 수 있다. 모든 관리자는 회사의 네 개의 '마법 숫자'(순이익, 단가 조치, 순수익, 투자자본)에 대한 게시를 보여주는 큰 포스터를 받았다. 포스터에는 작년 실적, 올해 목표, 올해 초부터 현재까지의 수치, 분기별 결과를 주기적으로 갱신하도록 관리자들이 완료해야 하는 빈 공간이 있다.

SMUD(Sacramento Municipal Utility District)와 게이블즈 레지덴셜(Gables Residential)이 긍정적인 학습 환경을 조성하고, 훈련 전이에 대한 장애물을 극복하기 위해 무엇을 하고 있는지 살펴보자.[85] SMUD는 캘리포니아 새크라멘토 카운티 지역에 전기 및 전기 관련 제품과 서비스를 제공한다. 회사는 영업 기회를 보다 적극적으로 확보하기 위해 가장 큰 상업 고

표 4.15 학습과 훈련 전이에 대한 긍정적인 풍토의 특징

특징	예시
상사와 동료들이 훈련생이 훈련에서 습득한 새로운 기술과 행동을 사용할 수 있는 목표를 설정하도록 장려한다.	새로 교육받은 관리자는 그들의 상사 및 다른 관리자들과 그들이 훈련에서 배운 것을 어떻게 업무에 적용할 것인지 논의한다.
작업 단서: 훈련생 직무의 특징과 훈련에서 습득한 새로운 기술이나 행동을 상기시켜 준다.	새로 교육받은 관리자의 일은 훈련에서 배운 기술을 사용할 수 있도록 설계된다.
피드백 결과: 상사가 교육에서 습득한 기술이나 행동의 적용을 지원한다.	상사는 그들의 교육을 사용한 새로운 관리자를 알아본다.
적은 처벌: 훈련생은 훈련에서 습득한 기술이나 행동을 사용하는 데에 공개적으로 낙담하지 않는다.	새로운 관리자가 교육을 잘못 사용했을 경우에도, 질책받지 않는다.
외적 강화 결과: 훈련생은 훈련에서 습득한 기술이나 행동을 사용했을 때 외적인 보상을 받는다.	새로운 관리자는 교육받은 것을 성공적으로 사용했을 경우 임금 인상을 받는다.
내적 강화 결과: 훈련생은 훈련에서 습득한 기술이나 행동을 사용했을 때 내적인 보상을 받는다.	상사와 다른 관리자들은 훈련에서 배운 대로 업무를 수행했을 경우 새로운 관리자를 인정해준다.

자료: J. B. Tracey, S. I. Tannenbaum, and M. J. Kavanagh, "Applying Trained Skills on the Job: The Importance of the Work Environment," *Journal of Applied Psychology*, 80 (1995), pp. 235–252; E. Holton, "What's Really Wrong: Diagnosis for Learning Transfer System Change," in *Improving Learning Transfer in Organizations*, eds. E. Holton and T. Baldwin (San Fransisco: Jossey-Bass, 2003), pp. 59–79.

객에게 회사를 대표할 수 있는 전략적 계정 고문(strategic account adviser)이 필요했고, 이를 위해 회사는 2일간의 교육과정을 만들었다. 교육과정 동안 직원들은 고객을 위한 가치사슬과 고객의 요구에 맞는 자사의 제품 및 서비스를 제공하는 방법을 학습했다. 교육에 참석한 지 6주 후에 참가자는 고객을 위한 계정 계획을 작성하고, 회사의 최고 관리자에게 발표해야 했다. 교육과정에서 학습한 내용을 기반으로 계정 계획 및 발표를 진행하며, 발표 후에는 추가적으로 계정 계획을 작성할 10개 계정을 파악하도록 했다. 그들은 또한 학습한 내용을 직무에 성공적으로 적용할 수 있도록 관리자의 코칭을 받았다. 부동산 회사인 게이블즈 레지덴셜의 리더십 개발 프로그램은 우수한 성과를 보이는 팀을 코칭하고 관리하는 데 자기 인식과 기술 개발에 중점을 둔다. 매월 교육 후, 훈련 및 개발 관리자는 각 참가자와 만나 배운 내용을 논의하고, 기술을 더욱 발전시킬 수 있도록 코칭하고 지원한다.

인센티브는 학습 및 전이를 위한 긍정적인 분위기를 조성하는 데 도움이 된다. 허드슨트레일아웃피터스(Hudson Trail Outfitters)에는 야외 장비 판매 매장에서 일하는 300명의 직원이 있다.[86] 허드슨트레일의 관리자는 직원들이 훈련 프로그램 이수에 대한 상여금보다 무료 재킷, 상품 할인을 더 가치 있게 여기고 배우는 데 더 동기부여된다는 것을 깨달았다. 허드슨트레일아웃피터스가 얻는 이점은 재킷과 다른 장비 제공 비용보다 크다. 훈련을 이수한 직원은 회사에 더 오래 머무르고, 하루에 더 많은 매출을 올리며, 각 거래마다 더 많은 품목을 판매한다. 던킨 브랜즈(Dunkin' Brands, 도넛과 커피로 이 회사를 알고 있을 수 있다)는 인증서와 트로피를 매장에 수여하고 직원에게 '돈'으로 현금화하여 사용할 수 있는 보상을 제공하고, 수석 요리사를 만날 수 있는 견학 기회를 제공한다.

몇몇 회사에서는 과정을 수료하거나, 인증을 획득했거나, 기술을 숙달한 직원에게 디지털

배지(digital badge)를 수여한다.[87] 배지는 직원의 개인 프로필에 배치하고, 소셜 네트워크에 게시할 수 있으며, 가상 백팩에 넣어 면접 시 활용할 수도 있다! 배지는 여러 가지 방법으로 학습을 장려한다. 훈련생에게 교육과정 또는 모듈을 완료했거나 기술을 습득했다는 피드백을 제공하고, 앞으로 계속 학습할 수 있도록 인센티브를 제공한다. 배지를 통해 학습자는 동료 및 소셜 네트워크가 볼 수 있도록 자신의 성취도를 표시할 수 있기 때문에, 더 많은 것을 성취할 수 있도록 장려하는 기능을 한다. 또한, 배지는 직원이 알고 있는 정보를 다른 사람과 소통하는 데 도움이 되며, 이는 직업 및 경력 기회를 확대하는 데 도움이 될 수 있다. 배지는 직원의 지식과 기술을 식별하는 데이터베이스를 구축하는 데 사용할 수 있기 때문에 회사 입장에서도 매우 유용하다. 데이터베이스는 프로젝트 또는 작업팀에 필요한 특정 기술이나 지식을 가진 직원을 빠르게 식별하는 데 사용할 수 있으며, 회사의 인적자본(즉, 지식 및 기술의 강점과 약점 영역)에 대한 전반적인 틀을 제공한다.

예를 들어, IBM에서는 178개국에서 100만 명이 넘는 직원이 배지를 획득했다. IBM은 배지를 통해 긍정적인 결과를 얻었다. IBM 빅데이터 대학(Big Data University)에서 온라인 과정을 1회 이상 수강한 직원은 평균 세 개의 추가 배지를 획득하기 위해 재방문한다. 대학의 과정 다운로드 수는 64% 증가하였으며, 설문조사 결과 배지 획득자의 87%가 IBM에 더 높은 수준의 참여를 원하는 것으로 밝혀졌다. 삼성전자는 학습 모듈을 완료하고 퀴즈를 통과한 직원에게 배지를 제공한다. 직원이 가장 최근에 획득한 배지는 홈페이지에 표시되고, 직원이 받은 모든 배지는 개인 학습 공간에 저장된다. 삼성은 디지털 배지를 사용하여 과정 이수율이 향상되었고, 온라인 과정을 제공하는 학습 관리 시스템의 방문 수가 증가하였다.

학습 결과를 위한 교육적 강조점

학습 과정의 결과에 대한 논의는 어떻게 학습을 촉진할지에 대한 기본적인 원칙이다. 하지만 이러한 기본 원칙과 학습 과정 사이의 관계를 이해할 필요가 있다. 각각의 결과를 배우기 위해서는 내부적 그리고 외부적인 조건이 꼭 필요하다. **내부 상황**(internal conditions)은 교육이 실행되기 위해 꼭 필요한 학습자 내적인 과정을 뜻한다. 이러한 과정에는 어떻게 정보가 입력되어, 기억에 저장되고, 다시 기억해내는지가 포함된다. **외부 상황**(external conditions)은 교육을 가능하게 하는 교육 환경을 뜻한다. 이러한 조건에는 실습의 기회와 피드백과 강화를 제공받는 것을 포함한 물리적 교육 환경이 포함된다. 외부 상황은 교육의 형태나 설계에 직접적인 영향을 주어야 한다. 표 4.16은 각 학습 단계에서 무엇이 필요한지 보여주고 있다. 예를 들면, 교육 내용에 집중할 때는 구두 단서, 의미 있는 맥락과 연결되는 말, 도표, 그리고 모델이 필요하다. 만약 교육 내용이 부호화되어 있지 않으면(또는 잘못 부호화되어 있으면), 학습이 제대로 일어나기 힘들다.

아메리카 컬리너리 대학(Culinary Institute of America, CIA)의 훈련 프로그램은 학습 결과를 달성하는 데 필요한 많은 내부 및 외부 상황을 설명하는 데 도움이 된다. 뉴욕, 캘리포니아, 텍사스, 싱가포르에 캠퍼스를 두고 있는 CIA는 세계 최고의 요리사 양성 시설이며, 약 2,000명의 정규 학생이 학위 프로그램에 참여하고 있다. CIA 졸업생들은 세계 최고의 레스토랑과 명문 식당(예: 백악관)의 셰프이며, 메리어트(Marriott), 하얏트(Hyatt), 래디슨(Radisson), 힐튼(Hilton)과 같은 대형 호텔 체인의 외식 사업을 지휘한다. 그 예시로, TV쇼 "철인 요리왕 아메리카(Iron Chef America)"의 철인 요리사(Iron Chef)인 캣 코라(Cat Cora)에 대해 들어본 적이 있을 것이다. CIA는 학위 프로그램을 제공하는 것 외에도 외식 사업을 하는 다양한 회사의 6,000명 이상 훈련생의 교육도 담당하고 있다.

지도자가 고기 자르기 기술을 가르치든 기름 볶기(sautéing) 기술을 가르치든, 프로그램의 교육 환경은 기본적으로 동일하다. 수업은 설명과 몇 시간의 실제 실습을 지도받는 것으로 진행된다. 훈련생들은 그 후 강사로부터 피드백을 제공받는다. 강사는 학습자가 각자의 과제물을 발표하게 하고, 수업 전반적인 과정을 코치한다. 그 후 학습자가 들어야 할 모든 수업을 위한 비디오가 제작된다. 비디오는 학습자 개개인에 맞는 속도로 테이프를 검토할 수 있게 생활관 또는 비디오 교육 센터에서 볼 수 있다.

CIA의 프로그램은 인지 학습뿐만 아니라 신체적 그리고 정신적인 교육도 포함한다. 그 밖

표 4.16 학습 결과를 위한 내부 그리고 외부 상황의 필요성

학습 결과	내부 상황	외부 상황
언어 정보		
라벨, 사실, 제안	• 이전에 배운 지식과 언어적 정보 • 기억 속에 저장하기 위해 정보를 부호화하는 전략	• 반복된 실습 • 의미 있는 덩어리 • 선행 조직자 • 인출 단서
지적 기능		
어떻게 하는지 아는 것	• 전제조건의 숙달 • 전제조건의 회상	• 새로 또는 이전에 배웠던 정보 간 연결 • 단순한 수준부터 복잡한 수준까지의 기술 학습 • 다양한 예시 및 실습 기회 제공
인지 전략		
생각하고 학습하는 과정	• 전제조건, 비슷한 업무, 그리고 전략 회상하기	• 전략에 대한 구두 설명 • 전략 설명 • 피드백과 함께 실습 • 전략을 적용할 기회를 제공하는 다양한 업무
태도		
개인의 행동에 대한 선택	• 선수학습조건에 능숙, 모델과 동일시, 인지부조화	• 모델에 의한 설명 • 긍정적 교육 환경 • 믿을 수 있는 출처로부터의 강력한 메시지 • 강화
운동 기능		
근육 행동	• 부분 능력 복원 • 프로그램과의 협력	• 실습 • 시연 • 외부 피드백의 점진적인 감소

자료: R. M. Gagne and K. L. Medsker, *The Conditions of Learning* (Fort Worth, TX: Harcourt-Brace College Publishers, 1996)을 기반으로 함.

에 훈련생은 요리와 제과 수업을 들으면서 심리학, 전사적 품질 경영(TQM), 언어, 홍보, 통신, 식당 경영, 팀 감독에 대한 공부도 해야 한다. 식품 윤리, 지속가능성(sustainability), 체력 관리, 스트레스 관리 또한 필수 교과목이다. 왜냐하면 레스토랑을 운영하는 것은 긴 시간 노동으로 체력 소모가 많고, 스트레스를 많이 받기 때문이다. CIA의 교육 프로그램 덕분에, 요리사를 위한 기본적인 지식의 근본이 됨으로써 CIA는 요식 훈련의 세계적 리더 기관으로 인정받고 있다.[88]

요약

학습과 훈련 전이는 효과적인 훈련을 위해 꼭 실행되어야 한다. 이 장에서는 교육과 훈련 전이에 대한 정의 그리고 배울 수 있는 능력(언어 정보, 지적 기능, 운동 기능, 태도, 인지 전략)을 확인하는 것으로 시작했다. 이러한 능력을 어떻게 배울 수 있는지를 설명하기 위해 여러 교육 이론에 대해 논의하였다: 강화 이론, 사회적 학습 이론, 목표 설정 이론, 욕구 이론, 기대 이론, 성인 학습 이론, 정보 처리 이론. 학습한 내용을 업무에 적용하는 방법을 이해하기 위해 동일 요소, 자극 일반화, 인지 이론 등 세 가지 훈련 전이 이론을 살펴보았다. 다음으로, 학습 과정과 그것이 사람들이 학습하는 데 어떠한 영향을 주는지에 대해 조사하였다. 학습 과정 부분에서는 내적 과정(기대, 저장, 회수)과 외적 과정(만족감)이 교육에 영향을 준다고 강조하였다. 교육에서 학습 양식의 잠재적 영향에 대해서도 알아보았다. 그 후 학습 과정, 훈련 전이, 그리고 교수 설계에 대한 영향 사이의 관계에 대해 논의하였다. 중요한 설계 요소로 학습사들에게 그들이 왜 훈련을 받아야 하는지를 알려주는 것, 의미 있는 학습 내용, 실습 기회, 피드백, 교류의 기회, 프로그램과의 협력을 제공하는 것을 포함하였다. 또한, 교수 설계에서는 훈련생이 자기관리와 학습자의 업무 환경이 학습과 훈련 전이를 지지한다는 것을 보장하도록 하여야 한다.

핵심 용어

강화 이론
개방 기술
과거 업적
과오
과잉학습
교수
구두 설득
근전이
기대
내부 상황
논리적 검증
동일 요소 이론
마이크로러닝
만족한 결과
모델링
목표
목표 설정 이론
목표 지향
부분 실습
분산 학습
사전 실습
사회적 학습 이론
선행 조직자
성과 지향
성인교육학
성찰
수단
신체적 요건
실습
언어 정보
오류관리훈련
외부 상황
욕구
운동 기능
원전이
유의성
유지
의미적 부호화
인지 전략
일반화
일반화
자극 일반화의 접근
자기관리
자기규제
자기효능감
자동화
작업 기억 영역
전반적인 업무의 복잡성
전습법
전이 풍토
전이의 인지 이론
정신적 요건
정확도
조직화
증폭제
지각
지적 기능
집중 학습
초인지
태도
폐쇄 기술
피드백
학습
학습공동체
학습자 – 교수자 접촉(상호작용)
학습자 – 학습 내용 접촉(상호작용)
학습자 – 학습자 접촉(상호작용)
학습 지향
핵심 행동
회수
훈련 상황
훈련 전이
훈련 정교성
훈련 행정

토의 문제

1. 다음의 학습 이론 가운데 아무거나 두 가지를 들어 비교 및 대조하시오. 기대 이론, 사회적 학습 이론, 강화 이론, 정보 처리 이론.
2. 어떠한 교육 조건이 훈련이 실행되기 위해 꼭 필요하다고 생각하는가? 어떤 것이 가장 덜 중요한가? 왜 그러한가?
3. 학습과 훈련 전이는 서로 관련되어 있는가? 왜 그런지 또는 왜 아닌지를 설명하시오.
4. 훈련 목표가 어떻게 훈련 실행에 도움을 주는가?

5. 당신이 직원들을 대상으로 느슨한 전기 소켓을 진단하고 수리하는 교육을 하고 있다고 가정하자. 당신은 따라야 할 절차에 대해 설명한 후, 훈련생에게 어떻게 하는 것인지 보여준다. 훈련생은 정확하게 그 과정을 따라 하고 첫 시도에서 수리에 성공하였다. 교육은 일어났는가? 당신의 답을 증명하시오.
6. 상사가 "내가 어떤 종류의 학습 역량에 관심이 있는지 왜 말해주어야 하는가? 나는 그저 직원들이 좋은 고객서비스를 어떻게 제공하는지에 대한 훈련 프로그램만 원해!"라고 말했다. '좋은 고객서비스'가 어떤 다른 교육의 결과로 보여질 수 있는지 상사에게 설명하시오.
7. 실습이 어떻게 교육을 돕는가? 훈련생들이 강의 시간에 자기조절을 하게 하려면 강사는 무엇을 해야 할까?
8. 훈련생이 오류를 범하도록 하는 것이 훈련에서 유용한가? 설명하시오.
9. 훈련 내용의 단기적 그리고 장기적 보유를 위해 어떠한 교육 조건이 필요한가?
10. 마이크로러닝이란 무엇인가? 마이크로러닝은 학습과 훈련 전이를 향상하는 데 어떤 도움을 주는가?
11. 근전이와 원전이는 무엇인가? 이것이 교수 설계에 주는 영향은 무엇인가?
12. 직원들이 상호작용을 통해 어떻게 배울 수 있는가? 상호작용은 어떤 상황에서는 학습에 최적이면서도 다른 상황에서는 그렇지 않은가? 설명하시오.
13. 업무 환경이 어떻게 학습과 훈련 전이를 저해할 수 있는가? 설명하시오. 어떠한 업무 환경이 훈련 전이에 가장 큰 영향을 준다고 믿는가? 당신의 답을 증명하시오.
14. 당신은 하루짜리 수업에서 프로젝트 매니저가 되려고 하는 엔지니어들과 소프트웨어 프로그래머들을 도와주어야 한다. 훈련 후, 그들은 중요한 프로젝트를 관리하게 될 것이다. 당신이 엔지니어들과 소프트웨어 프로그래머들이 프로젝트 관리에 대해 배우는 것을 보장하기 위해 사용할 교수의 특징과 활동에 대해 논의하시오.

적용 과제

1. 가능한 모든 자료(잡지, 신문, 강사와의 개인 대화 등)를 사용해 훈련 프로그램의 정의를 찾으시오. 이 장에서 논의되었던 교육과정 및 교육과정의 영향을 고려하시오. 어느 정도의 프로그램이 교육을 촉진하는지 평가하시오. 프로그램 발전을 위해 어떤 제안을 할 수 있는지 말하시오.
2. 당신은 호텔 체인인 노에스위트(Noe Suite)의 훈련 감독자이다. 노에스위트 호텔은 100~150개 정도의 방과 작은 실내 수영장, 식당을 가지고 있다. 호텔은 전략적으로 미시건의 이스트랜싱과 오하이오의 콜럼버스 같은 대학가 주요 고속도로의 나들목에 근접해 있다. 당신은 경영 부사장으로부터 이메일을 받았다. 회신을 준비하시오.

   받는 사람: 훈련 감독자인 당신

   보낸 사람: 노에 스위트 경영 부회장

   당신도 이미 알고 있겠지만, 품질 좋은 서비스의 가장 중요한 요소 가운데 하나는 '만회

(recovery)', 즉 직원이 고객의 불만사항에 적절하게 응대하는 것입니다. 고객 불만에는 세 가지 가능한 결과가 있습니다. 반응에 만족해도 항의하는 고객, 반응에 불만족했을 때 항의하는 고객, 그리고 항의하진 않지만 불만을 가지고 있는 고객. 대부분의 불만족한 고객들은 대립을 피하고 싶어 하고, 항의를 할 때 쉬운 방법이 없거나 항의를 한다고 해서 변화가 있을 것이라고 생각하지 않기 때문에 항의하지 않습니다.

저는 우리의 고객서비스 등급을 발전시키기로 하였고, 우리는 호텔 직원들에게 고객서비스의 '만회' 요소를 훈련시켜야 합니다. 이는 최근 고객들과 함께 진행하였던 포커스 그룹의 결과에 따라 내린 결정입니다. 이번 포커스 그룹을 통해 나타난 한 가지 주제는 우리는 만회 부분에서 약점을 가지고 있다는 것입니다. 예를 들면, 지난달 우리의 한 식당에서 웨이터가 숙녀분에게 서빙을 하던 중 한 조각 남아 있던 블루베리 파이를 떨어뜨렸습니다. 그 웨이터는 사과하는 것 외에 어떻게 문제를 해결해야 할지 몰랐습니다.

저는 훌륭한 고객서비스의 다른 방법에 대해 검토하는 것과 동시에 서비스 산업에서 잘 알려진 두 명의 컨설턴트를 고용하기로 결정했습니다. 이 컨설턴트들은 서비스 산업과 제조 산업에 종사하던 분들입니다. 저는 컨설턴트들이 세 개의 훈련 세션으로 일정을 잡도록 하였습니다. 각 세션은 3시간 동안 진행될 것입니다. 각 근무조(주간, 오후, 심야 교대)의 직원별로 한 세션의 훈련을 가질 것입니다. 훈련 시간은 발표와 질문 응답 시간으로 이루어질 것입니다. 발표는 1시간 30분 동안 진행되고, 질문 응답 시간은 최대 45분 정도 이어질 것입니다. 쉬는 시간은 30분간 주어질 예정입니다.

이 훈련을 통해 서비스 직원들이 서비스 문제를 성공적으로 '만회'하기를 기대해봅니다.

당신은 훈련 전문가이기 때문에 훈련 시간에 대한 당신의 피드백을 원합니다. 구체적으로, 우리 직원들이 이 프로그램에 참여함으로써 서비스 만회에 대해 배울 수 있을 것인지에 대한 의견을 알고 싶습니다. 그들은 고객과의 교류에서 생긴 서비스 문제를 만회할 수 있을까요? 이 프로그램을 발전시키기 위해 당신은 무엇을 제안하나요?

3. 아래와 같이 제공된 각각의 훈련 목표에서 어떤 것이 잘못되었는지 확인하시오. 그리고 다시 쓰시오.
   a. 3분마다 리본 자르는 기계 실행을 위한 안전 규칙에 대해 알고 있다.
   b. 컴퓨터, 책상, 의자가 주어지면 마이크로소프트 엑셀 스프레드시트에 자료를 입력한다.
   c. 훈련 실습을 배우기 위해 인터넷을 사용한다.
   d. 오하이오 더블린의 도로 주소가 주어지면, 본부에서 명시된 주소까지 10분 안에 구급차로 이동할 수 있다.
4. 빅 도그의 교수 시스템 설계(Big Dog's Instructional System Design, ISD)의 페이지인 www.nwling.com/~donclark/hrd/sat.html로 가시오. ISD의 모든 요소를 설명해주는 훌륭한 웹사이트이다. "Learning"을 클릭한 후, 개념지도나 지도 안의 용어 리스트를 스크롤하시오. "Learning Styles"를 선택하고 시각, 청각, 운동감각(Visual, Auditory, Kinesthetic, VAK)의 설문지를 완료하시오. 당신이 가장 잘 배울 수 있는 학습 양식은 무엇인가? 어떤 교육 환경이 당신의 학습 양식에 가장 적합한가? 구체적으로 설명하시오.

5. 비행 시뮬레이터의 유튜브 영상인 https://www.youtube.com/watch?v=fujLrWsAp8를 시청하시오. 비행 시뮬레이터에서 개발된 기술은 폐쇄 기술인가, 개방 기술인가? 이를 개발하기 위해 어떤 훈련 이론이 적용되었는가? 비행 시뮬레이터에는 근전이 또는 원전이 중 어떤 것을 권장하는가? 구체적으로 설명하시오.
6. 성인이 어떻게 학습하는가에 대해 알려주고자 마샤 엘 코너(Marcia L. Conner)가 설계한 사이트인 http://agelesslearner.com/intros/adultlearning.html로 가시오. "Learning Style Assessment"를 선택 후 수행하시오. 당신이 가장 잘 학습할 수 있는 방식에 대한 평가 결과는 무엇인가?
7. 물류와 화물자동차 운송 서비스를 제공하는 수송관리회사인 슈나이더내셔널(Schneider National)의 웹사이트인 www.schneider.com으로 가시오. "Jobs"를 클릭하시오. "Company Drivers" 밑에 있는 "Orientation"을 클릭 후, "New CDL Holders"를 클릭하시오. "The best in the industry"와 "Your Training Engineer" 영상을 시청하시오. 훈련에서는 어떤 유형의 학습 결과가 강조되는가? 이 장에서 논의된 좋은 교육의 특징을 고려하여 학습과 훈련 전이에 기여하는 슈나이더의 훈련 프로그램의 특징을 파악하고, 각 특징이 학습에 어떻게 기여하는지 설명하시오.
8. 앨런통신(AllenComm)이 개발한 도미노피자(Domino's Pizza)의 신입직원 교육의 예를 보기 위해 https://www.allencomm.com/portfolio/dominos/로 가시오. 피자 메이커(Pizza Maker) 과정을 검토하시오. 피자 메이커 과정에는 학습 및 훈련 전이에 도움이 되는 어떤 특징이 포함되어 있는가? 각 특징을 식별하고, 학습 및 훈련 전이 또는 두 가지 모두를 개선하는 방법에 대해 토론하시오.
9. 호텔 프런트 데스크 관계자를 교육하는 데 사용되는 동영상인 https://www.youtube.com/watch?v=s3aR3yP4aKg에서 "Front Desk First Impressions"를 시청하시오. 이 영상의 어떤 특징이 훈련생이 학습하고 학습한 내용을 업무에 전이하는 데 도움이 될 수 있는가? 만약 당신이 이 훈련 프로그램을 담당하고 있다면, 해당 동영상을 어떻게 사용할 것인가? 동영상 외에 더 효과적인 교육을 위해 훈련 프로그램에 추가할 수 있는 사항은 무엇인가?
10. 마이크로러닝의 예를 보여주는 유튜브 동영상인 https://www.youtube.com/watch?v=FT8H-jp4jnM을 시청하시오. 영상의 어떤 특징이 학습 및 훈련 전이를 개선하는 데 도움을 주는가?
11. https://www.youtube.com/watch?v=txWeSnJBT-M에서 동시에 여러 가지 일을 하는 능력인 멀티태스킹(multitasking)에 대한 BuzzFeed 퀴즈를 풀어보시오. 어떠한가? 이것이 운전과 식사, 문자 메시지 또는 화장과 같은 다른 일을 같이 하는 것이 위험한 이유일 수 있다(운전 중에 이것을 관찰했다). 살면서 멀티태스킹이 어려웠는가? 이류를 설명하시오. 다음으로 https://www.youtube.com/watch?v=iM4u-7Z5URk에서 멀티태스킹에 대한 동영상을 시청하고, 멀티태스킹이 어려운 이유를 알아보시오. 우리의 두뇌는 멀티태스킹에 어려움을 겪는다. 이것이 훈련생이 스마트폰, 태블릿 또는 노트북 컴퓨터를 사용하여 언제 어디서나 접근할 수 있는 훈련에 대해 의미하는 바는 무엇인가?

사례 안전이 최우선이다

BNSF 철도는 32,000마일 이상의 노선을 보유한 북미의 화물 운송 회사이다. BNSF 철도는 농산물, 소비재, 공산품과 석탄을 운송하며, 생산성을 비롯하여 무엇보다 안전을 최우선으로 생각한다. BNSF 철도는 부상 및 무사고 작업장에 대한 회사의 비전을 공유하고 서로를 보살펴줄 수 있는 잘 훈련된 직원들이 있어야 함을 인식하고 있다. 직원들의 헌신(commitment), 세심하게 관리되는 네트워크와 장비, 잘 준비된 커뮤니티 덕분에 회사는 철도업계의 안전 분야에서 선두적인 존재가 되었다. 안전에 대해 타인에게 접근하기(Approaching Others About Safety, AOAS)는 회사의 전 직원을 대상으로 하는 훈련 프로그램이다. 450명의 BNSF 철도 직원이 동료들을 훈련시킨다. 회사는 자사 직원들이 자기 자신과 동료들을 안전하게 지킬 수 있는 최상의 위치에 있다고 믿기 때문에 그들에게 훈련 담당 역할을 부여한다. 이 프로그램의 목표는 BNSF 철도 직원들이 안전한 행동에 대해 서로 피드백을 주고 안전하지 않은 상황을 피할 수 있도록 하는 것이다. 직원은 안전하지 않은 행동이나 상황을 목격했을 때, 피드백을 제공하는 것의 가치를 배워야 한다. 여기에는 누군가가 안전하게 작업하고 있을 때를 긍정적으로 인식하거나, 다른 직원이 위험에 처해 있다고 인식할 때 이를 수정하는 것을 포함한다. 훈련은 기차, 철도 및 장비 주변의 보행/이동 경로, 철도 차량 사이의 끼임 지점, 기관차 및 철도 차량을 오르내리는 등 부상을 가장 많이 일으키는 노출 유형에 초점을 맞춰야 한다.

위와 같은 상황에서 안전사고를 줄이기 위한 학습 결과를 달성하기 위해 학습 프로그램이 갖추어야 할 학습 및 학습 전이의 특성을 묘사하시오. 이러한 특성이 학습 프로그램에 참여하는 학습자(예: 관리자, 기차 승무원, 트랙 유지보수원, 신호원 등)에 따라 다르다고 생각하는가? 만약 그렇다면 어떻게 다르다고 생각하는가? 학습공동체(COP)가 이러한 프로그램에 어떻게 유익할 수 있는지 설명하시오.

자료: M. Weinstein, "BNSF Railway Is on the Right Track," *training* (January/February 2017), pp. 42–44; "BNSF Railway: Approaching Others About Safety," *training* (January/February 2014), pp. 108–109; www.bnsf.com, website for BNSF Railways, accessed March 11, 2015.

Chapter **5**

프로그램 설계

학습목표

1. 교육과정에서 학습자가 교육 내용 관여 및 접촉할 수 있는 학습장을 선택하고 준비한다.
2. 교육과정 로드맵, 학습 계획, 교안 설계, 개념도를 활용하여 교육을 준비한다.
3. 학습자의 연령, 세대 차이, 성격이 어떻게 프로그램 설계에 반영되어야 하는지 설명한다.
4. 교육 컨설턴트와 공급자 평가를 위한 제안요청서와 질문 목록을 준비한다.
5. 훈련 전이 정도가 포함된 프로그램 설계 요소를 설명한다.
6. 훈련 프로그램을 위한 자기관리 모듈을 개발한다.
7. 학습효과와 훈련 전이를 강화할 수 있는 응용과제와 활동계획을 설계한다.
8. 교육 전·후 및 중간에 학습과 훈련 전이를 촉진하는 방법을 제시한다.
9. 지식을 관리하는 다양한 방법과 구성원의 지식 공유를 위한 필수 조건을 파악한다.

학습자의 마음과 함께하는 학습 설계

스미스앤드네퓨(Smith & Nephew)는 전 세계 100여 개국 이상에 최첨단 외과장비, 상처치유기 및 예방기계를 제공하는 세계적인 의학기술회사이다. 회사 사업부는 원래 600명에 이르는 판매 대리인을 위한 공식적인 훈련 프로그램을 운영하지는 않았다. 그러나 경쟁의 심화와 대규모 신제품 출시로 인해 현재는 공식적인 훈련 프로그램을 운영한다. 훈련 프로그램은 교수자 주도 수업, 토의중심 수업, 쌍방향 실습 방식으로 운영된다. 영업 교육과정이 끝난 후에 학습자들은 훈련 스태프와 함께 역할극을 하는데, 역할극 중에 훈련 스태프는 아이패드를 통해 학습사의 교육 성과를 평가한다. 이런 과정을 통해 학습자는 영업과정에서 사용할 수 있는 기술의 향상에 도움이 되는 피드백을 제공받게 된다. 학습자는 또한 영업과정의 이해 정도를 평가하는 퀴즈를 풀어야 한다. 역할극과 퀴즈를 성공적으로 완료한 판매 대리인은 판매과정 프로그램을 이수했다는 인증을 받게 된다. 반대로, 교육 프로그램을 제대로 이수하지 못한 판매 대리인은 추가적인 현장직무훈련을 받아야 한다. 그 후에는 판대 대리인의 관리자가 일주일에 하루씩 6주간 훈련 기간 중에 받았던 판매과정 교육 내용을 강화하는 추가관리를 한다.

네이션와이드 뮤추얼 보험회사(Nationwide Mutual Insurance Company)의 콜센터 직원 교육 프로그램은 상호작용 방식으로 구성되어 있고, 실습을 하도록 되어 있으며, 배운 지식을 적용하도록 설계되어 있다. 개별 직원은 모두 자신의 학습 계획을 작성해야 하고, 학습 계획에 대한 검토 필요성과 실습해야 할 영역을 알고 있어야 한다. 직원은 문제를 해결하고, 해결책에 대해 논의해야 하는 생생한 전화상담 실습에 참여한다. 크고 작은 집단활동과 평가를 통해 피드백이 제공된다.

자동차 회사 GM의 신규 지역 관리자 훈련 프로그램은 6개월 동안 10개 영역으로 구분되어 있고, 각 영역은 새로운 일련의 기술을 가르치도록 설계되어 있는데, 각 영역에는 영업, 콜센터, 판매 후 센터가 포함되어 있고, 지역 관리자는 더 많은 직무 체험을 하도록 되어 있으며, 지역에 있는 지사에서 조언을 받아야 하고, 공식 훈련 과정에 참여하여야 하며, 제시된 과제를 완수하여야 한다. 훈련이 거의 수료할 단계에 이르면, 이들이 다른 학습자와 함께 더 교육받아야 할 것이 무엇인지를 디트로이트에 있는 회사 본사와 공유한 이후에 이들이 근무하게 될 첫 번째 지역에 대한 인사 준비를 한다. 마지막으로 이들이 일하게 될 지역에 대한 학습을 위해 신규 지역 관리자는 멘토를 할당받게 된다.

자료: "Training Top 125 Best Practices and Outstanding Training Initiatives, Smith & Nephew: Integrity Selling," *training* (January/February 2018), p. 88; "About Us" from www.smith-nephew.com, accessed March 14, 2018; "Training Top 125 Best Practices and Outstanding Training Initiatives, Nationwide Mutual Insurance: Cohort Learning," *training* (January/February 2017), p. 98; "Training Top 125 Best Practices and Outstanding Training Initiatives, General Motors Sales, Service and Marketing Division: District Manager New Hire Learning Journey," *training* (January/February 2017), p. 97을 기반으로 함.

서론

4장 "학습과 훈련 전이"에서 강조했듯이, 학습과 훈련 전이를 위해서 교육 프로그램은 의미 있는 보조 교재와 명확한 목적, 연습과 피드백 기회, 학습자 접촉, 지원적인 업무 환경을 필요로 한다. 그러나 이러한 특성만 가지고는 효과적인 교육 프로그램을 만들어낼 수 없다. 효과적인 교육 프로그램이 되기 위해서는 학습과 훈련 전이를 극대화할 수 있는 정교한 프로그램 설계가 필요하다. **프로그램 설계**(program design)는 조직과 교육 프로그램의 조화를 의미한다. 예를 들면, 이 장의 도입부에서 보여주고 있는 스미스앤드네퓨, 네이션와이드 뮤추얼 보험회사, GM은 학습자에게 활동적인 학습 관여, 적절한 교육 내용과 논리적으로 설계된 훈련 프로그램을 보장하고 있다.

당신이 가지게 되는 첫 번째 의문은 '이런 교육을 개발하기 위해서는 얼마 정도의 시간이 필요할까?'일 것이다. 이런 교육 프로그램을 결정하기 위한 전형적인 기준은 1시간용 훈련 프로그램을 위해 어느 정도의 시간을 소비할 것인가에 대한 고려이다. 훈련 전문가를 상대로 한 최근의 설문조사에 의하면, 이 질문에 대한 응답자의 대답은 바로 '훈련의 형태에 따라 다르다.'이다.[1] 예를 들면, 1시간용 교수자 주도의 대면 훈련 프로그램을 개발하기 위해서는 38시간이 필요하다. 온라인 학습 프로그램을 개발하는 데에 소요되는 시간은 교수자 중심으로 정보를 제공하는 경우에는 42시간 정도가 소요되고, 시나리오를 통해 학습자와 상호작용하는 학습 프로그램은 110시간 이상이 소요된다. 온라인 과정을 보다 적극적인 강의로 설계하기 위해서는 보다 많은 시간이 요구되고, 당신은 아마 의혹의 눈초리로 볼지는 몰라도 더 많은 학습과 훈련 전이를 이끌어내는 경향이 있다는 것을 명심해야 한다. 사이버 강좌 또는 교실에서 대면 프로그램이나 훈련을 설계할 때 관점을 넓게 가지는 것은 대단히 중요하다. 직원은

그림 5.1 프로그램 설계 과정

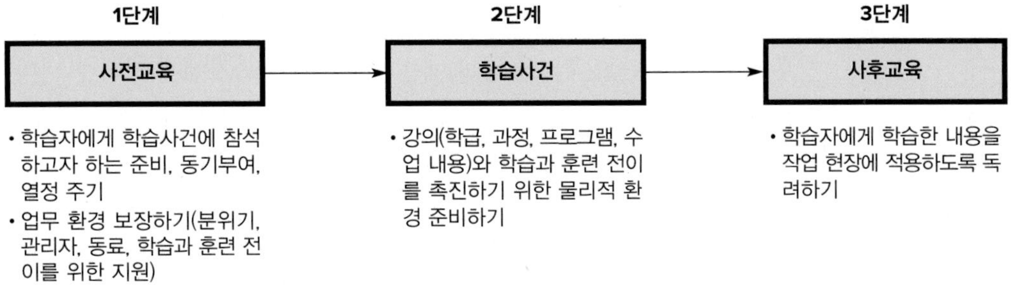

자료: M. Weinstein, "Crafting a Holistic Approach to Learning," *training*; (March/April 2018), pp. 26–29; J. Zenger, J. Folkman, and K. Sherwin, "The Promise of Phase 3," *T+D* (January 2005), pp. 31–34; R. Hewes, "Step by Step," *T+D* (February 2014), pp. 56–61을 기반으로 함.

훈련 및 개발에 참석할 의지가 있어야 하고 그들의 업무에서 학습한 것을 이용하며 자신의 지식과 기술을 다른 사람과 공유하고 지속적으로 지식과 기술을 사업 변화와 직무 요구에 맞게 형성하고 수정해야 한다. 즉, 프로그램 설계에는 학습 과정과 학습 계획에 맞춰 이루어질 교육과 함께 교육 전 학습자의 의지와 준비상태, 지식과 기술을 습득하려는 동기부여 조건을 만들어내는 것이 포함되어야 한다. 추가적으로 프로그램 설계는 교육 후 획득한 지식과 기술을 직무에 적용하고 다른 직원과 공유하도록 돕는 내용도 포함해야 한다.

그림 5.1은 프로그램 설계 과정의 3단계를 보여주고 있는데, 사전교육 단계, 학습사건 단계, 사후교육 단계이다. 3장 "요구 조사"에서 논의했듯, 요구 조사 동안 수집된 정보는 적절한 사전교육 활동을 인식하고, 학습사건을 설계하며 학습 이후 훈련 전이가 발생할 수 있도록 도움을 주기 때문에 대단히 중요하다. 1단계 사전교육(pretraining)은 학습사건에 참여할 준비, 동기부여, 활력소를 부여하는 것으로 학습과 훈련 전이를 지원하는 분위기, 관리자 그리고 동료와 같은 업무 환경을 확보하는 것이다. 2단계 학습사건(learning event)은 교실과 전반적 프로그램과 같은 강의를 준비하는 것으로 학습을 촉진할 수 있는 물리적 환경을 준비하는 것이다. 2단계는 학습기간 동안에 발생하는 활동을 기획하고 양질의 교수자를 선택하며, 수업을 실시할 강의실 선택과 학습자와의 긍정적 접촉, 적절한 프로그램 설계를 구성하는 것으로 긍정적 학습 환경을 만들어내는 것이 주된 목적이다. 학습사건 전(사전교육)과 학습사건 후(사후교육)도 마찬가지로 중요하다. 학습자가 학습하고, 새로운 지식과 기술을 획득하며 적용하고, 배운 것을 사용하며, 공유하도록 동기부여하는 것은 대단히 중요한 일이다. 3단계 사후교육(post-training)은 훈련 전이 또는 학습자가 배운 내용을 작업 현장에 적용하는 것을 의미한다.[2] 그러나 전형적으로 대부분 노력과 관심 그리고 재정 자원은 학습사건 그 자체에 집중되는 경향이 있다.

예를 들면, 제약회사 알라모 팜 서비스(Alamo Pharma Services), 보험상품과 서비스를 제공하는 뱅커스 라이프 앤드 캐주얼티(Bankers Life and Casualty), 그리고 보험 리스크 관리업 등을 영위하는 어슈란트(Assurant)는 훈련 프로그램을 위해 그림 5.1에서 보여주고 있는 3단계 모델을 사용한다.[3] 학습자가 학습사건을 준비하고 동기부여되도록(단계 1), 알라모 팜 서비스의 직원은 2주간 질병과 제품 지식 모듈에 대한 검토 과정과 이와 관련된 퀴즈를 풀어야 하는 자기학습 과정을 완수해야 한다. 학습사건 또는 훈련기간(2단계) 동안에 학습자는 교수자 주도의 워크숍에 참여하고, 모의실험과 별도의 과제를 완성해야 한다. 3단계 또는 사후교육기간(훈련 이후 1달 정도)에는 교수자가 학습자에게 인터넷 세미나를 통해 기술, 지식 그리고 행동의 적용방법 등을 제공한다. 학습자는 설문을 완성해야 하고, 자신의 영업활동 역할에서 교육 내용을 어떻게 적용하는지에 중점을 두고 논의되는 토론집단에 출석해야 한다. 뱅커스 라이프 앤드 캐주얼티의 훈련 과정에는 비디오, 사례분석 그리고 온라인 접속을 통한 읽을거리 등과 같은 사전교육 과정이 포함되어 있다. 훈련 프로그램에는 휴식을 겸비한 강의와 사업 특성과 기술 특성 내용을 포함하는 온라인 모듈이 포함되어 있고, 학습자는 훈련기간에 작성한 활동계획을 통해 훈련기간 중 학습한 지식과 기술을 실제 현장에서 적용해야 한다. 어슈란트의 관리자 프로그램은 학습자가 주요 개념을 설명하는 온라인 과정을 완료한 이후에 3일간의 강의실 교육을 받도록 되어 있다. 강의실 교육 이후에 학습자는 회사에서 제공하는 학습 관리 시스템을 통해 자료에 접근하여 자신이 학습한 것을 복습한다.

이번 장에서는 학습 과정의 3단계와 관련된 중요한 프로그램 설계 이슈를 논의한다. 훈련장소를 선택하고 준비하는 것과 최고의 교수자를 구분하고 선택하는 것, 교수자가 훈련장소를 정돈하고 학습에 호의적인 환경을 만드는 것을 포함한 효과적인 프로그램 설계를 위해 배려해야 할 중요한 고려사항에 대한 논의로부터 시작한다. 다음으로, 교육과정·수업·학습 등을 소개하고, 교안 설계와 학습 계획을 사용하는 방법을 보여준다. 많은 기업이 훈련 프로그램을 설계하기 위한 전담요원과 자원 또는 전문가를 보유하고 있지 않기 때문에 이 장의 말미에서는 훈련 서비스를 위한 전문업체나 컨설턴트를 구별하고 선택하는 방법에 대해서도 논의한다. 그리고 지원적 업무 환경 창출과 학습자 스스로 자기관리할 수 있는 방법 제공, 관리자와 동료의 지지를 얻어낼 수 있는 방법 등을 포함한 훈련 전이와 관련된 사후교육의 중요성에 대해 논의하면서 끝맺음을 하려 한다. 학습과 훈련 전이를 촉진하는 지식경영의 중요성도 논의할 것이다.

효과적인 프로그램 설계를 위한 고려사항

훈련장 선택과 준비

훈련장(training site)은 훈련이 실시되는 공간을 의미하며 좋은 훈련장은 다음과 같은 특징이 있다.[4]

1. 편안함과 접근 용이성이 확보되어 있다.
2. 조용하고, 사생활이 보호되며, 학습이 방해받지 않는다.
3. 학습자가 쉽게 주변으로 움직일 수 있는 충분한 공간과 작업을 수행할 수 있는 적절한 간격 또는 교수자 또는 비디오, 제품 샘플, 차트 등과 같은 각종 유인물 등의 예시나 전시물을 제대로 볼 수 있는 가시성을 확보할 수 있는 여유로운 공간이다.

훈련장은 회사 사무실이나 별도의 호텔, 리조트, 회의실 또는 대학 캠퍼스 등에 위치할 수도 있다. 훈련이 물리적 공간이나 인터넷 공간 중 어디에서 이루어져야 하는지에 대한 정답은 없다.[5] 물리적 공간과 인터넷 공간에서 발생하는 훈련 모두 고려할 필요가 있는 잠재적 혜택이 존재한다. 인터넷 공간에서 이루어지는 훈련의 혜택은 바로 실제로 체감되고 인지되는 이동에 대한 절약으로서 음식과 음료 비용 그리고 공간과 장비 대여 비용, 그리고 일부 훈련에서 지역 종업원을 교수자로 활용하기 쉬운 용이성이고, 물리적 공간에서의 훈련 혜택은 바로 학습자가 업무로 인한 훈련 방해를 최소화하여 훈련에 집중할 수 있는 기회를 획득하고, 학습 내용을 기억하기 좋은 환경과 경험, 훈련을 통해 회사가 전달하고 싶어 하는 회사 가치에 대한 메시지를 전달하고, 학습자 상호 네트워크 형성의 기회가 있다는 것 등이다. 예를 들면, 교육을 위해 잠시 사무실을 비울 수 있다는 것은 정신적·신체적 휴식을 제공하고 동료와 고객 등으로 인해 받을 수 있는 방해가 없기 때문에 학습자는 학습에 더 집중하게 된다. 교육이 실행되는 위치와 관계없이 교육 내용에 대한 집중을 개선하기 위해서는, 학습을 위해 사용할 필요가 없는 경우라면 교수자는 학습자에게 휴대전화를 꺼둘 것을 부탁할 필요가 있다.

교실로 사용하기 위해 고려해야 할 세부사항

표 5.1은 교수자, 프로그램 설계자 또는 관리자가 훈련장을 평가할 때 사용해야 할 회의장소의 특징을 제시하고 있다. 교수자는 완벽한 훈련장을 선택하겠다는 객기를 부리지 않아야 한다는 것을 명심할 필요가 있다. 차라리 학습 프로그램과 교실의 물리적 장비(예: 필요한 장비

표 5.1 훈련장 평가에서 고려해야 할 세부사항

소음: 냉·난방기를 비롯한 인접한 교실과 복도 그리고 외부 빌딩의 소음을 확인해야 한다.
색깔: 주황, 녹색, 파란색과 노란색 같은 파스텔 색조는 따뜻한 색깔이며, 흰색 계열은 차갑고 건조할 수 있다. 검정과 갈색 음영은 심리적으로 교실이 폐쇄되어 있다고 느끼게 하고 피곤함을 줄 것이다.
구조: 형태가 정사각형인 방을 사용하라. 교실과 의자가 피곤함을 주는가? 길고 좁은 교실은 학습자가 보고, 듣고, 토론에 참여하는 것을 어렵게 만든다. 학습자 이탈 가능성과 근접성 등을 확인해보거나 필요하다면 수업에 맞는 교실을 확인해야 한다.
조명: 주된 광원은 형광등이어야 한다. 빔 프로젝트를 사용할 경우 백열등은 교실 전반으로 퍼져 교실이 어두어둑하게 되기 때문이다.
벽과 바닥: 바닥은 카펫을 깔아야 하고, 색깔은 산만한 느낌을 피하도록 딱딱한 느낌이 선호된다. 벽에는 수업과 관련된 물건만 있어야 한다.
회의실 의자: 의자는 회전이 가능한 바퀴가 달려 있어야 하고, 하부 허리를 지지해줘야 한다.
표면 반사: 금속 표면이나 TV 화면과 거울의 반짝임을 확인하고, 있다면 제거한다.
천장: 약 3미터 높이가 선호된다.
전기 콘센트: 콘센트는 교실 주변의 약 2미터 주변마다 이용할 수 있도록 설치되어야 하고, 전화기 코드는 콘센트 옆에 있어야 한다. 교수자를 위한 콘센트가 준비되어야 하고, 필요하다면 노트북 등을 이용하는 학습자를 위해 콘센트가 준비되어야 한다.
음향시설: 벽과 천장, 바닥 그리고 가구로부터 소리의 울림과 흡수를 확인하고, 음성의 청명함과 크기를 3~4명이 확인해야 한다.
기술: 빔 프로젝트를 위한 스크린과 교수자(필요시 학습자)를 위한 인터넷 접속이 가능한 컴퓨터가 교실에 있어야 한다.

자료: M. Weinstein,"Training Spaces," *training* (September/October 2010), pp. 34–37. C. L. Finkel, "Meeting Facilities," in the *ASTD Training and Development Handbook*, 3d ed., ed. R. L. Craig (New York: McGraw-Hill, 1996), pp. 978–989를 기반으로 함.

를 구동하기 위해 전기 콘센트 쪽으로 교수자 위치를 전환하는 등의 방식)를 적절하게 배치하여 교실의 강점과 약점을 익숙하게 만들 수 있도록 학습장소에 대한 평가를 실시해야 한다.

선택과 설계 또는 어떤 학습공간을 사용할 것인가를 결정할 때 정신적인 측면과 물리적 측면의 배려를 통해 학습자의 학습은 촉진될 수 있다는 것을 인지해야 한다. 예를 들면, 미시건주의 블루크로스블루쉴드는 학습공간을 변형 가능한 형태로 개조하였다.[6] 그 이유는 온라인 학습, 팀워크 훈련, 물리적 이동 그리고 조용한 사색 등이 필요할 때, 교실 안에서 또는 교실 밖으로 가구와 장비를 이동시켜야 하는 경우가 발생하기 때문이다. 여기서 중요한 점은 교실이 교수자-학습자, 학습자-학습자, 학습자-교육 내용과 접촉을 위한 보다 다양한 활동을 수행할 수 있는 넓은 학습공간을 확보했다는 점이다. 예를 들면, 판매과정에 대한 수업에서 학습자는 파트너와 함께 작업해야 한다. 판매과정에 대한 전체 단계를 바닥에 표시하고 단계에 따라 물리적으로 움직이면서 판매과정을 설명한다. 판매단계에 따른 물리적 움직임은 학습자에게 판매과정을 더 잘 회상할 수 있게 도와준다. 온라인 수업이든 물리적 공간에서의 수업이든 회의장이나 호텔 등과 같은 장소를 학습공간으로 선택할 때 TEIG(The Economical Insurance Group)의 교수자는 참석하는 학습자 수에 맞는 공간인지, 교수자가 물리적으로 집중할 수 있는 공간인지, 촉진자와 교수자가 상호 공동체 의식을 촉진할 수 있는 공간인지를 고려한다. 그들은 학습공간이 그래픽, 멀티미디어, 플래시 기술, 즉각적인 피드백 등의 기술과 잘 결합되어 조화를 이룰 수 있다고 믿기 때문이다. 또한, 리더십 교육과정 등은 교실 외부 환경이 학습자의 네트워크, 창의성, 혁신 등을 독려하기 위해 편안함을 줘야 한다. 간혹, 학습공간이 이상적이지 않은 곳에 교수자 자신이 서 있다는 사실을 깨닫기도 한다.

부동산 중개업체 센추리21 리얼 이스테이트(Century 21 Real Estate LLC)의 교수자는 학습공간의 강점과 한계, 학습 극대화를 위한 방법 등을 확인하기 위해 학습 과정 전에 학습공간을 살펴본다. 예를 들면, 지방 호텔에서 수업을 진행하게 된 한 교수자는 연회장 테이블이 설치된 곳에서 강의하게 되었을 때 학습자에게 활력을 주기로 결심하고, 학습자가 연회용 테이블에 앉아 팀 훈련을 할 수 있게 배려하였다. 사무가구 제조회사 스틸케이스(Steelcase)의 교수자는 강의 내용이 정면이 아닌 옆면에 투영되도록 하여 학습자 모두가 내용을 볼 수 있게 강의실을 개조하였다.[7] 전환 장치를 통해 교수자의 강의 내용이나 학습자의 노트북 내용을 교실에 있는 전체 화면에 투영할 수 있게 개조하였기 때문에 교수자는 교실 강단에 고정되지 않고 자유롭게 움직일 수 있다. 또한, 교실과 함께 추가적으로 카페와 부스 그리고 작은 방을 만들어 조용한 분위기에서 학습자의 사적인 작업뿐만 아니라 학습자 상호협력과 지식 공유를 독려하였다.

좌석 배치 훈련장에서 좌석 배치는 학습자 상호작업과 학습자 상호접촉의 바람직한 형태를 이해하는 것에서 시작한다.[8] 그림 5.2는 몇 개의 좌석 배치 형태를 보여주고 있는데, 부채꼴 좌석 배치는 학습자로 하여금 교실에서 특정 장소를 보기 좋게 한다. 학습자는 쉽게 강의 경청에서 집단실습으로 전환할 수 있고, 교실에 있는 모든 학습자와 쉽게 대화할 수 있다. 부채꼴 좌석 배치는 또한, 집단작업과 팀 단위 문제해결 및 정보를 종합하기 위한 효과적인 좌석

그림 5.2
좌석 배치 예시

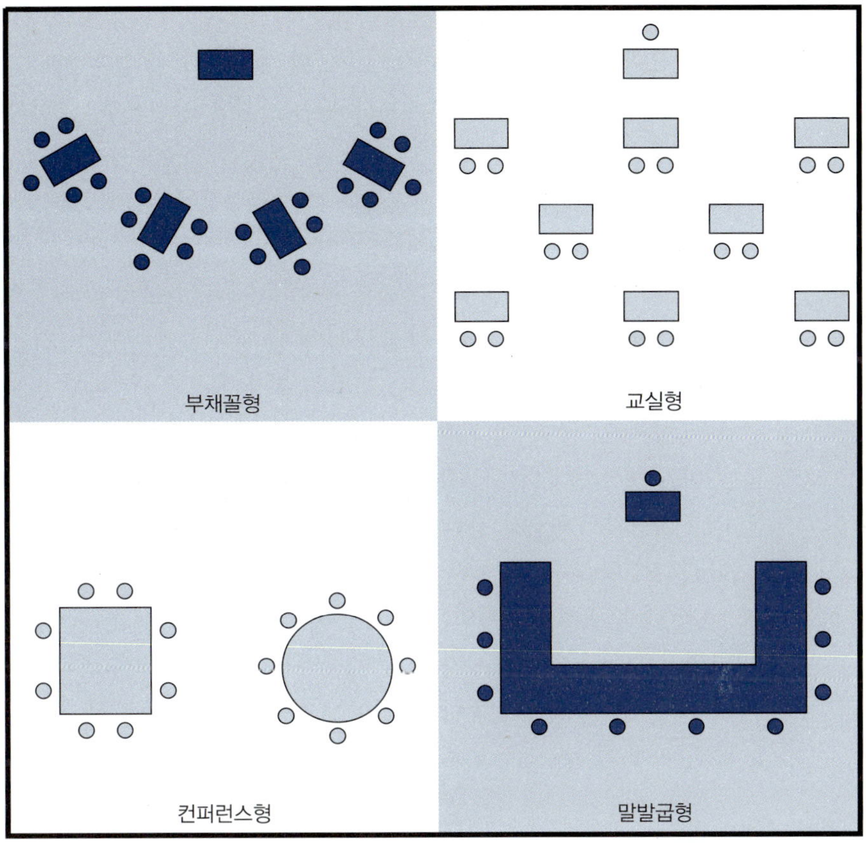

자료: F. H. Margolis and C. R. Bell, *Managing the Learning Process* (Minneapolis, MN: Lakewood Publications, 1984)를 기반으로 함.

배치이다.

만일 교육의 주된 목적이 지식 획득이라면 강의와 시청각 위주의 발표가 주된 교육방법일 것이다. 따라서 전통적인 교실형태의 좌석 배치가 적절하다. 전통적인 교실형태의 강의는 학습자-교수자 접촉은 가능하지만, 학습자 상호 팀 단위 작업은 어렵다(특히 교실에서 좌석이 고정되어 이동이 불가능한 경우).

만일 학습이 제한된 발표와 소규모 접촉은 없고, 전체 집단 토론을 목적으로 한다면, 컨퍼런스 형태의 좌석 배치가 효과적이다. 교육이 발표와 전체 집단 강의를 목적으로 한다면 말발굽형 좌석 배치를 사용할 수 있다.

교수자 선택

전문교수자나 컨설턴트를 선택하는 것은 기업이 수행해야 하는 가장 명확한 업무이다. 기업의 내부 또는 외부로부터 교수자를 선정할 때, 교수자는 강의 주제와 관련된 전문성과 교육 경험이 있어야 한다.[9] 관리자, 종업원 그리고 전문가 모두 교수자 육성 프로그램을 이수하는 것은 필수적이다. 그중 전문가의 경우 교육 내용에 대한 전문지식은 가지고 있으나, 발표력과 청중과의 대화 기술, 교육과정의 주요 구성요인에 대한 지식 획득(예: 피드백과 연습 등)

또는 학습 계획(lesson plans) 개발에 관한 능력을 개선할 필요가 있다. 전문교수자나 컨설턴트를 선택하는 일에서 회사가 한 가지 확실히 해야 할 일은 바로 회사의 내부나 외부 어디에서 교수자를 구하든지 훈련 내용과 관련된 최고 전문가를 확보하는 것이다. 회사 내부의 직원과 관리자 모두 효과적인 교수자라는 사실을 입증하기 위해서는 가능한 경우 인증기관의 자격증을 취득하는 것도 좋은 방법이다. 더 경험이 풍부한 교수자의 조언과 코칭 및 피드백을 받는 경우에 신규 교수자는 그의 생애 첫 강의를 성공적으로 완수할 가능성이 높다. 기업이 회사 내부에서 교수자를 선택할 때 특히 청중이 교육 내용에 익숙하지 않은 경우에는 더 경험이 많은 선배 교수자가 사례 등을 통해 신규 교수자에게 교육 내용과 관련된 강의방식을 구체적으로 전달해주는 것이 중요하다. 전문가는 추상적이고 진보적인 개념을 자주 사용하는 경향이 있기에 이를 듣는 학습자는 혼란에 빠질 수 있다.[10]

이를 예방하기 위해서 회사 내부 전문가를 교수자로 선택하는 경우 자신의 경험과 배경 그리고 학습자의 학습을 강화시켜 줄 수 있는 그들의 활동을 사용할 수 있도록 격려해주어야 한다. 또한, 학습자와 활발하게 토론하고, 질문에 편안하게 대답할 수 있는 환경도 제공받아야 한다. 회사 내부 교수자의 경우 내용을 전달하는 방법 및 수업주도 능력이 부족하기 때문에 강의에 숙달된 기존 교수자와 함께 강의기술에 관한 교육을 제공받을 필요가 있다. 즉, 교수자는 수업의 흐름에 집중할 수 있어야 하고, 특히 회사의 내부 전문가가 교수자로 선택된 경우 강의에 숙달된 전문교수자의 수업주도 방식 및 사례를 공유할 수 있도록 배려되어야 한다.

회사 내부의 관리자와 종업원을 교수자로 활용하게 되면, 본인이 평소에 수행하던 업무와 관련된 내용에 대해 그 의미를 잘 확대하여 학습자에게 전달할 가능성이 높다. 이들은 회사의 사업을 잘 이해하고 있기에 학습자가 작업 현장에서 보다 직접적으로 활용 가능한 내용을 교육을 통해 전달하게 된다. 또한, 학습자의 학습에 대한 몰입을 증가시키고, 외부 컨설턴트 사용에 따른 비용을 감소시킨다. 교수자 활동이 회사에서 전문가로 인정받는 계기가 되거나 강의 경험이 개인의 경력 개발과 연계된다면, 내부 교수자를 활용하는 경우 강의 경험 자체만으로도 이들에게 충분한 보상이 될 수 있다.

5세대 이동통신회사 버라이즌의 TEACH[기술자(Technician), 교육자(Educator), 자문관(Advisor), 코치(Coach), 업무수행자(Host)] 프로그램 교수자는 초간단 영상수업, 자기주도 학습, 동료 간 학습, 가상교육, 교실에서의 대면 수업 등을 포함한 대략 100시간의 학습을 완료해야 한다.[11] 유전과 분자진단에 관한 임상정보시스템 등 신제품 라인을 설명해줄 사람이 필요했지만, SCC 소프트 컴퓨터(SCC Soft Computer)는 규모가 작은 회사라서 이와 관련된 전문가가 없었기 때문에 직원과 고객을 위해 강의안 마련과 강의를 해줄 전문가가 필요했다.[12] 그러나 세포유전학과 같은 전공을 공부한 유전학적 배경을 가진 전문교수자를 고용하는 것은 너무 비용이 많이 들기 때문에 SCC는 고객 응대를 위해 필연적으로 제품 설명 등에 대한 약간의 교육 경험이 있는 사내 직원을 교수자로 만들기 위한 교육과정을 개설했다. 교육과정 내용은 성인교육 원리를 응용하였고, 학습 목표를 명확히 하였다. 학습 목적에 맞게 교육 내용을 만들고, 보조교재를 사용하고, 학습 계획과 학습구조를 설계하고, 학습반응과 학습행동 그리고 이런 교육 성과를 측정하기 위한 평가계획을 수립하고, 기술 전수 방법을 모색하였다.

이런 일련의 과정은 다국적 제약회사 머크와 항공기 제조사 보잉이 선택한 교수자 인력양성 과정을 참조할 필요가 있다.[13] 머크의 경우 인적자원개발 수업에서 내부 리더와 학문적 소양이 있는 교수자를 짝 지어서 교수자로 사용한다. 이렇게 하면 수업 전에 강의 모델과 수업 의도가 서로 공유될 것이라고 회사는 확신한다. 학문적 관점을 가진 교수자는 최적의 사례와 모델을 제공할 것이고, 내부 리더는 이런 사례를 현장에서 어떻게 적용할 수 있는지 그리고 사업 이슈에 어떻게 적용할 것인지 학습자와 토의가 가능하다. 보잉의 부사장은 1년에 최소 두 번 이상 리더십 과정을 가르친다. 수업과정에는 연단위 업무 성과 평가가 포함되어 있는데, 보잉의 리더 육성을 위한 교육과정에는 대화와 도전적인 질문 그리고 이야기 전개 과정이 포함되어 있다. 프로그램 참여자는 리더에게 다양한 질문과 도전을 하고, 리더의 경험을 듣고, 다른 사람에게 그 내용을 배우고 가르칠 수 있도록 설계되어 있다. 이런 일련의 과정은 모든 종업원이 상호 학습자가 되기도 하고, 교수자가 될 수도 있도록 구성되어 있어 끊임없는 학습 환경을 만드는 데 도움을 준다.

공부하고 싶어지는 훈련장과 강의 만드는 법

교수자로서 공부하고 싶어지는 분위기를 확보한 장소 선택과 수업을 위한 강의안을 만들기 위해서는 교육과정이 시작되기 전과 교육과정 중에 몇 가지 단계를 거쳐야 한다.[14]

교육 준비하기

교실을 선택하기 전 학습자의 학습에 대해 가지고 있는 몇 가지 기대와 관련된 기본사항들을 고려해야 한다. 즉, 학습자가 언제, 어디서, 어떻게 학습할 것인가(자기주도권) 그리고 학습이 학습자 상호작용 등을 통해 발생하게 할 것인지 등의 범위를 결정해야 한다.[15] 표 5.2는 학습을 위해 필요한 자기주도권과 협력에 적절한 교실의 형태를 보여주고 있다. 예를 들면, 이동이 편리한 가구 배치는 높은 협력을 유도하지만 낮은 자기주도권을 가지게 한다. 이 같은 교실은 강의, 발표, 토론 그리고 소규모 집단 교육을 위한 강의실로 사용하는 것이 적당하다. 컴퓨터, 카메라 그리고 각종 데이터 단말장치가 구비된 원격강의실은 학습을 위한 낮은 협력관계를 지원하지만, 높은 자기주도권을 주게 된다. 학습자 상호협력을 거의 필요로 하지 않

표 5.2 학습 요구사항에 적합한 강의실 유형

수업을 위해 요구되는 사항	추천할 만한 교실
높은 협력, 낮은 자기주도권	별도의 토론방이 있는 교실이나 강당
높은 협력, 높은 자기주도권	토론방, 프로젝트 룸, 회의실
낮은 협력, 낮은 지기주도권	일반교실, 컴퓨터 교실, 강당
낮은 협력, 높은 자기주도권	원격학습실, 시청각실, 컴퓨터실

자료: "Workplace Issues: One in a Series. Learning Environments for the Information Age," available from the www.steelcase.com (accessed March 1, 2006), and "Rethinking Higher Education Spaces," available at www.steelcase.com (accessed June 12, 2012)을 기반으로 함.

는 자기주도 학습은 온라인 학습이나 컴퓨터 기반 교육 또는 소프트웨어 관련 강의를 지원하기 위한 컴퓨터와 관련 소프트웨어가 구비된 강의실이 제일 적당하다. 물론 학습자는 가정과 집에서 자신의 개인 컴퓨터를 통해 실습할 수 있기에 학습을 위한 요구사항을 모두 충족하는 전용 공간이 필수적인 것은 아니다. 8장 "테크놀로지 기반 훈련 방법"에서 온라인 교육의 장점과 단점을 알아본다. 종업원은 대면 수업에서 발생하는 대인 간 접촉을 통한 협력 등이 부족해서 온라인 교육을 좋아하지 않을 수 있다.

교실의 물리적 장비에 대해서도 생각해볼 필요가 있다. 학습자가 과연 집중하고 싶어 할까? 아님 필기를 하고 싶어 할까? 그리고 세부적 화면을 볼 필요가 있을까? 학습자 수를 충족하는 교실이 아니라 교육 목적을 충족할 수 있는 여유로운 교실을 선택할 필요가 있다. 250명이 앉을 수 있는 강의실에 단지 25명만 수업하게 되는 상황을 피하는 것이 좋다. 큰 강의실에서 적은 인원이 교육을 받게 되면 비정서적 감정을 가지게 되어 무의미함을 느낄 수 있기 때문이다. 수업에 앞서 적절한 교실 규모 등을 설계할 필요가 있고, 학습 요구에 맞는 교육장소를 선택할 때 이와 관련하여 도움을 줄 수 있는 조정자와 함께 작업할 필요가 있다.

자료 준비

교수자는 본인이 해야 할 교육 내용에 대해서 잘 알고 있어야 한다. 정신적으로나 육체적으로 강의 연습을 반복해서 확신을 가져야 하고, 교육자료의 활용 속도 조절과 시기 등을 평가해야 한다. 새로운 아이디어를 갖기 위해 명교수자를 관찰하고 청중의 관점에서 교육을 설계해야 한다. 당신이 계획한 모든 것에 대해 "그래서 뭐?"란 질문을 던져야 한다. 컴퓨터, 비디오, 인터넷, 원격교육 또는 기타 장비를 사용한다면 교수자는 장비 작동법을 숙지해야 하고, 기기 오작동에 따른 문제를 보완하기 위해 자료를 백업해놓아야 한다. 또한, 파워포인트 또는 오버헤드 프로젝터 등 시청각 자료는 최소 두 가지 형태로 준비해야 한다. 최소 15분 전에 강의실에 도착해서 강의실 정리가 제대로 되어 있는지, 교육자료 준비가 제대로 되어 있는지, 그리고 기기는 제대로 작동하는지 확인해야 한다. 마지막으로 강의실에 들어오는 학습자들과 반갑게 인사해야 한다.

학습자 알기: 연령, 세대, 성격, 문화 그리고 언어

효과적인 교수자가 되기 위해서는 대중문화와 일반상식 등을 숙지하고, 관련된 학문과 설문결과 등에 익숙해야 하며, 마지막으로 학습자에 대해서 알아야 한다.[16] 교수자가 학습자의 나이와 성격 또는 지역적 특성, 문화, 전문성 또는 경험 등에 기인한 학습자의 공유가치가 무엇인지 알게 되면, 학습자의 경험과 관련된 언어와 예시, 삽화, 이야기, 참고문헌 등을 교육 중에 사용할 수 있기 때문이다.

연령 그리고 세대 차이 전통주의자는 안정적이고 질서정연한 학습 환경을 가진 일반적인 교실을 선호하고, 다른 동료 학습자 앞에서 발생하는 즉흥적이고 당혹스러운 상황을 직면하는 것을 좋아하지 않는다. 논리적으로 잘 정비된 정보에 대한 직접적인 설명과 교육자료에 가치를 두고, 교수자로부터 자신의 경험과 일화 등을 공유해달라는 부탁을 받는 것을 좋아한다. 그러면서도 교수자로부터 전문지식을 공급받고자 한다.

베이비붐 세대는 일반적인 교실에서 학습하는 것을 선호하고, 교육활동에 꽤 잘 반응한다. 그들은 그룹활동을 좋아하고, 정보에 대한 개요를 잘 정비한 교육자료와 세부적인 정보에 접근하기 쉬운 방법을 선호한다. 다른 집단과 비교해보면 특히 교육 내용이 개인적으로 혜택이 된다고 믿을 때, 학습에 대한 동기부여가 빠르다. 베이비붐 세대는 그들이 가지고 있는 지식을 실제 현장에서 사용할 수 있는 기술로 전환하는 교육과정을 필요로 한다. 이 말은 바로, 교수자는 베이비부머 학습자에게 수강하는 현재 교육과정과 프로그램을 통해 획득한 지식은 현장에서 적용 가능한 기회를 제공한다는 확신을 주어야 한다는 의미이다.

X세대는 IT 수단을 방법으로 하는 자기주도 학습 환경을 선호한다. 자신의 학습진도에 맞게 교육을 수행할 수 있는 교육 환경이 제공되는 교육방법론에 가장 잘 반응한다. 예를 들면, 시디롬과 인터넷 기반 교육 등이다. X세대는 자신의 고용안정을 담보하는 방법으로 교육을 인지하는, 대단히 동기부여된 세대이다. 그들은 실습을 통한 학습을 좋아하고, 실험과 피드백을 좋아한다. 그들은 상대적으로 몇 마디 단어로 압축된 시청각 자료를 통한 교육자료가 제공될 때 잘 반응한다. 질의 응답 시간은 X세대가 피드백을 주고받는 데 많은 도움이 된다.

밀레니얼 세대가 선호하는 학습방법은 구글과 소셜미디어를 통해 정보, 지식, 아이디어를 얻는 것이고, 친구와 질문과 응답을 통해 피드백을 받는 것에 익숙하다. 밀레니얼 세대는 수요에 따라 학습을 하길 원하고, 짧은 교육과정을 선호하며, 학습에 몰입하길 원한다. 이들은 또한 자신의 동료와 협력을 통해 학습하는 것에 가치를 두고, 멘토나 코치를 두길 원한다. 그들은 기초개념, 아이디어, 지식을 획득하기 위해 자기주도의 온라인 학습과 다른 사람과 질문이나 사례, 역할극 등을 직접 실습하는 집단활동을 혼합한 블렌디드 학습을 선호한다.[17] 그들은 직장생활의 스트레스를 줄여주거나 고용안정성을 증대시킬 수 있는 기술을 배우거나 지식을 획득하는 것을 좋아한다. 이들은 돈에 대해 높은 가치를 두기 때문에 경제적 혜택과 연계되어 있는 학습 과정을 사용한다면 매우 유용한 방법이 될 수 있다. 밀레니얼 세대는 자신의 성장에 도움이 되는 경험을 가치 있게 생각하고, 의미 있는 일을 하고 싶어 하며, 최첨단 기술을 사용하는 것을 선호하고, 사회화와 협력을 위한 공간에 의미를 두며, 솔직한 피드백을 좋아한다. 밀레니얼 세대와 유사한 Z세대 직원은 훈련이 그들이 필요할 때 사용할 수 있는 휴대전화나 노트북, 태블릿 PC를 통해 이뤄지길 희망한다.[18] Z세대는 네트워킹을 가치 있게 생각하고, 경험을 통해 학습하고자 한다. 이 말은 곧, 전통적 교실수업보다는 현장실습과 멘토의 조언을 중요하게 여긴다는 의미이다. Z세대가 어떤 방식으로 업무를 수행해야 하는지 질문한다면, 이 세대의 관리자인 X세대는 이에 대답할 필요가 있고, 즉각적인 피드백을 제공하며, 이들이 업무를 완료하면 칭찬을 제공할 필요가 있다. 이들을 위한 훈련의 특징은 상호작용적이어야 하고, 시각, 음성, 음악과 같은 멀티미디어 제시와 협력적 게임 등을 가능한 많이 제공해야 된다는 것이다.

이런 측면에서 밀레니얼 세대를 유혹하기 위해 UPS가 재설계한 훈련 과정을 생각해볼 필요가 있다. UPS는 일반적인 이직률 이상의 밀레니얼 세대 운전기사 이직률을 경험하고 있다. 이런 밀레니얼 세대를 위한 훈련에 대한 초기 아이디어는 비디오 게임과 시뮬레이션 게임이었다. 그러나 요구 조사를 통해 이들 밀레니얼 세대 기사는 훈련 과정에서 기술적 요인을 사용하길 원하고, 능숙한 운전기사의 필수 기술을 훈련기간 동안 직접 체험하길 원한다는 사실을 발견했다. 그 결과 UPS는 메릴랜드에 자사의 운전기사를 대상으로 전통적인 강의실을 비롯해 시뮬레이션 연습장, 온라인 교육, 팟캐스트, 비디오 등을 포함한 새로운 통합학습 설비를 구축하고, 시뮬레이션을 통해 화물을 운반하고, 포장할 수 있는 이른바 가상도시인 클라크빌(Clarksville)을 구축하였다.[19]

학습에 영향을 미치는 세대 차이의 잠재적인 문제를 해결하기 위해서는 학습자의 나이와 그 세대 특성을 아는 것이 대단히 중요하다. 교수자가 학습자의 나이와 세대 특성을 알게 된다면 그에 맞는 학습 환경을 구축할 수 있게 되고, 학습자 선호에 맞는 학습 교재를 개발할 수 있다. 연령이 교육 성과에 미치는 영향에 관한 최근 연구에 의하면 자기진도형 학습(self-paced training)은 40대 이상의 학습자에게서 가장 큰 학습 성과가 발생한다는 것을 발견하였다.[20] 자기진도형 학습은 연장자에게 자신의 수업에 대한 책임감을 가지게 하고, 수업에서 요구하는 것에 집중할 수 있게 하며, 수업을 이해하고 중요성을 인식할 수 있는 시간을 준다. 소규모 집단 교육은 연장자를 위한 교육방법으로 장점이 있다. 대부분의 교육과정은 여러 세대가 혼재되어 있으므로, 모든 학습자에게 혜택이 갈 수 있는 학습 환경을 제공하는 것은 대단히 중요하다.[21] 잘 관리만 된다면 세대 간 접촉을 통해 종업원은 많은 것을 배울 수 있다. 세대와 관계없이 모든 학습자는 학습이 자신의 업무와 어떻게 관련되어 있는지를 이해할 필요가 있다. 즉, 모든 학습자는 이것이 나에게 어떤 이익이 되는지를 잘 알아야 한다. 모든 학습자는 사회적 상호작용에 포함되고, 긍정적으로 반응하고자 한다. 효과적인 훈련이 개발되고, 운영되기 위해서 교수자는 갈등을 최소화하고, 각 세대의 강점에 대해 균형을 유지할 필요가 있다. 교수자는 모든 종업원의 교육을 강화하기 위한 공통된 토대를 발견하려고 노력할 필요가 있고, 교수자는 인터넷 강의나 웹캐스트 등을 통한 기술기반 교육을 통해 모든 학습자의 학습을 조력하는 것과 함께 대면 교육을 활용할 필요가 있다(8장에서 논의할 블렌디드 학습으로 알려져 있다). 고령의 종업원을 위한 기술기반 교육의 효과성을 강화하기 위해서는 수업을 구조화하고, 피드백과 안내지침을 제공하며, 친숙한 인터페이스를 활용하는 것이 좋다.[22] 음악, 게임 그리고 약간의 유머 등을 사용하여 훈련을 재밌게 만드는 것은 특히 훈련 내용을 완벽하게 학습할 수 있다는 확신감을 가지고 있는 학습자에게는 더 흥미를 유발하고, 수업이 그렇게 자극적이지 않다고 믿게 한다.[23] 모든 학습자가 정보에 집중하게 만드는 방법은 제공되는 내용이 20분을 넘기지 않게 짧은 모듈로 제공하는 것이다. 이런 짧은 시청 이후 학습자가 관련 정보를 기억하는 데 도움이 되도록 관련 활동과 토론을 통해 이 정보가 작업에 적용될 수 있으며, 자신에게 유익하다는 것을 이해할 수 있도록 해야 한다.

성격 학습자의 학습 스타일을 이해하는 것과 함께 일부 회사에서는 교수자가 수업에 참여하는 학습자의 선호도와 특성을 더 잘 이해할 수 있게 도와주는 평가도구를 사용하기도 한다. 다국적 회계 감사 기업 PwC(PricewaterhouseCoopers)의 학습개발그룹(Learning and

Development Group)은 학습자의 요구와 유형을 이해하기 위해 마이어스-브릭스 유형지표(MBTI)를 사용한다.[24] MBTI는 정보를 수집하고, 의사결정하는 방법에 중점을 두고 있다. 이 성격 유형 검사는 개인의 성격(personality)을 이해하고, 직장과 생활 속에서 성격에 따라 그들이 선호하는 방식을 이해할 수 있게 도와주는 평가도구이다. MBTI 이론은 네 개 차원에 의해 성격 차이가 발생한다고 제안한다. 사람은 정보를 수집하기 위해 사실과 세부사항을 중시하는(Sensing: S) 경우가 있는가 하면, 추상적인 패턴이나 가능성을 중시하는(iNtuition: N) 경우가 있다. 의사결정은 논리적 분석(Thinking: T)을 바탕으로 하거나 개인적 가치(Feeling: F)에 따라 하는 경우로 구분할 수 있다. 또한, 환경에 대처하는 방식과 지향하는 방식에서도 차이가 있다. 내향적(Introversion: I) 성격을 가진 사람은 자신의 내면으로부터 에너지를 끌어내는 반면, 외향적(Extroversion: E) 성격을 가진 사람은 사람 간 접촉을 통해 에너지를 얻는다. 인식형(Perceiving: P)은 많은 의사결정에서 선택사항을 선호하는 반면, 판단형(Judging: J)은 구조와 그 대상만을 선호한다. MBTI 평가는 성격 유형 간 연결을 통해 단어의 첫 글자 네 개로 이루어진 유형의 성격 형태를 제공한다. 네 개 차원은 상호 결합을 통해 16개의 성격 유형을 만들어낸다(예를 들어, ISTJ, ENFP, INFP 등이 될 수 있다).

교수자는 교육과정 시작 전에 학습자에게 MBTI 평가를 완성하게 할 수 있고, 이를 통해 학습자의 성격 유형에 대한 정보를 교육 설계에 사용할 수 있으며, 학습자도 학습에 대한 흥미와 동기부여를 증대시킬 수 있다. 예를 들면, 어떤 수업에 대단히 높은 감각형(S) 학습자가 있다면 이 학습자는 오감을 포함한 행간 접근(linear approach)을 통해 정보를 받거나, 처리한다는 것을 의미한다. 따라서 교수자는 다양한 감각을 포함한 교육방법을 사용하고자 할 것이다. 교수자는 사고형(T) 학습자에게는 논리와 분석적 접근을 하는 반면, 감정형(F) 학습자에게는 교육에 대한 주관적 접근을 한다. 또한 감정형(F) 학습자에게는 주관적 요구, 신념, 가치, 경험 등을 강조하는 반면, 사고형(T) 학습자를 위해서는 논리적 접근을 강조할 수 있다. 학습자가 외향적이거나 내향적일 경우 교수자는 구조화된 학습 환경과 유연한 학습 환경 중 어떤 방식을 사용할 것인지 결정해야 한다.

만일 학습자의 학습 스타일 또는 성격 유형을 미리 알 수 없다면, 적어도 강의의 일부분을 대다수 학습자에게 맞춰 진행할 수도 있다. 보증회사 아메리칸 피델리티(American Fidelity)는 다른 학습 스타일을 가진 직원을 위한 학습자 중심의 접근 방법을 강조하는데, 각 수업과정에서 교수자는 다양한 활동을 수행하도록 독려받았으며, 그 결과 인형, 음악, 피규어, 차트 그리고 그래프 등을 활용하는 다양한 학습 환경을 만들었고, 상호작용을 독려하기 위해 학습자는 짝을 이뤄 과업을 수행하도록 하였다.

문화와 언어 만일 훈련 프로그램의 학습자 중 일부가 영어를 모국어로 쓰지 않는다면, 또는 교수자가 영어를 모국어로 쓰지 않는 다른 나라 출신이라면, 강의를 위한 최종 교육자료는 학습자가 이해할 수 있는 내용으로 맞춰서 준비해놓을 필요가 있다. 이렇게 하는 몇 가지 방법이 있는데, 첫째, 교육자료에 학습자와 관련된 언어, 친숙한 이름 그리고 사례 등이 포함되어 있어야 한다. 예를 들면, 속어, 관용구 그리고 운동경기 등에서 사용되는 용어 등은 조심해서 사용할 필요가 있다.[25] '크게 한 건 했다'의 영어식 표현인 '담장을 넘겨버렸다' 또는 '아주 가치 없다'는 의미인 '1다임에 12개'와 같은 표현은 미국 문화권에서는 익숙한 표현이지만, 다른 문화권의 언어로 이 표현을 해석하게 되면 유추의 혼란과 함께 주제에서 벗어나기도 한다. 일부 연구에 의하면, 어떤 나라는 미국식 이름을 그 국가의 문화권에서 일반적인 이름으로 바꾸기도 한다. 둘째, 학습자의 영어 수준을 판단해야 한다. 이 말은 지사 직원과 그 나라에서 가르치는 교수자와 대화를 통해 요구 조사 기간에 결정해야 한다. 또한, 영상물이나 프레젠테이션 슬라이드 등을 제공할 때 학습자의 영어실력에 주의를 기울여 그들의 수준에 맞게 제시할 필요가 있다. 그리고 가능하다면 그들이 사용하는 언어를 사용하려고 노력해야 한다. 셋째, 언어뿐만 아니라 대인관계 유형처럼 권력, 사회적 위상 차이에 때문에 발생하는 학습자 사이의 활동과 상호작용에 영향을 미칠 수 있는 문화도 고려해야 한다. 예를 들면, 일부 국가에서는 공공장소에서의 피드백 제공이나 (사례분석에서 발생하곤 하는) 타인에 대한 도전은 문화적 규범상 폭력으로 보일 수 있다. 이와 같은 이유로 훈련기간에 관리자와 한 팀으로 작업하는 직원은 이런 상황에 대해서 저항할지도 모른다. 그 이유는 이 학습자는 이 상황이 불편하고, 다른 학습자로부터 신뢰를 잃을 수 있기 때문이다.

사전교육: 대화, 사전작업, 관리자 참여를 통한 학습 동기 강화

학습에서 동기부여의 중요성은 4장에서 논의했다. 학습자의 학습 동기를 강화하기 위해서는 강의가 시작되기 전에 강의 목적, 학습 목표, 교육과정의 전제조건, 같이 수업에 참여하는 동료 등에 관한 정보를 이야기하는 것이 대단히 중요하다. 또한, 수업의 의미와 유용성 등에 대한 대화도 중요한데, 추천서 또는 다른 학습자가 이 과정을 통해 어떻게 혜택을 받았는지 그 사례를 공유하는 것도 한 방법이다. 읽을거리나 사례와 같은 사전교육 과제를 할당하거나 교수자에게 학습자가 이메일을 보내는 것 등과 같은 방식으로 수업에 사용될 토의 안건과 관련 이슈에 대한 사전작업은 수업과정의 의미나 수업에 대한 동기부여를 증대시키며, 학습자가 수업 목적을 인식하게 하고, 집중할 수 있게 도와준다. 예를 들면, 세계적인 교육훈련기관 샤피로 네고시에이션 인스티튜트(Shapiro Negotiations Institute)는 훈련 프로그램 참여자에게 교육에서 활용할 목적으로 실제 학습자가 업무에서 수행하였던 사례를 가져오길 부탁한다.[26] 존슨빌 소시지 직원은 전에 회사 제품의 유통구조에 대한 과정을 수료했는데, 이 회사 직원은 제품이 소매점에 어떻게 운송되는지, 매장광고는 어떻게 활용되는지 그리고 홍보는 어떻게 실행되는지 등을 게임을 통해 재현하였다.[27] 이러한 준비과정은 직원에게 훈련 프로그램에 출석했을 때 생각을 공유할 수 있게 도와주고, 그 중요성을 인식하게 한다.

또한, 관리자가 학습자에게 교육에 참석할 기회를 제공해주고, 작업 현장에서 교육 내용을 어떻게 활용할 것인지 그리고 그들이 배운 것을 어떻게 다른 사람에게 전파할 것인지에 대해 같이 토의하고 독려함으로써 학습자의 학습 동기를 강화할 수 있고, 이는 학습자가 교육을 통해 습득한 내용을 작업 현장에 돌아와서 활용할 수 있게 도와준다. 이 장의 끝에서 관리자가 교육을 어떻게 지원할 것인지에 대한 세부사항을 살펴볼 것이다.

교육과정 개요 제공

교육과정이나 워크숍이 시작될 때 학습자에게 수업 목적, 수업 일정, 수업 활동, 과제 그리고 기타 관련 정보와 같은 큰 그림에 대한 아이디어를 주는 것이 중요하다.[28] 전반적 개념과 수업의 유용성, 목적 그리고 업무와 관련된 사항이 제일 먼저 제시되어야 하고, 목적을 성취하기 위해 어떻게 수업이 구조화되어 있는지를 설명해주어야 한다. 학습자가 수업에 참여하기 위해서는 적절한 정신상태를 유지하고, 사적으로나 업무적으로 교육과정이 어떤 의미가 있으며 어떤 관련성이 있는지를 이해해야 한다. 수업흐름도 또는 수업과정의 개요를 통해 먼저 일반주제를 제시하고, 다음 세부사항을 제시해야 한다. 또한, 지식을 조직화하고 설명하기 위해 **개념도**(concept map)를 사용해야 한다. 네모박스에 개념을 표시하고 개념 간 관계를 연결선을 통해 제시해야 한다. 이런 개념도는 수업 개요와 흐름의 적절한 부분을 제시할 수 있으며, 학습자의 머릿속에 교육 내용을 조직화하여 기억할 수 있게 도와준다.

또한, 각 부분을 시작할 때 어떻게 수업 내용이 교육과정에 포함되어 있는지 그리고 다음 주제와 어떻게 관계되어 있는지를 보여줄 수 있게 전체 개요와 수업 흐름도를 보여줘야 한다. 그림 5.3은 효과적인 성과 검토를 위한 교육과정 개념도를 보여주고 있다. 이 개념도는 세 개의 주요 주제와 이에 따른 지식과 기술이 강조될 것이

그림 5.3
효과적인 업무 성과 검토 교육과정에 대한 개념도

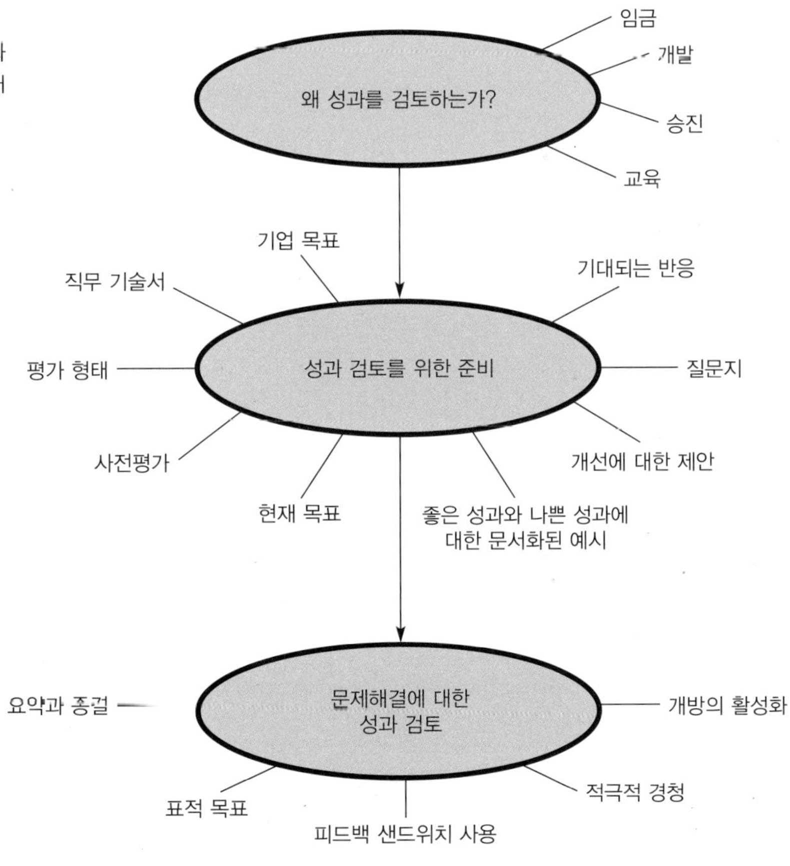

라는 윤곽을 보여주고 있다. 예를 들면, 교육과정 개념 중 하나는 학습자에게 왜 성과 검토를 실행하는지를 이해할 수 있게 도와주고, 업무 성과 검토를 통해 임금, 개발, 승진, 교육과 같은 네 개의 이유가 강조되고 있음을 보여준다.

학습 내용 유지와 회상 도와주기 학습을 통해 배운 것 중 학습자가 기억해주었으면 하는 부분에 대해서 학습자의 학습 내용 기억 유지와 회상을 돕기 위해서는 뇌의 정보 처리 과정과 보유체계를 고려할 필요가 있다. 교수자는 20분을 넘기지 않는 짧은 기간에 학습 주제 강의를 요약할 수 있는지 주의 깊게 고려할 필요가 있다.[29] 만일 20분을 넘기게 된다면, 중간에 휴식 시간이나 연습문제 풀이, 질의 응답 또는 사례나 문제풀이 시간의 일시적 휴식과 같은 다른 학습 기술을 사용할 필요가 있다. 이런 과정은 학습자의 사고를 새롭게 하거나 집중을 유지하는 데 도움을 주고, 수업 내용을 기억에 저장할 수 있게 도와준다.

또한, 연상기호와 은유법의 사용은 중요한 아이디어를 기억하게 하는 데 유용한 방법이다. 이런 방법의 활용은 개념, 행동 그리고 지식을 이미 알고 있는 개념과 연결시켜 주는 데 도움을 준다. 또한, 학습자가 쉽게 기억 속에서 정보를 끄집어낼 수 있게 도와준다. **연상기호**(mnemonics)를 활용한다는 것은 교육과정에서 나오는 용어나 단계를 대표하는 단어의 머리글자를 연결하여 기억하는 것을 말한다. 예를 들면, 회의에서 새로운 아이디어를 보호하기 위한 방법을 강조하는 수업에서 머리글자 PIN은 아이디어의 긍정적 면으로 인식할 수 있게 도와주고(P), 아이디어의 관심 또는 중요한 면을 설명하며(I), 아이디어의 가치를 고려한 후 그것에 대해 평가한다(N) 등으로 의미를 부여하여 기억하게 할 수 있다.[30] 교수자는 각각의 학습자에게 작고 안전한 핀을 하나씩 기념으로 주고는 회의에서 아이디어가 어떻게 만들어졌는지를 회상하게 하는 상징물로 이용할 수도 있다. 또한, 핀으로 풍선을 터트리면서 아이디어를 죽이는 것이 어떤 것인지도 설명할 수 있다.

새로운 것 또는 익숙치 않은 것을 사용하는 것도 학습자에게 학습 내용에 몰입하여 무엇인가를 기억하게 하는 데 도움을 줄 수 있다. 새로운 것은 훈련 과정에서 그림, 이야기, 생소한 소리 또는 드럼을 통해 음악을 만들면서 학습자에게 팀워크를 가르치는 행동과 같은 재밌거나 독특한 훈련 활동, 프레젠테이션을 통해 발생할 수도 있다. 훈련 과정에서 재밌거나 새로운 활동의 양이 지나치지 않게 주의하는 것은 대단히 중요한데, 그 이유는 잘못하면 교육 내용보다 재밌거나 새로운 활동 그 자체에만 학습자가 집중할 위험이 있기 때문이다.[31] 이런 지나침을 회피하기 위해 학습자는 훈련 과정에서 새로운 활동을 하는 이유는 교육에서 중점을 두고 있는 개념, 기술 또는 행동의 사례를 보여주기 위한 보조적인 활동이란 사실을 인식해야 한다. 학습자가 학습 내용을 기억해낼 수 있도록 돕는 다른 방법은 바로 이들이 교육 프로그램에서 학습한 것을 어떻게 사용할 수 있는지를 생각해보는 것이다.

학습자가 환경 속에서 문제와 작업 상황 등과 관련된 적절한 단서를 떠올리게 될 때 학습 내용을 기억하고, 그것을 업무에 적용할 수 있게 되기 때문에 응용과제는 기억을 증진시키는 효과가 있다. 훈련 프로그램에서 **응용과제**(application assignments)는 학습자에게 학습된 능력과 실제 세계에서 응용의 연결이 어떻게 이루어지는지 이해할 수 있게 도와주고, 필요할 때 능력을 쉽게 기억해낼 수 있게 하는 것이다.

메릴랜드에 본사를 두고 있는 지역은행 샌디 스프링 은행(Sandy Spring Bank)은 관리기술 훈련 프로그램에서 응용과제를 활용한다.[32] 응용과제는 효과적인 팀 구축, 리더십 변화 그리고 위임 등과 같은 주제를 포함하고 있다. 과제를 완성하기 위해 학습자는 선택된 주제를 연구한 이후 요약을 준비하여야 하며, 그들이 관리하는 팀에서 교육 프로그램을 통해 배운 것을 적용해야 한다. 이런 과정은 관리자와 공유되고, 이들이 배운 것과 적용방식을 관리자와 논의해야 한다.

마지막으로 학습자의 학습 내용 유지와 회상을 돕는 방법은 이러닝 등에서 사용되는 상대적으로 작은 학습 단위와 단기학습 활동을 의미하는 마이크로러닝(microlearning)의 법칙을 활용한 새로운 수업과정을 만드는 것이다. 4장에서 논의한 마이크로러닝의 법칙을 바탕으로 설계된 교육과정은 현재의 훈련 과정과 함께 일련의 학습 내용을 학습자가 쉽게 숙지할 수 있게 작은 단위로 쪼개어 내용을 구성하는 것을 의미하는데, 마이크로러닝 설계에서 최적의 방법은 우선, 설계자가 학습자가 학습 과정을 수료한 이후 무엇을 기억하고 있기를 바라는지 그 목적을 정확히 인식하는 것이고, 다음에는 그 내용을 목적에 부합하게 학습자가 인지할 수 있도록 작은 단위로 분쇄하여 수업과정을 만드는 것이다.[33] 마이크로러닝은 섬세한 기술에 집중해야 하는데, 예를 들면 판매사원이 효과적으로 영업기술을 사용하기 위해서는 고객의 특성, 고객에게 질문하는 방식, 고객의 말에 대한 경청, 제공되는 제품과 서비스에 대한 적절한 고객 교육 등을 연구할 필요가 있다. 그리고 이 모든 영업활동의 시작과 마무리 등이 교육에서 제공되어야 한다. 마이크로러닝을 통한 교육과정 개발에서는 사례로 들었던 영업활동에서 필요한 개별 기술에 대한 각각의 교육과정을 잘 개발해야만, 교육을 통해 고객을 상대로 한 영업사원의 판매활동이 효과적일 수 있게 된다.

효과적인 마이크로러닝의 특성은 표 5.3을 참고하기 바란다. 마이크로러닝 설계와 관련해서는 IBM의 사례를 참고할 필요가 있다.[34] IBM의 직원은 누구나 마이크로러닝에 접근할 수 있는데, 관리자는 직원에게 필요하거나 그들이 배우길 원하는 기술 등과 관련된 특정 내용을 추천할 수 있다. 마이크로러닝 과정 중 하나는 고객과 관계 구축을 통한 전문적인 영업활동

표 5.3
효과적인 마이크로러닝의 특성

- 학습자는 게임 등과 같은 활동에 참여하고, 학습자가 참여한 내용은 교육과정에 반영되어야 한다.
- 학습자에게 새롭고 의미 있는 내용 등을 비디오, 체크리스트, 도표 또는 기타 시청각 자료로 제공한다.
- 시나리오와 기타 활동을 활용하여 학습자에게 실습자료를 제공한다.
- 교육 수료 이후 업무 중에도 학습자에게 참고가 될 수 있는 자료에 대한 접근이 가능하도록 한다.
- 학습자가 학습과 관련하여 언제나 무엇이든 선택할 수 있게 한다.
- 학습자의 학습정도를 퀴즈를 사용하여 측정한다.

자료: M. Cole, "Microlearning: Delivering BiteSized Knowledge" (Alexandria, VA: Association for Talent Development, 2017); C. Torgerson, "Bit by Bit," *TD* (November 2016), pp. 26-29; A. Paul, "Microlearning 101," *HR Magazine* (May 2016), pp. 37–40; Grovo, "Training the Trainer: How to Create Microlearning," from https://www.grovo.com/resources/white-papers, accessed February 1, 2018을 기반으로 함.

강화에 중점을 두고 있는데, 이 과정은 고객과 관계 구축을 위한 12개 활동으로 구성되어 있다. 이 과정에는 자신의 업무 역할과 신규 고객의 행동에 따라 고객의 계좌 개설 및 고객 참여에 대한 전략적 행위와 관련된 내용이 상호 연결되어 있다. 마이크로러닝은 학습자에게 자신이 배운 것과 관리자와 토의를 통해 결론을 내린 사항은 한번 시도해보라는 격려도 포함하고 있다. 교육 프로그램의 최종 활동에는 '당신이 아는 것을 보여주세요'라는 게임이 있는데, 이것은 지금까지 배운 전문적 판매기술을 시험하기 위한 것이다.

교실 관리

효과적인 교육과정 설계에는 훈련 환경의 관리도 포함된다. 교실 안에 여분의 의자가 있는지 확인하고, 쓰레기나 직전 수업에 사용했던 교육자료가 교실 안에 널려 있는지 확인한다. 교실이 지저분하고 무질서하면 마음이 끌리지 않아 수업에 대한 집중을 방해할 수 있다. 학습자에게 잦은 휴식을 주어 교실 정리와 다음 수업을 준비할 수 있게 해야 한다.

학습자와 상호작용

교수자는 학습자의 학습 경험을 책임져야 하므로, 수업 중인 주제와 사용 예정인 학습방법과 교육생의 기대치에 대해 학습자와 대화할 필요가 있다. 그리고 강의의 중요 시점에 대한 학습자의 집중을 유도하기 위해 극적인 방법을 사용할 필요도 있다. 연구에 의하면 학습자는 교수자가 열정적이고, '어' 또는 '음' 등과 같은 집중을 방해하는 말투를 피할 때 교육 내용을 제일 잘 기억한다.[35] 또한, 편안한 스타일을 보여주고, 학습자를 편안하게 만들어줘야 한다.[36] 학습자에 대한 교수자의 기대와 고정관념은 학습자에게 할 수 있다는 자성적 예언(self-fulfilling prophecy)을 줄 수도 있고,[37] 학습자에 대한 교수자의 부정적 기대는 수업과 교수자에 대한 부정적 평가를 만들어낼 수도 있다.[38]

교실의 크기와 학습자 수 두 측면을 모두 고려하여 교수자는 학습자가 수업에 집중할 수 있도록 만들어야 한다. 큰 교실일 경우 교수자의 몸짓과 행동은 크고 과장되어야 학습자의 주목을 받을 수 있을 것이고, 학습자가 친밀감을 느끼게 하기 위해서는 물리적으로 교수자와 학습자 그룹이 밀접하게 있어야 한다. 교실의 강단에 서서 강의하는 것은 교수자에 대한 권위를 만들어줄 것이다. 또한, 학습자의 관심을 집중하게 만드는 최고의 방법 중 하나는 교실의 다른 장소에서 토론을 촉진하는 것이다. 교수자는 열정적으로 강의를 이끌어가지만, 학습자에게 항상 집중해야 한다. 학습자를 집중하게 만드는 방법은 교육과정에서와 실무에서 효과적인 방법을 찾을 수 있도록 도구와 기술을 적절히 활용하고, 참고자료로 사용할 수 있는 대답을 학습자 스스로 개발할 수 있도록 도와주는 것이다. 학습자끼리의 지속적인 토론은 교수자가 일방적으로 강의하는 것보다 더 교육 주제와 관련된 많은 실제생활의 경험과 현실을 보여줄 수 있다. 학습자가 서로를 통해 학습할 수 있는 훈련 환경을 조성하고, 학습자 말에 집중하고, 수업의 요점을 정리하여야 하며 학습자에게 피드백을 제공해야 한다.

미국에서 가장 큰 화물중개회사 TQL(Total Quality Logistics)과 급식회사 구켄하이머(Guckenheimer)가 학습자의 상호작용을 어떻게 장려하고 있는지 잘 고려할 필요가 있다.[39]

표 5.4
학습자의 참여 방법 예시

• 소규모 집단에서 토의한 내용과 관련되며, 자유롭게 기술할 수 있는 질문지를 준비하고 배포 • 교육 내용과 관련된 창의적 활동 또는 게임을 이용 • 학습자 스스로 학습할 수 있도록 평가 또는 측정 • 역할극에 참여 • 학습자 또는 회사 내 팀원, 작업집단 등에게 교육 후에 무엇을 할 수 있는지 또는 어떤 주제에 대해 더 많은 정보를 얻고 싶은지를 물어보는 것으로 교육과정을 종결

자료: M. Torrance, "Nine Moments of Learning," *T+D* (September 2014), pp. 76–77; J. Curtis, "Engage Me, Please!" *T+D* (November 2008), pp. 68–73을 기반으로 함.

TQL은 최적의 학습은 교수자와 학습자가 상호작용하는 대면 강의에서 발생한다고 믿는다. 그래서 회사의 모든 신입사원과 영업사원 교육은 교수자에 의한 교육으로 이루어진다. 따라서 훈련 프로그램은 대단히 많은 상호작용을 하도록 구성되어 있는데, 여기에는 역할극과 학습자를 위한 프레젠테이션이 포함되어 있다. 구켄하이머의 프로세스 개선 교육과정은 가상으로 이루어짐에도 불구하고, 여전히 상당한 양의 상호작용 활동이 포함되어 있다. 훈련 프로그램에서 투표와 퀴즈풀이를 하고, 웹캠을 사용하며, 가상의 휴게실도 포함되어 있다. 표 5.4는 훈련 프로그램에서 학습자가 수업에 참여하는 방법의 예시를 보여주고 있다.

토론 유도하기

4장에서 언급했듯이, 학습자와 학습자 그리고 학습자와 교수자의 상호작용은 대단히 유용한 활동이다. 이런 활동은 학습자에게 교육 내용의 의미를 이해할 수 있도록 돕고, 몰입을 통해 기억에 오래 남을 수 있게 한다. 효과적인 토론은 명확히 정의된 목적, 수업의 주제, 시간의 한계, 계획된 질문 그리고 참여자에 대한 명확한 규칙을 기초로 한다.[40] 토론은 몇 개의 목적을 가지고 있을 수 있는데, 문제의 해결책 인식을 위한 브레인스토밍(교육 전 또는 후), 학습 활동 내용의 요약 또는 회고(학습 활동 종료), 학습 활동 계획에 따른 지식과 기술의 응용(학습 활동 중간 또는 완료), 그리고 학습 활동에 대한 인상과 주요 내용을 중심으로 한 학습 경험의 평가(훈련 이수 이후)이다. 토론의 목표를 설정한 이후 주제 선정, 예상시간, 최적의 좌석 유형 그리고 그림, 파워포인트 슬라이드나 배포물 등과 같은 자료에 대한 고려도 중요하다. 토론을 시작하기 위한 질문은 개방형이어야 하고, 청중으로부터 '예' 또는 '아니요'의 응답 이상의 반응이 필요하다. 관련된 후속 질문과 토론을 촉진하기 위한 질문만큼 다른 개방형 질문을 준비하는 것도 중요하다. 예를 들면, "업무 성과 피드백의 혜택은 무엇입니까?"처럼 토론을 촉진하기 위한 질문이 필요할 수도 있다. 효과적인 피드백이라고 생각되는 자료를 받게 될 때 그 사례를 참여자와 공유하고, "왜 이것이 효과적이라고 생각하십니까?"라고 질문을 하여 토론에 참여하는 학습자의 참여를 유도할 필요도 있다(예를 들면, 거수로 투표를 하거나 생략하고 토론에 들어가는 등). 또한, 타인의 토론을 방해하는 행위, 휴대전화 사용, 타인의 의견에 대한 존중, 휴식을 위해 자리를 뜨는 것의 적절성 등에 대한 규칙을 결정할 필요가 있다. 마지막으로 이것을 주관하는 당신 자신의 역할에 대해서도 신중한 고려가 필요하다. 단지 관찰자인가? 아니면 촉진자인가? 또는 토론을 이끌 리더인가? 목적, 주제, 시간제

약 그리고 토론에 대한 기대와 토론의 구조는 토론이 시작되기 전에 학습자와 충분한 대화를 통해 결정해야 한다.

방해가 되는 학습자 관리하기

교육과정이 사전에 통보되고 업무와 관련이 있음에도 불구하고 교육받기를 원하지 않는 종업원은 어떻게 다뤄야 할까?[41] 우선 즉각적으로 수업에 참여하게 해야 하며, 교육 수료에 대하여 대화해야 한다. 그리고 친절하지만 단호한 어조로 교육의 중요성과 교육이 어떻게 도움이 되는지를 설명해야 한다. 그리고 그에게 자신의 불만을 쏟아낼 수 있게 해야 한다. 이런 경우에 유용한 방법은 학습자에게 만일 프로그램에 참여하지 않는다면 무엇을 할 것인가에 대해 말하게 하는 것이다. 다음으로 교육에 참석하는 것에 대한 감정을 그림으로 그리게 하거나 불만을 몇 개의 세부사항으로 쪼개어 수업에 참여하지 않아야 하는 10가지 이유와 수업에 참여해야 하는 10가지 이유를 작성하도록 한다. 수업을 재정립하고 첫 번째로 수업을 참석하지 않아야 하는 이유를 토론한다. 마지막엔 수업에 참석해야 하는 이유를 토론한다. 수업을 방해하거나, 계속 잠을 자거나, 수업을 가로막는 학습자들의 경우 이들의 마음을 움직이고 참여하고 열정을 갖도록 하는 활동을 고려해봐야 한다. 지금 토의했던 방법이 모두 실패하면 궁여지책으로 수업을 방해하는 학습자에게 수업을 중단할 건지 물어봐야 한다.

집단의 역동성 관리

집단의 지식이나 전문성 수준의 분포 현황을 확인하기 위해서 학습자에게 주제와 관련하여 자신이 현재 초보자, 경험자 또는 전문가 수준인지를 확인하도록 해야 한다. 수업에 참여하는 수업 집단은 초보자, 경험자 그리고 전문가 모두를 혼합하여 구성한다. 집단의 역동성은 교실에서 학습자의 위치를 변화시켜 얻을 수 있다. 어떤 집단이 좌절하고 있고, 고착되어 있고, 움츠리고 있으며, 누가 집단을 지배하고 있는지는 수업 중에 교실을 다녀보면 확인할 수 있다. 교수자의 역할은 집단 속에 있는 모든 사람이 수업을 공유할 수 있는 기회를 만드는 것이다. 직사각형 탁자와 같은 좌석 배치는 종종 학습자에게 그들이 앉는 자리에 따라 누가 권위를 가지고 있는지 느끼게 한다. 예를 들면, 직사각형 탁자 끝은 권위를 부여받은 자리다. 끝에 위치한 권좌에 조용한 사람이 앉게 되면, 그 사람은 집단에서 리더십의 기회를 부여받는 것과 같다.

인도에 본사를 두고 있는 제약회사 루핀(Lupin Ltd.)은 매년 동종 업계에서 두세 배로 성장하고 있기에 지속적인 성장을 위해서는 인적자원개발이 대단히 중요하다.[42] 회사가 직면하고 있는 학습효과와 관련된 장벽 중 하나는 인도에서 만연하는 위계에 대한 존경과 관련된 전통문화에 있다. 이 말은 곧 수업 중 직원은 전통적으로 조직의 위계 순서에 따라 자리에 앉는다. 그리고 하급직원은 선배의 의견에 질문하지 않는다. 그러나 회사는 모든 학습자에게 사회적 지위와 관계없이 학습 프로그램에 참여해달라고 요청하였고, 그 결과 훈련 과정의 참여율 상승과 질 좋은 학습으로 이어졌다.

교육과정·수업·학습 설계

교육 프로그램 설계에 대한 책임은 비록 강의 설계자에게 있지만, 인적자원 전문가 또는 관리자, 프로그램 의뢰인 등이 프로그램 설계에 관여되어 있다는 사실을 명심해야 한다. 관리자와 종업원 그리고 내용전문가(SME)는 모두 요구 조사 과정에 포함되어야 한다. 게다가 그들의 역할은 프로그램 초안을 검토하는 것이며, 예제와 프로그램 내용과 교수자의 위치에서 프로그램에 참여하는 참가자 등을 검토하는 것이다.[43]

예를 들면, 5세대 이동 통신회사 버라이즌이 이동통신장비 유지 관리 및 전신주를 교체하는 신입사원을 위해 어떻게 훈련 프로그램을 개발했는지를 생각해볼 필요가 있다.[44] 교육 프로그램 설계의 정확성을 위하여 종업원이 업무를 수행하기 위해 사용하는 체인톱, 꺾쇠, 박대 등과 같은 모든 장비를 수집해서 교육 프로그램 과정 개발자는 그 장비를 일일이 보고, 만지기까지 했다. 개발자는 내용전문가, 안전전문가, 비디오와 그래픽 설계자, 그리고 관리자 및 현재 근무를 하는 근로자를 포함하여 5일 동안 프로그램 설계를 함께 작업했다. 개발자가 이들 전문가와 함께 작업을 한다는 것은 안전하고 효과적인 방법으로 실제 업무가 이루어지는 것을 바탕으로 창의적인 교육 내용을 만든다는 것이다.

교육과정(curriculum)은 판매원, 컴퓨터 네트워크 기술자, 자격증 있는 간호사 또는 관리자가 될 수 있도록 학습자가 복잡한 학습 목표에 부응하도록 설계된 교육 프로그램을 조직화하는 것을 말한다.[45] 전형적으로 교육과정은 몇 개의 수업과목을 포함하고, 업무 수행을 위해 필요한 일련의 역량을 개발하는 것을 목적으로 한다. 이러한 역량은 종종 시간이 지날수록 개발될 것으로 기대되기 때문에 교육과정과 목적은 추후 시간이 흐른 뒤에 완성될 것으로 여겨진다.

교육과정의 하부 개념인 **수업과정**(course) 또는 **프로그램**(program)은 일반적으로 교육과정과 비교해서 보다 세부적인 학습 목표를 가지고 있고, 제한된 범위의 역량과 기술을 설명하고 있다. 예를 들면, 수업과정은 협상, 유능한 관리자, 고객서비스 그리고 훈련과 개발 등과 같은 주제를 설명하고, 전형적으로 작은 부분 또는 다른 주제를 관장하는 모듈을 포함하고 있다. 시간 배분은 1시간에서 7시간, 반일, 하루 또는 일주일 정도로 구성된다.

교육과정과 수업, 학습 등은 모두 교육 목표를 사용할지라도 세부적인 면에서 차이가 있다. 교육과정의 학습 목표는 넓은 개념을 포괄하고, 수업과정 또는 프로그램보다는 측정하기 어렵게 구성되어 있다.[46] 예를 들면, 프로젝트 관리에 대한 교육과정 프로그램은 글과 그래프를 사용하여 그 목표, 프로젝트 생애주기의 4단계를 기술하라는 것이다. 그러나 프로젝트 관리에 대한 교육과정 목적 중 하나는 프로젝트 선택을 하는 경우 의사지원 모델을 적용하는 것이다. 교육과정 목적은 교육과정을 통해 개발되고, 몇 개의 프로그램에서 중요하게 여기는 일반적 지식, 기술 그리고 능력을 기술하기 때문에 당연히 교육과정의 목표는 프로그램 목표보다 더 추상적이다.

따라서 프로그램 설계는 프로젝트 관리의 세부적인 사례를 고려해야만 한다. 이런 경우 **프로젝트 관리**(project management)는 학습해결책을 위해 필요한 팀원과 자원의 관리 기술을 의미한다.[47] 시작(start), 계획(plan), 관리자(administer), 개발(develop), 관여(engage) 그리고 정지(stop)를 의미하는 SPADES에는 프로젝트 관리 개념이 잘 포함되어 있는데, 여기에는 강의시스템 설계의 원칙을 반영하기 위한 프로젝트 관리 개념이 포함되어 있다. '시작'은 학습해결책을 위한 이해관계자에 대한 이해를 포함한다(종업원, 관리자, 내용전문가). 여기에는 또한 요구 분석이나 훈련, 문맥, 중요지점 그리고 기대되는 결과 등의 필요를 이해하기 위한 결과물을 재점검하는 것도 포함되어 있다. '계획'이란 말에는 필요한 자원만큼이나 해야 할 과업에 대한 인식도 같이 포함되어 있다. 이 말은 완성하기 위해 얼마나 시간이 걸릴 것인가, 그리고 설계자나 내용전문가 등 계획을 실행하기 위한 전문가는 누구인가 등과 같은 과업에 대한 인식을 의미한다. '관리자'는 과업의 감독과 프로젝트 팀, 이해관계자, 내용전문가 등과의 대화를 의미하고, 과업의 완료 보장과 약속된 완료기간 준수 및 예산의 적절성을 준수할 수 있도록 보증한다는 것이다. '개발'이란 교수 설계 과정(ISD process)의 많은 단계를 포함하고 있는데, 훈련 프로그램의 목적을 인식하고, 프로그램을 평가하는 방법 및 훈련전이를 보장하는 것으로, 여러 자원이나 온라인 모듈을 포함해서 실제 훈련 프로그램을 설계하는 것이다. '관여'는 훈련이 진행되거나 완료되는 것을 의미하고, 훈련의 평가가 실행되는 것을 포함한다. '정지'는 프로젝트가 완료되었다는 것을 의미하고, 교육 프로그램 공급자에게 대가를 지불하고, 프로젝트가 목적이나 기대치를 달성했다고 느끼는지 확인하기 위해 이해관계자를 만나는 것을 의미한다.

교육과정 로드맵

교육과정 로드맵(curriculum road map)은 교육과정에서 학습자가 공부하게 될 경로와 완성해야 하는 일련의 내용 등 모든 과정을 보여주는 그림을 의미한다. 그림 5.4는 안전관리 교육 프로그램의 교육과정 로드맵 사례를 보여주고 있다. 각 과정을 통해 안전관리 교육에 관한 세부적인 사항을 개발하고, 설계하는 데 사용될 정보가 제공된다. 그리고 다음과 같은 내용이 포함된다.[48]

그림 5.4 안전관리 교육과정을 위한 교육과정 개념도 사례

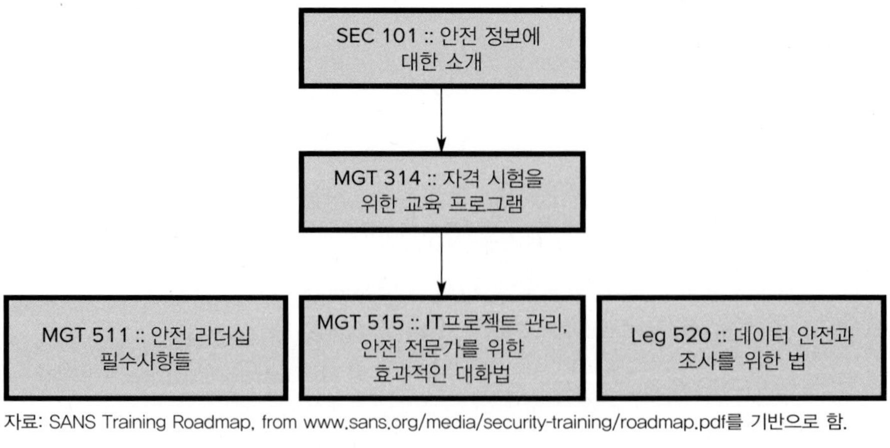

자료: SANS Training Roadmap, from www.sans.org/media/security-training/roadmap.pdf를 기반으로 함.

1. 이 과정이 왜 중요한지를 포함한 과정 목적에 대한 짧은 기술
2. 과정을 이수하기 위해 필요한 전제조건이 되는 기술
3. 과정을 통해 획득해야 하는 학습 목표 또는 역량과 지원 목표(즉, 완성하고자 하는 학습 목표를 위해 선행되어야 하는 목표)
4. 교육 내용의 형태와 과정에 대한 기대(즉, 수업에서 하게 될 교육 내용 형태, 내용이 제시되는 방법 그리고 내용의 구조)
5. 교육 내용의 전달 방법(예: 온라인, 교실 수업, 블렌디드 학습)

교안 설계

교안 설계는 훈련의 개발을 설명하고 관리자, 내용전문가, 검토자 또는 교수자에게 훈련을 설명하기 위해 사용된다. 표 5.5는 교안 설계 형태를 보여주고 있다.[49] 교안 설계는 3장에서 논의했던 요구 조사로부터 획득된 정보를 바탕으로 만들어진다.

교안 설계의 수준은 다양할 수 있는데 **프로젝트 규모**의 경우 목표, 성과 또는 학습자의 성취기대 수준, 학습자 특성에 대한 기술, 과정을 개발하기 위해 얼마나 오랜 시간이 필요한지에 대한 설명, 확인사항 또는 과정을 개발하기 위해 사전에 완료해야 할 과업 그리고 과정의 길이 등을 포함한다. 과정의 길이(length of a course)는 학습자의 능력과 교육의 유용성, 교육을 위해 필요한 자원, 교육과정이 전체 교육과정의 부분인지 아니면 별도 과정인지, 그리고 교육에 압도되지 않도록 학습자에게 개념과 기술을 연습할 기회를 제공하기 위한 별도의 모듈을 개발할 필요가 있는지에 따라 결정된다.

교육 프로그램 **운영**은 교육과정의 전반적 내용을 포괄해야 하며, 대면 교육 또는 온라인 교육 등과 같이 어떤 전달방법을 사용할 것인지, 교육시간의 측정 그리고 과정에 영향을 미칠 수 있는 특정 상황이나 이슈에 대한 각성(예: 역할극과 피드백 제공을 위해 비디오 장비 필요) 등을 포함한다.

목표란 교육과정 또는 프로그램의 목적을 의미하며, 프로그램 목적에 대한 포괄적인 요약으로 구성된다. **자원**은 재료로서 수업 때 사용될 사례, DVD, 비디오, 모델, 과정 개념도, 팟캐스트, 학습 계획 또는 조력자, 참여자에 의해 만들어진 사용안내서 등으로, 구입할 필요가 있거나 프로그램을 위해 개발해야 하는 것들이다. 여기에 **참여하는 사람**은 교수자, 프로그램 설계자 그리고 설계와 운영, 프로그램 평가에 참여할 개인 등이다. **개요**는 프로그램을 포괄하

표 5.5 교안 설계 템플릿

프로젝트의 규모	운영	목표
• 목적 • 청중 • 시간과 체크포인트 설계 • 과정의 길이	• 내용 • 방법 • 교육시간 • 문제와 기회	• 자원 • 누가 참여하는가 • 주제에 대한 개요 • 관리와 평가 • 다른 프로그램과 연결

자료: G. Piskurich, *Rapid Instructional Design* (San Francisco: Pfeiffer, 2006)을 기반으로 함.

표 5.6 교안 설계

목적: 관리자가 그들의 직접적인 보고서와 함께 효과적으로 교육 성과를 검토할 수 있게 준비
목표: 관리자는 문제해결 접근 방식을 사용하여 교육 성과를 검토할 수 있을 것이다.
대상: 관리자
교육시간: 하루
방법: 강의, 비디오, 역할극
세션당 교육 참여자 수: 20~25명
장소: 다양한 장소
전제조건: 없음
문제와 기회: 새로운 업무 평가 시스템 소개, 관리자는 피드백 과정을 실시하는 것을 싫어함
교수자: 캐럴라인 오코넬과 조력자

는 주제와 관련된 짧은 설명을 포함하고, **관리와 평가**는 프로그램 스케줄 책임은 누구에게 있으며, 교육생 등록 방법, 프로그램 평가 방법 그리고 누가 프로그램을 검토하고 업데이트할 것인가를 의미한다. **다른 프로그램과 연결**은 교수자 교육 프로그램, 관리자 소개 또는 프로그램 착수 등과 관련하여 필요에 의해 발생한 추가사항을 의미한다. 표 5.6은 관리자의 업무 평가 검토 효과성 증대를 위한 업무 평가 검토 과정 교안 설계를 보여주고 있다. 업무 평가 검토 과정에서 관리자와 종업원은 서로 모여서 협의할 수 있고, 종업원 평가의 강점과 약점에 대한 논의를 통해 개선된 목표를 만들어낼 수도 있다.

학습 계획

학습 계획은 일반적으로 교안 설계보다 세분화되어 있다. 여기에는 수업, 교수자 그리고 학습자의 활동을 포함한 세부적인 단계와 수업에서 활용할 각 주제의 시간 할당이 포함되어 있다. 학습 계획은 하루, 일주일 또는 몇 시간 동안 지속되는 프로그램을 위해 설계된다. 만일 교육이 며칠 동안 계속된다면, 교육이 실시되는 날마다 개별 학습 계획이 준비되어야 한다.

세부학습계획(detailed lesson plan)은 교수자가 수업 때 학습자에게 전달해야 하는 내용과 일련의 교육활동을 도와주는 안내서 정도로 해석될 수 있고, 훈련기간에 실시할 일련의 활동과 세부적인 관리 내용을 의미한다. 표 5.7은 세부학습계획 사례를 보여주고 있는데, 훈련 활동에 관한 내용과 학습 계획을 하나의 표로 제공하는 것은 교수자의 유무와 관계없이 일관되게 교육활동이 수행될 수 있음을 보여주게 된다. 학습 계획은 또한 학습자와 교수자 모두에게 프로그램 목적을 제대로 인식하게 도와준다. 대부분의 교육 부서는 노트북이나 전산시스템에 문서화된 학습 계획을 저장하고 있다. 학습 계획이 문서화되어 있으므로, 교육 부서는 이를 고객과 공유할 수 있고, 교육 프로그램 활동과 관계된 세부정보와 목적을 제공하게 된다.

표 5.8은 효과적인 학습 계획의 특징을 보여주고 있는데, 학습 목표, 포괄적 주제, 교육대상, 수업 일정, 수업 개요, 수업에서 해야 할 활동, 사전준비 또는 전제조건, 수업평가 방법 그리고 훈련 전이를 위한 단계 등이 포함되어 있다.[50]

수업 개요를 개발하기 위해서 교수자는 주제와 관련된 적절한 관련 내용을 고려할 필요가 있다. 교수자는 "제일 먼저 어떤 지식과 기술을 배워야 하는가?", "지식, 기술 그리고 행동은

표 5.7 세부학습계획의 예시

과정 제목: 효과적인 업무 평가 과정 수행
수업 제목: 성과 검토에서 문제해결 스타일 사용하기
수업 길이: 하루
수업 목표:
1. 성과 검토의 목적을 설명한다.
2. 성과 검토 준비 단계를 기술한다.
3. 실수 없이 평가 피드백을 주기 위한 문제해결 스타일을 사용한 행동을 기술한다.
4. 실수 없이 역할극을 통해 평가 피드백을 위한 행동을 설명한다.

대상: 관리자
전제 조건: 학습자(없음), 교수자(업무 평가 피드백 인터뷰 중 말하고 설득하고, 말하고, 듣고, 문제해결 접근 방식과 익숙해지기)
교실 형태: 부채꼴 모양
교육자료와 필요 장비: DVD 플레이어, 오버헤드 프로젝터, 펜, 슬라이드 필름, '업무 평가 인터뷰' DVD, 역할극 사례
평가와 과제: 역할극, '효과적인 평가 인터뷰 수행' 책 읽기
주석: 수업 2주 전에 해당 자료를 학습자들에게 제공할 것

수업 개요	교수자 활동	학습자 활동	시간
소개와 인터뷰 수행 이유	설명	청강	오전 8:00~8:50
인터뷰 수행을 위한 준비와 단계에 대한 토론	질문지	참여	오전 8:50~10:00
휴식			오전 10:00~10:20
세 가지 형태의 비디오 시청	각각의 강점과 약점 토론	청강	오전 10:20~11:20
점심			오전 11:30~오후 1:00
발표와 문제해결 스타일의 8개 핵심 행위 비디오 시청	발표	청강	오후 1:00~2:00
역할극	실행 과정 관찰	핵심 행위 구현	오후 2:00~3:00
요약	질문에 답변	질문하기	오후 3:00~3:15

어떤 순서로 가르쳐야 하는가?", "어떤 순서로 학습자에게 중요한 것을 전달해야 하는가?"와 같은 질문에 대답해야 한다. 이런 연속성에 따라 다른 선택이 존재한다.[51] 예를 들면, 완료해야 할 과업 내용과 업무 순서를 사전에 검토한 이후 업무를 시작하기 위해서 그리고 익숙하지 않은 일련의 업무에 대해 학습자가 익숙해지기 위해서는 교수자와 학습자는 충분히 이와 관련된 일련의 주제에 대해서 서로 대화를 나눠야 한다. 이런 대화의 과정은 수업의 흐름을 쉽게 따라갈 수 있도록 도와주어 기억 속에 그 내용을 조직화하고, 기억할 수 있게 하며, 학습 내용을 오랫동안 기억할 수 있게 도와준다.

스토리보드는 수업 설계와 일련의 교육과정을 쉽게 설명해줄 수 있는 유용한 도구이다. **스토리보드**(storyboard)는 전체 이야기를 일련의 그림으로 설명해주는데, 종이와 연필, 또는 마커펜을 사용해서 공책이나 칠판에 내용을 구성하거나, 플립차트, 파워포인트 슬라이드 등을 활용하여 프레젠테이션을 통해 훈련 모듈, 교육과정 또는 프로그램에서 수행하는 활동이나 아이디어를 보여줄 수 있다.[52]

또한, 학습 계획에서는 그 목표가 되는 청중을 고려하는 것도 중요하다. 학습자의 교육과 경험에 대한 정보, 수업을 듣기 위한 동기부여 정도 그리고 관심, 학습 스타일, 배경(예: 교육

표 5.8 효과적인 학습 계획의 특성

특징	
학습 목적 또는 성과	무엇을 성취하기 위해 수업이 설계되었는가? 성공적인 학습을 위한 기준은 무엇인가?
대상	누가 수업에 참석하는가? 청중의 특성은 무엇인가?
전제조건(학습자와 교수자)	학습자는 수업을 통해 혜택을 얻기 위에 무엇을 해야 하는가? 누가 프로그램에 있을 자격이 있는가? 누가 교수자의 자격이 있는가?
시간	각 파트의 수업에 얼마만큼의 시간을 할애해야 하는가?
학습 개요	전체를 포괄하는 주제는 무엇인가? 무엇을 연속적으로 해야 하는가?
활동	각 주제를 포괄하기 위해 학습자와 교수자의 역할은 무엇인가?
지원되는 학습자료	강의 전달 또는 수업을 촉진하기 위해 어떤 자료와 장비가 필요한가?
물리적 환경	꼭 필요한 교실 크기가 있거나 조정이 필요한가?
준비	수업 전에 학습자가 완성해야 할 과제가 필요한가? 교수자는 무엇이 필요한가?
수업 주제	수업을 포괄하는 주제는 무엇인가?
평가	수업은 어떻게 평가되는가?(예: 쪽지시험, 역할극)
전이와 유지	교육 내용이 업무에 사용될 것이라는 것을 무엇으로 확신하는가?

자료: R. Vaughn, *The Professional Trainer* (Euclid, OH: Williams Custom Publishing, 2000); R. F. Mager, *Making Instruction Work*, 2d ed. (Atlanta, GA: Center for Effective Performance, 1997); L. Nadler and Z. Nadler, *Designing Training Programs*, 2d ed. (Houston, TX: Gulf Publishing, 1992); Big Dog's Human Resource Development website, www.nwlink.com/donclark/hrd.html; A. Barron, "Design Workshops for Maximum Engagement," *T+D* (June 2015), pp. 68-69를 기반으로 함.

수준과 직장경력) 등은 의미 있는 사례를 추출할 수 있게 하거나, 프로그램 내용 구성과 교육자료 선택 그리고 교육의 신뢰성 구축에 유용하게 사용될 수 있다. 교육대상에 대한 정보는 요구 조사의 학습자 분석을 활용한다(3장 참조). 추가적인 정보는 교육 프로그램을 의뢰한 관리자 등과 같은 의뢰인과 만일 이용만 가능하다면 과거 프로그램 참가자를 통해 얻을 수 있다. 컴퓨터, 오버헤드 프로젝터, 태블릿 컴퓨터 등과 같은 장비를 포함한 교육 보조자료는 교육을 전달하기 위해 필요하다. 교수자는 강의에 사용될 수 있는 화이트보드, 플립차트, 매직펜 등을 구비하여 미리 정리해놓아야 하고, 학습자의 실습 또는 독서, 역할극, 평가 또는 사전검사 등과 같은 교육실습 자료는 사전에 주문해놓거나 저작권 허락을 취득한 후 복사해놓아야 한다. 교수자와 교육생이 수업 중에 다양한 활동을 하는 이유는 교육 목적과 피드백에 대한 논의, 교육생에게 실습 기회 제공, 교육생 상호 경험 공유 그리고 질문과 시범 등을 통해 수업을 통해 가능한 많은 긍정적 학습 과정 특성을 가지도록 하기 위함이다. 학습 결과의 전이와 유지 전략은 대화방, 관리자와 후속 회의, 활동계획 등을 통해 이룰 수 있고, 이 장의 뒷부분에서 자세히 논의한다.

'효과적인 업무 성과 검토 수업 실행'을 위한 네 개의 학습 목표는 표 5.7을 통해 제시하였고, '학습 목표'에서 언급된 8개의 핵심 행위는 다음과 같다.

1. 회의 목적을 설명한다.
2. 했던 일 중에 기억할 만한 가치가 있는 것을 말해보라고 한다.

3. 일을 멈추고, 시작하는 것의 차이를 설명해보라고 한다.
4. 도움을 줄 수 있는 영역이 어디인지 물어본다.
5. 업무 성과에 대해 종업원의 의견을 말한다.
6. 당신의 평가에 대한 종업원의 우려를 묻고 그의 말을 경청한다.
7. 당신이 결정한 단계와 행동에 동의한다.
8. 후속조치 일정에 동의한다.[53]

전제조건은 (1) 훈련장, 장비 그리고 필요한 교육자료 정리, (2) 교수자 준비, (3) 학습자 전제조건 등을 포함한다. 예를 들면, 교수자는 업무평가 피드백 스타일의 영상을 보기 위한 DVD 플레이어가 있는 컴퓨터가 필요하고, 영상을 통해 제시된 평가 스타일의 강점과 약점에 대한 학습자의 논의 동안 주요 시사점을 기록할 오버헤드 프로젝터도 필요하다. 그리고 학습자가 서로를 볼 수 있도록 교실은 부채꼴 모양이어야 하고, 부채꼴 모양의 책상 정돈은 2~3명이 함께 참여하는 역할극 실행에 적합해야 한다.

학습자 전제조건(trainee prerequisites)은 학습자의 학습 준비, 기초 기술, 프로그램에 참여하기 전에 습득해야 할 지식 등을 의미한다. 학습자 전제조건은 기초수학과 읽기 능력, 선수과업 수료 또는 시험이나 자격 통과 등이고, 교수자 전제조건은, 장비 대여 또는 사전 교육 내용 검토 등과 같은 사전 수업준비와 교수자로서 필요한 자격증 등을 획득했는지 여부를 의미한다. 또한, 학습 계획은 어떻게 수업을 평가할 것이고, 학습자가 완성해야 할 과제는 무엇인지 등을 포괄적으로 작성하는 것을 의미한다. 예를 들면, 이러한 학습 계획에 따라서 학습자는 효과적인 업무평가 피드백 인터뷰에 관한 기사를 사전에 읽도록 요구될 것이다. 교수자는 성과 검토를 위한 목적, 즉 성과 검토를 준비하는 방법과 문제해결 평가 피드백 인터뷰의 문제해결을 위한 행동 등에 익숙할 필요가 있다.

모리슨 헬스케어(Morrison Healthcare)와 뱅커스 라이프(Bankers Life)가 학습과 전이를 강화하도록 설계한 훈련 프로그램을 고려해볼 필요가 있다.[54] 모리슨 헬스케어 경력 개발 훈련 프로그램은 세션당 5시간 분량으로 구성되어 있고, 두 번의 세션으로 구분된다. 한 세션은 10개 모듈로 구성되어 있는데, 이 프로그램은 직원 훈련용 프로그램이다. 두 세션 사이에는 2주의 휴식기간을 두고 있는데, 이는 직원이 학습한 내용을 업무에 적용해보며, 할당된 과업을 완료하는 기간이다. 뱅커스 라이프의 판매 대리인 프로그램의 경우 완료해야 할 7개의 다른 모듈로 구성되어 있다. 각 모듈의 4단계는 온라인 학습, 학습 내용 요약, 역할극 그리고 현업에서의 훈련 과정이다.

프로그램 설계 사례

사우디아라비아의 다란에 본사를 두고 있는 사우디아라비아의 국영 석유회사 사우디아람코(Saudi Aramco)의 교육 프로그램을 살펴볼 필요가 있는데, 사우디아라비아는 원유탐사 여부를 결정해야 하는 지구과학자와 원유전공 엔지니어를 육성하였다.[55] 교육 프로그램을 개발하기 위해 강의설계사, 전문작가, 그래픽 전문가, 조언자 그리고 내용전문가 등으로 사우디아람코의 개발팀을 구성하였다. 교육 프로그램은 교육과정, 교육과정 속에는 세부 모듈 그리고 모듈 안에서 이루어지는 작은 활동 등으로 구성하였고, 이 프로그램 설계의 단계는 다음과 같다.

1. 어떤 업무과정을 거쳐야 하고, 성공적인 업무 성과를 창출하기 위해서는 어떤 과업이 주요하게 고려되어야 하는지를 결정하고, 훈련을 통해 이런 일련의 과정이 개선될 수 있는지를 확인하기 위해 주요 직무의 고성과자와 함께 일했다.
2. 구조화된 인터뷰를 실시하였고, 업무의 기능, 기능 속의 과업, 과업 속에 있는 성과요인, 주요 업무 성과와 과업을 수행하면서 필요한 지식 등을 확인하기 위해 직무를 관찰하였다.
3. 훈련 프로그램을 위해 필요한 업무과정과 과업을 확인하였다. 팀은 과업을 분석하고, 주요 업무 성과를 달성하는 방법을 확인하였다. 그 결과 작업이 어떻게 수행되어야 하는지에 대한 기본적인 틀을 만들었다.
4. 내용과 일련의 교육과정에서의 활동을 설계하기 위해 과업을 분석하였다. 이 분석과정에는 교육 모듈 안으로 개념과 과업의 조합을 어떻게 하는지 인식하는 방법이 포함되었다.
5. 교육 프로그램 주제는 어떻게 운영되는지와 함께 교육 목적이 무엇인지를 명확히 하였고, 훈련이 어떻게 구성되어 있는지를 확인할 수 있게 하였다. 또한, 프로그램 참여를 위한 전제조건과 평가결과에 대해 논의하였다.
6. 모듈의 목적, 결과, 순서, 강의방법 그리고 실습 내용을 개발하였다. 학습자는 이들이 작업현장으로 돌아가기 전에 바람직한 업무 성과 수준이 어느 정도인지를 설명해야 했다.
7. 각각의 활동에 필요한 미디어, 각종 도구와 장비 등을 선택하였고, 선택의 기준은 각 모듈에서 기대되는 학습자의 활동을 기반으로 하였다.

내용 정리: 훈련 내용의 업데이트, 조직화 그리고 접근성 유지

종업원은 공식적인 훈련 프로그램, 종업원 개발, 지식 공유 그리고 비공식적 방법을 통해 학습한다. 여기에는 비디오, 팟캐스트, 매뉴얼 그리고 기타 기록물이나 대면 또는 소셜미디어와 같은 컴퓨터 기반 상호작용, 교수자 주도 또는 온라인의 공식적 훈련 과정과 워크숍, 현장실습과 직무 경험 등이 포함되어 있다. 다양한 종류의 학습 방법과 도구의 제공은 기업이 학습을 얼마나 중요하게 여기고 있는지를 확인시켜 주고, 종업원에게 학습 방법 선택의 기회를 제공하며, 시간을 절약할 수 있게 하고, 필요한 순간 학습에 대한 접근을 가능하게 한다. 그러나 학습의 잠재적 혜택을 최대화하기 위해서는 다양한 방법의 제공, 교육 내용의 조직화와 접근 용이성, 최신 내용 그리고 종업원이 배우고자 하는 지식과 기술 등과의 관련성이 제공되어야 한다. 만일 박물관, 도서관 또는 화랑 등을 방문한 경험이 있는 사람이라면, 그림 등의 유지·관리 및 전시 등을 결정하는 큐레이션에 익숙할 것이다. 박물관과 화랑은 큐레이터를 고용한다. 그의 역할은 관련 내용물의 보관보다는 어떻게 대중에게 보여줄 것인가를 결정하는 것이고, 필요한 때에 필요한 것을 전시한다. 훈련 프로그램의 맥락에서도 **자료 정리**(content curation)는 관련 훈련 내용물을 올바로 확인하고, 이를 조직화하여 학습자가 쉽게 접근하게 하는 것을 의미한다.[56] 예를 들면, 금융회사 마리너 파이낸스(Mariner Finance)의 현재 훈련 내용은 관련성을 검증받기 위해 1년에 네 번 검토를 받는다. 여기서 관련성이란 종업원의 설문과 종업원과 관리자의 논의를 통해 발생하는 피드백을 기반으로 한다. 온라인 과정에서 학습자가 풀고 있는 퀴즈에서 일관되게 지속적으로 오답을 낸다면, 퀴즈가 적절한지를 판단하여 교육과정에서 중요하게 여기는 내용의 퀴즈로 교체된다. IT업체 이믹스그룹(immixGroup)에서는 인적자원개발 부서의 교육담당자는 내용전문가의 도움을 받아 검토한 이후 훈련 과정의 내용을 최신의 것으로 교체한다.

훈련 서비스 전문업체 또는 컨설턴트 선택 방법

회사가 훈련 프로그램을 회사 내에서 자체적으로 구축하지 않고, 컨설턴트나 전문업체로부터 구매하기로 결심한다면, 고품질의 공급자를 선택하는 것은 대단히 중요하다. 제공자는 아마도 개인 컨설턴트, 컨설턴트 회사, 훈련 프로그램 설계 및 판매 전문회사 또는 학회 등일 것이다. 그렇다면 어떻게 회사를 선택할 것인가? 기업은 개인적 친분관계, 관련 협회, 컨퍼런스 그리고 박람회 등을 통해 종종 훈련 책임자를 구인한다.[57]

양질의 공급업체란 훈련 결과가 긍정적인 고품질의 제품을 제공하는 업체로서, 좋은 가격과 함께 운영의 용이성이 수반되어야 할 것이다. 공급업체가 회사의 제품 이슈 등을 이해하려 하고, 이에 맞춰 고품질의 제품과 서비스를 제공하려 하는 것은 대단히 중요하다. 좋은 업체는 회사가 기대하는 훈련 프로그램을 정시에 예산 범위 안에서 기업의 특성에 맞춰 전달하는 것만큼이나 고객이 되는 회사에 올바른 질문을 할 줄 알고, 기업의 대답을 경청해야 한다. 교육훈련 전문업체에 대한 일반적인 불만 중 하나는 기업이 필요로 하는 맞춤형 제품을 제공하기보다는 단지 자신이 가지고 있는 기성의 교육제품을 제공하려고 한다는 것이다.

많은 기업이 교육훈련 전문업체와 전문 컨설턴트가 기업의 제안요청서에 따라 맞춤형으로 훈련 프로그램 서비스를 제공한다는 사실을 잘 안다.[58] **제안요청서**(request for proposal, RFP)는 업무를 수행할 가능성이 있는 전문업체와 컨설턴트에게 회사가 원하는 서비스 형태, 필요로 하는 관련 실적, 교육예정 종업원의 수, 프로젝트를 위한 예산, 교육 만족도와 서비스 수준에 대한 후속조치 과정, 프로젝트 완료 예정일, 회사가 받기 원하는 제안서 수령 날짜 등을 기록한 문서이고, 여기에는 또한 업체의 제안을 평가하기 위한 기준 점수표도 기술되어 있다. 제안요청서는 업무 수행 잠재성이 있는 전문업체와 컨설턴트를 선별해서 그들에게 우편으로 전달되거나 회사 홈페이지를 통해 공지된다. 제안요청서에서 제시하는 표준화된 기준을 통해 제안서를 제출하는 모든 컨설턴트를 평가하는 것은 대단히 의미 있는 일이고, 제안요청서 자체가 회사가 필요로 하는 서비스를 제공하지 못하는 외부 전문업체를 사전에 선별하도록 하여 불필요한 평가에 대한 수고를 덜어주는 효과도 있다.

일반적으로 제안요청서는 기준에 부합하는 업체의 수를 몇 개로 압축할 수 있게 도와준다. 그 이후 단계는 바로 선호하는 공급업체를 선택하는 것이다. 표 5.9는 전문업체에게 질문할

표 5.9 전문업체와 컨설턴트에게 질문할 내용

- 귀사는 훈련 설계와 운영에서 얼마나 많이 그리고 어떤 형태의 경력을 가지고 있는가?
- 귀사의 직원들은 어떤 자격증과 경력이 있는가?
- 귀사가 개발한 훈련 프로그램의 사례를 제공해줄 수 있는가?
- 귀사가 작업했던 의뢰인 명부를 제공할 수 있는가?
- 귀사의 프로그램이 잘 운영될 것이라는 어떤 증거가 있는가?
- 귀사가 사용하는 강의 설계 방법은 무엇인가?
- 귀사의 제품 또는 서비스가 우리의 요구사항에 부합하는가?
- 훈련 프로그램의 관리, 업데이트 그리고 유지 관리 비용은 얼마인가? 기술 지원을 제공하는가?

자료: C. Anderson, "Do You Have the Right Business Partners?" *Chief Learning Officer* (March 2014), pp. 48–50; B. Chapman, "How to Create the Ideal RFP," *training* (January 2004), pp. 40–43; M. Weinstein, "What Vendors Wished You Knew," *training* (February 2010), pp. 122–125를 기반으로 함.

내용의 몇 가지 예시를 보여주고 있다. 관리자와 교수자는 이들에게 의뢰를 한 적이 있는 예전 의뢰인, 인적자원개발협회(Association for Talent Development, ATD)와 같은 교육전문 조직을 통해 컨설턴트나 업체의 명성을 확인하거나 "어떤 산업분야에서 일해봤습니까?"와 같은 직접적인 질문을 통해 컨설턴트 경력을 평가받게 된다. 관리자는 이런 선택과정에서 주의 깊게 컨설팅 계약과 관계된 서비스와 자료, 가격에 대한 개요를 고려해야 한다. 예를 들면, 교육자료로 활용되는 매뉴얼과 유인물이 컨설턴트의 지적재산권인 경우는 흔하다. 따라서 훗날 회사가 컨설턴트의 교육자료를 지속해서 사용하기 원한다면, 컨설턴트에게 추가 요금을 지불해야 할 것이다.

훈련 서비스를 위해 개별 컨설턴트나 전문업체를 활용하는 경우 교육 프로그램은 회사의 필요에 맞게 맞춤형으로 실시할 것인지 아니면 많은 다른 조직과 공유가 가능한 일반 형태로 훈련 서비스를 제공받을 것인지 그 범위를 고려해야 한다. 예를 들면, 미국에서 잘 알려진 뉴욕의 컨설팅업체 타워스 페린(Towers Perrin)은 의뢰 회사에 대해 세부적으로 연구한 후에 그들 실정에 맞게 맞춤형으로 다양한 훈련 프로그램을 제공한다. 그러나 이 회사는 '다양성 관리를 위한 차별 철폐 조치에 대한 개념 분리'와 같은 똑같은 프로그램 18개를 6개 기업 고객(닛산 노스아메리카, 톰슨 컨슈머 일렉트로닉스, BMO해리스뱅크 등)에게 획일적으로 제공하였다.[59]

그리고 회사에서 획일적으로 자체 프로그램을 만들 것인지 아니면 외부 전문업체로부터 프로그램을 구입할 것인지를 미리 확정하지 않는 것도 중요하다. 많은 회사의 경우 필요에 따라 회사 자체에서 훈련에 필요한 교육물을 만들기도 하고, 외부 전문업체로부터 구입하기도 하는 등 그 활용이 상황에 따라 혼합된 형태로 이루어진다. 예를 들면, 버라이즌의 경우 리더십 개발 프로그램은 외부로부터 구입하였으나 회사의 제품, 서비스 그리고 가격에 관한 교육 프로그램은 교육 학습자와 함께 개발하였다. 종합병원 존스홉킨스의 외과의사 공동체(Johns Hopkins Community Physicians)의 경우 강의 설계자와 내용전문가가 함께 외과병동 수련에 필요한 특수교육을 개발하는데, 이런 과정을 통해 만들어진 내용은 대단히 의미있는 일이라고 이들은 확신한다. 열대 전염병 에볼라 바이러스가 창궐할 당시에도 의료교육팀은 홉킨스병원의 전염병 통제전문가와 함께 일하면서 질병통제센터와 지속적인 상담을 하였기 때문에 몇 주 안에 직원을 대상으로 한 에볼라 바이러스 관련 보호장비에 관한 교육용 비디오를 신속하게 제작할 수 있었다.

훈련 전이를 위한 프로그램 설계 시사점

교수자가 결정해야 할 중요한 의사결정 중 하나는 학습 환경과 학습 조건을 완벽하게 업무 환경과 맞추거나 많은 다른 작업 상황에 적용될 수 있는 일반원칙을 만드는 것이다. 또한, 훈련 전이(transfer of training)를 촉진하기 위해 교수자는 학습자가 자기관리를 통해 학습한 기술을 사용하도록 독려하고, 관리자와 동료는 교육 내용을 현장에서 활용할 수 있는 기회를 제공하고, 교육 참여에 대한 지원과 전자 성과 지원(electronic performance support)을 제공하는 것이다.

근전이 또는 원전이 둘 중 하나 선택하기

학습자의 성공적인 업무 성과 창출을 위해서는 필요로 하는 기술과 지식의 유연성 및 가변성을 확보하고, 학습 환경과 학습 조건을 업무와 작업 환경 범위에 맞출 수 있도록 고려해야 한다.[60] 예를 들면, 훈련에서 강조했던 과업이 일반적인 형태로 예측 가능한 상황에서도 반응하는 것이라면, 훈련은 동일요소 반복과 근전이(near transfer)를 강조하도록 설계되어야 한다. 훈련의 요지가 절차적 지식 또는 과업을 성공적으로 완수하는 것 또는 일련의 단계를 통해 특별한 방법을 사용하도록 만들어진 경우가 종종 있다. 회사 종업원의 전화 응대, 사무실과 건물 안전 관리, 고객 질문에 대한 응대, 컴퓨터 작동과 소프트웨어 사용법은 방금 언급한 것처럼 회사 종업원이 따라야만 하는 절차에 대한 사례가 될 것이다. 이런 경우에 교수자는 근전이를 강조해야 한다. 근전이는 작업 환경에서 학습된 능력을 정확히 적용해야 하는 요구를 의미한다. 근전이를 강조하는 프로그램은 다음과 같은 사항을 포함해야 한다.[61]

- 학습자는 표준화된 절차, 과정 그리고 체크리스트를 따를 필요가 있다.
- 학습자는 훈련과 작업 과정의 차이점에 대한 설명을 들어야 한다.
- 학습자는 중요하지 않은 차이점보다 완성 속도 등과 같이 훈련 과업과 작업 과업의 중요한 차이점에 집중할 수 있도록 격려받아야 한다.
- 학습자는 업무 성과가 달성되는 방법과 함께 왜 실행해야 하는지에 대한 설명을 들어야 한다.
- 프로그램에서 학습자가 학습하는 행위와 기술은 효과적인 업무 수행에 기여해야 한다.

예를 들면, 경찰관을 위한 훈련 설계는 훈련 과정에서 '경찰후보생은 표적사격을 연습한다'와 같은 원칙의 중요성을 주의 깊게 고려해야 한다. 훈련기간에는 후보생은 실탄을 발사하고, 탄피를 제거한 후, 탄피를 가까운 쓰레기통에 넣는다. 이 과정을 몇 번에 걸쳐 반복한다. 그러나 경찰학교를 졸업한 이후 한 명의 신입 경찰관이 현장에서 사격을 하게 되었다. 그는 총을 발사하고, 탄피를 제거한 후 탄피를 넣을 쓰레기통을 찾는다. 그 결과 무장강도는 그를 발견했고, 그에게 총을 쐈으며, 그는 죽었다!

대조적으로 훈련에서 강조된 과업이 더 많은 사람 또는 장비 그리고 예측되지 않은 반응과의 접촉을 포함하고 있다면 강의는 언제 그리고 왜 일련의 행동을 취해야 하는지에 대하여 일반적인 원칙과 지식을 강조해야 한다. 즉, 강의는 원전이(far transfer)를 강조해야 한다. 이것은 해결책을 개발하고, 새로운 제품을 창조하거나 어려운 문제를 해결하는 독창적인 사고를 수반하는 기발한 상황에 대처하는 법을 학습자에게 가르치는 사례이다. 원전이를 강조하는 프로그램은 다음과 같은 사항을 포함해야 한다.[62]

- 일반적 원칙, 폭넓은 개념 또는 핵심 행위를 교육과정에서 제시된 것보다 더 큰 일련의 상황에 적용할 수 있어야 한다.
- "이것은 전에 내가 우연히 마주쳤던 문제와 어떻게 유사할까?", "나는 진짜 문제를 인식하고 있는 걸까?" 등과 같은 생각과 질문을 할 수 있게 하는 즉답 또는 질문 목록은 학습자가 다른 상황에서도 효과적으로 전략을 연결할 수 있는 시야를 가지도록 도움을 준다.

자기관리 독려하기

교육생이 현장에서 교육과정 중 배운 기술을 이용할 기회가 부족하거나 비지원적인 관리자 등과 같은 작업 환경에서 직면하게 되는 시간의 흐름에 따라 발생하는 장애물에 효과적으로 대처하게 하는 방법은 훈련 프로그램 말미에 가서 자기관리 기술 교육을 제공하는 것이다. 표 5.10은 자기관리 교육의 사례를 보여주고 있다.

모듈은 다소 시간이 지나면서 기존의 지식과 기술의 사용 습관에 따라 발생되는 실수, 즉 개인의 잘못이라기보다는 자연스럽게 발생하는 습관에 의한 실수를 중심으로 토론을 시작한다. 실수는 개선을 위한 정보를 제공하고, 훈련 전이에 가장 부정적인 영향을 미치는 환경을 인식할 수 있게 도와준다. 다음으로, 실수를 유발하는 특정 행위와 이에 대처하기 위한 기술

표 5.10 자기관리 모듈 예시의 내용

1. 실수에 대해 토론하기 • 부적절한 증거 확인하기 • 개선을 위한 방향 제공하기 **2. 전이를 위한 중요기술 확인하기** • 기술 명시하기 • 측정 가능하고 계산 가능하게 만들기 **3. 실수를 유발한 개인 또는 환경 요인 확인하기** • 낮은 자기효능감 • 시간 압박 • 관리자와 동료 지원 부족	**4. 기술과 전략 배우기에 대해 토론하기** • 시간 관리 • 우선순위 정하기 • 자기관찰 • 자기보상 • 개인적으로 지원 네트워크 만들기 **5. 실수하기 쉬운 시기 인식하기** • 상황 • 실수에 대처하는 행동 **6. 기술 전이를 보장하는 자원에 대해 토론하기** • 관리자 • 교수자 • 다른 학습자

자료: R. D. Marx, "Improving Management Development through Relapse Prevention Strategies," *Journal of Management Development* 5 (1986), pp. 27–40; M. L. Broad and J. W. Newstrom, *Transfer of Training* (Reading, MA: Addison-Wesley, 1992); R. D. Marx and L. A. Burke, "Transfer Is Personal," In *Improving Learning Transfer in Organizations*, eds. E. Holton and T. Baldwin (San Francisco: Jossey-Bass, 2003), pp. 227–242.

또는 전략 등이 전이를 위한 표적이 된다. 기술의 측정 또는 계산 가능성을 확인할 수 있어야 교육 전이에 방해가 되는 장애물을 제대로 인식할 수 있게 된다. 또한, 훈련 전이를 방해하는 요인은 작업 환경 특성과 낮은 자기효능감처럼 개인적 특성으로 인해 발생할 수 있는데, 이때 교수자는 이들 방해물에 올바로 대처할 수 있는 기술 또는 전략에 대한 개요를 제공한다. 이 기술과 전략은 시간관리, 대화 대상과 작업 현장에 기술을 전이할 수 있게 지원세력 만들기, 현장의 업무에 성공적으로 배운 기술을 전이하기 위한 자기관찰 등이다. 다음으로 실수에 대처하기 위해 학습자는 실수가 발생하기 가장 좋은 상황이 무엇인지 인식하는 법을 배워야 한다. 모듈의 마지막 부분으로 훈련 전이를 도와줄 자원 사용법에 대한 논의도 필요하다. 이들 자원은 교수자와의 대화, 이메일을 통한 동료 학습자 그리고 상사와 이와 관련된 논의를 하는 것 등이다.

예를 들면, 관리자는 자신의 리더십 기술을 증진하기 위한 잘 설계된 훈련 프로그램에 참석할 수도 있고, 시간이 흐르면서 발생하는 훈련 중 학습한 것을 제대로 활용하지 못하게 되는 과오 등에 대해 토론 후 관리자는 이것을 방지하기 위해 배워야 할 중요 교육과정 등을 인식할 수도 있다(예: 참여적 의사결정, 즉 작업 집단에 영향을 미칠 수 있는 의사결정 전에 부하와 문제점과 잠재적 해결책을 토론하는 것). 그런 후에 이것을 극복하기 위해 필요한 기술을 정의하고, 어떻게 측정할 것인가를 결정한다. 관리자는 "일주일에 적어도 두 번 이상 부하와 문제점과 해결책을 토론한다."와 같이 상세히 그 내용을 기술하고, 그것을 측정하는 법을 정의한다. 다음으로는 실수를 불러일으키는 요인을 찾는 것이다. 자신과 다른 견해를 갖는 다른 부하를 다루는 능력에 대한 관리자의 자신감 부족이 그 요인 중 하나일 수 있다. 이와 관련하여 관리자가 인식하고 있는 잠재적인 전략적 대처법은 아마도 다음과 같을 것이다. (1) 부하와 회의 스케줄을 정확하게 맞추기(시간관리), (2) 상사에게 자신의 의지를 이야기하고, 도움을 요청하기(지원 그룹 만들기), (3) 적극성 관련 교육 이수하기. 그렇다면 관리자는 특히 어떤 상황에서 실수를 경험하게 될까? 이와 관련하여 관리자는 짧은 기간에 의사결정을 해야 하는 상황(시간 압박 장애물)에 직면하게 될 때, 독재자와 같은 스타일로 회귀하면서 부하에게 대부분 실수를 범하는 경향이 있음을 인식할 수도 있다. 시간제약이 심각하고 부하의 전문성이 부족한 경우 의사결정을 통해 부하와 합의를 얻으려 하는 것은 부적절할 수 있다고 인지할 수 있다. 모듈의 마지막 단계에서 관리자는 (1) 자신의 교육 진도를 검토하기 위해 멘토를 만나고, (2) 효과적으로 참여적 의사결정 방법을 사용하기 위해 다른 관리자와 대화하며, (3) 교육훈련에 참여하는 다른 관리자와 대화를 통해 해결방법을 찾는 것을 제안한다. 또한, 이 관리자는 매일 성공과 실패 사례를 메모하면서 참여적 의사결정 사용법을 관찰해야 한다.

교육훈련에 대한 관리자의 지지 장려하기

관리자 지원(manager support)은 학습자의 관리자가 (1) 훈련 프로그램 참여의 중요성을 강조하고, (2) 직무에 교육 내용을 적용할 것을 독려하고, (3) 학습자에게 그들이 학습한 것을 업무에 사용할 기회를 제공하는 정도를 의미한다. 관리자는 직원이 프로그램을 통해 학습한 교육 내용을 현장에 적용하기 위해 필요한 격려와 자원을 제공하고, 그들의 이런 기대사항을 직

그림 5.5
훈련 및 개발에 대한 지지 관리 수준

수준		설명
프로그램 강의	높은 지원	교수자로 참여
기술 연습	↑	학습자에게 연습 기회 허락
강화		학습자 진도 논의. 학습자의 새로운 능력 사용을 지원하는 법 물어보기
참여		수업 참석
격려	↓	작업 스케줄 조정을 통해 교육 참석을 수용. 종업원의 훈련 참여 지지
수용	낮은 지원	훈련 참석을 허락. 중요성을 인정

원과 상의해야 한다. 어떤 회사는 학습자와 그들의 상사에게 각각 메모를 보내서 다른 사람이 훈련 전이를 개선하기 위해 '시작해야 하는 것', '지속해야 하는 것', '줄여야 할 것' 또는 '멈춰야 할 것'을 기술해달라고 부탁한다.[63]

관리자는 그림 5.5의 사례처럼 각기 다른 수준에서 부하의 교육 활동을 지원할 수 있다.[64] 당연히 지원의 수준이 높을수록 훈련 전이가 더 많이 발생한다. 따라서 관리자는 적극적으로 훈련 프로그램 설계와 운영에 관여해야 한다. 관리자가 부하의 교육 활동에 제공할 수 있는 지원의 가장 기본이 되는 것은 바로 '수용(훈련 참석 허락)'이고, 가장 높은 수준의 지원은 교수자로 교육에 참석하는 것(프로그램 강의)이다. 교수자로 봉사하는 관리자는 부하에게 새로운 학습능력 활용, 교육 진도에 대한 대화, 연습할 기회 제공 등과 같은 지원 기능을 제공할 수 있다. 훈련 전이를 최대화하기 위해서 학습자는 가능한 높은 수준의 지원을 제공받아야 한다.

그런 측면에서 관리자는 활동계획을 적절하게 활용해서 직원의 훈련 전이를 촉진할 수 있다. 그림 5.6의 활동계획 사례를 보면 알 수 있듯이 **활동계획**(action plan)은 학습자와 관리자가 업무에 훈련을 전이시키기 위한 단계를 기록한 문서를 말한다. 활동계획에는 (1) 훈련 내용과 방법의 목적(프로젝트, 문제), (2) 목적에 도달하기 위한 전략(다른 방식의 문제해결, 필요로 하는 자원, 그리고 관리자와 동료의 지지 형태), (3) 피드백을 받는 전략, (4) 기대되는 결과 등이 포함된다. 활동계획은 또한, 학습된 능력을 업무에 사용하기 위해 배우고 있는 내용에 대한 학습 진도 등과 관련해서 특정 날짜를 지정하여 능력의 진척 정도를 확인할 수 있는 일정표를 관리자와 학습자에게 제공한다. 활동계획 과정은 목적과 그 목적에 도달하기 위한 전략을 제대로 인식함으로써 시작될 수 있다. 일단 이것이 결정되면, 피드백 확보와 목적을 성취했을 때 그려지는 모습에 대한 전략은 완성된다. 활동계획을 완성하기 위해서 학습자는 의문점에 대답해줄 수 있는 전문가나 참고자료 등을 활용할 수 있도록 추가적인 기술 지원이 필요하고, 교수자 또는 프로젝트 관리자는 학습자와 서로 얼굴을 맞대고 상의하거나, 전자회의 등을 통해 활동계획을 완성할 수 있도록 관련 자원 확보를 위해 도움을 줄 수 있다.

그림 5.6 활동계획 예시

훈련 주제 ______________

목적은 훈련 내용(지식, 기술, 행위, 역량 등)과 적용(프로젝트, 문제 등)을 포함한다.

____

____

____

____

목표에 도달하기 위한 전략

행동 수정하기(나는 어떤 다른 방식을 사용할 것인가?)

____

____

____

____

필요한 자원(장비, 재정)

____

____

____

____

동료와 관리자로부터의 지원(가능한 세부적으로 작성)

____

____

____

____

자신의 진도에 대하여 피드백을 받기 위한 전략(동료와 관리자 회의, 진도에 대한 자기관찰, 고객 반응 등)

____

____

____

____

예상되는 결과

무엇이 달라지는가?

____

____

____

누가 주목할 것인가?

____

____

____

무엇을 주목할 것인가?

____

____

____

진도 확인 날짜 ______________ ______________ ______________

자동차 판매업체 소닉 오토모티브는 직원의 학습을 지원하고, 새로 습득한 지식을 활용할 수 있도록 관리자를 교수자로 활용하고, 학습자는 활동계획을 완성하게 한다.[65] 학습의 중요성을 사업에 활용하기 위하여 회사는 거래하는 판매점주에게 회사의 관리자를 선택하여 교수자로 활용할 수 있게 하고 있다. 지명을 받은 회사 관리자는 자신의 직책을 교수자로 전환하고, 직무기술서를 작성하며 새롭게 지명받은 책임을 완수하기 위한 계획을 짜는데, 여기에는 훈련을 위한 교수자 역할과 신규 직원이나 기존 직원에 대한 코칭 역할도 포함된다. 교육이 완료되면 학습자에게는 교육을 통해 자신의 점포에서 적용할 만한 새로운 지식을 얻을 기

표 5.11 관리자의 훈련 지원 수준을 확인하기 위한 체크리스트

다음 문장을 읽고 해당하는 내용에 체크하시오.	
______	나는 팀원과 교육과정과 학습 목표에 대해 논의한다.
______	나는 훈련 목적을 이해한다.
______	나는 팀원이 학습할 필요가 있는 것과 훈련을 연계시키는 방법을 안다.
______	나는 팀원이 교육 이후 그가 배운 것을 사용하도록 지원하는 훈련에 대해 충분히 알고 있다.
______	팀원은 활동계획을 완성하거나 업무에 적용될 수 있게 도움을 주도록 설계된 형태의 교육을 계약했다.
______	나는 훈련과 관련된 나의 기대를 말한다.
______	나는 팀원이 프로그램 이수 후 그들이 배운 것을 공유하도록 격려한다.
______	나는 전화와 사무실 이메일이 학습을 방해하는 것을 예방하기 위해 팀원이 출석교육에 참석하는 것을 격려한다.
______	나는 팀원이 훈련에 참석하는 것을 허락한다.
______	교육 후에 나는 팀원에게서 학습 목적과 적용 방법에 대한 보고를 듣는다.
______	교육 후에 나는 팀원이 배운 것을 적용하는 방법에 대한 그의 아이디어를 듣기 위해 만날 것이다.
______	나는 다른 팀원과 그들이 배운 것을 공유하는 기회를 제공한다.
______	나는 업무에 적용되는 학습에 대해서 인정하고 보상한다.

자료: R. Saunderson, "ROI for Recognition," *training* (November/December 2010), pp. 52–54; A. Rossett, "That Was a Great Class, but . . . ," *Training & Development* (July 1997), p. 21을 기반으로 함.

회가 생겼는지를 확인하고, 이들에게 활동계획을 7일 이내에 작성하여 제출하도록 하며, 45일 안에 이것을 실행하도록 하고 있다.

표 5.11은 훈련 과정 전후에 관리자의 지원 수준을 결정하는 데 사용할 수 있는 체크리스트를 보여주고 있다. 관리자가 기술된 문장에 더 많이 동의할수록 훈련 프로그램에 대한 지원 수준은 더 높다는 것이다. 훈련에 대한 관리자 지원을 확보하기 위한 몇 가지 방법이 있다.[66] 첫째, 관리자는 프로그램의 목적과 사업 목적 및 사업 전략 간 관계에 대해 간결하게 보고받을 필요가 있다. 관리자는 교육에 관한 일정과 훈련이 끝나고 나면 전이가 발생할 수 있도록 그들이 수행해야 할 임무에 관한 체크리스트를 전달받아야 한다. 둘째, 학습자는 직장에서 직면하고 있는 업무 문제와 상황에 교육에서 배운 내용을 적용할 수 있도록 격려받아야 하고, 수행하는 방법은 연습문제를 풀거나 활동계획을 실행하는 것이다. 학습자는 그들의 관리자와 함께 문제와 상황을 인식해야 한다. 셋째, 과거 훈련 참가자로부터 수집된 훈련에 대한 혜택에 관한 정보는 관리자와 공유되어야 한다. 넷째, 교수자는 학습자에게 그들의 관리자와 함께 활동계획을 완성하도록 과제를 부여할 수 있어야 한다. 다섯째, 만일 가능하다면, 관리자를 교수자로 활용해야 한다. 즉, 관리자 교육이 첫 번째다. 그리고 그들에게 자신의 부하를 교육시킬 책임을 맡겨야 한다.

회계법인 PwC에서는 회사 파트너와 상위직급의 리더가 종업원 훈련시간의 90%를 담당한다.[67] 모든 상위직급 리더와 미국 법인의 회장은 기술적 측면에 관한 내용과 대인관계 기술과 관련된 종업원 훈련을 위해 66시간 이상을 할애한다. 회사는 종업원 학습과 개발을 리더의 주요 역할이라고 설명하고 있는데, 임원은 공식적 훈련 과정과 비공식적 코칭을 함께 이끌어 나가고 있다. 부동산개발업체 게이블즈 레지덴셜의 리더십 개발 프로그램은 주로 자기인식 개발과 고성과 팀에 대한 코칭과 관리에 중점을 두고 있다.[68] 훈련이 끝나면 매달 인적자원개

발 관리자는 훈련에 참여했던 개별 참가자를 만나서 이들이 학습한 것과 향후 자신이 학습한 기술을 개발하기 위해 필요한 코칭과 지원을 어떻게 제공할지에 대하여 논의한다. 금융회사 웨스턴 유니언의 GPS 프로그램은 안내·업무 실행·성공(Guide·Performance·Succeed)의 의미를 지닌 자체 교육 프로그램인데, 이 프로그램에서는 회사의 리더에게 명확한 교육에 대한 기대치 설정, 규칙적인 실시간 피드백 제공, 자신의 책임하에 있는 근로자의 유지·관리 그리고 리더 자신의 종업원 개발 목적에 대한 책임 등을 통해 종업원이 능력을 개발할 수 있도록 도움을 주는 것에 관리자가 관여하도록 하고 있다.[69]

훈련의 목적을 설명하고, 훈련에 직원이 참석하여 실습할 기회를 제공하며, 훈련에서 배운 것을 잊지 않고 강화될 수 있도록 훈련 뒤에는 새롭게 배운 능력을 사용할 수 있는 후속관리가 될 것이라는 기대치를 전달하는 관리자와 종업원의 면담일정 정도는 최소한 관리된다.

동료의 지원

학습자에 대한 네트워크 형성을 지원하는 경우 훈련 전이가 강화될 수 있다.[70] **네트워크 형성 지원**(support network)은 학습자가 학습한 능력을 업무에 반영하기 위한 논의를 할 수 있는 둘 이상으로 구성된 집단을 의미한다. 이것은 얼굴을 맞대고 하는 대면 회의, 이메일을 통한 대화, 페이스북과 같은 SNS를 통한 접촉 등을 포함하는데, 이런 집단의 교류를 통해 학습자는 교육 내용을 업무에 적용하는 방식에 대한 경험을 성공적으로 공유할 수 있을 것이다.

이들은 또한, 학습 내용을 활용하기 위해 필요한 자원을 확보하는 방법 또는 교육 활용을 방해하는 업무 환경에 대처하는 방법 등을 논의할 수 있다. 이렇게 형성된 네트워크를 통해 교수자도 학습자에게 훈련 전이 이슈에 대처하는 방법을 소식지를 통해 전달할 수 있다. 모든 학습자에게 배포되는 소식지를 통해 성공적으로 새로운 기술을 활용한 학습자의 인터뷰 기사 등을 실어 보낼 수 있으며, 교수자는 또한, 학습자에게 더 많은 경험을 겪었던 종업원 또는 전에 같은 훈련 프로그램을 이수한 동료를 멘토로 제공할 수 있다. 그리고 선정된 멘토는 훈련 전이 이슈에 대한 충고와 지원을 제공할 수 있다(예: 학습한 능력을 사용할 기회를 발견하는 방법 등).

예를 들면, EMC와 뉴욕 커뮤니티 뱅코프가 종업원의 훈련을 지원하기 위해 그들의 동료를 어떻게 활용하는지 살펴볼 필요가 있다.[71] EMC의 경우 최근에 기술지원 엔지니어를 새롭게 고용하여 온라인을 통해 편하게 동료와 대화할 수 있도록 하고, 훈련을 통해 알게 된 새로운 개념과 관련된 질문 등을 물어볼 수 있도록 조치하였다. 뱅코프 학습팀의 경우 블로그를 개설하여 그 속에서 흔하게 가질 수 있는 의문에 대한 해답을 찾을 수 있도록 하였다. 시나리오를 통해 이런 질문에 반응하고, 의견을 올려놓으며, 후속조치 등을 할 수 있게 하였고, 직원에게는 의문이 생기면 블로그를 활용하도록 독려하면서 동료와 함께 블로그의 사례를 공유하도록 하였다.

학습한 능력을 사용할 수 있는 기회

학습한 능력을 사용할 수 있는 기회(opportunity to perform)란 학습자가 훈련 프로그램에서 최근에 학습한 지식, 기술 그리고 행위를 적용해볼 수 있도록 허락받는 것을 의미한다. 시도해볼 수 있는 기회는 업무 환경과 학습자 동기 등에 의해서 영향을 받는다. 학습자가 학습한 능력을 사용해볼 수 있는 기회를 얻는 한 가지 방법은 배운 방법을 활용해서 문제나 과업을 해결할 수 있는 과업을 할당받는 것이고, 관리자는 일반적으로 업무 할당을 결정하는 중요한 역할을 수행한다. 실행해볼 수 있는 기회를 가지는 것은 또한, 학습자가 최근에 획득한 능력을 사용할 수 있도록 허락받을 만큼 적극적으로 업무를 찾는 개인의 책임감 정도에 의해서 결정된다. 그리고 업무의 폭, 활동수준 그리고 과업 형태로부터 영향을 받는다.[72] 업무의 폭은 직무에서 수행하는 과업의 수를 의미하며, 활동수준이란 직무에서 과업이 실행되는 빈도를 의미하고, 과업 형태는 직무를 실제 수행할 때 발생하는 과업 난이도를 의미한다.

직무에서 학습 내용을 응용할 기회를 제공받은 학습자는 거의 기회를 갖지 못한 사람보다 학습한 능력을 지속적으로 보유할 가능성이 크다.[73] 실행할 수 있는 기회에 대한 측정은 (1) 과업 수행 여부, (2) 과업을 수행한 횟수, (3) 수행한 과업의 난이도 또는 도전적 과업 여부 등을 전임자에게 물어보는 방식으로 측정할 수 있다. 실행 기회가 낮은 수준으로 보고된 사람의 경우 학습 내용을 연습하고 내용을 다시 검토하도록 설계된 재충전 과정에 입소해야 할 후보군이 될 것이다. 학습한 내용을 실행할 기회를 얻지 못한 사람은 학습한 능력이 쇠퇴하는 경향을 보이기 때문에 재충전 과정은 필수적이다. 실행할 기회가 낮은 수준이란 업무 환경이 새로운 기술을 사용할 수 없게 방해하고 있다는 것을 의미한다. 예를 들면, 관리자가 훈련활동을 지원하지 않거나 훈련에서 강조된 기술을 사용할 과업 수행 기회를 주지 않는 경우이다. 마지막으로, 실행 기회가 낮은 수준은 교육 내용이 종업원 업무에서 그다지 중요하지 않다는 것을 의미하기도 한다.

기술적 지원

전자 성과 지원 시스템(electronic performance support system, EPSS)은 기술 훈련, 정보 접근, 전문가 조언 등을 요청하면, 컴퓨터를 통해 자료를 제공하는 온라인 기반 학습 기능을 의미한다.[74] EPSS는 교육을 통해 학습한 내용을 학습자가 실무에 적용하려고 할 때 필요한 참고내용을 온라인을 기반으로 제공하기 때문에 훈련 전이를 향상해준다.

케세이 생명보험(Cathay Life Insurance)은 대리점주에게 아이패드를 제공하는데, 여기에는 몇 개의 앱이 깔려 있고, 회사는 이 앱을 통해 이들이 학습한 교육 내용을 지원하고, 필요한 추가내용에 접속할 수 있도록 하고 있다.[75] 아이패드에 있는 앱 중 하나는 대리점주의 영업일정과 자기평가 등에 도움을 주는데, 회사 관리자는 이 앱이 제공하는 내용을 바탕으로 조언을 해주고, 새로운 프로그램 일정을 알려주기도 한다. 그 밖에 다른 앱을 통해 대리점주는 고객과 보험계획을 설계할 수 있고, 불만도 처리할 수 있다. 앱을 통해 대리점주는 동영상 학습과정이나 짧은 비디오 클립과 같은 학습과정을 수료할 수 있다. 약국 등을 영위하는 의료서비스회사 CVS헬스(CVS Health)는 10분짜리 학습클립을 제공하는데, 재미와 필수적인 학습활동, 게임, 시청각 자료 그리고 퀴즈까지도 지원한다.[76] 이 프로그램은 이미 학습한 기존의 내용을 유지·관리하도록 설계되어 있고, 짧은 학습용 동영상 등은 기존 공식적 학습 프로그램을 수료한 이후에 접속할 수 있도록 설계되어 있다.

학습과 훈련 전이를 위해 지식경영 사용하기

2장 "전략적 훈련"을 떠올려보자. **지식**은 기업의 규칙, 과정, 도구와 같은 구조화된 지식뿐만 아니라 직원 개인 또는 팀이 알고 있거나 아는 방법에 대한 지각인 사람과 사회에 대한 지식을 의미한다. 지식은 암묵지 또는 형식지의 구조로 되어 있다. **암묵지**는 개인의 경험과 인식, 가치에 영향을 미치는 개인적 지식을 의미한다. 암묵지와 관련된 대화는 토론과 사례 등을 통한 사적인 대화를 필요로 한다. **형식지**는 매뉴얼, 공식 그리고 공식적 언어로 기술한 설명서 등을 의미한다. 형식지는 지식경영 시스템을 통해 관리된다. 예를 들면, 건설회사 플루오르(Fluor Corporation)는 인터넷 기반 지식시스템을 가지고 있으며 종업원은 특정 업무기능에 대한 모든 절차와 안내, 기준 그리고 우수사례 등에 접근할 수 있다.[77]

지식경영(knowledge management)은 지식을 창조, 공유 그리고 사용하기 위해 도구, 과정, 시스템, 구조, 문화 등을 설계하고 실행하여 기업의 성과를 개선하는 과정을 의미한다.[78] 지식경영은 기업이 시장에 제품을 더 빨리 출시하고, 더 좋은 고객서비스와 혁신적 제품과 서비스를 제공하며, 훈련 및 개발에 대한 기회 제공을 통해 신규 종업원 유인과 현재 종업원을 이탈 없이 유지할 수 있도록 조력한다.

지식경영은 어떻게 일어날 수 있을까? 지식을 창조하고, 공유하며, 사용할 수 있게 도와주는 몇 가지 방법이 있다.[79]

1. 기술과 이메일, (페이스북 또는 마이스페이스 같은) SNS를 사용한다. 또는 회사 인트라넷 포털을 통해 사람들이 다른 사람과 정보를 저장하고 공유할 수 있게 한다.
2. 종업원이 무엇을 하는지, 어떻게 접촉하는지 그리고 그들이 가지고 있는 지식의 유형이 무엇인지 안내책자를 만든다.
3. 회사 내 특정 지식이 어디에 있는지 알 수 있도록 정보지도를 개발한다.
4. 회사 내 정보 교환을 목록화하고 촉진하기 위한 최고정보책임자(chief information officer, CIO)와 최고학습책임자(chief learning officer, CLO)를 임명한다.
5. 종업원이 참석했던 훈련 프로그램에서 배운 것에 대하여 다른 사람 앞에서 발표하도록 요구한다.
6. 지식 획득, 문제 연구, 훈련 참석, 기술 활용을 위한 휴가를 허락한다.
7. 학술지, 기술 매뉴얼, 교육 기회 그리고 비디오 세미나 등과 같은 학습자원을 위한 온라인 도서관을 만든다.
8. 직원 간 접촉을 촉진할 수 있는 사무실 공간을 설계한다.
9. 제품, 서비스, 고객 또는 문제 유형 등과 같은 주제에 대한 공통관심을 가진 사람들을 위한 대면회의, 위키 또는 블로그 등을 사용하는 학습공동체(communities of practice, COPs)를

만든다. 그러면 그들은 협력할 수 있고 아이디어, 해결책, 혁신을 공유할 수 있다.
10. 각 프로젝트 끝에는 무엇이 발생했고 무엇을 배웠는지 검토하는 사후검토 과정을 가진다.
11. 지식을 획득하기 위해 이야기 전개법을 사용한다. 이야기는 특정 상황에서 발생한 사실(예: 문제, 도전과제)을 기술해주고, 어떻게 행동했는지(예: 특정 지식, 기술, 역량의 사용), 그리고 그 결과는 무엇(예: 고객만족, 누수방지, 판매촉진)이었는지를 말해준다.
12. 각자의 업무에서 최고의 능력자가 보여주는 열정과 노력, 즉 사람들이 그에 대해서 알아야 할 것 그리고 그렇게 되기 위해 배워야 할 것이 무엇인지 토론하고 기록한다.

지식 공유는 다른 종업원과 함께 검토 과정을 통해 획득한 통찰을 공유하는 방식으로 일을 완료하고 나면 프로젝트에 대한 감사를 할 수 있다. 예를 들면, 많은 기업이 채택하고 있는 미군의 '사후검토(After-Action Review)' 과정에는 모든 미션, 프로젝트 또는 중요 활동에 대한 검토 과정이 포함되어 있다.[80] 검토 과정은 다음과 같은 네 개 질문을 포함한다. (1) 무엇을 하였는가? (2) 실제로 어떤 일이 발생했는가? (3) 왜 발생했는가? (4) 그다음에는 무엇을 했는가? 학습된 내용은 웹사이트를 통해 이용가능하게 만들어져 있고, 군대 내 상사에게 보고된다. 연구에 의하면, 사후검토 과정은 팀의 업무 성과를 촉진하는 데 효과가 있고, 개발 프로그램의 후속조치를 위한 리더십 행동을 증가시키는 유용한 방법이다.[81]

금융결제회사 모네리스(Moneris), 정보기술 회사 타타 컨설턴시 서비스(Tata Consultancy Services) 그리고 소프트웨어 개발업체 시냅틱스(Synaptics)와 같은 회사도 지식관리 시스템을 사용한다. 캐나다에 본사를 두고 있는 모네리스는 금융결제 과정과 관련된 기술을 제공하는 회사인데,[82] 이 회사와 거래하는 고객은 대단히 섬세하고, 때로는 지불체계와 관련하여 복잡하고 까다로운 요구를 한다. 지불체계와 관련한 고객의 요구에 대응하기 위한 기술과 지식을 획득하기 위해 종업원은 리더십 개발, 영업, 산업동향 등과 같은 주제의 자료를 회사 포털에 접속해서 찾을 수 있고, 일반적으로 사업상 필요한 자료도 회사의 학습 개발 포털을 통해 얻을 수 있다. 훈련 과정을 이수한 경우에는 포털을 통해 자신이 학습한 내용, 관련 사례 그리고 그 당시 수업 등도 공유할 수 있다. 직원은 게시판에 토론 주제를 올려놓을 수도 있는데, 종업원은 훈련 과정에서 배우지 못한 내용은 게시판을 통해 동료와 전문가와의 협력과 네트워크를 통해 학습한다. 세계적인 정보통신 서비스·컨설팅 사업을 하는 타타 컨설턴시 서비스는 종업원에게 공동체의 협력 플랫폼을 통해 학습공동체(COP)를 제공한다.[83] 새로운 아이디어, 성공스토리 그리고 기술의 최신경향 등을 고위층을 포함하여 모두가 이 커뮤니티를 통해 공유한다. 종업원은 다른 동료에게 도움이 되도록 자신의 전문 지식을 공유하고, 이용할 수 있도록 되어 있으며, 회사가 거래하는 다양한 국가의 문화에 관한 퀴즈를 제공하여 상대 국가에 대한 문화적 친밀감을 느낄 수 있도록 설계되어 있다. 시냅틱스는 컴퓨터, 스마트폰 그리고 자동차를 위한 터치패드 제품 등을 제공하는 회사인데,[84] 종업원의 지식이 문서화되어 있지 않아서 유사한 문제를 반복하고 있다는 사실을 발견했다. 이 회사는 종업원이 관련 지식에 더 쉽게 접근하여 저장하고 배포할 수 있도록 유튜브 채널을 활용한다. 유튜브 채널을 활용한 이후 몇 달이 지나지 않아서 회사의 다양한 위치에서 600개 이상의 영상이 만들어지고, 공유되며 시청되었다.

많은 기업이 지식관리에 관심을 가지고 있는데, 종업원이 나이가 들어 은퇴하게 되면, 회사는 상대적으로 그가 가지고 있는 암묵지와 형식지 모두를 잃어버리게 되는 것이다. 미국의 전력산업도 엔지니어와 관리자 모두를 포함하여 재능 있고, 숙달된 근로자를 내보내야 하는 현실에 직면하고 있다.[85] 어떤 조사에 의하면 미국의 전력산업 근로자 중 30~40% 정도가 은퇴하는 반면, 업무를 위해서 과학, 기술 그리고 수학 등을 즉각적으로 다시 배워야 하는 신입사원을 맞이해야 하는 것이 업계의 현실이다. 이 말은 전력공급 회사는 회사 내부에 있는 숙련공과 비숙련공 간에 틈이 있는 지식을 숙련공이 은퇴하기 전에 지켜내고, 비숙련 종업원과 공유시켜야 한다는 것이다. 전력회사 퍼시픽코프(PacificCorp)는 종업원이 활용하고 있는 업무절차를 모두 문서화할 목적으로 기록할 것을 부탁하였다. 퓨젓사운드 에너지(Puget Sound Energy)의 경우 종업원과의 면담 및 이들의 작업 내용을 기록할 목적으로 기술전문작가를 고용했다. 전력회사 DTE의 경우 숙련 엔지니어를 비숙련 엔지니어와 연결하여 멘토로 지정했다. 이들 전력회사는 모두 장비를 새로운 디지털 장비로 교체 중인데, 이를 통해 유지 관리 작업자를 다루어야 하는 대인관계 기술만큼이나 비숙련 엔지니어가 전력장비와 통제실 업무 숙달에 도움을 받을 수 있을 것이다.

효과적인 지식경영을 위한 핵심요소

효과적인 지식경영을 위한 몇 가지 핵심적인 고려사항이 있다. 훈련과 정보기술 부서의 협업, 지식경영을 책임지는 리더십, 쉽게 사용할 수 있는 기술의 제공, 지식을 공유할 수 있다는 종업원 신뢰와 의지 등이다.[86]

훈련과 정보기술의 협력

효과적인 지식경영을 위해서는 교육 부서와 정보통신을 담당하는 부서가 상호 협력적이어야 한다.[87] 교육 내용과 학습 전략이 문화를 발전시킬 수 있는 것과 같이 훈련도 문화를 발전시키는 데 기여할 수 있다. 정보통신기술은 자료의 접근, 공유 그리고 저장할 수 있는 시스템을 개발시켜 주기 때문에 지식관리와 훈련의 운영 등과 깊숙이 관련된다. 예를 들면, 캐나다의 로열은행(Royal Bank of Canada)의 내부망은 회사 내에서 수행되는 교육 프로그램과 관련된 계획과 진행 중인 정보의 중앙보관소 역할을 수행하고, 훈련 프로젝트 관리자를 위한 다양한 템플릿 등을 제공한다. 간혹, 회의나 교육 과정에 참석한 종업원은 자료를 별도의 웹사이트에 올려놓는 특징이 있는데, 이와 관련하여 IT 기술자는 웹사이트의 기반시설과 교수자가 웹사이트에 추가했으면 하는 내용을 개발해준다.[88] 미국 군대는 미션이나 프로젝트 또는 주요 활동이 완료된 뒤에는 이를 통해 교훈을 확인하고, 정리하며, 웹사이트를 통해 접근할 수 있게 만든다.[89] 완료된 수업은 항상 네 개의 단순하지만 중요한 평가를 포함해야 한다(무엇을 했는가? 무슨 일이 발생했는가? 왜 발생했는가? 그다음에 다시 무엇을 했고 개선을 위해 무엇을 시도했는가?). 미국의 군대학습센터(Center for Army Lessons Learned, CALL)는 26만 5,000개 이상의 교육과 관련된 제품을 전파하고, 5만 4,000명 이상의 군인과 상사에게 이와 관련된 내용을 보고하고, 군사전문가 및 민간전문가로부터 획득한 2만 4,000건 이상의 자료를 미국 내 전투부대와 현장에 전달하는 네트워크를 만들었다.

지식경영 전담 임원의 역할 IBM, 식품업체 제너럴 밀스(General Mills) 그리고 인적자원관리회사 랜스태드 오브 노스아메리카(Randstad of North America)와 같은 많은 대기업이 지속적인 학습과 지식경영을 촉진하기 위해 회사에 전담임원 자리를 만들었다. 회사의 지식경영 업무를 총괄하는 **최고학습책임자**(chief learning officers, CLOs)는 **지식관리자**(knowledge officers)로 알려져 있는데, 이들은 회사의 지식경영 활성화를 위한 최고관리자 직책을 의미한다. 최고학습책임자 업무는 데이터베이스 및 내부망을 포함하여 회사의 기술기반을 통해 지식과 학습문화를 개발하고 수행하는 것이다. 그는 지식을 찾아내고, 만들어내는 방법을 발견하며, 지식을 획득하여 확산시키는 역할을 담당한다. 그는 교수자, 정보기술자 그리고 사업 부서의 지식경영제도의 운영을 지원하고, 만들도록 독려한다. 최고학습책임자는 회사의 방향을 제공하고, 학습과 개발 활동을 지지하며 지식경영을 사업의 가시적 혜택으로 전환시켜 적극적으로 전략적 사업 목표를 지원하도록 하는 책임을 맡고 있다.[90] 예를 들면, 비영리 의료단체 텍사스 헬스 리소스(Texas Health Resources)의 최고학습책임자 대니얼 간다릴라(Daniel Gandarilla)는 회사의 혁신과 비용감축을 가져올 수 있는 고품질의 의료정보를 학습하고, 보관하는 방법을 조사했다.[91] 이를 실현하기 위해 웹을 기반으로 학습 혁신을 위한 신기술 사용법 등 인적자원개발을 위한 장기학습계획을 표준화하였다. 그와 회사의 학습팀은 다양한 이해관계자 면담을 통해 회사의 주요 이슈를 이해하게 되었고, 대화 부족, 한정된 자원 그리고 전자건강기록 훈련 등과 같은 특정 영역에서의 표준화된 실습 부족 등 개선영역이 무엇인지를 파악하게 되었다. 그리고 이런 발견을 통해 회사 내에 사내대학을 개설하였다.

정보통신기술을 통한 사용 용이성 확보

지식경영시스템이 실패하는 이유는 두 가지이다. 기술이 너무 복잡하거나 기업이 종업원에게 지식을 공유하도록 동기부여하는 방법을 너무 고려하지 않기 때문이다.[92] 지식경영시스템은 종업원이 업무를 수행하는 것을 더 어렵게 만들 수 있다. 만일 종업원이 지식경영시스템을 활용하기 위해서 다른 시스템에 장착되어 있는 다양한 검색 엔진이나 관련 소프트웨어 그리고 문서관리 소프트웨어 등을 항상 사용해야 한다면, 직원이 지식경영시스템을 사용할 이유가 없다. 따라서 필요한 정보통신기술을 정확하게 구축하고, 종업원이 쉽게 접근할 수 있도록 하여 업무와 관련된 정보를 공유할 수 있게 만드는 것이 중요하다. 예를 들면, GE가 프랑스의 발전회사 알스톰을 인수한 이후, GE는 앱을 구축하여 본사와 알스톰 직원 간 통합과 정보 공유를 유도했다.[93] 앱은 두 회사의 기술 정도, 교육 수준 등이 유사한 직원을 서로 연결하여 이들이 가상공간에서 특정 주제에 대해 논의할 수 있도록 협력을 유도했다.

정보 공유에 대한 종업원 신뢰와 의지 확보

정보 공유에 대한 신뢰와 의지는 지식 공유와 관련하여 개인적 측면에서 핵심요인이다. 종업원은 어쩌면 다른 직원을 알지 못하거나 신뢰하지 않을 수 있고, 다른 직원보다 권력을 가지기 위해 지식을 축적했을 수도 있으며, 자신의 지식을 남들이 하찮다고 생각할까 봐 두려워할 수도 있다. 또는 지식 공유는 종업원 입장에서는 너무 많은 일이 되거나 추가적 책임을 지우는 일로 보일 수도 있다.[94] 지식 공유를 장려하기 위해서 회사는 학습하거나, 가르치거나, 공유하는 종업원을 인정하고 승진시켜야 한다. 예를 들면, 세계적인 복합기 제조업체 제록스(Xerox)는 회사의 유지 관리 비결을 축적하려고 노력했고, 현재는 이 분야 최고 리더 또는 전문가로 인정받고 있다.[95] 회사의 시스템을 처음 사용하는 기술자는 시스템이 자연스럽지 않은 경우 이를 상사에게 보고한다. 자신의 보고가 하찮을 수 있다는 엔지니어의 걱정을 해소해주기 위해서 관리자는 기술자가 보고하는 내용과 관계없이 그의 보고에 보답하기 위해 약간의 보상금과 티셔츠를 제공한다. 또한, 관리자는 이렇게 관련 정보를 제공한 사람의 정보가 도움이 되었다는 사실을 직원에게 알리고, 이 직원에게 '공헌자'라는 명칭을 부여한다. 오늘날 시스템과 관련하여 7만 개의 제안을 받았고, 회사는 수리비로 매년 수백만 달러의 비용을 절감하고 있다. 지식 공유를 격려하는 다른 방법은 공유된 아이디어를 회사가 채택하여 사용하고 있음을 보여줌으로써, 성공을 공유하는 것이다.

지식경영은 잠재적으로 회사의 경쟁력을 개선하기 때문에 통신회사 AT&T는 영업기법에 유용한 정보를 해당 팀이 공유할 수 있도록 지식 공유 제도를 운영한다. 이와 관련하여 회사는 지식경영제도의 효과성을 평가하기 위한 몇 가지 측정을 한다. (평가는 6장에서 논의한다.) 이 측정의 용도는 다음과 같이 회사와 고객에게 이익이 되었는지 여부이다. 유능한 직원을 유인하고 핵심 근로자를 유지하는 능력 여부, 회사에 종업원이 몰입하는지 여부, 효과적인 팀워크를 유도하고 촉진했는지 여부, 최적의 사례를 활용하고 이런 사례를 최신의 것으로 업데이트하는지 여부, 신제품이 출시되는지 여부, 고객만족, 고객과 유대를 반복하고 있는지 여부이다.[96]

요약

학습은 훈련 프로그램의 중요한 측면이다. 그러나 이와 더불어 중요한 것은 학습자로 하여금 업무에서 학습된 능력을 활용하고 전이하도록 격려하는 것이다. 이 장에서는 강의 과정 3단계와 관련된 중요한 프로그램 설계 이슈에 대해 논의하였다. 즉 사전교육, 학습사건, 사후교육이다. 이 장에서 논의하였던 효과적인 프로그램 설계는 훈련장의 선택과 준비, 최고 교수자를 식별하고 선택하는 것, 학습자와의 대화 그리고 교수자의 훈련장 정리방법을 위한 결정사항과 공부하고 싶어지는 수업 환경 조성이다. 학습자의 나이와 세대 그리고 성격 차이는 훈련 설계에서 고려되어야 한다. 이 장에서는 교육과정, 교육과정 개념도, 수업과 학습, 교안 설계 사용방법과 프로그램 설계에서의 학습 계획 등을 소개하고 논의하였는데, 많은 기업이 훈련 프로그램을 설계하는 데 필요한 직원, 자원 그리고 전문가를 확보하고 있지 못하기 때문에 훈련 서비스를 위한 전문업체 또는 컨설턴트 선택을 위한 구별방법과 선택방법에 대한 논의도 같이 하였다. 이 장은 훈련 전이와 관련된 사후교육 이슈, 지원적 업무 환경 조성 방법, 학습자에 대한 자기관리 기술 제공 방법 그리고 관리자와 동료 지원의 중요성에 대한 논의로 결론을 지었다. 마지막으로 학습과 훈련 전이를 촉진하는 지식경영의 중요성에 대해서도 논의하였다. 종업원이 지식경영시스템을 사용하기 위해서는 지식의 발견과 사용을 쉽게 할 수 있어야 하고, 지식 공유에 대한 신뢰와 의지도 필요하다.

핵심 용어

개념도	응용과제	프로그램
관리자 지원	자료 정리	프로그램 설계
교육과정	전자 성과 지원 시스템 (EPSS)	프로젝트 관리
교육과정 로드맵	제안요청서	학습한 능력을 사용할 수 있는 기회
네트워크 형성 지원	지식경영	학습자 전제조건
세부학습계획	지식관리자	활동계획
수업과정	최고학습책임자(CLO)	훈련장
스토리보드		

토의 문제

1. 교안 설계란 무엇인가? 교안 설계에 포함되어야 하는 것은 무엇이고, 훈련에 어떻게 유용한지 설명하시오.
2. 밀레니얼 세대와 비교하여 베이비붐 세대의 수업과정 설계는 어떻게 달라야 하는지 설명하시오.
3. 개념도는 학습자를 어떻게 도울 수 있는지 설명하시오.
4. 교육과정의 3단계를 설명하시오. 어떤 단계가 가장 중요한가? 그 이유는?
5. 업무 환경 조건이 비호의적이거나 변화할 수 없다면 훈련 전이가 발생할 가능성을 높이는 방법은 무엇이라고 생각하는가?
6. 고객서비스는 원전이에 해당한다. 훈련 전이가 발생하려면 어떤 설계 특성이 고객서비스 훈련 프로그램에 포함되어야 하는가? 교육과정 로드맵은 무엇이고, 왜 이것이 중요한지 설명하시오.
7. 응용과제는 무엇이고, 왜 훈련 프로그램이나 과정에서 고려되어야 하는가?
8. 관리자가 훈련 전이를 발생시키는 데 적극적 역할을 수행할 수 있도록 동기부여할 수 있는 방법은 무엇인가?
9. 지식경영시스템을 실행해야 한다면, 종업원이 지식을 공유하고 접근할 수 있도록 그들에게 무엇을 추천하겠는가? 추천한 이유를 설명하시오.
10. 소규모 집단 사례 토론이 포함된 훈련 과정을 위해 어떤 형태의 좌석 배치를 선택하겠는가? 파워포인트와 유튜브 영상이 포함된 강의를 위해서는 어떤 선택을 하겠는가? 선택 이유를 설명하시오.
11. 프로젝트 관리 단계를 나열하고, 각 단계가 어떻게 효과적인 설계에 도움이 되는지 토론하시오.
12. 훈련 프로그램을 실행해야 한다면, 잠재적 학습자가 수업을 즐길 수 있도록 하기 위해서는 이들에 대해서 무엇을 알아야 하는가? 어떻게 이들을 분석할 것인지 설명하시오.

13. 훈련 내용을 선택하기 위해서 교수자는 무엇을 해야 하는가? 외국에서 온 학습자를 위한 강의는 무엇을 준비해야 하는가?
14. 자료 정리(content curation)란 무엇이고 훈련을 위해 왜 이것이 중요한가?
15. 마이크로러닝이 효과적이기 위해서는 필수적으로 어떤 특징이 있어야 하는가? 어떤 특성을 보일 때 학습이 촉진되는지 설명하시오.

적용 과제

1. 훈련 전이를 지원하는 업무 환경 정도를 측정하는 질문지를 개발하시오. 사용할 질문과 평가척도는 표 5.11의 사례를 활용하여 체크리스트를 만들고, 왜 그 질문과 평가척도를 사용했는지 이유를 설명하시오.
2. 다음은 학습자의 훈련 전이 동기부여 측정을 위해 설계된 질문 항목이다. 동료에게 아래 질문을 묻고, 그들이 왜 질문에 그렇게 대답했는지 그 이유를 토론하시오. 다음의 질문을 읽고 당신의 선호 정도를 강한 동의, 다소 동의, 다소 불일치, 매우 불일치로 표시하시오.
   a. 훈련 프로그램을 통해 획득한 기술과 지식은 업무 관련 문제를 해결하는 데 도움이 된다.
   b. 훈련 프로그램에 참석하기 전에 나는 일반적으로 프로그램의 내용을 어떻게 사용할지 생각한다.
   c. 내가 훈련 프로그램에서 배운 지식과 기술을 사용한다면 내 직무 성과는 개선될 것이라고 믿는다.
   d. 훈련 프로그램 내용에 숙달하면 업무 생산성이 개선될 것이라고 믿는 것은 비현실적이다.
   e. 나는 일반적으로 훈련 프로그램에서 습득한 기술 또는 지식을 사용할 수 있다.
   f. 훈련 프로그램 내용을 적용하기에는 일상의 업무 활동은 교수자가 알고 있는 것보다 더 많은 문제가 있다.
   g. 훈련 프로그램에 참석하기 전부터 교육을 받으면 내게 도움이 되는 특정 문제나 프로젝트를 평상시에도 인식하고 있다.

   훈련 전이를 위한 동기부여에 대해 배운 내용을 요약하여 준비하시오.
3. 관리자와 종업원이 훈련 전이를 촉진하기 위해 사용할 수 있는 활동계획을 설계하고, 활동계획에서 분류한 내용의 정당성을 증명하시오.
4. 당신의 전공과 관련된 교과과정 로드맵을 작성하시오. 이것이 학습자인 당신에게 도움이 되는 것인지, 아니면 교수자에게 도움이 되는지 의견을 말하시오.
5. 당신은 노에 스위트라는 회사의 훈련담당 이사이다. 상사로부터 다음과 같은 이메일을 받았다고 가정한 상태에서 질문에 답해보자.

   서비스 품질향상 성공을 위한 당신의 추천에 감사합니다. 고객불만에 대한 호텔 직원의 효과적인 대응을 위한 프로그램에 다음의 내용을 포함하여 당신의 아이디어를 협의하고자 합니다.

a. 학습자에게 수업 때 고객 문제에 대한 사례를 가져오게 할 것.
b. 학습자에게 화가 난 고객을 다루는 연습 기회를 제공할 것.
c. 학습자에게 역할극에 대한 피드백을 제공할 것.
d. 교수자는 프로그램 목적을 인식하고, 학습자과 목적에 대하여 대화할 것.
e. 교수자는 학습자과 고객서비스와 관련하여 특히 중요한 핵심 행위에 대해 대화할 것.

우리의 훈련 투자에 대한 확실성을 담보해주는 것에 관심이 있습니다. 즉, 실제로 직원이 훈련을 통해 학습한 기술과 지식을 현장에서 효과적이고, 지속적으로 적용하는 것을 보고자 합니다. 이것을 위해 무엇을 추천해줄 수 있나요?

6. SANS 인스티튜트(SANS Institute)의 웹사이트인 http://sans.org에 접속하면, 이곳에서 안전훈련에 대한 정보를 볼 수 있다. "Find Training" 밑에 있는 "Training Roadmap"의 주제 중 하나를 선택하시오. 이 정보를 검토하고 "Full Course Information and Details"를 클릭하시오. 어떤 정보를 볼 수 있는가? 이 정보는 학습자에게 유용한가? 교수자에게 유용한가?
7. 훈련 전이 문제점을 진단하거나 훈련 전이가 발생하고 있는지를 확인할 수 있는 방법 중 하나는 아래의 표를 완성해보는 것이다. 이 표는 훈련 전이를 위한 관리자, 교수자, 학습자가 교육 전, 교육 중, 교육 후 수행해야 할 책임과 관련된 내용이다. 빈칸을 완성하시오.

	교육 전	교육 중	교육 후
관리자 **교수자** **학습자**			

8. 컨트리 쿠킹(Country Cookin) 레스토랑의 신입사원을 위한 훈련 영상인 https://www.youtube.com/watch?v=RuiSExp2s7M을 시청하시오. 이 식당의 업무와 역할에 관한 신규직원용 영상의 특징은 무엇인가? 만일 당신이 이 식당의 강의 설계자라고 가정한다면, 방금 시청한 영상을 포함하여 어떤 훈련 프로그램을 추천하겠는가?
9. www.weavethepeople.com에 접속하시오. 이 사이트는 어떤 회사가 사람 간 연결을 위해 만들 사이트이다. 사이트 내용을 검토해본 후에 이 사이트는 지식경영과 지식 공유를 위해 어떤 효용성이 있는지 설명하시오.
10. www.youtube.com/watch?v=ssZPn1r5O6c에 접속해서 경영 컨설팅 회사 액센추어의 지식 공유 내용을 시청하시오. 회사는 어떤 방식으로 직원이 지식 공유에 기여하기를 바라는 것으로 보이는가? 어떤 방식이 가장 이익이 되는 방법일까? 그 이유는?
11. www.youtube.com/watch?v=3xoPXdpIicw에 접속해서 "손을 씻는 것이 생명을 구한다: 환자와 자신을 구하세요(Clean Hands Save Lives: Protect Your Patients, Protect Yourself)."를 시청하시오. 그다음에는 수의사를 보조하는 보조 수의사를 위한 훈련 프로그램에 이 내용을 응용해보자. 본문에 있는 표 5.7을 참조해서 비디오 자료를 포함해서 손 씻기와 관련된 1시간 30분용 수업계획을 설계하시오.
12. www.youtube.com/watch?v=f8RE3jZs-bA에 접속해서 효과적인 시나리오를 바탕으로

한 이러닝 설계를 시청하시오. 설계자는 스토리보드를 어떻게 활용하고 있는가? 스토리보드를 활용하는 것은 장점이 있다고 생각하는가? 다른 형태의 훈련 프로그램 설계에서도 스토리보드를 활용하는 것이 유용하다고 생각하는가? 그 이유를 설명하시오.

13. www.youtube.com/watch?v=rUc3xoOs6ts에 접속해서 마이크로러닝을 기반으로 한 고객불만 훈련 프로그램의 사례를 시청하시오. 시청한 프로그램에서 알게 된 효과적인 마이크로러닝의 특성은 무엇인가? 추가하고 싶은 특성이 있다면 그것은 무엇인가? 이러한 특성에 대해 설명하고, 어떻게 포함시킬지와 왜 포함시키고 싶은지를 설명하시오.

사례 네이션와이드 뮤추얼 보험회사의 콜센터 직원을 위한 효과적인 훈련 설계

네이션와이드 뮤추얼 보험회사의 고객상담센터 직원 1,300명이 고객의 전화를 응대한다. 회사의 시장경쟁력 확보를 위해서는 새로운 직원의 유입과 기존 직원의 유지와 함께 직원들이 전형적으로 응대해야 하는 전화량과 유형을 분석해서 대비책을 마련하는 것이 필수인데, 센터는 이와 관련하여 도전에 직면하고 있다. 이런 도전에 대응하기 위해 회사는 콜센터 직원을 위한 코호트 학습 프로그램(Cohort Learning Program)을 개설하였다. 새로 개설된 학습 프로그램은 전통적 강의 방식 교육을 토론 방식으로 대체하였고, 지식을 응용하여 문제해결을 격려하는 활동방식으로 전환하였다. 학습 프로그램을 위해서 경험 수준과 성격 유형이 다른 4~6명 정도의 소집단으로 학습자를 구성하였고, 개별 구성원은 각자 자신의 학습계획을 짜고, 자신이 스스로 학습하며, 연습해야 할 지식과 기술을 지정하여 학습자가 학습에 대한 책임을 지도록 하였다. 학습 프로그램의 활동과 시나리오는 실제 전화 응대를 연습하도록 하였고, 직원들은 스스로 문제를 풀어야 했으며, 자신이 제시한 해결책을 응용해 고객을 응대하도록 했다. 이에 대한 평가는 직원들이 자신의 학습방식에 대한 피드백을 제공받는 기회가 되었고, 집단활동 기간에는 교수자와 동료가 얼굴을 맞대고 직원들에게 직접적으로 피드백을 제공하였다.

신규 학습 프로그램을 수료한 직원들은 전통적인 강의중심 훈련 프로그램 교육을 받는 직원과 비교해서 평균 72초 정도의 통화유지 기간 감소를 보였고, 평균적인 고객 전화 응대 시간도 49초 감소하는 효과가 발생하여, 결국 1년에 6만 3,000달러 이상의 비용절감 효과가 발생하였다.

업무와 관련된 학습과 학습 내용 응용에 도움이 되도록 교육 프로그램에서 고려해야 할 설계요소를 찾아보고, 이런 설계요소가 어떻게 학습과 학습 전이를 촉진하는지 설명하시오.

자료: "Training Top 125, Best Practices & Outstanding Training Initiatives, Nationwide Mutual Insurance Company: Cohort Learning," *training* (January/February 2017), p. 98을 기반으로 함.

Chapter 6

훈련평가

학습목표

1. 평가의 중요성을 설명한다.
2. 훈련 프로그램 평가를 위해 결과물 요인을 파악하고 선택한다.
3. 효과적인 평가를 계획하고 실행하는 과정을 설명한다.
4. 다양한 평가 설계 방법의 장단점을 설명한다.
5. 기업의 특성 및 훈련의 중요성과 목적에 적절한 평가 설계를 선택한다.
6. 훈련 프로그램의 손익분석을 수행한다.
7. 훈련제도의 가치 결정을 위한 빅데이터, 인적자원분석, 현황판에 대해 설명한다.

메릴랜드주 교통관리국의 안전과 정시도착 서비스 지원을 위한 평가

메릴랜드주 교통관리국(Maryland Transit Administration, MTA)은 버스, 경전철, 지하철 등과 같은 교통수단을 제공하는 미국에서 가장 큰 교통시스템 관리기관으로 제시간에 안전하게 목적지까지 도착하게 한다는 자부심을 갖고 있다. 그러나 최근 대중교통 운전훈련을 수료한 기사들이 많은 교통사고를 일으키고 있다는 사실을 발견하였다. 교통시스템을 관리하는 팀은 이런 사고가 증가하게 된 원인을 파악하기 위해 조사를 했다. 그 결과 대중교통 운전기사 고용절차와 최근 고용된 신규 운전기사를 위한 훈련 프로그램 등에는 문제가 없는 것으로 확인하였다. 다만, 검토 과정에서 훈련 프로그램은 사고율이 낮았던 지난 몇 년 동안을 기준으로 엇비슷한 교재, 엇비슷한 장소와 직무 훈련, 교수자 등이 여전히 활용되고 있었다는 사실을 발견했다.

팀은 교통사고 발생원인의 올바른 인식과 사고율 감소를 목적으로 훈련의 평가과정을 개선하기로 하였다. 이들은 반응, 학습, 행동, 결과의 4단계로 평가를 실행하는 커크패트릭 모델(Kirkpatrick's model)을 활용하여 신규 운전기사의 훈련을 평가하기로 하였다. 이 평가모델을 활용하기 위해서는 훈련생의 반응, 학습, 행동, 결과에 대한 데이터를 수집할 필요가 있었다. 특히, 메릴랜드주 교통관리국은 교수자와 교육 내용 그리고 훈련 환경의 만족도 결정요인(반응), 지식과 기술(학습), 업무에서 학습한 내용의 활용 여부(행동) 그리고 훈련이 사고에 미치는 영향 정도(결과)와 관련된 내용에 중점을 두고 데이터를 수집했다. 신규 버스기사는 훈련을 수료하게 되면, 교수자, 교육 내용 그리고 훈련 환경(정서적 결과)에 대한 설문을 작성한다. 커크패트릭 모델 사용에 앞서 훈련 프로그램의 목적은 모든 운전기사의 초과근무를 줄이고, 일관되게 더 많은 고객서비스를 제공하는 것이다. 대부분 학습자는 성공적으로 훈련을 수료했다. 새로운 평가과정은 예전보다 어려운 필기시험 방식을 채택해서 신규 버스 기사가 자신의 차량 운전법에 대해 학습한 내용을 평가받도록 한 것이다. 또한, 훈련을 통과한 신규 운전기사는 훈련 강사의 혹독한 관찰을 받게 되는 90일간의 수습기간에 들어간다. 강사는 신규 운전기사의 차량에 동승하여 기사가 시속 60km를 준수하고 있는지 여부를 체크리스트를 통해 기록하였고, 교차로에 접근할 때 핸들을 잡고 있는지, 방향주시는 어떻게 하고 있는지도 함께 점검했다. 최종적으로 교통관리국은 관리자와 강사가 쉽게 교통사고율을 관리할 수 있도록 교통사고율 현황 점검을 도와줄 컨설턴트를 고용했다.

학습자의 반응 데이터를 기반으로 교통관리국은 상호작용이 활발한 수업 환경을 만들 목적으로 훈련 구성요소에 투표제도를 추가했다. 또한, 훈련용 버스에 고프로 카메라를 설치하여 훈련에 참여하는 학습자에게 비디오를 보여주고, 운전기사의 행동을 관찰하고 평가하는 기회도 제공했다. 또한, 교통관리국은 신규 운전기사가 강의실에서 강사에 의한 훈련 프로그램과 함께 본인이 새로운 기술 습득이 필요하다고 느끼거나 잠재적으로 사고위험을 피할 목적으로 교육이 필요하다고 느낄 때면 언제든 추가로 훈련을 받을 수 있게 조치했다.

평가 데이터를 기반으로 한 훈련 프로그램의 변화는 사고율을 감소시켰다. 2012년에는 전체 사고처리 비용이 300만 달러였지만, 2015년에는 56만 달러였다.

자료: C. Denault, "MTA: Why the Kirkpatrick Model Works for US," *Chief Learning Officer* (November/December 2016), pp. 60–61; Maryland Transit Administration, "About the MTA," from https://mta.maryland.gov, accessed January 18, 2018을 기반으로 함.

서론

앞에서 본 메릴랜드주 교통관리국의 사례는 실제로 훈련에 들어간 시간, 돈 그리고 노력이 차이를 만든다는 것을 보여준다. 즉, 훈련 기능은 훈련 프로그램의 효과성을 평가하는 것에 관심이 있다. **훈련 효과성**(training effectiveness)은 기업과 학습자가 훈련으로부터 받는 혜택을 의미한다. 학습자의 혜택은 새로운 기술과 행동 등을 학습하게 된 것을 의미하며, 기업의 효익은 판매증가와 더 많은 고객만족이라고 할 수 있다. 훈련평가는 프로그램 혜택을 결정하게 되는 특정한 결과물 또는 기준을 통해 측정한다. **훈련결과물**(training outcomes) 또는 **평가기준**(criteria)은 교수자와 기업이 훈련 프로그램을 평가하기 위해 사용하는 측정을 의미한다. 프로그램의 효과성을 결정하기 위해 평가를 실시해야 한다. **훈련평가**(training evaluation)는 훈련이 효과적이었는지를 결정하기 위해 필요로 하는 결과물을 수집하는 과정을 의미한다. 메릴랜드주 교통관리국의 경우 훈련 프로그램의 일부 결과물은 훈련과정에 대한 학습자의 만족도, 버스 운전에 대한 지식, 안전한 운전행동, 사고율 등이라고 할 수 있다. **평가 설계**(evaluation design)란 훈련 프로그램의 효과 여부를 결정하기 위해 무엇을, 언제, 어떻게 그리고 누구로부터 등에 대한 정보를 수집하는 것을 의미한다. 훈련을 평가하고자 하는 조직은 다른 어떤 요인보다 훈련이 이직율, 생산성 등과 같은 결과 변화에 영향을 미친다는 확신이 있어야 한다. 조직의 이익 등과 같은 결과 변화에 대한 확신 정도에 따라서 훈련에 대한 평가 설계의 유형이 결정된다.

요구 조사를 통해 획득된 학습 환경의 특성과 학습 전이에 대한 확신 정도에 대한 정보는 평가계획의 개발과정에 모두 반영되어야 한다. 적절한 훈련 결과물에 대한 인식을 가지기 위해서 회사는 조직의 전략 및 조직에 대한 분석(왜 훈련을 왜 실시하는가? 이것은 사업과 어떤 관련성이 있는가?), 구성원에 대한 분석(누가 훈련을 받아야 하는가?), 과업의 분석(훈련 내용은 무엇으로 해야 하는가?), 훈련의 학습 목표 그리고 훈련 전이를 위한 계획 등이 필요하다.

이 장은 왜 그리고 어떻게 훈련 프로그램이 평가되어야 하는지를 이해하도록 도와줄 것이다. 훈련 프로그램 평가에 사용되는 결과물 유형에 대한 논의로 시작하여, 평가 설계를 선택할 때 고려해야 하는 실제적 요인과 설계 형태에 대한 전반적 개요를 알아본다. 다음으로 훈련 프로그램 평가를 위해 거쳐야 되는 과정에 대한 논의와 함께 훈련 기능의 전략적 가치에 대해 논의하면서 이 장을 마무리한다.

훈련평가의 이유

기업은 시장에서의 경쟁우위 획득을 위해 조직 내 인적자원개발 활동이 도움이 되길 원한다. 따라서 기업은 훈련 프로그램에 수백만 달러를 투자한다. 학습을 통해 지식이 창조되기 때문에 기업이 훈련 프로그램에 투자하는 것이다. 간혹, 성공한 기업과 실패한 기업을 구별해주는 차이가 바로 지식이다. 연구에 의하면, 훈련과 인적자원 결과물와의 관계, 즉 생산성 같은 조직 결과물 및 이익과 각종 재무지표 등과 같은 재무 결과물 등이 훈련 프로그램을 실행한 기업에서 보다 더 긍정적인 관계가 있는 것으로 밝혀지고 있다.[1] 종업원 훈련의 파급력은 조직 결과물 및 인적자원 결과물에서 가장 강력하고, 재무적 결과물과의 관계가 가장 빈약하다. 이런 결과가 놀라운 것은 아니다. 훈련 프로그램은 최소한 조직의 재무 결과물에 영향을 미치고, 인적자원 제도에 영향을 미친다. 2장 "전략적 훈련"에서 강조했듯이, 훈련 프로그램은 조직의 사업 전략 및 자본집약도와 조화를 이룰 때 조직 결과물과 강력하게 연계된다. 기업은 수백만 달러를 훈련에 투자하고 훈련 프로그램을 기업의 성공을 위한 전략으로 보기 때문에 훈련과 관계된 결과를 측정 가능한 형태로 보고자 한다.

켄터키주 종합병원 노튼 헬스케어(Norton Health Care)의 관리자 개발 프로그램(Practice Manager Development Program)의 경우 관리자의 리더십, 운영, 환자돌봄과 환자의 병력관리 개선에 중점을 두고 있다.[2] 프로그램 참여자는 훈련을 통해 최적의 사례를 공유하고, 회사 리더의 강의를 들으며, 스스로 부서운영과 관련된 기획안을 짠다. 프로그램을 실행한 결과, 병원은 신규 환자 증가와 함께 병원을 이용했던 환자를 대상으로 한 고객만족 조사에서 결론적으로 이른바 '강력 추천' 등급을 받았다. 자동차 오일교환 전문회사 지피 루브의 경우 훈련 프로그램 평가에 매년 종업원이 수강하는 프로그램의 수 그 이상을 훈련평가에 반영한다.[3] 회사의 사업은 적절한 차량서비스에 의한 고객만족과 재구매에 있다. 따라서 회사는 차량정비 자격증을 소지한 직원의 확보가 중요하고, 직원의 자격증과 사업결과는 항상 반복된다. 따라서 회사는 종업원과 매장의 자격증 확보 수준을 일정하게 관리해야 한다. 종업원은 초급수준의 자격증을 입사한 이후 30일 이내에 취득해야 하고, 매장의 76%는 80~100% 수준의 자격증을 구비하고 있다. 100%로 자격증을 확보한 매장의 1/3은 회사의 전체 매장보다 약 9% 높은 평균 매출을 보인다.

훈련평가는 훈련을 통해 산출되어야 하고, 평가결과는 훈련의 개선을 위해 필요한 정보를 제공해서 무엇에 투자해야 할지 그 방법을 제시해준다.[4] 만일 회사가 훈련의 투자로부터 잘못된 결과를 얻게 된다면, 회사는 훈련에 대한 투자를 줄이거나, 반대로 업무 결과물, 생산성, 고객만족 등과 같은 회사가 얻고자 하는 관심사항에 도움을 줄 수 있는 외부 전문가를 찾게 될 것이다. 훈련평가는 훈련이 회사에 제공하는 수혜가 무엇인지를 설명해줄 수 있는 데이터를 제공한다. 그리고 이러한 훈련평가는 형성평가와 총괄평가로 구분된다.[5]

형성평가

형성평가(formative evaluation)는 프로그램 설계와 개발 기간에 실행하는 훈련평가를 의미한다. 즉, 형성평가는 (1) 훈련 프로그램이 잘 구성되어 있고, 원활하게 운영될 수 있는지, (2) 학습자가 프로그램을 통해 잘 배울 수 있고, 만족할 수 있는지를 확인해준다. 형성평가는 프로그램을 더 잘 만들 수 있는 방법에 대한 정보를 제공하고, 이것은 일반적으로 프로그램에 대한 질적인 데이터 수집을 통해 이루어진다. 질적인 데이터에는 의견, 신념 그리고 프로그램에 대한 사적인 감정 등이 포함되는데, 형성평가는 고객, 종업원, 관리자 그리고 내용전문가에게 훈련 내용, 목적, 프로그램 설계에 대한 의견을 묻는 것을 의미한다. 형성평가를 통해 온라인 교육, 대면 교육, 비디오 교육 등과 같은 훈련 프로그램 전달방법에 대한 명확성과 편리성 등을 평가하게 된다.[6] 형성평가는 훈련 프로그램이 회사에서 본격적으로 실시되기 전에 개인이나 집단을 상대로 시행된다. 강사도 훈련 프로그램의 시간측정을 위해 평가대상에 포함될 수도 있다. 형성평가 결과에 따라 훈련 내용은 보다 정확하고, 이해하기 쉬우며, 더 호소력 있는 형태로 변화한다. 예를 들면, 형성평가를 통해 훈련 프로그램의 실행과정에서 훈련생에게 더 많은 실습기회를 제공해야 한다거나, 피드백을 주어야 한다는 식으로 훈련 프로그램에 도움을 준다. 또한, 형성평가 등을 통해 관리자와 고객에게 훈련 프로그램의 내용을 소개하게 되면, 훈련 프로그램 구매에 도움이 될 수도 있다. 그리고 형성평가는 종업원의 학습과 훈련 전이에 도움을 주는 중요한 역할을 수행하기 때문에 훈련 프로그램 실행 전에 내용에 대한 관심을 유발할 수도 있다.

형성평가는 파일럿 테스트를 포함하는데, **파일럿 테스트**(pilot testing)는 잠재적 학습자와 관리자 또는 프로그램 개발을 위해 돈을 받고 참가하는 다른 고객과 함께 훈련 프로그램을 미리 검토해보는 과정을 의미한다. 파일럿 테스트는 훈련 프로그램을 관리자, 학습자 그리고 고객에게 보여주는 총연습과 같은 것으로, 당연히 형성평가를 위해 사용되어야 한다. 예를 들면, 잠재적 학습자와 관리자에게 웹기반 훈련 프로그램을 미리 볼 수 있게 해주고, 훈련 프로그램에서 사용할 그래픽, 비디오 또는 음악 등에 대한 그들의 의견과 프로그램의 이동성,

연습문제 완결성, 연습문제 완료에 따른 피드백 품질 등을 평가하도록 부탁하는 것이다. 이런 사전검토를 통해 획득한 정보는 모든 사람이 훈련 프로그램을 이용하기 전에 개발자에게 프로그램을 개선할 수 있는 기회를 제공한다. 세인트조지은행(St. George Bank)은 은행원을 위한 새로운 웹기반 훈련 시스템을 개발했다.[7] 모든 직원에게 프로그램을 개방하기에 앞서 프로그램의 보편적 사용자로 보이는 소수의 직원을 대상으로 사전검토를 실시했고, 이들은 개선안을 제출했다. 강의 설계자는 그들의 제안을 프로그램 최종 버전에 반영했다.

총괄평가

총괄평가(summative evaluation)는 훈련 프로그램 참여 결과에 대한 학습자의 변화 정도를 점검하기 위해 실시하는 평가이다. 즉, 훈련의 목적에 맞게 학습자가 지식, 기술, 태도, 행동 또는 기타 결과물이 발생했는지를 확인하는 것이다. 총괄평가에는 훈련 프로그램을 통해 기업이 받게 되는 **투자수익률**(return on investment, ROI)과 같은 재무적 수익을 측정하는 것이 포함되고, 일반적으로 시험, 행동척도 또는 매출·사고·특허와 같은 객관적 측정이 가능한 수량적 정보를 수집한다.

총괄평가와 형성평가 논의에서 훈련 프로그램에 대한 평가가 실행되어야 하는 이유는 다음과 같다.

1. 프로그램의 강점과 약점 확인을 통해 프로그램의 내용이 학습 목적에 부합하는지, 학습 환경의 품질이 만족스러운지, 훈련 전이가 발생하는지를 알 수 있다.
2. 교육 일정, 수용능력, 교수자, 교육자료 등과 같은 교육 내용을 비롯해 조직 그리고 프로그램 관리를 평가하여 교육 내용 및 업무 적용 여부를 확인할 수 있다.
3. 훈련 프로그램을 통해 학습자가 얻을 수 있는 최대한 또는 최소한의 효익이 어느 정도인지 확인할 수 있다.
4. 왜 훈련 프로그램에 참석했고, 훈련 프로그램에 대한 만족 수준은 어느 정도인지 그리고 타인에게 훈련 프로그램을 추천하는지 여부 등과 같은 참여자 행동 정보를 통해 마케팅 프로그램을 지원할 수 있다.
5. 프로그램의 재무적 혜택과 비용을 결정할 수 있다.
6. 훈련 프로그램의 참여 유무에 따른 비용과 혜택을 비교하여 업무 재설계나 더 좋은 종업원 선택 시스템 설계에 투자할 수 있다.
7. 다른 훈련 프로그램의 비용과 혜택을 비교하여 최상의 프로그램을 선택할 수 있다.

평가과정의 개요

이 장의 세부 훈련평가에 대해 설명하기에 앞서 그림 6.1과 같은 평가과정에 대한 이해가 필요하다. 앞에서 논의했던 형성평가와 총괄평가는 프로그램 완료 전후에 프로그램에 대한 면밀한 훈련평가를 실시할 필요가 있음을 확인해주고 있다. 그림 6.1에서는 교육을 실시하기 전에 관리자와 교수자가 훈련평가를 고려해야 한다는 것을 보여주고 있다. 이 장의 앞부분에서 제안했듯이 그림 6.1처럼 훈련 설계 과정에서 상당한 정보를 얻을 수 있다.

평가과정은 훈련의 요구가 무엇인지를 먼저 결정하는 것에서 시작해야 하고, 수요를 조사하기 위해 실시하는 요구 조사는 필요로 하는 지식·기술·행동 또는 그 밖에 학습할 필요가 있는 기타 사항을 인식할 수 있게 도와준다. 요구 조사는 훈련 프로그램을 통해 기대했던 사항이 충족될 수 있는지를 미리 알려주고, 프로그램의 목적, 사람, 재정 그리고 회사에서 필요한 자원, 프로그램의 효과성 등과 관련된 입증 증거에 중점을 둘 수 있도록 도와준다.[8] 다음 단계는 훈련을 이끌고 갈 측정 가능한 구체적인 훈련 목적의 효과성을 확인하는 것이다. 훈련 프로그램을 평가하게 되면, 학습과 훈련 진이의 목적을 보다 구체적이고, 측정 가능하게 만들어주며, 관련 결과물을 쉽게 확인할 수 있도록 도와준다. 학습 결과물을 발굴하기 위해 학습과 프로그램 목적을 설정할 때 훈련 프로그램에 관심이 있는 교육생·관리자·교수자와 같은 이해관계자의 기대 등도 함께 고려하는 것이 중요하다.[9] 만일 요구 조사가 잘 완료되었다면, 이해관계자의 관심과 훈련 프로그램의 목적은 서로 상당히 중복된다는 사실을 확인할 수 있을 것이다. (5장 "프로그램 설계"에서 논의한) 훈련 전이를 결정하는 업무 환경에 대한 파악은 훈련 내용이 업무에 어떻게 활용되는지 점검할 수 있게 하는 매우 유용한 정보가 된다. 학습 목적과 훈련 전이에 대한 분석을 바탕으로 설계된 결과물 측정은 학습과 훈련 전이가 발생하는 범위를 평가할 수 있도록 설계되어야 한다.

일단 결과물의 개념이 결정되면 다음 단계는 평가전략을 결정하는 것이다. 전문가, 정보의 필요 시기, 변화 가능성, 조직문화 등이 설계에 반영되어야 한다. 평가의 설계를 기초로 하여 훈련의 결과물이 도출되는 것처럼 평가의 기획과 집행은 형성평가 등과 같은 사전검토를 바탕으로 이루어진다. 평가결과는 훈련 프로그램의 수정, 기업의 사업 전략 또는 훈련 프로그램의 추가적 지원 등에 활용되고, 또한 관리자·종업원·교수자 등과 같이 훈련과정에 관여하는 이해관계자를 격려하는 데 사용되며, 기업의 사업 전략에 맞춰 관리자와 종업원이 그 목적에 부합할 수 있도록 도움을 주는 데 사용되어야 한다.[10]

그림 6.1
평가과정

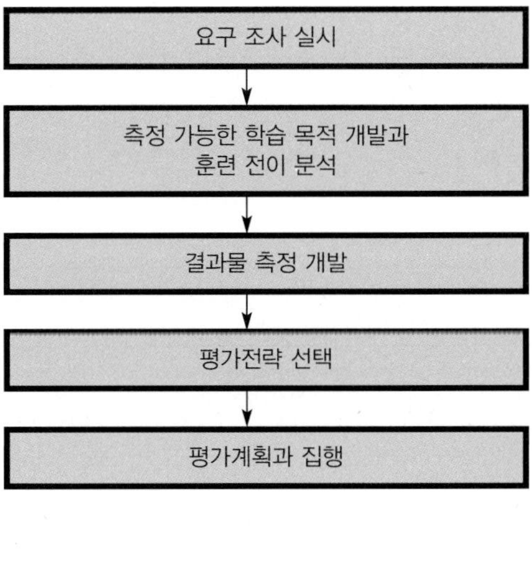

자료: D. A. Grove and C. Ostroff, "Program Evaluation," in *Developing Human Resources*, ed. K. N. Wexley (Washington, D. C.: Bureau of National Affairs, 1991), pp. 5-185-5-220; K. Kraiger, D. McLinden, and W. Casper, "Collaborative Planning for Training Impact," *Human Resource Management* (Winter 2004), pp. 337-351을 기반으로 함.

훈련 프로그램 평가에 활용되는 결과물

훈련 프로그램을 평가하기 위해 회사는 프로그램 효과성에 대한 고민, 즉 어떤 훈련결과 또는 기준으로 측정할 것인가를 인식하고 있어야 한다.

표 6.1은 훈련결과에 대한 6개의 유형을 보여주고 있다. 그 내용은 반응, 학습 또는 인지, 행동과 기술중심 결과, 정서적 결과, 총체적 결과 그리고 투자수익률이다.[11]

표 6.1은 커크패트릭 평가모델의 훈련결과에 대한 각 수준별 결과 및 측정방법을 보여주고 있다. 이 평가모델의 초기 모델은 네 수준(반응·학습·행동·결과)으로 구성되었으나, 최근에는 다섯 번째 수준으로 훈련의 재무적 가치를 설명하는 투자수익률(ROI)이 추가되었다. 단계 1과 단계 2 결과물(반응과 학습)은 모두 학습자가 훈련을 완료한 이후 직무로 복귀하기 전에 수집된다. 단계 3 결과물(행동/기술)의 경우도 훈련에 참여한 학습자의 행동과 기술 수준을 결정하는 훈련의 완료 시점에 수집된다. 훈련 전이 발생, 즉 업무에서 훈련기간 학습한 교육내용의 활용 정도를 확인하기 위해서는 단계 3, 단계 4, 단계 5의 결과를 수집하면 된다.

표 6.1 평가의 결과물

결과 또는 기준	수준	측정대상	예	측정방법	질문
반응	1	학습자 만족	• 안락한 훈련장 • 유용한 교육자료와 프로그램 내용	• 설문 • 인터뷰	당신은 교육을 즐겼나요?
학습 또는 인지	2	학습자가 획득한 원리, 사실, 기술, 절차, 과정	• 전기 원리 • 안전규칙 • 인터뷰 단계	• 시험 • 작업 샘플	교육을 통해 무엇을 배웠나요?
행동과 기술중심	2 또는 3	학습자가 획득한 대인관계 기술 또는 운동 기능 또는 행동	• 후식 준비 • 나무 자르기 • 비행기 착륙 • 경청	• 시험 • 관찰 • 본인, 동료, 고객, 관리자에 의한 설문 • 작업 샘플	학습한 교육 내용을 실무에서 활용하나요?
정서적	2, 3 또는 4	학습자 태도와 동기부여	• 다양성 수용 • 안정감 있는 태도 • 고객서비스 지향 • 참여	• 태도 관련 설문 • 인터뷰 • 포커스 그룹	교육을 통해 태도의 변화가 생겼나요?
결과	4	회사를 위한 보상	• 생산성 • 품질 • 비용 • 재구매율 • 고객만족 • 사고율	• 관찰 • 기록 또는 기업 데이터베이스의 결과물 자료	교육 내용이 일선에 영향을 미쳤나요?
투자수익률	5	비용 대비 학습 효능 인식과 비교	• 훈련비용 대비 생산성 가치	• 경제적 가치	교육에 대한 투자 결과는 무엇인가요?

자료: K. Kraiger, J. K. Ford, and E. Salas, "Application of Cognitive, Skill-based, and Affective Theories of Learning Outcomes to New Methods of Training Evaluation," *Journal of Applied Psychology* 78 (2) (1993), pp. 311-328; K. Kraiger, "Decision-Based Evaluation," in *Creating, Implementing, and Managing Effective Training and Development*, ed. K. Kraiger (San Francisco: Jossey-Bass, 2002), pp. 331-375; D. Kirkpatrick, "Evaluation," in *The ASTD Training and Development Handbook*, 2nd ed., ed. R. L. Craig (New York: McGraw-Hill, 1996), pp. 294-312를 기반으로 함.

단계 3의 기준은 행동/기술이 업무에 활용되고 있는지 여부를 확인할 수 있게 해주고, 단계 4와 단계 5의 기준(결과와 투자수익률)은 훈련 프로그램이 조직의 생산성과 고객만족 등과 같은 조직의 사업 결과 개선에 이바지하고 있는지를 확인시켜 준다. 게다가 이러한 기준은 훈련이 비용을 초과하는 효익을 창출하는지를 알 수 있게 도와준다. 그러나 이러한 사실이 각 단계의 결과물의 중요성을 의미하거나, 낮은 단계 결과물이 높은 단계의 결과물을 초래하지는 않는다는 사실을 명심할 필요가 있다.[12] 즉, 반응은 학습을 초래하고, 이것은 다시 기술과 결과에 영향을 미친다. 평가를 통해 얻어지는 결과물은 훈련에 대한 요구, 프로그램 목적 그리고 훈련의 전략적 이유를 기반으로 수집되는 것이다. 이 장의 후반부에서 다시 평가제도에 대해 논의한다.

반응의 결과물

반응 결과물(reaction outcomes)은 운영진, 교수자 그리고 교육 내용과 같은 프로그램에 대한 학습자의 지각을 의미한다(반응의 결과물은 종종 학습자가 느끼는 편안함에 대한 측정을 의미한다). 이것은 종종 **강사평가**로 불리기도 한다. 따라서 이와 관련된 정보는 일반적으로 프로그램이 종료될 시점에 수집된다. 아마도 대부분의 사람은 학교의 수업이나 훈련 프로그램 말미에 수업이나 강사평가를 의뢰받은 경험이 있을 것이다. 반응은 수업을 성공적으로 이끌거나 저해하는 것이 무엇인지에 대한 학습자의 생각을 알 수 있게 하는 유용성을 가지고 있다. 반응 결과물은 커크패트릭 모델의 유형에 의하면 단계 1(반응) 기준에 속한다.

반응 결과물은 전형적으로 학습자의 질문지 완성을 통해 수집되는데, 예를 들면 법률법인 베스앤드어소시에이츠(Bass & Associates)의 경우 회사의 법률상담 직원의 학습 단계별 과정의 만족도 조사를 위해 학습 프로그램을 수료한 직원을 대상으로 학습과 관련된 짤막한 비디오를 시청하게 한 후에 회사가 이들에게 만족스러운 교육을 제공했는지 여부를 설문조사한다.[13] 예를 들면, 반응 측정에는 교육과정의 목표 명확성과 훈련 내용의 유용성과 함께 수강신청의 편리성, 교육과정의 의도 정확성 등을 포함한 교수자, 교재 그리고 교육의 행정적 지원과 관련된 학습자의 만족과 관련된 질문이 포함된다.[14] 표 6.2는 반응 측정을 위한 질문을 보여준다. 반응 측정에는 학습자의 학습 경험 등을 묻는 개방형 형태의 질문이 포함될 수도 있다.[15] '업무를 하면서 학습한 것 중 적용하고 싶은 것은 무엇입니까?' 또는 '어떤 주제가 수업 중 혼란을 주었습니까?'와 같은 방식으로 개방형 질문을 할 수 있다. 다만, 이런 유형의 질문은 표 6.2에서 보여주고 있는 형태의 항목 분석보다 내용 검토를 위해 더 많은 시간이 필요하지만, 이런 개방형 질문은 잠재적으로 훈련 프로그램의 설계와 운영에 필요한 세부적인 정보를 제공해준다.

정확한 훈련 프로그램 평가를 위해서는 성공적인 학습 환경과 관련된 모든 요인을 포함할 필요가 있다.[16] 대부분 교수자 또는 수업평가에는 몇 개의 다른 유형의 항목이 포함되는데, 이들 항목에는 강사의 수업 준비·강의 운영·토론을 이끄는 능력, 교재의 정돈과 내용, 시청각 자료 활용, 발표 형태, 질문에 대답하는 능력과 의지 그리고 수업 중에 학습자가 흥미를 느끼도록 자극하거나 관심을 유도하는 능력 등이 포함한다. 이런 항목은 강사의 매뉴얼, 교

표 6.2 반응 측정 예시

아래의 문장을 읽고 당신이 동의하거나 동의하지 않는 범위에 표기하세요.				
매우 동의하지 않음	동의하지 않음	보통	동의함	매우 동의함
1	2	3	4	5

1. 나는 수업을 통해 필요로 하는 지식과 기술을 획득했다.
2. 시설과 장비는 수업하기 쉽게 만들어져 있다.
3. 교육과정은 기술된 목적과 잘 부합한다.
4. 나는 교육과정의 목표를 명확하게 이해하고 있다.
5. 교육과정이 운영되는 방식은 학습을 위해 효과적이다.
6. 내가 수업 중에 받은 교육자료는 유용하다.
7. 교육 내용은 논리적으로 잘 정리되어 있다.
8. 교육과정의 내용은 학습할 만한 충분한 시간이 주어졌다.
9. 교수자는 학습자가 공부하길 원하는 느낌이었다.
10. 교수자에게 강의 내용에 대한 질문을 하기 편안한 분위기였다.
11. 교수자는 강의 내용을 잘 준비해서 수업에 들어왔다.
12. 교수자는 교육과정에 대한 내용에 충분한 지식을 가지고 있었다.
13. 나는 이 교육과정에서 많은 것을 배웠다.
14. 내가 학습한 것은 업무에 유익하다.
15. 내가 교육과정에서 획득한 정보는 정확했다.
16. 전반적으로 나는 교수자에 대해 만족한다.
17. 전반적으로 나는 교육과정에 대해 만족한다.

수자 인증 프로그램, 유명 강사의 관찰을 통해 얻게 된다. 그리고 다른 항목에는 학습자의 관점에서 교육과정의 적절성 또는 유용성과 관련된 것도 있다. 복합기 회사 제록스의 경우 대면 교육이든 온라인 교육이든 훈련 프로그램을 이수한 모든 학습자는 설문을 작성하는데, 학습자는 교육과정에서의 교수자 만족도 및 자신의 직무와 관련하여 수업의 관련성 정도에 대한 질문에 응답해야 한다.[17]

통념에 따르면, 훈련 프로그램을 좋아하는 학습자(긍정적 반응을 보이는 사람)가 더 많이 배우고, 행동와 그들의 결과물(훈련 전이)를 개선하는 경향이 있다고 한다. 실제로 그럴까? 최근 연구에 의하면 반응은 학습결과에 대한 정서적 변화와 가장 강력한 관계성을 보인다.[18] 게다가 반응은 학습과 관련이 없다는 기존 연구와 달리 기술적 지식(declarative knowledge)과 절차적 지식(procedural knowledge)의 변화와 의미 있는 관련성이 있다. 인종의 다양성에 관한 교육 또는 윤리교육 등과 같은 과목에서 학습자의 반응이 특히 중요한 이유는 학습자의 긍정적 태도 변화에 영향을 미치기 때문이다. 강의를 위해 인터넷 기반과 같은 첨단기술을 사용할 때 반응은 사후훈련 동기부여, 학습자의 자기효능감 그리고 기술적 지식 등과 강력한 관련성을 보였는데, 이는 온라인 또는 이러닝 방법을 사용하기 위해서는 학습자가 용이하게 온라인 교육에 접근할 수 있도록 해야 하고, 학습자의 직무 경력, 현재의 업무 또는 작업 이슈와 연계된 의미 있는 훈련 내용인 경우에 훈련 프로그램이 의도했던 효과가 발생한다는 것을 의미한다.

일부 기업의 경우 학습자의 만족도를 평가하기 위해 순수충성지수를 사용한다.[19] **순수충성지수**(Net Promoter Score, NPS)는 학습자를 대상으로 자신이 수강한 훈련 프로그램을 동료에게 추천 정도를 0부터 10점까지 점수를 매기는 방식으로 기입하게 하여 이수한 교육의 만족도를 측정하도록 설계된 점수이다. 학습자가 점수를 채택하면, 이 점수는 세 개의 유형 중 하나로 분류된다. '비방'(0~6점), '수동'(7~8점) 또는 '추종'(9~10점)이다. 점수가 세 개 유형 중 하나로 분류된 후에는 (추종자 수 − 비방자 수)/(응답자 수) × 100으로 계산되어 순수충성지수(NPS)가 도출되는 것이다. 예를 들면, 100명의 학습자가 온라인 훈련 프로그램을 이수한 이후 점수를 부여했다고 가정하면, 점수별로 5명은 비방 유형으로, 25명은 수동으로, 70명은 추종으로 분류되고, 이런 경우 NPS는 (70명의 추종자 수 − 5명의 비방자 수)/(100명의 응답자 수) × 100 = 65가 된다. 따라서 NPS는 65이다.

NPS 점수는 −100에서 100까지 범위를 가지게 된다. 반응 측정 결과를 확인하는 데 NPS는 일부 장점이 있다. 학습자가 점수를 주기만 하면 되기 때문에 이런 단순함은 대단히 큰 장점 중 하나이다. 다른 장점은 바로 전형적인 평균점수에 의한 반응 측정보다는 학습자의 전반적 훈련 프로그램 반응에 대한 더 좋은 아이디어를 준다. 예를 들면, 만일 100명의 학습자의 훈련 프로그램에 대한 평균 점수(1 = 매우 불만족 그리고 5 = 매우 만족)가 3.2라고 하면, 점수의 분포도 없이 이 점수만 가지고는 평균의 의미를 해석한다는 것은 대단히 어려운 일이다. 그러나 NPS는 누가 훈련 프로그램을 추종하고, 누가 비방하는지를 식별해주기 때문에 점수의 의미를 해석하는 것이 보다 쉽다. 따라서 이러한 정보는 학습자의 학습 경험 개선에 도움이 될 수 있다. NPS의 세 번째 장점은 일반적으로 사업의 다른 측면에서 고객만족을 측정할 수 있다는 점이다. 이 말은 결국 마케팅이나 매출과 같은 사업의 다른 전문적 측면에서 효과성의 측정을 쉽게 이해하게 되고, 수용할 수 있게 된다는 것이다. 반면, NPS의 단점은 이것이 단순히 한 문장으로 구성되어 있으므로, 훈련 프로그램의 설비, 교수자, 교육 내용과 같은 반응 측정의 다른 중요한 측면의 세부적인 평가결과를 제공하지 못한다는 점이다. 일반적인 반응 결과물과 NPS의 장점을 모두 얻고자 한다면, 두 가지 방식을 모두 활용해서 자료를 수집해야 한다.

학습 또는 인지 결과물

인지 결과물(cognitive outcomes)은 학습자가 훈련 프로그램에서 중요시하는 원칙·사실·기술·절차·과정 등에 얼마나 친숙한지를 확인하고, 학습자가 훈련 프로그램에서 학습한 지식의 종류를 측정하는 것을 의미한다. 커크패트릭 모델에 의하면 인지 결과물은 단계 2에 해당한다. 전형적으로 지필검사나 자기평가 방식이 사용되는데, **자기평가**(self-assessments)란 학습자가 스스로 훈련에서 학습한 내용을 측정하는 것을 의미한다. 보통 학습평가를 위해서는 자기평가보다는 시험과 퀴즈가 더 선호된다. 그 이유는 자기평가는 실제 학습한 내용에 대한 평가라기보다는 단지 교육 내용이 적절한지 여부를 확인하는 정도에 불과하고, 학습자의 훈련 프로그램 선호 정도나 동기부여 정도에 따라 자기평가 결과가 영향을 받기 때문이다.[20] 표 6.3은 학습자의 의사결정 수업에 대한 학습 정도를 측정하기 위해 사용된 지필검사의 예를 보여주고 있는데, 여기서 보여주고 있는 항목은 의사결정 수업에 대한 학습자의 학습수준을 측정할 수 있게 한다. 다만 학습자가 실제로 업무에서 이와 같은 의사결정 학습 내

표 6.3
학습 측정에 사용되는 항목 예시

각 질문을 보고 적용할 수 있는 것에 표기하세요.	
1.	만일 상사가 작업 현장을 변화시키라고 한다면 나는 아래와 같이 할 것이다.
____	상사에게 업무는 변화할 필요가 없다는 것을 증명할 것이다.
____	상사가 지시한 것을 할 것이다. 단, 상사의 생각이 변할 필요가 있다고 말할 것이다.
____	상사에게 아무 말 없이 변화를 만들어낼 것이다.
____	부서 이동을 요구할 것이다.
2.	만일 사무실에서 새로운 과정을 확립하게 된다면 나는 아래와 같이 할 것이다.
____	누구에게도 부탁하지 않고 나 혼자 스스로 만들어낼 것이다.
____	상사에게 추천을 요청할 것이다.
____	사람들에게 업무에 대한 추천을 요청할 것이다.
____	회사 밖에 있는 친구와 협의할 것이다.

자료: A. P. Carnevale, L. J. Gainer, and A. S. Meltzer, *Workplace Basics Training Manual* (San Francisco: Jossey-Bass, 1990), pp. 8–12를 기반으로 함.

용을 활용하고 있는지는 확인할 수 없다.

보험회사 하거티(Hagerty Insurance)는 2017년 직원에게 다양한 종류의 자동차와 친숙해지고 차종별 지식을 획득하여 고객에게 적절한 유형의 자동차 보험을 추천할 수 있도록 새로운 훈련 프로그램을 개설하였다.[21] 회사는 자격시험제도를 통해 직원의 학습 정도를 확인하고자 했고, 시험에는 자동차와 관련된 역사, 산업 특성, 엔진의 특성 그리고 자동차 조립 및 차종 등에 대한 지식이 포함되었다. 시험 점수에 따라 종업원의 수준을 4단계(최고단계, 1단계, 2단계, 3단계)로 구분하였는데, 지금까지 65명의 종업원이 90% 성공률과 함께 최고단계에 도달했다.

행동과 기술중심 결과물

기술중심 결과물(skill-based outcomes)은 기술 또는 운동기능 그리고 행동특성을 평가할 때 사용되는 것이다. 기술중심 결과는 기술의 획득 또는 기술의 학습과 업무에서 기술의 활용, 즉 기술 전이를 의미한다. 기술중심 결과는 커크패트릭 모델에서 2단계(학습) 또는 3단계(행동) 정도에 포함되고, 학습자가 학습한 기술의 범위는 모의실험 등과 같은 방식이나 작업 샘플을 통한 수행능력을 관찰함으로써 평가할 수 있다. 기술 전이는 일반적으로 관찰을 통해 결정된다. 예를 들면, 병원의 레지던트 의사는 외과 의사에 대한 면밀한 관찰을 통해 어느 정도의 충고와 도움을 받으면서 외과 수술을 실행할 수 있을 것이다. 학습자는 자신의 행동와 기술(자가척도)에 대해 스스로 평가하도록 요청받을 것이다. 동료, 관리자 그리고 부하직원은 관찰결과를 기반으로 학습자의 행동과 기술에 대한 평가를 의뢰받을 수 있다. 연구에 의하면 자가척도만 사용하면 정확하지 않은 긍정적 평가를 산출하는 경향이 있으므로, 기술과 행동평가는 관리자와 부하직원, 동료 등과 같은 다양한 관점을 수집할 것을 추천하고 있다.[22] 표 6.4는 행동 측정과 관련된 평가 척도의 한 형태를 보여주고 있는데, 이것은 교장의 관리기술 개선을 위해 개발된 훈련 프로그램의 평가로 활용되었던 것이다. 자동차 오일교환 전문회사 지피 루브의 경우 관리자는 온라인 수업을 이수한 서비스센터 근로자의 학습수준을 평가하기 위해 관찰과 함께 체크리스트를 사용한다. 평가 이후에 관리자는 해당 종업원이 자격증 취득을 위한 적절한 수준의 기술에 도달해 있다는 것을 입증해야 한다.[23]

표 6.4 행동 측정에 사용되는 평가 척도 예시

평가 과제: 지난 3개월간 관찰된 결과를 바탕으로 당신이 행동하는 데 사용하는 주요 원칙을 고려해서 다음의 정의와 행동 특성을 참고하여 아래 척도 중 해당하는 것에 표기하세요.

항상 그렇다	일반적으로 그렇다	다소 그렇다	거의 그렇지 않다	전혀 그렇지 않다
1	2	3	4	5

I. **감수성:** 요구, 관심, 다른 사람의 사적인 문제를 인지하는 능력; 다른 배경을 가진 사람을 다루는 전술, 갈등을 해결하는 기술; 다른 사람의 감정을 효과적으로 다루는 능력; 타인과 대화를 위한 정보를 아는 것

과거 3개월 동안 당신이 행동하는 원칙의 범위는 무엇인가?

____ 1. 다른 사람의 지각, 감정, 관심을 이끌어낸다.
____ 2. 다른 사람의 감정, 요구, 관심을 언어와 비언어로 인지하고 있음을 표현한다.
____ 3. 상대방이 기대하는 감정을 실어 행동을 한다.
____ 4. 행동 교정, 적용, 피드백 격려 등을 통해 다른 사람의 의견을 정확히 반영한다.
____ 5. 업무 수행에 필요한 모든 정보를 상대방과 이야기한다.
____ 6. 문제 상황에서 타인과 불필요한 갈등 유발을 피한다.

II. **의사결정력:** 신속한 의사결정과 행동이 필요할 때를 아는 능력(의사결정의 질은 고려대상이 아님)

과거 3개월 동안 이와 관련하여 당신이 가지고 있는 원칙의 범위는 무엇인가?

____ 7. 의사결정을 해야 하는 시기를 인지하고 있다.
____ 8. 학교에서 부딪히는 다양한 상황에 가장 적절한 해결책이 단기간 또는 장기간 소요되는지 결정한다.
____ 9. 대안을 고려한다.
____ 10. 이용 가능한 데이터를 통해 적절히 의사결정한다.
____ 11. 일단 결정하면 타인의 압력에 굴하지 않는다.

정서적 결과물

정서적 결과물(affective outcomes)은 태도와 동기부여와 관련된 내용이 포함되어 있다. 정서적 결과물을 통해 다양성에 대한 수용, 학습에 대한 동기부여, 안전에 대한 태도, 고객서비스 지향과 관련된 내용이 수집되고, 설문을 통해 측정한다. 표 6.5는 경력 관리의 목표, 계획, 관심을 측정하기 위한 사례를 보여주고 있다. 특정 행동에 대한 관심은 훈련 프로그램의 목적에 따라 변화한다. 평가하는 방법에 따라 정서적 결과물은 커크패트릭 모델의 단계 2(학습) 또는 단계 3(행동)에 해당하는데, 만일 설문에 학습자의 태도에 관한 사항이 있다면, 내용 구성은 신중해야 한다. 예를 들면, 경력 관리 목표와 관심에 대한 태도를 묻고자 한다면, 종업원이 내용을 보고 종업원이 이 설문 내용이 자신의 경력 관리 노력을 어떻게 하고 있는가에 대한 질문이라고 생각할 때 원하는 적절한 대답을 할 것이다. 반도체 제조업체 마이크로칩 테크놀로지(Microchip Technology)와 바닥재 제조업체 타케트 노스아메리카(Tarkett North America)는 훈련 프로그램의 평가를 위해 정서적 결과물을 사용한다.[24] 마이크로칩 테크놀로지는 전략적으로 기업의 인수를 통해 성장해왔다. 인수된 기업의 종업원이 빠르게 회사의 문화에 동화되고, 회사의 가치를 공유하는 것은 기업 인수의 성공 여부를 결정하는 중요한 일이다. 마이크로칩의 인적자원개발팀은 직원 맞춤형 교육을 제공하여 직원들의 통합을 지원하고 있다. 회사의 훈련 프로그램 효과성 측정에 사용하는 항목 중 하나는 매년 실시하는 업무몰입조사이다. 몰입조사 결과를 통해 조사되는 모든 유형의 질문에서 80% 이상의 긍정적 대답을 받는 것이 회사의 목표이다. 타케트 노스아메리카의 경우 회사의 관리자는 모두 4일 과정의 리더십 교육에 참석해야 한다. 훈련 프로그램은 회사 문화와 소통하는 것이

표 6.5
정서적 결과물: 경력 관리의 목적, 계획, 관심의 예시

1. 현재 나는 마음속에 명확한 경력 관리 목적을 가지고 있다.
2. 경력 관리 목적을 달성하기 위한 전략을 가지고 있다.
3. 관리자가 내 경력 관리 목표를 알고 있다.
4. 나는 친구, 직장 동료 또는 회사의 경력 관리 자료 등을 통해 내가 관심 있는 분야에 대한 정보를 수집하고 있다.
5. 관리자와 함께 내 경력 관리 계획에 대한 대화를 할 때 내가 대화를 주도한다.

고, 일반적인 소통 통로를 제공하는 것이며, 관리자가 이를 사용하고, 관리자의 리더십 역량을 개발하여 자신의 종업원을 코칭하는 것을 목적으로 하고 있다. 회사는 반기마다 종업원 설문을 통해 리더십 과정의 효과성을 평가한다. 종업원의 78%가 자신의 관리자가 목적에 맞춰 업무를 잘 수행하고 있다고 생각하고, 필요한 경우 관리자와 언제든 소통할 수 있으며, 교육과정을 이수하기 전보다 8% 정도 개선되었다고 말한다.

결과

결과(results)는 회사가 훈련 프로그램을 위해 해당 비용을 지불해야 하는가를 결정하게 한다. 예를 들면, 결과물에는 생산 증가, 유능한 관리자 또는 종업원 이직 감소에 의한 비용 감소, 사고율, 제품의 품질개선과 고객서비스 및 장비가동률 등이 사용된다.[25] 결과는 커크패트릭 모델의 단계 4에 해당된다. 뉴욕 커뮤니티 뱅코프는 새로 개정된 은행상담원 교육 프로그램의 결과를 보고 투자 여부를 결정하는 것에 관심을 보였다.[26] 새로 개정된 은행상담원 교육 프로그램은 몇 개의 다른 방법을 통해 실행되는데, 여기에는 교수자 중심의 훈련, 모의훈련, 역할극, 집단토론, 비디오 교육 등이 포함된다. 새로운 훈련 프로그램을 도입하고 6개월 후에 회사는 종업원 이직률, 고객 만족도 그리고 운영 효율성 등에 관한 데이터를 수집했다. 이 조사에서 밝혀진 사실은 13%의 이직률 감소, 96점에서 97점으로 고객 만족도 개선, 그리고 12%의 고객의 거래과정 정확성 증가 등이다. 전자상거래 결제서비스를 제공하는 PPL(PPL Electric Utilities)의 경우 종업원의 안전을 담보할 수 있는 문제해결 훈련 프로그램을 설계하였고,[27] 훈련 프로그램이 실행되고 나서 회사의 사고율은 50%까지 떨어졌다.

투자수익률

투자수익률(return on investment, ROI)은 훈련비용 대비 훈련의 재정적 혜택을 비교하는 것을 말한다. 투자수익률은 단계 5 평가(표 6.1 참조)에 해당한다. ROI는 백분율이나 비율로 측정하여 제시할 수 있다. 예를 들면, 새로 도입한 안전 관련 훈련 프로그램의 도입으로 5%의 사고율 감소가 발생하였다면, 훈련 프로그램 도입을 통해 얻게 되는 연간 이익은 사고에 따른 업무 손실, 재료와 장비 손실 그리고 회사의 보상비용 등을 고려했을 경우 15만 달러라고 가정하고, 간접비용과 직접비용을 포함해서 훈련 프로그램의 운영비용으로 5만 달러를 집행하였다면, ROI는 혜택에서 훈련비용을 단지 빼거나 비용으로 나눈 후에 100을 곱하기만 하면 된다. 즉, ROI = [(150,000 − 50,000) ÷ 50,000] × 100% = 200%. 따라서 이 훈련 프로그램에 의한 ROI는 200%이다. ROI를 계산하는 다른 방식은 바로 지출한 비용에 따른 이

익을 기반으로 작성된 비율이다. 이 사례의 경우 회사는 1달러 지출마다 2달러의 순수이익을 얻고 있다. 따라서 ROI는 2:1이 된다. 훈련비용은 직접비용과 간접비용으로 나눌 수 있다.[28] **직접비용**(direct costs)의 경우 학습자·교수자·컨설턴트 그리고 프로그램을 설계하는 종업원 등 훈련에 관여하는 직원의 봉급과 혜택, 프로그램 자료와 공급, 장비·강의실 사용료, 여행경비 등이 포함된다. **간접비용**(indirect costs)은 직접적으로 훈련 프로그램 설계·개발·운영과 관련이 없지만, 일반적인 사무실 공급과 시설·장비 그리고 이와 관련된 비용 및 프로그램에 직접적으로 청구되지 않은 비용, 훈련 부서와 관련이 없는 부서의 관리 및 직원 월급 등이 포함된다. **혜택**(benefits)이란 훈련 프로그램을 통해 기업이 획득한 가치를 의미한다.

인도에 본사를 두고 있는 정보통신 서비스 및 컨설팅 회사 타타 컨설턴시 서비스도 훈련 프로그램에 대한 ROI를 측정하고 있다.[29] 회사는 직원 훈련 이후 발생한 매출을 기준으로 훈련 프로그램에 참여하고, 거기서 배운 신기술을 사용한 참석자의 청구비용을 기반으로 ROI를 계산한다. 매출에서 훈련비용을 빼게 되면, 훈련 프로그램의 ROI는 483%로 나타난다.

결과물이 적절한지 여부 결정하기

훈련 프로그램의 결과물을 선택할 때 그것이 적절한지 결정하는 것은 중요한 이슈이다. 이 말은 곧 "훈련 프로그램이 효과적이었는지 여부를 판단하기 위한 최적의 결과물을 선택했는가?"라는 질문을 던지게 한다. 적절한 훈련 프로그램 결과물의 선택을 위해서는 관련성, 신뢰도, 판별성, 실용성이 필요하다.[30]

관련성

준거 관련성(criteria relevance)은 훈련의 결과물이 훈련 프로그램에서 강조했던 학습된 능력과 관련된 정도를 의미한다. 훈련 프로그램을 통해 확보하고자 하는 결과물은 업무에서도 똑같이 요구되는 것이어야 한다. 훈련 과정에서 수집된 결과물은 훈련 프로그램에서 학습된 것과 같아야 하는데, 이 말은 훈련 프로그램의 결과물은 측정에 대한 타당성을 확보해야 한다는 의미이다. 결과물의 적절성을 담보할 수 있는 한 가지 방법은 학습 목표를 바탕으로 결과물을 선택하는 것이다. 학습 목적은 기대하는 행동, 학습자가 업무를 수행하는 조건, 결과물의 평균 수준 등을 보여준다고 4장에서 배웠던 것을 기억할 필요가 있다.

그림 6.2는 훈련 결과물의 적절성이 부족한 두 가지 이유를 보여주고 있다. 첫 번째는 **준거의 오염**(criterion contamination)으로, 준거의 오염은 훈련결과가 부적절한 능력 또는 외부조건에 의해 영향을 받은 정도를 의미한다. 예를 들면, 만일 관리자가 직무 결과물에 대한 평가를 위해 훈련 결과물을 사용하게 된다면, 훈련 프로그램에 참여했던 직원은 직무 결과물 점수를 좋게 받을 가능성이 높다. 그 이유는 단순히 관리자가 이 사람이 훈련 프로그램에 참여했다는 사실을 알고 있기 때문이고, 훈련 프로그램은 가치 있는 것이라고 관리자가 믿고 있기 때문이며, 훈련 프로그램이 긍정적으로 업무 결과물에 영향을 미칠 것이라는 관리자의

확신이 있기 때문이다.

측정된 결과물이 학습 환경에 따라 다르게 변화한다면 준거는 오염될 수 있다. 즉, 교육을 이수한 직원이 학습 환경과 다른 장비와 시간 압박, 물리적 작업 환경에서 학습된 능력을 발휘하라는 요청을 받는 경우가 바로 이러하다. 예를 들면, 훈련 프로그램에서 사용한 것과 다른 새로운 버전의 스프레드시트 소프트웨어 사용을 강요받는다고 가정하면, 교육의 결과는 전혀 나타나지 않을 수 있다. 교육효과가 발생하지 않는 이유를 잘못된 훈련 프로그램이라고 탓하는 것은 어리석은 일이다. 직원은 필요한 기술을 교육 프로그램을 통해 제대로 배웠지만, 평가를 위한 환경과 교육을 받을 때 환경이 엄청나게 차이가 나기 때문에 교육에 따른 학습효과가 제대로 관찰되지 않을 뿐이다.

때로는 평가의 준거가 부족할 수 있다. **준거의 부족**(criterion deficiency)은 훈련 목적에서 강조했던 훈련 결과를 측정하는 데 실패하는 것을 의미한다. 예를 들면, 스프레드시트 기술 훈련 프로그램의 목적은 학습자가 소프트웨어의 일반적인 사용법 숙지와 함께 데이터를 입력해서 통계를 계산할 줄 아는 것이지만, 평가 설계를 하면서 단지 컴퓨터 자판의 활용능력 정도만의 지식수준을 학습 결과물로 활용한다면 평가의 준거가 부족해진다. 그 이유는 평가 준거가 데이터의 평균과 표준편차 등을 계산할 수 있는 활용능력과 같은 교육의 목적을 제대로 반영하지 못하고 있기 때문이다.

신뢰도

신뢰도(reliability)란 시간이 흘러도 결과가 일정하게 측정되는 정도를 의미한다. 예를 들면, 강사가 식당 종업원을 대상으로 그들이 수강한 안전에 관한 훈련 프로그램의 학습결과를 평가하기 위해 안전기준 지식에 관한 필기시험을 본다면, 그리고 훈련 프로그램에 참석한 학습자를 대상으로 사전훈련과 사후훈련을 구분하여 실시하고자 한다면, 신뢰도 검사의 경우 시간이 지나도 의미가 변하지 않는 문제를 제시해야 한다. 신뢰도 검사는 강사가 사전훈련 수준과 비교하여 사후훈련 점수가 개선된 것을 훈련 프로그램에서 발생한 학습의 결과이지 시험 특성 차이, 즉 두 번째 시험이 더 쉬웠거나, 교실이 더 쾌적하고 조용했기 때문이라는 시

그림 6.2
준거의 부족, 관련성, 오염

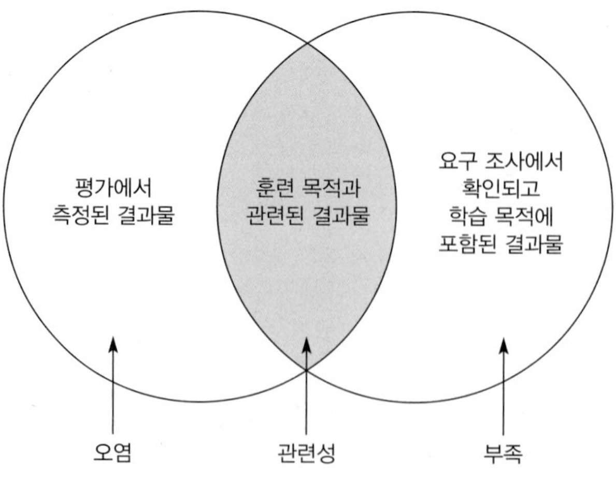

험환경에 따른 차이가 아니라는 확신을 주어야 한다.

판별성

판별성(discrimination)이란 학습자의 훈련평가 결과가 실제 업무 결과물에 반영되는 정도의 차이를 의미한다. 예를 들면, 전기원리에 대한 지필고사의 측정 결과가 실제로 학습자의 전기원리에 대한 지식수준과 차이가 있는지 검토해봐야 한다는 것이다. 즉, 시험의 결과는 학습자의 실제 지식수준을 제대로 식별해야 한다. 시험에서 높은 점수를 받은 사람이 낮은 점수를 받은 사람보다 실제로 전기원리를 더 잘 이해하고 있어야 한다.

실용성

실용성(practicality)은 측정된 결과의 수집 용이성을 의미한다. 기업의 훈련 프로그램 평가에 학습 내용, 업무 결과물, 행동의 결과물을 사용하지 못하는 이유 중 하나는 사업 본질에서 벗어나는 자료 수집을 위해 너무 많은 시간, 에너지 소비가 발생하기 때문에 정보 수집에 대한 부담감이 있기 때문이다. 예를 들면, 영업에 관한 훈련 프로그램의 평가를 위해서 고객에게 판매사원의 행동을 평가해달라고 하는 것은 비실현적일 수 있다. 그 이유는 판매사원의 평가를 위해 고객이 너무 많은 시간을 소비하게 되면, 고객에게 한 이런 부탁이 향후 그 고객과의 영업 관계를 손상시킬 수 있기 때문이다.

평가제도

그림 6.3은 훈련의 평가제도에 사용되는 결과물을 보여주고 있다. 그림 6.3을 보게 되면, 훈련 프로그램의 평가를 위해서 가장 빈번하게 사용되는 것은 정서적 결과물과 관련된 반응과 인지 결과물이다. 이러한 평가와 관련된 결과물이 중요할지라도 훈련이 조직의 업무와 관련된 행동를 변화시켰는지, 회사의 사업 결과에 긍정적 영향을 미쳤는지를 잘 평가하지 않는다. 아마도 그 이유는 교육 전문가의 단지 36%만이 훈련에 대한 평가제도가 조직의 사업 목표에 도움이 된다고 믿기 때문이다.[31] 행동과 결과에 대한 결과물이 다소 덜 사용되고 있지만, 연구에 의하면 훈련은 조직의 사업 목표 등과 같은 결과에 긍정적 효과가 있다고 밝히고 있다.[32]

대부분 회사가 훈련 프로그램의 평가를 하지 않는 이유는 수없이 많지만, 학습전문가에 의하면 결과에 대한 접근과 필요한 도구의 확보가 훈련에 대한 평가를 막는 가장 큰 장벽이다.[33] 결과물에 대한 접근은 종종 관리자와 리더가 훈련 프로그램에 대한 평가가 필요하고, 이것을 지원하겠다는 의지의 범위에 따라 결정된다. 훈련 프로그램의 중요성과 조직의 사업 목표와 관련되어 있다는 관리자와 임원과 같은 주요 이해관계자의 이해와 훈련 프로그램 설계에 대한 이들의 관여 등이 있을 때 훈련 프로그램 평가에 필요한 데이터에 접근할 수 있다. 그러나 훈련 프로그램 평가에 대한 관리자의 지원과 효과적인 평가를 확보하기 위해서는 결과물의 관련성과 중요성에 대한 올바른 인식 및 평가와 함께 적절한 평가 설계의 선택과 수

그림 6.3 훈련의 평가제도

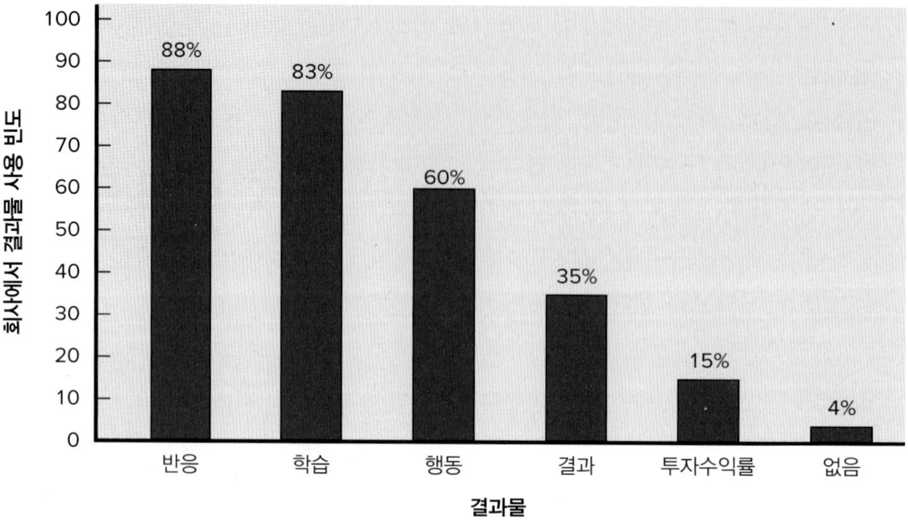

자료: M. Ho, "Evaluating Learning," (Alexandria, VA, Association for Talent Development, 2016)을 기반으로 함.

행이 필요하다.

어떤 훈련 결과물이 수집되어야 하는가?

평가 결과물과 평가제도에 대한 논의를 통해 훈련 프로그램 평가를 위해서는 5단계 결과물을 모두 수집할 필요가 있다는 잘못된 인상을 가질 수 있다. 5단계 결과물을 모두 수집할 수 있다는 사실은 이상적이긴 하지만, 훈련 프로그램의 목적이 조직의 사업 전략과 연계되는 것이 더 중요하다. 적절한 훈련 프로그램의 평가를 담보하기 위해 학습(단계 1과 2)과 훈련 전이(단계 3, 4, 5)를 연계하여 측정할 수 있도록 하는 정보 수집이 중요하다.

훈련의 결과물을 결정하기 위한 한 가지 방법은 바로 논리모델을 사용하는 것이다. **논리모델**(logic model)이란 훈련의 자원, 훈련의 활동 그리고 훈련 프로그램의 결과물 간의 상호 관련성을 확인하는 과정을 의미한다.[34] 논리모델을 활용하기 위해서는 몇 가지 단계를 거쳐야 하는데, 우선 전략적 목표와 훈련 프로그램의 목적을 올바르게 인식하는 것이다. 다음은 훈련활동의 설계를 위해 사용되어야 하는 훈련의 자원을 제대로 인식하고, 훈련활동은 훈련 프로그램의 목적을 달성하도록 올바르게 활용되어야 한다는 사실을 인식해야 한다. 마지막 단계는 반응과 학습의 결과물과 같은 단기활동의 결과물과 행동과 결과에 대한 결과물과 같은 중간과 장기적 관점의 결과물이 무엇인지를 제대로 인식해야 한다.

반응과 인지의 결과물을 측정하기 위한 선택은 제한적이라는 사실을 제대로 인지해야 한다. 성공적인 훈련 프로그램이 되기 위해서는 학습과 훈련 전이가 발생해야 한다는 사실을 항상 기억해야 한다. 그림 6.4는 훈련 프로그램의 다양한 목적과 평가결과를 보여주고 있다. 훈련 프로그램은 일반적으로 학습과 학습 전이를 목적으로 한다. 이 말은 학습자가 지식과 인지 기술 그리고 지식의 활용이나 작업 현장에서 학습한 내용을 설명할 수 있도록 해야 한다는 것이다. 따라서 적절한 훈련평가를 위해 회사는 학습 및 전이의 측정을 위한 결과물을 수집해야 한다.

무선 네트워크 회사 버라이즌은 매출 증대를 위한 훈련 프로그램을 만들었다.[35] 훈련 프로그램의 목적은 향후 3년간 변화하는 시장에 맞춰 리더십을 제공하여 소매 담당자가 열심히 영업을 하고, 능력을 제고하며, 권한을 위임받아 강력한 재무적 결과물을 창조하는 것이다. 회사는 훈련 프로그램의 평가를 1단계부터 4단계까지 구분하여 각 단계별 결과물을 정의하였는데, 학습자가 교육을 통해 학습한 지식과 기술을 업무에서 활용할 수 있다는 확신(1단계), 실제 지식의 획득(2단계), 참여와 권한 위임과 같은 리더십 행동을 했다는 설문 결과(3단계), 평균 거래시간 및 거래마다 발생하는 신용장 평균 수와 같은 주요 업무 결과물 지표(4단계)를 각 단계별 결과물로 설정하였다. 다만, 결과물의 측정은 항상 서로 완벽하게 연계될 수 없다는 사실을 주목할 필요가 있다. 즉, 학습자가 교육에 더 많이 만족스러워하고, 자신의 직무에 지식을 적용하며, 행동 변화와 함께 회사에 긍정적 결과를 초래하게 만들고 싶을 것이다. 그러나 연구에 의하면 반응, 인지, 행동 그리고 결과물의 상호 관계는 대단히 미미하다.[36]

어떤 훈련 결과물을 측정하는 것이 최선일까? 그 대답은 훈련의 목적에 따라 좌우된다. 예를 들면, 강의의 목적이 고객서비스 증가, 품질 제고 등과 같은 사업 목표와 관련된 것이라면 훈련 프로그램의 결과물 평가에 당연히 이 내용이 포함되어야 한다. 그림 6.4를 보면 반응과 인지 결과물은 학습결과에 영향을 미친다. 반응의 결과물은 교수자, 설비 또는 학습 환경이 학습을 어느 정도의 범위에서 방해하고 있는지 알려주고, 학습 또는 인지 결과물은 학습자가 훈련 내용을 얼마나 잘 이해하고 있는지에 대한 정도를 직접적으로 측정할 수 있어야 한다. 그러나 반응과 인지 결과물은 얼마나 많은 학습자가 실제로 그들의 직무에 훈련 내용을 활용하고 있는지는 확인하기 힘들다. 그러나 가능한 훈련 프로그램의 평가는 훈련 전이가 발생할 수 있는 행동 또는 기술중심, 정서적 측면 또는 결과를 포함해야 한다. 즉, 훈련이 학습자의

그림 6.4 훈련 프로그램 목적과 평가를 위한 제안

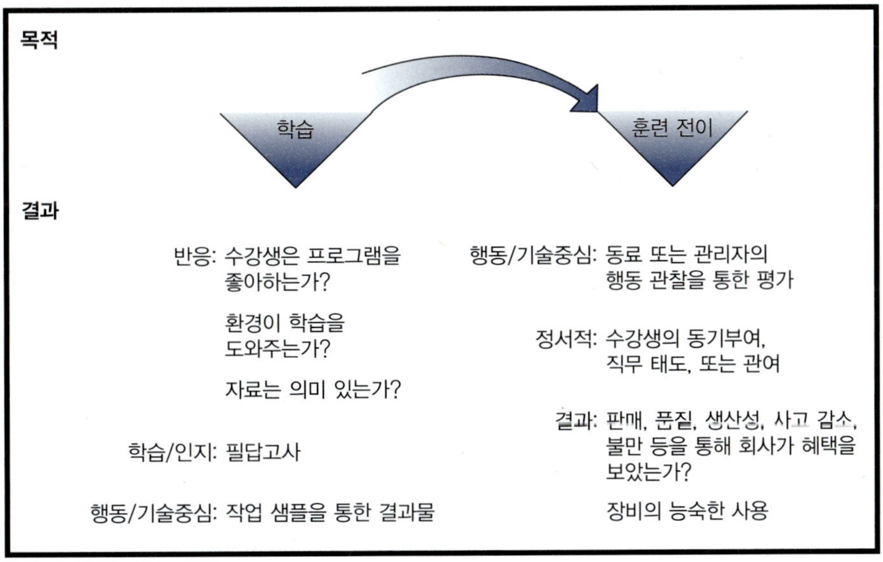

행동과 기술 또는 태도 변화에 영향을 미쳤는지, 아니면 직접적으로 매출 등과 같은 기업의 효과성과 관련된 목적을 측정하는 데 영향을 미쳤는지 여부이다.

훈련이 완료된 이후 언제쯤 결과물을 수집해야 하는가? 훈련 결과물을 수집하는 시기에 대한 보편적인 기준은 없다. 대부분 반응의 경우 일반적으로 훈련 뒤에 즉각적으로 측정되어야 하고,[37] 학습, 행동, 결과는 훈련이 이들에게 영향을 미치는 충분한 시간이 경과된 이후 측정해야 한다. 훈련이 완료된 이후 기술의 활용이나 정서적 변화 또는 생산결과물 같은 결과 등에서 긍정적 변화가 관찰될 때 긍정적인 훈련 전이를 설명할 수 있다. 만일 학습이 발생했지만 기술의 활용이나 정서적 변화, 학습결과 등의 변화가 관찰되지 않는다면, 훈련 전이가 발생했다고 볼 수 없다. 훈련 프로그램이 완료된 이후 기술의 활용이나 정서적 변화 또는 생산성 등이 사전훈련 수준보다 더 적게 발생한다면, 이것은 명백히 부정적 훈련 전이가 발생한 것이다. 훈련 프로그램의 평가에 관한 연구에 의하면 전이가 발생하지 않거나 부정적 전이가 발생했다면 교수자와 관리자는 피드백과 실습 등 좋은 학습 환경이 프로그램에서 제공되었는지, 학습자가 동기부여되어 있었는지, 요구 조사가 정확하게 훈련 요구와 일치하는지 등을 확인할 필요가 있다.

평가 설계

훈련 프로그램 평가를 위한 설계는 훈련결과에 대한 확신을 주어야 한다. 즉, 평가결과는 훈련 프로그램을 통해 변화가 발생했는지 또는 실패했는지를 확인시켜 준다. 그리고 구성원의 변화 원인이 오로지 훈련 때문이라고 확신할 수 있는 완벽한 평가 설계는 존재하지 않는다는 사실을 기억해야 한다. 평가를 올바르게 할 수 있는 환경이 주어진다면, 평가자는 훈련 프로그램의 평가결과에 대해 자의적 해석이 불가능하도록 가능한 엄격하게 설계되어야 한다.

이 장에서 평가 설계에 대한 논의는 우선, 올바른 평가 설계를 위해서 평가자가 통제해야 하는 대안에 대해 살펴보는 것을 시작으로, 다음에는 다양한 평가 설계와 이들에 대한 상호 비교, 그리고 마지막에는 강사가 평가 설계를 선택하는 데 고려해야 할 실제적 환경에 대해서 살펴보고자 한다.

타당성에 대한 위협: 평가결과에 대한 대안적 설명

표 6.6은 평가의 타당성을 위협하는 내용을 보여주고 있다. **타당성에 대한 위협**(threats to validity)이란 평가자의 (1) 연구 결과에 대한 믿음, (2) 평가결과가 다른 집단과 환경에서도 일반화될 수 있는지에 대한 의문을 의미한다.[38] 연구 결과에 대한 믿음이란 **내적 타당도**(internal validity)를 의미하고, 내적 타당도에 대한 위협은 회사의 특성(역사), 결과 측정 방법(도구, 검사), 그리고 평가에서의 사람(성숙, 평균으로 회귀, 사멸, 초기 집단과의 차이) 등과 관련된 것이다. 이런 특성으로 인해 평가자는 훈련 효과성에 대한 잘못된 결론을 도출할 수 있다. 훈련 프로그램의 평가결과가 내적 타당도를 가지기 위해서는 평가의 결과가 다른

표 6.6 타당도에 대한 위협

내적 타당도에 대한 위협	기술
회사	
역사	사건의 발생, 훈련 결과물에서 변화의 발생
사람	
성숙	학습자의 물리적 성장 또는 감정 변화 때문에 발생한 훈련 결과물 변화
사멸	연구 참여집단의 배제(회사 이직 등)
초기 집단 차이	훈련집단과 비교집단의 개인차(지식, 기술, 능력, 행동 등)
결과물 측정	
시험	사후검사에서 학습자의 민감도 증가
도구	평가과정에 대한 학습자의 결과 해석 변화
평균으로 회귀	사후검사의 높은 점수와 낮은 점수의 평균으로 향하는 속성
외적 타당도에 대한 위협	**기술**
사전검사에 대한 반응	훈련 전 검사로 인해 학습자의 시험자료에 대한 관심 유도
평가에 대한 반응	시험을 본다는 사실이 훈련생에게 훈련 프로그램에 더 집중하도록 유도
선발과 훈련의 상호작용	학습자 특성이 프로그램 효과성에 영향을 미침
방법의 상호작용	훈련의 결과물이 단지 같은 순서와 같은 훈련을 받은 학습자에게만 일반화

자료: T. D. Cook, D. T. Campbell, and L. Peracchio, "Quasi-Experimentation," in *Handbook of Industrial and Organizational Psychology*, 2d ed., Vol. 1, eds. M. D. Dunnette and L. M. Hough (Palo Alto, CA: Consulting Psychologists Press, 1990), pp. 491–576을 기반으로 함.

요인은 모두 배제되고, 오로지 훈련 프로그램에 기인한다는 확신을 제공해야 한다. 예를 들면, 커뮤니케이션 훈련 프로그램에 일부 관리자들이 참여하고 있는데, 회사에서 조직개편을 실행한다는 공고가 나왔다면, 훈련 프로그램 완료 이후 훈련에 참여했던 관리자들은 훈련 전보다 더 많이 회사에서 의사소통할 것이다. 훈련 이후 이들의 활발한 의사소통의 이유는 교육 프로그램을 이수했기 때문이 아니라 조직개편에 따라 직장을 잃어버릴 수 있다는 불안감 때문이다. 아마도 실제로는 프로그램에 의한 학습효과는 전혀 발생하지 않았을 수도 있다.

또한, 강사는 훈련의 결과물을 다른 사람과 다른 상황에서도 적용될 수 있도록 일반화하는 것에 관심을 많이 가지고 있다. 즉 **외적 타당도**(external validity)에 지나친 관심을 가지고 있다. 표 6.6을 보면, 외적 타당도 위협은 연구 참여자의 반응과 다양한 형태의 훈련효과와 관련되어 있다는 사실을 확인할 수 있는데, 평가는 일반적으로 훈련 프로그램을 수료한 모든 종업원을 대상으로 하지 않고, 강사는 자신의 훈련 프로그램이 향후 유사한 집단에서도 효과적일 것이라고 대단히 말하고 싶어 한다는 사실을 기억해야 한다.

타당도 위협의 통제 방법

강사는 흔히 추가적인 훈련지원금을 받기 위한 설명자료로 평가결과를 활용하길 원한다. 따라서 타당도 위협을 최소화하는 것은 대단히 중요하다. 타당도에 대한 위협을 최소화하는 방법은 세 가지인데, 사전검사와 사후검사, 대조군 활용, 무작위 배치이다.

사전검사와 사후검사 연구 결과의 내적 타당도를 개선하기 위한 한 방법은 첫째로 결과물에 대한 기준치 또는 **사전훈련 검사**(pretraining measure)를 수립하는 것이다. 결과물에 대한 다른 검사는 훈련 뒤에 실시하는 것으로 이른바 **사후훈련 검사**(post-training measure)라고 부른다. 사전검사와 사후검사의 비교를 통해 학습자의 변화를 확인할 수 있다.

대조군 활용　내적 타당도는 통제 또는 비교집단의 사용을 통해 개선될 수 있다. **비교집단**(comparison group)이란 평가에는 활용되지만, 훈련 프로그램에는 참여하지 않는 집단을 의미한다. 비교집단은 가능한 학습자와 유사한 성별, 교육, 연령, 경력 그리고 기술 수준 등의 개인적 특성을 가져야 한다. 훈련평가에서 대조군 활용은 훈련이 아닌 다른 요인에 의해 발생하는 변화 가능성을 제외하는 데 도움이 된다. **호손효과**(Hawthorne effect)란 연구의 대상이 되는 종업원이 연구로 인해 이들이 관심을 받고 있다고 지각하고 있음으로써 더 높은 수준의 결과물을 만들어내는 것을 의미한다. 비교집단을 활용하는 이유는 관찰효과가 학습자가 평가를 위해 관찰받고 있다는 사실을 주지하고 있기 때문이 아니라 훈련 그 자체로 인해 결과물이 발생했다는 사실을 입증하는 데 도움이 되기 때문이다. 비교집단의 활용을 통해 역사, 시험, 도구 그리고 성숙 등에 따른 효과를 통제하는 데 도움이 된다. 그 이유는 비교집단과 훈련집단 모두 동일한 처우를 받고, 같은 측정을 받으며, 같은 양의 시간을 소모하기 때문이다.

예를 들면, 안전에 관한 훈련 프로그램 평가에서 학습자와 대조군 모두 훈련 전후에 안전 행동에 대한 측정을 받았다. 훈련집단의 안전과 관련된 행동 수준이 사전훈련 수준보다 개선되었으며, 상대적으로 대조군은 훈련 전후 모두 같은 수준을 유지했다면, 안전 행동에 관한 차이는 상당히 논리적으로 훈련 참여에 대한 관찰 대상자의 관심 등과 같은 요인이 아닌 훈련 그 자체 때문에 개선된 것이라고 말할 수 있다.

모든 종업원이 같은 시기에 훈련을 받지 않았거나, 회사의 일부 직원만 참여했다면 이를 대조군으로 하여 자연스럽게 훈련평가의 대상으로 활용할 수 있다. 초기에 훈련을 받지 않은 종업원을 비교집단으로 활용한 이후 평가가 끝나면 일정을 조정해서 훈련을 받을 수 있도록 고려해야 한다.

무작위 배치　**무작위 배치**(random assignment)는 임의로 종업원을 훈련 또는 비교집단으로 할당하는 것을 의미한다. 즉, 종업원의 능력, 동기부여 또는 경험 등과 같은 개인차와 관계없이 훈련 프로그램에 배당하는 것이다. 무작위 배치는 학습자의 연령, 성별, 능력, 동기부여 정도 같은 개인적 특성의 유사성을 확보하는 데 도움을 준다. 측정의 결과에 영향을 미칠 수 있는 모든 개인적 특성을 고려해서 측정하는 것은 현실적으로 불가능하므로, 무작위 배치는 대조군과 훈련집단으로 공평하게 이런 특성을 분배하는 효과를 발생시킨다. 무작위 배치는 연구의 중도탈락 효과(사멸)와 능력, 지식, 기술, 기타 개인적 특성에 따른 훈련집단과 대조군의 차이를 감소시키는 데 도움이 된다.

다만, 간혹 무작위 배치를 사용할 수 없는 상황이 발생할 수 있음을 기억할 필요가 있다. 회사는 훈련이 필요한 종업원을 훈련시키길 원한다. 또한, 기업은 대조군을 제공하길 원하지 않을 수도 있다. 이런 문제를 해결할 수 있는 한 가지 방법으로서 훈련과 대조군은 다르다는 사실을 제대로 인식하고, 데이터 분석(분산분석과 같은 통계 절차 활용)을 통해 이런 요인을 통제할 수 있다는 사실을 알아야 한다. 또 다른 방법으로서 훈련을 완료한 이후 훈련생의 특성을 확인하고, 이와 비슷한 특성을 가진 종업원을 대조군으로 만드는 방법도 다른 대안이 될 수 있다.

평가 설계 유형

훈련 프로그램의 평가를 위한 많은 설계 방식이 있다.[39] 표 6.7은 학습자 또는 대조군과 같은 훈련 참가자, 사전훈련·사후훈련과 같은 특정 시기, 비용, 평가 수행에 필요한 시간, 결과의 비교를 통해 개별 설계방식의 특성을 보여주고 있다. 표 6.7을 보면, 연구의 설계는 사전검사와 사후검사, 대조군의 포함 여부에 따라 그 내용이 다양하게 변화한다. 일반적으로 사전검사와 사후검사 및 대조군을 실행한 평가 설계는 훈련 프로그램 외에 다른 요인에 의한 평가의 결과가 발생할 위험을 줄여주고, 결과를 활용하고자 하는 강사의 의사결정에 도움을 준다. 물론 이런 설계를 활용한 평가는 사전검사와 사후검사, 대조군을 활용하지 않는 설계보다 더 많은 비용과 더 많은 시간을 사용해야 하는 상충관계가 존재한다.

사후검사

사후검사(post-test only) 설계는 훈련이 완료된 이후 그 결과만 수집하는 평가 설계를 의미한다. 이 설계는 대조군을 추가함으로써 완벽성을 더 보강할 수 있다. 사후검사 설계는 학습자가 훈련 전과 유사한 수준의 지식·행동·결과를 수행할 것으로 기대될 때 적절하다.

건강보험회사 앤섬은 단순 강의식 교육에서 비디오나 인터넷 등을 통해 공부하고 교실에서는 토론과 실행을 하는 방식의 교수법으로 훈련 프로그램을 재설계하였다.[40] 이러한 교육 방식에는 학습 목표와 과제물 등을 제공해주는 학습 촉진자가 참여하는 비디오 대화방이 함께 포함되어 있었다. 그리고 훈련 프로그램의 평가는 두 집단의 효과성을 비교하는 사후검사 방식을 사용하고 있다. 훈련이 완료되고 90일 정도 후에 점검한 결과, 단순 강의식 교육을

표 6.7 평가 설계 비교

설계	집단	측정				
		사전훈련	사후훈련	비용	시간	강점
사후검사	학습자	없음	있음	낮음	낮음	낮음
사전/사후검사	학습자	있음	있음	낮음	낮음	중간
대조군 사후검사	학습자와 비교집단	없음	있음	중간	중간	중간
대조군 사전/사후검사	학습자와 비교집단	있음	있음	중간	중간	높음
시계열	학습자	있음	있음, 수차례	중간	중간	중간
대조군과 전환 시계열	학습자와 비교집단	있음	있음, 수차례	높음	중간	높음
솔로몬 4집단 설계	학습자 A	있음	있음	높음	높음	높음
	학습자 B	없음	있음			
	비교집단 A	있음	있음			
	비교집단 B	없음	있음			

수료한 직원과 비교하여 새로 개정된 수업방식을 수료한 직원의 평균 고객서비스 점수가 더 좋았다. 이 점수에는 서비스 기술, 지위에 대한 책임감, 해결책 제공, 고객 문제에 대한 민감도 등에 대한 고객의 평가가 포함되어 있었다.

사전/사후검사

사전/사후검사(pretest/post-test) 설계는 사전교육과 사후교육의 결과물을 측정하는 평가 설계를 의미한다. 대조군은 존재하지 않는다. 대조군이 없기에 회사의 정책 변화와 같은 다른 요인을 배제하기 어렵다. 이 설계는 훈련 프로그램을 평가하고자 하는 기업에 의해 자주 사용되지만, 특정 종업원을 제외하거나 단지 소규모 집단의 훈련 등은 제외해야 하는 불편함이 있다.

금융서비스회사 에드워드 존스(Edward Jones)는 이른바 동반자 프로그램을 통해 재정자문가, 행정가 그리고 보험 컨설턴트를 하나의 팀으로 묶어서 지점을 만들고자 했다.[41] 이들을 위한 훈련 프로그램은 이틀간 지속되었는데, 이 훈련 프로그램은 보험상품을 설계하고 제시하는 방법과 보험을 필요로 하는 고객을 식별해내는 방법을 팀원에게 훈련시켰다. 훈련결과를 확인하기 위해 훈련 프로그램이 완료되고 15개월 후에 500개 지점에 대한 사전/사후검사를 실시하였다. 평가결과에 의하면, 훈련 이후에 지점들은 평균 한 개 이상의 추가 정책을 실시한 것으로 밝혀졌고, 상위 50개 지점의 경우 평균 8개의 추가 정책을 수립하였으며, 보험관련 전체 매출 증가는 ROI를 기준으로 600% 이상인 것으로 밝혀졌다.

대조군이 있는 사전/사후검사

대조군이 있는 사전/사후검사(pretest/post-test with comparison group)는 학습자와 대조군을 포함한 평가 설계를 의미한다. 사전훈련과 사후훈련의 결과물 측정은 양쪽 집단 모두에서 수집된다. 만일 대조군보다 훈련집단에서 개선이 더 크게 나타나면, 이 발견은 훈련을 통해 변화가 발생했다는 증거를 제공하는 것이고, 이런 형태의 설계는 타당도 위협을 가장 통제하는 방식이다.

표 6.8은 대조군 사전/사후검사 사례를 보여주고 있는데, 이 평가는 세 개의 다른 조건의 관계성 또는 학습, 만족, 컴퓨터 기술 활용의 관계를 보여주고 있다.[42] 컴퓨터 교육에 관한 세

표 6.8 대조군이 있는 사전-사후검사 사례

구분	사전훈련	훈련	사후훈련 시간 1	사후훈련 시간 2
강의	있음	있음	있음	있음
자기진도 학습	있음	있음	있음	있음
행동모델링	있음	있음	있음	있음
훈련 없음(대조)	있음	없음	있음	있음

자료: S. J. Simon and J. M. Werner, "Computer Training through Behavior Modeling, Self-Paced, and Instructional Approaches: A Field Experiment," *Journal of Applied Psychology* 81 (1996), pp. 648-659를 기반으로 함.

개의 다른 조건은 행동 모델링, 자기진도 학습, 그리고 강의를 의미한다. 대조군이 이 연구에 포함되어 있는데, 행동 모델링은 훈련의 주요 내용을 비디오로 시청하고, 컴퓨터를 통해 과업을 수행하는 것이다.

40명의 학습자가 각 조건별로 할당되고, 학습의 측정은 "디스크의 모든 데이터가 포맷으로 파괴되었습니까?"와 같은 문항 등으로 구성되어 있는데, 이는 컴퓨터의 시스템 운영을 위해 꼭 알아야 하는 11개 문항으로 구성되었다. 또한, 컴퓨터 운영 절차에 관한 학습자의 이해도 측정은 화면을 통해 시나리오를 보여주고 다음에 나와야 하는 내용은 무엇인지를 묻는 방식이다. 컴퓨터 활용능력은 학습자에게 6개의 컴퓨터와 관련된 과업을 완성하도록 하여 측정하고, 프로그램에 대한 만족은 "이 프로그램을 다른 사람에게 소개하겠습니까?"와 같은 6개 질문을 통해 측정하였다.

표 6.8에서 보는 것처럼 학습과 기술에 대한 측정은 프로그램을 시작하기 전에(사전훈련) 학습자로부터 수집된 것이고, 훈련이 완료된 뒤에(사후훈련) 즉각적으로 다시 측정을 통해 자료를 수집하였다. 훈련 4주 뒤에(사후훈련 시간 2) 다시 한번 측정을 통해 결과물을 수집하였다.

만족도의 경우 훈련의 시작과 함께 관련 정보를 수집하였고, 사후훈련 시간 2는 정보와 기술에 대한 훈련 전이와 지식의 유지 정도를 확인하는 데 도움을 준다. 즉, 훈련 후 즉시 학습자가 컴퓨터 교육과 관련된 학습과 기술을 습득하였음을 알게 되는 것이다. 훈련이 끝나고 4주가 흐른 뒤에 수집된 정보는 학습자의 기술과 지식의 유지수준이 어느 정도인지를 확인시켜 준다.

분산과 공분산 같은 통계적 절차는 각 조건에서의 사전훈련과 사후훈련에 대한 측정결과에 대한 차이를 확인하는 데 유용하다. 또한, 각 훈련 조건과 대조군 차이를 분석하는 데도 도움이 된다. 이런 절차를 걸쳐 측정된 점수가 우연의 결과가 아니라 훈련에 의해 발생된 것이라는 확신을 주기 위해서는 집단의 규모가 충분히 확보되어야 한다.

시계열

시계열(time series)이란 훈련 전후에 관한 자료를 일정한 시간 간격을 두고 수집하여 측정하는 평가 설계를 의미한다. 이 설계의 강점은 전환을 활용할 수 있다는 것인데, **전환**(reversal)이란 학습자가 훈련간섭을 받지 않는 특정 시점을 의미한다. 시계열 분석에서도 대조군을 사용할 수 있고, 시계열 분석의 장점은 시간의 경과에 의해서 훈련결과의 안정성을 분석할 수 있다는 점이다. 이와 별도로 전환과 대조군을 통해 평가결과에 대한 대안적 설명을 제외시킬 수 있다는 장점도 존재한다. 시계열 설계는 사고율, 생산성, 결석률과 같이 시간이 흐름에 따라 변화가 생기지만, 사전관찰을 통해 개선될 수 있는 훈련 프로그램의 평가를 위해 흔히 사용된다. 의료서비스 회사 CHG(CHG Healthcare Services)는 고객의 청구서, 신청서 그리고 인터뷰 등과 같은 기준을 통해서 새로운 고용훈련 프로그램의 평가의 효과성을 측성했나.[43] 이와 같은 방법으로 CHG는 측정을 통해 새로운 고용성과 프로그램의 영향력을 확인할 수 있었다.

그림 6.5는 어떤 식품 제조 공장의 훈련 프로그램이 안전관리를 얼마나 많이 개선했는지를 평가하기 위해 사용된 시계열 분석 설계와 관련된 자료이다.[44] 이 공장은 가장 위험한 작업 환경으로 알려진 광산업의 사고율과 비슷한 사고율을 가지고 있었는데, 종업원은 부주의로 컨베이어에 자신의 손을 넣어 뼈가 부러지는 등 위험한 행동이 빈번하게 발생하였다.

직원의 안전의식을 고취하기 위해 회사는 종업원에게 안전에 관한 교육을 하였고, 인센티브를 지급하였으며, 자신의 행동을 관찰하도록 하는 안전과 관련된 새로운 훈련 프로그램을 개발하여 실시하였다. 프로그램 평가를 위해 대조군(제조 부서)과 훈련집단(포장 부서)으로 나누어, 제조 부서는 재료의 측정과 혼합, 밀가루 반죽, 오븐을 사용한 요리, 완성된 제품을 포장하는 업무를 수행하였고, 포장 부서는 제품의 포장, 봉합, 라벨 부착 및 선적을 위한 묶음 작업을 하였다. 훈련효과의 결과물은 안전 행동에 대한 관찰을 포함하고 있었고, 이러한 관찰은 25주간 지속되었다.

훈련결과의 평가기준은 안전 훈련 프로그램 소개 전에 관찰되었던 안전 행동 비율로 기준을 결정하였고, 포장 부서에서 안전 행동의 증가를 위한 직접적인 훈련은 20명의 직원을 대상으로 대략 5주 동안 실시하였으며, 제조 부서에서는 50명을 대상으로 10주 동안 실시하였다. 두 집단의 최종 관찰대상은 대략 62명 정도였다. 훈련이 끝나고 나서 사전훈련 기준과 비교해서 사고율은 감소하였다. 결과를 보면 알 수 있듯이 안전 행동의 양은 관찰하고 있는 기간에는 두 집단 모두 변화하였다. 훈련 프로그램이 훈련집단(포장 부서)에게 실시된 이후 훈련집단의 안전 행동의 양은 증가하였고, 안전 행동 수준은 관찰기간에 안정적으로 유지되었으며, 제조부서도 훈련을 받은 후에는 유사한 수준의 안전과 관련된 행동량 증가율이 확인되었다.

그림 6.5 시계열 설계 예시

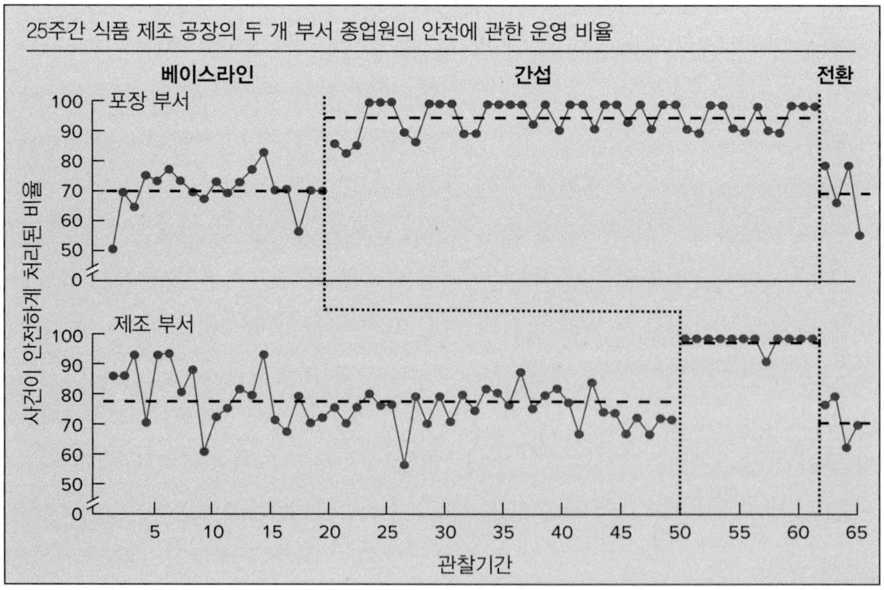

자료: J. Komaki, K. D. Badwick, and L. R. Scott, "A Behavioral Approach to Occupational Safety: Pinpointing Safe Performance in a Food Manufacturing Plant," *Journal of Applied Psychology* 63 (1978), pp. 434–445. Copyright 1978 by the American Psychological Association.

솔로몬의 4집단 설계

솔로몬의 4집단(Solomon four-group) 설계는 대조군 사전/사후검사와 사후검사를 혼합한 설계이다. 여기에서 훈련집단과 대조군 모두 훈련 전후 결과를 측정하고, 다른 훈련집단과 통제집단의 결과는 훈련 이후에 측정한다. 이렇게 하는 이유는 내적 타당도와 외적 타당도에 가장 위협이 되는 것들을 통제하기 위해서이다. 솔로몬의 4집단 설계는 그렇게 흔하게 사용되지는 않는데, 그 이유는 설계가 복잡하고 측정을 위해서는 네 집단이나 필요하기 때문이다.

솔로몬의 4집단 설계를 적용한 사례는 표 6.9를 통해 확인할 수 있다. 이러한 설계방법은 기업의 자원운영계획에 관한 통합학습(integrative learning, IL)과 교실수업을 기반으로 하는 전통학습의 효과를 비교하기 위해서이다. 자원운영계획이란 제조업체가 기획의 효과성을 확보하기 위해 사용하는 방법으로 자원의 효율적 사용을 위해 조직의 모든 자원을 통합하려는 시도이다.[45] 통합학습은 전통적인 교실수업과 일부 차이가 있는데, 이 훈련 프로그램 방식은 교육 환경을 여유롭고 긍정적으로 만들기 위한 일련의 활동을 하는 것으로부터 시작된다. 다음에는 학습자에게 회사의 자원운영계획이 자신에게 의미하는 바가 무엇인지 물어본다. 그 이후 한 번 더 이들의 신념을 확인한 후에 자원운영계획에 관한 학습자의 다양한 의견을 상식적인 수준으로 통합한다. 마지막으로 학습자는 제공된 교육자료를 활용하여 회사의 제조과정에 대해 집단토론, 게임, 이야기, 시 낭독 등을 한다.

일반적으로 회사는 전통적인 강의중심의 교실수업보다 통합학습의 효과성에 더 관심을 보이므로 통합학습의 효과성을 입증할 필요가 있고, 이러한 입증을 위해서는 전통적인 교실수업을 받은 집단을 대조군으로 활용하여 두 유형의 교육방식 효과성 차이를 비교해볼 수 있다. 효과 측정을 위한 결과물은 자원운영계획에 대한 지필검사(지식 검사)와 반응 측정을 사용하는데, 연구에 의하면 통합학습에 참여한 학습자가 전통적인 교실수업을 이수한 학습자보다 지필검사 결과는 떨어지지만, 훈련에 대한 반응은 더 긍정적인 것으로 보고되고 있다.

평가 설계 선택에서 고려사항

완벽한 평가 설계란 존재하지 않는다. 따라서 평가 설계는 표 6.10에 있는 요인을 고려하여 선택되어야 한다. 대조군, 무작위 배치, 또는 사전검사와 사후검사를 포함한 설계보다 더 엄격하고 적절한 평가 설계가 존재할 수 없는 몇 가지 이유가 있는데, 우선 관리자와 강사는 훈련결과를 수집하기 위해 시간과 노력을 들이고 싶어 하지 않는다. 두 번째는, 관리자 또는 강

표 6.9 솔로몬 4집단 설계 예시

구분	사전검사	훈련	사후검사
집단 1	있음	IL 기반	있음
집단 2	있음	전통 수업	있음
집단 3	없음	IL 기반	있음
집단 4	없음	전통 수업	있음

자료: R. D. Bretz and R. E. Thompsett, "Comparing Traditional and Integrative Learning Methods in Organizational Training Programs," *Journal of Applied Psychology* 77 (1992), pp. 941–951을 기반으로 함.

표 6.10 평가 설계의 유형에 영향을 미치는 요인

요인	세부내용
변화 가능성	프로그램을 수정할 수 있는가?
중요성	훈련 프로그램이 중요한가? 비효과적 훈련은 고객서비스와 안전, 제품 개발, 종업원의 관계 등에 영향을 미칠 수 있는가?
규모	얼마나 많은 종업원이 참여하는가?
훈련의 목적	훈련 프로그램은 학습 그 자체, 결과물 또는 둘 다를 위해 실행될 수 있는가?
조직문화	설명된 결과는 회사의 규범과 기대에 맞는가?
전문가	복잡한 결과를 분석할 수 있는가?
비용	훈련 프로그램 평가를 위한 비용은 얼마인가?
기간	정보가 필요한 시기는 언제인가?

자료: S. I. Tannenbaum and S. B. Woods, "Determining a Strategy for Evaluating Training: Operating within Organizational Constraints," *Human Resource Planning* 15 (1992), pp. 63–81을 기반으로 함.

사는 훈련 프로그램을 평가하기엔 전문성이 떨어질 수 있다. 세 번째는, 기업은 훈련을 투자로 생각하므로, 투자에 대한 기대수익이 적거나 수익이 없는 것을 원하지 않는다.

아래 사항 중 하나라도 훈련 프로그램에 반영되길 원한다면, 보다 엄격한 평가 설계(대조군 사전/사후검사)를 해야 한다.[46]

1. 평가결과는 프로그램 변화를 위해 사용될 수 있다.
2. 훈련 프로그램은 지속되어야 하고, 종업원 또는 고객에게 중요한 영향을 미치는 잠재성을 가지고 있다.
3. 다양한 계층과 많은 학습자를 훈련 프로그램에서 수용해야 한다.
4. 훈련비용 산정은 계량적 지표를 사용한다. (그리고 회사는 평가에 대한 강한 신념을 가지고 있다.)
5. 교수자 또는 기타 관련자들(외부 전문가 의뢰를 위한 예산 확보 등)은 평가를 위한 설계와 수집된 자료에 대한 전문성을 가지고 있다.
6. 훈련비용은 공개되어야 한다.
7. 훈련 프로그램 평가를 실행할 수 있는 충분한 시간이 있고, 훈련의 효과성에 대한 정보는 즉시 필요한 것은 아니다.
8. 사전교육 수준 또는 두 개 이상의 다른 프로그램과 비교를 위한 지식, 행동, 기술 등의 변화 측정에 관심이 있다.

예를 들면, 만일 직원의 커뮤니케이션 기술이 얼마나 개선되었는지를 알고 싶다면, 대조군 사전/사후검사를 활용할 필요가 있다. 학습자는 무작위 배치를 통해 훈련군과 비훈련군 조건에 있어야 하고, 평가 설계는 훈련 프로그램의 참여를 통해 직원의 커뮤니케이션 능력이 개선되었다는 높은 확신을 제공해야 한다.[47] 만일 두 개의 다른 훈련 프로그램의 비교를 원한다면, 비교를 위해서는 평가 설계가 필수적이다.

특정 수준의 결과물 달성 여부를 확인하는 것에만 관심 있다면, 사전검사 또는 비교군 없는 평가 설계가 가장 적절하다(예: 훈련에 참여한 종업원이 자신의 아이디어를 다른 사람에게 적절하게 전달할 수 있을까?). 이런 상황에서 기업은 효과가 얼마나 많이 발생했는지에는 관심이 없고, 학습자가 능숙한 수준에 도달했는지 여부에만 관심이 있는 것이다.

때로는 의도하지 않았지만, 대조군이 있는 사전/사후검사나 대조군이 있는 사후검사 평가 설계를 사용할 수 있게 되어 자연스럽게 비교집단을 활용할 수 있다. 이러한 경우는 훈련에 참석해야 하는 일부 종업원의 일정이 변경되어 훈련 프로그램의 참여 일정이 변경되었거나 새로운 훈련 프로그램의 실행 시기가 조절되었기 때문에 발생한다. 예를 들면, 일부 종업원은 업무에 대한 일정으로 인해 다른 직원보다 늦게 훈련에 참여할 수 있다. 의도하지 않게 이 종업원 집단은 초기 훈련 프로그램에 참석할 수 없기에 자연스럽게 비교집단이 되는 것이다. 따라서 이 두 집단 모두의 훈련 프로그램 결과물을 측정하게 되면, 자연스럽게 훈련을 받은 집단과 훈련을 받기 위해 대기 중인 집단의 결과물로 구분되어 비교할 수 있게 된다. 금융지주회사 BB&T(BB&T Corporation)의 직원은 리더십 개발 프로그램을 통해 리더십 컨설턴트의 코칭을 받고, 리더십의 다른 측면에 중점을 둔 워크숍에 참여하며, 자신의 사업영역에서 도움이 될 수 있는 프로젝트에 참여한다. 회사는 이 프로그램에 참여한 직원을 훈련에 참여하지 않은 직원(비교집단)과 비교하여 훈련 프로그램의 효과를 평가하였는데, 평가를 통해 프로그램 참여자의 승진율은 비교집단 대비 두 배 더 빠르다는 사실을 확인하였다. 게다가 프로그램 참여자는 31%의 유지율을 보였는데, 이 말은 1,300만 달러에 이르는 이직비용을 절약했다는 의미이다.[48]

어떤 회사의 세금전문가 양성 과정에 대한 훈련 프로그램의 평가전략을 자세히 살펴보면, 훈련 프로그램 평가와 훈련 프로그램 목적이 얼마나 많이 기업의 내부규칙의 영향을 받는지 알 수 있다.[49] 어떤 회계법인은 직원의 능력을 개발하기 위해 훈련 프로그램이 효과적이라고 보았으며, 훈련 프로그램을 통해 좋은 투자수익률을 얻을 것이라고 기대하여 정서, 인지, 행동 영역의 조합을 통해 5주 과정의 세금전문가 양성 훈련 프로그램을 실시하였다. 훈련 프로그램의 결과를 기준으로 하여 중앙정부와 주정부의 세법을 얼마나 잘 이해하고 있는지를 훈련 프로그램의 평가기준으로 설정하였는데, 이 과정에는 2주간의 자기학습과 3주간의 교실수업이 포함되었다. 평가 설계는 사전/사후검사를 실시하였고, 훈련 프로그램에 참여하기 전에 훈련 참가자는 모두 연방정부와 주정부의 세법 관련 지식수준에 대한 시험을 보았으며, 세법과 관련하여 자신의 지식수준에 대한 자기확신을 점검하는 설문을 작성했다. 그리고 평가자는 훈련 프로그램에 참여하는 훈련 참가자들의 세법 지식, 업무 실적을 사전에 모두 확인하여 학습자의 지식수준을 정확하게 알고 있었다. 훈련 프로그램이 완료된 이후에 평가자는 훈련 참가자를 대상으로 세법과 관련한 지식과 이와 관련한 자신의 지식수준에 대한 확신을 다시 점검하였다. 평가결과 훈련 참가자들은 교육을 받기 전보다 세법과 관련한 학습에 더 많은 시간을 할애하였고, 교육 이후 이들은 훈련을 받지 않은 직원(대조군)보다 더 낳은 수익을 창출했다. 그리고 교육 이후 이들은 통계적으로 의미 있는 수준으로 전보다 더 많은 자기확신을 가지고 있었다. 또한, 훈련을 이수한 직원은 전보다 더 세법과 관련한 전문성을 확보하려고 노력했다. 그리고 마지막으로 15개월 이후에는 훈련비용을 상쇄하고도 남는 회사 수익이 창출되었는데, 평균적으로 세법 교육을 통한 매출 증가는 10% 이상이었다.

투자수익률의 결정

투자수익률(ROI)은 중요한 훈련 결과물 중 하나이다. 이 절에서는 손익분석을 통해 ROI 계산법에 대해 논의하고자 한다. **손익분석**(cost-benefit analysis)은 훈련 프로그램을 비용과 이익의 기준으로 한 훈련 프로그램의 경제적 손익을 계산하는 과정이다. 훈련비용에 관한 정보는 아래와 같은 몇 가지 이유로 중요하다.[50]

1. 직접비용과 간접비용을 포함한 훈련의 전체 비용을 이해해야 한다.
2. 훈련 프로그램의 대안 비용과 비교해야 한다.
3. 다른 집단의 훈련비용과 비교하는 것과 함께 훈련 개발, 관리 그리고 훈련 프로그램의 평가에 사용된 재정 비율을 평가해야 한다.
4. 비용을 통제해야 한다.

훈련 프로그램을 위한 기금확보와 함께 훈련 프로그램의 필요성 증가를 설명할 필요가 늘어남에 따라 ROI에 대한 관심이 증가하고 있다.[51] 교수자와 관리자 대부분은 인적자원개발 활동은 생산성, 고객서비스 개선, 비용 절약, 시간 절약, 종업원 이직 감소 등과 같은 가치 있는 일에 일정한 역할을 하고 있다고 믿는다. ROI는 인적자원개발을 통해 제공되는 경제적 가치를 증명해주는 좋은 수단이다. 그러나 훈련 프로그램 참가자의 반응과 학습, 훈련 전이 등과 같은 훈련 프로그램의 성공을 ROI가 대체하지는 못한다는 사실은 꼭 기억하고 있어야 한다.

전형적으로 ROI는 훈련 프로그램 운영에 따른 비용 효과성을 보여주기 위해 사용되었지만, ROI는 새로운 훈련 프로그램에 대한 여러 접근방식에 대한 손익계산과 자금확보 등을 비교하여 훈련 프로그램을 제안하기 때문에 비용적인 측면에서 가장 효과적으로 신규 훈련 프로그램의 잠재적 가치를 예측할 수 있게 하므로 매우 유용한 도구이다.[52]

안경소매업체 렌즈크래프터의 ROI 활용 사례를 눈여겨볼 필요가 있는데, 이 회사는 한 장소에서 안경테 및 안경을 제작하는 등 편리한 위치와 운영을 통해 안경을 파는 회사이다.[53] 고객서비스 강조에 따라 회사는 원스톱으로 한 장소에서 1시간 안에 안경을 제작하여 제공한다. 이 회사의 교육전문가 데이브 팜(Dave Palm)은 지역의 관리자로부터 전화를 받았는데, 전화를 건 사람이 말하길, 회사 임원은 종업원이 안경설계에 대한 훈련을 잘 받았는지 알고 싶어 하고, 종업원도 자신들이 받은 훈련 프로그램에 대해 만족하고 있는지 그리고 훈련 프로그램에 대한 수익률은 어떻게 되는지 알고 싶어 한다는 것이다. 훈련 프로그램과 매장의 제품 품질 그리고 매출 등과 같은 측정 가능한 결과물과 연계하는 것에 대한 운영담당자와의 대화 이후, 그는 훈련 프로그램의 결과를 제품의 불량 및 수리, 매장의 업무 결과물과 매출, 고객만족 등과 연계해보기로 결심했다. 그는 평가를 위해 두 지역을 선택하고, 지역의 어떤 매장은 훈련 프로그램을 실시하지 않고, 다른 매장은 훈련 프로그램을 실행하여 두 집단의 업무 결과물을 비교했는데, 두 지역 모두에서 훈련 프로그램을 수료한 매장은 낭비가 줄고, 매출 증가와 함께 고객만족에 대한 개선이 이루어진 것을 발견할 수 있었다. 이 결과는 회사가 훈련 프로그램 개발과 관리를 위해 1년에 1,000만 달러를 투자하는 등 경쟁업체보다 더 많은 재정자원을 인적자원개발 부서에 할당하는 계기가 되었다. 훈련 프로그램이 회사의 사업에 어떻게 도움이 되는지를 설명할 수 있어야 재정지원을 받을 수 있다. 요즘의 인적자원개발 부서는 인터넷 기반 훈련 프로그램을 개발하여 재정지원을 받고 있다.

ROI를 계산하는 과정은 훈련 프로그램의 목적을 이해하는 것에서 시작한다.[54] 그리고 계획은 목적을 측정할 수 있는 자료 수집으로부터 시작된다. 만일 가능하다면, 다음 단계는 데이터에 영향을 미치는 다른 요인으로부터 훈련효과를 분리하는 것이다. 마지막으로 데이터는 금전적 가치, 즉 계산할 수 있는 ROI로 전환하는 것이다. 훈련효과를 다른 요인에서 완전히 분리할수록 평가의 결과물과 평가 설계 선택에 도움이 된다. 바로 이어서 비용과 이익을 확인하는 방법과 손익분석 및 ROI 계산에 대한 사례를 계속 논의하고자 한다.

ROI 분석은 비용이 꽤 많이 들기 때문에 특정한 훈련 프로그램에 한정해서 사용하는 것이 유리하다. 훈련 프로그램 운영에 관한 이슈가 발생했거나, 회사 전반의 전략과 연계하고자 하거나, 고가의 비용이 소요되거나, 훈련 프로그램이 대단히 큰 주목을 받고 있거나, 최고경영자의 관심을 받고 있거나, 많은 사람이 훈련 프로그램에 참여하거나, 지속적으로 훈련 프로그램을 수행해야 할 때 ROI 분석은 최선의 평가방법이다.[55] 회계법인 딜로이트의 관리자는 모든 훈련 프로그램에서 ROI 분석을 요구하지 않았다.[56] 다만, 지식이 회사의 주된 제품이기 때문에 훈련 프로그램에 대한 투자는 당연한 사업의 한 부분으로 여겨진다. 회사는 컨설턴트를 의뢰인에게 제공한 시간당 요금을 청구하여 수익을 만들고, 훈련 프로그램은 컨설턴트가 의뢰인의 요구에 부응할 수 있게 준비하는 것을 도와준다. ROI는 주로 새롭거나 가격이 비싼 훈련 프로그램을 선택할 때 사용하는 계산방법이다. 예를 들면, ROI 분석은 신규 종업원이 의뢰인에게 서비스하는 방법을 더 빠르게 학습할 수 있도록 도와주기 위해 설계된 모의실험 훈련 프로그램을 도입 당시 실시하였다. 회사는 모의실험 훈련 프로그램 도입을 통해 신규 컨설턴트는 30~40% 더 빠르게 의뢰인에게 서비스를 제공하게 되었고, 훈련 프로그램 비용을 빼고도 660억 달러 이상의 ROI를 창출했다.

비용 결정하기

다른 훈련 프로그램의 비용과 비교하는 한 가지 방법은 자원요구 모델(resource requirements model)을 이용하는 것이다.[57] 자원요구 모델은 요구 조사, 개발, 훈련 설계, 실행 등과 같은 훈련 프로그램의 전체 과정의 각 단계에 걸쳐 소요된 장비, 시설, 인력, 자료와 관계된 비용을 비교하는 모델이다. 자원요구 모델을 활용하면 전반적인 서로 다른 훈련 프로그램 간 비용 차이를 확인할 수 있다. 또한, 훈련 과정의 다른 단계에서 발생하는 비용도 프로그램 전반에 걸친 비교를 통해 확인할 수 있다.

회계관리 방식도 훈련 프로그램의 비용을 점검할 목적으로 활용되기도 한다.[58] 훈련 프로그램의 원천 비용은 7개 유형으로 구분할 수 있는데, (1) 훈련 프로그램 개발 또는 구입과 관련된 비용, (2) 교수자와 학습자를 위한 교재 비용, (3) 교육 프로그램을 위한 장비와 하드웨어 사용 비용, (4) 교실 등과 같은 교육시설 비용, (5) 여행경비 및 숙박비용, (6) 교수자와 지원인력에 대한 임금, (7) 학습자의 훈련 참여에 따른 조직의 생산손실 비용 등이다. 또한, 이 방법을 활용하면 비용이 발생하는 시점을 점검할 수 있다. 요구 조사와 프로그램 개발과 관련된 비용은 일회성 비용이 되고, 수업에 따른 비용은 훈련장 임대비, 교수자 임금, 프로그램 제공 시 발생하는 부대비용 등이다. 학습자에 의한 비용은 식사, 교재, 훈련 참석에 따른 생산 손실 또는 대체인력에 따른 임금 등이다. 교수자중심 훈련과 가상공간 훈련의 비용을 비교해보면 쉽게 이해할 수 있다. 예를 들면, 의료보험회사 애트나의 경우 신규고객 서비스와 관련된 16주용 훈련 프로그램을 강사중심의 대면 교육에서 가상공간 훈련으로 교체했다.[59] 기존에 강의실로 강사를 초빙하는 비용은 2만 7,000달러였다면, 가상공간 훈련으로 교체한 이후 강사료는 대략 3,000달러 수준으로 감소했다.

이익 결정하기

훈련의 잠재적 이익을 알기 위해서 기업은 인적자원개발 제도가 집행되어야 하는 원천적 이유를 검토해야 한다. 예를 들면, 인적자원개발 제도가 실행된 이후 생산비용이나 초과근무 비용의 감소 또는 고객의 구매빈도가 증가하기 때문이다. 아래와 같은 다양한 방법은 인적자원개발 제도의 혜택을 제대로 인식할 수 있게 도와줄 것이다.

1. 기술적·학문적 전문가는 회사의 이익과 훈련 프로그램이 관련성이 있음을 보여주고 있다.
2. 기업이 많은 자원을 투입하기 전에 소규모 집단훈련과 같은 예비 훈련 프로그램을 통해 인적자원개발 제도가 조직의 이익에 도움이 되고 있음을 확인시켜 주고 있다.
3. 성공적인 업무 수행자는 그 반대에 있는 사람과는 다른 방식으로 업무를 수행하고 있음이 관찰을 통해 확인되고 있다.[60]
4. 교육 참가자와 관리자는 훈련의 이익을 입증해주고 있다.

예를 들면, 애플의 인적자원개발 컨설턴트는 조립라인의 품질과 이와 관련된 훈련 프로그램의 관련성에 관심을 가지게 되었다.[61] 그리고 훈련 프로그램의 효과성뿐만 아니라 훈련을 통해 재무적 혜택도 수반되고 있음을 확인하고 싶었다. 그래서 컨설턴트는 27명으로 구성된 두 개의 훈련집단과 두 개의 대조군으로 훈련 프로그램에 대한 평가 설계를 하였다. 그리고 생산성, 품질, 노동생산성 등과 같은 결과물이 제품의 생산라인과 어떤 관련성이 있는지 그 흐름을 확인하기 위해 우선 훈련 프로그램이 실행되기 전에 관련 자료를 수집했다. 훈련이 완료되고 두 달 후에 대조군과 훈련집단의 결과물을 비교하는 방식으로 훈련의 효과성을 검증했는데, 훈련을 받지 않은 대조군이 훈련을 수료한 집단보다 33시간(약 2,000분) 이상 잦은 고장을 발생시킨다는 사실을 확인하였다. 이러한 발견이 의미하는 바는 훈련집단이 고객에게 제품을 더 잘 만들어 배송한다는 것이다. 정확하게 말하면, 훈련집단이 애플의 사업 목적에 더 기여하고 있음을 보여주는 것이다.

손익분석을 실시하기 위해 컨설턴트는 훈련집단에 소속되어 있는 개별 종업원의 행동 변화 효과성을 측정하였다(예: 직무 세분화에 따른 생산성 또는 효율성의 개선 정도). 학습자에게 자신의 업무에 관한 자기확신 정도를 비율로 표시하게 하였다. 컨설턴트는 우선 매월 발생하는 손익을 계산한 다음에 월간 손익을 학습자의 자기확신 정도와 곱하고, 이를 다시 학습자 수로 나누는 방식을 사용하였다. 예를 들면, 20명으로 구성된 한 집단의 경우 이 집단의 월간 매출에 따른 손익은 33만 6,000달러이고, 사전에 측정했던 구성원의 업무에 대한 자기확신 정도는 70%였다면, 계산은 70% × 336,000달러, 즉 손익은 23만 5,200달러이다. 이 결과를 학습자 수 20명으로 나누면(235,200달러/20명) 개별 학습자의 평균 손익은 1만 1,760달러이다. ROI는 아래와 같은 단계를 거쳐 계산되었다.[62]

1. 제품의 품질 또는 사고율과 같은 결과물 인식
2. 결과물에 대한 가치 부여
3. 훈련결과에 대한 잠재적 영향 요인 제거 후 결과물 변화 확인
4. 훈련 전후 결과 비교를 통해 연간 훈련에 따른 혜택을 금전으로 환산
5. 훈련비용(직접비용 + 간접비용 + 개발비용 + 기타 제반경비 + 학습자에 대한 보상비용) 확인
6. 훈련 프로그램 운영에 따른 이익에서 훈련비용을 뺀 순수 이익 계산
7. 훈련 프로그램 운영에 따른 이익을 비용으로 나눠 ROI 산출(ROI는 훈련에 대한 기대수익을 돈으로 환산해줌)

손익분석에 관한 사례

손익분석은 사례를 통해 설명하는 것이 제일 좋다.[63] 한 목재회사는 건축자재용 판넬을 제작한다. 공장에는 300명의 직원과 48명의 감독관, 7명의 운반 관리자와 1명의 공장장이 있다. 사업은 세 가지 문제를 가지고 있었는데, 첫째는 매일 제작되는 판넬의 2%가 품질 저하로 납품이 거절되고 있는 것이고, 둘째는 종업원이 다칠 수 있을 정도로 판넬을 잔뜩 쌓아놓는 등 부적절한 자재관리를 경험하고 있다는 점이며, 셋째는 예방할 수도 있는 사고가 산업평균보다 높다는 것이다. 이 문제를 개선하기 위해 감독관, 운반 관리자, 공장장은 (1) 품질문제와 열악한 작업습관과 관련된 결과물 관리와 대인관계 기술, (2) 업무 결과물 개선을 위한 종업원 보상과 관련된 훈련 프로그램에 참여했다. 훈련은 공장 근처에 있는 호텔에서 실시하였고, 훈련 프로그램을 위해 비디오테이프 구입과 컨설턴트를 강사로 초빙하였다. 표 6.11은 비용과 구성 내용을 보여준다.

훈련 프로그램의 목적과 프로그램 결과를 고려해본다면 훈련에서 효익은 발생한 것으로 보인다. 여기서 사용한 결과물은 대체로 판넬 품질, 공장에서의 관리, 사고율 등이다. 표 6.12는 프로그램의 효익이 어떻게 계산되었는지를 제시하고 있다.

표 6.11
손익분석을 위한 비용 확인하기

직접비용	
교수자	$0
내부 교수자(12일×1일당 125달러)	1,500
성과급(월급의 25%)	375
여행경비	0
재료비(60달러×56명)	3,360
교실과 시청각 장비 대여(12일×1일당 50달러)	600
간식비(1일당 4달러×3일×56명)	672
총 직접비용	**6,507달러**
간접비용	
훈련 관리	$0
사무직과 관리인 월급	750
성과급(월급의 25%)	187
우편·택배·전화료	0
사전·사후훈련 교재비(4달러×56명)	224
총 간접비용	**1,161달러**
개발비용	
프로그램 구입 수수료	$3,600
강사 훈련	
등록비	1,400
숙박비	975
봉급	625
수당(월급의 25%)	156
총 개발비용	**6,756달러**
제반비용	
일반 지원비, 경영자 간담회	
(10%의 직접비용, 간접비용, 개발비용)	1,443
총 제반비용	**1,443달러**
학습자 보상	
학습자 봉급과 수당	16,969달러
총 훈련비용	32,836달러
학습자당 비용	**587달러**

일단 훈련 프로그램의 비용과 이익이 확인되면, ROI는 이익을 비용을 통해 나누어서 계산한다. 예제의 경우 ROI는 5.72이다. 즉, 이 훈련 프로그램에 대한 투자는 거의 6달러의 이익을 가져왔다. ROI 결과를 회사는 수용할 수 있을까? ROI 결과에 대한 수용 여부는 우선, 관리자와 강사가 결정해야 한다. 다른 방법은 다른 회사의 유사한 형태의 훈련으로부터 획득한 ROI를 사용하는 것이다. 표 6.13은 훈련 프로그램에 대한 몇 가지 유형에서 획득한 ROI 사례를 보여주고 있다.

통신사업을 하는 버라이즌 커뮤니케이션스는 고객서비스와 관련하여 두 개의 집단을 비교했는데, 첫 번째 집단은 훈련집단으로 고객서비스 시나리오를 볼 기회를 가졌고, 고객 대응 훈련과 고객 대응에 대한 자신의 응대 목소리를 녹음하여 듣는 훈련을 하였으며, 이에 관한 피드백을 받았고, 대조군이 되는 비교집단의 경우 단지 비디오만 시청하고, 이에 관한 연습 등은 별도로 하지 않았다.[64] 대조군과 비교하여 훈련집단은 71%의 신규고객 증가율을 보였다. 이를 ROI로 계산하면, 회사는 개발비, 보상비, 교재비 그리고 강사비와 코칭비를 고려해

표 6.12 손익분석에서 이익 확인하기

운영결과	측정방법	훈련 전 결과	훈련 후 결과	차이(±)	비용
판넬 품질	반품 비율	2% 반품 1,440개(일간)	1.5% 반품 1,080개(일간)	0.5% 360개	720달러(일간) 172,800달러(연간)
보관 관리	20개 항목의 체크리스트 (육안검사)	평균 10개 결함	평균 2개 결함	8개 결함	돈으로 측정 불가
사고 예방	사고 건수	24건(연간)	16건(연간)	8건(연간)	48,000달러(연간)
	사고에 대한 직접비용	144,000달러(연간)	96,000달러(연간)	48,000달러(연간)	
	$\text{ROI} = \frac{\text{수익}}{\text{투자}} = \frac{\text{이익}-\text{비용}}{\text{비용}} = \frac{220,800-32,836}{32,836} = 5.72$ 총이익 = 187,964달러				

자료: D. G. Robinson and J. Robinson, "Training for Impact," *Training and Development Journal* (August 1989), pp. 30–42.

표 6.13 ROI 예시

산업	훈련 프로그램	ROI
보틀링 회사	관리자 역할에 대한 워크숍	15:1
대형 상업은행	판매 훈련	21:1
전기·가스 사업	행동 변경	5:1
석유회사	고객서비스	4.8:1
보건기관	팀 훈련	13.7:1
의료서비스기관	리더를 위한 코칭	2:1

자료: "Top 125 Rankings 2015," *training* (January/February 2015), pp. 62–101. J. J. Philips, "ROI: The Search for Best Practices," *Training and Development* (February 1996), p. 45를 기반으로 함.

도 훈련결과는 단지 3개월 만에 140만 달러의 수익이 창출된 것이다.

손익분석을 위한 다른 방법

훈련의 가치를 돈으로 환산할 수 있는 다양한 방법이 있다. 예를 들면, **효용분석**(utility analysis)은 훈련을 받은 종업원과 훈련을 받지 못한 종업원, 훈련을 수료한 종업원 수, 훈련 프로그램이 결과물에 영향을 미칠 것으로 예상되는 기간, 훈련을 받지 못한 종업원의 업무 결과물에서의 가변성 등을 기초로 하여 훈련의 가치를 돈으로 환산하여 평가하는 손익분석이다.[65] 효용분석은 훈련받은 종업원과 훈련받지 못한 종업원의 업무 결과물 차이를 측정하기 위해 대조군 사전/사후검사를 활용해야 한다. 다른 형태의 경제적 평가방식은 직접 및 간접 훈련비용, 훈련에 따른 정부 인센티브, 훈련 수료에 따른 학습자의 임금 인상, 세금과 세금 절세율 등을 사용하여 훈련이 주는 기업 또는 정부의 이익을 평가한다.[66]

ROI 검증을 위한 실용적인 고려사항

ROI 분석을 모든 훈련 프로그램에 적용할 수는 없다. ROI 분석에 제일 잘 어울리는 훈련 프로그램은 훈련 프로그램의 결과물이 명확하게 구분되고, 회사 내에서 훈련 프로그램이 대단히 가시적이어야 하며, 전략적으로 훈련 프로그램에 집중되어 있고, 그 효과가 다른 요인에 오염되지 않으면서 구별될 수 있어야 한다. 이 장에서 다루었던 ROI 분석 사례를 보면 그 결과물은 대단히 측정 가능한 요인이었다는 사실을 알 수 있다. 즉, 목재공장의 경우에도 품질의 변화, 사고율 그리고 관리행동 등으로 이 요인은 쉽게 관찰될 수 있다. 그러나 태도 또는 대인관계 기술과 같은 결과물에 중점을 두고 있는 훈련 프로그램의 경우 그 가치를 측정하는 것은 더욱 어렵다.

훈련 프로그램과 회사의 시장점유율 간의 관계나 보다 높은 수준의 전략적 사업 결과물과 연계해서 관련성을 찾는 것은 어려운 문제이다. 이 결과물은 훈련 프로그램과 관계없는 경쟁사의 결과물이나 거시경제 흐름 등과 같은 너무 많은 다른 요인에 의해 영향을 받을 수 있다. 사업 결과와 훈련 프로그램의 관련성에 대한 결과물 측정을 위한 ROI 데이터 수집은 때로는 불가능할 수도 있고, 측정이 가능할지라도 훈련 프로그램의 결과물 측정은 매우 비싼 비용을 치러야 할 수도 있다. 통신회사 버라이즌 커뮤니케이션스에는 24만 명의 종업원이 있다.[67] 회사는 훈련 프로그램에 대한 ROI 측정을 위해 대략 5,000달러를 사용했다. 회사에서 활용되고 있는 많은 훈련 프로그램 모두에 대해서 ROI 측정을 한다는 것은 너무 비싼 대가를 치르기 때문에 사실상 불가능하다.

하지만 여전히 회사 내에는 개별 훈련 프로그램에 대한 ROI 측정 수요가 여전히 높게 존재한다는 사실을 발견했다. 그 결과 회사는 개별 훈련 프로그램의 비용과 이익을 측정하는 창조적인 방법을 사용하게 되었다.[68] 예를 들면, 훈련 프로그램 결석률에 대한 ROI 계산을 위해 학습자와 감독관에게 결석에 따른 비용을 계산하라고 요청했다. 그들이 계산한 값은 측정을 통해 획득한 것과 비슷한 경향을 보였다. 비슷한 사례로 IT 네트워크회사 시스코 시스템즈(Cisco Systems)의 경우 회사 파트너들이 추가 강의를 수강하기 위해 얼마나 자주 웹사이트를 방문하는지 방문 횟수를 추적하고, 경영컨설팅회사 A.T. 커니(A. T. Kearney)의 경우 과거 거래하였던 의뢰인으로부터 재거래가 발생하는 숫자를 측정하여 회사의 훈련 프로그램의 성공 여부를 추적하기도 한다.

성공사례와 기대수익

훈련의 가치와 훈련결과에 영향을 미칠 수 있는 다른 요인을 배제할 수 있는 한 가지 방법은 훈련 프로그램 투자에 대한 기대수익 또는 성공사례를 제시하는 것이다. **기대수익률**(return on expectations, ROE)이란 최고경영층과 같은 주요 사업 이해관계자에게 훈련 프로그램의 기대치에 대한 평가 등을 수행하는 과정이다.[69] ROE의 성패는 최고경영자를 비롯한 사업 이해관계자와 훈련 프로그램의 시작부터 평가에 이르기까지 어떻게 동반자 관계를 구축하느냐에 따라 좌우된다.

버라이즌 커뮤니케이션스의 경우 영업과 관련된 훈련 프로그램 등과 같이 객관적 숫자를 활용할 수 있는 훈련 프로그램의 평가는 투자수익률(ROI) 분석을 하는데, 비교집단과 훈련 전후 결과물 등을 활용한 평가 설계를 통해 훈련 프로그램에 영향을 미칠 수 있는 다른 요인을 배제한다. 그러나 일부 훈련 프로그램의 경우 기대수익률(ROE)을 사용한다. 훈련 프로그램의 현재 이슈나 문제점과 함께 기대수익률은 얼마쯤 될 것 같은지를 훈련 프로그램의 재무 책임을 담당하는 관리자에게 확인을 받은 후에 훈련 프로그램을 실행하고, 훈련 뒤에는 고위 간부에게 그들의 기대가 충족되었는지를 확인하며, 회사의 임원은 충족된 훈련 프로그램의 기대수준을 재무적 가치로 환산해서 보고해야 한다.

성공사례(success cases or stories)란 회사가 그 가치를 발견하고, 관리자에게 신뢰할 만한 결과를 보여줄 수 있는 훈련효과의 구체적 사례를 의미한다.[70] 성공사례는 객관적인 훈련의 영향력뿐만 아니라 이 훈련이 유용하다는 증거를 제공해야 한다. 예를 들면, 회계법인 딜로이트는 회사의 비즈니스 기술 분석가를 위한 훈련 프로그램을 재설계했다. 재설계된 훈련 프로그램은 자기주도 학습과 사용자가 스스로 교육 콘텐츠를 생산하는 과정을 포함하고 있었다. 그 결과 훈련 프로그램의 대면 강의는 13일에서 7일로 축소되었다. 훈련 프로그램의 재설계로 인해 회사의 기술 분석가들은 고객과 보낼 수 있는 더 많은 시간을 확보하였고, 그 결과 매출은 대략 400만 달러가 증가하였고, 출장비용은 25만 달러가 감소하였다.[71]

인적자본과 훈련활동 측정

지금까지 훈련 프로그램의 평가방법에 중점을 두고 설명해왔지만, 훈련 프로그램의 평가를 통해 학습과 훈련활동, 훈련 기능 등이 회사 전략과 사업 목표에 기여하게 만들어야 하는 것은 대단히 중요한 일이다(그림 1.1 참조). 훈련·개발·학습은 종업원 결과물과 회사의 사업 목표에 확실히 기여해야 한다. 훈련 프로그램의 개발 과정에서 사용되는 주요 지표는 훈련 기능이 회사의 사업 목표에 부응할 수 있도록 활용되어야 한다.

다른 기업의 학습활동 사례를 살펴보는 것도 회사의 학습활동이 제공하는 가치의 정도를 점검하게 하는 방법 중 하나가 될 수 있다. 매년 미국의 인적자원개발협회(American Society of Training and Development, ASTD)는 기업에게 제공되는 다양한 훈련 프로그램을 요약해서 보고하고 있다. 이 보고서는 기업이 벤치마킹을 위해 사용할 수 있거나 유사한 산업이나 규모를 가진 다른 기업과 자사를 비교할 수 있는 훈련 프로그램의 훈련시간과 운영에 관한 정보를 제공한다.

표 6.14는 이와 관련된 훈련 지표에 관한 사례를 보여주고 있다. 이 지표는 회사가 벤치마킹을 목적으로 하거나, 회사 내 훈련의 양을 이해하거나, 훈련활동의 역사적 흐름을 이해하는 데 도움이 된다. 그러나 훈련의 효과성이나 기업의 전략적 훈련에 대한 의사결정 자료로 활용하기엔 한계가 있다.[72]

빅데이터와 인적자원분석

빅데이터(big data)는 조직시스템에 존재하는 마케팅, 영업, 인적자원관리, 재무, 회계, 고객 서비스 그리고 조직 운영 등을 포함한 다양한 데이터의 편집을 통해 숙성된 복잡한 데이터군

표 6.14
훈련 지표

- 종업원당 지출
- 종업원당 학습시간
- 기업의 전체 지출 중 인건비 비율
- 기업의 전체 수입 중 지출 비율
- 학습시간당 비용
- 외부 서비스를 위한 지출 비율
- 훈련과 개발 지원 인력당 학습시간
- 아웃소싱을 통한 평균 학습시간
- 기초 기술, 고객서비스, 임원 개발 등과 같은 학습 유형에 따른 평균 학습시간
- 강사 주도, 장비 활용 등과 같은 수업방식에 따른 평균 학습시간

자료: D. Bushee, "Analyze This," *TD* (March 2017), pp. 28–29.; L. Miller, *2014 State of the Industry* (Alexandria, VA: Association for Talent Development, 2014); T. Wilk, "How to Run Learning Like a Business," *Chief Learning Officer* (June 2014), pp. 48–60.

집을 의미하는데, 빅데이터는 세 개의 차원, 즉 데이터의 양, 다양성, 속도 등에서 독특한 특성을 지닌다.[73] 우선, 빅데이터는 양적 측면에서 엄청난 규모를 보이고, 데이터의 원천과 유형은 대단히 다양하며, 처리속도의 경우 거대한 양의 데이터가 신속하게 생성되고 평가되어 획득되고 활용된다. 빅데이터는 회사의 거래 과정, 업무에서 활용되는 소프트웨어, 이메일, 소셜미디어, 스마트폰 그리고 종업원의 출입증이나 회사 제품 등과 같은 다양한 출처에서 발생한다.

빅데이터는 잘못된 의사결정과 조언을 할 수 있는 사람의 직감과 통념보다는 데이터를 기반으로 한 의사결정을 목적으로 한다. 빅데이터는 훈련 프로그램의 효과성 평가, 사업에 영향을 미칠 수 있는 의사결정 그리고 훈련 수요, 교육과정 등록, 비용 그리고 훈련의 결과를 예측할 수 있는 모델의 개발을 위해 사용될 수 있다. 예를 들면, 종업원이 자신의 경력 관리와 승진 등을 위해 어떤 훈련 과정을 가질 것인가를 고민할 때 빅데이터에 있는 학습과 관련된 정보를 통해 학습과 관련된 전략적 가치를 보여주는 방식으로 도움을 줄 수 있다. 그리고 빅데이터의 올바른 활용을 위해서는 인적자원분석을 전제로 한다. **인적자원분석**(workforce analytics)이란 인적자원에 대한 축적된 자료를 통하여 기업의 재무상황, 종업원 설문, 기타 데이터를 활용하여 사실기반 의사결정과 인적자원제도가 중요한 회사의 지표에 영향을 미치는 정도를 수량적 방법과 과학적 방법을 통해 분석하는 것을 말한다.[74]

빅데이터와 인적자원분석을 어떻게 활용하고 있는지는 일부 기업의 사례를 통해 잘 알 수 있다.[75] 자동차판매업체 소닉 오토모티브는 ROI가 좋고, 회사의 전략적 목표에 부합하는 훈련 프로그램을 만들기 위해 빅데이터를 활용한다. 빅데이터는 몇 가지 목적을 위해 사용되는데, 회사는 직원이 이용하는 회사의 많은 학습 모듈 사용률을 점검한다. 그리고 회사의 채용 현황판을 통해 회사 내에서 공개적으로 모집 공고된 지위, 지원자의 경력, 인터뷰 내용 그리고 공모와 관련된 기타 정보를 확인한다. 이러한 정보를 통해 훈련 프로그램을 담당하는 부서는 누가 회사에서 공모한 자리를 희망하는지 그리고 해당 직원이 공모된 지위를 충족할 만한 경력을 쌓았는지 그리고 공개모집에서 성공하기 위해 필요한 훈련 프로그램은 무엇이고, 어떻게 해야 훈련을 이수할 수 있는지 직원에게 추천한다. 또한, 신규 고용자와 퇴사자를 대상으로 실시된 설문조사 자료는 관리자에게 직원을 대상으로 한 코칭을 위해 어떤 훈련 프로

그램을 이수해야 하는지를 가르쳐준다. 회사는 학습과 회사의 매출에 대한 관계성을 분석하기 위해 데이터를 분석하였는데, 성공요인은 세 개의 차원에서 빅데이터를 사용하였다. 세 개 차원은 고객관리, 학습·업무 결과물 관리 그리고 종업원의 경력 관리이다. 고객관리 데이터에는 매출과 관련된 자료가 사용되었고, 학습 데이터는 직원이 이수한 훈련 프로그램과 훈련 효과성에 대한 **자기근무평가**(self-evaluation) 자료를 사용하였으며, 업무 결과물은 관리자의 직원에 대한 근무실적 평가결과와 직원의 학습계획서이고, 종업원의 경력 관리은 해당 직원의 영업경력과 채용일시 등이었다. 성공요인은 직원의 업무 결과물과 영업실적을 훈련을 이수한 직원과 이수하지 않은 직원으로 구분하여 실시하였다. 미국의 국방대학교(Defense Acquisition University, DAU)는 학습 프로그램의 효과성을 점검하기 위해 빅데이터를 활용한다. 국방대학교는 군대에서 복무하는 직원에게 정보통신기술에 대한 훈련 프로그램을 제공하는데, 학습정보 및 학습자에 관한 인적정보와 함께 학교의 인적자원시스템, 예산시스템 그리고 회계시스템의 자료를 모두 통합했다. 예를 들면, 일부 훈련 데이터는 훈련이 완료되는 즉시 훈련 프로그램의 품질과 강사평가를 실시한 설문 결과이다. 또한, 두 달 이후 훈련을 수료한 직원은 훈련과정이 자신의 업무 수행과 실적에 어떠한 영향을 미쳤는지를 묻는 설문에 답변한다. 이러한 데이터를 통해 국방대학교는 훈련 프로그램의 품질, 선호하는 훈련장소, 훈련에 참여하는 사업 부서가 어디인지를 파악한다. 예를 들면, 분석을 통해 발견된 사실 중 하나는 업무 수행과 실적에 엄청난 영향을 미치는 학습 요인 중 하나는 초대 강사라는 점이다. 국방대학교는 강의실, 강사료 그리고 숙박료, 훈련 참석률 등의 분석을 통해 최소경비가 소요되는 강의 장소를 선택해 훈련 프로그램을 실시한다. 이동통신회사 텔러스는 온라인, 대면 교육, 비공식적인 개별 교육 등을 통해 훈련 프로그램을 실시한다. 회사는 이러한 다른 교육방식의 접속률, 개방성, 출석률 등을 점검하여 훈련 프로그램의 참여율을 측정하는 시스템을 개발했다. 이 시스템을 통해 훈련 프로그램에 대한 접속, 수업지속 여부, 자료의 구독 여부, 출석률 등을 확인하고, 학습자의 훈련 프로그램 이수 정도에 따라 등급을 결정하며, 시험을 통해 지식의 획득수준을 평가하고, 업무 결과물을 통해 훈련 프로그램 수익률을 계산한다. 회사의 인적자원개발 부서는 회사 내에 개인, 관련 부서, 사업 부서 등을 통해 자료를 수집하고, 모든 종업원은 학습 현황판 접속을 통해 훈련 프로그램에 대한 투자 현황, 평가 결과 그리고 팀별·지역별 또는 사업부에 따른 인적자원개발 분석 결과를 확인할 수 있다. 분기별 학습에 따른 수익률을 점검하기 위해 회사는 무작위로 추출한 종업원을 대상으로 과거 90일 동안 자신의 학습활동에 관한 설문을 실시한다. 학습에 따른 수익률은 훈련 프로그램이 자신의 지식과 기술 습득에 영향을 미쳤다고 응답한 종업원의 비율로 계산되는데, 2013년의 경우 훈련 프로그램 수익률은 75%였다.

일부 기업은 효과성, 재무적 이익, 학습활동과 사업의 전략 및 목표와의 관련성에 대한 측정을 지원하기 위해 현황판을 활용한다. **현황판**(dashboard)은 관리자와 다른 의사결정권자에게 인적자원개발에 관한 정보를 제공하는 컴퓨터 기반 인터페이스를 의미한다.[76] 현황판은 회사 내에서 개별 부서로부터 추출되는 자료를 받아서 분석할 수 있게 설계된 컴퓨터 프로그램을 의미한다. 현황판은 회사의 인전자원시스템이나 학습관리시스템, 훈련등록시스템 등과 같은 관련 시스템에서 관련 자료를 끄집어 올 수 있게 되어 있다. 현황판은 인적자본과 같은 무형자산을 포함한 학습활동과 기업의 사업 결과물과의 관계를 화면을 통해 가시적으로 제공해주기 때문에 대단히 유용한 도구로 활용될 수 있다(1장에서 논의한 인적자본에 대해 떠올려보자). 현황판은 사용자에게 사전에 입력된 학습시간당 비용과 같은 자료의 계산을 통해 다양한 유형으로 자료를 가공하여 접근하여 사용할 수 있다. 자동차 오일교환 전문회사 지피루브는 매장관리자, 회사 리더, 가맹점주 그리고 학습전문가에게 온라인을 통해 종업원과 매장이나 가맹점주나 지역별 인증현황을 볼 수 있게 자료를 제공한다.[77] 인증현황은 색깔로 표시함으로써 보는 사람이 현황을 쉽게 이해할 수 있게 하는데, 목표로 설정된 인증률이 완료되는 경우 녹색으로 표시되고, 노란색은 50~99% 인증률을 의미하며, 빨간색은 인증률이 50% 미만인 경우를 의미한다.

오하이오 클리블랜드에 본사를 두고 있는 키뱅크(KeyBank)는 미국에서 가장 큰 재무서비스 은행 중 하나이다.[78] 이 회사의 사업 전략은 고객중심의 문제해결과 비범한 고객서비스 제공을 통해 고객과 돈독한 관계를 형성하는 것이다. 회사는 종업원의 개인적 소양과 전문성을 신장하기 위해 다양한 교육 프로그램을 제공한다. 훈련 프로그램의 효율성과 효과성을 담보하기 위해 은행은 회사 전반에 걸쳐 훈련 프로그램에 대한 전략의 정렬, 효과성, 투자 등에 대한 정보를 실시간으로 접근하여 볼 수 있는 현황판을 사용한다. 훈련활동에 대한 현황판은 훈련 프로그램에 대한 시기별 정보를 제공한다. 따라서 사용자는 자신이 관심 있는 정보와 회사 전반 또는 특정 사업에 관한 정보를 시기별로 확인할 수 있다. 현황판은 훈련활동에 대한 전체 정보를 제공하고, 회사 전반에 걸친 훈련활동을 공지하며, 어떤 훈련에 가장 투자가 많이 되었는지, 어떤 종업원이 훈련을 완수하고 기술을 획득했는지 등에 대한 정보를 제공한다. 또한, 현황판은 미래의 학습 관점과 관련된 정보를 제공해주기도 한다. 즉, 이용자는 자신의 훈련 과정 진도율과 회사의 지점별 진도율을 현황판을 통해 확인할 수 있다. 현황판의 정보를 통해 훈련 관리자는 지역별로 훈련 프로그램이 목적에 맞게 적합하게 운영되고 있는지를 확인할 수 있고, 훈련 이수 후에 향후 교육계획 또는 훈련 목적에 맞게 훈련 프로그램을 어떻게 적용해야 하는지를 가르쳐주기 때문에 대단히 유용한 도구다.

요약

훈련 프로그램의 평가는 훈련의 효과성을 검증하기 위한 정보를 제공하는데, 훈련 프로그램의 평가는 훈련 프로그램에 적절한 결과물이 무엇인지를 인식하게 한다. 좋은 평가를 위해서는 훈련을 시작하기 전에 평가에 대한 숙고가 필요하다. 그리고 요구 조사와 측정 가능한 특별한 학습 목적으로부터 정보를 추출하여 평가 설계에 반영하여야 하고, 이러한 반영을 통해서 훈련 이후 교육에 따른 올바른 결과물을 확보할 수 있게 해야 한다. 훈련 프로그램을 평가하기 위해 사용된 결과물은 훈련 프로그램과 수업에서의 지식과 기술, 업무에서의 지식과 기술의 활용, 그리고 영업·생산·사고예방 등과 같은 학습자의 요구가 포함되어야 한다. 또한, 평가는 훈련 프로그램을 통해 얻게 되는 혜택과 비용을 비교하고(ROI), 훈련평가에서 사용된 결과물은 학습과 훈련 전이의 발생 정도를 검증해야 한다. 그리고 평가는 적절한 훈련 프로그램의 결과를 만들어낼 수 있다는 확신을 줄 수 있는 훈련 프로그램의 설계를 선택해야 하고, 설계에는 훈련 프로그램의 목적과 전문성 그리고 다른 기업의 훈련 특성 등이 반영되어야 한다. 훈련 프로그램의 설계에는 주의 깊은 분석을 통해 내적 타당도와 외적 타당도를 위협하는 요인을 최소화하는 방법이 반영되어야 한다. 평가의 설계 유형은 사전검사와 사후검사, 훈련집단과 대조군에 대한 결과 측정과 함께 훈련 프로그램의 활용 방식에 따라 다양한 방식으로 변화될 수 있음을 숙지해야 한다. 인적자본 형성을 위해 훈련 프로그램이 어떻게 기여하고 있는지를 확인하기 위해 빅데이터의 활용, 인적자원분석 그리고 현황판에 대한 활용방법에 대해서도 논의하면서 이 장을 끝맺었다.

핵심 용어

간접비용	손익분석	직접비용
결과	솔로몬의 4집단	총괄평가
기대수익률	순수충성지수(NPS)	타당성에 대한 위협
기술중심 결과물	시계열	투자수익률(ROI)
내적 타당도	신뢰도	파일럿 테스트
논리모델	실용성	판별성
대조군이 있는 사전/사후검사	외적 타당도	평가기준
무작위 배치	인적자원분석	평가 설계
반응 결과물	인지 결과물	현황판
비교집단	자기근무평가	형성평가
빅데이터	자기평가	혜택
사전/사후검사	전환	호손효과
사전훈련 검사	정서적 결과물	효용분석
사후검사	준거 관련성	훈련결과물
사후훈련 검사	준거의 부족	훈련평가
성공사례	준거의 오염	훈련 효과성

토의 문제

1. 회사가 훈련 프로그램 평가를 하도록 동기부여할 수 있는 방법은 무엇인가?
2. 훈련평가에서 타당도를 위협하는 것은 무엇인가? 내적 타당도와 외적 타당도를 위협하는 것을 구별하고 내적 타당도와 외적 타당도를 위협하는 요인의 공통점을 설명하시오.
3. 사후검사, 대조군 사전/사후검사, 사전/사후검사 설계의 강점과 약점은 무엇인가?
4. 순수충성지수는 무엇인가? 훈련평가에서 그 유용성을 설명하시오.
5. 결과는 무엇을 의미하는가? 왜 대부분 기업이 훈련 프로그램 평가에서 결과를 사용하지 않는다고 생각하는가?
6. 이 장에서 평가 설계의 선택에 영향을 미치는 7개 요인을 제시하였다. 어떤 요인이 평가 설계에 가장 크게 영향을 미친다고 생각하는가? 그리고 어떤 요인이 가장 작게 영향을 미치는가? 당신의 선택을 설명하시오.
7. 주식거래 활용을 위해 인터넷 사용법을 종업원에게 가르치기 위해 설계된 훈련 프로그램의 장점을 어떻게 측정할 수 있는가?
8. 2주 전에 리더십 개발 프로그램의 문제해결 모듈을 위해 관리자(N = 25) 집단이 참여했다. 이 모듈은 관리자 집단이 문제해결을 위해 정확한 처리절차를 이용하는 것에 초점을 맞추고 있는 이틀 과정이다. 각 관리자는 15~20명의 종업원을 감독하고 있다. 회사는 프로그

램 변경을 고민하고 있으며, 훈련비용 산정의 당위성을 보여달라는 요구가 증가하고 있다. 당신은 이 프로그램을 평가해달라는 부탁을 받았고, 상사는 지금부터 6주 이내에 평가결과를 보고하라는 지시를 하였다. 수집할 결과와 설계방법에 대해 논의하시오. 또한, 관리자가 아직 훈련 프로그램을 보지 못했다면 당신은 어떻게 당신이 설계한 훈련 프로그램을 설명하겠는가?

9. 훈련 프로그램의 ROI를 계산할 때 실용성을 생각한다면 무엇을 고려해야 하는가?
10. 기대수익률(ROE)은 무엇인가? 통계적 자료 수집과 분석을 하지 않고 훈련의 비용과 이익을 보여줄 수 있는가? 손익분석에 대해 비교하고 강점과 약점을 설명하시오.
11. 빅데이터의 특성은 무엇인가? 빅데이터를 활용하여 학습이 사업에 영향을 미치고 있다는 사실을 어떻게 설명할 수 있는가?

적용 과제

1. 5명 이상의 학습자로 구성된 훈련 프로그램 과정을 구상할 때 (a) 이 훈련 프로그램을 평가할 때 사용하길 원하는 결과 유형과 (b) 사용하고 싶은 평가 설계는 무엇인가? 타당도 위협의 최소화와 실용성을 기초로 하여 훈련 프로그램 설계를 위해 선택한 평가 유형에 대한 당위성을 설명하시오.
2. 도미노 피자는 신규 종업원이 컴퓨터 학습을 통해 피자 만드는 방법을 배우도록 하는 학습방법의 실효성 검증에 관심이 있다. 컴퓨터 학습은 반죽하기, 12인치 크기로 피자 반죽 늘리기 등에 대한 절차를 설명하고 있다. 회사는 품질의 표준화를 강조하기 때문에 피자의 모양, 끝의 경계선, 일정한 두께조차 표준화하도록 강조하고 있으며, 전통적으로 근무 중 훈련을 통해 신입사원을 교육했다.
   a. 만일 컴퓨터 학습이 신규 종업원이 12인치 피자를 만드는 방법을 배우는 데 효과적인 방법이라면 어떤 결과 또는 기준으로 측정해야 하는가? 누가 평가에 참여하여야 하는가?
   b. 컴퓨터 학습이 전통적인 훈련방식보다 효과적이라는 것을 검증해야 한다면 사용해야 하는 적절한 평가 설계 방법을 추천하고 그 이유를 설명하시오.
3. 이 장에서 다룬 내용과 관련된 훈련 프로그램 평가를 위해 당신이 소속된 학교나 직장에서 사용하는 평가서나 설문 하나를 복사한 다음 그 내용을 확인하고 다음 질문에 답하시오.
   a. 이 평가서의 장점과 단점은 무엇인가?
   b. 이 평가서를 개선하기 위한 추가 질문이나 다른 평가방식 등 당신이 제안하는 개선안은 무엇인가?
   c. 수강한 강의를 실제로 개선하기 위해서는 어떤 방법으로 평가해야 하는가?
4. 시어스는 판매방법과 판매량 제고를 위해 훈련 프로그램을 설계하였다. 2시간용 훈련에는 회사의 훈련시설을 활용하여 원거리 학습과 미국 내 10개 지역 점포의 50명 직원을 위한 온라인 수업 등이 포함되어 있다. 판매사원은 시간당 15달러를 받는다. 훈련 프로그램에는 고객을 유혹하기 위한 상품 진열법 등이 포함되어 있고, 10개 지역 점포의 판매량은 훈련

전에는 일주일에 5,000달러, 훈련 후에는 6,500달러이다. 프로그램 비용은 아래와 같다.

교수자	6,000달러
원거리 교육(위성 대여 비용)	5,000달러
교육자료(학습자 1인당 100달러×50명)	5,000달러
학습자 봉급 및 수당(2시간 훈련 프로그램에 대한 시간당 15달러 임금을 지급받는 50명의 학습자)	1,500달러

이 프로그램의 ROI는 무엇인가?

5. 케이블비전(Cablevision)은 직원에게 케이블TV 가입자 증가를 위한 이러닝 교육을 개발하였고 이에 따라 수익이 증대되었다. 회사는 직원이 고급 유료채널 등 케이블TV 서비스 판매 촉진과 이메일과 인터넷 접속 같은 다른 상품도 팔기를 원한다. 그리고 회사는 훈련 프로그램의 ROI를 계산하고 싶어 한다.
   a. 회사가 수집해야 하는 훈련 결과물은 무엇인가? 누구에게서 결과물을 얻을 수 있는가?
   b. 당신은 어떤 평가 설계 방식을 추천하는가? 당신의 추천을 옹호하시오.
   c. ROI 분석을 어떻게 해야 하는지 설명하고, 회사가 수집해야 하는 정보와 방법을 설명하시오.
6. 재무서비스회사의 정보기술 부서 직원 100명의 경우 높은 이직률을 보인다. 종업원 대상 설문조사 결과 그 이유는 대부분 훈련 수준의 불만족에 기인하는 것으로 밝혀졌고, 연간 평균 이직률은 23%이다. 신규 종업원 한 명의 채용과 훈련비용은 5만 6,625달러이다. 이직 문제를 해결하기 위해 회사는 종업원 1인당 1년에 평균 80시간의 훈련을 개발하였다. 평균 종업원 임금은 시간당 35달러이다. 교수자, 교실, 기타 경비는 17만 달러이다.
   a. 훈련에 대한 총비용은 얼마인가? 이직에 따른 총비용은 얼마인가?
   b. 만일 이직률이 8% 떨어진다면(23%에서 15%로 변화) 훈련 프로그램의 재무적 이익은 얼마인가?
   c. 훈련 프로그램의 ROI는 어떻게 되는가?
   d. 23%의 이직률이 얼마나 감소해야 훈련 프로그램은 이익을 보는가?
7. 필립스 ROI 방법론(Phillips ROI Methodology™) 담당자를 위한 연구, 훈련, 네트워킹을 선도하는 ROI 인스티튜트(ROI Institute, Inc.)의 웹사이트 http://roiinstitute.net에 접속하시오. "Books and Tools" 아래에 "Free Tools"를 클릭하시오. "Nations Hotels-Measuring the ROI in Business Coaching"의 내용을 확인하시오. 내용을 본 후에 ROI 검증을 위해 이 접근방식의 강점은 무엇이고, 약점은 무엇이라고 생각하는지 의견을 제시하시오.
8. IT업체 스킬소프트(Skillsoft)와 IBM이 어떻게 빅데이터를 활용하는지 확인하기 위해 www.youtube.com/watch?v=Texn4xpaZ0w에 접속하여 영상을 시청하시오. 빅데이터를 이용하여 직원의 훈련 프로그램 사용 유형을 분석하면 회사나 직원에게 어떤 이익을 줄 수 있는가?
9. 훈련 프로그램을 이수한 학습자는 "당신이 수료한 이 훈련 프로그램을 동료에게 추천하시겠습니까?"라는 질문에 응답해야 한다. 추천 정도를 확인하기 위해 설문에는 0점에서 10점

까지의 점수가 기재되어 있고, 학습자는 자신의 추천 수준에 해당하는 점수에 체크해야 한다(0 = 절대 하지 않음, 10 = 적극적으로 추천함). 이와 같은 설문은 5개의 집단이 동시에 작성하였고, 설문에 참여한 학습자는 80명이다. 전체 학습자가 작성한 점수의 분포도는 다음과 같다.

10명은 0, 1, 2, 3, 4, 5, 6에 기입, 20명은 7 또는 8에 기입, 50명은 9 또는 10에 기입.

a. 이 훈련 프로그램의 순수충성지수(NPS)를 계산하시오.

b. 순수충성지수는 이 훈련 프로그램에 대한 학습자의 만족도를 의미하는가? 순수충성지수의 의미를 설명하시오.

c. 이 훈련 프로그램의 개선을 위해 순수충성지수를 어떻게 활용해야 하는지 논의하시오.

10. 인터넷에서 https://www.youtube.com/watch?v=Uncz_1_zJ6M을 찾아 접속하여 국제재정협회(IFC)가 캄보디아의 의류산업을 위해 실시하고 있는 훈련 프로그램을 시청하시오. 이 훈련 프로그램에서 평가는 중요한 역할을 하고 있는가? 그 이유는? 어떤 유형의 학습결과물을 수집해야 하는가? 어떤 유형의 평가 설계가 훈련 프로그램을 위해 사용되어야 하는가? 선택한 평가 설계에는 대조군을 사용할 수 있는가? 그 방법을 설명하시오.

사례 PG&E의 엔지니어 훈련 방법

PG&E(Pacific Gas & Electric)는 일련의 천연가스관을 관리하는데, 이 관을 통해 캘리포니아의 400만 고객에게 천연가스를 제공한다. 가스관의 밸브 조작자는 장비를 통해 자동적으로 가스관의 천연가스를 점검하고, 조절하여 천연가스의 안정한 수송이 가능한 것이다. 이런 점검은 계획된 일정에 따라 정기적으로 실시되어야 하는데, 점검을 통해 가스관 압력의 높고 낮음이 조절되지 않으면, 가스관에 파열이 발생할 수도 있다. 회사는 현재의 훈련 프로그램을 이런 밸브 조절에 중점을 두도록 재설계하였다. 훈련 프로그램을 재편한 이유는 기존의 훈련 프로그램은 교실에서 교수자주도의 강의가 중심이었는데, 이는 현장에서 실제 밸브를 작동하는 학습자에게 맞는 방식이 아니었기 때문이다. 게다가 전에는 현장 실무자에게 충분한 실습시간을 주지 않았다. 결국, 현장 실무자는 훈련 프로그램을 통해 과업을 수행하기 위한 충분한 학습시간을 가지지 못했고, 정확한 현장 업무를 학습하지 못해서 현장으로 돌아와서 자신의 과업을 수행하기 위해 재교육을 받아야만 했다. 재편된 훈련 프로그램도 교수자주도 교육이긴 했지만, 3차원 시뮬레이션을 사용하였다. 시뮬레이션은 실제 밸브가 어떻게 작동되는지를 보여주었고, 학습자는 이를 통해 가스를 압축하거나, 희석하고 밸브를 청소하는 방법 등과 같은 실제 업무를 실습할 수 있었다. 실무자는 시뮬레이션을 통해 밸브를 작동하면, 관 안에 어떤 변화가 생기는지를 볼 수 있었다. 시뮬레이션에는 실습자가 올바른 학습을 할 수 있도록 하는 개인교습과 함께 과업을 제대로 수행하고 있는지 여부를 평가할 수 있는 시험도 포함되어 있고, 학습자는 현장에서 천연가스관을 조작하면서도 아이패드를 통해 훈련 프로그램을 시뮬레이션할 수 있도록 되어 있다.

회사는 신규 훈련 프로그램의 효과성을 검증하기 위해 어떤 결과물을 수집해야 하는가? 어떤 평가 설계를 사용해야 하는가? 선택한 이유를 설명하시오.

자료: "Training Top 125 2018 Best Practices & Outstanding Training Initiatives, Pacific Gas & Electric: Becker Valve Operator 3-D Simulator," *training* (January/February 2018), pp. 92-93을 기반으로 함.

실습 사례 2

CA 테크놀로지스에서는 모두 리더가 될 수 있다

소프트웨어 개발업체 CA 테크놀로지스(CA Technologies)가 추구하는 회사의 미션은 이상과 사업 결과물의 장애물을 제거하는 것이다. 회사는 기업에게 컨설팅 서비스와 기술 전문성을 제공하여 미션을 달성한다.

회사는 직원에게 자신의 능력을 개발하고, 조직의 능력을 개발하며, 동료의 능력을 개발하는 것을 돕는 데 필요한 자원을 제공할 수 있도록 회사 내의 프로그램, LaaL(Leaders at all Levels)에서 일정 수준의 능력을 유지하는 리더과정을 개설하여 운영하고 있다. 이 훈련 프로그램의 하나는 리더십 개발 프로그램이다. 이 프로그램은 중간관리자와 개별 직원을 위한 프로그램이고, 관리와 리더십을 주제로 한 프로그램은 기존의 관리자와 함께 신규 채용되거나 승진한 관리자를 위한 프로그램이다. 이 두 훈련 프로그램은 체험과 사회적 상호작용 그리고 대면강의 등을 통해 이루어진다. 훈련 프로그램을 통해 학습한 결과가 실무에 활용되는지를 점검하기 위해 훈련 프로그램 참여자는 관리자와 면담을 통해 기대수준을 설정하고, 이러한 기대수준이 달성될 수 있도록 관리자로부터 도움을 받는다. 관리자로부터 받는 도움이란 훈련 프로그램에서 중요하게 여겨지는 기술 등을 제대로 인식하게 하는 것이고, 훈련에서 말하는 기술 등의 성공적 활용에 대한 설명을 듣고, 업무에 활용하기 위해서는 어떤 지원 등을 받아야 하는지 등을 관리자로부터 추천받는 것을 의미한다. 훈련 프로그램 평가에는 반응·학습 그리고 결과 등이 포함되어 있고, 훈련 참여자는 훈련 프로그램을 좋아하고, 이런 훈련 프로그램이 자신의 경력 개발과 성장에 관련성이 있고, 중요한 의미가 있다고 믿고 있다. 훈련 전후의 자기평가에 의하면, 훈련 프로그램에 참여했던 관리자의 68%는 전략적 관점과 팀원을 이끄는 방향성이 개선되었다고 믿고 있으며, 22%는 팀원의 업무 결과물과 코칭 제공이 개선되었다고 믿는다. 훈련 프로그램에 참여했던 직원의 자발적 이직은 3%로 회사 전체와 비교해 낮은 수치를 보인다. 회사의 업무 결과물 프로세스에서 수집된 자료를 기준으로 훈련 프로그램의 참여자는 참여하지 않았던 직원에 비해 높은 업무 결과물을 보이는 것으로 파악된다. 훈련 프로그램의 참여자 61%는 훈련 참여에 앞서 자신의 관리자와 함께 훈련 프로그램에 대한 기대수준을 설정한 이후 훈련 프로그램에 참여했다. 게다가 76%는 관리자와 자신이 현재의 지위에서 배운 내용을 어떻게 적용할 것인지를 상의할 예정인 것으로 나타났다.

질문

1. 리더십 개발 프로그램의 어떤 특성이 긍정적 결과를 만들었다고 생각하는가? 이 회사 훈련 프로그램의 특징과 그 이유를 설명하시오.
2. 이 회사의 리더십 개발 프로그램의 향후 효과성을 검증하기 위해 어떤 지표를 수집해야 하는가?
3. 다른 이유가 아닌 리더십 개발 프로그램으로 인해 긍정적 결과가 나왔다는 확신을 주기 위해 평가 설계에 어떤 점을 강화해야 하는가?

자료: "About Us," "Our Mission," from www.ca.com, accessed April 10, 2018; J. Castaneda,"Bench Strength," *TD* (June 2015), pp. 30–35; "Leaders at All Levels: Leadership Development Program," from www.ca.com, accessed April 10, 2018을 기반으로 함.

Part 3

훈련 및 개발 방법

Part 3에서는 훈련과 개발에 관한 다양한 방법을 다룬다. 7장 "전통적 훈련 방법"에서는 프레젠테이션, 체험, 그룹 훈련 등을 소개하며 현장직무훈련(OJT), 시뮬레이션, 게임, 강의 등의 방법과 액션러닝, 팀 훈련과 같은 그룹빌딩 등에 대해 알아본다. 8장 "테크놀로지 기반 훈련 방법"에서는 트위터나 페이스북과 같은 최신의 테크놀로지를 활용한 훈련 방법을 소개한다. 이러닝, 원격학습, 온라인 학습, 온라인 공개수업, 가상 현실, 증강 현실, 인공지능, 블로그나 위키 등의 협력학습, 스마트폰과 태블릿을 활용한 모바일 학습 등을 예시로 살펴본다. 7장과 8장에서는 어떻게 다양한 훈련 방법이 활용되는지 살펴보고, 각 방법의 장단점과 대안을 제시한다. 최근에는 많은 기업이 대면 학습과 테크놀로지 기반 학습을 혼용하며 훈련의 효과를 극대화하는 방향으로 나아가고 있다.

9장 "직원 역량 개발과 경력 관리"에서는 평가, 형식 학습 강좌, 멘토링이나 코칭 등을 포함한 다양한 개발 계획과 내용을 다룬다. 또한 이 장에서는 다양한 기업의 개발 시스템을 예로 든다.

Part 3는 "블루밍데일즈의 패션과 안전" 사례를 통해 효과적이고 지속적인 안전교육을 의미 있고 접근 가능한 훈련으로 만드는 과정에서 직면하는 과제를 제시하며 끝맺는다.

Chapter 7 전통적 훈련 방법
Chapter 8 테크놀로지 기반 훈련 방법
Chapter 9 직원 역량 개발과 경력 관리

Chapter 7

전통적 훈련 방법

학습목표

1. 프레젠테이션, 핸즈온, 그룹빌딩 훈련 방법의 강점과 약점을 설명한다.
2. 효과적인 현장직무훈련(OJT)을 위한 추천사항을 제공한다.
3. 사례연구를 개발한다.
4. 자기주도형 학습 모듈을 개발한다.
5. 행동모델링 훈련의 핵심요소를 논의한다.
6. 효과적인 모험학습에 필요한 조건을 설명한다.
7. 팀 성과 증진에 필요한 팀 훈련에 대해 논의한다.

자이글러 오토그룹의 성장을 촉진하는 훈련

2004년 총 네 개의 대리점과 한 명의 사장으로 구성된 자이글러 오토그룹(Zeigler Auto Group)은 사업 확장을 목표로 공격적인 채용과 아울러 회사 가치에 부합하는 역량을 함양하기 위한 교육 프로그램이 필요했다. 특히 신규 채용자는 교육을 통해 세일즈 스킬을 개발할 수 있을 뿐만 아니라 이는 향후 관리직으로 전환하는 데 용이하기에 의욕 있는 영업사원을 유치하는 데 도움이 되며, 이미 체계적인 교육 프로그램을 구축하고 있는 동종업계와 우수한 인재를 확보하기 위해 경쟁하고 있기 때문에 적극적으로 도입이 검토되었다. 더욱이 그간 교육 부문은 사업 확장을 추진하는 사장의 야심 찬 포부를 충족하는 데 긍정적 평가를 받아왔다. 자이글러 오토그룹은 네 개 주에 총 23개 이상의 대리점을 보유하고 있으며, 수백 명의 영업사원과 서비스 어드바이저가 근무하고 있다.

강의와 영상을 결합한 교육 프로그램을 개발하여 영업사원, 서비스 어드바이저 및 부서 관리자에게 제공되었다. 온라인 라이브러리에는 경영진과 관리자가 제작한 2,000개 이상의 30초에서 8분 이내의 교육용 영상을 구비하고 있으며, 긍정적 태도 및 고객응대 방법과 같은 필수 과정뿐만 아니라 자동차 판매 시 고객의 거절 의사를 극복하는 방법 등의 복잡한 주제를 포함하고 있으며, 수강 후 이해도를 확인하기 위해 퀴즈 문제도 제공하였다. 영상 교육은 다양한 주제로 접근할 수 있고, 업무시간에 직원들이 자율적으로 참여할 수 있다는 장점이 있다. 한두 달에 한 번 진행하는 강의식 교육에서는 주제를 더욱 확장하여 접근하였고, 대면 세일즈 훈련뿐만 아니라 본사의 초청 강의도 진행되며 프레젠테이션은 화상회의를 통해 회사 내에서 공유된다. 1980년 미국 올림픽 아이스하키 대표팀의 골키퍼 짐 크레이그와 도널드 트럼프의 TV쇼 "어프렌티스(The Apprentice)"의 최초 출연자인 빌 란치치도 강사로 초청되었으며, 동의를 얻어 녹화한 강의 영상은 온라인 라이브러리에서 공유하였다. 신입사원 교육은 대면 강의 교육으로 진행되며, 멘토링 그룹을 통해 관리자로 성장 가능한 직원들을 선발하고 육성했다. 멘토링 그룹 참여는 회원제로 구성되며, 회사 관리자의 추천을 받아야 한다. 멘토링 그룹은 1년에 6~8회 본사에서의 회의를 통해 교육 부문에서 다루지 않은 보다 복잡한 부분에 대한 논의 및 분석에 적용된다.

교육 프로그램 도입 후 회사 내 직원 이직률은 10년 전 25% 이상에서 7%로 낮아졌으며, 영상 학습 시행 후 이전보다 직원 1인당 월 매출이 훨씬 높아졌다.

자료: Zeigler Auto Group, Careers page, www.zeigler.com, accessed February 18, 2018; Al Jones, "Kalamazoo-Based Zeigler Buys More Car Dealerships in Chicago Area," *MLive*, January 21, 2016, https://www.mlive.com/news/kalamazoo/index.ssf/2018/03/zeigler_auto_group_buys_more_f.html; Jon McKenna, "Training Helps Sustain Michigan Dealership Group's Evolution into a Substantial Corporate Player," *CBT Automotive Network*, December 1, 2015, https://www.cbtnews.com/training-helps-sustain-michigan-dealership-groups-evolution-into-a-substantial-corporate-player/; Arlena Sawyers, "Getting Schooled in the Car Dealership Business," *Automotive News*, June 1, 2015, www.autonews.com/article/20150601/RETAIL07/306019979/getting-schooled-in-the-car-dealership-business, accessed April 1, 2018을 기반으로 함.

서론

자이글러 오토그룹은 직원들의 역량을 향상하기 위해 다양한 교육방법을 지속적으로 시도했다. 자이글러 오토그룹을 포함한 대부분의 회사에서는 자체적으로 프로그램을 개발하거나 예산범위 내에서 구입을 하고 있으며 긴급하게 교육에 투입되기도 한다. 또한 이렇게 개발된 교육 프로그램은 직원들이 필요할 때 언제나 이용할 수 있도록 해야 한다.

연구 결과에 따르면 대부분 직장 내 학습이 공식적인 학습이나 프로그램을 통해 운영되는 것이 아니라 비공식적 학습 또는 다른 사람들과의 상호작용을 통해 이루어진다는 것을 볼 수 있다.[1] 예를 들어, 임원들을 대상으로 한 연구에 의하면 학습의 70%는 직장에서, 20%는 코칭과 멘토링을 통해, 그리고 10%는 공식적인 강의식 교육을 통해 학습된다고 한다. 이것은 학습의 **70-20-10 모델**(70-20-10 model)로 알려져 있으며, 많은 교육담당자들이 프로그램에 포함될 훈련 방법을 설계하거나 선택할 때 이 모델을 고려한다. 4장 "학습과 훈련 전이"에서 논의된 학습 및 전이 조건에서 강조된 바와 같이 이 모델은 교육 효과를 높이기 위해 콘텐츠는 의미 있고 실질적인 내용으로 구성되어야 하고, 학습자는 적극적으로 학습 과정에 참여해야 하며, 타인의 피드백과 강화도 포함해야 한다고 제안한다.

구체적인 훈련 방법을 다루기 전에, 이 장에서는 기업이 직원 교육을 위해 사용하는 훈련에 관하여 우선 광의적으로 다루고, 다양한 훈련이 어떻게 발전하고 변해왔는지를 중점적으로 살펴보고자 한다. 그림 7.1은 사분면 형태의 학습 시스템을 도시한 내용이다. 이 학습 시스템은 직원들이 배우는 방법과 내용이 다양하며, 사용된 훈련 방법의 유형에 영향을 미친다는 것을 보여준다.[2] 역량유도개발(guided competency development)은 기업이 각 직위와 업무를 위해 필요로 하는 역량과 기술 등을 정의한 내용을 의미한다. 강의나 온라인 교육 등과 같은 직원 훈련 내용이 가장 일반적인 형태로 이용된다. 상황기반학습(context based learning)은 일상의 업무 환경에서 발생하고 직원의 필요성에 보다 초점을 맞춘 것이 특징이다. 현장직무훈련(OJT), 시뮬레이션, 모바일 러닝 등이 대표적인 예이다. 위 두 가지 형태의

그림 7.1
학습 시스템

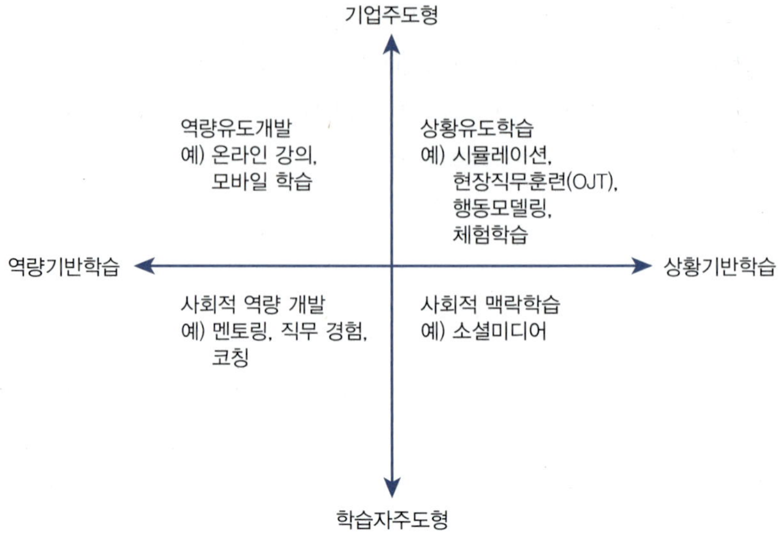

자료: From J. Meister and K. Willyerd, *The 2020 Workplace, How Innovative Companies Attract, Develop, and Keep Tomorrow's Employees Today* (New York: Harper Business 2010).

직원 훈련은 일반적으로 기업의 특정 학습 목표에 도달하기 위해 고안되고 개발된다. 직장 내 모든 직원은 학습 활동에 적극적으로 참여해야 한다. 사분면의 하단은 소셜 러닝, 즉 그룹이나 팀, 혹은 개인 간 협업을 통한 학습 형태를 포함하고 있다. 사회적 역량 개발(social competency development)은 멘토나 코치 등 다른 사람과의 상호관계를 통해 특정 업무 관련 역량을 증진하는 것을 말한다. 이러한 역량은 기본적으로 각 개인의 직무 성과를 목표로 하기보다 장래 기대되는 역할이나 직위를 준비하는 데 도움이 되는 것을 목적으로 한다. 결과적으로 멘토링이나 코칭, 직무 경험 등은 개발 활동으로 분류된다. 자세한 내용은 9장 "직원 역량 개발 및 경력 관리"에서 다룬다. 사회적 맥락학습(social contextual learning)은 비형식적이며 주로 직장 내 동료 간에 이뤄진다. 또한 학습자의 필요에 따라 즉각적으로 일어나기도 한다. 대개의 경우, 현 직무와 관련한 사안이나 문제점에 관하여 지식을 공유하는 형태이다. 직원들은 주로 대면 회의나 동료와의 의사소통을 통해서 배운다. 저간에 들어서는 스마트폰이나 태블릿 등 개인 휴대기기를 통하여 저비용이면서도 용이성이 높은 학습 도구가 각광을 받고 있다. 또한 블로그, 위키, 소셜 네트워크, 페이스북, 트위터 등 다양한 소셜미디어를 통해서 학습 가능성이 높아졌다. 이러한 기술의 발전은 사회적 맥락학습의 가능성을 크게 열어주고 있다. 이에 대한 자세한 내용은 8장 "테크놀로지 기반 훈련 방법"에서 다룬다. 다만 현장에서의 직원 학습은 도시한 그림과 같은 하나의 형태로만 이뤄지지 않는다. 예를 들어, 가상교실(virtual classroom)은 시뮬레이션과 소셜 네트워크의 복합적 형태로 상황유도학습과 사회적 맥락학습의 결합이라 볼 수 있다.

오늘날 대부분 기업에서 활용하는 훈련 방법은 1, 2, 3, 4사분면에서 찾아볼 수 있을 것이다. 이렇게 다양한 훈련 방법은 직원들에게 언제 그리고 어떻게 배울지 대한 더 많은 선택지를 제공한다. 즉 집체교육 방식의 전통적 훈련 방법을 활용한 훈련뿐 아니라 소셜미디어를 통하여 동료 및 전문가들과 교류하고, 비디오와 같은 관련 훈련 자료에 접근하여 적시학습을 할 수 있도록 더 많은 요구가 이어지고 있다. 전통적으로 직원 훈련은 교수자 중심의 교육활동으로 교수자가 직원의 학습을 보장하고 책임을 지고 있었다.[3] 학습자는 교수자에 의해 지식과 정보를 제공받는 수동적 역할이었고 학습은 교육전문가로부터 제공받는 적절한 조건의 범위 내에서 주어진 학습방법에 국한되었다. 다시 말하면, 교수자가 무엇을 가르칠지를 정하고, 학습을 위해 가장 적절한 방법을 결정하며, 학습 활동을 통한 지식이나 습득 기술의 정도를 일방적으로 평가하였다. 하지만 최근의 직원 훈련 및 개발은 학습자의 보다 적극적인 역할을 강조한다. 이는 학습자 또한 교수자와 마찬가지로 중요한 학습의 주체이기 때문이다. 또한 비형식적 학습의 중요성이 강조되고 있는 현실에서[4] 온라인 테크놀로지를 통해서 학습과 소셜 협업의 가능성이 높아지고 있다. 이러한 기술의 발전은 직원들에게 언제 어떻게 누구로부터 심지어는 무엇을 배울지에 대해서도 선택할 수 있도록 하였다.[5] 그림 7.2는 얼마나 많은 회사가 다양한 다른 방법을 사용하는지 도시하고 있다. 현재까지 교수자 중심의 집체훈련은 가장 빈번히 사용되는 형태였지만 최근에는 온라인 학습, 가상학습 등 다양한 방법이 대두되고 있다.

직원 훈련의 방법과 상관없이 훈련은 효과적이어야 하며, 이를 위해서 1장에서 본 그림 1.2와 같은 훈련 설계 모형을 기반으로 행해져야 한다. 또한 요구 조사 및 평가, 긍정적인 학습 환경, 훈련 전이 등 훈련효과 증대에 중요한 요인들 또한 살펴봐야 한다(3, 4, 5장 참고).

이 장과 이어지는 8장은 다양한 훈련 방법에 관해서 살펴볼 것이다. 특히 이번 장은 **전통적인 훈련 방법**(traditional training method), 즉 교수자, 훈련조력자, 학습자 간의 대면중심 훈련을 알아볼 것이다. 이에 앞서 알아야 할 것은 이번 장에서 논의되는 전통적인 훈련 방법은 최근 온라인 학습, 가상학습, 모바일 학습 등의 플랫폼을 기반으로 또 다른 새로운 훈련 방법으로 발전하고 있다는 점이다. 예를 들어서 집체강의는 실제 강의실의 대면관계에서 가상 플랫폼 기반의 상호관계로, 교수자와 학습자가 한곳에 있지 않아도 되는 새로운 형태로

그림 7.2 다양한 훈련 방법

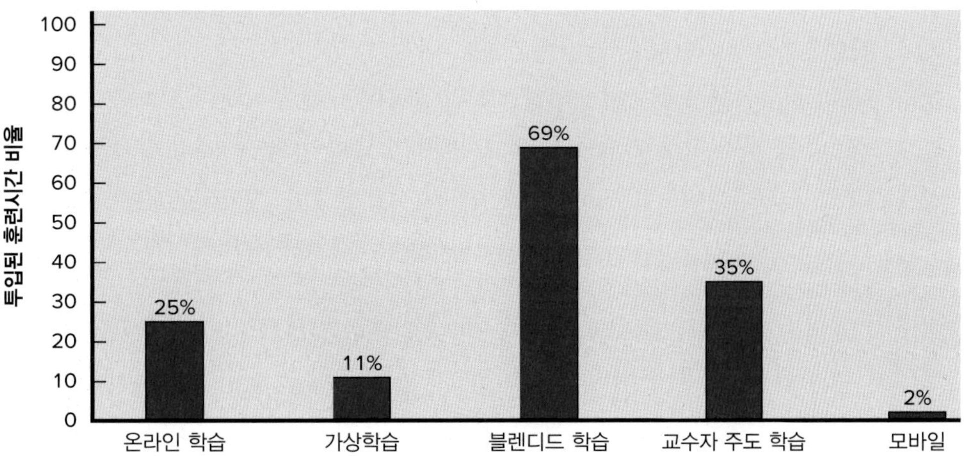

자료: "2018 Training Industry Report," *training* (November/ December 2018), pp. 18–31을 기반으로 함.

강의는 생중계될 수 있고, 녹화된 강의는 차후 비디오 파일, DVD 등의 미디어 형태로 제작될 수도 있다. 이러한 강의는 학습자의 편의에 따라 적절한 수단을 통해서 재생산될 수 있다.

이후 8장에서는 이러한 웹기반의 훈련, 이러닝, 가상학습, 소셜미디어 등에 대해서 살펴볼 것이다. 새로운 테크놀로지 기반의 훈련은 학습의 효과성 강화와 저비용 훈련 가능성 등의 장점을 이유로 점차 그 이용이 증가하는 추세이다.

실제 활용 사례를 보면 효과적인 훈련 전이를 위해 많은 조직에서 다양한 훈련 방법 간 장점을 모아 혼합하여 활용하고 있다는 것을 주목해야 한다. 예를 들어서 비즈니스 서비스 관련 직원은 어떻게 고객을 응대해야 하는지 학습할 때 역할극과 랩(lab) 활동, 가상학습 등 다양한 방법을 혼합할 수 있다.[6] 직원은 자신의 직무에 돌아왔을 때 기술개선을 위한 훈련 내용에 지속적으로 접근 가능하여야 한다. 임상 연구기관인 헬스 디시전스(Health Decisions)는 여성 건강 관련 문제에 관하여 전문성 확장이 필요하였다.[7] 이를 위하여 비디오, 이러닝, 강사 주도형 강의를 포함한 훈련 프로그램을 개발하였다.

이 장에서는 우선 전통적 교육훈련 유형으로 프레젠테이션 방법, 핸즈온 방법, 그룹빌딩 방법에 대해서 살펴볼 것이다.[8] 각 방법의 정의와 장단점을 알아보고 세부적인 예를 통해 각 특징을 비교하며 이 장을 마무리한다.

프레젠테이션 방법

프레젠테이션 방법(presentation methods)은 학습에서 교수자의 정보 수령자에 대한 일방적인 방식이라는 점에서 수동적인 방법이라 할 수 있다. 학습에는 사실, 정보, 과정, 문제해결 방법 등이 포함되며, 오디오, 비디오 등이 활용된다. 예를 들어 교수자 주도형 집체강의에서는 강의와 더불어 비디오, 교재, 매뉴얼, 게임 등이 활용된다. 즉 이러한 방법의 조합으로 학습자가 더욱 적극적으로 학습에 몰입할 수 있도록 장려하고 이들의 학습 전이를 돕는 데 사용한다.

강의

강의(lecture)란 교수자가 배우길 원하는 내용에 대해 구어형태로 학습자에게 전달하는 학습 유형을 말한다. 가장 큰 특징은 커뮤니케이션 방식이 교수자에서 학습자로 일방적이라는 데 있다. 양방향 비디오(interactive video)나 컴퓨터 보조(computer-assisted) 강의와 같은 새로운 테크놀로지의 등장에도 불구하고, 그림 7.2에서 보듯이 교수자 주도형 집체교육은 여전히 가장 인기가 있다.

강의는 몇 가지 쓰임새와 장점이 있다.[9] 강의형 집체교육은 적은 시간과 적은 비용으로 다수의 학습자에게 많은 양의 정보를 전달하는 데 가장 효율적이고 효과적인 방법이다. 강의는 강사자가 주요 지식전달자일 때 특히 유용하며, 학습자에게 지식을 전달하는 데 가장 효율적이고 직접적인 방법이 될 수 있다. 명문화된 강의는 학습 내용을 일정하고 지속적으로 전달하는 데 유리하다. 강의는 또한 일정 주제에 관한 전문가의 열정과 노력을 보여줄 수 있다. 알라모 파르마 서비스(Alamo Pharma Services)는 지역 훈련 담당자와 전문가, 그리고 회사의 임원들이 훈련 프로그램에서 주요 강사자로 나선다. 또한 프레젠테이션은 회의, 비디오, 온라인 채팅방, 의견수집 등을 포함한다.[10] 대표적으로 TED Talks(www.ted.com)가 좋은 예가 될 수 있다. TED는 20여 분이 채 안 되는 영상으로 동기부여와 함께 핵심적인 메시지를 효과적으로 전달하고 있다. 강의의 목적과 개념 그리고 쌍방향으로 소통하며 강의는 진행된다. 많은 양의 정보를 전달하는 장점과 더불어 강의는 행동모델링과 같은 다른 훈련 방법을 보완하는 수단으로도 유용하다. 예를 들어 강의는 학습자의 특정한 필요에 맞춘 훈련에 앞서, 프로그램의 목적에 관한 지식, 핵심 행동, 개념 모델 등의 정보를 학습자에게 전달할 때 유용할 수 있다.

표 7.1은 다양한 강의형 집체교육의 여러 예를 보여주고 있다. 모든 방법이 각각 장단점을 가지고 있다.[11] 팀 티칭(team teaching)은 보다 많은 전문가의 다양한 의견을 훈련에 가미할 수 있다. 특히, 특정 세션을 준비하는 것뿐만 아니라 다른 주제들 간의 통합을 하는 데 다른 교수자들과의 조화도 중요하기 때문에 더욱 많은 시간을 요구한다. 패널(panels) 방식은 토론에 다양한 훈련원들의 의견을 보여주는 데 유용하다. 그러나 해당 주제에 대하여 상대적으로 미숙한 패널이 있는 경우 중요한 부분을 이해하는 데 어려움이 있을 수 있다. 초청강사(guest speakers) 형식은 적절한 예시와 더불어 그 실제 활용을 보여줄 수 있다는 점에서 학습을 동기부여하는 장점이 있다. 특히 이 방식이 더욱 효과적이기 위해서는, 초청강사가 발표 내용이 해당 과목의 내용과 어떻게 관련이 있는지에 대해서 사전에 주의를 기울일 필요가 있다. 학습자 프레젠테이션(student presentations)은 발표자료의 중요성과 더불어 학습자의 주의력을 요구한다. 다만 학습자의 효과적인 발표 기술이 없으면 전체적인 학습에 제약을 줄 수 있다.

전체적으로 강의방식은 몇 가지 단점을 가지고 있다. 우선 학습 참여자의 몰입, 적시적 피드백, 업무 환경과의 개연성 등이 떨어지는 경향이 있어 학습 과정과 학습 전이를 저해하는 특성이 있다. 학습자들은 주로 정보를 듣고, 사실이나 원리, 과정을 보는 것에 의존하기 때문에 강의는 학습자의 인지감각에 의존하게 된다. 또한 학습자의 이해도를 높이기 위해 학습 과정을 효과적이고 신속하게 결정하는 데 어려움을 줄 수 있다. 이러한 문제점을 극복하기 위해, 질의 응답, 토의, 비디오, 게임, 사례연구 등을 부차적으로 사용하여 효과성을 극대화한다. 이러한 기법을 통해 학습자에게 더욱 능동적인 참여를 유도하고 교수자로 하여금 업무 관련 예제 및 실습을 활용해 더 나은 학습 전이를 기대한다.

표 7.1 강의형 집체교육

방법	내용
강의	교수자가 칠판, 화이트 보드, 파워포인트 등 시각적 방법을 동원하여 학습자에게 정보 및 내용 전달
팀 티칭	두 명 이상의 교수자가 같은 내용 혹은 다양한 내용을 다양한 방법으로 강의
초청강사	주 내용은 해당 강사가 강의하되 특정 내용에 관하여 전문가를 초청하여 강의
패널	두 명 이상의 강사가 정보를 제공하고 토의식으로 강의
학습자 프레젠테이션	학습자가 학습 내용을 발표하며 강의

예를 들어서 EY는 각종 세금 관련 법률에 관한 교육을 위해 집체교육과 함께 온라인 가상학습을 혼합하여 사용하고 있다.[12] 우선 가상학습은 30분 내외로 하고 첫 10분은 교육의 핵심 내용에 관한 이해를 점검한다. 교육 중 이해하지 못하는 부분을 지속적으로 점검하고 학습을 반복한다. 의견 조사 후, 참여자는 대여섯 명과 더불어 가상팀으로 사례연구에 참여한다. 마지막으로 집체교육을 통해서 학습을 마무리한다.

오디오비주얼 기법

오디오비주얼 기법(audiovisual techniques)은 파워포인트, 비디오 등을 포함하며 대단히 인기 있는 방법이다. 특히 고객서비스, 인터뷰, 커뮤니케이션 기량을 증진하기 위해 많이 사용된다. 그러나 이 방법은 독립적으로 사용되진 않고 대개의 경우 강의와 함께 사용되며 학습자에게 실제 생활의 예와 경험을 보여주는 용도로 사용된다.

파머스 보험(Farmers Insurance), 버라이즌, 어슈리언(Asurion) 등의 기업에서 어떻게 오디오비주얼 기법을 훈련에 활용하고 있는지 살펴보자.[13] 고객만족을 개선하기 위한 훈련의 일환으로 파머스 보험은 2~3분 단위의 짧은 16개의 비디오를 활용한다. 직원들은 실제 고객의 반응을 살펴 그들의 책임하에 어떻게 고객의 만족이 개선되는지 보고하도록 한다. 관리자들은 이를 점검하고 학습을 강화하기 위한 여러 방안을 제고한다. 버라이즌은 고객대응 직원들에게 새로운 가격정책의 이점에 대해서 쉽고 잘 이해할 수 있도록 소통하는 훈련을 제공한다. 어슈리언은 휴대전화와 가전제품 등의 보험을 제공하는 회사이다. 이 회사는 새로운 제품에 대한 직원들의 빠른 학습을 위해 여러 비디오를 제공함과 동시에 고객의 질문에 답하기 위한 여러 가지 대응 가이드라인 또한 제공하고 있다.

비디오를 사용하는 데서 오는 대부분의 문제는 지나치게 창의적인 접근을 사용하는 데서 기인한다. 예로서 대부분의 문제는 학습에 과도한 내용을 담고 있거나, 빈약한 내용으로 구성되었거나, 유머 혹은 음악의 과도한 사용으로 비디오 시청 중 중요한 학습 포인트를 놓치게 만드는 경우가 있다.

핸즈온 방법

핸즈온 방법(hands-on method)은 학습자가 학습에 적극적으로 참여하는 것을 기반한 방법이다. 대표적인 예로 현장직무훈련(OJT), 시뮬레이션, 사례연구, 비즈니스 게임, 역할극, 행동모델링 등이 있다. 이러한 방법은 특정 기술 개발을 목적으로 하거나 학습된 기술이나 행동이 어떻게 업무에 실제로 적용될 것인가를 기초로 실제 업무에서 일어날 수 있는 사안이나 업무에서 경험하는 특정 사례를 이해하는 데 유용하다.

현장직무훈련

현장직무훈련(on-the-job training, OJT)은 주로 신입사원이나 미숙련 사원들이 실제 업무 환경에서 학습하는 것을 말한다. 실제로 동료들이 하는 것을 관찰하고 업무에서 그들의 행동을 모방하여 시도하는 것이다. OJT는 비형식적 훈련 중 가장 오랫동안 그리고 가장 많이 사용된 훈련 방법이다.[15] 직무훈련 프로그램의 일부이지만 관리자, 동료, 멘토 등이 교수자로 참여하지 않아도 되기 때문에 비형식적 훈련이라 할 수 있다. 만약 훈련이 지나치게 무형식적이라면 학습 자체가 일어나지 않을 가능성이 있기 때문에 체계화된 접근이 필요하다. 이러한 훈련 방법은 신입사원이 직무를 이해하는 데 혹은 새로운 기술이 등장하여 기존 숙련공의 기술을 업그레이드할 필요성이 있을 때 유용하다.

현장직무훈련은 도제식과 자기주도형 학습프로그램 등 다양한 유형을 가지고 있으며 각 방법에 따라 여러 가지 장점을 가지고 있다.[16] 현장직무훈련은 학습자의 경험과 능력에 따라 맞춤식으로 진행될 수도 있으며 훈련은 실제 도구와 장비를 가지고 진행되기 때문에 즉각적으로 업무에 적용할 수 있다. 결과적으로 학습자에게는 이러한 학습 경험이 동기부여가 된다. 학습자와 교수자 모두 업무 현장에 있고 훈련 내내 지속적으로 함께 일을 할 수 있다. 또한 학습자를 중심으로 교수자를 고용하여 훈련 기자재를 빌리는 형식으로 회사가 비용을 절약할 수도 있다. 끝으로 현장직무훈련은 현장에서 발생하는 실제 업무를 가지고 훈련을 하므로 학습된 내용은 더욱 쉽게 실제 업무에 적용될 수 있다.

노마드 글로벌 커뮤니케이션 솔루션(Nomad Global Communication Solutions)은 재난대응 트레일러 장비회사이다. 이 회사의 제조과정의 각 단계는 직원 전문가 집단을 통하여 각 단계가 간단하고 쉽게 이해할 수 있는 언어로 교정하고 있다.[17] 이러한 전문가 집단은 새로운 직원들과 함께 일하며 각 단계를 직접 설명하고 반복적으로 수행함으로써 혼선을 최소화하고 각 단계에서 나올 수 있는 질문에 대한 답을 제공함으로써 직무 이해도를 높이고 있다.

유타주 솔트레이크시티에 위치한 사탕 제조업체인 스위트 캔디 컴퍼니(Sweet Candy Company)에서 신규직원들은 첫 오리엔테이션에서 안전과 긴급대피절차에 관한 교육을 받은 후 각 멘토에 할당된다.[18] 약 2주 동안 멘토들은 새로운 직원들과 함께 일하며 직접적인 일대일 훈련을 갖는다. 각 팀은 주단위로 회의체를 갖고 연단위로 안전 사안에 관한 훈련을 받는다. 또한 직원들은 매주 안전 계약 카드를 받고 이들이 위험상황에 직면했을 때 어떻게 대응하는지에 대한 노트를 기록하게 된다. 매월 이 카드가 관리자에게 제출되고 회사는 축적하여 보관한다. 모든 카드는 사내 안전 위해요소를 탐색하기 위해서 검토되어 전 직원에게 통지된다.

현장직무훈련은 다른 훈련 방법에 비해 매우 매력적인 훈련 방법이다. 왜냐하면 학습을 위한 훈련 설계, 보수, 자료 등 재무적 자원 투입이 비교적 적게 드는 반면 직무에 관한 전문적인 지식이 있는 관리자나 동료들을 교수자로 활용할 수 있고, 결과적으로 훈련을 기대한 바대로 진행할 수 있기 때문이다.

하지만 훈련이 체계화되지 않는다면 단점 또한 존재한다. 관리자와 동료들은 한 업무를 완성하기 위해 같은 절차를 반복적으로 사용하지 않는다. 때때로 업무 간 유용한 기술을 지나치는 경우가 있을 수 있다. 또한 훈련 과정에서 필요한 설명, 실습, 피드백 등의 과정을 이해하지 못하는 경우가 있다. 이러한 체계화되지 않은 현장직무훈련은 비효과적인 훈련결과를 낳아 궁극적으로 위험한 방법으로 제품을 생산하고 서비스를 제공할 수 있다.

현장직무훈련은 반드시 체계화되어야만 효과적이다. 표 7.2는 체계적 현장직무훈련의 필수 원칙을 보여주고 있다. 현장직무훈련은 다른 이를 관찰하는 데에서 배우기 때문에, 성공적인 훈련은 사회학습이론이 강조하는 원리에 기초한다. 효과적인 현장직무훈련을 위해서는 신뢰할 만한 교수자를 채용하고, 행동이나 기술을 모델링한 관리자나 동료들을 중심으로 특정 핵심 행동과 실습을 통한 피드백, 그리고 이러한 행동의 강화를 위한 의사소통을 포함해야 한다. 예를 들어, 뉴욕 로체스터에 위치한 로체스터 가스 앤드 일렉트릭(Rochester Gas and Electric)은 방사능 및 화학전공 강사가 기존의 직원들에게 어떻게 현장직무훈련을 진행할지에 대해서 가르친다.[19] 장차 현장직무훈련에서 신규직원들에게 어떻게 소프트웨어를 설명할 것인가에 대해 가르치는 동안 교수자들은 직원들에게 다른 교수자들이 어떻게 학습을 진행하는지 지켜보도록 한다. 특정 유형과 상관없이 효과적인 현장직무훈련 프로그램은 다음을 포함한다.

1. 훈련 목적과 회사의 지원을 강조하는 정책 문서
2. 훈련 실행에서 책임을 지는 명백한 지침. 관리자가 OJT를 실시하는 동안 이는 그들의 직무명세서와 수행 평가에 언급되어야 한다.
3. 훈련 실습(프로그램 콘텐츠, 직무의 종류, 프로그램 길이, 원가절감 등)의 철저한 검토
4. 원칙에 관한 관리자와 동료들의 훈련(표 7.2 참조)
5. 학습 계획, 체크리스트, 절차 매뉴얼, 훈련 매뉴얼, 계약, 진행 보고서 등 사용될 만한 모

표 7.2 OJT 원칙

준비단계
1. 중요도순으로 직무 세분화
2. 필요한 기구, 장비, 도구 등을 준비
3. 소요 시간 예측/기술 및 직무 능숙도에 관한 기준 마련

실행단계
1. 학습자에게 해당 직무의 목적에 대해서 전달
2. 구두설명 없이 직무 실습을 시연
3. 행동의 핵심 주안점을 설명
4. 학습자에게 직무 실습 반복 전시
5. 학습자에게 일부 직무 실습 기회 및 수정
6. 전체 직무 실습 기회 부여
7. 목표한 능숙도에 도달할 때까지 반복
8. 학습 목표 달성

훈련 전이
플로차트나 체크리스트, 세부절차에 관한 정보 제공
복잡하고 어려운 직무에 관하여 관찰 기회 부여 및 지속적 지원

평가
학습 후 테스트를 통해 학습 내용 점검 및 반응 설문

자료: R. Buckley and J. Caple, "Developing One-to-one Training Programs," *T+D* (April 2010): 108–109; W. J. Rothwell and H. C. Kazanas, "Planned OJT Is Productive OJT," *Training and Development Journal* (October 1990): 53–55; P. J. Decker and B. R. Nathan, *Behavior Modeling Training* (New York: Praeger Scientific, 1985)을 기반으로 함.

든 내용
6. 훈련 전 기본 기술(읽기, 쓰기, 컴퓨터) 정도에 대한 평가[20]

자기주도학습

자기주도학습(self-directed learning)은 학습의 모든 면에 대한 책임을 학습자가 가지고 있는 것이다.[21] 학습자는 교수자 없이 자기 스스로의 방식으로 미리 정해진 훈련 내용을 습득한다. 다만 교수자는 조력자로 도울 수 있지만 학습을 조종하거나 주도할 수는 없다. 즉 교수자는 학습을 평가하고, 학습자의 질문에 대답할 뿐이다. 학습 과정 자체는 온전히 학습자에 의해서 이뤄진다. 힐튼 그룹(Hilton Worldwide)의 경우 수익경영 관리자를 위한 자기주도학습 가이드라인을 제공하고 있으며,[22] 이를 위한 학습은 관리자의 수익경영을 위한 지식과 기술을 증진하기 위해 설계되어 있다. 학습자는 본인의 학습 목적을 파악하고, 학습 실습 계획과 학습자가 무엇을 알아야만 하는지 정하는 데 도움을 주는 실습을 하도록 한다.

물론 자기주도학습은 회사가 제공하는 데이터베이스, 훈련 과정, 세미나 등을 포함한다. 배우는 것에 대한 주도권은 여전히 학습자에게 있으며 이러한 학습 형태의 효과성은 직원의 학습에 대한 동기에 의존하므로, 회사는 자기주도적인 학습 과정에서 자기관리, 환경에 적응 정도, 고객, 새로운 기술 등에 관한 포괄적인 세미나를 제공할 수 있다. 베스트 바이의 경우 가상의 '배지' 프로그램을 통해 직원들이 교육훈련을 마칠 때마다 본인의 수여내역을 표시해 주고 있다.[23] 기존의 브론즈 배지의 경우 리더나 관리자가 되기 위해 이수해야 할 과목을 제공하고 이수 후에 골드 배지를 수여함으로써 본인의 현재 경력 개발 상태를 간접적으로 보여 주고 있다. 훈련 과정의 완수 후 받는 배지와 더불어 직원은 유니폼에 부착할 수 있는 핀을 받고, 제품이나 서비스와 교환할 수 있도록 했다.

자기주도학습은 많은 장점이 있다.[24] 학습자가 스스로 배울 수 있으며 학습 성과에 관한 피드백을 제공받을 수 있다. 회사에게는 소수의 교수자만 필요하고 기타 부대비용 등을 최소화할 수 있다. 지속적인 훈련 내용을 제공하는 데 전문가의 지식을 반영할 수 있고, 훈련 자료에 관한 접근이 용이하기도 하다.

자기주도학습의 가장 큰 쟁점은 학습자 스스로가 이러한 학습 방법에 불편함이 없어야 한다는 것이다. 즉 학습자는 스스로 배움에 동기가 있어야 한다. 회사 입장에서는 자기주도학습은 많은 개발 비용이 들고, 개발 시간 또한 다른 유형의 훈련보다 많이 걸린다.

효과적인 자기주도학습을 위해 아래와 같은 몇 가지 단계를 거쳐야 한다.[25]

1. 업무를 파악하기 위한 직무 분석 실시
2. 업무와 직접적으로 관련된 학습자 중심의 학습 목적을 표기. 교수자에게 목적이 전달되면 무슨 정보가 중요하고 어떤 행동을 해야 하는지, 무슨 기술을 마스터해야 하는지 지시
3. 학습 패키지의 내용을 개발. 비디오 자막, 컴퓨터 훈련의 텍스트 등을 포함. 내용은 학습자 중심의 학습 목적에 기초
4. 내용을 큰 단위에서 작은 내용으로 세분화. 모든 내용은 항상 학습 목적과 동반할 것. 학

습을 평가하기 위한 학습자의 방법을 포함. 실습은 각 단위에서 실시

5. 평가 패키지 개발. 학습자의 평가, 자기주도학습 패키지 평가. 학습자 평가는 목적에 맞게 실시. 즉, 질문은 목적으로부터 직접적으로 쓰여지고 자료로부터 직접적으로 답해진다. 평가는 용이성, 최신성, 합목적성을 중심으로 실시

회사 주도적이 아닌 학습자 본인 주도적인 자기주도학습은 기타 훈련 방법에 비해 보다 유동적인 훈련 방법으로 기술이 발전함에 따라 장차 더욱 각광받을 것이다.

어프렌티스십

어프렌티스십(apprenticeship, 도제)은 실제 업무와 집체훈련을 병합한 일-학습 병행형을 말한다.[26] 기간은 보통 4년 정도이지만 2~6년 사이로 다양하다. 미국의 각 주 혹은 연방 가이드라인에 의해 등록된 자격이 되려면, 대부분의 경우 견습생들은 최소 144시간의 집체훈련을 이수하여야 하고, 특정 시간 동안 업무 경험을 쌓아야 한다.[27] 예를 들어 오하이오주 어프렌티스십 프로그램은 144시간의 집체훈련과 1년에 2,000시간 이상의 업무 경험을 요구한다.[28] 일단 훈련이 끝나면 견습생들은 **저니 워커**(journey worker)라 불리며, 이들은 미국 노동부나 주 관련기관으로부터 인증을 받는다. 표 7.3은 어프렌티스십을 가장 많이 사용하는 10개의 직업을 보여준다. 2017년을 기준으로, 약 2만 2,000여 개의 어프렌티스십 프로그램에 53만 3,000여 명이 등록되어 있다.[29] 이들의 평균 연봉은 약 5만 달러이며, 이 프로그램은 개별 회사 혹은 노동조합에 속한 회사군에 의해 지원된다. 어프렌티스십 프로그램을 위해서 회사가 지불하는 비용은 약 17만~25만 달러에 이르고, 이는 집체교육, 복지, 급여 등을 포함한 것이다. 어프렌티스십 참여자는 프로그램을 마치고 회사에 복귀해야 하는 의무도 없다. 노동조합의 단체교섭 내용에는 조합비 부담분과 어프렌티스십 프로그램을 지원하는 데 사용되는 시간 보상분까지 포함되어 있다. 표 7.3에서 보는 바와 같이 대부분의 어프렌티스십 프로그램은 전기, 배관공, 증기관 시설공, 목수와 같은 직업군이다. 표 7.4는 기계수리공을 위한 견습 프로그램의 예를 보여준다.

표 7.3
어프렌티스십을 활용하는 상위 10개 직종

순위	직종	활동 중인 도제
1	전기기술자	41,489
2	배관공, 파이프 기술자	23,094
3	목수	20,159
4	건설기술자	14,089
5	중장비 트레일러 운전기사	7,890
6	전기배선 설치/보수 기술자	7,008
7	판금기술자	6,667
8	구조강 기술자	5,225
9	벽면/타일 시공자	4,509
10	지붕수리공	3,946

자료: "Top 10 Occupations for Fiscal year 2017," from U.S. Department of Labor, Employment and Training Administration. Available at https://doleta.gov/oa/data_statistics2016.cfm을 기반으로 함.

표 7.4 기계공 어프렌티스십 예시

시간	주	단위
240	6.0	벤치
360	9.0	드릴 프레스
240	6.0	열처리
200	5.0	초급 설계(일반 및 수치 제어)
680	17.0	터릿 선반
800	20.0	엔진 선반
320	8.0	툴 그라인드
640	16.0	고급 설계
960	24.0	도정 기계
280	7.0	윤곽 도정
160	4.0	표전 그라인드
240	6.0	외부 그라인드
280	7.0	내부 그라인드
200	5.0	나사 연삭
520	13.0	수평 착공기
240	6.0	지그 보링/지그 그라인더
160	4.0	수직 보링
600	15.0	수치 제어 밀링
240	6.0	컴퓨터 수치 제어
840	16.0	관련 훈련
8,000	200.0	합
견습: 아래 작업은 위 총시간에 포함되나 반드시 첫 1,000시간 내에 이수되어야 할 내용을 포함한다.		
80	2.0	드릴 프레스
280	7.0	선반 작업
360	9.0	밀링 머신
40	1.0	초급 설계
80	2.0	관련 훈련
840	**21.0**	**합**

자료: A. H. Howard III, "Apprenticeship." In *The ASTD Training and Development Handbook*, 4th ed., ed. R. L. Craig (New York: McGraw-Hill, 1996), p. 808.

어프렌티스십 프로그램에서는 특정 기술군을 완수하기 위해 들여야 하는 시간이 분명하게 정의되어야 한다. 현장직무훈련은 현장에서 저니 워커를 돕는 것을 포함한다. 어프렌티스십의 경우 효과적인 훈련을 위해 모델링, 실습, 피드백, 평가 등의 가이드라인이 지켜져야 한다.[30] 우선, 고용주는 학습자가 공정 과정에서 요구되는 지식을 가지고 있다고 확인하고, 교수자 중 가장 경험이 많고 면허가 있는 사람이 각 과정을 상세히 설명한다. 각 과정의 안전 문제를 비롯하여 각 핵심 단계를 강조하며. 연장자는 견습생에게 만족할 만한 수준이 될 때까지 그 과정을 수행할 기회를 제공한다.

어프렌티스십 과정은 학습자와 회사 모두에게 이익이 된다.[31] 학습자는 학습하는 동안 급여를 받고 기술이 향상되면 급여가 자동으로 증가하게 된다. 어프렌티스십을 통해서 학습자는 내내 자신의 교육을 후원하는 회사로부터 일자리 제안과 좋은 급여를 받는다. 특히 어프렌티스십 참여자는 강의실과 현장 경험을 바탕으로 광범위한 기술과 지식을 습득한다. 또한 교차 훈련을 통하여 다른 작업 혹은 직업으로 이동할 수 있다. 예를 들어, 기계공 견습 과정을 마친 견습생은 기계공으로 일을 시작한 다음 생산, 판매 및 관리의 다른 영역으로 이동할 수 있다. 대학교육과 달리, 어프렌티스십에서 학습자의 비용은 교재 구입비용 정도이다.

어프렌티스십 프로그램은 노동 시장에서 찾기 어려운 기술을 학습할 수 있는 기회를 제공함으로써 고용주에게 혜택을 준다.[32] 또한 고용주는 높은 직원 유지 및 충성도, 사기 향상, 지속적인 학습 강조, 인재 풀, 향상된 안전 등을 통하여 장점을 극대화할 수 있다. 이러한 어프렌티스십 과정의 가치를 아는 트럼프 대통령은 기업, 노동조합 및 무역 협회가 어프렌티스십 프로그램을 개발하도록 지침을 내렸고 도제 과정을 위한 추가 자금을 제공하는 것이 용이하도록 대통령 행정명령을 내렸다(트럼프 대통령은 유명 텔레비전 쇼 "어프렌티스"의 호스트였다).

뉴포트 뉴스 조선(Newport News Shipbuilding)에서는 이 프로그램의 졸업생이 전체 인력의 13%를 차지하고 있다. 전체 25개 직종에서 800여 개의 프로그램이 운영되고 있고, 80% 이상이 뉴포트 뉴스에서 향후 10년간 고용이 보장될 예정이다. 이러한 프로그램은 사내에서 학습에 대한 열망과 지식 공유의 문화를 형성할 수 있기 때문에 내부적으로 숙련된 인력을 구성할 수 있고, 인력의 외부 유출을 막을 수도 있다. 노스캐롤라이나 샬롯에 위치한 지멘스(Siemens) 공장에서는,[33] 지역 전문대학과 연계하여 OJT 프로그램을 제공하고 있다. 견습사원들은 지역 고등학교에서 유치하고, 회사는 4년의 견습 프로그램을 위해 학생당 18만 달러의 교육투자를 한다. 3년 과정의 어프렌티스십 프로그램이 끝나면 전문대 학사 학위를 취득하며 2년 동안 취직이 보장된다.

이러한 프로그램은 새로운 관리자를 준비하는 데도 유용하다. 골드코프(Goldcorp)의 회장과 사장 등 고위경영진은 MBA 학생들에게 9개월 동안 회사의 CEO 훈련과 같은 견습 프로그램을 지원한다.[34] 이들은 이사회의 협상 및 안건체결을 지켜보며 중요한 회의를 관찰하게 된다. 이러한 견습 프로그램을 통해서 채굴산업이 지저분하고 안전하지 않은 사업이라는 이미지를 벗고 채굴산업에 관한 긍정적 유인이 될 것이라 전망한다. 하얏트 호텔은 관리자들에게 영업, 고객서비스, 재무회계, 외식업 등에 관한 다양한 훈련을 제공하는데,[35] 이를 통해 학습자들은 호텔의 모든 업무와 각 업무의 모든 부분을 경험한다. 이 일련의 모든 훈련을 마치고 직원들은 다시 본래 관리자 위치로 돌아간다.

기본적으로 견습 프로그램이 성공적으로 수행되기 위해 많은 시간과 비용이 투입된다는 표면적 이유를 넘어서, 이러한 노력에도 불구하고 견습 프로그램은 소수집단 및 여성에게 매우 제한적인 프로그램이다.[36] 견습 기간 후 고용의 보장 또한 없을 수 있다. 결국 견습 프로그램은 학습자가 학 직장 내에서 주어진 직무에 관해 훈련을 받으며 준비하는 일련의 과정을 의미할 뿐이다. 새로운 기술의 발전과 여러 상호협동을 강조하는 팀의 특성상 많은 고용주들이 견습생 뽑는 걸 주저한다. 고용주들은 견습이 한 직장 내 업무의 좁은 범위만을 위한 것이기 때문에, 프로그램 이수자가 특정 회사의 기술이나 새로운 기술을 습득하고 적응하는 데 어려움이 많을 것이라 믿고 있다.

시뮬레이션

시뮬레이션(simulation, 모의학습)은 실제 상황을 반영한 훈련 방법이다. 즉 학습자의 결정에 의해 실제 작업현장에서 발생할 수 있는 결과에 대하여 학습하는 것이다. 가장 대표적인 시뮬레이션 훈련 방법의 예는 비행조종사의 시뮬레이션 훈련이다. 가상으로 위험이 없는 환경에서 그들의 결정이 미치는 영향을 직접 경험할 수 있는 시뮬레이션 훈련 방법은 이 외에도 여러 분야에서 활용될 수 있다. 8장에서 볼 수 있듯이 새로운 테크놀로지는 가상 현실의 개발을 통해서 더욱 실제 업무 환경과 근접한 훈련 환경을 경험할 수 있도록 하였다.

시뮬레이터는 직원들이 현장 직무에서 사용하는 물리적 장비를 복제한 내용이다. 테네시주 내슈빌에 있는 얼라이브 호스피스(Alive Hospice)는 시뮬레이션을 통하여 의사와 기타 관련자들이 말기 환자와 의사소통하는 방법을 교육하고 있다.[37] 방의 한쪽은 의사의 사무실처럼 꾸미고 방의 반대편에는 병상을 배치한다. 훈련생은 한 명 이상의 직원이 환자나 가족 역할을 하는 시나리오를 연습한다. 네 가지 시나리오는 환자에게 말기 진단에 대해 어떻게 말하고, 가족 구성원에게 응답하는 내용을 포함하고 있다. 시뮬레이션에 따라 훈련자와 진행자가 무슨 일이 있었는지 검토하고 개선이 필요한 부분과 잘된 부분을 논의할 수 있도록 비디오로 녹화한다. 한 의사에 따르면, 임종 대화를 나누는 방법에 대하여 정식 교육을 받은 적은 없지만 시뮬레이션 방법이 많은 도움이 되었다 한다. 이러한 방법을 통해서 환자와 이야기하는 과정에서 대화에 너무 성급하게 뛰어드는 습관을 발견하였다. 시뮬레이션의 현실성은 의사가 환자 가족과의 대화에서 긴장을 풀고 진행할 필요성을 인식하게 만든다.

오토매틱 데이터 프로세싱(Automatic Data Processing Inc.) 내에서 6개 팀으로 일하는 전도유망한 글로벌 매니저 30명은 실제 회사 비즈니스 모델을 복제한 컴퓨터 기반의 비즈니스 시뮬레이션에 참여하였다.[38] 참여자들은 회사의 임원진으로 분했고, 국제 경쟁사회에서 성장기회를 창출하며 계속되는 5라운드 동안 수익성 있는 비즈니스를 만들어야 했다.

시뮬레이터가 효과를 발휘하기 위해서는 몇 가지 특징을 이해해야 한다.[39] 연수생은 콘텐츠, 교수자 및 다른 연수생과 사회적 상호작용을 한다. 시뮬레이션에서 자신의 성과에 대한 피드백을 연수생에게 제공해야 한다. 연수생은 자신이 배운 내용과 이를 업무에 적용하는 방법을 이해하는 데 도움이 되도록 교수자 또는 진행자가 이끄는 디브리핑에 참석해야 한다. 또한 시뮬레이터는 현실적이어야 한다. 여기서 핵심요소는 학습자들이 직무에서 맞닥뜨릴 수 있는 환경과 상황을 실제와 흡사하게 구현했다는 것이다. 5장에서 본 프로그램 설계를 돌아보면, 시뮬레이터는 학습자가 제공한 조건과 응답하에 장비와 동일하게 반응해야 한다. 예를 들어서 비행조종사 시뮬레이션은 조종사가 관제사로부터 지시를 듣는 동안 계기판 경고 시스템을 통해 들어오는 교통경고 및 경고음을 긴박하게 다뤄야만 하는 상황을 포함하고 있다.[40] 이러한 복잡한 시스템을 개발해야 하기 때문에 이러한 유형의 프로그램은 비용이 많이 들고 지속적으로 새로운 정보를 업데이트해야 하는 수고가 필요하다.

사례연구

사례연구(case study)는 어떤 특정의 사례를 대상으로 그 과정과 구조를 기술하고 이를 분석하여 해석함으로써 검증하는 방법이다. 이 방법은 개인 혹은 조직이 주어진 상황을 어떻게 다룰 것인가에 대한 묘사이자 학습자들에게 취할 조치에 대한 분석과 비판을 요구하고, 적절한 행동과 조치가 어떻게 제안될 수 있는지에 관한 내용이다.[41] 학습의 대전제는 학습자가 사건 분석의 과정을 통해서 무엇을 배울지에 대한 지식과 기술을 사용하고 기억하는 것이다.[42] 특별히 주어진 사례는 분석, 통합, 평가 등의 지식 기술을 개발하기에 적절한 목적을 가져야 한다. 이러한 기술은 종종 관리자나 전문직종의 훈련에 특히 필요하다. 또한 학습자가 상황에 대한 분석을 기초로 불확실한 결과에 대한 위험을 감수하는 의지를 개발할 수 있다. 사례를 효과적으로 사용하기 위하여 학습 환경 안에서 사례 분석의 기회가 학습자에게 주어져야 하고 각종 의사소통의 수단이 준비되어야 한다. 무엇보다 학습자의 몰입이 사례연구의 효과에 중요한 역할을 하기 때문에 학습자는 사례를 분석할 의지와 역량이 요구된다.

표 7.5는 이러한 사례 개발의 과정을 보여준다. 첫 단계는 문제를 파악하는 것이다. 사용될 사례에 학습 목적이 있는지 고려하는 중요한 단계이고, 토론을 통한 의사결정이 종용되고, 합리적인 시간 안에 상황을 적용할 수 있는지 확인되어야 한다. 또한 문제에 관한 정보에 즉시 접근 가능해야 한다. 다음 단계는 각종 문헌을 연구하고, 참가자를 인터뷰하며, 사례의 상세사항을 제공하는 자료를 취득하는 일이다. 세 번째로 사례의 윤곽을 잡고, 상세내용을 적절한 이야기 구성 내에 내포시키는 것이다. 네 번째로 사례를 보여주는 미디어를 정하는 일이다. 이는 학습자가 사례에 의해 어떻게 학습되는지를 고려하는 중요한 작업이다. 또한 학습자가 개별적으로 혹은 팀으로 과제를 할 것인지, 어떻게 분석의 결과를 보고할 것인지 정하는 단계이다. 마지막으로 실질적인 사례의 형태로 마무리되어야 한다. 예를 들어서 표, 그림, 지문 등 이야기를 구성하고 학습자의 분석을 이끌기 위한 문제를 준비하고, 학습자의 주의를 끌 만한 도입부분 등이 구체적으로 기술되어야 한다.

이미 많은 사례 자료가 교육과 훈련에 사용되고 있다. 가장 큰 장점은 기존에 많은 자료가 이미 개발되었다는 점이고, 단점은 해당 사례가 모든 상황에 적절하지 않을 수 있다는 것이다. 즉 얼마나 이것이 의미 있고 주어진 상황에 적절한 사례인지 적용하기 위해서는 사례 선택이 중요하다. 기존의 많은 사례들이 인사관리, 마케팅, 일반경영 등 각종 분야에서 이미 유수의 경영대학에 의해 개발되었다(예: 하버드대학의 하버드 경영대학, 버지니아대학의 다든 경영대학, 웨스턴온타리오대학의 아이비 경영대학).

KLA-텐코(KLA-Tencor)는 'Situation Room'이라는 리더십 프로그램에 사례연구를 도입하였다.[43] 8~20명으로 구성된 그룹은 1년 동안 매월 모여서 350~400자로 구성된 짧은 사례를 읽고, 실제 상황에 대입하여 토의하였다. 이러한 사례는 일반적으로 관리자들이 겪을 수 있는 내용이지만 본인의 상황에 따라 구체적으로 적용하도록 하였다. 각 관리자는 사례를 읽고, 각 상황에 적절한 반응을 3분 내외로 설명한다. 참가자는 결과를 공유하고 동료는 피드백을 제공한다. 동료가 참가자의 답변을 좋아하지 않으면 대안을 제공할 수 있다. 모든 참가자가 답변을 공유한 후 4개의 팀으로 구성하여 숙제가 주어진다. 참가자는 첫 번째 세션과

표 7.5 사례 개발 과정

1. 스토리 인식	2. 정보 수집	3. 스토리 개요 준비	4. 관리 문제 결정	5. 사례 자료 준비

자료: J. Alden and J. K. Kirkhorn, "Case Studies," In *The ASTD Training and Development Handbook*, 4th ed., ed. R. L. Craig (New York: McGraw-Hill, 1996), pp. 497–516을 기반으로 함.

두 번째 세션 사이에 팀원들과 1시간 동안 내용, 모델, 방법론 등을 검토해야 한다. 이러한 검토를 기반으로 상황에 대한 대안을 제공해야 한다. 두 번째 세션에서 참가자들은 준비된 답변을 공유하고 이에 관한 토론을 한다. 1차와 2차 세션에서 배운 내용을 바탕으로, 참가자들은 직장에서 유사한 상황에 직면했을 때 어떻게 대처할 것인지에 초점을 맞춘 개별 답변을 준비한다. 이러한 과정의 결과는 사내 지식 관리 시스템에 문서화되어 보관되고 유사한 문제에 직면한 다른 관리자와 사례를 공유할 수 있어야 한다. 프로그램을 수료한 관리자는 이 프로그램의 가치를 이해하게 된다. 현재 KLA-텐코는 직원 몰입도 설문 결과를 분석하여 상황실에 참여한 관리자가 리더십 및 관리자 범주에서 개선되었는지 확인한다.

비즈니스 게임

비즈니스 게임(business game)은 학습자에게 자료 및 정보를 모으고 분석하고 의사결정까지 요구한다. 이는 경역능력 개발에 주로 사용된다. 게임은 학습자의 학습을 자극한다. 왜냐하면 참석자들이 적극적으로 게임에 참여하고 이들의 경쟁 본능을 자극하기 때문이다. 게임에서 참가자가 내리는 결정 유형에는 경영 관행의 모든 측면(예: 노사 관계 및 계약 협상, 윤리, 마케팅, 신기술 구매 지급 조달 등)이 포함된다. 게임은 또한 환자의 분류 또는 항공기 수리와 같은 특정 직업군 기술을 개발하는 데 사용되고 한다. 부상이나 사고의 위험이 있거나 비용이 너무 많이 드는 훈련에 사용할 수 있다는 점에서 시뮬레이션과 유사할 수 있다.[44]

일반적인 게임은 다음과 같은 성격을 가지고 있다.[45] 게임은 학습자 간 경쟁을 토대로 팀이나 개인이 주어신 시간과 싱황 범위 내에서 의사결정을 한다. 게임은 지식, 역량, 기술이나 기타 행동의 적용과 상황의 이해를 위해서 설계된다. 여러 대안책이 학습자에게 제공되고 각 대안의 결과를 추정할 수 있을 뿐만 아니라 불확실성도 파악할 수 있다. 물론 게임 내에서 학습자들은 자신의 행동 결과에 대한 확실성을 가지고 있지 않다. 왜냐하면 게임의 결과는 부분적으로 다른 게임 참여자의 의상결정에 의해 영향을 받기 때문이다. 또한 합의된 규칙이 참여자의 행동을 제한하기도 한다.

학습과 학습 전이를 보장하기 위해 게임은 간단하고 짧은 시간 내에 즐길 수 있어야 한다. 게임의 의미는 현실적일수록 증가하기 때문에 학습자들은 그들이 비즈니스에 참여하고 있다고 실제로 느껴야 하고 참여를 통해 직무에 유용한 지식, 역량, 기술, 행동을 배울 수 있다.[46] 교수자로부터의 디브리핑은 게임에 대한 이해를 높여주고 학습과 전이를 촉진한다. 여기에는 피드백, 개념에 대한 회의 등이 포함되어 있다. 표 7.6을 통해 자세한 예를 보자.

표 7.6
게임 디브리핑 시 질문

- 게임 스코어가 당신의 행동이나 팀 행동에 어떻게 영향을 주었는가?
- 게임에서 무엇을 배웠는가?
- 게임의 어떠한 면이 실제 직무에서 연상되는 내용인가?
- 게임이 어떻게 당신의 식부에 언판되는가?
- 실제 직무에서 사용될 학습된 내용은 무엇인가?

자료: S. Sugar, "Using Games to Energize Dry Material," In *The ASTD Handbook of Training Design and Delivery*, ed. G. Piskurich, P. Beckschi, and B. Hall (New York: McGraw-Hill, 2000), pp. 107–120을 기반으로 함.

미국 노스캐롤라이나대학의 간호사 프로그램은 게임('응급실의 금요일 밤')을 통해서 교육을 진행하고 있다.[47] 이는 간호사들 간 혹은 의사와의 협업을 개선하고 지방의 병원 응급실 상황을 재현한 것을 내용으로 하고 있다. 요구 조사는 긴박한 상황에서 필수적인 의사소통과 협업이 교육을 통해서 개선되어야 한다고 말해주고 있다. 이 프로그램은 다른 상황의 다른 참여자들을 이해하고 업무를 효율적으로 하기 위한 내용으로 구성된다. 매 게임에서는 프로그램을 통해서 배운 것을 공유하고 실제 상황에 반영하는 시간으로 마무리 짓는다.

게임 프로그램에 관한 연구에 따르면 훈련생은 콘텐츠 학습에 적극적으로 참여할 때, 즉 일반적으로 문구를 읽거나 들을 때 더 게임에 무제한으로 접근하며, 게임을 다른 훈련 방법에 보완적으로 사용할 때 더 많은 것을 배우는 것으로 나타났다.[48] 게임은 학습자 훈련의 보충적 성격을 가지고 있으며 팀원들에게 응집력 있는 그룹을 개발하게끔 돕는다. 경영진과 같은 특정 집단에게 이러한 비즈니스 게임은 대단히 현실적이고 실질적 상황을 반영하므로 집체교육 형태의 교육훈련보다 더 의미 있고 효과적인 방법이다.

역할극

역할극(role plays)은 매니저, 고객 등 각 역할을 맡은 학습자들이 해당 역할에 분하는 경험을 말한다.[49] 역할극은 대개 커뮤니케이션, 영업, 성과 피드백, 코칭, 리더십, 팀 빌딩 등 대인기술을 가르치는 훈련 프로그램을 포함하고 있다. 2~3명 등 비교적 작은 그룹에 의해 구성되고 모든 훈련자들은 역할극에 참여하는 것을 원칙으로 한다. 혹은 몇몇 학습자가 역할극에 참여하는 동안 나머지는 그들을 관찰할 수도 있다. 역할극의 결과는 다른 이들의 감정적이고 주관적인 반응에 의존한다.

매사추세츠주에 위치한 웨콰셋 리조트 앤드 골프클럽(Wequassett Resort and Golf Club)은 직원 훈련에 고객만족의 목표와 이를 위한 직원들의 요구가 모두 포함되어 있다.[50] 비수기인 4월에서 10월 사이에는 리조트가 문을 닫고, 340여 명의 직원들은 리조트가 열기 전 봄에 일을 시작한다. 직원의 반은 처음에는 훈련을 받고 나머지는 리프레시 훈련을 받는다. 이 회사의 인적자원개발원은 70여 개의 수업과정을 고객만족, 기술, 정보, 경영 등 네 개의 분야에 관해서 제공한다. 훈련의 목표는 고객이 다시 돌아올 수 있게끔 하는 서비스에 초점을 맞춘다. 리조트의 훈련은 개인을 감동시키는 영업과 경영이라는 회사의 전략에 맞추어 진행한다. 훈련은 DVD 등을 사용하는 집체훈련, 역할극 등을 포함하고 있다. 직원들은 훈련을 통해서 역량 체크리스트를 작성하고 그들이 일할 수 있을 때까지 성공적으로 훈련을 마무리한다. 예를 들어 음식 제공자들은 메뉴 지식, 음식 제공 서비스, 와인 지식 등에 관하여 학습하게 된다.

이 방법이 효과적이기 위해서는 학습자들이 역할극을 통해 전후 활동의 변화를 확인하는 과정이 필요하다. 표 7.7은 효과적인 역할극을 구성하는 행동들을 보여주고 있다.

행동모델링

행동모델링(behavior modeling)은 핵심 행동을 실습할 수 있는 기회를 학습자에게 제공하여

표 7.7 효과적인 역할극 활동

• 역할극의 내용과 목적 등 배경 정보를 제공한다. • 각자의 역할이 학습자에게 잘 이해될 수 있도록 자세한 내용을 제공하는지 확인한다. • 주어진 장소가 각 역할자를 보고 들을 수 있도록 준비한다. • 개발된 역할이 강조하는 주안점을 도시하고 있는 관찰지나 체크리스트를 확인한다. • 역할자와 관찰자의 경험을 디브리핑하며 각 상황과 학습 주안점을 확인한다.

자료: S. Karve, "Setting the Stage for Effective Role Plays," *T+D* (November 2011), pp. 76-77; S. Thiagarajan, "Instructionasl Games, Simulations, and Role Plays." In *The ASTD Training and Development Handbook*, pp. 517-533을 기반으로 함.

실제 직무에서 필요한 행동을 학습하는 방법이다. 행동모델링은 사회학습이론을 기초로 개발된 모델이다. 즉 학습은 (1) 설정된 모델에서 강조하는 행동을 관찰하고, (2) 이를 대리강화하는 형태로 이뤄진다. **대리강화**(vicarious reinforcement)란 학습자가 사회적으로 보상받는 행동을 강화할 때 발생한다.

행동모델링은 사실에 기반한 정보나 지식을 가르치는 것보다 기술이나 행동을 가르칠 때 더욱 효과적이다. 이에 관하여 많은 연구들이 행동모델링이 대인관계나 컴퓨터 기술을 가르치기에 가장 효과적인 방법이라 추천하고 있다.[51]

표 7.8은 행동모델링 훈련 세션의 여러 가지 내용을 보여주고 있다. 행동모델링은 크게 개요, 지술 준비 및 개발, 적용 등 세 단계를 포함하고 있고[52] 한 번의 세션은 대개 4시간 정도 소요된다. 각 세션은 핵심 행동에 관한 합리적 타당성, 비디오 모델, 역할극 등을 통한 실습, 성과에 관한 평가 그리고 핵심 행동의 직무 활용 예 등이 포함되어 있다. 특히 마지막 적용 세션에서는 학습의 행동이 얼마나 직무에서 필요로 하는 핵심 행동에 가까웠는지 피드백을 제공받는다. 역할극과 성과는 실제 업무 환경에 기초하여 준비된다.

잘 갖춰진 행동모델링 훈련 프로그램은 핵심 행동을 파악하고, 전시를 통하여 실습 기회를 제공하며, 학습 전이를 촉진한다.[53] 행동모델링 훈련 프로그램을 개발하기 위한 첫 번째 단계는 기술이나 행동의 부족으로 적절히 수행되지 않는 업무를 결정하고, 그 직무를 위한 핵심 행동을 결정하는 것이다. **핵심 행동**(key behavior)이란 직무를 완성하기 위해 필요한 행동의 집합체를 일컫는다. 행동모델링에서 핵심 행동은 직무를 완성하기 위한 특별한 행동양식을 말한다. 핵심 행동은 이를 위해 필요한 기술, 행동의 연구를 통해서 파악되고 학습된다.

표 7.9는 문제 분석을 통해 행동모델링 훈련 프로그램을 위한 핵심 행동을 보여준다. 표는 효과적인 문제 분석 기술에 몰입하기 위해서 필요한 특정 행동이다. 핵심 행동은 모든 단계에서 문제를 해결하기 위해 정확하고 세부적인 행동을 특정하지 않는다. 그보다는 보다 일반적인 행동, 즉 광범위한 상황에 적용할 수 있는 행동들을 보여준다. 만약 직무가 분명히 정의된 일련의 특정 단계를 보여주는 것이라면 제공된 특정 행동은 보다 구체적이고 자세한 방식

표 7.8 행동모델링 훈련 프로그램의 활동

개요(45분)	기술 준비 및 개발(2시간 30분)	적용(1시간)
• 핵심 행동을 도시하는 비디오 시청 • 각 기술 모듈의 합목적성 청취 • 경험 공유	• 모듈 시청 • 역할극 및 실습 • 핵심 행동의 성과에 관한 피드백	• 개선 목표 설정 • 핵심 행동이 쓰일 만한 상황 파악 • 핵심 행동의 직무 적용 파악

표 7.9
문제 분석 시 핵심 행동의 예

- 합당한 모든 정보 취득:
  - 새로운 문제 부각 시 이를 위한 질문
  - 핵심 문제점 리스트화
  - 다른 가능한 정보 취득
- 발생 가능한 요인 파악
- 필요시 추가 정보 획득
- 획득한 정보에 관한 평가
- 새로운 정보를 기반으로 문제 쟁점화
- 문제해결을 위한 기준 결정

으로 설명된다. 예를 들어서 테니스선수가 서브하는 법을 배울 때 이를 위해서 자세히 기술된 일련의 행동들을 배울 것이다. 하지만 대인관계를 배우는 사람들은 보다 일반적인 행동양식들을 배울 것이다. 일반적인 핵심 행동의 개발은 학습 전이를 더욱 촉진한다. 즉, 다양한 상황에서의 핵심 행동의 적용을 준비시키는 것이다.

행동모델링 개발에서 다른 중요한 사안은 **모델링 전시**(modeling display)이다. 모델링 전시는 핵심 행동을 학습자에게 제공하는 데 같은 행동체를 개발하도록 실습하기 위한 것인데, 일반적으로 비디오테이프가 가장 많이 쓰이는 방법이다. 여기에는 일정한 원칙이 있다.[54]

1. 전시는 핵심 행동을 분명하게 보여줘야 한다. 전시에서 보여주는 상황의 성격이나 음악은 학습자가 보고 이해하는 데 방해가 되어서는 안 된다.
2. 모델은 학습자에게 신뢰할 만해야 한다.
3. 핵심 행동의 전체적인 개요가 있어야 한다.
4. 각 핵심 행동은 반복되어야 한다. 학습자는 모델의 행동과 각 핵심 행동의 관계를 보여줘야 한다.
5. 핵심 행동의 리뷰가 포함되어야 한다.
6. 전시는 핵심 행동의 긍정적인 사용과 부정적인 사용 모두를 포함해야 한다.

실습 기회는 (1) 학습자가 핵심 행동을 인지적으로 생각하고 반복할 수 있어야 하고, (2) 역할극과 같은 핵심 행동을 사용할 수 있는 상황을 주어야 한다. 학습자들은 다른 이들과 교감하며, 각 학습자는 핵심 행동을 실습할 수 있어야 한다. 가장 효과적인 적용은 작은 규모의 그룹에서 또한 수행평가 등과 압박으로부터 자유로운 환경에서 학습자에게 여러 번 행동을 반복 실습할 수 있도록 하는 것이다.

적용 세션은 반드시 피드백을 제공해야 하며 학습자에게 수행하고 있는 핵심 행동의 중요성을 인지할 수 있는 기회를 줘야 하고, 제공되는 정보는 학습자의 행동을 개선할 수 있도록 해야 한다. 예를 들어 역할극에서는 학습자들이 역할극에 참여하지 않는 관찰자로부터 피드백을 제공받는다. 여기서는 행동이 비디오로 녹화되고 학습자에게 제공되기도 한다. 이러한 미디어의 사용은 객관적으로 학습자의 행동을 포착하기에 유용하고 동시에 자세한 피드백을 제공할 수 있다. 그럼으로써 학습자는 어떻게 행동을 개선할 수 있는지 또 성공적으로 행동을 반복할 수 있는지를 파악할 수 있다.

행동모델링에서는 적용계획이 학습자의 학습 전이를 촉진하는 데 유용한 방법이다. **적용계획**(application planning)이란 학습자에게 핵심 행동을 직무에서 적용할 수 있도록 계획하는 단계를 말한다. 이는 모든 참여자가 문서를 통해 특정 상황의 핵심 행동을 명시하도록 한다. 어떤 프로그램은 실제로 학습자들이 핵심 행동을 통해서 직무에 활용할 내용을 계약 형태로 만들기도 한다. 계획서를 통해서 직무에서 핵심 행동의 적용을 방해할 수 있는 상황적 요인을 이해하는 데 도움이 된다. 적용계획 과정의 일부분으로 학습자들은 다른 참여자들과 짝을 이뤄 정기적으로 당사자 간 대화를 하고 핵심 행동의 사용에서의 성공과 실패를 논하기 위한 기준을 설정한다.

그룹빌딩 방법

그룹빌딩 방법(group building methods)은 팀 성과를 증진하기 위해 개발된 훈련 방법이다. **팀**(team)이란 사내에서 입무를 수행히며 공유된 목표를 이루기 위하여 협동하는 특정한 역할을 지닌 둘 이상의 모임체를 말한다.[55] 그룹빌딩 방법에서 학습자들은 생각과 경험을 공유하며 그룹 정체성을 이루고, 대인관계 역할을 이해하고 각자의 강점과 약점을 파악한다. 그룹 기법은 효과적인 팀워크를 위한 그들의 기술을 증진하는 데 중점을 둔다. 많은 훈련 방법이 이러한 팀 성과를 향상하고 다른 팀과 교감을 증진하고 새로운 팀을 설정하는 데 쓰인다. 팀 기능에 관한 믿음, 생각, 감정 등을 검사하는 것을 포함하며, 학습한 것을 적용하기 위한 계획개발 등을 포함한다.

그룹빌딩 방법은 대부분 **체험학습**(experiential learning) 개념을 포함하는데 이는 네 단계를 가지고 있다. (1) 개념적인 지식이나 이론을 얻고, (2) 행동적 시뮬레이션에 참여하며, (3) 행동을 분석하고, (4) 이론과 활동을 실제 상황에 접목하는 것이다.[56]

성공적인 체험학습을 위해서는 아래와 같은 지침을 지켜야 한다. 우선 프로그램은 특정 사업현안과 병행되어야 한다. 그리고 학습자들은 익숙한 곳에서 벗어나 학습자의 동기를 해하거나 프로그램의 목적 이해를 방해하지 않는 선에서 청각, 시각, 촉각 등을 동원한 다양한 학습방법이 사용된다. 또한 체험학습을 준비하는 데, 학습자에게 프로그램 목표에 필요한 투입요소가 무엇일지 물어봐야 한다. 목적에 관한 분명한 기대와 결과를 바탕으로 프로그램 내 학습자의 역할은 대단히 중요하다. 마지막으로, 훈련 프로그램을 마친 후 훈련평가가 중요하다. 체험학습을 포함한 프로그램은 학습자의 태도와 행동의 변화, 그리고 사업 성과에 영향이 있어야 한다. 체험학습을 포함한 교육 프로그램이 이러한 지침을 따르지 않을 때 문제가 발생할 수 있다. 예를 들어, 팀워크라는 이름의 훈련에서 현직 및 전직 우편 직원들이 훈련 과정 중 서로 화장지로 감싸고, 고양이 복장을 하여 '팀워크'라고 적힌 표지판을 들고 미국 우체국에서 진행했던 훈련 활동에 대해 미국 상원 위원회에서 불만을 토로했다.[57] 결국 미국 우체국 조사국장(US Postal Inspector)은 우편 팀 훈련 활동에 대한 비판이 제기된 후 사임하였다.

모험학습

모험학습(adventure learning)은 체계화된 방법으로 팀워크 개발과 리더십 개발에 초점을 둔 체험학습 방법이다.[58] 이 학습방법은 문제해결, 갈등관리, 위험부담 등의 집단 효과성과 관련된 기술 개발에 가장 적합하다. 모험학습은 야외훈련, 광야훈련, 즉흥적 활동 등을 포함하고 있다. 예를 들어, 개썰매나 산악활동 등 신체적 활동을 요구하며, 체계화된 활동을 통해 벽 타기, 사다리 타기, 외줄 타기 등도 포함한다.

'빔(The Beam)'은 약 180센티 정도의 두 나무 사이에 기둥을 놓고 팀의 도움으로 나무를 건너는 것이다. 학습자는 팀원의 조언과 격려로 이 과정을 완성한다.[59] 로프를 활용하여 지상에서 3~4피트 또는 25~30피트 높이에서 실시하는 액티비티가 있다. 하이로프 코스는 훈련생이 두려움을 극복하도록 돕는 것을 목적으로 하는 개인 기반 운동이고, 로우로프 코스는 전체 훈련생이 함께 코스를 성공적으로 완료해야 하는 내용이다. 이러한 훈련의 목적은 팀의 정체성과 응집력을 개발하고, 커뮤니케이션 기술 등을 증진하는 것이다.

리얼스카우트(RealScout)에서는 20여 명의 프로그래머, 마케팅팀 임원, 그리고 제품 개발 직원들이 함께 캘리포니아산을 하루 동안 오르며 생존기술을 배우고, 팀워크를 다진다.[60] 프로그램은 2,000달러의 교육비와 하루 운영손실이 7,000~1만 달러에 달하지만 이를 통해 얻는 혜택은 그 이상이다. 더욱 끈끈한 팀을 구성하고, 서로를 이해하며, 공고한 사내 문화를 확립할 수 있어서이다.

모험학습은 조화와 협동을 요구하는 활동이다. 위와 같은 활동 외에도 신체적인 부담을 줄인 드럼 서클(drum circle)과 같은 활동도 있다. 전 멤버가 둘러앉아 각자에게 주어진 드럼을 연주하여 함께 드럼 오케스트라를 만든다. 캘리포니아 토렌스에 위치한 토요타 훈련센터에서는 이를 활용하여 서클활동을 한다.[61] 드럼 서클은 일주일에 두 번씩 만나 연습과 연주를 통해서 서로 배워나간다. 이러한 활동은 고성과의 팀이 어떻게 협동하고 운영되는지 보여주는 좋은 비유라고 여겨진다. 쿠킹업 체인지(Cookin' Up Change)는 호텔이나 요식업계에서 가장 많이 쓰이는 팀 빌딩 과정 중 하나이다.[62] 물론 이 과정은 혼다나 마이크로소프트에서도 쓰인다. 이 과정을 통해서 커뮤니케이션을 강화하고 팀원들이 하나의 요리를 완성하기 위해서 팀원 간 네트워크 기술을 연마할 수 있다. 각 팀은 누가 어떠한 부분, 예를 들어서 조리, 커팅, 정리 등을 맡을지 결정하고 누가 주요리를 담당할지 결정한다. 대개의 경우 팀원들은 어떻게 변화에 대응하는지 보면서 중간과정에서 그 역할을 바꾸기도 한다.

모험학습 프로그램이 성공하려면 참가자가 개발할 것으로 예상되는 기술의 유형과 관련이 있어야 한다. 또한 연습 후에는 숙련된 진행자가 연습에서 발생한 내용, 학습한 내용, 사건이 작업 상황과 어떻게 관련되는지와 정해진 학습목표에 따라 배운 내용을 작업에 실질적으로 적용하는 방법 등에 대해 토론을 이끈다.[63] 다비타 헬스케어 파트너스(DaVita HealthCare Partners)는 신장투석과 같은 건강관리 서비스를 제공한다.[64] 다비타는 상호 협력의 목적의식(팀워크, 성취감, 재미의 가치)을 갖고 3시간 분량의 체험학습 활동을 개발하기 위해 계약을 했다. 이 프로그램의 목표는 작업의 중요성을 이해하고, 팀원들이 서로에게 어떻게 관련되어 있는지 파악하며, 문제해결을 위한 방법을 배우는 데 있다. 교육 활동은 성공적인 팀워크를 위한 의사소통과 협업의 중요성에 대한 토론으로 시작된다. 직원들은 3명으로 구성된 팀으로 나뉘어 비영리기관에 기부할 의수 제작 임무를 받았다. 이러한 보철물 제작 프로그램은 목표 달성을 위한 훈련 기회를 제공한다. 결과적으로 직원들은 3시간 동안 약 1만 4,000개 이상의 보철물을 만들었다. 배운 내용을 본인의 직무에 적용하는 내용에 대한 토론으로 마무리되었다.

이런 접근은 단점 또한 있다. 모험학습은 많은 부분에서 신체적 요구를 하기 때문에 종종 개인적인 부상이나 감정적 스트레스를 이유로 참여를 소홀히 할 수 있다. 특히 법률적 관점에서 미국 장애인보호법(ADA)은 이러한 활동이 장애인들의 참여를 제한할 수 있는 가능성에 대해서 우려를 표명하고 있다.[65]

모험학습에서 요구하는 신체적 활동에 대해 다른 방법을 강구하는 것도 좋다. 모험학습은 학습자에게 주어진 환경에서 실제 업무 환경이 아닌 대인관계가 어떻게 좋은지 가르쳐준다. 이러한 유형의 환경에서 팀원들은 하나가 되기 위해 녹아든다. 또한 모험학습은 학습자에게 강력한 감정적 경험을 제공한다. 이러한 경험은 어려운 행동 패턴을 깨고, 서로 가까이하도록 하는 데 아주 중요한 역할을 한다. 조직행동의 관점에서, 학습자는 팀으로 일할 때 공동의 목표를 위해 같은 행동을 지향해야 한다. 결과적으로 행동의 분석은 학습자의 비효율적인 행동이 무엇인지 알게 한다.

이러한 모험학습이 실제로 유효할까? 엄격한 평가와 성과관리가 이뤄지진 않는 것에 대해 회의적이기도 하지만, 참석자들은 활동을 통해 스스로를 알 수 있고 어떻게 사람들과 교감하고 소통하는지를 배운다.[66] 모험학습 프로그램의 성공을 위해서는 전체 작업 그룹이 함께 참여하여 모험학습에 방해가 되는 요인에 대한 집단 역학을 살펴볼 필요가 있다.

팀 훈련

팀 훈련(team training)은 팀 성과를 증진하기 위해 고안된 훈련이다. 사내에는 다양한 팀이 있다. 팀워크는 단편적인 경향이 있다.[67] 즉 팀은 전체의 목표를 파악하고, 의사소통을 통하여 목표를 이루기 위해 일련의 행동을 취한다. 이러한 일련의 과정을 반복하며 팀은 새로운 목표를 향해 전진한다. 팀의 유형과 관계없이 성공적인 팀 성과는 팀원의 지식, 태도, 행동에 기반한다. 그림 7.3은 이 세 가지 요소를 보여준다.[68] 성공적인 팀은 팀원들이 소통하고, 협동하며, 변화에 적응하고 목적을 이루기 위해 복잡한 일과를 완수하는 것을 기초로 한다. 팀원에게 공유된 정신 모델을 갖고 새로운 상황이나 예상치 못한 상황에 효과적으로 대처하도록 하는 기억 구조를 갖도록 한다. 고도의 팀워크를 요구하는 군이나 핵시설이나 항공업체와 같은 민간 부문에서 팀 단위 운용이 주로 사용된다. 성공적인 성과는 개인의 능력을 조화시켜 팀 전체의 성과를 높이는 데 있다. 많은 연구에서 효과적으로 훈련된 팀이 문제를 적시에 발견하고 정확히 해결하며 정보를 모으고 서로를 단결하는 절차를 가지고 있다는 것을 보여주고 있다.[69]

그림 7.4는 팀 훈련의 네 가지 요소를 도시하고 있다. 팀 훈련의 실행을 정의하고 체계화하기 위한 몇 가지 도구가 있다.[70] 이러한 도구는 학습을 요구하는 환경(예: 피드백)을 조성하

그림 7.3
팀 성과 요소

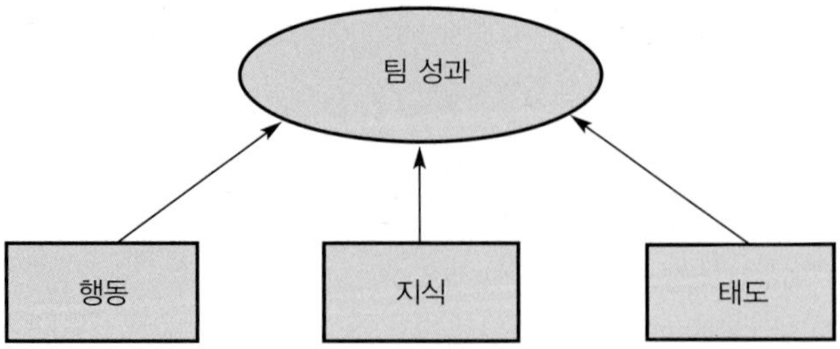

자료: E. Salas and J. A. Cannon-Bowers, "Strategies for Team Training," in *Training for 21st-Century Technology: Applications of Psychological Research*, eds. M. A. Quinones and A. Dutta (Washington, D.C.: American Psychological Association, 1997), pp. 249–281을 기반으로 함.

며, 교수 전략을 세우기 위한 다양한 훈련 방법을 조합하여 실행한다. 이러한 전략은 팀 훈련이 보다 효과적으로 수행되도록 훈련 방법, 도구, 콘텐츠를 조합한다.

팀 훈련을 위한 전략은 교차훈련, 조화훈련, 팀 리더 훈련, 시나리오 기반 훈련, 팀 자기수정절차 등을 포함한다. **교차훈련**(cross training)은 팀원들이 각자의 기술을 이해하고 팀원들이 일시적으로 혹은 영구히 떠날 팀원의 공백을 메꾸기 위해 준비되는 절차이다. 최소한 충분히 팀원들의 역할과 팀 성과에 영향에 미칠 행동이나 다양한 전략의 균형을 논하기 위해 역할을 이해할 때 쓰인다.[71] **조화훈련**(coordination training)은 팀에게 어떻게 정보를 공유하고 의사결정을 통하여 최대의 성과를 내는지 가르치는 훈련이다. 조화훈련은 특별히 다른 환경이나 도구를 점검하는 데 책임을 지며 반드시 효과적인 성과를 위해서 정보 공유가 필수인 항공업체나 병원 외과 팀에 유용하다. **팀 리더 훈련**(team leader training)은 팀 운영자나 관리자가 받는 훈련이다. 이는 어떻게 팀 내 갈등을 해소하고 팀 전체를 조화롭게 하는지 배우는 것이다. **시나리오 기반 훈련**(scenario-based training)은 학습하는 동안 현실적인 환경에서 팀원이 받는 훈련이다. 이러한 유형은 팀원 행동의 수정, 자기효능감을 성취하며 학습자를 훈련하는 것이다. **팀 자기수정절차**(guided team self-correction)는 팀 내 계속학습을 강조하고 팀원 간 지식 공유를 강조한다. 이러한 훈련은 팀원이 서로의 행동을 관찰하며 성과 피드백을 지속적으로 주는 데 있다.

근로자들은 직무를 수행하기 위해 필요한 기술적인 능력을 요구한다. 그러나 팀원으로서 의사소통, 적응력, 갈등 해소 등의 역량도 필요하다.[72] 이러한 목표를 위해 팀 훈련은 여러 방법을 포함하고 있다. 예를 들어서 강의나 비디오는 의사소통 기술에 관해서 지식을 나눌 수 있고, 역할극이나 시뮬레이션 등은 의사소통 기술에 관한 실습 기회를 줄 수 있다. 팀 훈련에 사용된 방법이 어떠하든 적용 기회와 피드백은 반드시 필요하다.

예를 들어, 아쿠아리스(Aquaris)는 나사의 극한업무수행 프로젝트(NEEMO)에서 사용한 심해 연구소이다. 플로리다주 키라고 해안에서 몇십 마일 떨어진 곳에 설치된 연구소는 국제해양대기협회(NOAA)의 소유이며 노스캐롤라이나대학에 의해서 관리되고 있다.[73] 이 연구소는 긴 우주여행 동안 경험할 수 있는 극심한 심리적 압박과 불편한 신체적 조건을 연출하고 이를 극복하기 위해 만든 훈련 환경이다. 이러한 도전은 우주, 달, 화성 등에서 중력의 효과를 경험하기 위해 대원들을 포함시켜 업무를 완수하기 위해 엄격한 시간관리, 위기상황의 대

그림 7.4 팀 훈련 구조의 주요 요소

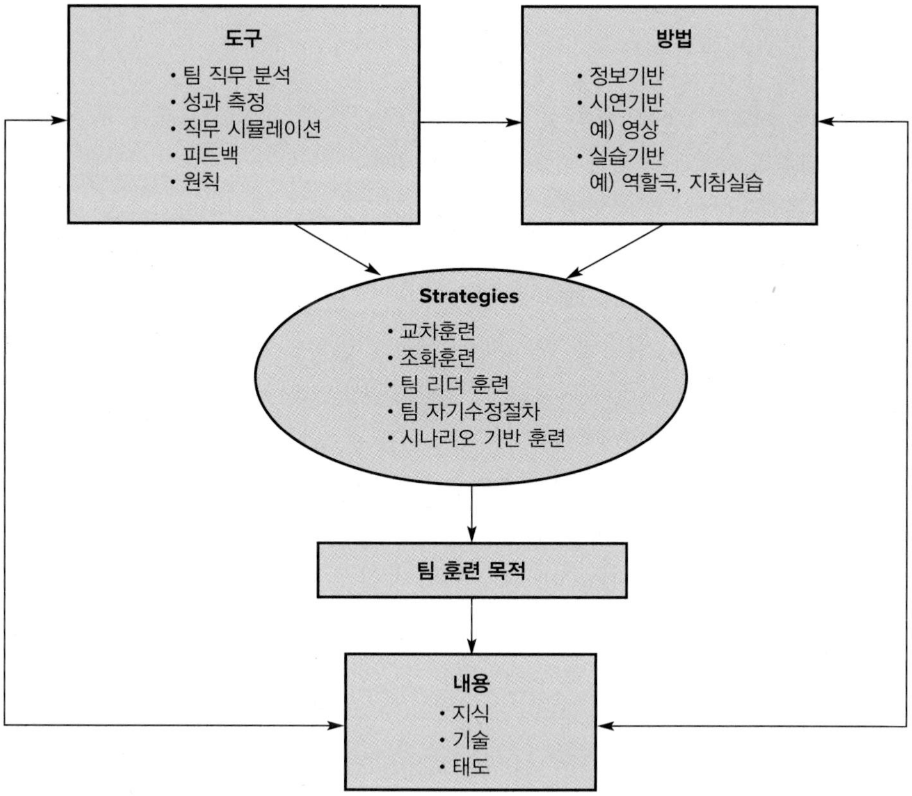

자료: E. Salas and J. A. Cannon-Bowers, "Strategies for Team Training," in *Training for 21st-Century Technology: Applications of Psychological Research*, eds. M. A. Quinones and A. Dutta (Washington, D.C.: American Psychological Association, 1997), pp. 249–281; J. Cannon-Bowers and C. Bowers, "Team Development and Functioning," in *APA Handbook of Industrial and Organizational Psychology* ed. S. Zedeck (Washington, D.C.: American Psychological Association, 2011), pp. 597–650을 기반으로 함.

원을 구출하기 위하여 장비를 교체하거나 수리하는 등의 절차를 연습하고, 우주비행 관제센터와의 열악한 교신 속에서도 업무를 수행하는 등의 훈련을 포함하고 있다. 이러한 경험은 의사소통, 협동, 성과 모니터링 등 대원들에게 중요한 팀 프로세스와 성공적인 업무 완수를 위해 활용된다.

팀 훈련은 항공회사의 파일럿들이 교신에서 서로 의사소통을 개선하여 사고 건수를 줄이는 데 도움이 되었다. 승객 안전을 더욱 강화하기 위해 유나이티드 컨티넨털 홀딩스(United Continental Holdings, Inc.)는 파일럿에게 보충적 1일 추가 훈련에 참석할 것을 요구하고 있다.[74] 추가 훈련 날짜는 기장과 부기장 사이의 세대 차이에서 비롯된 많은 문제를 줄이는 데 초점을 맞추고 있다. 종종 기장과 부기장 간 의사소통의 문제는 의사결정에 영향을 미칠 수도 있다. 훈련은 베테랑 기장이 지식과 경험을 공유하여 부기장에게 멘토링을 제공하도록 장려하고 있다. 기장에게는 부기장의 피드백을 요청하고 응답하는 의사소통 방법을 가르친다. 그리고 연륜이 적은 부기장이 문제를 식별할 경우 기장과 의사소통하는 데 어려움이 없도록 돕는다. 경험 많은 베이비붐 세대 기장의 은퇴로 인해 발생할 수 있는 세대격차 문제를 해결하는 데 특히 도움이 될 수 있다. 현재 유나이티드는 국제노선을 운항하기 위한 수천 명의 새로운 조종사를 고용했지만, 이전 세대가 받았던 지도와 훈련은 받지 못한 상태이다.

액션러닝

액션러닝(action learning)은 실제 문제를 팀원들에게 주어 그 문제를 해결하고, 계획을 실행하는 일련의 과정을 통해서 학습하는 것을 말한다.[75] 회사는 중요한 문제를 해결하기 위하여 리더십을 개발하고, 고성과팀을 구축하고, 조직문화를 변화시키기 위해 액션러닝을 사용한다. 표 7.10은 액션러닝에 사용되는 여러 단계를 보여준다. 여러 유형이 문제들이 액션러닝을 통해서 설명될 수 있다. 예를 들어, 변화하는 비즈니스 환경을 이해하고, 기술 발달에 대응하며, 고객과 회사 사이의 장벽 제거, 글로벌 리더를 개발하는 내용 등을 포함할 수 있다. 전형적으로, 액션러닝에는 6~30명의 팀원이 포함된다. 여기에는 고객과 사업관계자도 포함될 수 있다. 그룹의 구성에는 여러 변형이 있을 수 있다. 예를 들어, 이러한 변형은 그룹이 문제를 다루기 위해 고객을 포함하기도 한다. 종종 그룹에는 해당 문제에 이해관계가 있는 많은 대표자가 포함되기도 한다. 그룹에 여러 기능의 직원이 포함될 수 있으며 각 직원은 자신의 기능적 문제에 집중하고 식별된 문제의 해결에 기여하게 된다. 직원들은 짧은 시간 안에 참신한 아이디어와 솔루션을 개발하게 된다. 또한 팀은 고객, 직원, 학계 또는 업계 리더들을 방문하여 문제해결을 위한 여러 데이터를 수집해야 한다. 팀이 데이터를 수집하고 권장사항을 제시한 후에는 이를 최고경영진에게 보고하게 된다.

유니버시티 헬스 시스템(University Health System)과 펩시가 긴급하고 복잡한 사업 문제를 해결하기 위한 솔루션으로 액션러닝팀을 활용하는 예를 살펴보자.[76] 유니버시티 헬스 시스템은 9개의 다기능 팀의 관리자들이 함께 서로 다른 사업 문제를 가지고 일을 한다. 이러한 문제는 환자의 만족을 높일까 고민하는 동시에 어떻게 청구 오류를 줄일까, 그리고 물품 재고를 효과적으로 관리할까 등을 포괄하는 복잡한 내용을 포함하고 있다. 각 관리자는 'Shark Tank'라는 고위임원 집단에게 각 문제를 보고하고 임원들은 각 문제를 통합적 시각에서 해결책에 관한 피드백을 제공한다. 이러한 팀 접근은 높은 환자 만족도와 영업이익률을 가지고 왔다. 펩시는 액션러닝을 도입하여 사업을 위한 글로벌적인 시각을 갖도록 직원 교육을 시도하였다. 펩시의 총괄학습책임자는 대부분의 관리자가 각 지역의 시장상황에 대한 이해는 높으나 다른 지역 및 글로벌 시장에 대한 이해가 부족한 것을 발견하고 이러한 문제를 해결하기

표 7.10
액션러닝 절차

- 액션러닝의 후원자 파악(CEO와 최고관리자 포함)
- 문제점 및 이슈 파악
- 해당 문제점을 기술할 수 있는 주요 그룹 파악
- 문제를 구조화하고 개선할 피드백을 줄 수 있는 코치진 파악
- 문제점 발표
- 문제 파악을 위한 그룹 토의
- 문제해결을 위한 데이터 및 정보 취득
- 그룹 프레젠테이션을 통한 문제해결 도출 및 보고
- 자기성찰 및 디브리핑(예: 무엇을 배웠는가? 어떻게 개선할 수 있는가?)

자료: P. Malone, "The Untapped Power of Action Learning," *T+D* (August 2013), pp. 54–59; M. Pedler and C. Abbott, *Facilitating Action Learning* (New York: McGraw-Hill, 2013)을 기반으로 함.

위한 액션러닝을 도입하였다. 9개월에 걸친 액션러닝 프로그램 통하여, 여러 가지 제안사항과 아이디어를 펩시 최고경영진에게 보고하였다.

액션러닝 프로그램

식스 시그마와 카이젠(개선), 블랙 벨트 훈련 프로그램 역시 액션러닝의 원칙을 포함하고 있다. 식스 시그마와 카이젠은 직원들에게 비용절감을 위한 통계적 지식과 측정 도구를 요구한다.[77] 식스 시그마는 제품의 불량률이나 결함률을 없애는 품질 기준이다. 이를 위해 여러 자격기준이 있는데 그린 벨트, 챔피언, 블랙 벨트가 있다.[78] 블랙 벨트가 되기 위해서 훈련자들은 반드시 워크숍에 참석하여 전문가의 코치하에 명시된 과제에 참여해야 한다. 훈련은 총 네 번의 4일 세션을 16주 동안 진행한다. 훈련 세션 사이에 후보자들은 프로젝트를 통해서 배운 과제들을 적용하고, 다른 훈련에 그것을 활용한다. 학습자들은 구술, 서면 시험뿐 아니라 회사의 결과에 기여할 중요한 프로젝트 등도 완수해야 한다. 블랙 벨트 훈련을 마친 후, 직원들은 식스 시그마 팀을 만들어 이끌 수 있는 자격이 주어진다. 이후 추가적인 훈련을 받으면 마스터 블랙 벨트가 주어지는데 이는 블랙 벨트를 교육할 수 있는 자격이다. 이들은 회사의 사업 성과를 위해 식스 시그마를 적용 및 응용하는 데 큰 도움이 된다.

금융 서비스 회사인 TIAA는 식스 시그마 그린 벨트 인증을 위한 2주 과정을 제공하고 있다.[79] 이 과정에서 연수생은 제품 또는 서비스의 품질을 향상하기 위해 비즈니스 프로세스 개선에 중점을 둔 프로젝트를 수행하게 된다. 숙련된 멘토가 연수생을 코칭하고 프로젝트에 대한 지침을 제공한다. 지금까지 TIAA는 이러한 프로젝트의 결과로 약 3,200만 달러 이상의 비용을 절약하였다.

카이젠은 사업 프로세스를 개선하기 위해 지속적인 노력에 각 직위의 직원들을 포함시키는 방안이다(1장에서 린 사고방식에 대해 논의하였다). 카이젠(kaizen)은 회사의 모든 수준의 직원이 비즈니스 프로세스의 지속적인 개선에 집중하는 전략을 말한다.[80] 마이크(Mike), 아이크(Ike), 핍스(Peeps)라는 사탕을 만드는 회사 저스트 본(Just Born)은 WOW...Now Improvement Process라는 카이젠 프로그램을 사용하고 있다.[81] 먼저 개선 기회를 식별하고, 이에 관한 데이터를 수집하고, 개선하며, 결과를 측정하고, 결과를 기반으로 관행을 개선하는 방법에 대한 직원 교육이 이루어진다. 이를 위해 지속적인 연계, 계획, 실행, 확인, 실행(PDCA)을 포함하는 활동을 고려한다. 통계적 분석과 결과는 잠재적인 문제해결 방안을 파악하는 데 사용된다. 프로세스 과정 분석, 원인 결과 다이어그램, 컨트롤 차트, 히스토그램, 산포도 등을 통하여 회사의 사업 프로세스를 개선하는 데 목표를 둔다.

트레이닝 방법 선택

경영진 혹은 관리자로서 훈련 방법을 선택할 때 많은 방법 중 가장 적절한 훈련 방법을 선택하는 것은 매우 어렵다. 한 가지 방법은 선택 가능한 옵션을 비교하며 고려하는 것이다. 표

7.11은 이번 장에서 언급된 훈련 방법들을 비교한 표이다. 예를 들어, 각 방법과 관련된 학습 결과의 유형이 파악되고, 학습 환경의 특성, 훈련 전이, 비용, 효율성 등을 각각의 방법에 대하여 저, 중, 고 등급을 부여하였다.

이 표의 효과적인 사용을 위해서 우선은 훈련을 하고 싶은 내용의 학습 결과 유형에 대해서 파악하는 것이 가장 중요하다. 4장에서 언급되었듯이, 이러한 결과는 언어적 정보, 지적 기술, 인지적 전략, 태도, 그리고 학습 동기 등을 포함한다. 훈련 방법은 하나 혹은 그 이상의 학습 결과에 영향을 미칠 수 있다. 특정 학습방법에 대한 연구는 효과적인 교수 방법을 위해서는 기대하는 학습 결과와 맞는 방법을 선택해야만 한다는 것을 보여준다. 예를 들어, 행동 모델링과 역할극의 연구 결과는 이러한 방법이 긍정적인 결과를 가져온다는 것을 확인해준다. 그러나 그 효과성은 평가 척도에 따라 다를 수 있다.[82] 이는 학습을 전달하기 위한 특정한 하나의 학습방법이 가장 최고의 것은 아니라는 것이다. 그보다 바라는 학습 결과와 학습 전이를 촉진할 수 있는 특징에 기초해서 학습방법을 결정하는 것이 바람직하다. 일단 학습방법이 정해지면, 다음은 어떠한 방법이 학습을 촉진할 수 있는 내용인지, 사용될 내용의 개발과 효과성에 관련된 비용을 고려하는 것이다.

4장에서 본 것처럼, 학습자는 반드시 학습의 목적을 이해해야 하며, 그 훈련 내용이 의미 있어야 하고, 학습자가 이에 대한 피드백을 받고 적용·실행할 기회가 있어야 한다. 또한 가장 강력한 방법은 관찰과 교감을 통해서 이뤄진다. 5장을 돌아본다면, 학습 전이란 훈련이 직무에 사용되는 정도에 대한 것을 말한다. 일반적으로 훈련 내용과 환경이 학습자가 직무에 학습 결과를 사용하도록 준비할수록, 전이가 발생할 가능성이 더욱 크다. 6장에서 언급했듯이, 학습 평가에서는 두 가지 비용, 즉 개발비용과 관리비용의 고려가 중요하다. 개발비용은 훈련 프로그램의 설계비용과 관련된 것이고 관리비용은 훈련 방법이 사용되는 각 시간에 발생되는 것이다. 여기에는 컨설턴트, 강사, 자료 및 트레이너와 관련된 비용이 포함되고 효율성 등급은 학술 연구 및 실무자의 추천을 기반으로 한다.

훈련 방법에 대해서 알아볼 때 몇 가지 트렌드를 눈여겨볼 수 있었다. 첫째, 각 훈련 방법 간, 또 각 학습 결과 간의 교차점을 고려할 수 있다. 그룹빌딩 방법은 개인뿐만 아니라 팀 러닝에까지 초점을 두고 있기 때문에 굉장히 독특한 훈련 방법이다. 만약 팀 효과성을 개선하는 데 관심 있다면, 그룹빌딩 중에 하나를 선택해야 한다(예: 모험학습, 팀 훈련, 액션러닝). 둘째, 프레젠테이션 방법과 핸즈온 방법을 비교하자면 대부분의 핸즈온 방법은 학습자에게 더 나은 학습 환경을 제공하고 프레젠테이션 방법보다 더 높은 학습 전이를 경험하게 할 수 있다. 즉, 프레젠테이션 방법은 핸즈온 방법보다 덜 효과적이다.

다만 예산의 제한이 없다면 체험적 방법을 선택하겠지만, 훈련 예산이 새로운 훈련을 개발하기에 제한적이라면, 체계적 OJT가 적절한 대안이 될 수 있다. 예산의 제약이 있지만, 분명한 것은 체험적 훈련 방법이 학습자의 학습 전이를 더욱 촉진할 수 있다는 것이다. 더 많은 예산이 있는 경우 시뮬레이터와 같이 학습 전이를 용이하게 하는 실습 방법을 고려할 수 있다. 물론 이 장에서 논의된 많은 방법은 온라인 학습, 이러닝 및 원격학습에 사용하기 위해 적용할 수 있다. 이러한 훈련 방법은 8장에서 논의한다.

표 7.11 훈련 방법 비교

구분	프레젠테이션			핸즈온							그룹빌딩		
	강의	비디오	OJT	자기주도 학습	어프렌티스십	시뮬레이션	사례연구	비즈니스 게임	역할극	행동 모델링	모험학습	팀 훈련	액션러닝
학습 결과													
언어 정보	있음	있음	있음	있음	있음	없음	있음	있음	없음	없음	없음	없음	없음
지적 기능	있음	없음	없음	있음	있음	있음	있음	있음	없음	없음	없음	있음	없음
인지 전략	있음	없음	있음	있음	없음	있음	있음	있음	있음	있음	있음	있음	있음
태도	있음	있음	없음	없음	없음	없음	없음	없음	있음	없음	있음	있음	있음
운동 기능	없음	있음	있음	없음	있음	있음	없음	없음	없음	있음	없음	없음	없음
학습 환경													
분명한 목표	중	저	고	고	고	고	중	고	중	고	중	고	고
실습	저	저	고	고	고	고	중	중	중	고	중	고	중
유의미성	중	중	고	중	고	고	중	중	중	중	저	고	고
피드백	저	저	고	중	고	고	중	고	중	고	중	중	고
관찰/상호관계	저	중	고	중	고	고	고	고	고	고	고	고	고
훈련비용 전이													
개발	중	중	중	고	고	고	중	고	중	중	중	중	저
운영	저	저	저	중	고	저	저	중	중	중	중	중	중
효과성	고 (언어 정보)	중	고 (S-OJT)	중	고	고	중	중	중	고	저	중	고

가능하다면 다양하고 각기 다른 방법을 활용해야 훈련의 효과성을 증대할 수 있을 것이다. 학습을 촉진하기 위해 각 방법의 다른 강점을 활용할 수도 있다. 예를 들어, 마이애미 아동건강 시스템(Miami Children's Health System)에서는 신입사원 교육 내용에 조직의 문화를 이해하고 더욱 애착을 가지며 새로운 직무에 대해 배울 수 있도록 다양한 방법을 사용한다.[83] 임원은 임직원 대화를 통해서 조직의 비전, 사명, 가치와 역할의 중요성에 관하여 신입사원과 의사소통하게 된다. 직원은 조직에 대해 가질 수 있는 모든 질문에 답하는 데 도움이 되는 '버디(buddy)'를 얻게 된다. 신입사원은 교육 과정에 참석하는 동안에 시뮬레이션 프로그램을 통하여 현장직무훈련을 받는다.

요약

회사는 역량 개발과 학습을 위해 다양한 훈련 방법을 사용한다. 비록 새로운 테크놀로지가 여러 면에서 활용이 되고 있지만, 대부분은 여전히 직접적인 대면 학습을 사용한다. 이 장에서는 전통적인 훈련 방법을 소개하였다. 프레젠테이션은 다수와 효과적인 정보 교환을 하기 위해서 필수적이다. 이 방법은 학습자가 실습하고 토의하고 피드백을 받는 것을 필요로 한다. 핸즈온 방법은 학습자가 학습에 직접 참여하도록 하여 기술이나 행동을 스스로 개발하는 데 적합하다. 현장직무훈련, 시뮬레이션, 자기주도형 학습, 어프렌티스십, 비즈니스 게임, 사례연구 등이 그 예이다. 이러한 방법은 개발하는 데 비용이 많이 들지만 학습 전이에 적합한 환경을 제공한다는 장점을 가지고 있다. 그룹빌딩은 팀워크를 위해서 필요한 기술을 개발하는 데 초점을 맞추고 있다. 이를 통해 팀원 간 정체성과 응집력을 높인다. 팀 훈련은 팀의 고도의 기술과 집중력을 요하는 전문직종(외과팀, 항공팀) 분야에서 성공적인 결과를 보여주었지만, 경영자의 역량을 개발하는 효과성에 대해서는 여전히 검토해볼 필요가 있다.

핵심 용어

강의	액션러닝	팀 리더 훈련
교차훈련	어프렌티스십(도제)	팀 자기수정절차
그룹빌딩 방법	역할극	팀 훈련
대리강화	오디오비주얼 기법	프레젠테이션 방법
모델링 전시	자기주도학습	핵심 행동
모험학습	적용계획	핸즈온 방법
비즈니스 게임	전통적인 훈련 방법	행동모델링
사례연구	조화훈련	현장직무훈련(OJT)
시나리오 기반 훈련	체험학습	702010 모델
시뮬레이션(모의학습)	팀	

토의 문제

1. 훈련 방법 선택을 위한 70-20-10 모델의 적용이 무엇인가?
2. 사회적 맥락학습과 역량유도개발의 차이점은 무엇인가? 두 유형 다 필요한 방법인가? 설명하시오.
3. 강의, 사례연구, 행동모델링 훈련 방법의 장단점은 무엇인가?
4. 당신이 효과적인 팀 개발을 위한 모험학습이나 액션러닝 등을 고려한다면, 둘 중 무엇을 선택할 것인가? 이유를 기술하시오.
5. 행동모델링 학습의 과정을 설명하시오.
6. 학습자의 특성이 자기주도형 학습에 영향을 미치는가?
7. 효과적인 팀 성과의 요소는 무엇인가? 어떻게 훈련이 이러한 요소를 강화하는가?
8. 표 7.11에 기술된 각 훈련 방법의 특성을 비교하시오. 왜 시뮬레이션과 행동모델링이 학습 전이 효과가 높은가?
9. OJT가 비효과적인 이유는 무엇인가? 효과성을 높이기 위한 강구책은 무엇인가?
10. 어프렌티스십 프로그램이 직원을 유인하는 이유는 무엇인가?
11. 액션러닝 프로그램의 절차에 관해서 설명하시오. 어떠한 면이 가장 부각되는 장점인가? 어떠한 면이 학습 전이 효과를 높일 수 있을까? 이유를 설명하시오.

적용 과제

1. 자신에게 익숙한 직업을 선택하고, 해당 직업에 중요한 기술 개발을 위한 자기주도학습 모듈을 개발해보자.
2. 사브르 기업 개발(Sabre Corporate Development)의 웹사이트 www.sabrehq.com에 접

속하자. "Team Building"으로 이동하여 "All Team Building Events"를 클릭하자. 이 페이지에서 찾은 활동 및 사건 중 하나를 선택하고 검토하여 선택한 팀 빌딩 사건의 성공을 위해 무엇이 중요한지 토론하시오.

3. 모험학습을 제공하는 기관인 NOLS의 웹사이트 https://nols.edu/en/로 이동하여 NOLS가 제공하는 과정과 프로그램을 검토해보자. 각 과정과 프로그램 중 하나를 선택하고 교육에 사용할 수 있는 방법과 개발에 도움이 될 수 있는 기술을 설명하시오. 이러한 유형의 교육이 효과적이려면 프로그램에 무엇이 포함되어야 하는지, 이러한 유형의 교육의 잠재적인 단점은 무엇인지 논의하시오.
4. 두 명의 학생이 한 팀을 이루어 한 학생은 '교수자'로, 다른 학생은 '학습자'로 지정하자. 교수자가 종이컵 접는 방법을 읽는 동안 학습자는 잠시 자리를 떠나고 교수자가 지시 사항을 읽은 후에 학습자는 방으로 돌아간다. 그런 다음 교수자는 종이컵 접는 방법을 학습자에게 훈련시킨다(약 15분 소요). 교수자가 시간을 부를 때 교수자는 교육을 수행한 단계를 기록하며 훈련생은 훈련 세션(5~10분)의 강점과 약점에 대한 평가를 기록한다. (시간이 허락한다면 역할을 바꾸어서도 해보자).

적용 과제 4번의 보충자료
종이컵 접기 순서와 키포인트

	접기 순서	키포인트
	순서: 수행할 작업을 진행하기 위한 논리적 요소	키포인트: 안전하고 쉽고 정확하게 각 단계를 수행할 수 있도록 제공하는 정보와 절차
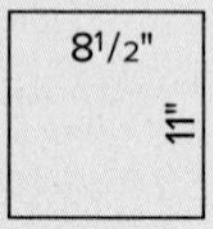	A4 용지를 앞에 준비한다.	1. 종이가 완전히 평평한지 확인한다.
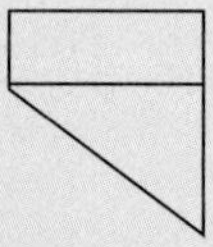	좌측 하단부를 접는다.	2. a. 우측 모서리가 반듯하게 일자로 되었는지 확인한다. b. 반듯하게 접혔는지 확인한다.
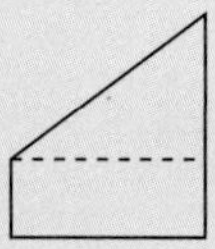	종이를 돌린다.	3. 오른손으로 우측 하단 모서리를 집어서 위로 돌린다(접힌 부분이 바닥을 향하도록 한다).
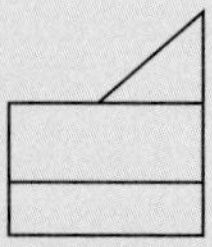	하단 나머지 부분을 위로 접는다.	4. a. 우측 모서리를 반듯하게 하고 접힌 부분이 바닥과 일자로 접히는지 확인한다. b. 반듯하게 접혔는지 확인한다.
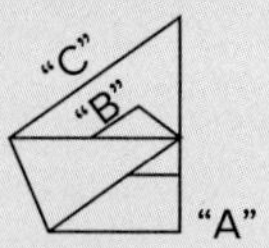	좌측 하단부 끝부분을 A 모서리 형태로 접는다.	5. a. B와 C가 평행한지 확인한다. b. 모서리 바닥이 중앙에 놓이도록 하여 손가락으로 잘 접을 공간을 확보한다.
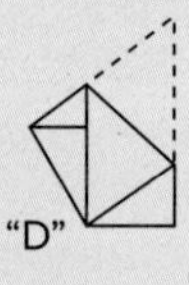	우측 상단부를 D까지 접는다.	6. a. 왼손으로 컵을 잘 잡는다. b. 오른손으로 위쪽 구석을 아래로 내린다.

	접기 순서	키포인트
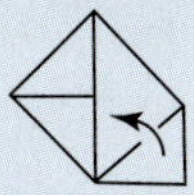	우측 하단부의 모서리를 뒤로 접는다.	7. a. 왼손으로 컵을 잡는다. b. 오른손으로 접는다. c. 반듯이 접는다.
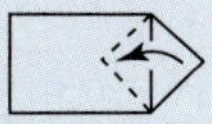	컵을 뒤집어 남은 부분을 뒤로 접는다.	8. 반듯이 접는다.
	컵이 물을 잘 담을 수 있는지 점검한다.	9. 컵을 열어서 구멍이 있는지, 접힌 부분이 안전한지 확인한다.

자료: P. Decker and B. Nathan, *Behavior Modeling Training* (New York: Praeger Scientific, 1985)에서 수정함.

훈련 과정과 교수자 또는 학습사로서 당신의 빈용에 대해 논의할 준비를 하자. 또한 효과적인 OJT를 위한 단계에 따라 교육이 어느 정도 진행되었는지 논의할 수 있도록 준비하자.

5. 비즈니스 시뮬레이션을 제공하는 웹사이트 www.celemi.com으로 이동하여 시뮬레이션 중 하나를 검토하자. 시뮬레이션이 나타내도록 설계된 상황을 설명하고 시뮬레이션의 어떤 요소가 작업 환경을 유사하게 하는지, 효과적인 학습 전이를 위한 시뮬레이션 개선을 어떻게 할 수 있을지 기술하시오.
6. 웬디스(Wendy's)의 훈련 영상 "Wendy's Training Video Chili Can Be Served with Cheese"를 https://www.youtube.com/watch?v=eOvHZDGK-kY에서 시청하고, 웬디스의 직원교육 비디오 프로그램이 얼마나 효과적인지 토론하시오. 비디오 프로그램 효과를 높이려면 무엇을 추가할 수 있는지 토의하시오.
7. 드럼 서클을 활용한 기업 팀 빌딩 전문 기업인 드럼카페(Drum Cafe)의 웹사이트 www.drumcafe.com으로 이동하여 웹사이트를 살펴보자.
   a. 드럼 서클이란 무엇인가? 참가자는 어떤 기술을 개발할 수 있는가?
   b. 드럼 서클을 사용하여 팀을 교육하는 회사에 훈련 전이가 발생하는지 확인하는 방법에 대해 어떤 제안을 하겠는가?
   c. 드럼 서클이 팀 훈련에 좋은 것 같은가? 그렇게 생각한 이유는 무엇인가?
8. 자동차 경주의 피트(pit) 직원 훈련 및 팀 훈련을 제공하는 회사인 피트 교육 및 훈련(Pit Instruction and Training)의 웹사이트 www.5off5on.com을 방문하자. "Corporate Training"에서 린 성과 U 및 팀 성과 U에 대해 읽어보자. 영상 자료 www.youtube.com/watch?v=u6akX9THcrg와 www.youtube.com/watch?v=VVQefr0bMNo를 시청하고 다음 질문에 답하시오.
   a. 이러한 유형의 교육은 어떤 기술을 향상할 수 있는가?
   b. 훈련 전이가 일어나도록 보장하기 위해 무엇을 할 수 있는가?
   c. 이 프로그램의 효과를 평가하는 방법을 어떻게 추천하겠는가?
9. TED의 웹사이트(www.ted.com)로 이동하여 한 편의 TED Talk를 선택하여 시청하자. 발표의 목적과 내용을 간략하게 설명하고 발표자에 주목해보자. 발표자가 주의를 끈 혹은 산만하게 한 행동이 무엇이 있는지 설명하시오.

10. www.wtb.wa.gov/Documents/OJTBestPracticesManual_emailversion.pdf로 이동하여 AJAC(Aerospace Joint Apprenticeship Committee)의 실무 교육 모범 사례를 읽어보자. 견습생을 위한 현장직무훈련 프로그램을 개발하려면 어떤 조치를 취해야 하는지 각 단계와 교육과정에 대한 중요성을 나열하고 간략하게 설명하시오.
11. 어프렌티스십에 대한 영상 https://www.youtube.com/watch?v=pl32Uyc3_ps를 시청한 후 이 방법이 다른 교육 방법과 구별되는 특징은 무엇인지 설명하시오. 견습이 경력으로 이어질 수 있는지 논의하시오.

사례 은행원을 위한 훈련 방법

BB&T는 노스캐롤라이나 윈스턴 세일럼에 본사를 둔 자산 2,210억 달러 규모의 금융회사이다. 전국 15개 주에 약 2,000여 개의 지점을 가지고 있으며, 이 회사는 독특한 지배구조를 가지고 있다. 각 지점을 지역 단위로 묶어 지역은행그룹으로 구성하고 각 지역 단위로 고객에 맞추어 의사결정을 하도록 하고 있다. 이러한 전략은 고객의 만족도와 충성도를 높이고 공감력을 높이는 효과를 가지고 왔다. 일반적으로 은행원들은

- 매 거래일의 출납부에 화폐단위를 정리하여 거래 내역을 기입한다.
- 현금지급을 위한 체크는 반드시 위조 여부와 서명을 확인하여 잔금에 맞추어 지급한다.
- 예입전표의 정확한 금액을 확인한다.
- 배서된 내용과 고객, 은행, 금융정보를 확인한다.
- 계수된 화폐의 액수와 입출금된 내용을 확인한다.
- 자기앞수표를 준비 및 확인한다.
- 예입전표와 체크를 분류 및 확인한다.
- 충분한 현금을 확보하여 준비한다.
- 현금과 여행자 수표 등의 재고를 확인한다.

최근 애플이 애플페이(Apple Pay)를 선보이며 많은 애플 고객들이 현금이 아닌 크레디트 카드로 구입하도록 유인하였고, 보다 안전한 보안성 결제수단의 새로운 기술을 선보였다. 고객들은 보다 안전한 방법으로 아이폰, 애플워치, 아이패드 등을 활용하여 결제를 진행할 수 있게 되었다. 더 많은 정보는 www.apple.com/apple-pay에서 볼 수 있다.

BB&T 은행원들에게 애플페이에 관한 교육을 진행한다고 했을 때 적절한 훈련 방법(들)을 제시하고 이유를 설명하시오.

자료: "BB&T Winston-Salem, North Carolina, Channeling Aristotle," *T+D* (October 2008), pp. 50–52; "Corporate Profile," from https://bbt.mediaroom.com, accessed March 7, 2018; Tasks and work responsibilities are taken from https://www.onetonline.org/ O*Net online summary report for bank tellers (Job Code 43-3071.00), accessed March 25, 2018; www.apple.com/apple-pay를 기반으로 함.

Chapter 8

테크놀로지 기반 훈련 방법

학습목표

1. 새로운 테크놀로지가 어떻게 훈련에 영향을 미치는지 설명한다.
2. 웹기반의 훈련 사이트를 평가한다.
3. 새로운 훈련 테크놀로지가 어떻게 학습과 훈련 전이를 향상하는지 설명한다.
4. 이러닝과 모바일 학습을 통한 훈련 방법(예: 아이패드)과 시뮬레이션의 장점과 단점에 대해 설명한다.
5. 소셜미디어의 다양한 종류와 훈련에 도움이 되는 소셜미디어의 조건에 대해서 설명한다.
6. 관리자에게 다양한 원격학습에 대해서 설명한다.
7. 전자 성과 지원 시스템(EPSS)에 무엇이 포함되어야 하는지 추천한다.
8. 전통적인 훈련 방법과 테크놀로지 기반의 훈련 방법의 장점과 단점을 비교 및 대조한다.
9. 학습 관리 시스템의 혜택을 파악하고 설명한다.

직원 훈련에 테크놀로지를 사용해 성과를 거둔 페이팔!

페이팔(PayPal)의 디지털 결제 플랫폼은 전 세계 시장에 있는 2억 명 이상의 활성 계정 소유자에게 온라인, 모바일 기기, 앱 사용 또는 대면 등 새로운 방식으로 연결하고 거래할 수 있는 자신감을 준다. 테크놀로지 혁신과 전략적 파트너십을 사용하여 페이팔은 더 나은 돈 관리 및 이동 방법을 만들었으며 전 세계에서 송금하고 지불을 하거나 지불을 받을 때 선택권과 유연성을 제공한다. 브레인트리(Braintree), 벤모(Venmo) 및 줌(Xoom)을 포함하는 페이팔 플랫폼을 통해 소비자와 기업은 다양한 통화로 돈을 받고, 자금을 인출하고, 잔액을 보유할 수 있다. 페이팔은 제품 및 서비스에 대한 지불 방식을 디지털화하기 위해 테크놀로지를 사용하는 것과 관련하여 최첨단 지불 서비스로 간주되지만, 훈련을 위한 테크놀로지 사용에서는 최첨단으로 간주되지 않았다. 그러나 페이팔 러닝(PayPal Learning)이 직원 훈련 프로그램에 학습 테크놀로지를 도입하면서 상황이 바뀌었다.

페이팔은 사용하기 쉽고 5,000명 이상의 직원에게 익숙한 소셜미디어를 교육에 통합하기로 결정했다. 페이팔은 직원들이 서로 연결할 수 있는 비공개 페이스북 그룹을 만들고 전문가를 초대하여 질문하고 지식을 얻고 지식을 공유하도록 했다. 페이팔은 또한 근로자가 트위터의 비디오 서비스를 사용하여 짧은 훈련 모듈을 시청하도록 권장한다. 페이팔은 대규모 공개 온라인 과정(MOOC)을 제공하는 유데미 비즈니스(Udemy for Business)에 대한 접근 권한을 직원에게 제공한다. 직원들은 다양한 주제에 대한 1,600개 과정에 접근할 수 있으며 완료 시점을 완벽하게 제어할 수 있다. 중요한 튜토리얼을 북마크에 추가하거나 나중에 참조할 수 있도록 강의를 저장할 수도 있다.

훈련에 테크놀로지를 통합한 결과 페이팔은 6개월마다 두 개의 교육과정을 이수하는 직원('활성 학습자'라고 함)의 수가 두 배로 증가한 것을 확인했다. 또한 회사는 훈련비용을 25% 절감했다.

자료: H. Clancy, "A New Mind-Set," *Fortune* (January 1, 2017), p. 30; "About PayPal" from www.paypal.com, accessed January 29, 2018; E. Wiechers, "PayPal Invests in Workplace Skills Development With Roll Out of Udemy for Business," (April 12, 2016) from https://about.udemy.com/udemy-for-business/paypal-invests-in-workplace-skills-development-with-rollout-of-udemy-for-business/ accessed January 29, 2018을 기반으로 함.

서론

앞에서 언급된 사례에서 알 수 있듯이 테크놀로지는 훈련이 전달되는 방식에 큰 영향을 미친다. 페이팔은 테크놀로지 기반 훈련 방법을 사용하여 잘 설계된 대면 교육(연습, 피드백, 학습자 참여)과 유사한 이점을 제공하지만 훈련을 위해 직원을 한자리에 모으는 것과 관련된 비용 및 시간 문제를 극복하는 학습 환경을 제공한다. 온라인 학습을 통해 교육생은 언제 어디서나 훈련에 참여할 수 있다. 온라인 학습과 같은 훈련을 제공하기 위한 테크놀로지의 효과적인 개발 및 사용은 교육, 정보 테크놀로지 및 최고경영진의 영역 간 협력이 필요하다. 또한 요구 조사, 설계, 전이 및 평가(훈련 설계)는 테크놀로지 기반 훈련을 효과적으로 사용하는 데 중요한 구성요소이다. 소셜미디어, 태블릿 컴퓨터 및 가상 현실과 같은 테크놀로지가 흥미로운 기능과 가능성을 제공하지만 기업이 비즈니스와 학습자의 요구를 모두 지원하는 훈련 테크놀로지를 사용하는 것이 중요하다.

페이팔만이 새로운 훈련 테크놀로지를 채택한 것은 아니다. 직무 요구로 인해 직원들은 종종 수업을 찾거나 참석할 시간이 없으며, 소규모 회사에서는 공식적인 외부 교육과정에 자금을 지원하는 데 어려움을 겪는다.[1] 테크놀로지는 직원이 필요할 때 직장에서 학습에 참여할 수 있도록 도와준다. 예를 들어 직원은 교육과정을 추천하고 비즈니스 기능의 다른 직원이 학습에 사용하는 내용을 보여주는 포털에 접속할 수 있다. 린다닷컴(Lynda.com), 스킬소프트(Skillsoft) 및 그로보(Grovo)와 같은 공급업체는 직원들이 특정 전문 분야에서 기술을 향상할 과정을 정확히 찾아낼 수 있는 기회를 제공한다. 기계 유지보수, 제조 공정 또는 안전을 위한 짧은 훈련 모듈을 사용할 수 있으며, 완료하는 데 15분 미만이 소요되며 직원의 일정에 반영된 활동을 포함하여 학습한 내용을 적용할 수 있다. 또한 인공지능 및 증강 현실과 같은 테크놀로지는 직원에게 현장업무 수행 지원을 제공할 수 있다.

7장 "전통적 훈련 방법"에서 논의했던 것과 같이, 강사주도 강의식 훈련은 여전히 인기 있는 훈련 방법이다. 하지만 훈련 전달과 교수법을 위한 테크놀로지의 사용은 증가하고 있는 추세이며, 앞으로도 계속 증가할 것으로 예상된다. 표 8.1에서는 이와 같이 증가하는 훈련의 새로운 테크놀로지 사용에 대한 짤막한 요약을 제공하고 있다. 기술이 발전하고, 기술 비용이 감소하며, 기업이 태블릿, 모바일 폰, 그리고 소셜미디어를 통한 훈련의 잠재적인 원가절감 효과에 대한 인식이 증가하고, 맞춤형 훈련에 대한 요구가 증가함에 따라서, 훈련의 테크놀로지 사용은 향후 10년 동안 극적으로 증가할 것으로 예상된다.[2] 이 장의 뒷부분에서 볼 수

표 8.1 훈련의 새로운 테크놀로지 사용

• 총 훈련 시간의 15%는 가상 수업을 통해서, 31%는 온라인을 통해서 제공되고 있다. • 총 학습시간의 41%는 테크놀로지 기반의 훈련 방법과 연관되어 있다. • 86%의 회사는 학습 관리 시스템을 사용하고 있다. 회사 규모에 따라 분석해보면, 대기업(1만 명 이상의 종업원)의 96%, 중간 규모 기업(1,000~9,999명의 종업원)의 89%, 작은 규모 기업(100~999명의 종업원)의 77%가 학습 관리 시스템을 사용하고 있다. • 54%의 대기업(1만 명 이상의 종업원)은 모바일 학습 애플리케이션을 사용하는 반면, 중간 규모의 기업(1,000~9,999명의 종업원)의 27%, 작은 규모의 기업(100~999명의 종업원)의 27%가 모바일 학습 애플리케이션을 사용하고 있다.

자료: M. Ho, "2017 State of the Industry" (Alexandria, VA: Association for Talent Development, 2017); "2017 Training Industry Report," *training* (November/December 2017), pp. 20–33을 기반으로 함.

있듯이, 새로운 훈련 테크놀로지는 대면 교수법을 완전히 대체할 수는 없을 것이다. 오히려, 대면 교수법은 학습을 최대화하기 위하여, 새로운 훈련 테크놀로지와 결합하게 될 것이다(**블렌디드 학습**).

트위터 그리고 페이스북과 같은 소셜미디어는 많은 사람들, 특히 밀레니얼 세대가 그들의 일상생활 속에서 활발히 사용하고 있기 때문에, 이러한 소셜미디어의 개발, 유용성, 사용은 훈련과 학습에 중요한 영향을 미칠 잠재력을 가지고 있다. 현재 많은 기업이 신입사원 채용, 마케팅, 그리고 새로운 상품과 서비스 개발을 위해 이 도구들을 사용하고 있다. 또한 이 도구들을 학습을 위해 사용하고 있고, 소셜미디어를 바탕으로 맺은 타인과의 관계와 협력을 통해 직원들이 스스로 그들의 학습에 대한 접근 및 관리를 가능하게 함으로써 학습을 바꾸고 있다. 학습에 사용되는 소셜미디어 도구는 작업 공간 공유, 소셜 네트워크, 위키, 블로그, 팟캐스트, 마이크로블로그 등이 있다. 작업 공간 공유, 소셜 네트워크 및 위키가 학습을 위해 가장 일반적으로 사용되는 소셜미디어이다.[3]

소셜미디어 사용 정도와 소셜미디어의 잠재적인 혜택에 대한 인지 정도는 세대별로 차이가 있는 것 같다. 베이비붐 세대 혹은 X세대에 비하여, Z세대와 밀레니얼 세대는 소셜미디어 도구가 학습과 업무를 하는 데 도움이 된다고 믿고 소셜미디어를 학습에 사용하고 있다. 이것은 아마도 Z세대와 밀레니얼 세대가 그들의 사생활에서 소셜미디어를 더 많이 사용하여, 그 결과 업무에서 이것을 사용하는 데 불편함을 느끼지 못해서일 것이다.

새로운 테크놀로지가 훈련의 전달, 지원, 운영에 미치는 영향에 대해서 논의하면서 이 장을 시작한다. 어떻게 테크놀로지가 학습 환경을 변화시켜 왔는지도 함께 언급될 것이다. 그 다음, 컴퓨터 기반의 훈련, 온라인 학습, 그리고 이러닝에 대하여 탐색한다. 이러닝은 훈련 내용과의 상호작용을 통한 학습, 다른 학습자들 간의 공유, 그리고 인터넷 자원의 사용에 관하여 강조하고 있다. 훈련 전달과 교수법을 위한 소셜미디어, 아이패드와 같은 태블릿, 그리고 모바일 스마트폰 등을 포함한 테크놀로지의 사용을 소개한다. 그런 뒤, 훈련 방법이나 현장직무 수행 지원을 위해 사용되는 전문가 시스템과 지능형 개인지도 시스템, 인공지능과 증강 현실에 대해서 논의한다. 또한, 이 장에서는 어떻게 학습 관리 시스템이 훈련 프로그램의 전달과 운영을 지원하는지를 제시한다. 마지막에서는 새로운 테크놀로지를 기반으로 하는 다양한 훈련 방법을 비교한다. 전통적인 대면 교육과 테크놀로지 기반 교육 방법을 결합한 블렌디드 학습 접근 방식은 사용 가능한 교육 방법의 장점을 활용하는 가장 좋은 방법일 수 있다.

훈련과 학습에 대한 테크놀로지의 영향

1장과 2장을 통하여, 기업이 그들의 사업 전략을 실행할 수 있고 업무현장에 영향을 미치는 요소에 대응할 수 있도록 도와주는 훈련과 개발의 역할에 대하여 논의하였다. 기업이 경쟁우위를 점할 수 있도록 도와주기 위해서는 훈련이 기업의 사업 목표를 지원해야 할 뿐만 아니라, 필요에 따라 재택근무 혹은 다른 나라에서 일을 하는 등과 같이 지역적으로 널리 퍼져 있는 직원들에게도 전달되어야 한다. 출장 경비와 같이 훈련에 사용되는 비용은 반드시 최소화해야 하며, 학습과 훈련 전이와 같이 학습을 통해서 얻을 수 있는 혜택은 최대화해야 한다. 학습과 훈련 전이가 일어나기 위해서(즉, 훈련의 이점을 실현하기 위해서), 훈련 환경은 반드시 실습, 피드백, 의미 있는 자료, 그리고 타인과 상호작용하면서 배울 수 있는 능력 등과 같은 학습 원리를 포함하고 있어야 한다.

새로운 테크놀로지는 훈련 전달과 관련된 비용의 감소 및 학습 환경 유효성의 증가, 그리고 사업 목표에 대한 기여를 가능하게 만들었다. 표 8.2에서는 이 장에서 논의할 새로운 테크놀로지 기반 훈련 방법의 일부 목록과 이들에 대한 각각의 설명, 그리고 관련 사례를 제공하고 있다.

새로운 테크놀로지는 훈련의 전달, 훈련의 운영, 그리고 훈련의 지원에 영향을 미치고 있다. 아래와 같은 혜택은 테크놀로지에 의해서 가능해졌다.[4]

- 직원은 훈련을 받는 시기와 장소에 대해 스스로 제어가 가능하다.
- 직원은 필요에 따라 지식 및 전문가 시스템에 접근할 수 있다.
- 아바타, 가상 현실, 시뮬레이션의 사용을 통해서 학습환경은 실제 업무 환경처럼 보고, 느끼고, 들을 수 있다.
- 직원은 훈련 프로그램에서 사용하기를 원하는 매체의 종류(인쇄물, 소리, 영상 등)를 직접 선택할 수 있다.

표 8.2 훈련에 사용되는 새로운 테크놀로지

이러닝, 온라인 학습, 컴퓨터 기반 훈련(CBT), 웹기반 훈련(WBT) 컴퓨터 혹은 웹을 사용하여 전달되는 훈련. 문서 혹은 영상을 담은 CD 혹은 DVD도 포함
인터넷 방송(웹캐스트)/온라인 회의(웨비나) 여러 장소에 분산되어 있는 학습자들을 위한 생중계 웹기반 교수 전달법
팟캐스트 웹기반으로 전달되는 오디오와 비디오 파일

모바일 학습
스마트폰 혹은 태블릿 컴퓨터 등과 같은 소형 모바일 기기를 통하여 전달되는 훈련

블렌디드 학습
강의실 기반 및 웹기반 교육법을 통합하여 설계한 훈련 방법처럼 테크놀로지와 대면 강의식 교수법을 통합하여 전달되는 훈련

위키
사용자들 간의 지식 공유뿐만 아니라, 많은 사용자들이 콘텐츠를 직접 생성하고 수정하고 업데이트할 수 있도록 권한을 부여한 웹사이트

원격학습
다른 장소에 있는 학습자들에게 온라인, 웹캐스트, 혹은 가상교실 등을 통해서 전달되는 훈련. 채팅창, 이메일, 그리고 온라인 토론방과 같은 의사소통 도구가 함께 지원됨

소셜미디어
사용자 제작 콘텐츠를 직접 제작하고 교환할 수 있는 대화형 커뮤니케이션을 창조할 수 있도록 제작된 온라인 및 모바일 테크놀로지. 위키, 블로그, 페이스북, 마이스페이스(MySpace), 링크드인과 같은 네트워크, 트위터와 같은 마이크로쉐어링(microsharing) 사이트, 그리고 유튜브와 같은 공유 매체를 모두 포함함

공유된 작업공간
구글 독스(Google Docs)처럼 웹 서버에서 관리되는 공간으로 정보과 문서를 공유할 수 있음

RSS 피드
정보가 갱신될 때마다 이메일 대신 구독자에게 직접 발송되는 콘텐츠

블로그
워드프레스(WordPress)처럼 사이트 운영자의 관심사에 따라서 자유롭게 글을 올리고 독자들이 이에 언급을 할 수 있도록 제작된 웹사이트

채팅방과 토론 게시판
학습자들이 의사소통을 할 수 있는 전자 공간 혹은 전자 게시판. 학습자들 간의 의사소통은 시간의 제약 없이 (같은 시간대 혹은 다른 시간대) 발생함. 학습 촉진자 혹은 강사는 주제별로 그룹을 나눔으로써 이들의 대화를 중재할 수 있음

마이크로블로그 혹은 마이크로쉐어링
독립실행형 앱, 온라인 공동체, 혹은 소셜 네트워크(예: 트위터)를 통해서 단문, 링크, 멀티미디어 등을 사용하여 생각을 공유하고 소통할 수 있는 소프트웨어 도구

대규모 공개 온라인 과정(MOOC)
많은 수의 학습자(대규모)를 등록하도록 설계된 학습. 인터넷 연결(개방)이 있는 모든 사람이 무료로 접속할 수 있음. 강의 비디오, 토론 그룹을 포함한 대화식 교과과정 및 위키(온라인)를 사용하여 진행. 특정 시작 및 완료 일정, 퀴즈 및 평가, 시험(교육과정)이 있음

적응 훈련
학습자의 필요에 따라 콘텐츠를 맞춤화하여 제공하는 훈련

머신 러닝
데이터에 알고리즘을 적용하여 향후 제안 및 데이터 검색을 알리는 사용자 경향 및 패턴을 식별하는 기술

증강 현실(AR)
학습자로 하여금 가상 미디어가 포함된 주변의 실제 세계를 볼 수 있도록 함

인공지능(AI)
컴퓨터, 컴퓨터 제어 로봇 또는 인간처럼 지능적으로 생각하는 소프트웨어와 같은 시스템

자료: N. Kroc, "Reality Reboot," *HR Magazine* (October 2017), pp. 46–51; D. Zielinski, "Get Intelligent on AI," *HR Magazine* (November 2017), pp. 60–61; S. Gale, "Ready or Not, the Future Is Now," *Chief Learning Officer* (March 2017), pp. 20–21; R. High, "3 Terms All Business Professionals Need to Understand," *VentureBeat* (February 24, 2018) from https://venturebeat.com, accessed March 7, 2018; R. Johnson and H. Gueutal, *Transforming HR Through Technology* (Alexandria, VA: SHRM Foundation, 2010); American Society for Training and Development, *Transforming Learning with Web 2.0 Technologies*, 2010 survey report; T. Bingham and M. Conner, *The New Social Learning* (Alexandria, VA: American Society for Training and Development Press, 2010); A. Kaplan and M. Haenlein, "Users of the World Unite! The Challenges and Opportunities of Social Media," *Business Horizons* 53 (2010), pp. 59–68. T. Poeppelman, E. Lobene, and N. Blacksmith, "Personalizing the Learning Experience through Adaptive Training," *The Industrial-Organizational Psychologist* (April 2015), from www.siop.org.; R. Grossman, "Are Massive Open Online Courses in Your Future," *HR Magazine* (August 2013), pp. 30–36을 기반으로 함.

- 수업 등록, 테스트, 훈련 기록을 전자적으로 처리할 수 있게 됨으로써 문서 업무와 행정 업무에 필요한 시간이 감소되었다.
- 직원의 훈련을 통한 성취물을 모니터링할 수 있다.
- 교실수업 그리고 행동모델링 등과 같은 전통적인 훈련 방법 또한 중앙 훈련 장소에 모이지 않고서도 훈련자들에게 전달이 가능하다.

테크놀로지가 훈련과 학습에 영향을 미친 가장 중요한 세 가지 방식은 다음과 같다. (1) 더 큰 협업을 제공하고, (2) 보다 역동적인 학습 환경을 만들고, (3) 학습자 제어를 향상한다.[5]

테크놀로지를 통한 협업 촉진

테크놀로지는 디지털 협력을 가능하게 만들었다. **디지털 협력**(digital collaboration)이란 테크놀로지의 사용으로 지리학적 접근성의 제한 없이, 직원들이 함께 작업을 할 수 있는 범위의 확장과 능력의 향상을 의미한다.[6] 전자 메시지 시스템, 전자 회의 시스템, 직원들이 대화형 토론 영역에 접근하고 훈련 콘텐츠 및 웹 링크를 공유할 수 있는 주제별로 구성된 온라인 학습 커뮤니티, 소셜 네트워크, 상호작용을 가능하게 해주는 협력 테크놀로지 기반으로 제작된 문서 처리 시스템 등이 디지털 협력의 대표적인 예이다. 디지털 협력에는 컴퓨터, 태블릿, 혹은 웹 브라우저나 관련 앱이 설치되어 있는 휴대전화가 필요하다. 디지털 협력은 동기식과 비동기식으로 분류된다.[7] **동기식 소통**(synchronous communication)은 대면 교육에서 상호작용하듯이 강사, 전문가, 그리고 학습자가 서로 실시간으로 상호작용할 수 있는 상태를 의미한다. 원격 화상회의, 실시간 온라인 수업(가상 교실)과 같은 테크놀로지를 통해서 실시간 소통을 가능하게 하였다. **비동기식 소통**(asynchronous communication)은 비실시간 상호작용을 의미한다. 즉, 서로 온라인 공간에 동시대에 존재하고 있지 않으며, 시간 지연 없이 서로 의사소통을 하는 것은 불가능한 상태를 의미한다. 하지만 학습자가 정보를 필요로 할 경우, 언제든지 해당 정보 자원에 접근이 가능하다. 이메일, 웹사이트 혹은 시디롬을 통한 자기 진도 학습, 그룹 토론, 그리고 가상 도서관 등이 이에 해당한다.

역동적 학습환경을 만드는 테크놀로지

7장에서 논의하였듯이, 강사가 학습자에게 정보를 전달하고, 이에 대한 실습 및 적용은 강의가 끝난 이후에 발생하는 순으로 교육이 진행됨으로써, 학습은 교수자 주도의 기본 프로세스가 될 수 있다. 많은 학습 환경에는 교수자 또는 훈련강사와 학습자만 포함된다. 훈련강사는 내용 전달, 질문 답변 및 학습 테스트를 담당한다. 학습자는 학습에서 수동적인 역할을 한다. 훈련 내용에 내한 커뮤니케이션은 강사에서 학습자로 단방향이다. 전문가 및 기타 자료는 학습 환경과 분리되어 있다. 강사로부터 제공되는 교육범위에서 벗어나는 자료 및 전문가의 의견을 구하기 위해서, 학습자들은 형식적인 학습 환경을 벗어나야 한다. 또한 학습자는 이러한 자료 및 타 전문가의 의견을 구하기 위해서는 강의가 끝날 때까지 종종 기다려야 한다. 학습자들 간의 상호작용도 주로 훈련을 제공받는 공간 밖에서 이루어졌으며, 이러한 상호작용도 지리적으로 같은 공간에서 교육을 받는 학습자들로만 제한되는 경향이 있다.

이에 반해, 테크놀로지는 학습이 더욱 역동적인 과정을 통해서 일어날 수 있게 해주었다. 그림 8.1의 오른쪽 부분과 같이, 테크놀로지로 인하여 학습 환경이 학습자와 훈련 내용 간, 그리고 학습자와 교수자 간 더 많은 상호작용이 발생할 수 있는 환경으로 확장되었다고 볼 수 있다. 교수자가 수업을 설계하는 데 도움을 제공할 수는 있으나, 수업의 전달은 주로 온라인 학습, 시뮬레이션, 아이팟, 혹은 아이패드와 같은 테크놀로지를 통해서 학습자에게 전달된다. 교수자는 학생들의 질문을 해결해주는 코치 및 자료 제공자로서 훈련에 참여하게 되며, 내용 전달에 관여를 덜 하게 된다. 학습은 주로 다른 학습자들과의 교환을 통해서 진행된다. 예를 들면, 블로그, 위키, 혹은 다른 종류의 소셜미디어를 사용하면서, 가상 팀 프로젝트

그림 8.1 학습 환경의 종류

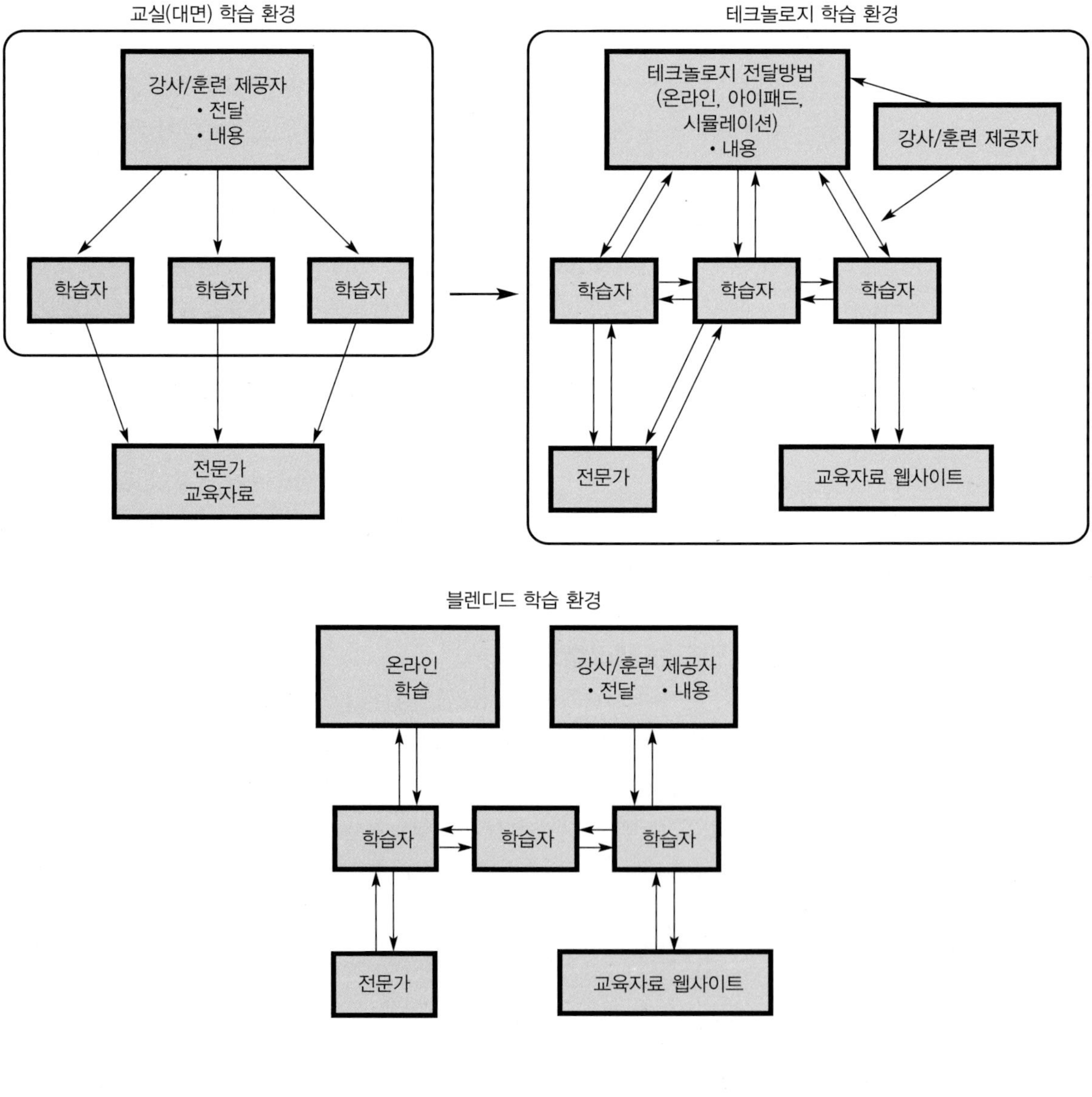

를 진행하면서, 게임에 참가하면서, 전문가(예: 엔지니어, 관리자)의 의견을 듣거나 서로의 의견을 교환하는 등의 소통을 통해서, 그리고 발견한 아이디어나 응용 프로그램을 링크를 통해서 다른 학습자들과 공유하는 등과 같은 교환활동을 통해 학습이 일어난다. 전문가와 자료도 학습 환경의 한 부분으로 포함된다. 학습자가 훈련, 응용, 시뮬레이션 등과 같은 방법을 통해서 훈련 내용을 학습하는 동안에, 다른 학습자들과 학습한 내용에 대해서 서로 논의할 수 있으며, 관련 전문가 혹은 인터넷 자료에 대한 접근도 가능하다. 훈련 전달과 운영(예: 학습자의 발전현황 확인)은 모두 학습 관리 시스템을 통해서 가능하다(이 장 뒷부분에서 다시 논의한다). 그림 8.1 아랫부분에서 제시하고 있듯이, 블렌디드 학습 환경에서는 학습자들이 온라인 그리고 교실 훈련학습에 모두 참여 가능한 교육과정을 제공하고 있다. 학습자 간, 학습자와 훈련 내용 간(시뮬레이션 혹은 게임), 학습자와 교수자 간, 그리고 학습자와 전문가 간의 협업이 가능해졌다. 새로운 테크놀로지가 협업, 학습자의 적극적인 참여, 기타 자료에 대한 접근을 포함하여 역동적인 학습 환경을 만드는 것은 중요하다. 역동적 학습 환경에는 소셜 네트워크, 블로그, 위키 및 트위터와 같은 마이크로블로그를 포함한 **웹 2.0**(Web 2.0) 기술의 사용이 포함될 수 있다.[8]

콕스 오토모티브(Cox Automotive)가 클라우드 기반 비디오를 사용하여 영업 담당자를 위한 역동적인 학습 환경과 협업 문화를 조성하고 다른 사람을 돕는 방법을 고려해보자.[9] 영업 담당자는 비디오에 접근한 다음 응답을 녹화하고 비디오를 업로드한다. 예를 들어, 비디오 중 하나는 판매 담당자에게 자동차 딜러를 방문하는 동안 어떤 제품을 제시할 것인지 묻는다. 응답을 제출한 후 피드백과 의견을 제공하고 취한 조치의 효율성에 대한 평가를 제공하는 동료의 검토를 받는다. 검토를 위한 최종 비디오를 제출하기 전에 대부분의 영업 담당자는 4~5개의 비디오를 녹화하여 응답을 수정하는 연습을 한다. 비디오의 피드백은 영업 담당자가 대면 교육에서 받는 피드백과 유사하지만 담당자가 일반적으로 상호작용하지 않는 다른 위치의 동료로부터 피드백을 받을 수 있다는 이점이 있다.

학습자가 스스로 통제하도록 지원하는 테크놀로지

학습자 통제(learner control)는 훈련생에게 자기 진도 연습, 다른 자료에 대한 링크 탐색, 훈련생 및 전문가와의 대화 참여를 통해 학습할 수 있는 옵션을 제공하는 것을 의미한다. 여기에는 콘텐츠 표시 방식(예: 텍스트, 사진, 영상 등)을 선택하고 콘텐츠를 일시 중지, 건너뛰기 및 검토하고 추가 자료에 연결하는 기능이 포함된다. 즉, 온라인 학습을 통해 일반적으로 강사(프레젠테이션, 슬라이드, 영상, 시각 자료) 또는 훈련생(토론, 질문)과 그룹 상호작용(교육 콘텐츠 적용에 대한 토론)에 주도되는 전형적인 활동을 훈련생이 물리적으로 훈련 공간에 존재하지 않으면서 훈련에 통합할 수 있다. 최신 테크놀로지를 통해 훈련생은 집, 직장 또는 해변을 포함하여 언제 어디서나 훈련을 제공받을 수 있고, 접근할 수 있다. 훈련 콘텐츠는 언제 어디서 참여할지 결정할 수 있는 훈련생에게 일관된 방식으로 전달될 수 있다.

이 장에서 설명하는 많은 훈련 방법에는 이러한 기능이 있다. 예를 들어, 온라인 학습 또는 이러닝에는 인터넷이나 웹을 사용한 훈련 교수법 및 전달이 포함된다. 원격학습에는 일반적으로 화상회의 및/또는 컴퓨터가 포함되어 훈련강사가 한 장소에 있지 않은 훈련생에게 교육을 전달한다. 모바일 테크놀로지는 아이팟, 아이폰, PDA(personal data assistant), 아이패드 및 노트북 컴퓨터를 통해 훈련을 전달할 수 있으며, 훈련생은 언제 어디서나 훈련 프로그램에 참여할 수 있다. 새로운 훈련 테크놀로지를 통해 텍스트, 그래픽, 비디오 및 오디오를 포함한 여러 미디어를 사용할 수 있다. 이를 통해 학습 콘텐츠를 다양한 방식으로 제시할 수 있어 훈련생의 선호도와 학습 스타일에 어필할 수 있다.

파머스 인슈어런스 그룹에서 훈련이 제공되는 방식에 테크놀로지가 어떻게 영향을 미쳤는지 생각해보자.[10] 파머스는 블렌디드 학습 접근 방식을 사용하여 미국 전역에 있는 다양한 세대 계층의 직원 및 보험 대리점에 효과적인 학습을 제공한다. 파머스 인슈어런스의 훈련 프로그램은 대면 교육, 인쇄, 온라인, 비디오, 오디오, 가상 시뮬레이션 및 코칭을 통합하여 제작하였다. 테크놀로지는 지식을 전달하는 데 사용되며 강사주도 교육은 기술 개발에 사용된다. 지난 5년 동안 강사주도의 강의실 기반 교육을 통해 제공되는 학습의 양이 90%에서 50%로 감소했다. 나머지 50%는 온라인 또는 비공식 학습을 통해 이루어지고 있다. 예를 들어 파머스 인슈어런스는 고객 경험, 유통 및 제품 관리 우수성을 강조하는 회사의 사업 전략을 지원하기 위해 직원들이 청구 처리, 평가, 청구 및 제품 시스템의 변화에 대처할 수 있도록 다양한 훈련 방법을 사용하고 있다. 현장 관리자는 필요한 새로운 지식을 제공하도록 설계된 온라인 교육 및 웨비나를 수료해야 한다. 그런 다음 관리자는 강사주도 교육, 비디오 및 코칭 가이드를 받는다.

파머스 인슈어런스는 가상 교실, 모바일 학습, 소셜 네트워크, 아이패드와 같은 전자 태블릿 및 학습 시뮬레이션도 사용하고 있다. 유니버시티 오브 파머스(University of Farmers)에서 과정을 수강하는 동안 학습자는 전자 태블릿을 사용하여 메모를 작성하고 웹사이트 및 기사에 접근하고 비디오를 볼 수 있다. 태블릿의 비디오 기능을 통해 강사는 학습자가 기술을 연습하는 과정을 녹화한 다음 피드백과 코칭을 제공할 수 있다. 또한 강사는 비디오가 포함된 아이북(iBook)과 같은 학습 자료를 만들 수 있다. 공식적인 교실 환경 밖에서의 학습을 장려하기 위해 파머스는 고객, 판매 대리인 및 직원을 위한 아이파머스(iFarmers) 앱을 개발했다. 아이파머스 고객 앱은 고객이 다양한 보험 상품에 대해 알 수 있도록 도와준다. 아이클레임즈(iClaims) 앱은 고객이 보험 청구를 입력하고 관리할 수 있는 접근 권한을 제공한다. 아이에이전트(iAgent) 앱은 판매 대리인을 위한 비즈니스 중심 학습을 제공한다. 파머스 인슈어런스는 직원들이 협업, 지식 생성 및 공유는 물론 성과 지원을 제공할 수 있도록 소셜 네트워킹을 실험하고 있다. 일부 훈련 프로그램은 협동 연습을 위해 소셜 네트워크를 사용하고 있다. 파머스의 '에이전시 인사이더(Agency Insider)' 프로그램을 통해 학습자는 트위터, 페이스북, 이메일 또는 RSS 피드를 사용할지 여부를 지정할 수 있다.

파머스 인슈어런스의 보험금 조정자들은 지진, 홍수, 토네이도 및 기타 재해로 피해를 입은 주택을 검사하는 방법에 대해 훈련을 받아야 한다. 파머스는 가상 현실을 활용해 회사의 기존 교육 프로그램에서는 시뮬레이션이 불가능한 다양한 시나리오를 만들고 있다. 파머스는 가상 현실(VR) 개발자와 협력하여 수해를 입은 VR 2층 주택을 만들었다. 각 시나리오를 완료하는 데 약 15분이 소요되며, 각 시나리오가 무작위로 제시되어 훈련생마다 서로 다른 장소에 누수가 나타난다. 가정에서 일하는 훈련생들은 문제가 있는 화장실이나 온수기에 태그를 달 수 있는 디지털 도구를 사용할 수 있다. 그들은 심지어 '가짜' 아이패드를 사용하여 배관공을 부르거나 보험 대리인에게 모든 문제를 확인했다고 느낄 때 연락할 수 있다. 예상 청구 조정자는 자신이 파악한 문제와 조치의 적절성에 기초하여 점수가 매겨진다. 가상훈련 경험은 다른 청구 조정자들이 동료 훈련생들의 수행을 실시간으로 볼 수 있는 교실로 방송될 수 있다. VR 세션은 직원들이 녹화하고 접근하여 검토할 수도 있다.

다음 절에서는 훈련 테크놀로지, 테크놀로지 사용 방법, 이러한 테크놀로지의 잠재적인 장점과 단점에 대해 설명한다.

컴퓨터 기반 훈련, 온라인 학습, 웹기반 훈련, 이러닝

컴퓨터 기반 훈련(computer-based training, CBT), **온라인 학습**(online learning), **웹기반 훈련**(web-based traning), **이러닝**(e-learning)은 인터넷 혹은 웹에 연결된 컴퓨터를 통해서 전달되는 훈련을 의미한다.[11] 이러한 훈련 방법은 시뮬레이션과 게임 등을 사용하거나, 비디오, 블로그, 위키, 그리고 소셜 네트워크를 이용한 협력, 그리고 링크를 걸어서 제공하는 자료를 모두 통합하여 제공 가능하다. CBT 훈련은 인터넷 연결 없이 오직 DVD나 소프트웨어를 통해서 전달되는 방법도 포함하고 있다. 학습자는 여전히 훈련 콘텐츠와 상호작용하고, 질문에 답하고, 특정 상황에서 어떻게 행동할지에 대한 응답을 선택할 수 있지만, 다른 학습자와 협력할 수는 없다. 위프로(Wipro Limited)에서 개발한 ULK(Unified Learning Kit)를 그 대표적인 예로 볼 수 있다. ULK는 컴퓨터 프로그램이 가능한 이동식 노트북으로 신입사원이 공학 관련 문제에 대해서 직접 실험할 수 있도록 해주었다.[12] 하나의 ULK는 10개 이상의 다양한 하드웨어와 소프트웨어 공학 관련 기술 문제를 가르칠 수 있다.

온라인 학습, 이러닝, 그리고 웹기반 훈련은 모두 인터넷 혹은 웹을 사용하여 수업을 전달한다. 훈련 프로그램은 공용 인터넷이나 사내 인트라넷을 사용하여 접속이 가능하다. 온라인 학습은 학습자의 학습 및 훈련 전이를 가능하게 할 수 있는 다양한 잠재적인 특징을 갖추고 있다. 예를 들면, 비디오를 사용한 온라인 프로그램은 학습자에게 쌍방향 교육을 경험하게 해준다. 학습자는 비디오를 시청하고 키보드나 터치스크린을 사용하여 질문에 응답할 수 있고, 특수한 상황에서 어떻게 행동할 것인지에 대한 반응을 즉각적으로 제공할 수 있으며, 어떠한 방법을 통해 대면한 문제를 해결할지 파악해낼 수 있다. 이러한 상호작용적 특성을 가진 비디오 프로그램은 전문 기술 혹은 대인관계 기술을 습득하는 데 매우 효과적이다. 온라인 학습에는 토론 게시판, 위키 및 블로그를 통해 다른 학습자와 협력할 수 있는 기회도 포함될 수 있다. 온라인 학습의 잠재적 특징과 장점에 대해서 아래에서 더 논의한다.

예를 들어, 훈련 요구 조사 단계에서 바이엘 제약회사(Bayer Pharmaceuticals)는 전문 기술자들이 큰 규모의 프로젝트를 관리하기 위해서 새로운 기술이 필요하다는 것을 알게 되었다.[13] 프로젝트에 필요한 새로운 기술은 프로젝트 관리자의 지속적인 업무 집중, 프로젝트의 우선순위에 대한 경쟁적인 관리, 여러 다른 분야에서 온 다양한 팀의 효과적인 관리, 그리고 해당 업무의 진척도를 보고하지 않는 조직원의 관리 등을 포함하고 있었다. 이러한 기술은 바이엘에서 리서치를 통해서 발견한 것을 시장에 내놓기까지 걸리는 시간을 단축할 수 있는 중요한 요소이다. 이러한 중요한 기술을 교육하기 위해서, 바이엘은 컴퓨터 기반의 시뮬레이션을 사용하여 프로젝트 팀원들이 큰 규모의 프로젝트를 가상으로 관리하는 경험을 제공하였다. 시뮬레이션에서 그들이 내리는 관리 결정은 프로젝트의 성공 확률에 영향을 주며, 컴퓨터가 각 팀의 성공 확률을 계산한다. 시뮬레이션은 동기 저하된 조직원, 잦은 결석, 그리고 마감기한을 지나 끝난 프로젝트 등과 같이 프로젝트의 성공을 가로막는 장애물을 포함하고 있다. 본 시뮬레이션을 시작하기 전에 온라인 작업을 포함하고 있다. 사전 작업에서는 모든 참여자에게 프로젝트 관리에 관련된 모든 단계에 대한 개요를 제공하며, 모든 훈련 참여자는 자신들의 팀 내 행동에 대해서 자기평가를 실시한다(예: 갈등해결 능력). 자기평가 결과는 팀장과 팀원들 간의 관계에 대해서 논의할 때 사용된다. 시뮬레이션이 끝난 뒤에 참여자들은 프로그램 사이트에 접속할 수 있으며, 관련 뉴스레터, 프로젝트 관리 팁 등에 대한 정보를 얻을 수 있다. 시뮬레이션을 끝낸 직원들은 프로젝트 관리 및 우선순위 변화에 대응할 수 있다는 자신감이 증가했다고 밝혔을 뿐만 아니라, 팀 내에서 발생하는 문제를 빠르게 해결하고 있는 것으로 나타났다.

디스커버 파이낸셜 서비스(Discover Financial Services)는 온라인 훈련을 사용하여 신규 고객서비스 담당자에게 자립, 자기주도, 창의적인 문제해결 및 고객을 만족시키는 방법을 가르친다.[14] 온라인 강의 계획서는 학습자에게 기대, 목표 및 교육과정에 접속할 수 있는 링크를 제공한다. 학습자는 온라인 토론을 통해 질문을 하고 경험을 공유할 수 있다. 각 학습자에게는 학습 목표 설정, 성과 평가 및 코칭 제공을 돕는 학습 조언자(learning adviser)가 있다. 또한 학습자는 매일, 매월, 그리고 고객과의 통화 사이에 온라인 게임에 참여한다.

온라인 학습의 잠재적 특징

온라인 학습에서는 학습자가 학습 내용뿐만 아니라 다른 학습자들 간의 상호작용이 가능하며, 학습자가 원하는 내용을 선택하여 학습할 수 있다.[15] 그림 8.2에서는 학습 내용, 협력과 공유, 학습자원과의 연계성, 학습자 통제, 전달, 그리고 운영 등과 같이 온라인 학습에서 개발 가능한 잠재적 특징을 보여주고 있다.

하지만 이 모든 특징이 모든 온라인 학습 방법에서 사용이 가능하지는 않다는 것을 염두해야 한다. 그 첫 번째 이유는 특정 교육방법은 이를 진행하기 위해서 온라인 학습의 부분적 특징을 제한할 수밖에 없기 때문이다. 예를 들면, 이 장의 뒷부분에서 볼 수 있듯이 화상회의 방법을 수반하는 원격학습은 학습자와 교수자 간의 협력 정도를 제한하게 된다. 또한, 원격학습에서는 학습자가 학습 내용, 실습, 그리고 학습 속도를 스스로 결정할 수 없다. 또 다른 이유로 학습 설계자가 해당 기능을 포함하지 않기로 선택했을 수 있다. 비록 이러닝이 그림 8.2에 나와 있는 학습을 용이하게 하는 모든 기능을 포함할 수 있지만, 예를 들어 프로그램 개발자가 학습자 간에 협업할 기회를 포함하지 않기 때문에 기능이 제한될 수 있다. 그림 8.2와 같이, 온라인 학습은 학습자에게 학습 내용을 전달해줄 뿐만 아니라, 학습자에게 무엇을 배울지, 어떤 속도로 배울지, 얼마나 많은 실습을 할지, 그리고 언제 학습을 시작할지에 대한 결정권을 제공해준다. 게다가 온라인 학습은 학습자에게 다른 학습자 및 전문가와 소통하고 협력할 수 있는 기회를 제공해주며, 인터넷을 통해서 접속 가능한 링크를 통해서 다양한 학습 자료(회사 홈페이지, 다른 교육 프로그램 등)를 제공해준다. 온라인 프로그램은 문자, 비디오, 이미지, 그리고 음성을 통해서 학습 내용 전달이 가능하다. 또한, 시뮬레이션을 이러닝 모듈에 포함하여 학습자의 참여를 유도할 수 있다. 의료서비스 회사인 옵텀알엑스는 유튜브를 모델로 한 회사 인트라넷 사이트인 알엑스튜브(RxTube)에서 주문형 비디오를 제공한다.[16] 이 비디오는 다양한 프로세스와 시스템에 대한 지침을 제공한다. 100개 이상의 영상을 포함하여 10개의 다른 채널이 있다. 학습 채널 외에도 회사의 최고 리더들이 회사의 성공과 예상되는 과제에 대해 논의하는 임원 채널이 제공된다.

그림 8.2 이러닝의 잠재적 특성

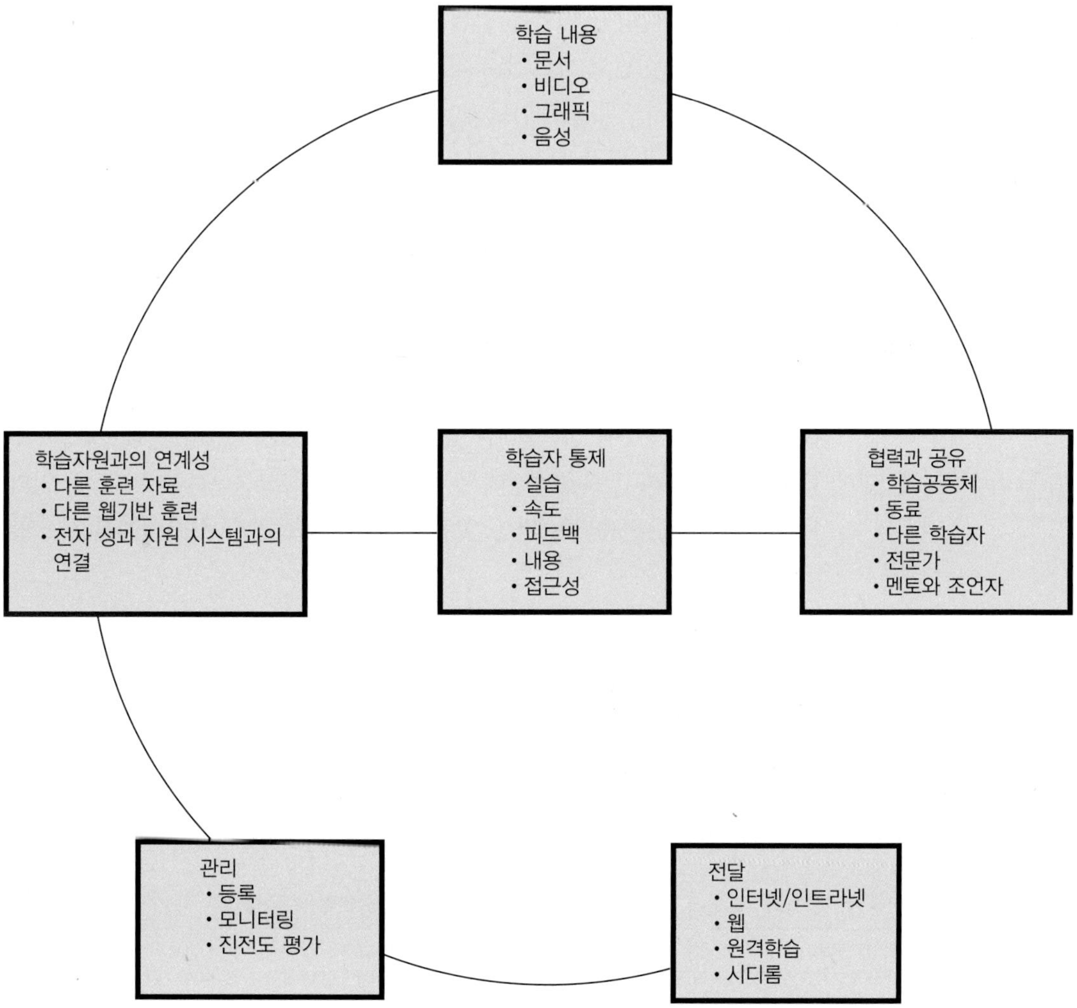

온라인 학습의 장점

여러 특성을 내장할 수 있다는 것이 다른 훈련 방법 대비 온라인 학습의 가장 큰 잠재적 장점이다. 표 8.3은 이러닝의 장점에 대해서 설명하고 있다. 이러닝 주도는 회사의 전략적 사업 목적 달성에 공헌하기 위해서 제작된다.[17] 이러닝은 고객 수의 증가, e-비즈니스와 같은 새로운 사업 방법 도입(인터넷을 통한 제품과 서비스 제공), 그리고 새로운 상품 및 서비스의 개발 속도의 증가와 같은 회사의 사업 목표를 뒷받침한다. 이러닝은 조직원에게만 적용되던 전통적인 교육방법과는 달리, 파트너, 공급자, 판매자, 그리고 잠재적 고객 등과 같은 더 많은 대상과 관련되어 있다고 볼 수 있다.

이러닝은 훈련을 보다 빠르고 효율적으로 제공하고 직원의 학습에 대한 지리적 제약과 시간 제약을 줄여준다. 질병 예방 및 건강 증진 사무소(Office of Disease Prevention and Health Promotion), 지피 루브, 그레이하운드(Greyhound Lines) 및 샌디에이고 동물원을 위한 이러닝의 장점을 고려해보자.[18] 질병 예방 및 건강 증진 사무소에서 이러닝은 고품질의 환자 진료를 제공하는 방법에 대해 의료인을 훈련하기 위해 시뮬레이션된 대화 및 환자들과의 상호작용을 바탕으로 한 모델링을 사용한다. 학습자는 진료소에서 통증 관리 전문가로 일하는 바쁜 간호사와 같은 다양한 역할을 맡는다. 학습자는 환자의 질문에 대한 응답을 선택하고, 선택에 대한 피드백을 받고, 실수로부터 배운다. 지피 루브는 강사주도 리더십 교육 수업이 새로운 정보를 포함하도록 업데이트되어야 한다고 판단했지만 현재 3일 이상 수업을 확장하고 싶지는 않았다. 그 결과 시간 관리, 목표 설정, 재정 등의 내용을 이러닝으로 전환하여 8시간 이상의 수업시간을 확보하게 되었다. 또한 지피 루브는 새로운 이러닝 과정을 이수한 직원 수가 75% 증가했음을 알게 되었다. 운송 회사인 그레이하운드는 감독자, 현장 담당자, 카운터 및 고객서비스 직원, 1년 내내 24시간 근무하는 버스 운전사를 포함하여 지리적으로 분산된 직원을 보유하고 있다. 그레이하운드는 이러닝을 사용하여 직원들이 필요할 때 리더십, 비즈니스 및 고객서비스 기술 과정을 학습할 수 있도록 한다. 직원은 회사의 학습 관리 시스템에 있는 교육과정에 접근할 수 있다. 학습 관리 시스템을 통해 그레이하운드는 과제 및 과정 참여를 파악하고 교육과정에서 직원의 진행 상황을 모니터링할 수 있다. 교육과정의 과제는 학습자에게 전송되는 자동 알림과 함께 학습 관리 시스템에서 사용할 수 있

표 8.3
이러닝의 장점

- 회사의 사업 전략과 목표를 지원함
- 언제 어디서나 접근이 가능함
- 학습 대상자가 직원에 제한되지 않고 관리자, 판매자, 사업 파트너, 고객 등으로 확장이 가능함
- 지리적으로 멀리 떨어진 직원에게도 교육 전달이 가능함
- 짧은 시간 안에 더 빠르고 더 많은 직원에게 교육 전달이 가능함
- 내용 업데이트가 용이함
- 실습, 피드백, 목표, 평가 등과 같은 이러닝의 긍정적인 특성을 학습 환경 안에 내장시킬 수 있음
- 다양한 매체(음성, 문자, 비디오, 그래픽 등)의 사용과 학습자 상호작용을 통해서 학습을 향상할 수 있음
- 훈련 관리(등록, 평가 등)와 관련된 문서작업을 제거할 수 있음
- 학습자와 동료, 전문가, 혹은 다른 학습 내용과의 연관성을 높일 수 있음

자료: D. Hartley, "All aboard the e-learning train," *Training and Development* (July 2000): 37–42; V. Beer, *The Web Learning Field Book: Using the World Wide Web to Build Workplace Learning Environments* (San Francisco: Jossey-Bass, 2000)를 기반으로 함.

다. 그레이하운드는 또한 버스 운전사에게 아이폰을 제공하여 전자 학습에 더 쉽게 접속할 수 있도록 할 계획이다. 역사적으로 샌디에이고 동물원은 동물 관리 직원에게 동물 관리 및 먹이, 규제 요구사항, 안전 절차, 보존, 교육, 동물 풍부화(animal enrichment) 및 고객서비스에 대한 지식과 기술을 제공하기 위해 교실기반 형식 교육을 사용했다. 그러나 근무 일정이 다양하고, 훈련을 위해 한 장소에 모일 수 없으며, 실습 학습을 선호하는 동물 관리 직원을 가르치는 방법에 대한 보다 비용 효율적인 교육과 전략이 필요하다는 것을 깨달았다. 동물원은 기본 코스가 될 13개의 교육과정을 도출했다. 이러한 과정은 돼지 독감, 조류 독감, 웨스트나일 바이러스와 같은 질병의 전파, 정부 규정 준수, 위험한 동물과의 안전한 작업, 동물 행동, 돌봄 및 관리의 기본 사항을 다루었다. 주제별 전문가를 파악하고 과정 내용을 제공했다. 교수 설계자는 과정 내용을 바탕으로 상호작용이 가능한 온라인 형식으로 개발했다. 온라인 훈련에는 비디오 사례연구, 풍부한 시각 자료 사용, 사실 및 개념 설명, 모듈 구성을 사용하여 훈련 길이가 적절하고 학습자의 기억력에 과부하가 걸리지 않도록 했다. 또한 자료 발표 후 온라인 훈련에는 상호작용형 평가가 포함된다. 이를 통해 학습자에게 피드백과 긍정적인 강화 및 학습 지도에 대해 다루어야 할 주제와 한 주제의 숙달이 다음 주제의 숙달을 향상하는 데 도움이 될 수 있는 방법을 사전 구성 형태로 제공했다.

회사의 법적인 필요성에 의해서 혹은 질적 기준을 맞추기 위해서 모든 조직원이 훈련을 의무로 참가하도록 지정해둔 회사도 있다. 온라인 학습은 대면 교육에 비해서 더 짧은 시간에 더 많은 직원에게 교육 프로그램을 전달해주고 있다. 예를 들어, 식품 및 잡화점 체인점은 건강정보 관련 법률(Health Insurance Portability and Accountability Act, HIPAA)에 따라, 해당 체인점의 조제실 직원들에게 사생활 보호 권리에 관한 교육을 제공해야 한다. 빠르게 교육을 제공하기 위해서, 훈련 과정은 온라인에 게시되었고, 노트북, 금전 등록기, 스마트폰, 그리고 아이패드를 통해서도 쉽게 접속할 수 있도록 제작하였다.[19] 룩소티카(안경류 및 시력 관련 제품을 파는 회사)와 같은 소매점들에게 누가 자격증을 따기 위한 필수 온라인 코스를 등록했고 이를 모두 완료했는지에 대한 정보를 제공해줌으로써, 직원들이 안경사와 같이 자격증이 필요한 직무를 볼 수 있는지 확인할 수 있게 해준다.

HTML과 같은 사용자 친화적인 프로그램 언어를 사용함으로써, 이러닝은 새로운 정보 등을 업데이트하기가 용이하다. 온라인 프로그램이 저장된 서버를 수정하는 것이기 때문에, 전 세계에 있는 직원들이 업데이트된 프로그램에 접속할 수 있다. 이러닝의 운영적 특성은 효과적이고, 문서 없이 훈련 관리를 가능하게 해주었다. 예를 들면, CCH는 직원들의 온라인 수업의 진행과정을 추적할 수 있도록 제작된 온라인 운영 모듈인 셰어드 러닝(Shared Learning)을 개발하였다. 이 시스템은 학습자가 동일한 수업을 몇 번이나 반복해서 듣고 끝마쳤는지, 각 수업마다 얼마나 많은 시간을 사용했는지 추적할 수 있을 뿐만 아니라, 온라인 수업 중간에 북마크를 해두면 나중에 다시 온라인 수업에 접속했을 때, 북마크해둔 부분부터 수업을 들을 수 있는 기능도 내재되어 있다.[20]

온라인 학습의 효과성

이러닝은 모든 종류의 학습 결과와 모든 종류의 학습자에게 효과적인가? 연구 및 기업의 사례를 바탕으로 조사한 결과, 이러닝은 지식, 기술, 행동과 관련된 다양한 학습 성과에 효과적임이 밝혀졌다.[21] 표 8.4에서는 연구 결과들을 바탕으로 나타난 온라인 학습의 효과성을 다른 학습 방법들과 비교하여 제시하였다. 온라인 학습은 서술적 지식과 절차적 지식 등과 같은 인지 결과를 강조하는 훈련에 가장 효과적일 것이다(4장 "학습과 훈련 전이"와 6장 "훈련 평가"에서 학습 결과 논의 참고). 온라인 교육과정은 법률 및 규정(예: 성희롱 또는 사기 등)을 준수해야 한다.

윈도우 또는 자바와 같은 소프트웨어/전문기술 양성 과정은 온라인 학습에 가장 적합할 수 있다. 특히 이러한 과정이 비디오 기반이고 직원이 자신의 컴퓨터에서 해당 과정을 적용할 수 있는 경우에는 더욱 그렇다. 예를 들어, 파키스탄에 기반을 둔 얼라이드 뱅크(Allied Bank)는 이러닝을 사용하여 은행 직원이 자금 세탁 및 테러 자금 지원을 식별하고 보고하도록 요구하는 연방법을 충족했다.[22] 디자이너는 직원을 위해 영어와 우르두어로 학습 포털을 만들어 그들이 이해한 언어를 기반으로 교육한다. 이를 통해 교육 참석과 관련된 여행 경비를 42만 달러에서 21만 8,000달러로 줄이고, 직원 1인당 교육비용을 250달러에서 150달러로 낮추고, 교육을 받은 직원 수를 1년에 6,500명에서 9,200명으로 늘렸다. 지피 루브는 경영 인증 프로그램의 일환으로 13개의 이러닝 과정을 제공한다. 이러한 과정은 대면 교육을 사용하여 가르칠 수 있지만 지피 루브는 대화형 이러닝 과정에서 내용이 쉽게 전달되고 이해된다고 믿는다.[23] 그러나 지피 루브의 학습자는 토론, 협업, 역할극, 변화 관리, 성과 관리, 팀 구성과 같은 문제해결을 포함하여 온라인 학습과 대면 교육의 조합을 사용하여 훈련받는다.

온라인 학습은 블로그, 이메일, 위키, 채팅방과 같은 방법을 통해서 학습자들에게 교수자

표 8.4 온라인 학습의 효과성에 대한 연구 결과

- 서술적 지식(학습자가 훈련에서 배운 개념을 잘 기억하고 있는지 필기시험을 통해서 측정하는 지적 지식)을 가르치는 데 온라인 강의가 대면 강의에 비해서 더욱 효과적임
- 절차적 지식(훈련에서 배운 기술을 사용할 수 있는 능력)을 가르치는 데는 웹기반 강의와 교실 강의 모두 동등하게 효과적임
- 학습자는 웹기반 강의와 교실 강의 모두 동일한 수준의 만족도를 보임
- 웹기반 훈련은 하기와 같은 조건에서 교실 강의보다 더욱 효과적임. (1) 학습자가 학습 내용, 학습 순서, 학습 속도에 대한 통제권을 부여받았을 때, (2) 장기 코스일 때, (3) 학습자가 학습 내용을 실습할 수 있고 그에 대한 피드백을 받을 수 있을 때
- 유사한 교수법을 사용할 경우, 웹기반 강의와 교실 강의는 동일하게 효과적임(예: 모두 동일하게 비디오를 사용하거나, 실습을 하거나, 학습 테스트를 할 경우)
- 온라인 학습에서 가장 많은 것을 얻어 가는 학습자는 제공하는 모든 실습 기회의 참여를 마치고 더 많은 시간을 들여서 훈련 프로그램을 마치는 학습자임
- 이러닝은 모든 학습자에게 효과적이지 않음. 특히, 컴퓨터 사용에 대한 낮은 자기효능감을 가진 사람일수록 효과적이지 않음

자료: K. Kraiger, "Transforming Our Models of Learning and Development: Web-Based Instruction as Enabler of Third-Generation Instruction," *Industrial Organizational Psychology* 1 (2008), pp. 454–467; T. Sitzmann et al., "The Comparative Effectiveness of Web-Based and Classroom Instruction: A Meta-Analysis," *Personnel Psychology* 59 (2006), pp. 623–634; E. Welsh et al., "E-Learning: Emerging Uses, Empirical Results and Future Directions," *International Journal of Training and Development* 7 (2003), pp. 245-258을 기반으로 함.

와 동등하게, 혹은 더 높은 수준의 상호작용을 가능하게 해준다는 점에서, 대면 학습방법과 비교했을 때 학습자들 간의 더 높은 수준의 사회적 상호작용을 가능하게 해준다.[24] 또한, 학습자들은 온라인 수업을 통해서 대면 학습에서 참여를 방해하는 무능감(자신이 학습에 참여하기 부족하다고 느끼는 감정)과 낮은 자신감에서 벗어날 수 있기 때문에 학습에 대한 참여 동기를 높일 수 있다. DNC(Delaware North Companies)는 공원, 경기장, 그리고 공항에 음식과 접대 서비스를 제공하는 회사로서 뉴욕 버펄로에 본사를 두고 있다. DNC는 웹 중심의 가상 수업인 자기주도 상호작용 훈련을 제공하고 있다.[25] DNC에서 팀 관리, 효과적인 의사소통 기술, 위임, 권한부여, 그리고 갈등해결과 같은 소프트 스킬은 온라인 훈련에 가장 적합한 것으로 나타났다. 기능위주의 기술과 전문기술과 관련된 학습은 현장직무훈련(OJT)이 가장 효과적인 방법으로 밝혀졌다.

훈련 일부 또는 전체를 온라인으로 전환할지 여부를 결정할 때 몇 가지 고려해야 할 사항이 있다.[26] 먼저 온라인 훈련이 사업 목표 또는 직원의 학습 요구와 관련이 있는지 결정해야 한다. 온라인 훈련은 품질 저하 없이 비용을 절감할 수 있으며 일정이나 위치로 인해 대면 훈련에 참석하기 어려운 직원에게 학습에 대한 기회를 제공할 수 있다. 훈련을 온라인으로 이동하면 훈련 설계 또는 구매 및 접근권한 제공과 관련된 개발비용이 발생할 수 있다. 한 가지 추정치는 1시간의 대면 교육에 8시간의 개발 시간이 소요되지만 온라인 과정의 정교함과 복잡성에 따라 훨씬 더 많을 수 있다는 것이다. 직원들이 개인의 선호도나 훈련 테크놀로지에 대한 친숙도 부족으로 인해 온라인 훈련 사용을 거부할 것인지 고려하는 것도 중요하다. 온라인 훈련이 개발되면 직원은 이 훈련이 사용되는 이유, 학습 요구사항을 충족하기 위해 이를 어떻게 사용할 수 있는지, 과정을 찾는 방법 및 제공되는 과정을 최대한 활용하는 방법을 알아야 한다.

증가하는 온라인 학습의 인기에도 불구하고 홈디포, REI(Recreational Equipment, Inc.), 그리고 퀘스트(Qwest Communiction International)와 같은 많은 회사는 여전히 판매, 장비 수리와 같은 복잡한 업무를 가르치는 데 대면 훈련 방법을 선호하고 있다.[27] 온라인 학습은 표준화된 정보 혹은 과정을 가르칠 때 더 많이 사용하고 있다. 예를 들면, REI는 구체적인 상품을 구매하고자 하는 고객과 다양한 상품에 대해서 논의하고자 하는 고객과 같이 다양한 고객 행동에 대해서 교육하고자 할 때 역할극을 사용한다. 퀘스트의 네트워크 부서에 제공되는 훈련 중 80%의 교육은 대면으로 진행되며, 20%만이 온라인으로 진행된다. 도구를 어떻게 수리하고 설치하는지 배우기 위해서, 회사는 반드시 직원들이 실제 현장과 유사한 곳에서 직접 경험을 해보는 것이 중요하다고 믿기 때문이다. 온라인 학습도 가치가 있으나, 분석적이고, 개념적이고, 상호작용의 복잡한 기술을 배우기에는 부적합하다고 판단하고 있다.[28] 온라인 학습이 소통의 풍부성이 부족하기 때문에, 몇몇 온라인 학습자들은 아마도 다른 학습자들과 상호작용하기를 꺼리게 될 것이고, 비록 온라인 학습이 훈련에 대한 접근성을 높여주었으나, 업무 스케줄로 바쁜 직원들의 경우 쉽게 훈련 참여를 연기하게 될 가능성이 높으며, 온라인 학습을 완료할 가능성이 낮거나 대면 강의에 비해 낮은 성과를 보일 가능성이 높다. 이 장 마지막에서는 어떻게 하면 (블렌디드 학습으로 알려진) 온라인 학습과 대면 학습의 장점을 모두 이용할 수 있도록 통합할 수 있는지 논의할 것이다. 비디오, 그래픽, 음성, 문서의 사용은 사례연구, 역할극, 그리고 시뮬레이션 등과 같은 활동적인 학습 경험과 결합시킴으로써, 대면 강의와 이러닝의 융합은 학습을 더욱 촉진할 것이다. 또한 블렌디드 학습은 학습자에게 더 많은 실습 기회, 질문할 수 있는 기회, 그리고 다른 학습자 및 동료들과 대면과 비대면을 통해 상호작용할 기회를 제공한다.

효과적인 온라인 학습 개발

표 8.5는 효과적인 온라인 학습을 개발하기 위한 조언을 제공하고 있다.[29] 1장 "직원 훈련 및 개발 소개"에서 설명된 훈련 설계 혹은 ADDIE 모형은 이러닝 제작에서도 여전히 사용되고 있다. 그러나 각 단계에서 강조되는 사항이 조금씩 다르다.[30] 요구 조사, 긍정적인 온라인 학습 경험 창조, 학습자 통제, 그리고 온라인 학습을 위한 시간과 장소 제공 등은 효과적인 온라인 학습(웹기반 훈련 포함)을 위해서 고려해야 할 네 가지 핵심 이슈이다.

요구 조사

요구 조사에는 온라인 학습에 대한 경영진의 지지를 얻는 것도 포함된다. 또한, 회사의 네트워크 관련 기술 능력이 웹기반 프로그램을 지원할 수 있는지 확인하고, 학습자의 이러닝 참여를 위해 필요한 인터넷 연결망과 브라우저에 학습자가 접근 가능한지, 이메일, 채팅방, 그리고 하이퍼링크와 같이 이러닝 학습에 필요한 도구들을 사용 가능한지, 그리고 필요시 테크놀로지 지원을 받을 수 있는지 등에 대한 고려 작업을 위해서 정보기술 부서도 본 요구 조사 과정에 포함시켜야 한다. 어떻게 이러닝 시스템을 사용하는지 등에 대한 온라인상 사용지침 프로그램인 온라인 튜토리얼(online tutorial)을 학습자에게 제공해야 할 수도 있다. 3장 "요구 조사"에서 언급했듯이, 요구 조사를 통해서 훈련에 사용할 회사의 자원이 무엇이 있으며, 훈련이 제공해야 되는 업무는 무엇이며, 그리고 어떠한 직원이 이러한 훈련이 필요한지에 대해서 분석할 수 있게 된다. 웹기반 훈련 혹은 다른 종류의 온라인 학습 교육방법을 위한 요구 조사 과정에서는 테크놀로지 분석(조직 분석의 한 부분으로)과 온라인 훈련을 하기 위해서 사용자가 갖추고 있어야 할 기술(개인 분석)에 대한 분석이 반드시 포함되어야 한다. 최소 컴퓨터 관련 요구사항(대역폭, 메모리, 하드웨어 공간, 소프트웨어, 처리속도)을 파악할 수 있도록 기술 분석도 요구 조사에 포함시켜야 한다.

대역폭(bandwidth)은 매초 컴퓨터 간 이동할 수 있는 바이트의 수와 비트(정보 전달의 최소단위)를 의미한다. 가능한 대역폭에 비해 많은 그래픽, 사진, 애니메이션, 그리고 비디오가 있을 경우, 이들의 다운로드 속도가 늦어지게 되고 시스템 '충돌'을 일으키기도 한다. 그러므로 온라인 학습 프로그램은 회사 시스템에서 이용 가능한 대역폭에 맞추어 제작되어야 한다. 사용자 컴퓨터의 접근속도를 개선하거나, 더 빠른 서버 혹은 컴퓨터 네트워크의 스위치(컴퓨터 하드웨어)를 구입하여 설치하거나, 혹은 수요가 적을 때 학습자에게 웹 사용을 권장하는

표 8.5 효과적인 온라인 학습 개발을 위한 조언

요구 조사	• 기업의 요구와 온라인 학습 간의 관계를 파악 • 경영진의 지원을 얻음 • 직원들이 테크놀로지에 접근 및 지원이 가능한지 확인 • IT 전문가들을 통해서 시스템 요구사항에 대하여 상담 실시 • 구체적인 훈련 요구(지식, 기술, 역량, 행동) 파악 • 필요한 경우, 학습자에게 컴퓨터와 인터넷과 기본 지식에 대해서 교육 제공
긍정적인 온라인 학습 경험 창조	• 학습 원리를 포함(실습, 피드백, 중요한 자료, 학습자의 적극적인 참여 유도, 학습자의 다양한 감각을 자극) • 가능한 대역폭에 맞추어 강의를 제작(필요한 경우, 대역폭을 증가시켜 강의 요구에 맞출 수도 있음) • 학습자의 마음을 끌 수 있도록 게임과 시뮬레이션 사용 • 학습 자료를 적절하게 구조화 • 학습자에게 다른 학습자, 전문가, 혹은 촉진자와 의사소통 및 협력을 할 수 있는 기회 제공 • 사용자 친화적인 프로그램을 제작(학습 모듈은 반드시 짧고, 학습 내용은 학습자를 과부하시키지 않아야 하며, 사용 웹 페이지는 학습자에게 혼란을 가져오지 않도록 제작해야 함) • 교육학습을 완료할 경우, 이에 대한 보상을 제공 • 각 교육 내용의 부분은 독립적이어야 함 • 훈련 모듈을 단위화해야 함 • 교육 내용의 각 세션별 이동이 자연스러워야 함 • 반드시 필요한 오디오, 비디오, 혹은 애니메이션만 사용해야 함. 그렇지 않을 경우, 시간과 대역폭의 낭비를 가져오게 됨 • 개발자에게 요구되는 파일 양식, 최대 파일 사이즈, 윈도와 이미지 크기, 내비게이션, 화면 글씨체, 그리고 가능한 대역폭 등에 대해서 자세히 설명해줘야 함 • 문서 작성자와 교수 설계자에게 스크린당 들어갈 수 있는 최대 글자 수, 몇 개의 상호작용적인 연습문제를 넣을 것인지, 어떠한 연습문제가 해당 내용에 적합한지에 대해서 자세히 설명된 가이드라인을 제공해야 함 • 온라인 학습의 실질적인 적용에서 파일럿 테스트를 통해서 형성평가를 수행함
학습자 통제	• 학습자가 원할 경우, 특정 교육 내용 부분을 생략할 수 있도록 학습자에게 학습 통제 권한과 일시 정지, 북마크, 리뷰, 그리고 중단했던 부분으로 다시 돌아갈 수 있는 등의 기능을 제공해야 함
온라인 학습을 위한 시간과 장소 제공	• 학습자에게 온라인 학습에 전념할 수 있는 시간을 제공해야 함

자료: K. Dobbs, "What the Online World Needs now: Quality," *Training* (September 2000), pp. 84–94; P. Galagan, "Getting Started with E-Learning," *Training and Development* (May 2000), pp. 62–64; D. Zielinski, "Can You Keep Learners Online?" *training* (March 2000), pp. 65–75; V. Beer, *The Web Learning Field Book: Using the World Wide Web to Build Workplace Learning Environments* (San Francisco Jossey-Bass, 2000); E. Zimmerman, "Better Training Is Just a Click Away," *Workforce* (January 2001), pp. 36–42; R. Clark and R. Mayer, *E-Learning and the Science of Instruction* (San Francisco: John Wiley, 2003); E. Salas, R. DeRouin, and L. Littrell, "Research-Based Guidelines for Designing Distance Learning: What We Know So Far," in *The Brave New World of eHR*, ed. H. Gueutal and D. Stone (San Francisco: Jossey-Bass, 2005), pp. 104–137; S. Boehle, "Putting the Learning Back into E-Learning," *training* (January 2006), pp. 29–35; A Rossett and L. chafer, "What to Do about E-Dropouts," *T+D* (June 2003), pp. 40–46; M. Morrison, "Leaner E-Learning," *training* (January 2008), pp. 16–18; M. Allen, "The Return of erious Design," *Chief Learning Officer* (July 2014), pp. 31–33을 기반으로 함.

등의 방법을 통해서 대역폭을 증가시킬 수 있다.[31] 하지만 머지않아 대역폭은 큰 문제가 되지 않을 것이다. 왜냐하면 컴퓨터 서버가 더 많은 데이터를 빠르게 전달할 수 있게 될 것이고, 개인용 컴퓨터 또한 더 빠른 정보처리 속도를 가지게 될 것이며, 케이블 및 무선 통신 시스템의 용량이 더 커질 것이기 때문이다. 뿐만 아니라, 플러그인의 사용 없이 온라인 학습이 가능

하도록 상호작용성을 내장하도록 노력해야 할 것이다. **플러그인**(plug-in)은 컴퓨터에서 노래를 듣거나, 비디오를 시청하거나, 혹은 다른 컴퓨터의 기능을 확장적으로 수행하기 위해서 추가적으로 컴퓨터에 설치하는 소프트웨어를 의미한다. 플러그인을 구매하기 위해서는 특허권 수수료를 내야 하기 때문에 비용이 많이 들 뿐만 아니라, 플러그인을 사용할 경우 컴퓨터의 작업처리 과정에 영향을 미칠 수도 있다. 만약 학습자가 다운로드 시간이 느려진다거나, 네트워크가 작동하지 않는 시간, 플러그인 관련 문제 등과 같은 지속적인 테크놀로지 관련 문제를 경험하게 된다면 인내심을 잃을 가능성이 높을 뿐만 아니라, 온라인 학습에 참여하기를 망설일 확률이 높다.

긍정적인 온라인 학습 경험 창조

설계 및 개발 단계에서 4장과 5장에서 논의된 긍정적인 학습 환경의 특성(예: 목표, 실습, 상호작용)을 포함하여 학습 내용의 유지를 돕고 학습자에게 동기를 부여하는 의미 있는 경험을 생성해야 한다. 순서도 및 스토리보드에 반드시 주 메뉴, 모듈, 각 수업 웹 페이지, 평가, 토론장소, 이미지, 색상 규격, 도움말 등과 같은 온라인 교육과정 제작에 필요한 구성요소를 포함시켜야 한다. 프로그램 설계를 위해서는 반드시 급속 모델 제작 과정을 거쳐야 한다.[32] **급속 모델 제작**(rapid prototyping)은 초기에 제안된 설계 아이디어를 바탕으로 온라인상에서 작동하는 시제품을 제작하고, 제작한 시제품을 바탕으로 디자인 팀에서 검토한 뒤, 부족한 부분들을 개선하여 다시 이를 바탕으로 시제품을 제작하는 과정을 완성품이 나올 때까지 반복하는 과정을 의미한다. 사용자가 프로토타입과 상호작용하는 방식을 관찰하면 과정을 탐색하고 내용, 요소 및 지침을 이해하는 것이 얼마나 쉬운지(또는 어려운지) 피드백을 제공한다. 또한 서로 다른 학습 스타일을 가진 학습자들의 흥미를 최대로 자극하기 위해서 문서, 애니메이션, 사진, 비디오, 오디오, 게임, 시뮬레이션, 또는 전자책 등과 같이 다양한 종류의 매체를 선택해야 한다. 이러닝에서는 학습 목적과 무관한 내용을 최소화해야 한다. 주제와 관련 없는 내용이 학습자의 제한된 인지 처리 자원들을 사용하게 함으로써 학습의 양이 줄어들 수 있기 때문이다. 표 8.6에서는 긍정적인 온라인 학습 경험 창조를 위해서 고려해야 할 몇몇 디자인 원칙을 제공하고 있다.

단지 인쇄매체로 존재하던 문서를 온라인상에 올려두는 것만으로는 효과적인 학습이 이루어지지 않는다는 것을 반드시 명심해야 한다. **리퍼포징**(repurposing)은 강사가 주도하는 혹은 대면 훈련 프로그램의 기존 프로그램을 그대로 온라인상에 옮겨두는 것을 의미한다. 기존에 효과적이지 않던 훈련 프로그램을 단순히 재조합하여 온라인상에 옮겨둔다면 온라인 학습도 여전히 비효과적일 수밖에 없다. 성급하게 온라인 학습 개발을 서두를 경우, 안타깝게도 많은 기업이 비효율적인 기존 교육 프로그램들을 단순히 리퍼포징을 하는 경우가 많다. 인터넷이 주는 장점과 좋은 학습 환경을 위한 원칙을 결합하였을 때, 최고의 이러닝을 개발할 수 있다. 효과적인 온라인 학습을 위해서는 웹의 역동적인 본질과 다른 훈련 사이트와의 연관성, 하이퍼링크를 이용한 다양한 콘텐츠, 학습자 통제권, 다른 학습자들과의 협력 기회 등과 같이 온라인 학습이 가지고 있는 다양한 긍정적인 학습 특성을 사용해야 한다. 뿐만 아니라, 학습

표 8.6 긍정적인 온라인 학습 경험 창조를 위한 원칙

• 강의자료에 관련된 시각자료 및 글을 포함한다. • 문자와 시각자료는 가지런히 나열한다. • 복잡한 시각자료는 음성 혹은 문자 중 하나를 선택 사용하여 설명해준다. • 주제와 관련 없는 시각자료, 글, 소리는 제거한다. • 대화식 언어를 사용하는 주체를 통해서 학습자가 집중할 수 있게 한다. • 특정 개념과 연관된 전체 과정 및 직무를 교육하기 전에 관련 핵심 개념을 먼저 설명해주어야 한다. • 자기조절을 장려하는 프롬프트를 제공한다. • 콘텐츠는 학습자가 제어할 수 있는 짧은 순서로 제공한다. • 학습에 포함되는 활동 및 연습문제는 실제 업무 환경을 모방해야 한다. • 퀴즈 및 연습문제에 대한 학습자의 반응에 대해서 구체적인 설명을 제공해야 한다. • 학습에 대한 연습문제는 교육 모듈의 일부분에 포함시켜 제공해야 한다.

자료: R. Clark and R. Mayer, "Learning by Doing: Evidence-Based Guidelines for Principled Learning Environments," *Performance Improvement* 47 (2008), pp. 5–13; R. Mayer, "Applying the Science of Learning: Evidence-Based Principles for the Design of Multimedia Instruction," *American Psychologist* (November 2008), pp. 760–769; R. Clark and R. Mayer, *E-Learning and the Science of Instruction*, 2d ed. (San Francisco: Jossey-Bass/Pfeiffer, 2008); T. Sitz Mann and K. Ely, "Sometimes You Need a Reminder: The Effects of Prompting Self-Regulation on Regulatory Processes, Learning, and Attrition," *Personnel Psychology* 95 (2010), pp. 132–144를 기반으로 함.

자의 관심을 지속적으로 유지시킬 수 있도록 비디오, 음성, 문자, 그래픽 등을 적절하게 사용해야 한다. 효과적인 온라인 학습은 학습자에게 실제 현장 직무와 연관되는 중요한 학습 내용 및 관련된 예시를 제공해줄 뿐만 아니라, 학습한 내용을 직무에 적용시킬 응용력 또한 키워준다. 또한, 학습이 완료된 후, 평가, 테스트, 연습문제 등을 통해서 학습자가 학습한 내용을 실습할 수 있는 기회 및 이에 대한 즉각적인 피드백을 제공해준다.

긍정적인 온라인 학습 경험을 만드는 데 도움이 되는 한 가지 방법은 학습자가 해결해야 하는 실제 문제 또는 업무 관련 상황을 제시하는 시나리오를 사용하는 것이다.[33] 시나리오를 사용하면 문제해결 또는 고객 요구 파악과 같은 비판적 사고 기술을 개발하는 데 도움이 될 수 있다. 시나리오 사용의 다른 이점은 다음과 같다. 학습자의 작업과 관련이 있기 때문에 이러닝의 의미를 높이는 데 도움이 된다. 학습자가 위험 없이 다양한 상황과 문제를 다루는 기술을 연습할 수 있는 기회를 제공한다. 그리고 성희롱 예방과 같은 의무 교육의 경우 정책 및 절차를 검토하는 프로그램에 비해 학습자의 학습 동기를 높일 수 있다.

학습자가 학습 자료에 대해 혼란스러워하거나, 부담스럽게 느끼지 않도록 하기 위해서 온라인 학습 내용을 다음과 같이 적절하게 배치해야 한다.[34] 새로운 프로그램에 대한 오리엔테이션을 제공함으로써 학습자가 어떻게 온라인으로 학습을 하게 될 것인지, 도움이 필요한 경우에는 어떻게 도움을 신청할 수 있는지, 그리고 어떻게 다른 동료, 강사, 그리고 촉진자들과 상호작용을 할 수 있는지에 대해 자세히 설명해주어야 한다.[35] 수업을 시작하기 전, 참여자에게 수업 개요 및 수료율을 높여줄 수 있는 성공요소에 대한 자료를 제공해주어야 한다. 온라인 프로그램 실행을 시작한 이후에는 어떻게 하면 온라인 프로그램을 적절하게 분배하고, 유지할 수 있으며, 지속적으로 업데이트할 수 있는지, 그리고 어떻게 해야 더 나은 프로그램으로 개선이 가능한지에 대해서 고민해야 한다. 온라인 프로그램 평가를 위해서 상호작용이 가능한 연습문제의 질과 수, 멀티미디어, 그리고 내비게이션 도구 사용의 편리성 등과 같이 학습자의 반응, 학습, 행동의 변화, 성과를 결합하여 자료를 수집해야 한다. 온라인 학습에 사

용되는 학습 자료는 의미 단위로 구성된 소규모의 모듈로 구성해야 한다. 즉, 각 모듈은 하나의 아이디어 혹은 개념과 연결되어야 한다. 교육 모듈은 학습자에게 적극적으로 학습 참여를 권장할 수 있는 방법으로 제작되어야 한다. 학습자에게 인터넷에 존재하는 자료를 직접 찾도록 과제를 주거나, 퀴즈 혹은 게임에 참여하도록 하거나, 여러 가지 대안 중 한 개를 선택하도록 하거나, 학습자가 기존에 알고 있던 지식을 바탕으로 학습한 내용을 비교시키도록 하는 등과 같은 학습방법을 통해서 학습자의 적극적인 참여를 유도할 수 있다. 각각의 모듈에 학습 목표, 비디오, 실천 연습, 학습 내용에서 제시되었던 자료들의 연관성, 테스트를 모두 포함시켜야 한다. 각 모듈은 중요도 혹은 학습 순서 등에 맞추어 구성함으로써 학습자가 왜 이러한 순서로 모듈이 구성되어 있는지(전제조건)에 대해 이해하도록 도와야 한다. 학습자는 자신이 잘 알고 있는 내용을 발견할 경우 자유롭게 해당 모듈을 생략할 수 있으며, 추가적으로 더 실습하고 싶은 부분이 있다면 해당 모듈로 돌아가서 반복해서 학습할 수 있다.

학습자 통제

이 장의 앞부분에서 언급한 바와 같이 학습자 통제란 학습자에게 자기 진도 연습을 통해 능동적으로 학습할 수 있는 선택권을 주고, 다른 자료에 대한 링크를 탐색하고, 다른 학습자 및 전문가와 대화를 나누는 것을 의미한다. 단순히 학습자에게 통제권을 제공한다고 해서 학습자가 온라인 학습에서 제공하는 모든 기능(예: 실천 연습)을 사용할 수 있는 것은 아니다.[36] 학습자는 학습자 제어 도구 사용 방법에 대한 지침에 접근할 수 있어야 한다. 그렇지 않으면 그것을 사용하는 어려움으로 인해 학습에 전념할 수 있는 시간과 관심이 사라질 것이다. 기업은 직원들에게 해당 훈련 내용이 어떤 의미에서 중요한지 업무와 관련시켜 그 중요성을 명확하게 전달해야 하며, 훈련을 성공적으로 완료하는 것이 전적으로 직원 스스로의 책임임을 명확히 해야 한다.

예를 들어 존슨앤드존슨(Johnson & Johnson)의 얀센(Janssen Pharmaceutical Companies)은 암, 알츠하이머, HIV와 같은 질병을 치료하기 위한 약물을 개발 및 판매한다.[37] 영업사원은 의사, 약국 및 병원에 판매하기 전에 약물 및 기타 제품에 대해 학습해야 한다. 영업사원이 신약에 대한 교육을 더 빨리 받을수록 환자가 더 빨리 신약에 접근할 수 있다. 영업사원은 전 세계에 있고 종종 이동 중이기 때문에 강의실 환경에서 배울 시간이 없다. 학습 문화를 촉진하기 위해 얀센은 직원들이 필요할 때 언제 어디서나 제품에 대한 정보에 접근할 수 있는 기회를 제공하는 디지털 학습 자료를 활용한다. 예를 들어, 회사가 당뇨병 신약을 출시하기 전에 두 달도 안 되는 기간에 2,000명의 영업사원을 교육해야 했다. 얀센은 가상 교실을 사용하여 해당 약물이 정부 승인을 받은 지 4일 만에 교육을 제공할 수 있었다. 비디오 사례연구 및 팟캐스트를 포함한 기타 영업 교육은 아이패드 및 기타 모바일 장치를 사용하여 제공되었다. 얀센은 또한 직원에게 'YouLearn'으로 알려진 성과 지원 도구를 제공하여 개인 시간에 맞추어 기술과 지식을 습득할 수 있도록 한다. 얀센은 대면 코칭 및 개발 계획을 통해 테크놀로지 제공 학습이 직원 및 회사의 학습 요구와 동기화되도록 한다. 관리자는 매년 직원과 최소 5회의 개발 대화를 해야 하며, 각 직원은 개인별 개발 계획(individual dvelopment plan)을 완료한다.

학습자 통제의 혜택을 최대화하기 위한 선행 연구의 추천사항은 다음과 같다.[38] 학습자에게 훈련 프로그램을 진행하는 동안, 얼마나 많은 양의 피드백을 받을지에 대한 통제권을 제공해주어서는 안 된다. 만약 이러한 통제권을 학습자에게 부여하게 되면, 학습자는 너무 많은 피드백에 의존하게 되고, 결국 이것은 훈련 내용에 대한 장기적인 기억력을 낮추기 때문이다. 학습자가 프로그램을 통해 학습을 하는 동안 지속적으로 학습 주제와 관련된 연습문제를 제공해줌으로써 학습자가 이미 배웠던 내용을 잊어버리지 않도록 해야 한다. 다양한 사례를 사용하여 학습자에게 훈련할 기회를 제공함으로써 학습자의 학습 내용 전이(기술 혹은 지식의 전이)를 도와야 한다. 사례를 선택할 경우, 학습자가 업무를 할 때 대면하게 될 상황뿐만 아니라, 돌발사태와 관련된 사례도 제공해주어야 한다. 학습자에게 강의의 순서를 변경할 수 있는 통제권은 제공하되, 연습문제 혹은 실습은 생략할 수 없도록 제작해야 한다. 자기조절은 온라인 학습의 성과를 높일 수 있다. 4장에서 논의하였듯이, **자기조절**(self-regulation)은 학습 자료와 학습에 대한 자신의 진척상황 평가에 대한 학습자 스스로의 개입을 의미한다. 수업이 끝난 뒤, 학습자에게 요점을 상기시켜 주거나 요점을 어떻게 사용하고 기억할지 목표를 잡아주는 온라인 촉신장치(online prompts)는 학습자가 어떻게 학습한 기술 및 지식을 응용할 수 있는지 도와줄 뿐만 아니라, 과거 학습한 주요 내용을 기억할 수 있도록 도와주는 역할을 한다.

온라인 학습을 위한 시간과 장소 제공

웹 훈련의 시제품에 형성평가를 사용하는 것은 적절한 교육 모듈의 시간과 길이를 알아내는 데 도움이 된다(형성평가에 대한 논의는 6장 참조). 관리자와 잠재적 학습자와 같은 최종 사용자는 반드시 형성평가 과정에 참여하여 프로그램에서 제공되는 음악, 그래픽, 아이콘, 애니메이션, 비디오, 그리고 다른 특성이 학습을 방해하지 않고 촉진하는지 확인해야 한다. 또한 최종 사용자는 학습 내용, 내비게이션, 사이트맵을 테스트함으로써 학습 모듈의 이동에 불편함이 없는지, 교육 프로그램에서 제공되는 웹사이트 링크 및 자료에 접근하는 데 문제가 없는지 확인해야 한다. 온라인 학습은 훈련과 업무 간의 구분을 희미하게 만들기는 했으나, 학습자가 쉬는 시간, 평소 업무시간, 그리고 개인 사생활에서 웹기반 교육 프로그램을 마칠 수 있다는 기대는 매우 비현실적임을 인지해야 한다.[39] 직원들이 업무로부터 방해받지 않고 오로지 학습에만 전념할 수 있는 시간을 가질 수 있도록, 기업은 직원들이 이러닝에 집중할 수 있는 시간과 공간을 반드시 제공해주어야 한다.[40] 다른 훈련 프로그램과 마찬가지로, 직원들의 동기부여 및 향상을 위해, 왜 해당 온라인 프로그램에 참여해야 하며, 훈련 참여를 통해서 어떠한 혜택을 받을지에 대한 이유를 직원들이 이해할 수 있어야 한다. 온라인 수업에서 어떠한 내용과 어떠한 종류의 학습 활동을 하게 될지 직원들과 정확한 소통을 해야 한다.[41] 관리자는 직원들이 학습에 집중할 수 있는 시간을 따로 제공해주어야 하며, 직원들은 주어진 시간 내에 중단 없이 훈련을 마칠 수 있도록 '학습 일정'을 계획해야 한다. 일부 기업은 직원들이 자신의 사무실에서 자리를 비우지 않고도 온라인 훈련을 끝낼 수 있다고 믿었던 초기 기대감에서 벗어나, 학습연구실을 설립하여 직원들이 업무로부터 방해를 받지 않고 온라인 학습에 집중할 수 있도록 지원해주고 있다. 단위화한 학습 모듈, 혹은 1~2시간 길이의 교육 모듈은 학습자의 학습을 돕고 반나절 혹은 하루 종일 훈련을 받은 것보다 더 오랫동안 학습한 내용을 기억할 수 있게 도와준다. 학습자가 1~2시간 동안 학습에 집중한 뒤, 다시 업무로 돌아가는 방법으로 훈련을 제공한다면, 전형적인 일과에 학습을 쉽게 통합할 수도 있다.

협력과 연결을 위한 테크놀로지

4장에서 학습은 종종 직원들 간의 상호작용과 공유의 결과로 발생한다고 강조했었다. 직원들은 동료 및 전문가와 비공식적이고 비구조화된 접촉을 통해서 배울 수 있다. 협력은 교육을 전달하는 강사 혹은 전문가와의 교류 혹은 두 명 이상의 학습자와의 교류를 통해서 발생하게 된다.

하이퍼링크(hyperlink)는 학습자에게 유인물이 저장되어 있는 다른 웹사이트에 접속하거나 다른 학습자, 전문가, 강사들과 소통이 가능하도록 해주는 연결 링크를 의미한다. 오웬스 코닝(Owens Corning)의 학습 자원 홈페이지에서는 시디롬 기반, 웹기반, 학습자 주도 프로그램 등과 같은 훈련 관련 모든 정보와 관련된 하이퍼링크를 제공하고 있다. 이 사이트는 온라인 수업 등록을 지원하고 있으며, 학습자의 수준에 적합한 교육과정을 등록할 수 있도록 제공되는 시험 및 시험 점수를 전송해주는 역할도 한다.[42]

연구에 의하면, 직원들이 온라인 학습을 성공적으로 마치는 데 실패하거나 온라인 학습보다는 강의식 대면 교육을 더 선호하는 이유는 학습자가 학습을 하면서 다른 동료들과도 네트워크를 구축하고 싶기 때문임이 밝혀졌다.[43] 효과적인 온라인 학습은 학습자들을 연결시켜주고 채팅방, 토론방, 그리고 소셜미디어 등과 같은 협력적인 학습 도구를 사용하여 학습자들의 소통과 공유를 촉진시켜 준다. 학습자들의 상호작용과 공유를 위한 다른 방법으로는 협력적인 온라인 프로젝트 참여, 전문가를 통한 튜터링, 코칭, 멘토링 등이 있다. 뿐만 아니라 온라인 학습은 학습자와 학습자의 질문에 대답해주고, 추가적인 학습 자료를 제공해주며, 학습자들 간의 토론을 자극하는 '강사'와 연결시켜 준다.

대규모 공개 온라인 과정

대규모 공개 온라인 과정(massive open online courses, MOOC)은 다수의 학습자(대규모)를 등록하도록 설계된 학습을 의미한다. 인터넷 연결(개방)이 있는 모든 사람이 무료로 접근할 수 있고, 토론 그룹 및 위키(온라인)를 포함하여 강의 및 대화형 과정 작업의 비디오를 사용하여 온라인으로 진행된다. 그리고 특정 시작 및 완료 날짜, 퀴즈 및 평가, 시험(과정)이 있다.[44] MOOC는 화학, 수학, 물리학, 컴퓨터 과학, 철학 및 리더십 과정을 포함하여 다양한 주제를 다룬다. MOOC는 로봇, 반자율 차량, 인공지능과 같은 수요가 많은 분야에서도 제공된다. 인기 있는 MOOC 제공업체로는 코세라(Coursera), edX(하버드와 MIT가 만든 비영리 단체) 및 유다시티(Udacity, 스탠퍼드대학교 연구 교수이자 구글 X랩 설립자가 만든 영리 회사)가 있다. 수업과정은 종종 대학과 협력하거나 최근에는 민간 기업과 협력하여 개발된다.

MOOC에 대한 관심은 16만 명의 학생이 수강한 2011년 스탠퍼드대학교의 무료 강의인 인공지능 개론(Introduction to Artificial Intelligence)에서 시작되었을 것이다.[45] 그 이후로 대학은 MOOC 제공업체와 협력하여 학습자가 완료할 수 있는 무료 또는 저렴한 온라인 과정을 제공하고 있다. 자격 시험을 통과하면 인증서 또는 대학 학점을 취득할 수 있다. 일반적으로 시험에 응시하려면 등록비가 있고, 비용은 코스 길이와 내용에 따라 수십에서 수백 달러이다. MOOC에 참여하는 학습자의 특징은 무엇일까? 코스를 수강하는 학부생의 수는 증가했지만, 일반적으로 학습자는 이미 대학을 졸업하고 관심을 탐색하거나 기술을 개발하기 위해 코스를 수강한다. MOOC는 수많은 학습자를 유치할 수 있었다. 예를 들어 코세라는 미국과 전 세계에서 500만 명이 넘는 학습자를 유치했다고 추정하고 있다.

기업은 맞춤형 과정을 설계하거나 기술 요구사항을 충족하는 데 도움이 될 수 있는 자체 MOOC를 만들기 위해 MOOC 제공업체와 협력하기 시작했다.[46] MOOC 제공업체 edX는 UPS, 프록터앤드갬블(Procter & Gamble) 및 월마트와 협력하여 컴퓨터 과학 및 공급망 관리 과정을 설계했다. 과정을 수강하고 테스트를 완료한 학습자는 인증서를 받을 수 있다. 맥킨지앤드컴퍼니(McKinsey & Company)는 10개의 코스가 포함된 전 직원을 위한 MOOC를 개발했다.[47] 학습과 적용을 극대화하기 위해 주제를 정의하고, 그 중요성을 논의하고, 회사가 그것에 대해 어떻게 생각하는지 강조하는 데 중점을 둔 과정 내용을 제공하지 않기로 결정했다. 대신, 과정 개발은 학습자가 내용으로 실제로 무엇을 할 것인지에 초점을 맞추었다. 맥킨지의 MOOC는 또한 학습자들에게 온라인 노트북을 사용하여 과정을 진행하면서 자신의 생각을 반영하도록 했다. 노트북에는 학습자가 고객을 위해 학습한 내용의 의미를 논의하도록 요청한 질문이 포함되어 있다. 노트북은 학습자가 과정이 완료된 후 고객과 대화를 시작하는 데 도움이 되었다. MOOC에서 학습자에게 먼저 기초 기술을 제시받은 다음 더 자세히 검토하거나 탐구하고 싶은 기술을 선택할 수 있는 기회가 주어졌다. 코스에는 짧은 비디오, 내레이션이 있는 파워포인트 슬라이드, 애니메이션 화이트보드 및 PDF 문서와 같은 다양한 학습 도구가 포함되어 있다. MOOC 과정을 개발한 지 6개월 후에 평가한 결과, 직원의 86%가 과정을 이수한 것으로 나타났다. MOOC에 참여한 직원들은 700건 이상의 고객 대화를 나눴고, 90% 이상이 향후 대화를 계획했다. 학습자의 85%는 대면 교육보다 MOOC를 선호했다.

조지아공과대학교, 유다시티 및 AT&T는 함께 협력하여 컴퓨터 공학 석사 학위를 제공하도록 설계된 MOOC를 만들었다.[48] 유다시티와 AT&T는 나노 학위를 위한 MOOC 과정을 만들었고, 이를 통해 AT&T 프로그래머가 소프트웨어 엔지니어링, 코딩 또는 웹 개발과 같은 첨단 기술 전문 분야를 준비할 수 있도록 일련의 과정을 수강할 기회를 제공한다. 이것은 프로그래머가 새로운 직무에 필요한 기술을 준비하는 데 도움이 된다. MOOC는 또한 AT&T 직원에게 구글 및 아마존과 같은 회사와 경쟁하는 데 필요한 STEM 기술을 제공함으로써 AT&T에 혜택을 준다.

MOOC에는 몇 가지 장점과 단점이 있다.[49] 훈련을 제공하는 MOOC의 장점 중 일부는 다음과 같다. MOOC 과정은 일상 업무를 방해하지 않고, 현지 공급업체나 컨설턴트가 제공하지 않는 훈련 내용을 제공한다. 그리고 직원들에게 현재 직무에 속하지 않는 과정이나 고도로 전문화된 과정에 대한 접근을 제공한다. 또한 학습 및 전이를 용이하게 하는 많은 기능이 포함되어 있다. 예를 들어, 학습은 상호작용을 하고 학습자가 제어하며 사회적 상호작용을 포함하고 적용을 강조한다. 학습은 강의 자료와의 상호작용 및 다른 학생 및 강사와의 상호작용과 결합된 짧은 강의 참여를 통해 이루어진다. MOOC는 역할극, 사례 및 프로젝트를 사용하여 지식과 기술을 적용하는 것을 강조하며 반동기식이다. 즉, 학습자는 동일한 과제, 비디오 강의, 읽기, 퀴즈 및 토론을 할당받지만 자신의 시간에 맞추어 과정을 완료할 수 있다. 또한 많은 MOOC는 학습 및 공식 인정에 대한 인센티브를 제공하는 대학 학점 또는 수료 증명서를 제공한다.

그러나 MOOC가 훈련에 혁명을 일으킬 것이라는 주장에도 불구하고 상당한 단점이 존재한다. MOOC에 등록한 사람들 중 과정과의 상호작용은 과정이 시작하고 첫 2주 후에 떨어지는 경향이 있고, 과정 이수율이 10~20%로 낮다. 그리고 과정을 이수한 대부분의 학생들은 자격 시험에 응시하지 않는다. 연구에 따르면 직원 중 5%만이 MOOC 과정 참여에 대해 회사로부터 재정 지원을 받는 것으로 나타났다.[50] MOOC 사용에 대해 비용을 직접 지불하는 직원에 비해 MOOC 사용에 대해 회사 재정 지원을 받는 직원의 과정 이수율이 높고, MOOC 과정 이수 후 현재 고용주 이외의 직업 기회를 찾을 가능성이 낮다. 마지막으로 MOOC는 동기식 또는 실시간 협업 또는 상호작용이 필요한 과정에 적합하지 않을 수 있다.

효과적일 수 있는 기회를 높이려면 MOOC는 학습자가 다음 단계로 넘어가기 전에 완료해야 하는 퀴즈와 문제 세트로 구성된 흥미롭고 매력적인 강의를 제공해야 한다. 강의 주제를 완료한 학습자에게는 배지와 같은 인센티브가 제공되어야 한다. 과정 완료를 위한 진행 상황의 피드백을 제공하기 위해 시각적 측정기(visual meters)를 사용해야 한다. 이 과정에는 토론 게시판과 쌍방향 비디오를 통한 상호작용도 포함되어야 한다. 또한 학습자는 MOOC에 접속하고, 동영상을 보고, 온라인 토론에 참여하는 데 필요한 테크놀로지 기술과 능력이 필요하다.

소셜미디어: 위키, 블로그, 마이크로블로그, 소셜 네트워크

소셜미디어(social media)는 사용자 생성 콘텐츠를 창조하고 교류할 수 있도록 해주는 쌍방향적인 의사소통을 위해 사용되는 온라인 그리고 모바일 테크놀로지를 의미한다.[51] 소셜미디어는 블로그, 구글 독스와 같은 위키, 페이스북과 링크드인 같은 네트워크, 트위터와 같은 마이크로쉐어링 사이트, 그리고 유튜브와 같은 공유 매체를 모두 포함한다. 표 8.7은 소셜미디어가 훈련에 유용하게 사용될 수 있는 방법에 대해 보여준다.

블로그(blog)는 사이트 운영자의 관심사에 따라서 자유롭게 글을 올리고 방문자가 이에 댓글을 달 수 있도록 제작된 웹사이트를 의미한다. 한 사람에 의해 운영되는 개인 블로그, 회사 브랜드 구축 및 마케팅 목적으로 사용되는 회사 블로그, 특정 분야에 집중하여 관련 분야 내용만을 다루는 주제별 블로그, 그리고 매체 중심(비디오 블로그) 및 장치 중심(모바일 장치

블로그) 블로그 등과 같이 서로 다른 종류의 다양한 블로그가 존재한다. 블로그를 훈련에 효과적으로 사용하기 위해 고려해야 할 몇 가지 사항이 있다.[52] 블로그를 훈련에 유용하게 사용하기 위해서는, 학습 목표와 반드시 관련이 있어야 한다. 그렇지 않을 경우, 학습자들은 블로그를 단지 시간을 보내기 위해서 사용하는 활동이라고 느끼게 되어 블로그가 제공하는 혜택을 느끼지 못하게 된다. 블로그를 통하여 학습자에게 정보를 분석하고 종합하도록 하여 학습자가 배웠던 내용을 다시 한번 성찰할 수 있도록 하고, 학습 내용을 응용한 아이디어를 공유하는 데 특히 유용하다. 또한, 강사는 반드시 어떻게 블로그에 올린 글이 평가될 것이고 어떤 종류의 게시글을 블로그에 올리기를 기대하는지(예: 새로운 아이디어, 당일 학습한 내용에 대한 응용) 정확한 지침을 제공해주어야 한다. 뿐만 아니라, 블로그는 프로젝트와 사례연구와 같이 그룹으로 참여하는 훈련 과정에 매우 유용하다. 블로그는 팀원들이 해당 게시글에 대한 자신의 의견 및 통찰력을 함께 공유할 수 있게 할 뿐만 아니라, 브레인스토밍 과정에 함께 참여할 수 있도록 해준다.

위키(wiki)는 사용자들 간의 지식 공유뿐만 아니라, 사용자들이 콘텐츠를 직접 제작하고 수정하며 이를 업데이트할 수 있는 권한을 부여한 웹사이트를 의미한다. **마이크로블로그**(microblog) 혹은 **마이크로쉐어링**(microsharing)은 독립형 앱, 온라인 공동체, 혹은 소셜 네트워크를 통해서 생각을 공유하고 소통할 수 있는 스프트웨어 도구를 의미한다. 일반적으로 단문, 링크, 그리고 멀티미디어 등을 사용하여 소통할 수 있다. **공유 매체**(shared media)는 유튜브와 같이 다른 사람들과 공유된 오디오 혹은 비디오를 뜻한다.

어떻게 소셜미디어를 학습, 훈련, 그리고 개발에 사용할 수 있는가? 많은 기업은 소셜미디어 도구를 직원들의 비공식적 학습을 돕기 위해 사용할 뿐만 아니라, 필요에 의한 지식 공유 및 공식 훈련 과정의 한 부분으로서 지식 공유에 사용하기도 한다.

다음과 같이 소셜 네트워킹 도구를 사용하는 기업과 비영리단체의 사례를 생각해보자.[53] 건강 관리 회사인 휴마나(Humana)에는 직원들이 서로 배울 수 있도록 온라인 커뮤니티를 구축하기 위해 설계된 '지식 교환(Knowledge Exchange)'이라는 소셜 학습 플랫폼이 있다. 예를 들어, 지식 교환을 사용하여 서로 상호작용하는 서로 다른 부서, 사업부 및 직무의 100

표 8.7 소셜미디어가 훈련에 유용할 수 있는 방법

• 새로운 학습 내용에 대한 온라인 회의, 비디오, 기사와 같은 자료에 접근할 수 있는 링크를 제공해준다. • 태그 기능을 사용하여 미래에 발생할 훈련의 요구 및 문제를 결정하는 데 도움을 준다. • 학습을 강화하고 학습 내용에 대한 기억을 유지시켜 준다. • 코칭 및 멘토링 도구로 사용 가능하다. • 형식적 훈련을 시작하기 전, 훈련을 제공하는 동안, 훈련이 끝난 뒤에도 학습자들을 연결시켜 준다. • X세대와 밀레니얼 세대를 연결시켜 준다. • 대면 학습이 있기 전, 학습 내용을 전달할 수 있게 해준다. • 학습자를 연결하고 교육 전, 중, 후에 학습 커뮤니티를 구축한다. • 동영상을 공유하고 만든다. • 여러 학습자가 동시에 문서를 편집할 수 있다. • 학습자가 필요한 전문 지식을 가진 사람을 식별하고 주제에 대한 전문가에게 접근할 수 있도록 도와준다.

자료: T. Bingham and M. Conner, *The New Social Learning* (Alexandria, VA: American Society for Training and Development, 2010); M. Derven, "Social Networking: A Force for Development?" *T+D* (July 2009), pp. 59–63을 기반으로 함.

명의 직원이 데이터 시각화에 관심이 있고, 공통 학습 요구사항으로 나타났다. 그들은 협업하고 학습 자원을 파악했으며 데이터 시각화에 대해 배웠다. 그들은 학습한 기술을 사용하여 과정의 효과에 대한 그룹 구성원의 설문조사 결과를 사용하는 데이터 시각화 제품을 개발했다. 시스코(Cisco)에서 모든 신입직원은 소셜미디어의 적절한 사용에 대해 교육을 받는다. 시스코 직원들은 서로 상호작용하는 데 사용할 수 있는 몇 가지 도구를 가지고 있다. 내부 WebEx 소셜 플랫폼을 통해 직원은 팀으로 협업하고 회사 전체의 전문가로부터 피드백을 받을 수 있다. 직원은 뉴스 피드를 검토하고, 회의 및 일정을 확인하고, 작업을 검토할 수 있는 현황판에 접근할 수 있다. GE는 직원들이 서로 팔로우하고, 댓글에 해시태그를 추가하여 검색에서 찾을 수 있도록 하고, 토론을 문서에 연결할 수 있는 GE Collab이라는 내부 소셜미디어 플랫폼을 만들었다.

캐나다 통신 회사인 텔러스에는 직원들이 사이트에서 콘텐츠를 만들고 공유하도록 권장하는 내부 소셜 네트워크(Jam)가 있다. Jam은 직원에게 개인 또는 팀 작업을 할당, 공유 및 관리하고, 학습 프로그램 그룹에 가입하여 지식과 경험을 교환하고, 동료에게 콘텐츠를 추천할 수 있는 권한을 제공한다. 예를 들어, 팀 구성원은 'As a Peer' 샌드박스에 기술 및 운영 질문을 게시하거나 이에 응답할 수 있다. 'Parking Lot' 샌드박스를 통해 직원들은 훈련 내용에 대해 실시간으로 대화할 수 있다. 버라이즌은 소셜 네트워킹 도구를 조직원들이 새로운 상품과 장치에 대해 배우는 데 사용한다. Device 블로그, Device 포럼, 그리고 학습공동체는 직원들이 새로운 상품과 장치가 출시되었을 때, 고객서비스를 제공할 준비가 되었는지 확인하는 데 도움을 제공하고 있으며, 버라이즌의 다양한 세대로 이루어진 직원들과 잘 어울릴 수 있도록, 그리고 동료 간 학습을 촉진하는 데 도움을 주고 있다. Device 블로그는 무선 장치에 자주 문의되는 질문(FAQs), 사용안내 비디오, 문제해결을 위한 조언 등과 같이 이용 가능한 정보를 제작하고, 지속적으로 업데이트시켜 준다. Device 포럼은 대리점 직원들이 동료 및 제조업자를 통해서 학습할 수 있는 공간을 마련해준다. 즉, Device 포럼을 통해서 직원들은 서로에게 질문을 할 수 있고, 문제점을 공유하며, 조언을 게시할 수 있고, 제안을 할 수도 있으며, 상품 전문가에게도 접근할 수 있다. 학습공동체는 Device 블로그를 통해서 접속이 가능하다. 학습공동체에는 비디오 블로그, 전자 게시판, 온라인 훈련 모듈로의 연결, 그리고 제품 설명이 포함된다. 이러한 도구뿐만 아니라, 직원들은 My Network에 접속하여 동료들과 협력할 수 있고, 정보 및 문서를 공유할 수 있으며, 작업그룹을 만들 수도 있다. 일부 강사들은 학습자들의 사용을 위한 보조 내용을 게시하기 위해 사용하기도 한다.

IBM은 전 세계에 있는 직원들을 연결하기 위해서 소셜미디어를 사용한다. w3로 잘 알려진 IBM 사이트는 기업의 글로벌 통합에 공헌하고 있다. w3 On Demand Workplace는 75개국에서 근무하고 있는 40만 명의 IBM 직원들을 위해 개발된, 강력한 생산력을 자랑하는 협력 도구이다. w3에 존재하는 전 세계에 있는 동료들을 통해서 얻은 자원과 지식은 고객의 혁신과 성공을 돕기 위해 사용된다. w3를 통해서 직원들은 개인 프로필, 북마크 사이트, 그리고 그들이 개인적으로 관심 있는 이야기에 대해서 게시할 수 있으며, 회사의 블로그에 자신의 의견을 게시할 수 있고, 위키에 공헌할 수 있으며, 파일을 공유할 수 있고, 성명서를 읽고 검토할 수 있으며, 비디오, 팟캐스트도 사용할 수 있다.

장애를 가진 사람들에게 서비를 제공하는 비영리단체인 SPIN(Special People in Northeast, Inc.)은 웹캐스트, 비디오, 업무 매뉴얼, 그리고 전자 처리과정 순서도 등을 사용하여 핵심 직원들이 가지고 있는 지식을 문서화하고 기존 업무 및 업무과정을 공유하고 있다. 인텔(Intel)은 지식 공유 및 성과 지원 제공과 같은 두 가지 방법을 통해서 무형식 학습을 장려하고 있다. 지식 공유와 성과 지원 모두 인텔 직원들을 위한 소셜미디어 플랫폼인 플래닛 블루(Planet Blue)의 일부분이다. 또한, 직원들은 스스로 편집이 가능한 사내 위키인 인텔피디아(Intelpedia)에 접속할 수 있다. 인텔피디아는 수백만 페이지로 구성되어 있으며, 수천 명의 직원들이 사용하고 있다. 인텔피디아는 인텔의 테크놀로지 기반의 정보 공유 문화를 창조하는 데 도움을 주고 있다.

어떻게 소셜미디어가 기업에서 효과적인 학습 도구로 사용될 수 있는지 알 수 있는가? 표 8.8에서 보여주는 질문들이 그에 대한 대답을 제공할 것이다. 전체 질문의 답변 중에서 '예'가 더 많다면 소셜미디어가 효과적인 학습 방안일 확률이 높다. 가장 중요한 고려 요소는 이미 기업에서 소셜미디어를 사용하고 있는가이다. 그러한 경우, 소셜미디어가 기업의 학습 전략에 적합한지, 그리고 어떻게 훈련에 적용할 수 있을지 더 쉽게 알 수 있다.

소셜미디어에서 제공되는 아이디어, 내용, 그리고 권고사항이 고품질인지 그리고 회사의 우선순위와 상응하는지를 고려하는 것은 매우 중요하다. 첨단 분석 서비스 회사인 EAG(Evans Analytical Group)는 소셜미디어를 사용하여 내용전문가(SME)를 찾고 전 세계에 분산된 직원을 연결하는 데 걸리는 시간을 줄이고 있다.[54] 이는 EAG의 800명 직원이 회사가 지난 몇 년 동안 25건 이상의 인수합병을 완료하여 가능한 내용전문가에 대해 모를 수도 있기 때문에 중요하다. 직원들은 트위터, 링크드인 또는 회사의 인트라넷을 사용하여 내용전문가를 찾아 협력하고, 지식을 습득하고 제공한다. 훈련 프로그램에서 배운 지식과 기술을 강화하기 위해 소셜미디어 사용도 권장된다.

EAG는 여러 가지 방법으로 소셜미디어 도구 사용을 지원한다. 직원들은 블로그와 위키 사용을 성과 평가에 연결하여 사용하도록 권장된다. 또한 회사는 매주 인트라넷에서 소셜미디어 도구의 주간 사용률이 가장 높은 직원을 공개적으로 인정하고, CEO는 회사 회의에서 이러한 도구 사용을 지지한다. 직원이 소셜미디어 도구를 사용하는 방법과 잠재적 가치를 이해할 수 있도록 EAG는 직원이 인트라넷에서 접근할 수 있는 훈련 비디오, 지침서 및 자주 묻는 질문(FAQ)을 제공한다. 소셜미디어 도구가 효과적인지 확인하기 위해 직원 운영 위원회는 인터뷰를 실시하고 설문조사 데이터를 수집한다. 예를 들어, 그들은 교육을 받은 후 협력한 두 직원 그룹 간의 지식 보유를 비교했다. 한 그룹은 블로그와 위키를 사용하고 다른 그룹은 소셜 협업 도구인 채터(Chatter)를 사용했다. 지식 보유 점수는 두 그룹 간에 차이가 없었다. 그러나 직원의 90%는 소셜미디어 도구가 유용하다고 응답했다. IBM은 전문지식 평가를 실행하여 소셜미디어를 통해서 제공되는 추천 사항들의 품질을 확인한다.[55] 모든 직원은 매년 업무 기술 수준 및 능력 수준에 대해서 스스로 정의하는 자기평가를 실시한다. 기술의 수준은 초보자, 기본, 경험자, 전문가, 그리고 유능한 지도자로 나뉘어 있다. 이 순위는 직원

표 8.8 훈련 및 학습을 위한 소셜미디어 사용 여부를 결정하기 위해서 고려해야 할 사항

- 회사에서 이미 소셜 네트워크를 사용하고 있는가?
- 소셜 네트워크 사용이 기업의 학습 전략에 적합한가?
- 직원들이 지리적으로 분산되어 있는가?
- 학습 전략이 현장 학습을 지원하는가?
- 협력을 조성할 필요성이 있는가?
- 상당한 수의 직원들이 X세대 혹은 밀레니얼 세대인가?
- 직원들이 소셜 네트워크를 사용하는 것을 편안하게 생각하는가?
- 사업을 진행하는 데 팀워크가 상당히 요구되는가?
- 지식이 빠르게 공유될 필요가 있는가?
- 회사가 혁신을 가치 있게 생각하는가?
- 기업문화가 분산된 의사결정을 지원하는가?

자료: T. Bingham and M. Conner, *The New Social Learning* (Alexandria, VA: American Society for Training and Development, 2010); M. Derven, "Social Networking: A Force for Development?" *T+D* (July 2009), pp. 59-63을 기반으로 함.

들이 특정 기술과 해결방안을 필요로 할 때 그에 상응하는 지식과 경험을 갖춘 이를 찾도록 도와준다. 자기평가에서 유능한 지도자와 전문가 레벨을 받기 위해서는 다른 계열의 관리자와 내용전문가(SME)의 확인 과정을 거쳐야 한다. 그리고 직원들이 온라인에 게시물을 올릴 때에는 회사가 어떻게 인식되기를 바라는지를 고려하여, 이에 상응하는 내용을 올리고 있는지 모니터링할 수 있는 편집자를 둘 필요가 있다. 하지만 품질 평가 및 모니터링은 협력과 네트워킹을 저해할 수 있다는 것을 명심해야 한다.

블렌디드 학습

불충분한 대역폭과 부족한 고속 웹 연결망과 같은 테크놀로지와 관련된 문제점, 온라인 강의보다는 대면 접촉을 선호하는 학습자, 그리고 업무 중 계획에 없던 시간을 쪼개어 자신의 업무 장소에서 학습을 진행하기 어려운 점과 같이 온라인 학습을 진행하는 데 발생하는 제한점 때문에 많은 기업이 하이브리드(hybrid), 블렌디드 학습 방식을 채택하고 있다. **블렌디드 학습**(blended learning)은 학습 내용과 강의를 배포하기 위해서 사용되는 온라인 교수법, 대면 교수법, 그리고 다른 교육 방법을 결합한 방법을 의미한다. 블렌디드 학습 과정은 대면 교수법과 테크놀로지 기반의 전달과 교수법(온라인 학습, 원격학습, 혹은 태블릿 컴퓨터, 아이폰과 같은 모바일 기술)이 가지고 있는 장점을 최대화하고 이들이 가지고 있는 단점을 최소화할 수 있다.[56] 교실 전달과 비교했을 때, 블렌디드 학습은 증가한 학습자 통제를 제공함으로써 학습자의 자기주도학습을 가능하게 해줄 뿐만 아니라, 학습자 스스로가 본인의 학습에 대해 더 많은 책임감을 가질 수 있도록 해준다(이 모든 요인은 4장에서 설명한 성인 학습 이론의 권고사항과 연계됨).[57] 순수 온라인 학습과 비교했을 때, 블렌디드 학습은 더 높은 수준의 면대면 사회적 상호작용을 제공해주며, 부분적이더라도 강의가 학습 공헌도가 높은 환경에서 전달될 수 있다. 블렌디드 학습은 교실을 사용하여 학습자들이 함께 학습하고 논의하며, 통찰력을 공유할 수 있도록 해줌으로써 학습에 생기를 불어넣어 주며, 의미 있는 학습을 경

험하게 해준다. 동료들로부터 직접 받는 피드백은 온라인을 통해서 받는 피드백보다 더 선호된다.[58]

블렌디드 학습의 인기 있는 응용 중 하나는 **거꾸로 교실**(flipped classmroom)이다. 거꾸로 교실은 온라인과 대면 수업이 혼합되어 있다. 학습자는 강의를 보고, 온라인 시뮬레이션을 완료하고, 책과 기사를 읽고, 지식과 기술을 평가하기 위해 퀴즈를 풀고 난 뒤, 교실에 와서 프로젝트와 사례에 대해 작업하고, 발표를 듣고, 강사와 상호작용한다.[59] 강의를 이용한 대면 수업은 교실 내 학습자 집단이 아닌 개별 학습자에게 전달될 때 효과적일 수 있다. 강의는 동영상으로 제작하여 온라인으로 제공할 수 있다. 이를 통해 지식과 기술을 강화하고 적용하기 위한 대면 수업 시간을 확보할 수 있다. 거꾸로 교실의 성공을 위한 핵심 중 하나는 학습자가 수업에 오기 전에 제시된 강의 내용과 준비를 이해하고 완료해야 한다는 것이다. 학습자가 온라인에서 스스로 작업하지만 학습자의 질문에 강사가 전화, 이메일 또는 대화방을 통해 답변할 수 있게 하는 것이 중요하다. 또한 학습자는 강의실 수업에 참석하기 전에 퀴즈 또는 시험을 완료하고 합격 점수 이상을 받아야 한다. 블렌디드 학습은 학습자가 학습하도록 동기를 부여하고, 아이디어나 주제에 대한 절차적 지식이나 정보를 가르치는 데 대면 교육보다 더 효과적인 것으로 밝혀졌다.[60] 블렌디드 학습은 대면 및 웹기반 교육 모두에 내재된 긍정적인 학습 기능을 활용하는 것으로 보인다. 흥미롭게도 학습자는 블렌디드 학습보다 교실 수업에 더 호의적으로 반응한다. 이는 블렌디드 학습 과정이 더 까다롭고 두 가지 학습 접근 방식을 사용하여 더 많은 시간을 투자해야 하기 때문일 수 있다. 연구에 따르면 블렌디드 학습의 가장 중요한 문제는 빠르게 변화하는 기술, 불충분한 관리 지원 및 블렌디드 학습에 대한 몰입, 블렌디드 학습이 실제로 무엇이며 구현하는 방법에 대한 이해 부족이다.[61]

여러 회사에서 블렌디드 학습과 거꾸로 교실을 사용하는 것을 고려해보자.[62] 신입사원을 위한 ADP의 교육 프로그램에는 일주일의 대면 워크숍, 8회의 시뮬레이션, 협력적인 자기주도 온라인 학습이 포함된다. 이를 통해 신입사원은 실습 교육(제품 훈련에 중점을 둔 온라인 가상 강사주도 수업 포함), 멘토와 협력, 동료와의 네트워킹에 더 많은 시간을 할애할 수 있다. 길베인 빌딩 컴퍼니(Gilbane Building Company)는 일부 건설 프로젝트의 경우 블렌디드 학습 접근 방식을 사용한다. 도급업자(contractors)는 작업 현장에 도착하기 전에 온라인 안전 교육을 이수해야 한다. 1시간 온라인 교육은 인터넷에 접속할 수 있는 휴대전화, 노트북 및 태블릿 컴퓨터를 사용하여 접근할 수 있다. 훈련에는 영어 또는 스페인어로 제공되는 퀴즈가 포함된다. 퀴즈를 통과한 후, 도급업자는 잠재적인 안전 위험이 파악되는 동안 작업 현장의 직접 투어에 안내된다. 이 훈련을 통해 30만 시간 동안 한 번의 부상만 발생하여 사고율을 낮추고 유지하는 데 도움을 받았다. 소닉 오토모티브는 관리자 훈련에 블렌디드 학습 접근 방식을 사용했다. 블렌디드 학습 접근 방식에서는 관리자가 3일간의 강사주도 교육에 참석하기 전에 온라인 프로그램에서 기본 기술에 대한 학습을 완료해야 한다. 온라인 프로그램에는 기본 기술의 연습 및 적용에 중점을 둔 강의실 수업을 준비하는 과제 및 학습 모듈이 포함된다.

건강 보험 제공업체인 앤섬은 동료를 위한 대면 학습에서 온라인 교육으로 전환하여 학습자에게 더 많은 통제력을 제공하고 코치와 동료로부터 배울 수 있도록 하였다. 앤섬 건강 가이드(AHG)는 직원이 혜택을 더 잘 이해하고 사용할 수 있도록 도와주는 소비자 제품이다. AHG 거꾸로 교실 교육은 강사가 학습자에게 학습 목표, 훈련 주제 및 사용할 테크놀로지를 소개하는 화상 채팅 오리엔테이션으로 시작된다. 훈련 내용은 개별화 코칭과 함께 비디오, 게임, 그룹 활동, 역할극을 통해 대면 수업으로 진행된다. 또한 회사 인트라넷의 소셜 협업 사이트는 학습자에게 강사 및 다른 학습자와 상호작용할 수 있는 기회를 제공한다. BB&T는 새로운 상업용 대출 플랫폼을 사용하기 위해 직원을 재교육해야 했다. 거꾸로 교실 접근 방식을 사용하여 훈련을 제공하는 데 걸리는 시간을 단축하고, 장기간 훈련으로 발생되었던 숙박 및 기타 여행비용을 줄였으며, 직원들에게 일관된 훈련 내용을 제공했다. 거꾸로 교실 교육은 1시간 온라인 과정으로 구성된 총 10시간 온라인 강의와 이틀간의 대면 강의실 교육으로 구성되었다. BB&T는 거꾸로 교실 접근 방식을 채택하여 여행 경비를 40만 달러 이상 절약한 것으로 추정한다.

시뮬레이션과 게임

시뮬레이션과 게임은 7장에서 전통적인 훈련 방법으로 이미 소개되었다. 이 장에서는 어떻게 소프트웨어와 컴퓨터 기술의 발전이 학습을 개선하였으며 모의실험 장치와 게임이 어떻게 학습 전이를 가능하게 했는지 알아본다. 시뮬레이션과 게임은 개인용 컴퓨터 혹은 엑스박스(Xbox)와 같은 게임 테크놀로지를 통해서 전달이 가능하다. 시뮬레이션과 게임은 인공적이나 현실과 유사한 환경에서 학습자들이 내리는 의사결정이 어떠한 결과를 야기하는지 가상적으로 경험함으로써 의사결정 훈련을 할 수 있도록 해준다. 한 조사에 의하면 53%의 성인이 비디오 게임을 한다는 결과가 있듯이, 시뮬레이션 게임은 널리 인기 있는 방법이다.[63]

기능성 게임(serious games)이란 훈련 내용을 게임화하되 사업적 목적이 있는 게임을 의미한다.[64] '게임화(gamification)'란 게임 기반의 전략을 훈련 프로그램에 적용하는 것을 의미한다. 핵심은 어떻게 게임이 제공하는 재미와 동기유발 요소를 직원들이 지식과 기술을 습득하는 데 사용할 수 있느냐에 있다. 네 가지 다른 종류의 시뮬레이션과 게임이 표 8.9에 제시되어 있다. 일부 시뮬레이션에는 가상 현실이 포함되거나 가상 세계에서 발생한다.

가상 현실(virtual reality, VR)은 컴퓨터 기반 테크놀로지로 학습자에게 3차원 학습 경험을 제공한다. 가상 현실은 시뮬레이션이 더욱 현실적일 수 있게 해준다. 전문화된 장비를 사용하거나 컴퓨터 스크린을 이용한 가상 모델을 통해 가상 현실을 봄으로써 학습자는 가상공간을 돌아다닐 수 있고 구성요소들과 상호작용하게 된다.[65] 시뮬레이션을 통해 학습자는 실제로 특정 환경에 있다는 인식을 나타내는 **현장감**(presence)을 경험할 수 있다. 현장감은 학습자가 이용할 수 있는 감각 정보의 양, 환경에 대한 통제, 환경을 수정하는 능력에 의해 영향을 받는다. 시뮬레이션에서 현장감은 운동 감각을 느끼거나 고객이나 동료의 분노와 같은 감정을 경험하는 학습자를 포함할 수 있다. 현장감이 좋지 않으면 감각이 부적절하게 왜곡되

표 8.9 시뮬레이션의 종류

시뮬레이션 종류	설명
브랜칭(branching) 스토리	학습자는 특정 상황에 놓이게 되고, 이에 대한 선택 및 의사결정을 내리라는 지시를 받게 된다. 학습자는 자신의 결정을 기반으로 시뮬레이션을 진행하게 된다.
상호적인 스프레드시트	주어진 사업 규칙(일반적으로 재정에 기반)을 바탕으로, 학습자는 의사결정을 내리도록 지시받는다. 학습자가 내리게 될 의사결정은 사업에 영향을 미치게 된다. 스프레드시트에 결정을 입력하게 되고, 학습자가 내린 결정이 어떻게 사업에 영향을 미치게 될지 스프레드시트를 통해서 보여진다.
게임 기반 가상 연구실	학습자는 컴퓨터에 있는 비디오게임을 하게 된다. 학습자는 컴퓨터에서 묘사된 임무를 통해, 상호작용을 하면서 훈련을 받게 된다.

자료: C. Cornell, "Better Than the Real Thing?" *Human Resource Executive* (August 2005), pp. 34–37; S. Boehle, "Simulations: The Next Generation of E-Learning," *Training* (January 2005), pp. 22–31을 기반으로 함.

어 학습자가 구토, 현기증, 두통(시뮬레이터 병) 및 좌절을 경험할 수 있다.

BNSF 철도는 가상 현실을 사용하여 직원에게 브레이크 안전 검사를 수행하는 방법을 교육한다.[66] 직원은 철도 차량의 브레이크 검사를 수행하는 3D 시뮬레이션에서 아바타 역할을 한다. 시뮬레이션에는 공기 호스, 앵글 콕, 핸드 브레이크를 포함하여 적절한 검사에서 확인해야 하는 모든 중요한 부품이 포함되어 있다. 시뮬레이션에서 BNSF 철도는 발생할 수 있는 모든 결함을 포함하지만, 안전상의 이유로 또는 시연의 어려움으로 인해 현장 교육에는 포함될 수 없다. 이 프로그램은 오작동을 파악하고 수정하는 직원의 능력을 향상한다. 스베르방크(Sberbank)와 월마트도 교육에 가상 현실을 사용하고 있다.[67] 중부 및 동부 유럽에서 가장 큰 은행인 스베르방크는 직원의 대인관계 기술을 개발하여 직원이 고객과 상호작용할 때 더 주의를 기울이고 사려 깊게 대화할 수 있기를 원했다. 대인관계 기술 훈련의 어려움은 고객을 화나게 하거나 잃을 수 있는 위험을 피하면서도 실제 생활과 유사한 상황에서 연습해야 한다는 것이다. 그 결과 스베르방크는 공감과 연민을 훈련하기 위한 비디오 경험이 포함된 가상 현실(VR) 시뮬레이션을 사용하기로 결정했다. 훈련 모듈 중 하나에서 학습자는 VR 헤드셋을 사용하여 시각 및 청각 장애로 어려움을 겪고 있는 고령 고객이 정시에 은행 결제를 완료하기 위해 경험해야 하는 것을 보고 느낀다. 학습자의 97%는 이전에 경험하지 못한 강렬한 공감을 느낀다고 응답했다. 월마트는 직원들에게 가상 현실을 사용하여 연휴 선물을 쇼핑하는 고객이 매장이 문을 열 때까지 오랜 시간을 기다렸다가 판매 중인 품목을 구입하기 위해 문을 열면 매장으로 달려가는 블랙 프라이데이와 같은 상황에 대비하는 방법을 교육한다. 월마트는 또한 고객서비스 훈련을 위해 가상 현실을 사용하고 농산물 쌓기 및 정렬과 같은 운영 기술을 교육한다.

시뮬레이션은 팀 훈련에도 사용할 수 있다. 예를 들어, IBM은 시뮬레이션을 사용하여 사이버 공격에 대응하는 방법에 대해 보안 팀을 훈련시킨다.[68] 집결지는 비행 시뮬레이터와 비슷하지만 24명을 수용할 수 있는 공간이 있다. 비디오 패널은 전면 벽을 덮고 바닥 아래에 있는 컴퓨터 서버 랙은 회사 네트워크의 데이터 스트림을 시뮬레이션한다. 한 시뮬레이션에는 HR 담당자에게 보내는 피싱 이메일이 포함된다. 해커는 정보기술 담당자가 컴퓨터 침해의 원인을 파악하기 전에 데이터를 가져온다. 유출 소식이 언론에 노출된 후 미국 정부기관이 조사에 착수했다. 시뮬레이션이 진행됨에 따라 보안 팀은 해커가 분기 보고서 전에 회사의 재무 데이터도 변경했음을 발견한다. 보안 팀은 데이터 침해로 인해 발생한 압박에 대처하고, 도난당한 항목을 파악하고, 관련된 사람과 기관에 알리기 위한 조치를 취하고, 침해를 보호하는 방법을 배워야 한다.

시뮬레이션은 가상 세계에서도 일어날 수 있다. **가상 세계**(virtual worlds)는 학습 프로그램 및 학습 경험을 할 수 있도록 제공되는 컴퓨터 기반으로 제시되는 3차원으로 표현된 온라인 가상 현실 세계를 의미한다. 예를 들어 세컨드 라이프(Second Life), 프로토스피어(ProtoSphere), 포테라(Forterra) 및 버추얼 히어로즈(Virtual Heroes) 등은 가상 세계를 제공한다.[69] 가상 세계에서 학습자는 아바타를 사용하여 교실, 웨비나 또는 역할극 연습에서 상호작용을 한다. 아바타는 가상의 코치, 동료, 고객 및 강사로 사용되는 사람의 아이콘을 의미한다.[70] 가상 세계를 통해 직원은 혼자, 동료 또는 팀으로 학습할 수 있다. 이것의 강점은 학습자가 장비, 동료 또는 고객과 작업하는 데 적극적으로 참여하도록 하는 능력에 있다.

PPD는 신약 개발, 개발, 수명 주기 관리 및 실험실 서비스와 관련된 글로벌 계약 연구 기관이다. PPD의 고객 및 파트너에는 제약, 생명 공학, 의료 기기, 학계 및 정부기관이 포함된다. PPD는 47개국에 사무소를 두고 1만 3,000명 이상의 직원을 두고 있어 출장과 시간 요구 없이 효과적인 훈련을 제공하는 것이 중요하다. PPD는 가상 3차원 학습 환경을 사용하여 임상 기초 프로그램을 제공한다.[71] 학습자는 가상 시뮬레이션 환경과 사실적인 아바타를 사용하여 말하고, 메시지를 보내고, 프레젠테이션 및 비디오 콘텐츠를 보고 상호작용하고, 메모하고, 인터넷에 접속한다. 이 시뮬레이션 환경은 전 세계 어디에서나 접근할 수 있다. PPD는 또한 약국, 간호사실, 수술 공간 등 가상 임상 공간을 교육용으로 사용한다. 가상 프로그램에 참여하는 연수생의 80%는 교실 교육보다 가상 프로그램을 선호하고, 95%는 기존 교육보다 더 많이 몰입한다고 생각한다.

과거에 BP(British Petroleum)는 런던에서 연례 글로벌 대학원 포럼을 개최했다. 회사에서 2년을 보낸 후에는 400명 이상의 BP 글로벌 지사 졸업생이 참석하도록 초대될 것이다.[72] 등록한 사람들은 3일 동안 런던을 방문하여 동료 및 BP 최고 경영진과 네트워킹하고 BP의 기업 문화와 가치를 강조하는 프레젠테이션을 할 것이다. 이 프로그램은 연간 500만 달러의 비용이 들었지만 자격을 갖춘 졸업생의 1/3만이 참석했다. 참석한 사람들은 개인적인 상호작용보다 프레젠테이션에 할애된 시간에 불만을 표시했다.

BP는 프로토스피어와 협력하여 가상 세계에서 보다 대화형 시나리오 기반 사건을 개발했다. 졸업생들은 에너지, 보안 및 환경적 압력의 균형을 유지해야 하는 문제를 해결하기 위해 팀으로 일한다. 이 시나리오는 석유 및 가스 매장량에 대한 잠재력은 높지만 사람이 거주하지 않고 접근이 어려우며 보호되는 동식물종의 서식지인 지역을 사용한다. 졸업생들은 해당 지역의 에너지 자원을 사용할지 여부를 결정해야 한다. 가상 세계에는 브리핑룸, 회의실, 각 팀이 작업할 수 있는 소회의실이 있다. 브리핑룸은 비디오를 볼 수 있는 평면 TV, 가상의 영역을 자세히 설명하는 위키피디아 문서, 내용전문가(SME) 발표 일정 및 졸업생에게 오디오를 재생하는 지능형 봇을 포함하고 있다. 졸업생들은 이 경험이 BP의 비즈니스와 가상 팀에서 일하는 능력을 더 잘 이해하는 데 도움이 된다는 것을 알게 되었다. 가상 글로벌 졸업생 챌린지는 런던에서 라이브 이벤트를 제작하는 것에 비해 회사에서 370만 달러를 절약한다.

많은 회사에서 게임과 게임화를 사용하고 있다. 학습 전문가를 대상으로 한 ATD 설문조사에 따르면 기업의 25%는 학습에 게임화를 사용하고, 20%는 기능성 게임을 사용하고 있다.[73] 게임이 유일한 교육 방법으로 사용되거나 강사주도 및 가상 코스에서 사용된다.[74] 딜로이트에서 DLearn은 강사가 과정 내에 여러 유형의 게임을 포함할 수 있도록 하고 있다. 게임은 상호작용하며 개별적으로 또는 팀 내에서 이루어진다. 버저와 보너스 휠이 있는 미니게임을 사용하여 학습자에게 질문할 수 있고, 정답에 대해 점수가 부여된다. 또 다른 유형의 게임을 통해 강사는 학습자 팀이 결정을 내려야 하는 사례를 개발할 수 있다. 학습자의 답변에 따라 게임은 다양한 경로로 변경될 수 있으며, 의사결정의 질에 따라 팀이 획득하는 점수가 달라진다. 강사는 리더보드를 사용하여 교육생이 획득한 포인트와 수업 토론 게시판 참여 및 과정 완료에 대한 배지를 표시할 수 있다. 각 학습자에게는 획득한 배지를 포함하여 다른 사람들과 공유할 수 있는 개인 프로필이 있다.

인도에 있는 2,500명의 화이자(Pfizer) 의료 영업 담당자는 각각 아이패드를 사용하여 고객과 소통하고 매출을 보고한다.[75] 화이자는 의료 담당자의 영업 역량을 향상하기 위해 모바일 학습 앱인 로켓(Roket)을 개발 및 출시했다. 로켓의 주요 기능에는 비디오 및 읽기 자료에 대한 접근, 훈련 내용에 대한 퀴즈(영업 담당자가 서로 경쟁하여 누가 가장 높은 퀴즈 점수를 얻었는지 확인할 수 있는 리더보드), 비디오 공유 및 영업 담당 관리자에 의해 사용되는 기본 제공 코칭 양식(영업 담당 관리자가 영업 담당자와 공동 영업 방문이 끝날 때 훈련 점수 응용을 제공하기 위해 사용됨)이 포함된다. 화이자는 앱의 활용도가 좋은 것으로 나타났다. 영업 담당자의 66%가 매주 앱을 사용하고, 42%가 매주 세 번 이상 앱을 사용하는 것으로 나타났다. 영업 숙련도 점수는 퀴즈 점수 40%, 응용 점수 60% 가중치를 기반으로 한다. 영업 담당자의 숙련도 점수는 16주 동안 24% 증가했다. 또한 영업 담당자가 있는 관리자가 응용 점수를 향상할 수 있는 방법에 중점을 둔 코칭 횟수가 29% 증가했다. 포드(Ford of Canada)는 게임을 사용하여 대리점 판매원을 교육한다.[76] 이 게임에는 전문적인 자동차 경주 테마가 있으며 비디오, 제품 정보 및 웹 코스가 포함되어 있다. 학습자는 포인트를 획득하고 더 높은 레벨로 진급하고, 개인 목표를 달성하고, 트로피 케이스에 표시되는 배지를 획득하고, 리더보드에서 동료나 다른 딜러와 경쟁하고, 피드백을 받을 수 있다. 올스테이트(Allstate)는 직원들이 개인 정보 보호에 대한 지식을 검토할 수 있도록 게임을 사용한다(즉, 고객 정보가 안전한지 확인하는 방법).[77] 게임은 참가자가 자신의 신원을 도용당하여 모기지를 거부하는 비디오로 시작된다. 그런 다음 참가자가 다른 사람의 데이터를 훔치려는 사악한 회사와 싸우기 위해 에이전시에 합류한다. 참가자는 캡틴 컨피덴셜(Captain Confidential)과 같은 네 분신 중 하나를 선택할 수 있다. 다음으로 참가자는 올스테이트의 개인 정보 보호 정책에 따라 질문에 답하여 딜레마를 해결해야 한다. 더 많은 문제가 해결됨에 따라 참가자의 데이터 유출이 해결된다.

앞선 사례들에서 보았듯이, 시뮬레이션은 여러 가지 이유에서 효과적이라고 할 수 있다.[78]

첫째, 시뮬레이션은 학습자가 자신의 사무실용 컴퓨터에서도 사용할 수 있게 해줌으로써, 훈련 공간으로 이동해야 하는 필요성을 제거시켜 준다. 둘째, 시뮬레이션은 학습자를 학습에 참여시킬 뿐만 아니라 감정적으로 몰입할 수 있게 해준다는 점에서 의미가 있다(심지어 재미있을 수 있다). 이것은 학습자의 연습하려는 의지를 높여주고, 학습한 내용의 기억 유지율을 높여주며, 그들의 기술도 향상할 수 있게 하고, 학습 전이를 제고하게 해준다. 셋째, 시뮬레이터는 학습을 하기 위해서 무엇이 필요한지에 대해서 일관된 메시지를 제공해주기 때문에 학습자는 자신의 속도에 맞춰 배울 수 있을 뿐만 아니라, 대면 교육에 비해 학습자가 직면하게 될 상황 및 문제를 더 많이 포함시켜 학습 기회를 제공해줄 수 있다. 넷째, 시뮬레이션을 통해서 학습자는 실제로 위험할 수 있는 업무를 안전하게 교육받을 수 있다. 다섯째, 시뮬레이션을 통해서 더 짧아진 훈련 시간 그리고 투자수익률의 증가 등과 같은 긍정적인 결과들이 보고되고 있다.

하지만 시뮬레이션은 다음과 같은 단점을 가지고 있다. 개발비용에 의해서 시뮬레이션의 사용이 제한된다. 주문제작 없이 시뮬레이션 제공사의 기존 제품을 사용할 경우 학습자 한 명당 보통 100~200달러의 비용이 들지만, 맞춤형 시뮬레이션을 제작할 경우 보통 20~30만 달러에 달하는 비용이 든다.[79] 공공 부문 내의 가상 세계 프로그램 캠퍼스에서 공간을 임대하는 비용은 하루에 200~300달러이다. 공간 내 맞춤형 시뮬레이션은 1,000~2,000달러의 비용이 든다.[80] 기본 15분 게임의 평균 비용은 2만~3만 달러이지만 게임 범위는 5,000~25만 달러이다.[81] 가상 세계에서 임대 공간은 비용이 비싸다. 임대 공간의 크기와 유형에 따라 연간 5,000달러에서 10만 달러까지 다양하다(공용 혹은 개인 서버에서 개인용 공간을 요구할 경우, 1만 달러에서 2만 달러에 달하는 비용이 필요함). 비록 비싼 훈련 방법이기는 하나, 시뮬레이션 개발비용이 지속적으로 하락하고 있기 때문에 많은 인기를 끌고 있는 훈련 방법이다. 또한, 테크놀로지의 개발로 인해 더욱 현실에 가까운 시뮬레이션을 제작할 수 있도록 해줌으로써, 훈련으로서의 시뮬레이션의 사용이 더 증가할 것으로 예상된다.

비용적 단점과 더불어 다른 단점도 존재한다. 게임과 시뮬레이션은 기술을 실습하는 데 유용하기 때문에, 학습자는 반드시 먼저 필요한 지식을 습득해야 하며, 그 이후 게임에 참여하면서 습득한 지식을 적용할 수 있다.[82] 어떻게 시뮬레이션을 통해 얻은 경험이 직무와 관련되는지에 대한 이해를 돕기 위해서 게임이나 시뮬레이션이 끝난 후에, 학습자에게 이에 대해 디브리핑(debriefing)해주는 것이 효과적이다. 또 다른 단점은 시뮬레이션의 참신함이 학습자의 경험을 회상하는 데 도움이 될 수 있지만, 훈련 내용의 유지 및 업무에서의 학습 전이를 방해할 수도 있다는 것이다.[83] 학습자는 시뮬레이션을 진지하게 받아들이지 않을 수 있다. 시뮬레이션이 일부 학습자를 혼란스럽게 하고 압도할 수 있기 때문에 시뮬레이션에서 학습하는 것이 이미 직업 경험이 있는 사람들에게 더 나을 수 있다. 마지막으로, 학습자는 사람과의 대면 접촉이 부족한 학습 상황에 익숙하지 않을 수 있다.

게임이 재미있을 수 있다는 것은 모두 알고 있지만 교육용으로 기능성 게임을 구매하거나 구축할 때 어떤 질문을 고려해야 할까? 표 8.10은 고려해야 할 질문을 보여준다. 게임의 목적과 비즈니스와의 관계를 설정하는 것이 중요하다. 게임은 안전 교육, 제품 교육, 팀 빌딩,

표 8.10 기능성 게임에 대해 고려해야 할 질문

• 사업 목표는 무엇인가? • 어떤 행동이나 과제를 학습할 것인가? • 얼마나 많은 수준과 참가자를 포함해야 하는가? • 게임을 하는 모든 사람이 동일한 기술에 접근할 수 있는가? • 게임이 재미있고 학습 몰입을 유도하는가? • 게임이 피드백과 리더보드, 미터 또는 배지와 같은 요소를 제공하여 직원이나 팀 간의 우호적인 경쟁을 유도하는가?

자료: C. Balance, "Strategic Ways to Develop Game-based Learning for High ROI," *T+D* (September 2013), pp. 76–77; B. Roberts, "Gamification: Win, Lose or Draw," *HR Magazine* (May 2014), pp. 28–35; R. Paharia, *Loyalty 3.0* (New York: McGraw-Hill Education, 2013)을 기반으로 함.

신입사원 오리엔테이션을 비롯한 여러 비즈니스 관련 목적으로 사용할 수 있다. 또한 학습자가 게임을 한 결과 수행할 수 있어야 하는 행동이나 작업을 결정하는 것이 필요하다. 사업 목적과 행동 및 기술은 게임의 학습 목표에 포함되어야 한다. 학습자는 의미 있는 게임 시나리오, 내러티브 및 문제를 통해 참여해야 한다. 게임은 리더보드를 바탕으로 학습자 간 경쟁심을 활용하여 학습자의 동기를 높여야 한다. 또한, 이상적으로 게임은 학습자가 더 도전적인 지식과 기술을 배우기 전에 (특정 점수를 달성함으로써) 선행 지식과 기술에 대한 능력을 입증하도록 요구하는 다양한 수준을 포함해야 한다. 마지막으로 게임은 사용하기 쉽고 논리적이며 테크놀로지 문제가 최소화되는지 확인하기 위해 테스트해야 한다(6장의 형성평가에 대한 논의 참조).

증강 현실

증강 현실(augmented reality, AR)은 학습자가 주변의 물리적 세계를 볼 수 있게 해주지만 그들의 시각에는 가상 미디어가 포함된다.[84] 즉, 디지털 요소를 물리적 세계에 가져와 사람들이 경험하는 정보와 맥락을 향상해준다.

증강 현실은 가상 현실(VR)과 몇 가지 유사점을 공유하지만 상당한 차이점이 있다.[85] VR과 AR 모두 사용자가 헤드셋이나 안경을 착용해야 하지만 VR에서 학습자는 완전히 분리된 다른 세계를 본다. VR은 컴퓨터를 사용하여 학습자가 완전히 몰입하는 환경을 시뮬레이션하지만, 반대로 AR 안경이나 헤드셋을 착용한 학습자는 실제 물리적 환경을 볼 수 있지만 이미지와 메시지가 시선에 투영된다. AR과 VR의 주요 차이점은 물리적 현실이 항상 AR에 존재한다는 것이다. VR과 AR의 차이점에 대해 생각하는 또 다른 방법은 AR이 직원이 일하는 현실 세계를 보완하는 정보를 제공한다는 것이다. 이 정보에는 작업 완료 지침, 디지털 그래픽 또는 파워포인트 프레젠테이션이 포함될 수 있다. AR 작동 방식의 좋은 예는 포켓몬 고이다. 스마트폰으로 포켓몬 고 앱을 실행하면 실제 풍경 속에 만화 캐릭터가 등장하여 잡히기를 기다리고 있다. 반대로 VR은 완전히 인공적인 훈련 환경을 조성한다. VR은 재현하기 어렵거나 위험하거나 재현하기에 비용이 많이 드는 상황에 유용하다. 이를 통해 학습자는 시나

리오를 검토하고 환경, 시설 또는 다른 사람에게 해를 끼치지 않고 지식과 기술을 적용하는 것의 의미를 볼 수 있다. 또한 VR을 통해 강사는 다양한 유형의 조건을 시뮬레이션할 수 있다.

AR에는 몇 가지 장점이 있다.[86] 직원은 작업하는 동안 숙련자 및 전문가와 상호작용하고, 라이브 피드를 보고, 실시간 데이터, 지침, 다이어그램, 매뉴얼 및 비디오에 접근할 수 있다. AR은 직원에게 단순히 말하는 것보다 무엇을 해야 하는지 보여주는 데 특히 유용하다. 예를 들어, 산업 종사자나 수리 기술자는 작업 현장을 떠날 필요 없이 구글 글라스와 같은 안경을 사용하여 수리 기록에 대한 정보를 보고, 지침을 참조하고, 전문가에게 연락하고, 짧은 교육 비디오를 보고, 제품을 올바르게 조립했는지 확인할 수 있다. AR은 다른 대면 및 테크놀로지 기반 교육 방법도 지원할 수 있다. 직원은 공식 온라인 또는 대면 수업 또는 시뮬레이션을 완료할 수 있으며 AR은 현장 지원에 사용할 수 있다. 일부 역할에 대한 훈련은 빠르게 쓸모없어질 수 있으므로 AR을 사용하면 직원이 작업을 중단하지 않고도 가장 최근의 지식과 절차에 접근하여 최신 정보를 얻을 수 있다.

AR은 제조, 건설, 석유 및 가스, 의료 등 다양한 산업 분야에서 사용되고 있다. AR이 GE, 보잉 및 아르고(Argo) 등에서 어떻게 사용되고 있는지 살펴보자.[87] GE에서 작업자는 가스 터빈 노즐 제조에 중요한 100개 이상의 측정값을 수집하는 데 사용되는 시각적 요소를 중첩하는 AR을 사용한다. 보잉의 직원들은 조립 과정의 각 단계를 시야에서 볼 수 있도록 AR 헤드셋을 사용하여 와이어 하네스를 조립하고 있다.[88] 농업 장비 제조업체인 아르고에서 트랙터 및 기타 농기구를 제작하는 직원들은 시야를 다양하게 하거나 음성 명령을 통해 정보를 요청할 수 있는 스마트안경을 착용하고 있다. 스마트안경은 보안 고글 역할도 한다. AR은 직원 교육의 효율성과 효과성에 기여했다. 아르고의 각 직원은 세 가지 작업을 수행하는 방법을 알아야 한다. 이전에는 신입사원이 한 가지 직업을 배우는 데 50~90일이 걸렸지만, AR을 사용하여 교육시간이 30~40일로 단축되었고, 신규 직원은 여러 직업을 배운다. 또한 신입사원의 업무의 질도 향상되었다. 마지막으로 AR은 아르고가 훈련비용을 줄이는 데 도움이 되었다. 직원들은 이전에 각각 3,000달러의 비용이 드는 태블릿을 사용했으며 직원이 장비를 조립하고 검사하려다 떨어뜨렸을 때 종종 파손되었다. 그러나 스마트안경 하나의 가격은 1,500달러이며 파손된 적이 없다.

장점에도 불구하고 AR의 광범위한 채택에는 상당한 장애 요인이 있다. 예를 들어 기업은 헤드셋이나 스마트안경에 1,000~3,000달러를 투자해야 하므로 특히 소규모 고용주의 경우 비용이 많이 든다. 모든 형태의 AR에는 밝은 디스플레이가 필요하므로 야외 작업 시 적용이 제한될 수 있고, 많은 전력을 사용하기 때문에 배터리 수명이 문제가 될 수 있다. 그리고 메스꺼움과 현기증은 VR 사용자에게 주로 발생하지만 AR에서도 문제가 될 수 있다. 마지막으로 직원들은 변화에 저항하거나 직업을 없앨 수 있다고 믿기 때문에 AR 사용을 꺼릴 수 있다.

모바일 테크놀로지와 학습

모바일 테크놀로지는 학습이 언제 어디서나 일어날 수 있도록 해준다. 모바일 테크놀로지는[89]

- 장치 간 혹은 장치와 인터넷 연결 간 물리적인 연결 없이도 데이터 전송을 가능하게 해주는 와이파이와 블루투스 같은 무선 전송 시스템을 가지고 있다.
- PDA, 스마트폰, 태블릿 컴퓨터, 아이팟, 아이패드, 전지구 위치파악 시스템(GPS) 장치, 그리고 전파식별 칩(RFIDs)과 같은 모바일 장치를 가지고 있다.
- 오디오 파일, 워드프로세싱, 스프레드시트, 인터넷, 이메일, 문자메시지 등과 같은 소프트웨어를 포함하고 있다.

GPS와 RFID 장치는 고객, 직원, 그리고 소유물 추적에 사용된다. 예를 들어, GPS 장치를 갖춘 차와 트럭으로 운전자가 어디에 위치해 있는지 파악할 수 있다. 화물 운송 회사들은 GPS를 사용하여 화물을 추적하여 이를 바탕으로 도착 예정일을 파악할 수 있다. RFID 칩은 상품에 내장시켜 상품의 이동을 파악하여 재고관리에 도움을 준다. 호텔에서는 고객들이 고객서비스, 식사, 엔터테인먼트, 숙박 등 호텔에 관련된 정보를 어디에서나 접할 수 있도록 모바일 장치를 제공하고 있다. 항공사는 조종석에 있는 동안 사용할 수 있는 아이패드를 조종사에게 제공하고 있다.[90] 아이패드를 통해 조종사는 공항 활주로 접근, 실시간 기상 업데이트 및 활주로 다이어그램에 쉽게 접근할 수 있다. 아이패드가 출시되기 전에 조종사는 필요한 모든 항법 차트 및 매뉴얼과 함께 무거운 비행 가방(일부 무게는 15.9kg)을 운반해야 했다. 조종사가 필요한 정보에 더 쉽게 접근할 수 있게 하는 것 외에도 비행 가방을 아이패드로 교체함으로써 항공사는 연료비용을 절감할 수 있다. 아메리칸항공은 비행 가방을 제거하여 약 40만 갤런의 연료를 절약했으며 이는 연료비용에서 100만 달러에 가까운 절감 효과이다!

모바일 학습(mobile learning)은 학습자에게 비디오, PDF, 게임 또는 교육과정과 같은 교육 자원에 언제 어디서나 접근할 수 있는 훈련을 제공하는 것을 의미한다.[91] 교육 자원은 스마트폰, 노트북 컴퓨터, 아이패드와 같은 모바일 장치와 구글 글라스 같은 웨어러블 기기를 통해 접근할 수 있다.

모바일 학습은 그림 8.2에 표시된 이러닝 또는 온라인 학습의 모든 잠재적 기능을 공유한다. 그러나 모바일 학습은 학습자가 교육 자원에 접근하기 위해 더 다양한 장치를 사용할 수 있기 때문에 이러닝과 다르다. 또한 모바일 학습은 여가 시간에 새로운 기술을 배우려고 할 때와 비교하여 고객과 함께하거나 기계를 수리할 때와 같이 학습자의 환경 특성에 따라 전달되는 학습을 맞춤화할 수 있는 기회를 제공한다.[92] 한 가지 추정치는 이러닝의 절반 미만이 모바일 장치를 사용하여 전달된다는 것이다.[93] 모바일 학습에는 형식 학습 및 무형식 학습이 모두 포함될 수 있다. 형식 학습에는 전자 학습 과정, 팟캐스트 또는 모바일 장치의 비디오가 포함될 수 있고, 무형식 학습에는 트위터, 블로그 또는 페이스북을 통한 다른 직원 또는 전문가와의 커뮤니케이션 및 메시징 참여가 포함된다.

모바일 학습의 장점은 직원에게 최신 정보를 쉽게 제공할 수 있는 방법이라는 것이다. 후속 조치를 제공하여 학습 전이를 제고하는 데 유용할 수 있다. 지속적으로 여행을 하거나 고객이나 의뢰인을 방문하기 위해 사무실 밖에 있는 직원 또는 대면 과정이나 프로그램에 참석할 시간이 없는 직원(예: 영업사원 또는 임원)에게 훈련을 제공한다. 학습자는 자신의 시간과 속도에 맞춰 교육을 완료할 수 있다. 모바일 학습을 통해 직원은 비디오를 만들거나 사진을 찍거나 인터뷰를 녹음하고 다른 사람과 공유하여 콘텐츠를 생성할 수 있다. 또한 학습을 위해 모바일 장치를 사용하는 것은 밀레니얼 세대에게 매력적이다. 모바일 장치는 RSS 피드, 공유 미디어(예: 유튜브 영상) 및 팟캐스트도 제공할 수 있다. **팟캐스트**(podcasts)는 RSS와 같은 소프트웨어를 사용하여 에피소드로 배포되는 오디오 또는 비디오 프로그램 콘텐츠이다. 팟캐스트의 가장 좋은 활용은 음악과 음향 효과를 사용하여 사용자의 상상력을 고무하는 내러티브 기반 콘텐츠이다.[94] 팟캐스트는 인터뷰, 이야기 및 역할극을 사용하여 SME의 전문 지식을 공유하는 데 유용하다. 마이크, 오디오 소프트웨어가 있는 컴퓨터, 휴대용 디지털 녹음기, 스카이프(Skype) 전화 녹음기, 헤드폰 또는 스피커를 사용하여 저렴하고 쉽게 제작할 수 있다. 팟캐스트의 장점은 학습자가 아이폰, 아이패드 또는 노트북 컴퓨터와 같은 다양한 모바일 장치를 사용하여 언제 어디서나 들을 수 있다는 것이다. 모바일 기술을 통한 훈련 및 학습은 근무 시간 내내 또는 집에서 자연스럽게 발생할 수 있으며, 직원은 학습 커뮤니티에 연결할 수 있고, 이미 알고 있는 자료를 검토하거나 내용을 건너뛰어 자신의 속도로 학습할 수 있다.[95]

예를 들어, 글로벌 비즈니스 프로세스 아웃소싱 회사인 인포시스 BPO(Infosys BPO)는 인력 대부분이 밀레니얼 세대로 구성되어 있어서, 직원의 모바일 장치를 통해 학습에 접근할 수 있기를 원했다.[96] 그 결과 인포시스는 직원이 토론하고, 짧은 학습 게임을 하고, 훈련 일정을 확인하고, 업계 뉴스 및 회사 업데이트를 검토할 수 있는 협업 학습 플랫폼을 만들었다. 신규 직원이 고객의 파트너 역할을 할 수 있도록 준비시키는 회사의 많은 훈련 과정은 모바일 장치에서 접근할 수 있다.

많은 회사에서 직원이 훈련에 참가하는 데 사용할 수 있는 앱을 제공하고 있다. **앱**(apps)은 스마트폰 및 태블릿 컴퓨터용으로 특별히 설계된 애플리케이션을 의미한다. 앱은 주요 교육 방법으로 사용되며, 교육을 보완하고, 교육 경로 또는 순서를 관리하고, 직원의 교육 기록을 유지하도록 지원한다.[97] 홈디포는 원예 부서 직원에게 모바일 앱을 도입하고 있다. 포켓가이드(PocketGuide) 앱은 매장에 있는 동안 제품 정보와 학습 기회를 제공한다. 네이션와이드 보험회사는 해저드 스폿터(Hazard Spotter) 앱을 사용하여 농업 사업체에서 일하는 직원에게 근무 중 안전 절차에 대해 교육한다. 이 앱은 가상 현실을 사용하여 직원에게 예방 유지 관리 및 기타 잠재적으로 위험한 작업을 완료하기 전 보호복을 착용하는 방법에 대해 교육한다.

일부 회사는 앱을 기본 교육으로 사용하기 시작했다. 이러한 앱을 사용하여 학습 및 훈련 전이가 이루어지도록 하기 위해 관심을 끄는 비디오, 스토리 및 상호작용을 통합하여 학습자의 관심을 끌 수 있도록 설계되었다. PwC는 직원에게 과정 자료에 접근하고, 과정 사전준비 사항을 완료하고, 필요에 따라 자료에 접근할 수 있는 앱을 제공한다. 직원들은 모바일 장치에서 9,000개 이상의 콘텐츠에 접근하고 3만 6,000시간 이상의 학습을 완료했다.

모바일 학습의 잠재적인 단점을 인식하는 것이 중요하다.[98] 한 가지 단점은 개발자는 학습자가 모바일 학습에 접근할 수 있도록 학습자가 가지고 있는 장치와 운영 체제를 고려해야 한다는 것이다. 특히 회사에 'BYOD(자신의 모바일 기기를 가져오기!)' 정책이 있는 경우 학습자가 사용할 수 있는 다양한 장치에서 교육 자원에 접근할 수 있도록 하는 것은 비용이 많이 든다. 또 다른 단점으로서 직장이나 집에서 다른 사람의 문자, 전화, 알림 및 방해가 모바일 장치를 사용할 때 학습자의 주의를 산만하게 할 수 있다. 세 번째 단점으로, 학습자가 모바일 기기의 많은 기능(예: 스마트폰에서 전화를 거는 방법)에 대해 잘 알고 있을 수 있지만, 동영상 제작과 같은 훈련 과정에서 사용되는 다른 기능에는 익숙하지 않을 수 있다. 학습자는 모바일 기기를 효과적으로 사용하는 데 필요한 기술이 부족하다고 느끼면 모바일 학습 사용을 꺼릴 수 있다. 마지막으로, 학습자가 교육 자료에 접근하기 위해 스마트폰을 사용하는지 여부를 텍스트와 비디오로 확인하기 어려울 수 있다.

모바일 학습이 더 효과적이기 위해서는 학습시간이 짧아야 하며, 사용하기 용이해야 하고, 사용자에게 의미 있는 것이어야 한다.[99] 한 추정치에 따르면, 화면이 일반적으로 작은 모바일 장치를 볼 때, 사용자의 주의 지속 시간은 한정되어 있고 오랫동안 학습하기가 힘들기 때문에, 강좌의 시간이 10분이 넘어서는 안 된다고 한다. 그리고 화면을 배치할 때, 그래픽을 사용하거나 혹은 아예 사용하지 않아야 한다. 대역폭의 제한으로 이미지를 다운받는 시간이 길어질 수 있기에, 오직 강의 내용과 관련된 이미지만을 사용해야 한다. 또한, 사용자들이 수평으로 혹은 수직으로 화면을 스크롤할 필요 없이 내용을 볼 수 있도록 이미지 크기를 바꿀 수 있도록 해야 한다. 화면 크기, 웹 브라우저, 그리고 모바일 작동 시스템 등과 같은 기술적인 요구사항에 대해서 고려해야 할 뿐만 아니라, 플래시, 자바(Java), 그리고 PDF와 같은 플러그인 사용 가능성에 대해서도 고려해야 한다. 그리고 단순히 기존 강의를 디지털화하여 직원들에게 모바일로 분배하는 리퍼포징한 강의는 학습을 촉진할 수 없을 것이다. 예를 들면, 캐피털원(Capital One)은 전화로 질문을 받고 라디오 진행자가 답해주는 형식의 전화 질문 가상 라디오쇼를 만들어서 즐겁고 흥미롭게 배울 수 있는 오디오 학습 환경을 창조하였다. 이러닝이 그랬던 것처럼, 만약 면대면 상호작용뿐만 아니라 오디오 학습을 포함시킨 블렌디드 학습의 한 부분으로 모바일 테크놀로지를 사용한다면, 해당 모바일 학습이 아마도 가장 효과적일 것이다.

적응형 훈련

적응형 훈련(adaptive training)은 학습자의 학습 스타일, 능력, 성격 또는 성과에 따라 학습자에게 제공되는 내용을 맞춤화하거나 조정하는 훈련을 의미한다.[100] 이러한 적응에는 내용의 다양성, 난이도 및 순서와 연습문제가 포함된다. 적응형 훈련에서는 훈련 전 또는 훈련을 경험하면서 다양한 시간에 완료된 테스트 또는 퀴즈 점수에 따라 교육이 변경된다. 이 평가는 학습자가 학습하는 데 가장 도움이 되도록 내용을 조정한다. 강사는 학습자의 개별 요구를 충족하기 위해 노력하지만 대면 교육 방법을 사용하면 어려울 수 있다. 온라인 교육을 통해 학습자에게 가장 효과적인 교육 경로를 파악하기 위해 지속적인 평가를 쉽게 사용할 수 있다. 적응형 교육 개발의 주요 과제는 다양한 콘텐츠 사용자 정의가 학습자의 요구와 일치하고 학습 목표를 달성하는 데 도움이 되도록 하는 것이다.

예를 들어, 런스마트(LearnSmart)는 일부 대학 과정에서 사용되는 상호작용적이고 적응형의 학습 도구이다.[101] 과정 전반에 걸친 퀴즈 수행에 따라 학생들은 연습문제와 읽어야 할 온라인 교과서 부분으로 안내된다. 런스마트는 학생들이 학습시간을 더 잘 사용할 수 있도록 도와줄 뿐만 아니라 학습 유지, 자료 회상 및 성적을 향상하도록 설계되었다. 게임기 제조업체인 아리스토크래트 테크놀로지스(Aristocrat Technologies)는 수리 기술자를 위한 온라인 학습 과정을 적응 가능한 마이크로러닝 모듈로 대체했다.[102] 모듈은 휴대전화로 전송되어 작업 중간에 내용을 검토하고 짧은 퀴즈 질문에 답할 수 있다. 시스템은 퀴즈 점수를 사용하여 그들이 무엇을 알고 있는지(그리고 무엇을 모르는지) 분석하고, 이 정보를 사용하여 다음에 보낼 내용을 선택한다. 기술자는 다른 모듈로 넘어가기 전에 각 모듈을 두 번 마스터해야 한다. 모듈에 대한 기술자의 성공률이 추적되어 학습 관리자가 추가 교육이 필요한 부분을 파악할 수 있다. 예를 들어, 학습 관리자는 대다수의 기술자가 직장에서 배워야 할 기술인 검침과 관련된 일련의 질문에 올바르게 대답하는 데 어려움을 겪고 있음을 확인했다. 검침 점수는 업무상의 오류율과 관련이 있는 것으로 밝혀져 개선되어야 할 지식 격차로 나타났다. 그 결과 학습 관리자는 모든 신입사원을 대상으로 검침 과정을 추가했다.

적응형 훈련에는 인공지능을 사용하는 지능형 과외 시스템도 포함된다.[103] 헬리콥터를 사용하여 의료 운송을 제공하는 회사인 에어 메소드(Air Methods)는 인공지능을 사용하여 각 헬리콥터 조종사의 퀴즈 및 게임 수행 결과에 따라 주제 지식에 적응하는 클라우드 기반 학습 시스템을 구현했다.[104] 조종사가 특정 훈련 모듈의 퀴즈에서 좋은 점수를 받지 못하면 시스템은 새로운 방식으로 정보를 제시하고 조종사가 다음 교육 모듈로 이동하기 전에 조종사를 다시 테스트한다. 적응형 교육을 사용하면 회사에서 직접 강사가 진행하는 교육과정의 50%를 제거하고 온보딩 프로세스의 일부로 새로운 조종사에게 필요한 교육시간을 줄임으로써 훈련비용을 절감할 수 있다.

원격학습

원격학습(distance learning)은 지리적으로 분산되어 있는 기업의 직원들에게 새로운 제품, 정책, 혹은 절차 등에 대한 정보를 제공할 때뿐만 아니라, 훈련과 전문가 강연을 현장에 전달할 때도 사용된다.[105] 원격학습은 애니메이션 및 비디오 영상이 사용 가능한 가상 교실 수업, 강사와 학습자가 참여 가능한 오디오 토론, 컴퓨터 소프트웨어 애플리케이션 공유, 즉각적인 여론조사 테크놀로지를 통한 상호작용, 그리고 화이트보드 기록 도구 등을 포함한다.[106] 원격

학습은 사람들 간의 쌍방향 의사소통이라는 특징을 가지고 있으며, 이를 위해 최근 두 가지 종류의 테크놀로지를 사용하고 있다.[107] 첫 번째 테크놀로지는 화상회의다. **화상회의**(teleconferencing)는 두 군데 혹은 그 이상 다른 장소에 위치해 있는 두 사람 혹은 그 이상의 사람들 혹은 그룹 간의 동기식 오디오, 비디오, 그리고 글의 교환을 의미한다. 학습자는 전화기나 컴퓨터를 사용하여 자신과 다른 공간에 있는 강사 및 다른 학습자들과 함께 교육 프로그램에 참여할 수 있다. 두 번째 원격학습의 종류는 개별화된 개인용 컴퓨터 기반의 훈련이다.[108] 직원들은 개인용 컴퓨터를 사용 가능한 곳이라면 어디서든지 훈련에 참여하게 된다. 웹 기반 훈련과 같이 다양한 매체를 사용한 훈련 방법도 이 종류에 포함된다. 회사의 인트라넷, 비디오, 혹은 DVD를 사용하여 수업 자료와 과제가 배포될 수 있다. 학습자와 강사는 이메일, 게시판, 그리고 회의 시스템을 사용하여 상호작용이 가능하다.

일반적으로 회상회의에서는 전화 연결도 가능하기 때문에, 발표를 보고 있는 학습자들이 강사에게 질문을 하거나 자신의 견해를 밝힐 수 있다. 또한, 위성망을 통해서 직원들이 학점을 따거나 직무 관련 자격증을 딸 수 있는 특정한 산업 관련 혹은 교육 관련 수업들을 직원에게 제공해주고 있다. IBM, 휼렛 패커드(Hewlett-Packard), 밀리켄앤드컴퍼니(Milliken & Company)는 기술직원들이 대학원 이상의 공학 관련 학위를 따는 데 필요한 수업을 전미에 방송해주는 국립기술대학(현재는 월든대학교에 소속되어 있음)에 가입한 많은 기업 가운데 하나이다.[109]

가상 교실(virtual classroom)은 컴퓨터와 인터넷을 사용하여 지리적으로 분산되어 있는 직원들에게 제공되는 강사주도의 훈련 프로그램이다. 가상 교실의 잠재적인 장점은 비용 절약과 편리성에 있다. 지리적으로 분산되어 있는 직원들을 일주일에 몇 시간씩 가상 교실에 모이도록 하여 함께 교육을 받도록 할 수 있고, 필요에 따라서 내용전문가들 또한 가상 교실에 초대할 수 있다. 하지만 가상 교실을 사용하여 전달되는 훈련은 강사를 통해 이루어지는 대면 훈련과 동일하지 않다. 효과적인 가상 교실을 개발하기 위해 고려해야 할 지침사항은 아래와 같다.[110]

- 짧은 학습 모듈을 제작하고 학습한 내용을 업무에 적용할 수 있는 과제를 제공한다.
- 전화 참여 라디오 프로그램을 본떠서 만든 프로그램 등과 같이 쌍방향적이고 흥미로운 학습이 가능하도록 한다.
- 비디오 혹은 오디오와 같은 매체를 포함한다.
- 한 강의에 25명 이하로 학습자의 수를 제한한다.
- 각 사이트의 진행자를 위한 질문, 요점 및 활동을 제공하는 가이드를 만든다.
- 온라인 회의, 이메일, 토론방, 게시판, 그리고 블로그와 같이 여러 가지 방법을 사용하여 학습자들이 서로서로 그리고 강사와 상호작용할 수 있도록 한다.
- 첫 수업 전에 테크놀로지를 테스트하여 준비되었는지 확인한다.

동적 원격학습(interactive distance learning, IDL)은 위성 기술을 사용하여 다른 위치에

서 훈련 프로그램을 방송하고, 훈련 프로그램에 참가하는 동안에 학습자들이 키패드를 사용하여 게시되는 질문에 응답할 수 있는 가장 최신의 원격학습을 의미한다.[111] IDL은 여러 다른 위치에 직원들이 분산되어 있고 컴퓨터나 온라인 접근이 어려운 직원들을 둔 기업이 사용한다. IDL은 서로 다른 위치에 있는 직원들이 그저 읽고 듣는 것 대신에, 어떻게 작동하고 일이 이루어지는지 알려주는 행동을 직접 관찰할 수 있도록 해준다. 예를 들면, JC페니 컴퍼니(JCPenny Company)는 모든 직원에게 도달할 수 있도록, 원격학습을 사용하여 매년 200개의 서로 다른 IDL 프로그램을 제작하고 있다. 각 매장은 최대 12명의 직원이 시청한 프로그램을 큰 텔레비전 화면을 통해서 시청할 수 있도록 해주는 훈련실을 갖추고 있다. 직원들에게는 프로그램에서 상호작용할 수 있도록 개개인에게 키패드가 제공된다. 직원들은 위성을 통한 생방송을 시청하거나 비디오테이프를 이용하여 나중에 프로그램을 따로 시청할 수 있다. 생방송으로 프로그램을 시청하든지 비디오테이프를 사용하여 프로그램을 시청하든지 관계없이 직원들은 "당신의 매장에서 여성용 속옷은 몇 평방피트의 규모를 사용하여 전시되어 있는가?" 등과 같은 질문에 대답해야 한다. 프로그램이 끝난 이후, 관리자와 직원은 얼마나 많은 매장이 해당 질문에 대답했는지에 대한 보고서를 볼 수 있다. 현재까지 동적 원격학습 프로그램에 대한 평가는 긍정적이다. IDL를 통해서 JC페니는 회사 전 직원에게 훈련을 전달할 수 있게 되었고 직원의 86%는 업무를 효과적으로 수행하는 데 꼭 필요한 훈련이었다고 응답했다.

원격학습의 장점은 기업이 여행 경비를 절약할 수 있다는 점이다. 뿐만 아니라, 원격학습은 전문가들이 해당 장소로 이동하지 않고서도 여러 지역에 분산되어 있는 직원들에게 훈련을 제공할 수 있도록 해주었다. 인튜이트(Intuit)는 전통적인 교실 수업 환경이 소프트웨어를 소개하고 학습자에게 네트워크를 쌓을 수 있는 기회를 주는 데 효과적이라는 것을 발견하였다. 가상 교실을 통한 훈련은 시범 설명, 응용 프로그램 공유를 사용한 문제해결 등과 같은 특별한 소프트웨어 특징에 대한 교육을 위해 사용되고 있다. 제너럴밀스는 현장에서 수업을 제공하는 것이 비용 효과적이지 않은 작은 공장에서 가상 교실을 제공하고 있다.[112] 직원들은 상품 관련 특정 지식(예: 곡물 생산), 일반적인 기술(예: 식품화학), 그리고 기능 관련 특정 지식(예: 정비)과 같은 강의를 들을 수 있다. IBM이 인수한 소프트웨어 회사 파일넷(FileNeT)은 어떻게 판매직원들이 새로운 소프트웨어와 소프트웨어 업데이트에 관한 최신 정보를 따라갈 수 있도록 할지에 대하여 고민했다.[113] 파일넷은 자기주도 온라인 학습을 시도했으나 판매직원들이 새로운 상품에 대한 많은 정보를 웹에서 읽는 것을 좋아하지 않는다는 것을 발견하였다. 온라인 수업의 등록률은 점점 줄어들었으며, 훈련 부서와 일대일 지원을 받기를 원한다는 요구가 쇄도하기 시작했다. 이 문제를 해결하기 위해서 회사는 인터넷 방송을 실시하기로 결정했다. **인터넷 방송**(webcasting or web conference)은 온라인을 통해서 제공되는 생방송 강의를 의미한다. 1년에 두 번 열리는 판매 회의에서 제공되는 주입식 훈련 대신, 인터넷 방송을 통해서 한 해에 걸쳐서 훈련을 나누어 받을 수 있도록 해주었다. 또한, 인터넷 방송은 모든 판매직원들이 동일한 정보를 제공받았는지 확인하는 데 도움을 주었다. 시기적절한 정보를 제공할 수 있고, 고객과 대화할 수 있도록 도와준다는 점에서 판매직원들은 인터넷 방송을 선호했다. 참여자들이 방송 중간에 질문을 할 수도 있어 인기가 많았다. 여전히 파일넷이 제공하는 훈련의 80%는 강의실 훈련으로 아직은 인터넷 방송이 대면 훈련을 대체할 수는 없다. 하지만 이것은 90%에서 줄어든 비율이다. 매년 두 번씩 진행되는 판매 회의를 취소함으로써 인터넷 방송을 통해 매년 50만 달러에 달하는 비용을 절감시켜 주었다.

원격학습의 주요 단점으로 참여자와 강사의 부족한 상호작용, 테크놀로지 실패, 그리고 준비되지 않은 강사를 들 수 있다. 지리적으로 분산되어 있는 직원들에게 강의를 생방송으로 전달함으로써, 긍정적인 학습의 특징인 학습자들 간, 혹은 학습자와 교수자 사이에서 발생하는 높은 수준의 상호작용이 원격학습에는 빠져 있다. 이것은 학습과 훈련 전이에 대한 한계를 가지고 있는 전통적인 강의식 수업을 새로운 테크놀로지를 사용하여 리퍼포징한 것이기 때문이다.

원격학습 환경에서 학습자들이 몰입하도록 하기 위해서는 온라인 수업을 60~90분 사이로 제한하고, 일정한 강의 속도를 유지하고, 불필요한 텍스트 제시를 피해야 한다. 그리고 이들이 몰입할 수 있는 관련 시각자료를 사용해야 하며, 학습자들이 투표 장치를 사용하여 참여하도록 해주어야 하며, 작은 단위의 그룹으로 구성된 토론방 및 프로젝트를 제공해주어야 한다.[114] 각 그룹의 대변인으로 지정된 사람이 그룹에서 나온 아이디어에 대해서 발표하고 요약해줄 수 있다. 언제라도 발생 가능한 날씨 문제 및 위성 관련 결함으로 인해서 학습자와 강사 사이의 연결이 단절되거나 비디오나 다른 매체가 들어간 발표를 보여주기 힘들게 되는 상황이 발생할 수 있다. 강사의 입장에서 눈앞에 보이지 않는 다른 공간에 있는 학습자들을 대상으로 이야기하는 것은 어려운 일이므로, 강사는 사전에 원격 전달과 관련하여 테크놀로지 문제에 대비하기 위한 백업 계획을 준비하는 것이 필요하다. 예를 들면, 테크놀로지에 익숙한 제작자가 강사와 함께 일하면서 훈련이 전달되는 시간 동안 학습을 촉진할 수 있도록 도와줄 수 있다.

훈련을 지원하는 테크놀로지: 인공지능, 전문가 시스템, 성과 지원

인공지능, 전문가 시스템 및 전자 성과 지원 시스템과 같은 테크놀로지가 훈련을 지원하는 데 활용된다. 전문가 시스템과 전자 성과 지원 시스템은 모두 새로운 것이 아니다. 그러나 최근 인공지능 분야의 발전은 사용 가능한 훈련 지원의 유형과 능력에 혁명을 일으켰고 앞으로도 계속 그럴 것이다. 훈련 지원은 이러한 테크놀로지가 훈련 내용을 발췌하여 훈련에 참석하지 않은 직원이 활용할 수 있도록 지원한다는 것을 의미한다. 훈련 지원은 또한 이러한 테크놀로지가 필요에 따라 직원에게 정보 및 의사결정 규칙을 제공한다는 것을 의미한다(즉, 작업 지원). 직원은 작업 환경에서 이러한 테크놀로지에 접근할 수 있다.

표 8.11은 언제 훈련 지원 테크놀로지가 가장 필요한지에 대해서 설명하고 있다. 표에 표시된 많은 상황은 학습 전이를 방해할 수 있는 업무 또는 환경의 특성과 관련이 있다. 예를

표 8.11 훈련 지원 테크놀로지가 가장 필요한 상황

• 드물게 수행하는 업무 • 오래 걸리고, 난도가 높고, 많은 정보가 필요한 업무 • 실수로 인해 미칠 피해의 규모가 큰 경우 • 지속적으로 변하는 지식, 절차, 혹은 접근 방식에 대한 의존성이 큰 업무를 수행해야 하는 경우 • 높은 직원 이직률 • 훈련에 사용 가능한 시간이 거의 없거나 훈련을 위한 자원이 부족한 경우 • 직원들이 학습과 업무 수행에 대한 모든 책임을 가지기를 기대하는 경우

자료: A. Rossett, "Job Aids and Electronic Performance Support Systems," in *The ASTD Training and Development Handbook*, 4th ed., ed. R. L. Craig (New York: McGraw-Hill, 1996), pp. 554–577을 기반으로 함.

들어, 직원이 자신의 관리자와 조금 떨어진 거리에서 업무를 할 경우, 관리자는 직원에게 연락하기 쉽지 않고, 그리고 직원이 업무를 위해 필요로 하는 특정 전문지식을 관리자로부터 제공받기 어렵게 된다. 이러한 상황은 직원이 업무를 하면서 발생하는 문제에 대한 해결책을 찾기 어렵게 만든다. 훈련 지원 테크놀로지는 직원들이 훈련의 내용을 업무 환경에 일반화할 수 있도록 도와줄 뿐만 아니라, 훈련에서 다루지 않았던 새로운 정보도 전달해줌으로써 학습 전이를 지원한다.

인공지능

인공지능(artificial intelligence, AI)은 컴퓨터 제어 로봇 또는 인간처럼 지능적으로 생각하는 소프트웨어와 같은 시스템을 의미한다.[115] 여기에는 우리가 추론하고, 결정하고, 질문하고, 가치를 결정하는 방식을 모방하는 것이 포함된다. AI는 문제를 해결하기 위해 우리가 생각하고, 배우고, 결정하고, 일하는 방식을 연구하고 이 정보를 사용하여 지능형 소프트웨어 및 시스템을 구축함으로써 개발된다. 예를 들어, 인공지능 기반 컴퓨터인 왓슨(Watson)에 대해 잘 알고 있을 것이다. 왓슨은 방대한 양의 정보로부터 빠르게 답을 도출함으로써 최고의 인간 "제퍼디!" 선수(게임 쇼 역사상 최다 연승을 기록한 켄 제닝스 포함)를 이겼다.[116] 왓슨은 말장난, 속어 및 전문 용어를 포함한 자연어를 이해할 수 있다. 더 많은 정보가 제공되고 실수를 하면 스스로를 다시 프로그래밍하여 학습한다. 왓슨은 정답일 확률에 따라 순위가 매겨진 여러 답변을 제공한다. 팝업 창은 각 답변에 대한 지원을 제공한다. 이후 왓슨은 재정적 조언을 제공하고, 세금 신고를 완료하고, 오락을 제공하고, 암 치료에 활용되었다. 예를 들어 왓슨은 IBM이 폐암을 치료하는 종양 전문의를 위한 고문을 개발하는 데 도움을 주었다. 왓슨은 60만 개 이상의 의료 파일과 200만 페이지의 의학 저널 및 임상 약물 시험 결과를 받았다. 의사는 왓슨에게 질문할 수 있으며 왓슨은 치료 권장사항을 제공한다. 왓슨은 또한 윔블던의 테니스 경기에서 가장 큰 볼거리와 소리를 선별하여 '인지적 하이라이트'를 만드는 데 사용되었다. AI 플랫폼은 테니스 경기(예: 시속 100마일로 서브하는 선수), 팬들의 환호, 소셜미디어 콘텐츠에서 요점을 가져와 최대 2분 길이의 비디오를 만드는 데 도움을 준다.

표 8.12에서 볼 수 있듯이 AI는 프로세스 자동화, 인지적 통찰, 인지적 참여를 위한 비즈니스에서 사용되고 있다.

표 8.12 AI가 지원하는 사업 요구사항

프로세스 자동화: 디지털 및 물리적 프로세스 자동화	예: 분실한 신용 카드 교체, 법적 문서 읽기, 혜택 등록
인지적 통찰: 알고리즘을 사용하여 데이터의 패턴을 감지하고 의미 해석	예: 신용 카드 사기 식별, 고객이 무엇을 구매할 가능성이 있는지 예측
인지적 참여: 자연어 처리 챗봇, 머신 러닝 및 지능형 에이전트를 사용하여 직원 및 고객 참여	예: 고객 지원을 제공하는 지능형 에이전트, 건강 치료 추천 시스템, 복리후생이나 HR 정책 또는 기술에 대한 직원의 질문에 답변하는 사이트

자료: T. Davenport and R. Ronanki, "Artificial Intelligence for the Real World," *Harvard Business Review* (January-February 2018), pp. 108–116을 기반으로 함.

전문가 시스템(아래에서 설명), 머신 러닝 및 챗봇은 AI가 훈련에서 인지적 통찰력과 인지적 참여를 제공하는 데 사용되는 세 가지 방법이다.

머신 러닝(machine learning)은 학습하는 인공지능 시스템을 의미한다. 시스템은 데이터에 알고리즘을 적용하여 향후 제안 및 데이터 검색을 알리는 사용자 경향 및 패턴을 식별하여 학습한다.[117] 훈련 및 개발에서 소프트웨어는 학습자가 수행하는 작업과 온라인 교육 콘텐츠에 참여하는 방법을 모니터링한 다음 제안할 다른 유형의 교육과정, 교육 콘텐츠 제공 시기, 교육생이 선호하는 형식(오디오, 비디오)을 학습한다. 넷플릭스(Netflix)와 스포티파이(Spotify)가 각각 텔레비전과 음악에서 작동하는 방식과 유사하게 머신 러닝을 사용하여 학습자를 위한 보다 개인화되고 맞춤화된 학습 경험을 만들 수 있다. 이는 훈련 내용이 그들에게 더 의미가 있기 때문에 학습자가 학습하도록 동기를 부여하는 데 도움이 된다. 또한 직원이 실제로 필요한 교육을 받을 수 있도록 하여 교육 시간과 비용을 줄인다.

챗봇(chatbots)은 인간 사용자와 자동으로 개인화된 대화를 생성하는 AI 시스템을 의미한다.[118] 타코벨 웹사이트의 챗봇 기능을 사용하여 타코를 주문했거나 페이스북에서 익스피디아(Expedia)의 챗봇을 사용하여 호텔 객실을 예약했다면 챗봇에 익숙할 것이다. 챗봇은 학습 전이를 용이하게 하는 데 사용된다.[119] 훈련에서 챗봇을 사용하여 학습자에게 훈련에서 배운 개념을 상기시키는 메시지를 제공할 수 있다. 학습 목표에 대한 알림을 보내고 해당 목표를 달성하기 위한 진행 상황에 대해 질문한다. 학습자에게 학습을 직장에 적용할 때의 성공과 어려움에 대해 질문한다. 추가 학습 자료를 제공하고 강의 내용에 대해 학습자에게 퀴즈를 낸다.

전문가 시스템

전문가 시스템(expert systems)은 인간 전문가의 지식을 조직화하고 특정 문제에 적용하는 기술을 말한다.[120] 전문가 시스템에는 세 가지 요소가 있다.

1. 특정 주제에 대한 사실, 수치 및 규칙을 포함하는 지식 기반
2. 전문가의 추론 능력을 모방하여 그러한 사실과 수치로부터 결론을 도출하여 문제를 해결하고 질문에 답하는 의사결정 능력

3. 시스템을 사용하는 사람에게 정보를 수집하고 제공하는 사용자 인터페이스

전문가 시스템은 직원이 현재 지식과 기술을 넘어서는 문제나 결정이 있을 때 참조하는 지원 도구로 사용된다. 또한 직원들이 다양한 조건과 문제를 이해하고 완료해야 할 작업을 추적하는 데 도움이 될 수 있다.

예를 들어, 존스홉킨스 메디컬센터(Johns Hopkins Medical Center)에서는 환자 기록과 모니터링 장비의 데이터가 통합되어 중환자실 직원이 태블릿 컴퓨터에서 사용할 수 있다.[121] 이 시스템은 직원에게 수행해야 할 작업과 수술 합병증에 대한 예방 조치를 언제 수행해야 하는지 보여준다. 약물이 상호작용하여 의학적 문제를 일으킬 수 있는 경우와 같이 환자가 위험에 처할 수 있는 상황에 대해 직원에게 경고한다. 색상 코딩은 긴급 조치가 필요한지(빨간색), 작업을 곧 수행해야 하는지(노란색) 또는 필요한 작업이 완료되었는지(녹색)를 사용자에게 경고한다.

전문가 시스템은 훈련을 지원하는 테크놀로지로 논의되지만 전문가 시스템은 전달 메커니즘으로도 사용될 수 있다. 전문가 시스템은 전문가의 의사결정 방법에 대해 직원을 교육하는 데 사용할 수 있다. 예를 들어, 금융 회사는 고객에게 제공하는 제품 포트폴리오를 극적으로 늘렸고,[122] 영업 인력은 이러한 제품을 고객에게 소개하고 판매할 준비가 되어 있어야 했다. 이 회사는 최고의 영업 성과를 내는 사람들이 사용하는 영업 프로세스를 알아내기 위해 전문가 시스템을 개발했다. 이 웹기반 전문가 시스템은 영업사원이 각 금융 상품에 대한 정보에 접근할 수 있도록 하고, 영업사원이 고객으로부터 어떠한 정보가 필요한지를 영업사원에게 알려주고, 전문가 논리를 사용하여 영업사원이 입력한 데이터를 기반으로 고객에게 신제품을 소개할 기회를 파악한다(전문가 시스템은 일반적인 고객 특성과 특정 고객 특성을 일치시킨다).

전문가 시스템은 높은 품질과 낮은 비용을 모두 제공할 수 있다. 전문가의 의사결정 과정을 통해 많은 사람이 전문가의 지식을 반영한 의사결정을 내릴 수 있도록 하는 시스템이다. 전문가 시스템은 피로 결정 편향과 많은 양의 정보를 이해할 수 없음으로 인해 발생할 수 있는 오류를 방지하는 데 도움이 된다. 전문가 시스템의 효율성은 회사에서 필요로 하는 것보다 적은 수의 또는 덜 숙련된(아마도 비용이 적게 드는) 직원으로 운영할 수 있는 경우 실현될 수 있다.

전자 성과 지원 시스템

전자 성과 지원 시스템(electronic performance support system, EPSS)은 직원 개개인이 최대한 빠르고 타인에게 최소의 지원을 받아서 회사에서 요구되는 수준의 성과를 달성할 수 있도록 개인 혹은 회사의 지적 자산을 파악하고, 저장하고, 분배할 수 있도록 제작된 전자 기반 시설을 의미한다.[123] EPSS는 개개인의 업무를 지원하기 위해 필요로 하는 한두 가지 특정 소프트웨어가 아닌 모든 소프트웨어를 의미한다.

EPSS는 훈련 전이를 돕고 교육을 대체하는 적시(just-in-time) 성과 지원을 제공하는 데

사용할 수 있다. 마이크로소프트의 오피스 소프트웨어에는 사용자가 수행하기 시작한 작업(예: 편지 쓰기)을 인식하고 해당 작업과 관련된 정보를 제공하는 '마법사' 도움말 기능이 있다. 또한 세포라(Sephora)와 같은 유통업체에서는 직원들에게 제품 참조 가이드(성과 지원 도구)로 사용할 수 있는 아이패드를 제공하고 있다. 협상 기술 교육을 제공하는 회사인 SNI는 성과 지원을 훈련 전이를 돕는 수단으로 사용한다.[124] SNI는 고객에게 스마트폰에서 불러올 수 있는 7가지 협상 전술의 체크리스트를 제공한다. 이러한 전술은 훈련에서 다루지만 고객이 실제 협상 상황에서 기술을 기억하고 전이하는 데 도움이 되는 체크리스트를 사용할 수 있다. 드물게 수행되는 작업에 대해 직원을 교육하는 대신 ADP는 직원에게 이러한 작업을 수행하는 방법을 보여주는 2분 학습 솔루션인 'Learning Bytes'를 제공한다. Learning Bytes는 ADP의 서비스 센터에 전화를 거는 것을 줄이는 데 도움이 되었다. USAA(United Services Automobile Association)는 직원에게 작업 지원서를 읽거나 동료에게 도움을 요청하지 않고도 몇 가지 일반적인 작업을 완료하는 방법을 보여주는 대화형 도구인 WalkMe를 직원에게 제공한다.[125]

EPSS를 훈련의 대안으로 사용하기 위해서는 직원에게 요구되는 직무와 그들이 직면하는 문제가 지식, 기술, 학습으로 통해서 언을 수 있는 능력과 관련된 것인지, 그리고 EPSS를 통해 주기적인 지원이 충분히 제공될 수 있는지 반드시 확인해야 한다.

학습 관리 시스템: 훈련의 전달, 지원, 운영을 위한 시스템

학습 관리 시스템(learning management system, LMS)은 기업의 훈련 프로그램의 운영, 개발, 그리고 전달을 모두 자동화할 수 있도록 해주는 테크놀로지 플랫폼을 의미한다. LMS는 직원, 관리자, 그리고 강사에게 학습한 내용을 관리, 전달, 추적할 수 있도록 해준다. LMS의 특성 중 일부가 표 8.13에 제시되어 있다. LMS의 최근 개발사항은 사용자에게 훈련 수업, 회사에서 해당 내용전문가로 인정받고 있는 전문가의 연락처에 대한 정보를 데이터베이스와 사내 인트라넷에서 동시에 모두 검색할 수 있는 능력을 제공할 뿐만 아니라, 자격증 관련 혹은 특정 주제 관련 훈련에 대한 정보를 한 번에 등록할 수 있도록 해준다. 또한 LMS를 통해 학습한 기술과 윤리 규범을 직원들이 준수하고 있는지도 확인할 수 있도록 해준다.[126]

LMS가 더욱 유명해지고 있는 데에는 몇 가지 이유가 있다. LMS는 훈련과 관련된 출장 및 다른 경비를 절감해주고 프로그램을 마치는 데 걸리는 시간을 줄여주며, 직원들의 교육 접근성을 높여주며, 프로그램 완료 및 수업 등록과 관련된 정보를 추적할 수 있는 운영 능력 또한 제공해주기 때문이다. LMS는 기업이 사내에서 발생하는 모든 학습 활동에 대한 추적을 가능하게 해준다. 예를 들어, 맥도날드는 과거에 교육 매뉴얼을 종이에 인쇄하여 수천 개의 가맹점에 배포했다.[127] 그러나 오늘날 맥도날드에는 스마트폰이나 태블릿 컴퓨터로 액세스할 수 있는 LMS가 있어 비용을 절감하고 직원들이 훈련 비디오 및 매뉴얼에 쉽게 접근할 수 있다.

학습 관리 시스템도 인적자원관리에 매우 중요하다. **인적자본 관리**(human capital

표 8.13 LMS의 특성

학습자 관리 및 보고	학습자의 진척도와 활동을 추적하고 보고
훈련 행사 및 자원 관리	카탈로그에 코스와 학습 사건을 정리, 교실 및 강사 등과 같은 수업 관련 자원에 대한 관리 및 추적, 운용자와 학생들 간의 의사소통을 지원
온라인 코스 전달 기반시설	온라인 코스 전달, 학습자 등록 및 추적
편집 지원 도구	새로운 코스의 제작, 코스들의 일관성 촉진
기술 평가	평가 시험 제작과 편집 및 배분 그리고 전달, 학습자의 성취 검토
전문성 개발 관리	학습자의 직무와 역할을 바탕으로 학습 목표에 대한 학습자의 학습 현황 대한 비교 및 추적
지식 기반	학습 참고서에 링크를 통합하여 제공함으로써 온라인 학습을 보조
개인화	목표로 삼은 코스, 자료, 그리고 이메일을 사용하여 학습자가 학습에 몰입할 수 있도록 함
인적자본 관리 시스템과의 연계	성과 관리, 경력 개발 및 인재 관리 시스템에 연계함

자료: S. Castellano, "The Evolution of the LMS," *T+D* (November 2014), p. 14; "Learning Management Systems: An Executive Summary," *training* (March 2002), p. 4를 기반으로 함.

management)는 얼마나 많은 비용이 교육에 사용되고, 이렇게 사용된 비용이 어떻게 기업의 사업 이익으로 전환되는지 밝혀내기 위해서, 훈련과 인적자원의 모든 기능(예: 성과 평가, 인적자원 계획)을 통합하는 것을 의미한다. 기업이 LMS를 사용하는 이유는 학습 활동 관리를 중앙집권화하고, 규제를 준수하는지 추적할 수 있으며, 훈련 사용 정도와 직원의 성과를 측정하여 인재 관리를 할 수 있게 해주기 때문이다.[128]

또한, LMS는 주, 미 연방, 혹은 전문가 집단에서 요구하는 규정에 부합하기 위해서 마쳐야 하는 수업을 몇 명의 직원이 완료하였는지 추적할 수 있는 중요한 역할도 한다(규정 준수 훈련).[129] 이러한 코스는 재정 건전, 건강 및 안전, 환경보호, 그리고 직원의 권리 등과 같은 광범위한 주제를 다룬다. 예를 들어, 다양한 규정에 따라 기업은 직원들에게 성희롱 혹은 방어 운전법에 대한 교육을 제공해야 하며, 직원들이 이를 완료했다는 것을 증명해야 한다. 금융서비스업계, 정유업계, 그리고 제약업계 등과 같이 영리 단체에서 일을 하는 직원들뿐만 아니라 정부기관, 병원 등과 같은 비영리 단체에 소속된 직원들도 모두 완료하도록 요구되는 특정 교육과정이 있다. 퍼거슨 엔터프라이즈(Ferguson Enterprises)와 구켄하이머의 LMS가 인적자본 관리 및 훈련 추적을 도우면서 비즈니스를 지원하는 방법을 고려해보자.[130] 퍼거슨 엔터프라이즈의 LMS는 여러 목적을 수행한다. 계획 도구로서 LMS는 참여한 훈련 과정 수, 과정 등록 및 완료, 완료한 훈련 시간, 훈련에 대한 관리자 및 비관리자 참여의 차이를 추적하는 데 도움이 된다. 데이터는 훈련이 비즈니스를 지원하는 방법을 결정하는 데 사용된다. LMS의 데이터는 직원이 훈련에 참여하는 날짜와 시간을 결정하는 데에도 사용된다. 이를 통해 직원이 완료할 수 있는 시간 동안 새로운 고객서비스 이니셔티브를 지원하는 훈련을 받을 수 있었다. 구켄하이머는 LMS를 사용하여 과제, 완료 및 규정 준수를 추적한다. LMS에서 자동 할당을 사용하여 직원이 채용되거나 승진하는 날 교육에 접근할 수 있다. LMS를 통해 회사는 할당 및 필수 규정 준수 교육과 인증 갱신을 완료한 직원을 추적할 수 있다.

LMS는 기업이 어디에 실력의 격차가 존재하는지 등과 같은 정보를 바탕으로 자사 직원들의 강점과 약점에 대해서 이해할 수 있도록 도와준다.[131] 또한, LMS는 직원들의 업무 관련 약점을 개선 및 강화하기 위한 학습 기회를 파악하기 위해서 성과 관리 혹은 직원 개발 시스템 등과 같은 다른 인적자원 시스템과 연결이 가능하다. LMS가 제공하는 효과를 최대화하기 위해서는 LMS를 인재 관리 시스템과 통합해야 한다. 시스템 간의 인터페이스에서는 사업 부서, 지리적 위치, 직책 등과 같은 기본적인 직원정보를 제공해주어야 한다. 직원이 어떠한 과목을 마쳤으며, 어떠한 과목을 마칠 수 있는지에 대한 정보도 LMS에 저장되어 있어야 한다.

VCA 동물병원(VCA Animal Hospitals), 뱅가드(Vanguard), 켈러 윌리엄스의 학습 관리 시스템이 비즈니스에 어떻게 기여하고, 직원의 훈련 참여를 장려하며, 인재 관리 실행과 시스템을 통합하는지 고려해보자.[132] VCA 동물병원은 지리적으로 널리 퍼진 1만 명의 직원들이 40개 주에서 500개의 동물병원에서 일하고 있다. VCA 동물병원의 LMS는 의료 실습, 시뮬레이션, 학습자와 학습자 간 및 학습자와 강사 간의 온라인 협업에 대해 논의하는 수의사의 비디오 클립, 안전 검사 체크리스트를 포함하여 몰입을 촉진하는 훈련 방법을 제공한다. LMS는 온라인 과정, 강의실 기반 과정의 수의사 등록, 훈련을 마친 사람과 훈련 후 테스트에서 얼마나 좋은 점수를 받았는지를 추적하는 데 사용된다. 금융서비스회사인 뱅가드는 LMS를 사용하여 직원('승무원'이라고 함)이 직업 관심, 개발 목표 및 현재 직업에 대한 관련 콘텐츠를 기반으로 뱅가드 대학교에서 학습 추천을 받을 수 있도록 한다. 또한 승무원이 비디오, 오디오 클립, 상호작용형 플래시 데모 및 기사를 쉽게 찾고 접근할 수 있을 뿐만 아니라 수업에 등록할 수도 있다. LMS는 팟캐스트, 기사 및 비디오 클립과 같은 무형식 학습 종류를 온라인 및 강의실 기반 과정을 포함한 형식 학습 솔루션으로 분류한다. 형식 및 무형식 학습 솔루션과 공급업체에서 제공하는 외부 과정도 키워드 검색을 사용하여 찾을 수 있다. 켈러 윌리엄스의 LMS인 KWConnect는 모든 훈련 프로그램 및 자료의 중심 장소이다. 여기에는 비디오, 오디오 파일 및 링크를 업로드하는 직원 및 리더의 사용자 생성 콘텐츠, 직원이 질문하고 답변을 제공할 수 있는 질문 및 답변 포럼, 직원이 강사주도 교육 수업을 찾고 등록하는 데 사용할 수 있는 검색 가능한 달력이 포함된다.

일부 회사는 LMS의 일부분 또는 회사 인트라넷의 전용 영역으로 학습 포털을 포함하기도 한다. **학습 포털**(learning portal)은 교육 자원에 대한 온라인 접근 지점을 의미한다.[133] 학습 포털은 여러 가지 방식으로 구성될 수 있다. 한 가지 방법은 신입사원, 신임 리더 또는 엔지니어와 같은 다양한 직원 그룹이 특정 과정이나 자원에 접근할 수 있다는 것이다. 또한 직원이 필요에 따라 접근할 수 있는 고객서비스 교육 또는 리더십 기술과 같은 내용 영역 또는 기술별로 구성할 수도 있다.

새로운 테크놀로지 훈련 방법 선택

표 8.14에서는 7장에서 전통 훈련 프로그램을 비교하기 위해서 사용했던 특징을 기반으로 테

크놀로지 기반 훈련 방법을 비교하고 있다. 이를 통해서 몇 가지 명백한 추세가 나타나고 있음을 확인할 수 있다. 첫째, 표에 제시된 방법은 개발에 상당한 투자를 요구하고 있다. 개발비용에는 하드웨어와 소프트웨어 구입과 관련된 비용뿐만 아니라, 프로그램 개발과 프로그램을 새 매체로 전환(스마트폰에서도 사용할 수 있는 앱)하는 비용도 해당된다.

비록 개발비용이 높은 편이긴 하지만, 프로그램 운영비용은 낮은 편이다. 이러한 방법의 장점으로는 (1) 직원들이 집 혹은 사무실에서 훈련에 접근이 가능해짐으로써 절약되는 비용, (2) 필요한 강사진 수의 감소, (3) 교육 제공 공간으로의 이동으로 인한 여행경비(음식, 숙박, 비행 경비 등) 감소를 들 수 있다. 더욱이, 모바일 학습과 원격학습을 제외하고, 학습이 일어나기 위해 필요한 모든 요소(실습, 피드백 등)를 이 방법에 내장할 수 있다. 하지만 교육을 위해 이러한 테크놀로지를 최근에 사용하기 시작했기 때문에 이러한 방법(예: 모바일 학습, 소셜 네트워크, 적응형 훈련, MOOC)의 효과에 대한 연구가 제한적이라는 것을 유의해야 한다.

6장에서 어떻게 훈련 프로그램의 비용과 혜택을 결정하는지에 대하여 논의했던 것을 다시 상기해보자. 캐터필러는 강사진 수의 감소, 강의 자료와 관련된 낮은 비용, 줄어든 여행 경비 때문에 이러닝에 사용하는 비용이 교실 기반의 강의에 사용되는 비용의 1/3에 그친다는 것을 알게 되었다.[134] 100명의 학습자가 참석할 수 있는 규모의 1시간짜리 강의의 경우, 이러닝은 교실 기반 교육에 필요한 비용보다 40% 덜 비싸다(9,500달러 대 17,062달러 혹은 1인당 76달러 절약). 학습자의 수가 증가할 경우, 예를 들어 4만 명의 학습자가 있을 경우(전 세계에 7만 명 이상의 직원이 캐터필러에서 일하고 있다), 기업에서 78%의 비용을 절약할 수 있다(110만 달러 대비 500만 달러 혹은 1인당 99달러 절약).[135]

이러닝이 다른 방법들보다 더 우수하다고 생각할 수는 있으나, 반드시 그러한 것만은 아니다. 웹기반 프로그램이 제공할 수 있는 주요 장점은 협력과 공유(학습자를 다른 학습자 혹은 전문가와 연결시켜 주는 것), 그리고 웹에서 이용할 수 있는 자원 관련 링크를 제공해주는 것이라고 할 수 있다. 웹기반 훈련은 학습자들에게 단지 예/아니요로 응답하는 단답형 질문이 아닌, 서술형 과제(예: 고객의 요구가 무엇인지에 대해 보고서를 작성하라)를 제공할 수 있다. 웹기반 훈련에서는 학습자가 올린 과제를 강사가 읽을 수 있으며, 이에 대해 자세한 피드백을 제공해줄 수 있다. 하지만 그 어떤 방법도 다른 방법보다 본질적으로 우세하지는 않다. 어떤 방법이라도 효과적이려면 긍정적인 학습 환경을 조성하고 학습 전이를 지원해야 한다. 면대면 교실형 강의는 온라인 학습 혹은 원격학습과 같은 이유로 효과적이지 않을 수 있다. 예를 들면, 자료가 학습자에게 의미가 없거나, 실습할 수 있는 기회가 제한적이거나 관리자가 훈련에서 배운 내용을 현장에서 사용하는 것을 지지하지 않을 수 있다.

어떻게 새로운 테크놀로지 훈련 방법이 7장에서 논의한 전통적인 훈련 방법과 관련이 있는가? 시뮬레이션 및 게임과 적응형 훈련은 기계, 도구, 혹은 장비 운영과 관련된 복잡한 절차를 가르칠 때 가장 적절한 방법이다. 이러한 테크놀로지 방법은 역할극, 비즈니스 게임, 체험학습 및 팀 훈련의 연장선으로 볼 수 있다. 온라인 학습과 MOOC는 사실, 도표, 인지적 전략(어떻게 효과적인 회의를 진행할 수 있는가), 그리고 대인관계 기술(예: 판매 마감)을 가르칠 때 가장 적절한 방법이다. 이러한 방법은 강의와 역할극의 테크놀로지를 통한 연장선으로

표 8.14 테크놀로지 기반 훈련 방법의 비교

	온라인 이러닝 웹기반 컴퓨터 기반	(인터넷 없는) 컴퓨터 기반	원격 학습	적응형 훈련	시뮬레이션 게임	증강 현실	모바일 학습	소셜 미디어	대규모 공개 온라인 과정 (MOOC)
학습 결과									
언어 정보	있음	있음	있음	있음	있음	있음	있음	있음	있음
지적 기능	있음	있음	있음	있음	있음	있음	있음	없음	있음
인지 전략	있음	있음	있음	있음	있음	있음	없음	있음	있음
태도	아마도	없음	없음	없음	있음	없음	없음	없음	없음
운동 기능	없음	없음	없음	있음	있음	있음	없음	없음	없음
학습 환경									
목표	높음	높음	높음	높음	높음	높음	높음	중간	높음
실습	높음	높음	낮음	높음	높음	중간	낮음	중간	중간
유의미성	높음	높음	중간	높음	높음	높음	중간	중간	중간
피드백	높음	높음	낮음	높음	높음	높음	낮음	높음	중간
상호작용									
• 학습자 – 내용	높음	높음	중간	높음	높음	높음	중간	높음	높음
• 학습자 – 강사	중간	낮음	중간	높음	중간	중간	낮음	중간	중간
• 학습자 – 학습자	중간	낮음	중간	낮음	높음	높음	낮음	높음	중간
훈련비용 전이									
개발	높음	높음	중간	높음	높음	높음	중간	중간	높음
운영	낮음	낮음	낮음	낮음	낮음	낮음	낮음	중간	낮음
효과성	높음	중간	중간	?	높음	?	?	?	?

볼 수 있다. 내용과 상호작용이 현실적이라면 온라인 교육과 시뮬레이션 모두 대인관계 기술을 훈련하는 데 유용할 수 있다. 그러나 실제 작업 상황에서 기술을 배우고 연습할 수 있도록 시뮬레이션, 게임 및 온라인 학습을 대면 교육과 함께 사용하는 것이 중요하다. 증강 현실은 학습자가 훈련에 참석한 후 블렌디드 학습 접근 방식의 일부로 또는 성과 지원을 위해 가장 잘 사용된다. 모바일 학습은 아마도 제한된 개인적인 상호작용을 통해서 제시되는 사실을 가르치는 데 가장 적합하며, 여러 모바일 장치를 사용하여 내용과 상호작용할 수 있도록 하는 데 가장 적합한 방법일 것이다. 현재 모바일 학습과 소셜미디어는 학습과 훈련 전이를 촉진할 수 있는 대면 강의의 보충자료로 가장 잘 사용된다. 소셜미디어는 문서, 보고서(위키), 그리고 개인적인 상호작용(블로그, 트위터, 페이스북)을 통한 협력을 촉진하기 때문에, 지식 관리에도 사용하기 좋은 도구이다.

비록 전통적인 훈련 방법이 효과적이기는 하지만, 관리자와 학습자는 새로운 테크놀로지 기반의 훈련 방법을 아래와 같은 조건에서 사용하기를 고려해야 할 것이다.[136]

1. 새로운 테크놀로지의 구입과 사용을 위해서 충분한 예산과 자원이 제공되어야 한다.

2. 학습자들이 지리적으로 분산되어 있어서 훈련을 받기 위해 사용되는 여행 경비가 높은 편이다.
3. 학습자들은 인터넷, 웹, 아이패드, 스마트폰과 같은 테크놀로지를 편안하게 사용한다.
4. 새로운 테크놀로지 사용의 증가는 기업의 사업 전략 중 하나이다.
5. 새로운 테크놀로지는 제품 또는 서비스 프로세스의 제조에 사용되거나 구현되고 있다.
6. 직원들이 훈련을 받을 수 있는 시간이 없거나 제한되어 있다.
7. 현재의 훈련 방법은 연습, 피드백 및 평가에 제한된 시간만을 허용한다.
8. 새로운 테크놀로지를 사용하는 것은 조직의 문화 혹은 사업 전략에 적합하다.

교실 기반 강의는 학습자가 상호작용, 강사의 지원, 혹은 시각적인 단서를 필요로 할 때 가장 적합하다. 많은 기업이 전통적인 훈련 방법과 테크놀로지 기반 훈련 방법이 가지고 있는 장점과 단점을 인지하여 블렌디드 학습 접근 방법을 사용하고 있다는 것을 아는 것은 매우 중요하다. MOOC를 포함한 테크놀로지 기반 훈련 방법은 일관된 교육 내용을 전달하여 지리적으로 흩어져 있는 직원들이 그들만의 속도로 학습할 수 있게 하고, 실습하고, 온라인으로 다른 학습자 혹은 강사와 협력할 수 있도록 할 수 있다. 그런 다음에, 학습자들은 모두 한자리에 모여서 지식과 기술을 응용할 수 있는 사례연구와 문제해결 접근을 강조하는 전통적인 방법(교실, 액션러닝, 게임, 역할극)을 사용한 대면 훈련을 받을 수 있다. 대면 강의는 또한 학습자들 간의 상호작용뿐만 아니라, 협력, 네트워킹, 토의를 촉진하는 데 더 유용하다. 예를 들면, 우편용품 제공업체 피트니보우스(Pitney Bowes)는 법적 규제 혹은 새로운 상품에 관한 훈련과 같이 지리적으로 흩어져 있는 직원들이 반드시 알아야 할 내용을 가르치기 위해서 이러닝을 사용하고 있다.[137] 리더십 관리 훈련, 문제해결, 혹은 의사결정 훈련과 같이 다른 사람들과 상호작용을 요구하는 학습인 경우, 면대면 교실 기반의 강의 혹은 블렌디드 학습 방법을 사용하고 있다.

요약

이 장에서는 새로운 테크놀로지를 사용한 훈련 전달, 지원, 운영 현황에 대해서 논의하였다. 이러닝을 포함한 많은 새로운 테크놀로지는 학습과 훈련 전이가 일어나고 있는지 확인하는 데 도움을 준다는 특징을 가지고 있다. 다양한 감각을 자극하고, 직원들이 자신만의 학습 속도를 조절할 수 있게 해주고, 피드백과 강화를 제공받고, 필요에 따라 전문가에게 정보를 얻을 수 있도록 테크놀로지를 올바르게 사용할 경우, 긍정적인 학습 환경을 창조할 수 있다. 아이패드 등을 사용한 모바일 학습 방법은 학습자가 집 혹은 회사에서 언제든지 학습에 참여하도록 해주고 있다. 직원들은 단지 훈련 내용이 전달되는 방식을 통제할 수 있을 뿐만 아니라, 언제, 어디서 그들이 참여할 것인지도 결정할 수 있다. 시뮬레이션과 가상 현실은 학습 자료를 더 의미 있게 해주고 학습한 내용을 업무에서 사용할 수 있는 가능성을 높여줄 수 있는 현실적인 훈련 환경을 만들어준다. 증강 현실을 통해 직원은 직장에서 학습할 수 있다. 인공지능, 전문가 시스템, 전자 지원 시스템은 직원이 필요에 따라 접근하여 지식과 정보를 얻을 수 있는 도구이다. 소셜미디어는 직원이 훈련을 통해 얻은 지식을 파지하고 정보 공유를 촉진하는 데 도움이 된다. 학습 관리 시스템은 수업 등록, 직원 훈련 기록 등과 같은 훈련 관련 정보를 쉽게 저장하고 기록할 수 있도록 해준다. 이는 직원들이 훈련에 참여하기 쉽게 해주고 관리자들의 의사결정을 위한 훈련 관련 정보의 검색을 용이하게 해준다.

대부분의 새로운 테크놀로지 훈련 방법은 학습자들이 언제 어디서나 수업에 참여할 수 있도록 해준다는 측면에서는 전통적인 훈련 방법보다 더 우수하다고 할 수 있다. 하지만 만약 테크놀로지 기반의 교육방법이 상호작용, 피드백, 실습, 그리고 다른 긍정적인 학습 환경을 제공하지 않는 경우 효과적이지 않을 것이다. 훈련 방법을 선택하기 위해서는 개발비용, 지리적으로 분산된 직원들, 직원들의 훈련 참여의 어려움 정도, 그리고 새로운 테크놀로지가 기업의 사업 전략에 포함되는지에 대해서 고려해야 한다. 대면 훈련과 테크놀로지 기반 훈련 중에서 양자택일을 하기보다는, 많은 기업이 두 방법을 모두 사용한 블렌디드 학습 방법을 선택하고 있다.

핵심 용어

가상 교실
가상 세계
가상 현실(VR)
거꾸로 교실
공유 매체
급속 모델 제작
기능성 게임
대규모 공개 온라인 과정 (MOOC)
대역폭
동기식 소통
동적 원격학습(IDL)
디지털 협력
리퍼포징
마이크로블로그
마이크로쉐어링
머신 러닝
모바일 학습
블렌디드 학습
블로그
비동기식 소통
소셜미디어
앱
온라인 학습
원격학습
웹 2.0
웹기반 훈련
위키
이러닝
인공지능(AI)
인적자본 관리
인터넷 방송
자기조절
적응형 훈련
전문가 시스템
전자 성과 지원 시스템 (EPSS)
증강 현실(AR)
챗봇
컴퓨터 기반 훈련(CBT)
팟캐스트
플러그인
하이퍼링크
학습 관리 시스템(LMS)
학습 포털
학습자 통제
현장감
화상회의

토의 문제

1. 어떻게 테크놀로지가 학습 환경을 변화시켜 왔는지 설명하시오.
2. 어떤 종류의 학습 결과가 모바일 학습에 가장 적합한가? 자세히 설명하시오.
3. 전문가 시스템과 전자 성과 도구의 차이점은 무엇인가?
4. MOOC가 학습을 제공하는 유망한 방법인 이유는 무엇인가? 이 방법의 한계는 무엇인가?
5. 어떻게 새로운 테크놀로지가 학습을 더 용이하게 하였는지 논의하시오. 이러한 새로운 테크놀로지가 어떻게 학습 전이를 촉진하는가?
6. 모든 인터넷 훈련은 똑같은가? 자세히 설명하시오.
7. 게임과 게임화를 훈련에 사용했을 때 발생할 수 있는 잠재적인 문제점은 무엇인가?
8. 소셜미디어는 무엇인가? 이것이 어떻게 훈련에 사용될 수 있는지 설명하시오.
9. 학습자 통제, 공유, 연결에 대해서 설명하시오. 어떻게 이러닝의 효과성에 공헌하고 있는가?
10. 리퍼포징이란 무엇인가? 훈련에 새로운 테크놀로지를 사용하는 데 어떠한 영향을 미치는가?
11. 원격학습은 지리적으로 흩어져 있는 학습자들에게 강의를 전달하는 데 사용한다. 학습과 훈련 전이를 방해하는 문제점을 피하기 위해서 어떻게 원격학습을 제작 및 사용해야 하는가?
12. 왜 기업이 대면 교육 방법과 웹기반 훈련 방법을 혼합하여 사용하는가?
13. 인공지능(AI)이란 무엇인가? 훈련에 어떻게 사용될 수 있는지 예를 제시하시오.

14. 증강 현실(AR)은 가상 현실(VR)과 어떻게 다른가?
15. AR은 훈련을 제공하는 방법으로 또는 훈련을 지원하는 방법으로 가장 유용한가? 자신의 입장을 설명하시오.
16. 어떠한 조건이 소셜미디어 도구를 학습 해결책의 한 방안으로 사용하기에 가장 적합한가?
17. 적응형 훈련이 다른 훈련 방법과 다른 가장 중요한 점은 무엇인가?

적용 과제

1. 오직 웹사이트만을 사용하여 이 장에서 논의한 새로운 테크놀로지에 대해서 더 조사해보자. 웹에 존재하는 검색 엔진(예: 구글, 야후 등)을 아무거나 하나 사용하여 선택한 특정 테크놀로지에 대한 정보를 검색해보자. 테크놀로지에 대한 정보, 해당 테크놀로지를 구입하거나 개발하기 위한 힌트, 그리고 해당 테크놀로지를 사용하거나 혹은 홍보하고 있는 기업에 대한 사례를 찾아보자. 웹사이트를 포함하여 당신만의 요약본을 만들어보자.
2. MD 앤더슨 암센터의 종양학 전문가 고문에 대한 영상을 www.youtube.com/watch?v=CtyYI7ou2B0에서 시청하시오. 종양학 의사에게 이러한 전문가 시스템의 이점은 무엇인가? 어떠한 단점이 있는가? 이 사례에서 강조된 전문가 시스템의 이점은 무엇인가?
3. 교육 솔루션을 제공하는 https://www.allencomm.com을 방문해서 "Portfolio"를 클릭하시오. 그런 다음 비디오를 포함하여 "Onboarding Training Domino's"를 검토하시오. 기능성 게임의 어떤 기능이 비디오에 표시되는가? 각 기능과 학습에 미치는 영향을 파악해보자. 이 게임만으로도 도미노의 기준에 맞는 피자 만드는 법을 신입사원에게 교육하기에 충분하다고 생각하는가? 게임을 사용하는 블렌디드 학습 솔루션에는 무엇이 포함될 수 있는가?
4. 학습 관련 소프트웨어 솔루션을 제공하는 기업 엠징가(Mzinga)의 웹사이트 www.mzinga.com에 방문해보자. "Product"를 클릭한 뒤, "Omni Social Suite"를 검토하자. 어떤 학습 솔루션이 제공되고 있는가? 이러한 솔루션이 효과적이라고 믿는가? 그 이유는?
5. 상호작용적 온라인 과정을 제공하는 MOOC 제공업체인 edX의 웹사이트인 www.edx.org를 방문해보자. "About"에서 스크롤하여 "How It Works"를 클릭하시오. 비디오를 시청하고 데모 과정을 검토하시오. edX는 학습을 촉진하기 위해 어떻게 기술을 사용하고 있는가? 이러한 기술의 강점과 약점은 무엇이라고 생각하는가? MOOC 과정의 수료율이 매우 낮은 이유는 무엇이라고 생각하는가?
6. 3D 가상 세계인 프로토스피어의 웹사이트인 www.protonmedia.com을 방문해보자. 홈페이지에서 동영상을 시청하시오. 훈련에 가상 세계를 사용하면 어떤 잠재적인 이점이 있는가? 잠재적인 단점은 무엇이 있는가? 설명하시오.
7. 미 적십자(American Red Cross)에서 블렌디드 학습 접근 방식을 교육과정에 사용하는 방법에 대한 개요를 제공하는 https://www.redcross.org/take-a-class/preview-kits/first-aid-cpr-aed/blended-learning을 방문해보자. "First Aid/CPR/AED-Blended Learning Program"에 대한 영상을 시청하시오. 이 훈련을 블렌디드 학습으로 만드는 이유는 무엇인

가? 학습과 학습 전이를 향상하는 프로그램에는 어떤 기능이 포함되어 있는가?

8. 할로겐 탤런트스페이스/러닝(Halogen TalentSpace/Learning)의 웹사이트인 https://www.saba.com/resources/product-information/datasheet-learning을 방문해보자. 이것은 LMS의 예이다. 제품 정보를 다운로드하시오. 이 LMS를 통해 회사는 어떤 이점을 얻을 수 있는가? 직원도 혜택을 받을 수 있는가? 설명하시오.
9. https://www.youtube.com/watch?v=8OWhGiyR4Ns에서 증강 현실을 사용하여 엘리베이터를 수리하는 서비스 기술자의 유튜브 영상을 시청하시오. 이 예에서 보여지는 증강 현실의 잠재적 가치는 무엇인가? 증강 현실이 서비스 기술자에게 필요한 다른 유형의 훈련을 대체하거나 보완하는 데 가장 적합하다고 생각하는가? 설명하시오.

사례 신제품에 대한 지피 루브 서비스 기술자 훈련

차량 정비 회사인 지피 루브 인터내셔널은 고객에게 빠르고 고품질이며 걱정 없는 서비스 경험을 제공하기 위해 최선을 다하고 있다. 지피 루브의 기술자는 차량 오일 교환, 타이어 밸런싱, 냉각 시스템 플러싱, 마모된 앞유리 와이퍼 교체를 포함하여 다양한 서비스를 제공한다. 지피 루브의 서비스 기술자는 자동차 및 트럭에 대한 최신 제품 및 서비스 요구사항에 대한 최신 정보를 알고, 일관되고 우수한 고객서비스를 제공해야 한다. 결과적으로 훈련은 지피 루브의 성공과 지속적인 운영 우수성을 달성하기 위한 회사의 최우선 과제로 매우 중요하다. 자동차 및 차량용으로 도입된 새로운 제품 중 하나는 합성 모터오일로, 많은 신모델에 필요하지만 구형 모델의 엔진에도 도움이 될 수 있다. 많은 자동차 및 트럭 제조업체가 차량 소유자에게 합성 및 마일리지가 많은 모터오일과 같은 특수 오일을 사용할 것을 권장하지만 지피 루브는 판매되는 특수 오일의 비율이 낮다는 것을 발견했다. 요구사항 평가에 따르면 서비스 기술자는 특수 모터오일의 이점에 대해 잘 알지 못하거나 효과적으로 전달하지 못했다. 이는 훈련이 필요함을 시사했다. 프랜차이즈 매장에서 일하는 지피 루브의 서비스 기술자가 대면 수업에 참석하는 것은 어렵기 때문에 테크놀로지 제공 훈련은 현실적인 학습 솔루션이다.

훈련은 어떤 지식, 기술 또는 행동에 중점을 두어야 하는가? 특수 오일에 대한 기술자 훈련을 위해 어떤 기술 교육 방법을 추천하는가? 그 이유는 무엇인가? 프로그램에 포함할 학습 기능을 간략하게 설명하고 그것을 권장하는 이유를 설명하시오.

자료: "2017 Top 10 Hall of Fame, Jiffy Lube International, Inc.," *training* (January/February 2017), p. 54; L. Freifeld, "Jiffy Lube revs up to no. 1," *training* (January/February 2014), pp. 30 – 38; www.jiffylube.com, website for Jiffy Lube를 기반으로 함.

Chapter 9

직원 역량 개발과 경력 관리

학습목표

1. 직원의 역량 개발 계획 과정의 각 단계에 대해서 논의한다.
2. 직원 역량 개발을 계획하는 데 직원과 기업의 책임에 대하여 설명한다.
3. 직원 역량 개발을 위한 공식교육의 최근 동향에 대해서 논의한다.
4. 성격 유형, 근로 행위, 직무 성과에 대한 평가가 어떻게 직원 역량 개발을 위해서 사용될 수 있는지 이야기한다.
5. 직무 경험이 어떻게 직원의 역량 개발에 사용될 수 있는지 설명하고, 직원의 역량 개발 목표 혹은 개발 요구에 적합한 직무 경험을 제안한다.
6. 효과적인 멘토링 프로그램의 특징을 파악한다.
7. 승계 계획 절차와 어떻게 나인-박스 그리드가 사용되는지 서술한다.
8. 효과적인 온보딩 과정을 설계한다.

AT&T: 직원 경력 개발 지원을 통한 업무 관련 경쟁력 유지하기

AT&T는 미국에서 전화통신시장을 완벽히 장악했던 회사로 잘 알려져 있다. 그러나 통신 산업이 케이블과 유선전화에서 스마트폰, 인터넷, 클라우드로 이동함에 따라, AT&T는 생존을 위해 스스로 새로운 모습으로 재창조해야 했고 이는 무선 기술에 대한 투자뿐만 아니라, 클라우드 기반 컴퓨팅과 코딩 등의 영역에 대한 직원의 기술 능력을 개발해야 함을 의미했다. 이러한 기술을 보유한 직원에 대해 공급은 부족했고, 아마존과 구글같이 다른 많은 고용주들의 수요는 높았기 때문에 직원의 기술 능력 개발은 특히나 중요했다.

회사가 필요로 하는 기술을 얻기 위해 AT&T는 직원 교육 및 개발에 약 2억 5,000만 달러 이상을 투자했다. 회사는 전 직원이 미래의 취업 기회를 위해 자신의 기술을 개발할 것을 장려했다. 이를 위해 AT&T는 직원들의 역량 개발을 위한 다양한 선택지를 제공했다. 예를 들어, 온라인 셀프 서비스 플랫폼은 경력 프로필, 경력 정보, 직무 시뮬레이션 등을 제공하였으며 경력 프로필은 직원의 기술과 역량, 경력, 교육기관 수료 증명을 평가했다. 이는 직원들이 AT&T의 전 사업부에서 자신의 관심사, 선호도 및 기술과 일치하는 공석을 찾고, 필요한 역량을 개발하기 위한 자원과 연결하는 데 사용할 수 있도록 역량 개발 가이드를 제공해주었다. 경력 정보는 급여의 범위와 재직 중인 현재 직원 수 등의 정보를 포함한 직무 프로필과 회사 내 채용 동향에 대한 자료를 제공함으로써 직원이 정보에 입각한 경력 결정을 내릴 수 있도록 도와주었다. 시뮬레이션은 직원들에게 실제 업무에서 접할 수 있는 상황을 제공하고, 해당 업무에 대한 선호도를 평가할 수 있도록 한 것으로, 이를 통해 직원들은 자신이 좋아하는 업무 유형에 따라 직무에 적합한지 여부를 파악할 수 있었다.

따라서 직원은 이와 같은 플랫폼 도구와 동료 및 관리자와의 논의에서 얻은 정보를 사용하여 본인의 역량 개발을 위해 다양한 방법을 선택할 수 있다. 여기에는 온라인 및 대면 교육, MOOC 제공업체인 유다시티가 제공하는 소프트웨어 엔지니어링, 코딩, 웹 개발, 데이터 분석과 같이 수요가 많은 전문 분야에 대한 6~12개월 나노 학위(nanodegree) 프로그램, AT&T가 학비를 지원하는 컴퓨터 공학 분야의 온라인 석사 과정 등이 포함되어 있다.

또한, AT&T는 직원들이 자신의 경력에 대한 보다 현대적인 사고방식을 개발하고 지속적인 학습에 참여하도록 장려하기 위한 조치를 마련했다. 즉 회사는 역할과 직책 향상을 통한 경력 개발 단계를 강조하면서 책임의 중요성과 범위가 확대되는 기존의 전통적인 경력 경로를 직원이 자신의 기술 세트와 다양한 기능에 대한 지식을 확장하기 위해 수평적, 교치 기능적, 하향적 경력 이동을 권장하는 경력 격자(career lattices)로 대체한 것이다. 이를 통해 직원들은 자신의 발전은 회사가 책임져야 한다는 생각에서 새로운 역할 및 경험을 적극적으로 모색하여 자신의 경력은 스스로 책임진다는 사고방식으로 전환할 수 있었다.

지금까지 AT&T의 투자는 좋은 성과를 거두고 있다. 2016년 상반기 동안 재교육을 받은 직원들이 기술 관리직의 절반을 담당하고, 전체 승진의 약 50%를 차지한 것으로 나타났다. 또한 제품 개발 주기가 40% 단축되었으며, 매출 창출 시간이 30% 이상 증가했다.

자료: M. Mancini, "AT&T: Continuously Dialing Up the Learning Evolution," *Chief Learning Officer* (June 2017), pp. 40–41; J. Donovan and C. Benko, "AT&T's Talent Overall," *Harvard Business Review* (October 2016), pp. 69–73; and C. Anthony, "Three Keys to Our Culture," *Fortune* (January 1, 2018), p. 32를 기반으로 함.

서론

AT&T의 사례에서도 보여주듯이, 회사가 직원의 역량을 개발하도록 돕는 일련의 활동은 차세대 관리자로서 높은 가능성이 있는 직원에게 자신의 장점, 약점, 그리고 관심사가 무엇인지 이해하도록 도와준다. 그들은 각자의 성장 요구가 충족되면, 새로운 직무와 확장된 업무 책임을 다함으로써, 기업의 경쟁우위를 다지는 데 핵심적인 공헌자 역할을 하고 있다. 또한, 직원 개발은 핵심 관리자들이 다른 경쟁사 혹은 고객사로 떠나지 않고 회사에 존속할 수 있도록 도와준다. 조직 개발은 회사의 인재 관리 노력의 일환으로 반드시 필요하다. AT&T가 개발에 투자한 것은 직원 개발이 고객을 응대하고, 신제품과 고객 솔루션을 만드는 데 필요한 기술과 역량을 갖추도록 하는 데 핵심이 된다는 점을 강조한다. 사업 전략과 무관하게, 개발은 재능 있는 직원들을 존속시키는 데도 중요하다. 1장에서 지적한 바와 같이, 직원몰입은 직원들이 관리자로부터 어떤 대우를 받는지와 직접적으로 연관된다. 직원 개발은 (1) 직원들에게 회사가 그들의 능력 개발에 관심이 있다는 것을 보여주고, (2) 긍정적인 업무 환경을 만들 수 있도록 관리자들을 개발하여 직원들이 회사의 목표를 위해 헌신하고 싶도록 만듦으로써 직원의 몰입도를 높이는 데 도움을 줄 수 있다.

이 장에서는 개발, 훈련, 그리고 경력의 관계에 대하여 논의하는 것으로 시작하고자 한다. 직원의 역량 개발을 위해 어떤 접근법을 사용할지 정하는 것은 개발 계획의 한 부분이다. 또한 어떻게 역량 개발을 지원할 것인지 정하기 전에 직원과 기업은 반드시 필요한 역량이 무엇인지에 대해서 인지하고 있어야 한다. 필요한 역량이 무엇인지 그 요구사항과 목적을 찾아내는 것은 계획의 일부이다. 두 번째 절에서는 개발 계획 절차를 단계별로 알아보고, 각 단계에서 직원과 회사가 가져야 할 책임에 중점을 두고 살펴본다. 셋째, 공식교육, 평가, 직무 경험, 대인관계를 포함한 역량 개발 접근법에 대해서 살펴본다. 이 장에서는 각 개발 방법에 의해서 강화될 수 있는 기술, 지식, 행동 유형에 초점을 둘 것이다. 마지막으로 승계 계획, 문제 관리자 관리, 그리고 온보딩과 같이 조직 개발 관련 특별 쟁점사항에 관하여 논의하면서 이 장을 마무리한다.

개발, 훈련, 그리고 경력의 관계

개발과 훈련

개발(development)은 직원이 자신의 미래를 준비할 수 있도록 도와주는 공식교육, 직무 경험, 관계, 그리고 성격과 능력 평가를 의미한다. AT&T의 사례에서 보여주었듯이 계획된 프로그램에 참여함으로써 역량 개발이 이루어질 수 있지만 개발은 흔히 다른 종류의 일을 수행해보는 것에서 기인한다. 개발은 미래 지향적이기 때문에 직원들의 현재 직무와 반드시 관련된 학습만을 포함하지는 않는다.[1] 표 9.1은 개발과 훈련의 차이에 대해서 제시하고 있다. 전통적으로 훈련은 직원들의 현재 직무 수행을 도와주는 데 초점을 둔다. 개발은 그들을 사내 다른 부서로 이동시키기 위해 준비시켜 주거나, 아직 존재하지 않는 직무로 옮겨 갈 수 있도록 그들의 능력을 높여주는 역할을 한다.[2] 또한, 개발은 새로운 기술, 업무 설계, 새로운 고객, 혹은 새로운 제품 시장 등으로 인한 현재 직무의 변화를 직원들이 준비할 수 있도록 도움을 준다. 개발은 특히 상급 관리자와 리더십에 대한 잠재력을 가진 직원들의 인재 관리 측면에서 중요하다(인재의 유치 및 보유에 관해서 논의했던 1장의 내용을 상기해보자). 개발은 베이비붐 세대가 은퇴하면서 밀레니얼 세대가 리더의 역할을 준비할 수 있도록 하는 데에도 매우 중요하다.[3] 기업은 그들이 직면한 가장 중요한 인재 관리 문제가 기존의 인재 개발과 리더십 인재의 유치 및 보유를 포함한다고 보고 있다.[4] 2장 "전략적 훈련"에서는 훈련의 전략적인 역할에 대해서 강조하였다. 훈련이 더욱 전략적인 역할을 하게 되면서(즉, 사업 목적과 연관되어), 훈련과 개발 간의 구별은 곧 희미해질 것이다. 훈련과 개발 모두 필수가 될 뿐만 아니라, 현재와 미래의 개인 및 기업의 요구에 초점을 맞추게 될 것이다.

표 9.1
훈련 대 개발

구분	훈련	개발
초점	현재	미래
업무 경력의 사용	낮음	높음
목표	현재 업무를 위한 준비	변화를 위한 준비
참여	필수	자발적

개발과 경력

전통적으로 경력은 다양하게 서술되어왔다.[5] 경력은 한 직업 내에서 경험하게 되는 일련의 연속적인 위치로 묘사될 수 있다. 예를 들면, 대학 교수는 조교수, 부교수, 정교수의 위치를 가질 수 있다. 또한 경력은 조직 내의 유동성 측면으로 이해될 수 있다. 예를 들면, 엔지니어는 자신의 경력을 사원 엔지니어로 시작하게 된다. 전문 지식과 경력, 업무 성과가 증대하면, 자문 엔지니어, 수석 엔지니어, 그리고 고위 전문 기술 관련 직책으로 승진하게 된다. 마지막으로, 경력은 직원의 특징으로 묘사될 수 있다. 각 직원은 서로 다른 직무, 직책, 그리고 경험을 하기 때문이다.

오늘날의 경력은 프로틴 경력으로 알려져 있다.[6] **프로틴 경력**(protean career)은 개인에 의해 주도되는 경력 개발을 말하는 것으로 본인이 느끼는 심리적 성공에 목표를 두는 것을 의미한다. 이제 직원들은 스스로가 자신의 경력 관리에 책임을 지게 되는 것이다. 예를 들어, 유나이티드 웨이 에이전시(United Way Agency)에서 관리자로 일하던 한 엔지니어가 1년간 안식 기간을 가지겠다고 결정했다. 이 결정의 목적은 엔지니어의 경영 능력을 개발하고자 하는 것일 뿐만 아니라, 자신이 현재 맡고 있는 관리자의 업무를 엔지니어 업무보다 더 좋아하는지에 대해서 스스로 평가하기 위함일 수도 있다.

프로틴 경력은 직원 개발에서 몇 가지 함축성을 가지고 있다. 새로운 경력 목표를 단지 업무에서 오는 성취만으로 제한하지 않고, 가정 꾸리기 및 신체적 건강 유지 등과 같은 인생 목표를 성취함으로써 생기는 자부심과 성취감인 **심리적인 성공**(psychological success)에 두게 된다. 자신의 능력뿐만 아니라 회사 내에서 승진할 수 있는 자리가 있는지 등에 의해 지배되는 전통적인 경력 목표 달성에 비해, 심리적인 성공은 직원들이 스스로 통제하기 더 용이하다. 심리적 성공은 연봉 인상 및 승진 등과 같이 오로지 회사에서 제공받는 신호를 통해서 결정되기보다는 직원 스스로가 결정할 수 있다.

직원들은 정지된 지적 기반에 의지하기보다는 새로운 기술을 개발해야 할 필요가 있다. 이것은 고객의 서비스와 상품에 대한 요구사항에 더 반응해야 할 필요가 생긴 기업의 요구로부터 기인한 것이다. 1장에서 논의했듯이, 학습은 지속적이며, 흔히 비형식적이며, 지식의 창조와 공유 업무를 포함하고 있다. 지속적인 학습에 대한 강조는 경력의 방향과 경력 이동 횟수를 변화시켰다(경력 패턴).[7] 전통적인 경력 패턴은 높은 위치로 갈수록 더 많은 권한과 책임, 그리고 보상이 따르는 위계적인 선형적 단계로 구성되어 있었다. 법률, 의학, 경영 분야 전문가들의 경력 패턴은 한 업계 및 한 전문 분야의 일생의 헌신으로 볼 수 있다. 이러한 종류의 경력 패턴은 사라지지 않을 것이다. 다만, 전문 분야 간의 혹은 지식 분야 간의 잦은 이동 경력 패턴(나선형 경력 패턴)은 더욱 일반적이게 될 것이다. 이러한 새로운 경력 패턴은 직원 개발을 위해서 반드시 (1) 직원이 자신의 관심사와 능력, 장점과 단점을 확인할 수 있는 기회를 제공해주어야 하며, (2) 이 정보를 바탕으로 설계된 직무 경험, 관계, 그리고 형식적인 교육을 통해서 직원들에게 적절한 개발 경험을 추구할 수 있도록 기회를 제공해주어야 한다는 것을 의미한다.

오늘날 경력에 대한 가장 적절한 관점은 '경계가 사라졌으며, 자주 변화한다'는 것이다.[8]

이것은 여러 직장을 옮기는 것과 여러 직업을 바꾸는 것도 포함한다. 이는 흔히 잡호핑(job-hopping)으로 알려져 있다. 잡호핑에 대해서는 10장 "사회적 책임: 법적 문제, 다양성 관리와 경력 도전"에서 논의할 것이다. 연구 결과에 따르면, 직원의 25%가 35세까지 5개 이상의 직업을 가진 경험이 있으며, 55세 이상 직원의 경우 20%가 10개 이상의 직업을 가진 경험이 있는 것으로 나타났다.[9] 고용주의 1/3은 특히 대졸 신입사원들이 여러 직장을 옮겨 다닐 것으로 예상하지만, 고용주의 40%는 직원이 30대 중반이 되면 이러한 현상이 줄어들 것이라고 보고 있다. 현실은 직원들이 전체 경력 또는 경력의 상당 부분을 한 회사에서 머물 가능성은 거의 없다. 이는 기업과 직원이 서로에게 가치를 더해야만 한다는 것을 의미한다.[10] 즉, 직원이 회사에 얼마나 오래 머무르는가와 상관없이, 회사는 새로운 기술 세트(skill sets)와 경영 인재(managerial talent)의 제공을 통해 직원을 개발시켜 변화하는 사업 환경과 전략에 적응할 수 있어야 한다. 직원의 역량 개발활동은 현재 및 잠재적인 미래 고용주와 직원의 고용 가능성(employabilitiy)을 높이는 데 도움이 된다. 또한 전 직원이 자신의 능력을 키우고 다양한 방식으로 활용할 수 있는 기회를 제공하여 높은 수준의 참여도와 만족도에 기여한다.[11] 개발을 통해 직원들은 기술을 구축하거나 직무 경험을 얻기 위해 고용주를 변경할 필요가 없다고 여기기 때문에 잠재적으로 직원의 이직을 줄일 수 있다. 예를 들어, 시티그룹(Citigroup)은 밀레니얼 세대의 직원을 채용하고 유지하기 위해 다양한 개발 프로그램을 도입했다.[12] 한 프로그램은 글로벌 프로젝트에서 작업할 수 있는 기회를 제공하는 것으로, 케냐 소기업들의 성장 전략을 수립하는 프로젝트가 있었다. 또 다른 프로그램으로는 직원들을 1년간 비영리 단체에 보내는 프로그램이 있었다. 이러한 유형의 프로그램은 다른 사람을 돕고자 하는 밀레니얼 세대의 요구를 충족하고, 긴 시간의 은행 업무와 스트레스에서 벗어나 새로운 기술을 개발하고 새로운 관점을 얻을 수 있도록 도와주었다.

'무경계경력(boundaryless career)'은 경력이 직장의 경계를 넘어서기 때문에 현재 재직하는 직장보다 외부에서의 가치를 인정받는 것이 중요하다는 점에서 조직이 아니라 개인이 전적으로 관리하게 되는 경력이라고 할 수 있다. 또한, 직원의 경력 계획 및 목표 설정에서 개인 혹은 가족의 요구가 더 많은 영향을 미친다는 측면에서 경력의 경계가 사라졌다고 간주된다. 개인의 삶 및 고용주와의 관계에서 발생하는 변화에 대응하기 위해서 직원은 자신의 역할과 책임에 대해서 재편성하고 경력에 대한 자세를 바꾸어야 한다. 직원들은 자신의 장점과 약점에 대해 인지해야 하며, 인지된 자신의 일과 삶의 균형, 그리고 흥미롭고 고무적인 일을 찾고자 하는 요구를 기반으로 자신의 경력을 일생에 거쳐서 바꿀 수 있다.[13] 경력 성공은 승진 혹은 동반자, 동료, 회사에서 정해준 목표에 얽매이기보다는, 직원 스스로에게 의미 있는 목표를 성취하는 것을 의미한다. 이 장 후반에서 논의하겠지만, 경력은 직원과 기업 간의 동반자 관계 성립을 통해서 관리되는 것이 가장 효과적이다. 즉, 동반자 관계를 통해서 직원들은 자신의 조직에 헌신할 수 있을 뿐만 아니라, 쌍방에게 혜택이 제공될 수 있도록 직원이 자신의 경력을 관리할 수 있는 통제권을 가지게 되는 긍정적인 관계를 창조할 수 있다.

예를 들어, 대학을 졸업한 29세의 캐틀린 폭스는 마케팅 팀에 들어가길 원했으나,[14] 임원 비서의 직무가 주어졌다. 그녀는 서픽 건설회사 임원의 이메일과 일정을 관리하는 등 세부적인 업무에 어찌할 줄 몰랐으며, 보다 더 중요한 일을 하고 싶었다. 이에 그녀는 상사의 도움을 받아 새로운 프로젝트에 지원하기로 결정했다. 이 프로젝트는 사무실을 보다 친환경적으로 만들고, 회사 운영 매뉴얼을 수정하고, 직원 복지 프로그램을 운영하는 것이었는데, 그녀는 HR 분야의 경력에 관심을 가지고 있었다. 그녀의 상사는 자신이 참석하기 어려울 때 그녀를 회의에 참석시켜 통찰력을 공유하고 일과 삶의 혜택에 관한 위원회 회의를 운영하도록 했다. 심지어 그녀는 최고경영자(CEO)가 포함된 경영진에게 위원회의 제언사항을 발표하기도 했다. 그녀의 발표는 좋은 평가를 받았고, 이로 인해 그녀는 승진할 수 있었다. 그녀의 상사가 다른 직위로 승진하면서, 그녀에게 새로운 위치의 사무실 관리자 직책을 제안했다. 그녀는 제안을 거절했으나, 인사과에서 일하고자 하는 자신의 목표를 그와 공유했고, 현재 그녀는 인사관리 직무를 하고 있다. 그녀는 처음에 현장 사무실에서 일하기 위해 안전모와 발가락이 철로 된 신발을 신는 것이 불편했고, 부족한 HR 지식과 기술을 습득하기 위한 교육을 이수해야 했다. 그러나 그녀는 새로운 직무에 만족하고, 새로운 기회를 찾기 위해 주도적으로 나서는 것을 즐겼다.

한 연구에 따르면, 회사들은 현대의 경력 패턴과 다양한 유형의 고용 관계[예: 정규직, 계약직, 초단기 고용(gig employment)]를 반영하는 네 가지 경력 관리 접근 방식 중 하나를 사용하고 있다.[15] **구조화된 접근 방식**(structured approach)은 근로자가 명확하게 정의된 경력 경로를 통해 나아갈 수 있도록 준비시킨다. 이 방식을 사용하는 회사는 우수한 인력의 심층화와 안정적인 경영권 승계 계획을 원한다. **유연한 접근 방식**(flexible approach)은 횡적 이동, 직무 순환, 직무 경험을 장려하여 직원의 기술 폭을 넓힘과 동시에 명확하게 잘 정의된 경력 경로를 제공한다. 이를 통해 직원들은 필요한 기술을 습득하고, 다양한 경력을 선택할 수 있는 기회를 탐색한다. **개방형 접근 방식**(open approach)에서 직원은 자신의 경력 관심사와 개발하고자 하는 기술을 기반으로 프로젝트나 과제를 선택할 수 있다. 직원이 맞춤형 경력 경로를 만들 수 있기 때문에 네 가지 방식 중 이 접근 방식이 가장 유연하다. **일시적인 접근 방식**(transitory approach)에서 회사는 계약직과 같이 조직 외부에서 우수한 인재를 찾는 데 초점을 둔다. 경력 관리는 전적으로 직원 중심이며, 회사는 규정 준수(compliance)와 회사의 상황에 따른 교육만을 제공한다. 직원은 자신을 매력적으로 만드는 기술을 판단하고, 해당 기술을 개발하는 것 둘 다에 대해 책임을 진다.

개발 및 경력 기회는 우수한 직원을 유치하고 유지함으로써 회사의 경쟁우위를 선점하는 데 도움이 될 수 있다. 그러나 많은 기업에서 개발 및 경력 기회를 제공하기 어려울 수 있으며, 제공되더라도 비효율적일 것으로 보인다. 예를 들어, 고용주가 유용한 경력 계획 도구 및 기회를 제공하고 있다고 생각하는 직원이 전체의 50% 미만이라고 가정한다면,[16] 고성과 직원의 40% 이상이 경력을 쌓기 위해 회사를 떠날 것이다. 이 논의에서 보여주었듯이, 직원을 회사에 존속시키고 동기를 부여하기 위해서 기업들은 직원의 개발 요구를 충족해줄 수 있는 시스템을 제공해야 한다. 이것은 특히 높은 성과를 내는 직원들과 차세대 관리자로 성장할 가능성이 있는 우수한 직원들을 유지시키기 위해서 중요하다. **개발 계획 혹은 경력 관리 시스템**(developing planning or career management system)은 그들의 개발 요구를 찾아내고 이 요구를 충족할 수 있도록 도와주는 직원 유지 및 동기부여를 위한 시스템을 의미한다. 이 시스템에 대해서는 아래에서 논의한다.

개발 계획 시스템

기업의 개발 계획 시스템(개발 계획 과정으로도 알려진)은 정교화 정도와 기업이 과정 중 어떠한 구성요소에 역점을 두느냐에 따라서 다양하다. 개발 계획 시스템의 단계와 그에 따르는 책임을 그림 9.1에서 제시한다.

자기평가

자기평가(self-assessment)는 직원들이 그들의 경력 관심사, 가치, 태도, 그리고 행동적 성향을 확인하기 위한 목적으로 회사에서 제공하는 정보를 말한다. 흔히 마이어스-브릭스 유형지표[MBTI(Myers-Briggs Type Inventory)는 성격 종류 평가도구로서 이 장 후반에서 논의한다]와 스트롱-캠벨 직업흥미검사(Strong-Campbell Interest Inventory), 자기탐색 검사(Self-Directed Search)와 같은 심리 테스트가 이러한 자기평가 도구로 사용된다. 스트롱-캠벨 직업흥미검사는 직원들이 자신의 직업 관심사 그리고 직무 관심사를 찾아낼 수 있도록 도와준다. 자기탐색 검사는 여러 종류의 환경(판매, 상담, 조경 등)에서 직원의 업무 선호도를 확인할 수 있도록 해준다. 이러한 검사는 직원들이 업무와 여가 활동에 중점을 두고 있는 가치를 확인할 수 있도록 해준다.

이러한 진단을 통해서 요구되는 역량을 찾아낼 수 있다. 이 요구는 현재의 능력 혹은 관심사와 직원이 원하는 업무의 종류 혹은 일자리 사이에서 발생하는 격차를 통해서 파악할 수 있다. 자동차 소매업체인 카맥스(CarMax)는 신입사원이 관리직으로 성공하는 데 필요한 역량과 행동을 정의하여 자신의 개발을 주도할 수 있도록 도와주는 경력 면담 가이드(career conversation guide)를 관계자에게 제공한다.[17] 가이드를 숙지한 후에는 관리자와 경력 관련 면담을 나눌 것을 권장한다. 평가를 완료한 직원 중 83%가 관리자와 경력 관련 대화를 나누

그림 9.1 개발 계획 과정의 단계 및 그에 따르는 책임

	자기평가 →	현실 확인 →	목표 설정 →	실행 계획
직원의 책임	역량 개발 기회 및 개선 요구사항 파악	요구사항 중 현실적으로 개발 가능한 것 파악	목표 및 목표를 성취할 수 있는 방법 설정	목표 성취를 위한 단계 및 타임라인 계획
회사의 책임	직원이 장점, 약점, 관심사, 가치를 확인할 수 있는 진단 정보를 제공	성과 평가, 직원이 회사의 장기 계획 중 어디에 적합한지, 업계, 직종, 업무 환경의 변화에 대해서 소통	목표가 구체적이고, 측정 가능하며, 관련 있고, 시기 적절한지 확인하고 해당 목표를 달성하도록 도움	추가적인 진단, 교육훈련, 직무 경험, 관계 등과 같이 직원이 목표를 달성하기 위해서 필요한 자원을 파악

었다. 경력 면담 가이드는 직원의 개발 요구와 가능한 경력 경로에 대해 논의하기 위한 기초 정보를 제공한다.

현실 확인

현실 확인(reality check)은 회사가 제공하는 정보로, 직원이 스스로 본인의 기술과 지식을 어떻게 평가할 것인지 그리고 본인들이 회사의 계획(잠재적 승진 기회, 수평이동) 가운데 어디에 적합한지를 파악하는 데 도움을 준다. 대개 이 정보들은 업무 평가의 일부분으로서 직원의 관리자가 제공해준다. 일부 회사들은 행동 혹은 역량에 대한 자기평가와 함께, 자신의 관리자, 동료, 직속상관, 그리고 고객으로부터 해당 직원에 대한 평가를 제공하는 다면평가를 사용하기도 한다. 다면평가의 개념은 이 장 후반에서 논의한다.

관리자가 업무 평가와 개발에 관해 논의할 수 있는 회의를 별도로 진행하는 것은 일반적이다. 왜냐하면 업무에 대해 성과 평가와 역량 개발을 위한 논의는 면담의 목표가 다르기 때문이다. 서로 다른 목표를 가지고 있기 때문에 업무 평가 논의와 역량 개발에 대한 논의를 함께 다루는 것은 쉽지 않다. 업무 평가 관련 논의는 특정 기간(예: 6개월 혹은 1년) 동안의 직원의 업무 성과에 대해 초점을 맞추고, 일반적으로 업무 성과에 따라 어떠한 재정적 보상 혹은 연봉의 인상이 있을지에 대해서 논의하게 된다. 역량 개발 관련 논의는 연봉 인상이나 보상에 관한 것이 아닌 직원의 가치관, 직업 관심사, 기술 혹은 역량의 강점과 약점, 그리고 자신의 강점을 활용하고 약점을 개발하는 방법에 초점을 맞추어 논의가 이루어진다. 그런 다음 관리자와 직원이 함께 동의할 수 있는 현실적인 단기 그리고 장기 개발 목표(직원이 성취하기를 원하는 책임 혹은 위치)를 정하는 것을 주요 목표로 삼고 있다.[18]

예를 들어, 미쉐린(Michelin North America)에서는 직원, 직원의 상사, 직원의 경력 관리자가 '경력 삼각형(career triangle)'을 구성한다.[19] 경력 관리자와의 회의에서 직원들은 자신의 현재 위치와 개발하고 싶은 기술에 대해 논의하고, 가능한 새로운 역할을 파악한다. 이러한 논의를 통해 직원들은 현재 및 가능한 새로운 직위에 대한 기대치, 현재 성과 및 개선 방법을 이해할 수 있다. 미쉐린은 경력 삼각형의 구성원들이 직원의 관심사와 목표에 맞는 다음 직무와 경력 관심사를 찾는 데 사용할 수 있는 내부 구인 공고 시스템(internal job posting system)을 갖추고 있다. IBM과 GE는 직원들에게 현실 확인을 제공하는 시스템을 가지고 있다.[20] IBM은 직원들에게 이력서 데이터, 어떤 종류의 업무가 흥미를 유발하는지와 능력에 대한 평가를 바탕으로 채용 정보에 대한 맞춤형 추천을 제공하는 알고리즘인 블루 매칭(Blue Matching)을 제공한다. 블루 매칭은 처음 2년간 1,000명 이상의 직원이 일자리를 찾도록 돕고, 이 알고리즘을 사용한 직원은 그렇지 않은 직원에 비해 내부 채용에 지원할 가능성이 세 배 더 높았다. GE는 직원과 관리자 간의 역량 개발 관련 대화의 효과를 높일 수 있는 앱을 개발하고 있다. 이 앱은 GE 직원의 과거 이동과 직무기술서 간의 관계에 대한 데이터를 사용하여 직원이 전사적으로 이동 가능한 잠재적 직위를 파악할 수 있도록 지원한다.

목표 설정

목표 설정(goal setting)은 직원들이 자신의 단기 및 장기적 개발 목표를 설계하는 과정을 의미한다. 이러한 목표를 일반적으로 3년 안에 영업 관리자 되기 등과 같이 자신이 소망하는 위치, 자신의 예산 수립 능력을 부서의 현금흐름 문제를 개선하는 데 사용하기 등과 같이 본인이 희망하는 기술 응용 수준, 2년 안에 기업 마케팅 부서로 이동과 같은 희망하는 직업 환경, 혹은 어떻게 기업의 인적자원 정보 시스템이 사용되는지 학습하기와 같은 기술 습득과 관련이 있다. 이러한 목표는 대개 관리자와 함께 논의하고 개발 계획서를 작성하게 된다. 프로젝트 관리자를 위한 역량 개발 계획은 그림 9.2에 제시된 것과 같다. 역량 개발 계획은 일반적으로 장점과 약점에 대한 서술, 경력 목표, 목표 달성을 위한 개발 활동으로 이루어져 있다. 효과적인 개발 계획을 위해, 조직의 전략적 목표와 가장 연관성이 높은 개발 요구에 우선적으로 초점을 맞추게 된다.

직원들이 사내에서 자신의 경력 진로를 찾아낸 뒤, 다음 위치로 이동하기 위한 준비를 하

그림 9.2 개발 계획

성명: **직함:** 프로젝트 관리자 **직속 관리자:**

역량
당신의 가장 큰 장점 세 가지와 개선이 필요한 분야 세 가지를 밝혀주십시오.

장점
- 전략적 사고와 수행능력(자신감, 지시 능력, 행동지향)
- 결과 지향성(능숙도, 타인 동기부여, 인내)
- 승리 정신(공동체 정신 키우기, 고객 중심, 동료 존중)

개선이 필요한 분야
- 인내심(사람 혹은 과정에 대한 관용과 속도에 대한 민감성)
- 서면 의사소통(명확하고 간결하게 쓰는 능력)
- 과도한 야망(프로젝트와 연관된 개개인들 간의 관계 개발보다 성공적인 프로젝트 마감에 너무 초점을 맞춤)

개발 목표
당신의 전반적인 경력 목표를 서술하십시오.
- **장기적 목표:** 증가하는 일반 관리자의 책임(혹은 그 이상)을 받아들이기. 제품 및 브랜드 관리, 기술과 개발, 전략적 계획, 마케팅 등을 특정 관심분야로 포함시키되 여기에 제한되지는 말기
- **단기적 목표:** 지속적으로 마케팅과 브랜드 관리에 대한 기술을 향상하고 상품 관리, 전략 개발, 국제 관계 관련 능력을 사용하기

다음 과제
당신의 목표를 이루는 데 도움이 될 잠재적인 다음 과제를 그 시기와 함께 밝혀주십시오.
- 계획, 개발, 제품, 혹은 브랜드 관리 분야 관리자 혹은 책임자 되기. 시기는 2020년 봄으로 추정

훈련과 개발 요구
당신의 현재 임무 혹은 종합적으로 개발에 필요한 훈련과 개발 활동 관련 목록을 작성하십시오.
- 관련 석사 학위 수업은 나의 서면 의사소통 능력을 연습할 수 있도록 해서 향상해줄 것이다. 나의 현재 직책, 팀 업무, 그리고 다른 이들에 대한 의존에서 발생하는 역동적인 관계는 인내심을 연습할 수 있도록 해줄 뿐만 아니라, 프로젝트를 성공시키는 동시에 팀원들의 요구에 초점을 맞출 수 있도록 해줄 것이다.

직원 **날짜**
직속 관리자 **날짜**
멘토 **날짜**

기 위해서 사용되는 저스트 본의 경력개발과정(Career Development Process, CDP)을 생각해보자.[21] 개발 계획은 단기 및 장기적 경력 목표를 알아내는 것을 포함한다. 직원들은 자신의 경력 발전에 도움을 줄 두 개의 목표에 집중하게 된다. 저스트 본은 개발 요구를 발견할 수 있도록 회사의 인트라넷을 통해서 역량사전을 제공하고 있다. CDP는 직원과 관리자들에게 미래 경력 계획에 대해서 논의할 기회를 제공해주며, 기대치와 성과 기준을 높임으로써 현실 확인을 할 수 있도록 해준다. 직원이 미래 직무 관심사에 대해서 정의하고 이를 준비할 수 있도록 도와줄 수 있는 업무 경험을 찾아내어, 이를 바탕으로 장기적 경력 목표를 수립함으로써 CDP를 착수하게 된다. CDP는 직원의 관리자와 함께 논의하게 된다. 관리자는 CDP에 대한 수정이 필요하다고 판단되는 경우, 일정 부분을 수정하기를 제안할 수 있다. 만약 직원의 미래 직무 관심사가 그들의 기존 부서 외의 일이라면, 직원의 관심에 대한 정보는 해당 부서의 관리자에게 전달된다.

실행 계획

이 단계에서는 직원들은 실행 계획서를 완성하게 된다. **실행 계획**(action plan)은 직원이 어떻게 자신의 단기 및 장기 경력 목표를 달성할 수 있는지 확인할 수 있는 서면 전략이다. 실행 계획은 이 장 후반에서 논의하게 될 개발 접근방법 중 하나 혹은 그 이상을 조합한 방법(예: 수업 혹은 세미나 등록, 추가적인 과제 제공, 새로운 직무 경험, 혹은 코치 혹은 멘토 찾기)으로 구성되어 있다.[22] 개발 접근법은 개발 목표와 요구에 따라서 선택하여 사용된다. 웰스 파고(Wells Fargo)의 온라인 사이트인 iDevelop은 직원들이 개발 요구의 우선순위를 정하고, 개발 계획을 수립할 수 있도록 도와준다.[23] 직원들은 자신의 역량을 파악하기 위해 사이트를 사용하며, 자신의 강점이라고 생각하는 역량을 고려하여 훈련 프로그램과 온라인 자원을 포함한 개발 활동을 선택한다.

경력 개발 시스템 사례

효과적인 경력 개발 시스템은 몇 가지 중요한 특성을 가지고 있다(표 9.2 참고). 효과적인 개발 계획은 단순하고, 명확하며, 현실적이고, 개인의 경력 및 조직의 전략적 목표와 가장 연관성 높은 개발 요구에 초점을 둔다.[24]

예를 들어, 프록터앤드갬블의 내부 승진 정책은 모든 직원이 완료한 개발 계획이 뒷받침한다.[25] 개발 계획은 직원이 필요로 하는 경험의 유형과 다음 직무는 물론 미래의 직무도 파악할 수 있다. 직원들은 온라인에 이력서를 게시하여, 관리자에게 자신이 구축하고 있는 기술을 보여주고 다른 직무를 선택할 의향이 있는지 여부를 전달한다. 사업부별 월간 회의에서는 직원의 경력 경로 및 이력서를 검토한다.

펜스테이션(Penn Station), 3M, 제넨테크(Genentech)의 경력 관리 및 개발 시스템을 생각해보자.[26] 서브 샌드위치 전문 레스토랑 체인인 펜스테이션은 직원들에게 나의 펜 경로(My Penn Path) 개발 도구를 제공한다. 직원들은 이를 사용하여 회사의 각 고용 수준에 필요한 기술을 확인하고, 이를 습득할 수 있는 방법을 파악한다. 기술 개발을 위한 프로그램에서는

표 9.2 효과적인 개발 시스템의 설계 요소

1. 시스템은 사업적 요구에 대한 대응 혹은 기업의 전략을 지원하는 위치에 있어야 한다.
2. 직원과 관리자들은 시스템 개발에 참여해야 한다.
3. 직원이 경력 관리와 개발에 적극적으로 참여하도록 권장해야 한다.
4. 지속적으로 평가를 진행해야 하며 이는 시스템 향상을 위해 사용되어야 한다.
5. 사업 부서는 그들의 목적에 맞추어 시스템을 원하는 대로 바꿀 수 있어야 한다(약간의 제한과 함께).
6. 직원은 개발과 경력 정보 자료(조언자와 공석 등)에 접근할 수 있어야 한다.
7. 고위 경영진과 기업 문화가 개발 시스템을 지원해야 한다.
8. 개발 시스템은 성과 관리, 훈련, 채용 등과 같이 다른 인적자원 업무와 공통된 역량, 기술, 행동을 기반으로 하여 사용해야 한다.
9. 개발 시스템은 성과 관리, 훈련, 채용 등과 같이 다른 인적자원 업무와 연계되어야 한다.
10. 크고 다양한 인재 자원이 개발되어야 한다.
11. 개발 계획은 전 직원이 수행 완료해야 한다.
12. 개발 계획과 인재 평가 정보를 이용할 수 있어야 하며, 모든 관리자가 접근할 수 있어야 한다.

자료: S. Prokesch, "Reinventing Talent Management," *Harvard Business Review* (September-October 2017), pp. 54-55; P. Asinof, "IDPs: Talent Development's Superglue," *TD* (January 2016), pp. 42-47; B. Conaty and R. Charan, *The Talent Masters* (New York: Crown Business, 2010); and D. Hall, *Careers In and Out of Organizations* (Thousand Oaks, CA: Sage, 2002)를 기반으로 함.

인쇄 매체, 동영상 및 온라인 학습, 현장 경험 등이 사용된다.

3M은 거의 100년 동안 과학과 혁신을 통해 테이프, 포스트잇, 반창고, 사포와 같은 소비재뿐만 아니라 다양한 유형의 필름, 필터, 상처 치료용 붕대와 같은 제품을 제공해왔다. 회사는 전 직원을 리더로 바라보고, 경력 단계별로 개발 기회를 제공하며, 전 직원의 경력과 개발 요구에 집중함으로써 직원의 참여를 유도하기 위해 노력한다. 실제로 3M의 지속 가능한 목표 중 하나는 2025년까지 전 세계 인력(70개국에 약 9만 명의 직원 보유)이 개발 기회에 적극적으로 개입하는 것이다!

매년 모든 직원이 장·단기 경력 목표 개발을 포함하여 개발 계획을 작성하거나 수정하며, 지속적으로 학습하고 기술을 향상하도록 권장된다. 3M의 등록금 상환 프로그램은 현재 요구되는 책무를 만족시키고, 경력 변경이나 선택한 경력 경로에서 발전할 수 있도록 교육받을 것을 권장한다. 많은 기능 영역에서 역량 모델을 사용할 수 있으며, 관련 교육 기회나 개발 권장사항과의 연계를 제공한다. 직원과 상사는 코치나 멘토를 통한 직무 활동 또는 사회적 학습을 통해 선택한 역량을 키우기 위한 권장사항을 논의하고 합의한다.

3M은 리더십 개발이 기업의 경쟁우위를 제공한다고 보고, 직원 경력의 다양한 단계에 제공되는 여러 리더십 개발 프로그램에 투자했다. 비즈니스 및 리더십 과정은 회사의 모든 글로벌 직원이 이용할 수 있는 온라인 프로그램을 포함하여 모든 수준의 직원이 들을 수 있는 수업이다. 회사는 모든 리더십 프로그램에서 다양성, 협업, 포용을 강조한다. 리더십 프로그램은 리더의 성과 평가와 연계된 핵심 리더십 행동을 기반으로 한다. 예를 들어, 리더십 개발 프로그램 중 하나인 3M 리더십 방향(Leadership Way)에는 불꽃(spark), 발화(ignite), 증폭(amplify), 촉매(catalyst)의 네 가지 레벨이 있다. 불꽃 수준에서는 잠재력이 높은 것으로 확인된 하급 3M 관리자를 대상으로 한다. 발화 수준에서는 자신의 역할을 배우고 있는 신규 관리자를 대상으로 한다. 효과적인 팀을 구성하는 방법에 대한 교육은 게임화 및 가상 기술을 사용하여 제공된다. 관리자는 일상 업무에서 학습 및 적용의 영향을 보여주는 프로젝트를

수행한다. 증폭 수준에서는 여러 팀장들이 9개월 동안 프로젝트를 수행하고, 고객을 방문하고, 기술을 개발한다. 촉매 수준은 관리자가 리더십 회의에 참석하고, 고객을 포함한 3M 외부의 관점에 노출되며, 최고영영진이 제기한 도전 과제나 문제 또는 기회, 고객의 요구사항을 해결하는 데 도움이 되는 고객 기반 프로젝트 또는 커뮤니티 기반 프로젝트로 구성된 1년짜리 프로그램으로 구성된다. 모든 수준에는 역량에 대한 자체 평가와 다면 평가 및 코칭이 포함된다(둘 다 이 장 뒷부분에서 논의함).

생명공학 회사인 제넨테크는 직원들이 현재 직무에서 좋은 성과를 낼 수 있도록 돕고, 직무 강화와 측면 경력 이동의 기회를 제공하기 위해 커리어랩(CareerLab)을 개발했다. 커리어랩은 직원이 자신의 기술의 강점과 약점, 관심사를 고려하여 개발을 주도할 수 있는 물리적 가상공간이다. 이 공간에는 컨설턴트로부터 경력에 대한 조언을 받을 수 있는 기회가 포함되며, 러닝랩(LearningLabs, 경력 성장을 위한 네트워킹 및 개인 브랜드 관리 등 다양한 주제를 다루는 인터넷 기반 세미나와 수업)에 참여하고, 멘토링을 제공받으며, 경력 워크숍에 참석할 수 있다. 또한 개인 스타일, 가치, 기술, 강점, 관심사 등을 다루는 평가를 포함한 온라인 경력 자원을 제공한다. 제넨테크는 커리어랩을 사용하는 직원이 업무에 대한 몰입도가 높고, 관리자와 더 나은 경력 대화를 나누며, 회사에 계속 남아 있을 가능성과 생산성이 높다는 사실을 발견했다.

직원 역량 개발 접근방법

직원 역량을 개발하기 위해서 공식교육, 평가, 직무 경험, 그리고 대인관계와 같은 네 가지 접근방법을 사용한다.[27] 많은 기업이 이 방법들을 조합하여 사용하기도 한다. 그림 9.3은 직원의 역량 개발을 위해 사용된 서로 다른 방식을 빈도별로 제시하고 있다. 그림 9.3에 포함된 '많은 관심을 유도하는 과제'와 '확장(stretch) 기회'는 모두 개발 직무 경험으로 간주된다. 예를 들어, CHG 건강돌봄 서비스의 리더십 개발 프로그램에는 직원의 행동이 회사 문화와 핵심 가치와 일치하는 정도를 평가하는 다면평가, 리더십 프로그램을 통한 정규 교육, 멘토링 등이 포함된다.[28]

직원 역량 개발 프로그램이 효과적인지 평가하기 위해 사용할 접근방법과는 무관하게, 역량 개발 프로그램을 기획할 때는 훈련 프로그램을 제작할 때와 동일한 과정을 거쳐야 한다. 즉, 요구를 분석하고, 도움이 되는 역량 개발 환경을 마련하고, 직원이 역량 개발 프로그램에 참여할 준비가 되었는지 확인해야 하며, 성장 목표를 찾아내고, 그 목표를 성취하도록 도와줄 활동을 선택하고, 프로그램을 통해서 경험한 개발 활동, 습득한 기술, 경험을 사용할 수 있도록 지원하는 업무 환경인지 확인하고, 프로그램을 평가해야 한다. 개인, 부서 혹은 기업의 개발 요구를 알아내기 위해서 장점과 약점에 대해 분석할 필요가 있다. 이를 통해서 적절한 개발 활동을 선택할 수 있기 때문이다. 많은 기업이 성공적인 관리자가 되기 위한 핵심 역량을 발견해왔다. 3장 "요구 조사"에서 논의했던 내용을 되짚어보면, 역량이란 직원이 자신

그림 9.3
직원 역량 개발 방식별 사용 빈도

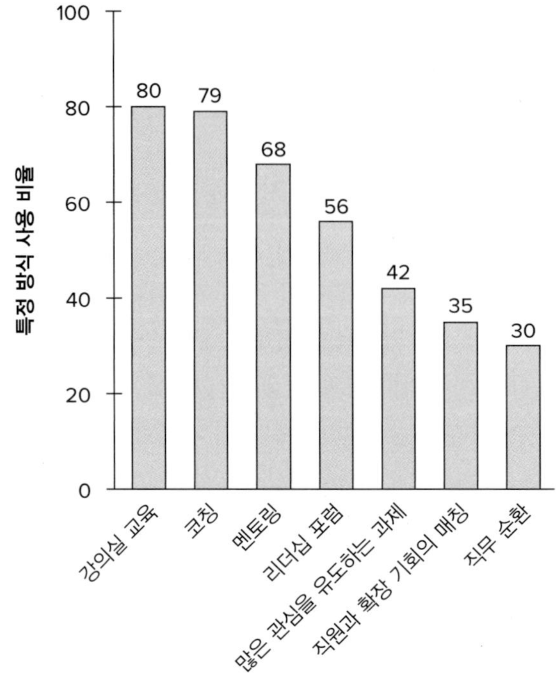

자료: EFMD, Network of Corporate Academies, Society for Human Resource Management, "Leadership Development: The Path to Greater Effectiveness" (2016), from www.shrm.org, accessed March 24, 2017을 기반으로 함.

의 일을 성공적으로 할 수 있도록 해주는 개인적인 능력의 영역을 의미한다. 지식, 기술, 재능, 혹은 개인적 특징이 역량의 범위에 포함된다.

보야 파이낸셜(Voya Financial)의 목표는 '미국의 은퇴 기업'이 되는 것이다.[29] 이는 고객이 노후를 대비하여 저축을 계획하고 투자하는 것을 돕는 것이다. 보야 파이낸셜은 1,300만 명 이상의 고객에게 서비스를 제공하고 있으며, 윤리적인 기업이자 일하기 좋은 직장으로 수많은 상을 받았다. 보야는 높은 윤리 기준을 갖춘 고객 중심의 금융회사가 되기 위해 재무 전략을 지속적인 개선 및 기업 가치의 문화를 지원하는 리더십 개발 전략과 일치시키고자 했으며, 이를 위해 먼저 미션과 가치에 부합하는 핵심 리더의 행동을 파악했다. 핵심 리더의 행동에는 청렴성, 열정과 명료함으로 이끌기, 인재 개발 및 고객서비스를 통한 지속적인 개선 등이 있다. 다음으로, 핵심 리더십 행동을 고려하여 회사의 모든 수준에서 관리자를 위한 리더십 프로그램을 설계했다. 세 가지 교육과정은 변화 관리, 상황별 리더십, 성과 관리에 중점을 두었으며, 성과 관리 과정에서 관리자는 효과적인 의사소통에 대한 개인적인 단점을 파악하고, 피드백 및 코칭 능력을 향상하며, 효과적인 성과를 인정 및 보상하고, 보다 포용적이고 협업적인 문화를 조성하는 데 도움이 되는 기술의 개발 방법을 학습한다. 또 다른 과정은 모든 고객과 직원에게 가치, 존중, 공정한 대우를 보여주는 환경을 조성하는 방법을 다룬다. 관리자를 위한 6P 워크숍에서는 목적, 사람, 성과, 과정, 파트너십, 문제해결 등을 활용하여 지속적인 개선을 통해 이끄는 방법을 강조한다.

비록 많은 개발 활동이 관리자들을 겨냥한 것이기는 하지만, 모든 조직원이 이 개발에 개입되어 있다는 것을 명심해야 한다. 예를 들면, 대부분의 직원들은 일반적으로 적어도 1년에 한 번은 인사고과(개발을 위한 평가도구로도 사용할 수 있음)를 받는다. 평가 과정의 부분으로서, 직원들에게 (1) 어떻게 자신의 약점을 변화시킬 계획인지, (2) 바라는 직책 혹은 업무 지역 그리고 필요한 교육 혹은 경험 등을 포함한 그들의 미래 계획은 무엇인지에 대한 개별 개발 계획에 대한 개요를 작성하도록 요청할 수 있다. 이제 개발 접근법의 종류에 대해서 알아보자.

공식교육

공식교육 프로그램(formal education program)은 특정 기업의 직원들을 위해 제작된 현장 혹은 현장 밖에서 제공되는 프로그램, 컨설턴트 혹은 대학에서 제공되는 단기 수업, 경영자 MBA 프로그램, 그리고 수업을 수강하는 동안에는 대학에서 지내게 되는 대학 프로그램을 포함한다. 이러한 프로그램은 기업 전문가의 강연, 사업 게임과 시뮬레이션, 모험학습, 그리고 고객과의 만남을 수반할 수 있다.

공식교육 프로그램

직원 개발 프로그램은 컨설턴트 혹은 대학에서 제공되는 단기 수업, 경영자 MBA 프로그램, 그리고 대학 프로그램을 포함한다. 많은 기업은 대학에서 제공하는 수업을 이용하기보다는 주로 기업대학 혹은 훈련과 개발 센터에서 제공되는 사내 개발 프로그램에 의지한다.[30] 기업이 사내 프로그램에 의존하는 것은 직접적으로 사업 요구와 연관시킬 수 있고, 기업에서 사용하는 지표를 사용하여 프로그램 결과를 쉽게 평가할 수 있으며, 고위 경영진들도 본 과정에 참여할 수 있기 때문이다.

대부분의 공식교육 프로그램은 직원들이 적극적으로 학습에 참여할 수 있도록 제작되어 있다. 일반적으로 상사, 중간관리자, 임원들에게는 별개의 프로그램이 제공된다. 또한 엔지니어와 같은 특정 직업을 위한 특별 프로그램도 있다. 미국프로농구(National Basketball Association, NBA)와 뉴욕멜론은행(BNY Mellon)의 공식교육 프로그램을 생각해보자.[31] NBA에는 여러 가지 리더십 개발 프로그램이 있는데, 각 프로그램은 각각 다른 수준의 관리자에 초점을 맞추고 있다. NBA 관리자의 약 1/3과 50명의 높은 잠재력 있는 리더들이 매년 이 프로그램에 참여한다. 교육과정은 신입 관리자, 책임자, 부사장 및 상위 리더를 중심으로 5~7개월 동안 70시간의 개발 과정으로 진행된다. 라이징 탤런트(Rising Talent) 프로그램은 중간 경력의 리더를 위해 설계되었다. 베테랑(Veteran) 과정은 부사장을 위한 것이며, 대부분의 교육 모듈은 NBA의 리더들과 경영대학원 교수들이 가르친다. 이 과정에는 실제 NBA 문제 및 문제 기반의 체험학습 활동과 사례연구가 포함되며, 프로그램 참가자는 수업에 참석하는 것 외에도 소규모 팀에서 활동하며 현재의 전략적 비즈니스 문제와 NBA가 직면한 과제에 대한 해결책을 제시한다. 뉴욕멜론은행의 리더십경영개발대학원(BNY Mellon School of Leadership and Management Development)에는 신입 관리자, 중간관리자, 고위 리더에 초점을 맞춘 세 가지 프로그램이 있다. 또한, 회사는 관리자가 실무를 학습한 후, 현장에서 사용하는 단기 학습 과정인 '매우 중요한 소수 정예(Critical Few)'를 제공하고, 다른 관리자와의 만남을 통해 자신의 경험을 성찰하고 코칭을 받는다.

표 9.3 GE에서 제공하는 리더십 개발 프로그램 사례

프로그램	요약	참석 자격요건
상업 리더십 프로그램	2년의 순환 프로그램은 3~4개의 순환 과제를 통한 개발, 영업 역량 개발 교육 및 리더에 대한 노출에 초점을 맞춤. 영업 또는 영업 지원 분야에서 성공적인 경력을 쌓기 위해 사전 교육을 실시함. 순환 과제에는 사업의 우선순위에 따라 진행되는 프로젝트가 포함되며, 사업별 교육, 수업 활동 및 글로벌 교육 정상회담을 통해 상업적 기술을 개발함	공학 또는 관련 비즈니스 혹은 과학 학위; 인턴 혹은 협동 경험, 영업, 영업 지원 또는 마케팅 분야에서 최대 3년의 경력; 강력한 분석, 의사소통, 대인관계 및 리더십 기술; 재배치(relocate) 의지를 보유한 자
경력 상업 리더십 프로그램	2년 프로그램에는 변화 계획(initiatives)을 포함한 다양한 장소에서 진행되는 국제 교육 및 리더십 기회가 포함됨. 상위관리자와의 상호작용 능력을 향상하기 위해 위원회 참여를 장려함. 4개월마다 자기평가를 완료하고 관리자와 함께 검토하여 개발 요구사항, 경력 관심사 및 성과를 파악함	영업 및/또는 마케팅 경험이 있는 MBA/석사 학위 소지자; 리더십, 의사소통 및 분석 능력에서의 입증; 해외출장이 가능한 자; 영어에 능숙하고 GE의 특정 비즈니스와 관련 있는 전문성을 지닌 자

자료: "Commercial Leadership Program Summary," from www.ge.com/careers/culture/university-students/commercial-leadership-program/global, accessed March 24, 2017; "Experienced Commercial Leadership Program," from www.ge.com/au/careers/our-programs/eclp/what-you-need-to-know and www.ge.com/au/careers/our-programs/eclp/about-eclp, accessed March 24, 2017을 기반으로 함.

GE는 세계에서 가장 오래된 경영 개발 센터로 알려진 곳 중 하나이다. GE는 매년 10억 달러를 직원들을 위한 훈련과 교육 프로그램을 위해서 투자한다.[32] GE는 뉴욕 크로톤빌에 위치한 존 F. 웰치 리더십 센터(John F. Welch Leadership Center)에서 관리자들을 양성하고 있다.[33] 본 기관은 수업, 프로그램, 세미나를 위한 교실뿐만 아니라 참가자들이 프로그램에 참가하는 동안 머무를 수 있는 주거용 건물도 함께 구비하고 있다. 뉴욕 캠퍼스 외에도 리우데자네이루, 아부다비, 상하이, 뱅갈루루에 있는 글로벌 학습 센터를 통해 과정을 제공한다(실제로 대면 과정의 70% 이상이 미국 이외의 지역에서 제공된다!). 해당 프로그램은 전문적 기술 개발과 위험 분석과 대출 구조화 등 전문 분야에 대한 1,800여 개의 강사 주도 과정과 가상 과정 및 프로그램을 제공한다, 관리자들이 직원들의 성과 및 잠재성을 바탕으로 평가하여 프로그램에 참여할 직원을 추천한다. 수업 시간 동안 GE가 대면하고 있는 사업 쟁점사항에 대하여 논의한다. 사내 강사진, 대학 교수진, 그리고 CEO 제프 이멜트(Jeff Immelt)로 이루어진 강사진들이 프로그램을 가르친다. GE에서 제공하고 있는 경영 개발 프로그램의 사례는 표 9.3에서 확인할 수 있다. 표에서 확인할 수 있듯이, GE는 수업과 직무 경험을 조합하여 신입 관리자들과 최고 경영진들을 개발하고 있다. 기업 관리자(Business Manager) 수업과 경영자 개발(Executive Development) 수업과 같은 프로그램은 액션러닝을 포함하고 있다. 경영 개발을 위한 프로그램과 수업 외에도, GE는 고객의 기대를 더 잘 이해할 수 있도록 제작된 세미나를 주최하고 있으며, 특히 아프리카계, 여성, 그리고 라틴 아메리카계의 관리자들을 대상으로 리딩(leading)과 학습에 대하여 논의하는 리더십 컨퍼런스를 주최한다.

경영자 교육

하버드, 스탠퍼드, 컬럼비아, INSEAD, 그리고 오하이오주립대학은 경영자 교육을 제공하는 미국 및 해외에 위치한 기관들이다. 경영자 교육에는 리더십, 기업가 정신, 변화, 혁신, 그리

고 글로벌 기업 등과 같이 주제별로 특화된 교육과정뿐만 아니라, 경영자 MBA 프로그램도 포함된다.[34] 경영자 교육 프로그램은 전형적으로 블렌디드 학습 접근법(블렌디드 학습은 8장 "테크놀로지 기반 훈련 방법"에서 논의되었다)을 사용한다. 관리자들은 대면 강의를 위해 캠퍼스를 방문하고, 다음 강의가 있기 전 온라인으로 팀 프로젝트, 사례, 혹은 읽기 과제 등과 같은 과제를 수행하게 된다. 예를 들어, 타이어 및 관련 제품 제조업체인 굿이어(Goodyear North America)는 리더십 개발 프로그램을 설계하고 구현하기 위해 하버드 비즈니스 퍼블리싱(Harvard Business Publishing)을 사용했다.[35] 교육과정은 대면 과정과 가상 수업을 모두 포함하며, 각 교육 모듈은 대면 회의로 시작하여 하버드 경영대학원 교수들이 주도하는 가상 수업으로 이어진다. 참가자는 하버드의 전자 플랫폼을 사용하여 독서, 비즈니스 사례, 토론 게시판, 웨비나를 포함한 교육과정을 듣는다. 각 프로그램 참가자는 리더십과 관리 기술 개발에 중점을 둔 개별 개발 계획을 가지고 있으며, 이러한 계획을 기반으로 자신의 기술 세트를 성장시키고 개발하는 데 도움이 되는 '확장(stretch)' 과제를 통해 행동 학습 프로젝트와 직무 경험을 경험한다. 직무 경험의 예시로 관리자를 소비재 사업부에서 상업 사업부로 이동시켜 전략적 변화 프로젝트에 참여시키는 것이 있다. 프로그램의 중요성을 강화하기 위해 굿이어의 경영진은 토론 게시판의 중재자로 참여하여 참가자의 지책과 확장 과제를 나타내기 위한 경력 이동을 결정한다.

블렌디드 학습 외에도 경영대학원 혹은 다른 교육 기관들은 관리자들이 캠퍼스에 가지 않고서도 업무 방해 없이, 실제로 업무에서 쓰일 수 있는 기술을 배우고 실제 환경에서 발생하는 문제를 공부할 수 있는 사내 맞춤형 교육 프로그램을 제공하고 있다. 이러한 프로그램은 컨설턴트 혹은 대학 교수들이 제공하는 여러 종류의 개발 활동으로 제공되는 형식적 수업의 보충적인 역할을 한다. 예를 들어, 듀크 코퍼레이션 에듀케이션(Duke Corporate Education)은 톰슨 로이터(Thomson Reuters)를 위한 맞춤형 프로그램을 개발하여 회사의 성장을 돕기 위해 혁신적 사고와 관련된 관리자의 기술을 향상했다.[36] 톰슨 로이터 프로그램의 후원자는 각 참가자에게 혁신적 사고가 필요한 사업 기회나 문제를 식별하도록 권장했다. 듀크는 관리자가 혁신적인 사고를 개발할 수 있도록 돕기 위해 다양한 글로벌 시장이 전략에 어떤 영향을 미칠 수 있는지를 고려하고, 소비자의 취향이 지역에 따라 어떻게 변할 수 있는지를 이해하도록 고안된 체험 활동을 활용했다. 체험 활동에서 참가자들은 현지 시장에 몰입하여, 어떻게 다르게 생각하고 사업을 할 수 있는지를 학습했다. 프로그램은 뉴욕, 런던, 상하이에서 제공되었으며, 각 비즈니스 시장의 특징을 이해하기 위해 동네, 기업, 박물관을 방문하고 지역 지도자들과의 회의를 진행했다. 그 결과, 참가자들은 자신의 직무에서 보다 혁신적이며, 다양한 팀을 이끌 수 있는 방법에 대한 인식을 제고했다. 또한, 브레인스토밍(brainstorming) 기법을 사용하여 지식과 아이디어를 신속하게 통합하는 방법 등 비즈니스에 직접 적용할 수 있는 통찰력을 얻었다.

창의적인 리더십 센터(Center for Creative Leadership)에서 제공되는 개발 프로그램에 참석하는 관리자들은 심리 테스트를 한 후, 관리자, 동료, 직속 상관으로부터 피드백을 받고, 7장에서 논의한 모험학습과 같은 그룹빌딩(group-building) 활동에 참여하여 상담을 통해

개선 목표를 설정한 뒤 개발 계획서를 작성하게 된다.[37]

학자금 지원

경영자 교육 프로그램 혹은 MBA 프로그램 동록과 같은 혜택은 관리자 혹은 경영자 잠재력을 가진 직원들에게만 한정되어 있는 경우가 대부분이다. 그 결과, 많은 기업은 전 직원을 대상으로 직원 스스로 자신을 개발할 수 있도록 학자금 지원 혜택을 제공하고 있다. **학자금 지원**(tuition reimbursement)은 직원들이 2년제 대학 혹은 대학 수업, 그리고 학위 프로그램을 듣는 데 사용되는 비용을 반환해주는 것을 의미한다. 한 통계자료에 따르면 고용주의 60%가 학부 및 대학원 과정의 등록금을 지원하는 것으로 나타났다.[38] 일반적으로 학습 과정이나 프로그램은 직원의 직무와 관련되어야 하며, 직원은 과정을 마친 후 일정 기간 동안 회사에 남아야 한다. 그렇지 않으면 지원받은 금액의 전체 혹은 일부를 상환해야 하는 위험이 있을 수 있다. 등록금 지원 비율은 직원이 받은 성적(예: B등급의 경우 전체의 90% 지원)을 기준으로 결정된다.[39] 기업들은 카펠라대학교와 같은 민간 대학교뿐만 아니라 비영리 2년제 대학 혹은 대학교에서 제공하는 수업에 대한 학자금 지원에 100억 달러를 지출하고 있다.[40] 이러한 수업은 교실 기반의 대면 강의, 온라인 학습, 블렌디드 학습을 포함한다. 학자금 지원 프로그램에 대한 평가를 실시한 기업들은 본 프로그램을 통해서 직원들이 회사 존속 비율 및 승진을 위한 준비 정도가 증가했고, 직무 성과도 향상되었다고 밝혔다.[41] 버라이즌 와이어리스는 2만 3,000여 명의 전 직원이 참여하는 학자금 지원 프로그램에 매년 2,600만 달러를 사용하고 있다.[42] 직원들은 대학교 혹은 2년제 대학을 다니는 데 사용되는 비용 혹은 기업의 콜센터 및 기업 사무실에서 제공되는 현장 프로그램에 사용되는 비용을 학자금 지원 프로그램을 통해서 지원받을 수 있다. 대학 교수들이 가르치는 현장 프로그램은 직원들이 자신이 일하는 곳에서 그리고 자신들의 업무 시간 중 여유가 생겼을 때 참여할 수 있고, 이 과정을 통해서 학위를 받을 수 있다. 직원으로 고용되는 당일부터 학자금 지원이 가능하고, 회사에 지속적으로 고용되어야 된다는 조건을 강요받지 않는다. 정직원은 매년 8,000달러 한도 내에서 사용이 가능하고, 시간제 직원들은 매년 4,000달러 한도 내에서 사용이 가능하다. 이는 국세청(Internal Revenue Service)에서 확립한 대부분의 기업이 면세받을 수 있는 최대 비용 기준인 연 5,250달러 환불 금액을 초과하는 금액이다. 환불을 받기 위해서는, 수업이 직원들의 현재 직무 혹은 버라이즌 내의 진로와 관계가 있다는 것을 입증해야 한다. 이러한 학자금 지원 프로그램은 직원들의 사기를 높여주고, 새로운 직원을 유치하는 데 도움을 주며, 현 직원의 사내 존속을 도와준다는 것이 밝혀졌다.

평가

평가(assessment)는 정보를 수집한 뒤, 직원들의 행동, 의사소통 스타일, 혹은 능력에 대한 피드백을 제공해주는 것을 의미한다.[43] 직원 스스로, 그들의 동료, 관리자, 그리고 고객이 직원에 대한 정보를 제공할 수 있다. 평가는 여러 가지 이유로 사용된다. 첫째, 평가는 직원들의 관리자 잠재성을 확인할 수 있도록 해주며, 현재 관리자들이 가지고 있는 장점과 단점을 측정하기 위해서 가장 빈번하게 사용된다. 뿐만 아니라 평가는 팀워크를 할 때, 팀원들이 가지고 있는 장점과 약점을 파악하거나, 팀의 생산성을 방해하는 의사결정 과정 혹은 의사소통 유형을 파악하는 데도 사용할 수 있다. 평가는 직원들이 자신의 성향, 요구, 선호하는 업무 환경의 종류, 선호하는 업무 종류에 대해서 이해할 수 있도록 도와준다.[44] 회사에서 받는 성과 평가와 함께 이 정보는 직원들이 어떠한 종류의 개발 목적이 그들에게 가장 적합한지 결정하는 데 도움을 준다(예: 리더십 자리, 그들의 현재 직위에서 할당된 업무의 범위를 증가시키기 등). 성격 검사, 평가 센터, 인사고과, 그리고 다면평가 시스템이 널리 사용되는 평가 도구이다.

성격 검사

특정 관리직이나 해외 업무를 포함하고 있는 직무를 맡게 될 경우, 해당 직원이 해당 직무를 성공적으로 수행할 성격 특성을 가지고 있는지 확인하기 위해서 사용하는 검사이다. 이 검사는 직원들이 어떻게 갈등 상황에서 대처하고, 무엇이 자신을 동기부여하며, 어떻게 문제를 해결하고, 어떻게 스트레스에 반응하는지와 같은 결과를 통해 자기 인식을 얻을 수 있도록 도와준다. NEO 성격 검사(NEO Peronality Inventory, NEO-PI)와 같은 일부 성격 검사는 새로운 경험에 대한 열린 자세, 성실성 혹은 믿음성, 정서적 안정성, 자기 주장, 그리고 다른 사람들과 얼마나 잘 어울릴 수 있는지 등에 대하여 측정하게 된다. 예를 들어, 카뮈즈(Carmeuse North American)는 그들의 리더십 개발 프로그램에서 성격 검사를 사용한다. 차세대 최고경영자가 될 가능성이 높다고 판단되는 직원들을 대상으로 성격 검사를 한 뒤, 그 결과를 바탕으로 코칭과 형식적 수업 같은 적절한 개발 활동을 직원들에게 제공한다.[45] 스타우드 호텔 앤드 리조트(Starwood Hotel and Resort)의 자회사인 스타우드 베이케이션 오너십(Starwood Vacation Ownership)은 평가 도구를 사용하여 최고경영자들의 불확실성에 대한 참을성, 사업 전략을 소통하고 창조할 수 있는 능력, 사업 동반자 구축 능력, 직원을 개발할 수 있는 능력뿐만 아니라, 그들이 사업의 상업적 성공에 가치를 두고 있는지에 대해서 측정한다. 평가는 현재 맡고 있는 직무에 적합하지 않으나 해외 임무를 할 준비가 되어 있는 관리자를 찾아내거나 회사 문화에 대한 이해를 높이기 위해서 코칭이 필요한 관리자를 찾아낼 수 있다.[46] 오하이오주 데이턴에 위치한 메디케이드(Medicaid, 미국 저소득층 의료 보장 제도)에서 관리하는 의료기관인 케어소스(CareSource)는 강력한 지도자와 능력 있는 관리자로 발전할 가능성이 있는 직원들을 발견하여 이들을 개발하기 위해 제정된 절차가 있다.[47] '의료 서비스를 충분히 제공받지 못하는 사람들을 위해서 봉사한다'는 조직의 가치와 문화에 잘 조화될 수 있는지 확인하는 평가를 채용 과정에서부터 사용한다. 회사는 다양한 평가 도구를 사용하여 관리자의 역량을 평가한다(3장에서 논의했던 내용을 떠올려보자). 마이어스-브릭스 유형 지표(MBTI), 관리자들의 강점을 파악하여 팀원들과 함께 강점을 사용해서 일할 수 있도록, 그에 대한 계획을 개발하는 갤럽의 '스트렝스 파인더(Gallup's Strength Finder)', 그리고 동료, 상사, 관리자 스스로 평가한 내용을 바탕으로 리더십 능력에 대한 정보를 제공하고, 이를 사용하여 개인 리더십 개발 계획서를 설계할 수 있도록 해주는 LPI(Leadership

Practice Inventory)가 케어소스에서 사용되는 평가 도구이다. 또한, 1년에 두 번씩 평가 관리 시스템을 사용하여 능력 있는 관리자가 가지고 있는 특징(서비스 지향, 조직 의식, 단체 정신, 의사소통, 조직 리더십)이라고 믿는 역량과 행동에 대해서 평가를 실시한다. 평가 결과를 바탕으로 높은 리더십 가능성을 가지고 있다고 판단되는 관리자들은 다양한 개발 활동에 참여하도록 권장된다.

성격과 관련한 일반적인 평가 도구는 DiSC와 MBTI이다. 두 개의 평가 도구 모두 직원들이 더 효과적인 지도자 혹은 팀원이 되기 위해서 어떻게 자신의 행동을 조정하고 변화해야 하는지에 대한 이해를 도와주는 데 사용할 수 있다. 직원들이 가장 성공적으로 성과를 낼 수 있는 직무 경험을 찾아 제공하거나, 그들의 행동이나 성격을 조절할 수 있는 경험을 제공하거나, 다른 상황에 어떻게 적응해야 하는지 배울 수 있도록 멘토 혹은 코치를 배정하기 위해서 이 도구들을 사용한다. DiSC는 '직설적, 화고한, 단호한' 성향을 의미하는 주도형(dominance), '사회적, 수다스러운' 성향을 의미하는 사교형(influence), '온화한, 협조적인' 성향을 의미하는 온화형(staediness), 그리고 '사적인, 분석적인' 성향을 의미하는 신중형(conscientiousness)을 바탕으로 성격과 행동 유형을 측정한다.[48] DiSC에 대한 더 많은 정보를 찾고 싶다면, www.discprofile.com을 방문하기 바란다. 기업 식당 관리 및 케이터링 회사인 구켄하이머는 관리자의 의사소통 유형을 파악하기 위해 DiSC를 완료하도록 한 뒤,[49] 직원과의 상호작용을 개선하기 위해 의사소통하는 방식을 조정하는 기술을 개발하기 위한 교육을 이수하게 했다.

마이어스-브릭스 유형 지표(Myers-Briggs Type Inventory, MBTI)는 칼 융(Carl Jung)의 성격 유형 이론을 근거로 개발된 평가이다. 성격 유형 이론은 사람은 본질적인 성격 유형을 가지고 있고, 이 유형은 우리가 세상을 이해하고, 정보를 처리하고, 사회화하는 과정에 영향을 준다는 것을 강조하는 이론이다. 평가는 16개 성격 유형 중에서 가장 적합한 하나의 성격 유형을 결정해준다. 내향(Introversion, I), 외향(Extraversion, E), 감각(Sensing, S) 직관(iNtuition, N), 사고(Thinking, T), 느낌(Feeling, F), 판단(Judging J), 인지(Perceiving, P)에 대한 선호도를 바탕으로 한 16개의 독특한 성격 유형으로 구성되어 있다. 이 평가 도구는 에너지 방향(내향 대 외향), 정보 수집(감각 대 직관), 의사결정(사고 대 느낌), 생활방식(판단 대 인식)에 대한 개개인의 선호도를 알아낼 수 있다.[50] 각 성격 유형은 업무 습관과 대인관계 능력에 대한 결과를 제공해준다. 예를 들면, 내향적이고 감각적이고 사고적이며 판단적인 개인(ISTJ)은 진지하고, 조용하며, 실용적인 것을 선호하고, 질서정연한 경향이 있다. 이러한 사람은 업무를 잘 정리하고, 결단력이 있으며, 목표 혹은 계획을 잘 따른다. 하지만 ISTJ는 그 반대되는 성향(외향, 직관, 느낌, 인식)을 잘 사용하지 않는 경향이 있기 때문에 예상치 못한 기회에 잘 대응하지 못하고, 지나치게 업무 지향적이며, 동료에게 인간미가 없고, 너무 빠르게 의사결정을 내리는 등의 몇 가지 약점을 가지고 있다. 더 많은 정보가 필요한 경우, 사이트 www.cpp.com에 방문하기 바란다.

홀마크 카드(Hallmark Cards)는 100년이 넘도록 사람들이 자신의 감정을 표출할 수 있도록 도와주고, 중요한 행사를 기념할 수 있도록 도와왔다.[51] 홀마크 임원들은 회사의 문화를 상품을 개발하는 제조업 회사에서 중요 고객들이 자신의 삶에 더 몰입할 수 있도록 도와주는 고객 중심의 회사로 변화시키려고 하고 있다. 홀마크는 기존과 다른 시각에서 현상을 바라보고, 함께 일하며 서로를 지지하고, 직원을 고무하고, 새로운 생각을 실행할 수 있는 지도자를 개발하는 것이 중요하다는 것을 깨달았다. 이에, 기업 문화의 변화를 위해 홀마크 카드는 관리자들이 팀 내부에서 구성원들과 상호작용하는 성향과 그들의 업무 및 리더십 유형뿐만 아니라, 다른 직원 및 관리자들이 자신의 행동과 의사소통을 어떻게 인지하는지를 이해할 수 있는 기회를 제공함으로써, 자기통찰력을 높일 수 있도록 도와주기 위해 MBTI를 사용했다. 홀마크 카드는 MBTI를 사용함으로써 몇 가지 긍정적인 결과를 얻고 있다는 것을 깨달았다. 관리자의 의사결정 속도와 직원에게 전달되는 의사소통의 명료성이 향상된 것이다. 또한 직원들이 자신의 생각을 표현하는 데 더 편안해졌으며, 관리자들도 모든 유형의 직원에게 어필할 수 있는 의사소통을 구사할 수 있게 되었다.

평가 센터

평가 센터(assessment center)에서는 다수의 평가자가 직원들의 성과를 여러 가지 활동을 통해서 평가한다.[52] 평가 센터는 일반적으로 컨퍼런스 센터와 같이 업무 현장에서 벗어난 장소에 위치해 있다. 대개 6~12명의 직원이 참석하게 된다. 평가 센터에서는 주로 직원들이 관리직에 필요한 성격 특성, 행정 능력, 대인관계 능력을 가지고 있는지 확인하는 평가를 진행하게 된다. 또한 직원이 팀에서 일할 때, 필요한 기술을 갖추고 있는지 확인하는 평가 업무의 빈도도 지속적으로 증가하고 있다.

평가 센터에서 사용하는 활동 유형은 리더 없는 그룹 토론, 인터뷰, 인 바스켓, 역할극 등이 있다.[53] **리더 없는 그룹 토론**(leaderless group discussion)에서는 5~7명이 한 팀이 되어 특정 문제를 배정받게 되고 정해진 시간 안에 함께 그 문제를 해결해야 한다. 물품 구입 및 판매하기, 부하직원을 상 후보로 지명하기, 혹은 제품 조립하기 등이 문제로 제시된다. **인터뷰**(interview)에서 직원들은 자신의 업무, 개인적인 경험, 기술적 강점과 약점, 그리고 경력 계획 등에 대한 질문을 받게 되고, 답을 하게 된다. **인 바스켓**(in-baskets)은 관리직에서 요구하는 행정 업무 관련 시뮬레이션으로, 서류함, 이메일, 혹은 관리자의 책상에 있는 다양한 종류의 서류를 사용한다. 참가자들은 제공받은 서류 혹은 메모를 읽고 이에 대해 어떻게 대응할지 결정을 내린다. 대응 방안으로는 업무 위임, 회의 일정 잡기, 회신하기, 혹은 메모 무시하기 등이 있다. **역할극**(role plays)에서는 참가자들이 관리자 혹은 다른 직원의 역할을 가상으로 맡게 된다. 예를 들어, 평가 센터 참가자들은 부하직원을 대상으로 그들의 부정적인 업적 고과를 전달해야 하는 관리자의 역할을 맡게 된다고 하자. 해당 참가자들은 부하직원의 성과에 대한 평가 정보를 듣고 난 뒤, 부하직원과 성과 문제에 대해서 논의할 수 있도록 45분짜리 회의 일정을 잡으라는 지시를 받게 된다. 회사 혹은 평가 센터 제작 팀의 직원 혹은 관리자가 그 부하직원의 역할을 맡게 된다. 또한 평가 센터에서는 직원의 어휘 능력, 일반적인 정서적 능력, 논리적 기술을 평가하기 위한 관심사 및 태도 검사도 진행하게 된다. 성격 검사는 직원들이 다른 사람들과 잘 어울릴 수 있는지, 불확실성에 대한 인내, 관리자로서 성공과

표 9.4 평가 센터 활동을 통해서 측정되는 기술의 예시

기술	활동				
	인 바스켓	일정 관리	리더 없는 그룹 토론	성격 검사	역할극
리더십(주도성, 코칭, 영향, 지략)	X		X	X	X
문제해결(판단력)	X	X	X		X
대인관계(세심함, 갈등 해결, 협력, 구두 의사소통)			X	X	X
행정(조직력, 기획력, 서면 의사소통)	X	X	X		
개인 특성(스트레스 참을성, 자신감)			X	X	X

※ X는 해당 활동을 통해서 기술을 측정한다는 것을 의미함

관련된 다른 특성을 확인하기 위해서 사용할 수도 있다.

평가 센터의 활동은 직원들의 행정 및 대인관계 능력을 측정하기 위해서 제작되었다. 리더십, 구두 및 서면 의사소통, 판단력, 조직력, 스트레스 참을성이 통상적으로 측정되는 기술이다. 표 9.4에서는 평가 센터에서 측정되는 기술의 사례를 제공하고 있다. 보다시피, 각 활동에서 참가하는 대상자들이 여러 가지 다양한 기술을 발휘할 수 있도록 기회를 제공하고 있다. 예를 들어, 생산 요청을 충족할 수 있도록 업무 일정을 잡는 활동을 통해서 직원들의 행정 및 문제해결 능력을 평가할 수 있다. 리더 없는 그룹 토론은 타인에 대한 세심함, 스트레스 참을성, 구두 의사소통 능력 등과 같은 대인관계 기술에 대해서 평가할 수 있다.

일반적으로 관리자는 평가자로서 참여하게 된다. 관리자는 참여하기 전에, 평가하게 될 기술과 평가할 직원의 능력을 찾을 수 있도록 훈련을 받게 된다. 일반적으로 한 명의 평가자는 각 활동에서 한두 명의 직원을 관찰하고 기록하게 된다. 평가자는 자신의 기록 메모를 검토한 뒤, 각 직원의 기술 등급을 평가한다(예를 들면, 5 = 높은 리더십 기술, 1 = 낮은 리더십 기술). 모든 직원이 활동을 완료하게 되면, 평가자는 한자리에 모여 그가 관찰했던 직원들에 대하여 논의하게 된다. 논의 과정에서는 각자 관리자들이 매긴 등급을 비교하고, 동일 직원의 기술 등급에 대한 관리자들 간의 의견을 일치시키고자 노력한다.

한 연구에 의하면, 평가 센터의 등급은 업무 성과, 급여 수준, 경력 개발과 관련이 있다는 게 밝혀졌다.[54] 이 평가 과정에 참여하는 직원들은 자신의 태도, 자신이 가진 능력의 강점과 약점에 대한 피드백을 제공받기 때문에, 평가 센터는 직원 개발에 유용할 것이다.[55] 예를 들면, 미시건주 그랜드래피즈에 위치한 사무실 가구 제조사 스틸케이스는 일급 관리자들을 대상으로 평가 센터를 사용한다.[56] 인 바스켓, 인터뷰 시뮬레이션, 그리고 직원의 결근으로 인해 생긴 자리를 채워야 되는 시간 일정 잡기 활동이 평가 센터에서 제공된다. 또한 관리자들은 직원들이 성과 관련 문제에 직면할 수 있도록 하여, 직원이 이를 개선하는 데 전념할 수 있도록 지원해줘야 한다. 평가 센터에서 제공하는 활동은 관리자들이 실제 현장에서 실행하는 업무와 직접적으로 연관되기 때문에, 평가 센터에서 제공하는 피드백은 성공적인 관리자가 되기 위해 반드시 필요한 역량과 기술에 초점을 맞추고 있다.

인사고과와 다면평가제

인사고과(performance appraisal)는 직원들의 성과를 측정하는 과정을 의미한다. 인사고과 정보는 특정한 조건 아래에서 직원 개발을 위해 사용할 때 유용하다.[57] 평가 시스템은 직원들이 가지고 있는 성과에 대한 문제점과 어떻게 성과를 개선할 수 있는지에 대해서 반드시 구체적인 정보를 제시해주어야 한다. 현재의 성과와 기대되는 성과 사이에서 발생하는 차이에 대해서 명확하게 전달하기, 성과 격차의 원인 파악하기, 성과를 향상하기 위한 실행 계획 개발하기 등이 이에 해당한다. 관리자들은 반드시 업무 성과에 대한 피드백을 제공하는 법에 대해서 주기적으로 훈련받아야 한다. 또한, 관리자들은 직원이 자신의 실행 계획을 실행함으로써 개발에 대한 진전을 보이고 있는지를 추적해야 할 필요가 있다.

마이크앤드아이크, 핫타말리즈, 핍스 캔디를 만든 회사 저스트 본이 어떻게 평가와 개발을 위해 인사고과를 사용했는지 살펴보자.[58] 평가는 직원과 관리자 간 기획 회의에서 시작된다. 이 회의에서 직원의 역할과 함께 부서의 전략적 목표에 대해서 논의하게 된다. 직원과 관리자는 직원의 직무 기술서와 관련된 핵심 업무 성과뿐만 아니라, 부서의 목표를 달성하는 데 도움이 되는 직원의 네 가지 개인 목표를 함께 세우게 된다. 그러고 난 후, 직원이 개인 목표를 성취하기 위해서 필요한 역량을 찾아내고, 관리자와 직원이 함께 역량 향상 또는 학습 계획을 수립한다. 1년 동안 관리자와 직원은 업무 성과와 개인 목표 그리고 학습 계획 성취에 도달할 수 있도록, 직원이 진전을 보이는지를 추적한다. 연말에 업적과 학습 목표 달성을 바탕으로 임금 결정이 이루어지게 된다.

상향 피드백과 다면평가제는 특히 관리자의 개발을 위해서 널리 사용되는 도구이다. **상향 피드백**(upward feedback)은 부하 조직원들이 관리자의 행동과 기술에 대해서 평가한 자료를 수집하여 관리자 평가에 사용하는 것을 의미한다. **다면평가제**(360-degree feedback)는 상향 피드백의 특수한 경우로서, 부하직원뿐만 아니라, 동료, 고객, 상사, 그리고 자기평가를 통해서 해당 직원의 행동과 기술에 대해서 평가하게 된다. 평가자들은 여러 가지 다양한 차원에서 해당 직원을 바라볼 수 있게 해주는 질문에 대한 답변을 모두 완료해야 한다. 표 9.5에는 다면평가에서 사용된 경영 성공과 관련된 기술 유형에 대한 질문의 예시가 제시되어 있다. 일반적으로 평가자들은 특정 항목에서 나타난 관리자의 장점을 평가하도록 요구받게 되거나, 개발이 필요한지에 대한 질문을 받게 된다. 때로는 평가자들이 해당 역량이나 기술을 관리자가 사용하는 것을 얼마나 자주 관찰했는지 기입하라는 요구를 받기도 한다(예: 항상, 가끔, 드물게, 전혀 없음). CHG 건강돌봄 서비스에서는 리더십 직책에 관심이 있는 직원은 회사의 문화와 핵심 가치와 관련된 행동을 평가하는 다면평가 설문조사를 완료해야 한다.[59]

다면평가제를 통해서 제시된 결과는 어떻게 관리자가 각 항목에서 평가되었는지 보여줄 뿐만 아니라, 자기평가가 다른 평가자들이 평가한 내용과 어떻게 다른지도 보여준다. 표 9.6은 개발을 위해 사용되는 다면평가 관련 활동 유형을 제공하고 있다.[60] 전형적으로, 관리자들은 자신의 결과를 검토하고, 자신을 평가한 평가자들로부터 해명을 구하고, 발견한 장점과 약점을 기반으로 구체적인 개발 목표를 설정하게 된다.[61]

관리자의 업무 성과를 다양한 관점에서 바라볼 수 있고, 타인이 제공한 시각을 바탕으로

표 9.5 경영 성공과 관련된 기술

지략	전략적으로 생각하고, 융통성 있게 문제해결 과정에 개입할 수 있고, 고위 경영진들과 효과적으로 일할 수 있는가?
일을 해내기 위해서 무엇이든지 함	인내심을 가지고 현재 직면한 장애물에 집중할 수 있는가?
터득이 빠른 사람	새로운 사업 지식과 전문 지식을 빠르게 통달하는가?
관계 형성과 관계 개선	동료 및 외부 동업자와의 업무 관계를 형성하고 이를 유지하는 방법을 알고 있는가?
부하직원 이끌기	부하직원에게 효과적으로 업무를 위임하고 그들의 기회를 넓혀주며, 공정하게 행동하는가?
연민과 세심함	다른 이들에게 진정 어린 관심을 보이고 부하직원들의 요구를 세심하게 헤아리는가?
솔직함과 침착성	지조 있고 변함이 없는가?
개발적인 환경 설정	부하직원에게 개발을 장려하는 도전적인 환경을 제공하는가?
문제를 일으키는 부하직원과의 대면	문제를 일으키는 부하직원을 대할 때 단호하고 공정하게 행동하는가?
팀 지향성	다른 사람들을 관리하면서 동시에 업무를 성취하는가?
일과 삶의 균형	두 가지 모두 소홀하지 않도록 업무의 우선순위와 개인의 삶 사이의 균형을 잘 맞추고 있는가?
단호함	대부분의 경영 상황에서 느리고 정확한 결정을 내리려고 하기보다는 빠르고 거의 정확에 가까운 결정을 내리는가?
자기인식	자신이 가지고 있는 장점과 단점에 대해 정확하게 이해하고 있고, 이를 향상하려고 노력하는가?
재능 있는 직원 채용	팀을 위해서 재능 있는 사람들을 고용하는가?
사람들을 편안하게 해줌	정감 있고 좋은 유머감각을 보여주는가?
유연성 있는 행동	자신이 생각하는 것과 반대로 보일 수 있는 행동을 할 수 있는가?

자료: C. D. McCauley, M, M, Lombardo, and C. J. Usher, "Diagnosing management development needs: An Instrument Based on How Managers Develop," *Journal of Management* 15 (1989): 389 – 403에서 수정함.

표 9.6 개발을 위해 다면평가를 사용한 활동

1. 장점과 약점을 이해하라.
- 장점과 약점에 대한 평가를 검토하라.
- 타인(관리자, 동료, 고객)이 평가한 기술 혹은 경험과 스스로 평가한 것의 동일하거나 동일하지 않은 부분을 찾아내라.

2. 개발 목표를 설정하라.
- 개발하고자 하는 기술 혹은 행동을 선택하라.
- 구체적인 결과를 확인할 수 있는 명확하고 구체적인 목표를 설정하라.

3. 목표 성취를 인지할 수 있는 과정을 설정하라.
- 개발 목표를 성취하는 데 걸리는 기간을 설정하라.
- 측정할 수 있고 추적이 가능한 개발 목표 결과를 설정하라.

4. 개발 목표에 도달할 수 있는 전략을 설정하라.
- 읽을거리, 직무 경험, 수업, 그리고 관계 등과 같은 전략을 수립하라.
- 피드백을 받을 수 있고 진전도를 확인할 수 있는 전략을 수립하라.
- 새로운 기술과 경험을 강화할 수 있는 전략을 수립하라.

자기평가와 어떻게 다른지 비교할 수 있도록 해주며, 내부 혹은 외부 고객이 자신의 행동과 기술에 대해서 어떻게 인지하고 있는지에 대한 공식적인 의사소통을 할 수 있다는 것이 다면평가의 이점이다. 몇몇 연구에서 다면평가와 상향 피드백에 참여한 직원들이 참여 결과, 업무 성과의 향상과 행동의 변화를 경험했다고 보고한 사실을 밝혔다.[62] 타인이 제공한 평가 결과가 자신이 평가한 결과보다 낮은 사람일수록 많은 변화를 경험했다고 밝혔다.

다면평가의 잠재적인 한계점은 평가자들이 평가를 완료하는 데 소요되는 시간, 부정적인 정보를 제공한 평가자들을 찾아서 처벌하려는 관리자, 결과 해석을 도와주는 촉진자의 필요성, 그리고 제공받은 피드백을 바탕으로 조치를 취할 수 있는 방법 제공(개발 계획, 평가자들과의 회의, 강의 수강 등)의 실패 등이 있다.

효과적인 다면평가제는 몇 가지 요소를 포함해야 한다. 신뢰할 수 있고 일관성 있는 평가를 제공하는 시스템을 구축해야 하고, 평가자에 대한 정보는 기밀로 유지되어야 하며, 업무를 수행하는 데 필요한 행동과 기술을 평가(타당성)해야 하며, 시스템은 사용하기 쉽게 제작되어야 하며, 관리자들은 피드백을 제공받는 것에만 끝나는 것이 아니라 이에 대한 조치를 취해야 한다.[63]

사용한 평가 방법에 관계없이, 직원의 개발이 일어날 수 있도록 정보는 반드시 공유되어야 한다. 평가 정보와 함께, 직원에게 어떻게 자신의 약점을 바로잡을 수 있는지, 그리고 학습한 기술을 어떻게 사용해야 하는지에 대한 제안을 제공해주어야 한다. 훈련 강의에 참석하거나 새로운 직무 경험을 통해 기술을 개발하는 것 등이 이러한 제안에 속한다. 평가 정보와 가능한 개발 기회를 바탕으로, 직원은 반드시 자기 개선에 대한 노력을 할 수 있도록 안내해줄 실행 계획을 개발해야 한다.

미시건주에 위치한 블루크로스블루쉴드는 팀장 개발 프로그램의 일환으로 다면평가제를 시행하는데,[64] 자기평가, 관리자 평가, 직원 평가, 4~5명의 동료 또는 고객의 평가가 포함된다. 팀장과 코치는 성과 측정 지표와 함께 2~3개의 개선 영역을 파악하며, 평가 결과는 이들에게도 공유된다.

직무 경험

대부분의 직원 개발은 관계, 문제, 요구, 업무, 혹은 직무를 할 때 직면하는 여러 특성과 같은 **직무 경험**(job experiences)을 통해서 발생한다.[65] 직원 개발을 위해 직무 경험을 사용하는 주요 가정은, 직원에게 확장 과제가 주어질 때 직원의 개발 가능성이 가장 높다는 것이다. **확장 과제**(stretch assignments)란 직원의 기술과 과거 경험, 그리고 직무 성공에 필요한 기술이 일치하지 않는 과제를 의미한다. 직무를 성공적으로 수행하려면 직원은 기술을 확장해야 한다. 즉, 새로운 기술을 배우고, 기술과 지식을 새로운 방식으로 적용하며, 새로운 경험을 습득해야 한다.[66] 새로운 직무 과제는 직원의 기존 기술, 경험 및 접촉(상호작용)을 활용하는 동시에 새로운 능력을 개발하는 데 도움이 된다.[67] 예를 들어, 제니퍼 로즈만의 상사는 그녀가 고객서비스 직원을 감독하고 있는 지역의 재무 관리를 인수하도록 요청했다.[68] 사회복지사로 훈련을 받은 그녀는 회계에 대한 관심이나 기술이 없었으나, 그녀의 상사는 그녀가 그

일을 배우고, 성공적으로 직무를 수행해낼 것이라고 기대했다. 몇 달 동안 매출과 비용을 관리한 후, 그녀는 재무 목표 달성을 통해 팀워크와 성취감을 즐겼음을 깨달았고, 이후 부사장으로 승진했다.

대부분 우리가 알고 있는 직무 경험을 통한 개발은 창의적인 리더십 센터(Center for Creative Leadership)에서 진행했던 몇 개의 연구를 통한 것이다.[69] 임원들은 그들의 경영 방식에 변화를 가지고 왔던 핵심 경력 관련 사건들을 찾아내고, 그 사건들을 통해서 자신이 무엇을 배웠는지에 대해 보고하라는 지시를 받게 되었다. 핵심 사건은 직무와 관련되거나(실패한 사업을 바로잡기 등), 대인관계와 관련된 것(상사와 좋은 관계 유지하기), 특정한 종류의 전환이 필요한 시기(업무에 필수적인 배경을 가지지 않은 임원진들)로 이루어져 있었다. 일에서 요구되는 것과 이것을 통해서 직원들이 무엇을 배웠는지에 대한 정보를 표 9.7에서 제시하고 있다. 노스페이스(North Face), 반스(Vans), 리(Lee) 브랜드를 포함하는 VF 코퍼레이션(VF Corporation)은 직원의 조직 이동을 권장한다.[70] 이는 실리콘밸리에 위치한 자사 브랜드가 그곳에 위치한 첨단 기업들과 밀레니얼 세대 인재를 두고 경쟁하는 데 도움이 된

표 9.7 직무 요구와 이를 통해 얻은 교훈

변천하기	**익숙하지 않은 업무 책임:** 관리자는 반드시 새로운 일에서 오는 업무 책임, 매우 다른 업무에서 오는 책임, 혹은 이전보다 더 넓은 범위의 업무 책임을 다루어야 한다. **스스로 증명하기:** 관리자는 주어진 일을 처리할 수 있다는 것을 다른 사람들에게 보여주어야 한다는 압박을 가지고 있다.
변화 창조하기	**새로운 방향 개발:** 관리자는 조직에서 새로운 것을 시작하거나, 기업 환경의 빠른 변화에 대응해야 하는 책임을 가지고 있다. **물려받은 문제:** 관리자는 이전 재임자가 만들어낸 문제를 해결해야 하거나, 문제 직원을 관리해야 하는 임무를 가지고 있다. **감축 결정:** 운영 폐지 혹은 직원 삭감에 대한 결정을 해야 한다. **직원에 대한 문제:** 관리자는 적절한 경험이 부족하고 무능력하고, 저항적인 직원을 다루어야 한다.
높은 수준의 책임감 가지기	**중대한 이해관계:** 명확한 마감일, 상급관리자로부터의 압박, 높은 가시성, 핵심적인 의사결정을 내려야 하는 책임감은 업무의 성공과 실패가 명확하게 드러나게 한다. **다양한 사업 관리:** 다양한 기능, 그룹, 제품, 고객, 혹은 시장에 대한 큰 책임감을 필요로 하는 직무 범위가 넓다. **직무 과부하:** 방대한 양의 직무는 많은 시간과 에너지의 투자를 요구한다. **외부적 압력 처리:** 노조 혹은 정부기관과의 협상, 해외 문화에서의 업무, 심각한 지역문제 대응 등과 같이 사업에 영향을 미치는 외부 요소에 대응해야 한다.
권한이 없는 관계에 관여하기	**권한 없이 영향 미치기:** 관리자가 직접적인 권한을 가지고 있지 않은 동료, 고위 경영층, 외부 동업자, 혹은 다른 중요한 사람들에게 영향력을 행사해야 하는 업무를 완료해야 한다.
장애물에 직면하기	**불리한 사업 조건:** 재정적 문제 혹은 어려운 경제적 조건에 직면한 사업 부서 혹은 제품 라인 **최고경영층의 지원 부족:** 고위 경영층이 현재 업무 혹은 새로운 프로젝트에 필요한 방향, 지원, 혹은 자원을 제공하기를 꺼린다. **개인적 지원의 부족:** 중요 네트워크에서 제외되고 다른 이들로부터 지원 혹은 격려를 거의 받지 못한다. **어려운 상사:** 결함이 많은 상사 혹은 관리자와 다른 의견, 혹은 다른 경영 방식을 가진 상사

자료: C. D. McCauley. L. J. Eastman, and J. Ohlott, "Linking Management Selection and Development through Stretch Assignments." *Human Resource Management* 84(1995): 93 – 115. Copyright @ 1995 Wiley Periodicals, Inc., a Wiley Company.

다. 예를 들어, VF의 첫 직책에서 제조 분야의 전문 지식을 개발한 공급망 담당 직원은 도미니카 공화국의 새로운 공장에서의 직책을 위임받았다. 이는 그녀가 국제 사업에서 새로운 운영과 제조, 조달, 유통, 그리고 외국으로부터 구매하는 것에 대해 배우는 데 기여했다.

부담이 큰 직무를 직원 개발에 사용하기 전, 가장 우려되는 부분 중 하나는 해당 경험이 직원들에게 긍정적인 혹은 부정적인 스트레스로 작용할 수 있다는 것이다. 긍정적인 스트레스로 작용하는 직무 경험일 경우, 직원들은 해당 직무를 학습을 촉진하는 하나의 도전으로 인식하게 된다. 하지만 이를 부정적인 스트레스로 받아들일 경우, 높은 수준의 유해한 스트레스로 작용하게 된다. 최근 연구 결과에 의하면, 장애물 이외의 직무에서 요구되는 모든 것은 학습과 연관이 있다고 밝혀졌다.[71] 장애물을 직면할 때, 그리고 변화를 창조할 때 요구되는 업무는 다른 어떤 업무보다 더 높은 수준의 부정적인 스트레스를 유발한다고 보고했다. 이것은 직원들에게 장애물 혹은 변화를 창조하는 개발 업무를 제공하기 전에, 회사에서는 직원들에게 발생할 잠재적인 부정적 결과를 신중하게 잘 따져보아야 한다는 것을 함축하고 있다.

비록 직무 경험을 통한 개발에 관한 대부분의 연구가 임원 및 관리자 대상이었지만, 작업 라인 직원들도 직무 경험을 통해서 학습할 수 있다. 이전에 언급했던 것과 같이, 팀이 성공적으로 업무를 수행하기 위해서는, 팀 구성원들도 직접적으로 고객을 상대해야 하고, 제품의 질을 결정하기 위해서 자료를 분석해야 하며, 팀 구성원들 간의 갈등을 해결하는 데 참여하게 되면서 과거 관리자들에게만 필요하다고 생각했던 기술이 이제는 구성원들도 해당 기술을 보유해야 할 필요성이 증가했기 때문이다. 팀을 형성할 때 발생하는 개발 외에도, 직원들은 팀 내에서 각자의 업무 역할을 바꿈으로써 자신의 기술을 더욱 개발할 수도 있다.

그림 9.4는 직원 개발에 사용할 수 있는 다양한 종류의 직무 경험을 보여주고 있다. 현재의 직무를 확대하는 것, 직무 순환, 전근, 승진, 하향 이동, 임시 배정 등을 포함하고 있다. 다국적기업의 경우, 해외 업무와 관련된 직원 개발을 위해서 해외로 자주 출장을 가거나 해외로 배치되는 경우는 자주 있는 일이다.

현재 직무의 확대

직무 확대(job enlargement)는 직원의 현재 직무에서 도전적인 업무 혹은 새로운 책임을 추가하는 것을 의미한다. 이것은 특별 프로젝트 관련 업무, 팀 내에서의 역할 변화, 혹은 고객에게 더 나은 서비스를 제공할 수 있는 새로운 방법 연구 등을 포함한다. 예를 들면, 엔지니어가 기술직원들의 새로운 진로를 개발하기 위한 프로젝트 팀에 합류하게 될 수 있다. 이 프로젝트 업무를 통해서 엔지니어는 기업의 경력 개발 과정을 검토하는 등의 진로 개발의 특정 부분의 업무를 이끌게 될 수 있다. 그 결과, 엔지니어는 기업의 경력 개발 시스템에 대해서 배울 뿐만 아니라, 프로젝트 팀이 그들의 목표를 성취할 수 있도록 도와주기 위해서 리더십과 조직력을 사용하게 된다.

직무 순환과 수평 이동

더 평평해진(flatter) 회사 구조로 인한 기회 부족, 직원이 은퇴하지 않거나 같은 직위에서 오

그림 9.4
직무 경험이 직원 개발에 사용되는 방법

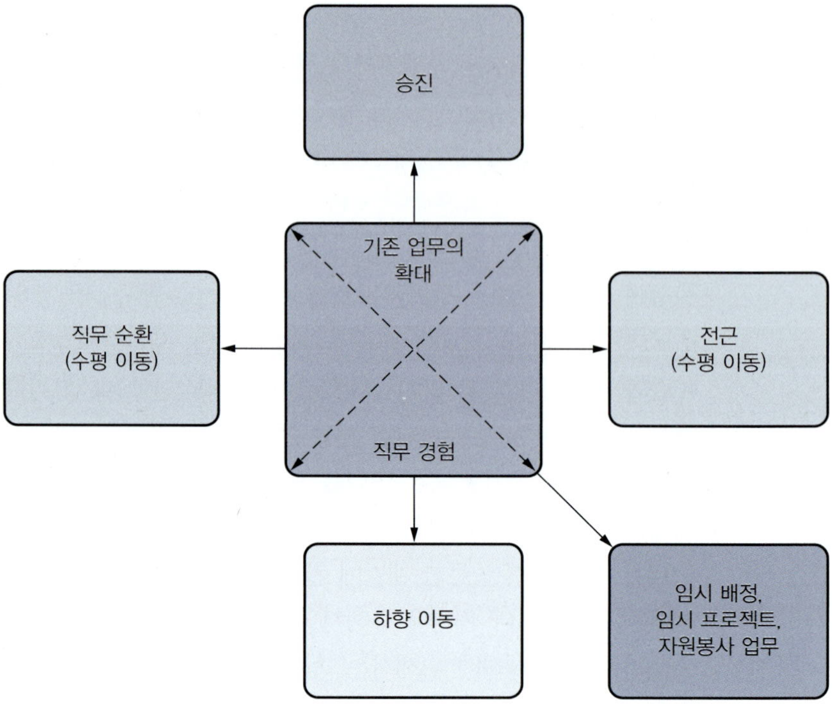

래 근무하는 등 여러 가지 이유로 경력 사다리(career ladder)를 올라가는 것이 항상 가능한 것은 아니다. 결과적으로, 기업은 직원 개발을 위해 수평 이동 및 직무 순환을 사용한다. **직무 순환**(job rotation)과 수평 이동은 회사 내의 다양한 분야와 관련된 일련의 업무를 부여하거나, 같은 분야 내에서 혹은 부서별 직무 이동을 의미한다. 직무 순환은 직원이 보유할 것으로 예상되는 계획된 직무 순서에 따라 이동하는 반면, 수평 이동은 반드시 정해진 직무 또는 직위가 포함되지 않을 수 있다. 벨앤드하우웰(Bell and Howell)은 직원들이 현재 직무 영역 밖의 직위를 찾도록 권장한다. 이는 직원들이 기술과 개인 네트워크를 개발하고, 전사적으로 지식을 공유하도록 촉진한다. 또한, 직무 순환을 통해 다른 직원이 해당 직위로 이동할 수 있는 기회를 제공하여, 지속적으로 기술을 개발할 수 있는 체계를 구축한다.[72] 인도에 기반을 둔 타타 컨설턴시 서비스의 직무 순환 프로그램은 현지 직원을 중국, 헝가리, 남미 지역 사업장으로 파견한다.[73] 이 프로그램은 회사가 42개국에 있는 회사의 모든 사업장에서 일할 수 있는 숙련된 직원을 보유할 수 있게 해주며, 직원은 그들이 일하는 국가의 문화에 대한 이해를 습득한다. 또한 회사는 고객 가까이에 있는 직원에게만 의존하지 않고, 전 직원의 강점을 활용할 수 있으므로 고객서비스를 개선하는 데에도 도움이 된다. 이 프로그램은 일반적으로 18~24개월 동안 지속되며, 고객과 해당 지역의 현지 직원으로부터 학습하는 것이 포함된다. 기간 종료 후 직원은 보통 파견된 지역에서 수행한 프로젝트와 유사한 직무를 수행하게 되는데, 이는 해외에서 습득한 지식을 국내 업무로 전이하는 데 유용하기 때문이다.

직무 순환은 직원들이 회사 목표를 전반적으로 이해하고, 회사 내 서로 다른 기능에 대한 이해를 높이며, 연락망을 개발하는 데 도움을 준다.[74] 직원들의 수평 이동을 장려하는 것은 회사에서 새로운 직무 경험과 기회를 원하는 유능한 직원을 유지하는 데 도움이 된다. 또한 직원의 강점과 약점을 파악하는 데에도 도움이 되며, 특히 향후 관리자 직책에 대한 후보자가 될 수 있는지 여부를 결정하는 것과 높은 관련이 있다. 직원들은 새로운 프로젝트와 문제를 해결하고, 새로운 기술을 개발하며, 현재의 기술을 새로운 방식으로 적용할 수 있는 기회를 얻는다. 또한 향후 승진에서 중요한 사업의 다양한 측면에 대해 배울 수 있다. 수평 이동은 물리적으로 같은 건물에 있는 새 사무실로 이동하거나, 전국 또는 국제적으로 이동하는 것을 포함할 수 있다. 수평 이동은 직원에게 혼란과 스트레스를 유발할 수 있으므로, 기업은 직원에게 이사 및 이동 비용을 보상하고, 새 직장과 위치에 대한 오리엔테이션을 제공하도록 하며, 관리자와 동료는 코칭과 정서적 지원을 제공하도록 권장하는 것이 중요하다. 많은 직원들, 특히 밀레니얼 세대는 승진이나 새로운 기술을 배울 기회, 다양한 직무 경험을 제공받지 못했기 때문에 수평 이동이 자신의 경력에 해를 끼친다고 느낄 수 있음을 명심해야 한다. 이러한 인식으로 인해 유능한 직원이 도전적인 일을 찾기 위해 회사를 떠날 수 있다. 사실상 수평 이동은 직원의 현재 기술은 향상하고, 새로운 기술을 습득하며, 사업의 다양한 측면에 노출되기 때문에 경력 발전을 향상하고 가속화할 수 있다.

시스코 시스템즈는 직원들이 수평 이동의 이점을 이해할 수 있도록 다른 사업 부서의 회사 리더와 하위 관리자 간의 진로 조언과 코칭 세션을 권장했다.[75] 이 세션의 목적은 다른 부서로 이동하는 것이 관리자에게 어떤 이점이 있는지 논의하는 것이었으며, 리더들은 여러 분야의 기술을 습득하는 것이 관리자의 경력 성장에 어떻게 도움이 되는지를 강조했다. 해스켈(Haskell)에서는 설계 엔지니어가 설계 팀과 함께 작업할 수 있도록 애틀랜타에 있는 패키징 센터 오브 액설런스(Packaging Center of Excellence)에서 직무 순환의 기회가 제공된다.[76] 또한 제조 시스템의 프로세스 개선 및 시뮬레이션 테스트를 담당하는 시스템즈 애널리틱스(Systems Analytics) 그룹으로 직무 순환할 수 있는 기회도 제공된다. 이를 통해 엔지니어는 복잡한 실험을 기반으로 하는 데이터 기반 의사결정의 중요성을 이해할 수 있었다. 직무 순환을 통해 제조 오류가 감소하고, 설계는 개선되었으며, 프로젝트 설치에 소요되는 시간과 비용이 절감되었다. 또한 직무 순환은 승진할 준비가 된 엔지니어를 식별해내는 데에도 도움이 되었다. 애틀랜타 지역에서의 승진의 2/3가 직무 순환으로 인해 발생했다.

이러한 이점이 있는 반면, 직무 순환으로 인한 직원과 사업 부서에게 몇 가지 잠재적인 문제점이 있다. 직무 순환은 순환하는 직원들 혹은 그들의 동료들이 현재 당면한 업무 관련 문제와 그에 대한 해결책을 단기적 시각에서 바라보게 할 가능성이 있다. 순환하는 직원들은 기능 관련 전문 기술을 개발하기 어렵고, 한 직책에서 도전적인 업무를 부여받을 만큼 오랫동안 일을 하지 않기 때문에 직원들의 만족도와 동기에 부정적인 영향을 미칠 수도 있다. 순환 직원을 받은 부서와 직원을 보낸 부서에서는 각각 훈련 수요와 자원 손실의 발생으로 인해 생산성 감소와 작업량 증가가 모두 발생할 수 있다.

표 9.8은 효과적인 직무 순환 시스템에 대한 특징을 제시하고 있다. 효과적인 직무 순환 시스템은 기업의 훈련, 개발, 경력 관리 시스템과 연결된다. 또한 직무 순환은 관리직뿐만 아니라 모든 유형의 직원에게 적용할 수 있다.

표 9.8 효과적인 직무 순환 시스템의 특징

1. 직무 순환은 관리직에 필요할 경험을 제공하는 것뿐만 아니라 기술 개발에도 사용된다.
2. 직원은 직무 순환으로 개발하게 될 구체적인 기술에 대해서 이해하고 있다.
3. 직무 순환은 모든 계층, 그리고 모든 유형의 직원에게 적용할 수 있다.
4. 직무 순환은 경력 관리 과정과 연결되어 있어서 직원들이 각 직무가 자신의 개발 요구를 해결해줄 것이라는 것을 잘 알고 있다.
5. 직무 순환의 혜택을 최대화하고 비용을 최소화하기 위해서는, 작업량과 비용을 감소시킬 수 있도록 순환 시기를 설정하고, 직원들이 순환을 통해서 맡을 역할이 자신의 개발 계획과 관계된 것임을 이해할 수 있도록 도와주어야 한다.
6. 그들의 인구통계학적 그룹에 관계없이, 모든 직원은 직무 순환 배정을 받을 동일한 기회를 가진다.

자료: B. Kaye, L. Williams, and L. Cowart, "Over, Not Out," *TD* (September 2017), pp. 70–72; L. Cheraskin and M. Campion, "Study Clarifies Job Rotation Benefits," *Personnel Journal* (November 1996): 31–38; M. Fiester, A. Collis, and N. Cossack, "Job Rotation, Total Rewards, Measuring Value," *HR Magzine* (August 2008): 33–34를 기반으로 함.

전근, 승진, 그리고 하향 이동

상향, 수평, 하향 이동은 대부분의 회사에서 개발 목적으로 사용하고 있다.[77] **전근**(transfer)은 직원이 회사 내 다른 분야로 직무를 배정받는 것을 의미한다. 전근은 반드시 직무 책임을 증가시키거나 보상을 제공하지는 않는다. 유사한 수준의 책임을 가진 업무로의 이동과 같은 수평 이동이라고 볼 수 있다. **승진**(promotions)은 이전 직무보다 더 도전적인 업무와 더 많은 책임, 그리고 더 많은 권한을 가진 자리로의 진보를 의미한다. 승진은 보통 임금 상승을 포함한다. 예를 들어, 펩시코(PepsiCo)의 최고경영자인 인드라 누이(Indra Nooyi)는 회사의 유럽 및 사하라 이남 아프리카 사업부 책임자를 사장으로 승진시켜 글로벌 사업 운영, 기업 전략, 공공 정책 및 정부 업무를 담당하는 직책을 위임했다.[78] 그의 업무 역량은 투자 자금을 조달하기 위해 매출과 생산성을 증대시켜야 하는 책무를 맡음으로써 더 확장될 수밖에 없었다. 이번 승진은 그가 회사를 떠나기로 결정했을 때 그가 회사를 이끌 유력한 내부 후보 중 한 명으로 여겨져야 한다는 것을 증명할 수 있는 기회를 제공했다.

전근은 미국 내 다른 지역 혹은 다른 나라로 이동하는 것을 포함한다. 직원의 역할이 변화되어서뿐만 아니라 배우자가 일을 하는 맞벌이 가정일 경우, 상대 배우자가 새로운 일자리를 구해야 하기 때문에 전근은 매우 스트레스가 많이 쌓이는 일이 될 수 있다. 또한 가족이 새로운 지역사회에 합류해야 하기 때문에 일, 생활, 대인관계, 그리고 업무 습관에 지장을 준다.[79] 그들은 새로운 주거지, 쇼핑센터, 의료기관, 여가시설을 찾아야 하며, 정서적인 지지를 해준 가족과 친구들과 멀어지게 된다. 그들은 새로운 종류의 업무 규범과 절차를 배워야 하며, 새로운 관리자와 동료들과 인간관계를 발전시켜야 하며, 비록 제품, 서비스, 과정, 그리고 직원에 대해서 아는 것이 거의 없음에도 불구하고, 예전 직무에서와 마찬가지로 새 직무에서 유사한 수준으로 능률적이기를 기대받는다.

이처럼 전근은 많은 불안감을 제공하기 때문에, 많은 회사가 전근을 받아들일 직원을 찾는 데 어려움을 겪고 있다. 한 연구에서 전근을 받아들일 가능성이 높은 직원들의 특징을 밝혀냈는데,[80] 경력에 대한 야망이 높거나, 회사에서 자신의 미래가 촉망된다고 믿거나, 전근을 받아들이는 것이 회사 내에서 성공하는 길이라고 믿는 직원들이 전근을 받아들일 가능성이 높다. 또한 결혼을 하지 않았거나 현재 지역사회에서 활발하게 활동하지 않는 직원도 전근을 받아들일 가능성이 높다고 한다. 결혼한 직원들 중에서는, 배우자의 이동에 대한 의지가 직원들이 전근을 받아들일지 말지에 대한 결정을 좌우하는 가장 중요한 요소로 밝혀졌다.

하향 이동(downward move)은 직원들이 기존보다 더 적은 책임감과 더 적은 권한을 제공받을 때 발생하게 된다.[81] 이것은 같은 수준의 다른 직무로 이동(수평 강등), 임시로 복합기능 팀으로의 이동, 혹은 저조한 성과로 인한 강등이 하향 이동에 모두 포함된다. 기존 직책보다 낮은 수준의 직책을 받고 다른 부서의 팀으로 이동하는 것은 직원에게 다른 부서에서 하는 일을 경험할 수 있도록 해주어, 대부분 직원 개발의 목적으로 사용된다. 예를 들면, 경영부서로 이동하는 엔지니어는 일반적으로 경영 기술을 개발하기 위해서 교대조 관리자와 같은 낮은 자리를 맡게 된다.

승진으로 인한 심리적 그리고 유형의 보상(상승된 자부심, 급여, 그리고 회사에서의 신분) 때문에, 직원들은 수평 혹은 하향 이동보다 승진을 수락할 가능성이 더욱 높다. 회사가 이익을 많이 창출하고 성장하는 시기일 때 승진은 손쉽게 이루어질 수 있다. 하지만 회사가 구조조정을 하거나 안정적인 상황, 혹은 이익이 줄어드는 상황일 때, 특히 많은 직원들이 승진에 관심이 많으나 기업이 외부 인력 시장에서 제공되는 직원들에게 높은 자리를 제공하고 이들에게 의존하는 경향이 있는 경우 승진의 기회는 매우 제한적이다.[82]

불행하게도 많은 직원들은 전근과 하향 이동으로 인한 개발을 지지하는 것에 어려움을 느낀다. 그들은 회사 내에서 장기적인 성공을 위해 필요한 기술을 개발할 수 있는 기회로 바라보기보다는, 그들에게 주어진 처벌이라고 생각한다. 많은 직원들은 전근을 받아들이기보다는 회사를 떠나는 것을 선택하게 된다. 직원을 대체하는 데 드는 비용뿐만 아니라, 집 판매와 전근으로 인해 구입해야 하는 모든 것의 비용이 전근 비용으로 들기 때문에, 기업은 전근에 대해서 더욱 신중하게 관리해야 할 필요성이 있다. 기업이 대면하고 있는 난관 중 하나는 전근 혹은 하향 이동이 직원들에게 장기적으로 보았을 때 혜택으로 돌아올 기회라고 설득하고 직원들이 이를 개발의 기회로 볼 수 있도록 만들 수 있는 방법을 배워야 한다는 것이다.

직원들이 전근, 승진, 하향 이동을 개발의 기회로 받아들일 수 있도록 기업은 다음과 같은 항목을 제공해야 한다.

- 새로운 직무와 새로운 장소에서 제공될 잠재적 혜택, 내용, 도전에 대한 정보를 제공한다.
- 전근 이전, 직원을 새로운 장소로 미리 보내어 현장을 둘러보고, 지역사회에 대한 정보를 얻을 수 있도록 지원해줌으로써, 전근 결정 과정에 당사자가 개입할 수 있도록 해준다.
- 명확한 성과 목표와 그들의 업무 성과에 대한 피드백을 초기에 제공한다.
- 새 장소에서 새로운 지역사회와 새로운 업무에 적응하는 데 도움을 줄 수 있는 사람을 제공한다.
- 그들의 수입, 세금, 대출 지급, 그리고 다른 비용에 새로운 직무 기회가 어떻게 영향을 미칠지에 대한 정보를 제공한다.
- 현재 살고 있는 집을 팔고, 새롭게 살 공간을 구입 혹은 임대하는 것에 대한 지원과 변상을

제공한다.
- 새로운 장소와 새로운 직무에 대한 오리엔테이션을 제공한다.
- 새로운 직무 경험이 그들의 경력 계획을 어떻게 지지할 것인가에 대한 정보를 제공한다.
- 학교를 알아봐주고 보육시설과 노인 부양 서비스 옵션 등과 같은 부양가족에 대한 지원을 제공한다.
- 배우자가 직업을 찾을 수 있도록 필요한 도움을 제공한다.[83]

임시 배정, 임시 프로젝트, 자원봉사 업무, 그리고 안식기간

임시 배정(temporary assignments)은 직원들을 어떤 자리에 고용하여 그들이 새로운 역할, 직원 교환 프로그램, 안식기간, 자원봉사 업무에 관심이 있는지 그들이 결정할 수 있도록 해주는 직무 테스트라고 할 수 있다. 모든 임시 배정은 종료일이 미리 정해져 있으며, 그 이후에는 직원들이 자신의 영구적인 자리로 돌아가게 된다. 예를 들어, 직원이 10만 명인 과자 회사 몬델리즈 인터내셔널(Mondelēz International)은 관리자가 모바일 기기를 사용하여 제품을 마케팅하는 방법을 배울 수 있도록 했다. 며칠 동안 관리자를 9개의 소규모 모바일 기술 회사에 파견하여, 기업가 정신과 이 회사가 얼마나 빨리 아이디어를 창출하고 새로운 마케팅의 시제품(prototype)을 제작하고 테스트하는지 이해하도록 했다.[84] 펩시코 뉴욕 본사의 브랜드 매니저는 직원이 200명에 불과한 샌프란시스코에 기반을 둔 스타트업 여행 렌털 업체인 에어비앤비(Airbnb)에서 일주일을 보냈다. 두 회사의 관리자는 서로의 브랜드 관리 실무에 대해 배우고 싶어 했다. 두 회사 모두 캐주얼하고 협업적인 작업 환경을 갖추고 있으나, 펩시코에 비해 에어비앤비의 브랜드 관리는 데이터 분석이나 마케팅 대행사의 아이디어보다는 직관(instinct)에 기반을 두고 있다. 에어비앤비의 마케팅 관리자는 펩시코가 시장조사 데이터 세트를 어떻게 구축하는지에 대해 관심이 있었다. 제넨테크의 이사들은 사업에 대한 폭넓은 이해를 높이기 위해 6~9개월에 걸쳐 자신의 시간 중 10%를 특수 프로젝트, 프로젝트팀(Task Force, TF)에 참여하고, 비즈니스 리더를 따라 직업 체험을 하였다.[85]

직원 교환 프로그램은 다른 종류의 임시 배정이다. 프록터앤드갬블(P&G)과 구글은 직원들을 교환하기 시작했다.[86] 두 회사의 직원들은 서로의 훈련 프로그램에 참여하고 사업 계획이 논의되는 회의에 참석하게 된다. 두 기업은 직원 교환으로 인해 혜택을 받기를 기대했다. P&G는 텔레비전 시청보다 온라인에서 더 많은 시간을 보내는 새로운 세대 고객들에게 어떻게 세탁 세제, 화장지, 그리고 스킨 크림 제품을 홍보할 수 있는지에 대한 이해를 높이고자 한다. 구글은 기업에게 그들의 상품을 텔레비전을 통한 진열에서 유튜브와 같은 비디오 공유 사이트로 이동하도록 설득하여 더 높은 광고 수익을 높이고자 한다. 직원 교환에 대한 아이디어가 발생하게 된 것은 P&G가 고농축 제조법을 통해서 타이드(Tide) 세탁세제 병을 더 작게 만들었으나, 이러한 제품에 대한 변화를 온라인 캠페인에 포함시키지 않아 구매자들이 왜 병이 작아졌는지에 대한 대답을 얻지 못하고 있다는 것을 깨달았을 때이다. 양사의 직원 모두 직원 교환을 통해서 이익을 얻었다. 구글 직원들은 타이드의 밝은 오렌지색 포장이 브랜드에 중요한 부분이라는 것을 배우게 되었고, P&G의 마케팅 언어를 도입하게 되었다. P&G

직원들은 온라인 광고 캠페인이 브랜드 인지도를 높여줄 수 있다는 것과 온라인으로 구매하지 않는 기저귀 같은 상품일지라도 이에 대한 혜택을 받을 수 있다는 것을 깨달았다. P&G는 그들의 기저귀가 어떻게 해야 고객의 요구를 충족할 수 있는지 보다 잘 이해하기 위해서 마미 블로거(mommy-bloggers)들을 P&G의 아기 부문 웹사이트에 방문하도록 초대하였다.

임시 배정은 능력을 개발하거나 교체하기 위해 갖는 휴가 같은 **안식기간**(sabbatical)을 포함하기도 한다. 안식기간 중인 직원들은 대개 전액 급여를 받게 되며, 복지혜택도 받을 수 있다. 안식기간은 극도의 피로와 스트레스를 줄여주고 새로운 능력 혹은 시각을 얻을 수 있도록 도와줌으로써 직원의 복지를 높여준다.[87] 안식시간은 또한, 책을 쓰거나 어린 자녀들과 시간을 보내는 등 개인적인 관심사에 더 많은 시간을 보낼 수 있도록 해준다. 안식기간은 컨설팅 회사부터 패스트푸드 산업에 걸친 다양한 범위의 산업에서 통상적으로 제공되는 프로그램이다.[88] 이러한 이점이 존재함에도 불구하고, 직원들은 자신의 경력에 부정적인 영향을 끼칠까 두려워 안식기간을 거부하는 경향이 있다.[89] 이에 회사는 보다 짧은 기간의 안식기간을 제공한다. 데이비드 위클리 홈즈(David Weekley Homes)의 직원이 유급 안식년을 보내기 위해서는 최소 10년 동안 회사에서 일해야 한다.[90] 안식년을 택한 직원은 원하는 대로 사용할 수 있는 2,000달러의 보조금을 받는다. 모리스 파이낸셜 콘셉츠(Morris Financial Concepts)는 10명의 정규직에게 5년 근속 후 1개월의 유급 안식월을 제공한다. 직원들은 안식기간 동안 일을 하지 않는다는 기대감에 상쾌하고 활기차게 안식년을 보내고 복귀한다.[91]

자원봉사 임무(volunteer assignments)는 직원들이 지역사회와 구성원들을 위해 봉사함으로써 기술을 개발하는 것을 말한다. 자원봉사 임무는 직원들에게 변화를 관리하고, 가르치고, 높은 수준의 책임을 가질 수 있는 기회를 제공할 뿐만 아니라, 표 9.7에서 제시했던 다른 직무에 따르는 요구에 노출될 수 있게 해준다. 일부 회사는 직원들이 급여나 휴가 시간의 손실 없이 전문 지식을 기부하도록 권장한다.[92] 식품을 개발하는 제네럴 밀스의 연구 개발 엔지니어는 근무 시간 중 일부를 아프리카의 소규모 식품회사를 돕는 데 보낸다. 원격 회의를 통해 그녀는 아프리카 기업이 원재료를 취급할 때 식품 오염의 위험을 줄이는 방법을 이해하도록 도왔다. 그녀는 또한 정부 조사를 준비하는 데 도움이 되는 식품 생산 공장을 방문하기 위해 말라위를 여행했다. 그녀가 수행한 무료(pro bono) 업무는 개인적으로 보람을 느낄 뿐만 아니라, 현재 역할에는 제한적인 전문 기술을 사용할 수 있는 기회를 제공했다. 프루덴셜 파이낸셜(Prudential Financial)에서는 최대 5명의 직원으로 구성된 팀이 회사의 비영리 파트너 중 한 곳과 컨설팅 프로젝트를 수행할 수 있다. 이 프로젝트는 모든 사람이 재정적 안정을 얻을 수 있는 기회를 가져야 한다는 프루덴셜의 창립 원칙에 따라 지원받고 있다. 파트너십을 통해 현지 파트너의 역량을 구축하고 직원들이 일반적인 업무 환경 밖에서 비즈니스 기술과 리더십 역량을 개발할 수 있는 기회를 제공한다.

직무 경험을 직원의 개발 요구와 목표에 일치시키는 방법

회사의 규모에 상관없이 개발을 위해 사용할 수 있는 것이 직무 경험이다. 그러나 그 종류와 유용성은 다양하다.[93] 건강관리 사업체인 HCA와 같이 19만 5,000명의 직원을 가지고 있는

표 9.9 직원의 개발 요구에 직무 경험 맞추기

직무 경험	직원 개발 요구와 목표
직무 확대	새로운 기술 개발에 관심이 있고, 현재 자리에서 계속적으로 일을 하고 싶어 하며, 그들의 직무에서 기술 개발의 기회가 있음
직무 순환 및 전근	새로운 기술을 요구하는 임무가 요구되지만 현재 직위와 유사한 수준의 책임을 요구하는 자리를 희망하고, 다른 기능, 부서, 제품에 대해서 배우고 싶어 함
승진	다른 직원들과 프로젝트에 대한 더 많은 책임과 의무를 맡을 준비가 되어 있고, 기업 의사결정에 영향을 미치기를 원함
하향 이동	새로운 기술을 얻기 원하고 새로운 직업 혹은 경력을 시도해보기를 고려하고 있음. 업무 스트레스를 줄이고 싶거나 일과 삶에 대한 균형을 보다 더 잘 맞추고 싶고, 예전에 했던 업무들을 더 선호함
임시 배정, 임시 프로젝트, 자원봉사 업무, 안식기간	고객, 제품, 지역사회의 문제에 대한 새로운 이해 혹은 시각을 가지고 싶어 하고, 현재 기업에서 하고 있는 직무에서 제공하지 못하는 직무 경험을 얻어 기술을 개발하고 싶어 하며, 현재 가지고 있는 기술을 다른 맥락에서 사용해보기를 바라며, 스트레스를 경감하고 피로의 누적을 피하고 싶어 함

자료: B. Kaye, "Up Is Not the Only Way… Really!" *T+D* (September 2011), 41–45를 기반으로 함.

대기업들은 높은 잠재성을 가지고 있는 직원들에게 다양한 개발 경험을 제공할 수 있다. 예를 들어, 작은 건강관리 기관에서 일하기 시작한 한 관리자는 곧 병원 혹은 건강관리 기업 등과 같은 더 큰 규모의 기관으로 이동할 수 있다. 작은 규모의 기업은 대기업에서 제공할 수 있는 같은 종류 혹은 같은 수의 개발 경험을 제공해줄 수 없지만, 그들은 직원들에게 업무 외적으로 이러한 유사 경험을 가지도록 장려할 수 있다. 예를 들어, 관리자는 다른 사람들과의 커뮤니티를 통해 기술을 습득하고 경력을 발전시킬 수 있도록 비영리 단체의 이사회에 참여하도록 한다.[94] 비영리 이사회에서의 경험은 관리자의 리더십 기술을 개발하고 네트워크를 확장하는 데 도움이 된다. 관리자는 모금 캠페인을 운영하거나 전략 계획에 참여하는 등 평소에 하던 일에서는 얻을 수 없는 경험을 할 수 있는데, 이를 통해 현재 기술을 강화하거나 새로운 기술을 개발할 수 있다. 그 예로, YMCA 이사회에 가입한 관리자는 YMCA 임원 채용을 도왔던 경험을 살려 회사에서 구직 중인 예비 지원자들과 더 나은 면접을 진행할 수 있었다. 그는 이제 지원자들이 스트레스를 받는 상황에서 어떻게 처리하는지 확인하고, 후보자가 회사의 문화에 잘 맞는지를 다른 관리자와 논의하는 데 더 많은 시간을 할애한다. 비영리 단체는 보다 효율적이고 효과적으로 운영할 수 있도록 도와줄 숙련된 관리자가 필요하기 때문에 그들 역시 관리자의 이사회 참여를 통해 이익을 얻을 수 있다. 회사의 규모와 관계없이 개발 활동이 효과적이기 위해서는 그 활동이 직원들의 개발 요구 및 목표와 일치해야 된다. 표 9.9에서는 다른 종류의 직원 개발 요구 및 목표에 맞춘 가장 적절한 직무 경험을 제시하고 있다.

대인관계

직원들은 경력이 많은 회사 구성원들과 상호작용하면서 회사 및 고객에 대한 지식을 늘릴 수 있고 기술을 개발할 수 있다. 멘토링과 코칭이 직원을 개발할 때 사용하는 두 가지 대인관계 유형이다.

멘토링

멘토(mentor)는 경험이 부족한 직원(프로테제, the protégé)의 개발을 도와주는 경험이 풍부하고 능력 있는 고참 직원을 의미한다. 잠재적 멘토의 부족과 직원들이 동료와의 관계로부터 이익을 얻을 수 있다는 것을 이해하게 되면서 일부 기업들은 그룹 및 동료 멘토링을 시작하여 이를 지원하고 있다. **그룹 또는 동료 멘토링 프로그램**(group or peer mentoring program)은 성공한 고참 직원을 4~6명의 프로테제로 이루어진 그룹과 짝을 지어주는 것이다. 동료 멘토링의 잠재적인 장점은 프로테제들이 경험이 풍부한 선배 직원을 통해서 배울 뿐만 아니라, 그룹 구성원들 서로가 서로를 통해서 배울 수 있다는 것이다. 또한 그룹 멘토링은 한 멘토가 직원들이 필요로 하는 지도와 지원을 모두 제공해주기 어렵다는 현실을 인식하고 있다. 직원들이 멘토링 지원을 받기 위해 사용할 수 있고 그들의 학습과 개발에 대한 흥미를 보여줄 사람이 필요할 때 기댈 수 있는 작은 그룹으로서, 그룹 멘토링은 직원들의 네트워크 개발 기회를 제공한다. 리더는 프로테제가 조직에 대해서 이해할 수 있도록 도와주고, 그들의 경험에 대해서 분석할 수 있도록 안내해주며, 그들의 진로 방향을 명확하게 할 수 있도록 도와준다. 그룹의 각 구성원들은 특정 과제를 완료하거나, 한 문제 혹은 쟁점사항을 해결하기 위해서 함께 일하게 될 수도 있다.[95]

예를 들어, IBM의 멘토링은 직원들이 지식을 교환하는 데 사용할 수 있는 전략의 형태를 취한다.[96] 이는 기존의 일대일 멘토링 관계를 저해하기 위한 것이 아니라, 직원들이 IBM의 사회적 네트워크를 구축하여 동료, 관리자, 잠재적인 멘토를 식별할 수 있도록 장려하기 위한 것이다. 직원은 멘토링을 통해 지식을 구하고 공유할 수 있다. 직원이 필요로 하는 전문지식을 가진 다른 사람을 검색할 수 있는 학습공동체(communities of practice)와 태그 지정 기능을 제공한다. 치과 치실, 고어텍스 방수 섬유, 심장 시술에 사용되는 합성 이식 등을 생산하는 고어(W. L. Gore & Associates)는 후원자(sponsor)에 의존하고 있다.[97] 후원자는 후원받는 직원이 새로운 기술을 배울 수 있도록 돕기 위해 코칭, 옹호자(advocates), 멘토 역할을 수행한다. 신입사원에게는 후원자가 배정되나, 경력이 쌓이거나 이직을 하게 되면 자신의 개발과 경력 목표를 바탕으로 자신의 후원자를 직접 찾는 것이 바람직하다. 또한 모든 직원은 서로를 옹호하고, 성장하도록 도와야 한다. 회사는 모든 직원에게 후원자가 될 것을 권장하나 필수는 아니며, 언제든지 후원자는 변경할 수 있다. 고어의 후원은 회사 문화와 학습 및 개발 전략의 일부이기 때문에 대부분의 직원이 후원자 역할을 수행한다. 학습개발팀은 피드백을 제공하는 방법, 비언어적 신호를 읽는 방법과 같이 효과적인 후원자가 되기 위해 필요한 기술에 대해 교육한다. 또한 회사 문화에서 후원의 가치와 그것이 회사의 민첩성, 혁신 사업의 목표와 어떻게 관련되는지 설명하는 교육과정을 개발했다. 후원의 효과를 보장하기 위해 훈련을 제공하는 것 외에도, 후원자와 후원받는 직원이 함께 일하는 방법에 대한 합의를 위해 작성하는 양식 등의 도구가 제공된다.

멘토링 관계는 멘토와 프로테제가 공유하고 있는 가치와 관심사의 결과를 바탕으로 비공식적으로 발전하게 되는 경우가 대부분이다. 한 조사에 의하면, 정서적 안정, 상황에 맞추어 행동을 바꿀 수 있는 능력, 권력과 성취에 대한 높은 요구를 보이는 등과 같은 특정 성향을 가진 직원들이 멘토를 찾을 가능성이 더 높으며, 멘토에게 더 매력적인 프로테제로 보일 가능성이 높다고 한다.[98] 멘토링 관계는 기업에서 성공한 상급 직원과 경험이 부족한 직원을 소개시켜 주는 형식적인 멘토링 프로그램의 한 방법으로 개발이 가능하다. 표 9.10에서 어떻게 기업이 형식적 멘토링 프로그램을 사용하는지에 대한 사례를 제공하고 있다. 멘토링 프로그램은 신입사원의 사회화, 관리자 개발, 그리고 여성 및 소수 집단에게 경험을 공유하고 경영직으로 승진하기 위해서 필요한 기술에 노출될 수 있는 기회를 제공하는 것과 같은 중요한 목적을 위해서 사용된다.

성공적인 멘토링 프로그램 개발하기 형식화한 멘토링 프로그램의 주요 장점 중 하나는 직원의 성별 혹은 인종에 관계없이 모든 직원이 멘토에게 접근할 수 있다는 것이다. 또 다른 장점은 이 멘토링 관계에 참여하는 사람들은 그들에게 무엇을 기대하는지 정확하게 이해하고 있다는 것이다.[99] 형식적 멘토링 프로그램의 제한점 중 하나는 인위적으로 만들어진 관계 속에서는 멘토가 상담과 코칭을 제공할 수 없다는 점이다.[100] 이 제한점을 극복하기 위해서, 서로

표 9.10 멘토링 프로그램 사례

EMC 코퍼레이션(EMC Corporation) – 새로운 기술 지원 엔지니어를 위해 멘토링과 교수자 주도 훈련을 통합한다. 엔지니어는 그들의 동료로부터 학습하고, 멘토와 함께 훈련에서 배운 개념을 논의한다.

비스티지 월드와이드(Vistage Worldwide) – 15~20명의 직원으로 구성된 팀이 개인적 또는 직무적 문제에 대해 조언한다. 그룹 진행자로 훈련받은 동료는 토론을 이끌어가며, 팀이 문제와 잠재적인 해결책에 대한 새로운 관점을 제공하기 위해 경청하고, 표현을 다르게 바꾸어 설명하고, 탐색 질문을 한다.

길베인(Gilbane) – 일대일 멘토링 프로그램은 리더와 비즈니스 및 지리적 영역 외부의 임원을 6개월 동안 짝지어, 새로운 직책을 맡을 수 있도록 준비시키며, 리더십 잠재력을 강화한다. 매칭은 재능 관련 설문조사와 성격 평가에 근거하여 이루어지며, 멘토와 프로테제는 한 달에 한 번 만나 경력 상담과 회사 지식을 공유한다.

소덱소(Sodexo) – 동료 간 멘토링은 소덱소의 네트워크 그룹을 통해서 직접적으로 관리되는 프로그램이다. 네트워크는 공통된 다양성 요소를 중심으로 조직되고, 소덱소에 있는 그들의 집단 정체성에 대한 인식을 높이고 싶은 직원들에 의해서 창조되기도 한다. 국적, 인종, 성적 취향, 병역, 그리고 혼합세대 출신인 직원들을 바탕으로 형성된 네트워크 그룹도 포함된다. 더 스피릿 오브 멘토링 브리지 프로그램(The Spirit of Mentoring Bridge Program)은 신입사원과 부서의 직속 상사가 짝이 되어 비공식적으로 이루어지며, 이를 통해서 함께 서로의 전문성 개발 기회를 확대시키고 소덱소 경영의 다양성과 그 심도를 높이고자 한다.

시스코 시스템즈 – 이사회의 새로운 구성원을 효과적으로 만드는 데 소요되는 시간을 절감하기 위해, 이사회 내 멘토 역할을 수행하는 많은 경험을 가진 자와 매칭한다. 멘토는 이사회 회의 규범에 대한 이해도를 높이고, 구성원의 신념에 대한 내용을 제공하며, 발표 자료에서 사용하는 용어를 설명하고, 회의장에서 어느 자리에 앉는 것이 올바른지 등에 대해 조언한다.

맥도날드 – 직원들이 자신의 기술을 개발하고 관계를 발전시키기 위한 가상 온라인 멘토링을 제공한다.

아디트야 비를라 미낙스 월드와이드(Aditya Birla Minacs Worldwide) – 앨티튜드(Altitude) 프로그램은 일선관리자가 팀장으로 전환하는 것을 지원하기 위해 고안된 경력 발전 프로그램이다. 프로그램 결과로 자신의 경력 발전을 완성하기 위해 필요한 행동 항목을 스스로 도출하게 된다. 멘토 매직(Mentor Magic)은 경험과 성과를 기반으로 한 유능한 감독자가 앞서 일선관리자가 도출한 행동 항목에 대해 조언을 제공하는 프로그램이다.

자료: J. Lublin, "New in Boardrooms: Buddy System," *The Wall Street Journal* (September 20, 2017), p. B7; "Training Top 125, Gilbane," *training* (January/February 2016), p. 69; "Training Top 125, Vistage Worldwide," *training* (January/February 2017), p. 69; M. Weinstein, "Mentoring in the Digital Age," *training* (September/October 2016), pp. 28–31; R. Emelo, "Shift Your Focus With Modern Mentoring," *TD* (September 2015), pp. 36–41; www.sodexousa.com, the website for Sodexo, Inc.; "Training Top 125, Aditya Birla Minacs," *training* (January/February 2014), p. 101; "Best Practices and Outstanding Initiatives," *training* (January/February 2011), pp. 94–98; "Training Top 125," *training* (January/February 2011), pp. 54–93; and R. Emelo, "Conversations with Mentoring Leaders," *T+D* (June 2011), pp. 32–37을 기반으로 함.

가 앞으로 가지게 될 관계에 편안해지고 서로를 신뢰할 수 있도록 서로의 업무 방식, 성격, 배경에 대해서 논의하는 시간을 가지는 것이 중요하다.[101] 도시바 메디컬 시스템즈(Toshiba America Medical Systems)는 형식적 멘토링 프로그램을 가지고 있지 않다. 그러나 도시바는 직원이 채용된 첫날부터 비형식적인 멘토링을 권장한다. 관리자와 HR 직원은 신입사원과 함께 시간을 보내면서 신규 채용자가 동료들을 만날 수 있도록 도와주고, 회사 주변을 안내해준다.[102]

표 9.11은 성공적인 형식적 멘토링 프로그램에 대한 특징을 제시하고 있다. 직원들의 대인관계 및 전문적인 기술을 바탕으로 훈련받은 멘토를 선정해야 한다.[103] 멘토, 프로테제, 그리고 기업이 멘토링을 통해서 많은 것을 얻기 위해서는, 도구와 지원이 반드시 필요하다.[104] 예를 들어, 미국 회계감사원(U.S. Government Accountability Office)은 협력적인 학습 환경을 조성하고, 직원 참여를 향상하며, 개발 기회를 제공하기 위한 목적으로 멘토링 프로그램을 사용한다. 멘토는 프로그램의 목적과 자신의 역할을 정확하게 이해하기 위해 오리엔테이션에 참석해야 한다. 또한 멘토는 분기별로 만나 지속적인 지원과 훈련을 받는다.[105]

성공적인 멘토링 프로그램의 핵심은 멘토와 프로테제가 서로 잘 어울려야 하며, 대면 혹은 화상회의를 통한 가상만남을 가짐으로써 서로 상호작용을 해야 한다는 것이다. 매리너 파이낸스(Mariner Finance)는 채팅 기능, 동영상 및 특정 웹사이트와 같은 기술을 사용하여 멘토와 프로테제뿐만 아니라 멘토 프로그램에 참여하는 전 직원 간의 의사소통이 보다 시기적절하게 이루어질 수 있도록 지원한다.[106] 제너럴 모터스는 소프트웨어를 사용하여 멘토와 프로테제를 매칭한다.[107] 이 소프트웨어는 예비 프로테제와 멘토가 작성한 프로필을 고려한다. 멘토는 자신의 비즈니스 전문성, 다년간의 전문적인 경험, 그리고 프로테제가 개발하는 데 어떤 기술을 사용할 수 있다고 생각하는지 작성하며, 프로테제는 개발하고자 하는 기술과 희망하는 멘토의 경력 수준을 작성한다. 소프트웨어는 각 프로테제에게 가장 적합한 10명의 멘토 목록을 프로필상의 일치도와 함께 제공한다. 멘토와 프로테제는 관계를 시작하기 전에 회

표 9.11 성공적인 형식적 멘토링 프로그램의 특징

1. 멘토와 프로테제의 참여는 자발적이어야 한다. 관계의 종료에서는 두려움과 처벌이 있어서는 안 된다.
2. 멘토와 프로테제 매칭 과정은 비형식적 관계의 개발 능력에서 제한되어서는 안 된다. 예를 들어, 멘토 풀(pool)을 구축하여 프로테제들이 다양한 자격을 갖춘 멘토들 중에서 선택할 수 있도록 해야 한다.
3. 멘토를 선정하는 데는, 직원 개발을 행했던 과거 기록, 멘토로 도와줄 의지, 긍정적인 코칭에 대한 증거자료, 의사소통 및 경청 능력 등을 바탕으로 한다.
4. 멘토와 프로테제 매칭은 어떻게 멘토의 기술이 프로테제의 요구를 충족할 수 있는지를 기반으로 해야 한다.
5. 프로그램의 목적을 명확히 이해해야 한다. 멘토와 프로테제가 함께 작업하기로 기대되는 활동 및 프로젝트를 명시해야 한다.
6. 프로그램의 기간을 명시해야 한다. 멘토와 프로테제의 관계는 공식 기간을 지나서도 지속되기를 권장한다.
7. 최소한의 연락 횟수는 명시되어 있어야 한다. 멘토와 프로테제는 언제 만날 것이며, 얼마나 자주 만날 것이며, 회의 외에서의 의사소통을 어떻게 할 것인지 정해야 한다.
8. 프로테제 간에 연락하여 그들이 겪고 있는 문제를 논의하고 성공을 공유하도록 권장받는다.
9. 멘토 프로그램 평가를 진행해야 한다. 멘토와 프로테제와의 인터뷰는 특정 불만족 요소에 대한 즉각적인 피드백을 제공한다. 설문조사를 통해서는 참여로 인한 혜택에 대한 구체적인 정보를 수집할 수 있다.
10. 직원 개발에 대한 보상을 제공함으로써, 관리자에게 멘토링과 다른 개발 활동에 시간과 노력을 투자하는 것은 가치가 있다는 신호를 보내주어야 한다.

사의 경력 개발 웹사이트에서 제공되는 멘토링 자원을 검토할 것을 권장받는다. 이러한 자원에는 처음 멘토로 시작하는 자를 위한 웨비나, 멘토링 관계에서 최대한의 이점을 얻는 방법 등에 대한 조언이 포함된다. 페이팔의 경우, 멘토와 프로테제가 배정되지 않는 대신[108] 직원은 6명의 직원이 잠재적인 멘토와 교류하는 소그룹 세션에 가입할 수 있다. 몇 번의 회의 후, 직원들이 유대감을 느끼면 멘토의 프로테제가 되는 것에 대해 표현할 수 있다.

카디널 헬스(Cardinal Health)의 멘토링 프로그램은 성공적인 멘토링 프로그램의 많은 특징을 가지고 있다.[109] 멘토와 프로테제를 매칭하기 위해 클라우드 기반 시스템을 채택했다. 멘토링 관계가 의미 있고 참가자들이 자신의 시간 약속과 예상 참여 수준을 이해할 수 있도록 멘토링 기간은 6개월로 채택했으며, 이후 6개월을 추가로 갱신할 수 있다. 멘토로 활동하기 위해서는 최소 1년 이상 회사에 근무해야 하며, 선발될 경우 참여에 동의해야 한다. 클라우드 기반 시스템은 수학적 알고리즘을 사용하여 멘토와 프로테제를 매칭하고, 이들의 관계를 추적 및 관리하는 도구를 제공한다. 직원은 모바일 기기 또는 노트북 컴퓨터를 사용하여 프로그램에 등록할 수 있고, 멘토와 예비 프로테제 모두 클라우드 기반 시스템상의 프로필을 완성한다. 멘토의 프로필은 자신의 전문성과 프로테제에게 제공할 수 있는 것을 강조하며, 프로테제는 자신이 누구인지, 멘토에게서 무엇을 얻고자 하는지에 대해 설명한다. 프로테제는 특정 멘토를 검색하거나 시스템상의 프로필의 호환성을 기반으로 매칭 가능한 멘토 목록을 확인할 수 있다. 멘토 목록에는 멘토의 프로필, 멘토링 목표, 멘토가 프로테제의 기준에 얼마나 잘 일치하는지 보여주는 백분율 등이 포함된다. 매칭 프로세스가 완료되면 시스템을 통해 회의를 예약하고 알림을 보낼 수 있다. 프로테제는 멘토와 연락하고, 시스템을 사용하여 관계의 목표 설정 및 회의 안건을 제공해야 한다. 시스템은 자동으로 프로테제의 목표 달성 여부와 향후 6개월 동안 관계를 갱신하고 싶은지에 대한 여부 등을 요약하여 알려줄 뿐만 아니라 프로테제의 경력 이동, 유지, 개발 목표 달성 여부 또한 추적한다.

멘토링 관계의 혜택 멘토와 프로테제 모두 멘토링 관계를 통해서 혜택을 받을 수 있다. 한 연구 결과에서는 멘토가 프로테제에게 경력 및 심리적인 지지를 제공한다는 게 밝혀졌다. **경력 지지**(career support)는 코칭, 보호, 후원, 그리고 도전적인 과제, 노출, 가시성 제공을 포함하고 있다. **심리적 지지**(psychological support)는 친구 및 역할 모델로서 도움을 주는 것, 긍정적인 관심과 수용, 그리고 프로테제의 근심과 두려움에 대해서 이야기할 수 있는 배출구 창조 등을 포함한다. 프로테제에게 제공되는 추가적인 혜택은 지식 및 기술의 습득, 높은 승진율, 높은 급여, 그리고 높은 조직 영향력을 들 수 있다.[110]

멘토링 관계는 멘토에게 그들의 대인관계 기술을 개발시켜 주고 그들의 자부심을 상승시켜 주며, 조직에서의 가치를 높여준다. 엔지니어링 혹은 의료서비스와 같은 전문 분야에 있는 개인들의 경우, 프로테제가 멘토들에게 해당 분야에서 중요한 새로운 과학 개발에 관한 지식을 얻을 수 있도록 도와줄 수 있다(그리하여 그들이 기술적으로 노후되는 것을 막아준다). 호세 야네스는 포드 모터 컴퍼니에서 여러 직원의 멘토로 일했다.[111] 그는 멘토 역할을 하는 것이 자신의 의사소통 능력을 향상하고 다른 사람들과 신뢰를 구축하는 데 더 노력하는 등 개인의 개발에 도움이 된다는 것을 깨닫게 되었다. 또한 프로테제는 멘토들이 트위터와 페이스북과 같은 소셜미디어의 사용법을 배우고, 젊은 직원의 요구사항과 동기를 이해하는 방법을 배우도록 도울 수 있었다.[112] 이것은 역멘토링 프로그램의 경우로, **역멘토링**(reverse mentoring)이란 젊은 직원이 더 높은 고위 직원을 멘토링하는 것을 의미한다.

예를 들어, 유나이트헬스 그룹(UniteHealth Group)은 고위 경영진과 새롭게 떠오르는 밀레니얼 세대의 리더들을 매칭시켰다.[113] 회사는 이 프로그램을 통해 고위 경영진은 사업을 다른 측면에서 바라보고, 최신 기술과 소셜미디어의 사용에 대해 더 잘 이해하게 되며, 밀레니얼 세대와 X세대의 직원들이 매력적으로 느끼는 작업장을 조성하여 그들을 유지하고 동기부여하는 방법에 대해 이해할 수 있다. 예컨대, 유나이트헬스 그룹의 한 고위급 직원에게 진료의 질은 주로 환자 결과와 관련이 있다. 그러나 멘토와의 월간 회의 결과, 밀레니얼 세대 또한 진료 및 고객서비스에 대한 접근 속도에 관심을 갖고 있음을 알게 되었다. 프로그램 참여를 통해 밀레니얼 세대의 멘토는 평소 연락하지 않던 고위 관리자와 연락할 수 있었다. 또한 밀레니얼 세대 직원은 상대적으로 어리고 경험은 부족하지만, 그들의 아이디어가 중요하고, 회사에 도움이 될 수 있음을 보여줌으로써 자신감을 향상할 수 있었다.

또한 멘토링은 다른 조직에서 온 멘투와 프로테제 사이에서도 발생할 수 있다. 예를 들어, 범블(Bumble) 데이트 앱의 제작자는 미래의 멘토를 검색하고 다른 전문가들과 네트워크를 형성할 수 있는 범블비즈(Bumble Bizz)를 만들었다.[114] 사용자는 자신의 경력 목표를 포함한 전문 프로필 및 기술 인벤토리 작성, 디지털 이력서, 작업 샘플, 디지털 사진 등을 제공할 수 있다. 두 사용자가 서로의 프로필을 오른쪽으로 쓸어 넘기면 텍스트를 사용하여 채팅할 수 있다.

멘토링 프로그램은 리더십 자리에서 찾아보기 힘든 여성과 소수민족들이 경영 기술을 개발하고 경영자 위치로 이동할 수 있도록 도와주기 위해서도 사용할 수 있다.[115] 액센추어는 2025년까지 관리직 임원의 여성 비율을 증가하기로 결정했다. 이 목표를 달성하기 위해 회사는 4년의 후원 프로그램을 개발했고, 매년 30명의 여성이 이 프로그램에 참여했다. 전무이사 직위가 공석일 때, 프로그램에 참여한 여성들에게는 각각 멘토와 옹호자 역할을 하는 두 명의 후원자를 연결해준다. 후원을 받는 여성의 80%는 현재 직위에서 더 많은 책무를 위임받았거나, 더 높은 수준의 관리직 위치로 이동했다.

코칭

코치(coach)는 직원들과 함께 일하면서 그들을 동기부여하고, 기술을 개발할 수 있도록 도와주고, 강화와 피드백을 제공해주는 동료 혹은 관리자를 의미한다. 코치는 세 가지 역할을 수행할 수 있다.[116] 코치를 적용하는 가장 주요한 이유는 높은 잠재성을 가진 관리자들을 개발하고, 관리자들의 공명판이 되어주고, 관리자들을 비효율적으로 만드는 행동을 변화시키기 위해서이다.[117] 코칭의 역할 중 하나는 피드백을 제공하는 등과 같은 직원과의 일대일 관계이다. 다른 역할은 직원들이 스스로 배울 수 있도록 도와주는 것이다. 이것은 그들이 가지고 있는 고민거리를 해결해줄 수 있는 전문가를 찾도록 도와주는 것, 그리고 그들에게 어떻게 다른 사람들로부터 피드백을 받을 수 있는지 가르쳐주는 것과 관계있다. 셋째, 코칭은 직원들이 코치의 도움 없이는 접근할 수 없는 멘토, 수업, 혹은 직무 경험과 같은 자원을 제공해주는 것이다. 한 연구에 의하면, 코칭은 특히 내부적으로 코치(예: 코칭 교육을 받은 관리자)를 사용할 때 직원의 기술과 성과를 향상한다고 한다.[118]

브라이트 호라이즌 패밀리 솔루션(Bright Horizons Family Solutions), 에드워드 존스(Edward Jones), 유나이티드 쇼어 파이낸셜(United Shore Financial), 게이츠 재단(the Gates Foundation), 와이드 오픈 웨스트(Wide Open West), 대학 병원이 코칭을 어떻게 활용하고 있는지를 생각해보자.[119] 브라이트 호라이즌 패밀리 솔루션에서는 직원의 관심사, 코칭의 필요성, 관리 능력의 잠재력을 기반으로 코칭을 활용한다. 코치는 다면평가를 실시하고, 그 결과를 기반으로 3개월에서 6개월간 직원들과 함께 일한다. 에드워드 존스는 요청 시 기밀전화를 코칭하는 숙련된 코치를 새로 온 재정 고문에게 제공한다. 코치의 목표는 새로 온 고문을 회사에 존속시키고 그들이 성공적으로 수행할 수 있도록 돕는 것이다. 유나이티드 쇼어 파이낸셜 서비스는 회사 리더가 팀의 각 구성원과 월별 코칭 세션을 수행할 것을 요구한다. 게이츠 재단은 전문적으로 훈련된 코치를 활용하여 8~10명으로 구성된 그룹의 회의를 촉진한다. 회의 주제에는 진정한 리더십, 용기 있는 대화 및 글로벌 마인드 개발 등이 포함된다. 와이드 오픈 웨스트에서 관리자는 자신이 감독하는 모든 직원과 코칭 관계를 맺고, 일상 업무 성과에 대한 피드백을 제공한다. 그들은 다 함께 학습 활동과 개발 계획을 파악한다. 대학 병원에서의 코칭은 의사와 부서별 리더를 위해 설계된 임원 개발 프로그램의 일부로 사용된다. 참가자들은 일대일 코칭을 받으며, 그들 스스로 공인된 코치로서 역할을 수행하게 된다. 이를 통해 향후 다른 잠재적인 리더를 위한 공식 코치 역할을 수행할 수 있다. 일대일 코칭을 통해 이상적인 자아를 발견하고, 실제 자아를 이해하며, 학습 계획을 세우고, 새로운 행동을 실험하고, 신뢰 관계를 활용하는 것을 배운다. 다면평가제를 활용하여 실제 자아와 이상적인 자아 간의 차이점을 인식하고, 새로운 행동과 대인관계를 통해 이 격차를 좁힐 수 있는 학습 계획을 준비한다. 연구 결과에 따르면, 코칭은 관리자가 특정한 개선 목표를 설정하고, 개선을 위한 아이디어를 도출하도록 도와줌으로써 관리자의 다면평가 피드백 제공 능력을 개선하는 것으로 나타났다.[120]

에너지 기업 PG&E는 경솔한 성향으로 동료와의 관계를 손상시킨 숙련된 관리자를 코치해줄 코치를 채용하였다.[121] 코치는 새로운 정보 시스템에 관하여 다른 관리자와 실제로 충돌을 경험했던 사건을 재구성하여 역할극을 하도록 요청한 뒤, 그 관리자의 행동을 녹화하였다. 대립 상황이 진행되는 동안 관리자는 냉담하고, 거칠고, 차갑고 거들먹거렸다. 코치는 관리자의 접근 방식의 한계점을 관리자가 스스로 볼 수 있도록 도와주었다. 관리자는 동료들에게 사과하였고 그들의 아이디어를 경청하게 되었다. 코칭은 이 관리자가 어떻게 평정을 유지해야 하는지 학습할 수 있도록 도와주었고, 말하는 사람 혹은 그 말을 듣고 관리자가 어떻게 느끼는지가 아닌, 말의 내용에 집중하도록 도와주었다.

최상의 코치는 이해심이 많고, 지지해주며, 현실적이고, 자신감이 있어야 하지만, 모든 것에 대한 해답을 알고 있는 사람이나 다른 이들에게 무엇을 해야 하는지 말하기를 원하는 사람으로 보여서는 안 된다.[122] 코치를 받을 직원들은 열린 자세와 흥미를 보여야 하며, 자기 방어적이어서는 안 되며, 편협한 마음을 가지고 있으며 안 되며, 그들의 평판에 대해서 고민해서는 안 된다. 코치와 코치를 받을 직원 모두 관계를 위해 위험을 감수해야 한다. 코치는 자신의 전문 지식과 경험을 사용하여 직원들을 도와주어야 한다, 직원들은 자신의 약점에 대해서 솔직하게 전달하는 과정에서 상처받기 쉬울 수 있다.

코칭 기술을 개발하기 위해서는, 훈련 프로그램 구성 전에 관리자가 코칭하기를 꺼리는 마음과 관련한 네 가지 문제점에 집중할 필요가 있다.[123] 첫째, 관리자는 대립되는 상황에 직면하는 것을 원하지 않기 때문에 유능한 직원일지라도 그들과 성과에 대해서 논의하기를 꺼릴 수 있다. 특히 관리자가 해당 직원보다 해당 분야에 전문가가 아닐 때 발생할 수 있는 문제이다. 둘째, 관리자는 직원들이 문제를 해결할 수 있도록 도와주는 것보다는 성과 관련 문제점을 찾아내는 것을 더 잘하는 경향이 있을 수 있다. 셋째, 관리자는 직원들이 코칭을 비난으로 해석할 수 있다고 느낄 수도 있다. 넷째, 기업의 감축으로 인한 소수의 직원과의 업무 진행으로 인하여 관리자는 코칭을 위해 사용할 시간이 충분하지 않다고 느낄 수도 있다.

직원 개발에 관한 특별 주제: 승계 계획, 문제 관리자 개발, 온보딩

승계 계획

승계 계획(succession planning)이란 이직, 승진 또는 사업 성장으로 인해 계획되거나 또는 계획되지 않은 채용공고를 통해 사내에서 다른 직위로 이동할 수 있는 핵심 인재를 식별, 평가, 개발 및 추적하는 과정을 말한다. 승계 계획은 기업의 경영자나 최고경영자를 고려할 때 자주 논의되나, 모든 직무에서도 중요한 고려사항이다. 승계 계획은 여러 가지 방식으로 조직에 도움이 된다. 미래의 회사 리더를 파악하여 준비하고, 주요 직원과 관리자가 퇴사할 때 회사가 원활하게 운영되도록 돕고, 개발 및 승진 기회를 만든다. 이는 관리자가 고위 경영진으로 고려되기 위해 완료해야 하는 일련의 개발 경험을 제공하므로, 아직 경영진에 합류할 준비가 되지 않은 관리자의 조기 승진을 방지할 수 있다. 또한 승계 계획은 고위 경영진이 경력 목표일 경우 완료할 수 있는 개발 기회를 제공하여 관리직 직원을 유치하고 유지하는 데 도움이 된다.

승계 계획은 종종 핵심 직원에 중점을 둔다. **핵심 인재**(high-potential employees)는 전략적 사업 부서의 총관리자, 마케팅 부서 책임자와 같이 기능 부서 책임자, 혹은 CEO와 같은 고위 관리직 자리에서 성공적으로 업무를 맡을 수 있을 것이라고 기업에서 믿는 사람을 의미한다.[124] 핵심 인재는 일반적으로 교육, 경영진 멘토링, 코칭과 직무 배정을 통한 직무 순환과 같은 개별 개발 프로그램을 마친 직원들로 구성되어 있다. 직무 배정은 핵심 인재가 대체하게 될 관리자의 성공적인 진로를 바탕으로 하여 진행된다. 핵심 인재는 발표와 위원회 및 특별 프로젝트 팀의 업무 등과 같은 특별 임무를 배정받기도 한다.

승계 계획의 중요성에도 불구하고, 많은 기업이 이를 제대로 수행하지 못하고 있다. 회사의 이사를 대상으로 한 설문조사에 따르면, 승계 계획에 충분한 시간을 할애하고 있다고 생각하는 사람은 절반 미만이었고, 18%는 회사가 인재 공급 라인에 충분히 역량이 확보된 경영진 후보인력을 갖추고 있는가에 대해 동의하지 않는 것으로 나타났다.[125] **벤치 스트렝스**(bench strength)는 필요할 때 준비가 되어 있는 유능한 직원 풀을 보유하는 것을 의미한다. 승계 계획에 대한 불만족은 부사장급 이상의 관리자에게만 집중하는 경향, 잠재적인 리더가 낙담하고 실망하여 회사를 떠날 위험을 감수하지 않기 때문에 후임자(successor)를 식별하지 못하는 경향, 벤치 스트렝스를 개발하기 위한 장기적인 과정보다는 공석이 발생할 때만 승계 계획에 단기적으로 집중하는 경향에서 비롯될 수 있다.

승계 계획 개발 과정

표 9.12에서는 승계 계획을 개발하는 과정에 관한 정보를 제공하고 있다.[126] 첫 번째 단계는 모든 경영직 혹은 오직 특정 레벨의 경영직 등과 같이 어떤 자리가 승계 계획에 포함할지 결정하는 것이다. 두 번째 단계는 어떤 직원을 승계 계획에 포함할 것인지 정하는 것이다. 예를 들어, 일부 기업에서는 오직 핵심 인재만을 이 승계 계획에 포함시킨다. 세 번째로, 기업은 승계 계획에 포함할 직책에 대해서 평가할 방법을 찾아내야 한다. 예를 들어, 각 직위에서 필요로 하는 역량에 집중할 것인가, 아니면 그 위치에 올라가기 이전에 필요한 경험에 집중할 것인가? 네 번째로, 기업은 어떻게 직원들의 잠재성을 측정할 것인가에 대해서 결정해야 한다. 즉, 잠재성에 대한 평가뿐만 아니라, 직원들의 현재 직무에서 보여주는 성과도 포함할지, 직원의 직위 관심사 및 경력 목표 또한 고려할지 등을 파악해야 한다. 다섯 번째로, 승계 계획 검토 과정이 개발되어야 한다. 일반적으로 계승 계획 검토는 우선적으로 해당 직원의 관리자들과 인사 담당 부서를 개입시켜야 한다. 인재 검토는 총체적인 기업의 리더십 인재 평가, 핵심 인재 파악, 그리고 핵심 관리자들이 기업을 떠나는 것을 방지하기 위한 계획에 대한 토론도 포함한다. 여섯 번째, 승계 계획은 보상, 훈련과 개발, 채용과 같은 다른 HR 시스템에 연결되어 있어야 한다. 격려금과 보너스는 개발 기회를 성공적으로 마쳤을 때와 연결시킬 수 있다. 훈련 코스, 직무 경험, 멘토, 다면평가와 같은 활동은 개발 요구를 충족하기 위해 사용할 수 있다. 기업은 결정을 내려야 한다(공석인 경영직을 경력이 부족하지만 시간이 지날수록 개선될 직원을 내부에서 선정하여 그 자리를 맡길 것인가, 아니면 즉시 결과를 보여줄

표 9.12 승계 계획 개발 과정

1. 승계 계획에 어떤 직위가 포함되어 있는지 확인한다.
2. 어떤 직원이 승계 계획에 포함될 것인지 확인한다.
3. 승계 계획에 포함하기로 한 직위의 평가 기준을 개발한다(예: 역량, 원하는 경험과 지식, 개발 가치).
4. 어떻게 직원들의 잠재성을 측정할 것인가에 대해서 결정한다(예: 현재 업무 성과와 잠재적 업무 성과).
5. 승계 계획 검토 과정을 개발한다.
6. 승계 계획을 보상, 훈련과 개발, 성과 관리, 채용 시스템과 같은 다른 HR 시스템과 연결시킨다.
7. 직원에게 어떠한 피드백을 제공할 것인지 결정한다.
8. 승계 계획 과정의 효과성을 측정한다.

자료: A. Cremo and T. Bux, "Creating a Vibrant Organizational Leadership Pipeline," *TD* (July 2016), pp. 76–77; W. Rothwell, "The Future of Succession Planning," *T+D* (September 2010), pp. 51–54; B. Dowell, "Succession Planning," in *Implementing Organizational Interventions, eds*. J. Hedge and E. Pulaskos (San Francisco: Jossey-Bass, 2002), pp. 78–109; and R. Barnett and S. Davis, "Creating Greater Success in Succession Planning," *Advances in Developing Human Resources* 10 (2008), pp. 721–739를 기반으로 함.

외부의 경력 있는 관리자를 고용할 것인가?). 일곱 번째, 직원들에게 미래의 움직임, 예상되는 진로, 개발 목표와 경험에 대한 피드백을 제공해줘야 한다. 마지막으로, 승계 계획 과정을 반드시 평가해야 한다. 이것은 과정에 대한 관리자와 직원들의 만족도를 측정(반응 결과)하는 것뿐만 아니라, 적절한 결과를 가지고 왔는지에 대해서 찾아내고 이를 측정해야 한다(관리직 공석을 채우는 데 걸리는 시간의 감소, 내부 승진 사용의 증가 등). 또한 승계 계획 과정에서 필요한 수정사항을 발견하고, 이에 대한 논의가 이루어져야 하며, 논의된 수정사항은 승계 계획 과정에서 실시해야 한다.

나인-박스 그리드 접근법을 사용한 개발 계획 평가 및 개발

많은 기업이 나인-박스 그리드 접근법을 사용하여 승계 계획 검토를 진행한다. **나인-박스 그리드**(nine-box grid) 접근법은 부서별, 기능별, 혹은 전체 기업 내의 직원들을 비교하기 위해서 관리자와 임원 그룹이 사용하는 3×3 매트릭스이다.[127] 나인-박스 그리드는 재능에 대한 분석과 논의를 위해서, 효과적인 개발 계획과 활동을 만들어내는 것을 돕기 위해서, 그리고 최고 경영진 자리를 맡을지도 모르는 핵심 인재들을 찾아내기 위해서 사용된다. 그림 9.5에서 보여주듯이, 매트릭스의 한 축은 직무 수행 평가를 기준으로 하고 있으며, 다른 축은 대개 '잠재성' 혹은 '승진 가능성'으로 표시한다. 성과에 대한 관리자의 평가와 잠재성은 직원의 개발 계획에 영향을 미친다. 예를 들어, 그림 9.5와 같이 높은 잠재성을 가지고 있으며 높은 업무 성과를 내고 있는 직원들은 매트릭스의 우측 맨 위 구석에 위치하고 있다. 이 직원들은 기업에서 미래의 리더십 직위를 맡기기 위해서 개발해야 되는 대상이다. 높은 잠재성과 높은

그림 9.5
나인-박스 그리드의 예시

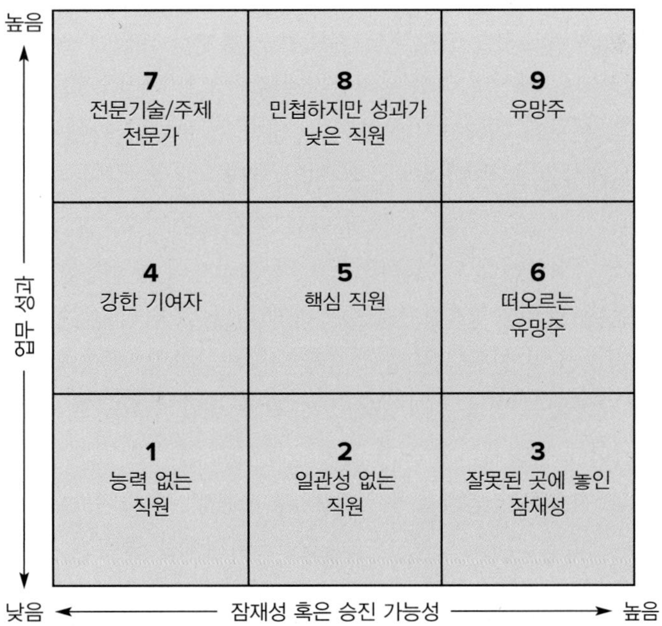

자료: K. Tyler, "On the Grid," *HR Magazine* (August 2011): 67–69; D. Day, *Developing Leadership Talent* (Alexandria, VA: SHRM Foundation, 2007)를 기반으로 함.

성과를 내는 직원들의 개발 계획과 반대되는 직원들은 격자판 다른 곳에 위치해 있다. 낮은 잠재성과 낮은 업무 성과를 내는 직원일 경우, 그들의 개발 계획은 도전적인 새로운 직무 경험을 찾기보다는 현재 위치에서 업무 성과를 향상하는 것에 초점을 두게 된다. 만약 그들이 현재 직무에서 더 이상 개선이 되지 못할 경우 그들은 해고당할 가능성이 높다. 격자판의 좌측 맨 위 코너에 있는 직원들은 뛰어난 업무 성과를 내고 있으나 낮은 잠재성을 가지고 있다. 이러한 직원은 그들의 전문 분야에서 전문가가 될 가능성이 높다. 그들의 개발 계획은 그들이 계속적으로 현재와 같은 지식, 기술, 역량을 유지할 수 있고, 지속적으로 동기부여를 할 수 있는 업무를 제공하고, 창조성과 혁신성을 촉진하는 데 초점을 맞추게 된다. 낮은 성과와 높은 잠재성을 가진 직원들(격자판의 우측 맨 아래 코너)은 새로운 자리를 맡게 된다. 이들은 아마도 그들의 높은 업무 성과를 보여줄 시간이 부족했거나 그들의 지식, 기술, 역량이 현재 그들이 맡고 있는 직무 요건에 적합하지 않았던 것일 가능성이 높다. 이러한 직원을 위한 개발 계획은 그들이 가진 능력에 가장 적절한 새로운 위치로 이동시켜 주거나, 단순히 직무를 바꿔주어서 높은 수준의 업무 성과를 낼 수 있도록 반드시 필요한 훈련과 개발 기회와 자원을 제공해주는 데 초점을 맞추게 된다. 격자판 중앙에 있는 직원들은 핵심 직원으로서 견고하지만 뛰어난 업무 성과를 보이지 않는 중간 정도의 잠재성을 보여주고 있다. 이러한 직원을 위한 개발 계획은 훈련과 개발을 혼합하여 현재 그들이 보여주고 있는 견고한 업무 성과가 지속될 수 있도록 하는 것을 포함한다. 또한 그들의 기술을 키울 수 있고 그들의 관심사를 찾을 수 있는 일부 개발 경험을 제공해주고, 다른 기술과 더 많은 책임감을 필요로 하는 직위에서 수행할 수 있는 능력을 길러줄 수 있는 경험을 제공하는 개발 계획을 제공받을 가능성도 높다.

기업이 어떻게 나인-박스 그리드를 사용할 수 있는가? 명확하게 각 상자를 정의하고(예: 어떠한 직원이 유망주인가?), 기대되는 행동과 관련된 사례를 관리자에게 제공해준다. 그리고 관리자는 자신의 직속 부하를 9개의 박스를 바탕으로 분류한 다음, 다른 관리자들과 만나 자신의 분류에 대해서 비교하고, 논의하고, 분류 결과에 대해서 방어하는 과정을 거치게 된다(이 과정을 **조정 회의**라고 부른다). 관리자들은 나인-박스 그리드를 사용하여 직속 부하의 개발 계획을 결정하고, 누가 핵심 리더십 자리 혹은 핵심 리더십 개발 프로그램에 추천될 것인지 결정하게 된다. 일반적으로 각 관리자의 격자판은 부서, 지리적 지역, 전체 기업을 대표하는 종합적인 격자판으로 통합하게 된다. 조직의 상위 계층으로 격자판을 통합하면 HR과 최고경영진 및 임원들은 조직 전체의 잠재성과 업무 성과의 혼합체를 한눈에 볼 수 있다. 여기서 제공되는 정보는 사업 성장과 같은 전략적 요구를 충족할 수 있는 인재들이 존재하는지, 어디에서 인재의 격차가 발생하고 있고 넘치고 있는지, 그리고 직원들의 업무 성과와 잠재성의 지속적인 변화를 확인하는 데 사용할 수 있다. 예를 들어, CHG 건강돌봄 서비스의 목표는 회사 리더의 수를 15% 늘리고, 이직률을 줄이는 것이었다.[128] CHG는 잠재적인 리더를 식별하고, 미래의 경영진 후보를 준비하기 위해 나인-박스 그리드를 사용했다. 직원 평가는 성과와 잠재력을 중심으로 실시되었으며, 높은 잠재력과 높은 업무 성과를 보이는 직원을 선발하여 다면평가를 거쳤다. 이러한 평가는 직원이 승진하기 위해 필요한 잠재력과 기술을 개발할 수 있도록 특별히 설계된 리더십 프로그램에 사용되었다. 결과는 긍정적이었다. 리더의 이직률은 1/3로 줄었고, 내부 승진 비율은 약 50% 증가하였으며, 리더와 직원의 비율이 24% 향상되었다.

나인-박스 그리드의 가치는 인재에 대한 다양하고 공유된 관점을 바탕으로 하기 때문에, 관리자가 직원들의 업무 성과와 잠재성을 기반으로 하여 그에 가장 적합한 개발 계획과 경험(예: 멘토링, 직무 순환, 훈련 기회 등)을 제공해줄 수 있고, 기업의 인재들에 대한 스냅숏을 제공해준다는 점에 있다. 나인-박스 그리드가 효과적으로 직원 개발과 인재 관리에 사용되기 위해서는, 이를 제작하는 과정에서 관리자가 반드시 솔직하고 정직하게 직원들에 대해서 논의해야 하고, 이 과정에서 수집된 정보를 바탕으로 관리자는 직원들과 이에 대하여 논의를 진행해야 하며, 직원들이 자신의 개발 계획서를 작성할 수 있도록 도와주어야 한다. 또한 관리자는 사내에서 직원이 가진 기술을 가장 잘 사용할 수 있는 직무를 해당 직원에게 맡기거나, 그 기술을 사용할 수 있는 경험을 찾아내어 제공해주어야 한다.

과업, 과제, 사업 목표의 변경으로 인해 시간이 지남에 따라 성과가 변하는 경향이 있음을 명심해야 한다.[129] 직원의 성과를 관리할 때는 그림 9.5와 같은 범주를 고려해야 하나, 직원에게도 변화할 수 있는 기회를 제공해야 한다. 이를 위한 하나의 방법은 직원과 자주 성과 관련 대화를 나누는 것이다. 이를 통해 직원은 변화의 필요성을 인식하거나, 기존의 성과를 유지해야 하는지 등을 판단할 수 있다. 기대치를 설정하고, 기술과 관심사를 기반으로 프로젝트를 부여하며, 직원이 성과에 대해 책임지게 하는 등 직원을 적극적으로 관리하는 것이 차이를 만들 수 있다.

승계 계획의 사례

블루크로스블루쉴드의 승계 계획은 모든 임원급 역할을 포함시킨다.[130] 잠재적인 후임자 평가에는 새로운 직위에 대한 준비 상태(예: 현재 준비됨 또는 3~5년 내 준비) 평가도 포함되는데, 이로 인해 임원직에 대한 후보인력 사전 발굴 및 육성을 하게 되었다. 모든 임원급 직위에는 최소한 한 명의 후임자를 식별하며, 이들 중 75%가 현재 그 직위를 맡을 준비가 완료된 것으로 나타났다. 또한 전 직원에 대한 전사적 평가도 있다. HR 사업 파트너는 나인-박스 그리드를 사용하여 성과와 잠재력을 평가하고 인재 검토 회의를 갖는다. 인쇄 및 제조에 사용되는 흡수제를 생산하는 ITU 어브졸브테크는 직원의 고령화로 인해 승계 계획이 최우선 과제가 되었다.[131] 이는 2년 동안 직원의 성과와 잠재력을 측정하고, 고성과자를 파악하는 작업을 수반하였다. 직원들은 장·단기적으로 보유할 수 있는 잠재적 직위를 파악하기 위해 경력 개발 계획을 작성한다. 또한 멘토링 등 직원이 해당 직위로 이동하기 위해 준비하는 것을 도울 수 있는 개발 활동을 파악한다. 각 직위를 검토하여, 퇴직을 계획하거나, 다른 직위로 이동 예정인 직원의 여부를 파악하는 등 공석의 발생 여부를 조사한다.

밸보라인 인스턴트 오일 체인지(Valvoline Instant Oil Changer)가 속한 산업에서 인사교체(turnover)는 매우 일반적이다.[132] 이는 모든 직원에게 승계 계획과 경영진 후보인력 사전 발굴 및 육성이 매우 중요하다는 것을 시사한다. 매월 관리자는 모든 직원이 다음 직급으로 승진할 준비가 되었는지를 평가하고, '현재' 또는 '6개월 이내'와 같이 준비가 된 시점에 대해 전반적인 평가를 실시한다. 관리자는 직원과 협력하여 현재 준비되어 있을 수 있도록 개발 계획을 설계한다. 개발 계획과 평가는 온라인 시스템에 입력되어, 상위 관리자가 승계 계획을 개선하기 위해 인재가 없는 매장과 지역을 확인할 수 있도록 한다. 또한 관리자는 더 이상 개발할 의사가 없거나, 개발할 능력이 없음에도 불구하고 승진 대상에 포함될 수 있는 위치에 있는 '차단자(blocker)'로 알려진 직원을 확인할 수 있다. 승계 계획은 보조 관리자, 직무를 맡을 수 있는 선임 기술자, 더 많은 책무를 맡을 준비가 필요한 새로운 기술자를 개발하기 위해 전체 경력 경로에 대한 훈련을 요구했다. 최상위 수준의 관리자는 온라인 시스템을 활용하여 지리적 영역 내에서 매장을 확장시킬 수 있는 인재가 있는지를 확인하며, 회사는 회사 성과를 측정하는 균형성과표(balanced scorecard)에 승진 가능한 관리자 수를 나타낸다.

마이애미 어린이 병원(Miami Children's Hospital)의 승계 계획에는 모든 수준의 리더와 관리자를 포함시킨다.[133] 병원의 CEO는 다른 경영진과 대화를 통해 핵심 직위에 있는 리더의 학습 및 개발 계획과 승계 계획을 개발한다. 그들은 재능의 격차에 대해 논의하고, 필요시 임원급 인재를 투입할 수 있는 해결책을 도출한다. 회사 내 모든 수준의 관리자에 대한 성과와 잠재력을 논의한다. CEO는 임원급 리더를 위한 회의를 주도하고, 경영진의 다른 구성원은 하위 수준의 관리자를 위한 회의를 주도한다. 모든 관리자는 개발 계획 작성을 완료하고, 원하는 경력 경로를 파악해야 한다.

페이첵스(Paychex)는 리더십 역량 모델을 기반으로 승계 계획을 수립한다.[134] 페이첵스는 나인-박스 그리드를 사용하여 높은 성과와 높은 잠재력을 가진 리더를 식별하며, 잠재력 평가의 경우 민첩성(agility), 능력, 포부(aspiration)를 기반으로 한다. 후임자 후보는 두 개의 리더십 개발 프로그램에 참여하게 된다. 각 후보자는 개별적으로 개발 계획을 수립하며, 이는 교육(education), 노출(exposure), 경험(experience)과 같이 3E로 알려진 개발 활동을 통해 사업적 요구와 역량의 격차를 좁히기 위함이다. 전담 '리더십 개발자'가 직원 및 직원의 관리자와 협력하여 코칭을 제공하고, 개별 개발 계획을 지원하며, 진행 상황을 모니터링한다. 작년, 페이첵스는 1,700명 이상의 임원, 고위 간부, 관리자 및 감독관들의 리더십 역량, 성과, 잠재력에 대한 평가를 완료했다. 회사는 승계 계획 과정을 통해 고위 관리자, 관리자 및 감독관의 25% 이상이 1~2년 이내에 다음 단계로 승진할 준비가 되어 있음을 확인했으며, 모든 임원 및 고위 관리자 직위에 대한 승계 계획이 개발되고, 내부 후보자로 채워진 공개 고위 관리직이 18% 증가하는 결과를 얻었다.

승계 계획의 쟁점사항

승계 계획의 중요한 쟁점사항 중 하나는 기업이 직원들에게 자신이 고위 관리자직의 잠재적인 후보자의 명단에 올라갔는지, 혹은 누락되었는지에 대한 정보를 알려줄 것인가에 대해 결정해야 된다는 것이다.[135] 이 부분에서 기업은 이것이 가져올 몇 가지 장점과 단점에 대해서 고민해보아야 한다. 승계 계획에 명단을 공개하거나, 명단에 있는 직원들에게 그 사실을 알려줄 경우, 얻을 수 있는 하나의 장점은 해당 직원은 자신의 미래 경력 기회에 대해서 알고 있기 때문에 회사에 존속할 가능성이 높아진다는 것이다. 또 다른 장점은 핵심 인재이기는 하나 앞으로 주어질 위치에 관심이 없는 직원일 경우, 그들의 의사를 소통할 기회를 제공한다는 것이다. 이로 인해서 기업은 불필요하게 많은 비용이 드는 개발 자원을 투자하는 것을 모면할 수 있고, 기업이 핵심 관리직 인재의 생각을 정확하게 이해할 수 있다. 핵심 인재를 찾아냄으로써 발생할 단점은 명단에 누락된 직원들이 낙심하여 회사를 떠나거나, 사업 전략의 변화 혹은 직원 업무 성과의 변화로 인해 핵심 인재 명단에 있던 직원들이 다시 누락될 수 있다는 점이다. 또한 직원들이 이미 누가 리더십 위치로 승진할 것인지 정해진 것을 알게 된다면, 그들은 리더십 위치로 승진하기 위한 경쟁이 공정하지 않다고 느끼게 될 것이다. 이를 방지하기 위한 한 가지 방법은 명단에 있는 직원들에게만 그들이 핵심 인재 명단에 올라갔다는 사실을 직접 알려주고, 구체적으로 어떠한 자리에 도달하게 될지에 대한 정보는 알려주지 않는 것이다. 또 다른 방법은 지속적으로 후보자 명단을 검토하여 이들에게 기대하는 점과 앞으로의 계획에 대해서 명확하게 전달하는 것이다. 오하이오주 버세일즈에 위치한 의료 기기 제조회사 미드마크 코퍼레이션(Midmark Corporation)은 기업의 업무 성과 검토 과정 중 하나로서 6개월마다 계승자를 찾아내서 잠재적 후보자 명단을 제작했다. 일부 직원들은 '고도의 전문가'로 명시한다. '고도의 전문가'는 높은 수준의 업무 성과를 내고 있고, 현재 업무에 만족하여 부담이 큰 리더십 위치에 관심이 없거나, 혹은 관심이 없을 가능성이 높은 직원을 의미한다. 다른 직원들은 리더십 직위에 높은 잠재력을 지닌 것으로 식별하고, 리더십 위치에 올라갈 가장 높은 가능성을 가진 직원들은 해외 배치 등과 같은 도전적인 개발 임무를 맡게 된다. 인터뷰를 통해서 기업은 계승자 명단에 있는 직원들이 리더십 직위에 관심이 있고 해당 자리에 적합한지를 결정한다.

승계 계획은 부모(종종 회사 설립자)가 은퇴하거나 사망했을 때 새로운 대표를 식별해야 하는 가족 소유 기업(family-owned business)에서 특히 중요하고 어렵다.[136] 가족 소유 기업의 1/3 미만이 2세대 가족 구성원으로 운영되는 것으로 추산된다. 이는 많은 가족 사업이 한 가족 구성원을 후계자로 식별하고 준비하는 것을 소홀히 하거나, 후계자를 선택할 수 있는 가족 구성원의 인재 풀을 개발하지 못한 것도 하나의 이유로, 가족 사업주가 미래에 집중하고 계획하기보다는 현재 사업을 운영하는 데에만 대부분의 관심을 기울이는 경향이 있기 때문이다. 일반적인 비가족 소유 사업에는 세 가지 이해관계자(직원, 소유자, 직원 소유자)가 있다. 반면 가족 소유 사업에는 직원 가족, 가족 소유자, 가족, 직원 가족 소유자 등 네 가지 이해관계자가 추가되기 때문에 더욱 복잡해진다. 일부 전문가들은 창업주가 은퇴하기 7년 전부터 가족들에게 승계 계획을 세울 것을 권장한다. 승계 계획의 처음 몇 년 동안은 자산이 가족 구성원 간에 분할될 수 있도록 사업 가치를 평가하기 위한 제3자를 고용해야 한다. 산업심리학자나 기타 컨설턴트를 활용하여 각 가족 구성원의 기술과 성격을 평가하고 사업을 가장 잘 운영할 수 있는 사람을 파악할 수 있다.

문제 행동을 일으키는 관리자 개발

많은 연구가 능력 있는 관리자를 부패하게 만들거나, 혹은 무능하게 만드는 관리자 행동에 대해서 연구해왔다. 밝혀진 문제 행동으로는 다른 이들에 대한 무관심과 공격성, 무능력한 팀 플레이어, 오만함, 부족한 갈등 관리 기술, 사업 목표 충족할 능력이 없음, 그리고 변화에 무능력하거나. 과도기 동안 적응할 능력의 부족 등이 있다.[137] 예를 들어, 대인관계에서 거칠고, 공격적이고 독재적인 숙련된 관리자는 부하들을 동기부여하기 어렵다는 것을 알게 될 것이고, 내부 혹은 외부 고객으로부터 소외감을 느끼게 될 것이며, 그들의 상사로부터 자신의 아이디어를 인정받기 어렵다는 것을 느끼게 될 것이다. 이러한 관리자는 그들의 문제 행동 때문에, 자신의 직업을 잃게 될 위험뿐만 아니라 승진 가능성은 거의 없을 가능성이 높다. 일반적으로 평가, 훈련, 상담의 통합적 접근을 통해서 이러한 관리자들의 문제 행동을 변화시키도록 도와줄 수 있다. 예를 들어, 골프 장비 회사이자 미국 기반의 아디다스 그룹(Adidas Group)의 자회사인 TMaG(TaylorMade-adidas Golf)의 기술 담당 최고 책임자는 수십 년의 업무 경력을 가지고 있을 뿐만 아니라, 그의 교육적 배경 및 전문적인 기술을 보았을 때, 100여 명이 넘는 직속 엔지니어와 다른 직원들을 효과적으로 관리하기에 충분한 능력을 갖추고 있었다.[138] 그러나 그의 대인관계 기술은 개선이 필요했다. 회의에서 그는 부정적인 논평을 제공하고, 기술적인 부분의 내용을 검토할 때 직원들이 질문을 하더라도 대답할 시간조차 없이 빠르게 회의를 진행했다. 그의 부족한 대인관계 기술은 그의 부서 내의 높은 이직률을 초래하게 되었다. 그의 대인관계 기술을 향상하기 위해서 관리자는 코치와 함께 그의 장점과 약점을 파악하기 시작했다. 현재 그는 그의 코치와 매달 두 번씩 만나 그들이 함께 개발한, 구체적으로 정의된 개선 목표를 바탕으로 대인관계 기술을 개발하고 있다. 코칭 결과, 그는 좋은 경청자가 되었고 이제는 직원들이 먼저 그에게 다가가 고충을 털어놓기 시작했다.

ICE(Individual Coaching for Effectiveness) 프로그램이 문제 행동을 보이는 관리자를 도와주기 위해서 특별히 제작된 프로그램의 대표적인 예이다.[139] 한 연구에 의하면, 이 프로그램에 참여한 관리자들은 기술 향상과 해고될 가능성이 줄었다는 게 밝혀졌다.[140] ICE 프로그램은 진단, 코칭, 지원 활동으로 구성되어 있고, 관리자의 요구에 맞추어 제작이 가능하다. 임상, 상담, 혹은 산업/조직 심리학자들이 ICE 프로그램 전 과정에 관여하고 있다. 그들은 관리자를 진단하고, 상담해주며, 코치를 해주고 직무에 필요한 새로운 기술을 이행할 수 있는 실행 계획을 개발해준다.

ICE 프로그램의 첫 번째 단계는 관리자의 성격, 기술, 관심사에 대한 정보를 수집하는 활동을 포함한 진단이다. 심리 검사와 함께 관리자, 그리고 그들의 동료와 상사들과의 인터뷰를 통해서 관리자가 가지고 있는 문제 행동이 실제로 변화 가능한지에 대해서 판단을 내리게 된다. 예를 들어, 극도로 방어적인 성격 특성을 가지고 있는 경우, 관리자가 그의 문제 행동을 고치는 것은 매우 어렵다. 하지만 관리자가 프로그램으로부터 혜택을 받을 수 있다고 판정되면, 일반적으로 관리자와 그의 상사가 함께 관리자의 요구에 맞추어 구체적인 개발 목표를 설정하게 된다.

프로그램의 코칭 단계에서는 먼저 어떠한 기술과 행동을 목표로 정했는지에 대한 정보를 관리자에게 제공하게 된다. 효과적인 의사소통 혹은 팀워크의 기본 원리, 일터에서의 개개인의 차이점에 대한 참을성, 혹은 효과적인 회의를 진행하는 방법 등이 제공된다. 두 번째 단계에서는 관리자가 7장에서 논의한 행동모델링 훈련에 참여하게 된다. 또한 관리자는 원하는 행동을 학습하는 데 방해가 되는 생각을 극복하기 위해서 정신과 상담도 받게 된다.

온보딩

신입사원이 입사할 때, 그들의 만족도를 높일 수 있도록 관계를 구축해주고, 업무 성과를 향상할 수 있도록 그들의 목표와 기대에 대해서 명확하게 전달하고, 피드백, 코칭, 사후 활동을 제공하여 그들이 조기 퇴사할 가능성을 최소화하는 것이 중요하다. **온보딩**(onboarding) 혹은 사회화는 신입사원이 그들의 새로운 직무로부터 발생하는 사회적 그리고 성과적 측면에 적응할 수 있도록 도와주는 과정을 의미한다.[141] 온보딩 프로그램은 회사마다 종류가 다양하다. 하지만 효과적인 온보딩 프로그램이 되기 위해서는 그림 9.6과 같은 4단계를 거쳐야 하며, 이러한 과정은 며칠, 몇 주 또는 몇 달이 소요될 수 있다. 이미 경험해보았겠지만, **오리엔테이션**(orientation)에서는 직원들에게 직무, 회사, 근무 규칙 및 여행 경비 등에 대한 정보를 제공하고, 세금 양식과 시간표를 작성하는 방법 등을 가르친다. 사회화는 오리엔테이션의 요소뿐만 아니라 더 많은 것을 포함한다. 사회화는 신입사원의 자신감을 높이고, 사회적으로 편안함, 관리자와 동료로부터의 인정, 역할과 직무에 대한 기대치, 책임 및 성과 요구사항을 이해하도록 도와 회사에 '적합(fit)'하고 회사 문화를 이해하도록 한다. 효과적인 온보딩은 높

그림 9.6 온보딩의 4단계

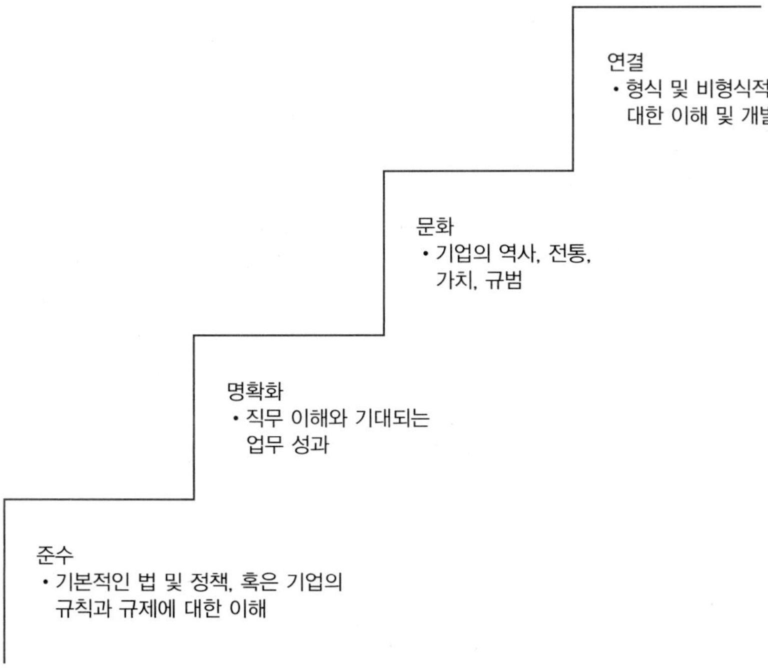

자료: T. Allen, L. Eby, G. Chao, and T. Bauer, "Taking Stock of Two Relational Aspects of Organizational Life: Tracing the History and Shaping the Future of Socialization and Mentoring Research," *Journal of Applied Psychology* 102 (2017), pp. 324–337; T. Bauer, *Onboarding New Employees: Maximizing Success* (Alexandria, VA: SHRM Foundation, 2010); G. Chao et al., "Organizational Socialization: Its Content and Consequences," *Journal of Applied Psychology* 79 (1994), pp. 730–743을 기반으로 함.

표 9.13 효과적인 온보딩 프로그램의 특징

- 직원들이 질문을 하도록 격려한다.
- 프로그램에서는 해당 직무의 기술적 그리고 사회적 측면을 모두 다룬 정보를 제공한다.
- 관리자들이 온보딩에 대한 책임을 일부 가지고 있다.
- 신입사원의 사기를 저하하거나 부끄럽게 만드는 것은 피해야 한다.
- 직원은 기업의 문화, 역사, 언어, 제품, 서비스, 고객에 대해서 배우게 된다.
- 회사에 입사한 이후 1년까지는 직원들의 진전도를 파악하기 위한 사후 조치가 지속적으로 이루어져야 한다.
- 프로그램에서는 참여, 적극적인 개입, 그리고 신입사원과 기존 직원 간의 형식적 그리고 비형식적 상호작용을 포함해야 한다.
- 배치전환 지원이 제공되어야 한다(예: 살 집 구하러 다니기 혹은 직원 및 그들의 동반자를 위한 지역사회 관련 정보 제공 세션 마련).

은 직무 만족도, 조직 몰입, 낮은 이직률, 높은 업무 성과, 줄어든 스트레스와 경력 효과성과 같은 많은 중요한 결과와 관계가 있다.[142]

표 9.13은 효과적인 온보딩 프로그램의 특징을 제시한다. 효과적인 온보딩 프로그램은 신규 채용자를 적극적으로 관여시킨다. 몇몇 기업은 표에서 제시한 몇 가지 특징을 포함하여 온보딩 프로그램을 제공하고 있다.[143] 350명의 직원을 둔 금융서비스 회사인 포럼 신용협동조합(FORUM Credit Union)은 강의와 문서 업무를 포함하는 전형적인 오리엔테이션을 실시해 왔다. 회사는 신입사원이 회사의 상품과 문화를 더 잘 이해할 수 있도록 게임이 포함된 새로운 오리엔테이션 프로그램을 개발했다. 게임 오브 파이낸셜 라이프[Game of (Financial) Life]에서 신입사원 팀은 재미있고 상호작용하는 실물 크기의 보드게임을 통해 회사 상품과 서비스에 대해 배우는 경쟁을 한다. 프로젝트 FORUMway에서는 신입사원에게 옷장을 제공하고, 적절한 작업복을 고를 수 있게 한다. 그들은 HR의 심사위원에게 자신의 선택에 대해 설명하고, 심사위원들은 이에 대해 피드백을 제공한다. 어메이징 헤드쿼터 레이스(Amazing Headquarters Race)는 참여한 팀이 물건을 찾기 위해 회사 건물 전체에서 직원들과 대화해야 하는 1시간짜리 게임이다. 미국, 유럽, 호주에 지사를 두고 있는 소프트웨어회사 바자보이스(Bazaarvoice)의 온보딩은 관계 구축을 강조한다. 이 프로그램에서 신입사원은 고객 통화를 듣고 따라 말하기, 동료와 함께 화상회의 설정하기, 간단한 질문에 답하기, 사무실 전체를 위한 간식 시간을 마련하기 위해 협력하기 등의 작업과 관련된 물건을 찾는다. 이 프로그램은 신입직원이 회사 전체에 자신을 소개하는 글로벌 화상회의도 포함한다.

전략 및 기술 컨설팅 회사인 부즈 알렌(Booz Allen)은 신입사원이 생산성을 높이고, 입사 결정한 것을 확신하고, 회사 문화와 핵심 가치에 대한 지식을 쌓는 데 걸리는 시간을 단축하기 위해 온보딩 프로그램을 개선했다.[144] 온보딩 프로그램은 과정의 효과를 높이기 위한 목적으로 대면 및 온라인 활동을 포함한다. 12개월 동안 진행되는 신규 프로그램은 학습과 3단계로 구성된 활동을 포함한다. 첫 번째 단계는 '참여(Engage)'로 2~3주 동안 진행되며, 신입사원에게 동기를 부여하고 입사 후 1년을 준비할 수 있도록 설계되었다. 참여 단계에서의 학습 활동은 다양한 사무실과 수준의 구성원, 교차기능팀(cross-functional team)에서 일하는 신입사원을 적극적으로 참여시킨다. 신입사원은 노트북을 사용하여 경력 계획과 개발을 위한 자원을 탐색할 수 있다. 세 명의 신입사원으로 구성된 팀이 각각 1년 동안 모의 고객 프로젝트(simulated client project)에서 경쟁한다. 그들은 고객과 함께 일하는 방법에 대한 통찰력과 예시를 제공해줄 수 있는 경험이 많은 직원과 접촉할 수 있다. 또한 회사의 고위 경영진은 환영 메시지를 전달하고, 회사에서 성공하는 방법에 대한 회의를 주도한다. 온보딩의 두 번째 단계인 '장착(Equip)'은 신입사원의 입사 후 2주 차에 시작하여 6개월 차까지 계속된다. 장착 단계에서는 직원에게 회사에서의 성공에 필요한 기술, 행동, 도구를 제공하며, 여기에는 관리자와 30일 차, 60일 차, 90일 차에 회의를 가지며, 일련의 전자 뉴스레터, 첫 번째 단계에서 배운 내용의 강화 및 구축을 위한 상세한 온보딩 도구모음(toolkit)이 포함된다. 세 번째이자 마지막 단계인 '능가(Excel)'는 전문성 개발, 관계 구축 및 회사 가치의 수용을 강조한다. 이 단계는 신입사원의 입사 1년 차 종료일까지 약 7개월 동안 진행된다. 신입사원의 첫 번째 성과평가는 능가 단계가 종료될 때 실시한다. 앞서 살펴본 3단계 외에도, 신입사원은 온보딩 커뮤니티로 알려진 회사의 소셜미디어 및 지식 관리 도구를 사용하여 블로그를 통한 정보 검색 및 공유, 온보딩 프로그램을 뒷받침하는 온라인 활동과 자원 등에 참여하도록 권장된다.

부즈 알렌의 프로그램 결과는 긍정적이었다. 8,000명 이상의 신입사원이 온보딩 프로그램을 완료하였고, 95% 이상이 입사 결정을 확신하는 데 이 프로그램이 긍정적인 영향을 미쳤으며, 직무에 대해 준비가 되어 있다고 대답했다. 입사한 지 6개월 미만인 신입사원의 이직률은 4% 감소했으며, 신입사원의 생산성 향상 시간이 단축되어 회사의 수백만 달러의 수익 손실을 방지할 수 있었다.

셰이프 코퍼레이션(Shape Corp.)은 충격 에너지를 흡수하고 차량, 탑승자 및 보행자를 보호하는 금속 및 플라스틱 제품을 설계, 제작, 제조 및 검사하는 회사이다.[145] 셰이프의 직원은 절단 토치, 용접기, 연삭기 및 기타 기계를 사용하므로, 온보딩 프로그램은 안전 문제에 중점을 둔다. 모든 신입사원을 대상으로 하는 4일간의 오리엔테이션과 제조업 종사자를 위한 6일간의 제조 기술자 양성과정이 있다. 온보딩 프로세스는 연사(speakers), 공장 견학, 회사 멘토링 프로그램 및 멘토 소개, 웹기반 훈련과 강사주도 안전 교육을 포함한다. 직원이 제조기술 훈련 과정을 이수하지 않을 경우, 제조업에 종사할 수 없으며 해고될 수도 있다. 오리엔테이션 프로그램은 전 세계 1,800명 직원의 모국어로 진행된다. 셰이프는 연 2회 실시하는 포커스 그룹을 기반으로 프로그램 내용을 지속적으로 수정한다. 프로그램의 결과로 1년 이하 근무한 직원의 부상률이 75% 감소하였으며, 직원들은 업무 수행에 필요한 지식을 습득하고, 안전 의식이 제고되며, 사회화를 강화하는 직장에서의 관계를 발전시킬 수 있었다.

요약

이 장에서는 공식교육, 평가, 직무 경험, 대인관계 등과 같이 기업이 사용할 수 있는 다양한 개발 방법에 초점을 맞추어 살펴보았다. 대부분의 기업은 직원들을 개발하기 위해서, 이 장에 소개된 여러 접근법 중 하나, 혹은 그 이상을 함께 사용한다. 공식교육은 회사 혹은 교육기관에서 제공하는 수업 혹은 세미나를 등록하는 것을 의미한다. 평가는 직원들의 성과, 행동, 기술, 혹은 성격 특성을 측정하는 데 사용된다. 직무 경험은 직무 확대, 새로운 직무로의 순환, 승진, 혹은 전근 등을 포함한다. 멘토링 및 역멘토링에 참여함으로써 직원들은 회사와 새로운 기술을 활용하는 방법을 더 잘 이해할 수 있을 뿐만 아니라 조직의 핵심 인물에게 노출되어 눈에 띌 수 있다. 관리자의 책무 중 일부는 직원들을 코치하는 것이다. 어떤 개발 접근법을 사용하는지와 무관하게, 직원들은 반드시 자신의 개발 계획을 통해서 (1) 필요한 개발의 종류, (2) 개발 목표, (3) 개발을 위한 최고의 접근법, (4) 개발 목표가 달성되었는지에 대해서 반드시 확인해야 한다. 개발 계획이 효과적이기 위해서 직원과 기업 모두 개발 계획 완료에 대한 책임감을 가져야 한다. 승계 계획, 문제가 있는 관리자 대응법, 그리고 온보딩과 같은 직원 개발에서 중요한 쟁점을 논의하면서 장을 마무리하였다.

핵심 용어

개발
개발 계획 혹은 경력 관리 시스템
경력 지지
공식교육 프로그램
그룹 또는 동료 멘토링 프로그램
나인-박스 그리드
다면평가제
리더 없는 그룹 토론
마이어스-브릭스 유형 지표(MBTI)
멘토
목표 설정
벤치 스트렝스
상향 피드백
승계 계획
승진
실행 계획
심리적인 성공
심리적 지지
안식기간
역멘토링
역할극
오리엔테이션
온보딩
인 바스켓
인사고과
인터뷰
임시 배정
자기평가
자원봉사 임무
전근
직무 경험
직무 순환
직무 확대
코치
평가
평가 센터
프로틴 경력
하향 이동
학자금 지원
핵심 인재
현실 확인
확장 과제

토론 문제

1. 생산적인 업무팀을 만들기 위해서 어떻게 평가를 사용할 수 있는가?
2. 효과적인 다면평가제의 특징에 대한 목록을 제시하고 이에 대해서 설명하시오.
3. 기업에서는 왜 형식적인 멘토링 프로그램을 개발하는가? 멘토와 프로테제가 얻을 잠재적인 혜택은 무엇이 있는가?
4. 역멘토링이란 무엇인가? 멘토와 프로테제가 얻을 수 있는 혜택은 무엇이 있는가?
5. 당신의 상사는 컨설턴트를 고용하여 현재 패스트푸드 레스토랑에서 일하는 직원들 중에서 잠재적인 관리자를 찾아내는 것에 관심을 가지고 있다. 관리자의 직무는 (1) 고객이 대기할 수 있도록 도와주고, (2) 바쁜 시기에는 음식 준비를 도와주고, (3) 레스토랑 운영 전반을 감독하고(일정 관리, 정비, 현장직무훈련, 그리고 식자재 구매 등), (4) 직원들이 고품질의 서비스를 제공하도록 동기를 부여하는 것이다. 뿐만 아니라 관리자는 직원들 사이에서 발생할 수 있는 갈등을 해결해주는 역할도 하고 있다. 이 직책은 스트레스를 받는 상황에서 일을 해야 하며, 한 번에 여러 업무를 수행해야 한다. 그녀는 당신에게 성공적인 관리자가 될 가능성이 보이는 직원들을 찾아내기 위해서 가장 적합한 평가 프로그램의 종류를 찾고 이에 대한 개요를 작성하라고 지시했다. 어떻게 이를 처리할 것인가?
6. 직원들은 현재 자신의 지역사회를 좋아하고 자신의 배우자와 자녀들이 이동하는 것을 선호하지 않기 때문에, 많은 직원들은 전근을 가고 싶어 하지 않는다. 하지만 경영자 위치로 올

라가기 위해서는 새로운 기술을 개발하고, 자신의 약점을 강화시켜야 하며, 새로운 사업에 노출되어야 한다. 그들을 전근시키지 않고 경영 기술을 개발시키기 위해서 어떻게 현재 직원들의 직무를 바꿀 수 있는가?

7. 코칭이란 무엇인가? 한 종류의 코칭만 존재하는가? 이에 대해서 설명하시오.
8. 왜 기업에서 직원들이 자신의 개발을 계획하도록 도와주는 데 관심을 가져야 하는가? 기업이 어떠한 혜택을 얻을 수 있는가? 어떠한 위험성을 가지고 있는가?
9. 회사가 경력 관리를 위해 사용할 수 있는 접근법으로 무엇이 있는가? 접근법에 대해 설명하고 그것들이 어떻게 다른지 설명하시오.
10. 개발 시스템에서 관리자의 역할은 무엇인가? 어떤 역할이 전형적인 관리자들에게 가장 어렵다고 생각되는가? 어떤 역할이 가장 쉬운가? 관리자들이 경력 관리에 관여하기를 꺼리는 이유에 관한 리스트를 작성하시오.
11. 개발 계획에 반드시 무엇이 포함되어야 하는가? 개발 계획에서 직원이 발전하고 있다는 것을 보장하기 위해서 가장 필요로 하는 부분은 무엇이라 생각하는가?
12. 기업은 반드시 높은 잠재성을 가진 관리자를 찾아낸 뒤, 이를 공식적으로 인정해야 하는가 아니면 이를 기밀로 해야 하는가? 관리자는 자신이 높은 잠재성을 가진 관리자로 고려되고 있다는 것을 알고 있어야 하는가? 당신의 입장에 대해서 설명하시오.
13. 오하이오주 콜럼버스에 본사를 둔 5,000명의 직원을 보유한 생명 보험 회사 네이션와이드 파이낸셜은 승계 조사를 위해 나인-박스 그리드를 사용한다. 중간 수준의 리더십 잠재력을 가진, 기반은 탄탄하지만 뛰어난 성과는 내지 못하는 직원에게 어떤 유형의 개발 계획과 활동을 추천하는가? 이러한 계획은 높은 잠재력과 높은 성과를 보이는 직원을 위한 계획과 어떻게 다른가? 설명하시오.
14. 나인-박스 그리드를 활용하여 인재 조사를 할 경우 얻을 수 있는 장점과 단점은 무엇인가?
15. 온보딩의 4단계를 설명하시오. 신입사원들은 각 단계에서 무엇을 배워야 하는가? 어떻게 소셜미디어 혹은 인터넷이 온보딩 과정을 도와주고 있는가?
16. 벤치 스트렝스란 무엇인가? 기업이 경영자 후보군을 보유하는 것은 중요한가? 중요하다면 왜 그러한가? 승계 계획은 기업의 벤치 스트렝스에 어떤 영향을 미치는가?
17. 가족 사업이 승계 계획에서 겪는 어려움으로 어떠한 것이 있는가?

적용 과제

1. 다우 케미컬에서 근무하는 한 직원의 경험에 대한 영상을 https://www.youtube.com/watch?v=ERvag-Z7VdU에서 시청하시오. 그의 직무 경험은 어떻게 개발되었는가? 직무 경험 외에 회사가 직원 개발을 돕기 위해 고려할 수 있는 다른 사항으로는 무엇이 있는가?
2. ABB에 대한 영상을 https://www.youtube.com/watch?v=ih6Au7sjOz8에서 시청하시오. ABB에서 직원 개발이 중요한 이유는 무엇인가? ABB는 어떻게 직원을 개발하는가?
3. 노스캐롤라이나주의 교통국(State of North Carolina Department of Transportation,

NCDOT)에서 사용하는 직원 훈련 및 개발에 대한 영상을 https://www.youtube.com/watch?v=yKFta1zfC8o에서 시청하시오. 프로세스의 어떤 부분이 개발 계획의 효율성에 기여하는가? NCDOT는 계획 과정을 개선하기 위해 그 밖에 무엇을 고려할 수 있는가?

4. 고어는 의료용 임플란트, 직물 라미네이트 및 연료 전지에 사용되는 제품을 제조한다(당신은 이 회사가 만든 신발, 장갑, 방수와 방풍 및 통기성 직물이 포함된 재킷을 가지고 있을 수도 있다). 회사 문화와 관련된 영상을 https://www.youtube.com/watch?v=8AhCqmdVAF8에서 시청하시오. 후원(sponsorship)은 직원 개발에 어떤 도움을 주는가? 후원은 회사의 학습 문화를 조성하는 데 도움이 되는가? 이에 대하여 설명하시오.
5. 멘토링 매칭 소프트웨어의 사례로 멘토클리큐(MentorcliQ)가 있다. 회사에 대한 영상을 https://www.youtube.com/watch?v=v-jOaHFYYrE에서 시청하시오. 효율적인 관계를 확보하기 위해 멘토와 프로테제를 매칭하는 것은 중요한가? 당신의 입장을 설명하시오. 멘토클리큐와 같은 멘토링 매칭 소프트웨어는 멘토링 관계의 성공 가능성을 높이는 데 어떤 도움을 주는가?
6. 크로톤빌은 GE의 글로벌 리더십 개발 교육기관이 있는 곳이다. 크로톤빌에 대한 영상을 https://www.youtube.com/watch?v=sk4OhmAUojg와 https://www.youtube.com/watch?v=PzHyoHlJCIY에서 시청하시오. GE의 우수한 리더 개발과 사업에 크로톤빌이 어떻게 기여하는지 설명하시오.
7. https://www.suffolk.com을 방문하여, 서퍽 건설회사의 사업과 고객에 대해 살펴보시오. 그런 다음 https://www.suffolk.com/career-path로 이동하여 회사 직원에게 제공하는 개발 기회의 유형을 나열하고 간략하게 설명하시오. 회사가 직원 개발에 투자하는 이유는 무엇이라고 생각하는가?

사례 Vi의 리더 개발하기

미국 전역에서 노인을 위한 10개의 지속적인 돌봄 주거 커뮤니티를 소유 및 운영하는 Vi는 다양한 리더십 개발 프로그램을 운영하고 있다. 혁신적 리더십 프로그램(Breakthrough Leadership Program, BLP)의 목적은 잠재력이 높은 리더의 역량과 효율성을 높이는 것이다. 또한 Vi는 잠재적인 리더에게 투자하는 것이 최고의 인재를 유지하는 데 도움이 되며, 이를 통해 직원의 높은 참여도를 이끌어낼 수 있다고 믿는다. 이 프로그램에 참여한 직원은 양질의 서비스를 제공함으로써, 거주자의 만족도에 영향을 주며 다른 잠재적 거주자에게 관련 서비스를 추천하게 만든다. BLP는 참여한 직원이 추가적으로 책임을 더 맡거나, 높은 직급으로 이동할 수 있도록 준비시킨다. BLP에서는 구축(building) 결과 및 책임, 직원 및 개인 개발, 의사소통과 다른 사람들에게 영향력을 행사하는 기술의 향상 등을 다룬다. 1년 프로그램에는 강의실, 가상 학습, 온라인 학습이 포함되며, 개인 개발 요구에 맞춘 실행 계획을 개발하고 실행할 수 있도록 코칭을 제공한다. 관리 개발 프로그램은 현재 엔지니어링, 식사, 행정직 분야에서 종업원 및 가사도우미로 일하고 있는 직원을 미래의 리더로 양성하는 데 초점을 둔다. 1년간 진행되는 이 프로그램에는 수업, 체험학습, 멘토링 등이 포함되어 있다. Vi의 새롭게 떠오르는 리더 프로그램(Emerging Leaders Program)에서는 직원들이 리더로 성장하는 데 필요한 지식과 기술 개발에 중점을 둔 6개월의 가상 학습 프로그램에 참여한다.

Vi가 리더를 개발하기 위해 어떤 다른 개발 활동을 고려할 수 있는가? 고려할 수 있는 개발 활동을 파악하고, Vi가 이를 고려해야 하는 이유를 설명하시오. Vi의 학습개발팀은 리더십 프로그램의 효과를 모니터링하기 위해 어떤 자료 또는 결과를 수집해야 하는가? 선택한 자료의 사업적인 이유를 설명하시오.

자료: B. Hassell, "At Vi, Business Is All About Living and Learning," *Chief Learning Officer* (June 2017), pp. 32–33; and "What Is Vi" from www.viliving.com and "Training Programs" from https://jobs.viliving.com/training-programs, accessed March 7, 2018을 기반으로 함.

실습 사례 3

블루밍데일즈의 패션과 안전

블루밍데일즈(Bloomingdale's)는 메이시스(Macy's)가 소유한 고급 백화점 체인으로, 12개 주에 1만 명 이상의 직원을 두고 있다. 1872년에 설립된 블루밍데일즈는 최신 패션 디자인을 볼 수 있는 매장으로 여겨져 왔다. 소매업에 종사하는 직원은 제조업에 비해 안전한 직업이지만, 여전히 직장에서 다칠 수 있는 방식은 수없이 많다. 예를 들어, 직원은 진열대를 교체하는 동안 사다리에서 떨어지거나, 포장을 열기 위한 상자 절단기를 잘못 사용하거나, 고객이 상품을 떨어뜨리거나 진열대에서 떨어뜨리는 경우 바닥의 깨진 유리를 치우는 올바른 절차를 따르지 않아 부상을 입을 수 있다. 블루밍데일즈는 직원들이 안전수칙에 대한 지식을 개선하고, 부서와 매장 전반에 걸쳐 일관된 안전 교육을 제공하고, 동료의 안전하거나 안전하지 않은 작업 행동과 실천사항을 알리도록 권장함으로써 안전에 대한 손해배상 청구비용을 절감하고자 했다.

블루밍데일즈는 기존 휴식 공간에 안전 문구를 게시하고, 강의실 교육을 제공하며, 교대 근무 전 회의를 갖는 등 직원의 안전 의식을 높이기 위해 다양한 접근 방식을 조합하여 사용하고 있다. 그러나 회사는 직원들이 일관된 안전 문구를 접하지 못하며, 안전 수칙에 대한 이해, 근무 중 이를 적용하는 방법을 알지 못하는 것으로 생각한다.

블루밍데일즈는 (1) 직원이 근무 시간 동안 소매점에서 벗어나지 않고 이수할 수 있고, (2) 다양한 다세대(multigenerational) 인력의 관심을 끌 수 있으며, (3) 매장과 부서별 겪고 있는 특정 안전 문제를 해결할 수 있을 만큼 충분히 유연하고, (4) 직원 학습을 측정하고, 이를 사업 목표와 연결할 수 있는 훈련 접근법을 찾고 있다.

자료: "About US" from www.bloomingdales.com, accessed April 15, 2018; "Axonify Case Study: Bloomingdale's Saves Millions by Investing in Associate Knowledge-Building" (2016) from http://resources.axonify.com/case-studies/bloomingdales-case-study, accessed April 14, 2018을 기반으로 함.

질문

1. 훈련 방법을 선택하고 직원에게 필요한 안전 지식 및 기술 유형을 식별하는 데 도움이 되는 요구 조사를 어떻게 실시할 것인가? 요구 조사에는 누가 참여할 것인가?
2. 블루밍데일즈에게 어떤 훈련 방법을 추천하겠는가? 훈련 방법과 안전 교육에 대한 회사의 기대치를 어떻게 충족할 수 있는지에 대해 설명하시오.
3. 당신이 제안한 훈련 방법의 효과를 판단하기 위해 블루밍데일즈는 어떤 평가 결과를 측정해야 하는가? 훈련이 사업에 도움이 된다는 것을 어떻게 증명할 수 있는가?

Part 4

사회적 책임과 미래

10장 “사회적 책임: 법적 문제, 다양성 관리와 경력 도전”은 어떻게 훈련이 노조나 지역 대학, 다른 교육기관과 협력하여 기업의 사회적 책임에 공헌하는지에 초점을 맞춘다. 또한 기업은 사회적 책임을 위해 다양성을 관리하고, 직원이 삶과 일의 균형, 경력 단절, 실직, 은퇴에 관한 경력 개발 및 관리를 하도록 준비시키는 것뿐만 아니라 그들이 다양한 문화에서 효과적으로 업무를 수행하도록 지원하기 위한 단계를 밟는다.

11장 “훈련과 개발의 미래”는 훈련과 개발이 미래에 어떻게 발전할 것인지에 대해 논의한다. 훈련이 전달되는 방식과 교육의 품질 및 현실성에 영향을 미칠 수 있는 자동화와 신기술 개발을 포함한 많은 요소가 훈련과 개발의 미래에 영향을 미치게 된다. 학습을 개발하는 데 사용할 수 있는 더 빠르고 효과적인 방법 그리고 교육, 개발 및 비즈니스 결과 간의 관계를 보여주기 위한 빅데이터 사용에 대한 강조가 증가하고 있다.

Part 4는 더 다양한 경영진을 개발하기 위해 회사가 직면한 도전을 탐구하는 나이키 사례로 마무리한다.

Chapter 10 사회적 책임: 법적 문제, 다양성 관리와 경력 도전
Chapter 11 훈련과 개발의 미래

Chapter 10

사회적 책임: 법적 문제, 다양성 관리와 경력 도전

학습목표

1. 지역사회 발전과 기술 개발을 위한 훈련 파트너십의 역할에 대해 설명한다.
2. 훈련과 관련된 잠재적 법적 이슈에 대해 설명한다.
3. 효과적인 다양성 관리 프로그램을 개발한다.
4. 직원들이 이문화 과제를 준비할 수 있도록 프로그램을 설계한다.
5. 직원과 조직을 위한 경력 경로 및 이중 경력 경로의 중요성을 설명한다.
6. 직원들의 일과 삶의 균형을 위한 정책을 개발한다.
7. 제대군인의 기술 개발과 채용을 위한 기업의 노력을 묘사한다.
8. 고령자 직원의 퇴직 프로그램의 가치에 대해서 설명한다.

훈련 파트너십으로 기술 및 직무 성과 달성하기

기업, 구직자, 연방 및 지방 정부는 훈련 프로그램이 오늘날 일자리에 필요한 기술을 갖춘 인력을 개발하는 데 도움을 줄 수 있기를 바라고 있다. CIW(Central Iowa Works)는 고용주와 직원들, 공공과 민간 자금지원 기관 및 관련 커뮤니티 파트너 간의 파트너십이다. CIW의 목적은 고용주와 구직자 모두의 관점에서 기술격차를 좁히는 것이다. 고용주에게 CIW는 중부 아이오와에서 일할 자격을 갖춘 직원들을 모집하고 채용할 수 있도록 도움을 준다. 구직자는 승진의 기회가 있는 실제적 직업을 위한 훈련을 받으며 채용된다. CIW는 에너지 및 금융서비스 기업과 협력하여 견습(apprenticeship) 프로그램도 제공한다. 견습 프로그램의 일부인 강의장 훈련과 유급근무 경험(일명 '배움으로써 번다')을 통해 직원들은 초기수준(entry level) 직업에 필요한 기술을 갖추게 된다. 기업은 잘 훈련된 직원을 동기부여하고 이직률을 낮춤으로써 이익을 얻게 된다.

콜로라도주 볼더에 있는 IT 기업인 테크토닉 그룹(Techtonic Group)은 사용가능 기술을 갖춘 인력이 부족하기 때문에 소프트웨어 개발 직책을 충원하는 데 어려움을 겪었다. 테크토닉은 아르메니아에서 해외 앱 개발 작업에 의존했지만 시간대 및 언어 차이와 임금상승으로 계약을 지속하기 어렵고 비용이 많이 든다는 것을 알게 되었다. 테크토닉은 이를 지역의 다양한 인재 파이프라인의 구축을 위한 기회로 보았다. 테크토닉은 역사적으로 기술직에서 제외된 여성, 제대군인, 고등학교 및 대학중퇴자, 위험(at-risk) 청소년들에게 소프트웨어 개발 업무에 필요한 기술을 개발할 기회를 주기 위해 테크토닉 아카데미를 만들었다. 기업은 덴버와 볼더 지역 인력기관과 협력하여 지원자를 식별한다. 매년 여러 차례 진행되는 이 프로그램에는 15개 공채에 지원자가 400명이 넘는다. 지원자는 기본적인 소프트웨어 개념을 이해할 수 있는 능력을 갖추고 있다는 것을 입증해야 한다. 소프트웨어 경험이 없는 지원자를 위해 기술 심사에 앞서 온라인 과정 세 개를 개설해 소프트웨어 기술에 익숙해질 수 있도록 돕는다. 테크토닉 아카데미는 기본적인 코딩 능력(예: 기본적인 컴퓨터 사고 및 논리 구조)에 대한 5주간의 수업을 제공한다. 이 수업은 논리 및 문제해결 능력을 갖춘 개인과 프로젝트 환경에서 작업하고 사용자와 상호작용할 수 있는 인재를 식별하는 데 도움이 된다. 수업은 무료이지만 볼더가 보조해준다. 테크토닉은 콜로라도주로부터 40명의 견습생이 2017년에 이 프로그램을 이수할 수 있도록 자금을 조달하고 프로그램을 성장시키는 데 도움을 주는 근로법보조금(Work Act Grant)을 받았다. 테크토닉 아카데미 졸업생들은 정보기술과 소프트웨어 개발 분야에서 8개월의 유급 인턴십을 받을 자격을 얻는다. 테크토닉 아카데미를 수료한 35명 중 32명이 견습생으로 선발됐다. 견습생은 테크토닉 그룹과 기업의 고객 및 비즈니스 파트너와 함께 일한다. 또한 주니어 개발자로 시작한 견습생들이 신입생 멘토링과 아카데미 지원자 선별을 돕고 있다.

자료: Central Iowa Works, from www.centraliowaworks.org, accessed March 21, 2018; T. Bingham and P. Galagan, "Offshore No More," *TD* (December 2017), pp. 26–31; and C. Magyar, "In Search of Apprentices," *TD* (December 2017), pp. 32–36을 기반으로 함.

서론

훈련과 개발은 기업의 사업 목표 달성을 도와서 이윤을 창출해야 하는데, 상장기업의 경우는 주주들에게도 긍정적인 이익을 가져다주게 된다. 주주는 기업의 성공에 관심이 있는 당사자(또는 이해관계자) 중 한 명이며, 또 다른 주요 이해관계자에는 지역사회와 교육 및 개발 혜택을 받을 수 있는 직원도 포함된다. 기업은 환경보호, 문화활동 지원, 빈곤과 실업 감소 등을 통해 자신이 속한 지역사회를 개선해야 할 사회적 책임이 있다. 예를 들어, 기업은 학교, 전문대학 및 일반대학과의 파트너십을 발전시켜 인력의 능력을 향상하는 프로그램을 설계할 수 있다. 이러한 파트너십은 숙련된 직원의 원천이라는 점에서 기업에 도움이 된다. 또한 지역 노동시장의 기술 수준을 향상하기 때문에 지역사회에 기여한다. 이는 고용주들이 그들이 필요로 하는 기술을 찾기 위해 미국과 해외의 다른 지역으로 이동하는 것을 막고 새로운 고용주를 유치하는 데 도움을 줄 수 있다. 이 장에서는 구직자들이 일자리를 찾고, 기업이 숙련된 직원을 찾을 수 있도록 설계된 교육 파트너십에 대해 설명한다(1장 "직원 훈련 및 개발 소개"에서 논의했던, 인력에서 사용 가능한 기술과 기업이 필요로 하는 기술이 일치하지 않는 것을 떠올려보자). 이 장의 첫 번째 부분에서는 기업에게 숙련된 인력이 제공되도록 학교, 노조 및 비영리 단체와 함께 참여하고 있는 다양한 유형의 훈련 파트너십에 대해 설명한다.

사회적 책임은 또한 기업이 법과 규정을 준수해야 한다는 것을 의미한다. 아마도 더 중요한 것은, 기업은 모든 직원이 자신의 배경과 경력에 관계없이 성장, 개발 및 기업 목표에 기여할 수 있도록 조치를 취하고 여건을 조성해야 한다는 것이다. 이 장의 두 번째 절에서는 법률과 규정이 훈련과 개발에 어떻게 영향을 미치는지, 그리고 다양한 인력의 능력과 기술이 잘 활용되도록 하는 방법에 대해 논의한다. 여기에는 다양성과 포용성 관리, 고위관리직에 오르기 위해 여성이 직면한 유리천장(glass ceiling) 깨기, 이문화 과제 수행 준비 등이 포함된다. 이 장의 마지막 절에서는 직원들이 직면하고 있는 구체적인 경력 도전이라 할 수 있는 일과 삶의 균형, 경력 단절, 실직 대처, 잡호핑 및 경력 재순환, 퇴직과 고용주가 이러한 직원을 관리하고 대처하기 위한 방안에 대해 설명한다.

훈련 파트너십

정부기관, 무역단체, 재단 및 기업은 직원의 기술을 개발하고 일자리를 제공하기 위해 학교와 협력하고 있다. **부문 파트너십**(sector partnership)은 직무에 필요한 기술을 파악하고 있는 숙련공을 제공하기 위해서 정부기관 및 교육기관, 그리고 산업단체가 연계해서 해당 지역의 채용을 협의해나가는 협의체를 말한다. 부문 파트너십은 고졸 이상 4년제 대학 학위가 필요 없는 직무에서 요구하는 실질적인 기능숙련도에 초점을 두며, 일부는 엔지니어와 같은 전문직에 필요한 기술을 제공하는 곳도 있다. 개별 고용주가 단독으로 하는 경우보다 파트너십을 통해 보다 빠르게 인력의 기술 요구를 충족할 수 있다. 직업단(Job Corps)은 미국 의회의 예산을 지원받아 노동부(U.S. Department of Labor)에 의해서 운영되는 경력 및 기술훈련 프로그램이다.[1] 이곳에서는 16~24세의 젊은 미취업자들에게 광업, 임업 그리고 간호업에 필요한 정보기술 및 직업기술을 훈련시킨다. 미국과 푸에르토리코 전역에 위치한 119개의 직업단 캠퍼스는 민간 계약업체를 통해 학생들에게 교육, 훈련 및 지원 서비스를 제공한다. 트로이 카터는 음악 산업에서 성공을 꿈꾸었고, 메릴랜드의 직업단 센터에서 GED(검정고시)를 취득하였다. 현재 캘리포니아 베벌리힐스에 소재한 아티스트 매니지먼트 및 디지털 마케팅 기업인 코얼리션 미디어 그룹(Coalition Media Group)의 CEO인 그는 숀 '디디' 콤스, 넬리 및 윌 스미스와 함께 일했으며 그의 고객 중에는 레이디 가가도 포함되어 있다.

일부 프로그램은 저소득층이나 노숙자, 전과자, 장애인 등 취업이 어려운 계층이 시장성 높은(취업으로 이어질 수 있는) 기술의 학습을 통해 빈곤의 악순환에서 벗어날 수 있도록 도움을 주고 있다. 예를 들어, 펩시는 장애인을 유치, 채용하기 위해 장애인 솔루션(Disability Solutions)과 협력하고 있다.[2] 펩시의 ACT(Achiving Change Together) 프로그램에는 펩시 리더가 장애인을 채용하고 함께 일하는 데 다양한 유형의 장애에 대한 인식을 제고하고, 학습 및 생산성 전략을 극대화하는 데 도움이 되는 팁과 모범사례를 제공한다. 또한 ACT 프로그램은 이력서 작성, 면접기술, 그리고 제대군인인 경우는 민간부문 취업을 위해 현역 군인 시절의 기술과 경험을 표현하고 번역하는 방법을 가르치며, 장애인이 직업에 진입(또는 재진입)할 수 있도록 준비하는 데 중점을 둔다. 펩시 ACT의 훈련을 받은 많은 구직자들은 펩시에 취업하였고, 다른 사람들은 다른 여러 곳에 채용되었다. 이러한 점은 펩시가 인재 풀을 구축함으로써 지역사회에 기여했다는 것을 보여준다.

다음과 같은 파트너십을 통해 특정 산업이나 직업에 취업할 수 있도록 준비하거나 실직자가 새로운 일자리를 얻는 데 필요한 기술을 개발하는 방법을 고려해보자. 에너지 인력개발센터(The Center for Energy Workforce Development, CEWD)는 저소득층 청년들의 에너지 산업 분야 취업에 도움을 주기 위해 빌게이츠 재단으로부터 100만 달러 이상의 보조금을 받았다.[3] 청년들은 천연가스와 전기설비, 건설, 제조업에 종사한다. CEWD는 퇴직 및 퇴사로 인해 설비 산업에 닥치는 인력 부족 문제의 해결과 설비업체들의 상호협력에 도움을 주기 위해 설립되었다. 미국 에너지 분야 인력의 40% 이상이 향후 5년 이내에 퇴직할 것으로 추산되고 있다. 미래의 산업 요구를 충족할 수 있는 숙련된 인력 파이프라인을 구축해야 할 필요성에 초점을 둔 설비업체, 관련 협회, 계약업체 및 노조 간의 첫 번째 파트너십이다.

또한 설비업체들은 대학 및 노조와 협력하여 설비 산업에서 숙련된 인력을 채용할 수 있도록 온라인 교육 및 기타 유형의 훈련을 개발하고 홍보하고 있다. 예를 들어, 비즈마크주립대와의 파트너십은 견습생들에게 전기시스템, 전기부품 및 변압기를 이해하는 데 필요한 기초기술을 제공한다.[4] 전력기술 프로그램에서 견습생은 산업전문가가 개발한 온라인 과정을 필수교육으로 수강한다. 이 과정은 특별히 견습 프로그램의 일부인 현장 학습을 지원하기 위해 설계되었다.

에이온(Aon)의 미션은 경제와 인간의 가능성을 강화하는 것이다.[5] 에이온은 시카고시립대의 단과대학인 해럴드워싱턴 단과대학과 협력하여 보험, 기술 및 인적자원 분야의 견습 프로그램을 제공하고 있다. 견습기간 동안 학생들은 에이온에서 정규직으로 근무하게 된다. 에이온은 임금혜택과 관련 학위를 취득할 수 있는 근무시간을 제공함으로써 견습생들을 지원하고 있다. 학생들은 2년 동안 매주 20시간씩 수업하고 20시간을 일한다. 웨스트버지니아의 비영리 단체인 석탄개발공사(Coalfield Development Corporation)는 애팔래치아 지역에서 실직한 직원들과 석탄광부들의 새로운 일자리 준비를 돕는다.[6] 교육생들은 2년제 프로그램에서 매주 33시간의 유급근무, 6시간의 전문대학 수업, 3시간의 생활기술 수업을 이수해야 한다. 연수생들의 목표는 태양광 설치, 석면 제거, 목공, 농업(블루베리, 블랙베리, 허브 농사용 스트립광산 매립 등) 등 각 분야에서 관련 학위와 취업에 필요한 전문인증을 취득하는 것이다.

오하이오주의 자동화제어 업체인 PK 컨트롤즈(PK Controls)는 사업이 번창하고 있지만 필요한 기술자를 찾는 데 어려움을 겪고 있다.[7] PK 컨트롤즈는 기술자를 개발하기 위한 자체 훈련을 실시하지만 콜럼버스주립커뮤니티칼리지와 파트너 관계를 맺고 필요한 기술을 갖춘 직원들을 개발하고 있다. PK 컨트롤즈는 혼다 및 워딩턴 인더스트리와 같이 오하이오주의 다른 기업들과 함께 전자공학 학사 학위를 제공하는 현대 제조업 프로그램에 참여하고 있다. 학생들은 일주일(주 5일) 중 2일은 수업을 듣고, 3일은 일을 한다. 현장실습은 학생들이 첨단공학을 포함한 3학기 수업을 마친 후 시작된다. 이 프로그램의 졸업생들은 5만~6만 달러의 급여를 받는 일자리를 얻는데, PK 컨트롤즈를 포함한 기업들은 필요한 기술을 갖춘 직원을 채용하게 된다.

연방법률은 교육기관, 고용주 및 노조 간의 파트너십을 장려한다. **학교에서 직장으로 기회**

법(School-to-Work Opportunities Act)은 학생들이 고도의 기술, 고임금 일자리 또는 미래 교육에 대비할 수 있도록 학교에서 직장으로 이어지는 시스템 구축을 돕기 위해 설계되었다. 위스콘신주는 가장 완벽하게 개발된, 학교에서 직장으로 프로그램(School-To-Work Programs) 중 하나를 가지고 있다. 관광부터 공학까지 13개 분야에서 견습 기회가 제공된다. 고용주와 교육자로 구성된 위원회는 다뤄야 하는 기술을 개발하고 적절한 강의장 및 업무 경험을 파악한다. 예를 들어, 위스콘신주 보건과학 청소년 도제 프로그램(Wisconsin Health Science Youth Apprenticeship Program)은 치료 서비스(치과, 간호, 의료보조), 정보학(환자 데이터 관리), 구급차/지원 서비스(식단, 실험실, 검안 서비스)를 포함한 보건과학 분야의 다양한 취업 경로에 초점을 맞추고 있다.[8] 이 프로그램은 고등학교 2학년과 3학년생들을 대상으로 강의장 및 현장학습의 통합을 통해 직업에 필요한 기술과 지식을 제공한다.

WIOA(Work Innovation and Opportunity Act)는 구직자를 지원하기 위해 설계되었다. 채용, 교육, 훈련 및 지원 서비스에 접근할 수 있도록 하여 노동시장의 성공과 고용주와 숙련 노동자를 연결시킨다.[9] WIOA는 1998년 노동투자법(Workforce Investment Act)의 개정 및 재승인이다. WIOA는 의회에서 여야의 초당적 지지를 받아 15년 만에 이루어진 공공인력 시스템의 첫 번째 입법개혁이다. WIOA는 기존 프로그램을 없애고 인력 개발 시스템을 간소화하고 남은 프로그램의 평가를 위한 공통 지표를 구축하였다. 또한 미국의 각 주(state)는 지역 및 인력에 필요한 기술을 개발하기 위해 자금을 투입할 수 있는 유연성을 제공하고 현장 직무훈련 및 개발 기회에 대한 접근을 지원하고 있다. 마지막으로, WIOA는 장애인의 취업 성공에 필요한 기술을 갖추고 학교 밖 청소년과 고등학교 중퇴자에 대한 지원개선을 보장하고 있다. 이 시스템의 초석(cornerstone)은 수많은 훈련, 교육, 채용 프로그램을 각 커뮤니티에서 하나의 고객 친화적인 시스템으로 통합한 원스톱(One-Stop) 서비스 제공이다. 원스톱의 기본 개념은 고객이 인력투자 서비스 시스템에 원활하게 접근할 수 있도록 프로그램, 서비스 및 거버넌스(governance) 구조를 조정하는 것이다. 시스템의 효율성과 효과성을 최대한 활용하기 위해 다양한 프로그램이 원스톱 차원에서 공통 접수, 사례 관리, 직업 개발 서비스를 활용할 수 있을 것이다. 고용주와 구직자의 요구를 충족하기 위해 훈련 및 채용 프로그램을 포함한 다양한 서비스가 제공된다. 원스톱 지원을 위한 주요 도전은 미국의 각 주 및 지역 이사회가 TANF(Temporary Assistance for Needy Family) 기관, 교통기관 및 제공자, 대도시계획기관, 보육기관, 비영리 및 지역사회 파트너, 그리고 청년들과 함께 일하는 다양한 파트 등 여러 서비스 기관의 네트워크를 효과적으로 조정하고 협업할 수 있도록 하는 것이다.

코네티컷주 그로턴 지역 잠수함 설계 및 제조사인 일렉트릭 보트(Electric Boat)는 최근 미국 해군으로부터 대규모 계약을 따냈지만,[10] 필요한 기술을 갖춘 인력을 충분히 확보하지 못하고 있다. 실제로 2030년까지 1만 5,000~1만 8,000명의 신규 채용이 필요할 것으로 추산하였다. 이 문제를 해결하기 위해 일렉트릭 보트는 연간 훈련예산을 두 배로 늘리고 WIOA가 위임한 비영리 기관인 EWIB(Eastern Connecticut Workfact Investment Board)와 채용작업을 조율하고 있다. 기관에서 제공하는 기술 및 업무준비 훈련 프로그램에 4,000명 이상이 등록하였다. 600명이 훈련을 완료했으며 일렉트릭 보트와 다른 기업에 채용되었다.

O*NET은 직업정보네트워크(Occupational Information Network)로 근로자 역량, 직무 요구사항 및 자원으로 구성된 고유하고 포괄적인 데이터베이스 및 디렉터리이다.[11] 원스톱 서비스 제공을 지원하는 O*NET은 미국의 주요 직업 정보의 원천이다. O*NET 데이터베이스에는 기술, 능력, 지식, 업무 활동 및 직업과 관련된 관심사에 대한 정보가 포함되어 있다. O*NET 정보를 활용하여 진로 탐색, 직업상담, 직무명세서 작성, 현재 업무상 필요에 맞는 훈련 조정 등 다양한 인적자원(HR) 기능을 원활히 수행할 수 있다. 구직자들은 O*NET을 사용하여 자신의 관심사, 기술 및 경험에 맞는 직업을 찾고, 자신의 꿈에 부합하는 직업에 필요한 기술, 지식 및 능력을 파악할 수 있다.

노사공동 프로그램

노사공동 프로그램의 초기 목표는 실직한 직원들에 대한 기술 훈련과 이직 지원을 통해 새로운 일자리를 찾을 수 있도록 돕는 것이다. 현재 **노사공동 교육 프로그램**(joint union-management training programs)은 직원들이 자신의 직무와 직접 관련된 기술을 배우고, 다른 기업이나 업계 고용주에게 가치 있는 '이동성' 기술을 개발할 수 있도록 설계된 광범위한 서비스를 제공하고 있다.[12] 고용주와 노동조합 모두 프로그램을 운영하기 위해 자금을 지원하고 있으며, 운영을 감독하고 있다. NACTEL(National Coalition for Telecommunications Education and Learning)은 AT&T, 센추리 링크(Century Link), 프런티어(Frontier), 버라이즌 등의 통신기업과 CWA(Communication Workers of America), IBEW(International Brother of Electrical Workers)를 포함한 노동조합이 함께 개발한 파트너십이다.[13] NACTEL에는 직원들의 업무 수행과 관련된 학위(예: 통신학)와 자격증 프로그램(예: 통신학개론)이 포함되어 있다. NACTEL 프로그램은 페이스대학교의 컴퓨터과학 및 정보시스템 학과에서 제공하고 있다.

일리노이주 시카고에 본사를 둔 기업 사이트라인 인테리어 카펀트리(Siteline Interior Carpentry Inc.)는 목공들을 찾고 훈련시킬 가능성이 있다는 것을 고려하여 텍사스 지역에 새로운 지점을 열었다. 사이트라인은 한 달에 한 번 제공되는 3일짜리 훈련 프로그램을 만들었다. 이 프로그램은 텍사스주 댈러스와 오스틴에 있는 목수노조와 공동으로 개발하였다.[14] UAW(United Auto Workers)-NTC(Chryler National Training Center)는 FCAUS(Fiat Chrysler Automotives United States)에서 UAW 직원들의 직무 능력과 개인의 삶을 향상하는 훈련 및 기타 프로그램을 제공한다.[15] NTC는 직원들이 WCM(World Class Manufacturing) 생산 시스템에 대해 배울 수 있는 월드클래스 매뉴팩처링 아카데미(World Class Manufac- turing Academy)를 운영한다. WCM은 직원들의 참여, 생산성 향상, 자동차 품질 향상을 강조한다. FCAUS는 WCM에서 매년 1,200명 이상의 직원을 양성하여 지속적인 개선과 학습 문화를 조성하고 있다. NTC는 로봇 공학, 금속마감, 용접, 전기문제 해결 및 컴퓨터 보조설계 훈련 과정도 제공한다. 이러한 과정은 새로운 제조 기술의 도입으로 인한 숙련된 육체노동자와 생산직원들의 노후화를 방지하는 데 도움이 된다. 또한 NTC는 직원들이 전문대학과 일반대학에서 직업 관련 교육과정을 수강할 수 있도록 자금을 지원하는 노사공동 등록금지원 프로그램을 감독하고 있다. NTC는 직원들의 안전을 위해 지역 노사관계자들과 함께 보건 및 안전 프로그램을 운영하고 있다. 또한 NTC는 직원들이 개인적인 도전에 대처하고 업무 외 삶의 질을 향상하는 데 도움이 되는 직원지원 프로그램을 편성한다.

국내외 다양한 인력의 관리와 법적 문제

법적 문제

표 10.1은 기업의 평판에 잠재적인 위협이 될 만한 훈련 활동과 상황을 보여주고 있다. 보다 자세한 상황과 내용은 아래에 기술된 내용을 토대로 살펴보자.[16]

훈련 제공의 실패 또는 부적절한 훈련의 제공

기업은 광범위한 법률 및 규정을 준수하기 위해 직원들이 훈련 프로그램을 이수했을 뿐만 아니라 새로운 지식을 업무에 적용하고 있음을 보여주어야 한다. 대부분의 기업은 민권법 제7호(Title VII of the Civil Rights Act: 인종, 피부색, 성별, 종교, 국적, 출신지 포함), 연령차별금지법(ADEA: 연령에 적용), 미국장애인법(Americans with Disabilities Act, ADA: 장애인에 적용)으로 보호받는 근로 환경의 적대적 가능성을 줄이기 위한 훈련을 실시하고 있다.[17] 예를 들어 미국대법원(Supreme Court)은 성희롱 사건에서 징벌적 손해를 피하려는 기업에게 성희롱 훈련을 중요한 요소로 간주한다. 또한 고용주는 제7호에 의해 보호받는 계층의 괴롭힘을 방지하기 위해 설계된 관행을 준수하도록 직원을 훈련해야 한다.

연방법은 정해진 훈련시간과 훈련 유형을 요구할 수 있다. 예를 들어 승무원을 위한 첫 훈련에는 반드시 승무원들이 어떻게 고객을 다루고, 어떻게 조리실(galley) 장비를 사용하는지, 어떻게 기내 공공주소 시스템을 사용하는지가 포함되어 있다. 2009년 허드슨강에서 있었던 US항공 1549편의 비상안전착륙의 예는 흔치 않은 순간의 하나이다. 결과적으로 모든 승객이 위험한 상황에서 안전하게 구출되었지만, 연방항공관리국(Federal Aviation

표 10.1 법적인 문제를 야기할 수 있는 상황

- 훈련 제공의 실패 또는 부적절한 훈련의 제공
- 훈련 활동 기간 내 직원 부상 발생
- 외부훈련 진행 중 직원 또는 타인에게 부상 발생
- 기밀위반 또는 명예훼손 발생
- 훈련 과정에서 저작권이 있는 자료의 무단 복제 및 사용
- 훈련 프로그램에서 여성, 소수자 및 고령자 배제
- 훈련기간 동안 직원을 동등하게 대우하지 않음
- 직원이 불쾌하다고 느낄 수 있는 훈련 프로그램에 참여하도록 요구
- 훈련 프로그램 중 차별적 정보에 노출
- 장애인 훈련생을 배려하지 못함
- 부정확한 훈련비용 보고, 훈련비용 환급을 수입으로 미보고 또는 훈련 참석 직원에 대한 급여 미지급

Administration, FAA)은 위급상황을 위한 새로운 훈련 규정을 마련하였고, 승무원들의 비상 상황에서 위기대응 절차에 대한 직접적인 훈련을 마련하였다.[18] FAA는 통합된 시스템의 안전속도와 고도 및 범위 등 새로운 다기능 비행 디스플레이를 갖춘 최신 항공기를 조종사가 운행할 수 있도록 시나리오 기반 시뮬레이션을 필요로 하는 훈련기준을 도입하였다.[19]

의료 기업들은 건강보험 이동성과 결과보고 책무활동에 관한 법(Health Insurance Portability and Accountability Act, HIPAA)을 준수해야 하고, 금융기업들은 은행비밀보호법(Bank Secrecy Act)을 준수해야 하며, 게임 산업(예: 카지노)의 기업은 직원의 금전처리 방법 및 의심스러운 활동 보고 방법을 훈련해야 한다.[20] 미국에서 경찰관들의 무력행위에 대한 의문이 제기되는 사건이 증가하면서, 경찰관 훈련에 대한 정밀조사가 증가하였다. 예를 들어 도주하는 사람에게 총을 쏜 경찰관을 살인혐의로 기소하면서 12주간의 경찰관 기본훈련이 충분한 기간인지, 국민을 상대로 언제 어떻게 무력을 행사할지에 대해 충분히 주의를 기울이고 있는지를 조사하게 되었다.[21] 2017년 크리스 커크패트릭 박사 공익신고자보호법(The Dr. Kirkpatrick Whistleblower Protection Act)에 따르면 연방기관들은 내부고발자의 불만사항에 대응하는 방법에 대해 매년 감독관들을 훈련해야 한다.[22] 내부고발자는 불법행위나 안전하지 않은 관행에 대해 책임 있는 당사자에게 경고하는 사람이다. 커크패트릭 박사는 재향군인 관리의료센터에서 일어난 안전하지 않은 의료 행위를 보고하였다. 그는 잘못된 관행을 신고했다가 해고된 후 자살하였다. 법률에서는 약물이 없는 작업장(예: 약물 남용 및 상담 이용에 대한 훈련)과 안전한 작업장[예: 산업안전보건법(Occupational Safety and Health Act, OSHA)에 규정된 위험물질 취급 및 안전장비 사용에 대한 훈련]과 관련된 훈련을 요구한다.

훈련 활동 기간 내 직원 부상 발생

현장직무훈련(OJT)이나 모의훈련에서는 잘못 사용할 경우 부상을 입을 수 있는 직무 도구나 장비(예: 용접 기계, 인쇄기)를 사용하는 경우가 많다. 미국의 많은 주에서 직원보상법은 고용주가 직원들에게 급여를 지급하거나 훈련과 관련 활동 중에 발생된 부상에 대해 금전적으로 보상할 책임을 지도록 하고 있다. 관리자는 (1) 직원들에게 장비나 도구의 부적절한 사용으로 인한 잠재적 위험을 경고하고, (2) 안전한 장비를 사용하는지 반드시 확인해야 한다.

외부훈련 진행 중 직원 또는 타인에게 부상 발생

관리자는 훈련생이 장비를 작동하거나 고객과 상호작용하기 전에 필요한 수준의 지식, 기술 및 행동 역량을 갖추고 있는지 확인해야 한다. 기업이 훈련 공급업체에게 훈련을 위한 비용을 지불했다고 하더라도 부적절하거나, 부정확하거나, 불완전한 훈련을 받은 직원의 행동으로 인한 부상이나 손해에 대해서 책임이 있다. 훈련을 공급업체나 컨설턴트에 아웃소싱하는 기업은 공급업체에 책임보험이 있는지와 강사가 유능한지를 확인하고, 훈련을 제공하는 강사 또는 공급업체가 이전에 소송문제가 있었는지를 명확히 해야 한다. 또한 강사는 훈련 절차가 올바르고 라이선스 또는 인증기관(만약 적절한 경우)이 제공한 단계가 준수되었음을 보여주는 노트, 활동 및 훈련 매뉴얼 사본을 반드시 보관해야 한다.

기밀위반 또는 명예훼손 발생

관리자는 훈련 활동의 성과와 관련하여 직원의 파일에 기재된 정보가 정확한지 확인해야 한다. 또한 다른 직원들과 훈련 성과에 대해 논의하거나 승진이나 급여 결정에 훈련 성과 정보를 이용하기 전에, 훈련 성과가 활용될 것이라고 직원들에게 알려야 한다.

훈련 과정에서 저작권이 있는 자료의 무단 복제 및 사용

저작권(copyrights)은 아이디어의 표현(예: 소프트웨어 프로그램의 훈련 매뉴얼)을 보호하지만, 자료에 포함된 아이디어(예: 소프트웨어 프로그램에서 도움말 창 사용)는 보호하지 않는다.[23] 저작권은 다른 사람의 원작을 기반으로 제품 제작, 무단 복사, 방송 또는 게시하는 것을 금지한다.

비디오테이프, 학습 보조도구, 매뉴얼 및 기타 저작권이 있는 자료를 훈련시간에 저작권자의 허락 없이 사용하는 것은 불법이다. 관리자는 모든 훈련자료를 개발한 공급업체 또는 컨설턴트로부터 구입하였거나 또는 복제할 수 있는 권한이 있는지 확인해야 한다. 인터넷 사이트의 자료가 반드시 저작권법에서 자유로운 것은 아니다.[24] 많은 웹사이트와 출판된 자료들은 공정사용원칙(fair use doctrine)의 적용을 받고 있는데, 네 가지 기준에 부합하는 경우 허가를 요청하거나 수수료를 지불하지 않고도 소량의 저작권이 있는 자료를 사용할 수 있다. 네 가지 기준은 (1) 저작권이 있는 자료를 사용하는 목적, (2) 저작권이 있는 저작물의 내용, (3) 귀하가 사용 중인 저작물의 비율, (4) 사용으로 인해 저작권자가 손해를 볼 수 있는 금액과 관련된다. 인터넷에서 가져온 자료를 자신의 이름으로 재출판하거나 재포장하는 것은 저작권법을 위반하는 것이다. 예를 들어, 소규모 훈련기업인 크리스프 러닝(Crisp Learning)은 종종 저작권 문제를 변호하기 위해 법정에 서게 된다. 크리스프 러닝은 비즈니스 보고서 작성, 시간관리 등의 기술을 다루는 영상 및 훈련 과정을 개발하여 판매하는 업체이다. 50분 시리즈로 알려진 이 강좌는 적용이 쉽고 단기간에 이수할 수 있어 인기가 높다. 크리스프 러닝은 저작권 침해자들이 실제로 책을 다시 타이핑해 자신이 제작한 것처럼 판매했다는 사실을 발견하였다.

저작권을 침해하면 비용이 많이 들 수 있다. 저작권 위반자는 비싼 법률 비용을 지불하고 훈련자료를 합법적으로 구입하는 데 드는 비용보다 더 비싼 손해액을 지불하게 될 수 있다. 저작권 허가를 받기 위해서는 해당 자료의 저작권자에게 직접 연락하여 해당 자료의 사용방법과 저작권 인용방법을 설명해야 한다. 저작권을 얻는 또 다른 방법은 저작권허가센터(www.copyright.com)와 같은 기관으로부터 저작권 허가를 구하는 것이다.

훈련 프로그램에서 여성, 소수자 및 고령자 배제

두 개의 법률 조항은 고용주가 여성, 소수자 또는 고령자를 훈련 프로그램에서 배제하는 것을 불법으로 규정하고 있다. **1964년 민권법 제7호**(Title VII of the Civil Rights Act of 1964,

1991년에 개정)에서는 개인의 인종, 피부색, 종교, 성별 또는 국적으로 인한 채용차별 또는 훈련의 배제가 불법임을 명시하고 있다. 또한 1967년에 제정된 **연령차별금지법**(The Age Discrimination in Employment Act, ADEA)에서도 40세 이상의 사람들에 대한 차별을 금지하고 있다. 평등고용기회위원회(The Equal Employment Opportunity Commission, EEOC)는 이 두 개의 법에 대한 강제성을 책임지고 있다.

비록 이 두 개의 법이 지난 수십 년 동안 존재했지만, 미 노동부의 연구는 여성과 소수자의 경우 승진에 필요한 훈련 경험을 백인 남성만큼 이용 가능하거나 접근할 수 없다는 결과를 제시하고 있다.[25] 여성, 소수자 및 고령자는 훈련 기회를 알지 못하거나 훈련 프로그램에서 고의로 배제됨으로써 훈련 프로그램에서 불법적으로 제외되는 경우가 있다. 훈련 기회의 거부와 청년층에 대한 더 나은 처우는 연령차별 주장을 뒷받침하는 데 사용될 수 있다.[26] 고령자는 기업의 승진 거부 또는 해고에 대응하기 위해 소송을 제기할 수 있다. 법원은 연령차별의 증거로 고령자가 청년층에게 제공되는 훈련 기회를 거부당했는지의 여부를 조사한다. 교육에서 연령차별을 피하기 위해 관리자와 강사는 조직의 문화와 정책이 연령에 얽매이지 않도록 해야 한다. 훈련 및 개발 기회에 대한 결정은 고령자에 대한 고정관념에 근거하여 내려져서는 안 되며, 성과와 같은 직무 관련 요소를 고려해야 한다. 관리자는 공정한 훈련 및 개발 관행과 모든 직원이 개발 계획을 갖고 있는지 확인하는 데 책임을 져야 한다. 마지막으로 모든 직원은 ADEA와 연령 고정관념이 고령자의 처우에 어떤 영향을 미칠 수 있는지에 대한 훈련을 받아야 한다. '고령자는 변화에 저항한다'와 같은 고정관념은 훈련 및 개발 프로그램에서 고령자를 배제하는 결과를 초래할 수 있다.

피닉스대학교는 온라인 부서에서 등록상담원으로 일하고 있는 비몰몬교(non-Mormon) 직원들에게 종교적 편견을 보여 100만 달러 이상을 지불해야 했다.[27] 종교편향은 학생등록 목표를 달성하지 못해 비몰몬교 직원들의 등록금 면제 혜택은 거부하면서도, 같은 목표를 달성하지 못한 몰몬교 직원들에게는 면제혜택을 주면서 발생하였다.

대형트럭업체인 뉴프라임(New Prime, Inc.)은 여성 트럭운전사 구직자가 여성 강사들에게만 훈련을 받도록 한 차별로 연방법을 위반했다.[28] 남성 구직자를 대상으로는 지체 없이 실시했지만 여성 구직자는 대기자 명단에 올라 취업이 지연되거나 거부되었다. 폴 홀 센터(Paul Hall Center for Maritime Training and Education)와 SIU(Seafarers International)는 훈련 프로그램 참가자를 40세 미만으로 연령제한을 두면서 ADEA를 위반했다는 EEOC의 고발로 62만 5,000달러의 합의금을 내야 했다.[29] 연령제한은 고령자가 육체적·정신적 요구가 많은 견습생 프로그램에 성공하지 못할 것이라는 편견에 근거한 것이었다. 합의사항에는 폴 홀 센터와 SIU가 연령 상한선을 두지 않고 연방차별금지법에 따라 신규 훈련 프로그램 참가자 모집, 선발 및 입학을 담당하는 직원을 훈련하도록 요구하고 있다.

훈련기간 동안 직원을 동등하게 대우하지 않음

훈련자에 대한 균등한 대우는 실습과 피드백, 역할극 등의 기회와 같은 학습환경과 상황이 훈련자의 배경과 관계없이 균등하게 제공되는 것을 말한다. 또한 모든 훈련자에게 성공을 위해 필요한 유사한 물리적·재정적 자원이 주어지는 것을 의미한다. 강사는 훈련기간 중 농담이나 기타 여담을 통해서 부정적 학습 환경을 조성해도 안 된다. 예를 들어 FAA는 항공관제센터에서 여성 직원들이 괴롭힘을 당하고 있다는 주장을 반영하여 남성 직원들에게 항공관제시설에서 통로를 걸으면서(일명 'walking the gauntlet') 조롱과 희롱을 당하는 기분을 경험하도록 하는 다양성 훈련에 참가하도록 하였다. 남성 직원 중 한 명은 이러한 경험이 불쾌하고 심리적으로 스트레스를 주는 것이라고 생각하여 FAA를 고소하였으며 승소하였다.

메릴린치(Merrill Lynch)는 흑인(아프리카계 미국인) 중개인으로부터 인종차별 소송을 당했다.[30] 이 사건은 1,400명의 흑인 중개인들에게 1억 6,000만 달러를 배상함으로써 해결되었다. 메릴의 재정고문 중 2%만이 흑인이었으며 흑인 중개인이 백인 중개인보다 생산성이 뛰어날 가능성은 낮았다. 메릴은 고객을 끌어들이며 흑인 중개인들의 성공을 돕기 위해 여러 프로그램을 운영하였지만 흑인 중개인들의 팀 참여 요청이 적어 매출에는 제약을 받았다. 또한 입사 후 28개월 동안 훈련생에게 이전된 평균 계좌자산은 백인 중개인에 비해 현저히 적었다.

직원이 불쾌하다고 느낄 수 있는 훈련 프로그램에 참여하도록 요구

올스테이트는 보험대리인들이 제기한 여러 종교차별 소송의 초점이 되어왔다. 일부 대리인들은 훈련 프로그램에서 강조된 원칙이 사이언톨로지(Scientology)에 기초하고 있으며 자신들의 종교적 신념에 모욕적이고 역행한다고 비난했다. 예를 들어 훈련 프로그램에서는 사이언톨로지스트(Scientologists)가 행동에 영향을 줄 수 있다고 믿는 '음계(tone scale)'와 같은 개념을 가르쳤다.[31]

훈련 프로그램 중 차별적 정보에 노출

캘리포니아 지역 슈퍼마켓 럭키스토어(Lucky Stores)는 다양성 훈련에서 차별적 증거를 활용하였다.[32] 다양성 훈련을 실시하는 중 강사는 훈련생들로부터 그가 가지고 있는 선입관에 대해서 말로 표현해달라고 요청받았고, 그중 일부는 몇몇 비하발언("여성이 더 운다", "흑인 여성은 공격적이다")으로 여성과 소수자들에게 경멸적인 태도를 보였다. 훈련생 중 일부는 소송을 제기하였고, 사건의 원고(소송을 제기한 훈련생)는 기업이 이와 같은 훈련을 실시했다는 증거로 훈련노트와 기록을 제출하였다. EEOC의 수사를 피하기 위해 이 사건은 법정 밖에서 해결되었다.

장애인 훈련생을 배려하지 못함

미국장애인법(Americans with Disabilities Act, ADA)은 장애인이 직장에서 차별받는 것을 금지하고 있다. ADA는 채용, 해고, 보상, 훈련 등 채용 관행에서 장애를 이유로 한 차별을 금지하고 있다. ADA는 장애를 하나 이상의 주요 생활활동을 실질적으로 제한하는 신체적 또는 정신적 손상, 장애가 있거나 그러한 장애가 있다고 간주하는 것으로 정의한다. 간질, 실명, 마비 등 중증 장애는 물론 현재 완치 중인 심장질환, 정신질환 또는 암 병력이 있는 사람도 여기에 포함된다.

ADA는 기업의 조직 운영에 '과도한 어려움(undue hardship)'이 부과되지 않는 선에서 자격이 있는 장애인의 신체적 또는 정신적 상태에 대한 '합리적 편의'를 제공할 것을 요구한다. 과도한 어려움은 기업의 재정과 관련하여 편의 제공의 종류와 비용의 분석을 통해 판단된다. 과도한 어려움이 정당화되더라도 ADA는 과도한 어려움을 야기하는 비용의 일부를 지불할 수 있는 선택권을 장애인에게 제공할 것을 요구한다.

훈련 상황에서의 **합리적 편의**(reasonable accommodation)는 장애인들이 쉽게 접근하고 이용할 수 있는 훈련시설을 만드는 것을 말한다. 합리적 편의에는 교육매체 수정, 훈련정책 조정, 훈련생 독자(reader) 또는 통역자 제공 등이 포함될 수 있다. 고용주는 당사자가 요구하지 않을 경우 합리적 편의를 제공할 의무는 없다. 또한 고용주는 개인이 훈련 프로그램에 참여할 자격이 없는 경우(예: 필수인증 또는 교육요건이 부족한 경우)에도 합리적 편의를 제공할 필요가 없다. EEOC는 출석문제로 장애를 가진 신입직원을 해고했다며 치즈케이크 팩토리를 고소했다.[33] EEOC는 기업이 온라인 일정체계와 시간기록 과정에 대한 적절한 훈련(청각장애에 대한 합리적 편의를 제공하지 않음)을 제공하지 못해 장애인이 끊임없이 바뀌는 근무시간을 추적하는 데 불이익을 줬다고 주장하였다. 치즈케이크 팩토리는 이 직원을 채용하기 전 청각장애인이라는 사실을 알고 있었지만 그의 편의 제공 요청에 응하지 않았다. 대신, 채용 면접, 직원 오리엔테이션, 회의 중에 의사소통을 위한 서면 메모를 주고받기로 결정하였다.

ADA는 모험학습 및 이러닝을 포함한 대부분의 훈련 방법에 영향을 미친다. 몇몇 모험학습 경험은 높은 수준의 체력을 요구한다. 장애인은 모험학습 훈련 프로그램에 참석할 필요가 없다.[34] 과도한 어려움을 초래하지 않는다면 모험학습 훈련 프로그램에서 강조된 학습역량을 개발할 수 있는 대안 프로그램을 직원들에게 제공해야 한다. 이러닝은 시각, 청각, 이동성 및 인지장애를 가진 훈련생들이 이용할 수 있어야 한다.[35] 재활법 제508조(Section 508 of the Rehabilitation Act)는 연방정부가 구입한 정보통신기술(이러닝 포함)을 장애인이 이용할 수 있도록 요구한다. ADA는 대학에서 장애인들이 온라인 콘텐츠에 접근할 수 있도록 요구하며 유사하게 ADA를 기반으로, 장애인들이 기업의 웹사이트에 접근할 수 없다고 주장하는 개인들이 민간 기업들을 대상으로 여러 소송을 제기하였다. 온라인 학습에 접근할 수 있도록 하려면 인지할 수 있어야 하고(훈련자가 인식할 수 있는 방식으로), 운영 가능해야 하며(훈련자가 온라인 과정을 탐색할 수 있음), 이해 가능해야 하고(훈련자가 내용을 이해할 수 있음), 견고(robust)해야(화면 판독기 등 장애인을 돕는 기술로 교육 콘텐츠를 해석할 수 있음) 한다.

ADA를 위반하지 않기 위해 강사와 관리자가 취해야 하는 편의 유형에 대한 구체적인 지침을 제공하는 것은 불가능하다. 훈련이 '필수'직무와 관련이 있는지를 확인하는 것이 중요하다. 즉, 훈련의 초점이 되는 업무(또는 지식, 기술, 능력)가 그 직책에 필수적인가? 과업 분석 정보(3장 "요구 조사"에서 설명)를 활용하여 핵심직무 기능을 확인할 수 있다. 예를 들어, 자주 수행되고 성공적인 업무 수행에 중요한 과업은 핵심직무 기능으로 간주된다. 훈련이 직무에서 수행될 수 있지만 모든 사람이 수행할 필요는 없는 기능과 관련된 경우(주변직무 기능)

라도 해당 기능과 관련된 장애인을 훈련에서 제외할 수 없다. 장애인들이 핵심직무 기능을 완수하는 데 필요한 훈련을 받는 것이 어려운 정도까지 강사는 합리적 편의를 제공할 수 있는지 여부를 조사해야 한다.

부정확한 훈련비용 보고, 훈련비용 환급을 수입으로 미보고 또는 훈련 참석 직원에 대한 급여 미지급

훈련비용은 국세청의 내국세 가이드라인(Internal Revenue Code, IRS)에서 처리된다. 기업은 종종 직원들에게 제공되는 훈련비용을 사업비로 공제할 수 있다. IRS 코드의 일부인 고용주 지원 프로그램은 고용주가 직원에게 특정 교육비를 연간 최대 5,250달러까지 지급할 수 있도록 하고 있다. 이 금액은 종업원의 연간 총소득에 지급액을 더하지 않고도 사업비로 공제할 수 있다. 다른 프로그램(예: 교육비 환급 프로그램)에서는 고용주가 훈련비용과 자금조달 방식을 결정할 수 있다. 직원이 부담하는 훈련비에 대한 환급은 직원의 과세소득의 일부로 간주될 수 있다. 직원들은 소득세에 대한 항목별 공제로 업무 관련 훈련비를 공제할 수 있다. 공제가 되려면 해당 비용은 직원이 현재 급여, 지위 또는 직업을 유지하기 위해 기업 또는 법률과 규정에 의해 요구되는 업무상 필요한 기술을 유지 또는 향상하는 훈련에 사용된 비용이어야 한다. 교육비용에 대한 비즈니스 및 개별 보고에 대한 자세한 내용은 www.irs.gov를 참조하라.

공정근로기준법(Fair Labor Standards Act)은 직원들이 일한 모든 근무시간에 대해 보상하도록 규정하고 있다. 직원들이 훈련에 보내는 시간은 근무시간으로 간주해야 하며, 다음의 네 가지 조건이 충족되지 않는 한 급여를 지급해야 한다.[36] (1) 훈련은 직원의 정규 근무시간 외에 실시되며, (2) 훈련은 자발적이며, (3) 훈련은 직원의 업무와 직접적인 관련이 없으며, (4) 훈련 중 생산적인 업무를 수행하지 않는다.

인력 다양성과 포용성 관리

다양성은 한 사람과 다른 사람을 구별하는 모든 차원이다.[37] 예를 들어, 버라이즌에서 다양성은 연령, 민족, 교육, 성적 지향성, 작업 스타일, 인종, 성별 등의 차이와 다양함을 포용하는 것을 의미한다. **포용성**(inclusion)은 직원들이 다른 사람들과 소속감, 상호 존중 및 몰입을 공유하여 최고의 업무를 수행할 수 있는 환경을 조성하는 것이다.[38] 포용성을 통해 기업은 직원의 다양성뿐만 아니라 고객, 공급업체 및 커뮤니티 파트너의 다양성도 활용할 수 있다.

다양성 훈련(diversity training)은 다양성에 대한 직원들의 태도를 변화시키거나 다양한 인력과의 업무에 필요한 기술을 개발하기 위해 설계된 학습 노력을 말한다. 다양성 훈련의 목표는 (1) 직원들의 개인적 발전을 저해하는 가치관, 고정관념, 경영 관행을 없애는 것이며, (2) 직원들이 인종, 성적 지향성, 성별, 가족지위, 종교적 지향성, 문화적 배경에 관계없이 조직 목표에 기여할 수 있도록 하는 것이다.[39] EEO(Equal Employment Opportunity) 법률은 여성과 소수자가 기업의 인력을 대표할 수 있도록 보장한다. 즉, 기업은 일자리에 대한 동등한 접근을 보장하는 데 집중해왔다. 그러나 다양성 훈련과 EEO 법률에 대한 초점은 기업이 다양한 인력의 가치를 진정으로 활용하기에는 충분하지 않다.[40] 이는 다양성과 포용성 관리의 큰 강조점 중 한 부분이다.

연구에 따르면 다양성 훈련은 다양성에 대한 이해와 인식에 가장 큰 영향을 미치고 행동과 태도에는 비교적 작은 영향을 미친다. 다양성 훈련의 긍정적인 효과는 인식과 기술 개발 모두에 초점을 맞추고 충분한 시간을 할애하는 등 더 큰 다양성 관리 노력의 일부일 경우에 더욱 확대된다.[41] 긍정적인 학습 환경을 조성하는 교육 설계 기능이 활용된 다양성 훈련은 더 큰 이점이 있다. 즉, 훈련 프로그램은 훈련생이 학습하기에 충분한 길이(4시간 이상)이고 관리자가 강사가 되며, 훈련생은 강의, 콘텐츠, 기타 사례 및 실습을 사용하는 강사와 직접 대면하여 상호작용하는 것이다. 다양성 훈련을 통해 해결되는 가장 일반적인 영역은 만연한 고정관념, 가정 및 편견이다.[42] 연구에 따르면 남성과 여성의 성과는 무의식적 편견 때문에 매우 다르게 평가될 수 있다. **무의식적 편견**(unconscious bias)은 배경, 문화 및 개인 경험에 기반한 결정에 영향을 미치는 의식 밖의 판단이다. 우리는 모두 무의식적 편견에 노출되어 있다. 예를 들어, 무의식적 편견이 우리에게 영향을 줄 수 있는 한 가지 방법은 성과를 설명하기 위해 사용하는 속성이나 이유를 통해서이다. 예를 들어, 여성은 남성에 비해 공격적인 의사소통 방식에 대해 2.5배 더 많은 피드백을 받는다. 또한 남성은 여성보다 사업 성과와 관련된 피드백을 더 많이 받는 경향이 있다. 성과 평가를 하는 관리자가 남자든 여자든 상관없다! 마이크로소프트, 구글, 페이스북, 다우 케미컬을 포함한 많은 기업은 성과 평가, 승진 결정 및 개발 기회에서 무의식적인 편견을 줄이는 것이 중요하다는 것을 인식하고 직원들에게 훈련 프로그램에 참여하도록 요구하고 있다.[43] 이러한 훈련 프로그램은 의사결정을 늦추고, 판단에 사용되는 추론과 언어를 신중하게 고려하여 직원들이 무의식적인 편견을 파악하고 그 영향을 줄이기 위해 설계되었다.

다양성과 포용성 관리(managing diversity and inclusion)는 모든 직원이 조직의 목표와 개인의 성장 경험에 공헌하는 환경을 만드는 것과 관련되어 있다. 이러한 환경에는 모든 직원에 대한 공정하고 긍정적인 대우는 물론 일자리에 대한 접근도 포함된다. 기업은 다양한 민족, 인종, 종교적 배경을 가진 사람들과 편안하게 일할 수 있는 직원을 개발해야 한다. 다양성을 관리하려면 기업 문화를 바꿔야 할 수도 있다. 여기에는 직원 처우 방식, 경쟁력, 결과지향성, 혁신 및 위험 감수 방식에 대한 기업의 기준과 규범이 포함된다. 다양성에 부여되는 가치는 기업 문화에 기초하고 있다. 다양성과 포용성을 관리하면 여러 가지 방법으로 경쟁우위를 제공할 수 있다. 기업이 우수한 여성과 소수자 직원을 유치하는 데 호의적인 고용주로서의 평판을 쌓는 데에도 도움이 된다. 여성과 소수자 직원은 가치가 있다는 것을 느끼고, 자유롭게 자신의 통찰력을 통해 신제품을 개발하고, 히스패닉(Hispanics)과 같은 특정 소비자 부문에 초점을 맞춘 마케팅 노력을 개선하는 데 도움이 될 수 있다.

첨단기술 산업의 기업들은 인력 다양성을 높이는 방법에 대해 고심하고 있다.[44] 그 결과 다양성과 포용성을 적극적으로 관리하기 위해 노력하고 있다. 예를 들어, 구글은 자사의 첨단기술 인력의 다양성이 부족하다는 점을 인식하였는데 남성 83%, 라틴계 2%, 흑인 1%로 구성되어 있었다. 구글은 인력 다양성을 높이기 위해 전통 흑인 대학(HBCU)을 대상으로 한 채용에 더 많은 시간을 할애하였다. 기술 기업에서 여성의 수를 늘리기 위해 페이스북과 핀터레스트(Pinterest)는 채용 가능한 직책에 대해 적어도 한 명의 여성 또는 소수자를 인터뷰하도록 요구하는 실험을 하고 있다. 시스코는 입사지원자가 만나는 면접관 중 적어도 한 명을 같은 인종이나 성별로 일치시킴으로써 채용팀의 다양성을 높이고 있다. 시스코는 이러한 관행이 그 직책에 직원이 채용될 가능성을 상당히 증가시켰다는 것을 발견하였다.

다양성은 조직이 다양성을 통해 학습하는 환경을 조성할 경우 성과를 향상할 수 있다.[45] 다양성과 비즈니스와의 직접적인 관계를 뒷받침할 증거는 없다.[46] 대신 기업이 다양성 관리에 대한 장기적 의지를 갖고 차별에 대한 무관용 정책을 펴야만 다양성 노력이 성공으로 이어질 수 있다. 성공적인 다양성 관리는 모든 직원에게 (1) 각자의 업무를 더 잘 수행하는 방법을 서로 배우고, (2) 지원적이고 협력적인 조직문화를 제공하며, (3) 효과적인 팀 활동을 촉진할 수 있는 리더십 및 프로세스 기술을 배울 수 있는 기회를 제공한다. 다양성은 노동시장과 고객시장에서 현실이며 사회적 기대이자 가치이다. 관리자는 다양성을 활용하는 조직 환경, 인사관행, 관리 및 팀 기술 구축에 집중해야 한다. 이어지는 설명에서도 알 수 있듯이 다양성을 관리하려면 벽에 걸린 구호만이 아니라 문화적 변화가 필요하다.

다양성이 모든 직원의 기회로 인식될 수 있도록 돕기 위해 일부 기업은 직원 자원 그룹의 구성원 자격을 변경하여 다른 직원들을 포함하도록 하였다.[47] 즉, 국적, 인종, 성별, 성적 지향성 또는 군복무 상태가 같은 동일한 직원들이 아닌 혼합된 직원들을 포함하는 것이다. 기업은 더 많은 직원이 인력 다양성에 관심을 갖도록 동기부여하고, 다양한 경험과 관점을 가진 직원들의 전문성을 활용하여 문제해결을 개선하며, 직원 자원 그룹에 참여하는 여성과 소수자가 부족하거나 덜 승진하는 방식으로 행동한다는 인식을 줄이기 위해 노력하고 있다. 예를 들어 딜로이트는 멘토링 프로그램 같은 여성전용 프로그램을 남성들에게 개방하였다. 또한 딜로이트는 시카고에서 매년 열리는 LGBTQ 프라이드 퍼레이드와 같은 활동을 조직화하기 위해 여러 사무실에 통합위원회를 만들었다. 통합위원회의 위원에는 성소수자 모임[레즈비언, 게이, 양성애자, 트랜스젠더, 퀴어(lesbian, gay, bisexual, transgender, queer: LGBTQ)]뿐만 아니라 다양한 직원 집단이 포함된다.

표 10.2는 다양성 프로그램의 장기적 성과와 관련된 특징을 보여준다. 다양성 프로그램을 사업 목표와 연결하는 것은 매우 중요하다. 다양성 관리의 효과성 측정은 생산성이나 고객만족과 같은 다른 사업 성과만큼의 중요성이 부여된다. 다양성과 포용성 관리의 목표는 관리자의 성과 목표에 포함되며, 이는 관리자가 다양성을 촉진하는 데 적극적으로 관여할 것으로 예상된다. 예를 들어 메리샌트(Merisant)의 CEO는 자신의 기업에서 다양성을 발전시키는 것이 왜 중요했느냐는 질문에 라이프 스타일과 배경이 다른 직원들이 서로 도전하고 의견 불일치를 일으키는 것은 비즈니스 혁신과 창의성에 필요하다고 강조하였다.[48] 뱅크오브 아메리카(Bank of America)는 직원 참여 설문조사에 다양성과 포용성에 대한 질문을 포함시키고 있다. 직원들이 공정하게 대우받고 있다고 느끼는지 이해하기 위해 이러한 질문에 대한 결과를 사용한다. AT&T 고위 경영진은 다양성 목표를 논의하기 위해 정기적인 회의를 개최하며, 보상의 일부는 다양성 목표를 달성하였는가에 기반을 둔다.

표 10.2 다양성 프로그램의 장기적 성과와 관련된 특징

- 최고경영진은 자원을 제공하고, 개인적으로 개입하며, 다양성을 공개적으로 옹호한다.
- 프로그램이 구조화되어 있다.
- 다양한 인력 활용을 사업 목표로 정의한다.
- 수익과 이윤을 창출하기 위해 다양한 인력을 활용하는 것이 필요하다고 판단한다.
- 프로그램은 매출, 유지 및 판촉률과 같은 지표를 사용하여 평가한다.
- 관리자의 참여가 필수이다.
- 일회성 프로그램이 아닌 문화 변화로 인식한다.
- 관리자와 인구통계학적 그룹은 문제에 대해 책임을 지지 않는다.
- 다른 사람들과 성공적으로 상호작용하는 데 필요한 행동과 기술을 학습한다.
- 관리자는 다양성 목표 달성을 위한 진척상황에 대해 보상을 받는다.
- 경영진은 직원의 의견을 수집하고 이를 대응한다.
- 경영진은 모든 직원이 소속되기를 원하는 안전하고 개방적인 문화를 조성하고, 직원들이 차이를 발견하고 인정할 수 있는 다양성의 혜택을 모든 직원이 인정하는 문화를 조성한다.

자료: F. Dobbins and A. Kalev, "Why Diversity Programs Fail," *Harvard Business Review* (July-August 2016), pp. 52–60; B. Groysberg and K. Connolly, "Great Leaders Who Make the Mix Work," *Harvard Business Review* (September 2013), pp. 68–76; K. Bezrvkova, K. Jehn, and C. Spell, "Reviewing Diversity Training: Where We Have Been and Where We Should Go," *Academy of Management Learning and Education* 11 (2012), pp. 207–227; S. Rynes and B. Rosen, "A Field Survey of Factors Affecting the Adoption and Perceived Success of Diversity Training," *Personnel Psychology* 48 (1995), pp. 247–270; R. Anand and M. Winters, "A Retrospective View of Corporate Diversity Training from 1964 to the Present," *Academy of Management Learning and Education* 7 (2008), pp. 356–372; and C. Chavez and J. Weisinger, "Beyond Diversity Training: A Social Infusion for Cultural Inclusion," *Human Resource Management* 47 (2008), pp. 331–350을 기반으로 함.

다양성과 포용성 계획을 지원하는 구조를 통해 최고경영층의 지원을 입증할 수 있다. 소덱소의 다양성 노력을 고려해보자.[49] 소덱소는 미국, 캐나다, 멕시코에 있는 대표적인 식품 및 설비관리 기업으로 매일 1,000만 명의 고객을 응대하고 있다. 매일 80개 국가(128개 국석 대표)의 고객과 연결하는 직원들에 대한 포용성 정책은 옵션 또는 선택이 아닌 비즈니스 필수사항이다. 소덱소는 성별 대표성, 직장 내 세대 기회, 장애인과 소수자 출신을 포용하는 데 초점을 두고 있다. 그 결과 다양성과 포용성은 사업 전략의 핵심요소가 되었다. 소덱소는 다양성과 포용성이 직원(예: 업무 문화, 채용, 인재 개발, 업무–생활 효율성), 고객, 클라이언트 및 주주(예: 공급업체 다양성협의회, 다양성 컨설팅), 커뮤니티(예: 소덱소 재단 및 커뮤니티 파트너)에 초점을 맞춘 근본적인 사업 목표라고 생각한다.

예를 들어, 일부 목표에는 다양성과 포용성을 위한 비즈니스 사례의 이해 및 실천, 다양성이 비즈니스 과제와 어떻게 연관되는지에 대한 인식 제고, 인재 채용과 승진 및 유지를 촉진하는 관리관행을 개발하여 다양한 업무 환경의 조성 및 육성, 다양한 고객과 클라이언트를 유치하고 유지하기 위한 관계 관리 및 고객서비스 참여, 여성 및 소수자 기업과의 파트너십을 통해 식품 및 시설관리 서비스 제공이 있다. 다양성과 포용성은 소덱소의 핵심역량이다. 다양성과 포용성은 직원 훈련 및 관리자의 연간 성과검토의 일부이다. 신입직원 오리엔테이션에서는 다양성과 포용성에 대한 소덱소의 가치와 기대가 강조된다.

소덱소는 EEO 및 법률 준수 훈련을 다양성 훈련과 구분한다. 소덱소에서 다양성 훈련은 다양성 관리 전략의 일부이다. 직원들은 3년마다 EEO 및 적극적 조치(affirmative action) 재교육 과정을 이수해야 한다. 또한 최고경영진도 다양성관리에 참여하고 최선을 다한다. 고위경영진 프로그램에는 지역사회 참여, 직원단체 후원, 다양한 직원 멘토링 등으로 강화된

지속적인 강의장 훈련이 포함된다. 경영진은 다양성을 위한 비즈니스 사례를 학습하는 데 참여하며 기업의 다양성 의제에 대해 개인적 책임을 진다. CMDC(Cross-Market Diversity Council)는 보다 다양하고 포용적인 소덱소를 육성하려는 관리자와 리더로 구성되어 있다. 이 그룹의 목표는 각 사업 라인 내에서 다양성 계획을 협업 및 운영하고, 리더가 다양성과 포용성 전략을 발전시키는 사고를 하도록 하며, 다양성과 포용성을 지역 수준에서 구현하고 직원 비즈니스 자원 그룹에 맞추는 것이다. 모든 관리자가 의무적으로 참여해야 하는 하루 동안의 포용성 정신(Spirit of Inclusion) 세션에서는 다양성과 포용성에 대한 인지도와 기술을 쌓는 데 초점을 두고 있다. 모든 관리자는 8시간 동안 입문 수업을 받게 된다('다양성의 정신'이라고 함). 소덱소의 다양성 훈련은 기술 구축과 다양성 인식에 초점을 맞춘 학습실험이 포함된다. 이러한 학습실험의 예로는 직장 내 세대, 장애 인식 교육, 이문화 커뮤니케이션 및 포용성을 통한 팀 효율성 향상 등이 있다. 기업의 학습개발팀은 다양한 기능과 작업팀을 위한 맞춤형 학습 솔루션을 개발한다. 예를 들어 다양한 고객층을 대상으로 한 판매 관련 강좌를 개발하여 영업팀에 제공하고, 채용담당자에게는 이문화 커뮤니케이션 프로그램이 제공되었다.

다양성 훈련 활동 외에도 소덱소에는 많은 직원 네트워크 그룹이 있다. 예를 들어 아프리카계 미국인 리더십 포럼(African American Leadership Forum), 개인성과 다양성, 평등을 존중하는 사람들(People Respecting Individuality, Diversity, and Equalit, PRIDE), 기회와 존경으로 국가의 최고를 기리는 사람들(Honoring Our Nation's Best with Opportunity and Respect, HONOR) 및 세대 간 네트워크 그룹(Intergeneration Network Group, IGEN) 등이 있다. 이러한 네트워크 그룹은 직원들이 공동체 의식을 느끼고, 서로 배우고, 경력을 발전시키며, 기업의 다양성 노력을 지원하기 위한 의견과 아이디어를 공유할 수 있는 자리를 제공한다. 소덱소의 '다양성 챔피언' 프로그램은 다양성과 포용성을 발전시킨 직원을 포상하고 이를 인정하는 것이다. 직원들은 커뮤니티에서 다양한 인재를 끌어모으고 유지하거나 브랜드 인지도를 높이는 데 도움이 되는 다양성과 포용성 행동을 보이는 동료를 알아볼 수 있다. 인정을 받은 직원은 매달 50달러 상당의 포상 카드를 받을 수 있는 추첨에 참여하게 된다.

소덱소는 다양성의 중요성을 강조하기 위해 관리자들이 직원의 채용, 유지, 승진, 발전 성공 여부를 평가하는 다양성 점수표를 가지고 있다. 점수표에는 교육, 멘토링, 지역사회 봉사활동 참여와 같은 양적 목표와 행동에 대한 평가가 모두 포함되어 있다. 그들의 급여 보너스 비율은 이 분야에서의 성공에 의해 결정된다.

소덱소는 다양성 훈련과 다양성 관리 노력이 사업 성과에 긍정적인 영향을 미치고 있음을 발견하였다. 멘토링 프로그램은 여성과 유색인종의 생산성, 참여, 유지력 향상으로 이어졌다. 프로그램에 지출한 달러당 투자수익률(ROI)은 19달러로 추정된다. 소덱소는 40~60%의 여성 경영진이 있는 남녀균형팀의 경우 참여, 브랜드 인지도, 고객 유지(12% 증가), 수익 및 성장 등의 측면에서 비균형팀보다 우수한 성과를 낸다는 것을 발견하였다. 소덱소는 다양성 관리를 통해 여러 새로운 사업 계약을 체결하고 고객을 유지하였다. 기업은 모든 직원의 웰빙에 관심을 갖는다고 표시함으로써 우수직원을 유치하는 데 도움이 되는 다양성과 포용성 노력을 인정받고 있다. 소덱소의 이러한 노력에 대한 인정으로 DiversityInc 2017에서 Top 50 다양성 기업에서 1위를 차지하였으며, 9년 연속 상위 10대 기업으로 선정되었다. 또한 소덱소는 여성 임원을 위한 최고의 기업으로 인정받고 있으며, 라틴계, 흑인, 글로벌 다양성 및 장애인 부문에서 상위 10대 기업 중 하나로 선정되었다. 소덱소의 다양성 프로그램과 같이 다양성을 효과적으로 관리하는 프로그램의 주요 구성요소는 표 10.3에 제시되어 있다.

이상의 논의에서 분명히 알 수 있듯이 성공적인 다양성 프로그램에는 효과적인 훈련 프로

표 10.3 효과적으로 관리되는 다양성 프로그램의 핵심요소

최고경영층 지원
- 조직 내 다양성에 관한 비즈니스 사례 창출
- 조직 전략과 사업 목표의 일부로 다양성 포함
- 적극적인 다양성 프로그램 참여와 관리자의 참여 독려
- 최고경영진의 구성이 인력 다양성을 반영하였는지 확인

모집과 채용
- 검색업체에 더 많은 후보자 풀을 확인하도록 요청
- 관리자의 면접, 선발 및 채용 기술 강화
- 전통적인 소수(minority) 대학에서의 채용 확대

인재 확보 및 개발
- 목표로 하는 마이너리티 학생 대상 인턴십 프로그램과 파트너십 형성
- 멘토링 프로세스 수립
- 인재양성을 위한 글로벌 승계 계획 시스템 개선
- 팀 성과를 극대화하기 위한 관리자와 리더의 선발과 개발
- 여성, 소수자를 포함한 전 직원의 관리자 승진과 리더십 프로그램 참여 보장

직원 지원
- 공통 관심사를 가진 직원을 포함한 자원 그룹 또는 직원 네트워크 그룹을 구성하여 사업 목표를 개발하고, 관련 이슈(예: 아시아태평양 직원, 여성, 게이, 레즈비언, 트랜스젠더, 북미원주민, 참전용사, 히스패닉)를 이해하는 데 활용
- 문화적 전통과 축제, 휴일을 기념
- 모든 직원에게 일과 삶의 균형(탄력근무제, 재택근무 등) 지원

공정한 처우
- 포괄적인 다양성 훈련 실시
- 불만해결 프로세스의 구현
- 조직 내 모든 인사위원회에 여성 및 소수자를 포함

관리자의 책무성
- 관리자 보상을 다양성 목표 달성 및 직장에서 개방성과 포용성의 성공적 창출과 연결
- 직원 태도 또는 몰입 설문을 활용하여 포용성, 공정성, 개발 기회, 일과 삶의 균형, 기업 문화에 대한 인식과 같은 문제에 대한 직원의 태도를 추적
- 모든 관리자와 감독자를 위한 다면평가제 구현

외부 이해관계자와의 관계
- 다양한 커뮤니티와의 마케팅 증진
- 다양한 언어로 고객서비스 제공
- 기업의 공급업체 및 협력업체를 소수민족과 여성이 소유한 업체가 포함되도록 확장
- 다양한 공동체를 지원하는 장학금, 교육지원 및 지역후원금 제공

자료: B. Groysberg and K. Connolly, "Great Leaders Who Make the Mix Work," *Harvard Business Review* (September 2013), pp. 68–76; R. Anand and M. Winters, "A Retrospective View of Corporate Diversity Training from 1964 to the Present," *Academy of Management Learning and Education* 7 (2008), pp. 356–372; C. Chavez and J. Weisinger, "Beyond Diversity Training: A Social Infusion for Cultural Inclusion," *Human Resource Management* 47 (2008), pp. 331–350; and "Diversity & Inclusion," Verizon's diversity program available at the company website, www.verizon.com, accessed April 13, 2015를 기반으로 함.

그램 이상이 포함된다. 여기에는 최고경영진 지원을 포함하는 지속적인 문화변화 프로세스가 필요하며, 다양성 설문조사의 실시, 다양성 목표에 대한 관리자의 진행 상황을 평가하는 것과 같은 채용 및 고용, 훈련 및 개발, 행정구조 분야의 다양성 정책 및 관행이 필요하다.[50] 또한 공급업체, 협력업체 및 기업이 비즈니스를 수행하는 지역사회와의 다양성과 포용성을 강화하는 데 중점을 둔다.

다양성 관리를 위해 로크웰 오토메이션(Rockwell Automation), 내셔널 라이프 그룹(National Life Group)과 블랙스톤 그룹(Blackstone Group)이 취하고 있는 조치를 고려해 보자.[51] 자동화 및 소프트웨어 기업인 로크웰 오토메이션은 인력의 다양화를 위해 몇 가지 단계를 밟았다. 다양성은 각 관리자의 성과 검토의 일부로 평가된다. 백인 남성은 여성과 소수자 직원을 불편하고 반갑지 않게 만드는 태도와 행동을 이해하고 이를 변화시켜 경력 발전을 방해하지 않도록 코칭을 받는다. 모든 직원은 무의식적인 편견에 대한 교육을 받고, 잠재적 신입직원은 여성과 소수자가 포함된 직원 팀과 인터뷰를 하며, 고객 및 직원 미팅에는 골프 외출을 넘어 와인시음 및 요리강좌가 포함된다. 로크웰의 노력은 관리 및 엔지니어링과 같은 전문직에서 여성과 소수자가 크게 증가하는 결과를 가져왔다. 내셔널 라이프 그룹의 CEO는 다양성 할당(quotas)을 믿지 않는다. 그러나 기업은 동료들과 부하직원들에게 매년 다양하고 포용적인 문화를 소중히 여기고, 다른 사람들이 목소리를 내도록 장려하는 것과 같은 다양한 다양성 원칙에 따라 관리자를 평가한다. 이러한 평가는 관리자의 보너스에 영향을 미치지 않기 때문에 처벌로 간주되지 않고, 오히려 관리자들에게는 자신의 팀과 만나 자신이 잘하고 있는 것에 대한 피드백을 받고 개선 계획을 논의하는 의미가 있다. 블랙스톤 그룹 LP는 신입 애널리스트에 여성 인력을 늘리기 위해 대학교 2학년 여학생들을 적극 발굴하여 기업을 소개하고 이력서 작성 및 인터뷰 기술을 향상할 수 있도록 지원한다.

유리천장 깨기

오늘날 기업이 직면하고 있는 주요 개발 문제는 어떻게 하면 여성과 소수자를 고위직으로 끌어올릴 수 있는가, 즉 어떻게 하면 유리천장을 깨는가이다. **유리천장**(glass ceiling)은 여성과 소수자의 상위직 진출을 가로막는 장벽으로 불리한 영향을 미치는 것을 말한다. 여성은 모든 수준의 경영직에서 과소평가되고 있다.[52] 여성은 전체 인력의 46%를 차지하지만 37%만이 관리직, 33%는 고위관리자 또는 이사직, 29%는 부사장, 19%는 최고경영진을 맡고 있다. 경력 초기 남성이 여성보다 훨씬 높은 비율로 승진하고, 같은 직장에서 5년 이상을 보낸 여성이 남성에 비해 훨씬 더 많다. 딜레마 중 하나는 여성이 경영진 후원자나 멘토가 부족하고, 경험이 부족하며, 일과 삶의 균형이 더 필요하다는 것을 인정함에도 불구하고, 기업은 리더십 개발 관점에서 남성과 차별되는 대우를 꺼릴 수 있다는 점이다. 이러한 장벽은 여성이나 소수자의 개발에 부정적인 영향을 미치는 고정관념이나 기업 시스템 때문일 수 있다.[53] 유리천장은 훈련 프로그램과 적절한 개발 직무 경험 및 관계(멘토링 등)에 대한 접근성 부족으로 인해 발생할 가능성이 높다.[54] 예를 들어, 메리 바라(Mary Barra)는 세계적인 자동차 메이커인 GM의 첫 여성 CEO가 되면서 역사를 만들었다.[55] CEO가 되기 전 바라는 기업 성공에 필수적인 운영업무인 제품개발 업무를 담당했다. 그러나 여성의 55%가 변호사, 재무 또는 인사담당 이사 등 직무상 역할을 하고 있어 CEO가 되기 위해 필요한 경력 경로에는 오르지 못할 수 있다. 여성과 소수자들은 종종 '올드보이 네트워크(old-boy network, 남성중심 네트워크)', 즉 관리자들이 라인 직원보다는 비슷한 지위의 다른 관리자들과 교류를 선호하는 것에 접근할 수 없으며 여성과 소수자의 능력, 동기, 직업 선호도에 부정적인 고정관념을 가진 관리자들의 의도적인 배제로 인하여 멘토를 찾는 데 어려움을 겪고 있다.[56] 연구 결과에 따르면 전환이나 변화를 수반하는 직무 경험에 대한 접근에서 성별 차이는 발견되지 않았다.[57] 그러나 남성 관리자는 비슷한 능력과 관리수준을 지닌 여성 관리자보다 높은 수준의 책임(높은 이해관계, 비즈니스 다양성 관리, 외부압력 처리 등)과 관련된 업무 수행이 훨씬 더 많다. 또한 여성 관리자는 남성 관리자에 비해 개인적인 지원이 부족하고(스트레스에 대처하기가 더 어렵다), 그들의 기여에 대해 인정을 받지 못해 더 많은 어려움을 겪는다고 보고하고 있다. 경력에 대한 동료들과 고위관리자들의 격려는 여성이 더 높은 직급으로 진출하는 데 도움을 준다.[58] 개발과제를 수행하는 관리자들은 성별 편견이나 고정관념이 남성 대 여성에게 주어지는 과제 유형에 영향을 미치는지 신중하게 고려할 필요가 있다. 표 10.4는 유리천장을 깨고 우수한 여성 인력을 유지하는 데 도움이 되는 권고사항을 제시하고 있다.

여러 기업은 이러한 권고안을 실행에 옮겼다.[59] GE에서 여성들은 더욱 강력한 역할에 배치되고 있으며, 리더십 회의에도 참여하고 있다. 여성들은 중국에서 GE의 헬스케어 및 교통사업을 이끄는 직책을 맡고 있으며, GE의 최고경영위원회에 위치하고 있다. GE 임원의 약 25%는 여성이 차지하고 있는데 이는 2001년 이후 16%가 증가한 수치이다. 소프트웨어 업체 SAP SE는 2017년 말까지 전체 관리자 역할의 25%를 여성으로 채운다는 목표를 세웠다. SAP의 LEAP(Leadership Excellence Acceleration Program)에는 관리자가 승진 준비가 되어 있는 것으로 확인한 고성과 여성이 포함되어 있다. 여성들은 가상훈련 과정에서 매월 만나 초청연사들의 강의를 듣고 활동과제를 완료한다. 이 과정이 끝날 때쯤이면 여성들의 개인 네트워크가 증가할 것으로 예상된다. 지금까지 LEAP 1기 졸업생들은 1급 관리자가 되었고, 현재 11%의 관리자가 이사로 승진하였다.

스테이트 스트리트 글로벌 어드바이저(State Street Global Advisors)는 고위경영직에 여

표 10.4 유리천장을 깨기 위한 제언

- 고위경영진의 프로그램 지원과 참여 확인
- 변화를 위한 비즈니스 사례 만들기
- 변화를 공론화하기
- 태스크포스, 포커스 그룹 인터뷰 및 설문지를 활용한 유리천장을 초래하는 문제에 대한 자료 수집
- 이성 간 태도 차이가 어떻게 업무 환경에 영향을 미치는지 인식
- 업무 할당, 멘토링 및 네트워킹 확장을 통한 승진 비율 및 업무 할당 결정을 검토하고 책무성 강화
- 모든 직원의 개발 촉진
- 일과 삶의 균형을 지원, 직원이 안식년 및 육아휴직을 마치고 돌아온 후에도 지속적인 개발 기회 제공

자료: B. Groysberg and K. Connolly, "Great Leaders Who Make the Mix Work," *Harvard Business Review* (September 2013), pp. 68–76; and D. McCracken, "Winning the Talent War for Women," *Harvard Business Review* (November-December 2000), pp. 159–167을 기반으로 함.

성의 수를 늘린다는 목표를 가지고 있다(여성의 27%만이 수석부사장 이상의 직책을 맡고 있다). 이러한 목표에 도달하기 위해 육아휴직 기간을 늘리고 그 기간 동안 급여를 전액 지급하며, 관리자들에게 유연근무제 옵션을 전달하도록 요청하였다. 이와 같은 정책 사용으로 인하여 직원들이 불이익/처벌을 받아서는 안 된다는 점을 강조하였다. 고위직 여성이 아래 직급 여성 직원들의 멘토 역할을 하는 계단식(cascading) 멘토링 프로그램도 만들었다. 또한 임원 승진 결정에 관여하는 모든 관리자는 무의식적인 편향 훈련에 참석하도록 하였다. 임신 때문에 중요한 프로젝트에서 제외되거나, 남편이 보수가 좋은 직업을 가지고 있기 때문에 급여를 적게 주는 등 여성의 경력을 제약할 수 있는 잠재적인 무의식적 편견을 훈련을 통해 지적하고 상호 논의하는 것을 더욱 편하게 만들었다. 유리천장을 깨려는 기업의 노력은 효과가 있었다. 부사장으로 승진한 6명 중 3명이 여성이었는데 스테이트 스트리트 기업 역사상 처음으로 여성이 임원 승진의 50%를 차지한 것이다.

이문화 준비

1장에서 언급하였듯이, 오늘날의 기업은 전 세계적으로 확장해야 하는 도전과제를 안고 있다. 글로벌 비즈니스의 증가로 인해, 직원들은 종종 본국 밖에서 일하거나 다른 나라에서 온 직원들과 함께 일한다. **주재원**(expatriate)은 본국이 아닌 타국에서 일하는 것을 말한다. 가장 많이 파견되는 국가로는 미국, 중국, 아프리카, 인도가 있다. 언스트앤드영에서는 브라질, 중국, 인도, 러시아, 남아프리카공화국 등 30개국 270명의 미국인을 포함하여 16만 7,000명 이상의 직원 중 약 2,600명이 해외근무를 하고 있다.[60] 많은 미국 기업이 해외파견 근무를 훈련 도구로 사용하고 있다. 예를 들어 최고재무책임자(CFO) 등 최고경영진을 원하는 직원들은 효과적인 글로벌 금융계획을 수립하기 위해 문화적 규범과 정치 환경이 통화 및 상품 이동에 어떤 영향을 미치는지 이해할 필요가 있다.[61] 소덱소는 글로벌 리더에게 우수한 글로벌 인력을 구축하는 방법과 신뢰, 협업, 문화 간 효과적인 커뮤니케이션 방법에 대한 강사 주도 훈련 과정을 제공한다.[62] 또한 소덱소는 글로벌 가상 팀 관리 및 기업 리더들이 사내 인트라넷에서 '필요에 따라' 접근할 수 있는 문화 전반에 걸친 커뮤니케이션과 같은 주제의 연구 요약, TED Talks 및 관련 문헌을 제공한다.

이문화 준비 단계

직원들이 이문화 과제에 대비할 수 있도록 기업은 이문화 준비 단계를 제공해야 한다. **이문화 준비**(cross-cultural preparation)에서는 외국에 파견되는 직원(주재원)과 그 가족을 교육한다. 글로벌 시장에서 비즈니스를 성공적으로 수행하기 위해 직원들은 다른 국가의 비즈니스 관행과 문화적 규범을 이해해야 한다. 대부분의 미국 기업은 아무런 준비 없이 직원을 해외로 파견한다. 이로 인해 해외파견은 실패하였으며 이는 기업이 비즈니스 기회를 충분히 활용하지 못하고 미국으로 돌아간 후 기업을 떠나는 직원을 교체하는 데 비용이 든다는 것을 의미한다.[63] 북미 기업들은 해외파견 근무기간을 2년에서 5년으로 늘릴 계획이므로 이문화 준비가 특히 중요하다.[64]

성공적인 해외근무를 위해서 주재원은

1. 전문분야에 능숙해야 한다.
2. 본국과 구두 혹은 그 외의 방법으로 의사소통할 수 있어야 한다.
3. 유연하고 모호함에 대해서는 관대하고, 문화적 차이에 대해서는 민감해야 한다.
4. 성공에 대해 동기부여되어야 하고, 다른 나라에서 일하는 데 도전하고, 다른 나라의 문화와 언어 관습을 배워야 한다.
5. 가족으로부터 지원을 받아야 한다.[65]

미국 주재원들이 높은 실패율을 보이는 이유 중 하나는 기업이 직원을 다른 문화권에서 일할 수 있도록 준비시키는 것보다 기술력 개발에 더 중점을 두고 있기 때문이다. 연구 결과들은 주재원의 배우자와 가족의 편안함이 주재원의 업무 완수 결정에 가장 중요한 요소임을 제시하고 있다.[66] 또한 연구는 성격 특성은 주재원 업무를 마무리하려는 욕구 및 업무 수행과 관련이 있다고 보고하고 있다.[67] 외향적(사교적)이고, 친화적(협력적, 관대한)이며 성실한(믿을 만한, 성취지향적) 주재원은 업무를 잘 수행하고 해외에 남기를 더 원할 가능성이 크다. 이는 다른 문화권에서 성공적인 업무 수행을 위해서는 주재원의 성격이 주재원 업무에 대하여 성공하려는 경향을 가질 때 이문화 준비가 효과적일 수 있음을 시사한다.

성공적인 주재원 업무의 핵심은 직원과 가족을 위한 훈련과 경력 관리의 조합이다. 이문화 준비는 출발 전 단계, 현지 단계, 귀환(귀국 준비) 단계의 세 단계로 구성된다.

출발 전 단계

출발 전에 직원들은 우선 새로운 나라의 문화와 관습을 이해하기 위한 언어 훈련이 필수적이다.[68] 영어는 많은 국가에서 공통적으로 쓰이지만, 영어를 고집하는 것은 자칫 비공식 대화의 이해를 떨어뜨리고, 잘못된 해석을 가져다줄 수 있다. 해당 국가의 언어를 말하고 이해하는 것이 이러한 오해를 불식하고 비즈니스 파트너, 부하직원과 고객으로부터 존경을 얻는 방식이다. 또한 가족을 오리엔테이션 프로그램에 포함시키는 것이 중요하다.[69] 주재원과 주재원의 가족들은 자신들이 거주할 지역의 주택, 학교, 여가, 쇼핑, 건강관리 시설에 대한 정보가 필요하다. 주재원은 해외근무가 자신의 경력 계획에 어떻게 적합한지, 귀국 시 어떤 직책을 기대할 수 있는지에 대해 관리자와 논의해야 한다.

이문화 훈련 방법으로는 파견 나갈 국가의 풍습과 문화에 대한 주재원과 그 가족들이 참여하는 강의, 이러닝, 몰입체험, 문화적으로 다양한 공동체에서 본국에서의 실제 경험 등과 같은 프레젠테이션 기법이 있다.[70]

이베르드롤라 USA(Iberdrola USA), 보잉, 퀄컴(Qualcomm)과 로레알(L'Oreal)이 주재원들의 이문화 업무 수행을 위해 주재원과 그의 가족을 어떻게 준비시키는지 생각해보자.[71]

5,000명의 미국 직원이 있는 글로벌 기업인 이베르드롤라 USA는 송전, 발전 사업을 하고 있다. 이 기업은 미국 직원들을 멕시코, 스코틀랜드, 브라질, 영국 및 기타 유럽연합 국가에서 근무하도록 보내고 있다. 또한 2~3년 동안 직원들을 미국으로 데려와 일하게 한다. 이베르드롤라는 직원들이 국제 업무를 수행할 수 있도록 준비하기 위해 교육 컨설턴트에게 하루에 1,500~3,000달러를 지불하여 직원들에게 개인 공간에 대한 선호도 이해와 같은 언어 및 문화적 기본 사항을 가르친다. 미국 직원의 자녀가 해외 현지가족과 임시로 체류하게 하는 교환 프로그램도 운영하고 있다. 28개국에 직원을 두고 있는 항공우주 기업, 보잉에서는 해외파견 직원과 그 가족들을 대상으로 일대일 문화감수성 훈련과 오리엔테이션을 제공한다. 보잉은 해외직원들이 미국에서 최대 9개월까지 일할 수 있도록 '점심과 학습(lunch and learn)' 문화적 대화와 직무순환 프로그램도 제공하고 있다. 세계적인 입지를 갖춘 기업은 다른 문화와 국가의 직원들과 함께 능률적으로 일할 수 있는 글로벌 리더를 양성하는 것이 성공에 필수적이다. 반도체와 통신회사인 퀄컴은 해당 국가에 대한 전문지식을 갖춘 멘토와 연결하여 리더가 글로벌 과제를 준비할 수 있도록 지원한다. 화장품으로 유명한 로레알은 리더들에게 그들의 리더십 스타일이 다른 나라에서 어떻게 보일지에 대한 정보를 제공하는 문화평가를 완료하도록 요청한다. 로레알은 이러한 평가를 통해 해외파견 및 전 세계 구성원을 포함한 프로젝트팀에서 근무하는 것과 같은 경험기반 학습을 제공한다.

연구에 의하면, 미국과 파견국가와의 차이(문화적 참신성) 정도, 파견국가 국민들과 국가와의 상호작용 정도 그리고 새로운 과업과 업무 환경(직무적 참신성)에 대한 친숙함의 정도에 따라서 이문화 훈련 방법의 엄격한 적용이 달라질 수 있다고 한다.[72] 실습(hands-on) 및 집단 구축 방법은 파견국가 국민과의 많은 대인관계 상호작용을 필요로 하는 높은 수준의 문화적 및 직무적 참신성을 가진 과제 수행에서 가장 효과적(가장 필요)이다.

현지 단계

현지훈련은 공식적인 프로그램이나 멘토링 관계를 통해 주재할 국가의 풍습과 문화에 대한 지속적인 오리엔테이션을 포함한다. 주재원과 그 가족은 주재할 국가의 직원과 짝을 이루게 되며 주재할 국가의 직원들은 주재원들이 낯설고 새로운 업무 환경과 커뮤니티를 이해하는 데 도움을 준다.[73] 주재원들은 직장 내부와 외부에서 사회적 관계를 발전시켜야 한다.[74] 기업은 웹사이트와 소셜미디어를 사용하여 주재원들이 "이곳에서 회의를 어떻게 진행해야 하는가?" 또는 "오늘 협상 행위에는 어떤 종교적 또는 사업철학이 영향을 미치는가?"와 같은 질문에 대한 답변을 얻도록 한다.[75] 75개 기업은 웹사이트와 소셜미디어를 사용하여 주재원은 아니지만 전 세계 고객과 상호작용하거나 제한된 여행이 필요한 다문화팀에서 일하는 직원을 돕고 있다. IBM은 소셜 네트워킹 도구를 사용하여 전 세계 직원들을 연결한다. w3로 알려진 IBM의 사이트는 기업의 글로벌 통합에 기여한다. w3 On Demand Workplace는 75개국 40만 명의 IBM 직원을 위한 강력한 생산성 및 협력 도구이다. w3는 직원들이 전 세계 동종 업체로부터 자원과 지식을 찾아 고객의 혁신과 성공을 돕는 데 사용된다. 직원들은 개인 프로필, 즐겨찾기 웹사이트 및 스토리를 만들고, 기업 블로그에 댓글을 달며, 위키에 기고하고, 파일을 공유하며, 논문과 비디오 및 팟캐스트를 읽고 검토할 수 있다.

직원들이 주재원으로 나가는 것을 거부하는 주요 이유는 파견기간 동안 배우자의 소득이 없으며 몇 년 동안 직장을 비움으로써 배우자의 경력이 이탈될 수 있다는 우려 때문이다.[76] 이러한 문제를 피하기 위해 기업은 보다 유연한 주재원 업무를 도입하고 있다. 여기에는 업무시간 단축, 본국과 파견국가 간 출퇴근, 해외파견 근무와 본국 거주 근무가 번갈아 이루어지는 교대업무 등이 포함될 수 있다.[77] 또한 주재원의 파견이 떨어져 사는 배우자와 가족들에게 주는 스트레스를 줄이기 위해 파견국가에 대한 주재원 가족 방문과 본국 방문횟수를 늘리고 있다. 일부 '따라가는(trailing)' 배우자들은 해외파견의 시간을 자신들의 장기적인 직업 목표에 기여할 수 있는 교육활동 추구에 활용하기로 결정한다. 하지만 낯선 곳에서 기회를 찾기는 쉽지 않다. 미국에서 오가는 모든 재배치(relocation)를 담당하는 글락소스미스클라인(GlaxoSmithKline) 국제서비스센터는 주재원들의 배우자들이 지난 몇 년 동안 파견된 지역에 살았던 다른 사람들과 연결할 수 있는 버디시스템(buddy system)을 제공한다.[78] GM은 전문면허증 또는 자격증을 유지하기 위해 주재원들에게 매년 2,500달러를 보상하는 경력지속 서비스를 제공한다. 세계은행(The World Bank)은 배우자들이 이력서를 올리고 취업정보를 요청할 수 있는 주재원 전용 인터넷 사이트를 운영하고 있다.

귀환 단계

귀환(repatriation)은 주재원들이 해외 업무를 마치고 모기업과 본국으로 돌아오는 것이다. 주재원과 가족들은 출국 이후 발생한 변화로 인하여 귀국 시 높은 수준의 스트레스와 불안을 경험할 가능성이 높다. 직원들이 귀환 과정을 스스로 관리하도록 격려해야 한다.[79] 귀환 후 과제를 시작하기 전에, 주재원들이 어떤 기술을 개발하고 싶은지 그리고 해당 기술을 가진 직원이 기업에서 할 수 있는 업무 유형을 고려해야 한다. 주재원들의 파견기간 동안 기업이 바뀔 수 있고, 동료 및 관리자가 떠날 수 있으므로 주요 기업 및 업계 담당자와의 연락을 유지해야 한다. 여기에는 기업 뉴스레터와 지역사회 신문을 주재원들에게 제공하고 그들이 해외 파견기간 동안 미국에서 개인 및 업무 관련 우편물을 받도록 하는 것이 포함된다. 만약 그렇지 않을 경우 귀환 후 새로운 동료, 직무, 기업 문화를 다뤄야 할 때 재입사 충격은 더욱 커질 것이다. 주재원과 그 가족들이 가사도우미, 리무진, 사립학교, 동아리 등을 향유하였던 외국보다 더 낮은 미국 생활 수준에 다시 적응해야 하는 경우도 드물지 않다. 급여 및 기타 보상은 직원이 해외파견에서 돌아오기 전에 잘 해결되어야 한다. 많은 주재원들은 재입사 충격 외에도, 미국으로 돌아올 때 주어지는 업무가 외국에서의 업무에 비해 낮은 책임감, 도전감 및 지위로 인하여 기업을 떠나기로 결심한다.[80] 앞서 언급한 바와 같이, 직원들은 미국을 떠나기 전에 본국으로 귀환하는 즉시 자신이 맡을 업무와 직책에 대한 경력계획에 대해 논의를 해야 한다. 예를 들어, 인도네시아와 중국에서 운영 및 인사 관련 5개의 업무를 완료한 월마트 관리자는 귀환 후 자신이 맡았던 책임과 권한이 사라져 결국 기업을 떠났다.[81] 그는 마지막 해외 업무를 완수했을 때 월마트에서 비슷한 직책을 찾을 수 없었으며, 그 결과, 킴벌리클라크(Kimberly-Clark)의 해외사업부 인사담당 부사장으로 자리를 옮겼다.

딜로이트, 몬샌토 컴퍼니(Monsanto Company), 아수리온(Asurion)과 로레알이 주재원들의 귀환을 어떻게 돕는지 생각해보자.[82] 딜로이트에서는 매년 약 100명의 직원이 해외근무를 마치고 미국으로 돌아온다. 딜로이트는 직원과 가족들의 귀환 절차를 쉽게 진행할 수 있도록 프로세스의 각 단계에 대한 체크리스트와 동영상을 제공한다. 이러한 자원은 딜로이트의 인트라넷에서 사용할 수 있으며 스마트폰이나 컴퓨터를 사용하여 전 세계 어디서나 접근할 수 있다. 주재원들은 전화나 화상회의를 통해 조언을 해줄 수 있는 글로벌 모빌리티 조언자(global mobility advisers)뿐만 아니라 멘토를 지정해놓고 있다. 딜로이트는 해외 근무 전이나 근무 중 관리자 및 직원에게 자신의 기대치에 대해 논의하도록 하여, 귀국 시 자신의 업무능력과 경험이 충분히 활용되지 못한다고 느낄 수 있는 잠재적 문제를 해결한다. 이러한 대화에는 잠재적인 경력 경로에 대한 토론이 포함된다. 몬샌토 컴퍼니는 직원들이 해외 근무를 시작하기도 전에 잠재적인 복귀 직위를 파악한다. 전화, 전기 및 가전제품 보험사인 아수리온은 귀국 후 새로운 직책을 찾아야 하는 고위관리자를 주재원으로 배정한다. 로레알은 주재원들이 기업에 다시 통합되고 귀국할 때 환영을 받을 수 있도록 신입직원처럼 오리엔테이션과 사회화 프로그램에 참석하게 한다. 이는 프로세스, 제품 및 서비스의 변화에 익숙하지 않은 장기간 업무를 수행하는 주재원들과 신입직원에게 특히 중요하다.

다세대 인력이 직면한 경력 문제

직원들의 경력은 탐색기, 정립기, 유지기, 쇠퇴기의 4단계를 포함한다.[83] 탐색기에서 직원들은 자신에게 흥미 있는 업무의 유형을 파악하려고 시도한다. 자신의 관심사, 가치관 그리고 작업 선호도 등을 고려하고, 필요로 하는 유형의 교육과 훈련을 추구하기 시작한다. 정립기는 취업, 독립적 기여, 책임감과 경제적 성공 그리고 적절한 생활습관 확립과 관련되어 있다. 유지기에서 개인은 자신의 기술을 최신 상태로 유지하고 기업에 기여하고 있는 사람으로 인식되는 데 신경을 쓴다. 또한 다년간의 경험과 많은 업무지식, 그리고 비즈니스가 어떻게 진행되는지에 대한 깊은 이해도를 갖는다. 마지막 단계인 쇠퇴기는 직장을 그만두고 은퇴를 준비하는 단계이다. 비록 개인은 연령의 증가에 따라 각 단계를 거칠 수 있지만(예: 탐색기는 일반적으로 30세 이전에 발생) 대부분은 오늘날의 경력이 무경계(boundaryless)이며 자주 변화되기 때문에 그렇지는 않다.[84] 이는 경력이 현재의 고용주보다 직업과의 더 많은 동일시로 인하여 직무 변화를 가져올 수 있다는 것을 의미한다. 또한 인생의 다른 시간에 개인은 자신의 관심사, 가치관 및 기술을 가장 잘 활용하는 방법을 재고하게 되고, 결과적으로 하나 이상의 경력 변화를 초래하게 된다.

직원들이 경력에서 원하는 것에는 세대 차이가 있다는 점을 인식하는 것이 중요하다. 이전 세대보다 X세대가 일과 삶의 균형, 성장 기회, 좋은 업무 관계를 중시하는 것으로 보인다.[85] 밀레니얼 세대와 X세대는 베이비붐 세대보다 변화와 고용불안에 더 익숙해져 있으며, 그 결과 기술을 개발하기 위해 직장을 떠날 가능성이 높다. 베이비붐 세대는 한 기업에 충성하는 경향이 있어 사회관계와 직장관계를 형성한 지역에 머물기를 원하는 X세대보다 승진이나 새로운 임무를 위해 이전하는 것을 선호한다. 세대 차이가 있기는 하지만 유사점도 존재한다. 모든 세대는 가족, 존중, 신뢰와 관련된 가치관을 공유한다.[86] 직원의 경력상 필요에 영향을 미칠 수 있는 세대 차이에 관계없이 대부분의 기업의 인력은 4~5세대의 직원을 포함하고 있다. 그 결과, 기업은 재능 있는 다세대 인력을 유치하고, 동기부여 및 유지를 위해서 경력 문제를 이해하고 관리하며 직원들의 경력 문제를 해결할 수 있도록 도와야 한다. 이러한 경력 도전과 이슈에는 직원들이 일과 삶의 균형을 맞출 수 있도록 돕는 것, 경력사다리를 제공하는 것, 경력 재순환 및 잡호핑, 경력 단절 및 실직에 대한 대처 지원, 퇴직을 포함한 고령자 직원의 요구 충족 등이 포함된다. 이러한 경력 도전과 이슈는 다음에서 논의한다.

일과 삶의 균형

건강한 일과 삶의 균형을 유지하는 것은 가족, 부양가족이 있는가와는 관계없이 모든 직원의 공통적인 고려사항이다. 많은 직원들은 장시간 근무, 야간업무, 출장으로 인하여 일과 삶의 균형을 유지하기 어려우며 스마트폰, 노트북, 스마트워치에 하루종일 일주일 내내 얽매여 있어 입무 요구 및 가족의 요구를 감당하기 어렵다. 한 연구에 따르면 고용주의 67%는 직원들이 일과 삶의 균형을 갖는다고 생각하지만, 직원의 45%는 매주 개인, 사회, 여가 활동을 위한 시간이 부족하다고 느끼고 있다고 한다.[87] **일과 삶의 균형**(work-life balance)은 직원들이 업무와 업무 외의 균형을 맞추려고 노력하는 것과 관련된 스트레스, 긴장, 갈등을 해결할 수 있도록 돕는 것을 말한다. 일과 삶의 갈등은 건강 위험 증가, 생산성 감소, 지각, 이직, 정신건강 악화 등과 관련이 있는 것으로 나타났다.[88] 일과 삶의 갈등은 경쟁적인 시간 요구와 일과 삶의 역할의 스트레스 때문에 일어난다. 직원의 업무 역할(예: 관리자가 논리적이고 공정할 것으로 기대되는 경우)과 업무 외 역할(예: 가족 및 친구들과 따뜻하고 감성적이며 친밀할 것으로 기대되는 경우)에서 직원의 행동 간에 갈등이 있을 때 발생할 수 있다.

직원의 일과 가정의 균형을 이루도록 하는 사회적 법률이 승인되었다. **가족 및 의료휴가법**(Family and Medical Leave Act, FMLA)은 신생아 또는 새로 입양된 자녀를 둔 부모에게 1년 동안 최대 12주의 무급휴가를 제공하는 연방법안이다.[89] 질병에 걸린 가족을 돌보기 위해 휴직을 해야 하거나, 또는 자신의 개인 질환을 치료하기 위해 휴직을 해야 하는 직원에게도 적용된다. 해당 직원이 군인의 배우자, 아들, 딸, 부모 또는 친척(간병인 휴가)인 경우 직원은 심각한 부상이나 질병을 앓고 있는 군인을 돌보기 위해 12개월 기간 중 26주의 휴가를 받아 간병할 수 있다. 기업은 직원들에게 휴직기간 동안 의료혜택을 제공해야 한다.

FMLA가 모든 고용주나 직원에게 적용되는 것은 아니다. 상당수 시간제 직원들은 대상에서 제외되며, 50인 미만 소규모 사업자도 대상에서 제외된다. 미국은 세계에서 유일하게 유급육아휴직을 제공하지 않는 국가이다. 만약 고용주로부터 단기 장애혜택을 받는다면, 부모들은 이 혜택을 휴가를 내는 데 사용할 수 있다. 전부는 아니지만 일부는 고용주가 휴가기간 동안 부모의 임금의 전부 또는 일부를 충당한다. 트럼프 대통령은 2018년 예산에서 새 부모에게 6주간의 유급휴가를 주는 프로그램을 만들자고 제안하였다.[90] 그러나 이 프로그램의 세부사항은 아직 미국 의회에서 결정되지 않았다.

남성들은 종종 자신의 경력에 지장이 생길까 봐 FMLA나 일과 삶의 균형 프로그램 이용을 꺼린다. 예를 들어, 언스트앤드영에서는 매년 600명의 남성이 육아휴직을 하지만 기업이 6주 동안 급여를 제공하고 있음에도 불구하고 90%만이 2주를 사용하고 있다.[91] 일부 고용주들은 여전히 남성의 최우선순위가 다른 측면보다 일이라고 생각하고 있다. 하지만 남성과 여성 모두 육아 역할에 대한 지원이 필요하다. 여러 기업은 아버지를 대상으로 한 프로그램을 제공 및 지원하고 있다.[92] 아메리칸 익스프레스(American Express)는 남성들이 직업과 가정을 융합하는 문제에 대해 이야기하도록 장려하는 아버지 아침식사 시리즈(Fatherhood Breakfast Series)를 제공한다. 딜로이트는 출산휴가, 육아휴가, 노인요양, 병든 가족이나 동반자 돌봄휴가 등 다양한 양육 형태에 대해 최대 16주 유급휴가를 제공한다. '딜로이트의 아빠들(Deloitte Dads)'은 일하는 아빠들이 일과 파트너의 균형, 그리고 행복한 가정생활에 대한 아이디어를 공유하고 네트워크를 형성하게 하는 직원 프로그램이다. 이와 함께 딜로이트는 직원들이 안식년을 보내고 압축근무제를 채택하며, 가상으로 일할 수 있는 '일과 생활 적합(fit)' 개념을 채택하였다. 이것은 심지어 입양 서비스도 제공하고 반려동물 건강보험도 할인해준다! 425명의 직원을 둔 통신기업 밴드위스(Bandwith)는 새 아빠들에게 일주일의 유급휴가, 유연근무제, 매일 90분의 점심시간과 운동휴식 등 추가 혜택을 제공한다.

많은 기업이 직원들의 일과 가정의 균형을 위해 FMLA에 의존하는 것을 넘어섰다. 일-가정 프로그램에는 유급/무급 노인돌봄휴가, 피부양자 돌봄을 위한 유연한 지출 계정, 노인돌봄 자원 및 추천, 노인돌봄을 위한 유연한 지출 계정, 현장보육이 포함된다. 연구 결과, 이러한 프로그램을 제공하는 기업에 근무하는 직원들은 조직이 가족을 부양하고 있다고 믿고 있으며 이는 보다 긍정적인 업무 태도와 더 나은 업무 성과로 이어진다.[93] 또한 일-가정 프로그램을 이용하는 직원은 그렇지 않은 직원보다 일-가정 갈등이 적다. 기업은 유연한 업무 일정을 통해 배우자, 자녀, 노인을 막론하고 전 직원에게 일과 삶의 균형을 제공하고, 여가시간을 보호하며, 근로시간을 보다 생산적으로 활용함으로써 얻을 수 있는 혜택을 인식하고 있다.[94] 우수인력 유치 및 유지, 스트레스 완화 등의 혜택이 주어져 보다 건강한 직원과 기술 활용을 극대화할 수 있는 유휴(rested)인력의 확보로 이어진다. 그 결과, 일반적으로 기업은 직원들이 가족 및 광범위한 비직장 생활 요구를 모두 처리할 수 있도록 지원하는 프로그램과 관행을 제공한다. 표 10.5는 일과 삶의 균형 사례를 보여준다.

다음의 일과 가정 및 일과 삶의 균형 관리 관행 및 프로그램의 예를 고려해보자.[95] 오리건주 포틀랜드에 있는 XPLANE에는 유연성을 위한 최고의 업무공간으로 인정받는 데 도움이 되는 여러 가지 일과 삶의 균형 프로그램이 있다. XPLANE은 매달 200달러를 지원하여 직원들의 베이비시터 활용, 반려견 산책, 요가수업, 체육관 이용료, 가사관리 비용을 보조한다. XPLANE에서 3년간 근무하면 육아휴직 8주, 단기장애휴가 4~6주, 무급휴가 등을 사용할 수 있다. **재택근무**(telecommuting)는 직원들의 근무시간과 근무장소 모두에 유연성을 제공하는 업무방식을 말한다. XPLANE의 직원들은 일정 변경의 영향을 받는 동료 및 관리자에게 알리면 재량에 따라 매주 여러 차례 재택근무를 할 수 있다. 아스텔라스 제약(Astellas

표 10.5
일과 삶의 균형의 예

- 유연한 업무 스케줄
- 직무 공유(일자리 공유/나누기)
- 유아돌봄
- 노인돌봄
- 개인휴가
- 재택근무
- 미팅횟수 단축
- 작업시간 단축
- 입양 지원
- 유급휴가
- 개인 서비스(식사 제공, 선물 구매, 집 및 자동차 준비)

Pharma)은 직원들에게 삶의 여러 측면과 관련된 다양한 혜택을 제공한다. 일상적인 삶의 요구에 대처하기 위해 직원들은 금요일 오후에 휴식을 취하도록 권장된다. 정규직 직원들은 자신이 선택한 자선단체에서 일할 수 있는 유급휴가 5일을 받는다. 아스텔라스 제약은 직원들이 정상적인 보육이 중단되는 경우 단기 베이비시터, 장기 보육 옵션, 긴급 백업 서비스를 이용할 수 있도록 지원한다. 또한 직원들이 노부모를 부양할 수 있도록 전문관리인을 제공한다. 전문관리인은 가정과 시설을 방문하여 노부모가 안진하고 잘 보살핌을 받고 있는지 확인하고 유언장, 위임장, 생활지원서류 작성에 필요한 법률서비스를 제공한다. 학부모라면 자녀의 대학진학 비용 준비, 자녀의 대학원서 검토, 자녀의 관심사와 학업 능력에 따라 진학하기 좋은 학교에 대한 상담도 가능하다. 피프스 서드 뱅코프(Fifth Third Bancorp)는 출산을 한 직원의 이직률이 기업 전체 여성의 두 배에 이른다는 사실을 파악하였다. 이직률을 줄이기 위해 피프스 서드 뱅코프는 임산부와 유아를 둔 직원을 도울 수 있는 출산관리인(concierges)을 제공한다. 출산관리인이 제공하는 서비스에는 유모차 추천, 유축기 주문, 탁아시설 찾기, 산모들의 체력 회복을 위한 체육시설 확인 등이 있다. 이러한 복지혜택의 목적은 직원들의 출산 전 준비와 출산 후 요구사항을 처리하는 데 도움을 주어 복직 가능성을 높이는 것이다.

압축근무제(compressed workweek)는 근로일수는 적지만 근무시간은 긴 근무 일정(예: 4일, 매일 10시간)을 말한다. 메리어트 인터내셔널(Marriott International)은 직원들의 87%가 시간제 직원이다. 기업은 시간제 직원들이 계속 일할 수 있도록 압축근무시간, 교대근무시간, 재택근무 등 다양하고 유연한 옵션을 제공한다. 또한 메리어트는 청소직원들이 다른 단위(예: 케이터링, 식료품부)에서 교육을 받을 수 있는 교차교육 프로그램을 제공하여, 가능한 시간에 더 많은 일을 선택할 수 있는 기회를 제공한다. 직원 설문조사 결과에 따르면 유연한 업무 일정 옵션을 이용하는 직원 중 75% 이상이 메리어트에서 계속 일하는 주요 이유라고 보고하고 있다. 본 세커스 헬스 시스템(Bon Secours Health System)에서 직원들은 압축근무제로 일할 수 있으며, 여기에는 주당 10시간 4교대 또는 12시간 3교대 등이 포함된다. 또한 주말 근무, 4~8시간 교대근무, 7일 연속근무, 7일 휴무 등 다른 옵션도 선택할 수 있다. US뱅크(U.S. Bank)에서는 창구직원이 일자리 공유를 선택할 수 있다. **일자리 공유**(job sharing)는 두 명의 직원이 한 명의 정규직 직원의 근무시간, 책임, 혜택을 분담하는 것을 말한다. 기업은 정규직 한 명을 충원하기 위해 두 명의 일자리 공유를 사용할 수 있다.[96] 미네소타주 로체스터에 있는 컨설팅 기업인 RSM[이전 맥글래드리(McGladrey)]은 직원들에게 교사와 같은 형태의 유사한 일정(전체 급여가 배분된 9개월 근무)을 제공하는 FlexYear, 개인 사정으로 최대 5년 휴직하고 직원들이 안식년을 마치고 더 쉽게 업무에 복귀할 수 있도록 기업 및 업계와 지속적으로 연계할 수 있는 교육인 FlexCare를 포함한 여러 가지 유연근무 옵션을 제공한다. **유연근무**(flextime)는 직원들에게 근무일, 주중 또는 근무년 중 언제 일할지 선택할 수 있는 선택권을 주는 것을 말한다. 주중 근무에 초점을 둔 유연근무제는 직원들이 하루 총 8시간만 근무하면 시작시간과 종료시간을 어떻게 정할지 선택할 수 있는 선택권을 주는 것이 보통이다. 또한 특정 핵심시간(예: 오전 9시~오후 3시)에 직원들이 근무하도록 요구한다.

일부 기업은 직원들이 자기계발에 활용할 수 있는 휴가와 병가 외에 유급휴가도 제공하고 있다.[97] 예를 들어, 소프트웨어 기업인 클릭(Qlik)은 직원들에게 학습과 자기계발에 전념하는 '24-For-U'를 제공한다. 어떤 직원은 다큐멘터리 영화를 공부하는 데 시간을 할애했고, 다른 직원은 크리스마스 트리 농장을 관리하는 법을 배우고 있다. 아웃도어 의류업체 REI의 직원들은 자연을 즐길 수 있도록 매년 2일의 유급휴가를 받는다. 인생을 바꾸는 모험여행의 틈새(nichi)시장에 중점을 둔 여행사인 G 어드벤처(G Adventures)는 직원들에게 자기계발을 위한 1일, 기업 가치를 위한 1일, 지역사회 봉사에 사용할 수 있는 1일 등 총 3일의 유급휴가를 제공한다. G 어드벤처는 직원들에게 3일 동안의 유급휴가를 제공하는 것이 이직률을 5% 줄이는 데 기여했다고 믿고 있다.

일과 삶의 균형 정책의 사용에는 세 가지 도전과제가 있다. 첫 번째 도전과제는 직원들이 기업의 사업 요구를 해치지 않고 일과 삶의 균형을 이룰 수 있도록 돕는 것이다. 이러한 도전으로 인해 IBM은 직원들의 재택근무 정책을 종료하였고, 애트나(Aetna)는 재택근무를 줄이고 있다.[98] 예를 들어, IBM은 이전에 재택근무를 했던 직원들에게 지역사무소에서 근무하거나, 새로운 직장에 지원하거나, 기업을 떠날 수 있는 선택권을 제공하였다. IBM은 팀워크를 장려하고, 작업완료 시간을 늘리며, 고품질의 대면토론과 동료 간의 협업을 통해 얻을 수 있는 창의적 사고와 혁신적인 아이디어를 촉진하기 위해 7억 달러 이상을 투자하였다. 의료보험사인 애트나는 직원들의 고객 접근성을 높이기 위해 재택근무를 줄이고 있다. 두 번째 과제는 관리자들이 직원들의 일과 삶의 균형 정책의 사용에 대해 처벌(불이익)을 받아서는 안 된다는 생각을 이해하고 수용해야 한다는 것이다. 직원들의 성과와 발전은 사무실에 나오거나 또는 관리자와 '대면시간'을 갖는 것이 아닌 그들이 무엇을 성취하고 어떻게 하는가에 따라 이루어져야 한다. KKR은 이러한 과제를 해결하기 위해 부모와 관리자들이 한 달간의 휴가를 가장 잘 보내는 방법을 교육하기 위해 육아휴직 코칭을 도입하고 있다.[99] 세 번째 과제는 일과 삶의 균형 관행을 모든 사람이 이용할 수 있도록 하고, 가족이 있는 직원들뿐만 아니라 모든 직원의 요구를 충족하는 것이다.

경력 경로와 이중 경력 경로

경력 경로(career path)란 개인이 기업에서 겪는 유사한 유형의 업무와 기술을 포함한 일련의 직위를 말한다.[100] 경력 경로는 기업이 직원들에게 각자의 삶에 처한 상황에서 가장 최선의 경력 선택을 할 수 있는 선택권을 제공하는 데 도움이 된다. 경력 경로의 제공과 직원들의 이해를 확실히 하는 것은 특히 중요한데, 그 이유는 직원이 기업을 그만두는 중요한 이유가 급여 다음으로 경력 기회 부족이기 때문이다. 한 설문조사에 따르면 50% 미만의 직원만이 자신이 속한 조직이 유용한 경력계획 도구와 경력을 발전시킬 기회를 제공한다고 믿는 것으로 나타났다.[101] 경력 경로는 기업이 일련의 직무 또는 역할을 통해 직원들의 능력을 쌓는 데 도움을 준다. 이는 기업에서 자신의 가치를 극대화하고 직원들이 다른 책임과 기술 요건을 가진 새로운 직위로의 이동을 위해 기업을 떠날 필요가 없다는 것을 보여준다.

그림 10.1 월풀의 경력 경로 예시

[수직적 경력 경로]

제품범주 마케팅 임원
(여러 제품 또는 제품군의 마케팅 활동을 지시, 계획 및 평가)

↑

제품범주 고위관리자
(특정 제품 및 제품군에 대한 모든 마케팅 프로그램의 계획 및 방향 관리)

↑

제품범주 관리자
(마케팅 데이터를 수십, 분석, 보고하여 특정 제품 또는 프로그램 라인의 마케팅 프로그램의 개발, 실행, 추적 지원)

↑

제품범주 마케팅 분석가
(관리감독하에서 마케팅 수행, 데이터 감사, 수행격차 분석, 창의적 제품 검증)

[수평적 경력 경로]

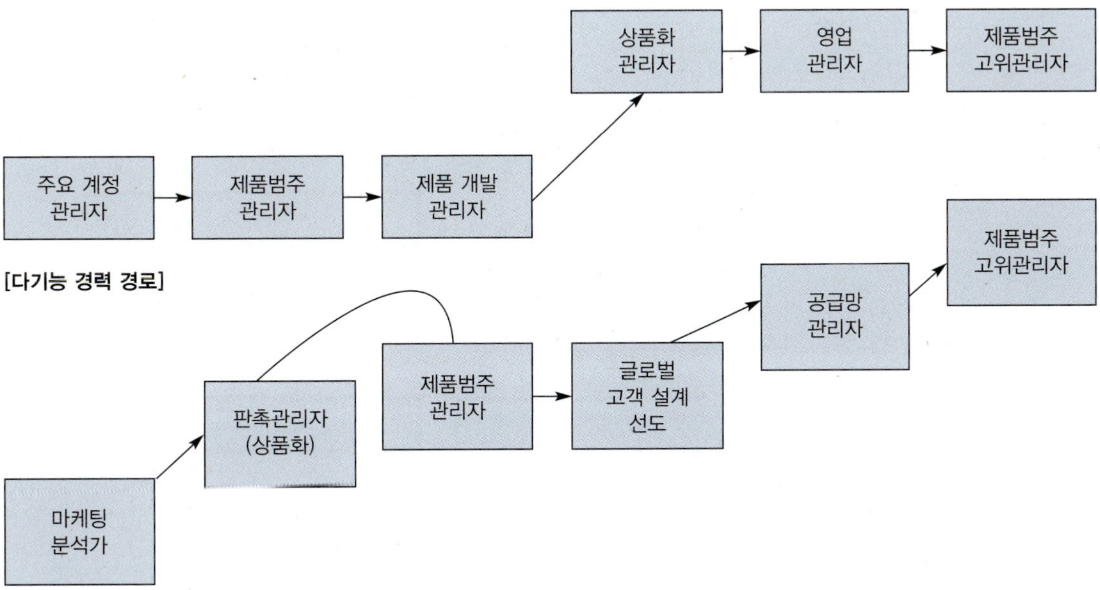

자료: "Mapping Out Your Career," from http://us.whirlpoolcareers.com accessed April 14, 2015를 기반으로 함.

밀워키 툴(Milwaukee Tool)에는 영업, 관리, 마케팅 등 영업 및 마케팅 직원을 위한 세 가지 경력 경로가 있다.[102] 그림 10.1에는 월풀(Whirlpool)의 수직, 수평, 다기능 경력 경로가 제시되어 있다. 수직적 경력 경로를 따라 이동하려면 직원들은 새로운 직무를 맡기 위해 승진해야 하므로 관리책임을 지게 된다. 수평적 경력 경로는 직원이 주요 계정 관리자(Key Account Manager)에서 제품범주 또는 제품에 초점을 두지만 유사한 관리책임이 있는 다른 직무로 이동할 수 있음을 보여준다. 제품 개발에서 직원은 상품화 관리자(Merchandising Manager) 역할로 승진하며 계획 및 전략 개발과 같은 추가 책임이 필요하다. 다기능 경력 경로의 경우는 마케팅 분석가 업무로부터 특정 기능(예: 상품화)의 판촉관리자 역할로 옮기는 것이다. 해당 직무에서 직원들은 제품범주 관리자 및 글로벌 고객 설계 선도(Global Consumer Design Lead) 직책으로 이동할 수 있다. 그런 다음, 다기능적인 공급망 관리자 직무로 이동할 수 있다.

경력 경로 개발에는 직무 및 정보 흐름 분석, 중요한 개발 경험 제공, 자격 요건 분석, 직무 전반에서 수행되는 업무 유형, 작업 환경의 유사성 및 차이점 분석, 직원의 내·외부 이동과 같은 이동 이력(즉, 직원이 어떤 직책에서 왔으며 직장을 떠날 때 어떤 직책으로 이동하는지)에 대한 검토가 수반된다.[103]

이중 경력 경로

엔지니어나 과학자 같은 전문직이 근무하는 기업의 경우 이들이 가치 있는 존재라는 것을 인식하게 하는 것은 중요하다. 많은 기업의 경력 경로 구조는 엔지니어와 과학자[개인 기여자(individual contributors)]가 승진하고 일정한 재정적 보상을 받을 수 있는 유일한 방법(스톡옵션 등)은 관리자 위치로 이동하는 것이다. 그림 10.2는 과학자와 관리자의 전통적인 경력

그림 10.2
과학자와 관리자의 전통적 경력 경로

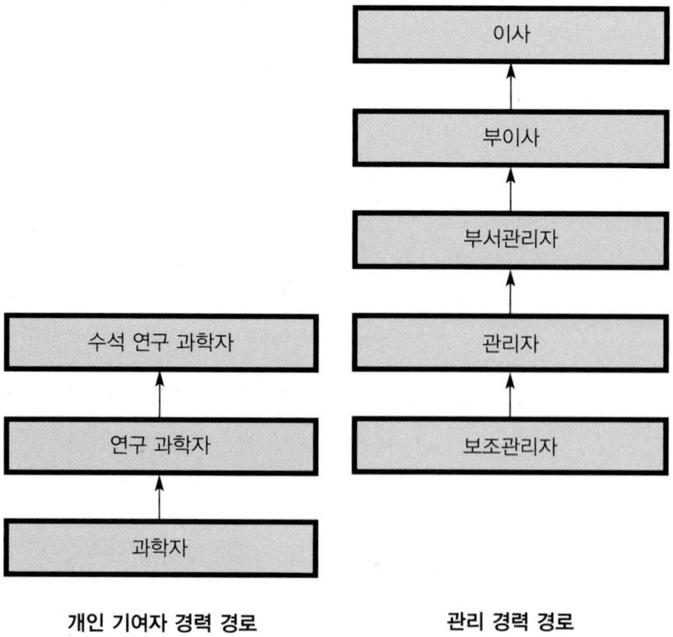

경로를 보여준다. 기술적 경력 경로 내에서 승진 기회는 제한적이다. 직접적으로 관리직으로 입사한 개인 기여자는 성공하는 데 필요한 경험 및/또는 역량이 부족할 수 있다. 관리직 경력 경로는 기술직 경력 경로보다 보상이 더 높을 수 있다. 그림 10.2와 같은 경력 경로 시스템은 기업에 부정적인 결과를 초래할 수 있다. 과학자들은 관리자들이 누리는 것보다 낮은 지위, 적은 급여, 적은 승진 기회를 가지고 있으므로 기업을 떠날 수 있다. 또한 과학자들이 지위와 추가적인 임금을 받기를 원한다면 관리자가 되는 것을 선택해야 한다. 관리직의 도전과제를 감당할 수 없는 과학자들은 기업을 떠날 수도 있다. 예를 들어, 기상청(National Weather Service)은 기상학자들의 경력 경로를 재고하고 있다.[104] 전통적으로 기상청의 기상학자들은 주어진 급여 수준에서 임기를 기준으로 경력사다리(career ladder)를 올라간다. 따라서 성과가 얼마나 빨리 향상되는지 파악할 수 없다. 또한 정년보장(tenure) 및 상향 이동에 기초한 경력 경로는 기상학자가 다른 사람을 관리하도록 요청받기 전 다양한 예측요소에 노출되도록 하는 데 도움이 되지 않는다.

많은 기업이 과학자와 영업사원과 같은 개인 기여자에게 추가적인 경력 기회를 제공하기

그림 10.3
이중 경력 경로의 예

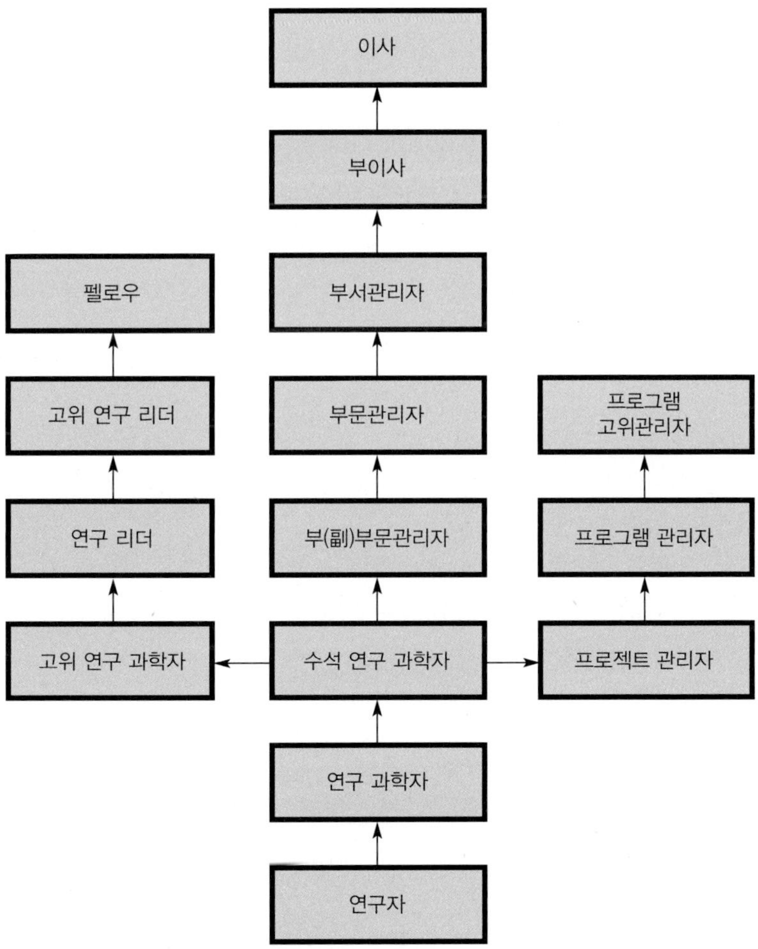

자료: Z. B. Leibowitz, B. L. Kaye, and C. Farren, "Multiple Career Paths," *Training and Development Journal* (October 1992), pp. 31–35.

위해 다중 또는 이중 경력 경로 시스템을 사용하고 있다. **이중 경력 경로 시스템**(dual-career-path system)을 통해 직원들은 기술직 또는 영업직 경력 경로를 유지하거나 관리직 경력 경로로 전환할 수 있다.[105] 그림 10.3은 이중 경력 경로 시스템을 보여주고 있다. 연구과학자는 세 가지 경력 경로, 즉 과학적 경로와 두 가지 관리 경로로 나아갈 수 있는 기회를 갖는다. 세 가지 경로 모두 비슷한 급여를 받을 수 있고 승진 기회도 비슷하기 때문에 관심사와 기술에 가장 부합하는 경로를 선택할 것으로 추정된다. 예를 들어 도시바 메디컬 시스템즈(Toshiba Medical Systems)는 베이비부머가 은퇴하고 X세대가 사내 리더가 되면서 유지 전략을 재고하고 있다.[106] 베이비부머는 승진에 따라 직업의 성공을 판단하는 경향이 있지만, 젊은 직원들은 직급, 지위, 돈에 대한 가치를 낮게 평가한다. 이를 인지한 도시바는 기술직과 관리직 경력사다리를 모두 개발하였다. 기술직 경력사다리를 통해 직원들은 자신이 좋아하는 분야에서 실무 작업을 계속 수행할 수 있으며 기업에서 여전히 승진도 할 수 있다.

효과적인 이중 경력 경로에는 몇 가지 특성이 있다.[107]

- 기술직 직원들의 급여, 지위, 인센티브가 관리자에 비해 우호적이다.
- 개인 기여자의 기본급여는 관지자보다 낮을 수 있지만 보너스(예: 특허 및 신제품 개발)를 통해 총보상을 늘릴 수 있는 기회가 부여된다.
- 개인 기여자의 경력 경로는 관리적 잠재력이 없는 저성과자를 만족시키는 데 사용되지 않는다. 경력 경로는 뛰어는 기술력을 가진 직원을 위한 것이다.
- 개인 기여자에게는 자신의 경력 경로를 선택할 수 있는 기회가 주어진다. 기업은 평가자원(예: 9장과 11장에서 논의하는 심리 검사 및 개발 피드백)을 제공한다. 평가정보를 통해 직원들은 자신의 관심사, 업무 가치 및 기술 강점이 기술 및 관리 직급의 직원과 얼마나 유사한지 확인할 수 있다.

경력 재순환

경력 재순환(career recycling)은 특정 분야에서 자리를 잡은 후 자신의 주요 업무활동을 변경하는 것이다. 재순환에는 가치, 기술, 관심사 및 잠재적 고용 기회 등의 재탐색이 수반된다. 신시아 바넷의 경우 재순환은 사회적 요구를 충족하기 위해 자신의 기술, 경험 및 관심사를 사용하는 것과 관련되어 있다.[108] 신시아는 2003년에 초등학생 교사직에서 은퇴하였다. 그녀가 가장 좋아하는 수업은 과학을 가르치는 것이었다. 학생들이 실험을 통해 배울 수 있었고, 읽기, 연구, 문제해결 기술을 수업에 도입할 수 있었기 때문이다. 은퇴 6년 만에 그녀는 어린 소녀들에게 보람 있는 직업으로 이어질 수 있는 STEM(과학, 기술, 공학, 수학) 과목을 소개하는 방법을 다룬 기사로부터 영감을 얻었다. 그 결과, 신시아는 어메이징 걸스 사이언스(Amazing Girls Science)를 만들었다. 그녀가 자택에서 운영하는 비영리 단체에는 컴퓨터공학, 로봇공학, 코딩 분야의 캠프와 수업을 포함한 15개의 여학생 교육 프로그램이 있다.

재순환은 은퇴를 앞둔 고령층 직원에게만 국한된 것이 아니다. 자격을 갖춘 직원이 심각하게 부족한 많은 기업들은 인력 부족을 다른 분야의 직원들로 채우기 위해 재교육 프로그램을 개발하고 있다.[109] 기업은 이러한 교육 프로그램을 이용하여 직원들이 새로운 직업과 경력으로 재순환되도록 도움을 주고 있다. 예를 들어, IT(정보기술) 분야 기업은 내부 업무지원(help desk)과 고객서비스를 위한 자격을 갖춘 인력 부족에 직면해 있다. 또한 이러한 직책을 원하고 있는 컴퓨터 기술을 가진 사람들은 소프트웨어, 데이터베이스 및 기업 인트라넷 사용자에게 상담과 조언 제공에 필요한 대인관계 기술이 부족하다. 컴퓨터 컨설팅 업계는 전직 주식중개인, 승무원, 은행직원들을 업무지원 분야에서 일할 수 있도록 훈련하고 있다. 이러한 훈련 프로그램을 '신병 캠프(boot camps)'라고 부르는 이유는 직무에 대한 완전한 몰입, 일대일 감독, 직원이 갖추어야 할 지식과 기술을 짧은 기간 동안 집중시키는 것을 강조하기 때문이다.

또한 재순환을 고려하는 직원들이 자신의 관심사와 능력에 부합할 수 있다고 생각되는 관리자 또는 다른 직종의 직원들과 **정보 인터뷰**(informational interviews)를 수행하여 기술, 직무 요구 및 혜택에 대한 정보를 수집하는 것도 드문 일은 아니다. 예를 들어, 레벨 3 커뮤니케이션즈(Level 3 Communications)의 한 관리자는 기업에서 11년 동안 강한 성과 평가를 받았으며 상도 받았다.[110] 그녀는 고객서비스 부서가 레벨 3에 인수된 후 고객서비스 부서의 흐름과 신입직원을 양성하는 데 매우 효과적이라는 이유로 항상 해당 업무를 배정받아왔다. 그녀는 지루함을 느끼고 역할에 도전하지 않았기 때문에 불필요한 광케이블 부분을 분리할 책임이 있는 설계팀 관리 업무를 맡게 되었다. 그러나 그녀는 곧 신입직원을 양성하는 자신을 발견했고, 다시금 일에 대한 도전이 부족함을 느꼈다. 자신이 다니던 여성 리더십 트레이닝 프로그램의 권고를 바탕으로 상사와의 대화를 통해 더 많은 기여를 할 수 있는 기회를 요청할 계획을 세웠다. 상사와 나눈 대화 중에는 자신의 경험담, 경력 목표 달성 정도, 현재 직장 유지, 새로운 직위로 승진하거나, 레벨 3를 떠나는 것에 대한 성찰 등이 있었다. 그 결과, 그녀의 관리자는 그녀가 멘토를 찾고 다른 일자리를 찾을 수 있게 노력하기로 동의하였다. 관리자는 그녀에게 미국 스타벅스(U.S. Starbucks) 매장에 광대역 서비스를 제공하기 위해 구글과 제휴하는 일을 맡겼다. 그녀는 그 일을 맡았고 10개월 후에 회계관리자로 승진하였다. 그녀는 자신의 새로운 직무가 자신에게 이상적인 직무라고 느끼고 있었으며, 스스로 자신의 일을 즐기고 도전을 느끼고 있었다. 그녀의 새로운 상사는 그녀의 일에 대한 동기, 태도, 몰입을 정말 좋아하고 있다.

잡호핑

잡호핑(job hopping)은 경력과 전문성 또는 연봉을 올리기 위한 목적으로 2~3년씩 단기간에 직장을 옮기는 것을 말한다. 많은 직원들이 자신을 경력을 적극적으로 관리하는 '자유계약자(free agent)'로 간주함에 따라 특히 X세대와 밀레니얼 세대 사이에서 잡호핑은 만연하고 있다. 1980년대에 비해 모든 연령층의 직원들이 짧은 기간 동안만 직장에 머무는 것으로 추정된다. 이들은 자신이 프로틴 경력(protean career)을 갖는다는 것을 인식하고 있다. 이는 비즈니스의 쇠퇴 또는 사업 전략 변화로 자신이 소모품이 되는 경우 기업은 자신을 해고할 수 있으므로 자신의 경력은 자신이 책임져야 한다는 것을 의미한다. 조직에 대한 충성도는 더 이상 고용안정을 보장하지 않는다. 직원들은 고용가능성(employability)과 경제적 안녕이 개인의 성장과 급여에 달려 있다는 것을 인식하고 있으며, 그 결과 더 많은 학습 기회를 제공하거나 더 나은 보상을 제공한다는 일자리 제의가 오면 이직하게 된다.[111] 한때는 이직이 직원의 경력에 해로운 것으로 여겨졌지만, 오늘날에는 기업이 이러한 관행에 더욱 익숙해지고 있다. 특히 우수한 인재가 필요하고, 신생 스타트업이 성장하면 상당한 금전적 이익을 얻을 수 있는 스톡옵션을 제공하는 첨단기술 산업에서 더욱 그렇다.

잡호핑이 기업과 직원에게 좋은 것인가? 직원과 기업 모두에게 장단점이 있다.[112] 기업의 경우 잡호핑은 이직, 재교육 및 채용비용에서 비롯되는 인재 및 생산성 상실을 초래한다. 또한 직원 간의 관계 또는 직원-고객 관계의 연속성을 지원하는 문화를 조성하고 유지하는 것을 어렵게 한다. 반면에 잡호핑은 기업마다 다양한 경험을 가진 직원을 채용할 수 있는 기회를 제공하고 있어 기업이 모범사례를 이해하고 실천할 수 있도록 한다. 구직활동을 하는 직원을 고용하는 것은 기업의 유연성과 적응성을 높일 수 있다. 왜냐하면 이 직원들은 다양한 직업을 빠르게 배울 수 있기 때문이다. 또한 잡호핑을 하는 직원은 고용안정에 대해 높은 기대가 없거나 불필요하다고 보고 있으므로 필요할 경우 기업 규모를 줄이는 것이 더 쉬워진다. 직원의 경우 잡호핑은 더 나은 급여와 성장의 기회뿐만 아니라 다양한 산업과 다양한 규모의 기업에서 일함으로써 새로운 기술, 경험 및 개인적 접촉을 얻을 수 있는 기회를 제공할 수 있다. 직원에게 잡호핑의 단점은 중요한 프로젝트의 완수, 개인 네트워크의 개발 또는 관련 경험을 쌓을 수 있을 만큼 오랫동안 한 직장에 머물지 못한다는 것이다. 이는 미래에 매력적인 직무와 경력 기회를 얻을 수 있는 기회를 해칠 수 있다.

기업이 잡호핑을 없애지는 못할 것이다. 다만 기업은 직원몰입을 위한 조건을 만들고, 직원에게 성장 기회를 제공하며, 성과에 따르는 인센티브와 보상을 제공함으로써 잡호핑을 줄이고 우수한 직원을 유치하고 유지할 수 있다.

경력 단절 대처

남성과 여성 모두 가족과 관련된 이유 또는 다른 이유로 몇 달 또는 몇 년을 휴직한 이후 직장으로 복귀하는 데 큰 어려움에 직면하고 있다.[113] 특히 아프가니스탄 참전군인의 경우 복직과 취업에 더욱 어려움을 겪는다. 제대군인(veterans)의 실업률은 22~24세의 실업률이 동년배 비제대군인 실업률의 세 배 이상으로 전체 인력의 실업률보다 높은 경향이 있다.[114] 제대군인들은 직장에서의 경험 부족, 불완전한 기술 및 교육 자격, 명확한 지침과 기대 없이 덜 구조화된 상황에서 일하는 어려움, 심신적 어려움 등 취업이나 복직에서 많은 장애물에 직면해 있다. 그러나 제대군인은 세부사항에 대한 주의집중, 자기 훈련, 스트레스 상황에서 문제해결과 의사결정, 팀워크 등 고용주에게 가치 있는 많은 특성과 기술을 가지고 있는 것으로 알려져 있다.

연방정부와 기업 모두 제대군인들이 직장으로 복귀하거나 새로운 일자리를 찾도록 돕는 일에 관여하고 있다.[115] **제대군인의 고용 및 재고용 권리법**(Uniformed Services Employment and Reemployment Rights Act, USERRA)은 특정 상황을 제외하고는 복귀 시 일자리를 보장하는 등 직원의 권리를 포괄한다. 그러나 제대군인이 복귀하는 업무는 자신이 수행했던 업무와 다를 수 있으며, 새로운 기술을 요구하거나 다른 지역에 있을 수 있다. 또한 복직하는 제대군인들은 처음부터 다시 자신을 증명해야 하고, 일부는 군복무로 인해 신체적 또는 정신적 부상을 당했을 수도 있다. 글로벌 투자기업인 KKR(Kohlberg Kravis Roberts & Co)에서 Vets@Work 계획은 제대군인 중심의 경력 개발을 촉진하고, 자사가 관리하는 미국 사모펀드(U.S. private equity) 포트폴리오 기업에서의 유지 관리 관행을 지원한다. 예를 들어 KKR의 포트폴리오 기업 중 하나인 액셀렌트(Accellent)는 군대 이력서를 검토할 때 인재를 보다 잘 식별할 수 있는 방법에 대해 채용자와 채용관리자를 교육하는 내용을 담은 군인채용 프로그램을 시작했다. 미국에서 가장 큰 전력공급회사 중 하나인 아메리칸 일렉트릭 파워(American Electric Power)는 제대군인을 위한 에너지 일자리(Troops to Energy Jobs) 프로그램에 참여하는 미국의 네 개 전력회사 중 하나이다. 에너지인력개발센터(Center for Energy Workforce Development, CEWD) 산하로 개발된 제대 군인을 위한 에너지 일자리 프로그램은 지역대학, 전문대학과 4년제 일반대학에서 훈련을 제공하여 제대군인이 현재의 기술을 보완할 수 있는 교육을 이수하고 마칠 수 있도록 도움을 주고 있다. 또한 제대군인들이 인턴십과 공학 및 보안 분야, 일선직원과 기술자 등의 정규직으로 채용될 수 있도록 도와준다. 배관공, 난방공, 용접공 및 서비스기술자연합(The United Association Union of Plumbers, Pipefitters, Welders, and Service Technicians)은 미군과 손잡고 참전용사들이 민간인 생활에 적응할 수 있도록 2주간의 전환훈련을 제공하고 용접, 배관, 난방 등에 대한 기술훈련을 16주 동안 가속화하는 프로그램을 만들었다. 이후 4년간의 견습과정을 거치게 된다. 제대군인은 훈련과 견습기간 동안 보수를 받으며, 프로그램을 이수하면 채용이 보장된다. 한편, 국방부(Department of Defense)와 에너지부(Department of Energy)는 Solar Ready Vets 프로그램에서 제대군인들이 태양광 산업에서 경력을 쌓을 수 있는 기술을 배울 수 있도록 돕기 위해 협력하고 있다. 이 프로그램은 10개의 미군 기지에서 제공될 것이다.

실직 대처

기업 구조조정, 인수합병(M&A) 등 초과인력에 대한 인원 감축이 늘어나면서 실직에 대한 대처는 주요한 경력 문제이다. 연구에 따르면 해고는 이익 개선으로 이어지지 않고, 생산성에 복합적인 영향을 미치며, 기업에 남아 있는 직원들의 사기와 업무량, 몰입에 악영향을 미친다고 제시하고 있다.[116] 또한 실직은 스트레스를 유발하고 해고된 직원들의 사생활에 지장을 준다.[117] 기업 구조조정으로 인한 피해 가능성이 있기 때문에 우선 인력(인원)을 줄이고 인건비를 절감할 수 있는 대안을 모색해야 한다. 이 대안에는 직원들에게 더 적은 시간 근무, 조기퇴직 제도 제공, 임금 인상 지연, 이직 및 퇴직으로 인한 직위 공백을 채우지 않기로 결정하는 것이 포함될 수 있다. 다만 인수합병(중복된 위치 및 유사한 기술을 가진 직원의 초과)이나 사업 침체가 불가피해 생존을 위해 직원을 해고하여 인건비를 절감해야 할 수도 있다.

경력 관리 측면에서 기업과 관리자는 크게 두 가지 책임을 진다. 첫째, 일자리를 잃게 될 직원들을 도울 책임이 있다. 둘째, 해고 '생존자(남은 직원)'가 생산성을 유지하고 조직에 몰입할 수 있도록 조치를 취해야 한다.

정리해고에 대비하고 잠재적인 부정적 영향을 줄이기 위해 기업은 전직 지원(outplacement) 서비스를 제공해야 한다. 전직 지원 서비스에는 다음이 포함된다.[118]

- 해고에 대한 사전경고 및 설명
- 심리, 재정 및 경력 상담
- 기술과 관심사 평가
- 이력서 작성 지원 및 면접 교육과 같은 구직 서비스
- 취업 관련 안내서가 게시되고, 다양한 직업 및 지리적 지역에 대한 외부 신문, 전화번호 및 장부를 이용할 수 있는 일자리 은행(job banks)
- 채용공문, 자기주도적 경력 관리 가이드, 가치 및 관심 목록의 전자 전달

예를 들어, 샘즈클럽은 수익이 더 높은 매장에 집중하고 소득이 더 높은 고객에게 서비스를 제공하기 위한 전략의 일환으로 최근 실적이 저조한 여러 매장을 폐쇄하였다.[119] 샘즈클럽은 뉴저지에서 매장을 폐쇄한 뒤 매장이 위치한 도시에서 해고자들을 면접하는 채용박람회에 자사의 실직된 매장직원들이 채용되도록 도움을 주었다. 노키아(Nokia)는 모바일 비즈니스에 대한 대규모 구조조정을 실시하여 1만 8,000명의 직원이 실직하였다.[120] 가능한 한 많은 직원이 새로운 일자리를 찾을 수 있도록 돕기 위해 기업의 리더십팀은 구조조정의 영향을 받은 13개국의 직원들을 지원하는 브리지(Bridge) 프로그램을 만들었다. 브리지 프로그램은 직원들이 노키아 또는 다른 기업에서 다른 일자리를 찾도록 돕는 데 중점을 두고 있으며 경력 코칭, 이력서 워크숍, 진로박람회 및 네트워킹 행사가 제공되었다. 또한 브리지 프로그램은 새로운 사업을 시작하거나, 새로운 경력에 필요한 교육을 받거나, 자원봉사에 시간을 할애하려는 직원들에게 보조금과 지원을 제공하였으며, 그 결과 구조조정으로 실직한 직원의 60% 이상이 새로운 일자리를 찾게 되었다.

일반적으로 기업은 남아 있는 직원보다 실직한 직원을 전직하게 하는 데 더 많은 자원을 투입한다. 고위관리직과 전문직에 있는 직원은 일반적으로 하위직 직원보다 더 개인화된 전직 지원 서비스(예: 사무실 공간, 개인 비서)를 받는다.[121] 실직은 직원들에게 슬픔과 거부감을 안겨주지만, 직원들이 감정을 이겨내면 새로운 일자리를 찾기 위한 캠페인을 펼칠 수 있다. 해고된 직원들은 고용대안을 모색할 필요가 있다는 것을 안다는 점에서 그나마 자신의 미래를 확신한다. 그러나 **생존자**(survivor, 구조조정 후 기업에 남아 있는 직원)에게는 미래

에 대한 불확실성이 남아 있다. 생존자는 고용 유지로 인해 어느 정도 만족감을 느낀다. 하지만 그들은 현재의 직업이 얼마나 안전한지도 모르고, 기업이 어떤 방향으로 나아가고 있는지도 모른다. 또한 많은 경우 생존자는 해고된 직원들의 업무뿐만 아니라 자신의 업무도 수행할 것으로 예상된다. 그 결과 생존자는 상당한 불안감, 최고경영진에 대한 분노, 조직 개편과 새로운 사업 계획에 대한 냉소, 분노, 체념 등을 경험하게 된다.[122]

생존자는 정리해고를 피하기 위해 직원들에게 비용 절감을 요구할 경우에는 해고를 공정하게 볼 가능성이 더 높다. 해고대상자를 결정하는 데 사용되는 요소(예: 성과, 연공서열)는 개인 기여자와 관리직원에게 동일하게 적용되고 사전 통지가 이루어지며, 해고와 관련하여 명확하고 적절한 설명이 제시된다.[123] 생존자는 통합과 실직으로 인한 업무량 증가와 업무책임에 대처하기 위한 훈련을 받아야 한다. 또한 기업은 생존자에게 기업의 미래에 대한 현실적인 정보를 제공해야 한다.

고령자 직원의 요구 충족

1장에서 논의한 바와 같이, 많은 산업에서 인재가 부족하다. 기업은 유능한 고령자 직원들을 계속 일하게 하려고 노력하고 있다. 많은 잠재적 퇴직자는 일을 줄이기는 하지만 완전히 일을 그만두지는 않을 계획을 갖고 있다. 예를 들어, 한 연구에 따르면 베이비붐 세대 중 80%가 은퇴기간 동안 적어도 시간제로 일할 계획이라고 한다.[124] 이는 개인적 선호와 경제적 이유 때문이다. 경기침체 기간 동안 주식시장 폭락과 주택가치 하락으로 인해 퇴직자들은 자금이 부족하다는 것을 깨닫고 재취업을 모색하고 있다. 기업은 고령자 직원의 요구를 충족하고 기술 부족을 피하기 위해 시간제 근로, 퇴직자 재고용, 근로시간을 점진적으로 단축하는 단계별 퇴직프로그램 등 대체근무 일정과 제도를 제시하고 있다.

직원이 언제 '고령자' 직원으로 간주되는가? 이 장 앞부분에서 논의한 바와 같이, ADEA (Age Disference in Employment Act)는 40세부터 직원을 보호하기 시작한다. ADEA에 따른 차별에는 훈련 프로그램에 대한 접근을 거부하고, 직원에게 (합법적인 이유 없이) 퇴직을 강요하는 것이 포함된다. 정년퇴직 연령은 직업에 따라 다르다. 항공교통관제사의 경우 56세, 조종사는 65세, 연방 법 집행관은 57세이다. 프로축구 선수들과 다른 프로 선수들은 30세에 '고령'으로 여겨진다. 고령자 직원은 결근율이 높지 않고 퇴직이 가까워져도 업무에 더 적은 노력을 기울이지 않는다. 그러나 이들은 새로운 기술을 배우는 데 더 많은 도움이 필요하고, 교육 중에 실습을 선호하며, 사회적 상호작용과 협업이 수반되는 교육 프로그램을 선호한다.[125] 고령자 직원은 젊은 직원만큼 생산성과 고객친화력이 뛰어나고 소중한 경험을 가지고 있다.

기업은 고령자 직원의 요구를 충족하기 위해 몇 가지 조치를 취할 수 있다.[126] 첫째, 일정의 유연성을 통해 고령자 직원들이 아픈 배우자를 돌보고, 학교로 복학하거나, 여행을 하고, 더 적은 시간을 일할 수 있게 해준다. CVS 케어마크(CVS Caremark)는 많은 고객이 나이가 많고 경험이 많은 약사와 건강 문제를 논의하는 것을 선호한다는 것을 알게 되었다. 결과적으로 CVS 케어마크는 고령자 약사들을 유지하기 위해, 여름에는 미국 북부, 겨울에는 따뜻한 남부에서 일할 수 있는 프로그램을 운영하고 있다.[127] 미쉐린은 퇴직자가 1만 9,000명이 넘고 미쉐린 직원의 37%는 50세 이상이다.[128] 기업은 퇴직계획 워크숍 및 정보에 지속적으로 접근할 수 있도록 제공하고 퇴직 시 직원을 공식적으로 인정함으로써 고령자 직원과 지속적인 관계를 유지한다. 퇴직자에게는 정규직 및 시간제 근무뿐만 아니라 임시업무 배정, 컨설팅 또는 계약업무, 재택근무 옵션이 제공된다.

국립보건원(National Institutes of Health, NIH)은 전체 직원의 47%가 50세 이상이며, 평균 고령자 직원은 18년 이상 NIH에 근무하고 있다.[129] 많은 NIH 직원들은 과학 분야에서 일하고 있는 고급학위를 가진 연구자들이다. 과학 연구가 오래 걸리는 경우가 많고, 질병에 대한 해결책과 치료법이 제공되기 때문에 고령자 직원을 돕는 것은 기본이다. NIH에서는 고령자 직원이 경험이 적고 젊은 과학자들을 멘토링하여 지식과 경험을 전달하도록 장려하고 있다. 또한 고령자 과학자를 적극적으로 모집한다. NIH는 부동산 계획 및 사회보장, 연령에 따라 자산을 재할당하는 투자펀드, 현장의 자녀 및 손자녀 양육, 퇴직자를 위한 계약 및 시간제 근로, 재택근무, 장기근속자를 위한 기념일 파티 및 '피트 플러스 프로그램(Fit Plus Program)' 건강관리계획 등을 주제로 한 개인 금융 세미나를 제공한다.

둘째, 기업에서 후원하는 훈련을 받을 확률은 40세에 최고조에 달하며, 연령이 높아질수록 낮아지는 것으로 나타나고 있다.[130] 기업은 노후화를 방지하고 새로운 기술을 사용할 수 있도록 고령자 직원이 필요한 교육을 받도록 해야 한다. 셋째, 고령자 직원은 장기적인 의료 및 요양 문제를 해결하기 위한 자원과 위탁도움이 필요하다. 넷째, 고령자 직원이 새로운 직종이나 경력으로 재순환되거나 책임이 명확하게 정의되지 않을 수 있는 덜 안전한 직위로 전환할 수 있도록 평가와 상담이 필요하다. 다섯째, 고령자 직원의 신체적·정신적 능력이 저하되면 경험과 동기에 의존해 실적부진을 피할 수 있다는 점을 인식하는 것이 중요하다. 기업은 기술 저하를 겪고 있는 가치 있는 고령자 직원을 다른 직장으로 옮기는 것을 고려해야 한다. 버지니아 리치먼드에 있는 본 세커스 헬스 시스템은 기업의 성공을 고령자 직원들의 덕으로 돌리고 있다. 본 세커스 직원의 30%가 50세 이상이기 때문에 기업은 이들을 수용하기 위해 노력하고 있다. 예를 들어, 본 세커스의 공인 간호사는 그녀의 직업이 신체적 측면(걷기, 들기, 환자 일어서기 지원)을 너무 많이 요구한다고 생각하였다. 기업은 그녀를 직원 복지(wellness) 프로그램으로 이동시켜 그곳에서 예방접종을 하고 힘든 일을 덜 수행하도록 하였다.[131] 마지막으로, 기업은 직원들이 고령자 직원에 대해 부적절한 고정관념(예: 새로운 기술을 두려워하거나 배울 수 없음)을 갖지 않도록 해야 한다.

퇴직전 사회화

퇴직전 사회화(preretirement socialization)는 직원들이 퇴직을 준비할 수 있도록 돕는 과정이다. 직원들이 퇴직 이후 삶에 대해 배우고, 적절한 재정, 주거 및 의료보험 자원을 계획하고, 퇴직에 대한 정확한 기대를 형성하도록 장려한다. 퇴직 후 삶에 대한 직원들의 만족도는 건강, 직업에 대한 감정, 낙천주의 정도에 따라 달라진다. 퇴직전 사회화 프로그램에 참여하는 직원은 프로그램에 참여하지 않는 직원보다 경제적·심리적 문제가 적고 퇴직에 대한 만족도가 더 높다. 이러한 프로그램은 일반적으로 다음의 주제를 다룬다.[132]

- 개인의 관심사와 활동을 개발하는 것과 같은 퇴직의 심리적 측면
- 주거(교통비, 생활비 및 의료 근접성 고려사항 포함)
- 은퇴 후 영양 및 운동을 포함한 건강
- 재정 계획, 보험 및 투자
- 의료 계획
- 부동산 계획
- 기업 연금제도 및 사회보장제도의 혜택 모음

공식적인 퇴직전 사회화 프로그램은 주로 퇴직을 고려하고 있는 직원들을 위한 것이지만, 직원들이 퇴직기간 동안 편안하게 생활하는 데 필요한 재원을 확보하려면 재정 계획, 부동산 계획, 그리고 보험 구매가 훨씬 더 일찍 이루어져야 한다. 퇴직전 사회화 또는 퇴직 계획은 직원들이 재정 계획 부족으로 인한 복직을 하지 않도록 하는 데 도움이 될 수 있다. 예를 들어, 58세의 퇴직자는 통신기업인 GTE로부터 조기퇴직 패키지를 받았다.[133] 그는 벨 애틀랜틱(Bell Atlantic)과의 합병 논의 후 GTE 주식의 매수를 받아들였다. 주식시장 손실과 매달 퇴직계좌에서 2,000달러를 인출하기로 한 결정으로 인하여 그는 다시 일자리를 찾아야 했다. 그는 현재 자동차판매 대리점에서 시간당 10달러 50센트를 받으며 자동차 부품을 적재하고 배달하는 일을 하고 있다. 청구서를 지불한 후, 그는 저축계좌에 주당 100달러를 저축할 수 있다. 군인연금을 받기 시작하는 60세에 다시 은퇴를 고려하고 있다. 그러나 주식시장의 혼란과 건강보험(분기당 150~450달러 사이) 상승으로 인해 의료보험과 사회보장 혜택을 받을 수 있는 62세가 될 때까지 은퇴하는 것이 어려울 수 있다.

많은 기업이 퇴직한 직원을 재고용하는 것과 같은 단계적 퇴직과 대체근무방식을 활용하여 직원들이 재능을 계속 발휘하면서 퇴직할 수 있도록 돕고 있다. **단계적 퇴직**(phased retirement)은 시간제 근무를 통해 정규직 고용에서 정규직 퇴직으로 전환하는 직원을 포함한다. 단계적 퇴직은 기업과 직원 모두에게 이득이 될 수 있다. 이는 기업이 노동시장에서 숙련된 인력 부족에 대처하는 데 도움을 줄 수 있으며 경기침체기에 퇴직금의 가치가 하락한 직원에게는 소득원을 제공한다. 단계적 퇴직은 여러 종류가 있다. 직원은 퇴직 후 독립계약자, 컨설턴트 또는 시간제 직원으로 복직할 수 있다. 퇴직급여 과세에 대한 규정과 지속적인 의료보험에 대한 우려(예: 단계적 퇴직에 대한 법적 정의가 없고, 확정적 퇴직급여제도 내에서 단계적 퇴직을 어떻게 제공할지에 대한 세법 규정이 거의 없다)로 인해 단계적 퇴직제도의 사용은 복잡하다.

여러 기업이 고령자 직원의 기술을 활용하고 그들의 요구를 수용하기 위해 제공하는 프로그램을 고려해보자.[134] 미시건주에 본사를 둔 가구제조업체인 허먼 밀러(Herman Miller)에

서는 직원들이 근무시간을 줄임으로써 실제 퇴직일보다 2년 앞서 퇴직 절차를 시작할 수 있다. 이를 통해 직무 및 업무에서 벗어나 쉽게 전환할 수 있으며, 지식을 공유하고 다른 직원이 업무를 수행할 수 있도록 훈련할 수 있는 시간을 제공한다. 국립보건원(NIH)은 두 가지 단계적 퇴직 프로그램을 제공한다. 직원들은 근무시간을 줄여 점진적으로 퇴직으로 전환하거나, 또는 퇴직자가 퇴사 준비가 안 된 경우 퇴직 후 1년 이내에 복귀할 수 있는 시범퇴직 프로그램을 선택할 수 있다.

퇴직

퇴직(retirement)은 직장과 일을 그만두고 일이 없는 삶으로 전환하는 것을 포함한다. 일부 직원의 경우에 퇴직은 시간제 고용과 의미 있는 사회 활동 또는 공동체 일을 혼합하거나 다른 직업으로 재순환하는 것을 포함한다. 던 맨킨과 워런 도지를 보자.[135] 던 맨킨은 40년 동안 가르치고 글을 썼다. 은퇴 후 그는 블로그와 잡지에 여행가이드와 기사를 쓰기로 결심했다. 이는 그가 컨설팅 기회를 얻고 연설약속을 얻는 데 도움이 되었다. 워런 도지는 액센츄어에서 정보기술 및 변화관리 전문가로 근무하였다. 은퇴 후, 그는 골프를 치고 킬리만자로산에 올랐으며 뉴욕대학교에서 시간제 강사를 하였다. 하지만 그는 지루해졌고 자신이 개인적으로 성장하고 있지 않다는 것을 깨달았다. 그는 전직 동료들의 네트워크를 통해 비영리 및 글로벌 기업을 위한 혁신과 변화에 대한 컨설팅 프로젝트를 찾았다. 지금은 직원채용 기업에서 시간제 컨설턴트로 일하고, 전문대학과 일반대학에서 교육과정을 가르치고, 지역 교회에서 자원봉사를 하고 있다. UPS는 휴가철 해운 수요가 최고조에 달할 때 퇴직자들을 다시 데려온다.[136] 퇴직자들은 기업에서 25년 이상의 경력을 쌓은 경우가 많은데, 이는 UPS의 문화와 절차를 알고 있고 교육이 필요 없다는 것을 의미한다. 퇴직자를 다시 채용하여 UPS는 수백만 달러를 절약하였다.

2020년이면 미국 인력 4명 중 1명이 55세 이상이 될 것이다. 최근 사회보장제도의 변화로 인해 대부분의 일자리에 정년이 없어졌고, 재정적 필요로 인해 직원들은 어떤 이유로든 더 오래 일할 수도 있다.[137] 베이비붐 세대의 막내들은 사회보장 혜택을 받을 수 있는 가장 빠른 연령인 62세에 접어들었기 때문에 곧 퇴직해야 한다.

연구 결과는 연령, 재정적 자원, 건강 악화, 심리적·육체적 요구가 큰 업무를 수행하는 직원들이 퇴직 결정과 긍정적으로 연관돼 있다고 제시하고 있다.[138] 역사적으로 전체 직원의 절반 이상이 63세 이전에 퇴직하고, 80%는 70세가 되면 퇴직한다. 이는 직원들이 일반적으로 후한 재정적 혜택이 포함된 조기퇴직 패키지 제안을 받아들이기 때문일 것이다. 또한 직원들은 업무 만족도가 떨어지고 주로 비업무 활동을 만족의 원천으로 추구하는 데 관심이 있을 수 있다.

인력의 고령화와 조기퇴직 프로그램(다음에 논의)을 통한 기업의 인력 감축에는 세 가지 의미가 담겨 있다. 첫째, 기업은 고령자 직원의 요구를 충족해야 한다. 둘째, 기업은 퇴직 준비를 위한 조치를 취해야 한다. 셋째, 기업은 조기퇴직 프로그램이 고령자 직원을 부당하게 차별하지 않도록 주의해야 한다.

조기퇴직 프로그램

조기퇴직 프로그램(early retirement program)은 직원들에게 기업을 떠날 수 있도록 재정적 혜택을 제공한다. 이러한 프로그램은 일반적으로 기업이 직원을 해고하지 않고 인건비를 줄이려고 할 때 제공된다. 재정적 혜택에는 일반적으로 일시불과 근속연수에 따른 급여 비율이 포함된다. 재정적 혜택은 직원, 특히 기업에서 오래 근무하는 사람들에게는 매우 매력적일 수 있다. 조기퇴직 자격은 일반적으로 근속연수를 기준으로 한다. 예를 들어, 미국우편국(United States Postal Service, USPS)은 폐쇄가 예정된 우편물 처리 공장의 우편직원들에게 자발적(voluntary) 조기퇴직을 제공하였다.[139] 조기퇴직에는 20년 이상을 근속한 50세 이상, 25년 이상 근속한 모든 연령이 해당되며, 5년 이상 근속의 경우는 군복무가 아닌 믿을 만한 민간업체에서 근속을 해야만 한다. 또한 USPS의 새로운 선략에 따른 조직 변경으로 인하여 영업시간을 단축할 예정인 우체국의 우체국장 약 3,000명이 자발적 조기퇴직 제안을 수락할 수 있는 기회를 갖게 되었다. USPS는 조기퇴직을 하는 우체국장들에게 1만 달러의 자발적인 퇴직 인센티브 지급을 제안하였다. 자발적 조직퇴직을 통해 직원들은 퇴직소득(확정급여)을 받을 자격이 되기 몇 년 전에 이를 받을 수 있다.

조기퇴직 프로그램에는 두 가지 큰 문제가 있다. 첫째, 대체기 이려운 직원이 퇴사를 선택할 수 있다. 둘째, 고령자 직원은 조기퇴직 프로그램이 자신들을 강제로 퇴직시킨다고 느끼기 때문에 차별한다고 생각할 수 있다. 비용이 많이 드는 소송을 피하기 위해 기업은 조기퇴직 프로그램에 다음과 같은 특징이 포함되어 있는지 확인해야 한다.[140]

- 프로그램은 직원복지 계획의 일부이다.
- 기업은 조기퇴직을 위한 연령별 구분을 정당화할 수 있다.
- 직원들이 자발적으로 조기퇴직을 선택할 수 있다.

조기퇴직 자격요건은 연령에 따라 발생하는 능력과 기술 감소에 대한 고정관념에 근거해서는 안 된다. 연구에 따르면 특정 능력과 기술에서 연령과 관련한 감소는 업무 성과에 거의 영향을 미치지 않는다고 한다. 참여를 거부할 수 있고, 제도에 대한 완전한 정보와 합리적인 결정시간이 제공된 경우 조기퇴직에 대한 직원의 의사결정은 자발적인 것으로 간주된다.

훈련은 조기퇴직 프로그램에서 중요한 역할을 한다. 기업은 직원들에게 조기퇴직에 따르는 재정적 영향을 이해하도록 가르친다. 직원들이 언제 어떤 형태로 의료혜택과 퇴직연금을 받을 수 있는지에 대해 이해하도록 훈련 프로그램이 활용된다. 예를 들어 퇴직연금은 퇴직자에게 일시불로 지급되거나 매달, 분기, 또는 매년 특정 금액을 지급받는 방식으로 분배될 수 있다.

요약

공기업과 사기업은 세금을 현명하게 사용하고 재정적 수익을 창출하기 위해 비즈니스를 하고 있다. 또한 기업은 빈곤과 실업을 줄이고, 법과 규정을 준수하며, 모든 직원이 성장, 발전 및 경력 문제를 해결하도록 도와줌으로써 그들이 속한 지역사회를 개선해야 할 사회적 책임이 있다. 이는 지역사회와 인력에게 직접적인 혜택을 주지만, 기업의 평판도를 향상해 우수한 직원을 유치하고, 동기부여 및 유지하는 데 도움이 된다. 정부기관, 무역단체, 노동조합 및 재단과의 파트너십을 통한 기업의 훈련 및 개발 기능은 인력에 대한 능력을 계발하여 고용가능성을 높이고 지역사회에 일자리를 제공할 수 있다. 또한 사회적 책임을 진다는 것은 훈련 및 개발 관행에 모든 직원이 접근할 수 있다는 것을 의미하며, 훈련 중에 적절하게 취급되고, 저작권법을 준수한다는 것을 의미한다(즉, 훈련 과정에서 사용되는 자료에 대해 학점을 부여하고 비용을 지급). 오늘날의 인력은 인종, 성별, 출신국가가 다양할 뿐만 아니라 다세대로 구성된다. 다양성의 경쟁우위를 최대한 활용하고 사회적 책임 목표를 달성하기 위해서 기업은 다양성과 포용성을 선제적으로(proactively) 관리해야 한다. 이는 최고경영진의 다양성 지원, 관리자의 다양성 목표 책임, 직원에 대한 지원, 모집과 채용 및 개발 등을 위한 다양성 훈련을 넘어 전 직원의 능력을 발굴하고 육성하는 데 초점을 맞춰야 한다는 것을 의미한다. 마지막으로, 기업은 직원들의 몰입과 생산성을 높이고 스트레스를 줄이기 위해 경력 도전 문제를 관리할 수 있도록 지원해야 한다. 이 장에서는 경력 도전 문제와 직원들이 경력 도전 문제에 대처하는 데 도움이 되는 정책 및 프로그램 유형에 대해 설명하였다. 주요 경력 도전 문제는 일과 삶의 균형, 경력 단절, 실직, 잡호핑, 경력 재순환, 퇴직 등이 있다.

핵심 용어

가족 및 의료휴가법(FMLA)
경력 경로
경력 재순환
귀환
노사공동 교육 프로그램
다양성과 포용성 관리
다양성 훈련
단계적 퇴직
무의식적 편견
미국장애인법(ADA)
부문 파트너십
생존자
압축근무제
연령차별금지법(ADEA)
유리천장
유연근무
이문화 준비
이중 경력 경로 시스템
일과 삶의 균형
일자리 공유
잡호핑
재택근무
저작권
정보 인터뷰
제대군인의 고용 및 재고용 권리법(USERRA)
조기퇴직 프로그램
주재원
퇴직
퇴직전 사회화
포용성
학교에서 직장으로 기회법
합리적 편의
1964년 민권법 제7호
WIOA

토의 문제

1. 부문 파트너십이란 무엇인가? 왜 중요한가? 예를 들어 설명하시오.
2. 경찰관 훈련 프로그램에서 경찰관의 무력 사용을 적절히 다루었는지 여부를 조사하도록 요청받았다고 가정하자. 어떤 내용을 검토하겠는가? 어떤 자료를 보겠는가?
3. '다양성과 포용성 관리'와 '다양성 훈련' 사이의 관계를 설명하시오. 어떤 게 가장 효과적인가? 왜 그런가?
4. 무의식적 편견 훈련의 목적은 무엇인가? 무의식적 편견 훈련이 훈련에 참여하거나 개발 활동에 참여하도록 요청받는 사람에게 어떤 영향을 미칠 수 있는지 예를 제시하시오.
5. 여성, 히스패닉, 퇴역군인 및 기타 단체와 같은 직원 자원 그룹을 해산하는 것이 다양성과 직장 내 포용력 향상에 도움이 된다고 생각하는가? 아니면 방해가 된다고 생각하는가? 이유를 설명하시오.
6. 최근에 인수한 금융서비스 기업의 운영을 감독하기 위해 세 명의 관리자로 구성된 팀을 폴란드 바르샤바로 보내기 위해서 어떻게 하겠는가? 그들은 한 달 후에 떠날 것이고, 과제는 2년 동안 지속된다.
7. 기업이 경영진의 최고자리에 오를 수 있는 인재를 키우기 위해 해야 할 일은 무엇인가? 당신의 추천사항을 지지할 수 있는 내용을 제시하시오.
8. 직원들을 위한 경력 경로는 어떻게 유용한가? 기업의 효과성에 어떻게 기여할 수 있는가?
9. 잡호핑이란 무엇인가? 잡호핑을 줄이기 위해 어떤 경력 도전 문제에 초점을 맞출 수 있는가?
10. 기업이 단계적 퇴직을 통해 얻을 수 있는 장점과 단점은 무엇인가?
11. 일과 삶의 균형 프로그램이란 무엇인가? 일-가정 프로그램과 어떤 관계가 있는가? 일과 삶

의 균형 프로그램을 개발하고 사용할 때 어떤 어려움이 있는가?

12. 구조조정 생존자의 동기부여와 생산성을 유지하기 위해 어떻게 도울 수 있는가? 당신이 추천하는 것 중 가장 중요한 것은 무엇인가? 이유를 설명하시오.

적용 과제

1. https://www.youtube.com/watch?v=_LACA7t2_Qo에서 텍사스 인스트루먼트(Texas Instruments)의 다양성과 포용성에 대한 동영상을 시청하시오. 또한 www.ti.com/corp/docs/company/flipbooks/diversity/index.html의 내용을 검토하시오. TI는 왜 다양성과 포용성을 촉진하는가? TI에서 다양성과 포용성 문화를 조성하는 데 도움이 되는 계획은 무엇인가? 이러한 계획 중 어떤 것이 다양성과 포용성 문화를 조성하는 데 가장 큰 영향을 미친다고 생각하는가? 당신의 선택을 정당화하시오.
2. 《Working Mother》 잡지의 웹사이트인 www.workingmother.com으로 가시오. "100 Best Companies for 2017" 중 원하는 5개 기업을 검색하고 검토하시오. 직원들의 일과 삶의 균형과 일과 가정의 균형을 이루도록 돕기 위한 관리 관행은 무엇인가? 이러한 관행이 효과적인지 확인하기 위해 어떤 유형의 결과물 또는 지표를 수집할 것인가?
3. 스탠퍼드대학교의 도서관 시스템에서 만든 저작권 및 공정한 사용(Copyright and Fair Use)에 관한 웹사이트 http://fairuse.stanford.edu로 가시오. 공공영역에서의 업무는 어떤가? 즉, 사용 허가를 받지 않고 어떻게 다른 사람의 작업결과를 사용할 수 있는가?
4. 아메리칸 일렉트릭 파워의 웹사이트인 www.aep.com으로 가시오. "Careers"를 클릭한 후 "A Millitary-Friendly Employer"를 클릭하시오. 동영상을 시청하고 '군인을 위한 에너지 일자리(Troops to Energy)' 웹사이트를 검토하시오. 관심 있는 제대군인이라면 프로그램을 시작하기 위해 어떤 단계를 밟을 수 있는가? 각각의 단계가 왜 경력이나 발전적인 관점에서 중요한지 설명하시오.
5. https://www.youtube.com/watch?v=2YzHKpgTCic로 가시오. FCA 매뉴팩처링 아카데미의 목적은 무엇인가? 어떤 종류의 훈련이 사용되는가? 강의실 교육만 사용하는 것과 비교하여 동영상을 보여주는 훈련의 이점은 무엇인가?
6. https://www.youtube.com/watchv=onN009pksHas에서 밀레니얼 세대가 기대하는 직업에 대한 유튜브 동영상을 시청하시오. 그들의 직업적 기대는 당신의 직업적 기대와 어떻게 비슷하거나 다른가? 이 장에서 읽은 내용을 바탕으로, 밀레니얼 세대의 직업 기대치를 관리하고 충족하기 위해 기업이 해야 할 일은 무엇이라고 생각하는가?
7. IBM의 기업서비스 부서(Corporate Service Cors)의 웹사이트인 www.ibm.com/ibm/responsibility/corporateservicecorps/로 가시오. 직원들이 기업서비스 부서에서 맡은 다양한 업무를 강조하는 동영상을 시청하시오. 이 과제가 IBM에 어떤 도움이 되는가? 지역사회에서는? 과제로 주어진 직원에게는?
8. SHRM 재단 DVD인 "Ernst & Young: Creating a Culture of Flexibility"를 https://

www.shrm.org/foundation/ourwork/initiatives/resources-from-past-initiates/Pages/Educational-DVD-Dicussion-Guides-and-Presentations.aspx에서 온라인으로 시청하시오. 유연성 문화를 조성하기 위한 주요 과제는 무엇인가? 언스트앤드영은 이러한 과제를 어떻게 관리하고 있는가?

사례 언어와 문화적 이해로 글로벌 성공의 토대를 마련하다

영어는 여전히 비즈니스에서 가장 많이 사용되는 언어이지만 중국어, 프랑스어, 아랍어의 중요성이 점점 커지고 있다. 전 세계적으로 일하는 직원들이 새로운 언어를 배우려면 시간과 강사 주도 과정이 필요하다. 이들을 위해 언어 훈련(어학연수)을 제공하는 것은 어렵지만 가상교육, 온라인 과정 및 모바일 앱 등을 통해서는 쉽게 가능하다. 어학연수는 직원들의 숙련도 수준에 맞춰야 하고, 어학연수가 자신의 직업에 적용되는 언어와 구절에 노출되도록 하는 것이 중요하다. 예를 들어, 오퍼레이션 스마일(Operation Smile)에서 일하는 의사와 간호사들은 개발도상국 어린이들을 위해 치과수술을 제공한다. 그들은 일하게 될 국가의 언어의 모든 뉘앙스를 배울 시간은 없지만, "걱정하지 마세요(Don't worry)" 또는 "(입을)벌려주세요(Open)"와 "닫아주세요(Close)"와 같은 몇몇 구절을 사용할 수 있어야 한다.

다른 언어로 의사소통하는 것은 필요하지만 전 세계적인 효과를 위해서는 충분하지 않다. 직원들은 현지 종교, 교육, 정부 시스템에 대해 기꺼이 배울(그리고 모르는 것을 인정할) 의지가 있어야 하며, 문화적 공감(appreciation)은 매우 중요하다. 문화적 공감은 관계를 형성하고 신뢰를 쌓는 데 시간을 들인다는 것을 의미한다. 예를 들어 메리어트 인터내셔널은 아시아와 중동 지역 진출 계획을 바탕으로 직원들이 관리직을 맡을 수 있게 준비하고 있다. 메리어트는 문화적 맥락과 인간관계를 이해하는 것이 국제적 자산운영에 중요하다는 것을 인식하고 있다. 엘리베이트(Elevate) 프로그램은 1년 동안 소유자 관계, 판매 및 수익 관리, 브랜드, 고객 중심, 재무 및 위기 커뮤니케이션, 인적자원 및 문화 간 커뮤니케이션 훈련을 제공한다. 이 훈련은 강의실 교육, 웨비나, 멘토링, 동료 포럼 참여를 통해 이루어지며 55개국 이상 30~40명의 직원이 함께 훈련을 받는다.

어학연수와 문화지식 및 공감을 위해 어떤 훈련 방법 또는 방법의 조합이 가장 좋은가? 이유를 설명하시오.

자료: C. Curry, "Prepare for Arrival," *TD* (May 2016), pp. 30–35; S. Shullman and L. Kelly-Radford, "Global Leaders Embrace Difference," *Chief Learning Officer* (May 2015), pp. 26–28, 48; and K. Everson, "Learning in Translation," *Chief Learning Officer* (May 2015), pp. 38–41을 기반으로 함.

Chapter 11

훈련과 개발의 미래

학습목표

1. 훈련 부서와 훈련강사에게 영향을 끼칠 수 있는 미래의 경향을 파악한다.
2. 웨어러블 기기, 인공지능(AI), 사물 인터넷(IoT)이 훈련과 개발에 미칠 영향에 대해 논의한다.
3. 신속한 교수 설계와 애자일 디자인이 전통적 교수 설계와 어떻게 다른지 논의한다.
4. 훈련이 사업 성과를 어떻게 지원하는지를 보여주기 위한 빅데이터 활용법을 논의한다.
5. 자동화 증대가 직업과 훈련에 미치는 영향에 대해 논의한다.
6. 기업이 기술 격차를 좁히기 위해 어떻게 노력하는지 설명한다.

"왓슨, 가장 인기 있는 훈련 교육과정을 찾아줘!"

오늘날 우리는 디지털 세상을 활용하여 자신만의 개인화된 경험을 만들어낸다. 디지털 도구를 사용하여 음악을 선택하고, 교통편을 주문하고, 식료품을 구입하고, 집이나 아파트의 불을 켜고 끌 수 있다. 우리가 소비자와 마찬가지로 사용하는 툴은 직장에서 학습하는 방식을 혁신할 수 있는 엄청난 잠재력을 가지고 있다. IBM이 직원들을 위해 교육 환경을 어떻게 획기적으로 변화시켰는지 생각해보자. 예전에 IBM은 학습 관리 시스템(LMS)을 통해 제한된 일련의 과정을 제공했다. 그러나 이제 IBM은 학습 관리 시스템을 '당신을 위한 학습(Your Learning)'이라는 디지털 학습 플랫폼으로 대체했다. 학습은 분석을 활용하여 직책, 사업부 및 전문지식을 바탕으로 각 직원의 맞춤형 학습 경험을 생성한다. 직원은 개인 선호도와 개인이 보유한 기술을 바탕으로 필수 및 권장 학습 콘텐츠를 찾을 수 있다. '당신을 위한 학습'에는 또한 직원들에게 조언자와 채팅하고, 경력 로드맵을 검토하고, 소셜미디어에 접근할 수 있는 기회를 제공하는 링크가 포함되어 있다. 여기서 직원들은 콘텐츠에 기여하거나 콘텐츠를 태그하고 다른 사람이 공유한 콘텐츠의 평가나 본인이 수강한 과정에 대한 의견을 제시할 수 있다. IBM의 학습 전문가는 '당신을 위한 학습'을 사용하여 직원의 학습 동향을 파악하고 설문조사를 개발 및 실행하여 교육과정 및 다른 교육 콘텐츠에 대한 평가를 실시할 수 있다.

왓슨의 인지 컴퓨팅은 '당신을 위한 학습'의 중추이다. 왓슨은 인공지능(AI)을 이용해 이해하고, 추론하고, 배운다(8장의 AI에 대한 논의 참조). 왓슨은 우리가 생각하는 것처럼 인간의 언어를 이해하고 질문을 처리할 수 있다. 왓슨은 감정과 빈도에 따라 수백 개의 키워드와 패턴을 받아 처리하고 합성해 추천할 수 있다. 부모와 교사로부터의 과거 학습이 오늘날 우리의 생각과 행동을 어떻게 형성하느냐와 유사하게, 왓슨은 처음에는 전문가들에 의해 가르침을 받고 이후 모든 미래의 상호작용에 기초하여 학습을 계속한다. 아마존의 알렉사(Alexa)가 당신이 듣고 있는 것을 바탕으로 당신이 좋아할 만한 음악을 추천할 수 있는 것과 유사하게, 왓슨은 학습에서 모든 직원이 소비하는 학습을 모니터링하고 직원이 유용하다고 생각할 수 있는 다른 콘텐츠에 대해 추천을 제공한다. 또한 관심사와 배경이 유사한 다른 직원이 사용하는 콘텐츠도 보여준다.

자료: "Training Top 10 Hall of Fame Outstanding Initiatives, IBM Your Learning," *training* (January/February 2018), pp. 95–96; L. Burrell, "Co-Creating the Employee Experience: A Conversation with Diane Gherson, IBM's Head of HR," *Harvard Business Review* (March-April 2018), pp. 54-58; IBM Learning Digital Press White Paper Series, "IBM's Your Learning and Watson-Together a Game Changer in Learning" (2017) from www.ibm.com, accessed February 11, 2018; and P. Harris, "A New Era Dawns for TD," *TD* (October 2017), pp. 38–40을 기반으로 함.

서론

이전에 우리가 공부한 10개 장에서는, 훈련 설계와 실시, 개발 및 경력 관리에 대해 다루었고, 또한 다양성과 포용성을 관리하고 여러 세대의 노동력이 적절히 준비하여 경력상 직면하게 되는 도전에 성공적으로 대응할 수 있도록 도와줌으로써 사회적 책임에 기여하는 훈련의 역할에 대해 논의하였다. 이번 장에서는 훈련과 개발의 미래가 어떤 모습일지에 대해 살펴보겠다. 이 장의 도입부에서는 인공지능의 기술 발전이 어떻게 우리가 일하고 학습하는지를 형성하기 시작했는지 강조한다. 기술의 발전은 훈련과 개발은 물론 훈련강사인 당신의 미래에도 영향을 미칠 수 있다. 표 11.1은 훈련에 영향을 미치면서 이번 장에서 논의할 미래 경향을 보여준다.

작업 자동화

직원이 이전에 실행한 작업을 수행하는 데 자동화를 사용하는 비율이 향후 10년 이내에 빠르게 증가할 것으로 예상된다. 한 설문조사 결과에서는 현재 로봇과 인공지능(AI)의 업무 비중이 12%에 달하지만 앞으로 3년 안에 활용률이 22%로 증가할 것이라는 응답도 나왔다.[1] 오늘날 60% 이상의 기업이 자동화를 사용하여 작업을 완료하지 않고, 자동화 가능한 작업을 수행할 때 실수나 오류를 방지하여 직원들이 보다 중요한 고부가가치 작업에 시간을 할애할 수 있도록 함으로써 업무를 지원하고 있다. 인적자원 기능의 약 1/3은 새로운 기술 요구사항을 파악하고 그에 맞는 인재를 선발함으로써 자동화의 증가에 대비하기 위해 활동을 변경하기

표 11.1 훈련에 영향을 미칠 미래 경향

- 작업 자동화
- 훈련 제공 및 교육을 위한 새로운 기술 사용
- 학습에 대한 신경과학의 혁신
- 설계 속도, 콘텐츠에 대한 집중, 다양한 훈련 제공 방법 사용 강조
- 적시 학습 및 성과 지원의 활용 증가
- 학습이 비즈니스에 어떻게 도움이 되는지 보여주는 빅데이터에 대한 강조 증가
- 기술 격차 해소를 위한 훈련에 대한 투자

시작했다. 25%는 미래에 기술 격차를 확인할 계획이다. 그러나 38%는 자동화의 영향을 받는 직원을 어떻게 재교육할지에 대해 준비가 되어 있지 않다고 응답했다. 표 11.2는 자동화가 작업에 미칠 수 있는 잠재적 영향 중 일부를 보여준다.

AI가 자율주행차와 로봇 개발에 도움을 주었다. 하지만 로봇이 어떻게 사용되느냐에 따라 인간을 위한 일자리를 없앨 필요는 없고, 그저 바꿀 뿐이다. 일부 직업에서 로봇은 찾기 어려운 인간에게 유용한 대체품이 될 수 있다.[2] 예를 들어, 벽돌을 쌓는 도급업체는 충분한 벽돌공을 찾을 수 없지만, 반자동 석공(SAM)은 전부는 아니지만 일부 인간의 석공 작업을 수행하는 데 도움이 될 수 있다. SAM은 도면을 읽을 수 없고, 모서리나 곡선에 벽돌을 쌓을 수 없으며, 다른 작업자들이 회반죽과 벽돌을 재장전하고 다시 채운 다음, 쌓는 벽돌의 이음매를 청소해야 한다. SAM은 벽돌공 부족을 줄이는 데 도움을 주지만 각각 40만 달러의 비용이 든다. 로봇은 직원들이 하는 일부 작업을 수행하는 데 사용될 수도 있다. 여기에는 로봇이 사람에 비해 정밀도와 일관성이 뛰어나거나 동등하게 수행할 수 있는 작업(예: 일부 수술 형태), 인체에 유해할 가능성이 있는 작업(예: 도장 및 용접), 단순하고 반복적인 작업(더 가치 있는 작업에 시간을 할애할 수 있도록 지원) 등이 포함된다. 예를 들어, 비헥스(BeeHex Inc.)는 쿠키나 케이크를 장식할 수 있는 3-D 식품 프린터를 만들고 있다. 이는 페이스트리 셰프가 수십 개의 쿠키를 똑같이 얼리는 데 시간을 허비하지 않고 새로운 맛의 쿠키를 개발하는 데 시간과 에너지를 쏟을 수 있다는 것을 의미한다. 인간은 여전히 로봇이 예상대로 작동하고 있는지 확인하고, 필요한 유지보수를 제공하고, 재프로그래밍을 통해 기술을 다듬기 위해 로봇을 모니터링해야 한다. 로봇은 직원이 이전에 수행한 전체 직무(작업이 아닌)를 수행하는 데 사용될 수도 있다. 예를 들어, 매우 민감한 '손'을 가진 로봇은 저스트 본의 생산라인에서 핍스(Peeps)를 픽업하여 생산 속도를 높일 수 있다. 또는 가게에서 온라인 쇼핑객들이 주문한 상품을 찾아 배달하는 데 사용될 수 있다.[3] 우버 테크놀로지스(Uber Technologies)는 그동안 일부 시장에서 자율주행 로봇 자동차를 이용해왔으나 최근 애리조나주에서 보행자가 충돌을 피하지 못한 자율주행차에 치여 사망하면서 차질을 빚었다.[4]

장비 및 기계 작동 및 식품 준비 등 예측 가능한 환경에서 신체 활동을 수반하는 작업이 자동화될 가능성이 높다.[5] 또한 은행, 금융, 회계 및 법률 업무(예: 주택담보대출 및 컴퓨팅 세금 준비)에서 발생하는 데이터 수집 및 처리가 수반되는 업무 활동을 자동화를 통해 보다 효율적이고 효과적으로 수행할 수 있다. 자동화가 인간의 성과를 대체할 수 없는 몇 가지 활동

표 11.2 자동화가 작업에 미치는 잠재적 영향

- 현재 직업군 10개 중 6개는 기술을 사용하여 자동화할 수 있는 업무 활동의 30% 이상을 보유하고 있다.
- 2030년까지 4억 명 이상의 근로자를 대표하는 전 세계 인력의 15%가 자동화의 채택으로 인해 대체될 수 있다. 노동자의 3%(7,500만 명)가 직업을 바꿔야 할 것이다.
- 2030년까지 미국과 독일의 최대 1/3 인력 및 일본 내 거의 50%의 인력이 새로운 기술을 배우고 새로운 직업에서 일자리를 찾아야 할 것이다.

자료: J. Manyika, S. Lund, M. Chui, J. Bughin, J. Woetzel, P. Batra, R. Ko, and S. Sanghvi, "Jobs Lost, Jobs Gained: Workforce Transitions in a Time of Automation" (McKinsey Global Institute, December 2017), from www.mckinsey.com, accessed April 12, 2018을 기반으로 함.

이 있다. 작업 활동은 예측할 수 없는 직업과 다른 사람을 관리하고, 창의성을 발휘하고, 전문성을 적용하며, 사회적 상호작용을 하는 직업(예: 배관공, 보육사, 예술가와 연주자, 건축업자, 기술자, 과학자) 등을 포함한다. 예를 들어 오하이오주 직원들을 대상으로 실시된 한 연구에서는 계산대 점원, 트럭 운전사, 패스트푸드 노동자, 창고 직원, 회계사, 감사 직원 등 향후 업무의 거의 절반이 자동화될 것으로 나타났다.[6] 이러한 자동화로 인해 250만 개의 일자리가 사라지게 된다.

훈련 및 개발 관점에서 자동화의 증가는 직원들이 국가 및 회사 차원에서 직무 재교육을 실시하여 새로운 기술을 습득하고 필요에 따라 직업을 변경할 수 있도록 지원해야 한다는 것을 의미한다.[7] 교육 및 훈련은 리더십, 타인 관리, 협업적 문제해결, 사회적 추론, 창의성, 학습을 위한 학습 등에서의 스킬과 과학, 기술, 엔지니어링 및 수학(STEM) 스킬을 다루어야 한다. 기업은 교육기관과의 파트너십(10장에서의 교육 파트너십에 대한 논의 내용 참조)에 더욱 참여하여 스킬 개발에 필요한 인증 프로그램, 도제(apprenticeships) 및 현장직무훈련(OJT)을 제공해야 한다. 직원들이 재교육을 받는 동안에는 소득 및 혜택 지원이 필요하며, 재교육 후에는 새로운 일자리를 찾는 데 도움이 필요할 것이다. 미국은 직원들의 재숙련을 돕기 위해 1944년의 GI 법안과 같은 대규모 교육 이니셔티브의 시행을 고려해야 할지도 모른다. GI 법안은 제2차 세계대전 참전용사들이 고등학교, 대학교, 직업 또는 기술학교에 다닐 수 있도록 등록금과 생활비를 지원함으로써 민간 생활로 복귀할 수 있도록 도왔다. 절반 이상의 참전용사들이 혜택을 받아 미국 대학들의 성장에 대한 수요를 창출하고 부유층이나 엘리트층만이 아닌 모든 사람이 대학에 접근할 수 있게 만들었다.

훈련 실시를 위한 새로운 기술 사용의 증가

미래에는 여러 가지 이유로 소셜미디어, 스마트폰 그리고 다른 기술의 활용이 증가될 것으로 생각된다. 첫째, 이 기술들을 사용하는 데 소요되는 비용이 감소할 것이다. 둘째, 회사에서는 종업원들로 하여금 고객에게 더 나은 봉사를 하게 하거나 새로운 사업을 시작하게 하기 위하여 이 기술들을 사용할 것이다. 셋째, 이러한 새로운 기술을 활용함으로써 훈련을 실시하기 위해 지역적으로 분산되어 있는 근로자들을 한곳으로 모으는 비용(예: 이동경비 및 숙식)을 상당히 많이 절감할 것이다. 넷째, 이러한 기술이 훈련강사로 하여금 바람직한 다양한 형태로 학습 환경(예: 실습, 피드백 및 강화 등)을 조성할 수 있도록 할 것이다. 다섯째, 이 기술들을 활용하게 되면 회사에서 더 많은 비정규직 근로자(시간제 및 컨설턴트)를 채용하거나 다양한 형태의 대체 근무제(유연근무, 재택근무)를 채택하더라도 언제 어디서나 훈련을 받을 수 있도록 할 것이다. 여섯째, 새로운 기술을 통해 언제 어디서나 학습자가 교육 및 성과 지원에 쉽게 접근할 수 있도록 할 것이다.

표 11.3은 훈련 제공 및 교수법에 영향을 미칠 수 있는 기술적 진보를 보여준다. 8장에서 설명한 바와 같이 웨어러블 기기는 이제 막 교육 및 성능 지원 솔루션에 활용되기 시작했다.

표 11.3 훈련에 영향을 미치는 새로운 기술 발전

- 웨어러블 기기(스마트워치, 스마트밴드, 스마트안경)
- 인공지능(AI)
- 사물 인터넷(IoT)
- 게임화
- 몰입형 학습 경험(디지털 트윈)
- Tin Can API(또는 경험 API)
- 학습 기록 저장소(LRS)

자료: A. Moore, "A Learning Pulse Check," *TD* (August 2017), pp. 62–67; J. Bersin,"How Do You Define Digital Learning?" *Chief Learning Officer* (June 2017), p. 12; "Gartner Identifies the Top Ten Strategic Technology Trends for 2018" (October 4, 2017), from www.gartner.com, accessed February 13, 2018; and A. Wright, "6 HR Tech Trends for 2018," *HR Magazine* (February 2018), pp. 62-63을 기반으로 함.

웨어러블 인텔리전스(Wearable Intelligence)는 직원들에게 절차 및 체크리스트에 핸즈프리, 음성 작동으로 액세스할 수 있는 스마트 아이웨어 기술 및 카메라 기술, 데이터와 라이브 비디오 공유가 가능한 태블릿 컴퓨터를 사용한 전문가에 대한 실시간 액세스, 복잡한 절차 및 운영을 수행하기 전 또는 수행 중에 모범 사례 비디오를 검토할 수 있는 기회, 실시간 공지 및 경보 등을 제공한다.[8] 이 기술은 현재 에너지와 헬스케어에 사용되고 있다. 원격 오일 굴착기 작업을 하는 작업자나 멸균 수술실의 외과의사는 장비나 환자에 초점을 맞추면서 전문가와 실시간 영상을 공유하고 고장 난 판막을 고치거나 의료 시술을 완료하는 데 필요한 조언을 얻을 수 있다. 웨어러블 기술은 직원들이 가장 많이 수행하는 작업을 추적하여 유용한 요구 조사 데이터를 제공하는 데 사용될 수도 있다. 예를 들어, 직원이 착용하는 전자 감지 배지는 작업장 상호작용을 추적할 수 있다.[9] 배지를 제공하는 회사는 상호작용 데이터를 직원의 지위, 성과 및 재직기간에 대한 정보와 통합하여 고성과 직원이 보통 성과 직원과 어떻게 다른지 파악할 수 있다. 이는 시간에 따른 학습 및 개발 요구를 추적하는 데 사용될 수 있다. 데이터에 대한 검토를 바탕으로 직원들이 코칭 및 멘토링을 요청할 수 있다.

인공지능(AI)이 한층 더 인간다워지고 저렴한 비용으로 접근할 수 있게 된다. 앞으로 인공지능이 학습에 영향을 미칠 수 있는 몇 가지 방법이 있다. 한 가지 방법은 모든 직원에게 학습봇(learning bot)을 제공하는 것이다.[10] 학습봇은 업무를 수행하기 위한 가장 중요한 지식을 파악하고 추천함으로써 직원들을 돕는다. 소닉 오토모티브는 온라인 또는 강사주도 훈련 과정에 참석하지 않고도 직무 관련 질문을 하고 답변을 얻을 수 있는 시리 또는 알렉사와 유사한 애플리케이션을 잠재적으로 만들 수 있는 방법을 연구하고 있다.[11] 이러한 유형의 애플리케이션은 자율주행차량과 새로운 유형의 전기자동차의 도입을 포함하여 자동차 산업의 급격한 변화와 관련된 지식과 기술 요구사항을 모두 충족하기 위해 기존의 교육이 신속하게 전개되기는 어려울 것이기 때문에 특히 중요하다. 훈련 관리자는 역할과 작업 간의 일치(또는 불일치)를 분석하고 학습 요구를 식별하는 데 학습봇을 사용할 수도 있다.

코칭과 멘토링에도 AI가 상당히 활용될 것으로 보인다. 예를 들어, 버터플라이 AI(Butterfly AI)의 인공지능 코칭 앱은 익명의 직원 피드백과 현재 성과 데이터를 사용하여 관리자의 성과를 평가한 후 약점을 개선하기 위한 조언과 교육을 제공한다.[12] 직원들이 대화 연습을 하고,

피드백을 받아 대면 미팅을 준비할 수 있는 앱도 제공하고 있다. 다른 앱은 관리자의 말투를 모니터링하여 사용된 필러 단어, 에너지 수준 및 속도에 대한 통찰력뿐만 아니라 개선 방법에 대한 추천도 제공한다. 웨콰셋 리조트 앤드 골프클럽은 고객 경험 향상을 위해 학습 앱인 '스타 코치'를 사용한다.[13] 직원들은 호텔 투숙객들의 불만, 질문, 칭찬 동영상에 응답한다. 이 앱은 직원들의 반응을 기록하고 톤, 속도, 감정을 분석한다. 응답의 진정성을 계산하고 직원의 자신감 수준, 연결 노력, 고객과의 정서적 참여도를 채점한다. 또한 직원에게 개선 팁을 제공한다. 코칭 앱은 특히 물리적 거리나 업무 일정 때문에 직원과 관리자가 자주 상호작용하지 않는 상황에서 전통적인 대면 코칭과 멘토링을 보완하는 가치 있는 역할을 할 것이다.

AI 사용에는 몇 가지 위험이나 문제가 내재되어 있다.[14] AI의 문제 중 하나는 피드백이 배운 내용을 기반으로 이루어진다는 것이다. 이는 AI 개발자가 상황에 따라 올바른 행동이 무엇인지 또는 올바른 음성 톤이 어떻게 들리는지 가르쳐야 하는 부담과 개선을 위해 코칭하는 방법을 의미한다. AI 기반 앱의 디자이너는 코칭 세션에서 공유되는 콘텐츠의 품질, 눈맞춤 및 신체 언어를 동시에 고려하여 판단을 내리는 인간과 같은 복잡한 인지 능력을 가지고 있지 않다고 경고한다. 결과적으로 이러한 앱은 인간 멘토와 코치를 대체하는 것으로 간주되어서는 안 된다. AI의 추가 과제에는 잘못된 결정이 내려지거나 잘못된 조치가 취해지면 책임을 지는 사람(AI를 사용하는 직원 또는 AI 개발자)을 결정하고 AI를 보다 지능적으로 만드는 데 사용되는 직원 데이터의 개인 정보를 보호하는 것이 포함된다.

사물 인터넷(IoT) 장치는 점점 더 직장의 일부가 될 것이다. **사물 인터넷(IoT) 장치**[Internet of things (IoT) devices]는 '스마트 장치', 즉 센서 및 인터넷 연결이 내장된 물리적 개체를 말한다.[15] 예를 들어 웨어러블 장치의 앱을 사용하여 직원의 위치를 추적하고 직원을 세미나, 수업과정 또는 가능한 주제에 연결하거나, 지리적으로 가까운 곳에 있는 내용전문가를 연결할 수 있다. 사물 인터넷은 직원들이 필요할 때 참여할 수 있도록 지속적으로 이루어지는 개인화된 경험을 학습하는 데 도움이 된다. 공식적으로 예정된 수업에서 학습하기 위해 기다릴 필요가 없다!

기업이 훈련을 재미있게 만들고, 학습 경험을 극대화하고, 학습이 빠르고, 짧은 대화식 수업을 포함하고, 손끝에서 사용할 수 있어야 한다는 밀레니얼 세대 및 다른 학습자의 기대에 호소함에 따라 게임 및 모바일 학습의 사용이 증가할 가능성이 높다. 그리고 그들이 동료에게 질문하고, 경험을 공유하고, 조언을 구하도록 한다.[16] 게임화 경험에는 학습자가 3차원 환경에서 탐색할 수 있는 실제 개체 또는 시스템의 디지털 표현인 **디지털 트윈**을 기반으로 하는 고급 시뮬레이션이 포함될 수 있다.[17]

Tin Can API 또는 **Experience API**는 학습 도구와 경험 데이터를 연결하기 위한 개방형 데이터 사양이다.[18] 이를 통해 직원 또는 팀의 온라인 및 대면 학습 경험에 대한 데이터를 수집할 수 있다. 학습은 어디에서나 일어난다는 전제를 바탕으로 Tin Can API는 시뮬레이션, 가상 세계, 진지한 게임, 사회적 협업, 실제 경험 및 공식 훈련 프로그램을 포함한 다양한 도구와 방법을 사용하여 데이터 수집을 허용한다. 직원이 학습에 참여할 때 Tin Can API는 학습자, 작업 및 활동의 형태로 진술(예: "나는 이것을 했다")을 학습 기록 저장소로 보낸다. **학습**

기록 저장소(Learning Records Store, LRS)는 모든 학습 경험을 의미 있는 방식으로 구성하고 제시할 수 있는 진술 형식으로 수집하고 저장한다. LRS는 서로 통신할 수 있으므로 학습 활동에 대한 데이터를 조직 간에 쉽게 공유할 수 있다. 또한 LRS는 학습 관리 시스템 및 보고 도구를 통해 액세스할 수 있다. 직원은 개인 학습 기록이 저장되는 자신의 '개인 사물함'을 가질 수 있다. 활성화된 장치는 학습이 진행 중이고 완료될 때 자동으로 Tin Can API 진술을 보낼 수 있다. LRS는 학습 경험과 판매, 수익, 고객 만족도, 안전 및 직원 참여와 같은 비즈니스 결과 간의 관계를 표시하는 데 사용할 수 있다(6장 "훈련평가"의 빅데이터에 대한 논의 참조). 또한 Tin Can API를 회사의 학습 관리 시스템에 통합하면 어떤 훈련 자원이 사용되고 얼마나 자주 사용되는지에 대한 데이터를 제공하고 가장 활동적인 학습자를 식별하며 학습자가 훈련 자원에 액세스하는 시간을 식별할 수 있다.[19] 예를 들어, 데버루(Devereux)는 정서적·발달적·교육적 장애가 있는 개인에게 서비스를 제공하는 비영리 행동 건강 관리 조직이다.[20] 데버루는 직원 성과를 향상하여 고객의 치료 결과를 개선하고자 했다. 워터셰드(Watershed)에서 개발한 LRS는 이제 훈련 중에 직원에게 발생하는 경험을 추적하고 업무 성과를 모니터링하는 데 사용된다. 그런 다음 서비스를 제공한 개인의 실제 결과와 해당 경험 데이터를 연관시킨다.

학습에 관한 신경과학의 혁신

신경과학의 발전은 뇌와 뇌의 기능을 연구하는 연구자의 능력을 향상하고 있다.[21] 이는 우리가 학습하는 방법에 대한 더 나은 이해로 이어지며, 이는 보다 효과적인 훈련 및 개발 프로그램을 설계하는 데 사용할 수 있다. 예를 들어, 연구자들은 아이디어가 쉽게 기억될 수 있는지 여부가 학습 과제 중 뇌의 하부에 위치한 해마를 활성화하는 강도와 관련이 있음을 보여주었다. 학습하는 동안 해마에 대한 자극이 강할수록 아이디어의 기억이 커진다. 해마에 대한 추가 연구는 학습이 발생하는 데 필요한 조건(주의, 생성, 감정 및 간격)을 확인했다. 훈련 설계 관점에서 이것은 학습자가 주의를 산만하게 하는 요소를 제거해야 함을 의미한다. 그들은 새로운 아이디어에 대한 자신의 연결을 만들 필요가 있다. 압도적인 양은 아니지만 약간의 감정적 자극이 필요하다. 그리고 학습에 대한 장기 기억은 한 번에 모든 정보를 학습하는 것보다 여러 기간에 걸쳐 정보를 학습할 때 더 좋다. 타임워너 케이블 엔터프라이즈(Time Warner Cable Enterprises)는 해마 연구 결과를 주간 비디오, 실천 연습 및 2시간짜리 웹 세미나가 포함된 리더십 개발 프로그램에 적용했다. 요컨대, 매력적이고 폭발적인 학습이 관리자의 관심을 끌었다. 관리자가 비디오에서 본 것을 사용할 수 있도록 즉시 한 페이지짜리 연습 도구가 제공되었다. 전체 프로그램은 30일 이상 간격을 두고 진행되었다. 프로그램에 대한 긴박감과 수천 명의 동료가 동시에 프로그램에 참여하고 있다는 사실에 대한 커뮤니케이션으로 관리자의 감정이 자극되었다.

잠재적으로 훈련 및 개발 프로그램 설계에 영향을 미칠 수 있는 진행 중인 신경과학 연구의 많은 영역이 있다. 예를 들어, 연구는 학습자가 학습 내용과 작업 이슈 및 문제에 대한 적용 사이에서 창의적인 통찰력을 만들기 위해 필요한 조건을 이해하는 데 도움이 된다. 다른 연구에서는 학습을 가속화하는 것으로 알려진 인지 과정의 생물학적 마커(예: 자기 설명 또는 기타 의미 기반 처리 방법)를 조사하고 있다. 이는 학습자가 지속적으로 학습을 위한 가장 효과적인 인지 과정을 사용하도록 돕기 위해 피드백을 제공할 수 있는 방법을 이해하는 데 도움이 될 수 있다.[22]

훈련 설계의 신속성, 내용에 대한 초점, 다중 전달방법 사용에 대한 강조 증가

새로운 기술 때문에 훈련강사들은 교수 설계를 활용하는 새로운 방법을 찾아내야 하는 도전에 직면해 있다.[23] 이러한 변화는 학습이 이루어지는 장소(작업장에서부터 이동훈련까지)는 물론 훈련을 주도하는 주체(훈련강사부터 근로자까지)에까지 이루어지고 있다. 예를 들면, 훈련강사들은 팟캐스팅을 사용하여 효과적인 훈련 과정을 설계하는 가장 좋은 방법을 결정할 필요가 있다. 학습과 관련된 새로운 기술의 활용에도 불구하고, 근본적인 질문은 여전히 남아 있다. 왜 훈련이 필요한가? 누가 훈련을 받을 것인가? 근로자들이 알아야 하는 것을 배우기 위해 어떤 자원이 필요한가?

1장 "직원 훈련 및 개발 소개"에서 논의하였던 바와 같이, 전통적인 훈련 설계 모델은 여러 가지 이유로 비판을 받아왔다. 첫째, 이것은 내용전문가(SMEs)에 의해 주도된 선형적 접근이라는 것이다. 둘째, 교수 시스템 설계(ISD) 모델은 수업 내용이 일정하다는 전제하에 합리적이고 단계적인 접근법을 사용한다. 셋째, 훈련이 적기에 제공되어야 한다는 요구가 가속화되고 있는 상황을 전제할 때 전통적 훈련은 시간이 너무 많이 걸린다. **신속한 교수 설계**(rapid instructional design, RID)란 훈련이 보다 신속하게 개발될 수 있도록 하는 기법들의 집합이다. RID는 수요 분석, 설계, 개발, 이행, 평가로 구성(1장의 훈련 설계 논의를 상기하라)되는 훈련 설계 모형을 변형시키게 된다. RID에는 두 가지 중요한 원칙이 있다.[24] 하나는 교육 내용 및 과정이 각각 독립적으로 개발될 수 있다는 것이다. 두 번째는 교수 설계 및 전달에 투입된 자원들이 적당하게 재분배될 수 있다는 것이다. 여기서 **설계**란 훈련이 시작되기 전에 일어나는 일련의 과정을 말하고, **전달**이란 훈련이 실시되는 과정에서 발생하는 것을 말한다. 예를 들면, 만약 어떤 회사에 많은 훈련생이 있고 일정이 너무 촉박한 경우에 볼 수 있는 것처럼 훈련 실시와 관련된 자원이 제한적이라면 설계과정에서 추가적인 시간이 할당될 것이다.

애자일 디자인(agile desgin)은 사용자의 요구를 해결하는 방식으로 교육을 보다 신속하게 개발하는 또 다른 방법이다.[25] 원래 소프트웨어 개발을 위한 도구로 사용되었던 애자일 디자인에는 진행 상황에 대해 지속적으로 논의하는 소규모 팀을 활용하여 아이디어를 검증하고 학습 고객과 협력하여 개발 중인 것이 고객의 요구사항을 충족하는지 확인한다. 애자일 디자인은 교수 설계에서 전통적으로 강조된 학습을 개발하는 선형적인 단계별 프로세스(평가를 통한 분석)를 통해 이동하기보다는 반복되는 작은 단계를 강조한다. 예를 들어, SAM (Successive Approximation Model)을 사용하여 팀은 준비, 반복 설계 및 반복 개발의 3단계 프로세스를 따른다. 준비 단계에는 필요한 배경 정보 수집이 포함되며, 설계 프로세스에는 프로그램 또는 과정 프로토타입을 개발하고 검토하는 과정이 포함되며, 개발에는 프로토타입을 완성하고 실행 및 평가하는 과정이 포함된다.

표 11.4에서는 RID 전략을 명기하였다. 예를 들면, 학습 스타일의 차이로 인하여 주어진 훈련 계획을 모든 근로자를 대상으로 확대하는 경우 효과를 극대화하기 어렵게 될 것이다. 결과적으로, 가능하다면 훈련 내용은 교재, 매뉴얼, 오디오테이프, 비디오테이프, 그리고 온라인 학습의 형태로 제공될 수 있다. 분석과 평가와 같은 설계과정의 일부는 역시 병합될 수 있을 것이다. 예를 들면, 지식 테스트와 다른 평가 결과들은 과업 분석 및 다른 수요 분석 결과에 기반을 두게 할 수도 있으며, 훈련 수요 분석 및 학습 결과를 별개로 분석할 필요는 없을 것이다. 만약 고객을 위해 필요한 훈련 수요가 있고 훈련강사가 이 훈련 수요를 신속하게 파악하여 확인할 수 있다면 전체적인 수요 분석을 할 필요가 없다. 작업 과정 완수에 필요한 활동과 결정을 알아내기 위한 직무 분석의 결과에 바딩을 두면서 필요한 경우에는 근로자들에게 체크리스트, 작업계획표, 성과 지원 도구와 같은 직무 보조물(job aids)이 제공될 수 있다. 직무 보조물은 근로자가 업무 과정을 완수하는 것을 지원하기 위해 필요하고, 훈련은 근로자에게 직무 보조물을 어떻게 사용하는지 가르치기 위해 제공될 수 있다. 기억해야 할 것은 1장에서 논의한 바와 같이, 훈련 설계 과정(또는 교수 설계 과정)은 포기되어서는 안 된다는 것이다. 더 정확히 말하면, 앞으로는 훈련강사들이 기업 경영상의 필요에 부응하기 위해 훈련 설계에 필요한 시간과 비용을 절감하고 효율성을 더 증대시키기 위해 RID 기법을 더욱 더 발전시킬 것이다.

관리자와 직원은 필요한 내용에만 집중하는 더 짧은 교육과정을 요구하고 있다.[26] 결과적으로 훈련 부서는 비즈니스 문제나 성과 문제를 직접적으로 다루지 않고 제공되는 과정과 프로그램의 수를 줄일 것으로 예상된다. 훈련강사로 활용되는 내용전문가들은 훈련자와 직접적으로 관련된 정보에 프레젠테이션을 집중해야 한다. 며칠 또는 반나절에 걸쳐 진행되는 세

표 11.4 RID 전략의 예시

- 완성과 성과에 집중하라.
- 교수체계 대신 학습체계를 발전시켜라.
- 지름길을 사용하라(예를 들면, 수요 분석 관련 기존 자료를 이용하거나 포커스 그룹을 활용하기).
- 교수 설계 과정의 다른 단계들을 통합하라.
- 훈련을 실시하면서 지속적으로 개선하라.
- 교수 설계 과정에서의 단계를 건너뛰어라.
- 예문, 문제 및 과제 등에 최적화된 기존 과정의 교보재를 활용하라.
- 직무 보조물과 관련된 교육을 발전시켜라.
- 내용전문가(SME)와 정보를 교환하고 자료를 수집하기 위해 녹음 장비, 인터넷 및 이메일을 활용하라.

자료: S. Thiagarajan, "Rapid Instructional Development," in *The ASTD Handbook of Training Design and Delivery*, eds. G. Piskurich, P. Beckschi, and B. Hall (New York: McGraw-Hill Education, 2000), pp. 54–75를 기반으로 함.

미나와 수업은 더 접근 가능하고 개별화되도록 마이크로러닝 원칙을 사용하여 재구성해야 한다(4장의 마이크로러닝에 대한 논의 참조).

적기학습 및 성과 지원의 활용 증가

회사는 성과 향상 방법으로서 코스웨어나 강의를 택하던 방식에서 탈피하는 대신 업무 진행 과정에서 활용가능한 진정한 성과 지원 방안을 채택하는 방향으로 전환하고 있다.[27] **적기학습**[just-in-time learning, 혹은 **내재적 학습**(embedded learning)]이란 일을 하면서 필요에 따라 발생하는 학습을 말하는데, 이것은 공동연구 및 마이크로블로그와 같은 비학습 기법을 포함하고 지식관리와 통합되어 있다.[28]

아마 앞으로는 내재적 학습이 점차 일반적이 될 것으로 보여지는데, 그 이유는 더 이상 현재 하고 있는 일과 직접적으로 관련이 없는 교실 강의를 듣거나 온라인 학습에 시간을 소비하는 근로자를 찾을 수 없기 때문이다. 정형적인 훈련 프로그램과 과정이 없어지지는 않을 것이지만, 장기적인 관점에서 근로자나 기업에게 도움이 되는 역량 개발에 보다 더 집중하게 될 것이다. 반면, 내재적 학습은 근로자들이 핵심과제 완성을 위해 필요한 학습을 제공하는 데 집중할 것이다. 내재적 학습은 가상 작업장에서의 실시간 협업은 물론 특정 과정에 특화된 실시간 콘텐츠와 근무하는 동안 접근이 가능한 모의실험을 포함하는 형태로 나타나게 될 것이다. 최근에 빠르게 진행되고 있는 무선기술의 발달은 비즈니스 프로세스에 근로자들을 직접 연결시키게 될 것이다. 예를 들면, 전파식별(RFID) 칩이 의류, 타이어와 기계 부품에 삽입되고 있는데, 이 칩에 포함되어 있는 정보가 무선전파를 통하여 근로자들이 손에 들고 있는 무선장비에 전달된다. 무선장비, 과업 내용 및 성과 환경은 교실 중심 수업이나 코스웨어 중심의 학습과는 연동되지 않는다. 학습은 다른 여러 비즈니스 프로세스와 연계되어 있는 비즈니스 프로세스이고, 작업 과정에서 근로자와 기계의 협업의 결과로 보여지게 된다. 근로자들은 다른 전문가와의 의사소통 및 자동화된 코칭 시스템을 통하여 실시간 성과 지원을 받을 수 있다.

더 많은 학습이 노트북과 같은 모바일 기기와 아이패드와 같은 태블릿을 활용하면서 필요한 때에 즉시 공급될 것이다. 결과적으로 학습 기능은, 특정한 훈련 과정을 수료하기보다는 인증을 획득하는 데 필요한 기준 설정에 초점을 맞추고, 근로자들의 역량이 인증기준에 부합할 수 있도록 지원하는 시스템을 만들어내고, 기준의 완성과정을 재점검해나가는 것에 집중하게 될 것이다.[29] 인증을 받기 위해서는 특정한 직무 경험의 보유, 전문가 수준의 근로자 관찰, 다른 동료나 경험이 적은 근로자를 돕기 위한 콘텐츠에 기여, 그리고 시험에 합격하는 것과 같은 활동이 필요할 수 있다.

소셜 네트워크를 그들이 생각하고, 학습하고 문제를 해결하는 방식에 통합시킨 '소셜 사이보그'라는 새로운 형태로 나타나는 학습자가 있다.[30] 페이스북과 다른 소셜 네트워킹 사이트와 인터넷 접속과 통신이 가능한 스마트폰이 점차 많이 보급되고 발전함에 따라 근로자들은 컴퓨터를 사용하고, 온라인으로 게임을 하고, 일을 하고, 이메일과 문자를 주고받으면서 친구들과 연결하는 것에 더 많은 시간을 소비하게 될 것이다. '소셜 사이보그'는 이미 작업장에서 태블릿 및 휴대용 기기, RSS(특정 웹사이트의 RSS 주소를 등록해놓으면 그 사이트에 일일이 방문하지 않아도 업데이트된 새로운 콘텐츠가 내 블로그 등을 통해 나에게 배달되도록 하는 시스템 – 역자 주) 그리고 소셜 네트워킹 사이트를 포함하여 새로운 기술이나 도구를 사용하여 그들의 요구를 회사가 수용해주기를 기대하는 밀레니얼 세대에게는 상당히 보편적으로 확산되어 있다. 이는 그간 우리가 어디서 어떻게 배우는가에 대해 연구해왔던 훈련, 개발 및 학습 기능에 대한 전제를 조정해야 함을 의미한다. 기술의 도움 없이 혼자서 학습하던 개별 학습자에 기반을 둔 교수 설계 및 개발 전략은 점차 더 진부해질 것이다. 근로자들은 훈련 과정에 시뮬레이션, 게임, 그리고 지금보다 훨씬 더 현실처럼 구현될 가상 현실을 포함시키기를 기대할 것이다. 예를 들면, 연구자들이 환경과 교류하기 위해 손을 자유롭게 사용할 수 있도록 몸에 착용하는 도구와 컴퓨터 화면의 역할을 하는 콘택트렌즈를 개발하고 있다. 학습자들 또한 학습이 정해진 시간에 이루어지기보다는 필요할 때 바로 이루어지기를 바라는 것은 물론, 훈련 및 개발에서도 소셜미디어가 활용되기를 기대한다.

온라인 멘토링과 협력적 학습 플랫폼을 포함하는 학습 환경에 적응하기 위해서 새로운 학습 전략이 필요하게 될 것이다. 이것은 회사가 근로자들을 적당한 시기에, 적당한 방법으로 학습시키기 위하여 모바일 기기는 물론 페이스북이나 트위터 같은 소셜미디어를 어떻게 활용할 것인지를 진지하게 검토해야 한다는 것을 의미한다. 소셜 네트워크 플랫폼은 학습 관리 시스템(LMS)의 일부가 될 것인데, 이 플랫폼을 통하여 관리자가 어떤 학습 콘텐츠가 가장 필요한 것인가를 결정하게 되고, 소셜 네트워크에 참여하고 있는 사람들이 개발한 콘텐츠를 선택하여 그것을 정규 훈련 과정에 활용하는 것을 허용하게 할 것이다. 소셜미디어를 사용하지 않거나 사용을 금지하는 것은 더 이상 재능 있는 직원(그리고 고객)을 유치, 동기부여 및 유지하는 옵션이 아니므로 기업은 소셜미디어 사용에 관한 정책을 수립해야 한다.

학습이 비즈니스에 어떻게 도움이 되는지 보여주기 위한 빅데이터 사용에 대한 강조 증가

회사의 경쟁우위를 위한 기여에 대한 강조가 증가함에 따라 훈련 부서는 비즈니스 기능(예: 마케팅, 재무, 생산)이 사업 요구사항을 충족하고 전반적인 사업 목표 및 기저에 기여하고 있다고 인식되도록 해야 한다.[31]

이는 올바른 질문을 하여 적절한 학습 솔루션을 개발할 수 있을 만큼 비즈니스를 충분히 이해해야 함을 의미한다(3장 "요구 조사"에서 논의한 내용 참조). 이러한 질문은 비즈니스에서 성공이라는 것을 어떻게 측정할 수 있는지, 또 왜 회사는 아직 바람직한 결과에 도달하지 못하고 있는지 등을 포함할 수 있을 것이다. 학습전문가들의 역할은 비즈니스가 도전해야 할 수준을 이해하고 종업원들이 그 성과 달성을 위해 요구되는 역량과의 격차를 이해하고 그 격차를 지속적으로 줄여나가는 것이다. 회사의 사업 성과를 제고한다는 것은 학습전문가들이 사업 부서의 전문가들과 공동전선을 형성하면서 학습 솔루션을 통해 사업 성과에 대해 책임을 진다는 것이다. 또한 학습 기능을 활용하여 사업 성과 계획에 포함되어 있는 목표를 달성할 수 있다는 합의가 있고, 간부회의에도 적극적으로 참여하면서 내부 고객과 긴밀한 연계를 가지는 등 회사의 성과를 향상하기 위한 공동의 목표를 추구하는 사업 파트너라는 것을 확실하게 인식시킬 필요가 있다는 것을 의미한다.

오늘날 대부분의 회사에서는 자신들이 직접 소프트웨어와 하드웨어를 소유하고 있으면서 현장에서 관리하고 있다. 그러나 클라우드 컴퓨팅은 회사로 하여금 소프트웨어나 하드웨어를 임차할 수 있도록 하고, 종업원들은 그들이 사용하고 있는 컴퓨터, 데이터베이스 또는 애플리케이션이 어디에 위치해 있는지를 알지 못한다(이것이 '구름' 속에 있다고 알려진 이유이다). **클라우드 컴퓨팅**(cloud computing)은 요구에 따라서 작동하고, 변화가 가능하고 스스로 조작해야 하는 네트워크를 통하여 정보기술 인프라를 제공하는 컴퓨터 시스템을 말한다.[32] 클라우드는 필요에 따라 인터넷으로 전달(공적 클라우드)되거나 또는 특정 회사에서만 사용이 제한(사적 클라우드)되기도 한다. 클라우드 컴퓨팅은 회사와 종업원들이 개인 컴퓨터뿐만 아니라 스마트폰이나 태블릿 PC를 활용하여 필요한 앱이나 정보에 접근하게 할 수 있다. 또한 그룹이 새로운 방식으로 함께 일할 수 있도록 하고 종업원들로 하여금 더 쉽게 문서와 정보를 공유하게 함으로써 생산성을 향상할 수 있고, 회사의 대용량 데이터베이스에 접근할 수 있도록 한다. 학습 관점에서 볼 때 이것은 학습, 훈련과 개발 프로그램과 관련된 매트릭스를 활용하여 노동력 분석을 할 수 있는 도구와 트위터, 블로그, 구글 문서 그리고 유튜브 동영상과 같은 소셜미디어와 공동작업 도구가 더 쉽게 접근되고 활용될 수 있다는 것을 의미한다. 또한 클라우드 컴퓨팅은 종업원들이 다양한 훈련기관 및 교육기관을 통하여 제공되는 공식적 훈련 프로그램에도 보다 쉽게 접근할 수 있도록 해준다. 마지막으로, 클라우드는 학습 데이터를 '창고'(예: 아마존 레드시프트)에 저장하는 데 사용할 수 있으므로 추세 분석 및 비즈니스 결과 예측에 쉽게 사용할 수 있다. 앞으로 학습, 훈련, 개발과 관련된 빅데이터 수집 및 활용에 대한 새로운 관심은 지속적으로 증가할 것이다. 6장에서 논의한 바와 같이 빅데이터에는 사용자 활동에 대한 데이터 수집, 패턴 및 추세를 식별하기 위해 데이터 분석 또는 마이닝, 이러한 패턴 및 추세가 사업 목표 및 결과에 어떻게 연결되는지 이해하는 것이 포함된다. 빅데이터는 가르쳐야 할 것을 가장 잘 전달하는 훈련 방법을 이해하고 직원이 학습하는 방법, 소셜 네트워크에서 전문가와 리더가 누구인지, 학습자와 결과로부터 긍정적인 반응으로 이어질 교수 유형을 식별하는 데 유용할 수 있다.

빅데이터는 다양한 유형의 정보 시스템을 사용하여 수집할 수 있다. 사바(Saba)의 데이터 분석 플랫폼은 성과 평가, 승계 계획 활동 및 학습 데이터를 추적한다.[33] 직원이 액세스하는 정보를 추적하고, 게시 중인 주제를 식별하고, 연결 대상을 식별한다. 소셜 네트워크의 중심이자 가장 영향력 있는 직원을 시각적으로 표시하는 소셜 그래프를 제공한다. 시스템은 학습 활동을 추천하는 지능형 검색 엔진에 연결된다. 이 시스템은 금융 시스템 및 기타 비즈니스 데이터와도 연결될 수 있다. 빅데이터의 사용 증가는 데이터에 액세스하고 분석하고 결과를 표시하기 위한 보다 사용자 친화적인 방법의 개발로 인해 도움이 될 것이다. 예를 들어, 컴퓨터 소프트웨어 회사인 루커(Looker)는 데이터를 현황판 형식으로 표시하는 웹기반 비즈니스 인텔리전스 플랫폼을 제공한다.

EMC와 믹스패널(Mixpanel)이 빅데이터를 사용하는 방식을 고려해보자.[34] 훈련이 사업 목표를 지원하는 방법을 보여주기 위해 EMC는 직원의 행동 변화(관리자 검토 기반)와 직원의 학습 소비(예: 직원이 참여한 학습 과정 또는 프로그램 또는 직원이 접속해서 학습한 콘텐츠)를 비교한다. 또한 성공과 학습 간의 연결을 식별하고 더 나은 개발 프로그램 경로를 정의하기 위해 과거에 학습 성과가 높은 사람들이 소비한 것을 검토한다. 믹스패널은 성장하는 영업 팀이 업무에 익숙해지고 가능한 한 빨리 고객에게 연락하도록 해야 한다. 믹스패널은 성과 목표 달성 시간, 제품 지식 수준, 할당량 달성 확률을 포함하여 영업 교육과정의 성공을 측정하기 위해 몇 가지 핵심 성과 지표를 사용한다. 매달 새로운 영업직원 그룹을 고용하고 함께 훈련을 받게 한다. 학습 팀은 모든 신입사원 그룹에 대해 영업 교육과정을 변경하고 분석을 사용하여 성과 지표가 개선되는지 확인한다. 예를 들어, 학습 팀은 영업직원에게 고객에게 제품을 시연하는 방법을 가르칠 최적의 시간을 결정하기를 원했다. 이를 위해 첫 번째 주에서 두 번째 주, 그다음 세 번째 주로 제품 강의를 이동하여 다양한 클래스 간의 현상 성과 변화를 비교했다.

기술 격차를 좁히기 위한 훈련 투자

1장에서 논의한 바와 같이 인구통계학적, 글로벌, 기술적 변화는 미국과 전 세계 기업에 도전과제를 제시하는 기술 격차를 만들고 있다. 또한 현재의 교육-취업 시스템은 21세기 경제에 대한 학생과 성인을 준비시키지 못하고 있다. 비즈니스와 교육기관 간의 장벽으로 인해 많은 직원이 현재 직업에 필요한 기술과 지식을 업데이트하거나 다른 직업을 준비하는 데 어려움을 겪고 있다. 예를 들어, 기업은 대학에서 4년제 학위 프로그램을 졸업하는 학생들이 기업에서 필요로 하는 기술이나 비판적 사고가 없으며, 기술이 대학에서 학생들을 준비시킬 수 있는 것보다 빠르게 변화하고 있음을 발견했다. 기술 격차에 대처하기 위해 더 많은 회사에서 보유한 기술(그들이 보유한 학위가 아님)을 기반으로 직원을 고용하는 것을 보게 될 것이다. 기업은 사내 교육을 바탕으로 알아야 할 사항을 가르칠 것이다.

알루미늄의 선두 생산업체인 노벨리스(Novelis)는 자동차 제조업체의 차량 내 알루미늄 사용 증가로 인해 추가 작업자가 필요했다.[35] 노벨리스는 작업자에게 필요한 기술을 교육하기 위해 학교를 설립했다. 전력산업용 장비를 생산하는 슈바이처 공학연구소에서는 직원들이 대수, 물리학, 작문 등 다양한 과목을 수강하고 있다. 대학을 자퇴한 한 직원은 아직 대학 학위가 없다. 그러나 그는 회사에서 제공하는 수업을 통해 프로그래밍 로봇에 대해 충분히 배웠고 그 일을 수행하는 직원을 감독할 수 있게 되었다.

회사에서 필요한 기술을 개발하고 직원이 경력을 발전시키는 데 사용할 또 다른 전략은 복리후생 패키지의 일부로 훈련 및 교육을 제공하는 것이다. 예를 들어, 미국 전역에 소매점을 두고 있는 주택개조회사인 로우스(Lowe's)는 길드 에듀케이션(Guild Education)과 파트너 관계를 맺었다.[36] 길드 에듀케이션은 직원들이 대학 파트너 중 한 곳을 통해 대학 학위를 취득할 수 있도록 돕는다. 길드 에듀케이션은 직원들이 현장 교육에 대한 학점을 받을 수 있도록 돕고 직원들이 교실에서 성공할 수 있도록 코칭을 제공한다. 로우스 트랙 투 트레이드(Lowe's Track to Trades) 이니셔티브는 숙련된 직종을 위한 사전 견습 과정에 중점을 둔다. 사전 견습 과정을 통해 직원들은 목공, 전기 또는 가전제품 수리를 포함하여 가장 수요가 많은 숙련된 직종에 취업할 수 있다. 직원들은 길드 에듀케이션을 통해 기술 인증 및 코칭을 받기 위한 재정적 지원을 받는다. 훈련을 마친 후 로우스는 건축 자재를 구매하는 계약업체 네트워크를 통해 견습 과정을 찾도록 도와준다. 이 파트너십은 교육 혜택으로 인해 신규 직원을 유치하고 현재 직원을 유지하는 데 도움을 줌으로써 로우스를 돕는다. 이 프로그램은 또한 노동력에서 숙련된 직종의 인력 수를 증가시켜 로우스 매장이 위치한 지역사회에 기여한다.

훈련강사의 기능과 역량에 대한 미래 동향의 함의

최근 연구에 따르면, ATD 역량 모델(1장 그림 1.5 참조)에 포함되어 있는 역량과 전문지식은 미래에도 역시 필요할 것으로 보여진다. 그러나 온디맨드 학습을 제공하기 위해 기술을 보다 더 효율적으로 활용할 수 있는 훈련강사의 능력에 대한 중요성도 강조될 것이다. 또한 기업이 점점 더 세계화됨에 따라, 훈련 방법과 내용을 해당 지역의 문화에 맞추어 조정해야 할 필요가 있을 것이다.[37] 표 11.5는 훈련강사들이 향후 개발할 필요가 있는 기능을 보여준다.

표 11.5 미래 훈련강사에게 필요한 기능

- 근로자가 소재한 지역 문화에 훈련 내용과 방법을 조화시키기
- 기술 주도 학습 환경에서 필요한 내용은 물론 학습 공간 설계하기
- 오디오, 비디오, 웹캐스트 및 실제 행동 멀티미디어 도구 활용하기
- 초보자와 전문가를 위해 다른 포맷으로 훈련을 전달하고 제시하기
- 훈련생의 학습 스타일을 결정할 평가 활용하기
- 근로자들이 필요한 때에 필요한 정보와 훈련을 찾을 수 있도록 탐색 및 식별 기술 개발하기
- 변화 관리자 되기: 직원, 관리자 및 경영진과 접촉하면서 그들이 원하는 것이 무엇인지를 식별해내고 학습을 촉진하고, 종업원들이 보다 효과적으로 일하도록 돕는 수단, 과정 또는 절차와 관련하여 제안하기
- 직무와 통합되어 있는 학습을 개발 및 전달하기
- 학습 콘텐츠를 제공 및 큐레이션하고 직원들이 토론 및 공유하도록 독려하기
- 직무와 사업 관련 문제에서 근본 원인을 파악하기
- 기억에 남는 학습 경험을 만들어 학습자에게 동기를 부여하고 참여시키기

자료: J. Meister and K. Mulcahy, *The Future Workplace Experience* (New York: McGraw-Hill, 2017); C. Malamed, "What Will Your Training Role Be in the Future?" (February 13, 2012), from www.astd.org, accessed April 24, 2015; M. Laff, "Trainers Skills 2020," *T+D* (December 2008), p. 42; and P. Galagan, "New Skills for a New Work Reality," *T+D* (November 2011), pp. 26–29를 기반으로 함.

요약

이 장에서는 훈련과 개발에 영향에 미칠 수 있는 미래 경향에 대해 논의하였다. 이러한 경향은 훈련 전달 및 훈련 기능의 구조와 연결되어 있다. 훈련은 회사의 지속가능 성장이라는 목표에 기여할 것이다. 훈련강사는 중요한 내용을 중심으로 보다 신속하게 훈련 과정을 설계하고 다양한 방법을 사용하여 훈련을 실시할 것을 요구받게 될 것이다. 새로운 기술은 미래 훈련 실시 과정에 더 큰 영향력을 행사하게 될 것이며, 또한 훈련 부서로 하여금 회사 전체의 인적자본을 축적하고 공유하도록 할 것이다. 훈련을 다른 인적자원관리 기능과 통합하여야 한다는 것과 기업 경영에 훈련이 얼마나 도움이 되는지를 보여주어야 한다는 것이 점차 더 강조될 것이다. 훈련 부서는 향후 공급업체 및 다른 회사들과 파트너십 관계를 구축해나갈 가능성이 높다.

핵심 용어

사물 인터넷(IoT) 장치
신속한 교수 설계(RID)
애자일 디자인
적기학습
클라우드 컴퓨팅
학습 기록 저장소(LRS)
Experience API
Tin Can API

토의 문제

1. 고용주가 직원들을 위한 교육 및 훈련 프로그램에 계속 투자할 것이라고 생각하는가? 당신의 입장을 설명하시오.
2. 훈련강사가 미래에 성공하기 위해서는 어떤 새로운 기능이 필요하겠는가?
3. 신속한 교수 설계란 무엇인가? 그리고 이것은 1장에서 논의하였던 전통적인 훈련 설계 과정과 어떻게 다른가?(그림 1.2 참조)
4. 온라인 훈련을 개발하는 데 애자일 디자인 프로세스를 어떻게 활용할 수 있는지 설명하시오.
5. 학습 관리 시스템(LMS)의 활용이 어떻게 훈련과 경영 전략 및 목표와 더 잘 연계되게 할 수 있는가?
6. 클라우드 컴퓨팅이란 무엇인가? 그것이 어떻게 적기(JIT) 훈련 실시를 가능하게 하는가?
7. 학습, 훈련 및 개발 관련 빅데이터를 사용하는 방법에 대해 설명하시오. 빅데이터의 유용성은 무엇인가?
8. 프로그램 설계는 신경과학 연구에 어떤 영향을 받고 있는가?
9. 웨어러블 기기는 무엇인가? 이러한 기기는 훈련과 학습에 어떻게 유용한가?

적용 과제

1. 이 장은 향후 훈련에 영향을 미칠 여러 가지 경향에 대해 논의하였다. 향후의 사회, 경제, 정치 또는 기술적 요인에 바탕을 두고 당신 생각에 향후 훈련에 영향을 미칠 한두 가지 추가적인 경향을 찾아보자. 당신의 생각을 2~3쪽의 보고서에 요약해보자. 당신이 제시한 경향에 대한 합당한 이유를 제시해야 한다.
2. 국제 평가 및 개발 그룹(Assessment and Development Group International)의 웹사이트인 http://2oms.com/apps/를 방문해보자. "Performance Coach" 또는 "Super Manager"를 클릭하여 읽어보고, 스마트폰에 설치하자. 이 애플리케이션의 강점과 약점은 무엇인가?
3. https://www.youtube.com/watch?v=MMIsbl3DIL8에서 미래의 업무에 대한 유튜브 영상을 시청하자. 사람이 로봇과 함께 일하거나 로봇이나 AI가 직원을 대체하는 업무 환경에서 훈련은 어떤 역할을 할까?
4. 웨어러블 기기는 프로선수들의 훈련(축구선수와 풋볼선수 포함)과 모니터링을 돕는 데 점

점 더 많이 사용되고 있다. https://www.youtube.com/watch?v=XZOVRr_X2FI와 https://www.youtube.com/watch?v=KdxJ8iKmNTA에서 유튜브 영상을 시청하자. 웨어러블 기기가 스포츠 이외의 산업에서 직원들에게 유용할 수 있을까? 어떤 웨어러블 기기가 그럴까? 어떻게 훈련과 개발에 활용될 수 있을까?

5. www.guildeducation.com의 길드 교육 웹사이트를 방문하여 제공된 정보를 검토해보자. 길드 에듀케이션은 기업에 어떤 혜택을 주는가? 직원들에게는?
6. TIM(The Intelligent Mentor)은 머신 러닝을 훈련과 개발에 활용하는 방법에 대한 예이다. https://www.youtube.com/watch?v=sqhVsEPRYus에서 유튜브 영상을 시청하자. TIM과 같은 애플리케이션이 직원과 조직 모두에게 더 효과적인 훈련과 개발을 제공하려면 어떻게 해야 하는가?

사례 다이내믹 그룹에서 로봇과 협력하기

다이내믹 그룹(Dynamic Group)은 의료, 전자 및 기술 산업에 사출 성형 부품을 제공하는 전문 제조업체이다. 다이내믹 그룹이 로봇을 사용하기 전에 4명의 직원이 카테터 튜브를 만들기 위해 사출 프레스 작업을 해야 했다. 한 직원은 카테터 튜브를 프레임에 삽입하고, 다른 직원은 프레임을 틀에 고정하고 사출 프레스에 삽입한 다음 다시 제거했다. 세 번째 직원은 완성된 튜브를 프레임에서 제거하고 남아 있는 여분의 플라스틱을 잘라냈다. 네 번째 직원은 완성된 카테터 튜브를 검사했다. 이제 로봇을 사용하여 전체 프로세스에는 45초 미만이 소요된다. 완성된 카테터를 검사하고 튜브를 프레임에 삽입하려면 한 명의 직원만 필요하다. 직원과 로봇이 협력하여 작업한다. 로봇은 이동 및 재프로그래밍이 쉽고 안전한 작업 동반자이다(누군가를 치더라도 부상 없이 작동을 멈춘다). 로봇은 사출 프레스의 효율성을 높이고 스크랩을 제거함으로써 두 달 만에 수익을 올렸다. 실제로 로봇을 설치했을 때 직원들이 로봇이 작업하는 모습을 지켜봤기 때문에 처음에는 생산성이 떨어졌다. 다이내믹 그룹의 CEO는 미래의 제조 시스템이 원자재를 가져와 제품으로 변환하는 방식으로 독자적으로 작동할 것이라고 믿는다. 그는 그러한 시스템이 더 많은(적지 않은) 일자리를 창출하고 회사의 기계 작업자가 자신의 지식을 사용하여 로봇이 개인적으로 작업을 수행하는 것보다 더 효율적이고 효과적으로 작업을 수행하도록 프로그래밍하는 데 도움이 될 것이라고 믿는다. 결과적으로 작업자는 제품을 만드는 보다 창의적이고 혁신적인 방법을 찾는 데 더 많은 노력을 기울일 수 있다. 직원과 로봇이 함께 일하도록 하는 노력은 다이내믹 그룹만의 일은 아니다. 지멘스(Siemens)는 직원이 로봇 팔을 제어하고 지시할 수 있는 데이터 장갑을 설계하고 있다. 장갑은 인간 손의 움직임을 포착하고 로봇의 손이 수행하는 동작으로 변환하여 로봇의 강도와 정확성을 인간의 의사결정 능력과 일치시킨다. 제너럴 모터스의 레이크 오리온 자동차 제조 공장에서는 로봇이 타이어를 들어 올려 카트에 싣는다.

로봇이 궁극적으로 많은 직업에서 인간을 대체할 것이라고 생각하는가? 그 이유는 무엇인가? 직원이 로봇과 함께 일하려면 어떤 기술을 훈련받아야 하는가?

자료: “About Us” from www.dynamicgroup.com, accessed April 15, 2018; A. Nusca, “Humans vs. Robots: How to Thrive in an Automated Workplace,” *Fortune* (June 30, 2017), from www.fortune.com, accessed April 15, 2018; K. Tingiey, “Learning to Love Our Robot Co-Workers,” *The New York Times Magazine* (February 23, 2017), from www.nytimes.com, accessed April 15, 2018; and “Working with Robots: The Future of Collaboration,” from www.siemens.com, accessed April 15, 2018을 기반으로 함.

실습 사례 4

나이키는 다양성 경쟁에서 지고 있다!

나이키 스우시(Nike swoosh)는 운동화, 의류 및 액세서리에서 잘 알려져 있으며 다양성을 촉진하기 위한 노력으로 유명하다. 예를 들어 나이키의 CEO인 마크 파커(Mark Parker)는 다양성이 창의성과 혁신으로 이어진다고 믿고 모든 직원이 자신의 잠재력을 실현하기를 바란다. 나이키 웹사이트는 "우리는 장벽을 허물고, 차이를 극복하고, 사람들을 하나로 모으는 스포츠의 영감이 주는 힘을 믿는다."고 말한다. 나이키의 '평등(Equality)' 광고와 캠페인에 등장하는 운동선수 르브론 제임스, 케빈 듀란트, 세레나 윌리엄스, 빅토르 크루스, 가브리엘 더글라스, 메건 라피노, 달릴라 무하마드는 모든 사람이 피부색이나 국적이 아닌 개인적인 행동에 따라 기회를 가져야 한다고 강조한다. 또한 나이키는 통계를 공개적으로 제공하여 직원의 다양성을 투명하게 공개하는 소수의 회사 중 하나이다.

그러나 나이키는 다양성과 포용성의 진정한 문화를 만드는 데는 부족했다. 나이키의 인력은 거의 같은 수의 남성과 여성을 보유하고 있지만 부사장의 29%만이 여성이다. 유색인종은 나이키 직원의 절반 이상을 구성하지만 24%만이 이사직을 맡고 있다. 또한 작업 환경이 여성과 유색인종에게 유독하고 비호감적일 수 있다는 징후가 있다. 전·현직 직원들이 부적절한 업무 수행과 성희롱에 대한 민원을 제기했다. 일부 직원은 인사부가 직원의 부당한 대우와 괴롭힘에 대한 불만을 무시하거나 묵살했다고 주장하기도 한다. 전 인사팀장은 은퇴하기 전에 적대적인 업무 환경을 조성했다는 혐의로 조사를 받았다.

최근 직원들에게 보낸 메모에서 현직 인사팀 최고 임원은 최고 리더십 직책에서 여성과 유색인종을 대표하는 것에 대한 우려를 표명했다. 그녀는 나이키가 고위관리직에서 여성과 유색인종의 대표성을 높이려고 노력했지만, 그 과정이 너무 느리다고 인정했다. 그녀는 회사가 포용성과 다양성을 관리하는 방식을 크게 바꿔야 한다고 믿는다.

질문

1. 나이키의 최고경영진에 여성과 유색인종이 부족한 이유는 무엇인가?
2. 여성과 유색인종을 이사직으로 끌어들이기 위해 나이키는 어떤 조치를 취해야 하는가?
3. 나이키 CEO로서 마크 파커가 개인적으로 여성과 유색인종이 리더십 위치로 이동할 수 있도록 준비시키기 위해 할 수 있는 일은 무엇이 있는가?
4. 훈련을 통해 나이키가 더 다양한 경영진 및 리더십 팀을 구성할 수 있는가? 당신의 입장을 설명하시오.

자료: S. Germano, "Nike Concedes Hiring Failures," *The Wall Street Journal* (April 5, 2018), p. B4; "Diversity & Inclusion," "Nike by the Numbers" from https://jobs.nike.com/inclusion, accessed April 5, 2018; E. Frauenheim, "Why Nike's Diversity Disclosure Is Just the First Step" (May 16, 2016), from www.fortune.com, accessed April 5, 2018; and K. D'Onofrio, "Nike Ad Touts Equality But Has None On Board, Executive Committee, or Even Its Ad Agency" (February 14, 2017), from www.diversityinc.com, accessed April 5, 2018을 기반으로 함.

용어 해설

가독성(readability) 서면 자료를 얼마나 쉽게 읽을 수 있는지를 나타내는 정도

가상 교실(virtual classroom) 컴퓨터와 인터넷을 사용하여 지리적으로 널리 퍼져 있는 조직원들을 대상으로 강의식의 훈련을 제공하는 것

가상 팀(virtual team) 시간적, 지리적, 공간적, 문화적, 조직적 경계가 분리되어 전적으로 테크놀로지에 의존하여 소통을 하며 프로젝트를 완료하는 팀 형태

가상 현실(virtual reality) 학습자의 행동과 반응에 대해 반응하는 가상의 환경에서 3차원의 학습 경험을 제공하는 컴퓨터 기반 테크놀로지

가족 및 의료휴가법(Family and Medical Leave Act, FMLA) 1993년에 제정된 가족 구성원을 돌보기 위한 휴가와 병가에 대한 법령으로 최대 12주간 임신/육아를 위한 휴가를 허용

가치(values) 기업의 신념을 상징화한 원칙과 덕목

간접비용(indirect costs) 훈련 프로그램을 개발하는 데 특별히 직접적으로 관련되지 않은 비용

강의(lecture) 교육자가 훈련대상자를 한곳에 모아놓고 일방적으로 정보 전달을 하는 방법으로 지식을 전달하는 데 경제적이기 때문에 일반적으로 사용됨

강화 이론(reinforcement theory) 특정 행동이 산출해낸 과거의 결과에 따라 사람들은 그 동일한 특정 행동을 계속적으로 수행하려고 하거나 그 특정 행동을 감소 혹은 피하고자 하는 성향에 대하여 설명한 이론

개발(development) 정규 교육, 직무 경험, 관계, 인성 평가 등 미래를 준비하기 위하여 직원의 능력을 개발하는 행위

개발 계획 혹은 경력 관리 시스템(development planning or career management system) 개인 직원의 경력과 개발 요구를 파악하여 제공하는 시스템

개방 기술(open skills) 보편적인 학습 원리를 연결시킨 훈련 목표

개인 분석(person analysis) 훈련 분석 방법 중 하나로 다음과 같은 세 가지 단계를 거쳐 분석함. (1) 업무 성과의 결핍이 부족한 지식, 기술 혹은 능력 때문인지, 다른 동기부여 측면의 문제인지, 혹은 업무 설계 관련 문제인지를 파악, (2) 교육훈련이 필요한 대상을 파악, (3) 파악된 조직원의 훈련 준비성을 파악

개인 특성(person characteristics) 조직원의 지식, 기술, 능력, 행동 혹은 태도를 의미

결과(consequences) 수행 만족에 따른 인센티브

결과(results) 훈련의 성과를 결정하는 데 사용되는 결과물

경력 경로(career path) 사내에서 사원이 거쳐가야 하는 업무와 기술군을 직군 형태로 한 일련의 모음

경력 재순환(career recycling) 특정 분야에서 인정받은 뒤 주요 활동 업무 분야를 변경하는 것

경력 지지(career support) 사원에게 제공하는 코칭, 지원 및 도전 과제 등

경쟁력(competitiveness) 시장점유율을 유지하거나 올리기 위한 회사의 능력

경쟁우위(competitive advantage) 산업 내 혹은 시장 내 경쟁자와 비교하여 우월한 위치

고객자본(customer capital) 사업 목적을 달성하기 위한 사외 개인이나 조직과 관련된 가치

공식교육 프로그램(formal education program) 온/오프라인에서 직원에게 제공되는 다양한 형태의 정규교육 프로그램

공유 매체(shared media) 유튜브와 같이 다른 사람들이 접근 가능하도록 공유한 오디오 혹은 비디오

과거 업적(past accomplishment) 조직원들의 성공적인 업적을 기록으로 남길 수 있도록 해주는 시스템

과업(task) 특정 직업에 종사하는 조직원의 업무 활동에 대한 진술서

과업 분석(task analysis) 조직원들이 맡은 직무를 완료하기 위해서 훈련에서 반드시 강조되어야 하는 직무, 지식, 기술, 행동을 파악해내는 훈련 분석법

과업 재정의(task redefinition) 관리자 및 조직원의 역할과 업무 수행 방법에 대한 변경

과오(lapse) 의도된 것과 다른 부정확한 행동을 나타내는 실수와 비교되는 개념으로, 어떤 행동을 수행하는 데 실패한 것을 의미

과잉학습(overlearning) 과거 여러 번에 걸쳐 업무의 목표를 달성했음에도 불구하고 그 업무를 직원이 계속적으로 연습하는 행위

교수(instruction) 학습이 발생하는 환경의 특성

교수 시스템 설계(instructional system design) 특정 학습 내용이 주어졌을 때 학습자에게 기대하는 변화를 일으킬 수 있는 최적의 교수 방법

교육과정(curriculum) 교육 목표를 달성하기 위하여 선택된 훈련 내용과 학습활동을 체계적으로 편성·조직한 계획

교육과정 로드맵(curriculum road map) 학습자에게 일련의

교육과정을 보여주는 도표

교차훈련(cross training) 직원이 다양한 직무에 관한 지식 및 기술을 습득하는 교육훈련

구두 설득(verbal persuasion) 다른 사람들이 배울 수 있다고 대화를 사용하여 격려하는 것

권력(power) 다른 사람들에게 영향을 미치는 능력

귀환(repatriation) 해외에서의 주재원 임무를 맡은 직원을 본국 혹은 본사로 복귀시키기 위한 준비

규범(norm) 업무 구성원들 사이에서 채용된 행위의 평가 기준

균형성과표(balanced scorecard) 재무적인 측면과 더불어 고객, 내부 프로세스, 학습과 성장 등 기업의 성과를 종합적으로 평가하는 균형 잡힌 성과측정 기록표

그룹빌딩 방법(group building methods) 팀이나 그룹의 효과성을 증진하기 위해 고안된 훈련 방법

근전이(near transfer) 학습한 것을 업무 상황에서 정확히 배운 대로 적용하는 학습자의 능력

급속 모델제작(rapid prototyping) 이러닝을 설계하기 위해서, 초기 단계에서 제안된 아이디어와 이를 바탕으로 제작된 대략적인 형식의 온라인 프로토타입을 검토하고 개선하는 것을 지속적으로 반복하는 과정을 의미

기대(expectancy) 수행하기 위한 노력과 실제 수행을 잘하는 것과 관련된 믿음

기대수익률(return on expectation, ROE) 최고경영진들과 같은 핵심사업 이해관계자들에게 평가 방법을 실증함으로써 훈련에 대한 그들의 기대를 만족시켜 주는 과정

기술(skill) 과업을 수행하는 역량

기술중심 결과물(skill-based outcomes) 기술적 혹은 운동 기술의 수준을 평가하기 위해 사용되는 결과물. 기술 습득 혹은 학습 그리고 현장직무훈련에 사용되는 기술을 포함

기업대학(corporate university) 기업의 직원뿐만 아니라 관련 이해당사자 모두를 포함하는 훈련 모델

기초 기술(basic skills) 작업장에서 기본적으로 알아야 할 기술 습득을 목적으로 실시하는 내용

나인-박스 그리드(nine-box grid) 관리자 및 임원 집단이 부서 내 조직원, 혹은 회사 전체의 조직원들의 재능에 대한 분석 및 논의를 위하여 조직원들을 비교할 때 사용되는 3×3 매트릭스. 이는 효과적인 인재개발계획 및 사건 개발에 도움을 줄 뿐만 아니라, 차후 최고경영진 자리의 후보로 준비시킬 재능 있는 인재를 발굴하는 데 도움이 된다.

내부분석(internal analysis) 외부 분석에 대립하는 것으로서 기업 내부의 경영자가 자기 기업의 수익성, 안전성, 부가가치 생산성을 분석하는 것

내부 상황(internal conditions) 학습을 위한 학습자 내부의 과정

내부 성장 전략(internal growth strategy) 기업의 내부자원으로 제품과 시장을 다변화함으로써 기업을 성장시키려는 전략

내용전문가(subjective matter expert, SME) (1) 훈련 주요 쟁점, (2) 직무 수행을 위해 필요한 지식, 기술, 능력, (3) 필요한 장비, (4) 직무가 수행되기 위해서 필요한 상황적 조건에 대해 풍부한 지식과 경험을 가지고 있는 사람

내재적 학습(embedded learning) 현업 또는 업무의 흐름과 함께 개인에게 학습 동기가 부여된 형태의 교육

내적 타당도(internal validity) 논리적 인과관계의 타당도. 실험 결과로 나타난 종속변수의 변화가 독립변수에 의한 것인지 아니면 다른 원인으로 인한 것인지 판별하는 것

네트워크 형성 지원(support network) 학습한 능력을 직무현장에서 사용하기 위해서 자신의 진전 상황을 논의하기 위해 만나기로 동의한 두 명 혹은 그 이상의 학습자로 구성된 그룹

노사공동 교육 프로그램(joint union-management training program) 업무에 직접적으로 유용한 기술을 습득하도록 직원을 돕는 프로그램. 노조와 회사의 지원으로 설립

논리적 검증(logical verification) 이전에 이미 숙달한 업무와 새로이 습득한 업무 간의 관계를 깨닫는 과정

능력(ability) 직무를 수행하기 위한 물리적 및 정신적 힘

다른 고려사항(other) 직무 분석에서 직무를 수행할 때의 환경을 의미하는 용어. 예로 물질적 업무 환경 혹은 스트레스 및 부담과 같은 심리적 업무 환경이 있음

다면평가제(360-degree feedback) 개인을 평가할 때 직속 상사뿐만 아니라 동료 및 부하직원 등 다수의 평가자가 설문을 통해 여러 방면에서 시행하는 평가

다양성과 포용적 관리(managing diversity and inclusion) 인구학적 배경과 관계없이 전 직원이 조직의 목표에 공헌할 수 있고, 개인의 성장도 함께 경험할 수 있는 환경을 조성하는 것

다양성 훈련(diversity training) 문화, 국적, 언어가 다른 다양한 직원과 협업을 원활하게 하기 위해 직원의 태도를 개선하기 위해 개발된 훈련

단계적 퇴직(phased retirement) 고령의 조직원들의 퇴직으로의 이행과정을 도와주기 위하여 점차적으로 이들의 업무 시간을 감소시키는 시기

대리강화(vicarious reinforcement) 학습자가 어떤 이가 특정 행위를 사용하도록 강화되는 것을 예시로 보는 상황

대역폭(bandwidth) 주파수의 범위를 지정하는 단위로 정보의 단위로 사용

대조군이 있는 사전-사후검사(pretest/post-test with comparison group) 훈련 연수생과 비교 집단을 포함한 평가 설계. 두 그룹 모두 훈련 이전과 이후의 결과를 측정하고 이를 수거함

독특성(uniqueness) 노동시장에서 조직원이 수지한 드물고 전문적이며 노동시장에서 구하기 어려운 희소가치의 정도

동기식 소통(synchronous communication) 전통적인 대면 집체교육과 똑같은 방법으로 교육자, 전문가, 학습자가 실시간으로 상호작용함을 의미함

동적 원격학습(interactive distance learning) 키패드를 활용하여 훈련 프로그램 동안 질의 응답을 통하여 학습자가 장소에 구애하지 않고 정보통신 기술을 이용하는 것

디지털 협력(digital collaboration) 두 명 이상의 개인이 컴퓨터를 통하여 협업하는 상호 협력

리더 없는 그룹 토론(leaderless group discussion) 5~7명이 협업하며 할당된 문제를 주어진 시간 내에 해결하는 훈련 방법

리퍼포징(repurposing) 전통적인 훈련 방법을 사용하던 훈련 프로그램을 곧바로 웹상으로 옮기는 작업

린 사고(lean thinking) 더 적은 것으로 더 많이 행하는 것, 더 적은 노력과 더 적은 설비로, 더 짧은 시간 안에, 더 작은 공간에서 고객이 원하는 것을 더 가까이에서 정확하게 제공하는 것을 추구하는 것

마이어스-브릭스 유형지표(Myers-Briggs Type Inventory, MBTI) 직원 개발을 위해서 사용되는 성격 유형 검사 심리 테스트로, 다양한 상황에서 어떻게 행동할 것인지에 대한 100여 개의 자기보고 문항들로 구성

마이크로블로그와 마이크로쉐어링(microblogs and micro sharing) 트위터와 같이 짧은 문구, 링크, 멀티미디어를 통하여 의사소통할 수 있는 소프트웨어 도구를 의미. 일반적으로 독립적으로 실행 가능한 응용 프로그램을 통해서 혹은 소셜 네트워크나 온라인 커뮤니케이션을 통해서 운영됨

만족한 결과(gratifying) 학습 내용에 관한 학습자의 피드백

맬컴 볼드리지 국가품질상(Malcolm Baldrige National Quality Award) 1987년에 품질경영전략을 미국 전역에 확산시키기 위해 제정된 명망 있는 상이며, 미국 내 기업들 중 최고의 품질을 보유한 기업에 수여됨

멘토(mentor) 경험이 부족한 직원(프로테제)이 발전할 수 있도록 이끌어주는, 경험이 풍부하고 현명한 상사 혹은 선배

모델링(modeling) 특정 업무의 바람직한 학습 성과를 마스터한 직원들이 훈련 학습자 앞에서 직접 시범을 보이는 것

모델링 전시(modeling display) 학습자에게 주요 행동을 직접 제시한 주요 행동을 연습시키는 훈련 방법. 종종 비디오테이프 녹화 혹은 컴퓨터를 통해서 주요 행동을 제공하기도 함

모바일 학습(mobile learning) 스마트폰, 노트북 혹은 아이패드와 같은 모바일 장치를 사용하여 전달되는 비공식적 혹은 공식적 학습

모험학습(adventure learning) 직원들의 팀워크와 리더십을 함양하기 위해 일상적인 업무 환경을 벗어나 야외에서 진행하는 체계적인 훈련 프로그램

목표(goal) 장기적으로 기업이 지향하는 바

목표(objective) 훈련의 목적 및 기대되는 결과

목표 설정(goal setting) 개인의 경력 개발을 목적으로 장·단기적으로 개발하는 과정

목표 설정 이론(goal setting theory) 개인의 의도와 목표에 따라 행동이 유인된다는 가정을 가진 이론

목표 지향(goal orientation) 학습 상황에서 학습자의 목표

무작위 배치(random assignment) 조직원들이 교육훈련 그룹 혹은 대조군 그룹에 배치될지에 대한 결정을 운에 맡기는 것

무형식 학습(informal learning) 일반적인 형식적 학습 상황에서 벗어나 학습자에 의해 주도적으로 학습하게 되는 학습 형태

미국장애인법(Americans with Disabilities Act, ADA) 1990년에 제정된, 고용에서 장애인 차별을 금지하는 법

미션(mission) 기업의 장기적 존재 사유

반응 결과물(reaction outcomes) 학습시설에 대한 인식, 훈련 교육자에 대한 인식, 교육 내용에 대한 인식 등 훈련 프로그램에 대한 훈련자의 인지를 의미

벤치마킹(benchmarking) 기업에서 경쟁력을 제고하기 위한 방법의 일환으로 타사로부터 훈련의 유형, 정도, 빈도 등을 배워 오는 혁신 기법

변화(change) 회사에 의해 제시된 새로운 아이디어나 행동의 수용

변화에 대한 저항(resistance to change) 관리자와 조직원들의 변화에 대한 비자발적 태도

부문 파트너십(sector partnerships) 지역 고용주들이 갖춰야 하는 기술을 파악하는 것을 도와줄 뿐만 아니라 적합한 조직원을 제공하기 위해서 지역 커뮤니티 칼리지(전문대학), 대학, 타 교육기관과 함께 일하는 정부기관과 산업무역단체

부분 실습(part practice) 훈련 프로그램을 도입하는 즉시 해당 학습 목표 혹은 직무를 개별적으로 연습시키는 훈련 접근법

분산 학습(spaced practice) 실습기간 동안 훈련자에게 휴식 기간을 제공하는 훈련 접근법

브랜드(brand) 고객의 기대를 만들기 위하여 사용되는 룩앤필 훈련 기능

블렌디드 학습(blended learning) 학습효과를 극대화하기 위해 온라인, 오프라인 등 다양한 학습 방법을 혼합하는 학습 형태

블로그(blog) 게시자가 관심사에 따라 글을 올리고 방문자들이 글을 남기는 형식의 웹

비교집단(comparison group) 훈련에 참가하지 않은 훈련 비교 집단

비동기식 소통(asynchronous communication) 실시간 동기화 없이 정보를 일정 속도로 보낼 것을 요구하지 않는 자료 전송 방법

비전(vision) 기업이 성취하기를 바라며 그리는 기업의 미래

비즈니스 게임(business game) 학습자가 정보를 모으고 분석하여 의사결정하는 훈련 형태

비즈니스 내재 모델(business-embedded model) 훈련을 기업

의 전략에 기반을 두어 5가지 역량(전략 방향, 제품 디자인, 구조적 다기능성, 제품 유통, 책임)에 초점을 맞춘 모델

사례연구(case study) 사원 개인이나 조직이 어떻게 상황을 대처하는지에 관한 묘사

사업 전략(business strategy) 기업의 목표와 정책 등을 통합하는 계획

사전 실습(rehearsal) 반복(암기)을 통한 학습에 초점을 두는 학습 전략

사전/사후검사(pretest/post-test) 교육훈련 이전과 이후의 결과를 모두 측정하고 이를 수거하는 평가 설계

사전훈련 검사(pretraining measure) 결과의 기준 측정치

사회자본(social capital) 사내에서 조직원들 간에 맺어진 관계의 가치

사회적 학습 이론(social learning theory) 신뢰할 수 있고 박식하다고 여겨지는 타인을 관찰(모델링)함으로써 배움을 얻는 사람들의 학습 성향을 강조한 이론

사회적 지지(social support) 동료 혹은 관리자로부터의 피드백과 강화

사후검사(post-test only) 오직 훈련 이후의 결과만을 수집하는 프로그램 평가법

사후훈련 검사(post-training measure) 훈련이 이루어진 이후의 결과를 측정하는 척도

산출요소(output) 업무 수행 기준

상향 피드백(upward feedback) 관리자의 부하들을 대상으로 관리자의 행위와 기술에 대한 평가 자료를 수집하여 평가 과정에 포함시키는 것

상황 제약(situational constraints) 적절한 장비, 자료, 필수품, 예산, 지지, 시간 부족 등과 같은 업무 환경의 특징

생존자(survivor) 기업의 다운사이징 이후 여전히 기업에 남아 있는 조직원

선행 조직자(advance organizer) 학습자가 새로운 정보를 의미 있게 조직하고 해석할 수 있도록 새로운 정보를 학습하기 전에 제시되는 관련 개요, 문서, 도표 등 일련의 정보

성공사례(success cases) 기업이 훈련에 대한 가치를 이해하고 관리자들이 신뢰할 수 있는 학습이 제공한 결과를 보여주는 훈련의 효과에 관한 구체적인 예시

성과 지향(performance orientation) 학습자의 직무 성과 중심적 태도와 직무 성과를 중심으로 타인과 비교하는 성향

성인교육학(andragogy) 성인 교육에 관한 이론

세부학습계획(detailed lesson plan) 훈련을 실시하기 위하여 훈련자에게 제공하는 내용과 과정에 관한 가이드

소셜미디어(social media) 사용자 생성 콘텐츠를 제작하고 교환할 수 있도록 해주는 쌍방향 소통을 창출해내기 위해 사용된 온라인과 모바일 통신기술

손익분석(cost-benefit analysis) 훈련 프로그램의 경제적 이익에 관한 결정을 하는 과정 분석

솔로몬의 4집단(Solomon four-group) 사전 및 사후검사 대조군과 통제군의 사후검사 결과를 합친 평가 설계

수단(instrumentality) 기대 유인 이론에서 행동이 특정한 보상을 가져올 것이라는 주관적인 확률

수업과정 또는 프로그램(course or program) 시, 일, 주에 걸쳐 다양한 주제를 다루는 훈련 단위

승계 계획(succession planning) 잠재성이 높은 인재를 발견하고 이들을 회사 상급관리자 트랙으로 갈 수 있도록 훈련 및 준비시키는 과정

승진(promotion) 이전 위치보다 더 많은 도전과 더 많은 책임감 그리고 더 많은 권한이 있는 자리로의 출세를 의미. 일반적으로 임금 인상도 포함

시계열(time series) 훈련 이전과 이후 주기적인 간격으로 훈련 결과를 수집하는 평가 설계

시나리오 기반 훈련(scenario-based training) 학습을 하는 동안 팀 구성원들을 현실적인 상황 속에 배치하여 훈련을 제공하는 것

시뮬레이션(simulation, 모의학습) 학습자들이 내린 의사결정의 결과가 그들의 업무에 어떠한 영향을 미치는지 보여줄 수 있도록 실제 상황을 재연한 훈련 방법

식스 시그마 과정(Six Sigma process) 측정, 분석, 개선, 통제의 과정을 거쳐 최종적으로 식스 시그마 품질기준에 도달하는 과정

신뢰도(reliability) 측정된 결과물이 시간이 지나도 일관적일지를 나타내는 정도

신속 요구 조사(rapid need assessment) 결과 및 과정의 질적 희생 없이 더욱 빠르고 명확하게 실행되는 요구 조사

신속한 교수설계(rapid instructional design, RID) 훈련 프로그램을 더 빠르게 개발하기 위해 사용되는 기술력. 교수 자료와 과정은 각각 개별적으로 개발되며, 교수 설계와 전달을 위한 자료들을 적절하게 재분배가 가능하다는 것을 RID의 두 가지 원칙으로 삼고 있음

신체적 요건(physical requirement) 특정 직무를 수행하고 이를 완료하기 위해서 개인이 반드시 갖추고 있어야 하는 신체적 기술이나 능력의 정도

실습(practice) 학습한 능력에 대한 조직원의 증명; 직무 혹은 기술을 수행하거나 지식을 증명하는 등 해당 직무, 지식, 혹은 기술에 대한 신체적 혹은 정신적 리허설을 수행하여 이를 숙달시키고자 하는 행위

실용성(practicality) 측정한 결과를 수집할 수 있는 용이함의 정도

심리적인 성공(psychological success) 인생 목표를 달성함에서 나오는 자부심과 성취감

심리적 지지(psychological support) 조직원에게 역할 모델 혹은 친구 역할을 하는 것. 긍정적인 관심과 동의를 보여주는 것뿐만 아니라 프로테제가 그들의 걱정과 근심을 이야기할 수 있도록 하는 배출구 역할도 함께 포함됨

아웃소싱(outsourcing) 훈련 및 개발 관련 활동을 회사 외부

에 위탁하거나 외부로부터 습득하는 행위

안식기간(sabbatical) 기술을 갱신하거나 개발하기 위하여 일정 기간 동안 회사에 내는 휴직

암묵지(tacit knowledge) 개인의 경험을 통해서 습득된 개인만이 가지고 있는 지식의 한 형태로 타인에게 표현되거나 전달이 어려운 지식

압축근무제(compressed workweek) 생산성 향상과 구성원들이 삶을 보다 융통성 있고 윤택하게 영위할 수 있도록 하루에 더 많은 시간을 일하는 대신 일주일 동안 일하는 날짜는 더 적은 근무방식

액션러닝(action learning) 팀이나 집단을 구성하여 동료와 촉진자의 도움을 받아 실제 업무의 문제를 해결하기 위해 계획을 구성하고 실행하며 학습을 하는 훈련 방법

액션플랜(action plan) 학습자나 관리자가 훈련을 통해 습득한 내용을 현장에 전달하는 과정을 상세히 기록한 문서

앱(apps) 휴대전화나 스마트폰 등에 다운받아 사용할 수 있는 응용 프로그램. 애플리케이션(application)의 줄임말. 특히 요즘은 종업원 훈련의 기록, 관리 및 개발 등을 위해 사용됨

어프렌티스십(apprenticeship) 현장 및 교실 훈련을 통한 일·학습 병행 훈련 방법론

언어 정보(verbal information) 이름 혹은 라벨, 사실, 지식 체계

역량(competency) 개인의 업무 수행 능력

역량 모델(competency model) 직무에 필요한 필수 지식, 기술, 행동 등의 역량을 나열한 모델

역할극(role play) 훈련 과정에서 참가자들에게 임의로 관리자 혹은 조직원으로서의 역할을 맡긴 뒤, 특정 상황에 대한 정보를 제공하고 이를 바탕으로 자신에게 주어진 역할에 맞는 행동을 하도록 하는 훈련 실습방법

연령차별금지법(Age Discrimination in Employment Act, ADEA) 40세 이상 개인의 고용에서 연령으로 인한 차별을 금지하는 연방법

오디오비주얼 기법(audiovisual techniques) 시각 및 청각 미디어를 기반으로 한 훈련 기법

오류관리훈련(error management training) 실수를 통해 학습하는 훈련 과정을 관리하는 방법

온라인 학습(online learning) 교수 전달 및 학습활동이 인터넷을 통해 구축된 온라인 공간에서 이루어지는 원격 수업

온보딩(onboarding) 새로이 선출된 매니저급 리더들의 조직 적응을 지원하는 과정

외부 분석(external analysis) 기업의 외부 환경에 관한 기회 및 위협을 분석하는 내용

외부 상황(external conditions) 학습을 촉진하기 위한 학습 환경의 과정

외적 성장 전략(external growth strategy) 기업의 내부자원에 의존하지 않고 외부자원을 이용한 성장 전략

외적 타당도(external validity) 어떤 연구에서 나타난 결과가 일반화될 수 있는가를 나타낸 정도

요구(need) 어떤 시점에서 사람이 경험하게 되는 결핍

요구 조사(need assessment) 훈련이 필요한지 결정하기 위해 사용하는 절차. 교수 시스템 설계(ISD) 모델의 첫 단계

운동 기능(motor skills) 통합된 신체적 움직임

원격학습(distance learning) 교수자와 학습자 간에 시간적·공간적 원격성을 전제로 인쇄물이나 방송, 통신 및 컴퓨터 등과 같은 다양한 교육공학 매체를 매개로 하여 수행하게 되는 학습 형태

원전이(far transfer) 원리 또는 개념의 전이, 즉 학습자가 학습한 내용을 실제 업무 환경에 적용하는 능력

웹기반 훈련(web-based training) 공공 혹은 민간의 컴퓨터 연결망을 통해서 전달되고 웹 브라우저를 통하여 전시되는 훈련

웹 2.0(Web 2.0) 트위터, 위키, 블로그 등과 같이 인터넷에 존재하는 사용자가 제작한 소셜 네트워킹 공간

위키(wiki) 수많은 사용자가 웹사이트 내용을 창조하고, 수정하고, 업데이트하여 지식을 공유할 수 있도록 제작된 웹사이트

유리천장(glass ceiling) 고위직 진출을 가로막는 직장 내의 보이지 않는 장벽

유연근무(flextime) 직원에게 근무시간을 선택할 수 있도록 하는 제도

유의성(valence) 사람이 결과에 대해 두는 가치

유지(maintenance) 시간에 따라 새로이 습득한 역량을 계속적으로 사용하는 과정

응용과제(application assignments) 업무 상황이나 문제를 파악하기 위한 과제 및 훈련 내용을 문제해결 과정에 적용하는 것

의미적 부호화(semantic encoding) 들어오는 기억에 대한 실제 코딩 과정

이러닝(e-learning) 정보통신 기술을 이용하여 시간과 장소에 구애됨이 없이 수준별 교수·학습이 가능한 교육활동

이문화 준비(cross cultural preparation) 해외 파견을 위한 직원 및 가족의 이문화에 관한 교육

이중 경력 경로 시스템(dual career path system) 엔지니어에게 엔지니어 직군 경력 관리뿐 아니라 관리자 경력 관리를 제공하는 체제

이해관계자(stakeholders) 기업의 성공에 대하여 관심이 있는 당사자들(주주, 조직원, 고객 등)

인 바스켓(in-basket) 실제 업무 상황을 바탕으로 설계된 다양한 과제를 수행하도록 하는 평가 방법

인사고과(performance appraisal) 조직원의 업무 성과를 측정하는 과정

인재경영(talent management) 고도로 숙련된 조직원들의 동기를 유발하고 개발하며, 기업에 존속시키고, 끌어들이는 과정

인적자본(human capital) 교육이나 직업훈련 등으로 그 경제 가치나 생산력을 높일 수 있는 자본. 예로서 지식, 창의력, 경험, 에너지, 열정 등이 있음

인적자본 관리(human capital management) 훈련이 회사에 기여하는 바를 측정하여 관리하는 인사제도

인적자원개발(human resource development) 구성원의 역량 개발과 업무 수행 개선을 통한 성과 향상이 최종 목표임

인적자원계획(human resource planning) 회사의 인적자원 분야에 관한 분석, 예측에 관한 계획

인적자원관리(human resource management) 조직의 목표 달성을 위해 미래 인적자원 수요 예측을 바탕으로 인적자원을 확보·개발, 배치, 평가하는 일련의 업무

인지 결과물(cognitive outcomes) 훈련을 통해서 학습한 지식의 측정을 통한 결과

인지 능력(cognitive ability) 지식, 사고력, 문제해결력, 논리력

인지 전략(cognitive strategies) 학습 과정을 통제하기 위한 전략

인터넷 방송(webcasting) 온라인을 통해서 생방송으로 제공되는 교실 강의

인터뷰(interview) 개인의 경험, 직무, 기술 정도, 경력 등에 관하여 주어진 질문에 답하는 것

일과 삶의 균형(work life balance) 조직원들이 일과 그 외 삶에서 발생하는 요구를 조화시키는 과정에서 발생하는 스트레스, 갈등, 긴장 등을 처리할 수 있도록 제공되는 도움

일반화(generalization) 학습자가 OJT 훈련을 통해서 비슷하지만 다른 문제나 상황을 해결해나가는 능력

일반화(generalizing) 비슷하지만 동일하지 않은 상황에 적응해나가는 학습

일자리 공유(job sharing) 하나의 업무를 시간대별로 나눠 두 명 이상의 파트타임 근로자가 나누어 하는 것

임시 배정(temporary assignments) 조직원들이 새로운 역할을 가지고 일을 하는 것에 관심이 있는지를 직접 확인하기 위하여 임시로 그들에게 조직원 교환 그리고 자발적 배정과 같은 방법을 통해 진행하는 직업 테스트

자기관리(self-management) 특정 의사결정 및 행동에 대하여 스스로 통제하려는 사람의 시도

자기조절(self-regulation) 훈련 자료에 대한 학습자 스스로의 몰입과 학습에 대한 진전도를 스스로 평가하는 것

자기주도학습(self-directed learning) 언제 실시할지, 누구와 함께할지와 같은 학습에 대한 모든 측면에 대한 책임을 학습자 스스로가 가지도록 하는 훈련 방법

자기평가(self-assessment) 조직원의 경력 관심사, 가치, 적성, 행동경향을 파악하기 위한 정보 사용

자기효능감(self-efficacy) 자신에게 주어진 업무를 성공적으로 수행할 수 있다거나 훈련 프로그램의 내용을 성공적으로 학습할 수 있다는 조직원 스스로에 대한 믿음

자동화(automatization) 과업의 성과, 관련 기술 및 지식의 자동 작용화

작업 기억 영역(working storage) 정보를 기억으로 코드화하기 위한 정보의 리허설과 반복

작업 팀(work team) 서비스를 제공하기 위해 혹은 제품을 조립하기 위해 교류하는 다양한 기술을 가진 조직원 집단

잡호핑(job hopping) 2~3년마다 단기로 직업을 바꾸는 행위

재택근무(telecommuting) 직장과 멀리 떨어진 곳에서 업무를 하는 것. 동료들과의 연락이 제한되나 전자상으로 의사소통이 가능함

저작권(copyright) 인간의 사상 또는 감정을 표현한 저작물에 관한 법적 보호

적용계획(application planning) 직무에서 핵심 행동을 사용하기 위한 준비

전근(transfer) 조직원에게 기업 내 다른 구역에 있는 다른 직무를 제공하는 것

전략적 가치(strategic value) 기업의 효과성과 효율성을 높이기 위한 조직원들의 잠재력

전략적 선택(strategic choice) 기업의 목적을 달성하기 위해 최고의 대안이라고 여겨지는 전략

전략적 훈련과 개발 계획(strategic training and development initiatives) 기업이 사업적 전략 달성을 위해 선택한 학습 관련 조치

전문가 시스템(expert systems) 특정 문제를 해결하기 위해 개인의 전문지식을 적용하는 기술

전반적인 업무의 복잡성(overall task complexity) 직무에서 요구되는 별개의 행동의 정도와 직무를 수행하는 데 선택 가능한 수의 정도, 직무를 수행하는 데 불확실성 정도를 의미

전사적 품질 경영(Total Quality Management, TQM) 고품질의 상품과 서비스를 제공하고 이를 지속적으로 개선하기 위하여 조직 구성원 및 관리자 모두의 능력과 재능에 의존하는 사업 운영 방법 중 하나

전습법(whole practice) 전체 직무 혹은 목표를 한꺼번에 전체적으로 학습하는 훈련 접근법

전이 풍토(climate for transfer) 사내 환경의 특성에 관한 광범위한 생각

전자적 성과 지원 시스템(electronic performance support system) 직무에 요구되는 기술 훈련, 정보 권한, 전문가 조언 등을 제공하는 컴퓨터 시스템

전통적인 훈련 방법(traditional training methods) 교수자 혹은 촉진자와 학습자 간의 대면 상호작용을 요구하는 훈련 방법

전환(reversal) 훈련 참가자들이 더 이상 훈련 관련 개입을 받지 않는 기간

정보 인터뷰(informational interview) 다른 직원의 기술, 직무 요구, 혜택 등 직무에 관한 정보를 수집하기 위한 인터뷰

정서적 결과물(affective outcomes) 태도나 동기를 포함한 결과

정신적 요건(mental requirement) 과업을 수행하기 위해 개인

이 사용 혹은 발휘해야 하는 정신 기술 혹은 인지 기술의 수준

정확도(fidelity) 훈련 환경이 실제 업무 환경과 유사한 정도

제대군인의 고용 및 재고용 권리법(Uniformed Services Employment and Reemployment Rights Act, USERRA) 특별한 경우를 제외하고는 되돌아왔을 때 일자리의 보증과 같이 군대에 배치되었던 조직원의 권리를 보호하기 위한 미 법령

제안요청서(request for proposal, RFP) 회사 프로젝트 계약의 수주 및 이행을 위해 잠재적인 거래처와 컨설턴트가 제시해야 하는 필요한 요건을 서술해둔 서류

조기퇴직 프로그램(early retirement program) 조기퇴직자에게 일정 부분 재정적 보상을 제공하며 퇴직하는 프로그램

조직 분석(organizational analysis) 훈련이 시행되었을 때의 맥락을 고려하여 훈련 시행이 적절한지를 판단하는 분석 방법

조직화(organizing) 학습자에게 제공된 교육 자료 간의 유사성 및 주제를 찾도록 요구하는 학습 전략

조화훈련(coordination training) 팀 성과를 극대화하기 위한 정보 공유 및 의사결정을 위한 팀 훈련

주재원(expatriate) 국외에서 거주하며 일하는 직원

준거 관련성(criteria relevance) 훈련에서 강조된 학습 역량과 관련한 성과 정도

준거의 부족(criterion deficiency) 훈련 목적에서 강조하고 있는 결과를 측정하는 데 실패함

준거의 오염(criterion contamination) 훈련 결과에 대한 부적절한 평가 혹은 외부 요인에 의해 영향을 받은 정도

지각(perception) 외부로부터의 메시지를 구조화하여 이를 조작할 수 있고 이를 바탕으로 행동할 수 있는 능력

지속가능성(sustainability) 조직원, 지역사회, 혹은 환경의 희생 없이 이익을 창출할 수 있는 기업의 능력

지식(knowledge) 어떤 대상에 대해 배우거나 실천을 통해 알게 된 명확한 인식이나 과정에 관한 이해

지식경영(knowledge management) 기업의 성과를 높이기 위해 지식을 만들고 공유하며 사용하는 일련의 과정

지식관리자(knowledge officer) 기업의 지식경영을 총괄하는 담당자

지적 기능(intellectual skills) 지식 및 개념의 능숙 정도

지적자본(intellectual capital) 사내에서 보유하고 있는 문서화된 지식

지표(metrics) 훈련 및 학습 계획의 종합적인 가치를 측정하기 위해 사용되는 사업적 성과

직무(job) 특정 직위에서 요구하는 업무

직무 경험(job experience) 직무상 직원이 마주치는 관계, 문제, 요구, 일 등

직무 분석(job analysis) 어떤 일을 어떤 목적으로 어떤 방법에 의해 어떤 장소에서 수행하는지를 알아내고, 직무를 수행하는 데 요구되는 지식, 능력, 기술, 경험, 책임 등이 무엇인지 분석하는 것

직무 순환(job rotation) 업무 내용을 변화시키는 것보다 현재 속한 직군에서 다른 직군으로, 동종의 직군 내의 현재 직무에서 다른 직무로, 혹은 같은 직무에서도 다른 부서나 장소로 이동하여 근무하도록 순환하는 활동

직무 현업전문가(job incumbent) 현재 해당 직무에 종사하는 현업전문가

직무 확대(job enlargement) 일에 대한 직원의 의욕을 촉진하기 위해 직무 내용의 영역을 넓히는 활동

직원몰입(employee engagement) 직원의 조직과 직무에 관한 몰입 정도

직접비용(direct costs) 훈련과 직접적으로 관련된 비용

집중 학습(massed practice) 훈련 동안 학습자가 쉬지 않고 계속해서 과업을 연습하도록 하는 훈련 접근법

집중화된 훈련(centralized training) 훈련 및 개발 프로그램, 자원, 전문가를 한곳에 배치하고, 교육 투자, 프로그램 및 제공에 대한 결정은 해당 부서에서 내리도록 하는 것

집중화 전략(concentration strategy) 점유율을 높이고, 비용 절감, 제품의 니치마켓을 찾기 위한 기업 전략

채용전략(staffing strategy) 직원 채용에서 어디서 조직원을 찾을지, 어떻게 선택할지, 기술과 지위의 배합을 어떻게 할 것인지에 대한 회사의 결정

체험학습(experiential learning) 실제적 경험을 강조하는 훈련으로 습득한 지식과 기술에 기초한 의사결정이 요구되는 현실과 유사한 상황이나 사건, 연습에 학습자를 배치하는 교육

초인지(metacognition) 학습자가 스스로 자신의 학습 과정에 관심을 집중하도록 유도하는 학습 전략

총괄평가(summative evaluation) 훈련 프로그램 참가의 결과로 학습자의 변화된 정도를 평가

최고학습책임자(chief learning office, CLO) 사내의 지식경영을 책임지는 수장

카이젠(kaizen, 개선) 최고경영자부터 생산직 노동자에 이르기까지 모두를 참여시켜 조직의 기능적 측면과 개인과 조직의 목적 달성에서 점진적인 향상을 위해 노력하는 행위

컴퓨터 기반 훈련(computer based training) 컴퓨터가 제공하는 학습 자극에 대해 학습자가 반응하고 컴퓨터가 이를 분석하고 피드백을 제공하는 상호학습형 훈련

코치(coach) 동료나 부하직원을 격려하고 기술 개발을 독려하며 피드백을 제공하는 이

크라우드소싱(crowdsourcing) 소셜미디어를 이용하여 다수의 직원에게 요구 조사를 하는 기법

클라우드 컴퓨팅(cloud computing) 네트워크를 통해 제공되는 정보통신 기술의 인프라 시스템

타당성에 대한 위협(threats to validity) (1) 연구 결과가 믿을 만한지, (2) 현재의 평가 결과가 다른 상황에서도 일반화할 수 있는 정도에 대해 의문을 가지게 만드는 요소

태도(attitude) 특정한 사물이나 인물에 대한 개인의 반응에 영향을 미치는 개인의 신념이나 감정의 내재적 상태

통제력(control) 가치 있는 자원을 얻고 공유하기 위한 상급자의 능력

퇴직(retirement) 일과 직장에서의 역할을 떠나 직장이 없는 삶으로의 변화

퇴직전 사회화(preretirement socialization) 조직원들이 직장으로부터의 퇴장을 준비할 수 있도록 도와주는 과정

투입요소(input) 직무에서 무엇을 어떻게 언제 수행할지에 관한 지침

투자수익률(return on investment, ROI) 훈련을 통해 산출된 금전적 이익과 비용을 비교하는 것

투자회수 전략(disinvestment strategy) 사업의 중단 및 청산을 위한 전략

팀 리더 훈련(team leader training) 팀의 관리자 혹은 촉진자가 받는 훈련

팀 자기수정절차(guided team self-correction) 지속적인 학습과 지식 공유를 위한 학습 형태

팀 훈련(team training) 공통 목적을 달성하기 위해서 함께 일하는 개인의 업무 수행을 조정하는 것을 포함한 훈련 방법

파일럿 테스트(pilot testing) 잠재적 학습 훈련자와 관리자 혹은 다른 잠재적 고객을 대상으로 훈련 프로그램을 간단하게 소개하는 과정

판별성(discrimination) 학습자의 훈련 결과와 직무 성과의 차이

평가(assessment) 직원의 행동, 기술, 커뮤니케이션 스타일 등에 관해 정보를 수집하여 피드백을 제공하는 일련의 과정

평가기준(criteria) 훈련 프로그램을 평가하기 위해 사용하는 측정 기준

평가 설계(evaluation design) 훈련의 효과성을 높이기 위해 어떠한 정보를 누구에게 언제 어떻게 수집하는지 결정하는 체계

평가센터(assessment center) 업무에 주로 활용되는 특정 지식, 기술, 능력을 발휘하도록 구성된 다양한 활동을 다수의 평가자가 평가

폐쇄 기술(closed skills) 직무에서 학습자에 의해 동일하게 일어나는 숙련된 스킬을 학습하는 것과 연결된 학습 목표

포용성(inclusion) 직원이 소속감, 상호존중, 직무 몰입 등 업무에 최선을 다하도록 환경을 조성하는 것

포커스 그룹(focus group) 특정 훈련 요구를 위하여 관련 전문가와 갖는 대면 미팅

프레젠테이션 방법(presentation methods) 교육을 받는 학습자들이 수동적으로 정보를 받아들이는 훈련 방법

프로그램 설계(program design) 훈련 프로그램의 구성과 조직화

프로틴 경력(protean career) 개인의 관심사, 경력, 가치, 그리고 업무 환경의 변화로 발생하는 변화로 인해 빈번히 변하는 경력

플러그인(plug-in) 기존 컴퓨터에 특수한 기능이 덧붙여지도록 설치하는 추가 소프트웨어를 의미. 예를 들면, 노래를 듣거나 비디오를 보기 위해 추가적으로 설치하는 소프트웨어

피드백(feedback) 직원이 목적을 얼마나 잘 달성하는가에 관한 수행능력을 제공하는 정보

하이퍼링크(hyperlink) 하이퍼텍스트 문서 내의 단어나 구, 기호, 화상과 같은 요소를 통하여 손쉽게 특정 웹 페이지로 이동하는 것

하향 이동(downward move) 직원의 책임과 권한 감소

학교에서 직장으로 기회법(School-to-Work Opportunity Act) 미국 주(state)들이 학생들이 높은 기술, 높은 수준의 임금을 제공하는 직업, 혹은 미래 교육을 준비하도록 도와주는 학교-일 이행 지원 정책 시스템을 설립할 수 있게 지원하고자 설립된 미국 연방법

학습(learning) 연습, 훈련, 경험에 의해 일어나는 행동 등의 영속적인 변화를 의미

학습공동체(community of practice) 학습자가 각자 자신의 학습에 대해 책임을 가지고 다른 구성원들의 학습을 돕고 지원해주는 분위기가 형성된 집단

학습 관리 시스템(learning management systems) 온라인 훈련 프로그램을 관리하는 시스템

학습 동기(motivation to learn) 훈련 프로그램에서 제공되는 내용을 배우고자 하는 학습자의 욕구

학습자-교수자 접촉(learner-instructor interaction) 학습자와 전문가(훈련자) 간 토의

학습자 통제(learner control) 학습자가 학습하는 과정에서 학습의 효과성 및 효율성을 높이기 위해 학습과 관련된 다양한 선택권이나 결정권을 허용하는 것

학습자-학습 내용 접촉(learner-content interaction) 학습자가 텍스트나 책 등의 학습 자료 등과 상호 노력하는 행위

학습자-학습자 접촉(learner-learner interaction) 학습자 간 토의

학습조직(learning organization) 조직의 지속적인 경쟁우위를 확보하기 위한 근본적이고 총체적이며 지속적인 경영 혁신 전략으로 필요한 역량을 지속적으로 개발해주는 조직으로, 새롭고 창의적인 사고가 길러지고, 집단적 포부가 자유롭게 논의되고, 구성원들이 함께 학습하는 것을 배움

학습 지향(learning orientation) 직무에서 역량을 향상하기 위해 노력하는 태도

학습한 능력을 사용할 수 있는 기회(opportunity to perform) 학습한 능력을 활용할 수 있는 가능성

학자금 지원(tuition reimbursement) 조직원이 프로그램 학위나 대학 수업을 부담하기 위해 사용한 비용을 상환해주는 것

합리적 편의(reasonable accommodation) 미국장애인법(ADA) 및 훈련에 관해 장애가 있는 개인이 손쉽게 사용할 수 있고 접근할 수 있도록 만든 훈련시설. 교수 매체의

수정, 훈련 법안 개정, 학습자에게 판독기 혹은 통역관을 제공해주는 것도 포함

해외업무위탁(offshoring) 업무를 국내(미국)가 아닌 외국에 있는 하청업체에 넘겨 작업을 진행하게 하는 과정

핵심 인재(high-potential employee) 장래에 사내 고위직 진출이 유력한 인재

핵심 행위(key behaviors) 직무를 수행하기 위해 반드시 필요한 행동의 집합

핸즈온 방법(hands-on method) 학습 과정에서 학습자가 실제 참여하게 되는 방법

행동모델링(behavior modeling) 구성원의 업무 수행과 성과에 직접적으로 영향을 미치는 핵심 요인을 체계화한 모형

현실 확인(reality check) 어떻게 회사가 조직원의 기술과 지식을 평가하는지 그리고 어떤 부분이 회사의 계획(잠재적 승진 기회 및 타 회사로의 자리 이동 등)에 적합한지에 대해 조직원들에게 제공해주는 정보

현장감(presence) 훈련 중 특정 환경에 실제로 존재하고 있음에 대한 지각

현장직무훈련(on-the-job-training, OJT) 경험이 부족하거나 신입직원의 직무 교육을 위해 사용되는 훈련 방법으로, 동료 및 상사가 작업 현장에서 직접 업무를 수행하는 것을 관찰한 뒤 이를 모방하게 함으로써 학습을 유도함

현황판(dashboards) 웹의 한 화면에서 다양한 정보를 중앙 집중적으로 관리하고 찾을 수 있도록 하는 사용자 인터페이스

형성평가(formative evaluation) 교수학습이 진행되는 과정에서 학습자에게 피드백을 주고 교과과정과 수업 방법을 개선하기 위해 실시하는 평가

형식적인 훈련과 개발(formal training and development) 직업능력 개발 훈련을 실시하기 위해 사내에 설치한 훈련전용 시설이나 그 밖에 훈련을 실시하기에 적합한 시설에서 이루어지는 직업 훈련

형식지(explicit knowledge) 언어, 문장으로 표현이 가능한 객관적이고 이성적인 지식

혜택(benefit) 사내 훈련으로부터 얻어지는 혜택

호손효과(Hawthorne effect) 실험에 참가한 개인이 자신이 관찰되고 있다는 사실을 알 때 자신의 행동을 바꾸거나 작업 능률이 올라가는 현상

화상회의(teleconferencing) 서로 다른 공간에 있는 두 명 혹은 그 이상의 사람들 혹은 그룹이 동시 다발적으로 오디오, 비디오, 문자를 교환하는 것

회수(retrieval) 장기 기억 메모리에 저장된 학습 정보를 확인하여 이를 업무 성과에 영향을 미칠 수 있도록 사용하는 행위

효용분석(utility analysis) 훈련을 받은 조직원과 받지 않은 조직원과의 업무 성과 차이, 훈련받은 조직원 수, 훈련 프로그램이 업무 성과에 영향을 미치는 데 걸리는 기간, 훈련을 받지 않은 직원들의 업무 성과 가변성의 추정을 바탕으로 훈련의 금전적 가치를 평가하는 비용－효과 분석 방법

훈련(training) 조직원의 업무와 관련된 능력의 학습을 촉진하기 위해 기업이 기획한 노력

훈련결과물(training outcomes) 기업과 학습자들이 훈련 프로그램 평가에 사용하는 평가 방법

훈련 상황(training context) 훈련이 발생하는 신체적·지능적·정서적 학습 환경

훈련 설계 프로세스(training design process) 훈련 프로그램을 개발하기 위한 시스템적인 접근. 요구 조사 실행, 조직원들의 훈련 준비 상태 확인, 학습 환경 창출, 훈련 전이 확인, 방법 선택, 교육 프로그램 평가의 6단계를 거친다.

훈련장(training site) 훈련이 진행된 장소

훈련 전이(transfer of training) 학습자가 훈련을 통해 학습한 능력을 자신의 업무에 적용하는 것

훈련 정교성(elaboration) 학습자에게 훈련과 관련한 지식, 기술, 행동에 관한 내용을 요구하는 학습 전략

훈련 준비성(readiness for training) 훈련을 위한 기본 조건. (1) 조직원 개개인이 프로그램 내용을 학습하고 이를 직무에 적응하기 위해 필요한 특징을 구비하고 있어야 하며, (2) 학습을 방해하지 않고 학습을 촉진하는 업무 환경을 가지고 있어야 함

훈련평가(training evaluation) 제공된 교육이 효과적이었는지 증명하기 위해 필요한 결과를 수집하는 과정

훈련 행정(training administration) 훈련 프로그램의 이전, 실행, 이후의 모든 활동의 조직화

훈련 효과성(training effectiveness) 기업과 학습자들이 훈련을 통해서 받는 이득

ISO 10015 교육훈련 과정의 효과성과 질을 확보하고 바로잡기 위한 국제표준

ISO 9000:2000 품질경영에 관한 표준

SWOT 분석(SWOT analysis) 회사 작업 환경의 파악과 회사의 장점과 약점에 대한 내부분석. SWOT는 강점(Strengths), 약점(Weakness), 기회(Opportunities), 위협(Threats)의 두문자어다.

WIOA(Work Innovation and Opportunity Act) 미국 기업들이 숙련된 인력을 찾을 수 있도록 미국인들에게 경력 관리 정보와 고품질의 서비스를 제공하는 고객중심의 새로운 통합적인 인력 투자 시스템을 개발하기 위해 1998년 설립된 미 연방법인 노동투자법(WIA)의 개정 및 재승인

찾아보기

ㄱ

가독성(readability) 125
가상 교실(virtual classroom) 363
가상 세계(virtual worlds) 354
가상 팀(virtual team) 37
가상 현실(virtual reality, VR) 352
가족 및 의료휴가법(Family and Medical Leave Act, FMLA) 463
가치(values) 63
간접비용(indirect costs) 253
강의(lecture) 292
강화 이론(reinforcement theory) 151
개념도(concept map) 205
개발(development) 382
개발 계획 혹은 경력 관리 시스템(developing planning or career management system) 385
개방 기술(open skills) 160
개인 분석(person analysis) 109
개인 특성(person characteristics) 121
갭 분석(gap analysis) 120
거꾸로 교실(flipped classmroom) 351
결과(consequences) 122
결과(results) 252
경력 경로(career path) 467
경력 재순환(career recycling) 470
경력 지지(career support) 416
경쟁력(competitiveness) 4
경쟁우위(competitive advantage) 4
고객자본(customer capital) 16
공식교육 프로그램(formal education program) 393
공유 매체(shared media) 347
과거 업적(past accomplishment) 153
과업(task) 131
과업 분석(task analysis) 109
과업 재정의(task redefinition) 95
과오(lapses) 180
과잉학습(overlearning) 170
관리자 지원(manager support) 223
교수(instruction) 166
교수 시스템 설계(Instructional System Design, ISD) 8
교육과정(curriculum) 211
교육과정 로드맵(curriculum road map) 212
교차훈련(cross training) 36, 310
구두 설득(verbal persuasion) 152
권력(power) 94
귀환(repatriation) 461
규범(norm) 129
균형성과표(balanced scorecard) 70
그룹 또는 동료 멘토링 프로그램(group or peer mentoring program) 413
그룹빌딩 방법(group building methods) 307
근본 원인 분석(root cause analysis) 130
근전이(near transfer) 160, 162
급속 모델 제작(rapid prototyping) 340
기능성 게임(serious games) 352
기대(expectancy) 156
기대수이률(return on expectations, ROE) 274
기술(skill) 132
기술중심 결과물(skill-based outcomes) 250
기초 기술(basic skills) 123
긱 경제(gig economy) 35

ㄴ

나인-박스 그리드(nine-box grid) 421
내부분석(internal analysis) 63
내부 상황(internal conditions) 183
내용전문가(subject-matter experts, SMEs) 113
내재적 학습(embedded learning) 494
내적 성장 전략(internal growth strategy) 83
내적 타당도(internal validity) 258
네트워크 형성 지원(support network) 227
노사공동 교육 프로그램(joint union-management training programs) 443
논리모델(logic model) 256
논리적 검증(logical verification) 153
능력(ability) 132

ㄷ

다른 고려사항(others) 132
다면평가제(360-degree feedback) 401
다양성과 포용성 관리(managing diversity and inclusion) 451
다양성 훈련(diversity training) 450
단계적 퇴직(phased retirement) 477
대규모 공개 온라인 과정(massive open online courses, MOOC)

344
대리강화(vicarious reinforcement) 305
대역폭(bandwidth) 338
대조군이 있는 사전/사후검사(pretest/post-test with comparison group) 262
독특성(uniqueness) 80
동기식 소통(synchronous communication) 327
동일 요소 이론(theory of identical elements) 161
동적 원격학습(interactive distance learning, IDL) 363
디지털 협력(digital collaboration) 327

ㄹ

리더 없는 그룹 토론(leaderless group discussion) 399
리퍼포징(repurposing) 340

ㅁ

마이어스-브릭스 유형 지표(Myers-Briggs Type Inventory, MBTI) 398
마이크로러닝(microlearning) 175
마이크로블로그(microblog) 347
마이크로쉐어링(microsharing) 347
만족한 결과(gratifying) 165
맬컴 볼드리지 국가품질상(Malcolm Baldrige National Quality Award) 28
머신 러닝(machine learning) 367
멘토(mentor) 413
모델링(modeling) 153
모델링 전시(modeling display) 306
모바일 학습(mobile learning) 359
모험학습(adventure learning) 308
목표(goals) 63
목표(objective) 166
목표 설정(goal setting) 388
목표 설정 이론(goal setting theory) 154
목표 지향(goal orientation) 155
무의식적 편견(unconscious bias) 451
무작위 배치(random assignment) 260
무형식 학습(informal learning) 6
미국장애인법(Americans with Disabilities Act, ADA) 448
미션(mission) 62

ㅂ

반응 결과물(reaction outcomes) 247
벤치마킹(benchmarking) 117
벤치 스트렝스(bench strength) 420
변화(change) 18
변화에 대한 저항(resistance to change) 94
부문 파트너십(sector partnership) 440
부분 실습(part practice) 171
분산 학습(spaced practice) 171
브랜드(brand) 97
블렌디드 학습(blended learning) 350
블로그(blog) 346
비교집단(comparison group) 260
비동기식 소통(asynchronous communication) 327
비전(vision) 63
비전통 방식의 고용(non-traditional employment) 35
비즈니스 게임(business game) 303
비즈니스 내재 학습 기능[business-embedded (BE) learning function] 91
비즈니스 프로세스 아웃소싱(business process outsourcing) 98
빅데이터(big data) 275

ㅅ

사례연구(case study) 301
사물 인터넷(IoT) 장치[Internet of things (IoT) devices] 490
사업 전략(business strategy) 55
사전/사후검사(pretest/post-test) 262
사전 실습(rehearsal) 164
사전훈련 검사(pretraining measure) 259
사회적 지지(social support) 128
사회적 학습 이론(social learning theory) 152
사후검사(post-test only) 261
사후훈련 검사(post-training measure) 260
산출요소(output) 122
상향 피드백(upward feedback) 401
상황 제약(situational constraints) 128
생존자(survivor) 474
선행 조직자(advance organizer) 169
성공사례(success cases or stories) 275
성과 지향(performance orientation) 155
성인교육학(andragogy) 157
성찰(reflection) 174
세부학습계획(detailed lesson plan) 214
소셜미디어(social media) 346
손익분석(cost-benefit analysis) 268
솔로몬의 4집단(Solomon four-group) 265
수단(instrumentality) 156
수리능력(quantitative ability) 124
수업과정(course) 211
순수추천지수(Net Promoter Score, NPS) 248
스토리보드(storyboard) 215
승계 계획(succession planning) 419
승진(promotions) 408
시계열(time series) 263

시나리오 기반 훈련(scenario-based training) 310
시뮬레이션(simulation) 300
식스 시그마 과정(Six Sigma process) 30
신뢰도(reliability) 254
신속 요구 조사(rapid needs assessment) 139
신속한 교수 설계(rapid instructional design, RID) 492
신체적 요건(physical requirement) 171
실습(practice) 169
실용성(practicality) 255
실행 계획(action plan) 389
심리적인 성공(psychological success) 383
심리적 지지(psychological support) 416

ㅇ

아웃소싱(outsourcing) 43, 98
안식기간(sabbatical) 411
암묵지(tacit knowledge) 6
압축근무제(compressed workweek) 465
애자일 디자인(agile desgin) 492
액션러닝(action learning) 312
어프렌티스십(apprenticeship) 298
언어이해능력(verbal comprehension) 124
언어 정보(verbal information) 150
역량(competency) 136
역량 모델(competency model) 136
역멘토링(reverse mentoring) 417
역할극(role plays) 304, 399
연령차별금지법(The Age Discrimination in Employment Act, ADEA) 447
오디오비주얼 기법(audiovisual techniques) 294
오류관리훈련(error management training) 170
오리엔테이션(orientation) 427
온라인 학습(online learning) 331
온보딩(onboarding) 427
외부분석(external analysis) 63
외부 상황(external conditions) 183
외적 성장 전략(external growth strategy) 83
외적 타당도(external validity) 259
요구 조사(needs assessment) 109
욕구(need) 156
운동 기능(motor skills) 150
원격학습(distance learning) 362
원전이(far transfer) 160, 162
웹기반 훈련(web-based traning) 331
웹 2.0(Web 2.0) 329
위키(wiki) 347
유리천장(glass ceiling) 456
유연근무(flextime) 466
유의성(valence) 156
유지(maintenance) 148
응용과제(application assignments) 206
의미적 부호화(semantic encoding) 164
이러닝(e-learning) 331
이문화 준비(cross-cultural preparation) 458
이중 경력 경로 시스템(dual-career-path system) 470
이해관계자(stakeholder) 4, 63, 111
인 바스켓(in-baskets) 399
인공지능(artificial intelligence, AI) 366
인사고과(performance appraisal) 401
인적자본(human capital) 5
인적자본 관리(human capital management) 369
인적자원개발(human resource development) 44
인적자원계획(human resource planning) 81
인적자원관리(human resource management) 4
인적자원관리 관행[human resource management (HRM) practices] 79
인적자원분석(workforce analytics) 276
인지 결과물(cognitive outcomes) 249
인지 능력(cognitive ability) 124
인지 전략(cognitive strategies) 151
인터넷 방송(webcasting or web conference) 364
인터뷰(interview) 399
일과 삶의 균형(work-life balance) 463
일반화(generalization) 148
일반화(generalizing) 165
일자리 공유(job sharing) 465
임시 배정(temporary assignments) 410

ㅈ

자극 일반화의 접근(stimulus generalization approach) 162
자기관리(self-management) 180
자기규제(self-regulation) 169
자기근무평가(self-evaluation) 277
자기조절(self-regulation) 343
자기주도학습(self-directed learning) 297
자기평가(self-assessment) 249, 386
자기효능감(self-efficacy) 126, 152
자동화(automatization) 174
자료 정리(content curation) 219
자원봉사 임무(volunteer assignments) 411
작업 기억 영역(working storage) 164
작업 팀(work team) 36
잡호핑(job hopping) 471
재택근무(telecommuting) 464
저니 워커(journey worker) 298
저작권(copyrights) 446
적기학습(just-in-time learning) 494
적용계획(application planning) 307

적응형 훈련(adaptive training) 361
전근(transfer) 408
전략적 가치(strategic value) 80
전략적 선택(strategic choice) 63
전략적 훈련과 개발 계획(strategic training and development initiatives) 64
전문가 시스템(expert systems) 367
전반적인 업무의 복잡성(overall task complexity) 171
전사적 품질 경영(Total Quality Management, TQM) 28
전습법(whole practice) 171
전이의 인지 이론(cognitive theory of transfer) 163
전이 풍토(climate for transfer) 181
전자 성과 지원 시스템(electronic performance support system, EPSS) 228, 368
전통적인 훈련 방법(traditional training method) 291
전환(reversal) 263
정보 인터뷰(informational interviews) 471
정서적 결과물(affective outcomes) 251
정신적 요건(mental requirement) 171
정확도(fidelity) 162
제대군인의 고용 및 재고용 권리법(Uniformed Services Employment and Reemployment Rights Act, USERRA) 473
제안요청서(request for proposal, RFP) 219
조기퇴직 프로그램(early retirement program) 479
조직 분석(organizational analysis) 109
조직화(organizing) 164
조화훈련(coordination training) 310
주재원(expatriate) 458
준거 관련성(criteria relevance) 253
준거의 부족(criterion deficiency) 254
준거의 오염(criterion contamination) 253
증강 현실(augmented reality, AR) 357
증폭제(boosters) 174
지각(perception) 163
지식(knowledge) 131
지식경영(knowledge management) 6, 229
지식관리자(knowledge officers) 232
지식노동자(knowledge worker) 17
지적 기능(intellectual skills) 150
지적자본(intellectual capital) 16
지표(metrics) 69
직무(job) 131
직무 경험(job experiences) 403
직무 분석(job analysis) 136
직무 순환(job rotation) 406
직무 현업전문가(job incumbent) 113
직무 확대(job enlargement) 405
직업대학(corporate university) 86
직원몰입(employee engagement) 17
직접비용(direct costs) 253
집중 학습(massed practice) 171
집중화된 훈련(centralized training) 86
집중화 전략(concentration strategy) 83

ㅊ

채용 전략(staffing strategy) 79
챗봇(chatbots) 367
체험학습(experiential learning) 307
초인지(metacognition) 169
총괄평가(summative evaluation) 244
최고학습책임자(chief learning officers, CLOs) 232
추론능력(reasoning ability) 124

ㅋ

컴퓨터 기반 훈련(computer-based training, CBT) 331
코치(coach) 417
크라우드소싱(crowdsourcing) 116
클라우드 컴퓨팅(cloud computing) 496

ㅌ

타당성에 대한 위협(threats to validity) 258
태도(attitudes) 150
통제력(control) 94
퇴직(retirement) 478
퇴직전 사회화(preretirement socialization) 476
투입요소(input) 121
투자수익률(return on investment, ROI) 244, 252
투자회수 전략(disinvestment strategy) 83
팀(team) 307
팀 리더 훈련(team leader training) 310
팀 자기수정절차(guided team self-correction) 310
팀 훈련(team training) 309

ㅍ

파일럿 테스트(pilot testing) 243
판별성(discrimination) 255
팟캐스트(podcasts) 360
평가(assessment) 396
평가기준(criteria) 241
평가 설계(evaluation design) 241
평가 센터(assessment center) 399
폐쇄 기술(closed skills) 160
포용성(inclusion) 450
포커스 그룹(focus group) 115
프레젠테이션 방법(presentation methods) 292
프로그램(program) 211

프로그램 설계(program design) 192
프로젝트 관리(project management) 211
프로틴 경력(protean career) 383
플러그인(plug-in) 340
피드백(feedback) 122, 176

ㅎ

하이퍼링크(hyperlink) 344
하향 이동(downward move) 409
학교에서 직장으로 기회법(School-to-Work Opportunities Act) 441
학습 관리 시스템(learning management system, LMS) 369
학습 기록 저장소(Learning Records Store, LRS) 490
학습(learning) 5, 148
학습공동체(communities of practice, COPs) 178
학습 동기(motivation to learn) 122
학습자-교수자 접촉(상호작용)(learner-instructor interaction) 177
학습자 전제조건(trainee prerequisites) 217
학습자 통제(learner control) 329
학습자-학습 내용 접촉(상호작용)(learner-content interaction) 177
학습자-학습자 접촉(상호작용)(learner-learner interaction) 177
학습조직(learning organization) 19, 57
학습 지향(learning orientation) 155
학습 포털(learning portal) 371
학습한 능력을 사용할 수 있는 기회(opportunity to perform) 227
학자금 지원(tuition reimbursement) 396
합리적 편의(reasonable accommodation) 449
해외업무위탁(offshoring) 15
핵심 인재(high-potential employees) 419
핵심 행동(key behavior) 163, 305
핸즈온 방법(hands-on method) 294
행동모델링(behavior modeling) 304
현실 확인(reality check) 387
현장감(presence) 352
현장직무훈련(on-the-job training, OJT) 294
현황판(dashboard) 277
형성평가(formative evaluation) 243
형식적 훈련과 개발(formal training and development) 6
형식지(explicit knowledge) 6
혜택(benefits) 253
호손효과(Hawthorne effect) 260
화상회의(teleconferencing) 363
확장 과제(stretch assignments) 403
활동계획(action plan) 224
회수(retrieval) 164
효용분석(utility analysis) 273
훈련(training) 6
훈련결과물(training outcomes) 241
훈련 상황(training context) 168
훈련 설계 프로세스(training design process) 8
훈련장(training site) 194
훈련 전이(transfer of training) 148
훈련 정교성(elaboration) 164
훈련 준비성(readiness for training) 121
훈련평가(training evaluation) 241
훈련 행정(training administration) 178
훈련 효과성(training effectiveness) 241

기타

70-20-10 모델(70 -20-10 model) 289
Experience AP 490
ISO 10015 31
ISO 9000:2000 28
SWOT 분석(SWOT analysis) 63
Tin Can API 490
WIOA(Work Innovation and Opportunity Act) 442

책을 만든 사람들

지은이
Raymond A. Noe

감수
윤동열
건국대학교 경영학과 교수

옮긴이
김우철
한국기술교육대학교 HRD학과 교수
조세형
시앤피컨설팅 그룹 대표
조윤형
조선대학교 경영학부 교수
최우재
청주대학교 경영학과 교수
한승현
조지아대학교 HRD학과 교수

(가나다순)

8판

Noe

인적자원개발

EMPLOYEE TRAINING & DEVELOPMENT

2022년 2월 28일 8판 1쇄 펴냄
지은이 Raymond A. Noe
감 수 윤동열
옮긴이 김우철 · 조세형 · 조윤형 · 최우재 · 한승현
펴낸이 류원식 | **펴낸곳 교문사**

편집팀장 김경수 | **책임편집** 김성남 | **표지디자인** 신나리 | **본문편집** 다함

주소 (10881) 경기도 파주시 문발로 116(문발동 536-2)
전화 031-955-6111~4 | **팩스** 031-955-0955
등록 1968. 10. 28. 제406-2006-000035호
홈페이지 www.gyomoon.com | **E-mail** genie@gyomoon.com
ISBN 978-89-363-2307-3 (93320)
값 35,000원